NORMAS DE PROTECÇÃO
E DANOS
PURAMENTE PATRIMONIAIS

ADELAIDE MENEZES LEITÃO
PROFESSORA AUXILIAR DA FACULDADE DE DIREITO
DA UNIVERSIDADE DE LISBOA

NORMAS DE PROTECÇÃO E DANOS PURAMENTE PATRIMONIAIS

Dissertação de Doutoramento em Ciências Jurídicas na Faculdade de Direito da Universidade de Lisboa

NORMAS DE PROTECÇÃO E DANOS PURAMENTE PATRIMONIAIS

AUTORA
ADELAIDE MENEZES LEITÃO

EDITOR
EDIÇÕES ALMEDINA, SA
Av. Fernão Magalhães, n.º 584, 5.º Andar
3000-174 Coimbra
Tel.: 239 851 904
Fax: 239 851 901
www.almedina.net
editora@almedina.net

PRÉ-IMPRESSÃO | IMPRESSÃO | ACABAMENTO
G.C. – GRÁFICA DE COIMBRA, LDA.
Palheira – Assafarge
3001-453 Coimbra
producao@graficadecoimbra.pt

Janeiro, 2009

DEPÓSITO LEGAL
287287/09

Os dados e as opiniões inseridos na presente publicação
são da exclusiva responsabilidade do(s) seu(s) autor(es).

Toda a reprodução desta obra, por fotocópia ou outro qualquer
processo, sem prévia autorização escrita do Editor, é ilícita
e passível de procedimento judicial contra o infractor.

Biblioteca Nacional de Portugal – Catalogação na Publicação

LEITÃO, Adelaide Meneses

Normas de protecção e danos puramente
patrimoniais.
ISBN 978-972-40-3687-8

CDU   34

Ao Meu Filho
À Minha Mãe

AGRADECIMENTOS

– Ao Conselho Científico da Faculdade de Direito da Universidade de Lisboa, a aceitação à preparação de doutoramento, a concessão de três anos de dispensa de serviço docente essenciais à elaboração da presente dissertação, e a renovação do nosso contrato de assistente pelo período do biénio, permitindo-nos concluir, em período de vigência do contrato, a presente tese;

– Ao Professor Doutor António Menezes Cordeiro, pela aceitação da orientação da presente dissertação;

– À Fundação Calouste Gulbenkian, a concessão de várias bolsas de curta duração e uma de longa duração para investigação nas bibliotecas *Arthur J. Morris Law Library* da *Virginia University*, *Bibliothek für Bürgerlich und Zivilprozeßrecht* da *Ludwig-Maximilians-Universität München* e *Zentralbibliothek Recht* da *Universität Hamburg*; e

– À Fundação Luso Americana para o Desenvolvimento, a concessão de uma bolsa de curta duração na biblioteca *Edward Benett Williams Law Library* da *Georgetown University*.

Lisboa, Outubro de 2007

"cada gesto, cada acto, cada silêncio, cada omissão – tudo é regulado pelo Direito Civil."

PAULO CUNHA, "Do Código Civil (Meditações sobre a lei mais importante do País)", O Direito, Ano 98, 1966, 315

PLANO

INTRODUÇÃO

§ 1.° Razão de escolha do tema
§ 2.° Delimitação do objecto de estudo
§ 3.° Fixação terminológica
§ 4.° Razão de método e de ordem

PARTE I
**Evolução histórico-dogmática:
responsabilidade delitual, normas de protecção
e danos puramente patrimoniais**

§ 5.° Origem e evolução da responsabilidade delitual
§ 6.° O modelo do Código Civil francês e dos códigos de matriz napoleónica
    6.1. O *Code Civil* francês de 1804
    6.2. O ABGB austríaco de 1811
    6.3. O Código Civil espanhol de 1889
    6.4. O Código das Obrigações suíço de 1911
    6.5. O Código Civil italiano de 1942
    6.6. O Código Civil holandês de 1992
§ 7.° O modelo do Código Civil Alemão de 1896-1900
    7.1. Tradição pandectística e trabalhos preparatórios do BGB
    7.2. Evolução da doutrina alemã
        7.2.1. As teses de LENEL (1897)
        7.2.2. As teses de VON LISZT (1898)
        7.2.3. As teses de DETMOLD (1901) e LUDWIG TRAEGER (1904)
        7.2.4. As teses de WIETHÖLTER e WEITNAUER (1963)
        7.2.5. As teses de KNÖPFLE (1967)

12 *Normas de Protecção e Danos Puramente Patrimoniais*

      7.2.6. As teses de SCHMIEDEL (1974) e KARSTEN SCHMIDT (1977)
      7.2.7. As teses de MERTENS (1978)
      7.2.8. As teses de VON BAR (1980)
      7.2.9. As teses de HONSELL (1983)
      7.2.10. As teses de PETERS (1983)
      7.2.11. As teses de CANARIS (1983)
      7.2.12. As teses de DÖRNER (1987)
      7.2.13. As teses de KOHTE (1988)
      7.2.14. As teses de SPICKHOFF (1998)
   7.3. A reforma do Código Civil Alemão de 2001/2002
§ 8.° O Direito português entre o modelo francês e o modelo alemão
   8.1. O Código de Seabra e a adopção do modelo francês
   8.2. Os trabalhos preparatórios do Código Civil Português e a evolução da doutrina portuguesa
   8.3. O Código Civil Português de 1966 e a opção pelo modelo alemão. Evolução doutrinária
   8.4. A articulação entre normas de protecção e danos puramente patrimoniais na doutrina nacional
   8.5. Jurisprudência portuguesa
§ 9.° Os danos puramente patrimoniais
   9.1. Origem e evolução dos *"pure economic losses"*
   9.2. Os *"pure economic losses"* no sistema de *common law*
   9.3. Os danos puramente patrimoniais nos sistemas continentais
      9.3.1. Sistemas de modelo francês
      9.3.2. Sistemas de modelo alemão
§ 10.° Um Código das Obrigações Europeu?
§ 11.° Sinopse da evolução histórico-dogmática

PARTE II
Estudo de direito positivo

CAPÍTULO I
Enquadramento Periférico

§ 12.° Horizonte de fundo: liberdade de iniciativa económica
§ 13.° Perspectiva vertical
   13.1. Enquadramento comunitário
      13.1.1. Novas conexões e o efeito directo das normas europeias

13.1.2. A interpretação conforme às directrizes
13.1.3. A responsabilidade do Estado por incumprimento da transposição de Directrizes
13.1.4. O princípio da subsidariedade e os diferentes níveis protectivos das normas europeias
13.1.5. Jurisprudência portuguesa
13.2. Enquadramento constitucional
13.2.1. Novas conexões na passagem do Estado liberal para o Estado social e pós-social
13.2.2. Os direitos fundamentais nas relações entre particulares
13.2.3. A "constitucionalização" da responsabilidade delitual
13.3. Enquadramento penal e contra-ordenacional
13.3.1. Novas conexões decorrentes da evolução do ilícito penal e contra-ordenacional
13.3.2. Tipos penais e normas de protecção
13.3.3. A autonomização da responsabilidade delitual da responsabilidade penal
13.3.4. A ilicitude penal, contra-ordenacional e ilicitude civil
§ 14.° Perspectiva horizontal
14.1. Ilícito de concorrência
14.2. Ilícito de concorrência desleal
14.3. Ilícito publicitário
14.4. Ilícitos da sociedade da informação
§ 15.° Síntese da perspectiva vertical e horizontal

CAPÍTULO II
Enquadramento Central

SECÇÃO I
Abordagem Sistemática

§ 16.° Sistema delitual
§ 17.° Direitos subjectivos
§ 18.° "Direito geral de personalidade"
§ 19.° "Direito à empresa"
§ 20.° Deveres do tráfego
§ 21.° Contrariedade ao mínimo ético-jurídico
§ 22.° Normas de protecção

SECÇÃO II
Abordagem Analítica

§ 23.º Sistemas de imputação
    23.1. Quadro geral
§ 24.º Sistema da ilicitude
    24.1. Conceito único ou diferenciado de ilicitude
    24.2. A ilicitude do resultado e a ilicitude da acção
    24.3. A ilicitude nas normas de protecção
    24.4. A ilicitude nos deveres de tráfego
    24.5. Causas de justificação
§ 25.º Sistema da culpa
    25.1. Princípio da culpa
    25.2. A culpa como pressuposto da responsabilidade delitual
    25.3. A culpa na violação de normas de protecção
    25.4. A culpa na violação de deveres do tráfego
    25.5. A separação entre cuidado exterior e cuidado interior
    25.6. Análise da culpa no direito português
    25.7. Causas de exclusão da culpa
§ 26.º Sistema do nexo de causalidade.
    26.1. Causalidade adequada e escopo da norma
    26.2. Análise da causalidade na doutrina portuguesa
§ 27.º O ónus da prova
    27.1. O ónus da prova da culpa
    27.2. O ónus da prova do nexo de causalidade

PARTE III
Síntese Periferia-Centro

§ 28.º As fontes de direito
§ 29.º A interpretação jurídica
§ 30.º A norma jurídica
§ 31.º Horizonte jusfilosófico e tendências futuras
§ 32.º Sinopse do estudo de direito positivo

INTRODUÇÃO

> SUMÁRIO: § 1.º Razão de escolha do tema. § 2.º Delimitação do objecto de estudo. § 3.º Fixação terminológica. § 4.º Razão de método e de ordem.

§ 1.º Razão de escolha do tema

I. O objectivo desta dissertação consiste em procurar a fronteira de um conjunto de casos concretos em que os agentes actuando ao abrigo de esquemas evidenciadores da sua liberdade genérica de acção estão, em princípio, autorizados pelo ordenamento a causar danos a terceiros. Referimos-nos mais concretamente à liberdade de iniciativa económica e de concorrência, a cujo exercício é co-natural a causação de danos a outrem. Sem contornar o reconhecimento implícito de uma "liberdade" de causar danos em certas situações delimitadas, *v.g.* as socialmente adequadas e as bagatelas civis[1], não posto em causa pelo *neminem laedere*, impõe-se, primeiramente, ao nível da sua localização, uma análise destas situações, procurando traçar a fronteira a partir da qual a ordem jurídica deixa de contemporizar com estes danos e coloca o lesado ou lesados a coberto de esquemas que permitem o seu ressarcimento[2].

---

[1] BRANDÃO PROENÇA, *A Conduta do Lesado como Pressuposto e Critério de Imputação do Dano Extracontratual*, Almedina, Coimbra, 1997, p. 94, referindo-se à importação da teoria da adequação de WELZEL, para o Direito civil, por NIPPERDEY, a partir dos anos 50, e à irrelevância dos *Bagatelschäden* (n. 247). Cfr. NIPPERDEY, "Rechtswidrigkeit, Sozialadäquanz, Fahrlässigkeit, Schuld im Zivilrecht", NJW, (1957), pp. 1777 e ss.

[2] BRANDÃO PROENÇA, *A Conduta do Lesado*, p. 93: "*Este desrespeito pelos círculos de domínio e de autonomia dos outros abre zonas de conflito, de desequilíbrio que é necessário harmonizar, concedendo-se ao lesado o direito de ser restituído*".

Não obstante as insuficiências metodológicas que têm sido apontadas, pode ser dada, como ponto de partida, uma perspectiva conflitual[3]. Do ponto de vista do lesante, o objecto da tese respeita às liberdades genéricas e ao limite em que o seu exercício lícito deixa de o ser. Do ponto de vista do lesado, o objecto da tese centra-se na forma como as normas de protecção "restringem" as liberdades genéricas e os casos em que se permite o ressarcimento de danos não protegidos por direitos subjectivos absolutos. O facto de se evidenciarem danos fora da titularidade de direitos subjectivos remete-nos para a figura, de contornos evanescentes, de formulação meramente negativa, dos danos puramente patrimoniais[4].

As constelações de casos que preferencialmente serão abordadas situam-se no mercado[5], abrangendo a causação de danos às empresas concorrentes pelo surgimento de novos operadores e, em geral, por comportamentos concorrenciais lícitos e ilícitos, recorrendo-se a valorizações específicas deste sector do ordenamento, no qual é fundamental preservar, para os sujeitos, importantes zonas de liberdade de actuação e de isenção de risco[6].

---

[3] Para uma crítica à falta de unidade e de visão sistemática das perspectivas conflituais desenvolvidas pela jurisprudência dos interesses, CLAUS-WILHELM CANARIS, *Pensamento sistemático e conceito de sistema na Ciência do Direito* (trad. Menezes Cordeiro), 3.ª ed., FCG, Lisboa, 2003, pp. 55 ss. No entanto, esta perspectiva conflitual é apresentada em LARENZ/CANARIS, *Lehrbuch des Schuldrechts*, Band II, Halbband 2, Besonderer Teil, 13. Auflage, C. H. Beck, München, 1994, § 75, pp. 350 e 356, salientando que o direito delitual é paradigma da definição do direito de KANT na *Metafísica dos Costumes* como *"essência das condições sob as quais a arbitrariedade de um pode ser unida com a arbitrariedade do outro por uma lei geral da liberdade"*.

[4] CARNEIRO DA FRADA/MARIA JOÃO PESTANA DE VASCONCELOS, "Danos económicos puros – Ilustração de uma problemática", Estudos em Homenagem ao Professor Doutor Marcello Caetano no Centenário do seu Nascimento, vol. II, Coimbra Ed., 2006, p. 155, (n. 5), considera que a própria terminologia está por fixar. A maioria dos autores opta pela expressão danos económicos puros por ser mais sugestiva, mais conforme com as expressões estrangeiras e menos apta a criar confusão com os danos patrimoniais consequentes da violação de direito de propriedade ou de personalidade. Preferimos a locução danos puramente patrimoniais, pois evidencia o problema da protecção patrimonial *extra muros* da violação de direitos subjectivos.

[5] MENEZES CORDEIRO, *Tratado de Direito Civil Português*, I, Parte Geral, Tomo I, 3.ª ed., 2005, p. 143: *"O predomínio do mercado tem levado o Direito civil – ou, mais latamente, o Direito privado – a áreas antes reservadas ao Direito público"*.

[6] CARNEIRO DA FRADA, *Direito Civil. Responsabilidade Civil – O método do caso*, Almedina, Coimbra, 2006, pp. 75-76.

Introdução 17

Para além da construção da linha divisória entre os comportamentos lícitos e ilícitos, traçada por uma série de disciplinas jurídicas que regulam os comportamentos no mercado, importa erigir uma fronteira em relação aos danos ilícitos[7] entre os indemnizáveis e os não indemnizáveis, o que pressupõe uma articulação entre aquelas disciplinas jurídicas e o sistema de responsabilidade delitual. Neste sentido, o tema privilegia incursões em outros sectores relevantes do direito "primário" de ordenação de bens, *v.g.* o Direito da concorrência, o Direito da concorrência desleal, o Direito da publicidade, o Direito da sociedade de informação, concedendo um "dinamismo multipolar" à responsabilidade delitual num processo de adensamento através das respectivas especialidades[8] e procurando novas conexões, salientando que não existem fronteiras estanques entre estas disciplinas, pelo que é necessário lançar mão de todas as fontes úteis[9]. Trata-se de conjugar soluções alcançadas em outras latitudes, designadamente em áreas periféricas e conjugá-las com desenvolvimentos centrais da responsabilidade delitual[10].

II. A violação ilícita de disposição legal destinada a proteger interesses alheios foi incorporada no sistema de responsabilidade delitual por-

---

[7] Para a distinção entre danos lícitos e ilícitos, atendendo ao tipo de actuação que lhes tenha dado azo, MENEZES CORDEIRO, *Tratado de Direito Civil Português,* I, p. 419.

[8] OLIVEIRA ASCENSÃO, "O Relatório do Doutor Luís de Menezes Leitão sobre "O ensino do Direito das obrigações"", RFDUL, vol. XLII, (2001), n.º 1, p. 626, salientando que a responsabilidade civil atingiu actualmente um âmbito e aprofundamento extraordinários, devendo separar-se do Direito das Obrigações, ao qual estaria ligada por razões históricas e por dar origem à obrigação de indemnizar, justificando a autonomização de um novo ramo de Direito Civil. No sentido de configurar a responsabilidade civil como uma disciplina autónoma do Direito, CARNEIRO DA FRADA, *Direito Civil,* pp. 37 e ss. Também MENEZES CORDEIRO fala em absorção estrutural da responsabilidade civil pelo Direito das Obrigações em *Direito das Obrigações,* I, Lisboa, 1986, (reimp.), p. 19, e *Tratado de Direito Civil Português,* I, p. 422, sendo que deve ser considerada na Parte geral como instituto de todo o Direito privado. Estamos neste ponto em sintonia com CARNEIRO DA FRADA, *Direito Civil,* p. 18, na defesa de que a responsabilidade civil assume-se como instrumento e instituto de todo o Direito, pelo que teria inteiro cabimento integrar uma Teoria Geral do Direito.

[9] MENEZES CORDEIRO, *Tratado de Direito Civil Português,* I, pp. 32 e 266.

[10] Sobre as relações entre Direito privado comum e Direito privado especial, HEINRICH EWALD HÖRSTER, *A Parte Geral do Código Civil Português – Teoria Geral do Direito Civil,* Almedina, Coimbra, 2007, pp. 82-90.

tuguês pelo n.° 1 do artigo 483.° do Código Civil, enquanto variante da ilicitude, tendo originado dispersas referências doutrinárias e algum alheamento por parte da jurisprudência. Com efeito, o tratamento doutrinário nacional das normas de protecção foi deixado na sombra dos estudos sobre a responsabilidade civil delitual pela lesão de direitos subjectivos ou por abuso do direito, que conheceram um desenvolvimento importante[11]. De igual modo, a jurisprudência portuguesa reflecte a mesma desproporção de tratamento[12].

O conceito de normas de protecção, a sua função de tutela pessoal e patrimonial e o seu âmbito no direito da responsabilidade delitual, bem como o quadro das pretensões indemnizatórias que habilitam, são aspectos essenciais ao desenvolvimento deste estudo. Trata-se de um objecto investigatório situado no *tronco comum da dogmática da responsabilidade civil*[13], em especial na responsabilidade delitual, que procura decifrar, ainda que em termos restritos, os limites da imputação delitual de danos[14].

Numa perspectiva de análise dos pressupostos da responsabilidade delitual, a ilicitude é o campo de maior incidência e desenvolvimento no objecto investigatório. No contexto da presente dissertação a noção de ilicitude é central, impondo-se analisar se cada pressuposto delitual não interage sobre os demais e se cada situação básica de responsabilidade civil não implica uma dogmática própria dos pressupostos da responsabilidade delitual. A investigação sobre os pressupostos da responsabilidade delitual encontra-se limitada exclusivamente ao contexto da violação das normas

---

[11] Existe uma bibliografia estrangeira e nacional inabarcável sobre a responsabilidade delitual e, em especial, sobre cada um dos pressupostos da responsabilidade delitual. Cingimo-nos, no desenvolvimento da presente dissertação, essencialmente aos materiais, portugueses e alemães, que abordam as normas de protecção e, no contexto delimitado destas, aos problemas que se colocam em sede de ilicitude e, em especial, aos limites do ressarcimento dos danos puramente patrimoniais.

[12] MENEZES CORDEIRO, *Tratado de Direito Civil Português,* I, Parte Geral, Tomo IV, Almedina, Coimbra, 2005, pp. 242-247.

[13] CARNEIRO DA FRADA, *Uma "Terceira Via" no Direito da Responsabilidade Civil?*, Almedina, Coimbra, 1997, p. 45.

[14] Um vector metodológico essencial ao percurso desta investigação centra-se na tentativa de "escalpelização" da responsabilidade delitual em "sectores específicos dotados de uma intencionalidade própria", procurando contornar o vício metodológico, com lastro significativo na compreensão da responsabilidade delitual, de tomar a parte pelo todo. Cfr. MAFALDA MIRANDA BARBOSA, "Reflexões em Torno da Responsabilidade Civil: Teleologia e Teleonomologia em Debate", BFD, vol. 81, (2005), p. 511.

de protecção. No entanto, acolhemos como ideia estruturante do fio investigatório – quer pela sua elegância, quer pela sua aderência à realidade – a de que na responsabilidade delitual existem essencialmente três sistemas de delimitação do dano indemnizável: o *sistema do nexo de causalidade,* que parte da exigência de um nexo causal entre o acto ilícito e o dano ressarcível, o *sistema da culpa,* que só admite o ressarcimento dos danos abrangidos pela culpa do agente, e o *sistema da ilicitude,* que opera a delimitação dos danos indemnizáveis pela própria noção de ilicitude[15]. Ainda que CORTES ROSA tenha caracterizado estes sistemas como de delimitação do dano indemnizável, pensamos ser preferível qualificá-los como *sistemas de imputação de danos.*

As normas de protecção configuram *lato sensu* regras de conduta que possibilitam e asseguram o desenvolvimento do homem na sua convivência com os outros homens e ainda a satisfação dos seus interesses, cujo objectivo é, por conseguinte, a ordenação da liberdade individual e a criação de segurança e certeza na convivência social. A dogmática das normas de protecção postula a interpenetração de normas de Direito público (modelo autoritário) e de Direito privado (modelo paritário)[16-17], na medida

---

[15] CORTES ROSA, "A delimitação do prejuízo indemnizável em Direito Comparado Inglês e Francês", RFDUL, vol. XIV, (1960), p. 337. Cfr. OLIVEIRA ASCENSÃO, "A teoria finalista e o ilícito civil", Direito e Justiça, II, (1981-1986), p. 82, para quem a solução dada ao problema do ilícito é a chave de qualquer sistemática.

[16] Sobre a contraposição entre Direito privado e Direito público, MENEZES CORDEIRO, *Tratado de Direito Civil Português,* I, p. 32, apresentando-a como uma estruturação básica do direito continental, que assenta num *regime típico paradigmático* para a resolução de casos concretos, de acordo com vectores axiológicos distintos: liberdade e igualdade, autoridade e competência. Esta contraposição tornou-se actualmente, por um lado, lassa, devido "*à extraordinária produção legislativa que caracteriza as ordens jurídicas contemporâneas*" (p. 44), mas, por outro lado, surge reforçada e aprofundada graças à aplicação da ideia de sistema. No entanto, alguns factores têm contribuído para a existência de uma fronteira de contornos mais evanescentes. A diferença a *nível cultural* relativizou-se, porquanto a codificação do Direito público, através da Constituição, permitiu ao nível da aplicação do direito um marcado influxo constitucional no Direito privado. A *nível teórico,* o influxo constitucional pauta-se também por diminuir a estabilidade do Direito privado, acabando por miscegenizá-lo com as mudanças das suas estruturas organizatórias. A *nível prático,* cada vez mais as disciplinas emergentes não se podem reduzir, sem mais, ao Direito público ou privado, combinando normas de ambos os sectores. A *nível significativo-cultural,* ainda que o Direito privado corresponda a uma "*expressão cultural mais profunda da sociedade*", devido à sua precedência histórica, não tem um pendor mais garantístico do que o Direito público. A clivagem histórica, cultural e científica encontra-se em

20 *Normas de Protecção e Danos Puramente Patrimoniais*

em que a clássica divisão entre ambos não significa que exista contraposição ou contradição, mas antes que servem, de forma complementar, a realização da ideia de justiça e de direito[18].

Um certo tratamento de desfavor que as normas de protecção têm merecido por parte da doutrina e, sobretudo, da jurisprudência nacionais consubstancia um estímulo acrescido ao desenvolvimento desta dissertação. Trata-se de procurar ressuscitar uma modalidade de responsabilidade delitual, que só escassamente conseguiu ver a luz do dia, para a resolução de marginais e dispersos casos concretos, modalidade que permanece num

---

erosão não contribuindo para um empobrecimento científico-cultural, mas, pelo contrário, para que a Ciência Jurídica percorra um caminho no sentido da justificação dos esquemas que permitem combinar modelos de decisão públicos e privados na resolução de problemas concretos. A articulação dos sistemas público e privado, numa área significativa de interpenetração, configura-se como resultado do Direito privado ser Direito comum de todo o ordenamento jurídico (p. 55), o que implica que institutos como o da responsabilidade delitual funcionem como direito comum para situações jurídico-públicas e jurídico-privadas. Para mais desenvolvimentos, MENEZES CORDEIRO, "Do Direito privado como Direito comum português", Dir, 137.°, (2005), I, pp. 9-36. *Colorandi causae* veja-se a relação existente entre o artigo 483.°, n.° 1 do CC e os artigos 2.°, n.° 1 e 6.° do DL n.° 48051, de 21 de Novembro de 1967. Salientam-se, não obstante, interrelações múltiplas entre os subsistemas público e privado e esquemas de complementariedade impossíveis de iludir. No momento crucial da resolução de casos concretos há, muitas vezes, que fazer apelo a normas públicas e privadas cujo conjunto permite apenas alcançar o escopo pretendido pela ordem jurídica. Neste sentido, o Direito da responsabilidade delitual caminha, aliás como é tendência nas disciplinas que se autonomizam pelo sistema externo, para um ramo misto, conjugando os modelos de decisão complexos normativos públicos e privados quer a nível estrutural, quer a nível científico-cultural. A nível estrutural, na medida em que as normas de protecção são dominadas quer por vectores de igualdade e de liberdade, quer por vectores de autoridade e de competência. A nível científico-cultural, o Direito da responsabilidade delitual trabalha com zonas normativas pré-elaboradas em disciplinas públicas e privadas que, mesmo quando submetidas aos esquemas da responsabilidade delitual, conservam os sinais da sua origem. Cfr. MENEZES CORDEIRO, *Direito da Economia*, AAFDL, 1986, pp. 102-106. Justifica-se a manutenção da clivagem entre Direito público e privado em razão da sua utilidade na resolução de casos concretos. Cfr. LARENZ/WOLF, *Allgemeiner Teil des Bürgerlichen Rechts*, 9. Auflage, Beck, München, 2004, § 1, pp. 1-11, e WALTER LEISNER, "Unterscheidung zwischen privatem und öffentlichem Recht", JZ, (2006), pp. 860-875, relativizando as diferenças e colocando o Direito público no interior do Direito privado.

[17] SANTOS JUSTO, *Teoria Geral da Relação Jurídica (Direito Civil)*, Coimbra, 1973, pp. 23 e ss.

[18] HEINRICH EWALD HÖRSTER, *A Parte Geral*, pp. 9, 33 e 40.

Introdução   21

limbo de incerteza, numa espécie de "sono dogmático"[19], do qual é necessário resgatá-la[20]. É na aposta nas potencialidades futuras, que se depositam nesta situação básica de responsabilidade aquiliana – em especial para a resolução dos casos concretos – que enveredamos por este tema, calcorreando um caminho que, no Direito civil português, permanece ainda parcialmente por desbravar.

§ 2.° Delimitação do objecto de estudo

I. Uma investigação situada no complexo mosaico da responsabilidade civil implica uma rigorosa delimitação negativa do seu objecto. Colocam-se, assim, fora do objecto central deste périplo investigatório vastas áreas da responsabilidade civil, como a responsabilidade obrigacional[21-22],

---

[19] KANT, *Prolegómenos a Toda a Metafísica Futura que queira apresentar-se como Ciência* (trad. port.), Ed. 70, 1987, p. 17.

[20] Neste processo, é essencial uma redogmatização crítica dos problemas que circundam as normas de protecção. Sobre o conceito de dogmática crítica, MIGUEL TEIXEIRA DE SOUSA, "Da crítica da dogmática à dogmática crítica", Dir, Ano 121.°, (1989), IV, p. 733, como controlo crítico da Ciência Jurídica, orientação para o caso concreto, recepção de componentes não axiomáticos, combinação de uma dogmática ôntica e deôntica, substituição das justificações axiomáticas por argumentações racionais sobre o caso concreto, visão integrada de normas e casos concretos através de uma postura problemático-valorativa.

[21] A discussão em torno de uma concepção de unidade ou dualidade da responsabilidade obrigacional e delitual não cabe no âmbito do projecto de investigação. De salientar contudo que na doutrina nacional uma tendência unitária tem vindo a ser paulatinamente substituída por uma visão dualista. Como expoentes desta compreensão unitária, MANUEL GOMES DA SILVA, *O dever de prestar e o dever de indemnizar,* vol. I, Lisboa, 1944, pp. 192 e 210, PESSOA JORGE, *Ensaio sobre os pressupostos da responsabilidade civil,* 3.ª reimp, Almedina, Coimbra, 1999, p. 41, MÁRIO JÚLIO DE ALMEIDA COSTA, *Direito das Obrigações,* 10.ª ed., reelaborada, 2006, pp. 539 e ss e 562, e MENEZES CORDEIRO, *Direito das Obrigações,* 2.° vol., (reimp.), AAFDL, Lisboa, 2001, p. 276, que veio posteriormente defender uma concepção dualista em *Da responsabilidade civil dos administradores,* pp. 19 e 470. Mais recentemente, cfr. DÁRIO MOURA VICENTE, *Da Responsabilidade Pré-contratual em Direito Internacional Privado,* Almedina, Coimbra, 2001, pp. 109-111 e 149-155, salientando as diferenças existentes através de uma grelha comparativa, conclui (p. 155) que é necessário *"reconhecer a existência de limites à possibilidade de uma distinção: embora se possam apontar os caracteres distintivos fundamentais e formular um conceito central de responsabilidade contratual e de responsabilidade extracontratual".* Ainda nesta visão

unitária, Luís Menezes Leitão, "Acidentes de trabalho e Responsabilidade civil (A natureza jurídica da reparação de danos emergentes de acidentes de trabalho e a distinção entre a responsabilidade obrigacional e delitual", ROA, Ano 48, (1988), pp. 779-792.

[22] Relativizando a separação que assenta nos deveres genéricos e especiais e/ou na existência de uma relação pré-existente, uma vez que à esfera delitual também pode importar a violação de deveres específicos, entende-se que na diferenciação estrutural dos regimes jurídicos se salienta o papel da auto-vinculação e da hetero-vinculação e a relevância da omissão enquanto ausência do desenvolvimento de uma conduta prometida no campo obrigacional fora do quadro das obrigações de *non facere*. Não parece de subscrever, porém, a teoria de que uma consideração unitária dos pressupostos da responsabilidade nas duas categorias de responsabilidade implique necessariamente uma unidade da responsabilidade subjectiva. Em sentido divergente, Luís Menezes Leitão, *Direito das Obrigações*, vol. I, Introdução da constituição das Obrigações, 5.ª ed., Almedina, Coimbra, 2006, p. 348. Não parece igualmente defensável uma concepção unitária com base na ideia de que ambas as categorias funcionam como meios de tutela de direitos subjectivos, uma vez que responsabilidade delitual e obrigacional protegem igualmente situações jurídicas que não se reconduzem à referida categoria. Defendendo esta posição, Santos Júnior, *Da responsabilidade civil de terceiro por lesão do direito de crédito,* Almedina, Coimbra, 2003, p. 207, acrescentando a existência de uma unidade essencial, apesar da diferença de regimes (p. 205). A noção estrutural à responsabilidade civil é a de dano. Daqui a falta de algum realismo entre o conceito de dano e de ilicitude que percorre a noção de direito subjectivo, porquanto nem toda a violação de direitos subjectivos implica um dano, *v.g.* um dano ressarcível. Regista-se igualmente a possibilidade dos danos poderem ocorrer *extra muros* da figura do direito subjectivo. Defendendo uma maior dificuldade de aderência à realidade do direito subjectivo e a sua substituição pelo conceito de dever, que potencia maior unidade à compreensão dos diferentes tipos delituais (Pessoa Jorge). Defendendo do mesmo modo uma concepção unitária da responsabilidade civil, Pedro Romano Martinez, *Direito das Obrigações*, Apontamentos, AAFDL, Lisboa, 2.ª ed., 2004, pp. 86 e ss, que aceita igualmente o concurso entre a *obligatio ex contractu* e a *obligatio ex delictu* (p.80). Não parece também decisiva a recondução ao regime de responsabilidade delitual ou obrigacional das responsabilidades especiais consagradas legalmente, como a responsabilidade por *culpa in contrahendo* e as de desenvolvimento jurisprudencial ou doutrinário, como a *culpa post pactum finitum*, o contrato com eficácia de protecção para terceiros e a relação corrente de negócios. Trata-se de regimes que se autonomizam daqueles modelos de responsabilidade e a sua recondução exclusiva a uma responsabilidade pela violação da confiança ou das expectativas pode também não ser a mais adequada. Admitindo um *tercium genus* de responsabilidade na doutrina nacional, Batista Machado, "A cláusula do razoável", Obra dispersa, vol. I, pp. 558 e 579, Sinde Monteiro, *Responsabilidade por conselhos, recomendações e informações,* Almedina, Coimbra, 1989, pp. 509 e 640, e Carneiro da Frada, *Contrato e Deveres de Protecção*, p. 257, e *Uma "terceira via"*, pp. 5, 22 e 85. No sentido da construção de uma teoria pura da confiança na base destas responsabilida-

des especiais (CARNEIRO DA FRADA, *Teoria da Confiança e Responsabilidade civil*, Almedina, Coimbra, 2004). No mesmo sentido, CARNEIRO DA FRADA/MARIA JOÃO PESTANA DE VASCONCELOS, *Danos económicos puros*, p. 158. No sentido de considerar estes casos de responsabilidade como zonas cinzentas que postulam uma qualificação intermédia, sujeita a um regime específico, a descobrir caso a caso através das regras da integração de lacunas, cfr. LUÍS MENEZES LEITÃO, *Direito das Obrigações*, I, p. 348. A favor do abandonar qualquer classificação bipolar entre responsabilidade obrigacional e extra-obrigacional, SINDE MONTEIRO, "Rudimentos da Responsabilidade Civil", RFDUP, Ano II, 2005, p. 351, admitindo o cúmulo de ambas por um concurso de normas que fundamentam uma única pretensão (p. 353). Sobre o cúmulo de responsabilidades e o papel do § 823, II BGB, CHRISTIAN VON BAR, "Comparative Law of Obligations: Methodology and Epistemology", *Epistemology and Methodology of Comparative Law*, Hart, Oxford, 2004, p. 134. Cfr. ainda o desenvolvido trabalho de PETER SCHLECHTRIEM, *Vertragsordnung und außervertragliche Haftung, Eine rechtsvergleichende Untersuchung zur Konkurrenz von Ansprüchen aus Vertrag und Delikt im französischen, amerikanischen und deutschen Recht*, Alfred Metzner Verlag, Frankfurt, 1972, pp. 27 e ss. Segue-se, neste domínio, CARNEIRO DA FRADA, *Teoria da confiança*, p. 271, (n. 349), apesar da existência de diferenças (*como entre peras e maçãs*), a um nível de uma maior abstracção poder-se-á construir uma teorização global do fenómeno da responsabilidade civil, como complementares (*como queijo e bolachas*). A questão relevante para o contexto em que nos movemos não passa por admitir a similaridade e complementariedade, mas por indagar como é que o espaço de uma recorta o espaço de outra (carácter relativo) e em que medida é que existe espaço para novas modalidades de responsabilidade ou se as "novas" responsabilidades não estão a subtrair situações materialmente localizáveis nessas responsabilidades e a criar artificialmente novos domínios com pouca justificação material ou aderência à realidade. É esta a perspectiva de análise que entendemos adoptar. Neste sentido, afastamo-nos de uma visão unitária da responsabilidade e valorizamos sobretudo as diferenças nos diferentes títulos de imputação. A valorização das diferenças estende-se igualmente às situações básicas de responsabilidade dentro da imputação delitual. Sobre a diferença entre *Tatbestand* de responsabilidade e princípios de imputação, CARNEIRO DA FRADA, ""Vinho Novo em Odres Velhos", A responsabilidade civil das "operadoras de Internet" e a doutrina comum de imputação de danos", ROA, Ano 59.°, Abril, (1999), p. 670. CARNEIRO DA FRADA *Direito Civil*, p. 18, (n. 14), considera que a visão diferenciada das responsabilidade delitual e obrigacional que tem defendido desde *Contrato e Deveres de Protecção* vai contra a corrente dominante. Esta é, no entanto, a posição de que se parte. Neste sentido, também, mais recentemente, MAFALDA MIRANDA BARBOSA, *Reflexões em Torno da Responsabilidade Civil*, p. 511, defendendo que a responsabilidade obrigacional e extra-obrigacional se distinguem estruturalmente, funcionalmente e normativo-axiologicamente. Para mais desenvolvimentos sobre estas perspectivas, MAFALDA MIRANDA BARBOSA, *Liberdade vs. Responsabilidade – A precaução como fundamento da imputação delitual?*, Almedina, Coimbra, 2006, pp. 39 e ss.

por *culpa in contrahendo*[23], a responsabilidade civil de terceiro por lesão de direitos de crédito[24], a responsabilidade do produtor[25] e, em geral, todas as modalidades de responsabilidade objectiva e por actos lícitos ou problemas que envolvem um conjunto de questões autónomas como a liquidação de dano de terceiro (*"Drittschadensliquidation"*), a responsabilidade civil das pessoas colectivas ou a comparticipação.

Os campos de intersecção implicam, não obstante, um recurso a estes domínios da responsabilidade civil – na estrita medida do essencial –, para o tema a desenvolver. Na intersecção entre a responsabilidade delitual e outros títulos de imputação surgem alguns casos de responsabilidade especiais[26], que exigem o enquadramento de questões que se reconduzem às normas de protecção. Porém, responsabilidades civis especiais como a pelo prospecto, dos administradores das sociedades comerciais, por danos ao ambiente, médica e hospitalar conhecem desenvolvimento que justifica o seu tratamento autónomo, pelo que se excluem desta investigação. Igualmente, a responsabilidade civil do Estado coloca problemas particulares no domínio da autonomia pública[27], que, por razões de economia da exposição e da necessária delimitação do tema, não podem ser objecto desta

---

[23] MENEZES CORDEIRO, *Da Boa Fé no Direito Civil*, 3.ª reimpressão, Almedina, Coimbra, 2007, pp. 527-585, CARNEIRO DA FRADA, *Teoria da Confiança*, pp. 480-527, PAULO SOARES DO NASCIMENTO, "A responsabilidade pré-contratual pela ruptura das negociações e a recusa injustificada de formalização do contrato", Estudos em homenagem ao Prof. Doutor Inocêncio Galvão Telles, 2003, vol. 4, pp. 179-262, DÁRIO MOURA VICENTE, *Da responsabilidade*, pp. 239 e ss, e "A responsabilidade pré-contratual no código civil brasileiro de 2002", Separata de Estudos em honra do Prof Doutor Ruy Albuquerque, vol. 1, 2006, pp. 315-330.

[24] SANTOS JÚNIOR, *Da responsabilidade civil de terceiro*, pp. 267 e ss.

[25] JOÃO CALVÃO DA SILVA, *Responsabilidade civil do produtor*, Almedina Coimbra, 1990, pp. 3 e ss, e MOTA PINTO/CALVÃO DA SILVA, "Responsabilidade civil do produtor", Dir, Ano 121.°, (1989), II, pp. 273-312.

[26] Entre outras, a responsabilidade por acidentes de viação, a responsabilidade dos administradores ou gerentes de sociedades, a responsabilidade do produtor, a responsabilidade ambiental, a responsabilidade dos provedores de serviço na Internet e as responsabilidades profissionais. No contexto da presente dissertação não se pode dar um tratamento principal a estas modalidades de responsabilidade. Referências serão, porém, feitas, sempre que se mostrem essenciais ao desenvolvimento do tema.

[27] Sobre o conceito de autonomia pública como ausência de predeterminação integral do acto, SÉRVULO CORREIA, *Legalidade e Autonomia Contratual nos Contratos Administrativos*, Almedina, Coimbra, 2003, pp. 465 e ss (em especial, p. 471).

Introdução 25

dissertação[28]. No entanto, de referir genericamente que o recuo do Estado e das pessoas colectivas públicas no desempenho de funções económicas e sociais implica que estas tarefas sejam prosseguidas no mercado por particulares em modelos de responsabilidade de função social acrescida.

A "questão-tipo"[29] de que se parte reconduz-se aos danos provocados na concorrência e ao seu ressarcimento. Trata-se de uma questão de carácter genérico que se tem de articular, em termos sistemáticos, com outros temas de significativa elaboração doutrinária recente, tais como a responsabilidade por informações, conselhos e recomendações, os deveres do tráfego e a indemnização de danos puramente patrimoniais, pelo que frequentemente ter-se-á de fazer incursões por feixes mais abrangentes de questões de responsabilidade delitual.

§ 3.º Fixação terminológica

I. Na presente dissertação impõe-se enfrentar uma questão prévia, sob pena da imprecisão conceptual acompanhar todo o fio investigatório. Trata-se de encontrar um sentido útil e preciso para um conjunto de conceitos que percorrem toda a exposição, que permita compreender a sua utilização na doutrina, estrangeira e nacional, que se debruça sobre as normas de protecção, permitindo que a sua análise e crítica sejam erigidas de uma forma rigorosa. Falamos de conceitos como interesse, interesses puramente patrimoniais, património e danos puramente patrimoniais. *"O Direito progride diversificando os seus conceitos"*[30], pelo que se impõe, ainda que recusando um puro conceptualismo, uma investigação propedêutica sobre estes conceitos.

O conceito de interesse tem sido objecto de significativa relutância na doutrina portuguesa. Como expoente desta tendência negativa, de salien-

---

[28] CARNEIRO DA FRADA/MARIA JOÃO PESTANA DE VASCONCELOS, *Danos económicos puros*, p. 151, referindo-se à responsabilidade do Estado em matéria de danos puramente patrimoniais como sendo um tema por desbravar com "matizes próprias e sensíveis".

[29] CARNEIRO DA FRADA/MARIA JOÃO PESTANA DE VASCONCELOS, *Danos económicos puros*, p. 151, utilizam a expressão "situações-modelo".

[30] MENEZES CORDEIRO, *Tratado de Direito Civil Português*, I, Parte Geral, Tomo III, 2.ª ed., Almedina, Coimbra, 2007, p. 297.

tar MENEZES CORDEIRO, para quem a noção tem essencialmente dois sentidos, ambos imprestáveis. *i)* Num sentido subjectivo, o interesse traduz uma relação de apetência entre o sujeito considerado e as realidades que entende aptas a satisfazer as suas necessidades[31]. *ii)* Num sentido objectivo, o interesse traduz a relação do sujeito com necessidades e os bens aptos a satisfazê-las. Estes sentidos correspondem a diferentes prismas de análise: *i)* o subjectivo parte do sujeito e da noção de necessidade; *ii)* o objectivo parte do bem e da sua aptidão para satisfazer necessidades do sujeito. Estes sentidos também aproximam o conceito de interesse do de bem, na medida em que este surge como uma realidade apta a satisfazer certas necessidades (sentido objectivo) ou apetências (sentido subjectivo) da pessoa[32].

Entende MENEZES CORDEIRO que faltaria ao conceito de interesse a instrumentação necessária para fazer dele um conceito actuante e útil, só sendo relevante quando permite ao sujeito definir os interesses e o modo de os prosseguir, caso contrário reconduzir-se-ia a meras *normas de conduta.* Ora, como ponto de partida dos interesses aparecem *normas de conduta,* que permitem acautelar um objectivo normativo e/ou um resultado que não seria alcançado sem a sua autonomização no ordenamento jurídico. Por este prisma, o interesse é simultaneamente o objectivo, o fundamento e o âmbito de protecção da norma. Para efeitos do desenvolvimento da exposição, o interesse deve ser enquadrado como o objectivo e o fundamento da norma, resultado de um processo interpretativo sobre o enunciado normativo, bem como o âmbito de protecção delitual. Nestes termos, defende-se uma concepção objectiva de interesse. O conceito de interesses puramente patrimoniais aponta para um escopo de protecção patrimonial de *normas de conduta* específicas.

Recusando a sua operacionalidade dogmática, numa postura de superação da jurisprudência dos interesses, indiscutível parece ser o recurso sistemático no Código civil ao conceito de interesse[33]. Doutrinaria e juris-

---

[31] MENEZES CORDEIRO, *Tratado de Direito Civil Português,* I, Parte Geral, Tomo II, 2.ª ed., Almedina, Coimbra, 2002, p. 203.

[32] MENEZES CORDEIRO, *Tratado de Direito Civil Português,* III, 77. Seguindo a posição de MENEZES CORDEIRO, PEDRO DE ALBUQUERQUE, *Representação voluntária em Direito Civil (Ensaio de Reconstrução dogmática),* Almedina, Coimbra, 2004, p. 939, (n. 1477).

[33] Com recurso ao trabalho de JOSÉ DIAS MARQUES, "Índice dos Vocábulos do Código Civil Português", RFDUL, vol. XXVIII, (1987), pp. 237-238, o interesse surge-nos

nos artigos 41.º, n.º 2, 79.º, n.º 2, 157.º, 188.º, n.º 1, 190.º, n.º 1, 265.º, n.º 3, 287.º, n.º 1, 305.º, n.º 1, 340.º, n.º 3, 353.º, n.º 2, 398.º, n.º 2, 443.º, n.º 1, 445.º, 448.º, n.º 2, 464.º, 465.º, 466.º, n.º 2, 468.º, n.º 1, 502.º, 503.º, n.º 1, 507.º, n.º 2, 509.º, n.º 1, 575.º, 586.º, 607.º, 616.º, n.º 1, 682.º, 738.º, n.º 1, 743.º, 770.º, 787.º, n.º 1, 788.º, n.º 1, 792.º, n.º 2, 793.º, n.º 2, 802.º, n.º 2, 808.º, 808.º, n.º1, 808.º, n.º 2, 871.º, n.º 2, 871.º, n.º 3, 871.º, n.º 4, 882.º, n.º3, 1169.º, 1170.º, n.º2, 1173.º, 1175.º, 1193.º, 1344.º, n.º 2, 1352.º, n.º 3, 1366.º, n.º 2, 1424.º, n.º 1, 1464.º, n.º 1, 1560.º, n.º2, 1651.º, n.º 2, 1661.º, n.º1, 2236.º, n.º1, 2236.º, n.º 2, 2238.º, n.º 2, sendo ainda utilizado no plural nos artigos 72.º, n.º 2, 92.º, n.º 2, 94.º, n.º 2, 176.º, n.º 1, 212.º, n.º 2, 261.º, n.º 1, 336.º, n.º 3, 376.º, n.º 2, 445.º, 483.º, n.º 1, 1568.º, n.º 1, 1882.º, 1885.º, n.º 2, 1895.º, 1956.º, 2001.º e 2291.º, n.º 2. Este prolixo recurso ao conceito de interesse parece apontar para o seu carácter incontornável. É claro que ao longo destas disposições encontram-se variadas acepções de interesse, que vão desde o interesse na escolha de lei, ao interesse público, ao interesse social, referido em relação às pessoas colectivas públicas, ao interesse na invalidade do acto, ao interesse na prescrição, ao interesse do credor na prestação digno de protecção legal, ao interesse digno de protecção legal no contrato a favor de terceiros, aos interesses de herdeiros legitimários, ao interesse do *dominus*, ao interesse na utilização de animais, de veículos de circulação terrestre e de instalações de energia eléctrica e de gás, ao interesse jurídico na apresentação de documentos, ao interesse comum dos credores, à perda do interesse do credor, ao legítimo interesse do credor, ao interesse comum no mandato, ao interesse em impedir actos em altitude ou profundidade em relação aos proprietários. A palavra interesse perpassa todos os ramos de Direito Civil. Negar a sua operacionalidade dogmática pressupõe, no mínimo, que se encontre um termo de substituição (ou vários) que permita(m) trazer alguma limpidez a esta pluralidade de sentidos em que é utilizado. Alternativa seria conseguir apresentar a instrumentação necessária para lhe dar operacionalidade, pelo menos em determinadas áreas. Desde há muito que defendemos o carácter plurissignificativo do conceito de interesse e que só através da sua delimitação poderia ser aproveitado para a Ciência Jurídica. Cfr. o nosso "Estudo sobre os interesses protegidos e a legitimidade na concorrência desleal", RFDUL, vol. XXXVII, (1996), 47. Neste estudo, dedicado à concorrência desleal, preconiza-se que os interesses adquiram ao nível da ilicitude uma dupla relevância, que se reporta a dois momentos distintos: no plano objectivo, como fundamento do *Tatbestand*, isto, numa função delimitadora pré-legislativa dos comportamentos ilícitos, atendendo aos *interesses violáveis* e, posteriormente, no plano subjectivo, enquanto designam os titulares da reacção ao ilícito, enquadrando os *interesses violados* (p. 49). À época, propusemos que a individualização dos interesses protegidos não pudesse ser fundada sobre dados empíricos, exigindo uma rigorosa interpretação do âmbito das regras que os conferem, pelo que se devia primeiro determinar o meio de tutela e, logo de seguida, a sua esfera de legitimidade. Actualmente, vai-se no sentido de que as normas de protecção são normas que restringem a liberdade de acção, designadamente a liberdade de concorrência, como modalidade daquela, com um âmbito de protecção abstracto da generalidade, sendo, neste ponto, normas de interesse público, e com um âmbito de pro-

prudencialmente as referências encontram-se igualmente presentes, sendo, amiúde, incontornáveis, ainda que muitas vezes conceptualmente substituídas por valores ou bens jurídicos[34].

Nesta matéria, CARNEIRO DA FRADA refere-se à caracterização "ontológica" do interesse, ao reflexo da sua especificidade nas características da acção danosa[35] ou à textura "exterior" do interesse afectado, fazendo-o corresponder a bens económicos ao dispor dos sujeitos que lhes podem ser atribuídos com um grau de concretização extremamente reduzido, como simples *chances, know how*, oportunidades insusceptíveis de apropriação individual[36]. Este parece ser o conteúdo positivo do

---

tecção concreto, que pressupõe a proximidade fáctica e o conflito directo com a liberdade de acção de outrem, através da intromissão e da eventual lesão no âmbito de protecção da esfera jurídica de terceiro. Ora, é na resolução deste conflito que pode surgir o interesse digno de protecção de terceiro, sendo que será a norma e o sistema a responder se esse interesse tem protecção e natureza pessoal ou patrimonial. Daqui que não se trate de meros "interesses genéticos" na expressão de COING. Cfr. CLAUS-WILHELM CANARIS, *Pensamento sistemático e conceito de sistema na Ciência do Direito*, p. 62.

[34] Para uma valorização da categoria de interesse, ORLANDO DE CARVALHO, *Para uma teoria da relação jurídica civil. I. A teoria geral da relação jurídica, Seu sentido e limites*, 2.ª edição, Centelha, 1981, pp. 95-96: "*E não devem tomar-se como objecto a se stante ou sequer preferencial da pesquisa científica – se por ciência do Direito se entende alguma coisa de verdadeiramente empenhado no Direito em si mesmo, isto é, na dinâmica dos conflitos humanos. Se algo há a conhecer para a solução desses conflitos e que é papel preferencial da ciência, são além, das regras da lei tanto explícitas como implícitas (e das razões das opções que coenvolvem), os próprios núcleos geradores dos conflitos, os próprios interesses em jogo e as fontes de interesses: são "os conceitos de interesse" ainda na linguagem de Heck, esses sim, transcendentes para fins de disciplina. Sem que, porém, isto resulte num sociologismo tão erróneo como o corrente juridicismo formalista, contrapondo ao engano de um Direito sem real – alienado ou divorciado da vida – o não menor engano de uma realidade sem Direito: ignorante de que a função do Direito não é tanto a pesquisa da própria essência das coisas como um controlo eficaz sobre as acções que lhes concernem*" e FERNANDO BRONZE, *A metodonomologia entre a semelhança e a diferença (reflexão problematizante dos pólos da radical matriz analógica do discurso jurídico*, BFDUC, *SI* 3, 1994, p. 44, (n. 94), concebendo o interesse não como o que divide, o que se interpõe, mas como o que entretece e, com isso, une. No quadro da realização concreta do direito, o interesse não é um mero *datum* a apurar e a definir em termos sociológicos, mas uma dimensão a compreender e a ponderar axiologicamente pela reflexão metodológica, que tem de ser aferida por critérios normativos, ainda que espacio-temporalmente condicionados.

[35] CARNEIRO DA FRADA, *Teoria da confiança*, p. 241 (n. 205).

[36] CARNEIRO DA FRADA, *Teoria da confiança*, pp. 244-245.

Introdução 29

interesse no domínio do pano de fundo da liberdade de concorrência e das normas de protecção da concorrência.

II. O conceito de património foi objecto de profunda e criteriosa análise na doutrina nacional, em especial por PAULO CUNHA[37], no quadro sobretudo da compreensão dos patrimónios autónomos e da responsabilidade patrimonial, apresentando-o como *massas de responsabilidade*, como um conjunto de bens unificado por uma identidade de regime jurídico quanto à responsabilidade por dívidas[38]. Mais recentemente, MENEZES CORDEIRO sujeitou a teoria do património a significativo escrutínio, demonstrando que, para diversos efeitos dogmáticos e práticos quer no domínio da sucessão, quer no domínio da responsabilidade patrimonial, quer na administração de bens de uma pessoa, haveria que recorrer e manusear uma técnica de conjunto, lidando com todas as posições jurídicas avaliáveis em dinheiro de uma pessoa. Esta técnica de conjunto acentuaria o nexo que liga o património à pessoa[39]. MENEZES CORDEIRO chama a atenção para algum desânimo da doutrina recente em relação à noção de património, não definida na lei[40], susceptível de aplicações em campos

---

[37] PAULO CUNHA, *Do Património. Estudo de Direito privado*, I, Lisboa, 1934. Cfr. ainda a tradução por António de Arruda Ferrer Correia de HANS ALBRECHT FISCHER, *A Reparação dos danos no Direito Civil*, Arménio Amado, Coimbra, 1938, § 2, pp. 13-33, JOSÉ DIAS MARQUES, *Teoria Geral do Direito Civil*, vol. I, Lições do Curso de 1956-1957, Coimbra Editora, 1958, pp. 254-257, CASTRO MENDES, *Direito Civil. Teoria Geral*, De harmonia com as lições dadas ao 1.º ano jurídico da Universidade Católica Portuguesa pelo Prof. João Castro Mendes, com a colaboração do Dr. Armindo Ribeiro Mendes, pp. 189-192, (Há edição mais recente de CASTRO MENDES, *Direito Civil. Teoria Geral*, AAFDL, Lisboa, 1995, pp. 132-141), apresentando o património global como esfera patrimonial, *i.e.*, conjunto de direitos e deveres avaliáveis em dinheiro, pertecentes em certo momento a um particular. O conceito de fazenda previsto no artigo 255.º/2 corresponde ao património bruto. Distingue uma função interna como base material da vida do seu titular e uma função externa como garantia dos credores. INOCÊNCIO GALVÃO TELLES, *Teoria Geral do Direito Civil*, Universidade Livre, Departamento de Direito, pp. 104 e ss, distinguindo património global, bruto, liquido e os patrimónios autónomos e colectivos.

[38] MENEZES CORDEIRO, *Tratado de Direito Civil Português*, II, p. 180.

[39] MENEZES CORDEIRO, *Tratado de Direito Civil Português*, II, p. 182.

[40] JOSÉ DIAS MARQUES, "Índice dos Vocábulos do Código Civil Português", RFDUL, vol. XXVIII, (1987), p. 266, surgem com referência ao património os seguintes artigos do Código Civil: 119.º, n.º 1, 152.º, 154.º, 167.º, n.º 1 e n.º 2, 181.º, 184.º, n.º 1, 188.º, n.º 3, 190.º, n.º 1, c), 191.º, n.º 1 e n.º 2, 193.º, 198.º, n.º 1 e n.º 2, 337.º, n.º 1, 616.º, n.º 1, 735.º, n.º 2, 764.º, n.º 2, 817.º, 940.º, n.º 1, 961.º, 997.º, n.º 2, 998.º, n.º 2,

muito diferenciados, apresentando, por isso, uma noção cautelosa de património como *"o conjunto de posições activas patrimoniais unificado em função de determinado ponto de vista"*[41].

No contexto presente, importa compreender o património como bem jurídico de protecção delitual, para além dos direitos subjectivos com alcance económico[42]. Para este ponto de vista, não se acolhe um conceito unitário que seja prestável para o campo sucessório ou da responsabilidade patrimonial em geral, mas antes uma concepção de património como bem jurídico delitualmente protegido. Sob esta perspectiva, a noção de património é uma abstracção que, à semelhança do conceito de interesse, tem de ser reconduzida ao objectivo e âmbito de protecção da norma na sua projecção de critério normativo de resolução de casos concretos, sob pena de puro nominalismo e consequentes criptofundamentações.

Não se exige, assim, uma técnica de conjunto, mas, diferentemente, uma técnica de diferenciação, na medida em que pressupõe uma triagem entre as "realidades" patrimoniais objecto de direitos subjectivos e as demais. A sua delimitação negativa da figura dos direitos subjectivos coloca especiais dificuldades mercê de não permitir afirmar, de forma positiva, as realidades que compreende e o seu carácter jurídico[43]. A sua abstracção traduz-se num bem jurídico protegido de forma negativa, pressupondo violação normativa, mas sem qualquer retaguarda de protecção. É derivante desta concepção da existência de espaços de tutela jurídica, protegidos enquanto âmbito e resultado da violação, que se

---

1009.º, n.º 1, 1010.º, 1014.º, n.º 2, 1015.º, 1345.º, 1678.º, n.º 2, 1685.º, n.º 2, 1686.º, n.º 1, 1689.º, n.ᵒˢ 1, 2 e 3, 1693, n.º 2, 1697.º, n.º 2, 1722.º, n.º 2, 1727.º, 1728.º, n.º 1, 1730.º, 1731.º, 1732.º, 1750.º, n.º 2, 1770.º, 1938.º, n.º 1, d), 2030.º, n.ᵒˢ 2 e 4, 2068.º, 2072.º, n.º 1, 2073.º, n.ᵒˢ 1 e 2, 2081.º, 2086.º, 2101.º, n.º 2, 2162.º, n.º 1, 2252.º, n.º 2, 2253.º, 2254.º, n.ᵒˢ 1 e 2. Nestas disposições o património é uma noção estável, sendo utilizada no contexto da ausência, da inabilitação, do património social das associações, fundações e sociedades civis puras, da legítima defesa, da impugnação pauliana, da acção de cumprimento, do princípio da excussão prévia, do património do Estado, do património comum dos cônjuges, do património do *de cujus* e do património hereditário.

[41] MENEZES CORDEIRO, *Tratado de Direito Civil Português,* II, p. 266.

[42] SINDE MONTEIRO, *Responsabilidade por conselhos,* p. 190, afirmando que se existe uma violação (ilicitude decorrente de uma situação básica delitual), o dano patrimonial é indemnizado, porém, o património *qua tale* não é protegido.

[43] CARNEIRO DA FRADA/MARIA JOÃO PESTANA DE VASCONCELOS, *Danos económicos puros,* p. 155, admitem que, ainda que meramente negativa, a noção pode ser útil.

autonomizam os interesses puramente patrimoniais, pressupondo a violação de normas de conduta.

O conceito de danos puramente patrimoniais permite a autonomização de interesses puramente patrimoniais[44]. A negação do primeiro pressupõe a negação do segundo. O reconhecimento do primeiro pressupõe o reconhecimento do segundo. Este tema, na medida em que os interesses puramente patrimoniais se autonomizam nas normas de protecção, e as normas de conduta podem ser qualificadas de protecção, na medida em que protegem interesses puramente patrimoniais dignos de protecção, contribui para uma circularidade de explicações, em que se acentua o plano normativo, pois, no limite, são as normas que criam o bem jurídico protegido[45]. Daí que sob a designação de dano puramente patrimonial não se esteja perante uma qualificação do dano, mas antes perante um problema a trabalhar em sede de ilicitude, mais concretamente a protecção delitual do património intangível[46]. O relevo duma concepção normativista subjacente a esta fenomenologia exige que se analise a questão metodológica de modo a que toda a construção não se reconduza a puros platonismos, enquanto reflexos das normas, sendo essencial a aderência de qualquer teoria à realidade, pressupondo a ponderação do sistema e a importância dos resultados na resolução de casos concretos.

III. Uma das tendências actuais para superar um excessivo normativismo no enquadramento da responsabilidade civil e permitir uma cons-

---

[44] O conceito de interesse puramente patrimonial insere-se na ilicitude e releva predominantemente em sede de uma concepção de ilicitude diferenciada pelos bens e interesses delitualmente protegidos, enquanto que o conceito de dano puramente patrimonial pode igualmente ser contextualizado enquanto modalidade de dano, desde que não mascarando a problemática da ilicitude que lhe está na sua base. Fazendo corresponder o objecto do dano ao objecto do facto danoso ao conceito jurídico de prejuízo que corresponderia ao interesse, JOÃO DE CASTRO MENDES, "Do Conceito Jurídico de Prejuízo", Jornal do Foro, (1953), Lisboa, p. 9, (n. 20).

[45] CARNEIRO DA FRADA, *Direito Civil. Responsabilidade Civil,* p. 90, (n. 106), defende que o dano não pode definir-se como interesse legalmente protegido, pois haveria sobreposição com a ilicitude.

[46] SINDE MONTEIRO, "Responsabilidade delitual. Da ilicitude", *Comemorações dos 35 Anos do Código Civil e dos 25 anos da Reforma de 1977,* vol. III, Direito das Obrigações, Coimbra Ed., Coimbra, 2007, p. 477, reconhece que a perspectiva dos interesses protegidos não representa a superação da ilicitude, mas apenas um *aggiornamento.*

trução unitária do instituto passa, segundo Menezes Cordeiro[47], pela *"construção da responsabilidade civil a partir do dano"* que, contrariamente a uma inicial tendência de *"preterição da distinção histórica entre a responsabilidade contratual e extra-contratual"*, nos parece ter contribuído para aprofundar as diferenças dos diferentes títulos de imputação e, no interior da imputação delitual, das diferentes situações básicas delituais[48], bem como, porventura, para autonomizar novas vias de imputação de danos, sendo a linha de aprofundamento da diferenciação dos diferentes títulos e situações básicas de imputação que se seguirá no contexto do desenvolvimento da presente dissertação.

A construção dogmática da responsabilidade civil a partir do pólo do dano contribuiu para evidenciar novas latitudes de protecção e para ampliar a noção de ilicitude. Desta tendência moderna da responsabilidade civil resultaram, assim, novas abordagens da sua fenomenologia, das quais se salienta – no domínio pessoal – ampliando a protecção dos direitos de personalidade, o "dano existencial"[49], e – no domínio patrimonial – estendendo a sua tutela fora dos direitos subjectivos absolutos – o dano puramente patrimonial. Fundamental é a compreensão que, nestes casos, se trata de um alargamento da ilicitude e não de uma mera tipologia de danos. Porém, a autonomização de novos bens jurídico-delituais projecta-se no dano, na medida em que surge como o resultado da lesão de utilidades juridicamente protegidas.

A presente dissertação não visa estudar uma modalidade de danos, sob a designação controversa de danos puramente patrimoniais, mas antes investigar a necessidade de autonomização de novos bens delituais de protecção, pelo que se situa essencialmente no pólo da ilicitude[50]. Não pode-

---

[47] Menezes Cordeiro, *Direito das Obrigações*, 2.º vol, p. 265.

[48] Carneiro da Frada/Maria João Pestana de Vasconcelos, *Danos económicos puros*, p. 155, preconizam que o estudo a partir do dano proporciona novidades e aprofundamentos no campo da Ciência Jurídica. A este propósito, a doutrina italiana tem contribuído para a autonomia de novos problemas da responsabilidade civil através do conceito de "dano injusto", designadamente o dano ecológico ou, mais recentemente, o dano existencial que funciona como um correlato do dano puramente patrimonial no campo da tutela da pessoa.

[49] Sobre o dano existencial, Giorgio Pedrazzi, "Il danno esistenziale", Tredici variazioni sul tema (Giulio Ponzanelli), Cedam, 2002, pp. 41-66.

[50] Júlio Vieira Gomes, "Sobre o dano da perda de chance", Direito e Justiça, vol. XIX, (2005), Tomo II, p. 9, chamando a atenção para o facto da doutrina se preocupar

Introdução   33

mos, assim, dar o desenvolvimento que o conceito de dano merecia, enquanto pressuposto da responsabilidade delitual, numa altura em que os seus contornos se esfumam na multiplicidade de pespectivas que nele se abraçam[51]. Alguns aspectos, muitos sumários, devem, porém, ser elencados. O conceito de dano, à semelhança dos restantes pressupostos da responsabilidade delitual, foi objecto de profunda evolução ao longo do século XX, passando de uma concepção material (MOMMSEN), defendida no surgimento do BGB, para uma concepção normativista em NEUNER e WILBURG, acentuando-se um normativismo de tipo objectivo em RABEL, COING, BYDLINSKI, NIEDERLÄNDER, LARENZ e ZEUNER[52]. STEINDORF e SELB defenderam igualmente concepções normativistas do dano[53]. A doutrina obrigacionista moderna tem defendido que o dano tem que ser enquadrado em termos jurídicos[54], enquanto *supressão de uma vantagem tutelada pelo direito*[55]. Acresce que, para além do conceito de dano se apresentam normalmente algumas classificações[56], tais como a de dano em sentido real e em sentido patrimonial, danos emergentes e lucros cessantes, danos presentes e danos futuros e danos patrimoniais e não patrimoniais[57]. Só,

---

essenciamente com a ilicitude e a culpa, deixando o dano "na sombra" e para uma certa utilização promíscua do dano como lesão de interesse e prejuízo ressarcível.

[51] MEDICUS, "Neue Perspektiven im Schadenersatzrecht-Kommerzialisierung, Strafschadensersatz, Kollektivschaden", JZ, (2006), pp. 805-812.

[52] ZEUNER, "Schadensbegriff und Ersatz von Vermögensschaden", AcP, 163, (1964), pp. 380-400.

[53] Para esta evolução, cfr. em especial, H.J. MERTENS, *Der Begriff des Vermögensschadens im Bürgerlichen Recht*, Kohlhammer, Stuttgart, Berlin, Köln, Mainz, 1967, pp. 51-87, e HERMANN LANGE/GOTTFRIED SCHIEMANN, *Schadensersatz*, Handbuch des Schuldrechts, 3. neubearbeitete Auflage, (Joachim Gernhuber), Band 1, Mohr Siebeck, 2003, pp. 26-38. Cfr. STATIS BANAKAS, "Thoughts on a New European Tort Law", Festschrift für Erwin Deutsch Zum 70. Geburtstag, Heymanns, Köln, 1999, pp. 17-18.

[54] Sobre a necessidade de adoptar um conceito normativo de dano, CARNEIRO DA FRADA, *Direito Civil. Responsabilidade Civil*, pp. 89-90, alicerçando-o em critérios normativos e numa ponderação da ordem jurídica, sendo que entre esses critérios normativos se encontra a ilicitude.

[55] MENEZES CORDEIRO, *Direito das Obrigações*, 2.º vol, p. 284.

[56] VAZ SERRA, *Obrigação de indemnização (Colocação, Fontes, Dano, Nexo Causal, Extensão, Espécies de Indemnização). Direito de Abstenção e Remoção*, Lisboa, 1959, pp. 8 e ss.

[57] ANTUNES VARELA, *Das Obrigações em Geral*, I, 10.ª ed., (4.ª reimpressão da edição de 2000), Almedina, Coimbra, 2006, pp. 598-605, MÁRIO JÚLIO DE ALMEIDA COSTA, *Direito das Obrigações*, 10.ª ed. reelaborada, Almedina, Coimbra, 2006, pp. 590-605,

recentemente, mais precisamente nas últimas três décadas, a doutrina obrigacionista europeia tem chamado a atenção para a separação entre os danos puramente patrimoniais e os danos tangíveis, tendo a autonomização da fenomenologia dos danos puramente patrimoniais originado um interessante debate sobre os limites da imputação dos danos nos sistemas delituais e a sua abordagem no confronto entre responsabilidade delitual e obrigacional.

O dano real corresponde ao prejuízo real que o lesado sofreu *in natura*, em forma de destruição, subtracção ou deterioração de um certo bem corpóreo ou ideal, abrangendo a deterioração de uma coisa, o dispêndio de certa soma em dinheiro para fazer face a uma despesa tornada necessária, o impedimento da aquisição de determinado bem, a dor sofrida, enquanto que o dano de cálculo corresponde ao valor, expresso numa soma em dinheiro, do prejuízo sofrido, não havendo entre estes dois uma oposição essencial mas apenas duas perspectivas conciliáveis do dano[58].

NEUNER afasta-se de um conceito unitário de dano, propondo um conceito de dano dividido: dano directo e dano indirecto. A obrigação de indemnizar os danos directos resulta da violação de um direito absoluto ou relativo, de um bem jurídico ou de um interesse protegido por lei, pelo que há sempre um interesse patrimonial, devendo o dano directo ser ressarcido. Diferentemente, no dano indirecto não há um direito ou interesse legalmente protegido, pelo que só há um dano concretamente sofrido pelo lesado ou, na expressão da doutrina tradicional, um inte-

---

RIBEIRO DE FARIA, *Direito das Obrigações*, vol I., Almedina, Coimbra, 2003, pp. 480-493, MENEZES CORDEIRO, *Direito das Obrigações*, 2.° vol., pp. 285-296, LUÍS MENEZES LEITÃO, *Direito das Obrigações*, vol. I, 5.ª ed., Almedina, Coimbra, 2006, pp. 329-335 e PEDRO ROMANO MARTINEZ, *Direito das Obrigações*, Apontamentos, pp. 98-102.

[58] Segundo PEREIRA COELHO, *O Problema da Causa Virtual na Responsabilidade Civil*, (reimp. com uma nota prévia), Almedina, Coimbra, 1998, pp. 188-189. Distingue-se ainda a avaliação abstracta e a avaliação concreta do dano de cálculo. A primeira correspondente ao valor objectivo do bem atingido pelo facto, enquanto a segunda ao valor que o bem atingido tinha no património do lesado. Tendo a teoria do dano concreto obtido maior acolhimento legal e doutrinal desde os trabalhos de WALSMANN e OERTMANN. OERTMANN defendeu que o dano seria o prejuízo que o sujeito sofreu, em forma de subtracção ou danificação de um elemento do seu património ou de lesão à sua pessoa. Entende PEREIRA COELHO que esta noção de OERTMANN se reconduz à diferença entre dano real e dano de cálculo.

resse[59]. A diferenciação de NEUNER visa prosseguir o carácter sancionatório da responsabilidade delitual no dano indirecto, tendo a mesma sido criticada por PEREIRA COELHO, uma vez que o sistema positivo nacional não fornece dados para operar esta separação. Importante é salientar que esta distinção elucida pouco sobre os danos puramente patrimoniais que podem ser danos directos (pela violação de interesse legalmente protegido) ou danos indirectos (pela violação de um interesse *tout court*). Algo elucida aparentemente sobre a susceptibilidade da sua indemnização, uma vez que só a lesão dos interesses juridicamente protegidos permite a indemnização do dano puramente económico sofrido.

A separação entre danos tangíveis e danos puramente patrimoniais tem assim de ser distinguida de outras classificações tradicionais, como danos directos e indirectos e danos intrínsecos e extrínsecos. O dano directo é aquele que incide sobre a pessoa ou as coisas do lesado, enquanto que o dano indirecto é aquele que recai sobre a pessoa ou as coisas do lesado, mas que se reflecte mediatamente no património de uma terceira pessoa. No primeiro caso, há uma vítima primária. No segundo, há uma vítima secundária. O dano patrimonial indirecto, causado a terceiros, constitui um dano puramente patrimonial. A doutrina anglo-americana designa este dano por *relational economic loss*. O dano intrínseco é aquele que se produz no próprio bem afectado pela lesão. O dano extrínseco não se produz no próprio bem, mas em outros bens do património do lesado. Os danos extrínsecos de valor patrimonial não constituem danos puramente patrimoniais porque o lesado é também titular de interesses imediatamente lesados. Daqui que seja importante tratá-los como danos patrimoniais consequenciais (*consequential economic loss, Vermögensfolgenschäden*). Esta distinção é fundamental porque, enquanto que, em regra, os danos patrimoniais consequenciais são indemnizáveis, a ressarcibilidade dos danos primariamente patrimoniais é recusada em alguns sistemas.

O dano ocupa o lugar central na responsabilidade civil. Trata-se do dano patrimonial que corresponde *à diferença para menos no património do lesado*, que resulta da situação em que presentemente se encontra (situação real) e aquela que se encontraria se o facto constitutivo da obrigação de indemnizar não se tivesse verificado (situação hipotética), diferentemente do dano real que corresponde ao valor objectivo do prejuízo

---

[59] NEUNER, "Interesse und Vermögenschaden", AcP, 133, (1931), pp. 277 e ss.

sofrido. O lucro cessante só tem lugar numa concepção patrimonial do dano e só configura um dano em relação à situação hipotética do património do lesado[60].

Apenas uma avaliação concreta e dinâmica do dano permite à responsabilidade civil realizar a sua função de proteger os direitos e bens jurídicos não só em termos estáticos mas igualmente dinâmicos[61]. De salientar que, segundo PEREIRA COELHO, na obrigação de indemnizar só releva até ao limite do dano e como dano, podendo o lesado exigir apenas o dano em concreto sofrido da diferença para menos que exista no seu património[62]. Mas, esta concepção em matéria de cômputo do dano, que redunda na teoria mommseniana da diferença – na base do artigo 566.º, n.º 2, do Código Civil[63] – levanta inúmeras dificuldades no contexto do ressarcimento dos danos puramente patrimoniais, uma vez que estes não encontram reflexo no património do lesado enquanto diminuição patrimonial. Por outro lado, a reconstituição natural (artigo 562.º), que impõe a reconstituição da situação existente se não se verificasse o evento que obriga a indemnização, não se coaduna com a natureza intangível dos bens primários presentes nos danos puramente patrimoniais. Neste ponto há alguma proximidade entre os danos puramente patrimoniais e os danos morais no domínio da intangibilidade e no carácter não recuperatório da sua integridade. Ora, esta situação dificulta o ónus da prova do dano sofrido bem como a sua quantificação. Aponta-se, assim, para um alargamento do dano a ressarcir em sede delitual e para uma maior flexibilização das regras da sua quantificação. A aplicação da ideia de sistema móvel[64] à responsabilidade delitual permite compensar o carácter mais volátil do dano patrimonial puro através da exigência de uma presença mais intensa dos outros pressupostos da responsabilidade delitual.

---

[60] PEREIRA COELHO, *O enriquecimento e o dano*, Almedina, Coimbra, 1999, pp. 24-25 e pp. 35 e ss.

[61] PEREIRA COELHO, *O enriquecimento e o dano*, p. 35.

[62] PEREIRA COELHO, *O enriquecimento e o dano*, p. 67.

[63] CARNEIRO DA FRADA, *Direito Civil. Responsabilidade Civil,* 93.

[64] Neste sentido, quanto à aplicação do sistema móvel ao dano, CARNEIRO DA FRADA, *Direito Civil. Responsabilidade Civil,* p. 90, e o nosso *Estudo de Direito Privado sobre a Cláusula Geral de Concorrência Desleal*, Almedina, Coimbra, 2000, p. 167.

§ 4.° Razão de método e de ordem

I. Somos tributários da defesa da natureza *histórico-cultural do Direito* e da mitigação dos voluntarismos dos intuitos reformistas[65], que, desde SAVIGNY e da escola histórica do Direito, permitem compreender a evolução do Direito a partir da sua matriz originária romana. Esta compreensão do Direito tem sido acolhida, entre nós, essencialmente, por MENEZES CORDEIRO. Porém, apesar deste ponto de partida, entende-se que o constitucionalismo e a emergência de fenómenos económicos e sociais, que só poderiam existir de forma incipiente em Roma, não permite afirmar, actualmente, que todo o Direito civil seja direito romano actual. Para esta desromanização de algumas áreas do Direito civil terá contribuído, em parte, a especialização de algumas áreas do direito que, ao juntar-se com o desenvolvimento do Direito público, já não se deixa compreender exclusivamente através de uma evolução romanística.

Com efeito, o Direito vigente é produto e resultado da evolução bimilenar do direito romano, mas igualmente da evolução bissecular do Direito público. Acontece que, na situação actual, o Direito se apresenta com diferentes tempos: o Direito privado, no tempo e no quadro de uma sistemática integrada, o Direito público, no tempo e no quadro de uma sistemática de tipo racionalista. O Direito público é produto da segunda sistemática e desenvolve-se sobre os respectivos postulados. Ora, esta situação coloca árduas dificuldades nas áreas do direito que pressupõem uma articulação entre o Direito privado e o Direito público. Daqui que também a questão metodológica subjacente e a sequência deste trabalho transmita, em parte, a necessidade de reflexão no contexto de uma sistemática integrada no quadro do Direito civil e no contexto de uma sistemática racionalista no quadro do Direito público. Posto isto, impõe-se discorrer sobre a perspectiva metodológica subjacente a esta investigação.

II. CARNEIRO DA FRADA veio recentemente reconhecer a viabilidade da aplicação do método do caso, trabalhando-o essencialmente como método de ensino[66] e sublinhando os vários méritos que lhe podem ser assa-

---

[65] MENEZES CORDEIRO, *Tratado de Direito Civil Português,* I, p. 59.

[66] CARNEIRO DA FRADA/MARIA JOÃO PESTANA DE VASCONCELOS, *Danos económicos puros*, p.159, referem-se a uma justificação pedagógica e metodológica do método do caso.

38 *Normas de Protecção e Danos Puramente Patrimoniais*

cados neste contexto, designadamente o de inverter o ponto de mira, na medida em que o óculo é o caso, sendo a partir deste que se vai conhecer a ordem jurídica. Trata-se de uma perspectiva própria de um pensamento jusmetodológico que foca *i)* o fim prático do Direito, *ii)* o carácter constitutivo da realização do Direito e *iii)* a superação da fronteira entre localização e interpretação das normas aplicandas em relação ao caso concreto e entre questão-de-direito e questão-de-facto[67].

Apesar das incontornáveis vantagens do método do caso, não se optou pelo desenvolvimento através desta abordagem metodológica ainda que, subjacente ao objecto de investigação, se encontre um tipo de caso concreto (um problema) que se traduz no comportamento concorrencial no mercado e nos seus limites para o contexto indemnizatório. O ponto que unifica as margens de variação do comportamento concorrencial é o dano. As condutas no mercado podem ser agrupadas de acordo com características pré-seleccionadas, designadamente por atingirem todo o mercado, os concorrentes ou consumidores determinados. O método do caso opera por amostragem. No presente contexto pretende-se que o problema de que se parte evidencie a latitude dos pólos da licitude e da ilicitude. Ainda que se descole do problema, só mediante o sistema – *lex scripta* e *ius non scriptum* – se poderá obter uma resposta[68]. Assim sendo, no contexto desta dissertação, o método do caso é utilizado essencialmente para escrutínio em termos de confirmação ou falsificação das soluções[69] e ainda no contexto do tratamento da doutrina alemã e anglo-americana que se desenvolve a partir de decisões judiciais. Neste sentido, em complemento com o método do caso, opta-se pelo modelo de decisão no sentido de articular a Ciência do Direito com o sistema jurídico, descortinando argumentos para o caso concreto e conexões que apresentem valores e pesos relativos que habilitem o intérprete-aplicador a decidir com legitimidade. A partir de argumentos constroem-se modelos de decisão e a partir destes a eficácia jurídica que soluciona o problema e os casos concretos[70].

III. Na primeira parte, começaremos por uma breve evolução histórico-dogmática, no quadro das coordenadas da *teoria evolutiva dos*

---

[67] Carneiro da Frada, *Direito Civil. Responsabilidade Civil*, p. 134.
[68] Carneiro da Frada, *Direito Civil. Responsabilidade Civil*, p. 147.
[69] Carneiro da Frada, *Direito Civil. Responsabilidade Civil*, p. 148.
[70] Menezes Cordeiro, *Tratado de Direito Civil Português*, I, pp. 437-438.

sistemas[71], que se considera essencial para compreender a autonomia e a função das normas de protecção no contexto da apresentação de diferentes modelos de responsabilidade delitual e da sua evolução. Não se visa um trabalho de comparação de direitos, sujeito à respectiva metodologia comparatística, mas trata-se essencialmente de uma preocupação de analisar aspectos delimitados da responsabilidade delitual no quadro mais abrangente de "pôr-a-par" diferentes sistemas jurídicos, globalmente visualizados, atendendo a "elementos determinantes" de carácter práctico-axiológico e normativo-jurídico que os singularizam[72], com meros propósitos de introdução ao tema das normas de protecção e dos danos puramente patrimoniais.

Na segunda parte, far-se-á uma análise do direito positivo português, em conjugação com o sistema alemão – sua matriz –, contextualizada à sistemática integrada vigente[73], segundo dois enquadramentos diferencia-

---

[71] Sobre a importância do conceito de sistema na Ciência do Direito, CLAUS-WILHELM CANARIS, *Pensamento sistemático e conceito de sistema na Ciência do Direito*, pp. 9 e ss. Sobre a teoria evolutiva dos sistemas, MENEZES CORDEIRO, *Tratado de Direito Civil Português*, I, p. 67.

[72] Não se visa qualquer exercício de micro-comparação de institutos jurídicos ou de macro-comparação de sistemas jurídicos, antes se procura, atendendo à evolução histórico-cultural da responsabilidade delitual, apresentar justificações materiais das suas alterações enfocando aspectos de continuidade e descontinuidade – de semelhança e diferença – sem o escopo da aplicação do método comparativo. Cfr. CARLOS FERREIRA DE ALMEIDA, *Direito Comparado, Ensino e Método*, Cosmos, Lisboa, 2000, pp. 139 e ss, e FERNANDO BRONZE, *Lições de Introdução ao Estudo do Direito*, 2.ª ed, Coimbra, 2006, p. 641, considerando que o "pôr-a-par" os sistemas jurídicos corresponde a uma perspectiva da macro-comparação por oposição à micro-comparação, que operaria como lupa juscomparativa com uma concepção marcadamente problemático-funcional. Na presente dissertação visa-se tão-somente analisar Direito estrangeiro sem realizar comparação de Direitos (*Rechstvergleichung*), apenas com o propósito de justapôr "regras pertencentes a diversos sistemas jurídicos" (MENEZES CORDEIRO, *Noções Gerais de Direito*, (Lições proferidas ao 1.º ano do Curso de Administração e Gestão de Empresas), Universidade Católica Portuguesa, Lisboa, 1979, pp. 119 e ss). Este exercício não visa uma pura auto-referencialidade, no sentido da citação doutrinária ou jurisprudencial, que sem sair do campo da mera citação seria estéril, mas antes a procura do material de argumentação, que permita, na segunda parte deste trabalho, a realização de uma reflexão sistemática crítica.

[73] MENEZES CORDEIRO, *Tratado de Direito Civil Português*, I, p. 72, na sistemática integrada ocorre uma síntese de tipo hegeliano, na medida em que os princípios escolhidos para o núcleo do sistema não se obtêm de modo arbitrário, antes derivam da história e da cultura; os elementos existentes na periferia não têm mera existência empírica, antes se

dos: *i)* periférico e *ii)* central. *i)* No enquadramento periférico analisar-se-
-ão sumariamente alguns subsistemas de responsabilidade na globalidade
do ordenamento jurídico, recorrendo a sectores jurídicos que conformam
o direito de ordenação dos bens no contexto da conformação do exercício
de liberdades genéricas de acção através da sua restrição (as normas de
protecção) e como os mesmos condicionam e se adaptam às regras e princípios a elaborar em termos centrais (Capítulo I). *ii)* No enquadramento
central desenvolver-se-ão dois tipos de abordagem: a primeira sistemática,
atendendo ao sistema delitual, e a segunda analítica, tomando em consideração os pressupostos da responsabilidade delitual por violação de normas
de protecção, atendendo aos três *sistemas de imputação dos danos*: ilicitude, culpa e causalidade[74] (Capítulo II). *iii)* Por fim, impõe-se realizar a
síntese da investigação desvelando e entretecendo desenvolvimentos centrais e periféricos (Parte III).

---

ordenam e complementam em função de princípios gerais presentes no centro. Todo o sistema se movimenta em vias de sentido duplo centro-periferia, numa junção entre cultura e
racionalidade e sistema interno e externo que permite uma dogmática integrada. Cfr. ainda
MENEZES CORDEIRO, *Tratado de Direito Civil Português*, I, Parte Geral, Tomo IV, Almedina, Coimbra, 2005, p. 259, afirmando que o esquema típico da terceira sistemática configura uma síntese entre a ideia central e os elementos periféricos com ela conectados.

[74] MENEZES CORDEIRO, *Da Boa Fé*, pp. 293, 307 e ss e 324, sobre a necessidade de
conjugação de uma elaboração central com uma progressão periférica.

PARTE I

Evolução Histórico-Dogmática: Responsabilidade Delitual, Normas de Protecção e Danos Puramente Patrimoniais

> SUMÁRIO: § 5.º Origem e evolução da responsabilidade delitual. § 6.º O modelo do Código Civil francês e dos códigos de matriz napoleónica. 6.1. O *Code Civil* francês de 1804. 6.2. O ABGB austríaco de 1811. 6.3. O Código Civil espanhol de 1889. 6.4. O Código das Obrigações suíço de 1907. 6.5. O Código Civil italiano de 1942. 6.6. O Código holandês de 1992. § 7.º O modelo do Código Civil alemão de 1896-1900. 7.1. Tradição pandectística e trabalhos preparatórios do BGB. 7.2. Evolução da doutrina alemã. 7.2.1. As teses de LENEL (1897) 7.2.2. As teses de VON LISZT (1898). 7.2.3. As teses de DETMOLD (1901) e de LUDWIG TRAEGER (1904). 7.2.4. As teses de WIETHÖLTER e WEITNAUER (1963). 7.2.5. As teses de KNÖPFLE (1967). 7.2.6. As teses de SCHMIEDEL (1974) e KARSTEN SCHMIDT (1977). 7.2.7. As teses de MERTENS (1978). 7.2.8. As teses de VON BAR (1980). 7.2.9. As teses de HONSELL (1983). 7.2.10. As teses de PETERS (1983). 7.2.11 As teses de CANARIS (1983). 7.2.12. As teses de DÖRNER (1985). 7.2.13. As teses de KOHTE (1988) 7.2.14. As teses de SPICKHOFF (1998). 7.3. A reforma do Código Civil Alemão de 2001/2002. § 8.º O Direito português entre o modelo francês e o modelo alemão. 8.1. O Código de Seabra e a adopção do modelo francês. 8.2. Os trabalhos preparatórios do Código Civil Português e a evolução da doutrina portuguesa. 8.3. O Código Civil Português de 1966 e a opção pelo modelo alemão. Evolução doutrinária. 8.4. A articulação entre normas de protecção e danos puramente patrimoniais na doutrina nacional. 8.5. Jurisprudência portuguesa.

§ 9.° Os danos puramente patrimoniais. 9.1. Origem e evolução dos *"pure economic losses"*. 9.2. Os *"pure economic losses"* no sistema de *common law*. 9.3. Os danos puramente patrimoniais nos sistemas continentais. 9.3.1 Sistemas de modelo francês. 9.3.2. Sistemas de modelo alemão. § 10.° Um Código das Obrigações Europeu? § 11.° Sinopse da evolução histórico-dogmática.

§ 5.° Origem e evolução da responsabilidade delitual

I. No presente contexto não se justifica desenvolver, mais uma vez, a origem da responsabilidade delitual num quadro de evolução histórica do direito desde o direito romano[75]. Essa investigação tem sido amiúde reali-

---

[75] MENEZES CORDEIRO, *Tratado de Direito Civil Português,* I, p. 62, defende que esquemas como os da responsabilidade civil convocam informações alargadas que abrangem elementos romanos. *"Sem o direito romano acentuam-se as tendências para a menorização árida, para a rotina e para um conceitualismo acéptico. O Direito nacional torna-se mais sensível ao abastardamento. O estudo do direito romano é uma necessidade premente".* Ainda que se concorde com a importância dos estudos de direito romano na compreensão dos sistemas jurídicos actuais, designadamente da maioria dos institutos civis, no domínio das normas de protecção e dos danos puramente patrimoniais optamos por não repetir o percurso desenvolvido em *Da Responsabilidade Civil dos Administradores,* p. 399. No sentido de reconduzir a responsabilidade a esquemas de protecção geral que representam a velha *Lex Aquilia,* MENEZES CORDEIRO, *Da Boa Fé,* p. 639. Salienta-se, porém, que, como consequência da evolução histórica da responsabilidade civil a partir do direito romano, resultaram traços que, ainda hoje, se mantêm, a saber: a responsabilidade assentou, primeiramente, em cenários estritos tipificados na lei, concretizando-se apenas quando se verificassem certos factos específicos e não, em geral, sempre que se verificassem danos ilícitos; desenvolveu-se dogmaticamente em torno da prática ilícita de danos, tornando excepcionais os restantes títulos de imputação e apoiando-se no apuramento dos pressupostos apenas na responsabilidade delitual; e apresentou-se sistematicamente como uma sanção, passando para escopo secundário a mera imputação de danos. Apesar destas sequelas terem sido ultrapassadas, deixaram resquícios dogmáticos que permitem a vitalidade do instituto. Cfr. MENEZES CORDEIRO, *Tratado de Direito Civil Português,* I, pp. 421--422. No entanto, algo nos opõe à tendência constante na apresentação do fio histórico deste instituto: a defesa da natureza predominantemente descontínua desta evolução. O carácter descontínuo da evolução assenta em que os modelos que se sucedem, apesar de conterem elementos de continuidade que os interligam, são na sua maioria alternativos e, por vezes, em marcada ruptura em relação aos anteriores, fundamentando-se em princípios

zada na doutrina portuguesa[76], pelo que, não respeitando o objecto de estudo globalmente à responsabilidade delitual, mas tão só às normas de protecção (e tentando superar os excessos de individualismo que tem sido assacados à pesquisa jurídica nacional), opta-se por uma referência dispersa aos elementos de evolução fundamentais para este tema[77]. Esta opção deve ser justificada, como todas, no domínio da Ciência do Direito. Consideramos que as normas de protecção, aliás, como os deveres do tráfego[78], não têm raízes no direito romano. A história moderna da respon-

---

distintos e fazendo variar a função global da responsabilidade delitual. A responsabilidade delitual tem, na sua evolução histórica, um carácter marcadamente mais descontínuo do que a responsabilidade obrigacional. Esta descontinuidade é bem enquadrada pela *teoria evolutiva dos sistemas* que, na aparente quietude do sistema interno, permite desvelar as modificações potenciadas pelo sistema externo. Para mais desenvolvimentos, MENEZES CORDEIRO, *Tratado de Direito Civil Português*, I, pp. 67 e ss.

[76] Quanto à evolução histórica da responsabilidade civil delitual cfr., por todos, MANUEL DIAS DA SILVA, *Estudo sobre a Responsabilidade civil connexa com a Criminal*, I, Coimbra, Imprensa da Universidade, 1886, pp. 1 e ss, MENEZES CORDEIRO, *Da responsabilidade civil dos Administradores das Sociedades Comerciais*, Lex, Lisboa, 1997, pp. 399 e ss, SANTOS JÚNIOR, *Da responsabilidade de terceiro*, pp. 179 e ss, e MAFALDA MIRANDA BARBOSA, *Liberdade vs. Responsabilidade – A precaução como fundamento da imputação delitual?*, Almedina, Coimbra, 2006, p. 110, (n. 169). Sem descurar a importância da investigação histórica do Direito civil, cuja tendência se salienta em autores nacionais, um excessivo peso de vectores históricos, sobretudo no quadro de uma visão linear da história, ofusca alguns aspectos de descontinuidade da evolução dos institutos. Sobre a evolução histórica da responsabilidade delitual, cfr. HEIN KÖTZ, *Deliktsrecht*, pp. 8-20, ZIMMERMANN, *The Law of Obligations: Roman foundations of the Civilian Tradition*, Cape Town – München, 1973, e "Diritto Romano, Diritto Contemporâneo, Diritto Europeu: La tradizione civilista oggi (Il diritto privato europeo e le sue basi storiche)", RDCiv, Ano XLVII, n.º 6, Nov-Dez, (2001), pp. 703-763, em especial pp. 730-732, NILS JANSEN, *Die Struktur des Haftungsrechts. Geschichte, Theorie und Dogmatik außervertraglicher Ansprüche auf Schadenersatz*, Mohr Siebeck, 2003, pp. 145 e ss, e MARIANO YZQUIERDO TOLSADA, *Responsabilidad Contratual y Extracontratual*, vol I, Madrid, 1993.

[77] Esta opção pelo não tratamento da responsabilidade delitual num período prévio à codificação não assenta numa concepção positivista do direito ou na negação da matriz romanista dos direitos actuais, presente no instituto da responsabilidade delitual. Trata-se tão-somente de eleger um momento *a quo* para o tratamento da problemática das normas de protecção, sem descurar que os problemas a que as mesmas vêm dar resposta não surgem com a sua consagração legal, mas vão sendo, ao longo da paulatina evolução histórico-cultural do direito, enquadrados de acordo com soluções diferenciadas.

[78] CHRISTIAN VON BAR, *Verkehrspflichten/Richterliche Gefahrsteuerungsgebote im deutschen Deliktsrecht*, Köln, 1980, pp. 6 e ss. O BGB surgiu num tempo de intenso debate

sabilidade civil delitual tem, para o contexto de estudo que elegemos – as normas de protecção –, o seu termo *a quo* com as grandes codificações[79]. A responsabilidade civil corresponde a um instituto com uma natureza histórico-cultural[80] cujos esquemas remontam a elementos do Direito romano[81], ainda que seja múltiplas vezes referenciado que o instituto *qua tale* era desconhecido e reconduzido a realidades parcelares, como as *iniura, actio de damno, culpa* ou *dolo,* assentes essencialmente numa tipicidade dos *delicta*[82], o que aproxima, no estrito aspecto da tipi-

---

sobre a responsabilidade por culpa e por omissões, no qual se manifestou a antinomia entre a concepção alemã e romana sobre a solução do conflito permanente entre liberdade pessoal e segurança comum. A relação conflitual entre dever (*Pflichtigkeit*) e liberdade fornece uma chave para os problemas básicos dos deveres de segurança no direito delitual do BGB. D.7.1.13.2, ULPIANO: "*... nam qui agrum non proscindit, qui vites non subserit, item aquarum ductus conrumpi patitur, lege Aquilia non tenetur.*" (... quem não lavra o campo, quem não volta a plantar as videiras e quem deixa ruir um aqueduto não responde pela *Lex Aquilia*). Este passo do Digesto foi objecto de significativa discussão doutrinária relativamente à possibilidade de aplicar a *Lex Aquilia* às omissões.

[79] MENEZES CORDEIRO, *Da responsabilidade civil dos Administradores*, p. 423, e *Tratado de Direito Civil Português*, I, pp. 73 e ss.

[80] MENEZES CORDEIRO, *Tratado de Direito Civil Português*, I, p. 44: "*Num plano cultural, o Direito privado radica na tradição românica, alicerçada em sucessivas recepções do Direito romano e coada por um desenvolvimento paulatino da Ciência Jurídica que viabilizou a codificação*". Sobre a ideia de codificação como ideia moderna e como elemento de reforma do mundo, ANTÓNIO PINTO MONTEIRO, *A defesa do consumidor no limiar do século XXI*, Globalização e Direito, BFDUC, *SI* 73, pp. 42 e ss. Cfr. ainda FRANCISCO AMARAL, "A descodificação do Direito Civil Brasileiro", Direito e Justiça, vol. XIII, (1999), Tomo 1, pp. 134-139, também publicado sob o título "Transformações dos sistemas positivos, A descodificação do direito civil brasileiro", Dir, 129.°, (1997), I-II, pp. 29-84.

[81] ALVAREZ SUAREZ, *Horizonte Actual de Derecho Romano*, Madrid, 1944, pp. 12--13: "*La jurisprudência romana no construyó un sistema de aplicación universal, sino una multitud de resoluciones particulares de valor absoluto, y en esto reside la essencia vital de su sistema*". Sobre a utilização no século XX dos estudos romanistas na superação do positivismo jurídico, cfr. SEBASTIÃO CRUZ, *Actualidade e Utilidade dos Estudos Romanísticos*, 2.ª ed, Coimbra, 1982, p. 12.

[82] MAX KASER, *Direito privado Romano*, (trad. *Römisches Privatrecht*), FCG, Lisboa, 1999, pp. 281 e ss. SANTOS JUSTO, *Direito privado Romano – II (Direito das Obrigações)*, Coimbra ed., Coimbra, 2003, 119, o *delictum* é o acto ilícito sancionado com uma pena, que pode ser pública, na medida em que ofende a comunidade romana, denominando-se *crimen*, ou com uma pena privada pecuniária, na medida em que o acto ofende um indivíduo, denominando-se *delictum* ou *maleficium*. Numa primeira fase, os *delicta* teriam sido actos lesivos dos interesses de um grupo gentilício ou de indivíduos que usa-

Evolução Histórico-Dogmática

cidade, o sistema romanístico do sistema hodiernamente vigente na *common law*[83].

A responsabilidade delitual tem a sua origem no pagamento de uma compensação cujo escopo era extinguir o direito de vingança. Esta compensação transforma-se na indemnização de um dano. À ideia de expiação inicial sucede a de reparação fundada na culpa, como uma nova essência para a responsabilidade civil. Posteriormente, num período mais recente, a culpa – como fundamento necessário da obrigação de indemnizar – vai também desaparecendo. Trata-se de um processo histórico, a cujo interesse histórico-dogmático acresce o facto de consubstanciar, igualmente, um repositório de possibilidades lógicas com significativa amplitude, criando evoluções para verdadeiras aporias na contemporaneidade[84].

---

vam a vingança do grupo ou de pessoas individuais contra os seus autores. Posteriormente, o Estado regulou a *vindicta*, impondo sucessivamente que a reacção do ofendido ou dos membros do seu grupo não superasse materialmente as consequências do acto ilícito e que a *vindicta* fosse substituída pelo direito de a vítima exigir, do autor do acto, uma soma de dinheiro, a título de pena. A *jurisprudência* concedeu à vítima uma *actio* e atribuiu ao lesante a *obligatio* de pagar determinada *pecunia*, que constituia uma sanção punitiva. O Direito Romano não conheceu o *delictum* como categoria geral e abstracta, mas particulares *delicta* que, segundo o *ius civile*, são o *furtum,* a *rapina,* a *iniura* e o *damnun iniura datum.* Cfr. SERGIO LAZZARINI, "Responsabilità extracontrattuale nel diritto romano", Digesto delle discipline Privatistiche, Sezione Civile, Utet, 1998, pp. 289-295. Cfr. ainda PAULO DE SOUSA MENDES, "Sobre as origens dos Princípios Jurídicos da Causalidade e do Domínio de Facto *A lex Aquilia de Damno Iniura Datum*", Homenagem da Faculdade de Direito de Lisboa ao Professor Doutor Inocêncio Galvão Telles, 90 Anos, Almedina, Coimbra, 2007, pp. 1085-1109.

[83] GARCIA GARRIDO, *Derecho Privado Romano II. Casos y Decisiones Jurisprudenciales*, 3.ª ed, Dykinson, Madrid, 1985, pp. 75-76. Ainda que na evolução do direito inglês existam influências romanas, este difere do direito romano. O direito inglês surge essencialmente como um sistema judicial, enquanto que o direito romano se baseia nas respostas dos jurisconsultos. Como factores de aproximação: os tipos jurídicos das pretensões de protecção (*remedies*) orientam-se pelas acções (*actions*); a criação de princípios e regras a partir de decisões casuísticas, a importância do fundamento das decisões na justiça e na *equity,* sem tomar em consideração critérios lógicos e sistemáticos. Com efeito, o direito inglês adquire, desde as suas origens, uma natureza essencialmente processual, segundo uma fórmula bem conhecida (*remedies precede rights*), de tal modo que o conjunto do ordenamento jurídico se apresenta como uma sistema de acções de forma similar ao direito romano, JAVIER PARICIO/A. FERNÁNDEZ BARREIRO, *Historia del Derecho romano y su recepcion europeia*, 6.ª, El Faro ed., Madrid 2002, pp. 238-239.

[84] PUIG BRUTAU, *Estudios de Derecho Comparado, La doctrina de los actos próprios*, Arial, Barcelona, 1951, p. 31.

46 Normas de Protecção e Danos Puramente Patrimoniais

Como marcos essenciais na evolução bimilenar da responsabilidade delitual, a *Lei das XII Tábuas*[85] e a *Lex Aquilia de damno*[86] representam tentativas de socialização e de jurisdicionalização da resposta ao dano[87]. As primeiras tentativas de generalização surgem, porém, com o *Corpus Iuris Civilis,* dominado (ainda) por uma significativa imprecisão conceptual. No período prévio às primeiras grandes codificações europeias exigia-se precisão terminológica e delimitação conceptual. Trata-se de um período marcadamente dedutivo, próprio da sistemática jusracionalista[88]. Os Códigos jusracionalistas, que substituíram o *Corpus Iuris Civilis,* ocuparam-se da tarefa de definir de forma lassa os pressupostos da responsabilidade delitual[89-90].

II. A afirmação da responsabilidade por violação culposa de obrigações genéricas ou específicas surge referenciada pela doutrina como tendo

---

[85] SEBASTIÃO CRUZ, *Direito Romano I*, 2.ª, Coimbra, 1973, 177 e ss, apresenta a Lei das XII Tábuas como a primeira lei, no sentido de que foi votada em comício. Até aí, só existiam *mores maiorum*, pelo que provocou "graves reacções inéditas". A importância da *lex duodecim tabularum* é tal que constitui o monumento jurídico mais valioso da Antiguidade, não só para Roma como para todo o Ocidente. Nunca foi formalmente revogada, pelo que, pelo menos teoricamente, esteve em vigor até ao *Corpus Iuris Civilis*. Para ulteriores desenvolvimentos, SÍLVIO A.B. MEIRA, *A Lei das XII Tábuas*, 2.ª, Forense, Rio de Janeiro, Brasil, 1961, pp. 26 e ss.

[86] SANTOS JUSTO, *A Evolução do Direito Romano,* BFD, Vol. Comemorativo, (2003), p. 51, apresenta a *Lex Aquilia*, provavelmente do ano 286 a. c., como tendo instituído a responsabilidade aquiliana ou extraobrigacional acolhida pelos ordenamentos jurídicos modernos.

[87] SANTOS JUSTO, *Direito privado Romano – I Parte Geral (Introdução, Relação Jurídica. Defesa dos Direitos)*, 2.ª, Coimbra ed., Coimbra, 2003, p. 17: "*Tendo o Direito Romano sofrido profundas e inevitáveis alterações para poder corresponder às transformações sociais nos quatorze séculos da sua vigência, é necessário estudá-lo nas sucessivas fases por que passou, se o quisermos compreender devidamente*".

[88] Sobre o pensamento sistemático na compreensão da génese e evolução do direito civil, MENEZES CORDEIRO, *Da Boa Fé*, p. 53 e *Tratado de Direito Civil Português*, I, pp. 63 e ss.

[89] Como exemplos dos códigos jusracionalistas: o *Codex Maximilianeus Bavaricus Civilis*, de 1756, o *Allgemeines Landrecht* prussiano, de 1794, e o *Allgemeines Bürgerliches Gesetzbuch* austríaco, de 1811, este último já posterior ao Código de Napoleão. Cfr. MENEZES CORDEIRO, *Da responsabilidade civil dos Administradores*, pp. 425-426.

[90] ALVAREZ SUAREZ, *Horizonte Actual*, p. 30, configura a primeira codificação como uma recepção do direito romano que, por ter carácter formal, suprimiu a vigência do *Corpus*, incorporando a sua essência e parte do seu conteúdo.

Evolução Histórico-Dogmática 47

sido, pela primeira vez, afirmada com Hugo Grotius[91-92], em 1625, funcionando como um modelo alternativo ao *numerus clausus* delitual romano. Importante é salientar na criação deste princípio a sua susceptibilidade de, enquanto fórmula jurídica, dar corpo a toda a responsabilidade delitual, implicando a erupção de um modelo alternativo ao anteriormente vigente durante largos séculos[93]. Este princípio jusnaturalista iluminou

---

[91] Hugonis Grotius, *De Iure Belli et Pacis*, libri tres accompanied by an abridged translation by William Whewell, 2 vol, Cambridge, London, 1853, livro 2, cap. 17, § 1, pp. 188-189: "*Supra diximus ejus, quod nobis debetur, fonts esse tres, pactionem, maleficium, legem. De pactionibus satis tractatum. Veniamus ad id quod ex maleficio naturaliter debetur. Maleficium hic appellamus culpam omnem, sive in faciendo, sive in non faciendo. Pugnatem cum eo, quod aut hommines communiter, aut pro ratione certae qualitatis facere debent. Ex tali culpa obligatio naturaliter oritur, si damnum datum est, nempe ut id resarciatur*".

[92] A importância de Grotius no domínio da responsabilidade civil delitual foi sublinhada por Giovanni Rotondi, *Dalla Lex Aquilia all'art. 1151 Cod. Civ. Ricerche storico-dogmatiche*, RDComm, vol. XIV, I, (1916), pp. 942-970. Por sua vez, Pietro Cerami (*La responsabilità extracontrattuale dalla compilazione di Giustiniano ad Ugo Grozio*) afirmava que Grotius "*rappresenta nella storia della responsabilità civile lo spartiacque fra esperienza postgiustinianeia ed esperienza precodicista*". Berthold Kupisch, *La responsabilità da acto illecito nel diritto naturale*, considera que os desenvolvimentos de Pufendorf são mais decisivos. Thomas Kiefer, *Die Aquilische Haftung im "Allgemeinen Landrecht für die Preussischen staaten" von 1794*, defende que o *usus modernus* já tinha desenvolvido "*eine deliktsrechtliche Generalklausel*" antes de Grotius (cfr. Robert Feenstra, "Zum Ursprung der deliktischen Generalklausel in den modernen europäischen Kodifikationen", ZeuP, (2001), p. 586). Sobre a real influência de Grotius nas fórmulas da responsabilidade aquiliana que vieram a ser seguidas nas diferentes codificações é preciso não só ter em consideração *De iure belli ac pacis* (1625) como também *Inleidininge tot de Hollandsche rechtsgeleerdheit* (1631). Neste sentido, Robert Feenstra, "Grotius' doctrine of liability for negligence: its origin and its influence in Civil Law countries until moderns codifications", *Negligence, The Comparative Legal History of the Law of Torts*, Duncker & Humblot, Berlim, 2001, 130-131. Sobre Pufendorf e o jusnaturalismo racionalista, cfr. António Truyol Y Serra, "La Filosofia Jurídica y Política Alemana en los siglos XVII y XVIII", RFDUL, vol. XX, (1966), pp. 268-272.

[93] Menezes Cordeiro, *Tratado de Direito Civil Português*, I, p. 28: "*Ao longo da História, não faltaram tentativas de substituir o Direito puramente histórico, de racionalidade por vezes discutível, por um Direito racional: mais lógico e perfeito. De um modo geral, as tentativas falharam: o Direito, como a língua, tem fórmulas complexas de evolução, não se concebendo, pelo menos no campo civil, "reformas" radicais. Entre essas tentativas, uma houve que teve consequências: a levada a cabo, nos séculos XVII e XVIII, pelos racionalistas e teóricos do Direito natural*".

autores como Domat e Pothier[94], que influenciaram decisivamente os redactores do *Code Civil*[95] no período da pré-codificação francesa, bem como os autores da escola exegética. É a codificação que marca o nascimento de um Direito privado moderno[96], contribuindo significativamente para uma fragmentação por países da tradição legal europeia, que chegou até ao século dezoito marcadamente romanizada[97].

De sublinhar que, até ao Código Civil Francês de 1804, a responsabilidade delitual assenta prevalentemente na sua função punitiva, na tipicidade do ilícito, na presença exclusiva da culpa como critério de imputação, numa concepção rígida da causalidade e no ressarcimento exclusivo dos danos patrimoniais. A matriz e genealogia penais e a consequente função sancionatória são paulatinamente substituídas, a partir de novecentos, por uma função predominantemente reparadora, com atipicidade do ilícito, presença de diferentes títulos de imputação, concepção mais elástica da causalidade e alargamento dos danos ressarcíveis aos danos morais[98]. É sobretudo no contexto desta última evolução da responsabilidade delitual, marcadamente em ruptura com a configuração antecedente, que se situam as coordenadas históricas do nosso objecto de investigação[99].

---

[94] Robert Feenstra, "Grotius' doctrine of liability for negligence: its origin and its influence in Civil law countries until modern codifications", *Negligence, The Comparative Legal History of the Law of Torts*, Duncker & Humblot, Berlim, 2001, pp. 167 e ss, põe em causa a influência de Grotius em Domat, achando-a mais provável em Pothier; admite, porém, a influência da fórmula *damni culpa dati reparation* na redacção do artigo 1382 do *Code*.

[95] Sobre o papel da doutrina jusnaturalista na pré-codificação francesa, cfr. Menezes Codeiro, *Tratado de Direito Civil Português*, I, pp. 74-75, e Santos Júnior, *Da responsabilidade de terceiro*, pp. 187-189.

[96] Alfons Bürge, *Das franzosische Privatrecht im 19. Jahrhundert: zwischen Tradition und Pandektenwissenschaft, Liberalismus und Etatismus*, Vittorio Klostermann, Frankfurt am Main, 1991.

[97] Reinhard Zimmermann, *Roman Law, Contemporany Law, European Law, The Civilian Tradition Today*, Oxford, 2001, pp. 1 e ss. Sobre a transição do direito comum para a codificação e a sua compreensão como sistemas jurídicos autónomos e até contrapostos, cfr. Mario Reis Marques, *Codificação e paradigmas da Modernidade*, Coimbra, 2003.

[98] Giulo Ponzanelli, *La responsabilità civile, Profili di diritto comparato*, il Mulino, 1992, p. 67.

[99] Sobre as linhas de evolução da responsabilidade delitual, cfr. Geneviève Viney, *Traité de Droit Civil. Introduction à la responsabilité*, LGDJ, 12, afirmando que a *faute* enquanto fundamento geral da responsabilidade civil só foi encontrado no momento da

Evolução Histórico-Dogmática 49

Daqui que se tenha eleito a primeira codificação como termo *a quo*[100] do objecto investigatório[101].

§ 6.° O modelo do Código Civil francês e dos códigos de matriz napoleónica

6.1. *O Code Civil francês de 1804*

I. O Código Civil francês, de 1804, inaugura o movimento codificador[102], surgindo como resultado da evolução da ciência jurídica[103], em

---

dissociação da responsabilidade penal da responsabilidade civil, tendo sido essencialmente DOMAT que na sua obra *Des lois civiles dans leur ordre naturel* alcançou, no século XVIII, a melhor simbiose entre as soluções romanas e a moral cristã. Cfr. ainda GENEVIÈVE VINEY, "De la responsabilité personnelle à la répartition des risques", APD, t. 22, (1977), pp. 5-22.

[100] A periodificação é necessária, mas artificiosa e contém sempre algum grau de subjectivismo. De qualquer modo, visa delimitar as circunstâncias histórico-culturais mais relevantes no contexto da tarefa de investigação pré-delimitada. Cfr. RUY DE ALBUQUERQUE/MARTIM DE ALBUQUERQUE, *História do Direito Português*, I, 10.ª ed., Lisboa, 1999, p. 9.

[101] Para uma análise comparativa do direito delitual na codificação, por todos, CHRISTIAN VON BAR, *Gemeineuropäisches Deliktsrecht, Jus Commune Europaeum,* Band I, C.H. Beck, 1996, § 2, pp. 11 ss. Cfr., na literatura de referência, PIER GIUSEPPE MONATERI, "Responsabilità civile", Digesto delle discipline Privatistiche, Sezione Civile, Utet, 1998, pp. 1-12, e "Responsabilità in diritto comparato", Digesto delle discipline Privatistiche, Sezione Civile, Utet, 1998, pp. 12-24.

[102] MENEZES CORDEIRO, *Tratado de Direito Civil Português*, I, p. 142, sublinha a importância do movimento codificador na concepção sistemática do Direito, ainda que em termos metodológicos tenha potenciado tendências positivistas, como a exegese formal ou a jurisprudência dos interesses. Para superar o positivismo resultante da apresentação dos diferentes Códigos civis europeus, impõe-se compreendê-los como ponto de chegada e ponto de partida. *"Os grandes códigos civis foram aprovados em períodos de alterações rápidas e profundas. As próprias codificações tardias cedo enfrentaram condições para que não tinham sido pensadas. Trata-se de uma situação natural: as codificações representam um ponto de chegada: elas exprimem os aspectos essenciais em que se atingiu relativo consenso, dentro dos quadros jurídico-científicos que presidiram à sua elaboração. Uma vez em vigor, elas logo se confrontam com novas realidades e com a própria evolução do pensamento jurídico. Os codificadores devem estar conscientes desse estado de coisas: cabe-lhes evitar definições ou tomadas de posição doutrinárias e disseminar com cautelas bastantes, conceitos indeterminados que facultem áreas de crescimento futuro,*

especial dos jurisprudentes elegantes do humanismo[104] – Cuiacius e Donellus – e dos jusracionalistas Domat e Pothier[105-106]. A matriz filosófica do *Code* centra-se no racionalismo e no ideal jacobino, sendo considerado por alguns como a verdadeira constituição da burguesia[107], polarizada na ideia de propriedade privada e no favorecimento do tráfego económico desta classe emergente[108]. O princípio da responsabilidade

---

através de concretizações jurisprudenciais e de propostas de estudiosos". Cfr. sobre o método jurídico positivista da Escola da Exégese cujos eixos assentavam no respeito absoluto pela "*mens legislatoris*" e pelo método dedutivo-formal que conduziram à estagnação jurídica, Mário Júlio de Almeida Costa, *História do Direito Português*, p. 395.

[103] Por sua vez, a elaboração do Código Civil Francês permitiu o surgimento de uma escola nova de jurisconsultos, com um método de interpretação novo, com o princípio de que todo o direito é a lei, e que o intérprete deve procurar a vontade do legislador, que consubstanciava, não obstante, princípios rígidos completamente estranhos aos comentadores de direito romano. Trata-se da escola da exégese que marca a evolução do direito francês no período de vigência do Código de Napoleão e que nasce com juristas franceses como Aubry et Rau, Demolombe e Valette. Cfr. Eugène Gaudemet, *L' interprétation du Code Civil en France depuis 1804*, Recueil Sirey, Paris, 1935, pp. 9 e ss.

[104] Menezes Cordeiro, *Tratado de Direito Civil Português*, I, p. 68: o humanismo jurídico apoia-se em Platão e nos estóicos e desenvolve um pensamento universalista e preocupado com a ordem profunda das coisas. Vira-se para os temas pedagógicos e tenta combater o empirismo na apresentação de temas jurídicos. Surgido em Itália, é, em França, conhecido sob a designação de *mos gallicus* ou, pelo latim refinado que os seus autores utilizavam, como jurisprudência elegante. O humanismo dá origem à primeira sistemática, sistemática periférica ou empírica.

[105] Bernadette Auzary-Schmaltz, "Liability in Tort in France before the Code Civil: the Origins of Art. 1382 ff. Code Civil", *Negligence, The Comparative Legal History of the Law of Torts*, pp. 330 e ss. Cfr. Léon Husson, *Les Transformations de la Responsabilité, Étude sur la Pensée Juridique*, PUF, Paris, 1947, pp. 319 e ss.

[106] Para ulteriores desenvolvimentos e outras influências do Código de Napoleão, André-Jean Arnaud, *Les origines doctrinales du Code Civil Français*, L.G.D.J., Paris, 1969, pp. 65 e ss.

[107] Menezes Cordeiro, *Tratado de Direito Civil Português*, I, pp. 75-76, considera que é completamente infundada a teoria que assimila o Código de Napoleão a um diploma cheio de intenções perante a revolução liberal e a burguesia industrial que se anunciava. Pelo contrário, o *Code* seria o ponto de chegada de uma evolução complexa, tendo posto cobro a algumas inovações do período revolucionário e adoptado soluções anteriores.

[108] Para uma análise de tipo estruturalista do Code Civil, André-Jean Arnaud, *Essai d'analyse structurale du code civil français. La règle du jeu dans la paix bourgeoise*, L.G.D.J., Paris, 1973, pp. 146 e ss, defendendo uma natureza interdital da primeira codificação e a conciliação – aparentemente paradoxal – entre um modelo de direito natural racionalista e um modelo pré-positivista da interpretação jurídica do Código Civil.

Evolução Histórico-Dogmática

delitual, primeiramente estabelecido no artigo 1382 da codificação napoleónica[109], não se encontra em parte alguma no Direito Romano e só por sistematismo é possível defender que é do mesmo extraído[110]. A responsabilidade delitual na codificação francesa assenta num princípio geral cuja validade universal era considerada, à altura, indiscutível, pois assentava na razão e na justiça[111]. À semelhança das limitações tradicionalmente assacadas à *sistemática central*[112], a natureza histórico-cultural do Direito impede que todo o direito da responsabilidade delitual seja dedutivamente extraído de um princípio do Direito natural[113]. Não obstante, é a codificação francesa que vai influenciar, neste domínio, os restantes Códi-

---

[109] *"Depois do Digesto, em 532, o acontecimento jurídico mais marcante foi o aparecimento do Código de Napoleão, em 1804"*, MENEZES CORDEIRO, *Da Boa Fé*, 226.

[110] Neste sentido, MICHEL VILLEY, *O Direito Romano*, Arcádia, Lisboa, 1973, pp. 149 e ss, que considera manifesta a falta no direito romano de um princípio abstracto, reflectido tanto Lei das XII Tábuas como na *Lex Aquilia*, apesar de terem sido acrescentados outros delitos especiais aos previstos nestas leis, designadamente a violência, na qual o delinquente força uma pessoa a acto desvantajoso, o dolo, correspondente ao engano, e o acto de deixar cair, por negligência, objectos de sua casa, ferindo um transeunte.

[111] Os redactores do *Code* pretenderam adoptar um princípio geral de responsabilidade civil, uma regra susceptível de aplicações ilimitadas. TARRIBLE, um dos redactores, escreve – a propósito do artigo 1382 – *"Cette disposition embrasse dans sa vaste latitude tous les genres de dommages et les assujettit à une réparation uniforme, qui a pour mesure la valeur du préjudice souffert."* Cfr. HENRI MAZEAUD/LÉON MAZEAUD, *Traité théorique et pratique de la responsabilité civile délictuelle et contractuelle*, Paris, 1934, pp. 47 e ss.

[112] MENEZES CORDEIRO, *Tratado de Direito Civil Português*, I, p. 71: a sistemática central é irrealista porque esquece a natureza histórico-cultural do Direito. Impunha-se, portanto, uma nova síntese que foi levada a cabo por SAVIGNY que caracteriza a Ciência Jurídica como filosófica e histórica. Filosófica porque sistemática e histórica porque delimita o presente pela História.

[113] ANDRÉ-JEAN ARNAUD, *Essai d'analyse structurale du code civil français*, p. 16: *"La rupture est effectivement consommée avec le Code civil. C'est le premier texte officiel à présenter, selon la systématisation propre au movement des codifications moderne, un renouvellement complet des objects du discours juridique. En effect, certains des objects antérieurement considérés (saisine, retrait lignaner, bail à cens, bail à rent, par exemple) ont cessé d'exister; d'autres sont apparus, succédant à des notions anciennes (réserve héréditaire et legitime coutumière, par exemple), ou se justaposent à elles (mariage-contrat, divorce); d'autres consistent dans le renouvellement de notions classiques, et ce sera le cas plus fréquent, car le Droit répugne au changement et aime à cacher la nouveauté sous les formules anciennes (domaine et proprieté absolute; contrat et consensualisme); d'autres, enfin, sont présentés en germe (responsabilité)".*

gos do século XIX, sendo só com o surgimento da codificação alemã, no dealbar do século passado, que um novo modelo vem disputar a influência da solução francesa em matéria de responsabilidade delitual[114].

O modelo napoleónico assenta na *faute*[115], que a doutrina francesa faz corresponder a diferentes realidades. À culpa, à ilicitude, à ilicitude e à culpa e, porventura, a aspectos relacionados com o nexo de causalidade[116]. Esta indefinição conceptual é posteriormente exportada para os Códigos civis de modelo napoleónico nos quais se assiste à alternativa entre uma referência expressa à culpa ou à ilicitude na formulação das grandes cláusulas gerais de responsabilidade delitual. Para os que fundem a ilicitude e a culpa na *faute*, esta corresponderia ao incumprimento de um dever, que o agente pode conhecer e observar, e comporta um elemento objectivo – o dever violado – e um elemento subjectivo – a imputabilidade ao agente[117]. Para a doutrina francesa, a violação de deveres legais implica responsabilidade civil. Nestes deveres estão incluídos os deveres familiares, laborais, constantes da legislação penal e de quaisquer regulamentos

---

[114] No contexto do objecto investigatório eleito far-se-à uma menção necessariamente breve e superficial aos Códigos europeus de influência francesa, tentando aprofundar sobretudo o modelo alemão de responsabilidade delitual, que se encontra na génese do actual sistema português, e no qual, primeiramente, se autonomizam as normas de protecção, sem a sua articulação com uma cláusula geral de tipo napoleónica, o que permitiu um trabalho jurisprudencial e doutrinal secular sobre esta temática.

[115] Os trabalhos preparatórios do Código Francês afirmam claramente a *faute* como condição de reparação (TARRIBLE, TREILHARD, BERTRAND DE GREUILLE). Desenvolve-se em matéria de *faute* o chamado duplo princípio de que *"une faute est necessaire, mais une faute quelconque est sufissante"*, abrangendo toda actuação negligente Cfr. HENRI MAZEAUD/LÉON MAZEAUD, *Traité*, p. 47.

[116] No sentido de autonomizar a *faute* da causalidade, cfr. SANTOS JÚNIOR, *Da responsabilidade de terceiro*, p. 238, (nota 787). Admitindo que a *faute* englobaria aspectos da causalidade, MENEZES CORDEIRO, *Da responsabilidade civil dos Administradores*, 430. Não se trata, porém, de defender que o pressuposto do nexo de causalidade não acresceria à *faute*, mas antes que certas questões, que poderiam ter um enquadramento em sede de causalidade, seriam, no direito francês, resolvidas em sede do pressuposto da *faute*. Neste sentido, igualmente LUIGI CORSARO, "Culpa y Responsabilidad: la evolución del sistema italiano", *Perfiles de la Responsabilidad Civil en el Nuevo Milenio*, (coord. Juan Antonio Moreno Martinez), Dykinson, 2000, p. 135.

[117] Sobre a *faute* como noção subjectiva e objectiva, GÉRARD CORNU, *Etude comparée de la responsabilité delictuelle en droit privé et en droit public*, Editions Matot-Braine, Reims, 1951, pp. 212-216.

Evolução Histórico-Dogmática

em matéria de higiene, segurança, estética das construções e circulação rodoviária, entre outros[118].

No sistema napoleónico estabelece-se um dever geral de não causar danos com *faute* a outrem[119]. Atendendo e esta dimensão generosa do dano indemnizável, há quem considere que o Código Civil francês seria mais avançado do que o alemão. Apesar da consagração formal do princípio de *neminem laedere*, há áreas onde existe justificação para causar danos, designadamente no âmbito da liberdade de expressão ou de imprensa, da liberdade de iniciativa económica e nas relações jurídicas de vizinhança[120].

A doutrina francesa refere sistematicamente que no *Code* a *faute*, mesmo a mais leve, pode dar origem a responsabilidade civil[121]. O conceito de *faute délictuelle* é omnicompreensivo ao abranger o elemento da ilicitude e da culpa[122]. O ponto de partida da *faute* é a infracção de uma regra legal ou de um regulamento (a chamada legalidade formal), mas também pode advir de regras que não estão inseridas em textos legislativos mas em fontes de origem privada, como códigos deontológicos, ou

---

[118] O conceito de *faute* não se encontra definido no Código Civil Francês, tendo esta missão sido deixada à doutrina. Para PLANIOL a *faute* era a violação de uma obrigação pré-existente, ainda que o conceito de obrigação não fosse neste contexto entendido em sentido técnico-jurídico mas antes no sentido de dever. Assim, a *faute* seria a transgressão de em dever pré-existente. Segundo a respectiva fonte, a *faute* pode ser contratual ou delitual. Para lá do incumprimento contratual, o dever pode ser determinado por uma norma ou pode ser um dever geral. Existem normas especiais que impõem a adopção de certos comportamentos, pelo que prevêem deveres específicos, como a norma que impõe parar no sinal *stop,* ou todas as normas que regulamentam a construção, o urbanismo, o ambiente, a higiene e segurança, que estabelecem deveres específicos. Nestes casos, ao lesado basta provar o incumprimento da norma, PATRICE JOURDAIN, *Les príncipes de la responsabilité civile*, Dalloz, 1992, pp. 39-41.

[119] O dano surge, porém, como elemento essencial da responsabilidade civil *"pas de préjudice, pas de responsabilité"*. Cfr. HENRI LALOU, *La responsabilité civile. Príncipes élémentaires et applications pratiques*, 3.ª ed, Paris, 1943, pp. 4 e ss.

[120] RENÉ SAVATIER, *Traité de la responsabilité civile*, Tome I, Paris, 1939, pp. 7 e ss.

[121] Defendendo que subjacente ao conceito de *faute* se encontraria uma concepção moral, BORIS STARCK, *Droit Civil, Obligations*, Paris, 1972, p. 21.

[122] MARC PUECH, *L'illicéité dans la responsabilité civile extracontractuelle*, Paris, 1973, p. 19, dá conta da ambiguidade da noção e do papel da ilicitude na doutrina francesa da responsabilidade civil, acabando por reconduzi-la à violação de uma norma ou à violação de direitos subjectivos.

directivas elaboradas por sindicatos, associações profissionais e desportivas, ou resultantes de usos[123]. A *faute civile* corresponde a um comportamento que pode ser considerado "defeituoso", seja porque é inspirado pela intenção de prejudicar, seja porque contraria uma norma jurídica, seja simplesmente porque é desrazoável[124]. Não pressupõe assim a violação de normas jurídicas concretas ou de direitos subjectivos[125].

Na definição de JOSSERAND[126] em que a *faute* surge como facto gerador da responsabilidade delitual, enquanto ponto de encontro entre dois "direitos" que se opõem, em que o mais forte prevalece sobre o mais fraco e em que a vida jurídica é lida como uma luta incessante entre direitos e interesses, cometer uma *faute* corresponde a lesar um direito sem poder reclamar um direito superior ou, pelo menos, equivalente, isto é, sem poder invocar um motivo legítimo. Nesta concepção da *faute*, a responsabilidade delitual representa um sistema de reequilíbrio dos direitos lesados. O conceito de *faute* pode ainda resultar de um julgamento de valor sobre a conduta humana, em que se cruzam ilicitude e justificação[127]. As diferentes manifestações da doutrina francesa em relação à *faute* são porém interpretadas por alguma doutrina alemã, que se debruça sobre o Código civil francês, como reconduzindo-se exclusivamente à culpa ("*Verschulden*")[128]. MENEZES CORDEIRO recusa a correspondência da *faute* à culpa, que deve ser traduzida por "falta", compreendendo elementos de ilicitude e de culpa[129].

---

[123] GIOVANNA VISINTINI, *Tratado de la responsabilidad civil 1*, Astrea, Buenos Aires, 1999, pp. 24-25.

[124] AUBRY & RAU, *Droit civil français, Responsabilité Délictuelle*, Tome IV-2, Librairies Techniques, 1989, pp. 43-44.

[125] MENEZES CORDEIRO, *Tratado de Direito Civil Português*, III, p. 41.

[126] LOUIS JOSSERAND, *Cours de Droit Civil Positif Français*, II, 2.ª ed., Recueil Sirey, Paris, 1933, p. 222. PLANIOL apresentava a *faute* como *le manquement à une obligation préexistante* (*apud* ROBERT BOUILLENNE, *La responsabilité extra-contractuelle devant l'évolution du droit*, Bruylant Bruxelles, Librarie Generale de Droit et Jurisprudence, Bruxelles, 1947, p. 142), referindo-se à necessidade de rever o sistema delitual francês que não se adapta aos tempos modernos.

[127] JEAN CARBONNIER, *Droit Civil, Les biens. Les Obligations*, PUF, 2004, pp. 2295--2296 e pp. 2302-2309.

[128] GEORGES E. HUBRECHT, *Das französische Zivilrecht*, Walter de Gruyter, Berlin, New York, 1974, p. 95.

[129] MENEZES CORDEIRO, *Tratado de Direito Civil Português*, IV, p. 253, (n. 708).

Evolução Histórico-Dogmática

O Código Civil francês apresenta uma espécie de modelo de sistema delitual puro assente na *faute*. Não podemos afirmar que este modelo, nas suas linhas originais, tenha sido exportado sem modificação para os restantes Códigos europeus dos séculos XIX e XX. Com efeito, alguns destes Códigos catalogados, no domínio da responsabilidade delitual, como sob a influência do modelo napoleónico, evoluíram na sua aplicação para soluções intermédias entre os modelos francês e alemão. Daí que, ainda que inseridos, por motivos de arrumação sistemática, nos Códigos de matriz francesa, estes Códigos configuram soluções delituais de tipo intermédio entre os dois grandes modelos europeus francês e alemão. Referimos-nos, sobretudo, aos Códigos austríaco, suíço e holandês.

6.2. *O ABGB austríaco de 1811*

I. O § 1295 do Código Civil Austríaco (*Allgemeines Bürgerliches Gesetzbuch*, ABGB)[130] é inspirado claramente no modelo napoleónico então vigente[131-132]. Todavia, os tribunais austríacos têm feito uma aplicação da cláusula geral de acordo como o modelo do Código Civil Alemão (BGB)[133].

---

[130] Todos têm direito a exigir do agente a indemnização do dano que este lhes tenha causado com culpa ("*aus Verschulden*"); o dano pode ter sido causado pela inobservância de um dever contratual ou sem relação com um contrato. Esta disposição é completada pelo § 1305 "*Em regra, ninguém é obrigado a indemnizar os danos que se tenham provocado sem culpa ou através de um comportamento não proposital*". As traduções são de MENEZES CORDEIRO, *Da responsabilidade civil dos Administradores*, p. 426. Cfr. sobre estas disposições, WILLIBARD POSCH, *Einführung in das österreichische Recht, Wissenschaftliche Buchgesellschaft*, Darmstadt, 1985, p. 87, e PETER BYDLINSKI, *Grundzüge des Privatrechts für Ausbildung und Wirtschaftspraxis*, 2. Auflage, Manz, Wien, 1991, pp. 209 e ss.

[131] Sobre a origem do Código Civil Austríaco no processo da codificação e na sequência do *Codex Maximilianeus bavaricus civilis*, do *Allgemeine Landrecht* prussiano e do Código Civil Francês, cfr. URSULA FLOßMANN, *Österreich Privatrechtsgeschichte*, 3. Auflage, Springer, Wien, New York, 1996, p. 14.

[132] STATHIS BANAKAS, "Liability for Incorrect Financial Information: Theory and Practice in a General Clause System and in Protected Interests System", ERPL, vol. 7, n.º 3, (1999), p. 262, considera que os sistemas austríaco, espanhol e italiano são de grande cláusula geral, seguindo o modelo prototípico napoleónico.

[133] "*Section 1295 of the Austrian General Civil Code (Allgemeines Bürgerliches Gesetzbuch), on the other hand, is actually worked like a real general liability clause, but*

56   Normas de Protecção e Danos Puramente Patrimoniais

Por outro lado, para além da cláusula geral de inspiração napoleónica, o § 1311 Abs. 2, que estabelece a regra do *casus sentit dominus*[134], tem uma referência às normas de protecção[135] no domínio da responsabilidade por danos acidentais (*Zufall Haftung*), sendo que a doutrina austríaca admite a sua utilização como fundamento da indemnização dos danos puramente patrimonais[136]. Apesar da sua consagração no ABGB ser anterior à do BGB, no domínio das normas de protecção a doutrina austríaca, que foi evoluindo de acordo com correntes metodológicas distintas[137], segue quase integralmente as teses defendidas pelos autores alemães, levantando as mesmas questões em relação ao § 1311 Abs. 2 ABGB que se colocam em relação ao § 823 II BGB, designadamente que tipo de normas podem ser consideradas de protecção, a ilicitude e a culpa e os problemas de causalidade[138]. Especialmente importante para o conhecimento da evolução doutrinária e jurisprudencial austríaca é o estudo de PETER

---

it is not read in that way by the courts, which normally interpret it in accordance with the German model (section 823(1) of the German Civil Code)" CHRISTIAN VON BAR, "Non-contractual obligations, especially the law of tort", The Private Law Systems in the EU: discrimination on grounds of nationality and the need for a European Civil Code, European Parliament, Working paper (www.europarl.eu.int/workingpapers/juri/pdf103-em.pdf).

[134] FRANZ GSCHNITZER, *Österreichisches Schuldrecht. Besonderer Teil und Schadenersatz*, 2. Auflage, Springer-Verlag, Wien, New York, 1988, pp. 484-486.

[135] *Kommentar zum Allgemeinen bürgerlichen Gesetzbuch*, 2. Auflage, Sechster Band, pp. 1293-1502, Druck und Verlag der Österreicherchischen Staatsdruckerei, (bearbeitet Franz Gschnitzer, Heinrich Klang, Walter Wilburg, Karl Wolff, Wien, 1951, pp. 82-83, PETER RUMMEL, *Kommentar zum Allgemeinen bürgerlichen Gesetzbuch*, Manzsche, Wien, 1992, pp. 468 e ss, FRIEDRICH HARRER, *Schadenersatzrecht*, Orac, Wien, 1999, pp. 20-21, e HEINZ KREJCI, *Privatrecht*, 3. Auflage, Manzsche, Wien, 1998, pp. 132-133.

[136] KOZIOL/WELZER, *Bürgerliches Recht*, Band II, 11. Auflage, Manzsche, Wien, 2000, p. 285. Admite-se na doutrina austríaca que normas sobre o direito das marcas possam ser consideradas como normas de protecção individual de consumidores, PETER KRENN, "Verbraucherschutz im Markenrecht", *Konsumentenschutz im Privat- und Wirtschaftsrecht*, Manzsche, Wien, 1977, p. 183. No mesmo sentido, ROLF SACK, "Schadenersatzansprüche wettbewerbsgeschädigter Verbraucher nach deutschem und österreichischem Wettbewerbs- und Deliktsrecht", *Konsumentenschutz im Privat- und Wirtschaftsrecht*, Manzsche, Wien, 1977, pp. 99-129. No mesmo sentido, SPICKHOFF, *Gesetzesverstoß und Haftung*, 1998, pp. 26-28.

[137] URSULA FLOßMANN, *Österreich Privatrechtsgeschichte*, p. 16 ss.

[138] KOZIOL, *Österreichisches Haftplichtrecht, Band II, Besonderer Teil*, Manzsche, Wien, 1975, 81-91.

BRUNNER, *Die Zurechnung der Schadenersatzpflicht bei Verletzung eines "Schutzgesetz" gem § 1311*[139].

PETER BRUNNER chama a atenção para uma decisão proferida pelo OGH 03-Set.-1970, relativa ao § 1311 ABGB, que estabelece que "*aquele que infringir uma norma que procura prevenir a concretização de eventuais lesões, responde por todos os prejuízos causados, mesmo por aqueles, que não teriam ocorrido sem a sua intervenção*". A decisão refere-se a um caso em que alguém, que conduzia o seu carro na direcção A, a determinada altura, quis voltar à direita. O Réu tinha o seu veículo estacionado na berma lateral direita da rua, numa área de proibição de paragem e de estacionamento, violando, deste modo, o StVO. O Autor quando voltou à direita acabou por colidir com o veículo do Réu. Em juízo, o Réu alegou que faltava a causalidade adequada entre a violação da referida disposição do Código da Estrada e a verificação dos danos. O OGH admitiu a existência de adequação, na medida em que a sucessão de acontecimentos verificada, e que conduziu à verificação dos danos, não podia ser interpretada fora dos parâmetros comuns da experiência de vida. Assim, considerou o acto ilícito causal à produção dos danos. Por outro lado, recorreu ao fim da norma violada, chegando à conclusão de que a mesma visava, no caso concreto, prevenir os danos verificados[140].

No que concerne à questão da culpa, BRUNNER afirma que esta temática foi abordada apenas em termos gerais, uma vez que para a valoração da culpa de um interveniente no tráfego são determinantes os critérios da medida da negligência do agente e a relevância atribuída à norma violada na evolução do tráfego. Ora, o OGH concluiu que o Réu era civilmente responsável em virtude da culpa demonstrada aquando da violação da norma do Código da Estrada, considerada norma protectora de interesses particulares. Por esta razão, BRUNNER conclui que o OGH aferiu do nexo de ilicitude, do grau de protecção da norma violada e da culpa com vista à fundamentação da adequação. Esta forma de análise, englobando cumulativamente os pressupostos da responsabilidade delitual, é duvidosa para este Autor na medida em que não toma em consideração o facto de no § 1311 ABGB se encontrar um tipo delitual específico e independente dos

---

[139] PETER BRUNNER, "Die Zurechnung der Schadenersatzpflicht bei Verletzung eines "Schutzgesetz" gem § 1311", ÖJZ, 27. Jahrgang, Heft 5, pp. 113-119, que seguimos de perto.

[140] PETER BRUNNER, *Die Zurechnung der Schadenersatzpflicht*, p. 113.

58   *Normas de Protecção e Danos Puramente Patrimoniais*

pressupostos da responsabilidade delitual[141]. Esta decisão do OGH revela as dificuldades de aplicação do § 1311 ABGB, dificuldades para as quais tanto a doutrina como a jurisprudência austríacas têm chamado a atenção.

Assim, no que concerne à doutrina, ZEILLER é da opinião que, atendendo a uma presunção de culpa, o agente deve ser obrigado à indemnização, mesmo quando não haja a convicção do efeito lesivo do acto praticado, dado que este foi proibido pelo "legislador mais consciencioso" (*"tiefersehenden Gesetzgebung"*) atendendo ao seu perigo. Nestes termos, a violação da lei implica por si só culpa. NIPPEL partilha desta concepção, considerando culpado aquele que viola uma norma que visa prevenir danos. Em sentido diferente, WINIWARTER considera necessário recorrer à presunção de culpa, prevista no § 1298 ABGB. Por sua vez, ZUGSCHWERDT, tal como ZEILER, entende que a culpa não pode ser afastada e salienta o facto da legislação austríaca conter múltiplas disposições vocacionadas para a protecção de lesões decorrentes de acidentes, considerando o fim da norma como critério de imputação[142].

ARMIN EHRENZEIG chama a atenção que não é possível responsabilizar aquele que infringe uma norma de protecção por todos e quaisquer danos produzidos, mas apenas por aqueles que a norma especialmente quis prevenir. Para não ser civilmente responsável, o agente terá de demonstrar que agiu sem culpa e com o intuito de cumprir o dever legal. Utilizando o conceito de *"responsabilidade por contrariedade a uma norma"* (*"Normwidrigkeitshaftung"*) para ALBERT A. EHRENZEIG o agente tem de confiar na prudência plasmada na lei, residindo a sua culpa no facto de não ter sido capaz de prever o resultado. KARL WOLFF explica o conceito de norma de protecção partindo do princípio de que o legislador procedeu à sua elaboração pressupondo que determinados modos de conduta são, segundo regras de experiência, propícios à produção de danos e optou por proibir essas condutas criadoras de um perigo típico, sem tomar em consideração se, no caso concreto, existe de facto possibilidade de concretização do referido perigo. Em qualquer caso a responsabilidade só subsiste na medida em que o dano produzido se encontre no escopo da norma. De acordo com esta perspectiva não seria de exigir um comportamento cul-

---

[141] PETER BRUNNER, *Die Zurechnung der Schadenersatzpflicht,* p. 113.

[142] Sobre esta doutrina austríaca, PETER BRUNNER, *Die Zurechnung der Schadenersatzpflicht,* p. 113.

poso, tratando-se de um "regime misto de responsabilidade objectiva" (*"gemischte Gefährdungshaftung"*), embora o Autor não elucide este conceito. De salientar, porém, que a maioria da doutrina austríaca insiste na preservação do elemento da culpa quer mediante presunções inilidíveis, quer através do recurso à inversão do ónus da prova. Num ponto de vista diferente, GSCHNITZER considera que se *"alguém infringir uma norma destinada a prevenir danos acidentais"*, cabe ao lesado produzir esta prova e *"o lesante responderá civilmente por aquele tipo de danos cuja concretização a norma de protecção visava evitar (nexo de ilicitude), devendo o mesmo produzir a contraprova de que os danos se teriam igualmente concretizado mediante a adopção de um comportamento conforme à legalidade"*. Ou seja, para GSCHNITZER não seria necessário o recurso ao elemento da culpa[143].

No que concerne à jurisprudência, a análise das decisões judiciais relativas ao § 1311 ABGB permite evidenciar um leque de princípios orientadores variados que vão desde a diminuta exigência de requisitos de imputação, sendo designadamente suficiente para imputar a responsabilidade ao agente a violação objectiva de uma norma de protecção, até ao referido na decisão inicialmente mencionada, segundo a qual devem ser considerados de forma cumulativa todos os pressupostos da responsabilidade delitual.

A posição mais radical defende que terá de ser objectivamente demonstrada a violação da norma de protecção para que o lesante possa ser responsabilizado pelos danos causados. Noutras decisões judiciais detecta-se uma orientação no sentido de não se exigir o preenchimento do nexo de causalidade aquando dessa violação. No entanto, o próprio OGH remete para a importância do critério do fim da norma: o infractor de uma norma de protecção responde civilmente por todos os "danos protegidos". No que sobra para a análise da causalidade, o OGH defende a imprescindibilidade de um nexo causal entre a violação da norma de protecção e a verificação dos danos. Se, de facto, se concluir pela possibilidade de existência do nexo de causalidade, cabe ao lesante a demonstração da existência de uma outra causa plausível, designadamente, de um outro percurso causal com sérias probabilidades de concretização, a fim de afastar o referido nexo causal. Para que esta demonstração surta efeito, será ainda necessário afas-

---

[143] PETER BRUNNER, *Die Zurechnung der Schadenersatzpflicht,* pp. 113-114.

tar a importância do critério do escopo da norma de protecção. Uma orientação diferente assenta nos comportamentos lícitos alternativos, defendendo-se a exoneração da responsabilidade do lesante mediante a demonstração de que os danos causados, e que a norma de protecção visava evitar, ter-se-iam igualmente produzido se se tivesse agido conforme ao Direito. No entanto, tem-se revelado que o mais frequente é este circunstancialismo não ser passível de demonstração. As decisões proferidas pelo OGH, que afastam a imputação da responsabilidade por acidentes previsíveis *in abstracto*, eliminando a argumentação de que estes acidentes não eram previsíveis *in concreto,* remetem para o conceito de "responsabilidade objectiva mista" desenvolvido por KARL WOLFF. O escopo da norma surge como critério de correcção. De acordo com algumas decisões mais antigas, incumbe ao lesado demonstrar a existência de uma norma de protecção, a sua violação e a verificação de danos, competindo ao lesante demonstrar, de acordo com a inversão do ónus da prova, que não lhe pode ser imputada culpa. O OGH admitiu que, na medida em que a culpa se baseia na violação da norma de protecção, não será necessário produzir uma prova rigorosa da existência de nexo de causalidade para fundamentar uma pretensão de indemnização por danos. Nestas decisões, à semelhança do defendido por KARL WOLFF, reconhece-se que não é exigível o requisito da culpa para a aplicação do § 1311 ABGB, sendo possível resolver o problema através do recurso à conduta alternativa conforme ao Direito. Por último, devem ainda ser mencionadas as decisões judiciais em que se exige o preenchimento do requisito da culpa, mesmo que sob a forma de inversão do ónus da prova, ao abrigo do § 1298 ABGB, na medida em que, de acordo com o princípio geral do § 1295 ABGB, a violação de uma norma de protecção deverá ocorrer de modo culposo[144].

Para BRUNNER, a doutrina e a jurisprudência austríacas acentuam como particularmente relevantes as três questões seguintes: *i)* Quando nos encontramos perante uma norma de protecção? *ii)* A teoria da adequação e a doutrina do escopo da norma não se anulam reciprocamente? e *iii)* É exigido o preenchimento do requisito da culpa?

> *i)* O problema crucial centra-se na questão de saber que normas devem ser consideradas de protecção. A doutrina e a jurisprudência são unânimes quanto ao conceito material de lei. Alguns

---

[144] PETER BRUNNER, *Die Zurechnung der Schadenersatzpflicht,* pp. 114-115.

autores indicam quais as dificuldades na identificação das normas de protecção, no entanto, raramente se referem às características de que devem revestir-se estas normas, limitando-se a exemplificá-las ou a enumerá-las exaustivamente. Essencial para a concretização da locução *"norma que procure evitar lesões acidentais"* (*"Gesetz, das zufälligen Beschädigung vorzubeigen sucht"*) é o entendimento de Zeiller, segundo o qual, *"se alguém, por seu próprio discernimento, não for capaz de se certificar dos efeitos lesivos de uma conduta adoptada proibida em legislação enraizada"*, a violação da norma deverá ser entendida como culposa, impendendo *"sobre o agente uma obrigação de indemnizar"*. Por um lado, não é necessário imputar como adequado o dano produzido no caso concreto; por outro lado, dever-se-á ter igualmente em consideração que o legislador, antecipando os danos resultantes da vida em comunidade, proibiu as acções e omissões conducentes a este tipo de danos. Segundo Brunner, trata-se de normas que em abstracto têm como objectivo evitar lesões a bens jurídicos, incorporando em si mesmas proibições de determinados tipos de conduta[145]. Albert A. Ehrenzweig segue também este entendimento quando refere que o agente se devia deixar influenciar pelo "conhecimento" do legislador. De acordo com Karl Wolff, confrontados com certos tipos de conduta é-nos possível saber que estes conduzirão à produção de danos, pelo que o legislador age em conformidade com o que configura como típicos riscos para terceiros, proibindo assim determinadas condutas sem tomar em linha de conta se, no caso concreto, existe, de facto, possibilidade de concretização daquele perigo[146]. O perigo de danos "acidentais" é, segundo Zeiller, ponderado por um "legislador consciencioso", por antecipação a determinados actos, proibidos em abstracto sob a forma de normas de protecção, tendo em atenção os danos que, em concreto, poderão eventualmente produzir. Devemos, deste modo, considerar que o conceito de norma de protecção opera em relação às normas que tratam da proibição de perigos objectivos. Neste núcleo incluem-se aquelas normas gerais que proíbem determi-

---

[145] Peter Brunner, *Die Zurechnung der Schadenersatzpflicht*, pp. 114-115.
[146] Peter Brunner, *Die Zurechnung der Schadenersatzpflicht*, p. 115.

nadas formas de conduta com base na sua predisposição para causar danos, sem, no entanto, se tomar em conta se, de facto, existe no caso concreto, um perigo real susceptível de lesar algum bem jurídico. Se, com uma conduta adequada à produção de danos, se preencher a norma, o primeiro passo a dar será o de saber se se trata de uma norma de protecção de perigo abstracto, uma vez que, neste caso, deverá aplicar-se o disposto no § 1311 ABGB[147]. Neste ponto, em relação ao § 823 II BGB, DEUTSCH expressa de forma clara o seu entendimento de que o "tipo normativo fechado" do § 823 II BGB valoriza, sobretudo, as normas de perigo abstracto como normas de protecção, distinguindo-as das proibições de perigo concreto, uma vez que naquelas o legislador conseguiu antecipar, através da sua "intuição", a "linha de atenção" que o sujeito vinculado à norma deveria adoptar num comportamento conforme ao Direito. A posição adoptada por DEUTSCH quanto à caracterização das normas de perigo abstracto e que, no essencial, é também partilhada por HANS STOLL e por FIKENTSCHER, acaba por ser idêntica às conclusões de ZEILLER, ALBERT A. EHRENZWEIG e KARL WOLFF a respeito do § 1311 ABGB, surgindo como um reflexo da consciência do legislador na elaboração de normas com vista à prevenção de efeitos danosos oriundos de determinadas condutas[148]. Pelo exposto, BRUNNER conclui que "norma que vise prevenir danos acidentais" remete para normas de perigo abstracto.

ii) Ao concluir que as normas de protecção são normas de perigo abstracto, afigura-se problemático para BRUNNER determinar de que forma terá o OGH conseguido fundamentar a decisão mencionada, de modo a integrar não só os princípios inerentes à teoria da adequação, mas também os da teoria do escopo da norma. É pacificamente aceite que ambas as teorias visam atingir o mesmo objectivo, designadamente alcançar uma delimitação do dever de indemnizar. Todavia, esta situação não exclui que a aplicação de cada um dos critérios de imputação possa dar origem a resultados diferentes, podendo suceder que a interpretação da norma de protecção de acordo com a teoria do escopo da norma

---

[147] PETER BRUNNER, *Die Zurechnung der Schadenersatzpflicht,* pp. 115-116.
[148] PETER BRUNNER, *Die Zurechnung der Schadenersatzpflicht,* p. 116.

conduza a que, excepcionalmente, a indemnização do dano se encontre fora do escopo da norma, enquanto que, ao invés, pode igualmente suceder que o dano seja ressarcível, apesar da falta de adequação, se se der o caso da norma aplicável ser imposta ao agente de acordo com o perigo[149].

Contra a aplicação do critério da adequação no § 1311 ABGB tem-se afirmado que, de acordo com os respectivos pressupostos, analisa-se, em concreto, se o agente lesante ou um observador objectivo, colocados na situação concreta, deveriam ou poderiam prever que o evento conducente à produção dos danos bastaria para a sua ocorrência. Ora, esta perspectiva acaba por redundar num vazio por força da própria norma de perigo abstracto, uma vez que, neste caso, o legislador produziu normas proibitivas de determinadas condutas, que abstraem do circunstancialismo da situação concreta, por serem apropriados a ocasionar determinados danos[150].

O dever imposto ao sujeito de se abster de praticar actos lesivos acaba por ser "ultrapassado", uma vez que se funda na obediência à norma de protecção e não na eventualidade objectiva ou na adequação à concretização de danos na sequência da adopção de determinada conduta, havendo uma previsibilidade objectiva da ocorrência de danos quando o legislador classifica, por antecipação, determinadas condutas como apropriadas à produção de danos lesivos dos bens jurídicos salvaguardados por estas normas, sem apurar se, naquela circunstância, nos encontramos perante um perigo concreto. A obrigação de indemnização, que incumbe a quem viola uma norma de protecção, não se deverá basear no juízo da adequação, mas no facto de aferir se o dano produzido poderia ter sido evitado pela proibição de perigo abstracto[151].

Se o sujeito violar uma norma que, em abstracto, tinha como objectivo proteger bens jurídicos, não se torna necessário esclarecer se a sua acção foi suficiente para a produção dos danos, sendo antes de efectuar a interpretação teleológica no sentido de

---

[149] PETER BRUNNER, *Die Zurechnung der Schadenersatzpflicht*, p. 116.
[150] PETER BRUNNER, *Die Zurechnung der Schadenersatzpflicht*, p. 116.
[151] PETER BRUNNER, *Die Zurechnung der Schadenersatzpflicht*, p. 117.

aferir se a norma de protecção visava evitar aquele dano. Note-se que, se da violação da norma de protecção advierem de danos "objectivamente desadequados", poderão ser imputados ao agente se se integrarem no escopo da norma infringida. Caso não se admitisse esta posição, seria possível colocar em causa a antevisão do legislador em relação às normas de perigo abstracto. A tarefa dos tribunais no que concerne à aplicação do § 1311 ABGB é a de, com o auxílio da doutrina do escopo da norma, proceder à interpretação teleológica das normas a aplicar, de forma a apurar se a norma violada tinha como objectivo evitar o dano produzido no caso concreto[152].

iii) Se se chegar à conclusão que, numa determinada situação, o acontecimento que conduziu à produção do dano decorreu da violação de uma norma de protecção, e que, na sequência da aplicação da doutrina do escopo da norma, o dano produzido pode ser imputado ao agente, emergirá então a terceira questão que se refere ao modo como deve ser analisada a culpa nas normas de protecção. Nesta matéria, as posições adoptadas pela doutrina e jurisprudência austríacas são bastantes divergentes. Partindo do princípio de que as normas de protecção consagram uma proibição de perigo abstracto, através da qual o legislador, antecipadamente, proibiu determinadas condutas, sem se preocupar em configurar como adequados os danos produzidos pela violação da norma, não deve colocar-se a questão da culpa no que concerne aos efeitos dos danos produzidos no caso concreto, nem sob a forma disfarçada de uma análise da adequação[153].

Ora, esta consequência foi defendida por ALBERT A. EHRENZWEIG que refere que a culpa é mais diminuta do que a do agente negligente, uma vez que o infractor da norma não pode prever o resultado ou não pode, de forma alguma, configurá-lo como passível de concretização. ALBERT A. EHRENZWEIG acredita que é possível presumir a culpa, designadamente na forma de "responsabilidade por contrariedade à norma". Aqui o comportamento culposo do agente irá residir no facto de não ter confiado no "conhecimento" do legislador (concepção de ZEILLER). Com isto não se pretende,

---

[152] PETER BRUNNER, *Die Zurechnung der Schadenersatzpflicht*, p. 117.
[153] PETER BRUNNER, *Die Zurechnung der Schadenersatzpflicht*, pp. 117-118.

Evolução Histórico-Dogmática

no entanto, preterir por completo o critério de culpa previsto no § 1311 ABGB. Com efeito, é possível afirmar que é de exigir o juízo de censura no elemento do tipo normativo "violar a norma". Esta é, aliás, a perspectiva da doutrina alemã maioritária na proibição de perigo abstracto, que pretende que a culpa apenas se aplica à violação da norma, o que acaba por redundar numa acentuação do regime de responsabilidade face ao § 823 I BGB. A situação é, contudo, diferente no § 1311 ABGB, em que a formulação segundo a qual o agente lesante responde por todos os prejuízos "que não teriam ocorrido sem a sua intervenção", permite afirmar que não se refere a uma possibilidade de afastamento da culpa, mas à possibilidade de o agente lesante poder exonerar-se da obrigação de indemnização mediante demonstração que o dano se teria produzido igualmente com a adopção de uma conduta irrepreensível e conforme ao Direito. Se o infractor da norma de protecção for bem sucedido na demonstração da existência de uma forte possibilidade de, no caso concreto, o dano se produzir mesmo mediante a adopção de uma conduta alternativa irrepreensível, o "nexo de ilicitude" será, deste modo, destruído e, assim, preterida a aplicação do § 1311 ABGB[154]. Esta posição não significa o renascimento da doutrina medieval do *"versare in re illicita"*, porque, por um lado, se mantém a observância do critério do escopo da norma como correctivo de imputação dos danos, e, por outro lado, o agente lesante pode exonerar-se da responsabilidade demonstrando a possibilidade de concretização do dano mesmo com a observância da norma de protecção[155].

Assim, em síntese, segundo PETER BRUNNER, será de se aplicar o § 1311 ABGB, com as suas consequências específicas, sempre que for violada uma proibição de perigo abstracto e que a inobservância da disposição for determinante para a ocorrência de danos. De acordo com a doutrina do escopo da norma é essencial determinar se a norma pretendia prevenir os danos ocorridos. Se se concluir pela positiva, o lesante apenas se poderá exonerar da responsabilidade que lhe é imputada mediante a prova de que

---

[154] PETER BRUNNER, *Die Zurechnung der Schadenersatzpflicht*, p. 118.
[155] PETER BRUNNER, *Die Zurechnung der Schadenersatzpflicht*, p. 118.

66 *Normas de Protecção e Danos Puramente Patrimoniais*

aquele dano se teria igualmente concretizado se tivesse adoptado um comportamento conforme ao Direito[156].

6.3. *O Código Civil espanhol de 1889*

I. O artigo 1.902 do Código Civil espanhol[157] contem, à semelhança do modelo napoleónico, uma grande cláusula geral, desenvolvida por uma série de disposições, cujo objectivo é funcionarem como excepções em relação à regra geral, nas quais se estabelecem pressupostos especiais de responsabilidade[158]. Alguma doutrina considera que a formulação do princípio da responsabilidade delitual no Código Civil espanhol corresponde à consagração da regra *neminem laedere,* enquanto outra deriva a responsabilidade delitual da violação de deveres correspondentes a situações jurídicas subjectivas protegidas pelo direito objectivo[159]. As regras da responsabilidade delitual constantes do Código Civil espanhol são completadas por inúmeras outras, que vão desde a legislação penal e laboral a um conjunto de leis especiais sobre responsabilidade civil, que é igualmente importante levar em linha de conta. Acresce que a jurisprudência espanhola tem tido o trabalho de interpretar e relativizar, em certas ocasiões, as disposições explícitas do Código Civil, construindo outras implícitas, mas de vigência indiscutível[160]. Neste ponto, é essencial compreender que a existência de uma série de leis especiais e de uma jurisprudência criadora potenciaram que o artigo 1.902 surja, cada vez mais,

---

[156] PETER BRUNNER, *Die Zurechnung der Schadenersatzpflicht,* p. 119.

[157] *"El que por acción u omissión causa daño a otro, intervindo culpa o negligencia está obrigado a reparar o daño causado".* Nesta disposição não há uma referência autónoma à ilicitude. Os artigos 1903 a 1910 do Código consagram um conjunto de tipos delituais específicos que tem também de ser tomado em consideração no enquadramento da responsabilidade delitual espanhola.

[158] ADOMEIT/FRÜHBECK, *Einführung in das spanische Recht,* 2. Auflage, C. H. Beck, München, 2001, p. 79, e DIEGO ESPÍN CÁNOVAS, *Manual de Derecho Civil Español,* vol. III, Obligaciones y Contratos, Editorial Revista de Derecho Privado, Madrid, 1983, p. 500, e JOSE CASTAN TOBEÑAS, *Derecho Civil Español, Comun y Foral,* 7.ª ed, IV, Derecho de Obligaciones, Madrid, 1952, pp. 775-790.

[159] DIEGO ESPÍN CÁNOVAS, *Manual de Derecho Civil Español,* p. 503.

[160] ROGEL VIDE, *La responsabilidad civil extracontratual en el derecho español,* Civitas, p. 21.

Evolução Histórico-Dogmática

com um carácter residual, isto é, com um âmbito de aplicação muito reduzido. Por outro lado, o entendimento de alguns vai no sentido de considerar a cláusula geral um *Kautschukparagraph*, enfocando o carácter elástico e vago desta disposição, o que os leva a defender que o "direito de danos" se encontra essencialmente na jurisprudência, designadamente num conjunto de expedientes jurisprudenciais paliativos do sistema de responsabilidade delitual[161].

Acresce que a falta de referência autónoma à ilicitude na cláusula geral de responsabilidade delitual, à semelhança do que acontece com a sua congénere francesa, não significa que a doutrina e a jurisprudência não tenham incluído este elemento como pressuposto da responsabilidade aquiliana[162], mas implica sobretudo desviar o centro da questão para as causas de exclusão da ilicitude que afastam a responsabilidade[163]. Em relação aos expedientes paliativos que a jurisprudência tem utilizado para "completar" a cláusula geral, o Supremo Tribunal espanhol desenvolveu, entre outros princípios, a teoria de que não basta o cumprimento das disposições regulamentares para afastar a ilicitude das condutas em sede de responsabilidade delitual, procurando aumentar a protecção dos lesados neste sistema[164].

A ilicitude, atendendo ao teor do artigo 1.902, consiste na violação do dever genérico de não causar dano a outro (*alterum non laedere*), ainda que a doutrina espanhola tenha desenvolvido um conjunto de teorias para determinar as situações em que o dano é "injusto", utilizando, para tal, a doutrina italiana[165]. A ilicitude tem, assim, sido reconduzida à violação de

---

[161] ROGEL VIDE, *La responsabilidad civil*, pp. 49-50.

[162] JAIME SANTOS BRIZ, *La responsabilidad civil, Derecho substantivo y Derecho processual*, Montecorvo, 1986, pp. 32-33. A este propósito é elucidativa a nota dos tradutores inserida em LUWIG ENNECERUS/THEODOR KIPP/MARTIN WOLFF, *Tratado de Derecho Civil, Derecho de Obligationes*, II, (revisão Heinrich Lehmann)(trad. Blas Pérez González e José Alguer, Bosch, Barcelona, 1950, p. 664, em que expressamente se reconhece não compreender o sistema delitual espanhol uma situação básica delitual correspondente à violação de normas de protecção, ainda que essa referência seja abrangida pela cláusula geral do artigo 1902.

[163] ROGEL VIDE, *La responsabilidad civil*, pp. 83-84.

[164] ROGEL VIDE, *La responsabilidad civil*, 92-93 e RICARDO DE ANGEL YAGÜEZ, *Lecciones sobre responsabilidad civil*, Universidad de Deusto, Bilbao, 1978, pp. 32 e ss.

[165] Recorrendo a traduções de autores italianos, ALBERTO TRABUCCHI, *Instituciones de Derecho Civil*, I, (trad. Luis Martínez-Calcerrada), Editorial Revista de Derecho Privado, Madrid, 1967, pp. 215-230.

norma impositiva ou proibitiva, à violação de direito subjectivo e à violação de interesse merecedor de tutela ou à violação de deveres gerais de correcção social. Esta doutrina tem igualmente utilizado o artigo 1.107 do Código Civil, em matéria culpa – inserido na responsabilidade obrigacional[166] –, para complementar a cláusula geral, funcionando como modelo de apreciação da conduta do lesante[167]. A regra do *alterum non laedere* não tem carácter universal, na medida em que nem todos os danos causados a terceiros são indemnizáveis, já que existem causas de exclusão da ilicitude.

6.4. *O Código das Obrigações suíço de 1911*

I. Na segunda codificação inserem-se o Código das Obrigações Suíço, de 1911, (artigo 41.°[168]), o Grego de 1940 (artigo 914.°), o Código Civil Italiano, de 1942, (artigo 2.043.°[169]) e o Código Civil Holandês de 1992 que optaram por uma cláusula geral abrangente[170], à semelhança do

---

[166] LACRUZ BERDEJO, *Nociones de Derecho Civil Patrimonial e Introducción al Derecho*, Dykinson, Madrid, 1998, p. 253, considera que não é pacífica a aplicação por analogia do artigo 1107, porquanto a *Lex Aquilia* estabelecia uma obrigação de indemnizar mesmo para as faltas mais leves e, por outro lado, não se coadunaria com a referência a "*cualquier género de culpa o negligencia*", que aponta para o máximo rigor em especial no campo da responsabilidade profissional.

[167] MARIANO YZQUIERDO TOLSADA, *Sistema de Responsabilidad Civil Contratual, Y Extracontratual*, Dykinson, 2001, pp. 248-250.

[168] "*Art. 41 CO. Celui qui cause, d'une manière illicite, un dommage à autrui, soit intentionnellement, soit par négligence ou imprudence, est tenu de le réparer. Celui qui cause intentionnellement un dommage à autrui par des faits contraires aux moeurs est également tenu de le réparer.* " (Aquele que causa, de maneira ilícita, um dano a outrem, intencionalmente ou por negligência, ou imprudência é obrigado a repará-lo, o mesmo acontecendo àquele que causa intencionalmente uma dano a outrem por factos contrários aos bons costumes).

[169] "*Art. 2043. (Risarcimento per fatto illecito) Qualunque fatto doloso o colposo, che cagiona ad altri un danno ingiusto, obbliga colui che ha commesso il fatto a risarcire il danno.*" (Qualquer facto doloso ou culposo, que causa a outrem um dano injusto, obriga aquele que cometeu o facto a reparar o dano).

[170] VON CAEMMERER, "*Wandlungen des Deliktsrechts*", Hundert Jahre Deutsches Rechtsleben, Festschrift zum hundertjährigen Bestehen des Deutsche Juristentages (1860--1960), Band II, (Sonderdruck), Verlag C.F. Müller Karlsruhe, 1964, p. 65.

Evolução Histórico-Dogmática 69

modelo napoleónico, mas que contêm uma referência autónoma à ilicitude afastando-se, por isso, de um modelo puro de *faute*[171].

No direito suíço anterior à codificação, o direito da responsabilidade civil e o Direito penal permaneciam sem grande separação[172]. É com a codificação que a destrinça vai ser alcançada. No entanto, a divisão cantonal da Suiça faz com que este país conheça influências distintas nos Códigos Civis dos diferentes cantões. Na Suiça ocidental e do sul, a influência é do Código Civil francês (*cantons romands*), um outro bloco de cantões é influenciado pelo *Allgemeine Bürgerliche Gesetzbuch* de 1811 (*droit bernois*) e, finalmente, o terceiro bloco pela doutrina do direito natural e pela escola histórica de SAVIGNY (*droit zurichois*)[173]. Confrontado com estas três tendências distintas, o legislador federal de 1881 tomou partido pela influência francesa[174]. Com efeito, o princípio geral de responsabilidade delitual, que se encontra no artigo 50, é decalcado do artigo 1382 do *Code civil*[175]. As regras do antigo Código federal das Obrigações (artigos 50 a 69), adoptadas em 14 de Junho de 1881 e que entraram em vigor em 1 de Janeiro de 1883, foram largamente recuperadas no Código das Obrigações de 30 Março de 1911 (artigos 41 a 61)[176], sendo igualmente de

---

[171] R. W. M DIAS/B. S. MARKESINIS, *The English Law of Torts*, Bruylant, Brussels, 1976, p. 56, (n.2).

[172] Cfr. ANNA MACKENROTH, *Nebengesetze zum schweizerischen Obligationrecht*, Zurich, 1898, 7 ss, e LOUIS CARLEN, *Rechtsgeschichte der Schweiz. Eine Einführung*, 3. Auflage, Francke Verlag, Bern, 1988, p. 52.

[173] LOUIS CARLEN, *Rechtsgeschichte der Schweiz*, pp. 95-96, e HEINRICH HONSELL, *Schweizerisches Obligationenrecht. Besonderer Teil*, 3. Auflage, Stämpfli, Bern, 1995, p. 4.

[174] PIERRE TERCIER, Cents Ans de Responsabilité civile en Droit Suisse, *Hundert Jahre Schweizerisches Obligationenrecht*, Universitätsverlag Freiburg, Schweiz, 1982, p. 206. Já ERNST A. KRAMER, *Zur Theorie und politik des Privat- und Wirtschaftsrecht. Beiträge aus den Jahren 1969-1996*, C. H. Beck, Helbing & Lichtenhahn, Manz, 1997, p. 394, situa o Código das Obrigações suíço entre a tradição pandectística alemã e o *Code civil*, tendo este último maior influência na responsabilidade civil.

[175] "*Quiconque cause sans droit un dommage à autrui, soit à dessein, soit par négligence ou imprudence, est tenu de réparer*». Os direitos autóctones permitem ao juiz determinar o montante indemnizatório de acordo com a *faute* (art. 51) e reconhecem largos poderes de apreciação por parte do juiz.

[176] Apenas o artigo 48 foi revogado pela lei de concorrência desleal, de 30.9.1943, e houve uma pequena alteração ao artigo 55, em 1971. O Código das Obrigações suíço sofreu revisões em 1936, em 1941, em 1945 e em 1985. Há uma revisão da responsabilidade civil de 2001.

70 *Normas de Protecção e Danos Puramente Patrimoniais*

assinalar a importância dos estudos de Stooss e de Burckhardt enquanto bases preparatórias doutrinais do *Code* de 1911[177].

O Código das Obrigações suíço unifica o Direito civil e o Direito comercial, tendo esta solução influenciado a segunda codificação italiana. No artigo 41.º deste Código estabelece-se que quem cause de maneira ilícita dano a outrem, seja intencionalmente seja por negligência ou imprudência, é obrigado a indemnizar. É notório que, apesar de o legislador ter optado por uma cláusula abrangente, há neste modelo uma separação entre a ilicitude e a culpa, e a ilicitude não se reconduz só à violação de direitos subjectivos, abrangendo outras violações e omissões de medidas de protecção de terceiros.

Com efeito, a doutrina suíça distingue entre a ilicitude subjectiva (*subjektive Widerrechtlichkeitstheorie*), que corresponde à lesão de bens jurídicos absolutos (*Rechtsgutsverletzung*), e a ilicitude objectiva (*objektive Widerrechtlichkeitstheorie in Gestalt der Normwidrigkeit*), que corresponde à lesão de uma norma jurídica (*Verletzung einer Norm*), sendo através da violação de determinadas normas que os danos puramente patrimoniais são indemnizáveis, atendendo ao facto de o património não configurar um bem jurídico de protecção absoluta[178]. O direito delitual suíço tem, através do filtro da ilicitude, permitido um alargamento da indemnização, quer pela consagração da teoria dos deveres do tráfego, quer porque a jurisprudência admitiu recentemente a indemnização de alguns prejuízos reflexos de terceiros[179]. Por outro lado, de forma idêntica ao direito alemão, tem-se entendido que, para além da violação de direitos subjectivos, a violação de normas de protecção configura uma modalidade de ilicitude[180].

---

[177] Pierre Tercier, Cents Ans de Responsabilité civile, 207.

[178] Starck, *Ausservertragliches Haftpflichtrechts*, 2. Auflage, Schulthess Polygraphischer, Zürich, 1988, pp. 60-62, Theo Guhl, *Das Schweizerische Obligationenrecht*, 9. Auflage, Schulthess, Zürich, 2000, pp. 186-187, esclarecendo que é no domínio da violação normativa que se permite a protecção de danos puramente patrimoniais *"Hierher gehören die Bestimmungen über unzulässige Boykottierung gemäss Kartellgesetz, über den unlauteren Wettberb, über die Verletzung der Bestimmungen über Firmenbildung und Firmengebrauchspflicht, über die Vermögensschädigung durch Betrug, Begünstigung und Hehlerei, durch falsche Zeugeaussage, usw".*

[179] Pierre Tercier, *Cents Ans de Responsabilité civile*, p. 211. Cfr. Karl Oftinger, *Bundesgerichtspraxis zum Allgemeinen Teil des Schweizerischen Obligationenrechts*, Schultess, Zürich, 1969, pp. 233 e ss.

[180] Oftinger/Stark, *Schweizerisches Haftpflichtrecht, Allgemeiner Teil*, Band I, Schulthess Polygraphischer, Zürich, 1995, pp. 180-183, Spickhoff, *Gesetzesverstoß und*

No Anteprojecto de Lei federal para a Revisão e Unificação do Direito da Responsabilidade Civil inseriu-se uma norma geral de imputação, na qual a ilicitude surge como pressuposto da responsabilidade quer objectiva quer subjectiva. O n.º1 do artigo 46.º do Anteprojecto apresenta a ilicitude como *"facto danoso que viola um direito protegido pela ordem jurídica"* e o n.º 2 acrescenta que o facto é ilícito *"se contrariar uma injunção ou proibição jurídica, o princípio da boa fé ou um dever contratual"*, decorrendo assim a unificação entre responsabilidade obrigacional e extra-obrigacional[181]. Os autores do anteprojecto subscrevem uma ilicitude objectiva, uma vez que a ilicitude subjectiva levaria a uma não delimitação dos danos puramente patrimoniais, sendo para tal essencial desenvolver um sistema detalhado de causas de justificação. Assim, só um sistema dualista ou dicotómico subjacente ao artigo 46.º, n.º 2, teria a resposta adequada, na medida em que sendo violado um direito absoluto, não é necessário averiguar a violação de uma norma de conduta (ilicitude do resultado) (o que seria particularmente importante para a responsabilidade pelo risco), enquanto se for violado o património é necessário averiguar da existência de uma norma de conduta *ad hoc* que tenha a finalidade de ressarcimento de danos puramente patrimoniais[182].

6.5. *O Código Civil Italiano de 1942*

I. O Código Civil italiano de 1865 tinha uma matriz napoleónica[183], à semelhança do actual[184]. Sob a epígrafe *risarcimento per fatto illecito*,

---

Haftung, p. 21, e HEINRICH LEHMANN, "Begrenzung der Rechtswidrigkeit unter vergleichender Berücksichtigung des Schweizerischen Rechts", Festschrift für Justus Wilhelm Hedemann zu 80. Geburtstag, Walter de Gruyter, Berlin, 1958, pp. 177-190.

[181] SINDE MONTEIRO, "Responsabilidade delitual. Da ilicitude", pp. 466-467.

[182] SINDE MONTEIRO, "Responsabilidade delitual. Da ilicitude", pp. 468-469.

[183] G. ALPA/M. BESSONE, *La responsabilità Civile. Illecito per colpa, Rischio d'impresa, assicurazione*, Milano, Giuffrè, 1976, pp. 42 e ss, UGO MATTEI/ANNA DI ROBILANT, "Les longs adieux, La codification italienne et le code Napoléon dans le decline du positivisme étatiste", RIDC, n.º 4, (2004), p. 851, e REGINE RÜBESAMEN, *Das italienische Zivilgesetzbuch*, Peter Lang, 1999, p. 17.

[184] A influência do pensamento francês em Itália é acrescida do facto de o próprio Código de Napoleão ter vigorado em várias regiões italianas em consequência das invasões francesas. MENEZES CORDEIRO, *Tratado de Direito Civil Português*, I, p. 88.

o artigo 2043[185] do Código Civil italiano de 1942 não tem uma referência autónoma à ilicitude e a doutrina tem-a reconduzido ao conceito de "dano injusto"[186]. Os artigos seguintes referem-se a causas de exclusão da ilicitude, como a legítima defesa e o estado de necessidade[187]. A doutrina italiana, numa primeira fase, tendeu a assimilar o *fatto illecito extracontratuale* à lesão de direitos absolutos[188]. Por outro lado, ao nível dos pressupostos da responsabilidade aquiliana, o artigo 2043 afastou-se de um sistema puro de *neminem laedere*, na medida em que o *danno ingiusto* não corresponde a qualquer lesão de interesses, mas tão só à lesão de interesses juridicamente protegidos. A doutrina considera que o artigo 2043 é uma norma puramente secundária, não criando *ad hoc* um dever genérico de não lesar interesses de outrem, limitando-se a regular a sanção de ressarcimento pela violação de deveres primários que definem os interesses juridicamente tutelados. A "injustiça do dano" corresponde, assim, à tutela de interesses jurídicos preexistentes no ordenamento, afastando-se, em consequência, da teoria de que o dano injusto respeita a qualquer lesão de interesses desde que não seja justificada por uma causa de exclusão da ilicitude. No sistema italiano prevalece, por esta via, o princípio da liberdade, princípio susceptível de limitações gerais em nome da solidariedade. Os deveres de solidariedade previstos na Constituição italiana não resultam na imposição de um dever geral de solidariedade de conteúdo indefinido, mas, diferentemente, na imposição de deveres específicos de solidariedade existentes no ordenamento jurídico[189].

O problema central da responsabilidade civil passa então pela invidualização da natureza do interesse tutelado, cuja violação pode dar origem ao ressarcimento do dano. A doutrina italiana divide-se em três perspectivas distintas: *i)* uma primeira, mais antiga, defende que a obrigação de ressarcimento de dano se reconduz a violação do *alterum non laedere*;

---

[185] *"Qualunque fatto doloso o colposo, che cagiona ad altri un danno ingiusto, obbliga colui che ha commesso il fatto a risarcire il danno"*.

[186] ADRIANO DE CUPIS, *Fatti illeciti*, Commentario del Codice Civile A cura di Antonio Scialoja e Giuseppe Branca, Libro Quarto, Delle Obbligazioni (Art. 2043-2059), Foro Italiano, Roma, 1958, pp. 285-308.

[187] ADRIANO DE CUPIS, *I fatti illeciti*, 2.ª ed, Francesco Vallardi, 1970, pp. 3 e ss, e SALVATORE PUGLIATTI, *Responsabilità civile*, II, Milano, Giuffrè, 1968, p. 43 e ss.

[188] ADRIANO DE CUPIS, *I fatti illeciti*, pp. 8-9.

[189] ADRIANO DE CUPIS, *I fatti illeciti*, p. 22.

Evolução Histórico-Dogmática   73

ii) uma segunda, considera necessária a lesão de um direito subjectivo para o ressarcimento do dano; e, *iii)* uma terceira, defende que o direito ao ressarcimento resulta da violação de um interesse protegido, mesmo que não seja reconhecido como direito subjectivo[190]. Em relação à primeira perspectiva não se encontra codificado no sistema italiano um dever geral de não causar dano a outrem, só sendo relevante o "dano injusto" e não todo e qualquer prejuízo económico. Daí a importância de precisar o interesse que se considera merecedor de tutela. Quanto à terceira perspectiva, a doutrina estende o "dano injusto" a lesões de interesses juridicamente protegidos, porque algumas disposições do código civil italiano previam e prevêem hipóteses de responsabilidade sem haver lesão de direitos subjectivos, *v.g.* o artigo 2675 *Codice* sobre a responsabilidade do notário, entretanto revogado, e o artigo 872 *Codice*[191] sobre a responsabilidade do proprietário por violação de normas de construção[192].

Uma das funções da responsabilidade civil é procurar um equilíbrio entre Direito privado e Direito público, entre liberdade de iniciativa económica e controlo por parte do Estado, e entre sensibilidade a novos valores e interferência estadual. Surgem novos bens e valores que reclamam protecção, o que faz com que as fronteiras da responsabilidade civil se alterem constantemente em função do papel da culpa num moderno sistema de responsabilidade civil[193], da determinação dos interesses dignos de tutela[194] e das novas tendências da responsabilidade civil[195].

No Código de 1865, o artigo 1151 fazia equivaler o dano injusto à lesão de direito subjectivo absoluto, o que concedia ao dano uma configuração técnico-jurídica e não económica. A doutrina italiana evoluiu,

---

[190] Giovanni Torregrossa, *Il problema della responsabilità da atto lecito*, Milano Giuffrè, 1964, p. 28.

[191] Art. 872 *Codice* (*Violazione delle norme di edilizia*). *Le conseguenze di carattere amministrativo della violazione delle norme indicate dall'articolo precedente sono stabilite da leggi speciali. Colui che per effetto della violazione ha subìto danno deve esserne risarcito, salva la facoltà di chiedere la riduzione in pristino quando si tratta della violazione delle norme contenute nella Sezione seguente o da questa richiamate.*

[192] Giovanni Torregrossa, *Il problema*, p. 11.

[193] Giulo Ponzanello, *La responsabilità civile*, pp. 46-47.

[194] F. Galgano, *Le nobili frontiere del danno ingiusto*, Contratto Impresa, 1985, pp. 19 ss.

[195] Castronovo, "Le frontiere nobili della responsabilità civile", RCDP, 1989, p. 539 e ss.

74 Normas de Protecção e Danos Puramente Patrimoniais

porém, desde a primeira codificação, primeiro, de uma influência marcada da escola exegética (DOMAT, POTHIER, DEMOLOMBE, TOULLIER, PRUDHON, DURANTON, TROPLONG, e o tratado de AUBRY e RAU) para, num segundo momento, colher a inspiração dos tratados pandectístas de DERNBURG, ARNDTS, GLUCK e WINDSCHEID, que influenciaram autores como ALIBRANDI, SERAFINI, SCIALOJA e FADDA[196]. Nos últimos tempos, tem chamado a atenção para o surgimento de uma série de leis em que o ressarcimento do dano não se apoia na lesão de direitos subjectivos absolutos, designadamente no caso da concorrência desleal[197]. É também neste contexto que se tem discutido a responsabilidade aquiliana pela violação de direitos de crédito[198]. A "injustiça do dano" surge como um requisito para restringir a área da responsabilidade, cujos limites se colocam essencialmente no plano causal. Assim, actualmente, já não se pode admitir que o artigo 2043.º do CC exija a violação de um direito subjectivo absoluto. O carácter "injusto" do dano refere-se a uma dimensão *contra legem* não tanto do dano mas mais da conduta, o que tem permitido alguma crítica ao sistema adoptado no artigo 2043.º. Outros, em sentido contrário, defendem que a "injustiça" se refere ao dano e não à conduta[199]. Aprofunda-se, neste campo, o debate entre o desvalor da acção e o desvalor do resultado.

A "injustiça" do dano também é analisada por prismas distintos, designadamente, o que é proibido ou o que não é permitido e, numa outra perspectiva, afirma-se, em nome da liberdade, que tudo o que não é proibido é permitido. Por outro lado, considera-se que tudo o que é autorizado é permitido[200]. Estes dois pontos de partida têm consequências diametralmente distintas. Na primeira hipótese, procura-se a norma que justifica o ressarcimento. Na segunda, a autorização que o afasta. Neste último modelo a área do dano ressarcível aumenta significativamente. Este alar-

---

[196] MÁRIO ROTONDI, "La cienza del diritto in Italia dalla prima Codificazione ad oggi", RFDUL, vol. XXI, (1967), pp. 253-274. Para a análise do percurso da ciência jurídica italiana entre 1900 e o século XXI, RODOLFO SACCO, "Prospettive della Scienza civilística Italiana all' inizio del nuovo Secolo", RDCiv, Ano LI, n.º 4, Jul-Ago, (2005), pp. 417-441.

[197] PAOLO FORCHIELLI, *Responsabilità civile, Lezioni*, I, Padova, Cedam, 1968, pp. 20-21.

[198] PAOLO FORCHIELLI, *Responsabilità*, pp. 22-23, e SANTOS JÚNIOR, *Da responsabilidade de terceiro*, pp. 345 e ss.

[199] SPICKHOFF, *Gesetzesverstoß und Haftung*, pp. 23-24.

[200] PAOLO FORCHIELLI, *Responsabilità*, pp. 30-31.

Evolução Histórico-Dogmática

gamento pode ser justificado atendendo ao potencial aumento de danos na vida moderna. No entanto, é fundamental prescrutar se o ordenamento segue uma via liberal ou proteccionista. A doutrina italiana inclina-se primeiramente para uma concepção liberal em que a "injustiça" do dano depende da violação de um direito. Uma conduta que violou um direito funciona, pois, como preenchimento da norma primária que permite a constituição da obrigação de indemnizar prevista *ex* artigo 2043. O adjectivo "injusto" reenvia para outras normas a sua concretização[201].

Assim, a tese tradicional alterou-se significativamente, passando da violação de direitos subjectivos como fundamento da responsabilidade, para a violação de normas jurídicas. No entanto, tal tese só por si não resolve o problema da necessidade de um critério do interesse tutelado e, em tese geral, estas normas consagram deveres que não se reconduzem a direitos subjectivos, mas cuja inobservância justifica a indemnização derivante do *neminem laedere*[202]. Todavia, alguma doutrina salienta que nem toda a violação de deveres justifica a responsabilidade civil, pois o ordenamento jurídico pode ter previsto outro tipo de sanção para a respectiva violação. Neste contexto, uma questão analisada respeita à possibilidade de haver violação de uma norma jurídica sem a comitante lesão do interesse juridicamente protegido. A lesão do interesse constitui algo distinto em relação à violação da norma que o protege. A necessidade de reconstituição do ordenamento jurídico violado só se regista na exigência de reparação do interesse lesado. Estas premissas afastam assim a tese da violação de normas jurídicas como fundamento de responsabilidade[203]. Acresce que a relevância jurídica do interesse no domínio da responsabilidade delitual não pode ser ancorada no seu reconhecimento jurisdicional; é necessário que uma norma que preexiste à decisão judicial estabeleça que o interesse é digno de protecção[204].

---

[201] PAOLO FORCHIELLI, *Responsabilità*, pp. 35-36.
[202] GIOVANNI TORREGROSSA, *Il problema*, pp. 12-13.
[203] GIOVANNI TORREGROSSA, *Il problema*, pp. 25.
[204] GIULIO PONZANELLI, *La responsabilità civile, Profili di diritto comparato*, pp. 10-11.

76 Normas de Protecção e Danos Puramente Patrimoniais

6.6. *O Código Civil holandês de 1992*

I. No direito holandês, sob a vigência do Código Civil de 1838, o Supremo Tribunal, num primeiro momento, só admitia a responsabilidade civil em casos de violação de direitos absolutos, mas, num segundo momento, no caso *Lindenbaum/Cohen*, em 1919[205], passou a aceitar a responsabilidade delitual quando o acto é contrário aos *standards* e comportamentos usuais da sociedade[206]. O caso *Lindenbaum/Cohen* respeita a um caso de espionagem industrial em que um empresário aliciou um empregado de um concorrente com o fim de lhe revelar segredos de indústria, situação em que não havia nem um direito subjectivo, nem uma norma de protecção. Posteriormente, o Código civil holandês de 1992 veio a consagrar este princípio[207]. A categoria do comportamento usual "*seemly beha-*

---

[205] HR 31.1.1919, NJ 1919, 161.

[206] "*O art. 1401 BW: Elke onregtmatige daad, waardoor aan een ander schade wordt tooegebragt, stelt dengenen door wiens schuld die schade veroorzaakt is in de verpligting om dezelve te vergoeden. Art. 1402 BW Een ieder is verantwoordelijk, niet alleen voor de achade welke hij door zijne daad, maar ook voor die welke hij door zijne nalatigheid of onvoorzichtigheid veroorzaakt heeft*". Apesar da proximidade com o texto francês, para além da *faute* exige-se *onrechtmatige daad*. Neste sentido o direito delitual holandês seria distinto do direito alemão. BERNHARD HOHLBEIN, *Die neuere Entwicklung des Niederländischen Aussevertraglichen Haftungsrecht*, Diss., 1981, pp. 5 e ss, distingue três períodos (entre 1838 e 1883, entre 1883 e 1919 e depois de 1919). Em 1883, o Tribunal Superior inclui a violação de direitos subjectivos como acto ilícito. Em 1919, o Tribunal Superior considerou que o acto ilícito seria contra um dever legal ou uma regra de boa conduta social. Cfr. FOKKEMA/HARTKAMP, *Introduction to Dutch Law for Foreign Lawyers* (Jeroen Chorus, Piet-Hein Gerver, Ewoud Hondius, Alis Koekkoek), Chapter 8, Law of obligations, Kluwer, 1993, pp. 103-104.

[207] *Nieuw Nederlands Burgerlijk Wetaboek* (BW), 1992 Art.162 (6.3.1.1) 1. Hij die jegens een ander een onrechtmatige daad pleegt, welke hem kan worden toegerekend, is verplicht de schade die de ander dientengevolge lijdt, te vergoeden. 2. Als onrechtmatige daad worden aangemerkt een inbreuk op een recht en een doen of nalaten in strijd met een wettelijke plicht of met hetgeen volgens ongeschreven recht in het maatschappelijk verkeer betaamt, een en ander behoudens de aanwezigheid van een rechtvaardigingsgrond. 3. Een onrechtmatige daad kan aan de dader worden toegerekend, indien zij ti wijten is aan zijn schuld of aan een oorzaak welke krachtens de wet of de in het verkeer geldende opvattingen voor zijn rekening komt. (*1. Aquele que comete um acto ilícito contra outrem é obrigado a indemnizar o dano que outrem sofreu como consequência do acto ilícito. 2. São considerados ilícitos, a não ser que se verifique justificação, a violação de direitos, o acto ou omissão que viole um dever legal ou uma regra não escrita sobre a conduta social*

viour" é comparável aos bons costumes do § 826 BGB, com a diferença que, enquanto este exige um comportamento doloso, aquele satisfaz-se com a simples negligência. Esta cláusula geral abre um significativo espaço para a protecção de danos puramente patrimoniais.

Com efeito, o direito delitual holandês é actualmente mais abrangente do que o direito delitual alemão na solução de casos concretos que exigem o ressarcimento de danos. Numa primeira fase, o artigo 1401 do anterior Código Civil foi interpretado de acordo com as três cláusulas delituais alemãs, mas a decisão *"Lindenbaum/Cohen"*, atrás referida, admitiu uma espécie de quarta categoria delitual: *"Handlungen, die gegen diejenigen Sorgfalt verstoßen, die im gesellschaftlichen Verkehr hinsichtlich der Person oder der Güter anderer geboten ist"*. Com uma categoria tão abrangente o direito delitual holandês pôde desenvolver-se mais amplamente[208]. A doutrina *"Lindenbaum/Cohen"* veio, como foi anteriormente mencionado, a ficar consagrada no Código Civil de 1992. O *Burgerlijk Wetboek* (BW)[209], de 1992[210], no seu artigo 6:162, n.º 2, desenvolve um

---

própria. 3. O acto ilícito é imputável ao autor se resulta da sua culpa ou de uma causa pela qual deve responder de acordo com a lei ou segundo a opinião geralmente aceite.)

[208] WOLFGANG MINCKE, *Einführung in das niederländische Recht,* C.H. Beck, 2002, pp. 142-143.

[209] Sobre o processo de feitura do *Burgelijk Wetboek,* WALTER VAN GERVEN, *Codifying,* pp. 139-140. Sobre a ilicitude, cfr. JAAP SPIER, "Wrongfullness in the Dutch Context", *Unification of tort law: Wrongfullness,* (coord. Helmut Koziol), Kluwer Law International, Dordrecht, 1998, p. 87.

[210] A codificação de 1992 foi sujeita a significativas críticas, EWOUD HONDIUS, "Das neue Niederländische Zivilgesetzbuch, Allgemeiner Teil", *Renaissance der Idee der Kodification, Das Neue Niederländische Bürgerliche Gesetzbuch 1992* (Franz Bydlinski, Theo Mayer-Maly, Johannes W. Pichler, Böhlau), Wien, Köln, Weimar, 1991, pp. 42 e ss (igualmente publicado em AcP, 191, (1991), 378-395) e EWOUD H. HONDIUS, WILHELM TH. BRAAMS, *Auf dem Wege zu einem europäischen Haftungsrecht – Beitrag der Niederlande – 1989,* Europa Institut, Universität des Saarlandes, pp. 5 e ss. O projecto foi entregue a E. M. MEIJERS, em 1947, e, posteriormente à sua morte, a uma equipa comandada por J. M. VAN DUNNÉ. Tem sido criticada a existência de significativas cláusulas gerais, a pouca integração entre o Direito comercial, o Direito civil e o Direito do consumo e a falta de uma parte geral. E ainda *"Wichtig erscheint mir auch folgendes. Im Burgerlijk Wetboek gibt es eine scharfe Trennung zwischen Vertrag und Delikt. Im neuen Gesetzbuch wir diese Trennung beibehalten, aber manche Paragraphen, wie zum Beispiel zur Schadensberechnung, gelten für beide Bereiche"* (p. 46). Um dos aspectos igualmente criticado relaciona-se com a falta de clareza do texto, não se tendo seguido a máxima austríaca de que *"Was ist nicht klar sagen läßt, verdient nicht, Rechtsinhalt zu werden"*. Na defesa das cláusulas gerais no

sistema de três pequenas cláusulas gerais, à semelhança do BGB[211] ou do Código Civil Português de 1967, que reconduzem a ilicitude à violação de um direito, à acção ou à omissão que viole deveres legais ou regras não escritas de boa conduta social. O § 6:163 estabelece a ausência do dever de indemnização quando a disposição legal violada não tem o fim de protecção do dano que o lesado sofreu[212]. Também na jurisprudência holandesa se considera que podem ser normas de protecção quaisquer normas privadas ou públicas de carácter geral e não só leis em sentido formal. O Tribunal Superior holandês exigiu que as normas tivessem que proteger o lesado, de acordo com a teoria desenvolvida na doutrina alemã do âmbito de protecção da norma (*Schutznormtheorie* ou S*chutznormlehre*)[213].

Segundo o § 6:162.1 do *Burgerlijk Wetboek,* a responsabilidade existe para danos causados por um acto ilícito, um "*onrechtmatige daad*" que é "*toerenkenbear*" (imputável). O ilícito ("*onrechtmatig*") verifica-se

---

direito delitual, permitindo um desenvolvimento jurisprudencial e a não necessidade de revisão legislativa, JAN B. M. VRANKEN, "Außervertragliche Haftung und Schadenersatzrecht im Neuen Niederländischen BGB", *Renaissance der Idee der Kodification*, p. 107. Do mesmo Autor, cfr. "Einführung in das neue Niederländische Schuldrecht Teil II: Das Recht der unerlaubten Handlung, Schaderersatz- und Bereicherungsrecht", AcP, 191, (1991), pp. 415-418.

[211] ARTHUR HARTKAMP, "Das neue niederländische Bürgerliche Gesetzbuch aus europäischer Sicht", RabelsZ, 57, Heft 4, (1993), p. 671, contrariando a tese de que o novo código civil holandês em matéria delitual teria aderido ao modelo germânico, escreve: "*Verfehlt ist somit die manchmal zu hörende Annamhe, mit der Neuregelung habe das niederländische Privatrecht seine historischen Verbindungen zum französischen Recht abgebrochen und sei Teil des deuschen Rechtkreis geworden. Beispiele zum Belegdieser These gibt es viele. Ein sehr wichtiges ist der algemeine Grundsatz, der den Täter einer unerlaubten Handlung, wenn erschudhaft gehandel hatzur Leitung von Schadenersatz verpflichtet (Art. 6:162)*", e considera que há uma influência alemã na teoria do fim de protecção da norma que foi consagrada no art. 6:163. No mesmo sentido, VRANKEN, *Einführung,* p. 417.

[212] *Art.163 (6.3.1.2) Geen verplichting tot schadevergoeding bestaat, wanneer de geschonden norm niet strekt tot bescherming tegen de schade zoals de benadeelde die heeft geleden.* (Não há obrigação de indemnizar quando a norma violada não tem como objectivo a protecção dos danos do tipo que o lesado sofreu). Neste sentido, F. NIEPER/A. S. WESTERDIJK, *Niederländisches Bürgerliches Gesetzbuch,* Series of Legislation in translation 7, C. H. Beck, München, Kluwer Law International, The Hague, London, Boston, 1995, xxiv.

[213] WOLFGANG MINCKE, *Einführung,* p. 144.

Evolução Histórico-Dogmática

nos casos de lesão de direitos subjectivos, de violação de normas de protecção ou quando a conduta é contrária a um padrão geral aceitável na sociedade *"maatschappelijke betamelijkheid"*. Esta regra pode ser, segundo alguma doutrina, reconduzida ao princípio da *faute*, vigente no Código Civil francês, na medida em que qualquer dano pode ser considerado ilícito[214]. O Tribunal Superior Holandês (*Hoge Raad*) só exige que um certo grau de previsibilidade esteja presente. Esta disposição residual permite a indemnização de dano puramente patrimonial, não sendo necessárias as construções germânicas *"recht am Gewerbebetrieb"* ou *"Vertrag mit Schutzwirkung zugünsten Dritter"*. A posição do direito delitual holandês, em matéria dos danos puramente patrimoniais, privelegia mais uma análise caso a caso do que o estabelecimento de linhas gerais. O *Hoge Raad* exige a *relativiteit* para que se registe responsabilidade com base na cláusula geral da *"maatschappelijke betamelijkheid"*: se o agente lesa o interesse não tendo conhecimento do mesmo, a *relativiteit* não se encontra preenchida e, em consequência, não há obrigação de indemnizar. A *relativiteit* é também utilizada nos casos em que a violação de deveres legais é invocada[215].

Em matéria de causalidade, entende-se que o dano deve ser atribuído ao evento que estabelece a responsabilidade, tomando os tribunais em consideração diferentes factores: o tipo de dano, o tipo de responsabilidade envolvido e outras circunstâncias do caso estabelecendo a relação causal. A previsibilidade, como referido, é também relevante. O § 6.95 BW admite dois tipos de danos: os *"vermogensschade"*, que são danos a interesses pecuniários, incluindo danos puramente económicos, e os *"ander nadeel"*, que só são indemnizados no caso de tal se encontrar expressamente previsto. No caso das lesões à integridade física, só a vítima pode ser indemnizada, mas, à excepção desta regra limitativa da indemnização por danos puramente patrimoniais de terceiros, não existe no direito deli-

---

[214] Neste sentido, igualmente, entre nós, SANTOS JÚNIOR, *Da responsabilidade de terceiro*, p. 264, defendendo que o Código Civil Holandês optou por um cláusula geral de tipo francês. MENEZES CORDEIRO, *Tratado de Direito Civil Português*, I, pp. 90 e ss, chama a atenção para que as experiências recentes do Quebeque e da Holanda mostram que a terceira sistemática pode não se restringir somente a uma recepção do pandectismo, procurando integrar a evolução do modelo napoleónico que mostra assim a sua vitalidade.

[215] BARENDRECHT, "Pure Economic Loss in the Netherlands", pp. 116 e ss (disponível www.library.uu.nl/publarchief/jb/congres/01809180/15/b7.pdf)

80 *Normas de Protecção e Danos Puramente Patrimoniais*

tual holandês qualquer regra a limitar a responsabilidade por estes danos. Daqui que, para a responsabilidade não se tornar demasiado abrangente e pesada, se recorra, para a limitar, à causalidade. A culpa do lesado prevista no § 6:101 NNBW pode também servir para circunscrever a responsabilidade por danos puramente patrimoniais. O § 6:109 NNBW é uma disposição semelhante ao nosso artigo 494.° CC e permite que, tendo em consideração o tipo de responsabilidade, o tipo de relação entre as partes e os meios financeiros do lesante, a indemnização possa ser reduzida se a indemnização integral for manifestamente indesejável numa determinada situação (*"matiging"*)[216].

Danos puramente patrimoniais, como os resultantes de cortes de fornecimento de energia (*cable cases*) ou de atrasos devidos a engarrafamentos, resultam essencialmente de dois factores: tempo e dependência. Estes factores podem ser controlados, designadamente se não se trabalhar *"just in time delivery"*. Nestes casos há possibilidade de o lesado prevenir o dano na medida em que está em melhor posição para essa actuação[217].

§ 7.° O modelo do Código Civil alemão de 1896-1900

7.1. *A tradição pandectística e os trabalhos preparatórios do BGB*

I. Na chamada escola histórica[218] incluem-se HEINECCIUS, GUSTAV HUGO e FRIEDRICH CARL VON SAVIGNY[219]. A linha mais influente da Escola

---

[216] BARENDRECHT, *Pure Economic Loss*, p. 117.

[217] BARENDRECHT, *Pure Economic Loss*, p. 119.

[218] MÁRIO JÚLIO DE ALMEIDA COSTA, *História do Direito Português*, pp. 398-399, refere que a Escola Histórica proclama a origem histórico-cultural do direito no seu espírito, o que se contrapõe a um direito natural, decorrendo a primazia do costume, pelo que o movimento codificador tinha incorporado o perigo da estagnação.

[219] FRIEDRICH CARL VON SAVIGNY, *De la vocacion de nuestro siglo para la legislacion y la ciencia del Derecho* (trad. Adolfo G. Posada), Atalaya, Buenos Aires, 1946, pp. 43 e ss, S*ysthem des heutigen römischen Rechts*, Band 5, Aalen, 1981, e *Pandekten vorlesung*, Vittorio Klostermann, Frankfurt am Main, 1993, pp. 368-400. FRIEDRICH CARL VON SAVIGNY, *Das Obligationenrecht als Theil des heutigen römischen Rechts*, Berlin, Band 2, Berlin, 1853, pp. 293-330. (Há tradução francesa *Le droit des obligations*, 2.ª ed, Band 2, Paris, 1873, pp. 460-502). SAVINGY considera que para se passar da ideia de violação do Direito para a ideia de delito é necessário acrescentar uma acção própria e individual. As

Evolução Histórico-Dogmática 81

Histórica dedicou-se à elaboração de uma doutrina moderna a partir do direito romano. Ora, para preservar a coerência, entendia-se que a obra dos juristas se incluia no sentido amplo de consciência colectiva. O direito continuava a enquadrar-se na vida total do povo. É assim que a Escola Histórica chega à formulação de um direito erudito e acaba na Pandectística, cujo objectivo consistiu em reunir todo o universo jurídico de forma sistemática e abstracta[220]. A tradição pandectística desenvolve-se a partir dos finais do século XVIII e procura um regresso aos textos romanos puros, depurando-os de certos desenvolvimentos do período intermédio, mas procurando enriquecê-los através de novas conexões[221]. A pandectística alemã preconizou a aplicação de um método sistemático à compreensão do Direito, distanciado da casuística romana, deduzindo as soluções individuais de princípios, partindo de uma análise do direito em dois planos:

---

obrigações *ex delictu* têm uma dupla natureza: pertencem ao direito criminal pela sua origem e finalidade e ao direito civil pela sua forma e efeitos. Sobre esta dupla natureza do direito delitual, igualmente DERNBURG, *Pandekten*, 6. Auflage, Berlin, 1900, pp. 352-356. SAVIGNY distingue três classes de delitos com base na origem de penas privadas: *i)* aqueles que justificam essencialmente uma pena pública, ainda que historicamente pudessem originar em termos alternativos uma pena pública ou privada, no qual insere *a acti furti manifesti et nec manifesti, vi bonorum raptorum, furti adversus nautas, arborum furtim coesarum, de tigno juncto, ii)* a *iniura*, em relação à qual as penas privadas devem ser admitidas e *iii)* um terceiro grupo residual, uma espécie de espaço neutro no qual insere *actio de servo corrupto, actio quod metus causa, actio redhibitoria* e *actio depositi*. Salvo o caso da *iniuria*, segundo SAVIGNY, a teoria romana das obrigações *ex delictu* tinha perdido o seu significado no direito à época vigente. Sobre a diferença entre o direito romano e o direito germânico dos delitos privados, CARL ADOLF SCHMIDT, *Der principielle Unterschied zwischen dem römischen und germanischen Rechte*, Band 1, Die Verschiedenheit der Grundbegriffe und des Privatrechts, Rostock, 1853, pp. 301-302.

[220] MÁRIO JÚLIO DE ALMEIDA COSTA, *História do Direito Português*, p. 399.

[221] MENEZES CORDEIRO, *Tratado de Direito Civil Português*, I, p. 80: "*O Código Civil alemão corresponde ao ponto terminal de uma intensa actividade jurídico-científica, que se prolongou por todo o século XIX. Na base de um estudo aturado do Direito comum – o Direito romano com determinadas adaptações e em certa leitura – os pandectístas foram levados a confeccionar todo um sistema civil: as proposições jurídicas singulares, os institutos, os princípios e a ordenação sistemática sofreram remodelações profundas, aperfeiçoando-se, evitando contradições e desarmonias e multiplicando o tecido regulativo de modo a colmatar lacunas. A Ciência Jurídica alemã servida, para mais, por uma língua rica e muito analítica e num ambiente de grande aprofundamento das ciências humanas e de intenso pensamento filosófico, depressa ultrapassou as suas congéneres. A doutrina francesa, designadamente, presa a uma exegese intensa do texto napoleónico, perdeu terreno, até os nossos dias*".

82 *Normas de Protecção e Danos Puramente Patrimoniais*

o das normas consagradas em preceitos legais e o das instituições. Compete à Ciência do Direito transformar as instituições em sistema e encontrar as relações com as normas jurídicas. Criaram-se, assim, as condições que permitiriam uma progressão do conceitualismo[222].

Em 1815, JOHANN CHRISTIAN HASSE publicou *Die Culpa des römischen Rechts*, no qual defende que nem todo o comportamento culposo gera uma obrigação de indemnizar, pois, considerar como ilícita toda e qualquer diminuição patrimonial, teria consequências drásticas na concorrência comercial e industrial[223]. Para HASSE, o decisivo era determinar os interesses em que a produção do dano é ilícita. Num estudo recente, JAN SCHRÖDER[224] recusou a ideia de que o *usus modernus* tivesse desenvolvido uma proibição geral de causar danos (*"allgemeines Schädigungsverbot"*), limitando-se a proteger um conjunto determinado de interesses que já o eram no direito romano. Esta tese não foi admitida por todos os autores do século XIX. Por exemplo, DERNBURG[225] é de opinião que autores, como LAUTERBACH e HÖPFNER, defendiam uma tendência para ampliar a aplicação da *Lex Aquilia*. ERNST considera que os autores do *usus modernus* limitaram-se a formular uma cláusula geral de tipo diferente, em que o dano deve ser indemnizado se resultar de um acto ilícito. Uma cláusula geral deste tipo não impõe uma responsabilidade indemnizatória por qualquer tipo dano negligentemente causado ou por danos puramente patrimoniais.

FRIEDRICH WILHELM GLÜCK exige expressamente o dano ilícito (*"widerrechtlicher Schaden"*) para a responsabilidade delitual[226]. Por sua

---

[222] MÁRIO JÚLIO DE ALMEIDA COSTA, *História do Direito Português*, p. 401.

[223] A segunda edição encontra-se digitalizada e disponível //dlib.pr.mpier.mpg.de JOHANN CHRISTIAN HASSE, *Die Culpa des römischen Rechts, Eine zivilistische Abhandlung*, Bonn, 1838, pp. 1 e ss.

[224] JAN SCHRÖDER, *Die zivilrechtliche Haftung für schuldhafte Schadenzufünggung im deutschen usus modernus, La responsabilità civile da atto illecito nella perspectiva storico comparatistica*, (ed. L. Vacca), Turin, 1995.

[225] DERNBURG, *Preussisches Privatrecht*, 2, 1880, vol. 2, p. 828 e *Diritto delle Obbligazionni*, (trad. Francesco Bernardino Cicala), 1903, pp. 173 e ss. Cfr. nas diferentes edições o § 129 do *Pandekten* de DERNBURG. A última, a sexta edição, *Band 2: Obligationenrecht*, Berlim, 1900, pp. 352 e ss (as diferentes edições econtram-se digitalizadas encontrando-se disponíveis em //dlib.pr.mpier.mpeg.de).

[226] FRIEDRICH WILHELM GLÜCK, *Ausführliche Erleüterung der Pandecten nach Hellfeld*, Band 10.2, Erlangen, 1808, 2. Titel. Ad Legem Aquiliam, p. 320, *Pandekten*, vol. 10 (1808), pp. 306 e ss, e *Commentario alle Pandette*, Libro IX (trad. Pranzataro), Società

vez, Windscheid hesita, no seu *Pandektenrecht*, ao admitir que o acto danoso não é ilícito *per se*, por continuar a exigir a ilicitude como pressuposto crucial da responsabilidade delitual. Jhering, na sequência da apresentação da sua *"Culpa in contrahendo"* e do seu debate com Friedrich Mommsen, apresentou a sua tese *"Das Schuldmoment im römischen Privatrecht"*[227] concluindo que é a culpa que gera responsabilidade e não o dano (*"Nicht der Schaden verpflichtet zum Schadenersatz, sonder die Schuld"*). Sem culpa, o dano é *casus* e deve ser suportado na esfera da sua ocorrência[228]. Deve-se a Mommsen igualmente um importante estudo sobre o conceito de dano[229]. São estas as coordenadas do debate doutrinário que se encontra na base do processo de elaboração do Código Civil Alemão no domínio da responsabilidade delitual[230].

Durante o século XIX, na Alemanha, vigorava o sistema romano dos delitos, que permanecia a base da responsabilidade aquiliana e, mesmo na última edição do *Pandektenrecht*, de Windscheid[231], não há qualquer teori-

---

Editic Libraria, Milano, 1903, pp. 25-85. Richard Cohnfeldt, *Die Lehre vom Interesse nach Römischem Recht, Mit Rücksicht auf neuere Gesetzgebung*, Tauchnitz, Leipzig, 1865, pp. 3 e ss.

[227] Rudolf von Jhering, *Das Schuldmoment im römischen Privatrecht*, FS Birnbaum 1867, *Vermischte Schriften juristischen Inhalts,* 1879, pp. 155-240.

[228] Sobre esta evolução, cfr. Wolfgang Enrst, "Negligence in 19th Century Germany", pp. 343 e ss. Sobre a evolução do Direito privado no período pandectístico, Franz Wiaecker, *Diritto Privato e Società Industriale*, Ediziono Scientifiche Italiane (trad. de *Industriegesellschaft und Privatrechtsordnung* por Gianfranco Liberati), Napoli, 1983, pp. 73 e ss.

[229] Mommsen, *Zur Lehre vom dem Interesse*, Braunschweig, 1855.

[230] Como referências doutrinárias anteriores ao BGB em matéria de responsabilidade delitual de salientar Fels, *Die ausserkontrakliche Schadenersatzpflicht* (Gruchot's Beiträgen), 1891, R. Merkel, *Die Kollision rechtmässiger Interessen und die Schadenersatzpflicht bei rechtmässiger Handlungen*, Strassburg, 1895, e Siögren, *Die Lehre von den Unrechts und den Tatbestanden der Schadenstiftung*, (Jherings Jahrbücher, 1896). Contemporâneos do BGB são os estudos de Linckelmann, *Die Schadenersatzpflicht aus unerlaubten Handlungen nach dem B.G.B.*, Heymann, Berlin, 1898, pp. 24-28, e Liszt, *Die Deliktobligationen in System des B.G.B.*, Berlin, 1898. De referir na primeira metade do século XX, Hans Albrecht Fischer, *Die Rechtswidrigkeit mit besonderer Berücksichtigung des Privatrechts*, C. H. Beck, München, 1911, 92 e ss.

[231] Cfr. sobre a *Lex Aquilia*, Windscheid, *Lehrbuch des Pandektenrechts*, Band 1, Düsseldorf, 1862, § 101, p. 235, *Lehrbuch des Pandektenrechts*, 3. Auflage, Düsseldorf, 1870, §101, p. 259, *Lehrbuch des Pandektenrechts*, 5. Auflage, Stuttgart, Band 1, 1879, § 101 e 326, pp. 292 e 245 e ss, *Lehrbuch des Pandektenrechts*, 6. Auflage, Band 1, Frankfurt a. M, 1887, §§ 101, p. 322 (as diferentes edições encontram-se digitalizadas encontrando-

84 *Normas de Protecção e Danos Puramente Patrimoniais*

zação geral sobre a responsabilidade civil, ainda que sejam referidas as duas formas de ilicitude "*zwei Arten des unerlaubten Verhaltens*", que vieram ser concretizadas no § 823 BGB, distinguindo-se entre *Rechtsverletzung* ("*Verletzung eines subjektiven Rechts*") e *verbotene Verhalten (Vergehen, Delikt)*"). Esta distinção estrutural encontra-se na base das duas situações básicas delituais[232]. Assim, se a separação entre ilicitude e culpa deve ser designada como modelo jheringiano, oposto ao modelo domatiano inspirador das codificações napoleónica e afins, a separação na ilicitude entre a violação de direitos subjectivos e de normas proibitivas não pode deixar de ser concebida como um modelo windscheidiano caracterizador do modelo germânico.

Entre esta tradição pandectística e o surgimento do BGB aparece o *Dresner Entwurf*, de 1860, que resultou de uma tentativa gorada de unificar o Direito das obrigações, e que continha delitos específicos, seguindo a tradição romana mas também uma fórmula geral que estabelecia a responsabilidade por danos causados de forma ilícita e negligente[233], seguindo a tradição da escola de direito natural[234].

-se disponíveis em //dlib.pr.mpier.mpeg.de), e WINDSCHEID, *Diritto delle Pandette*, (trad. Carlo Fadda e Paolo Emilio Bensa), vol. II, Parte II, Unione Tipográfico-Editrice, Torino, 1904, pp. 355 e ss. Cfr. ainda WINDSCHEID, *Lehrbuch des pandektenrechts*, 9. A von Theodor Kipp, Band 1, Aalen, Band 1, Frankfurt a. M, 1984, § 101, pp. 519-528.

[232] Esta diferenciação originou-se no direito romano pela separação entre os *delicta publica* e *delicta privada* e entre *leges perfectae, minus quam perfectae* e *imperfectae*.

[233] *Dresdner Entwurf* (DE) *Art. 211. Wer von seinem Rechte, innerhalb der Grenzen desselben, Gebrauch macht, hat den daraus für einen anderen entspringenden Schaden nicht zu vertreten. Auch ist niemand für den aus der Unterlassung von Handlungen entstandenen Schaden verantwortlich, es sei denn, daß er zur Vornahme dieser Handlungen rechtlich verbunden wäre. Dagegen ist jeder verpflichtet, alle Handlungen zu unterlassen, durch welche er einem anderen widerrechtlich einen Schaden zufügt.Art. 212 Absatz 1 DE. Wer die im Art. 211 bezeichnete Pflicht aus Absicht oder Fahrlässigkeit verletzt, haftet für den dadurch einem anderen an dessen Person oder Vermögen verursachten Schaden, ohne Unterschied, ob die widerrechtliche Handlung den Schaden unmittelbar bewirkt hat, oder ob sie nur die Ursache gewesen ist, daß ein Dritter oder ein Zufall den Schaden bewirkt hat. Art. 212 Absatz 2 DE. Eine Fahrlässigkeit ist nicht anzunehmen, wenn die Möglichkeit der Schadenzufügung so ferne lag, daß sie selbst von einem Vorsichtigen nicht berücksichtigt worden wäre. Art. 212 Absatz 3 DE. Wer jedoch gegen eine gesetzliche oder obrigkeitliche Vorschrift handelt, kann sich nicht darauf berufen, daß er den aus dieser Handlung entstandenen Schaden nicht habe voraussehen können.*

[234] HANS JENTSCH, *Die Entwicklung von den Einseltatbeständen des Deliktsrechts zur Generalnorm und die Berechtigung einer solcher Dogmengeschichte und rechtspolitische Bewertung*, Verlag von Theodor Weicher in Leipzig, 1939, pp. 2-15.

II. O Código Civil Alemão não estabeleceu um princípio geral no sentido de que a actuação antijurídica culposa obrigasse à indemnização dos danos, à semelhança das codificações de inspiração francesa[235]. O BGB preferiu circunscrever o ilícito a determinadas hipóteses de facto[236]. Procurava-se, assim, fornecer linhas firmes aos juízes e impedir uma extensão excessiva da responsabilidade civil. O BGB corresponde, deste modo, à tradição pandectística que originou nas codificações de influência germânica uma referência expressa e autónoma à ilicitude e à culpa[237]. Diferentemente, o Código Civil francês consagra a doutrina jusnaturalista[238], a ilicitude está compreendida no conceito de *faute,* ainda que a doutrina a tenha posteriormente autonomizado. Por sua vez, a diferenciação entre as duas modalidades de ilicitude, que se encontram no § 823 BGB, só se compreende se se tiver em conta que nem sempre um interesse juridicamente protegido representa um direito subjectivo.

A origem do § 823 II BGB remonta, segundo alguma doutrina alemã, ao § 26 do ALR prussiano[239]. Porém, para compreender a opção do legis-

---

[235] Sobre a evolução do *alterum non laedere,* GOTTFRIED SCHIEMANN, "Das allgemeine Schädigungsverbot: "alterum non laedere", JuS, (1989), Heft 5, pp. 345-350.

[236] MENEZES CORDEIRO, *Tratado de Direito Civil Português,* I, pp. 80-82, afirma que o Código Civil Alemão tem na sua base as estruturas científicas da terceira sistemática. A pandectística aceitou o direito romano como elemento pré-dado de natureza cultural e histórica. Posteriormente, estes elementos foram trabalhados através de pontos de vista unitários de modo a evitar omissões e contradições. O nível ideológico é substituído por um nível de acentuado aprofundamento técnico-científico, no qual WINDSCHEID, directamente – quando presidiu à Comissão –, ou indirectamente – através da sua obra *Lehrbuch des Pandektenrechts* – marcou influência decisiva.

[237] LUDWIG KUHLENBECK, *Von den Pandekten zu dem Bürgerlichen Gesetzbuch,* Berlin, 1899, pp. 54-69.

[238] MENEZES CORDEIRO, *Tratado de Direito Civil Português,* I, p. 78: O Código de Napoleão acusa de modo marcado o influxo jusnaturalista, apresentando-se como ponto terminal da segunda sistemática, patente na sua própria sistematização.

[239] SPICKHOFF, *Gesetzesverstoß und Haftung,* pp. 5 e ss, considera que o § 26.I.6 preuß ALR, 1794, está na origem da solução germânica do § 823 II BGB, que estebelece *"Em particular, quem viola uma lei que tem em vista a prevenção de um prejuízo tem que responder por todo o prejuízo que poderia ter sido evitado pela observância da lei, do mesmo modo que se o mesmo tivesse resultado imediatamente da sua acção".* No RG Gruch. 34, p. 474, uma associação promoveu um fogo de artifício sem obter a licença que era precisa segundo § 367, n.º 8 StGB (versão antiga). Durante um intervalo, as crianças mexeram nos foguetes sem vigilância e feriram-se gravemente. O RG fundamenta a sua decisão no § 26, I 6 ALR. A obediência à norma podia ter evitado o acidente segundo o

86 *Normas de Protecção e Danos Puramente Patrimoniais*

lador alemão por este sistema, é fundamental investigar a discussão em torno do modelo de grande cláusula geral, que teve lugar durante os trabalhos preparatórios do BGB[240]. Ora, em 4 de Dezembro de 1873, o *Bundesrat* aprovou uma proposta de alteração da Constituição, a fim de estabelecer a competência do Reich em matéria de lei civil. Para o efeito, o *Bundesrat* aprovou a criação da *Vorkomission* – uma comissão de cinco juristas – cuja missão era apresentar propostas para o modelo de preparação de um Código Civil Alemão. A versão preliminar do Livro das Obrigações foi preparada por VON KÜBEL. O *Bundesrat* aceitou as propostas da *Vorkomission*, bem como a escolha dos membros da *Erste Kommission*, que reflectiam as diferentes tendências jurídicas existentes na Alemanha da época. Em 4 de Dezembro de 1890, o *Bundesrat* nomeou uma segunda comissão para preparar uma segunda versão do BGB. Entretanto, a primeira versão tinha sido sujeita a várias críticas, designadamente de especialistas como professores universitários e juízes, tendo dado origem a

---

§ 26 ALR. Cada dano evitável pela obediência da lei devia ser visto como causado pela negligência na sua violação sem ser permitida uma prova do contrário. CHRISTIAN VON BAR, *Verkehrspflichten*, pp. 6 e ss.

[240] Sobre os trabalhos preparatórios do BGB e os diferentes projectos, em especial, cfr. BURKHARD SCHMIEDEL, *Deliktobligationen nach deutschen Kartellrecht, Erster Teil, Zivilrechtsdogmatische Grundlegung: Untersuchungen zu § 823 Abs. 2 BGB*, J. C. B. Mohr (Paul Siebert), Tübingen, 1974, pp. 10-28, e HEINZ-GEORG SCHWITANSKI, *Deliktsrecht, Unternehmensschutz und Arbeitskampfrecht. Versuch einer systemorientierten Harmoniesierung*, Duncker & Humbold, Berlin, 1986, pp. 98-121. Sobre a opção entre um sistema de cláusula geral e *numerus clausus*, cfr. PATRICK MOSSLER, "The discussing on general clause or numerus clausus during the preparation of the law of torts", Negligence, The Comparative Legal History of the Law of Torts, Duncker & Humblot, Berlim, 2001, pp. 361-389, e HELMUT KOZIOL, "Generalnorm und Einzeltatbestände als Systeme der Verschuldenshaftung: Unterschiede und Angleichungsmöglichkeiten", ZeuP, (1995), pp. 359-367. Fundamental é compreender a diversidade do Direito privado alemão do século XIX face à diversidade política existente na Alemanha deste século em que o *Ius Commune* coexistia com uma multiplicidade de leis e codificações, em especial a *Bavarian Codex Maximilianeus Bavaricus Civilis* (1756), o *Allgemeines Preussische Landrecht* (1794), o *Allgemeines Gesetzbuch für die gesamten Erbländer der österreichischen Monarchie* (1812), o *Code de Napoléon* (1804) e o *Badisches Landesrecht* (1809). Em várias partes da Alemanha, na falta de leis ou códigos, aplicava-se o *Ius Commune* na forma do *usus modernus pandectarum*, pelo que o *Gemeinesrecht* ou *Pandektenrecht* continuava a ser utilizado como primeira fonte de direito. Cfr. WOLFGANG ERNST, "Negligence in 19th Century Germany", *Negligence, The Comparative Legal History of the Law of Torts*, pp. 341-342.

Evolução Histórico-Dogmática

uma segunda versão que, com pequenas alterações, veio a ser aprovada pelo *Bundesrat* e pelo *Reichstag,* em Julho de 1896, tendo o seu início de vigência sido marcado para 1 de Janeiro de 1900[241].

A versão preliminar da "lei das obrigações" de VON KÜBEL estabelecia a seguinte regra: *"Quem cause intencionalmente ou por negligência dano a outrem por um acto ou omissão ilícita é obrigado a indemnizá-lo pelo dano"*[242]. Na exposição de motivos desta versão preliminar espelha-se a intenção de, com esta fórmula legislativa, abandonar a posição restritiva do direito romano e alcançar uma regra geral na base da responsabilidade delitual. No entanto, segundo esta disposição, a responsabilidade só surgia se o dano fosse resultado de um acto ilícito (*widerrechtlich*). Este pressuposto gerava a dificuldade de se saber se a ilicitude teria de ser estabelecida de acordo com regras jurídicas exteriores ao direito delitual ou, diferentemente, se o acto danoso poderia por si ser considerado ilícito. A doutrina da *Pandektenwissenschaft* considerava que o acto danoso só por si não era suficiente para estabelecer o seu carácter ilícito. WINDSCHEID admitia duas formas de ilicitude: a violação de normas proibitivas e a violação de direitos absolutos[243]. Na medida em que os direitos absolutos e

---

[241] Sobre a origem do Código Civil Alemão, VON THUR, *Derecho Civil Teoria General del Derecho Civil Alemán*, vol. I, Los derechos subjectivos y el patrimonio, (trad. de *Der allgemeine Teil des deutschen burgerlichen Rechts* por Tito Ravá), Marcial Pons, Madrid, Barcelona, 1998, pp. 9 e ss.

[242] Quanto ao projecto de VON KÜBEL (*Teilentwurf*), de salientar os seguintes parágrafos que se transcrevem: § 1 Absatz 1 Hat jemand durch eine widerrechtliche Handlung oder Unterlassung aus Absicht oder aus Fahrlässigkeit einem anderen einen Schaden zugefügt, so ist er diesem zum Schadenersatz verpflichtet. § 1 Absatz 2 Daß ihm eine Verschuldung nicht zur Last falle, liegt demjenigen zu beweisen ob, welcher den Schaden verursacht hat. § 2 Die Haftpflicht tritt ein ohne Unterschied, ob die Handlung oder Unterlassung unmittelbar oder mittelbar den Schaden bewirkt hat. § 3 Eine Fahrlässigkeit ist dann nicht anzunehmen, wenn die Möglichkeit der Schadenszufügung so fern lag, daß sie auch von einem vorsichtigen Manne nicht berücksichtigt worden wäre. § 4 Auf die Haftpflicht dessen, welcher einen anderen durch eine widerrechtliche Handlung beschädigt, ist es ohne Einfluß, wenn er mit letzterem in einem Rechtsverhältnisse steht, wonach er nur für absichtliches Verschulden und grobe Fahrlässigkeit haftet. § 5 Absatz 2 Hat jemand in die Schadenszufügung durch einen anderen eingewilligt, so steht ihm ein Anspruch auf Ersatz des Schadens gegen letzteren nicht zu.

[243] HANS JENTSCH, *Die Entwicklung von den Einseltatbeständen des Deliktsrechts zur Generalnorm und die Berechtigung einer solcher Dogmengeschichte und rechtspolitische Bewertung*, p. 30, defendendo que a existência das duas formas de ilicitude se deveu

as normas proibitivas são limitados, alcançar-se-ia uma delimitação dos delitos para efeitos de responsabilidade civil. Se, de forma alternativa, se estabelecesse que qualquer dano causado a outra pessoa poderia ser concebido como ilícito *per se*, então estar-se-ia a seguir o princípio *neminem laedere*, que estabelece um dever genérico de não causar danos a outros. Partindo desta alternativa a indemnização só poderia ser excluída caso o acto fosse autorizado ou justificado, à semelhança do modelo francês.

Von Kübel, com esta formulação, não quis pôr completamente em causa a doutrina de Windscheid. Não se afasta da ideia de que o acto danoso não representava só por si um acto ilícito. Se o BGB tivesse adoptado a solução da versão preliminar, os tribunais poderiam ter interpretado a ilicitude de uma forma diferente e com outra latitude.

A primeira versão da *Erste Kommission* contém uma formulação bastante distinta da versão preliminar. A primeira frase do § 704 *Erster Entwurf* (EI) determinava que *"quem, com dolo ou mera culpa, causar dano a outra pessoa por uma conduta ilícita, acto ou omissão, prevendo ou devendo prever essa ocorrência, é responsável pelo dano, independentemente da extensão do dano ser previsível"*[244]. A segunda frase do § 704 EI acrescentava que *"quem, com dolo ou mera culpa, violar direitos de outrem de forma ilícita é responsável pelo dano resultante da infracção, ainda que o resultado fosse imprevisível. A violação da vida, corpo, saúde, liberdade e honra configura infracção para efeitos desta disposição"*[245]. Por sua vez, o § 705 EI estabelecia que *"ilícita é igualmente a acção permitida pela liberdade genérica de acção contrária aos bons costumes que inflige dano a outrem"*[246-247].

---

a Windscheid, mas, a partir do momento em que o § 826 BGB consagrou uma cláusula geral para a *actio de dolo*, a referência às normas de protecção tornou-se desnecessária.

[244] *"Hat Jemand durch eine aus Vorsatz oder Fahrlässigkeit begangene widerrechtliche Handlung – Thun oder Unterlassen – einem Anderen Schaden zugefügt, dessen Entstehung er vorausgesehen hat oder voraussehen mußte, so ist er dem Anderen zum Ersatze des durch die Handlung verursachten Schadens verpflichtet, ohne Unterschied, ob der Umfang des Schadens vorauszusehen wr oder nicht"*.

[245] *"Hat Jemand durch aus Vorsatz oder Fahrlassigkeit durch eine widerechtliche Handlung das Recht eines Anderen verletzt, so ist er den durch die Rechstverlezung dem Anderen verursachten Schadens nicht vorauszusehen war. Als Verleztung eines Rechtes im Sinne der vorstehenden Vorschrift ist auch die Verletzung des Lebens, des Körpers, der Gesundheit, der Freiheit und der Her anzusehen"*.

[246] *"Als widerrechtlich gilt auch die kraft allgemeinen Freiheit an sich erlaubte*

Apesar da *Erste Komission* ter sufragado a opção por um sistema de cláusula geral, à semelhança do modelo napoleónico, a verdade é que a versão final do *Erster Entwurf* não adoptou uma grande cláusula geral, limitando-se a descrever três formas de actos ilícitos[248]. Não obstante o teor literal da referida versão, houve propostas de WINDSCHEID, KURLBAUM e PLANCK no sentido de que se estabelecesse que a produção do dano era ilícita a não ser que fosse justificada. A consagração de um sistema de responsabilidade delitual assente numa grande cláusula geral – sem qualquer estabelecimento das condições de demarcação da ilicitude – representaria uma solução "revolucionária" em relação ao direito comum. Adoptando o modelo alternativo, o sistema alemão elege a ilicitude como ponto de partida da responsabilidade delitual e mantém-se fiel à tradição pandectística mais romanizada.

Ainda que alguma doutrina obrigacionista de relevo configure o primeiro parágrafo do § 704 EI como uma grande cláusula geral[249], ANDREAS

Handlung, wenn sie einem Anderen zum Schaden gereicht und ihre Vornahme gegen die guten Sitten verstößt".

[247] Para uma análise crítica deste projecto, OTTO VON GIERKE, *Der Entwurf eines bürgerlichen Gesetzbuchs und das deutsche Recht*, Leipzig, 1889, pp. 259 e ss.

[248] RAYMOND SALEILLES, *Étude sur les sources de l'obligation dans le projet de code civil allemand*, Pichon, Paris, 1889, p. 84.

[249] LARENZ/CANARIS, *Lehrbuch des Schuldrechts*, § 75, p. 354. Também MEDICUS, *Schuldrecht II, Besonderer Teil*, 13. neu bearbeitete Auflage, Beck, München, 2006, § 135, p. 280. EMMERICH, *BGB-Schuldrecht, Besonderer Teil*, 11. neu bearbeitete Auflage, C.F. Müller, Heidelberg, 2006, § 20, pp. 250-251: antes da entrada em vigor do BGB, vigorava uma cláusula geral delitual sobre grande parte do ordenamento jurídico germânico. Não é assim de surpreender o facto de, aquando da elaboração do primeiro projecto do BGB, estar prevista uma cláusula geral. No entanto, no seguimento dos pareceres doutrinais que se seguiram, confrontados com os problemas inerentes à cláusula geral, chegou-se ao sistema alemão actual, que se designa por *sistema de tipo normativo individualizado*, completado por algumas pequenas cláusulas gerais, nomeadamente as previstas no § 823 II, no § 826 e ainda no § 1 UWG (1909). O objectivo do legislador alemão ao introduzir este tipo de sistema visou sobretudo prevenir a excessiva liberdade conferida à jurisprudência para a delimitação da sua margem de actuação, possibilidade esta inerente a um sistema onde vigora uma cláusula geral. Uma outra vantagem geralmente atribuída ao sistema de individualização de tipos normativos consiste no facto de conferir segurança jurídica ao ordenamento, uma vez que se parte do pressuposto que o juiz estará sempre vinculado a uma base estável definida para o julgamento das diferentes formas de comportamento ilícito. Actualmente, pode constatar-se a impregnação desta concepção num grande número de situações. A literatura alemã referida tem levado grande parte da doutrina nacional a defender que o

90 *Normas de Protecção e Danos Puramente Patrimoniais*

SPICKHOFF entende que essa fórmula legislativa reconduz-se às normas de protecção, tendo sido essa a interpretação feita quer pela *Zweite Komission* quer pela doutrina da época[250]. Curiosamente, a sua inserção sistemática precedia a própria violação de direitos subjectivos[251]. Com esta

---

§ 704 I EI continha uma cláusula geral de tipo napoleónico. Neste sentido, SINDE MONTEIRO, *Responsabilidade por conselhos*, p. 183 e DÁRIO MOURA VICENTE, *Da responsabilidade*, p. 191.

[250] SPICKHOFF, *Gesetzesverstoß und Haftung*, p. 13. No mesmo sentido, PATRICK MOSSLER, *The discussing on general clause or numerus clausus*, pp. 374-375, REINHARD ZIMMERMANN, *Roman Law, Contemporany Law, European Law*, p. 58, e SCHWITANSKI, *Deliktsrecht, Unternehmensschutz und Arbeitskampfrecht*, pp. 98 e ss. Cfr. BENNO MUGDAN, *Die Gesamten Materialien zum Bürgerlichen Gesetzbuch für das Deutsche Recht*, II. Band, Recht des Schuldverhältnisse, Berlin, 1899, pp. 1072 e ss, acerca da história das origens do § 823 II BGB.

[251] O Direito delitual no BGB entretece três tipos de actos ilícitos tal como o demonstram as seguintes frases retiradas dos relatórios da Comissão responsável pelo primeiro projecto de BGB: "*O acto contrário ao direito é, sobretudo, aquele que colide com uma proibição legal (...) Igualmente ilícita é, sem dúvida, a ofensa a um direito absoluto de outro indivíduo (...). Com algumas reservas dever-se-ão também considerar como ilícitos aqueles actos que podem vir a colidir com os bons costumes*". Cfr. Mot. II, p. 726, e DEUTSCH, *Haftungsrecht*, Erster Band: Allgemeine Lehren, Carl Heymanns Verlag, Köln, Berlin, Bonn, München, 1976, § 14, p. 195. (Há edição mais recente, DEUTSCH, *Allgemeines Haftungsrecht*, 2. völlig neugestaltete end erw. Aufl., Köln, Berlin, Bonn, München, Heymann, 1996). Foi com base neste triunvirato de ilicitude que cresceram os três tipos normativos elementares previstos: no II do § 823 (violação de uma prescrição protectora inserida numa norma proibitiva); no I do § 823 (ofensa de um direito absoluto ou de um bem jurídico absolutamente protegido); e no § 826 BGB (conduta contrária aos bons costumes). O legislador limitou-se a alterar a sequência e colocou a ofensa a bens ou a direitos absolutamente protegidos no cume do Direito delitual, o que fez com que o § 823 BGB I adquirisse um significado predominante e hiper-enfatizado. Cfr. KNÖPFLE, "Zur Problematik der Beurteilung einer Norm als Schutzgesetz im Sinne des § 823 Abs. 2 BGB", NJW, (1967), pp. 697 e ss, LARENZ, *Rechtswidrigkeit und Handlungsbegriff im Zivilrecht*, Festschrift Dölle, 1963, pp. 169 e 189, REINHARDT, "Das subjecktive Recht im § 823 Abs. 1 BGB", JZ, (1961), p. 715, JÜRGEN RÖDIG, *Erfüllung des Tatbestandes des § 823 Abs. 1 BGB durch Schutzgesetzverstoss, Zugleich ei Beitrag zum Deliktschutz relativer Rechte*, Verlag Ernts und Werner Gieseking Bielefeld, 1973, pp. 56 e ss. As três mencionadas disposições apenas se distinguem entre si pelo facto de definirem a "esfera jurídica de outrem" partindo de perspectivas diferenciadas. A ilicitude é definida como violação de uma norma de conduta especial e objectiva, como violação dos bons costumes ou como ingerência ilícita na esfera jurídica de outrem. Cfr. KARSTEN SCHMIDT, *Kartellverfahrensrecht – Kartellverwaltungsrecht – Bürgerliches Recht, Kartellrechtspflege nach deuschem Recht gegen Wettbewerbsbeschränkungen*, Carl Heymanns Verlag, Köln, Berlin, Bonn, München, 1977, p. 353.

Evolução Histórico-Dogmática

leitura histórica as normas do §§ 823 I, II e do § 826 BGB tiveram origem na versão final do *Erster Entwurf.* No entanto, é de sublinhar que o § 823 II BGB é mais restritivo do que § 704 I EI, que estendia a responsabilidade a prejuízos remotos e imprevisíveis. Também o § 705 EI era mais abrangente do que o actual § 826 BGB, nomeadamente ao admitir a responsabilidade decorrente de actos ofensivos dos bons costumes por mera negligência. Estes foram os aspectos mais criticados pela Segunda Comissão e pela doutrina da época, que vieram a ser posteriormente eliminados no BGB[252].

Nestes termos, houve uma divergência na Primeira Comissão entre a decisão política de optar por uma grande cláusula geral e a versão que dela saiu, que estabelecia situações básicas de ilicitude. De acordo com a visão tradicional, a ilicitude adviria do resto do sistema jurídico, mas seria *conditio sine qua non* para a responsabilidade delitual. Para compreender esta inflexão da Comissão, não é suficiente a leitura dos *Motive,* que, redigidos por assistentes dos redactores, nunca foram adoptados pela própria Comissão. Assim, a doutrina alemã divide-se em relação ao § 704 EI: *i)* uma parte, defendendo que constitui uma grande cláusula geral (PATRICK MOSSLER entende que essa posição é incorrecta[253]) e *ii)* uma outra, preco-

---

[252] Sobre as críticas aos diferentes projectos, cfr. REINHARD ZIMMERMANN, *Roman Law, Contemporany Law, European Law*, Oxford, 2001, p. 54. O primeiro *draft* foi acusado de abstracto, pedante e de ser excessivamente pandectista. Não obstante, o BGB acabou por adoptar muitas das soluções do primeiro projecto que tinham sido à altura criticadas. Sobre o processo de elaboração do Código Civil Alemão, que durou cerca de 22 anos, ZIMMERMANN, "Modernising the German Law of Obligations?", *Themes in Comparative law in honour of Bernard Rudden* (edited by Peter Birks and Arianna Pretto), 2004, p. 269, chamando a atenção para que a codificação implicou um corte com os pandectistas que deixaram de ser citados e um corte com a Ciência Jurídica estrangeira (isolamento vertical e horizontal) que só não representou uma prisão da Ciência Jurídica porque a jurisprudência alemã manteve a tendência para as descobertas.

[253] PATRICK MOSSLER, *The discussing on general clause or numerus clausus*, p. 376: *"Nevertheless there are still authors in Germany who interpret § 704 I EI as a general clause, a position that is unquestionably mistaken".* Defendem esta posição, DEUTSCH, *Haftungsrecht*, §8, p. 107, EDUARD PICKER, "Vertragliche und deliktishe Schadenshaftung-Überlegungen zu einer Neustrukturierung der Haftungssysteme", JZ, 1987, p. 1051, M. LÖWISH, *Der Deliktsschutz relativer Recht*, Berlin, 1970, p. 7, (n. 339), KARL LARENZ/C.W. CANARIS, *Lehrbuch des Schuldrechts*, pp. 354 e ss, e MARKESINIS, A *Comparative Introduction to the German Law of Torts*, 3.ª ed, Oxford, 1994, 23. Defendem que o § 704 EI não constitui uma cláusula geral, SCHWITANSKI, *Deliktsrecht, Unternehmensschutz und*

92 Normas de Protecção e Danos Puramente Patrimoniais

nizando que se tratava de uma referência às normas de protecção. Neste sentido, alguma doutrina, na altura da elaboração do BGB, criticou o abandono da cláusula geral no *Erster Entwurf*. VON LISZT recusou o ponto de partida de que o que não é proibido é permitido, com a ideia de que a responsabilidade civil tem também a função de proteger a ordem jurídica global e, por essa razão, necessita de basear-se numa grande cláusula geral à semelhança dos códigos modernos[254]. Também FELS preconizou a utilização da fórmula do artigo 1382 do *Code* para reformar o direito da responsabilidade delitual, visando a adopção do princípio de que nenhum dano é permitido, a não ser que o agente actue no exercício do seu direito. Por outro lado, tinha muitas dúvidas que as lacunas de protecção pudessem ficar resolvidas com o § 705 EI, na medida em que a responsabilidade por violação dos bons costumes era muito restrita[255].

III. A *Vorkomission des Reichjustizamts* e a Segunda Comissão levaram em linha de conta estas críticas, mas não recuaram na não adopção de uma grande cláusula geral. A *Vorkomission* discordou sobretudo do teor do § 704 I EI por entender ter ido longe de mais, na medida em que criava uma responsabilidade para danos remotos, completamente imprevisível, e pretendeu limitar esta extensão àqueles que a norma pretende proteger, ainda que o dano não necessitasse de ser previsto pelo agente.

De acordo com a Comissão responsável pela 2.ª revisão do projecto do BGB, é função dos tipos normativos da responsabilidade delitual "*delimitar isoladamente o núcleo de direitos de cada indivíduo dentro do qual cairá a sua liberdade individual e à qual se seguirão os seus interesses particulares*"[256]. Com efeito, deve ter-se presente o princípio fundamental segundo o qual "*qualquer pessoa deve ter em atenção a esfera jurídica do*

Arbeitskampfrecht. Versuch einer systemorientierten Harmoniesierung, p. 112, SCHMIEDEL, *Deliktobligationen nach deutschen Kartellrecht*, p. 14, REINHARDT, "Das subjective Recht in § 823 Abs. 1 BGB*"*, JZ, (1961), p. 711, STOLL, *Richterliche Fortbildung und gesetzliche Überarbeterung des Deliktsrecht*, Heidelberg, 1984, p. 27, e KEPPMANN, *Die neuere dogmengeschichtlice Entwichlung der objectives Tatbestände der §§ 823, 826 BGB*, Diss. Münster, 1959, p. 114.

[254] VON LISZT, *Die Deliktsobligationen im System des Bürgerlichen Gesetzbuchs*, pp. 30-36.

[255] PATRICK MOSSLER, *The discussing on general clause or numerus clausus*, pp. 378-379.

[256] Prot. II, p. 567.

próximo e abster-se de provocar um qualquer acto ilícito naquela"[257]. Foi com base nestes princípios que foi elaborado o regime jurídico alemão actualmente em vigor, nos termos do qual a obrigação de ressarcimento do dano não decorre do dano em si mesmo, mas sim do dano como consequência do acto ilícito e culposo.

Na Segunda Comissão, VON CUNI voltou a propor a adopção de uma grande cláusula geral, que foi rejeitada com base na ideia de que só a violação de uma lei que visa proteger o lesado origina responsabilidade. O texto da *Zweiter Entwurf* estabelecia no § 746 EII que *"quem, com dolo ou mera culpa, violar o direito de outrem de forma ilícita ou violar uma proibição que visa a protecção de outrem tem de indemnizar o dano. Se a lei puder ser violada sem culpa, a responsabilidade só existe se houver culpa".*[258] O § 747 EII acrescentava que *"quem intencionalmente no exercício de um direito produz dano a outrem de forma que atinge os bons costumes deve indemnizar outrem"* [259].

Os autores da segunda versão pretendiam uma responsabilidade civil mais abrangente do que a adveniente do direito romano, que se revelou ser incompleta. Por outro lado, procuravam que fosse a lei a estabelecer as regras objectivas de fixação da responsabilidade e não deixar aos juízes a tarefa de determinar as condutas que originavam responsabilidade. Este aspecto é decisivo, segundo alguma doutrina[260], na distinção dos códigos

---

[257] Mot. II, p. 725.

[258] *"Wer vorsätzlich oder fahrlässig eines Anderen widerrechtlich verletzt oder wer gegen ein den Schutz eines anderes bezweckende Gesezt verstöß, ist dem anderem zum Ersatze des dadurch entanenen Schadens verpflichtet. Ist nach dem Inhalte des Gesetzes ein Vertoß gegen dasselbe auch ohne Verschulden möglich, so tritt die Ersatzpflicht nur im Falle des Verschuldens ein. Die Schadenersatzpflicht wird nicht dadurch ausgeschlosse, das die Schädigende Handlung im Nothstande begangen ist".*

[259] *"Wer durch eine Handlung, die er sich in Ausübung eines ihm zustehenden Rechtes vornimmt in einer gegen die guten Sitten verstossenden Weise einem Anderen Vorsätlich Schaden zufugt, ist dem Anderen zum Ersatzedes Schadens verpflichtet".*

[260] O peso diferenciado do desenvolvimento jurisprudencial nos modelos francês e alemão pode, porém, ser desmistificado, já que as pequenas cláusulas gerais que se encontram no BGB permitiram várias construções jurisprudenciais em sede de responsabilidade delitual, designadamente a construção do "direito geral de personalidade" e do "direito à empresa" e a doutrina dos deveres do tráfego. (Neste sentido, cfr. NUNO MANUEL PINTO OLIVEIRA, *Sobre o conceito de ilicitude do art. 483.º do Código Civil*, Separata do livro Estudos em Homenagem a Francisco José Velozo, Braga, 2002, pp. 524-525, (n. 9), concluindo por uma protecção pessoal e patrimonial equiparável nos sistemas de tipo germâ-

de modelo napoleónico e germânico, porquanto os primeiros assentam num maior desenvolvimento jurisprudencial, relativamente postergado nos segundos[261].

A referência às normas de protecção moldada sobre as duas formas de ilicitude de WINDSCHEID reconduz-se, assim, à primeira versão do Projecto de código civil alemão, igualmente constante na versão da Segunda Comissão, ainda que restringida, que acabou por obter acolhimento na versão definitiva do § 823 II BGB e ganhou espaço de consagração claramente nos sistemas que recusam uma grande cláusula geral e que acolhem a solução jheringiana de autonomização da ilicitude em relação à culpa. Contudo, a solução diferenciadora do BGB e a não consagração da grande cláusula geral de tipo napoleónico foi sempre objecto de críticas. Não obstante, em termos de técnica legislativa, apesar de não ser isento de especiais dificuldades, como se analisará a seu tempo, o sistema dos §§ 823 e 826 BGB é claramente superior ao de uma cláusula geral ampla, em virtude do seu carácter analítico e de se situar num ponto intermédio entre a flexibilidade de uma cláusula geral e a rigidez de meros tipos individuais, fornecendo ao juiz uma valoração diferenciada dos diferentes bens jurídi-

---

nico e francês). Cfr. ERNST VON CAEMERER, *Wandlungen des Deliktsrecht,* p. 526, considerando que através da introdução das cláusulas gerais do "direito geral de personalidade", do "direito à empresa" e dos deveres do tráfico se atinge uma protecção pessoal e patrimonial idêntica no sistema francês e alemão, com a diferença de que as cláusulas gerais estreitas constringiriam o intérprete a usar de maior cuidado na determinação da existência ou inexistência de ilicitude face às circunstâncias do caso concreto. Assim, a grande diferença entre os dois sistemas assenta essencialmente na não ressarcibilidade de danos culposos na responsabilidade delitual alemã por falta da ilicitude, já que no modelo francês "puro" haveria uma espécie de presunção de ilicitude dos danos praticados com *faute.* No entanto, na aplicação concreta dos dois regimes as soluções que se alcançam são muito semelhantes e mesmo um sistema bastante diferenciado, como o da *common law,* alcança respostas aproximadas na resolução de casos concretos. Em sentido divergente, SANTOS JÚNIOR, *Responsabilidade civil de terceiro,* p. 194. Também CARNEIRO DA FRADA, *Teoria da Confiança,* p. 247, considera existir uma diferença de desenvolvimento jurisprudencial no sistema delitual napoleónico e germânico. Distinguindo também entre os sistemas que se baseiam no princípio da "tipicidade" dos factos ilícitos e os fundados no princípio da "atipicidade" dos factos ilícitos, como princípios que realizam em diferente grau ou medida os fins últimos do direito: a segurança, a paz jurídica e a justiça, NUNO MANUEL PINTO OLIVEIRA, *Sobre o conceito de ilicitude do art. 483.° do Código Civil,* pp. 522-523, concluindo, não obstante, pela proximidade dos sistemas.

[261] PATRICK MOSSLER, *The discussing on general clause or numerus clausus,* p. 383.

Evolução Histórico-Dogmática 95

cos e, através de tipos flexíveis, que requerem concretização, deixa margem de manobra para um significativo desenvolvimento jurisprudencial do direito da responsabilidade delitual. A grande cláusula geral apenas foi substituída por três pequenas cláusulas gerais, dado que o § 823 I BGB, no elemento da "violação ilícita negligente", o § 823 II BGB, no conceito das "normas de protecção", e o § 826 BGB, no requisito do "dano ofensivo dos bons costumes"[262], possuem elementos do tipo cláusula geral[263].

O alargamento da responsabilidade delitual conhece, porém, mais resistência face a pequenas cláusulas gerais. A grande cláusula geral levanta, em contrapartida, problemas de limitação da responsabilidade[264].

---

[262] "*§ 823. (Schadensersatzpflicht) (1)Wer vorsätzlich oder fahrlässig das Leben, den Körper, die Gesundheit, die Freiheit, das Eigentum oder ein sonstiges Recht eines anderen widerrechtlich verletzt, ist dem anderen zum Ersatze des daraus entstehenden Schadens verpflichtet. (2) Die gleiche Verpflichtung trifft denjenigen, welcher gegen ein den Schutz eines anderen bezweckendes Gesetz verstößt. Ist nach dem Inhalte des Gesetzes ein Verstoß gegen dieses auch ohne Verschulden möglich, so tritt die Ersatzpflicht nur im Falle des Verschuldens ein. § 826 BGB (Sittenwidrige vorsätzliche Schädigung) Wer in einer gegen die guten Sitten verstoßenden Weise einem anderen vorsätzlich Schaden zufügt, ist dem anderen zum Ersatze des Schadens verpflichtet.*"

[263] CLAUS-WILHELM CANARIS, "Schutzgesetze-Verkehrspflichten-Schutzpflichten", Festschrift für Karl Larenz, Zum 80. Geburtstag, München, 1983, pp. 48 e ss, e LARENZ/CANARIS, *Lehrbuch des Schuldrechts*, § 75, p. 355. Finalmente, quanto aos tipos legais complementares dos §§ 824 a 831 BGB, podem ser compreendidos, na sua substância, como alargamento de um dos três tipos legais fundamentais, de forma a não desenvolverem qualquer efeito que rompa o sistema delitual.

[264] MEDICUS, *Schuldrecht II, Besonderer Teil*, § 135, pp. 280-282, como LARENZ/CANARIS, *Lehrbuch des Schuldrechts*, § 75, p. 354 (anteriormente citados), entendem que no primeiro projecto do BGB, o § 704 I consagrava uma grande cláusula geral delitual influenciada pelo artigo 1382 do *code civil* francês de 1804. Antes da queda do muro de Berlim e da reunificação alemã, o § 330 ZGB da República Democrática Alemã (de 19 de Junho de 1975) estabelecia que "*um cidadão ou uma empresa que, com violação de deveres que lhes cabem, causam ilicitamente um prejuízo são obrigados a indemnizar este prejuízo.*" Todavia, o § 333 ZGB afastava a obrigação de indemnizar quando não havia culpa do lesante. As grandes cláusulas gerais delituais possuem duas desvantagens importantes. *i)* Primeiro, a ilicitude necessita de delimitação, pois não se pode partir do princípio de que qualquer prejuízo é ilícito: quem estaciona o seu carro tira o lugar a um outro mas não faz nada de proibido: neste caso, uma obrigação de indemnizar também não faria sentido. De forma semelhante, na vida comercial, qualquer concorrência significa um prejuízo dos concorrentes; mas também não pode ser proibida sem mais. Assim, a norma de indemnização implica a necessidade de destrinçar, por outras normas de conduta, o proibido do permitido. *ii)* A grande cláusula geral delitual conduz a dificuldades na deter-

A tendência para uma preferência do lesado é mais nítida na grande cláusula geral, ao passo que o sistema do BGB tem em conta os interesses do lesante, pelo que representa um compromisso mais equilibrado. Por sua

---

minação do titular do direito, pois uma acção de violação causa frequentemente prejuízos numa multiplicidade de pessoas; o prejuízo numa pessoa espalha-se por outras. Por exemplo, a lesão de um trabalhador prejudica mediatamente a respectiva entidade patronal, que perde, durante a sua convalescença, a sua prestação de trabalho, tendo eventualmente que continuar a pagar o salário, podendo resultar ainda prejuízos para outras pessoas, *v.g.* os colegas de trabalho, que têm que fazer também o trabalho do colega doente. A situação é semelhante com a morte de uma pessoa: mesmo que, como pensionista, já não trabalhe, era cliente de comerciantes, que perdem um cliente, volume de vendas e lucro. Uma grande cláusula geral beneficiaria igualmente todas as pessoas só prejudicadas mediatamente, o que conduziria a uma acumulação inexequível de pretensões das quais muitas só se dirigiriam a valores pequenos e cujo cálculo seria altamente duvidoso. Por isso, os sistemas jurídicos de grande cláusula geral delitual têm que restringir estas pretensões. Assim, uma pessoa mediatamente prejudicada só deveria ser titular de uma pretensão indemnizatória, segundo o § 332 ZGB da Ex-RDA, quando tal estiver determinado legalmente ou justificado excepcionalmente por critérios de equidade. A cláusula geral seria, deste modo, dificultada por uma excepção de grande alcance e pouco nítida. Para afastar as referidas dificuldades, o BGB seguiu outro caminho: o § 823 I concede direitos a indemnização por violação de certos bens ou direitos (vida, corpo, saúde, liberdade, propriedade), atribuindo indemnização à pessoa imediatamente lesada. Em contrapartida, outras pessoas afectadas por uma tal violação só mediatamente no seu património não são titulares de pretensões indemnizatórias próprias, *v.g.* os comerciantes que perderam o lucro pela morte do seu cliente e a entidade patronal que perde, pela lesão do trabalhador, a sua prestação de trabalho. Assim, o mero prejuízo patrimonial causado a estas pessoas não constitui um delito. Todavia, o sistema jurídico alemão admite que o prejuízo se desloque do lesado para outrem que não o lesante. Assim, o trabalhador não sofre, pelo período do pagamento de salário, em caso de doença, qualquer perda. Se ele pudesse exigir, não obstante, uma perda de lucro fictícia do lesante ficaria então enriquecido. O BGB também não consegue viver completamente sem formulações gerais, pelo que contém três pequenas cláusulas gerais. O § 823 I BGB menciona, além de "certos" bens jurídicos e direitos, ainda o "outro direito". Na interpretação desta expressão é de considerar sempre a recusa do BGB da grande cláusula geral delitual. Por isso, o património não pode representar nenhum "outro direito". O § 823 II BGB estabelece uma obrigação de indemnizar por violação culposa de uma norma de protecção. Com isso, estas normas são equipadas de uma consequência jurídica adicional, contanto que não ordenem por si próprias uma obrigação de indemnizar. A amplitude tipo cláusula geral do § 823 II BGB resulta das normas de protecção não precisarem de pertencer ao Direito privado, sendo normas do StGB, do StVO e do StVZO. Uma terceira cláusula geral encontra-se no § 826 BGB: qualquer prejuízo causado com dolo e contrário ao mínimo ético-jurídico deve obrigar a indemnização, não dependendo do tipo do bem jurídico violado mas do tipo da causação do prejuízo.

Evolução Histórico-Dogmática

vez, o ressarcimento de danos puramente patrimoniais cai forçosamente numa oposição mais ou menos forte em relação à liberdade geral de agir e económica, uma vez que o BGB procura atingir esta o menos possível e, assim, subtrair o património a uma protecção geral contra danos negligentes. A matriz do BGB é mais liberal do que a do *Code*. Como afirma CANARIS, no BGB haveria um maior peso do "ter" e "manter", em relação ao "adquirir" e "modificar", protegendo mais intensamente os "interesses permanentes" em relação aos "interesses em movimento"[265].

Em conclusão, na sua origem o conceito de "norma de protecção" configurava uma síntese entre as normas proibitivas de WINDSCHEID, cuja violação configurava uma modalidade de ilicitude prevista no § 704 I EI, e a delimitação da relevância das normas proibitivas na responsabilidade delitual realizada no texto da Segunda Comissão, no sentido de que só a violação de uma norma que visa a protecção do lesado origina responsabilidade prevista no § 746 II EII. O § 823 I e II BGB traduziriam, assim, o resultado da concepção jheringiana de separação da ilicitude e da culpa e da concepção windscheidiana da ilicitude enquanto violação de direitos subjectivos e de normas de proibição.

7.2. *Evolução da doutrina alemã*

I. As normas de protecção, apesar de configurarem um solução típica do enquadramento pandectístico do instituto da responsabilidade delitual, em especial na recusa da consagração de uma cláusula geral de tipo napoleónica contrária à tipicidade delitual romana e na conceptualização da ilicitude inscrita no § 823 I e II BGB e na sua separação da culpa, evoluiu, ao longo do século XX, de acordo com as correntes metodológicas que se foram sucessivamente substituindo[266-267]. Com efeito, os civilistas ale-

---

[265] CANARIS, *Schutzgesetze*, pp. 48 e ss.

[266] Sobre a evolução da Ciência e Metodologias Jurídicas, cfr. MENEZES CORDEIRO, "Ciência do Direito e Metodologia Jurídica nos Finais do Século XX", ROA, Ano 48.º, Dezembro, (1988), pp. 697-772.

[267] Como estudos com desenvolvimento específico na área das normas de protecção salientam-se, ao longo do século XX, na doutrina alemã os seguintes: LENEL, "Zum Begriff der unerlaubten Handlung im Bürgerlichen Gesetzbuch (§ 823 des BGB), DJZ, 1897, pp. 409 e ss, DETMOLD, "Der Begriff des Schutzgesetz im § 823 des Bürgerlichen Gesetzbuches, Festgabe für Regelsberger, 1901, p. 317, LUDWIG TRAEGER, *Der Kausalbegriff im*

Straf- und Zivilrecht, Marburg, 1904, § 56, pp. 376-391, HERMANN WEITNAUER, "§ 823 II BGB und die Schuldtheorie", JZ, 1963, pp. 631-634, RUDOLF WIETHÖLTER, "§ 823 II BGB und die Schuldtheorie", JZ, (1963), pp. 205-210, ERWIN DEUTSCH, "Begrenzung der haftung aus abstrakter Gefährdung wegen fehlender adäquater Kausalität?", JZ, (1966), pp. 556-559, ROBERT KNÖPFLE, "Zur Problematik des Beurteilung einer Norm als Schutzgesetz im Sinne des § 823 Abs. 2 BGB", NJW, (1967), pp. 697-702, JÜRGEN RÖDIG, Erfüllung des Tatbestandes des § 823 Abs. 1 BGB durch Schutzgesetzverstoß, Zugleich ein Beitrag zum Deliktschutz verkörperter relativer Rechte, Ernst und Werner Gieseking, Bielefeld, 1973, ERWIN DEUTSCH, "Haftungsrecht und Strafrecht", Festschrift für E. Wahl, Carl Winter, Heidelberg, 1973, THOMAS CARSTENS, "Schutzgesetz und objektive Strafbarkeitsbedingung", MDR, 28 Jahrgang, 12/1974, pp. 983-985, PETER GILLES/MICHAEL BAUMGART, "Schadenersatzpflicht des Gmbh-Geschäftsführers nach § 823 Abs. II BGB i. V. mit § 64 I GmbHG (Schutzbereichproblematik) – OLG Celle, OLGZ 1971, 367", Jus, (1974), Heft 4, pp. 226-229, ERNST A. KRAMER, "Schutzgesetze und adäquate Kausalität", JZ, 1976, pp. 338-346, MERTENS, "Deliktsrecht und Sonderprivatrecht – Zur rechtsforbildung des deliktischen Schutzes von Vermögensinteressen", AcP, 178, (1978), pp. 227-262, WALTER BISTRITZKI, Voraussetzungen für die qualifikation einer Norm als schutzgesetz im Sinne des § 823 Abs. 2 BGB, Dissertation München, 1981, JOACHIM FREIHERR VON KALKENHAUSEN, Vorverlegung der haftung bei Verletzung von Unfallverhüftungsvorschriften und Schutzgesetzen, VVW karlsruhe, 1981, pp. 52 e ss, FRANK PETERS, "Zur Gesetzestechnik des § 823 II BGB", JZ, (1983), pp. 913-926, THOMAS HONSELL, "Der Verstoß gegen Schutzgesetz im Sinne des § 823 Abs. 2 BGB", JA, 15 Jahrgang, März (1983), Heft 3, pp. 102-109, DIETHELM KLIPPEL, "Deliktsrechtliche Probleme des Datenschutzes", BB, Heft 7, (1983), (1), pp. 407-414, HANS SCHLOSSER, "Deliktischer schadenersatzanspruch aus § 823 II BGB und eigenständiges Interessenschutz des verkehropfers – BGH, NJW 1980, 1792", JuS, (1982), Heft 9, pp. 657-660, CLAUS-WILHELM CANARIS, "Schutzgesetze-Verkehrspflichten-Schutzpflichten", Festschrift für Karl Larenz, 1983, ROLF LANG, Normzweck und Duty of Care, Eine Untersuchung über die Grenzen der Zurechnung im deutschen und anglo-amerikanischen Deliktsrecht, Beck, München, 1983, pp. 43-49, WOLFHARD KOHTE, "Normzweck und Interessenabwägung bei des Auslegung des § 823 II BGB –BGH, NJW 1987, 1818", Jura, (1988), Heft 3, pp. 125-132, HEINRICH DÖRNER, "Zur Problematik der Schutzgesetzverletzung – BGH, NJW 1982, 1037 NJW 1985, 134", JuS, 1987, Heft 7, pp. 522-528, KARSTEN SCHMIDT, "Deliktsschutz durch Verwaltungshandeln Praxis und dogmatik der "Schutzverwaltungsakte" im Rahmen von § 823 Abs. 2 BGB", Festschrift für Albrecht Zeuner, Mohr Siebeck, Tübingen, 1994, pp. 259-277, JOCHEN TAUPITZ, "Berufordnende Kammersatzungen als Schutzgesetze i. S. § 823 Abs. II BGB", Festschrift für Erich Steffen, Walter de Gruyter, Berlin, New York, 1995, ANDREAS SPICKHOFF, Gesetzesverstoß und Haftung, Carl Heymmans, 1998, e DAGMAR COESTER-WALTJEN, "Die Haftung nach § 823 Abs. 2 BGB", Jura, (2002), Heft 2, pp. 102-105. De salientar ainda os seguintes comentários ao BGB, HEINRICH ROSENTHAL, Bürgerliches Gesetzbuch, 15. A, Carl Heymmans, Köln, Berlin, Bonn, München, 1965, pp. 878-881, WERNER ROTHER/JOACHIM

QUITTNAT, *Grundsatz-Kommentar zum Bürgerlichen Gesetzbuch, Besonderes Schuldrecht*, C. F. Müller, Heidelberg, 1982, p. 432, REINER SCHULZE/HEINRICH DÖRNER/INA EBERT/JÖRN ECKERT/THOMAS HOEREN/RAINER KEMPER/REINER SCHULZE/ANSGAR STAUDINGER, *Bürgerliches Gesetzbuch, Handkommentar*, 4. A., Nomos, Baden-Baden, 2005, § 823, pp. 1025-1027, MERTENS, *Münchener Kommentar zum Bürgerlichen Buch*, band 5, (§§705-853), (Redakteur Peter Ulmer), 3. A., C. H. Beck, München, 1997, § 823, pp. 1492--1511, WAGNER, *Münchener Kommentar zum Bürgerlichen Buch*, band 5, (§§705-853), (Redakteur Peter Ulmer), 4. A., Beck, München, 2004, § 823, pp. 1656-1678, JAUERNIG, BGB *Bürgerliches Gesetzbuch Kommentar*, 12. A., C.H. Beck, München, 2007, § 823, pp. 1118-1122, PALANDT, *Bürgerliches Gesetzbuch*, 66. A., Beck, München, 2007, § 823, pp. 1219-1220, J. VON STAUDINGERS, *Kommentar zum Bürgerlichen Gesetzbuch mit Einführungsgesetz und Nebengesetzen*, Buch 2. Recht der Schuldverhältnisse, §§ 823-825, 13. Bearb./von Johannes Hager, Sellier-de Gruyter, Berlim, 1999, § 823, pp. 648-685, ZEUNER/SOERGEL, *Bürgerlichen Gesetzbuch mit Einführungsgesetz und Nebengesetzen*, Band 5/2, Schuldrecht IV/2, (§§ 823-853), Kohlhammer, Stuttgart, Berlin, Köln, 1998, §§ 285--316, SPICKHOFF/SOERGEL, *Bürgerliches Gesetzbuch, Schuldrecht mit Einführungsgesetz und Nebengesetzen*, 13. Auflage, Kohlhammer, 2005, § 823, pp. 110-136; SPINDLER, BAMBERGER/ROTH, *BGB Bürgerliches Gesetzbuch*, Band 2, C. H. Beck, München, 2003, pp. 1019-1033, SCHIEMANN/ERMAN, *Bürgerliches Gesetzbuch*, 11. neuarbeitete A., Otto Schmidt, Köln, 2004, § 823, pp. 3083-3088. De referir ainda os seguintes manuais de Direito das Obrigações, JUSTUS WILHELM HEDEMANN, *Schuldrecht des Bürgerlichen Gesetzbuches*, Walter de Gruyter Berlin, 1949, pp. 358-363, ERNST WOLFF, *Lehrbuch des Schuldrechts, Zweiter Band: Besonderer Teil*, Carl Heymanns, Köln, Berlin, Bonn, München, 1978, pp. 568-575, HERMANN DILCHER, *Schuldrecht, Besonderer Teil*, 2. A. Gruyter, Berlin, New York, 1982, pp. 507-508, GERT BRÜGGEMEIER, *Deliktsrecht, Ein Hand- und Lehrbuch*, Nomos, Baden-Baden, 1986, pp. 465-484, MICHAEL KITTNER, *Schuldrecht Rechtliche Grundlagen-Wirtschaftliche Zusammenhänge*, 3. A. Verlag Vahlen, München, 2003, pp. 427-429, PETRA BUCK-HEEB, *Besonderes Schuldrecht/2, Gesetzliche Schulverhältnisse*, C. F. Müller, Heidelberg, 2004, § 10, pp. 102-107, JÖRN ECKERT, *Schuldrecht, Besonderer* Teil, 2. Auflage, Nomos, 2005, pp. 428-430, KARL-HEINZ GURSKY, *Schuldrecht, Besonderer Teil*, 5., neu bearbeitete Auflage, C. F. Müller, Heidelberg, 2005, p. 217-219, HANS THOMA, *Bürgerliches Recht*, Stuttgart, Berlin, Köln, Kolhammer, 1979, pp. 243-244, KLAUS MÜLLER, *Schuldrecht, Besonderer Teil*, Müller, Heidelberg, § 4, pp. 438-440, HANS BROX/WOLF DIETRICH WALKER, *Besonderer Schuldrecht*, 29. aktualisierte und überarbeitete Auflage, C.H. Beck, München, 2004, § 41, pp. 482-485, KARL LARENZ/CLAUS-WILHELM CANARIS, *Lehrbuch des Schuldrechts*, Zweiter Band, Besonderer Teil, 2. Halband, Schuldrecht, 13. A., Beck, München, 1994, pp. 430-437, KURT SCHELLHAMMER, *Schuldrecht nach Anspruchsgrundlagen samt BGB Allgemeiner Teil*, 6. neu bearbeitete A. C. F. Müller, Heidelberg, 2005, pp. 491-493,ROLF SCHMIDT, *Schuldrecht Besonderer Teil, Gesetzliche Schuldverhältnisse*, 4. A., Verlag dr. Rolf Schmidt, 2006, pp. 253-259, WOLFGANG FIKENTSCHER/ANDREAS HEINEMANN, *Schuldrecht*, 10. A., Walter de

100 *Normas de Protecção e Danos Puramente Patrimoniais*

mães foram sendo inspirados no decurso deste século por metodologias jurídicas e quadros gerais compreensivos do direito muito diversificados[268]. Numa primeira fase, são essencialmente orientados por uma análise histórica (SAVIGNY) e, mais tarde, por uma análise conceptual (*Begriffsjurisprudenz*). Segue-se a descoberta e valorização da categoria do interesse e do escopo tutelado pela norma, como instrumentos heurísticos da reflexão jurídica: a jurisprudência dos interesses (*Interessenjuriprudenz*)[269] e a jurisprudência dos valores (*Wertungsjurispru-*

Gruyter, Berlin, New York, 2006, § 108, pp. 792-796, HELMUT KÖHLER/STEPHAN LORENZ, *Schuldrecht II, Besonderer Teil*, 18. Auflage, C. H. Beck, München, 2007, pp. 389-390, e DIRK LOOSCHELDERS, *Schuldrecht Besonderer Teil*, Carl Heymanns, Köln, Berlin, München, 2007, § 63, pp. 520-523. De referir ainda os importantes manuais especializados de responsabilidade delitual, ERWIN DEUTSCH/HANS JÜRGEN AHRENS, *Deliktsrech, Unerlaubte Handlungen, Schadenersatz, Schmerzengeld*, 4. A., Carl Heymmans, 2002, § 15, pp. 105- -114, BERTHOLD KUPISCH/WOLFGANG KRÜGER, *Deliktsrecht*, Beck, München, 1983, pp. 64- -70, KLAUS BUDEWIG/MARKUS GEHRLEIN, *Das Haftpflichtrecht nach der Reform*, C. H. Beck, 2003, pp. 23-26, HEIN KÖTZ/GERHARD WAGNER, *Deliktsrecht*, 10. neu bearbeitete A., Luchterhand, 2006, pp. 92-99, SCHWARZ/WANDT, *Gesetzliche Schuldverhältnisse, Deliktsrecht, Schadensrecht, Bereicherungsrecht, Goa*, 2. A., Vahlen, München, 2006, § 17, pp. 416-426.

[268] Para uma síntese, EBERHARD WAGNER, "100 Jahre Bürgerliches Gesetzbuch – Ein Überblick zu Entstehung, Grundlagen und Entwicklung des BGB", Jura, (1999), 505-115.

[269] A jurisprudência dos interesses vem opor-se à perspectiva sistemática da jurisprudência dos conceitos, fazendo apelo a factores prático-sociais, como os interesses. PHILIPP HECK declara-se inspirado na última fase da obra de JHERING. (PHILIPP HECK, *Interpretação da Lei e Jurisprudência dos Interesses*, (trad. José Osório), Arménio Amado, Coimbra, 1947, p. 10. "*Este estudo levará à conclusão de que a forma de interpretação das leis que melhor satisfaz os interesses práticos é constituída pela investigação histórica dos interesses. É uma interpretação histórica – adopta os métodos de investigação histórica – mas não exclusivamente subjectiva: deve procurar sim os pensamentos exteriorizados ou revelados por meio do acto legislativo, mas a sua acção retrospectiva deve ir mais longe, até aos interesses determinantes da lei, aos interesses causais. Além disso não exclui a criação judicial do direito, antes supõe o seu contínuo desenvolvimento jurisprudencial. Se toda essa actividade de determinação do direito se quiser chamar interpretação, esta será histórico-teleológica*"."*Só a investigação dos interesses tornou possível combater os argumentos da vontade e da forma que se opunham à interpretação histórica e permitiu conseguir os restantes resultados para o valor para a vida. O estudo deve mostrar também que no movimento da reforma se pretende apenas um novo método jurídico e não tranportar para o domínio da ciência do direito qualquer posição filosófica especial*". (p. 320). Entre outros autores que se inserem neste movimento metodológico, RÜMELIN, STOLL e MÜLLER-ERZBACH. Cfr. HEINRICH STOLL, "Begriff und Konstruktion in der Lehre der Interessenjurisprudenz", Festgabe für Philipp Heck, Mar Rümelin, Arthur Benno Schmidt, T.C.B.

denz)[270]. Assiste-se, posteriormente, a uma diminuição da importância da dogmática, a favor do papel da jurisprudência. À doutrina é atribuída a instância de controlo e de acompanhamento da *case law*. Por seu lado, os estudos comparativos permitiram responder à necessidade de recuperar uma consciência universal do direito e de mitigar a excessiva conceptualização da escola pandectística e neopandectística[271]. Para os juristas continentais a importância das investigações de direito comparado surge, essencialmente nos primeiros decénios do século XIX, relacionada com o movimento codificador e com a nacionalização dos sistemas de fontes de direito, interrompendo uma ciência jurídica de direito romano comum milenar[272-273]. Acresce ser comummente assinalado pelos cientistas do direito comparado que, subjacente a uma dispersão de conceitos jurídicos

---

Mohr (Paul Siebert), Tübingen, 1931, pp. 60-117, e HELMUT COING, "Systhem, Geschichte und Interesse in der Privatrechtswissenschaft", JZ, (1951), pp. 481-485. Esta nova corrente despontou no princípio do século XX e conheceu grande apogeu até à segunda grande guerra. Em Portugal a sua influência só vem a ocorrer mais tardiamente (cfr. MÁRIO JÚLIO DE ALMEIDA COSTA, *História do Direito Português*, p. 401).

[270] MICHEL FROMONT/ALFRED RIEG, *Introduction au droit allemand*, I, Cujas, Paris, 1977, pp. 206-207.

[271] Como marcos da importância dos estudos comparatistas na Alemanha, de mencionar as obras de RABEL, *Aufgabe und Notwendigkeit der Rechtsvergleichung*, de 1925, e de HECK, *Begriffsbildung und Interessenjurisprudenz*, de 1932. ZITELMANN, em 1908, apelava à importância da comparação jurídica como instrumento para aumentar "*unseren Vorrat uns Lösungen*". ZWEIGERT, em 1949, teorizou a comparação jurídica como método de interpretação universal ("*als universale Interpretationsmethode*") e instrumento para colmatar lacunas no direito interno. ESSER, em *Grundsatz und Norm*, 1956, admite a aplicação directa dos princípios jurídicos trazidos à luz pela análise comparativa. Sobre a importação de soluções doutrinárias de sistemas jurídicos diferentes, FILIPPO RANIERI, "Cenni sull'esperienza della civilística tedesca di questo secolo", *L'apporto della comparazione alla scienza giuridica*, Milano, Giuffrè, 1980, pp. 46-47, e PUIG BRUTAU, *Estudios de Derecho Comparado, La doctrina de los actos próprios*, Arial, Barcelona, 1951, pp. 103 e ss.

[272] FILIPPO RANIERI, *Cenni sull'esperienza*, pp. 34-35.

[273] Estudos comparativos estão também, mais recentemente, na base da crescente "europeização" do direito civil e da eventual "ressurreição" de um direito comum europeu – através da hipotética criação de um Código Civil Europeu – para o qual é fundamental que o nível científico preceda a decisão política das instituições europeias. Cfr. GENEVIÈVE VINEY, "Un Code Civil pour l'Europe. Les perspectives dans le domaine de la responsabilitè delictuelle", *Um Código Civil para a Europa*, BFDUC, *SI 64*, Coimbra Editora, 2002, pp. 211-225, e HERIBERT HIRTE, *Wege zu einem europaäischen Zivilrecht*, Boorberg, Stuttgart, München, Hannover, Berlin, Weimar, Dresden, 1996, pp. 11 e ss.

102 *Normas de Protecção e Danos Puramente Patrimoniais*

vinculados à legislação de cada sistema jurídico, existe uma unidade fundamental, apesar da falta de coincidência absoluta entre os conceitos utilizados, por vezes expressos com palavras correspondentes[274-275].

II. A técnica de uma remissão global para as normas de protecção provocou, nos tempos iniciais do BGB, estranheza. OTTO LENEL afirmou sobre a norma do § 823 II BGB *"não pertencer seguramente àquelas cuja compreensão resulta, sem mais nada, para um leitor não preparado"*[276]. Outros sublinharam as dificuldades que a aplicação causava, designadamente DETMOLD[277]. FRANZ VON LISZT escrevia: *"O sentido desta norma é completamente obscuro."*[278].

Ao longo do século XX, a doutrina alemã tem estudado as normas de protecção procurando sobretudo descortinar os seguintes aspectos: *i)* critérios de delimitação das normas de protecção; *ii)* critérios de delimitação

---

[274] Neste ponto é essencial combinar uma *functional approach* (ZWEIGERT) e uma *factual approach* (RUDOLF SCHLESINGER), que considera comparáveis os institutos que, em ordens jurídicas diferentes, dão resposta a necessidades semelhantes, resolvendo o mesmo problema, ou um feixe de casos reais com um enquadramento jurídico que marca os limites da comparação, na medida em que estabelece que comparáveis serão apenas os institutos que, na perspectiva de cada ordem jurídica, intervenham na resolução de questões jurídicas semelhantes, através de instrumentos jurídicos de natureza semelhante. Para mais desenvolvimentos, cfr. CARLOS FERREIRA DE ALMEIDA, *Introdução ao Direito Comparado*, 2.ª ed, Almedina, Coimbra, 1998, pp. 23-24, *Direito Comparado – Ensino e Método*, pp. 150-151 e RODOLFO SACCO, *Introduzione al Diritto comparatto*, Utet, Torino, 1995, p. 57 *"Ma questa constatazione ha appunto un'importanza nella comparazione, perché dimonstra que che certe questioni si considerando di "diritto" in certo ordinamento, e di "fatto" in altri."*. GYULA EÖRSI, *Comparative Civil (Private) Law, Law Types, Law groups, the roads of legal development*, Akadémiai Kiadó, Budapest, 1979, pp. 363 e ss, defendendo a existência de um processo de convergência no direito dos diferentes países.

[275] PUIG BRUTAU, *Estudios*, pp. 18-19.

[276] OTTO LENEL, "Zum Begriff der unerlaubten Handlung im Bürgerlichen Gesetzbuche (§823 des BGB.).", DJZ, 21, II Jahrgang, 1897, p. 409. *"Diese Bestimmungen gehören sicherlich nicht zu denen, deren Verständnis sich dem unvorbereiteten onhe weiteres erschliefst"*.

[277] DETMOLD, "Der Begriff des Schutzgesetzes", Festgabe der Göttiger Juriste-Fakultät für Ferdinand Regelsberger zum siebzigsten Gebutstage am 10. September 1901, Leipzig, Duncker & Humblot, 1901, pp. 319-351.

[278] FRANZ VON LISZT, *Deliktsobligationen*, p. 30: *"Der Sinn dieser Vorschrift ist zunächst völlig dunkel"*. Cfr. ainda FRIEDRICH ENDEMANN, *Einfuhrung in das Studium des Bürgerliches Gesetzbuches*, 5. A., 1899, p. 910: *"dunkle Worte des § 823 Abs. 2"*.

do âmbito de protecção nas normas de protecção; *iii)* critérios para delimitar o direito à indemnização por violação de normas de protecção; e *iv)* critérios para delimitar os titulares do direito à indemnização por violação das normas de protecção. Para além destas questões, outras de carácter mais geral têm sido abordadas neste contexto, a saber: *i)* o sistema de fontes de direito no reenvio das normas de protecção; *ii)* a interpretação jurídica que permite aferir o escopo de protecção das normas de protecção; *iii)* a compatibilização das normas de protecção com o sistema delitual; *iv)* a articulação das normas de proteção com os novos desenvolvimentos da responsabilidade delitual; e *v)* os pressupostos da responsabilidade delitual por violação de normas de protecção.

A doutrina alemã procura vectores de delimitação das normas de protecção, defendendo quase unanimemente uma concepção ampla de norma de protecção assente num conceito material de lei, à excepção de SCHMIEDEL e KARSTEN SCHMIDT, cujos estudos se desenvolveram essencialmente no domínio das normas que regulam a concorrência. Em matéria dos pressupostos da responsabilidade delitual constrói-se ao longo do século XX uma dogmática própria, que tende a fazer uma leitura dos pressupostos da responsabilidade delitual no contexto específico e diferenciado das situações básicas delituais, aproximando, neste domínio, normas de protecção e deveres do tráfego, e que desenvolve pontes entre a elaboração central do sistema delitual e outros campos periféricos, potenciando um dinamismo a este *Tatbestand* delitual em áreas dispersas, como a integração económica, o Direito da concorrência, o Direito do consumo, e o Direito do ambiente, entre outras.

7.2.1. *As teses de* LENEL *(1897)*

I. Para LENEL as disposições do BGB relativas aos actos ilícitos não se integram naquele núcleo de preceitos cujo sentido é facilmente apreendido por um leitor desconhecedor desta matéria. Em especial, o conceito, ao tempo, de "norma destinada à protecção de outrem" carecia de uma explicação detalhada. O primeiro projecto do BGB continha, em lugar do actual § 823 II BGB, o § 704 I. Apesar de totalmente clara para os juristas, a redacção desta disposição também não era facilmente apreendida. Nos termos do § 704 I EI, respondia por todos os danos quem dolosa ou negligentemente os causasse mediante a violação de uma norma. Assim, o agente não respondia apenas pelos danos cuja prevenção constituía a finalidade da norma, mas por quaisquer danos a outrem em virtude dessa violação – pressupondo-se apenas que a ocorrência dos danos fosse de algum modo previsível. Por exemplo, tal como é mencionado nos considerandos do projecto a companhia de seguros com a qual determinada pessoa tinha celebrado um contrato de seguro de vida poderia deduzir uma pretensão contra o causador da morte deste com fundamento na cessação prematura do pagamento do montante do seguro. Apesar destas explicações, mantinha-se por esclarecer a dimensão das consequências daquela disposição[279]. Por sua vez, o § 704 II EI abrangia a violação de direitos subjectivos e dos bens jurídicos equivalentes a estes direitos, fundamentando apenas a pretensão indemnizatória do titular destes direitos e bens jurídicos. Naturalmente que também serão abrangidos pelo § 704 I EI os actos ilícitos que implicam violação de direitos subjectivos pela violação de normas de protecção. A inserção do parágrafo I tem em vista a existência de condições especiais inerentes ao regime de responsabilidade decorrente do parágrafo II, regime que, designadamente, se deveria basear na previsibilidade ou previsão dos danos[280].

A redacção no parágrafo I do § 704 não obteve acolhimento na segunda revisão do diploma. Na verdade, a consagração do *"direito ao ressarcimento de qualquer lesado, independentemente da norma estar ou não configurada para a protecção dos interesses lesados"* considerou-se demasiado abrangente, entendendo-se mais adequada a atribuição de uma indemnização com vista ao ressarcimento de danos nos casos em que se verificasse a violação de uma norma que visava, em particular, salvaguardar o interesse lesado, atribuindo-se apenas esta indemnização aos titulares desses interesses. A limitação da responsabilidade encontra-se na expressão "norma destinada à protecção de outrem". Nas Actas da Segunda Revisão existe vário material que procura esclarecer esta expressão. O projecto partiu do princípio de que as disposições sobre actos ilícitos se incluem no âmbito das disposições que delimitam a esfera jurídica de cada um. Integram-se na esfera jurídica individual as liberdades e a prossecução dos interesses, *i.e.* a esfera jurídica do indivíduo abrange os seus direitos patrimoniais (tanto os reais como os obrigacionais), os designados direitos de personalidade (vida, integridade física, saúde, liberdade,

---

[279] LENEL, "Zum Begriff der unerlaubten Handlung im Bürgerlichen Gesetzbuch (§ 823 des BGB)", DJZ, 1897, p. 409.

[280] LENEL, *Zum Begriff der unerlaubten Handlung*, p. 409.

Evolução Histórico-Dogmática

honra) e os seus interesses, os quais se encontram salvaguardados pela proibição de "agressão" ao indivíduo[281].

Para LENEL os tipos de normas diferenciam-se ainda entre si pela forma como se apresentam, na medida em que a lei impõe a cada um a observância de determinados deveres no interesse de outrem, proibindo ou impondo determinadas condutas. Neste sentido, poder-se-á apenas considerar as imposições e proibições destinadas a salvaguardar os interesses de cada um perante ofensas perpetradas por outrem e não, ao invés, as disposições de imposição ou de proibição que imponham deveres no interesse da generalidade das pessoas, disposições que, porque impostas no interesse de todos, poderão igualmente vir a beneficiar pessoas individuais[282]. Os deveres impostos a outrem acabam por ser formulados no contexto da aplicação de uma sanção penal com vista à prevenção de "agressões". Estas sanções servem de apoio aos lesados na salvaguarda da sua esfera jurídica, salvaguarda em que se inclui a pretensão indemnizatória destinada a compensar os prejuízos resultantes da agressão em causa[283]. Deve ter-se em conta que a diferenciação entre estes dois tipos de normas não está totalmente esclarecida. Em rigor, resume-se ao facto de, por um lado, se estar perante uma ingerência na esfera jurídica de uma determinada categoria de pessoas e, por outro, de uma a ingerência na esfera jurídica de um número indefinido de pessoas em relação às quais não se verifica uma concreta lesão, mas uma ameaça. LENEL considera que o fundamento distintivo assenta numa preocupação com a ampliação do regime de responsabilidade baseado na mera negligência, pois incluem-se nas normas de protecção normas administrativas que proíbem ou censuram determinadas acções ou omissões, não apenas por estas poderem dar origem à lesão de certos interesses, mas porque estes interesses podem ser postos em perigo. Quem viola uma destas normas administrativas responde pelos danos, quer actue dolosa quer negligentemente, numa situação em que o perigo concretizado pela conduta proibida conduziu a uma efectiva agressão àqueles interesses. As violações destas normas são apreciadas sob o prisma dos efeitos civis, o que deveria conduzir a uma profunda reflexão, na medida em que as normas policiais não protegem só os interesses individuais mas também o interesse geral. Por conseguinte, tornar-se-á possí-

---

[281] LENEL, *Zum Begriff der unerlaubten Handlung*, p. 410.

[282] LENEL, *Zum Begriff der unerlaubten Handlung*, p. 410.

[283] LENEL, *Zum Begriff der unerlaubten Handlung*, p. 410.

vel o surgimento de inúmeras pretensões de indemnização por parte das mais variadas pessoas. Basta, por exemplo, recorrer ao caso exposto pela Comissão no qual se questiona se um fabricante, violando o disposto no § 360, n.º 6, StGB (versão antiga), produziu cartões de visita e de feliz ano novo semelhantes a papel-moeda deverá responder pelos danos causados àqueles que foram enganados por terceiros com estes cartões. Este exemplo vem igualmente demonstrar que as limitações à responsabilidade previstas no § 704, I EI não eram suficientes para excluir a iniquidade. Com efeito, nestes casos, os danos causados são quase sempre previsíveis. Partindo desta perspectiva, a Comissão chegou à conclusão de que se deveria optar pela exclusão das normas que não visassem a protecção do interesse individual, mas o interesse da generalidade do público, do núcleo de normas cuja violação poderia por si só fundamentar uma pretensão de indemnização. Na segunda revisão, o § 704 I EI passou a § 746, com uma redacção muito mais cuidadosa e restritiva[284]. Do exposto, não restam dúvidas sobre o que a Comissão entendia por *"norma destinada à protecção de outrem"*. Trata-se de uma norma, cuja violação dá origem a ameaças ou lesão de interesses de determinados indivíduos e que é estatuída com vista à protecção destes interesses. Fora deste conceito encontram-se as normas cuja violação dá origem à ameaça ou lesão do interesse da generalidade do público, ou seja, de um número incerto de pessoas e que são elaboradas com vista à protecção destes interesses comunitários ou de conjunto[285]. É, porém, compreensível que uma norma destinada à protecção da generalidade do público também salvaguarde os interesses de cada indivíduo e que, deste modo, se possa aplicar o regime de ressarcimento de danos.

Os representantes dos governos federados defenderam exactamente o contrário do sufragado pela comissão do *Reichstag*, tendo a Comissão da segunda revisão, através do uso da expressão "norma cujo escopo normativo vise a protecção de outrem", clarificado esta questão e, deste modo, serenado a Comissão do *Reichstag*[286]. Segundo LENEL é determinante a utilização do singular na expressão "de outrem". É certo que esta expressão algo estranha pode conduzir a uma má interpretação da disposição, na medida em que as normas jurídicas deverão ser sempre estatuídas em função da protecção de uma categoria de pessoas e não apenas em função de

---

[284] LENEL, *Zum Begriff der unerlaubten Handlung*, p. 411.

[285] LENEL, *Zum Begriff der unerlaubten Handlung*, p. 411.

[286] LENEL, *Zum Begriff der unerlaubten Handlung*, p. 411.

Evolução Histórico-Dogmática 107

uma única pessoa. No entanto, também é certo que as normas cujo escopo normativo vise a salvaguarda da generalidade do público se deverão revestir de eficácia externa para a inserção na categoria de "norma destinada à protecção de outrem"[287]. Assim, o proprietário de uma casa pode alegar que o serralheiro que, sem a sua autorização, fabricou uma cópia da chave da porta de entrada violou uma determinada norma com vista à sua protecção. Dificilmente, porém, se poderá utilizar a mesma argumentação a favor do indivíduo enganado com uma nota de banco semelhante a um cartão com votos de feliz ano novo[288]. A posição correcta a adoptar, segundo LENEL, em situações como a que o proprietário de uma casa não observa a norma policial que obriga à limpeza do gelo impõe a sua responsabilidade civil pelos fractura na perna causada pelo deslize no gelo com base no § 823 I BGB e não com base no § 823 II BGB, porque, se as normas violadas se integram no conjunto de normas estatuídas em função do interesse público, é pelo menos indiscutível que foi negligente e ilicitamente lesada a integridade física de outrem[289].

Para LENEL determinar se a norma violada se encontra vocacionada para a protecção do interesse público ou para a "protecção de outrem" assume um significado particular nos casos em que a violação está na origem de um dano puramente patrimonial, sem que tal situação consubstancie uma lesão de um direito subjectivo ou de um dos bens jurídicos mencionados no § 823 I BGB – o exemplo do engano com os cartões de boas festas pode ser ilustrativo desta situação. Nos termos do § 823 II BGB, apenas se considera preenchido o tipo normativo quando se constatar uma violação culposa de uma norma de imposição ou de proibição. Se se preencher este pressuposto, o agente será responsável por todos os efeitos nocivos que tenham um nexo de causalidade adequada com a violação da norma, mesmo que o agente não tivesse previsto ou podido prever os referidos danos. Por outro lado, o § 823 II BGB não faz depender o dever de indemnizar do facto de ao agente poder ser imputada culpa na produção dos danos, contrariamente ao estabelecido no § 823 I BGB em que constitui pressuposto do dever de indemnizar a lesão dolosa ou negligente da vida, da integridade física ou de outros bens jurídicos absolutos e em que a obrigação de indemnizar apenas pode subsistir quando essa violação

---

[287] LENEL, *Zum Begriff der unerlaubten Handlung*, p. 411-412.
[288] LENEL, *Zum Begriff der unerlaubten Handlung*, p. 412.
[289] LENEL, *Zum Begriff der unerlaubten Handlung*, p. 412.

108   *Normas de Protecção e Danos Puramente Patrimoniais*

possa ser imputada com culpa ao agente, ou seja, se quando da prática do acto ilícito ou da adopção do cuidado exigível, o agente teve consciência a lesão daquele bem jurídico ou daquele direito subjectivo seria consequência da sua acção[290].

Fica, assim, assente que quem culposamente viola uma norma policial estatuída em função do interesse público, sem que lhe seja imputável uma violação culposa da integridade física ou da propriedade, não responde civilmente pelos danos com base no § 823 I BGB, nem no § 823 II BGB. Com efeito, os perigos em função dos quais são estatuídas as normas administrativas são considerados de modo tão evidente que quem culposamente viola a norma tem consciência, ou deve ter consciência, do risco que daí pode advir. É de sublinhar que para LENEL o critério da culpa mencionado na disposição é um critério de culpa aferido de acordo com os parâmetros do Direito civil. Mesmo que o Direito policial quisesse definir um conceito de culpa diferente do Direito Civil, tal situação acabaria por se tornar irrelevante no que concerne à temática da responsabilidade civil. Aquele que contrata alguém para proceder à limpeza do gelo, que lhe competia, confiando que este cumprirá a sua obrigação, pode não ser excluído da indemnização se o contratado incumprir o dever. Segundo LENEL, nos casos em que há violação de bens jurídicos não protegidos pelo § 823 I BGB, se houver violação de uma norma que protege o interesse geral, os lesados dispõem da possibilidade de serem indemnizados, não com fundamento no § 823 II BGB, mas com fundamento no § 826 BGB[291].

7.2.2. *As teses de* VON LISZT *(1898)*

I. VON LISZT é muito crítico em relação ao conceito de "Schutzgesetz"[292], na medida em que normas que atribuem direitos subjectivos e que são relevantes para o § 823 I BGB também pertenceriam ao conceito que se encontra no § 823 II BGB "*den Schutz eines andern bezweckenden Gesetzen*". VON LISZT chama atenção que a diferença do § 823 II em relação ao § 823 I BGB existiu até ao momento em que não se reconduziram os direitos de personalidade a direitos subjectivos, pelo que, não obstante

---

[290] LENEL, *Zum Begriff der unerlaubten Handlung*, p. 412.

[291] LENEL, *Zum Begriff der unerlaubten Handlung*, p. 412.

[292] FRANZ VON LISZT, *Deliktsobligationen*, p. 31: "*Der Grundfehler des ganzen Anstazes liegt aber in dem durchaus unklaren Begriff des "Schutzgesetzes*"".

Evolução Histórico-Dogmática 109

a indefinição, preconiza, na linha de Linckelmann, que o § 823 I BGB sirva a protecção de direitos subjectivos e o § 823 II BGB a protecção de interesses[293].

Deste modo, retringe o conceito de *Schutzgesetz* aos regulamentos policiais, que não autonomizariam novos bens jurídicos de protecção delitual[294], dando como exemplo a imposição de iluminação das casas que só pode ser utilizada no campo da protecção jurídica dos bens jurídicos igualmente protegidos pelo § 823 I BGB[295]. Em relação à culpa, von Liszt considera que é exigida também para a responsabilidade delitual a modalidade de culpa estabelecida para os delitos administrativos[296].

7.2.3. As teses de Detmold (1901) e Ludwig Traeger (1904)

I. O conteúdo da expressão *"lei cujo escopo normativo visa a protecção de outrem"* (§ 823 II BGB) é objecto de debate num duplo sentido: *i)* se apenas considera norma de protecção a disposição legal que alude a determinadas omissões ou condutas, impondo-as ou proibindo-as, sem tomar em conta eventuais lesões que possam ocorrer em relação a bens jurídicos, destinando-se, em particular, a prevenir o perigo, como por exemplo, a proibição de disparar armas em determinados locais ou a proibição de armazenar materiais explosivos em locais não autorizados ou *ii)* se abrange também as normas através das quais se protegem bens jurídicos absolutos e, como tal, também aquelas normas que contêm um comando geral de proibição, como é o caso das disposições penais relativas ao homicídio, a ofensas à integridade física, a ofensas à honra e a fraude, entre outras[297].

Von Liszt e Kuhlenbeck inclinam-se para o primeiro sentido, incluindo no conceito de normas de protecção as disposições legais de natureza policial. Esta concepção, é, porém, de difícil defesa, na medida em que se baseia numa interpretação incorrecta, segundo Traeger, do § 823 I BGB[298]. Von Liszt integra no conceito de *sonstige Recht* qualquer

---

[293] Franz von Liszt, *Deliktsobligationen*, p. 31, (n. 1).

[294] Franz von Liszt, *Deliktsobligationen*, p. 33.

[295] Franz von Liszt, *Deliktsobligationen*, p. 34.

[296] Franz von Liszt, *Deliktsobligationen*, p. 36.

[297] Traeger, *Der Kausalbegriff im Straf- und Zivilrecht*, Marburg, 1904, p. 376.

[298] Von Liszt, *Die Deliktobligationem*, p. 32, e Traeger, *Der Kausalbegriff im Straf- und Zivilrecht*, Marburg, 1904, p. 376.

bem jurídico no âmbito do Direito Público e qualquer interesse juridicamente protegido. O Autor recusa o carácter protector das disposições penais, considerando protegidos, através do § 823 I BGB, todos os bens jurídicos referidos nestas normas, reportando-se o § 823 II BGB apenas às normas policiais que contêm uma especial advertência destinada a evitar a concretização de determinados perigos. Assim, segundo VON LISZT, o § 823 II BGB nada acrescenta ao § 823 I BGB, pelo que se deverá analisar o seu alcance numa perspectiva subjectiva, designadamente, tendo em conta o elemento da culpa ser de aferir em relação ao resultado ou em relação à violação da norma[299].

No conceito de norma de protecção integram-se, segundo TRAEGER, todas as disposições de imposição ou de proibição adoptadas com vista à protecção dos interesses de outrem, desde que configurem o tipo de ilícito, como sucede, por exemplo, com as normas penais relativas ao homicídio, a ofensas à integridade física, à fraude, à violação de domicílio e à violação da confidencialidade da correspondência, ou as normas de imposição e de proibição que integram os delitos de natureza essencialmente preventiva e as disposições de Direito privado que possam ser caracterizadas como normas de protecção.

A segunda questão, largamente debatida, diz respeito à interpretação "de outrem" e gira em torno de saber *i)* se abrange apenas as normas ou regulamentos que salvaguardam os interesses de um determinado indivíduo ou de determinados grupos de indivíduos ou *ii)* se inclui também as disposições elaboradas no interesse da generalidade, protegendo o interesse do público em geral, isto é, o interesse de um grande número de pessoas. Uma parte da doutrina defendeu a primeira tese (DERNBURG, LINCKELMANN, LENEL, HACHENBURG, DETMOLD), ainda que TRAEGER discorde desta posição[300]. DERNBURG e LINCKELMANN consideram insuficiente a diferenciação entre a generalidade e o indivíduo. As disposições legais elaboradas no interesse da generalidade (*Gesamtheit als Staat*) (entre as quais se incluem as disposições penais relativas aos crimes de conspiração contra a segurança do Estado e de alta traição) não visam a protecção do indivíduo isolado. Mesmo que, em situações excepcionais, se possa falar de protecção a favor de um particular, esta protecção será apenas reflexa, pelo que não pode ser encarada como um objectivo imediato da norma.

---

[299] TRAEGER, *Der Kausalbegriff im Straf- und Zivilrecht*, p. 377.
[300] TRAEGER, *Der Kausalbegriff im Straf- und Zivilrecht*, p. 379.

Daí que estas normas não devam ser consideradas de protecção em relação aos indivíduos em particular, não sendo de reconhecer qualquer pretensão indemnizatória a um indivíduo que sofreu danos patrimoniais devido a um crime contra a segurança do Estado, ainda que se admita, de acordo DETMOLD, uma acção indemnizatória instaurada pelo Estado contra o autor do crime[301-302].

A situação é, no entanto, diversa no que concerne às normas de protecção elaboradas no interesse da generalidade (*Gesamtheit als Publikum*) ou no interesse da pluralidade de indivíduos, como, por exemplo, as normas que proíbem disparar armas em determinados locais. Através destas normas é igualmente protegido o interesse de um particular, como sucede em relação às normas de protecção elaboradas para a protecção de interesses de determinados indivíduos, em que se constata também uma protecção dos restantes, não se limitando à protecção de cada um[303].

A doutrina que assenta na primeira tese sustenta a sua posição nas Actas da Segunda Comissão, nos quais se estabelece que "*...apenas se deverão considerar as disposições vocacionados para a protecção dos interesses do indivíduo face a uma ofensa perpetrada por outrem e não, ao invés, os deveres legais impostos no interesse da generalidade das pessoas, os quais são consagrados a favor de qualquer interveniente em virtude de serem proveitosos ao interesse de todos*". Segundo TRAEGER, este parecer da Comissão é incompleto, na medida em que não permite identificar com clareza a opinião sufragada pela própria Comissão sem recorrer a uma extensa panóplia de exemplos. Acresce que esta posição veio a ser relativizada, na anotação da Comissão do *Reichstag,* que admitiu que uma norma que vise proteger a totalidade das pessoas também tome em consideração os interesses de um particular[304]. Para LENEL, "*certo é que se entende como bizarra e rígida a mudança da interpretação efectuada, uma vez que as normas jurídicas nunca devem apenas servir a protecção dos interesses de uma única pessoa, mas sim salvaguardar a protecção dos interesses de vastas categorias de pessoas. No entanto, certamente que é possível que normas cujo escopo normativo seja a protecção do*

---

[301] DETMOLD, "Der Begriff des Schutzgesetzes im § 823 des Bürgerlichen Gesetzbuch (§ 823 des BGB)", Festgabe für Regelsberger, 1901, p. 348.

[302] TRAEGER, *Der Kausalbegriff im Straf- und Zivilrecht*, p. 380.

[303] TRAEGER, *Der Kausalbegriff im Straf- und Zivilrecht*, p. 380.

[304] TRAEGER, *Der Kausalbegriff im Straf- und Zivilrecht*, pp. 380-381.

público em geral face a determinados perigos, poderão incluir-se na categoria de "normas com vista à protecção de outrem quando revestidas de uma eficácia externa" "[305].

Segundo TRAEGER, nos casos em que, dolosa ou negligentemente, se lese um interesse que não se inclui nos bens jurídicos previstos no § 823 I BGB, nem configure um direito subjectivo, não se poderá imputar qualquer responsabilidade, mesmo que se possa prever o dano ocorrido pela violação da norma, *v.g.* a lesão do património que não implique a destruição ou lesão de um determinado objecto. Note-se, porém, que se houver violação dolosa, poder-se-á aplicar o § 826 BGB, se o dano for previsível. Esta situação implica lacunas no âmbito da protecção delitual[306].

Em regra há previsibilidade dos danos na medida em que os perigos, cuja prevenção se pretende com as disposições de protecção de natureza policial (*i.e.* as normas de protecção em sentido restrito), são normalmente tão evidentes que um cidadão diligente consegue prever a violação do bem jurídico através dos deveres cuja observância lhe incumbe[307]. Porém, mesmo nas situações em que, excepcionalmente, não seja possível tal previsão, o reconhecimento de disposições elaboradas em função do interesse do público para fundamentar a responsabilidade delitual não implica qualquer injustiça, se se atentar na necessidade de impedir que o bem jurídico protegido através da norma de protecção seja lesado com a concretização de um perigo que a norma visava evitar[308]. Para TRAEGER não é suficiente para a indemnização civil a mera constatação da violação culposa da norma de protecção, sendo necessário que o resultado lesivo advenha da violação de um direito subjectivo ou de um dos bens jurídicos especialmente consagrados na lei, e que exista culpa no sentido de este resultado poder ser previsível[309], apresentando alguns casos para corroborar a sua tese:

i) Um rebocador não respeitou o regulamento policial em relação a um outro rebocador, não se apresentando pela direita, mas pela esquerda. Ao aproximar-se demasiado da margem esquerda do rio, na qual se encontrava atracado um barco, danificou-o.

---

[305] LENEL, *Zum Begriff der unerlaubten Handlung*, p. 411-412.

[306] TRAEGER, *Der Kausalbegriff im Straf- und Zivilrecht*, pp. 383.

[307] TRAEGER, *Der Kausalbegriff im Straf- und Zivilrecht*, pp. 383-384.

[308] Neste sentido, VON LISZT, *Die Deliktobligationem*, p. 32.

[309] TRAEGER, *Der Kausalbegriff im Straf- und Zivilrecht*, pp. 384-385.

Evolução Histórico-Dogmática 113

O *Reichsgericht* recusou a responsabilidade. DETMOLD aprovou esta decisão[310] por entender não se ter verificado culpa no que se refere ao dano produzido. Segundo TRAEGER, partindo do conceito de norma de protecção chegar-se-ia à mesma conclusão, uma vez que não se concretizou nenhum dos perigos que o regulamento visava prevenir. Com efeito, o regulamento foi elaborado com o objectivo de evitar colisões entre navios que circulam, situação que não se verificou no caso mencionado. Além disso, segundo o Autor também seria possível aplicar o § 823 I BGB[311].

ii) Alguém, numa ponte, em vez de circular pela direita, como prescreve o regulamento, cuja existência desconhece, circulou pela esquerda, acabando por magoar uma criança que ali brincava no parapeito do gradeamento. A mãe da criança, a quem incumbia a sua vigilância, deixara a criança sozinha, partindo do princípio que ninguém poderia surgir do fundo da ponte pelo lado esquerdo[312]. É duvidoso se semelhante disposição poderá ser uma norma de protecção, na medida em que visa garantir a fluidez da circulação do tráfego e não tanto evitar choques entre pessoas. TRAEGER afasta a aplicação do § 823 II BGB, porque não se concretizou qualquer dos perigos que o escopo da norma visava prevenir, uma vez que foi estatuída no interesse dos peões e não para impedir a lesão de uma criança ou de um indivíduo embriagado que utiliza a ponte de forma pouco prudente[313].

iii) Uma associação de combatentes organizou um evento de tiro de morteiro sem requerer a necessária autorização prevista no § 367, n.° 8, StGB (versão antiga). No fim do tiroteio, alguns rapazes foram brincar com os morteiros, sendo que dois deles ficaram gravemente feridos. O tribunal de apelação rejeitou a indemnização deduzida contra o organizador do evento, alegando que os lesados não se poderiam socorrer do § 26, I 6 ALR na medida em que os danos ocorridos não teriam sido evitados com a observância do regulamento, uma vez que, no caso de ter sido solicitada a autorização, teria sido concedida sem hesitação. O *Reichsgericht*

---

[310] DETMOLD, *Der Begriff des Schutzgesetzes*, p. 339.
[311] TRAEGER, *Der Kausalbegriff im Straf- und Zivilrecht*, p. 385.
[312] DETMOLD, *Der Begriff des Schutzgesetzes*, p. 339.
[313] TRAEGER, *Der Kausalbegriff im Straf- und Zivilrecht*, p. 386.

anulou esta decisão, dado que, de acordo com o § 26, I 6 ALR, qualquer dano evitável mediante a observância de um regulamento é considerado como um dano causado pela inobservância negligente daquele comando específico, sem que seja admitida a produção de contraprova[314].

TRAGER considera que, mesmo que houvesse autorização para o evento, faltava o nexo de causalidade entre a omissão do pedido de autorização e a lesão dos rapazes. O nexo de causalidade entre a acção proibida e o resultado, e/ou a relevância da omissão da autorização no resultado, deverá ser sempre analisado, mesmo quando existe uma presunção no sentido de que o acidente poderia ter sido evitado com a observância da norma de protecção. Se, porém, for indubitável que a omissão não foi, em concreto, determinante para a produção do resultado, isto é, que o acidente teria ocorrido do mesmo modo com a adopção da conduta adequada, não há lugar a uma pretensão indemnizatória. É possível argumentar que a falta da autorização consubstancia a violação da norma de protecção e que o tiroteio acabou por se realizar sem autorização, existindo um nexo de causalidade evidente entre este evento e a lesão dos rapazes, na medida em que sem ele o resultado não teria tido lugar. No entanto, este raciocínio não toma em consideração que mesmo que houvesse a referida autorização poderia verificar-se igualmente a lesão da integridade física dos rapazes[315]. Também, segundo LENEL, será de recusar a responsabilidade neste caso, na medida em que *"Se alguém acender uma fogueira sem autorização ou deslocar uma já existente (..), mas proceder com todo o cuidado imaginável (…) subsiste o perigo de incêndio independente do perigo de danificar propriedade alheia, transgredindo com culpa a norma e estando presente o nexo de causalidade – o facto de, quando solicitada, ser concedida a autorização, nada altera em relação ao exposto."*[316] Na realidade, de acordo com TRAEGER, não se depara neste caso nem uma omissão relevante, nem uma situação em que se concretizou um perigo que o escopo da norma de protecção visava prevenir[317].

---

[314] TRAEGER, *Der Kausalbegriff im Straf- und Zivilrecht*, p. 387.
[315] TRAEGER, *Der Kausalbegriff im Straf- und Zivilrecht*, p. 388.
[316] LENEL, *Zum Begriff der unerlaubten Handlung*, p. 412, (n.1).
[317] TRAEGER, *Der Kausalbegriff im Straf- und Zivilrecht*, p. 390.

Evolução Histórico-Dogmática 115

Para TRAEGER os exemplos anteriores admitem incluir no conceito de norma de protecção normas que visam a protecção da generalidade, mas que podem ser utilizadas para a protecção individual. Assim, recorrendo ao caso igualmente analisado por LENEL, um fabricante, que violando o estipulado no § 360, n.° 6, StGB (versão antiga), fabrica cartões de feliz ano novo e cartões de visita semelhantes a papel-moeda, deve responder perante os enganados por terceiros, na medida em que era previsível para o fabricante que através daqueles cartões, tão semelhantes a papel-moeda, seria simples enganar as pessoas e lesar o seu património. Poderá responder-se do mesmo modo à questão levantada por DETMOLD: *"Deverão aqueles que, violando o disposto nos §§ 152, 153 da Lei do Reich (versão antiga), entregam mercadorias e bens de consumo a pessoas não membros das cooperativas ressarcir os danos sofridos pela concorrência?"* Também, neste domínio, TRAEGER defende uma resposta afirmativa desde que o concorrente prove que lhe foi subtraída clientela através daquela actuação ilegal. O conceito amplo de "norma de protecção" assume, por isso, para TRAEGER, especial significado nas situações em que não se viola nem um direito subjectivo nem nenhum dos bens jurídicos enunciados no § 823 I BGB, mas em que apenas se lesa o património enquanto tal[318].

A importância deste texto de TRAEGER, do início do século passado, manifesta-se na defesa de um conceito amplo de norma de protecção, no aproveitamento de normas de protecção da generalidade para a protecção de interesses individuais, na atenção dada aos problemas da causalidade no domínio das normas de protecção reconduzidas ao escopo da norma e na compreensão de que as normas de protecção permitem proteger, nos seus limites, o património *qua tale.*

As teses de LENEL, VON LISZT, DETMOLD e TRAEGER acabam por encontrar eco na maioria dos manuais alemães de Direito civil e de Direito das obrigações da primeira metade do século XX[319]. De referir que a dou-

---

[318] TRAEGER, *Der Kausalbegriff im Straf- und Zivilrecht*, p. 388.

[319] Alguns estudos sobre normas de protecção são referidos por MARTIN GEORG VIKTOR SCHERER, *Die fünf ersten Jahre des Bürgerlichen Gesetzbuchs*, Leipzig, 1905, p. 648. Quanto a manuais da primeira metade do século XX, cfr. a título exemplificativo, BERNHARD MATHIASS, *Lehrbuch des bürgerlichen Rechts*, 5., Berlin, 1910, § 142, pp. 407-408, OTTO VON GIERKE, *Deutsches Privatrecht*, Band 3: Schuldrecht, Leipzig, 1917, § 211, pp. 895-897, e FRANZ LEONHARD, *Bürgerliches Recht*, 2. A., Berlim, 1926, pp. 107-108. Três estudos sobre normas de protecção surgem nos anos subsequentes à entrada em vigor do BGB. Falamos de VOß, *Der Schadenersatzanspruch aus § 823 Abs. 2 des Bürgerlichen*

116   *Normas de Protecção e Danos Puramente Patrimoniais*

trina da segunda metade do século XX vai concentrar-se mais analiticamente nos pressupostos da responsabilidade delitual por violação de normas de protecção.

7.2.4. As teses de WIETHÖLTER e WEITNAUER (1963)

I. Os estudos de WIETHÖLTER e WEITNAUER inserem-se essencialmente no domínio do conceito de culpa subjacente às normas de protecção, admitindo-se *a priori* duas soluções distintas: *i)* uma que recorre ao conceito de culpa do ordenamento primário, *v.g.* penal para efeitos de responsabilidade delitual, e *ii)* outra que recorre e não abdica do conceito civil de culpa, independentemente da configuração da modalidade de culpa da norma de protecção.

WIETHÖLTER analisa uma decisão do BGH 26-Fev.-1962[320], cuja solução final lhe merece concordância, apesar de considerar a sua fundamentação não isenta de crítica. Segundo WIETHÖLTER, o BGH teria de analisar se o § 823 II BGB ao remeter para normas de protecção penais (a decisão do BGH respeitava a um crime de coacção) estava a remeter para os elementos objectivos e subjectivos da violação da norma de protecção, *i.e.*, seria essencial determinar se estava a proceder a uma remissão total para o Direito penal. Na decisão do BGH escreve-se que *"Se a norma de protecção exigir uma acção dolosa, então é preciso existir o dolo que a norma penal exige. Não é necessária a consciência de agir ilicitamente, basta que o agente tivesse consciência de actuar incorrectamente"*. WIETHÖLTER admite que um erro sobre as circunstâncias do tipo legal ou sobre os pressupostos de uma causa de justificação pode afastar o dolo do agente. A tese defendida pelo BGH na decisão referida assentou na teoria da culpa, que localiza a consciência da ilicitude (conhecimento da proibição) na culpa e não no dolo. Acresce que o BGH partiu manifestamente de um *"obiter dictum"* (*"o dolo poderia ser excluído se o agente tivesse suposto erradamente um tipo legal que, se tivesse sido por si representado, teria conduzido ao facto de não ter agido ilicitamente"*), e da *teoria*

Gesetzbuch, Diss. Freiburg, 1901, BELING, *Erläuterung des § 823 Abs 2 des Bürgerlichen Gesetzbuch für das Deutsche Recht*, Diss. Jena, 1904, e BAUER, *Der Begriff des Schutzgesetzes in § 823 II BGB*, Diss. Marburg, 1907.

[320] BGH 26-Fev.-1962, NJW, (1962), 910.

dos elementos da responsabilidade penal restrita que, em particular, o BGH seguia nos processos penais[321].

Para a teoria da culpa e para o finalismo seria incorrecta a teoria – ultrapassada, mas dominante no Direito civil – do dolo e da negligência serem modalidades da culpa. *"Por culpa entende-se um comportamento que se baseia em dolo ou negligência"* lê-se na fundamentação de motivos da Primeira Comissão. No entanto, os tribunais não tomaram em consideração a evolução da localização do dolo e da negligência na tipicidade. Mais tarde, o BGH passou a utilizar o critério do erro evitável sobre a proibição. O BGH fundamentou a sua tese no facto de, em normas de protecção penais que exigem o dolo, vigorar a teoria da culpa restrita por a exigência de dolo ser "normativa" para o § 823 II BGB. Segundo WIET-HÖLTER, a exigência de dolo da norma de protecção penal é uma mera petição de princípio e a referência a uma decisão do ano de 1927 (*RGZ* 118, 312), não substitui a fundamentação, pois o RG só tinha afirmado, mas não fundamentado, o facto de todas as características do tipo legal da norma de protecção exigirem o dolo no sentido do Direito penal, ao qual pertence a consciência da ilicitude. O RG não teve nessa decisão, evidentemente, nenhum motivo para examinar se o dolo tem que existir no sentido da doutrina penal ou civil, pois, ao tempo, nas duas áreas vigorava a teoria do dolo[322].

A importância da decisão do BGH *sub iudice* reside no facto de, no âmbito do § 823 II BGB, adoptar oficialmente, no Direito civil, a teoria da culpa. A questão pode ser formulada da seguinte forma: o dolo na coacção orienta-se, no âmbito dos §§ 823 II BGB e 240 StGB, pela dogmática penal ou pela dogmática civil? Não levanta dúvidas que a violação de norma de protecção exige, neste caso, dolo. Naturalmente, a questão só faz sentido para quem considere que o conceito de dolo que vigora no Direito penal e no Direito civil é diferente. Quem parte uniformemente nos dois ramos do direito da teoria do dolo (os "conservadores") ou da teoria da culpa (os "modernos") não precisa de analisar esta questão. Por esta razão não é de estranhar que o problema só se coloque se prevalecer a aplicação, no Direito penal, da teoria da culpa, e, no Direito civil, da teoria do dolo. No entanto, a afirmação de que o problema desaparece se em ambos os

---

[321] RUDOLF WIETHÖLTER, § 823 II BGB und die Schuldtheorie – Bemerkungen zum Urteil des BGH vom 26.2.1962 – II ZR 22/61, JZ, April (1963), Nr. 7, p. 205.

[322] WIETHÖLTER, *§ 823 II BGB und die Schuldtheorie*, pp. 205-206.

ramos do direito vigorar a teoria da culpa ou a teoria do dolo só é correcta parcialmente, pois permanecem diferenças entre a teoria da culpa no Direito penal e a teoria da culpa no Direito civil. Tais diferenças residem essencialmente no *teste da evitabilidade* relativo ao erro de proibição, sendo *mais objectivo* no Direito civil do que no Direito penal, implicando que o erro de proibição seria evitável mais frequentemente no Direito civil do que no Direito penal. A jurisprudência alemã tem sido muito cautelosa com o "erro jurídico" no Direito civil, tendo aceitado mais raramente a sua verificação do que o "erro de facto". Não há espaço, no Direito civil, para uma graduação da responsabilidade semelhante à da atenuação da pena no Direito penal. No entanto uma graduação da culpa é, já hoje, importante, em termos práticos, no direito de indemnização por dano moral. Finalmente, é de considerar que existem também diferenças entre a teoria do dolo, no Direito penal, e da teoria do dolo, no Direito civil, por este exigir um conhecimento actual da proibição. Por outras palavras, defendia-se maioritariamente, portanto, segundo WIETHÖLTER, à altura da elaboração do seu estudo, no Direito civil e também no Direito penal, a *teoria restrita do dolo*[323].

A questão da indemnização do § 823 II BGB que, no caso de violação de uma norma de protecção necessita de um dolo penal ou de um dolo civil, não se consegue deduzir da história das origens do § 823 II BGB. O legislador procurou um sistema delitual sem lacunas, mas que não fosse ilimitado, um sistema entre os tipos legais do direito romano, mas aquém do tipo legal geral do artigo 1382 *Code Civil*. A dogmática vigente à altura da elaboração do BGB desconhecia a localização do dolo ao nível da tipicidade preconizada pela doutrina penal do finalismo. A ideia do dolo do BGB seria mais próxima da actual teoria do dolo do que da teoria da culpa. Acresce que o legislador do BGB partiu de uma concepção de dolo uniforme no Direito civil e no Direito penal[324].

A jurisprudência também não oferecia elementos que contribuíssem para a solução, pois o problema não se colocara até à decisão analisada por WIETHÖLTER. Com efeito, o BGH decidiu, *in casu*, embora sem fundamentação suficiente, a favor da remissão total para a norma penal. Por sua vez, o RG considerava que o direito a indemnização, segundo o § 823 II BGB, exigia todos os pressupostos objectivos e subjectivos da violação da

---

[323] WIETHÖLTER, *§ 823 II BGB und die Schuldtheorie,* p 206.
[324] WIETHÖLTER, *§ 823 II BGB und die Schuldtheorie,* pp. 206-207.

Evolução Histórico-Dogmática 119

norma de protecção, defendendo, que *i)* na violação de normas de protecção têm de existir os pressupostos "internos da norma de protecção"; e que *ii)* a culpa está relacionada com a violação de norma de protecção, mas não com os danos que daí resultam. Assim, a jurisprudência aplicava às normas de protecção penais a teoria do dolo penal, o que não implicava resultados diferentes por se a aplicar também a teoria do dolo no Direito civil. Na decisão citada, o BGH aplica pela primeira vez, a teoria da culpa sem, no entanto, esclarecer a sua compatibilidade com os fins do sistema delitual. Anteriormente a Wiethölter, à excepção de Esser, Baumann, Weitnauer e Katholnigg esta questão não foi trabalhada pela doutrina, pois nos diferentes comentários do BGB as soluções da jurisprudência são mencionadas sem crítica e nos tratados o problema não é abordado[325].

Por exemplo, Esser afirma que *"todavia é de considerar que segundo a teoria do dolo se faltar o conhecimento da proibição não existe dolo e, por isso, são eliminadas as normas de protecção como normas de referência que apenas pretendem atingir a violação dolosa"*, o que significa que, em violações de normas de protecção penais que necessitam de dolo, o dolo (no sentido da teoria dos elementos da responsabilidade penal) não consegue fundamentar a obrigação de indemnização, segundo o § 823 II BGB[326].

Baumann recusa a teoria da culpa no Direito civil, admitindo, porém, que *"pode tornar-se prática para o direito civil"* por as *"exigências do direito penal"* se imporem, e que esta solução conduz a um aumento da relevância da primeira situação básica delitual em detrimento da segunda. Segundo Wiethölter, esta conclusão seria incorrecta, ainda que seja evidente que, se se seguir no § 823 II BGB a teoria dos elementos da responsabilidade penal e, no § 823 I BGB, a teoria do dolo, alguém pode ter actuado dolosamente no âmbito do § 823 II BGB, e apenas de forma negligente no âmbito do § 823 I BGB. Por outro lado, a solução não conduz ao aumento da aplicação da primeira variante da ilicitude, uma vez que, segundo o § 823 I BGB, qualquer infracção negligente pode também conduzir a uma indemnização[327].

Por sua vez, Weitnauer recusa igualmente a teoria da culpa no Direito civil em virtude da "consciência da ilicitude pertencer necessaria-

---

[325] Wiethölter, *§ 823 II BGB und die Schuldtheorie*, p. 207.
[326] Wiethölter, *§ 823 II BGB und die Schuldtheorie*, p. 207.
[327] Wiethölter, *§ 823 II BGB und die Schuldtheorie*, p. 207.

mente" à violação dolosa da norma de protecção, pois não pode "*ser razoável aplicar, nos casos do § 823 I BGB, um conceito de dolo e, nos casos do § 823 II BGB, outro*"[328].

KATHOLNIGG aprova a tese do BGH em relação ao § 823 II BGB, sem se pronunciar sobre a teoria da culpa, fundamentando esta solução na analogia com o § 823 II, frase 2 BGB, que toma em consideração o conteúdo da norma de protecção quando não exige qualquer culpa, pelo que seria de tomar igualmente em consideração o conteúdo da norma de protecção quando exige culpa. Segundo WIETHÖLTER, não há espaço para a analogia neste ponto. Para manter o contacto com o restante direito indemnizatório, nenhum comportamento que não seja, pelo menos, negligente, no sentido do Direito civil, pode fundamentar uma obrigação de indemnizar. Assim, o § 823 II, frase 2 BGB, é uma *cláusula de reserva* do direito indemnizatório da culpa, exigindo que o pressuposto mínimo de culpa seja a negligência, no sentido do § 276 I BGB. Como *cláusula de reserva*, o § 823 II, frase 2 BGB, não se relaciona com conteúdo do § 823 II, frase 1 BGB, pelo que a analogia está afastada. A resposta à questão se o § 823 II, frase 1 BGB, se refere a dolo no sentido penal ou civil tem que ser fundamentada na própria norma de protecção e no contexto do sistema. Assim, ao contrário da tese do BGH, ESSER e WEITNAUER exigem o dolo no sentido civil[329].

Em termos funcionais, o § 823 II BGB assemelha-se às normas de conflito, que existem no direito internacional privado, ainda que se trate de normas de reenvio entre diferentes áreas jurídicas de uma mesma ordem jurídica estatal. O facto do § 823 II, frase 1 BGB, conter uma norma de conflito que levanta dúvidas tornou-se nítido sobretudo a partir do momento em que surgiu a alternativa entre a teoria da culpa e a teoria do dolo[330]. Por esta

---

[328] WIETHÖLTER, *§ 823 II BGB und die Schuldtheorie*, p. 207. *No estudo de § 823 II BGB und die Schuldtheorie*, JZ, (1963), pp. 631-632, WEITNAUER vem defender-se afirmando que WIETHÖLTER não tomou em devida consideração nem fez justiça à fundamentação que deu para afastar, em tese geral, a teoria da culpa, pelo que utiliza o seu estudo para a precisar, sem pretender tomar posição acerca das teses e dos resultados de WIETHÖLTER. Em VersR 61, p. 1057, chamou a atenção para o facto da responsabilidade, nos casos da violação de direitos absolutos (§ 823 I BGB), seguir necessariamente regras diferentes do § 823 II BGB e do § 839 BGB em que "*a culpa deve ser relacionada com a violação da lei*" (BGHZ 34, 375).

[329] WIETHÖLTER, *§ 823 II BGB und die Schuldtheorie*, pp. 207-208.

[330] WIETHÖLTER, *§ 823 II BGB und die Schuldtheorie*, p. 208.

Evolução Histórico-Dogmática

razão, ESSER e WEITNAUER compreendem o § 823 II, frase 1 BGB, como uma norma de reenvio que contém a teoria do dolo e, ao mesmo tempo, uma cláusula de reserva (não escrita) a favor do dolo civil. Subjacente a esta perspectiva encontra-se a ideia de que as diferentes situações básicas delituais devem ser regidas por um conceito de culpa uniforme. Por conseguinte, segundo esta opinião, aplica-se tanto a negligência civil (§ 823 II, frase 2 BGB) como o dolo civil (§ 823 II, frase 1 BGB). Porém, segundo WIETHÖLTER, uma tal interpretação do § 823 II BGB não convence, porque criar-se-ia uma responsabilidade desde que exista um mínimo de culpa correspondente ao conceito de negligência civil. Com isto, torna-se claro que a concepção do *"nullum delictum sine culpa"* não implica a teoria do dolo no § 823 II BGB. Também a teoria da culpa faz justiça ao mínimo de culpa como pressuposto para obrigações de indemnizar[331].

Acresce que um conceito uniforme de culpa não se apresenta como o fundamento em que assenta o "triunvirato" do sistema delitual, que aponta orientações muito diferentes e está concebido como três situações básicas delituais separadas, evitando uma grande cláusula geral delitual. Com efeito, ao lado da protecção jurídica consagrada no § 823 I BGB, mas limitada a certos bens jurídicos, encontra-se a protecção jurídica do § 823 II BGB e a do § 826 BGB, como cláusula geral para os restantes casos. No § 826 BGB, aplica-se a teoria da culpa por não se exigir, para o dolo, a consciência da contrariedade ao mínimo ético-jurídico. Pode discutir-se se esta frase é total ou parcialmente correcta, pois depende de se entender na contrariedade ao mínimo ético-jurídico "uma forma de ilicitude". Assim, se se aplicar a teoria da culpa no § 826 BGB, deve também aplicar-se no § 823 II BGB quando remete para normas penais. Caso contrário, estaríamos perante violações de normas de protecção *"irreais"* como pressuposto para a responsabilidade delitual, quando o § 823 II BGB se refere claramente a infracções de normas de protecção *"reais"*, *i.e.* perante uma criação fictícia, um *"mixtum compositum"*, recusado no Direito penal e criado *"ad hoc"* no Direito civil, modificando o § 823 II BGB como norma de conflito e de remissão[332].

Ao longo do século XX verificaram-se alterações estruturais ao sistema delitual, segundo WIETHÖLTER, todavia enquanto o § 823 II BGB não

---

[331] WIETHÖLTER, *§ 823 II BGB und die Schuldtheorie*, p. 208.
[332] WIETHÖLTER, *§ 823 II BGB und die Schuldtheorie*, pp. 208-209.

for alterado, é o de o respeitar como norma de remissão, sendo de a interpretar em si própria, na sua relação com o sistema e com as orientações que estão na sua origem, de maneira a que a sanção de indemnização respeite a actos puníveis penalmente, permitindo o respeito pela unidade da ordem jurídica que, não sendo um dogma intocável, deve impor-se para evitar contradições. Na violação de normas de protecção penais que exigem o dolo, o autor da violação, pela teoria da culpa, torna-se mais amplamente responsável do que pela teoria do dolo civil, enquanto que na violação negligente da norma penal torna-se responsável, pelo Direito penal, num âmbito mais restrito do que pelo Direito civil em virtude do critério objectivo civil. Estas consequências, só aparentemente paradoxais, baseiam-se no facto de, no Direito civil, existir uma margem entre negligência objectiva e dolo, no sentido da teoria do dolo, e, no Direito penal, uma margem entre negligência subjectiva e dolo, no sentido da teoria da culpa. Além disso, abstrai-se da consequência de algumas violações de normas de protecção, pertencentes ao Direito penal, serem de decidir pela teoria da culpa e outras, pertencentes ao próprio Direito civil, pela teoria do dolo[333].

No Direito civil, quer a teoria do dolo quer a teoria da culpa têm vantagens e desvantagens. A teoria do dolo evoluiu em direcção a uma teoria do dolo restrita. Por outro lado, a teoria da culpa só se impôs no Direito civil como teoria da culpa restrita. As diferenças ficaram reduzidas e limitadas aos casos, não numerosos, em que o comportamento doloso é avaliado diferentemente do negligente. Os adversários da teoria da culpa receiam que a área de dolo seja alargada inconvenientemente à custa da área de negligência. O facto de dolo e negligência serem de tratar de maneira diferente consta da lei, mas o legislador não definiu o que é dolo e negligência. Trata-se pois de traduzir "dolo", no sentido da lei, para o dolo no sentido da teoria da culpa[334]. Segundo WIETHÖLTER, também não devemos preocupar-nos com a averiguação de qual das teorias vai ganhar este debate, partindo do número dos pontos desvantajosos e vantajosos nem com qual das teorias que seja de aplicar "mais simplesmente". A teoria da culpa causa, sem dúvida, maiores dificuldades por destruir o esquema íntimo e simples do acontecimento objectivo, mas se o simples se tornou errado, é de sacrificar[335].

---

[333] WIETHÖLTER, *§ 823 II BGB und die Schuldtheorie*, p. 209.

[334] WIETHÖLTER, *§ 823 II BGB und die Schuldtheorie*, p. 209.

[335] WIETHÖLTER, *§ 823 II BGB und die Schuldtheorie*, p. 209.

Evolução Histórico-Dogmática 123

Pode aceitar-se no Direito penal a teoria da culpa sem se aceitar a doutrina do finalismo. Pelo contrário, o finalismo não se pode impor sem a teoria da culpa. Debates sobre teoria do dolo e a teoria da culpa são parciais. O grande debate encontra-se na estrutura da ilicitude civil caracterizada tradicionalmente, mas incorrectamente, segundo WIETHÖLTER, pela ilicitude da acção e a ilicitude do resultado. WIETHÖLTER não pretende a importação do finalismo pela responsabilidade civil, mas a compreensão civil da estrutura da ilicitude, da sua dogmática e da sua sistemática. A ilicitude da acção sofre duas objecções principais: por limitar a importância dos *direitos absolutos* e por obstar a *acção de cessação de conduta*. De qualquer modo, fica intacta a liberdade de localizar o dolo e a negligência no tipo, na ilicitude ou na culpa. A acção de cessação de conduta não depende da culpa. A teoria da ilicitude da acção não é a tradução da doutrina do finalismo na responsabilidade civil, porque o seu peso reside essencialmente na área de negligência e as suas soluções não se podem basear em princípios penais. Em contrapartida, na área das acções ilícitas dolosas, há que decidir a favor ou contra o finalismo. Se a doutrina da acção final for correcta, segundo WIETHÖLTER, tem que vigorar também na responsabilidade civil. No direito de indemnização delitual não se trata de repreensões por desobediência jurídica voluntária (como na teoria do dolo), nem de repreensões por nocividade social dolosa (como na teoria da culpa), mas da protecção de uma ordem de bens e de uma distribuição correcta de risco. Em conclusão, WIETHÖLTER defende a adopção da teoria da culpa dada pelo BGH na sentença analisada, ainda que lhe tenha faltado uma fundamentação, por considerar que é justa em relação ao sistema e à orientação de base do § 823 II BGB e lhe merecer acolhimento, no direito delitual, na medida em que haja espaço para ela[336].

7.2.5. *As teses de* KNÖPFLE *(1967)*

I. Segundo KNÖPFLE, no seu estudo *Zur Problematik des Beurteilung einer Norm als Schutzgesetz im Sinne des § 823 Abs. 2 BGB*, o sistema de responsabilidade delitual alemão expõe-se a críticas significativas[337]. A acentuação do desvalor da acção perante o desvalor do resultado, a rela-

---

[336] WIETHÖLTER, *§ 823 II BGB und die Schuldtheorie*, p. 210.

[337] KNÖPFLE, "Zur Problematik des Beurteilung einer Norm als Schutzgesetz im Sinne des § 823 Abs. 2 BGB", NJW, (1967), pp. 697-702.

ção da ilicitude com a negligência, a problemática da ilicitude na responsabilidade de *pôr em perigo* e a transposição do conceito de acção final do Direito penal para o Direito civil são apenas alguns tópicos que levantam dúvidas no domínio do direito delitual do BGB. Acresce que o § 823 I BGB entrou num processo de novos desenvolvimentos, tendo deixado de ser um "centro calmo" dentro da estrutura dos tipos delituais. Por esta razão, segundo o Autor regista-se uma tendência para apoiar pretensões indemnizatórias cada vez mais no § 823 II BGB[338].

O direito da responsabilidade aquiliana alemão fundamenta-se numa série de disposições isoladas e em três tipos legais mais gerais. A obrigação de indemnização está vinculada, segundo o § 823 I BGB, a uma intervenção culposa em direitos ou bens jurídicos absolutos; segundo o § 823 II BGB, à infracção de uma disposição de protecção; e, segundo o § 826 BGB, a um prejuízo contrário ao mínimo ético-jurídico causado dolosamente. KNÖPFLE considera que o § 823 II BGB configura, pelo seu recurso a outras normas jurídicas, um corpo estranho (*"Fremdkörper"*) ou um enclave (*"Enklave"*) no sistema delitual. Em contrapartida, as duas outras disposições determinam-se pela intervenção numa área atribuída exclusivamente ao indivíduo. Na primeira disposição, acentua-se o desvalor de resultado, na segunda, o desvalor da acção. Assim, quanto mais dignos de protecção são os bens jurídicos ou interesses protegidos pela disposição, mais condenável é a acção que os viola[339]. A admissibilidade de uma modelação da ordem jurídica por jurisprudência uniformizada é reconhecida geralmente. O BGH esclarece que o princípio da vinculação do juiz à lei não significa que a lei seja insusceptível de aperfeiçoamento. O artigo 20 III da Constituição Alemã acentua esta tarefa dos tribunais ao sujeitar a jurisprudência à lei e ao direito[340].

Segundo a jurisprudência e a doutrina, uma norma jurídica tem carácter de protecção quando serve para proteger o indivíduo ou círculos de pessoas isoladas. Portanto, não é suficiente que a norma vise a protecção da generalidade. A protecção individual tem que ser intencional e não estar apenas prevista objectivamente. Todavia, a protecção individual não precisa de constituir o fim principal da lei, sendo suficiente que, para além do objectivo primariamente perseguido, também proteja individualmente.

---

[338] Neste sentido, REINHARDT, *Das subjecktive Recht im § 823 Abs. 1 BGB*, p. 715.

[339] KNÖPFLE, *Zur Problematik des Beurteilung*, p. 700.

[340] KNÖPFLE, *Zur Problematik des Beurteilung*, p. 701.

Evolução Histórico-Dogmática 125

O objecto desta protecção podem ser não só direitos e bens jurídicos absolutos, mas também meros interesses. O § 823 II BGB só é aplicável quando a disposição legal pretende a protecção jurídica à qual se recorre em razão da violação alegada. É necessário, por isso, que o dano figure dentro do âmbito dos interesses protegidos pela disposição de protecção, *i.e.* que o prejuízo tenha surgido da violação de um bem jurídico para cuja protecção foi criada a norma jurídica[341] e que a norma de protecção proteja o lesado contra este tipo de prejuízo, falando-se, neste ponto, de "relação de ilicitude"[342].

No recorte das normas de protecção o fim da norma adquire, por consequência, uma importância particular. Com efeito, enquanto, em geral, o fim da norma é relevante para a interpretação teleológica, o § 823 II BGB relaciona o fim de protecção com a consequência jurídica. O fim de uma norma torna-se, assim, elemento do tipo legal de outra norma. Porém, o fim de protecção de uma norma pode ser problemático. Caso se recorra à vontade empírica do legislador histórico para determinar o escopo normativo, este cinge-se normalmente ao "objectivo" do legislador, permanecendo muitas vezes em aberto a questão de saber se um efeito secundário, favorável a pessoas isoladas ou a um certo círculo de pessoas foi igualmente abrangido pela intenção de protecção do legislador. Com efeito, faltam, frequentemente, nos trabalhos preparatórios, justificações sobre o fim de protecção da lei. Por vezes, as associações com direito de participação nos trabalhos preparatórios, não revelam as suas motivações. Mesmo seguindo a teoria objectivista da interpretação, é igualmente problemático retirar do conteúdo da disposição legal os seus objectivos, uma vez que, na maioria dos casos, não existe qualquer indicação sobre essa protecção. Acresce que só em casos excepcionais as normas concedem inequivocamente pretensões aos protegidos ou o direito de participação no procedimento administrativo[343].

Se uma norma visar objectivamente a protecção de pessoas ou círculos isolados de pessoas, essa protecção deve ser intecionada, a não ser que

---

[341] KNÖPFLE, *Zur Problematik des Beurteilung*, p. 697.

[342] KNÖPFLE, *Zur Problematik des Beurteilung*, p. 697.

[343] Certas disposições legais visam a protecção dos seus destinatários. Assim, a proibição de tomar banho no mar, devido a correntes perigosas, e a limitação da velocidade, por causa de buracos da estrada, servem exclusivamente à protecção do destinatário normal, sendo de negar, nestes casos, a obrigação de indemnizar pelo § 823 II BGB, KNÖPFLE, *Zur Problematik des Beurteilung*, p. 697.

a sua origem, o seu teor ou o conjunto da ordem jurídica indiquem o contrário[344]. Assim, o fim de protecção das normas não oferece qualquer garantia de um resultado correcto. A insegurança comunica-se ainda à delimitação do círculo das pessoas com direito a indemnização, e aos interesses do lesado atingidos, ou seja, quando é que se verifica a relação de ilicitude necessária[345].

A avaliação sobre o fim de protecção do indivíduo ou da generalidade é, por consequência, muito incerta. KNÖPFLE apresenta alguns exemplos que cumpre analisar. Nalguns ordenamentos jurídicos existem normas contra a poluição do ar. Não se descortina se estas normas visam a protecção de cada um ou apenas da generalidade[346]. Muitas vezes, a protecção individual ou da generalidade depende da escolha da motivação relativa ao objectivo da lei. Em regra, o interesse comum não é senão a soma dos interesses individuais: se todos os lesados forem protegidos individualmente, então os interesses da generalidade estão ao mesmo tempo garantidos e vice-versa. No entanto, há casos em que o interesse comum ultrapassa a soma dos interesses individuais. A título ilustrativo, recuperando um exemplo analisado por TRAEGER e, em geral pela doutrina alemã do início do século XX, nos crimes contra a segurança do Estado o interesse primariamente protegido é o do Estado e não o do indivíduo. Este interesse está,

---

[344] O § 367 I n.º 15 StGB (versão antiga) prevê uma pena ao construtor civil ou ao trabalhador que executa uma construção com divergências em relação à planta autorizada, protegendo objectivamente não só a generalidade de danos corporais, como também, indirectamente, prejuízos patrimoniais que resultam da execução defeituosa das obras em relação aos donos da obra. Do ponto de vista da generalidade, esta protecção não encontra dúvidas, sendo razoável e desejada. Assim sendo, não se compreende porque razão que o legislador não deveria ter querido uma protecção dos donos da obra como efeito secundário. No § 248 b StGB (versão antiga) criminaliza-se a condução sem carta, protegendo-se os participantes no trânsito, que podem ser lesados por condutores sem carta de condução. Todavia, seria ir longe demais considerar estas disposições do Código Penal normas de protecção a favor dos participantes no trânsito e dos donos da obra respectivamente para efeitos de responsabilidade civil. Por isso, o BGH negou a sua qualidade como norma de protecção (BGH 4-Dez.-1956, BGHZ 22, 293, NJW, (1957), 500, BGH 30-Mai.-1963, NJW, (1963), 1827 e BGH 3-Dez.-1964, NJW, (1965), 534). Todavia, se se tomasse em consideração só as normas em questão sem qualquer preocupação com as consequências jurídicas resultantes do § 823 II BGB, poder-se-ia afirmar o seu carácter de protecção. KNÖPFLE, *Zur Problematik des Beurteilung*, p. 698. Cfr. n. 350.

[345] KNÖPFLE, *Zur Problematik des Beurteilung*, p. 698.

[346] KNÖPFLE, *Zur Problematik des Beurteilung*, p. 698-699.

Evolução Histórico-Dogmática

pela sua natureza como objectivo primário, ao nível da comunidade, ou seja, acima dos interesses individuais. Os interesses individuais estão vinculados aos interesses da generalidade, pois o indivíduo tem vantagens na manutenção da segurança e da ordem na colectividade em que está inserido. Diferentemente, segundo KNÖPFLE, no caso da proibição de práticas restritivas da concorrência prevista no § 1 GWB, em primeiro plano, protegem-se os concorrentes e, em segundo plano, a economia global[347].

Frequentemente chega-se a resultados incertos e até errados quando o carácter de protecção se resume ao fim de protecção da norma, que é averiguado através da interpretação teleológica da norma. Na verdade, seria incorrecto admitir a indemnização em todos os casos de violação de uma disposição legal que tem por fim uma protecção individual. KNÖPFLE distingue, nos termos assinalados, disposições legais de protecção individual que justificam a indemnização dos danos causados com a sua violação e outras que não a justificam. Por precisão terminológica o conceito de norma de protecção deve restringir-se às que admitem a resposta indemnizatória aos danos causados com a sua violação.

II. Uma das questões sistematicamente abordadas pela doutrina alemã que se interessou pela matéria das normas de protecção consiste em saber se se deve defender um conceito material ou formal de lei. A tendência maioritária da doutrina alemã vai no sentido de uma concepção material de lei. Nesta tendência maioritária se insere KNÖPFLE. Ora, na remissão do § 823 II BGB para normas de protecção incluem-se, segundo KNÖPFLE, decretos, regulamentos de municípios e de associações municipais, convenções colectivas de trabalho e até autorizações administrativas, segundo o conceito da "lei" previsto no artigo 2 EGBGB. Se uma lei protege o indivíduo através dos meios da sua área jurídica, *v. g.* uma norma penal, através dos meios do Direito penal, ou uma norma administrativa, através dos meios do Direito administrativo, nem sempre se justifica um direito à indemnização. A valorização que a norma faz na respectiva área é aceite pelo Direito civil. Uma avaliação incorrecta torna-se especialmente nítida, para KNÖPFLE, quando se considera suficiente a norma ter por fim a protecção individual, de forma passageira, mas a sua violação obrigar à reparação integral. Por um lado, a obrigação de indemnizar,

---

[347] KNÖPFLE, *Zur Problematik des Beurteilung*, p. 699.

segundo o § 823 II BGB, tem que se articular com o sistema global do direito delitual e, por outro lado, tem que ser compatível também com o sentido, o conteúdo e o fim da norma de protecção. A obrigação de indemnizar deve limitar-se ao razoável, a fim de se prevenir uma hipertrofia da responsabilidade civil, razão pela qual se desenvolveu a doutrina da "relação de ilicitude" e da causalidade adequada[348].

Interesses individuais têm que ser os objectivos desta protecção e não interesses que existem primariamente, no sentido *supra* designado, ao nível da totalidade. Caso não se registe uma protecção objectiva, ainda que de forma passageira, a referida norma não tem carácter de protecção. A opção entre a vontade do legislador e a vontade da lei, ou as duas na sua interacção, insere-se na querela subjectivismo ou objectivismo. A obrigação de indemnização não deve contradizer o sistema de indemnização aquiliano no seu conjunto. Por isso, não se autonomiza uma norma de protecção quando a responsabilidade pela sua violação estiver regulada noutro lugar de maneira completa. Acresce que uma norma não pode ser considerada como de protecção em relação a quem a infringe. Um direito à indemnização seria, num caso destes, incompatível com a proibição da própria conduta. Por fim, o ressarcimento do prejuízo tem que ser exequível[349].

A pequena cláusula geral do § 823 II BGB obteve concretização na jurisprudência do BGH através dos princípios atrás apontados, muito embora, na maioria das situações, estes princípios não se encontrem claramente explicitados nos fundamentos das decisões. Assim, não é de admirar que o BGH prescinda de uma fundamentação sobre se há uma disposição de protecção. Noutros casos, a qualidade de norma de protecção baseia-se simplesmente no facto de beneficiar um círculo de pessoas. No âmbito da verificação se a disposição legal tem por fim a protecção de um outro, o BGH desenvolve considerações que, apesar de serem normativas para a aplicação do § 823 II BGB, não dizem respeito ao fim de protecção da norma[350].

---

[348] KNÖPFLE, *Zur Problematik des Beurteilung*, pp. 699-700.

[349] KNÖPFLE, *Zur Problematik des Beurteilung*, p. 700.

[350] A título de exemplo, a decisão do BGH 4-Dez.-1956, BGHZ, 22, 293, NJW, (1957), 500: *"Sem dúvida, a norma penal respeitante à condução sem carta serviu ao mesmo tempo à segurança no tráfego. Pode-se supor também o facto de o legislador ter tido consciência deste efeito. Deduzir disto a intenção de proporcionar uma protecção*

Evolução Histórico-Dogmática 129

É de distinguir entre a protecção que uma norma tem por fim e prossegue através dos seus próprios meios e a protecção garantida através do § 823 II BGB pelo facto de estabelecer uma obrigação de indemnização. O § 823 II BGB ao exigir *"uma norma que tem por fim a protecção de outrem"* parte da protecção prosseguida pela própria disposição legal. A avaliação se existe uma disposição de protecção prescinde naturalmente do efeito de protecção do § 823 II BGB. De contrário, estar-se-ia, segundo KNÖPFLE, perante um círculo vicioso (*Kreisschluß*)[351].

KNÖPFLE conclui que o desenvolvimento do direito delitual tende a ser transferido crescentemente para o § 823 II BGB. Porém, uma precisão dos critérios gerais da sua aplicação tem que preceder um alargamento do âmbito de aplicação desta situação básica delitual. Só quando esta tarefa estiver realizada poderá existir um alargamento cuidadoso da área de aplicação do § 823 II BGB[352].

Na análise das teses de KNÖPFLE evidenciam-se como notas mais relevantes: *i)* a incerteza da delimitação das normas de protecção, *ii)* a diferença entre as normas que protegem o interesse da generalidade, e mediatamente o interesse particular, e as normas que protegem imediatamente o interesse particular e, num segundo plano, o interesse da generalidade, *v. g.* as restrições da concorrência, sendo que nestas últimas se exponenciam os efeitos indemnizatórios como normas de protecção, *iii)* uma concepção material de disposição legal de protecção e *iv)* a necessidade de compatibilização com o sistema delitual. Os exemplos fornecidos no seu estudo evidenciam que o Autor não aborda as normas de protecção no estrito domínio do ressarcimento de danos puramente patrimoniais, ainda que preconize um alargamento da importância das normas de protecção no contexto delitual, exigindo para tal uma afinação dos critérios para a sua aplicação.

---

especial ao participante no trânsito parece, todavia, duvidoso. O utilizador da via pública ferido por um motorista sem carta de condução, fica protegido pela Straßenverkehrgesetz que, no seu § 7 III, estabeleceu as consequências de uma condução sem carta. Seria despropositado se o lesado quisesse recorrer ao § 242 StGB, como uma norma de protecção a seu favor, para fundamentar a sua responsabilidade segundo o § 823 II BGB". KNÖPFLE, *Zur Problematik des Beurteilung*, p. 701.

[351] KNÖPFLE, *Zur Problematik des Beurteilung*, p. 702.

[352] KNÖPFLE, *Zur Problematik des Beurteilung*, p. 702.

130 Normas de Protecção e Danos Puramente Patrimoniais

7.2.6. As teses de SCHMIEDEL (1974) e de KARSTEN SCHMIDT (1977)

I. Tanto SCHMIEDEL como KARSTEN SCHMIDT, que dedicam atenção sobretudo à área do Direito da Concorrência, defendem a contra-corrente uma concepção formal de norma de protecção[353]. SCHMIEDEL entendia que o hipotético carácter protectivo de actos administrativos seria um problema fictício, porquanto a norma de protecção nunca é o acto administrativo mas sim a lei que o habilita[354]. SCHMIEDEL é o primeiro a desenvolver o conceito de *normas de referência* (*"Bezugsnormen"*) para efeitos do § 823 II do BGB[355]. Por sua vez, no direito das restrições da concorrência, KARSTEN SCHMIDT procura eliminar a protecção privada, que actua *ipso iure* perturbando a segurança jurídica, e pretende que a protecção pública seja reforçada. No Direito da concorrência deve haver espaço para uma actividade administrativa, que decida atendendo aos dados político-económicos. Esta tese de KARSTEN SCHMIDT orienta-se em sentido contrário ao que se defende nesta dissertação, em que se defende um reforço da protecção privada indemnizatória dos concorrentes no campo dos ilícitos de concorrência[356].

SCHMIEDEL estuda os fundamentos do carácter de protecção de uma norma, baseando-se numa abrangente investigação jurisprudencial. Para o efeito, procede à distinção entre a análise do escopo de protecção a partir *I) da estrutura da norma, II) das conexões da norma* e *III) da evolução histórica da norma*[357].

I) Na *análise do escopo de protecção a partir da estrutura da norma*, SCHMIEDEL defende que: *i)* "se uma norma se refere a um determinado objecto de lesão, visa a sua a protecção"; *ii)* "se numa norma se imputar um dos objectos de violação nela mencionados a um determinado

---

[353] Cfr. a introdução de SCHMIEDEL, *Deliktsobligationen nach deutschem Kartellrecht*, pp. 1-9.

[354] SCHMIEDEL, *Deliktsobligationen nach deutschem Kartellrecht*, pp. 47 e ss.

[355] SCHMIEDEL, *Deliktsobligationen nach deutschem Kartellrecht*, p. 66, referindo-se ao conceito de norma de referência como a uma abreviatura útil de norma de protecção que deve ser uma norma que estabelece uma proibição e deveres gerais de conduta e não só deveres de conduta em relações especiais.

[356] KARSTEN SCHMIDT, *Kartellverfahrensrecht*, pp. 324-416 (*privatrechtlicher Drittschutz durch Kartelldeliktsrecht*), e pp. 417-596 (*Öffenlichrechtlicher Drittschutz*).

[357] MERTENS, *Münchener Kommentar*, § 823, p. 1495, e SCHMIEDEL, *Delikstobligationen nach deutschem Kartellrecht*, I, 1974, pp. 159 e ss, 187 e ss, e 200 e ss.

sujeito, deve deduzir-se que esse sujeito se inclui no núcleo de sujeitos protegidos pela norma"; *iii)* "a Regra *i)* aplica-se às normas em que é referido um objecto de ameaça concreta relativamente ao perigo objectivo"; *iv)* "a Regra *ii)* aplica-se ao sujeito alvo de imputação de um objecto referido na norma e em relação ao qual se associa uma ameaça concreta"; *v)* "se numa norma se referir especificamente um determinado objecto de lesão ou de ameaça, deve-se considerar que não se destina à protecção de outros bens jurídicos (excepto se prevalecerem razões especiais)"; *vi)* "se uma determinada norma estabelecer que o objecto de lesão ou de perigo nela referido, se reporta a um determinado sujeito, deve considerar-se que não se destina à protecção de outras pessoas (excepto se prevalecerem razões especiais)"; *vii)* "se uma norma referir mais do que uma modalidade para determinados elementos do tipo normativo, não deverá ser compreendida no sentido da mera casuística, mas de considerar que visa o mesmo tipo de protecção em relação a todos os tipos normativos alternativos"; e *viii)* "se não se verificar concordância entre um determinado escopo de protecção e um dos tipos normativos alternativos de uma norma, deve considerar-se, à luz dos pressupostos enunciados na Regra *vii)*, que a norma não prossegue o fim de protecção."[358]

II) No que concerne à *análise do escopo normativo com base nas conexões da norma*, SCHMIEDEL parte do princípio que a ligação de uma norma a outras apenas se pode considerar relevante se estas últimas forem enunciadas pelo mesmo legislador. Não é, deste modo, relevante para SCHMIEDEL a norma resultante de uma revisão, a não ser que tenha sido elaborada em harmonia com as normas anteriores, baseando-se no seu conteúdo. Assim, perante um determinado complexo de normas agrupadas em função de uma finalidade específica, é necessário verificar se tanto as mais antigas como as mais recentes protegem o mesmo bem jurídico. Neste domínio, pode igualmente ser relevante aferir se se deve atribuir uma posição processual a um lesado e se serve aos seus interesses[359].

III) Relativamente à análise do *escopo normativo a partir da evolução histórica da norma*, encontram-se ainda menos orientações do que no âmbito da análise do escopo normativo com base nas conexões da norma.

---

[358] MERTENS, *Münchener Kommentar*, § 823, p. 1495-1496, e SCHMIEDEL, *Delikstobligationen nach deutschem Kartellrecht*, pp. 168 e ss.

[359] MERTENS, *Münchener Kommentar*, § 823, p. 1496, e SCHMIEDEL, *Delikstobligationen nach deutschem Kartellrecht*, pp. 196 e ss.

Ainda assim, podem enunciar-se as seguintes directrizes: as fontes materiais de cariz histórico indicam de forma clara determinados interesses que no procedimento legislativo foram mencionados como especialmente significativos, não existindo qualquer motivo para que sejam considerados outros interesses não indicados. Se, por hipótese, se estiver perante interesses cuja protecção não se encontra distante do escopo da norma, mas que não foram mencionados no procedimento legislativo, deve concluir-se que esses interesses não são protegidos pela norma. Se for invocado um determinado interesse que não tenha sido levado em consideração aquando da elaboração da norma, deve concluir-se de que esta não visa a protecção daquele interesse[360].

SCHMIEDEL sintetiza estas directrizes na seguinte fórmula: *"os pareceres do autor (ou dos autores) de uma norma em relação à protecção de interesses (que não tenham sido contestados nem no procedimento legislativo, nem em sede de litígio) devem ser interpretados no sentido de indicarem a orientação da finalidade do legislador, a não ser que, como base em razões ponderosas, seja de concluir que estes pareceres também nos informam sobre o objectivo efectivo do(s) autor (es) da norma."*[361]

Segundo MERTENS por mais correctos e completos que possam ser considerados os critérios definidos por SCHMIEDEL, conferem uma considerável latitude de apreciação ao juiz, na medida em que não conseguem estabelecer uma hierarquia nas categorias de análise do escopo normativo (estrutura da norma, relação com outras disposições e evolução histórica). Na determinação de uma norma como norma de protecção, a jurisprudência assenta a sua decisão no facto de o lesado poder ou não recorrer ao § 823 II BGB para ressarcir os danos sofridos. Com efeito, a questão que, neste contexto, assume maior relevo é a de saber se se mantém a necessidade de uma acção indemnizatória na medida em que não se verifica subsidiariedade do § 823 II BGB. Nos casos em que a tese da subsidiariedade é utilizada como fundamento da recusa do *carácter protectivo* da norma, dever-se-á relegar para segundo plano a consideração segundo a qual o desvalor jurídico de um tipo normativo sancionatório em relação a uma lesão negligente de interesses patrimoniais alheios não é suficiente para qualificar determinada norma como norma de protecção e, assim, equipa-

---

[360] MERTENS, *Münchener Kommentar*, § 823, p. 1496, e SCHMIEDEL, *Deliktsobligationen nach deutschem Kartellrecht*, pp. 218 e ss.
[361] MERTENS, *Münchener Kommentar*, § 823, p. 1496.

Evolução Histórico-Dogmática   133

rar as clássicas normas de protecção ao âmbito do delitos penais contra o património, tais como a fraude, o abuso de confiança e a extorsão[362].

Quando a jurisprudência toma decisões sobre o âmbito de aplicação do § 823 II BGB e sobre a existência e dimensão dos deveres do tráfego, as decisões visam a modelação da ordem jurídica por jurisprudência uniforme. Na verdade, as normas de protecção mais não são do que deveres do tráfego legalmente consagrados. No entanto, o § 823 II BGB, ao contrário do § 823 I BGB, reserva expressamente ao legislador a formulação desses deveres do tráfego. Mesmo que actualmente determinados sectores da vida sejam marcados por normas avulsas referentes a circunstâncias especiais, será sempre necessário o recurso à *norma de referência* para a qual remete o § 823 II BGB. Trata-se, neste ponto, de uma questão de formulação no sentido de saber se a norma jurisprudencial pode ser enquadrada como norma de protecção ou se se deve retroceder à disposição de fonte legal[363].

Com a integração dos deveres do tráfego no domínio dos bens jurídicos referidos no § 823 I BGB e no âmbito da protecção empresarial, deixou de existir, actualmente, motivo para afectar estes deveres ao § 823 II BGB, através do recurso à manipulação do conceito legal previsto no artigo 2.º EGBGB. A violação de deveres do tráfego, enquanto violação de uma norma de conduta de origem jurisprudencial segue o esquema analítico previsto no § 823 II BGB, o que não implica necessariamente uma equiparação dos deveres do tráfego de origem jurisprudencial às normas de protecção. Nestas circunstâncias, é para MERTENS questionável que se devam considerar os deveres do tráfego uma variante específica do § 823 II BGB destinada à protecção do património alheio. Contra esta concepção

---

[362] MERTENS, *Münchener Kommentar*, § 823, pp. 1496-1497.

[363] MERTENS, *Münchener Kommentar*, § 823, p. 1497: STEINDORFF considera o artigo 9.º GG uma norma de protecção, enquanto que SEITER encara como normas de protecção as normas de origem jurisprudencial do direito sobre conflitos laborais elaboradas com base no artigo 9.º III GG, em particular as proibições de greve, da greve política e do recurso à greve como meio de obter a regulamentação de algo que não tenha sido negociado de forma eficaz. GIESEKE considera normas de protecção os princípios básicos gerais que dominam a vida quotidiana. Ora, esta concepção ultrapassa o âmbito do § 823 II BGB. Não deve, no entanto, ignorar-se que a proposta apresentada por GIESEKE, no âmbito dos bens jurídicos mencionados no § 823 I BGB, bem como no da protecção empresarial inserida no contexto da concepção judicial de delito como violação de dever do tráfego, acabou por se estender em larga medida à realidade.

134 *Normas de Protecção e Danos Puramente Patrimoniais*

é relevante o facto do estabelecimento destes deveres não se orientar no sentido de uma ampliação da tutela do património prevista no § 823 II BGB, mas assentar em pressupostos bem definidos, tais como, o acentuado contacto social, uma especial posição de supremacia ou de confiança e a "delegação" de responsabilidades. Seria mais razoável encarar a violação de deveres do tráfego como uma nova situação básica delitual correspondente a um hipotético § 823 III BGB[364].

Tanto SCHMIEDEL como KARSTEN SCHMIDT trabalharam a questão de saber se as normas de competência das autoridades administrativas e os "tipos normativos de proibição alargada" (*"gestreckte Verbotstatbestände"*) podem funcionar como normas de protecção. Segundo MERTENS não se consideram em geral como normas de protecção as normas de competência discricionária para emissão de imposições e proibições. Porém, as normas que atribuem a uma autoridade um poder de regulação específica de determinada conduta, poderão vir a ser consideradas normas de protecção se se consubstanciarem numa proibição directa daquela conduta. Pode igualmente acontecer que a regulação das consequências jurídicas seja delegada no procedimento administrativo configurando "tipos normativos de proibição alargada" (*"gestreckte Verbotstatbestände"*) ou, como KARSTEN SCHMIDT, tipos normativos susceptíveis de proibir (*"Verbietbarkeitstatbeständen"*)[365].

A jurisprudência não adoptou uma posição quanto ao facto de uma determinada norma servir apenas de lei de habilitação da actuação administrativa da autoridade administrativa, ou estatuir também, de forma directa, deveres em relação a um determinado núcleo de destinatários. No entanto, tem vindo a manifestar uma tendência para entender como norma de protecção o acto administrativo praticado ao abrigo de uma delegação de competências. Poder-se-á igualmente sustentar que, no âmbito do poder discricionário de uma autoridade, as proibições administrativas poderão revestir-se de carácter de protecção[366].

II. No § 35 II GWB (versão antiga) era expressamente mencionado um "poder de protecção" em paralelo com a norma de protecção. No

---

[364] MERTENS, *Münchener Kommentar*, § 823, p. 1498.

[365] MERTENS, *Münchener Kommentar*, § 823, p. 1498. Cfr. KARSTEN SCHMIDT, *Kartellverfahrensrecht*, pp. 191 e ss, e 367 e ss.

[366] MERTENS, *Münchener Kommentar*, § 823, p. 1498.

Evolução Histórico-Dogmática   135

entanto, tanto SCHMIEDEL[367] como KARSTEN SCHMIDT[368] recusam uma
equiparação geral entre normas jurídicas e actos administrativos no âmbito
do § 823 II BGB, pois não só violaria o artigo 2 EGBGB como vincularia
de modo insustentável o juiz cível a actos administrativos. Os resultados
desejáveis que, com a ajuda desta doutrina, se pretendem obter, são alcan-
çáveis sem a equiparação entre o "poder de protecção" e norma de protecção. No que concerne aos tipos com faculdade de proibir, mantém-se a
possibilidade de os encarar como uma proibição legal reforçada à "consequência jurídica de um determinado processo" (*"Rechtsfolgeanordnung
kraft Verfahrens"*)[369].

Neste ponto coloca-se a questão de saber se algum dos destinatários
de um acto impositivo ou proibitivo, directamente vinculativo, pode ir
contra uma autorização de intervenção. Mantém-se igualmente por decidir
se alguém poderá opor a terceiros determinados deveres do tráfego decorrentes de imposições e proibições que lhe sejam aplicadas pelas autoridades administrativas. No entanto, mantém-se no âmbito da competência do
juiz cível determinar os deveres do tráfego do foro privado. As autoridades administrativas poderão auxiliá-lo nesta tarefa, mas jamais retirá-la da
sua competência. Por outro lado, o BGH recusa a tese de que o acto administrativo possa ser uma norma de protecção, entendendo como norma de
protecção a lei de habilitação ao abrigo da qual o acto administrativo é praticado. Mantém-se na livre disposição do legislador o estabelecimento de
uma conexão entre o dever de indemnizar por danos e a violação do acto
administrativo. O legislador fez uso desta possibilidade no § 35 GWB
(versão antiga). Nos termos do § 35 I GWB (versão antiga) a violação de
um "poder de protecção" (*"Schutzverfügung"*) era equivalente à violação
de uma norma de protecção da GWB. O § 35 II GWB determinava que a
ofensa ao "poder de protecção", desde que não fosse susceptível de
recurso, conduzia à indemnização por danos ocorridos[370].

---

[367] SCHMIEDEL, *Deliktsobligationen nach deutschem Kartellrecht*, pp. 47 e ss.

[368] KARSTEN SCHMIDT, *Kartellverfahrensrecht*, pp. 365 e ss.

[369] KARSTEN SCHMIDT, *Kartellverfahrensrecht*, pp. 145 e ss.

[370] MERTENS, *Münchener Kommentar*, § 823, p. 1499-1500. A questão sobre que
forma e em que dimensão as normas de competência das autoridades administrativas
devem ser entendidas como fundamento de intervenção ou como "tipos normativos de
proibição alargada" e como fontes directas de deveres do tráfego e, em que medida poderão, neste último caso, ser qualificadas como normas de protecção, foi abordada em especial na obra *Recht der Sicherheitstechnik und des Umweltschutzes* de MARBURGER e em

136   *Normas de Protecção e Danos Puramente Patrimoniais*

KARSTEN SCHMIDT elaborou um princípio destinado às restrições da concorrência com base na competência de proibir ao nível administrativo. De acordo com este princípio, parece razoável e adequado atribuir ao indivíduo uma participação no âmbito do procedimento administrativo em vez da protecção jurídica nos termos do § 823 II BGB[371]. Contra a qualificação de tipos normativos susceptíveis de proibir, este Autor contrapõe com a ordem para a determinação de tipo normativos que, em geral, não deveria ser limitada a cominações penais e à aplicação de coima.

A distinção entre tipos normativos proibitivos (*"Verbotstatbeständen"*) e tipos normativos susceptíveis de proibir (*"Verbietbarkeitstatbeständen"*) foi fundamentada no âmbito da protecção da concorrência e de

---

Kartellrecht de K.SCHMIDT. Para se alcançar uma conjugação entre a protecção jurídica do foro privado e a concretização de deveres através das autoridades administrativas é importante – como realça MARBURGER, *Recht der Sicherheitstechnik und des Umweltschutzes*, pp. 482 e ss – a construção de um dispositivo sujeito a aprovação de acordo com os §§ 4 e ss BimSchG (*BundesImmisionsschutzgesetz*). MARBURGER concorda com a atenuação da responsabilidade pelo risco que eventualmente se pudesse assacar ao fabricante ou ao empresário através de um sistema de agravação de perigo diferenciado e de cariz administrativo. No entanto, também aqui, desempenham um papel relevante aquelas normas cuja redacção se aproxima dos fundamentos dos deveres do tráfego e não apenas de uma autorização para a prática de um acto administrativo, podendo as mesmas ser qualificadas como normas de protecção com eficácia imediata. As disposições que mencionam o respeito pela "evolução da tecnologia" encontram-se no âmbito daquelas áreas do direito da segurança, de acordo com as quais, as autoridades poderão dispor da restrita instrumentalização dos poderes legais de licenciamento, fiscalização e intervenção, normalmente enquanto normas de conduta vinculantes e que encaram o fabricante e o distribuidor como sistemas técnicos potencialmente perigosos (p. 483). Para MARBURGER, o fundamento decisivo reside no facto de serem ainda insuficientes as medidas administrativas de segurança, autónomas dos deveres do tráfego do fabricante e do empresário, em relação às quais se deverá fazer uso do Direito privado. Neste âmbito é tido em consideração o interesse do empresário, na medida em que na observância das respectivas orientações, regras e normas técnicas, também orientadoras da actividade das entidades administrativas, é assegurado o necessário cuidado no que concerne à segurança técnica. Nestes termos, apenas será dado provimento às pretensões de particulares com vista ao ressarcimento de danos se os sujeitos vinculados não tiverem adoptado as instruções das entidades administrativas, ou se as medidas de segurança exigidas por estas entidades resultarem das exigências das respectivas normas jurídicas de natureza técnica (p. 485). Não se deverá rejeitar uma cooperação entre as autoridades administrativas e os fabricantes e exploradores de instalações, ganhando relevo o interesse, a concordância de Direito, as regras técnicas e as obrigações administrativas em caso de necessidade de confirmação da indemnização por danos.

[371] KARSTEN SCHMIDT, *Kartellverfahrensrecht*, pp. 443 e ss.

terceiros. Por conseguinte, apenas se colocaria uma questão no âmbito da GWB: saber se o legislador distribuiu de forma equitativa a proibição e a fiscalização de condutas abusivas com vista a poder delimitar a protecção ao nível material e a poder fiscalizar as práticas concorrenciais abusivas. É com base nestas orientações que KARSTEN SCHMIDT elabora os tipos normativos do controlo dos abusos da concorrência na GWB. Em concordância com a doutrina maioritária, KARSTEN SCHMIDT conclui que, em particular o § 22 GWB, não deveria ser considerado uma norma de protecção[372].

O legislador considerou a solução prevista no § 35 II GWB de acordo com a qual a violação de um "poder de protecção", desde que irrecorrível, conduz ao ressarcimento dos danos emergentes ocorridos como uma alternativa ao entendimento de que o § 22 GWB seria uma norma de protecção. Além disso, não se pode neste contexto tomar posição sobre os resultados a que chega KARSTEN SCHMIDT, nem mesmo no que concerne à questão da qualidade de protecção de um ou de outro tipo normativo susceptível de enquadrar uma proibição de cariz económico. Esta tarefa deverá ser reservada aos comentários e anotações à legislação correspondente. Averiguar se das normas legais, onde se prevê a atribuição de poderes de emitir proibições às autoridades administrativas, se devem retirar deveres do tráfego de cariz delitual, acaba por assumir contornos de natureza política, sendo que estes deveres também subsistiriam sem o poder de proibição de natureza administrativa. Outra questão que assume os mesmos contornos é a de aferir se, no âmbito do Direito económico, deveria existir uma relação de concorrência entre a actividade administrativa em cooperação com as empresas e com avaliação de todos os dados económicos e a jurisprudência cível fortemente orientada para os litígios isolados – para os casos concretos –, tendo mais em consideração critérios de equidade do que perspectivas de eficiência económica. KARSTEN SCHMIDT admite que uma protecção de terceiros de natureza privada implique uma maior perturbação da segurança jurídica. Neste contexto, cabe ao desenvolvimento dos expedientes negativos um papel de maior dimensão do que aquele que é atribuído à pretensão de indemnização por danos. A dimensão pública do Direito privado não deve ser desmantelada em prol da liberdade da concorrência. MERTENS defende, neste domínio, que, no futuro, poderão sur-

---

[372] MERTENS, *Münchener Kommentar*, § 823, p. 1500-1501.

138   *Normas de Protecção e Danos Puramente Patrimoniais*

gir transformações ao nível do sistema de protecção jurídica na direcção dos meios de reacção colectiva vocacionados para a tutela de interesses difusos (*class action*)[373].

7.2.7. As teses de MERTENS (1978)

I. MERTENS desenvolve em *Deliktsrecht und Sonderprivatrecht – Zur Rechtsfortbildung des deliktischen Schutzes von Vermögensinteresse* um importante estudo sobre a articulação entre o direito delitual do BGB e o Direito privado especial, com consequências em sede de ressarcimento dos danos puramente patrimoniais, que se insere na perspectiva metodológica desta dissertação. Para este Autor, o Direito privado especial e o § 823 II BGB tornaram-se, com a tese de KARSTEN SCHMIDT sobre práticas restritivas da concorrência, objecto de significativas controvérsias doutrinárias, chamando a atenção para importância do Direito privado especial na modelação da ordem jurídica por jurisprudência uniformizada para a protecção delitual de interesses patrimoniais. MERTENS coloca este problema no primeiro plano do seu estudo, trabalhando o Direito privado especial num sentido abrangente, *i.e.*, no sentido de não necessitar de ser definido como Direito económico, Direito da concorrência e Direito das empresas[374].

MERTENS começa o seu estudo com uma crítica aos trabalhos de SCHMIEDEL[375] e KARSTEN SCHMIDT[376], dado que estes autores, apesar de reconhecerem uma margem de modelação da ordem jurídica por jurisprudência, defendem a tese de que só as leis em sentido formal servem como normas de referência. Ora, para MERTENS, em vastos sectores da ordem

---

[373] MERTENS, *Münchener Kommentar*, § 823, p. 1501.

[374] MERTENS, "Deliktsrecht und Sonderprivatrecht – Zur Rechtsfortbildung des deliktischen Schutzes von Vermögensinteressen", AcP, 178, (1978), p. 228.

[375] SCHMIEDEL, *Deliktsobligationen nach deutschem Kartellrecht*, 1974, p. 34, admite a modelação da ordem jurídica, através de jurisprudência uniformizada, pela criação *ad hoc* de direito jurisdicional com o objectivo de aplicar o § 823 II BGB, mas exclui os princípios gerais como *normas de referência* (p. 36).

[376] KARSTEN SCHMIDT, *Kartellverfahrensrecht*, pp. 347 ss e pp. 359 ss, frisa, face a SCHMIEDEL, o facto de o problema da protecção ser "uma questão de política jurídica exercida de *lege lata*", mas não desiste do facto de o § 823 II BGB pressupor uma norma de ordem ou de proibição, ao contrário do § 826 BGB, que deixa em aberto a "averiguação da proibição" (p. 350).

jurídica são atribuídas funções de tipo legislativo ao juiz, o que acarreta consequências na interpretação do § 823 II BGB. Na verdade, se o próprio legislador tivesse actuado, haveria certamente um número significativo de normas de protecção novas. Diga-se que a ideia de um alargamento do § 823 II BGB não é original, pois GIESEKE já propusera, em 1950, que os princípios da vida social fossem tidos como normas de protecção[377]. Esta proposta, embora não se tenha imposto, ao tempo, foi, com RÖDIG[378] e SCHMIEDEL[379], desenvolvida no "direito à empresa", cuja protecção GIESEKE queria abranger no § 823 II BGB, mas que se verificou no § 823 I BGB[380].

As teses de SCHMIEDEL acerca da averiguação do fim de protecção das normas de proibição, que se orientam no sentido da vontade histórica do legislador, opõem-se a tais alargamentos, do mesmo modo que as considerações de KARSTEN SCHMIDT tendem a fazer restringir a protecção jurídica do §823 II BGB, por exigências da certeza, à *norma de referência* perante uma protecção pública reflexa das pessoas afectadas. No entanto, segundo MERTENS são as teses de SCHMIEDEL[381] e KARSTEN SCHMIDT[382] que alargam o fundamento dogmático da recepção do direito jurisdicional no § 823 II BGB, ao defenderem que as normas de protecção são elaboradas de maneira demasiado aberta, pelo que se torna necessário a apreciação do fim de protecção de certos deveres isolados em concreto, ou, como afirma KARSTEN SCHMIDT, seguindo SCHMIEDEL, a averiguação orientada pelo caso. Segundo ULRICH HUBER, as normas de protecção não passam de deveres de tráfego legalmente fixados, sendo, assim, inteiramente plausível o recurso a normas não escritas ou a aspectos não escritos das normas de protecção[383].

Desta forma, de acordo com MERTENS, não se deveria recusar a inclusão do direito jurisdicional no § 823 II BGB quando se caracterizar por normas elaboradas sobre tipos legais isolados. Muitas vezes, a interpreta-

---

[377] GIESEKE, "Recht am Unternehmen und Schutz des Unternehmens, Alte und neue deutsche Rechstprechung", GRUR, 52. Jahrgang, (1950), p. 310.

[378] RÖDIG, *Erfüllung des Tatbestandes des § 823 Abs. 1 BGB durch Schutzgesetzverstoß*, 1973, p. 64.

[379] SCHMIEDEL, *Deliktsobligationen nach deutschem Kartellrecht*, p. 38.

[380] MERTENS, *Deliktsrecht und Sonderprivatrecht*, p. 229.

[381] SCHMIEDEL, *Deliktsobligationen nach deutschem Kartellrecht*, pp. 138 e ss.

[382] KARSTEN SCHMIDT, *Kartellverfahrensrecht*, pp. 324 e ss e pp. 356 e ss.

[383] ULRICH HUBER *apud* MERTENS, *Deliktsrecht und Sonderprivatrecht*, p. 230.

ção da lei e a orientação política transformam-se numa só e o alcance das normas elaboradas sobre casos concretos fica vinculado a uma certa decisão, não havendo critérios precisos que permitam falar numa jurisprudência constante. Há, neste ponto, um direito jurisdicional incompleto e inacabado, que funciona como complexo autónomo de normas, que deveria ser recepcionado no § 823 II BGB. Alternativa a esta solução seria admitir a competência do juiz para desenvolver a *norma de referência* para o caso concreto, o que segundo MERTENS deveria ser, em princípio, recusado, numa ordem jurídica, como a alemã, que não adoptou uma grande cláusula geral delitual.

Estas reflexões apontam para dificuldades no relacionamento dos direitos privados especiais com o direito delitual do BGB. O BGB não tem à disposição do intérprete uma norma que sirva para a integração de valorizações de Direito privado especial. O § 823 I BGB falha em casos de protecção patrimonial e o § 823 II BGB exige uma norma legal, embora seja, por exemplo, no Direito económico e da concorrência o juiz a traçar as linhas para a protecção de interesses. Por outro lado, segundo MERTENS, a função de desenvolvimento do § 826 BGB é limitada, na medida em que não se consegue determinar a que normas se referem os bons costumes[384].

A jurisprudência elaborou, em áreas de Direito privado especial, responsabilidades "de tipo próprio" para protecção de interesses meramente patrimoniais. Se houvesse necessidade de integrar responsabilidades deste género no direito delitual, faltaria uma base legal que permitisse este desenvolvimento[385]. É secundária a questão de saber se se recorre para o efeito a um alargamento do § 823 II BGB, a uma redução dos pressupostos subjectivos do § 826 BGB, à extensão dos bens protegidos no § 823 I BGB, ou a uma secção III não escrita[386]. Inquestionável é a afinidade genética com o direito delitual das responsabilidades de Direito privado especial. Para MERTENS, tratar-se-ia de uma espécie de "filhos" do § 826 BGB, ainda que gerados com redução dos seus pressupostos subjectivos. Assim, uma teoria delitual que "objectiva" o § 826 BGB, mantém um lugar seguro. Abstraindo da existência de lacunas de protecção no sistema delitual, a referida "objectivização" pode corresponder a uma necessidade

---

[384] MERTENS, *Deliktsrecht und Sonderprivatrecht*, p. 230.

[385] Na nossa óptica essa base legal deve ser encontrada no § 823 II BGB em conjugação com as disposições de Direito privado especial.

[386] MERTENS, *Deliktsrecht und Sonderprivatrecht*, pp. 231-232.

das responsabilidades especiais se autonomizarem do direito delitual do BGB, na medida em que implicam valorizações que ultrapassam o âmbito delitual. O direito delitual não teria critérios para estabelecer os limites do poder económico, a protecção de minorias, a conservação da concorrência como sistema de controlo social sujeito a considerações económicas globais, e proceder simultaneamente a uma distribuição de risco apropriada. Isto significa que certos escopos de normas de outros ramos de Direito privado especial lhe seriam completamente estranhos. Dado fundar-se numa concepção liberal e individualista, o sistema delitual não conseguiu dar respostas aos novos casos, pelo que teriam surgido as responsabilidades especiais. Porém, ao caminhar para um sistema móvel, permitiu que fossem tomados em consideração uma multiplicidade de critérios e momentos de ponderação não mencionados na lei[387]. Note-se que a jurisprudência alemã concretizou a ideia de sistema móvel no direito delitual como, porventura, em nenhuma outra área do direito.

MERTENS faz variar a necessidade de culpa em tipos legais delituais por círculos de tráfego e trabalha com métodos de distribuição do ónus da prova na responsabilidade por culpa, fundamentando uma responsabilidade por probabilidade qualificada. O desenvolvimento das responsabilidades especiais implica reflectir sobre o facto do círculo das pessoas que respondem não ter que ser restrito. Os bens jurídicos do § 823 I BGB perdem, na doutrina do desvalor da acção, a magia do absoluto e tornam-se numa amálgama de deveres. Problemas de protecção começam igualmente a penetrar a fronteira da propriedade. A ilicitude e a culpa devem tomar em consideração a prevenção e uma imputação justa dos prejuízos, nas quais as questões da análise económica do direito encontram igualmente o seu espaço. Os §§ 823 I, II e 826 BGB comportam-se, na sua formulação original, como elementos e pontos de paragem neste conjunto de forças móveis. Em particular, o § 823 I BGB foi submetido a um processo de alargamento e de diferenciação, não só pelo desenvolvimento dos deveres do tráfego e pela introdução de cláusulas gerais limitadas, como também pela extensão da protecção de interesses, através da violação positiva do contrato e da *culpa in contrahendo*, que funcionam como uma alteração do direito delitual[388]. MERTENS considera que a construção fictícia de contra-

---

[387] MERTENS, *Deliktsrecht und Sonderprivatrecht*, pp. 233-234.

[388] SCHLECHTRIEM, "Abgrenzungsfragen bei der positiven Vertragsverletzung", VersR, (1973), 24. Jahrgang, p. 581, refere-se à "linha de desenvolvimento delitual da

tos, de condições quase contratuais, de contratos com efeitos de protecção a favor de terceiros e da *culpa in contrahendo* com efeito de protecção a favor de terceiros confundem a separação relativamente clara entre protecção de interesses de cumprimento, de confiança e de integridade. Na medida em que se permita, através de construções quase contratuais, a protecção de interesses patrimoniais, altera-se o § 826 BGB.

Os §§ 823 I, II e 826 BGB podem surgir como substituíveis. O boicote, tratado por DEUTSCH, ilustra esta situação. Primeiro, o RG tratou o boicote como intervenção na empresa industrial no § 823 I BGB, depois, foi atribuído ao § 826 BGB e, no ano de 1957, o BGH voltou a condenar o lesante a indemnização com base no § 823 I BGB. Actualmente a tendência é para reconduzir o boicote ao § 823 II BGB[389]. Relativamente ao abuso de posição dominante, SCHMIDT-SYAßEN[390] considerou que os resultados da jurisprudência por via do § 826 BGB não são diferentes dos que resultam da aplicação da GWB[391].

O sistema móvel de direito delitual contém ainda desequilíbrios, rupturas e contradições de valores, que se prendem com a sua "crise de crescimento" e que resultam do facto das funções reconstitutiva e preventiva poderem ser conflituantes. Modernamente o enfoque vai para as chamadas aporias da responsabilidade delitual. FRITZ HAUß chamou a atenção para esta "crise de desenvolvimento" do direito delitual, tendo exigido, na altura, uma intervenção rápida do legislador. A verdade é que no campo restrito da responsabilidade delitual não houve qualquer intervenção legislativa. A jurisprudência tem de intervir e a Ciência Jurídica não pode exi-

---

violação positiva do contrato" e ao dever de responsabilidade por danos patrimoniais aumentado pela violação positiva do contrato (p. 584). *"Todavia, isto não é, de modo algum, considerado como uma desvalorização do direito delitual mas como uma vantagem da violação positiva do contrato e de institutos próximos. De facto, excluir uma responsabilidade por negligência por danos patrimoniais é traçar uma fronteira lassa, que nem sempre consegue resultados dignos de aprovação, e que pode suportar correcções marginais. Mas não seria um progresso desejável abandonar por completo este princípio de limitação da responsabilidade"* (p. 582 (n. 4)).

[389] ERWIN DEUTSCH, "Entwicklung und Entwicklungsfunktion der Deliktstätbestande", JZ, (1963), p. 390.

[390] SCHMIDT-SYAßEN, *Zur Wechselwirkung von Wirtschaftsrecht und bürgerlischem Recht bei der Konkretisierung von freiheitsbeschränkenden Generalklauseln*, diss. Bonn, 1973 *apud* MERTENS, *Deliktsrecht und Sonderprivatrecht*, p. 239.

[391] MERTENS, *Deliktsrecht und Sonderprivatrecht*, p. 239.

Evolução Histórico-Dogmática 143

mir-se à tarefa de desenvolver critérios. Por outro lado, contradições de valores prendem-se com o facto da jurisprudência oscilar entre tomar e não tomar em consideração as suas próprias modelações da ordem jurídica e sobrestimar as sistematizações fundadas em casos concretos[392]. Para a continuação do desenvolvimento e diferenciação do sistema móvel, designadamente para a multiplicidade de valorizações, é fundamental a inclusão de elementos de responsabilidade que podem ser retirados do Direito privado especial[393]. Um sistema delitual enriquecido desta forma facilitaria o tratamento das questões das responsabilidades especiais, podendo ser melhorado através da transferência de valores entre as diferentes áreas[394].

Das responsabilidades especiais pode-se retirar o princípio de que uma posição económica mais forte tem como efeito aumentar a responsabilidade. Tal não equivale a considerar que todos os exercícios de poder conduzam a uma responsabilidade acrescida. A contrariedade ético-jurídica de um dano puramente patrimonial permite não só a repreensão de um comportamento delitual, mas também o exercício de poder. Neste ponto, regista-se já alguma "cristalização" delitual, sobretudo na proibição do impedimento injusto, na proibição de discriminação e na proibição do abuso de posição dominante. As valorizações que servem de base a estas proibições podem também constituir fundamento para encontrar a melhor solução para a empresa, através do conceito de "concorrência de prestação" (*Leistungswettbewerb*), designadamente se forem utilizadas para evitar colocar a empresa ao serviço de interesses estranhos ou obter lucros que não se baseiam nas prestações oferecidas no mercado, uma vez que são evidentes os paralelismos com a deslealdade e a discriminação[395]. Neste sentido, MERTENS admite que um princípio que foi inicialmente desenvolvido para a concorrência desleal e para as restrições da concorrência possa ser utilizado em outras áreas[396].

Podem encontrar-se normas relevantes em termos de responsabilidade nos códigos de boa conduta existentes em certos sectores económi-

---

[392] MERTENS, *Deliktsrecht und Sonderprivatrecht*, p. 239-240.

[393] Os casos referidos nos comentários do BGB e nos manuais de direito da responsabilidade delitual só muito esporadicamente tomam em consideração matérias de Direito privado especial.

[394] MERTENS, *Deliktsrecht und Sonderprivatrecht*, pp. 241-242. O que se aplica também à relação do GWB com a UWG.

[395] MERTENS, *Deliktsrecht und Sonderprivatrecht*, p. 242.

[396] MERTENS, *Deliktsrecht und Sonderprivatrecht*, p. 242-243.

cos (auto-regulação). No entanto, não estando prevista a adesão formal a tais códigos de conduta, só podem responder os que a eles aderiram, podendo ver-se nesses códigos a concretização de deveres de tráfego ou contratos com efeitos de protecção para terceiros. Certas declarações podem ter efeito vinculativo ao imporem deveres do tráfego delitualmente relevantes em caso de prejuízo para o património alheio, *v.g.* algumas declarações perante as autoridades reguladoras da concorrência[397].

Finalmente, é fundamental para a responsabilidade delitual o grau do contacto social entre o agente e o lesado ou a existência de uma situação de grupo, *v.g.* credores de um devedor, accionistas de uma sociedade, mas também accionistas minoritários, trabalhadores e compradores de uma empresa. Identificações com o grupo, elementos de confiança e expectativas de tratamento igual podem justificar responsabilidade aumentada dentro do grupo e no lado oposto. Os deveres do tráfego para a protecção dos interesses de integridade dependem menos da evolução da lei do que da densidade crescente do contacto social[398].

Num sistema móvel de direito delitual fora do § 823 I BGB deve avaliar-se se não são de distinguir posições patrimoniais especialmente necessitadas de protecção. As áreas autónomas do Direito privado especial podem, assim, fornecer princípios e elementos importantes num sistema móvel geral do direito para o espaço que fica entre o § 823 I e o § 826 BGB, no que concerne à violação de interesses patrimoniais. Mertens defende que os §§ 823 I, II e 826 BGB deveriam ficar abertos para um complemento da responsabilidade delitual com vista à resolução de três grupos de casos: *i) o exercício de poder contrário à função:* alguém aproveita uma posição de poder de maneira a perturbar a função ou para conseguir vantagens estranhas à prestação; *ii) o descarregamento anti-social de risco:* alguém coloca em perigo o património de terceiros, sem cuidar das respectivas precauções de organização ou de informação; *iii) a aceitação de um papel social relacionado com património alheio:* alguém assume de facto uma responsabilidade aumentada em relação ao património alheio, quer em virtude da capacidade profissional, quer em virtude da necessidade de protecção das pessoas dependentes dele[399].

---

[397] Mertens, *Deliktsrecht und Sonderprivatrecht,* pp. 248-249.
[398] Mertens, *Deliktsrecht und Sonderprivatrecht,* p. 249.
[399] Mertens, *Deliktsrecht und Sonderprivatrecht,* p. 252.

Nestes grupos de casos não se pode fixar, em abstracto, a intensidade da intervenção e o grau culpa; mas, segundo MERTENS, em princípio, bastaria a negligência. Em determinadas situações, uma responsabilidade pelo risco poderá também ser indicada. Não há um enumeração definitiva destes grupos de casos, pois também noutras situações pode impor-se a responsabilidade pelos danos puramente patrimoniais e as respectivas acções de cessação de conduta, sem o preenchimento dos pressupostos subjectivos do § 826 BGB, sempre que forem atingidas posições patrimoniais especialmente qualificadas. Relativamente ao facto de os §§ 823 I e II BGB, na sua compreensão actual formarem uma unidade, podendo ver-se no § 823 II o verdadeiro tipo fundamental delitual[400], dever-se-ia entender a sua protecção patrimonial juntamente com a protecção do "direito à empresa" como uma cláusula geral delitual, limitada em função do desenvolvimento do § 823 BGB na sua globalidade, e não só de um dos seus parágrafos[401].

II. As teses de MERTENS, de acordo com o próprio, não devem ser vistas como uma brincadeira sistemática (*"systematische Spielerei"*). Num sistema móvel, o § 3 UWG 1909 poderia alcançar um lugar de destaque, ficando igualmente aberto para a integração das valorizações do GWB. No entanto, não se trata só do facto de abrir uma via de sentido único no sentido do alargamento da responsabilidade. As reflexões de KÜBLER[402], relativas à protecção empresarial e à liberdade de expressão, poderiam dar lugar, em certos casos, a responsabilidade delitual com pressupostos mais restritivos. Admitir uma responsabilidade delitual pelas afirmações na concorrência anularia o potencial crítico de certas associações constituídas com fins de protecção dos concorrentes e dos consumidores. Os produtores de automóveis e os clubes de automóveis correriam o risco de serem responsabilizados por causa dos seus avisos desinteressados sobre a qualidade da gasolina. Um meio-termo entre o interesse público e os interesses de protecção patrimonial das empresas exige uma ponderação segundo o

---

[400] KARSTEN SCHMIDT, *Kartellverfahrenrecht*, pp. 347 e ss.

[401] MERTENS, *Deliktsrecht und Sonderprivatrecht*, p. 252.

[402] KÜBLER, "Öffentliche Kritik an gewerbliche Erzeugnissen und beruflichen Leistungen", AcP, 172, (1972), pp. 177-202 e GERHARD SCHRICKER, "Öffentliche Kritik an gwerbliche Erzeugnissen und beruflichen Leistungen", AcP, 172, (1972), pp. 203-234.

§ 823 II BGB, podendo ser justificado em razão da liberdade de expressão e de crítica[403].

A proposta de MERTENS, de considerar as responsabilidades especiais como parte de um amplo sistema de protecção delitual de danos puramente patrimoniais, insere-se numa tradição doutrinária de recorrer ao Direito privado especial para recolher contributos para a evolução do Direito civil, na linha das tentativas de MESTMÄCKER[404] para manter e reforçar a coordenação funcional do Direito privado e do Direito das restrições de concorrência pelo desenvolvimento de critérios de avaliação paralelos. A proposta tem em conta, igualmente, o pensamento de WALTER WILBURG: *"Para cumprir a sua tarefa na ordem jurídica global e para escapar ao perigo de um declínio, o direito privado tem que assimilar novas ideias e ir buscar áreas separadas do seu âmbito. Mas, sobretudo, tem que verificar a sua própria construção e aperfeiçoá-la por forças interiores."* [405] WIEACKER qualificou esta tarefa como a mais essencial para o Direito civil[406].

Segundo WIETHÖLTER, a ideia de que o direito delitual do BGB, diferentemente das responsabilidades especiais, não se articula com a democracia social e com o Estado de Direito consagrados na Constituição, seria legítima se o Direito privado alemão fosse um direito no qual os interesses individuais são protegidos mercê da liberdade individual e no qual a protecção de interesses gerais não tivesse importância. Porém, o sistema delitual não ficou numa espécie de idílio privado (*"Kleinstadtidylle"*). O desenvolvimento judicial do direito delitual do BGB parece não dar razão a WIETHÖLTER, segundo MERTENS, pois as funções político-económicas, os problemas e os limites da jurisprudência não são diferentes no direito delitual do BGB dos dos existentes nas responsabilidades especiais[407].

---

[403] MERTENS, *Deliktsrecht und Sonderprivatrecht,* p. 253-254.

[404] MESTMÄCKER, "Über das Verhältnis des Rechts Wettbewerbsbeschränkungen zum Privatrecht", AcP, 168, (1968), pp. 235-236, p. 241 e p. 248.

[405] WILBURG, "Zusammenspiel der Kräfte im Aufbau des Schuldrechts", AcP, 163, (1964), pp. 346 e ss.

[406] FRANZ WIEACKER, "Das Bürgerliche Recht im Wandel des Gesellschaftsordnungen", Hundert Jahre Deutsches Rechtsleben, Festschrift zum Hundertjährigen Bestehen des Deutschen Juristentages, 1860-1960, Band II, Verlag C.F. Müller Karlsruhe, 1960, 1-18.

[407] MERTENS, *Deliktsrecht und Sonderprivatrecht,* 255-256.

Evolução Histórico-Dogmática

O juiz desenvolve tarefas que o legislador não consegue realizar por não ser possível a nível legislativo um avanço por pequenos passos na resolução de casos concretos. Acresce que a jurisprudência está menos exposta à pressão do poder político, devido à decisão estar limitada ao tratamento de conflitos isolados. O juiz, na sua tarefa pública de modelação da ordem jurídica, está obrigado à Constituição e à lei. Numa ordem económica liberal, constituiria uma desconsideração do legislador se o juiz pudesse determinar as actividades socialmente úteis. Proibir actividades cujo risco é dominável não é da competência do juiz, mesmo que prejuízos sejam inevitáveis. No entanto, é de esperar, dada a sua função complementar, que o juiz, no âmbito da sua competência, concretize normas relativas à culpa e não tome em consideração a análise económica[408].

Por fim, MERTENS analisa a problemática das normas de protecção no âmbito do GWB, debruçando-se sobre as posições de KARSTEN SCHMIDT e de MESTMÄCKER. O direito delitual, sendo um sistema aberto e móvel, entra no Direito da concorrência e protege posições privadas. No direito das restrições da concorrência, KARSTEN SCHMIDT procura eliminar a protecção privada, que actua *ipso iure,* perturbando a segurança jurídica. Por outro lado, pretende que a protecção pública seja reforçada. No Direito da concorrência deve haver espaço para uma actividade administrativa, que decide atendendo aos dados político-económicos. A jurisprudência isola os conflitos, relacionando-se com casos concretos, e orienta-se mais por critérios de justiça do que por aspectos de eficiência. O alargamento da protecção dos particulares pode dificultar a acção da Autoridade de Concorrência no desenvolvimento de estratégias próprias, não sendo desejáveis nem uma autoridade crescente nem a uma autoridade que só actua por iniciativa dos concorrentes, não seguindo o seu próprio rumo[409].

A não coordenação das acções públicas e privadas é problemática, não se devendo subavaliar politicamente uma tal situação, pois a possibilidade de intervenção do tribunal contra um comportamento de concorrência abusivo é pouco efectiva se as autoridades de concorrência não tiverem competência para proibir e sancionar certos comportamentos. Todavia, a decisão dos tribunais é indispensável para a modelação da ordem jurídica tomando em consideração as circunstâncias relevantes num sistema

---

[408] MERTENS, *Deliktsrecht und Sonderprivatrecht,* p. 257.
[409] MERTENS, *Deliktsrecht und Sonderprivatrecht,* p. 259.

móvel. A Autoridade de Concorrência pode aplicar a proibição de discriminação prevista na GWB. Por sua vez, o tribunal pode proteger, no caso concreto, o consumidor e tornar responsável a empresa dominante no mercado, se a apreciação global do caso concreto justificar uma tal responsabilidade. Aspectos relacionados com a segurança jurídica e o princípio da legalidade têm um peso completamente diferente perante a Autoridade da Concorrência e perante a tribunais, que, no caso concreto, têm que mediar um conflito, podendo fazer uma modelação da ordem jurídica com efeito imediato, que não deve ser coartada pelo facto de tornar os tribunais em órgãos auxiliares de uma autoridade "tecnocraticamente superior". Neste ponto, segundo MERTENS, está-se menos perante um problema do Direito da concorrência do que do próprio futuro do Direito privado. Caso se chegue a uma contradição entre a Autoridade da Concorrência e a jurisprudência civil, cabe ao legislador intervir. O civilista não deve enfraquecer a dimensão pública do Direito privado[410].

III. As conclusões de MERTENS são as seguintes:

  i) A protecção patrimonial resultante dos §§ 823 II e 826 BGB revelou-se insuficiente para áreas de Direito privado especial e foi completada pelas responsabilidades especiais;

  ii) O direito delitual do BGB desenvolveu um "sistema móvel" com princípios de responsabilidade escritos e não escritos;

  iii) O sistema delitual actual deve ser complementado com elementos das responsabilidade especiais;

  iv) Uma reintegração de responsabilidades especiais no sistema delitual do BGB poderá promover a continuação do seu desenvolvimento e facilitar a transferência de valores entre várias áreas de Direito privado especial;

  v) Para a protecção do património pelo sistema delitual devem tomar-se em consideração os seguintes aspectos do Direito privado especial: *i)* a posição de poder da pessoa que intervém e a situação de dependência do lesado, *ii)* a aceitação de um certo papel social pela pessoa que intervém, *v.g.* a defesa de funções públicas em virtude da categoria profissional ou do cargo que ocupa, *iii)* a auto-vinculação por declaração pública ou a decla-

---

[410] MERTENS, *Deliktsrecht und Sonderprivatrecht,* p. 260.

Evolução Histórico-Dogmática 149

ração perante autoridades, e *iv)* um contacto social especial entre o agente e o lesado que não tem que ter um enquadramento jurídico mas somente fáctico;

vi) Poderá ser de conceder uma protecção delitual aumentada a posições patrimoniais específicas de direito privado especial quando interesses públicos o justificarem;

vii) Graduações da indemnização podem mostrar-se necessárias no Direito privado especial, *v.g.* por razões de prevenção ou para tirar lucros do lesante ou para alcançar uma compensação equitativa. A protecção delitual pode, porém, cingir-se a outros meios de tutela como as acções de cessação de conduta;

viii) Os §§ 823 I, II e 826 BGB deveriam ficar abertos, permitindo o ressarcimento dos danos puramente patrimoniais – para além da violação contratual positiva e da *culpa in contrahendo* – nos seguintes grupos de casos: *i)*Quando alguém se aproveita da sua posição de poder de maneira a perturbar o funcionamento do mercado ou para conseguir vantagens de prestação alheia. *ii)* Quando alguém se serve de possibilidades que implicam a colocação em perigo de interesses patrimoniais de terceiros sem criar precauções de organização ou de informação. *iii)* Quando alguém assume de facto uma responsabilidade aumentada por património alheio, a qual resulta da sua perícia ou profissão ou da necessidade de protecção de pessoas dependentes. Até que ponto a responsabilidade depende, nestes grupos de casos, da intensidade da intervenção e do grau de censura não se pode fixar de forma geral, embora, segundo MERTENS, em princípio, seja suficiente a negligência. Pode ser indicada, em casos concretos, uma quase responsabilidade pelo risco.

ix) Estes grupos de casos não são de compreender no sentido de uma enumeração definitiva. Poderão surgir outras situações que justifiquem a indemnização e a cessação de conduta independentemente de não terem sido preenchidos os pressupostos subjectivos do § 826 BGB e/ou da violação de uma norma de protecção.

x) O alargamento da protecção delitual civil deveria permitir uma intervenção pública, ainda que a sua substituição por competências administrativas não seja um objectivo desejável[411].

---

[411] MERTENS, *Deliktsrecht und Sonderprivatrecht*, pp. 261-262.

150 *Normas de Protecção e Danos Puramente Patrimoniais*

As teses de MERTENS são essenciais para efectuar uma leitura mais abrangente do sistema delitual, para permitir uma troca de valores entre a responsabilidade delitual e o direito privado especial, designadamente o Direito da concorrência, e para a inserção dos danos puramente patrimoniais no sistema delitual.

7.2.8. *As teses de VON BAR (1980)*

I. VON BAR contribui essencialmente para o estudo das normas de protecção em conjugação com os deveres do tráfego, desenvolvendo uma série de teses neste domínio que importa neste contexto sumariar. Para este Autor configuram deveres do tráfego as normas de pôr em perigo abstracto e concreto. Os deveres do tráfego devem ser incluídos no § 823 II BGB, permitindo *"a distinção entre colocação em perigo concreto e abstracto traçada pelos tipos legais de responsabilidade"*. Por outro lado, preconiza a redução da culpa nas normas de protecção e nos deveres do tráfego. Saliente-se que a redução da culpa não é aceite unanimemente pela doutrina alemã. Por exemplo, STOLL, ainda que admita o paralelismo entre normas de protecção e deveres do tráfego, é contra a redução da culpa, considerando incorrecto que o tipo delitual do § 823 II BGB se esgote na violação da norma de protecção e que a culpa seja de aferir somente em relação ao tipo delitual, devendo a violação do interesse que fundamenta a responsabilidade ser tomada em conta. Se assim não fosse, chegar-se-ia ao resultado, inaceitável, de o risco da responsabilidade por violação de uma norma de protecção ser tanto maior quanto mais geral e abstractamente está formulada a proibição de pôr em perigo. Deste modo, a responsabilidade poderia ser manipulada, através de amplos regulamentos de segurança, designadamente limitações exageradas de velocidade, sem ser preciso, para isso, um acto legislativo. STOLL chama a atenção para a dependência do direito da responsabilidade delitual de actos administrativos, dependência que, por vezes, pode ser querida pelo legislador quando atribui a competência da elaboração de normas a organismos constituídos por peritos. Se os deveres do tráfego exigem, no caso concreto, maiores precauções de segurança do que a respectiva norma de protecção, se determinações legais podem reflectir o conteúdo do dever geral de segurança no tráfego, será também de aceitar que o Direito civil se contente, no caso concreto, com um dever do tráfego de origem administrativa[412].

---

[412] CHRISTIAN VON BAR, *Verkehrspflichten*, pp. 157 e ss.

II. Von Bar defende, tal como a maioria da doutrina alemã, um conceito de lei material nas normas de protecção. O conceito de lei usado pelo BGB encontra-se no artigo 2 EGBGB. Todas as normas jurídicas são lei no sentido do BGB. É, portanto, duvidoso se normas de conduta de origem jurisprudencial podem ser qualificadas como normas jurídicas e como normas de protecção. Neste contexto, impõe-se uma análise histórica do artigo 2 EGBGB. Na justificação deste artigo referia-se "*que lei só pode significar a lei escrita*". Todavia, suprimiu-se o § 2 EI, e permaneceu "*em silêncio a questão relativa ao direito consuetudinário também na lei de introdução*". Para esta decisão foi fundamental a consideração de que "*as normas jurídicas que se formam na jurisprudência através da analogia, da interpretação extensiva ou restritiva e da prática estabelecida configurarem um produto da actividade de aperfeiçoamento do juiz*". A vontade histórica do legislador não impede, assim, segundo Von Bar, uma equiparação de deveres do tráfego às normas de protecção. As Actas das Comissões equiparam este aperfeiçoamento jurisdicional ao direito consuetudinário. O direito consuetudinário constitui direito não legislado no sentido do artigo 2 EGBGB. Deste modo, as normas consuetudinárias seriam de equiparar ao direito legislado[413].

O dever do tráfego, segundo o qual quem crie ou deixe permanecer uma fonte de perigo no tráfego tem que tomar todas as medidas necessárias para evitar danos, ganhou força no direito consuetudinário. Além disso, admite-se não ser preciso para a norma de protecção uma lei escrita como era previsto no EI. Por fim, é de mencionar o facto da jurisprudência incluir nas normas de protecção, no sentido do § 823 II BGB, actos administrativos[414].

Segundo Von Bar, a jurisprudência corrobora a sua tese de transferir os deveres do tráfego para o § 823 II BGB[415]. Por vezes, recorre-se aos

---

[413] Christian von Bar, *Verkehrspflichten*, pp. 163 e ss.

[414] Christian von Bar, *Verkehrspflichten*, p. 164.

[415] Estas afirmações são de 1980. Posteriormente, em 1988, Von Bar, "Entwicklungen und Entwicklungstendenzen im Recht der Verkehrs(sicherungs)pflichten", JuS, (1988), pp. 169-174, admite que a jurisprudência mais recente recusa ver normas de protecção nos deveres do tráfego, o que não impede de "transferir" as estruturas da responsabilidade pela violação de normas de protecção para a responsabilidade por violação de deveres do tráfego, designadamente em matéria de conceito de culpa, da relação de culpa e de distribuição do ónus da prova. A recusa jurisprudencial de reconduzir os deveres do tráfego ao § 823 II BGB decorre da sentença do BGH 27-Jan.-1987, NJW, (1987), 2671:

deveres do tráfego para interpretar normas de perigo abstracto. Outras vezes, a jurisprudência desenvolve deveres de conduta que, mais tarde, são transformados em norma de protecção[416].

III. VON BAR defende a não existência de qualquer relação de subsidiariedade dos deveres do tráfego em relação às normas de protecção. No que concerna à StVO, a jurisprudência pressupõe o facto de todos os regulamentos do § 1 só terem carácter subsidiário perante as disposições singulares. Todavia, esta relação de subsidiariedade não pode ser reconhecida para os deveres do tráfego. Com efeito, aos deveres do tráfego não se aplicaria o princípio *"lex specialis derogat legi generali"*, sendo a norma geral o princípio do dever do tráfego, ocupando uma posição de fundamento dos tipos delituais dos §§ 831, 832 e 836 BGB. Os deveres do tráfego permanecem aplicáveis ao lado destas normas[417].

A doutrina dos deveres do tráfego deixou intacto o sistema dos tipos legais genéricos do direito delitual alemão. A função de sucedâneo dos deveres do tráfego em relação às normas de protecção, defendida por VON BAR, impõe a igualdade de tratamento com as normas de protecção[418].

"Uma delimitação do fim de protecção dos deveres de segurança no tráfego não pressupõe que sejam enquadrados como normas de protecção como alguma doutrina defende; a exclusão do círculo de pessoas protegido pelo dever de segurança no tráfego violado, tal como a investigação da questão se o bem jurídico violado do lesado recai sob o interesse protegido, são também necessárias para se compreender que, como defende o Zivilsenat, não havendo motivo para o seu abandono, os deveres do tráfego são deveres de comportamento fixados pelos bens de protecção do § 823 I e relacionados com as relações sociais.". O VI.º *Zivilsenat* manifestou-se, pela primeira vez, sobre a recondução dos deveres do tráfego aos dois tipos legais básicos do § 823 BGB e manifestou a sua vontade inequívoca de querer deixá-los onde nasceram e cresceram historicamente: no § 823 I BGB. Assim, esta jurisprudência recusa a autonomização dos deveres de tráfego para a protecção de interesses patrimoniais puros, não colocando em causa outras equiparações dogmáticas entre as normas de protecção e os deveres do tráfego. Para VON BAR, é cada vez mais claro o facto de que normas de protecção e deveres do tráfego, que se cruzam muitas vezes pelo seu conteúdo, se orientarem não só por uma sentença de ilicitude relacionada com a acção, mas também por correspondências ao nível da culpa, da distribuição do ónus da prova (onde a responsabilidade por violação de deveres do tráfego, por vezes, é mais rigorosa do que a resultante da violação de normas de protecção) e da determinação de área da protecção.

[416] CHRISTIAN VON BAR, *Verkehrspflichten*, 165.
[417] CHRISTIAN VON BAR, *Verkehrspflichten*, p. 168.
[418] CHRISTIAN VON BAR, *Verkehrspflichten*, pp. 169-177.

Evolução Histórico-Dogmática   153

As teses de von Bar sublinham o papel dos deveres do tráfego no sistema delitual. Explicite-se que as suas teses podem ser vistas sob duas perspectivas: *i)* as normas de protecção perderiam parte da sua relevância, na medida em que poderiam surgir como deveres de tráfego de origem jurisprudencial ou, numa outra perspectiva: *ii)* ganhariam maior importância, na medida em que os deveres de tráfego são concebidos como verdadeiras normas de protecção, alargando o seu conceito. No entanto, na nossa óptica, a maior crítica às teses de Von Bar assenta na equiparação entre deveres do tráfego e normas de protecção e na autonomização de deveres do tráfego para protecção de meros interesses puramente patrimonais que implicaria a destruição pura e simples do conceito de normas de protecção.

7.2.9. *As teses de Honsell (1983)*

I. Thomas Honsell, no seu estudo *Der Verstoß gegen Schutzgesetz im Sinne des § 823 Abs. 2 BGB,* analisa o papel das normas de protecção no contexto do direito delitual alemão tentando delimitar as normas que podem ter esse carácter e delineando, igualmente, algumas propostas em matéria de pressupostos deste *Tatbestand* delitual. O § 823 II BGB estabelece a obrigação de indemnizar daquele que violou uma disposição legal cujo fim consiste na protecção de pessoas individualmente consideradas. Mais uma vez é analisada por este Autor a tendência de equiparar as normas de protecção a uma concepção material de lei. Com efeito, a doutrina e a jurisprudência alemãs consideram como normas de protecção as leis em sentido material e não só em sentido formal. Tal significa que pode ser qualificada como norma de protecção qualquer disposição que proíba ou imponha uma determinada conduta e vise a protecção de determinados indivíduos. Para que uma norma seja considerada de protecção é decisivo que a sua finalidade resida na protecção de um indivíduo ou de um círculo mais ou menos determinado de pessoas, excluindo-se as normas que tutelam os interesses públicos e a colectividade *(Allgemeinheit),* ainda que algumas normas que protegem a colectividade também se destinem, simultaneamente, a tutelar interesses particulares *(Einzelner Verkehrsteilnehmer)*[419]. De acordo com a jurisprudência, os interesses particulares não devem ser tutelados de forma indirecta ou reflexa. O indivíduo deve dis-

---

[419] Neste sentido, Bistritztki, *Voraussetzungen für die Qualifikation einer Norm als Schutzgesetz im Sinne des § 823 Abs. 2 BGB,* Diss. München, 1981, p. 44.

154   *Normas de Protecção e Danos Puramente Patrimoniais*

por de meios próprios, *inclusive* de Direito público, para a tutela do seu círculo de interesses contra aquele que infringe a proibição legal e lesa o seu interesse legítimo. Os interesses legítimos devem ser suficientemente determinados, podendo a concretização da norma jurídica ocorrer por via de acto administrativo.

Um outro ponto fundamental consiste na articulação do âmbito pessoal e material de protecção: só são protegidas certas pessoas em relação a determinado tipo de danos. No âmbito material de protecção encontram-se, por vezes, interesses puramente patrimoniais. Os pressupostos da responsabilidade delitual são os que resultam da norma de protecção, o que significa que a ilicitude e a culpa devem ser analisadas em função desta. Apesar do âmbito normativo do § 823 I e § 823 II BGB serem distintos, funcionalmente são de valor idêntico, na medida em que em ambos existe um dever do tráfego, com a diferença que, no do § 823 I BGB, esse dever é concretizado pela jurisprudência e, no do § 823 II BGB, é tipificado pelo legislador através da norma de protecção. Uma outra diferença entre as duas disposições referidas relaciona-se com o ónus da prova. Há um certo aligeiramento do ónus da prova da culpa no § 823 II BGB, na medida que ao lesado basta provar a violação da norma de protecção, presumindo-se a culpa, ainda que esta presunção tenha sido mitigada pela jurisprudência do BGH, que defende que a violação objectiva do tipo só indicia a culpa quando a norma de protecção tenha tipificado o facto ilícito de forma tão concreta e inequívoca que o seu preenchimento permita concluir, de forma inequívoca, pelo carácter culposo da conduta.

Para HONSELL, o § 823 II BGB visa colmatar algumas insuficiências da não adopção pelo legislador alemão de um sistema de cláusula geral, tendo tido uma atenção e desenvolvimento inferiores nos manuais de Direito civil germânicos comparativamente com a violação de direitos subjectivos e com a responsabilidade contrária a um mínimo ético-jurídico. De forma diferente do § 823 I BGB, a averiguação sobre a ilicitude não levanta tantas dúvidas. Segundo a doutrina, na violação imediata de um direito, a ilicitude tem que ser averiguada. Também a questão da susceptibilidade de recurso às normas de protecção como fundamento de uma obrigação indemnizatória tem gerado, até agora, menos interesse teórico do que a questão da violação de direitos e bens jurídicos absolutos protegidos[420]. Não obstante o interesse

---

[420] THOMAS HONSELL, "Der Verstoß gegen Schutzgesetz im Sinne des § 823 Abs. 2 BGB", JA, 15 Jahrgang, Heft 3, März (1983), p. 101.

Evolução Histórico-Dogmática

pelos problemas que se colocam em torno do § 823 II BGB aumentou significativamente, como já se fez referência, desde os anos sessenta[421].

O direito indemnizatório apoiado no § 823 II BGB desempenha um papel importante. Em vários comentários encontram-se numerosas listas de normas cujo carácter de protecção foi afirmado ou negado jurisprudencialmente[422]. Com efeito, o reconhecimento das normas de protecção tem sido praticamente deixado aos tribunais. Não é, porém, suficiente que um tribunal afirme o carácter de protecção de uma disposição para que este se torne indiscutível. Na realidade as sentenças têm que permanecer criticáveis pela Ciência do Direito, sobretudo em sistemas em que o precedente não condiciona o julgamento posterior. Por outro lado, estão constantemente a ser criadas novas normas cuja qualidade de protecção deve ser justificada e fundamentada. O § 823 II BGB mantém, em princípio, aberto o círculo dos tipos legais que fundamentam a indemnização, razão pela qual se fala de um tipo legal "aberto"[423]. Assim, não seria possível especificar, nos seus pormenores, todos as condutas que obrigam à indemnização. É certo que poderia ter sido seguido o modelo legislativo alternativo de introdução de uma grande cláusula geral delitual do tipo do código civil francês[424], na qual o prejuízo ilícito-culposo constitui a obrigação de indemnização[425]. Todavia há que reconhecer que o BGB através do tipo legal aberto do § 823 II BGB, dos "outros direitos" previstos no parágrafo I e determinação do tipo cláusula geral do § 826 BGB tem garantido uma grande flexibilidade ao direito de indemnização delitual[426], o que torna

---

[421] KNÖPFLE, "Zur Problematik des Beurteilung einer Norm als Schutzgesetz im Sinne des § 823 Abs. 2 BGB", NJW, (1967), 697, BURKHARD SCHMIEDEL, *Deliktobligationen nach deutschen Kartellrecht*, 10 e ss, KARSTEN SCHMIDT, *Kartellverfahrenrecht*, 355 ss e BISTRITZKI, *Voraussetzungen für die qualifikation einer Norm als schutzgesetz im Sinne des § 823 Abs. 2 BGB*, Diss. München, 1981.

[422] EDGAR HOFMANN, *Haftplichtrecht für die Praxis*, Franz Vahlen, München, 1989, pp. 68-69, com indicação das diferentes áreas e das normas cujo carácter de protecção já foi reconhecido pela jurisprudência alemã.

[423] Acerca da função de desenvolvimento do § 823 II BGB, ERWIN DEUTSCH, *Entwicklung*, p. 389.

[424] Acerca da cláusula geral delitual no artigo 1832 do *Code*, cfr. HEIN KÖTZ, *Deliktsrecht*, 8. überarbeitete Auflage, Alfred Metzner Studienliteratur, Luchterhand, 1998, p. 10.

[425] THOMAS HONSELL, *Der Verstoß gegen Schutzgesetz*, p. 101.

[426] VON CAEMMERER, *Wandlungen des Deliktsrechts*, pp. 52-53: "*Hierauf aufbauend hat die Rechtsprechung eine Unterlassungsklage bei jeder objektiv unerlaubten Handlungen*

156 Normas de Protecção e Danos Puramente Patrimoniais

reduzida a diferença em relação à cláusula geral delitual napoleónica. Estudos comparados têm corroborado existirem poucas diferenças na resolução prática dos casos idênticos. A diferença situa-se, essencialmente, na fundamentação que tem de se orientar, segundo o BGB, pelos tipos legais individuais.

A recusa de uma grande cláusula geral delitual de tipo francês teve razões objectivas. O círculo dos eventuais titulares de uma indemnização deveria ser reduzido, segundo o legislador alemão. À partida, queriam excluir-se, em princípio, prejuízos de terceiros resultantes de delitos[427]. Por exemplo, recorrendo a um exemplo igualmente analisado por LENEL, se alguém causou a morte de uma vítima com seguro de vida, o segurador sofre um prejuízo. O § 704 I EI admitia uma pretensão indemnizatória do segurador contra o lesante do segurado, na medida em que estabelecia que se alguém causou ilicitamente um dano a outrem, dolosa ou negligentemente, por acção ou omissão, cuja ocorrência previu ou devia ter previsto, era obrigado a indemnizar o prejuízo causado, independentemente do montante do prejuízo ser ou não de prever. O facto de o segurador ser lesado por uma acção ilícita do lesante estava fora de dúvida, sendo o dano previsível. No entanto, para não exorbitar os limites razoáveis da respon-

---

gewährt, auch wenn es sicht nicht um die Verletzung eines absoluten Rechts handelte, sondern Verstöße gegen bestimmte Verhaltensnormen (§§ 823 Abs. 2, 824, 826 BGB). Grundlegen wurde die Entscheidung RGZ 60, 6 ff aus dem Jahre 1905, in der Abwehr kreditschändigender Behauptungen ging. Die Unterlassungsklage ist gegeben, wenn das Verhalten, dessem Wiederholung zu besorgen ist, den objektive Tatbestand einer ulrlaubten Handlung erfüllt. Im Gegensatz zum Schadenersatzanspruch ist Verschulden nicht Voraussetzung. De Klage dient oft gerade erst der gerichtlen Klärung, ob ein bestimmtes Verhalten zulässig ist oder nicht. Die Hauptanwendungsgebiet dieser heute gewohnheitrechtlich anerkannten Abwehrklage sind der zivilrechtliche Ehrenschutz und das Wettbewerbsrecht. Die Klage wird dabei nunmehr nich nur gewährt, wenn schon ein rechtswidriges Handeln vorlag, dessen Wiederholung zu besorgen ist, sondern auch dann, wenn eine objektiverechtwidrige Schädigung erstmalig droht. Eine Seitlang wurde angenommen, daß strafrechtliche Verfolgbarkeit die Abwehrklage für die Regel unnötig mache ausschliesse. Diese Einschränkung ist heute endgültig überwunden", p. 65.

[427] BENNO MUGDAN, *Die Gesamten Materialien zum Bürgerlichen Gesetzbuch für das Deutsche Recht*, II. Band, Recht des Schuldverhältnisse, Berlin, 1899, pp. 1072-1078, e *Zusammenstellung der gutachtlichen Äußerungen zu dem Entwurf eines Bürgerlichen Gesetzbuchs*, Band II, Äußerungen zum Recht des Schuldverhältisse, Neudruck der Aufgabe 1890, Otto Zeller, Onasbrück, 1967, 398-402. Sobre as origens do § 823 II BGB, cfr. BURKHARD SCHMIEDEL, *Deliktobligationen nach deutschen Kartellrecht*, pp. 12 e ss.

Evolução Histórico-Dogmática

sabilidade delitual, o § 823 II BGB veio corrigir o § 704 I EI, só permitindo a indemnização se se infringiu uma norma que tem por fim a protecção do lesado, excluindo a protecção a todos os terceiros que sofreram danos[428].

Com efeito, a proibição de matar dos §§ 211 e 212 StGB tem por fim exclusivamente a protecção da vítima. O legislador do BGB nem sequer considerou protegidas as pessoas com direito a alimentos em relação à vítima, o que se deduz das regras especiais dos §§ 844 II BGB, que, excepcionalmente, concede direitos indemnizatórios a credores do lesado. O exemplo do seguro de vida torna claro que os tipos legais individuais dizem não só respeito à fundamentação da responsabilidade como implicam igualmente a sua limitação. A norma de protecção restringe o círculo dos titulares do direito à indemnização e dos interesses protegidos, servindo para permitir e fundamentar indemnizações para além do § 823 I BGB, tendo uma função de complemento e de limitação, pois a infracção de quaisquer normas ou deveres de conduta não origina sempre a obrigação de indemnizar. Apenas quando a disposição legal violada tem por fim a protecção do lesado e dos seus interesses é que essa indemnização pode surgir. O § 823 II BGB configurar-se-ia, assim, como limite à cláusula geral delitual recusada pelo sistema alemão[429].

II. O § 823 II BGB exige que a causa de pedir numa acção indemnizatória se combine com outras normas. A dificuldade principal está na determinação destas *normas de referência (Bezugsnormen)*[430], designadamente no critério de identificação das disposições legais que "têm por fim

---

[428] THOMAS HONSELL, *Der Verstoß gegen Schutzgesetz*, p. 102.

[429] THOMAS HONSELL, *Der Verstoß gegen Schutzgesetz*, p. 102.

[430] Sobre esta terminologia, BURKHARD SCHMIEDEL, *Deliktobligationen nach deutschen Kartellrecht*, p. 66: "*Die Untersuchung der Sonderverbindungen regelnden Normen ist von dem Befund ausgegangen, daß die Lösung jenseits einer bloßen Exegese des § 823 Abs. 2 zu suchen sei. Von daher lautete die Frage – wie auch schon in frühenrem Zusammenhang – immer wieder, ob bestimme gesetzliche Bestimmungen "Bezugsnormen" für § 823 Abs. 2 sein könnten. Dieser Terminus ist im juristischen Sprachgebrauch unüblich. Im Zentrum der Erörterung des § 823 Abs. 2 pflegt hingegen der Begriff "Schutzgesetz" zu stehen. Er ist eine nützliche Abbreviatur, wenn er dafür stehen soll, daß eine Norm den Schutz dessen bezweckt, der als Geschädigter in Betracht gezogen wird (und zwar gerade in bezug auf das als verletzt gedachte Rechstgut und die als verwirklicht vorgestellte Gefahr)*". Cfr. *supra* p. 130 e n. 355.

a protecção de um outro". Ao contrário da posição de MERTENS, para HONSELL não se deve desistir da importância e precedência desta questão. O § 823 II BGB parte manifestamente da *norma de referência* ser de determinar geralmente e não apenas *ad hoc*. Só quando esta determinação, em abstracto, estiver realizada, é que se deve averiguar a infracção concreta da *norma de referência* e os outros pressupostos do § 823 II BGB. Impõe-se, assim, determinar se a norma é uma *norma de referência*, se o lesante infringiu essa norma, se a infracção da norma é ilícita e se se verifica culpa do lesante[431]. O carácter de norma de protecção (*Schutznormcharacter*) implica analisar a questão prévia da determinação da qualidade de lei (*Gesetzqualität*). A doutrina alemã dominante, como já foi por várias vezes referido, toma por base um conceito material de lei. Normas de protecção podem ser não só leis, em sentido formal, como também normas jurídicas de todo o tipo, como decretos, estatutos públicos, ou seja, todo o tipo de leis em sentido material[432]. Através do direito consuetudinário podem igualmente formar-se normas de protecção no sentido do BGB segundo alguma doutrina alemã como foi defendido por DEUTSCH[433]. Tendo presente este conceito material, alguma doutrina admite tratar também os deveres de segurança no tráfego como normas de protecção. O dever geral de adoptar, no interesse e para a protecção do tráfego, medidas de protecção é hoje reconhecido consuetudinariamente[434]. Chegou-se ao ponto de considerar os princípios da vida social como normas de protecção[435]. Uma

---

[431] THOMAS HONSELL, *Der Verstoß gegen Schutzgesetz*, p. 102.

[432] Resulta do artigo 2 EGBGB que lei no sentido do BGB é qualquer norma jurídica. Acerca da questão de saber se também actos administrativos interessam como normas de referência, cfr. BURKHARD SCHMIEDEL, *Deliktobligationen nach deutschen Kartellrecht*, pp. 47 ss, que afirma justamente o carácter de norma de protecção da respectiva norma de habilitação. Cfr. KARSTEN SCHMIDT, "Deliktsschutz durch Verwaltungshandeln Praxis und dogmatik der "Schutzverwaltungsakte" im Rahmen von § 823 Abs. 2 BGB", Festschrift für Albrecht Zeuner, Mohr Siebeck, Tübingen, 1994, pp. 259-277. Estes autores recusam que actos administrativos sirvam como normas de protecção.

[433] ERWIN DEUTSCH, *Entwicklung*, p. 389.

[434] Contra esta inclusão dos deveres (de segurança) no tráfego nas normas de protecção encontram-se os autores que defendem que os mesmos foram desenvolvidos com vista aos direitos e bens jurídicos protegidos no § 823 I BGB. A favor da inclusão dos deveres do tráfego no § 823 II BGB, MERTENS, *Deliktsrecht und Sonderprivatrecht*, pp. 227 e ss e p. 230 e CHRISTIAN VON BAR, *Verkehrspflichten*, pp. 163 ss.

[435] A favor, GIESEKE, "Recht am Unternehmen und Schutz des Unternehmens, Alte und neue deutsche Rechstprechung", GRUR, 52. Jahrgang, (1950), p. 310: "*Unter Schutz-*

solução deste tipo representaria a eliminação dos tipos legais individuais, transformando o § 823 II BGB numa grande cláusula geral delitual, o que é de recusar, segundo HONSELL. Uma norma da vida social não é uma norma jurídica[436].

A *norma de referência* tem que ter por objectivo uma proibição ou uma imposição (*Befehlsqualität*). Este pressuposto não é problemático, designadamente nas normas penais. Noutras normas, o carácter de proibição pode ser porventura duvidoso. O contrato de compra de terreno que viole a regra de forma é nulo; mas este comportamento não é proibido. Acções inoportunas são permitidas. Ora, o § 823 II BGB diz respeito a comportamentos não permitidos. A dificuldade surge em determinar se uma norma tem por fim a protecção individual. Segundo uma fórmula antiga, uma norma é de protecção quando visar pelo menos, além da protecção da generalidade, também a protecção de um indivíduo ou de um certo círculo de pessoas. Portanto, as disposições legais que protegem os interesses do Estado, designadamente algumas normas constitucionais e fiscais, não têm por fim a protecção individual. A sua violação interessaria, quando muito, ao próprio Estado. A fórmula corrente, em cujo cumprimento o indivíduo não tem outro interesse que um cidadão, permite excluir a qualificação da norma de protecção. No entanto, esta fórmula não permite afirmar que a norma que beneficia também o indivíduo tem por fim precisamente a sua protecção[437]. Existe uma multiplicidade de normas que visam a segurança geral, sendo de analisar se a respectiva infracção conduz ou não à possibilidade de indemnizar lesados isolados.

O § 315b StGB protege o tráfego rodoviário de intervenções perigosas. Esta disposição pode ser interpretada no sentido de servir à segurança pública ou também à protecção do indivíduo que, devido a uma infracção da norma, pode sofrer uma lesão na sua integridade física. Segundo a opinião dominante, a protecção do § 823 II BGB intervém em tais casos.

---

gesetzen sind bisher wohl nur Normen des geschriebenen Rechts (und viellecht des Gewohnheitsrechts) verstanden worden. In dieser Beziehung ist eine Erweiterung nötig! Es ist nicht einzusehen, weshalb man nicht auch allgemeine Grundsätze, die unser soziales Leben beherrschen, als Schutzgesetz ansehen kann, selbst wenn sie nicht durch Bestimmungen des Grundgesetzes oder in anderer Weise fixiert sind, vielmehr erst erschlossen werden müssen". Contra, BURKHARD SCHMIEDEL, *Deliktobligationen nach deutschen Kartellrecht*, p. 36.

[436] THOMAS HONSELL, *Der Verstoß gegen Schutzgesetz*, p. 103.

[437] BURKHARD SCHMIEDEL, *Deliktobligationen nach deutschen Kartellrecht*, p. 113 e ss.

160 Normas de Protecção e Danos Puramente Patrimoniais

Aqui, o interesse público não representa nada mais do que a soma dos interesses individuais. Nestes casos, as normas que visam proteger o corpo, a vida e a propriedade de terceiros são normas de protecção do público (*Publikumsschutznormen*)[438]. Há também uma posição, mais restrita, sobre a função do § 823 II BGB, para a qual só seriam de protecção as normas cuja transgressão viola ou põe em perigo os interesses de certos indivíduos, não se incluindo nelas as normas para protecção do público, no sentido de um número indeterminado de pessoas. Para sustentar esta posição recorre-se à posição sufragada pela Segunda Comissão contra uma responsabilidade demasiadamente alargada por negligência[439].

Quando a qualidade de norma de protecção é averiguada através da interpretação de critérios delituais, cai-se facilmente em círculos viciosos[440], pois seria circular fundamentá-la no facto de o § 823 II BGB ter por fim a protecção do prejudicado. Neste ponto, o BGH teve de utilizar a fórmula cuidadosa da "compatibilidade" com o direito delitual (*"Vereinbarkeit" mit dem Deliktsrecht*)[441].

Como o carácter de protecção de uma norma não é de fundamentar com a ajuda das normas delituais, a teleologia da própria *norma de referência* tem que visar o benefício de indivíduos ou círculos de pessoas. Não se trata ainda da apreciação da tutela do lesado, com respeito ao direito à indemnização, mas apenas do facto de se determinar se o cumprimento da norma tem por fim a protecção de outros e beneficia os seus interesses[442]. A resposta a esta questão resulta da própria norma. As normas do Código da Estrada protegem, designadamente, as pessoas dos engarrafamentos causados por acidentes. Se se concedessem direitos à indemnização a cada um que a norma beneficia e que sofre com a sua infracção qualquer prejuízo, então isso corresponderia à solução do

---

[438] THOMAS HONSELL, *Der Verstoß gegen Schutzgesetz*, p. 103, retomando a problemática analisada por TRAEGER e KNÖPFLE.

[439] THOMAS HONSELL, *Der Verstoß gegen Schutzgesetz*, pp. 103.

[440] Esta ideia da compatibilização com o sistema delitual encontrava-se já em KNÖPFLE, *Zur Problematik des Beurteilung*, p. 702, BISTRITZKI, *Voraussetzungen für die qualifikation einer Norm*, p. 38, e KNÖPFLE recusa mesmo aquilo que designa como o círculo vicioso de retirar o carácter protectivo do § 823 II BGB.

[441] THOMAS HONSELL, *Der Verstoß gegen Schutzgesetz*, p. 105.

[442] A favor da precedência desta questão também KNÖPFLE, *Zur Problematik des Beurteilung*, p. 700.

§ 704 EI[443]. O § 823 II BGB pressupõe, adicionalmente, o facto de a protecção estar intencionada. Trata-se de uma restrição que deve manter dominável o círculo dos protegidos habilitados à indemnização.

THOMAS HONSELL propõe a formulação de algumas regras que apontam para a necessidade de "compatibilização" com o direito delitual: *i)* o § 823 II BGB não protege, regra geral, o interesse de um terceiro em relação a uma violação do bem jurídico precedente (*regra 1*); *ii)* o § 823 II BGB só protege os interesses protegidos primariamente pelo § 823 I (*regra 2*); *iii)* o § 823 II BGB não protege o mero interesse no cumprimento de normas de conduta (*regra 3*); e *iv)* o § 823 II BGB não protege os interesses de bens protegidos imediatamente por outras normas (*regra 4*)[444].

---

[443] BURKHARD SCHMIEDEL, *Deliktobligationen nach deutschen Kartellrecht*, p. 149, não há protecção na proibição de caça ilícita quando *"senhoras assustadas pelo barulho da espingarda de caçadores ilícitos sofrem ataques cardíacos"*. Também o § 704 EI não teria permitido, neste caso, um direito à indemnização. O exemplo só mostra que a mera verificação da condição não chega para o preenchimento da causalidade. De resto, o carácter de norma de protecção da proibição de caça ilícita esgota-se na protecção do autorizado a caçar.

[444] Analisem-se alguns exemplos trabalhados por THOMAS HONSELL, *Der Verstoß gegen Schutzgesetz*, p. 105. Se alguém utilizou, violando o § 248 b StGB (versão antiga), um automóvel alheio para dar uma volta, lesou o interesse do proprietário ou autorizado. Um terceiro que fica ferido pelo motorista sem licença não tem direito à indemnização com base no § 823 II BGB. Ainda que o § 248 b StGB seja uma "norma de referência", é de negar o direito à indemnização do terceiro. (BGH 4-Dez.-1956, NJW, (1957), 500). O BGH fundamentou esta solução no facto da responsabilidade que resulta do trânsito rodoviário do motorista sem licença já estar regulada no § 7 III StGV. O § 248 b StGB beneficia primariamente os autorizados. A protecção de outras pessoas não está pretendida. Embora elas tivessem, talvez, também um interesse no cumprimento da norma de referência, são eliminadas do círculo dos potencialmente indemnizáveis (regra 1). A doutrina examina na norma de protecção se o lesado se conta entre o círculo de pessoas protegido pela norma. Certamente, esta questão é de incluir de forma abstracta na verificação do carácter de norma de protecção. Só em relação às pessoas protegidas de forma imediata pela norma é de afirmar o seu carácter de norma de protecção. Uma constelação de interesses semelhantes resulta do § 142 StGB (versão antiga). Protegida imediatamente é a parte contrária do acidente. Perante um terceiro que fica prejudicado na perseguição do fugitivo em caso de acidente, o § 142 StGB não serve como norma de protecção, por a protecção de um outro o preceder (BGH 18-Jan.-1980, NJW, (1981), 750). A regra 1, segundo a qual só se pretende a protecção de quem fica afectado imediatamente por uma infracção da norma, ajuda a determinar a área de protecção pessoal. Problemas de delimitação mais difíceis surgem quando estiverem incluídos, no mesmo círculo de pessoas, interesses heterogé-

III. Em matéria de pressupostos da responsabilidade civil por violação de normas de protecção, o § 823 II BGB não indica expressamente a ilicitude como pressuposto, supondo que a violação de lei é ilícita. Uma infracção de norma é ilícita mesmo que o agente tenha adoptado todos os cuidados, *v.g.* tenha passado um sinal *stop* não reconhecível por causa das condições concretas. Todavia, as razões de justificação da legítima defesa e de outras causas de exclusão da ilicitude são de ter em consideração[445].

Alguma doutrina admite uma culpa reduzida (*verkürtze Verschuldensbezug*) e a inversão do ónus da prova relativamente à culpa[446]. O § 823 II BGB pressupõe que o titular do dever de indemnização tenha infringido culposamente a norma de protecção. Segundo a posição corrente, interessam só a previsibilidade e a evitabilidade do comportamento contrário à norma por o § 823 II BGB, ao contrário do § 823 I BGB, não se referir a um resultado ilícito. Isto é equívoco, na medida em que os tipos legais de muitas *normas de referência* pressupõem um resultado (*Verletzungserfolg*) ou, pelo menos, um resultado de colocação em perigo (*Gefährdungserfolg*). A culpa tem que se referir ao tipo legal. O que significa que o ponto de referência da culpa é a ilicitude. Em delitos de perigo abstracto, proibindo certos tipos de comportamento independentemente do resultado, a culpa é de pressupor só relativamente ao comportamento que *põe em perigo*. Nestes delitos, o tipo legal não exige mais. Esta exigência diminuída pode ser vantajosa para o lesado comparativamente com os pressupostos de uma responsabilidade segundo o § 823 I BGB. Em sentido contrário, uma posição exige igualmente que a culpa abranja a violação dos interesses que fundamenta a responsabilidade. Esta solução equipara os pressupostos da culpa do § 823 I e do II BGB. A responsabilidade pela violação da norma de protecção não se estende a todas as consequên-

---

neos. Também na determinação da área de protecção objectiva de uma norma, o critério dos protegidos imediatos/mediatos da regra 2 pode ser útil. Todavia, esta limitação não deve ser mal entendida, pois, quando o lesado for prejudicado num interesse imediatamente coberto pela norma, pode exigir indemnização do prejuízo completo daí resultante. Como critério para a protecção de bens, segundo o § 823 II BGB, deve ser exigida a violação de interesses imediatos. Argumentos da estrutura, do contexto sistemático e das origens da respectiva norma de referência mantêm igualmente o seu valor.

[445] Thomas Honsell, *Der Verstoß gegen Schutzgesetz*, 108.
[446] von Caemmerer, *Wandlungen des Deliktsrechts*, p.76.

Evolução Histórico-Dogmática

cias possíveis, mas só àquelas que resultam da violação do interesse imediatamente protegido. A violação de interesses é geralmente previsível; por esta razão, atendendo ao encurtamento da culpa, o círculo das pessoas e dos interesses protegidos tem que ser traçado estreitamente. Por isso, só são de considerar posições de protecção imediatas e reconhecíveis[447].

Controversa é também a questão de saber se a culpa pressuposta pelo 823 II BGB tem que se relacionar com a ilicitude ou se o lesante pode objectar o facto de não ter conhecido, e também não ter tido que conhecer, a *norma de referência*. Segundo a posição dominante, esta objecção é admissível. O desconhecimento desculpável exonera o lesante da culpa[448], porém, a culpa pode resultar do facto de não se terem recolhido informações. A necessidade de cumprimento de deveres de informação, por vezes específicos da profissão, será tanto maior quanto mais óbvio for o interesse de protecção de terceiros. Podem surgir dificuldades acrescidas em *normas de referência,* na maioria das vezes penais, que só proíbem a acção dolosa[449]. Segundo o § 17 StGB[450], que fixou a teoria da culpa, o erro de proibição, evitável, conduz apenas à atenuação da pena (§ 49 I StGB)[451]. A regra de que uma norma de protecção, sancionando apenas o dolo, pode provocar também a consequência de indemnização civil, sofre aqui, aparentemente, uma excepção. Se a infracção da norma de protecção penal estiver completa pelo dolo, então chega para a sanção civil a mera negligência. Se no tipo legal da norma de protecção não estiver prevista a culpa, tem que existir, pelo menos, negligência. Um exemplo de uma tal norma é o § 858 BGB[452].

Na doutrina alemã afirma-se frequentemente que a violação de uma norma de protecção objectiva conduz à inversão do ónus da prova relativamente à culpa. O lesante, segundo esta tese, que preencheu com sua conduta a norma de protecção tem que provar não ter culpa. No que concerne a *normas de referência,* que podem ser infringidas sem culpa, esta tese não

---

[447] THOMAS HONSELL, *Der Verstoß gegen Schutzgesetz*, p. 108.

[448] BGH 5-Nov.-1976, NJW, (1977), 763.

[449] BURKHARD SCHMIEDEL, *Deliktobligationen nach deutschen Kartellrecht*, p. 81 e ss.

[450] Cfr. KINDHÄUSER, NEUMANN, PAEFFGEN, *Strafgesetzbuch*, Band 1. 2. Auflage, NomosKommentar, Nomos, 2005, 572 e ss.

[451] WEITNAUER, *§ 823 II BGB und die Schuldtheorie*, p. 631, e WIETHÖLTER, *§ 823 II BGB und die Schuldtheorie*, p. 205.

[452] THOMAS HONSELL, *Der Verstoß gegen Schutzgesetz*, p. 108.

pode ser defendida. Com efeito, um acto proibido pode ser cometido sem qualquer culpa. A culpa no sentido do § 823 II BGB tem ser provada adicionalmente numa infracção do § 858 BGB para haver direito à indemnização. Abstraindo do caso raro de uma infracção de norma de protecção independente de culpa, a inversão do ónus da prova não é de subscrever, segundo HONSELL, uma vez que se baseia na ideia errada de todas as infracções de norma serem de considerar previsíveis e evitáveis. A culpa é um pressuposto de tipo legal, independente do § 823 II BGB. Por isso, previsibilidade e evitabilidade da infracção da norma são de provar pelo lesado. Em tipos de comportamento evidentemente perigosos do lesante, o lesado poderá ser ajudado a provar a culpa com uma prova de probabilidade. Vigora, no Direito civil, um critério de culpa objectivo, orientado pelo cuidado habitual no tráfego. Portanto, o lesado não tem que provar a previsibilidade e a evitabilidade individuais, mas só por critérios habituais no tráfego e, eventualmente, também específicos de grupos[453].

Em síntese conclusiva, segundo as teses de HONSELL, o § 823 II completa a protecção jurídica delitual para além da protecção concedida pelo § 823 I e pelo § 826 BGB. O lesado não tem que o ter sido pela violação de um direito ou de um bem jurídico, nem através de um comportamento doloso do lesante contrário aos bons costumes. O § 823 II é um tipo legal aberto, mas a protecção concedida está sujeita a uma limitação importante: só a infracção de uma disposição legal que tem por fim a protecção individual, origina o dever de indemnização. Qualquer norma jurídica com carácter de norma proibitiva ou impositiva pode ser considerada de protecção. O carácter de protecção é de determinar na área de protecção pessoal e material da norma, sendo de ter em conta não só o fim da norma, como também a compatibilidade da protecção de interesses com o direito delitual, em particular com o objectivo do legislador em manter dominável o círculo dos titulares da indemnização. Só a protecção de interesses imediatos é pretendida pela norma. Se for certo que o interesse particular está protegido, há que examinar a infracção da norma, a violação concreta do interesse e a relação adequada entre ambas (causalidade). Finalmente, a infracção da norma tem que ser ilícita e haver culpa do lesante. A culpa, segundo HONSELL, respeita ao tipo legal da violação da norma de protec-

---

[453] THOMAS HONSELL, *Der Verstoß gegen Schutzgesetz*, p. 108.

Evolução Histórico-Dogmática 165

ção (ilícita) e não ao interesse prejudicado do lesado. O ónus da prova da culpa cabe ao lesado[454].

7.2.10. As teses de PETERS (1983)

I. PETERS aborda o § 823 II BGB na sua técnica legislativa e nas consequências que a mesma implica quer na qualificação, quer na interpretação das normas de protecção[455]. Do ponto de vista da técnica legislativa, o § 823 II BGB ocupa uma posição singular entre os três tipos básicos do direito delitual. De forma diferente dos §§ 823 I e 826 BGB, aquela disposição não estabelece pormenorizadamente quando há lugar à obrigação de indemnizar; antes pelo contrário, obtém relevância só através de outras normas, às quais se refere, que têm de ser "leis" e de ter "por fim a protecção de outrem". A dimensão desta referência torna-se mais nítida quando se toma em consideração o artigo 2 EGBGB, segundo o qual "lei" é "qualquer norma jurídica"[456]. Esta técnica de utilizar uma norma com uma remissão global, provocou, nos tempos iniciais do BGB, como já foi referido, estranheza[457]. A jurisprudência alemã, muitas vezes, evita

---

[454] THOMAS HONSELL, *Der Verstoß gegen Schutzgesetz*, p. 109.

[455] FRANK PETERS, "Zur Gesetzestechnik des §823 II BGB", JZ, (1983), pp. 913 e ss.

[456] Portanto, potencialmente, é de tomar em consideração a ordem jurídica inteira, o que em relação ao direito alemão abrange o direito federal e o dos estados federados, as leis formais ou decretos, os estatutos municipais, porventura os contratos colectivos de trabalho, os contratos estatais e o direito da União Europeia. Assim, nos respectivos comentários, as listas de normas às quais a jurisprudência recorreu para completar o § 823 II BGB são impressionantemente extensas. Nunca se conseguirá alcançar um catálogo completo de todas as normas de protecção, ainda que se possam desenvolver critérios meramente formais para responder à questão de saber se uma norma tem ou não carácter de norma de protecção, FRANK PETERS, *Zur Gesetzestechnik*, p. 913.

[457] Mesmo que a doutrina se tenha habituado paulatinamente ao § 823 II BGB e tente até alargar o seu âmbito de aplicação através do reconhecimento de *"princípios gerais, que dominam a vida social, como normas de protecção"* (GIESEKE, "Recht am Unternehmen und Schutz des Unternehmens, Alte und neue deutsche Rechstprechung", GRUR, 52. Jahrgang, (1950), p. 310), e da inclusão dos deveres do tráfego não no § 823 I BGB mas sim no § 823 II BGB (DEUTSCH, *Haftungsrecht*, p. 130), defende que deveres não escritos protegem danos puramente patrimonais funcionando como verdadeiras normas de protecção, em especial deveres profissionais (CHRISTIAN VON BAR, *Verkehrspflichten*, pp. 157 e ss). Apesar das críticas de CANARIS, *Schutzgesetze*, pp. 77 e ss, é perceptível, mesmo assim, um certo mal-estar. BURKHARD SCHMIEDEL *Deliktobligationen nach deutschen Kartellrecht*,

o § 823 II BGB e trabalha essencialmente com os §§ 823 I e 826 BGB, com a *culpa in contrahendo* e com a violação positiva do contrato. Este receio da jurisprudência em relação ao § 823 II BGB é compreensível e baseia-se no facto de não só uma violação de propriedade, no sentido do § 823 I BGB, ser mais fácil de averiguar, do que no âmbito do § 823 II BGB um crime de roubo ou de dano. Por outro lado, há falta de experiência na utilização do conceito de norma de protecção. As normas de protecção não são leis completas, mas disposições isoladas. Trata-se de normas de ordem ou de proibição. A referência a que só a protecção da generalidade tenha sido intencionada pelo legislador surge como pouco útil para a qualificação das normas de protecção, pois só permite eliminar casos tão inequívocos como as normas penais sobre a alta traição[458].

É fundamental averiguar o fim concreto que se protege individualmente na disposição isolada, não havendo naturalmente uma norma de protecção *per se*, tendo que se indagar quem, com respeito a que interesses relevantes, em termos jurídicos, e de que perigos se pretende proteger. No entanto, é frequente que as normas não indiquem os seus escopos, não sendo habitual formulá-las de modo tão concreto como tem sido exigido para a aplicação do § 823 II BGB. Por isso, o intérprete-aplicador é chamado a investigar a vontade do legislador. Apesar dos resultados do trabalho de interpretação da jurisprudência serem plausíveis e aceitáveis, a margem de manobra considerável de que goza, que quase a leva a desempenhar o papel de uma espécie de legislador suplente, deve levar-nos a questionar até que ponto esta sua função é legítima[459].

PETERS preconizava que numa reforma do direito delitual dever-se-ia ponderar a revisão do § 823 II BGB[460]. Alguns progressos obtidos noutras áreas deveriam igualmente ser considerados em Direito civil, designadamente as exigências que resultam da Constituição. Quando o § 823 II BGB estatui deveres de indemnização como sanção por certas violações de normas, pode actuar sobre comportamentos que estão sob a protecção de

---

pp. 11 e 28, designa o § 823 II BGB, como "de modo nenhum imediatamente evidente", "estranho", parecendo ter algo de mera casualidade. Cfr. sobre esta atitude *supra* p. 102.

[458] CANARIS, *Schutzgesetze*, p. 46 e BURKHARD SCHMIEDEL, *Deliktobligationen nach deutschen Kartellrecht*, p. 115.

[459] FRANK PETERS, *Zur Gesetzestechnik*, p. 914.

[460] Essa revisão não veio a acontecer na reforma do BGB de 2001/2002.

direitos fundamentais, em particular, dos artigos 2 e 12 GG. Todavia, esta circunstância só por si não obrigaria a recorrer às normas constitucionais como critério de exame para o § 823 II BGB, pois tal já teria sido tido em conta na criação das respectivas normas de protecção. A proibição de um certo tipo de exercício profissional tem que ser compatível com o artigo 12 GG. Se a compatibilidade estiver reconhecida, parece dificilmente defensável que uma proibição associada a uma obrigação de indemnizar tenha de ser articulada com o respectivo direito fundamental. Quando muito o § 823 II BGB poderia alcançar um enquadramento de direito fundamental no artigo 14 GG[461].

Assim, o critério do exame constitucional só pode ser da ordem da legalidade (artigo 20 III GG). O princípio da reserva da lei foi desenvolvido para intervenções estatais em posições jurídicas privadas e não para as relações de pessoas privadas entre si. Isto resulta da vinculação à lei dos tribunais que determinam a indemnização segundo o artigo 20 III GG. Esta solução é reconhecida há muito na doutrina civil, mesmo que nem sempre fundamentada no artigo 20 III GG, pois a indemnização só pode ser concedida quando se verifique uma causa de pedir correspondente. Uma obrigação de indemnizar com base na equidade é estranha ao Direito civil[462].

A reserva de lei parece, em consequência, também razoável na responsabilidade delitual. Primeiro, o princípio da reparação integral, ao prescindir da situação do lesante, tem como consequência que a obrigação de indemnização pode atingir facilmente uma dimensão significativa. Segundo, o lesante pode ser atingido de forma mais grave pelas consequências civis da sua acção do que pelas penais, para as quais vigora a reserva da lei. A responsabilidade delitual pressupõe ilicitude e culpa, con-

---

[461] FRANK PETERS, *Zur Gesetzestechnik*, p. 914.

[462] WALTER WILBURG, "Desenvolvimento de um sistema móvel no Direito Civil" (trad. Dora Moreira de Sousa e Raul Guichard), oração inaugural proferida na investidura como *rector magnificus* da Universidade Karl-Frazens de Graz, a 22 de Novembro de 1950, Direito e Justiça, vol. XIV, (2000), Tomo 3, 58, apresenta a equidade como permitindo romper formas rígidas na aplicação da lei pelo reconhecimento de razões de natureza social. Sobre a equidade, cfr. MENEZES CORDEIRO, "A decisão segundo a equidade", Dir, 122.º, (1990), II, pp. 261-280, como decisão tomada à luz do Direito e de acordo com directrizes jurídicas dimanadas pelas normas jurídicas estritas, partindo do direito positivo enquanto expressão histórica máxima da justiça, alijando elementos técnicos e formais.

168 Normas de Protecção e Danos Puramente Patrimoniais

duzindo a um juízo de desvalor a não desprezar na avaliação sobre a actuação do lesante[463].

Regista-se, assim, a proximidade da obrigação de indemnização ao ilícito penal, para o qual foi desenvolvido originalmente o princípio da reserva da lei. Este princípio vincula as normas que proibem certas condutas. Com efeito, a reserva de lei deve vigorar para a obrigação de indemnizar delitual, atendendo ao seu carácter gravoso. A exigência de clareza jurídica é de colocar nesta área com especial insistência; pode formular-se uma *teoria da essencialidade* que aponte para que tenha de ser o próprio legislador a tomar as decisões essenciais. Esta teoria, em matéria de responsabilidade aquiliana, levanta a questão fundamental da determinação até que ponto pode ser concedida margem à jurisprudência na tomada dessas decisões. Acresce que no sistema jurídico alemão verificam-se particulares problemas na função legislativa, uma vez que existem no ordenamento jurídico alemão dois legisladores: o do Estado federal e o do estado federado ou até local. Esta responsabilidade dividida faz recear que nenhum legislador esteja suficientemente consciente das consequências jurídicas resultantes da competência legislativa que exerce[464].

Segundo PETERS, défices de certeza presentes nas cláusulas gerais são de aceitar, quando, por um lado, existir uma certa necessidade de regulamentação e, por outro lado, não for possível uma maior concretização. Em primeiro lugar, podem inferir-se da fórmula legislativa do § 823 BGB dois enunciados distintos: um dano tem de ter sido causado; e a culpa tem de estar envolvida. A produção do dano não chega para a fundamentação da responsabilidade, sendo necessários critérios de imputação, como a perigosidade especial da acção (responsabilidade pelo risco) ou a culpa (responsabilidade por culpa). A existência de um prejuízo compreende-se no direito à indemnização por razões lógicas. Sobre os outros elementos do tipo legal, que fundamentam a responsabilidade, tem que informar a norma de protecção[465].

II. No § 823 II BGB as normas de protecção são abordadas por critérios gerais que necessitam de interpretação: "lei que tem por fim a protecção de outrem". Deste modo, a existência de uma norma de protecção

---

[463] FRANK PETERS, *Zur Gesetzestechnik*, p. 914.
[464] FRANK PETERS, *Zur Gesetzestechnik*, p. 915.
[465] FRANK PETERS, *Zur Gesetzestechnik*, p. 915.

Evolução Histórico-Dogmática 169

tem de ser determinada com o auxílio do artigo 2 EGBGB. Norma de protecção não é qualquer norma jurídica, mas aquela que cumpre certas exigências formais, das quais a mais importante é a de que na sua estrutura corresponda a uma norma de ordem ou de proibição[466]. No entanto, este critério, aparentemente tão claro, torna-se de difícil utilização quando se está em presença de normas que fazem depender a proibição de certos comportamento de uma decisão administrativa[467].

Para PETERS, o reenvio do § 823 II BGB é determinado, de maneira decisiva, pelo segundo elemento, ou seja, pelo fim de protecção da lei. Ora, este aspecto só em casos excepcionais pode ser inferido de forma imediata do teor das normas, porque não é comum estas identificarem expressamente os seus fins. Quando muito, isto acontece em diplomas globais e não em normas isoladas, sendo que só estas são relevantes para o § 823 II BGB. Normalmente são apenas formulados os fins gerais das leis relacionados com o interesse público, os pormenores da protecção individual ficam em aberto. Assim, não é possível uma aplicação do § 823 II BGB sem um trabalho de interpretação significativo[468].

O fim da lei é geralmente relevante na interpretação jurídica, constituindo um entre os vários elementos da interpretação que se encontram à disposição do operador jurídico; no entanto, o § 823 II BGB transforma-o aparentemente no objectivo único da interpretação. Em certos casos pode prescindir-se da sua averiguação, quando os outros elementos de interpretação fornecem uma base suficientemente sólida para a decisão a tomar, seja negativamente, no sentido da disposição não poder ser considerada uma norma de protecção, seja positivamente, no sentido de estar finalisticamente orientada para a protecção de uma determinada pessoa, nos seus interesses juridicamente relevantes, de determinados perigos. Para além disso, o fim da norma tem uma importância central quando está em jogo a analogia. Uma lacuna pode ser preenchida com ajuda de uma norma existente quando o fim da norma o permitir[469].

PETERS chama a atenção que, em muitas situações, pode duvidar-se se uma afirmação inequívoca sobre o fim de protecção da norma é possí-

---

[466] BURKHARD SCHMIEDEL, *Deliktobligationen nach deutschen Kartellrecht*, p. 32 e 33.

[467] FRANK PETERS, *Zur Gesetzestechnik*, pp. 915-916.

[468] FRANK PETERS, *Zur Gesetzestechnik*, p. 916 e KNÖPFLE, *Zur Problematik des Beurteilung*, p. 697.

[469] FRANK PETERS, *Zur Gesetzestechnik*, p. 916.

vel e se este pode ser suficientemente sustentado em termos argumentativos ou se não se está a "perguntar demais" às normas. Frequentemente, o resultado pode ser justificável e até plausível, mas seria possível sem mais ao *advocatus diaboli* construir de maneira igualmente convincente uma contra argumentação[470].

As normas que interessam para o § 823 II BGB são em tal número que não podem ser todas justificadas por uma ideia de justiça. Com efeito, basta pensar na proibição de circular na faixa do lado esquerdo de uma via de trânsito[471] ou na lei sobre o encerramento obrigatório de lojas a determinadas horas[472]. Poder-se-ia tentar traçar a fronteira da indemnização com base numa distinção entre favorecidos "imediatos" e "mediatos", como defendem SCHMIEDEL[473] e HONSELL. Estas delimitações estão, porém, carregadas de incerteza e não corresponderiam ao teor da lei, para a qual a indemnização deve depender dos "fins" da norma de protecção, ou seja, das "intenções" do legislador, que pode não ter querido apenas um favorecido imediato mas, igualmente, um mediato. Com as "intenções" do legislador abre-se um largo espectro de possibilidades. O § 823 II BGB nada refere sobre se a protecção da pessoa em causa tem que estar intencionada, ou se o legislador tem que ter integrado expressamente na sua vontade também a consequência jurídica do § 823 II BGB[474].

A interpretação histórica das normas de protecção exige alguma atenção sobre as intenções do legislador. Intenções sem um sujeito não são

---

[470] FRANK PETERS, *Zur Gesetzestechnik*, p. 916.

[471] Norma de protecção a favor do tráfego que ultrapassa e do tráfego em sentido oposto em direcção longitudinal, segundo BGH 19-Mai.-1981, NJW, (1981), 2301.

[472] Não só nas normas de justiça como também nas meras normas de ordem, o círculo das pessoas objectivamente favorecidas é extremamente extenso. Com a norma aproveitam, por exemplo, na proibição de circular na faixa do lado esquerdo, os outros automobilistas, os peões, que se conseguem orientar mais facilmente, mas também as pessoas cujos familiares chegam mais rápida e seguramente a casa. Vantagens da lei do encerramento obrigatório de lojas, a determinadas horas, têm-nas os trabalhadores, que são protegidos do cansaço, os clientes que, por um lado, sabem quando já não vale a pena ir à loja e, por outro, encontram trabalhadores mais repousados e, finalmente, as empresas mais pequenas, que assim conseguem defender-se da concorrência das empresas maiores. É evidente que, apesar de todas estas pessoas serem objectivamente favorecidas, não devem poder exigir indemnização através do § 823 II BGB, em caso de infracção de norma. FRANK PETERS, *Zur Gesetzestechnik*, p. 916.

[473] BURKHARD SCHMIEDEL, *Deliktobligationen nach deutschen Kartellrecht*, p. 95.

[474] FRANK PETERS, *Zur Gesetzestechnik*, pp. 916-917.

Evolução Histórico-Dogmática

imagináveis. O § 823 II BGB, ao apontar para o legislador histórico, coloca especiais dificuldades quando se trata de leis antigas ou de leis mais recentes, mas com uma longa tradição, que foram evoluindo. É o caso das disposições penais sobre fraude, roubo e dano, que foram criadas sob condições económicas e sociais completamente diferentes das actuais e cujos objectivos eram muito distanciados dos presentes. A situação em relação às leis mais recentes não é melhor. Não são conhecidas normalmente as ideias dos deputados que as votaram. É difícil identificar as pessoas que participaram no procedimento legislativo (*v.g.* comissões e gabinetes ministeriais). As suas justificações são transmitidas só parcial e incompletamente nas exposições de motivos, podendo não ter ponderado protecções isoladas. Finalmente, as condições reais, desde a promulgação da norma, podem também mudar de tal maneira que os escopos iniciais fiquem ultrapassados, embora não se proceda à sua alteração por, agora, se justificar por outra razão. PETERS propõe, para evitar todas estas incertezas, que a interpretação se dirija a um legislador objectivo e não a um legislador histórico, como defende SCHMIEDEL, passando a faltar um sujeito concreto para determinar os fins e as intenções das normas, pelo que passariam a ser os intérpretes das normas a influenciar a sua interpretação[475].

Os trabalhos preparatórios, eventualmente existentes, desempenharão um papel significativo, apesar de serem de difícil acesso, uma vez que não são, em regra, publicados, o que está na origem de défices de clareza jurídica. Tendo em consideração estas dificuldades, o carácter de protecção de uma norma é muitas vezes formal ou baseado em precedentes[476]. Por outro lado, a técnica de reenvio do § 823 II BGB é dificilmente inteligível, não se conseguindo conhecer a direcção e a dimensão do reenvio. Mesmo com um trabalho interpretativo cuidadoso, os resultados são muitas vezes duvidosos. Assim, só a jurisprudência, que se concentra nos catálogos de normas de protecção incluídos nos comentários ao BGB, alcança alguma segurança. Todavia, PETERS adverte que uma norma, que é de protecção para A, pode não o ser, de modo algum, para B, desde que o seu prejuízo se tenha realizado de modo diferente do de A. Se a obrigação de indemnização for o conteúdo "essencial" de uma norma, o legislador

---

[475] FRANK PETERS, *Zur Gesetzestechnik*, p. 917. Cfr. *supra* p. 132.
[476] FRANK PETERS, *Zur Gesetzestechnik*, p. 917.

172   *Normas de Protecção e Danos Puramente Patrimoniais*

optou conscientemente pela responsabilidade, não podendo esta resultar mais ou menos por acaso, mas de uma ponderação objectiva das vantagens e inconvenientes[477].

O § 823 II BGB põe em causa a responsabilidade do legislador na formulação de normas de responsabilidade delitual. Procura-se, em vão, um legislador a quem possa imputar-se inteira ou parcialmente a responsabilidade. O legislador do § 823 II BGB não conseguiu dominar o *stock* das normas de protecção. Ainda que o direito, à altura da entrada em vigor do BGB, devesse ter sido, de um modo geral, mais dominável do que actualmente, mesmo assim, não foi capaz de averiguar quais das leis existentes interessavam para o § 823 II BGB. Faltou ao legislador de então[478] uma norma semelhante ao § 823 II BGB, pois os critérios formais para a determinação das normas de protecção só foram elaborados, mais tarde, por RÜMELIN[479]. Se ainda hoje não se conhece na totalidade o círculo das normas de protecção, naquela altura deveria ser ainda mais difícil, pois faltavam critérios formais para o efeito. Os exemplos de normas de protecção constantes dos trabalhos preparatórios eram muito pobres[480]. Acresce que a dimensão total da disposição não foi pressentida naquela altura, dado que normas de protecção não são só as que já existiam em 1900. O § 823 II BGB é compreendido como um reenvio dinâmico num duplo sentido: normas de protecção são as leis nas suas respectivas existências e na sua respectiva versão. Este problema não deve ter sido equacionado pelos autores do BGB, que omitiram qualquer tentativa de dirigir o desenvolvimento das normas jurídicas, como acontece hoje, através do artigo 80, 1, 2 3 GG, na relação entre função legislativa e função regulamentar[481].

---

[477] FRANK PETERS, *Zur Gesetzestechnik*, p. 917.

[478] O § 1311 ABGB comparável, não é mencionado nos trabalhos preparatórios relativos ao § 823 II BGB e não terá tido importância na sua redacção, segundo BURKHARD SCHMIEDEL, *Deliktobligationen nach deutschen Kartellrecht*, p. 16, (n. 23).

[479] RÜMELIN, "Die Verwendung der Causalbegriffe in Straf- und Civilrecht", AcP, (1900), pp. 171 e ss, e KNÖPFLE, *Zur Problematik des Beurteilung*, p. 697.

[480] BENNO MUGDAN, Die *Gesamten Materialien zum Bürgerlichen Gesetzbuch für das Deutsche Recht*, p. 1073.

[481] Na medida em que as normas permaneciam sem alterações substanciais, o legislador de então não conseguiu imaginar as consequências do § 823 II BGB, em numerosas disposições, em que ocorreu uma mudança na avaliação da protecção de terceiros. Em geral, são de observar tendências de interpretação no sentido de alargar a protecção das leis a terceiros, sobretudo no direito da construção. Apesar desta tendência, o legislador não

Para PETERS, o legislador das respectivas normas de protecção não é responsável pelos deveres de indemnização resultantes do § 823 II BGB. Esta conclusão aplica-se ao legislador das normas de protecção anteriores ao BGB, por o § 823 II BGB não ter tido nenhum precursor (imediato), e, igualmente, ao legislador posterior, mercê de este nem sempre ponderar devidamente quais de entre as disposições por si criadas podem desenvolver uma protecção individual ou podem ser interpretadas neste sentido. De um ponto de vista meramente formal, é o legislador do BGB que estabelece o dever de indemnização, pelo que os autores das normas de protecção continuam a não reflectir sobre a questão da responsabilidade, ainda que esta esteja inteiramente nas suas mãos[482]. A paternidade dos deveres de indemnização fica assim em aberto, uma vez que tem de se determinar se são os autores do BGB ou os da norma de protecção que têm que responder pela criação de novos deveres de indemnização. Falta também clareza na relação entre o legislador federal e o legislador do estado federado e na relação com o poder regulamentar[483].

Os trabalhos preparatórios relativos à elaboração de normas de protecção revestem-se de uma importância maior do que habitualmente, pelo que justificam que indague em que medida pode ficar aberta a fronteira entre legislação e área preparatória e até que ponto as pessoas encarregues da elaboração dessas normas podem ser consideradas "o legislador". Devido às consequências desvantajosas para o lesante, a norma de protecção tem que respeitar o princípio da proporcionalidade e necessita de uma justificação objectiva para não ser arbitrária. Se o legislador quiser reprimir certas condutas, deve ter em conta o tipo de instrumento através do qual pretende atingir esse objectivo, podendo procurar dirigir o comportamento dos cidadãos através de normas penais e de outras sanções. Os mecanismos de controlo ficam também à sua escolha. Consoante a importância do objectivo, o legislador escolhe uma ou outra possibilidade, ou combina várias. A sua opção depende das condutas a que vai aplicar-se,

---

deve deixar ficar fora do seu controlo as repercussões inevitáveis da responsabilidade. Cfr. FRANK PETERS, *Zur Gesetzestechnik*, pp. 917-918.

[482] Com isso, o § 823 II BGB mostra-se uma disposição extremamente confortável para o procedimento legislativo. De resto, o legislador pode "esconder" uma obrigação de indemnização por ele querida numa versão da norma e pré-programá-la nos trabalhos preparatórios através dessa indicação, FRANK PETERS, *Zur Gesetzestechnik*, p. 918.

[483] FRANK PETERS, *Zur Gesetzestechnik*, p. 918.

174 *Normas de Protecção e Danos Puramente Patrimoniais*

sendo que certas medidas podem ser consideradas inadequadas ou excessivamente rigorosas. Finalmente, no seu conjunto, o sistema de sanções criado pelo legislador tem que ser equilibrado[484-485].

Para PETERS a possibilidade de o § 823 II BGB acrescentar um dever de indemnização ao sistema de sanções de uma lei tem que ser excepcional, uma vez que, para isso, teria de comprovar-se que o legislador da lei especial tomou directamente em consideração aquela disposição. Por regra, não existe uma opção prévia, clara, feita pelo legislador em relação às consequências jurídicas do direito à indemnização e à pretensão de abstenção de terceiros. Com efeito, o § 823 II BGB remete para a violação de uma norma de protecção, mas abstém-se de qualquer afirmação mais pormenorizada sobre o que legitima a responsabilidade, distinguindo-se claramente dos §§ 823 I e 826 BGB[486-487].

---

[484] Desde que seja reconhecida uma norma como de protecção, o seu sistema de sanções altera-se profundamente, dado que intervem adicionalmente um direito à indemnização da pessoa protegida. Para além disso, podem ser deduzidas pretensões de abstenção perante violações iminentes de normas de protecção. FRANK PETERS, *Zur Gesetzestechnik*, p. 918.

[485] A dificuldade em incluir o § 823 II BGB de forma apropriada noutros complexos de normas pode ser demonstrada com exemplos: a testemunha deve dizer a verdade perante o tribunal. Para atingir este objectivo, o legislador desenvolveu no ZPO um procedimento com diferentes soluções, *v.g.* a advertência à verdade e o procedimento na interrogação, a interrogação pelo juiz, a possibilidade de recusa em ser testemunha e, finalmente, os deveres de juramento. O StGB contém normas penais contra o falso testemunho culposo. Se se considerar estas normas penais como disposições de protecção a favor das partes litigantes, impõe-se uma pretensão de abstenção e, eventualmente, um direito à indemnização. Para chegar a uma solução convincente em matéria indemnizatória, o juiz tem que actuar criativamente – decisão judicial constitutiva muito para além da prescrição legislativa – atingindo os limites da interpretação e da sua competência neste domínio –; mesmo assim, dificilmente conseguirá obter uma solução apropriada. A consulta jurídica por pessoas não qualificadas (procuradoria ilícita) foi considerada pelo legislador um mal digno de ser combatido. (Lei sobre a consulta jurídica, de 13 de Dezembro de 1935). Todavia, pergunta-se se, neste ponto, não chega como sanção a necessidade de permissão da autoridade, e a qualificação da consulta jurídica sem autorização como contra-ordenação. FRANK PETERS, *Zur Gesetzestechnik*, p. 920.

[486] No § 823 I BGB, o titular do direito à indemnização foi atingido em bens jurídicos elementares, como a vida, o corpo, a saúde, a liberdade e a propriedade e não precisa de mais qualquer outra fundamentação. No § 826 BGB, o bem de protecção confunde-se, por serem suficientes para a fundamentação da responsabilidade prejuízos de bens gerais. Todavia, aqui é a intensidade do ataque, assente na imoralidade e na intenção, que afasta quaisquer dúvidas acerca da legitimidade da responsabilidade. No § 823 II trata-se, sem

Evolução Histórico-Dogmática   175

O § 823 II BGB nada refere acerca da "qualidade" da protecção do lesado, nem acerca da "qualidade" da responsabilidade do lesante. Não responde suficientemente a estes problemas de legitimidade pelo facto de pressupor um comportamento ilícito e culposo. No entanto, a ilicitude de um comportamento é um critério demasiado vago para que possa vincular consequências jurídicas, sendo que são necessárias restrições consideráveis para abranger os casos realmente dignos de responsabilidade. Assim, o critério de imputação da "relação de ilicitude" é necessário para afastar prejuízos manifestamente irrelevantes. Há um princípio de adequação social na não reparação de prejuízos irrelevantes ou bagatelas civis[488]. Mesmo quando a relação de ilicitude estiver preenchida, o dever de indemnização nem sempre é apropriado. Finalmente, a culpa é natural ao direito de indemnização, apesar de sozinha não conseguir fundamentar a responsabilidade, como compreendeu o legislador do BGB quando prescindiu de uma grande cláusula geral delitual de modelo francês.

Na aplicação do § 823 II BGB é fundamental que alguém decida, o que só pode caber a função jurisdicional. Em primeiro lugar, são as sentenças judiciais que têm que esclarecer o reenvio da disposição, o que lhes concede uma ampla liberdade de decisão. Só os juízes podem responder à questão, não resolvida pelo legislador, de saber se a sanção indemnizatória do § 823 II BGB é apropriada ao caso concreto e se pode ser inserida, sem problemas, no sistema de sanções das normas de protecção. Com isto, impõe-se ao juiz a obrigação de fazer política jurídica de *lege lata*, sendo discutível até que ponto pode ser uma tarefa legítima do decisor judicial actuar, numa área tão delicada, como substituto do legislador[489]. Em ter-

---

dúvida, da protecção daqueles bens jurídicos que o § 823 I BGB considera merecedores de protecção especial e cuja relevância jurídica resulta da Constituição, assim como daquelas lesões que o § 826 BGB caracteriza como sendo de desaprovar especialmente. Normalmente, não é necessário o recurso ao § 823 II BGB, por se poder trabalhar com os §§ 823 I e 826 BGB e por, nos casos a abranger exclusivamente pelo § 823 II BGB, serem frequentes aqueles em que a dignidade da protecção das posições afectadas desperta dúvidas, ou em que se põe a questão de saber se as pretensões de abstenção e até os direitos à indemnização são uma forma adequada da protecção.

[487] FRANK PETERS, *Zur Gesetzestechnik*, p. 921, (n. 93), não considera que o § 823 II seja subsidiário, mas tão-somente que é de aplicação menos confortável.

[488] Cfr. BRANDÃO PROENÇA, *A Conduta do lesado*, pp. 94-96

[489] BRÜGGEMEIER, "Judizielle Schutzpolik de lega lata – Zur Restrukturierung des BGB-Deliktsrechts", JZ, (1986), pp. 969 e ss.

176   *Normas de Protecção e Danos Puramente Patrimoniais*

mos políticos poderá, segundo PETERS, ser indicado limitar a responsabilidade a uma violação dolosa da norma de protecção[490].

III. Para PETERS a crítica ao § 823 II BGB seria menos contundente se correspondesse aos *standards* habituais e tradicionais da técnica legislativa no Direito civil. Assim há que procurar outros casos de reenvio global e, por outro lado, outras causas de pedir por direitos à indemnização[491]. Pressupostos para exigir indemnização na área delitual encontram-se no § 826 BGB na contrariedade aos bons costumes, sendo que este conceito, segundo PETERS, não pertence à área jurídica, mas sim à extra-jurídica. Apesar deste paralelismo de técnica legislativa, as duas disposições são de avaliar diferentemente. Na área do § 823 II BGB, é, em princípio, possível concretizar de forma mais pormenorizada as normas de protecção isoladas. No § 826 BGB, a natureza dos factos impede maior precisão em relação aos bons costumes. Porém, a falta de precisão é reduzida pela formação na jurisprudência de grupos de casos e justificada por se tratar de casos nos quais a responsabilidade parece irrecusável[492-493].

---

[490] SENDLER, "Zur Unabhändig des Verwaltungsrichters", NJW, (1983), pp. 1456 e ss, recomenda moderação, auto-controlo rigoroso e auto-limitação. Todavia, o § 823 II BGB deixa pouco espaço para estas virtudes. Este rigor é dificilmente fundamentado pelos meios tradicionais de interpretação da lei. A solução de CANARIS de, fora do contexto dos bens protegidos absolutamente, fazer depender as normas de protecção da sua "armação penal", tem pouco apoio nos dados positivos do § 823 II BGB.

[491] Estruturados semelhantemente, em termos de técnica de lei, estão os §§ 134 e 817 BGB relativos à nulidade do negócio e ao enriquecimento sem causa, que, apesar de tudo, são "mais necessários" do que o § 823 II BGB. Em termos de tipo legal, estas disposições têm a vantagem, em relação ao § 823 II BGB, de a referência aos bons costumes possuir força imediata. Todavia, é inegável que os "bons costumes" se podem modificar, estando sujeitos, actualmente, a transformações consideráveis e, além disso, são uma fórmula excessivamente utilizável pelas decisões judiciais. Apesar destes fenómenos, os bons costumes baseiam-se numa longa tradição, que remonta ao direito romano e que sofreu uma consolidação jurisprudencial notável, enquanto que ao § 823 II BGB falta qualquer princípio de conteúdo; o círculo das disposições de protecção não parece, ainda hoje, consolidado e é de contar com um "vaivém" contínuo de normas de protecção. Enquanto no § 138 BGB se podem formar grupos de casos, facilitando a orientação posterior, a área de responsabilidade abrangida pelo § 823 II BGB é caracterizada por uma falta de homogeneidade insuperável. PETERS, *Zur Gesetzestechnik* (n. 121). Será de discutir, ainda, se haverá alternativas ao § 823 II BGB na sua versão actual.

[492] Para PETERS é, por isso, duvidoso o facto de CHRISTIAN VON BAR querer que seja suficiente *de lege ferenda* uma causação de prejuízo negligente, *Gutachten und Vorschläge*

Quanto ao § 823 I BGB, não configura uma disposição completa como o mostram os desenvolvimentos do "direito geral de personalidade", do "direito à empresa", dos deveres de segurança no tráfego e da responsabilidade do produtor. O § 823 I BGB é, não obstante, muito mais preciso do que o § 823 II BGB. O desenvolvimento dos deveres de segurança no tráfego foi necessário por o § 823 I BGB ter sido elaborado para a violação dos bens jurídicos por actuações imediatas positivas, levantando dificuldades a sua aplicação a violações mediatas ou por omissão, em que a ilicitude necessita de uma avaliação especial. Não se trata de tipos legais de responsabilidade criados *ex novo,* mas de meros paliativos destinados a assegurar uma maior precisão a uma disposição já aplicável. Deste modo, atingiu-se um grau mais elevado de segurança jurídica do que no § 823 II BGB, em relação ao qual não se consegue avaliar de que como a jurisprudência irá aproveitar *de lege lata* a sua margem de discricionariedade e em que medida os princípios já aceites podem ser postos em causa por novos argumentos[494].

A maioria das codificações civis do continente europeu contém cláusulas gerais delituais que vinculam o dever de indemnização ao facto de alguém ter causado dano ilícita e culposamente (artigos 1382 *Code*, 41 OR, 914 ZGB, 2043 *Codice* e § 1295 ABGB). A diferença de concepção do BGB em relação aos referidos Códigos consiste no facto de a parte mais importante dos tipos legais a regulamentar ter sido abrangida pelos §§ 823 I e 826 BGB, que protegem certos bens jurídicos de certos tipos de ataque. Os casos dignos de responsabilidade não abrangidos por estas disposições devem ser dominados pelo § 823 II BGB, que se mostra, neste ponto, como uma cláusula geral, embora reduzida na sua área de aplicação[495].

Poder-se-ia recorrer aos §§ 823 I e 826 BGB como modelos para a interpretação do § 823 II BGB, como preconiza CANARIS, supondo que o

---

zur Überarbeitung des Schuldrechts II, 1981, p. 1761. Seria insuportável que um prejuízo contrário a um mínimo ético e intencional ficasse sem consequências civis só por não se ter conseguido prevê-lo e descrevê-lo mais pormenorizadamente. Esta recusa da responsabilidade não se repete no § 823 II BGB, cuja importância reside precisamente nos casos duvidosos, estando à disposição como fundamento da pretensão indemnizatória. Cfr. FRANK PETERS, *Zur Gesetzestechnik*, p. 923, (n. 125).

[493] FRANK PETERS, *Zur Gesetzestechnik*, p. 923.

[494] FRANK PETERS, *Zur Gesetzestechnik*, p. 923.

[495] FRANK PETERS, *Zur Gesetzestechnik*, p. 924.

comportamento que justifica responsabilidade pelo § 823 II BGB não precisa de cumprir nenhum dos dois outros tipos legais, mas de estar equiparado, na avaliação, aos factos ali abrangidos. Todavia, os §§ 823 I e 826 BGB, por um lado, e o § 823 II BGB, por outro, são considerados, também, neste ponto, de maneira isolada um do outro. O § 823 II BGB permanece uma norma de responsabilidade autónoma e extensa que, ao mesmo tempo, mostra características de um reenvio global e de uma cláusula geral. Em princípio, o legislador deve poder trabalhar com cláusulas gerais. Todavia, são evidentes as suas desvantagens na área do direito delitual, na medida em que desloca a responsabilidade do legislador para a jurisprudência. A jurisprudência tem que precisar a cláusula geral pela formação de grupos de casos que, no entanto, já poderiam ter sido concretizados pelo próprio legislador. Sem concretização, a jurisprudência tem mais probabilidade de resolver os casos de forma incorrecta. Com tudo isto, os contornos dos tipos legais de responsabilidade ficam incertos, o que tem como consequência uma redução da segurança jurídica. Com efeito, uma extensa cláusula geral delitual é pouco desejável[496].

PETERS entende que o legislador ao inserir o que lhe parecia relevante dos tipos básicos nos §§ 823 I e 826 BGB, atribuiu uma função de substituto ao § 823 II BGB, que serve para ajudar naqueles casos que julgou não serem dignos de um tipo positivo autónomo, que são precisamente os casos problemáticos. Efectivamente, naquelas disposições inclui-se a protecção delitual de bens jurídicos tão elementares como os da vida e da propriedade ou de prejuízos tão dignos de condenação como os causados dolosamente e contrários a um mínimo ético. A área material abrangida pelo § 823 II BGB e pelas suas normas de protecção é de uma dispersão indesmentível, o que se manifesta claramente no facto de os catálogos das disposições de protecção estarem actualmente ordenados alfabeticamente nos comentários. O que é considerado desvantajoso em relação ao § 823 II BGB também tem sido elogiado. KARSTEN SCHMIDT salientou, para a área do Direito da concorrência, que uma enumeração legal de disposições de protecção não é útil ou possível, por o legislador não poder antecipar práticas que limitam a concorrência; daí que seja de admitir algum espaço para uma política de *lege lata* aos tribunais[497].

---

[496] FRANK PETERS, *Zur Gesetzestechnik*, p. 924.

[497] FRANK PETERS, *Zur Gesetzestechnik*, p. 925. Cfr. *supra* sobre a posição de KARSTEN SCHMIDT, p. 130 e ss.

Evolução Histórico-Dogmática   179

A cláusula geral do § 823 II BGB resulta do receio de lacunas de protecção delitual. Deve salientar-se que um grande número das lacunas reduziu-se de maneira significativa desde a entrada em vigor do BGB através do alargamento da responsabilidade a outras situações básicas delituais, assim como da *culpa in contrahendo* e da violação positiva do contrato. Este desenvolvimento, que parece continuar, é de acolher, dado que tem como consequência que, actualmente o § 823 II BGB é muito menos necessário do que antigamente. O § 823 II BGB terá conduzido, ocasionalmente, a responsabilidades injustificadas, pelo que teria cabimento ter sido vinculado a pressupostos mais estreitos em matéria de culpa do que os que resultam da sua conjugação com as disposições de protecção isoladas. Finalmente, algumas lacunas de protecção devem ser admissíveis no direito de responsabilidade civil de forma semelhante ao Direito penal. Nem todo e qualquer prejuízo tem de ser transferido para o lesante. O princípio do *casum sentit dominus* continua a ter inteiramente justificação[498].

O perigo da responsabilidade não ser assegurada é hoje mais reduzido do que no início do século, quando não se conseguia com segurança dimensionar as outras situações básicas de responsabilidade. Uma reflexão sobre a possibilidade de existirem lacunas não deve esquecer o facto de, por um lado, o § 823 II BGB não garantir a sua eliminação por causa do seu critério de ilicitude, e, por outro, das lacunas existentes terem sido raramente preenchidas com sua ajuda, mas sobretudo através dos institutos da *culpa in contrahendo* e da violação positiva do contrato, bem como das outras duas situações básicas do direito delitual[499].

Em síntese, PETERS considera que do ponto de vista do Estado de Direito o § 823 II BGB parece inaceitável na sua actual formulação. Efectivamente, em razão dos critérios de reenvio, altamente inseguros, o lesante não consegue avaliar, de maneira suficientemente exacta, os riscos de responsabilidade a que fica exposto. Na verdade nem o legislador do BGB teve consciência dos deveres de indemnização criados pela disposição, nem os autores das disposições de protecção têm tido em consideração a consequência indemnizatória, uma vez que a responsabilidade pela sanção indemnizatória não pode ser atribuída a nenhum deles. Nesta situação, a jurisprudência é empurrada para o papel de um legislador substituto e obrigada a exercer política *de lege lata*. Este é, porém, um papel que não

---

[498] FRANK PETERS, *Zur Gesetzestechnik*, p. 925.
[499] FRANK PETERS, *Zur Gesetzestechnik*, p. 926.

180 *Normas de Protecção e Danos Puramente Patrimoniais*

lhe cabe, tendo em conta o rigor da sanção a impor, e que só consegue cumprir de maneira imperfeita. Em qualquer caso, não é possível à jurisprudência limitar o dever de indemnização à acção dolosa. Assim, parece irrecusável designar concretamente as normas de protecção no § 823 II BGB ou então caracterizá-las como tais. Finalmente não é recear a existência de lacunas, pois o que convem evitar são os casos de responsabilidade duvidosos. Cem anos de experiência com o § 823 II BGB criaram fundamento suficiente para a sua reformulação. A análise crítica dos catálogos de normas de protecção coloca o legislador perante problemas que só poderá resolver com muito trabalho, o que não deverá constituir um motivo de impedimento e só acentua a urgência da tarefa a realizar[500].

No contexto da presente dissertação, os principais pontos a destacar do pensamento de PETERS respeitam à chamada de atenção para a importância da Constituição no domínio das normas de protecção, no quadro da eventual configuração de um princípio da reserva de lei, para a teoria da essencialidade, que remete para o legislador a formulação das decisões fundamentais em matéria de normas de protecção e a definição de uma linha de demarcação dentro da qual a jurisprudência deve desempenhar o seu papel de mediação legislativa.

7.2.11. *As teses de CANARIS (1983)*

I. A partir dos estudos de CANARIS, a doutrina alemã passa a dar especial enfoque à relação entre as normas de protecção e os deveres do tráfego e à possibilidade de, através de ambos, se protegerem interesses puramente patrimoniais. CANARIS, em *Schutzgesetze-Verkehrpflichten-Schutzpflichten,* desenvolve um conjunto de teses nesta área, que influenciaram de forma significativa a doutrina portuguesa, em que chama a atenção para o facto dos danos puramente patrimoniais terem adquirido importância, nos últimos tempos, apesar do BGB só admitir o seu ressarcimento em moldes relativamente apertados. Com efeito, actualmente, procura-se um alargamento da responsabilidade neste domínio, recorrendo a vários fundamentos dogmáticos que exorbitam o campo das normas de protecção, tais como, "a protecção da confiança em promessas unilaterais de prestação", "a autovinculação sem contrato", "a responsabilidade pri-

---

[500] FRANK PETERS, *Zur Gesetzestechnik*, p. 926.

Evolução Histórico-Dogmática 181

vada por força do cargo" e, por fim, "os deveres do tráfego para protecção de patrimónios alheios"[501], que, para VON BAR e MERTENS, é suposto terem o carácter de normas de protecção[502].

A tese fundamental de CANARIS respeita à diferente dignidade dos bens jurídicos protegidos no âmbito do § 823 BGB. As violações do direito à integridade física seriam diferentes das violações do direito de propriedade, pelo que os deveres deveriam ser mais rigorosamente delimitados nos casos de perigo para a vida ou para a integridade física do que nos casos de perigo para a propriedade. Por outro lado, os bens jurídicos que não se encontram no catálogo do § 823 I BGB só gozariam de uma protecção reduzida. Para além da relevância do bem jurídico protegido para a interpretação do complexo sistema de responsabilidade delitual do BGB, a extensão da ilicitude e o grau de culpa são igualmente determinantes. No domínio da protecção do património, os preceitos penais que se encontram no Código Penal Alemão exigem normalmente o dolo. Por fim, na sua tese, o § 823 II BGB não pode deixar de ser interpretado em consonância com os §§ 823 I e 826 BGB para que o sistema de responsabilidade delitual não saia do equilíbrio[503].

A construção restritiva quanto à função indemnizatória na responsabilidade delitual das normas de protecção, defendida por CANARIS, assenta em diferentes argumentos. O primeiro relaciona-se com a não adopção por parte do legislador de uma grande cláusula geral de modelo napoleónico. O segundo concerna ao facto de não estar consagrada uma protecção ampla do património. Por sua vez, o equilíbrio do sistema exige que a natureza dos bens jurídicos e o conteúdo do ilícito sejam tomados em consideração na determinação do carácter de protecção de uma norma. A esta modalidade de ilicitude é atribuída, no essencial, uma função de complemento e concretização da primeira modalidade de ilicitude, mas também

---

[501] LARENZ, "Rechtswidrigkeit und Handlungsbegriff im Zivilrecht", FS Dölle, J.C.B. Mohr, (Paul Siebeck), Tübingen, 1963, p. 189, considerava que "*o círculo de bens jurídicos protegidos pelos comandos não escritos de segurança do tráfego devem ser retirados do § 823 I.*". A teoria dos deveres do tráfego para protecção de património alheio é posteriormente rejeitada por LARENZ/CANARIS, *Lehrbuch des Schuldrechts,* § 76, p. 405, (n. 119), com base no facto de o § 823 II BGB "*apenas proteger interesses patrimoniais alheios, quando a ordem jurídica tenha reconhecido a sua dignidade através de outras normas*".

[502] CANARIS, *Schutzgesetze,* pp. 29-30.

[503] CANARIS, *Schutzgesetze,* p. 32.

de abertura e alargamento nos delitos de perigo abstracto, bem como nas disposições sobre a lesão negligente de bens que não gozam de protecção absoluta. Assim, deve reconhecer-se mais facilmente o carácter de protecção a normas que concretizam um complemento de protecção da primeira modalidade de ilicitude do que propriamente quando estão em causa meros interesses patrimoniais. Nestes termos, é fundamental determinar se a norma protege um bem jurídico abrangido pelo § 823 I BGB ou não. Caso a resposta seja positiva, então a norma de protecção é uma mera concretização ou complemento da protecção do § 823 I BGB, pelo que não se verifica qualquer restrição a que seja considerada de protecção[504]. No caso da resposta ser negativa, o teor de ilicitude e culpa tem de ser próximo do § 826 do BGB. Assim, no contexto de danos puramente patrimoniais, defende um teor de ilicitude e grau de culpa próximo da responsabilidade contrária a um mínimo ético-jurídico, o que excluirá, em princípio, o ressarcimento de danos puramente patrimoniais em caso de negligência.

Os exemplos de normas de protecção que se encontram nos trabalhos preparatórios do BGB são essencialmente disposições inseridas no Código Penal Alemão e o § 858 BGB[505], o que ajuda à sua tese restritiva[506]. Porém, CANARIS admite expressamente que normas não penais funcionem como normas de protecção, dando como exemplos as disposições constantes dos §§ 907 e 909 BGB[507]. Esta posição é, no entanto, limitada aos bens jurídicos que já estão abrangidos pelo § 823 I BGB. Fora do círculo dos bens jurídicos protegidos por esta norma deve adoptar-se o *modelo da norma de protecção penal* (*Zeitbild des Strafgesetzes*) e, como critério

---

[504] Esta tese é defendida por VON LISZT desde o princípio do século XX (*Die Deliktsobligationen im System des Bürgerlichen Gesetzbuchs*, pp. 30 e ss).

[505] Esta disposição estabelece que quem priva ou perturba o possuidor da coisa sem a sua vontade actua ilicitamente.

[506] Nos trabalhos preparatórios apenas surgem referidos como exemplos de normas de protecção as normas penais e o preceito do projecto do BGB que corresponde hoje ao § 858 BGB. Este último adequa-se manifestamente ao § 823 I BGB, uma vez que a posse é tratada nos §§ 861 e ss BGB como um direito absoluto, tendo, assim, protecção delitual. As normas penais estão próximas do § 826 BGB, no que respeita ao mínimo ético jurídico-social e implicam um teor de ilicitude semelhante à ofensa aos bons costumes. Simultaneamente vão ao encontro da necessidade de clareza e de segurança jurídicas do legislador através da sua especial precisão de tipo (CANARIS, *Schutzgesetze*, p. 49.) Sobre o § 858 BGB, cfr. RÖDIG, *Erfüllung des Tatbestandes des § 823 Abs. 1 BGB durch Schutzgesetzverstoß*, pp. 11 e ss.

[507] Trata-se de normas sobre relações jurídicas de vizinhança.

interpretativo, na dúvida, fazer depender o reconhecimento do carácter de protecção da norma do reforço penal (*Strafbewehrung*). Esta interpretação restritiva assenta em diversos argumentos, a saber: as normas de protecção não têm uma função de alargamento da protecção em relação aos bens jurídicos do § 823 I BGB, possuindo apenas funções de clarificação e precisão. No que concerne à culpa, a maioria da doutrina alemã só exige a violação da norma de protecção e não a exposição ao perigo dos interesses protegidos. No casos dos delitos de perigo concreto, o perigo configura um elemento do tipo, mas no domínio dos tipos de perigo abstracto, a norma de protecção já possui uma função de alargamento relativamente ao § 823 I BGB, pois, nestes casos, há efectivamente uma redução do âmbito da culpa, que se limita à violação da norma de protecção *qua tale*. Apesar disto, CANARIS não defende a subsidiariedade do § 823 II BGB em relação ao § 823 I BGB[508].

O BGB não diferencia apenas segundo a categoria e o tipo dos bens jurídicos lesados, mas também segundo a extensão da ilicitude e o grau de culpa. Tal é evidente no § 826 BGB, uma vez que não é suficiente qualquer violação, sendo necessário a reprovação particularmente gravosa da violação dos bons costumes e o dolo. O mesmo sucede na articulação do § 823 II BGB com algumas disposições penais, designadamente nos crimes de coacção e burla, em relação às quais o teor de ilicitude é particularmente elevado e é exigido o dolo.

Neste aspecto regista-se um ponto de contacto entre a responsabilidade civil delitual e a penal. As diferenciações de bens jurídicos, como as diferenciações relativas à culpa, desempenham um papel fundamental em ambas as áreas. No entanto, o princípio da culpa não é executado de modo "puro" na responsabilidade delitual, o que é claro na violação de normas de protecção, em relação às quais a imputação das consequências do comportamento ilícito não é determinada pelo princípio da culpa, mas pelo princípio do risco. A parte de "azar", que se encontra em quase todos os danos, acresce à ilicitude[509]. Este tipo de avaliação parece permitir um enquadramento da responsabilidade por normas de protecção entre uma responsabilidade pela culpa e pelo risco, entre a responsabilidade subjec-

---

[508] CANARIS, *Schutzgesetze*, p. 50. De referir que LARENZ/CANARIS, *Lehrbuch des Schuldrechts*, § 77, p. 435, defendem expressamente o carácter subsidiário das normas de protecção.

[509] CANARIS, *Schutzgesetze*, p. 33.

184   *Normas de Protecção e Danos Puramente Patrimoniais*

tiva e a responsabilidade objectiva, pelo menos nos delitos de perigo abstracto ou, em alternativa, ter-se-à de defender a tese de que a culpa se dirige à produção do dano e não somente à violação da norma de protecção. Esta questão será oportunamente retomada.

Impõe-se determinar se existe ou não uma posição especial das normas penais no âmbito do § 823 II BGB, sendo que este admite como normas de protecção disposições que não exigem culpa, pelo que o seu círculo exorbita as normas penais. De referir que no procedimento legislativo que conduziu à aprovação do BGB foi recusada uma proposta no sentido de em vez de normas de protecção se escrever normas penais. Assim, outras disposições sem reforço penal, como por exemplo os §§ 907 e 909 BGB[510], são qualificadas como normas de protecção[511]. Para CANARIS, no caso de bens jurídicos não abrangidos pelo § 823 I BGB, deve partir-se do *modelo da norma penal* e, na dúvida, fazer depender o reconhecimento da qualidade de normas de protecção da existência de uma protecção penal, porque só neste caso as disposições são comparáveis ao § 826 BGB no teor de ilicitude e de culpa, só delas se podendo *a priori* esperar que o potencial lesante as conheça e respeite. De outro modo, deixar-se-ia amplamente ao arbítrio o alcance e os limites da protecção de interesses puramente patrimoniais, uma vez que, fora do campo do Direito penal, o facto de uma norma protectora do património existir, ou não, depende mais ou menos do acaso[512]. A não se defender esta tese – entende CANARIS – o direito delitual alemão seria contraditório, porque enquanto que o § 826 BGB requer o dolo e os §§ 15 StGB[513] e 10 da Lei das Contra-ordenações,

---

[510] § 907 *Gefahr drohende Anlagen* "(1) Der Eigentümer eines Grundstücks kann verlangen, dass auf den Nachbargrundstücken nicht Anlagen hergestellt oder gehalten werden, von denen mit Sicherheit vorauszusehen ist, dass ihr Bestand oder ihre Benutzung eine unzulässige Einwirkung auf sein Grundstück zur Folge hat. Genügt eine Anlage den landesgesetzlichen Vorschriften, die einen bestimmten Abstand von der Grenze oder sonstige Schutzmaßregeln vorschreiben, so kann die Beseitigung der Anlage erst verlangt werden, wenn die unzulässige Einwirkung tatsächlich hervortritt. (2) Bäume und Sträucher gehören nicht zu den Anlagen im Sinne dieser Vorschriften." § 909 *Vertiefung* "Ein Grundstück darf nicht in der Weise vertieft werden, dass der Boden des Nachbargrundstücks die erforderliche Stütze verliert, es sei denn, dass für eine genügende anderweitige Befestigung gesorgt ist."

[511] Neste sentido, CANARIS, *Schutzgesetze*, p. 49.

[512] CANARIS, *Schutzgesetze*, p. 50.

[513] § 15 Vorsätzliches und fahrlässiges Handeln "*Strafbar ist nur vorsätzliches Handeln, wenn nicht das Gesetzfahrlässiges Handeln ausdrücklich mit Strafe bedroht.*"

Evolução Histórico-Dogmática 185

na dúvida, só sancionam a prática dolosa, de forma diferente, o § 823 II BGB exige apenas a negligência[514]. No entanto, esta tese deve ser melhor analisada em relação a danos puramente patrimoniais nos casos de mera protecção contra-ordenacional[515]. CANARIS considera que o estudo da jurisprudência do BGH relativa ao § 823 II BGB revela que esta se mantém em surpreendente medida dentro dos limites assim estabelecidos[516].

II. Uma das áreas que tem sido abundantemente investigada na doutrina e jurisprudência alemãs é a das restrições da concorrência e da concorrência desleal. De referir que as análises de CANARIS, neste domínio, se encontram desactualizadas face aos dados positivos actuais e à evolução destas áreas, por influência comunitária, para complexos normativos de protecção da generalidade, dos concorrentes e dos consumidores[517]. Já ao tempo da eleboração do seu estudo *Schutzgesetze-Verkehrpflichten- -Schutzpflichten* CANARIS admitia que, no quadro das restrições da concorrência, para o reconhecimento do carácter de protecção da norma seria suficiente a mera protecção contra-ordenacional. Deve considerar-se que a Lei de Concorrência desleal Alemã, vigente à altura (UWG 1909), de acordo com o seu objecto directo, está orientada para a tutela de interesses patrimoniais específicos. No âmbito da regulação da concorrência há mais espaço para o ressarcimento de danos puramente patrimoniais do que no âmbito de leis cuja tarefa é, em primeira linha, a protecção da vida, saúde e propriedade. No mesmo sentido, de referir o facto de o actual § 9 UWG[518] estabelecer uma obrigação de indemnização a uma série de ilícitos exemplificados no § 4 UWG que apenas tem uma protecção con-

---

[514] CANARIS, *Schutzgesetze*, p. 50.
[515] CANARIS, *Schutzgesetze*, p. 50.
[516] CANARIS, *Schutzgesetze*, pp. 56-63.
[517] Gesetz gegen den unlauteren Wettbewerb (UWG) vom 3. Juli 2004 (BGBl. I S. 1414), alterada pela última vez pelo art. 5 Gesetzes vom 21. Dezember 2006 (BGBl. I S. 3367) *§ 1 Zweck des Gesetzes 1 Dieses Gesetz dient dem Schutz der Mitbewerber, der Verbraucherinnen und der Verbraucher sowie der sonstigen Marktteilnehmer vor unlauterem Wettbewerb. 2 Es schützt zugleich das Interesse der Allgemeinheit an einem unverfälschten Wettbewerb.*
[518] *§ 9 Schadensersatz. 1. Wer dem § 3 vorsätzlich oder fahrlässig zuwiderhandelt, ist den Mitbewerbern zum Ersatz des daraus entstehenden Schadens verpflichtet. 2. Gegen verantwortliche Personen von periodischen Druckschriften kann der Anspruch auf Schadensersatz nur bei einer vorsätzlichen Zuwiderhandlung geltend gemacht werden.*

186   *Normas de Protecção e Danos Puramente Patrimoniais*

tra-ordenacional[519]. No domínio da GWB e UWG improcede, desta feita, a distinção entre protecção penal e contra-ordenacional, o que não significa que todos os preceitos que prevêem a aplicação de uma coima devam ser vistos como normas de protecção. Na verdade, tal deve ser rejeitado, sempre que uma disposição vise, por exemplo, regular a competência da autoridade reguladora e não a protecção do património de indivíduos. Deve assim apurar-se, de acordo com os critérios gerais e com a *ratio legis,* se a norma violada protege o património do lesado. Em relação à GWB, aconselha-se generosidade no reconhecimento do carácter de normas de protecção e reserva na inclusão do lesado no círculo das pessoas protegidas, ponderando-se uma restrição às empresas em relação às quais a violação da disposição legal se refere[520].

O carácter de protecção de normas penais ou contra-ordenacionais está dependente, segundo CANARIS, de poderem ser concebidas como tipificação e complemento (moderado) do § 826 BGB ou de se verificar ausência de uma protecção penal ou contra-ordenacional. Para além disto, o legislador é naturalmente livre para, através de uma decisão especial, criar um direito à indemnização. Apesar do referido, o BGH negou, na controversa decisão do selo de contrôle, o carácter de norma de protecção ao § 3 UWG 1909. No entanto, o § 9 UWG 1909 previa o ressarcimento de danos, tornando-se assim supérfluo o recurso ao § 823 II BGB. Um outro problema resulta do facto do antigo § 1 UWG (1909) só podia ser aplicado, segundo alguma doutrina, a favor dos concorrentes e não dos consumidores. Com efeito, à altura, considerava-se que o actual § 3 UWG não constituia um preceito para protecção do consumidor, mas apenas para protecção dos concorrentes, na medida em que pressupunha um acto com fim concorrencial[521].

---

[519] CANARIS, *Schutzgesetze,* p. 66.

[520] CANARIS, *Schutzgesetze,* p. 67.

[521] Na versão actual da lei, a protecção geral do consumidor parece incontornável, o que não significa que o consumidor tenha uma pretensão indemnizatória contra danos no domínio da concorrência desleal: § 3 (*Verbot unlauteren Wettbewerbs) Unlautere Wettbewerbshandlungen, die geeignet sind, den Wettbewerb zum Nachteil der Mitbewerber, der Verbraucher oder der sonstigen Marktteilnehmer nicht nur unerheblich zu beeinträchtigen, sind unzulässig.* No sentido de recusar que as normas de protecção da actual UWG concendam pretensões indemnizatórias aos consumidores. Cfr. SPICKHOFF em SPICKHOFF/SOERGEL, *Bürgerliches Gesetzbuch, Schuldrecht,* 10.ª ed, 13. Auflage, Kohlhammer, 2005, p. 120. Concordamos com esta solução.

Normas de protecção sem sanção penal ou contra-ordenacional podem também, segundo CANARIS, ser criadas por costume, desde que este não se restrinja à previsão da respectiva norma de conduta, abrangendo igualmente a sanção através da constituição de uma obrigação de indemnização. Assim, é possível interpretar, em certas circunstâncias, determinadas normas sobre a protecção delitual da empresa como normas de protecção consuetudinárias de interesses patrimoniais, embora CANARIS recuse o reconhecimento de um "direito à empresa" como "outro direito" no sentido do § 823 I BGB.

A construção de CANARIS do *modelo de norma penal* vai implicar consequências em outros meridianos da teoria geral da imputação de danos. Com efeito, a disposição penal também decide sobre os pressupostos subjectivos de uma violação para efeitos do § 823 II BGB, ou seja, sobre o facto de comportar a forma dolosa ou também a negligente. A lei em geral impõe ou proíbe um determinado comportamento e normalmente noutro lugar contém uma norma penal. Nestes casos, a violação negligente é suficiente para a aplicação do § 823 II BGB. O mesmo pode ser seguido para normas que protejam os direitos e bens jurídicos que cabem no âmbito do § 823 I BGB, uma vez que nestes é regra a equiparação da violação negligente à dolosa. Quanto aos restantes bens e interesses, em particular ao património, a exigência de dolo atravessa, em contrapartida, o § 823 II BGB, abstraindo dos casos especiais da lei das restrições da concorrência (GWB) e da concorrência desleal (UWG). De outro modo potenciar-se-iam violações mais ou menos casuais, que, em certas circunstâncias, poriam em causa o princípio segundo o qual os danos patrimoniais causados com negligência não obrigam ao ressarcimento delitual. Isto vale tanto mais quanto é frequente, por uma questão de técnica legislativa, as normas de conduta e as normas de sanção penal poderem encontrar-se separadas ou reunidas numa única disposição[522].

Devendo reconhecer-se uma norma não penal ou contra-ordenacional como norma de protecção, decide esta em primeira linha sobre os pressupostos subjectivos. Em relação a normas de conduta de origem consuetudinária, estas podem equiparar a omissão à acção. Na dúvida, deve, porém, exigir-se o dolo. Também na determinação do domínio de protecção e do bem protegido pela norma violada pode a norma penal fornecer esclareci-

---

[522] CANARIS, *Schutzgesetze*, p. 70.

188 *Normas de Protecção e Danos Puramente Patrimoniais*

mentos valiosos[523]. De resto, o reforço penal poderia também ser um sinal de que o património constitui um dos bens jurídicos protegidos, o que deve ser rejeitado sobretudo nos ilícitos penais contra a vida, a saúde e a propriedade[524-525]. Porém, é fundamental determinar se se justifica conside-

---

[523] CANARIS, *Schutzgesetze*, p. 73.

[524] Em consequência, deve estabelecer-se genericamente a *regra de interpretação* segundo a qual as normas de protecção da vida, da saúde e da propriedade não têm, na dúvida, também como objecto a protecção de interesses patrimoniais puros. Isto porquanto a sua equivalência não constitui, de *lege lata,* a regra, mas antes a excepção no campo do direito delitual. A averiguação de normas de protecção não pode assim restringir-se, no âmbito do § 823 II BGB, à análise da norma violada, tendo antes que incluir na interpretação a decisão do BGB contra uma protecção delitual ampla do património. Deste modo, é, de acordo com CANARIS, de aplaudir a jurisprudência anterior do BGH que negava o carácter de protecção a normas sobre complexos de abastecimento, instalações de tratamento de águas residuais, áreas de transportes públicos e semelhantes. No mesmo sentido, as normas *de protecção do ambiente*, na dúvida, só devem valer como normas de protecção da vida, saúde e propriedade, mas não já de interesses patrimoniais puros, CANARIS, *Schutzgesetze,* 74-75. Cfr. MATTHIAS, *Haftungsrechtliche Erfassung ökologischer Schäden*, Nomos, Baden-Baden, 1999, pp. 116 ss.

[525] CANARIS fomula as seguintes regras de interpretação para a averiguação de normas de protecção no domínio dos danos puramente patrimoniais: *i)* o modelo da norma penal de protecção, porquanto só este se adapta, em termos de teor de ilicitude e de precisão de tipo, ao sistema de responsabilidade delitual, garantindo uma concordância harmoniosa do § 823 II BGB com o § 823 I BGB, por um lado, e com o § 826 BGB, por outro; *ii)* a mera protecção contra-ordenacional não representa um indício suficiente para o reconhecimento do carácter de normas que protegem interesses puramente patrimoniais, dado que a respectiva regulamentação não constitui tarefa do direito contra-ordenacional; é possível a existência de excepções, mas estas pressupõem uma referência legal expressa. O facto do lesado estar suficientemente protegido de outro modo, não reveste qualquer significado; *iii)* normas sem reforço penal podem ter carácter de protecção, contanto que tal seja especialmente disposto por lei ou, na falta de uma protecção aferida por preceitos semelhantes, represente uma lacuna legal ou possa ser entendida como concretização legal ou complemento do § 826 BGB. O estabelecimento de determinações do tipo cláusula geral para protecção de interesses patrimoniais por via do desenvolvimento jurisprudencial não é compatível com o sistema de direito delitual vigente; *iv)* também em relação a preceitos, que possam ser concretizados ou complementados por um acto da administração, ou que dele necessitem, depende fundamentalmente da existência de protecção o facto daqueles, mesmo sem emissão de um tal acto, possuírem carácter de normas de protecção no sentido do § 823 do II BGB; *v)* o Direito penal ou o direito contra-ordenacional decide também se no âmbito do § 823 II BGB a negligência é equiparada ao dolo. Tal vale igualmente quando a regulamentação não se esgota num preceito penal ou contra-ordenacional, e estabelece antes um determinado comando ou proibição, estando a protecção penal ou contra-

rar que as normas de conduta são meras concretizações da protecção da ordem jurídica de bens jurídicos ou direitos absolutos.

III. A ideia de estabelecer uma posição de subalternidade no contexto delitual às normas de protecção não deve ser apoiada neste tipo de argumentação. A presente dissertação exige, pois, uma crítica às teses de CANARIS no domínio das normas de protecção. De salientar que o *modelo da norma penal,* fora do domínio da protecção dos bens jurídicos absolutos, restringe ao Direito penal e à política criminal o papel de modelar a protecção patrimonial pelo instituto da responsabilidade civil. Ora, as valorações subjacentes à tutela penal e civil da protecção patrimonial não podem deixar de ser diferenciadas, *inclusive* pelas próprias características do ilícito criminal, sujeito à legalidade e tipicidade, enquanto *ultima ratio* do sistema jurídico. Para isso aponta toda a evolução jushistórica da responsabilidade delitual, emancipando-se dos quadros da responsabilidade criminal. Como vantagem a assinalar nesta construção, a protecção do lesante e da liberdade de agir, cujo limite no campo da protecção patrimonial se circunscreveria à legalidade criminal e, excepcionalmente, a alguns ilícitos contra-ordenacionais do domínio das restrições da concorrência e da concorrência desleal.

Todavia a evolução sócio-económica das últimas décadas parece apontar para a emergência de novos "bens" carecidos de protecção e para uma proliferação de danos exteriores aos bens jurídicos de protecção absoluta, tendo o Direito de se ocupar desta evolução e de ajuizar da sua necessidade de tutela, nomeadamente na responsabilidade aquiliana. Acresce que, no século XXI, não se pode reconduzir a tutela do ser humano à protecção pessoal e ao incremento do significado dos direitos de personalidade. Uma sociedade marcada pela divisão do trabalho e pela forte concorrência exige que esferas de patrimonialidade sejam igualmente

---

-ordenacional noutra disposição; *vi)* se a norma protege a vida, a saúde e/ou a propriedade, não é de admitir, na dúvida, que represente também uma norma de protecção de meros interesses patrimoniais. Para a determinação dos interesses protegidos deve recorrer-se à norma penal; *vii)* as regras de interpretação expostas têm, em primeira linha, uma função negativa sobre o carácter de protecção de normas. No entanto, estas regras não dispensam uma verificação positiva, designadamente para apurar se a norma se destina a proteger o lesado e o seu património e se não está apenas determinada para servir a protecção de outras pessoas, um serviço, ou a generalidade (CANARIS, *Schutzgesetze,* pp. 76 e 77).

190 *Normas de Protecção e Danos Puramente Patrimoniais*

consideradas na sua tutela. A construção de CANARIS tem o inegável mérito de, no já longínquo ano de 1983, levantar o véu para realidades emergentes, que se comportam como áreas em que interesses patrimoniais específicos merecem ser acautelados, designadamente no campo do Direito da concorrência, abrindo, assim, uma via para a consideração destes domínios como excepcionais e, porventura, como susceptíveis de alargamentos sucessivos. Estas considerações serão posteriormente desenvolvidas aquando da crítica à doutrina portuguesa, que, largamente apoiada nos postulados de CANARIS, constrói soluções restritivas em matéria de normas de protecção e de danos puramente patrimoniais. De sublinhar que CANARIS defende que a área das restrições da concorrência e a concorrência desleal constituem campos de excepção ao *modelo da norma penal.*

7.2.12. *As teses de* DÖRNER *(1987)*

I. HEINRICH DÖRNER desenvolveu um estudo[526] sobre as normas de protecção em que recorre à teoria da norma jurídica de KARL BINDING[527], utilizando-a para traçar o relacionamento entre as normas penais e as normas civis e o modo como devem ser enquadrados os pressupostos da responsabilidade delitual. Partindo de duas sentenças judiciais alemãs, DÖRNER desenvolve aprofundadamente a dogmática das normas de protecção com base numa distinção importante em relação às *normas de referência (Bezugsnormen)*, que se centra na distinção entre normas de conduta (*Verhaltensnormen*) e normas de sanção (*Sanktionsnormen*).

Estas decisões judiciais referidas diziam respeito a uma empresa de construção civil que foi declarada insolvente, ficando os credores com os créditos da obra incumpridos[528]. Os lesados encontraram uma lei, relati-

---

[526] HEINRICH DÖRNER, "Zur Problematik der Schutzgesetzverletzung – BGH, NJW 1982, 1037 und NJW 1985", Jus, 1987, Heft 7, pp. 522-528.

[527] BINDING, *Die Normen und ihre Übertretung I*, 2.ª ed., 1890, pp. 35 e ss, ARMIN KAUFMANN, *Teoria da Norma Jurídica,* (trad. brasileira de *Lebendiges und Totes in Bindings Normentheorie, Normlogik und moderne Strafrechtsdogmatik*, Verlag Otto Schwartz, Göttingen, 1954, Editora Rio, Rio de Janeiro, 1976, pp. 17 e ss. HEINRICH DÖRNER, *Zur Problematik der Schutzgesetzverletzung*, p. 524.

[528] Em 1974, um casal, por contrato, encarregou uma sociedade da construção de uma moradia para duas famílias num terreno de sua propriedade. Para o respectivo financiamento, o casal contraiu um empréstimo e constituiu hipoteca sobre o terreno como garantia. Os donos da obra conseguiram outros 12.500 € como capital próprio. A socie-

vamente esquecida, sobre segurança dos créditos de construção (*Baufor-derungssicherungsgesetz* (GSB), de 1 de Junho de 1909)[529]. A referida lei era fruto tardio do *boom* de construção, do início do século XX, altura em que, devido à forte especulação imobiliária, os construtores e outros fornecedores foram privados sistematicamente do pagamento a que tinham direito. A GSB tinha por fim a protecção dos "credores da construção" e procurava corrigir o mercado imobiliário através de uma vinculação dos créditos para construção garantidos por hipoteca[530]. Em relação às normas

---

dade não realizou a construção, tendo adjudicado os trabalhos a diversos operários de construção. Os queixosos (que juntos exploram uma empresa de construção) tinham de efectuar os trabalhos de escavação, de pedreiro, de betão e de estucagem. Entretanto, tinha sido aberto o procedimento de falência da sociedade e não havia qualquer garantia de pagamento dos créditos dos queixosos. Estes instauraram acção de indemnização contra o gerente e o procurador da sociedade. Na causa de pedir invocaram o facto de os lesantes não terem utilizado os valores recebidos dos donos da obra, contrariamente à *Bauforderungssicherungsgesetz* (GSB), de 1 de Junho de 1909, para a satisfação dos operários da construção, mas sim para o financiamento de outros projectos de construção e de terem violado, com isso, uma norma de protecção, no sentido do § 823 II BGB. Os réus, por sua vez, invocaram um erro de proibição inevitável por desconhecerem a lei. BGH 24-Nov.-1981, NJW, (1982), 1037 e BGH 10-Jul.-1984, NJW, (1985), 134, (referidas por HEINRICH DÖRNER, *Zur Problematik der Schutzgesetzverletzung*, p. 522).

[529] § 1 (1) Aquele que recebe um crédito para construção é obrigado a utilizá-lo para satisfazer as pessoas envolvidas na construção com base num contrato de obra, de prestação de serviço ou de fornecimento. (2) O crédito para construção corresponde aos montantes concedidos com o fim de pagar a construção com hipoteca § 5 Aqueles que recebem o crédito para construção, que suspenderam os seus pagamentos ou sobre cujos bens foi aberto um procedimento de falência, e cujos credores designados no § 1 secção 1 ficam prejudicados na altura da suspensão dos pagamentos, incorrem em pena de privação da liberdade até 5 anos ou em pena pecuniária quando infringirem voluntariamente, para desvantagem dos credores supra-referidos, o estabelecido no § 1. revogado pelo artigo 74 n.º 1 EGStGB, de 2 de Março de 1974, (BGBl I, 469, 554). Cfr. artigo 1 EGStGB em articulação com § 15 StGB. A lei estatuía a obrigação de utilizar o crédito para construção (§ 1 III GSB) para satisfazer os credores da construção, proibindo expressamente o desvio do seu fim. Segundo opinião unânime, o § 1 GSB representa uma norma de protecção a favor dos credores da construção no sentido do § 823 II. Assim, aquele que recebe um crédito para construção constitui-se numa obrigação de indemnização delitual dos credores da construção quando utilizar os montantes emprestados para pagar os custos da construção, garantidos com hipoteca sobre o terreno, para fins diferentes da satisfação dos credores da construção que, em consequência, sofrem uma perda patrimonial (HEINRICH DÖRNER, *Zur Problematik der Schutzgesetzverletzung*, p. 523).

[530] HEINRICH DÖRNER, *Zur Problematik der Schutzgesetzverletzung*, pp. 522-528.

do GSB (§§ 1 e 5), o BGH teve que se ocupar de dois problemas na área de aplicação do § 823 II BGB. Primeiro, da violação da disposição legal de protecção, pela não observância de uma norma de conduta. Segundo, da exigência de pressupostos diferenciados para as sanções penais e civis. Na primeira sentença, BGH 24-Nov.-1981, o tribunal analisou a questão de saber se só um desvio doloso, ou se também negligente, do crédito para construção origina o dever de indemnização do § 823 II BGB. Esta questão só se torna compreensível na medida em que, para além da violação da norma de protecção, se exige também a culpa, enquanto pressuposto autónomo da responsabilidade civil. Com efeito, a infracção da norma de protecção também é possível sem culpa[531]. Todavia, à época, a distinção pandectística entre ilicitude e culpa não era tão clara. Assim, tendo em conta os trabalhos preparatórios do BGB, se em áreas jurídicas diferentes existirem sanções específicas, estas estão vinculadas ao próprio comportamento ilícito, e só se poderá exigir indemnização quando acrescer a culpa à ilicitude, *i.e.* dolo ou negligência no sentido do Direito civil[532].

Por outro lado, quando uma norma de protecção proibir um certo comportamento, mas não estiver prevista, no caso de violação, qualquer sanção (*lex imperfecta*) e, por esta razão, também não se exigir a culpa, na forma de dolo ou negligência, segundo o § 823 II BGB deve, para o Direito civil, conduzir ainda assim a uma obrigação de indemnização, verificada a culpa *in concreto*[533]. Se, em contrapartida, as sanções penais ou contra-ordenacionais da lei pressupuserem uma modalidade de culpa, deve esta ser normativa também para o dever de indemnização civil. Assim, a posição maioritária na doutrina alemã vai no sentido da modalidade de culpa na sanção da disposição de protecção ganhar também importância para o § 823 II BGB. Se a pena ou coima forem cominadas só em relação a infracções dolosas, então comportamentos negligentes não devem poder fundamentar um dever de indemnização. Esta posição assenta no esforço de coordenar consequências jurídicas diferentes nos seus pressupostos; só quando a pessoa que age tiver que contar com uma sanção penal ou contra-ordenacional deve estar exposta também a um

---

[531] BURKHARD SCHMIEDEL, *Deliktobligationen nach deutschen Kartellrecht*, p. 71.
[532] HEINRICH DÖRNER, *Zur Problematik der Schutzgesetzverletzung*, p. 523.
[533] OLG Saarbrücken 12-Jan.-1972, VersR 1973, 467; WIETHÖLTER, *§ 823 II BGB und die Schuldtheorie*, p. 208.

direito a indemnização[534]. Porém, a aplicação desta solução causa dificuldades em certas constelações de normas. Exemplos disto são as normas do GSB. O § 1 GSB não estabelecia, para o caso da utilização contrária ao fim do crédito para construção, qualquer sanção, e nada afirma sobre se um desvio de fim tem de ser doloso ou meramente negligente. No entanto, o § 5 GSB fazia depender a aplicação da sanção penal da existência de dolo. O § 1 GSB não autonomizava a modalidade de culpa, pelo que também a negligência poderia fundamentar, segundo o § 823 II BGB, um dever de indemnização. Este ponto de vista foi defendido unanimemente na literatura alemã mais antiga acerca da GSB. O RG admitiu o desvio negligente de crédito para estabelecer um direito à indemnização[535]. Em contrapartida, o BGH defendeu ter de vigorar também para a responsabilidade civil a exigência da modalidade de culpa expressa no § 5 GSB, *"para manter o dever de responsabilidade civil dentro de limites correspondentes ao fim"* [536].

Quando o legislador quer causar ou impedir um certo comportamento estabelece normas impositivas ou proibitivas. Ao lado da norma de comportamento primária[537], que formula um imperativo, coloca-se a norma de sanção secundária, que obriga o infractor a pagar uma certa coima ou a sofrer uma pena de privação da liberdade, respectivamente, e autoriza os órgãos estatais a aplicar essas medidas coercivas. Todavia, o legislador, por razões da economia de formulação, muitas vezes, cria meras normas de sanção. Típico desta técnica legislativa é o Código Penal Alemão (StGB), no qual normas de conduta não escritas estão logicamente na base das respectivas normas sancionatórias segundo a teoria da norma de KARL BINDING. Se uma lei só contiver normas de sanção, então o conteúdo das normas de conduta correspondentes tem que ser deduzido dos pressupostos da respectiva ameaça de sanção, mais precisamente, do tipo legal.

---

[534] WIETHÖLTER, *§ 823 II BGB und die Schuldtheorie*, p. 209 e WEITNAUER, *§ 823 II BGB und die Schuldtheorie*, p. 632.

[535] Nas seguintes decisões: RG 18-Out-1917, RGZ 91, 72; RG 1-Out.-1932, RGZ 138, 156; e RG 7-Mai-1941, RGZ 167, 92.

[536] HEINRICH DÖRNER, *Zur Problematik der Schutzgesetzverletzung*, p. 524.

[537] *"Bestimmungsnorm"* segundo MÜNZBERG, *Verhalten und Erfolg als Grundlage der Rechtswidrigkeit und Haftung*, 1966, pp. 49 ss. Cfr. DEUTSCH, *Haftungsrecht*, § 4, pp. 42-43 e p. 46, distingue entre "norma de tipo legal" (*Tatbestandsnorm*) e "norma de consequência jurídica" (*Rechtsfolgnorm*) e concebe restritivamente o conceito de "norma de comportamento" (*Verhaltensnorm*).

Quem não observa a norma de comportamento age, por isso, ilicitamente, a não ser que a ordem jurídica excepcione a proibição existente com base numa situação especial, que preencha uma causa de justificação. Para as consequências jurídicas da norma de sanção não é suficiente no Direito civil o comportamento ilícito. Pelo menos, tem que se juntar o facto de este comportamento também poder ser censurável[538]. No entanto, o legislador, em alguns casos, inclui, para além da norma de sanção, também a norma de comportamento. Destas situações diferenciadas resultam consequências para a dogmática das normas de protecção, a saber:

As disposições de protecção pertencem a duas categorias de normas completamente diferentes: normas de conduta e normas de sanção. Se, numa lei, se encontrarem, uma ao lado da outra, normas de conduta e de sanção, então a respectiva norma de comportamento é considerada, em geral, norma de protecção. De acordo com o que se acaba de referir, normas de protecção são de procurar, quando muito, entre os §§ 1 a 35 StVO. Do mesmo modo, é considerado disposição de protecção o § 1 GSB. Se o legislador, de modo contrário, como acontece no StGB, estabeleceu exclusivamente normas de sanção, neste caso devem ser estas as normas de protecção. Na verdade, as normas de protecção não podem depender do facto de o legislador ter considerado oportuno formular ou não a respectiva norma de comportamento. Porém, segundo DÖRNER, só as normas de conduta deveriam ser consideradas normas de protecção no sentido do § 823 II BGB[539], dado que só os comandos nelas expostos podem ter por fim a protecção de outros. Normas de sanção não garantem uma tal protecção. Antes pelo contrário, ameaçam com sanções caso a protecção pretendida pela norma de comportamento não seja realizada. Posto isto, não se deveriam considerar as normas penais como normas de protecção, mas sim as normas de conduta não escritas que estão na base das normas de sanção penal[540].

A distinção entre normas de conduta e normas de sanção permite analisar se no § 1 GSB é suficiente a negligência para constituir um dever de

---

[538] HEINRICH DÖRNER, *Zur Problematik der Schutzgesetzverletzung*, p. 524.

[539] Disposições de protecção no sentido do § 823 II BGB são não só leis formais como também normas não escritas de todo o tipo (artigo 2 EGBGB), cfr. CANARIS, *Schutzgesetze*, p. 45, e BURKHARD SCHMIEDEL, *Deliktobligationen nach deutschen Kartellrecht*, pp. 35 e ss.

[540] HEINRICH DÖRNER, *Zur Problematik der Schutzgesetzverletzung*, p. 524.

indemnização. O § 1 GSB é uma norma de comportamento. Nenhuma norma de comportamento, escrita ou não escrita, fixa os pressupostos da culpa necessários para uma sanção; a sua tarefa é só delimitar o comportamento ilícito. Em contrapartida, no § 823 II BGB encontra-se uma caracterização mais pormenorizada da norma de sanção na qual a culpa, como pressuposto da sanção, ganha importância. Existe um dever de indemnização, conforme a critérios civis de culpa, quando uma norma de sanção impuser sanções sem culpa ou quando uma tal sanção falta de todo (*lex imperfectae*). Se, em contrapartida, existir uma norma de sanção (§ 5 GSB), então deve ser normativa a modalidade de culpa fixada no direito à indemnização[541]. Isto não é contestado para as normas de sanção de nor-

---

[541] É de desaprovar, segundo CANARIS, *Schutzgesetze*, pp. 71-72, que para violações de leis sobre a segurança de créditos da construção baste a negligência para uma pretensão indemnizatória baseada no § 823 II BGB. Apesar do § 1 GSB (versão antiga) estatuir, de modo bastante geral, uma obrigação daquele que recebe o "dinheiro da construção" de o usar para satisfação das pessoas que participam na produção da obra em virtude de um contrato de empreitada, de prestação de serviço ou de fornecimento, o § 5 GSB (versão antiga) só sanciona criminalmente infracções dolosas. Tal tem que ser também determinante para a responsabilidade civil, dado que, de outra forma, as normas não poderiam ser integrados em conformidade com o sistema. Por exemplo, o facto do gerente de uma sociedade de responsabilidade limitada responder pessoalmente perante os trabalhadores da obra quando, em virtude de negligência, não se tiver apercebido do desvio de empréstimos da construção pelo seu co-gerente, constitui uma consequência jurídica exorbitante e sem qualquer paralelo, a qual, tendo em conta o art. 2 I e 3 da Constituição Alemã, seria porventura inconstitucional. Um tal alargamento da responsabilidade é ainda menos convincente na medida em que o § 1 GSB (versão antiga) não resultou da consciência jurídica e da concepção ética, antes representando uma decisão jurídica pura. Apenas a orientação rigorosa da exigência de uma infração dolosa nos termos do § 5 (versão antiga) pode conservar a coesão do sistema e uma certa proximidade em relação ao cerne da protecção delitual do património, tal como os § 823 II BGB e § 826 BGB o fazem; só desta forma pode ser evitado o perigo, aqui particularmente evidente, da concessão de créditos para fins de construção, garantidos por uma hipoteca, acarretar um dever excessivo de indemnização do património de terceiros, dando lugar a uma restrição insuportável da liberdade de acção. A sábia decisão do BGH, a favor desta última solução, de abstrair de uma responsabilidade geral os danos patrimoniais causados por negligência, não pode contornar pontualmente o § 823 II BGB e, para além disso, ser amplamente deixada ao acaso de soluções isoladas. Assim, a norma penal decide sobre a exigência de dolo; na dúvida, avalia-se também por aquela o preenchimento deste. A suspensão dos pagamentos, ou a abertura do processo de falência, são, deste modo, apenas *condições objectivas de punibilidade* e, consequentemente, não constituem, em termos de Direito privado, elementos do tipo das normas de protecção, mas sim, em certas circunstâncias, elementos de interpretação para a determi-

196 Normas de Protecção e Danos Puramente Patrimoniais

mas de conduta *não escritas* do StGB. O § 5 GSB distingue-se das normas penais só pelo facto de se referir à infracção de uma norma de comportamento escrita[542].

II. Para DÖRNER, o modelo de norma de conduta e de sanção *supra* desenvolvido pode ser transferido para o Direito privado[543]. A norma de sanção civil mais relevante deve ser o § 823 I BGB, segundo o qual existe um dever de indemnização quando se verifica uma violação de bens jurídicos ou direitos subjectivos absolutos. Ao contrário do Direito penal, a indemnização não está nas mãos de órgãos estatais, mas dependente da vontade de pessoas privadas. O § 823 II BGB é uma norma de sanção, que estatui um dever de indemnização para o caso de alguém violar uma norma de conduta com o fim de protecção individual, oriunda de outras áreas jurídicas ou do BGB. Uma infracção desta norma de comportamento está então duplamente sancionada. Quem não obedece ao respectivo comando fica sujeito às consequências jurídicas da norma de sanção (pena, multa, coima) oriunda da outra área jurídica e a uma obrigação de indemnização[544].

O facto do dever de indemnização do § 823 II BGB ter, noutras áreas jurídicas, uma sanção pública pela não observância da mesma norma de comportamento fornece também a chave para responder a uma outra questão com a qual o BGH teve que se ocupar na sua segunda decisão de 10-Jul.-1984[545]. Trata-se de saber se o dever de indemnização requer a violação dolosa de norma de protecção em sentido penal ou civil. Com isso é abordado um aspecto parcial de um círculo de problemas, analisado igualmente por WIETHÖLTER, substancialmente mais extenso: será que a indemnização, segundo o § 823 II BGB, só é concedida quando estiverem

---

nação do âmbito de protecção da norma. Também em relação a um eventual erro de proibição parece correcto avaliar a existência de dolo em concordância com o Direito penal, *i.e.*, segundo a "teoria da culpa"; não se fazendo isso, mas insistindo-se antes no âmbito do § 823 II BGB na teoria do dolo, nos casos de erros evitáveis é suficiente a negligência. Segundo CANARIS, devendo reconhecer-se um preceito com protecção penal ou contraordenacional como norma de protecção, decide este em primeira linha sobre os pressupostos subjectivos.

[542] HEINRICH DÖRNER, *Zur Problematik der Schutzgesetzverletzung*, p. 525.

[543] A teoria de normas de BINDING não encontrou, no Direito civil, a devida atenção.

[544] HEINRICH DÖRNER, *Zur Problematik der Schutzgesetzverletzung*, p. 525.

[545] BGH 10-Jul.-1984, NJW, (1985), 134.

preenchidos todos os pressupostos da sanção da área jurídica da qual provém a norma de protecção? Esta questão tem sido colocada sobretudo em relação a normas penais. O dever de indemnização surge, segundo o § 823 II BGB, quando o agente infringiu uma norma de protecção penal. Portanto, não pressupõe, pelo teor da norma, nada mais do que o incumprimento do comando da norma de conduta e, com isso, ter-se-à realizado o tipo de ilícito. Para a indemnização é necessária a culpa. Em contrapartida, não se exige que, além da infracção de norma, existam adicionalmente todos os outros pressupostos formais e materiais da sanção penal[546].

O § 823 II BGB apenas se refere à não observância da norma de conduta penal e não vincula a indemnização ao tipo legal total da norma de sanção penal. Na medida em que a norma de sanção penal torne dependente a sua consequência jurídica, para além do tipo de ilícito, da existência de outras condições, trata-se de pressupostos específicos que recebem o seu sentido precisamente das particularidades da sanção penal. Se se quisesse implantá-los no tipo legal do § 823 II BGB, então não se tomariam em conta as diferentes funções da pena e da obrigação de indemnização[547]. Ali, trata-se, em primeiro lugar, de sanção por culpa pessoal e do melhoramento do autor, aqui, da indemnização de prejuízos causados[548-549].

---

[546] HEINRICH DÖRNER, *Zur Problematik der Schutzgesetzverletzung*, p. 525. Cfr. sobre a posição de WIETHÖLTER *supra* pp. 116-117.

[547] BURKHARD SCHMIEDEL, *Deliktobligationen nach deutschen Kartellrecht*, p. 80.

[548] HEINRICH DÖRNER, *Zur Problematik der Schutzgesetzverletzung*, p.525.

[549] Específicos da sanção penal são, pelo exposto, de considerar os pressupostos do processo penal, a prescrição da acção penal, as razões de restrição da pena, as condições objectivas da punibilidade e alguns elementos clássicos da culpa. Na queixa-crime manifesta-se o facto de a pena cominada estar excepcionalmente à disposição privada. Se o ofendido deixar passar o prazo da queixa-crime, por querer dispensar o autor das consequências desagradáveis de uma perseguição penal, tal não significa que queira prescindir do ressarcimento de eventuais prejuízos causados. Caso contrário, o lesado ficaria obrigado, porventura contra o seu próprio interesse, a instaurar um processo só para não precludir o seu direito à indemnização. O direito à indemnização, previsto no § 823 II BGB, não pressupõe a instauração de um processo-crime. O mesmo raciocínio aplica-se à prescrição, que se fundamenta na ideia de que, depois da expiração de certos prazos, a necessidade político-criminal de uma sanção penal se desvanece. Para a prescrição de um direito à indemnização pelo § 823 II BGB vigoram as regras estabelecidas nos §§ 852 I BGB em articulação com os §§ 199 e seguintes BGB. Uma "renúncia" à pena, segundo o § 60 StGB (Absehen von Strafe) *"Das Gericht sieht von Strafe ab, wenn die Folgen der Tat, die den Täter getroffen haben, so schwer sind, daß die Verhängung einer Strafe offensichtlich verfehlt ware. Dies gilt nicht, wenn der Täter für die Tat eine Freiheitstrafe von mehr als einem*

Embora exista na doutrina e na jurisprudência consenso sobre o facto de o § 823 II BGB assumir a modalidade de culpa da norma penal[550], não se tem analisado se a modalidade de culpa tem que ser determinada por critérios penais ou civis. O BGH partindo de uma compreensão de conceito homogéneo em ambas as áreas jurídicas não identificou ainda este problema. Porém, a continuação do desenvolvimento da dogmática penal na área das doutrinas da acção e da culpa e a persistência da dogmática civil nas posições tradicionais conduziu a que, hoje, dolo e negligência no Direito civil e no Direito penal sejam definidos e localizados de formas diferenciadas[551].

A repreensão da negligência no Direito penal está fundamentada na capacidade pessoal e individual do agente estar em condições de reconhecer o dever de cuidado que lhe cabe cumprir (critério subjectivo). Quem, com base nas suas capacidades individuais ou na situação concreta, só é capaz de um cuidado abaixo da média, não age, por isso, culposamente

---

Jahr berwirkt hat", cfr. KINDHÄUSER, NEUMANN, PAEFFGEN, *Strafgesetzbuch*, Band 1. 2. Auflage, NomosKommentar, Nomos, 2005, pp. 1759 e ss), não liberta da obrigação de indemnização. Tão pouco deixa de existir a responsabilidade delitual quando não se verificarem condições objectivas de punibilidade. A sua falta mantem intacta a qualificação de um comportamento como ilícito e não deixa de existir uma necessidade pela compensação de eventuais prejuízos causados pelo comportamento ilícito do agente. Quanto muito, poder-se-ia pensar se prejuízos que já ocorreram, não estando preenchidas as condições objectivas da punibilidade, são abrangidos pelo fim da norma de protecção. Cfr. CANARIS, *Schutzgesetze*, p. 72 e HEINRICH DÖRNER, *Zur Problematik*, p. 526. Se o sistema penal não responsabiliza o agente com idade inferior a 14 anos, não o isenta da obrigação de indemnizar os prejuízos que resultam do seu comportamento. O mesmo vale para o estado de necessidade desculpabilizante e para o excesso de legítima defesa. Por não ser exigido, aqui, do agente, em situação especial, um comportamento conforme à norma, é verdade que se prescinde da realização do direito à pena estatal. No entanto, o agente que age sem culpa, mas ilicitamente, não se desonera da obrigação de indemnizar o prejuízo por si causado Cfr. BURKHARD SCHMIEDEL, *Deliktobligationen nach deutschen Kartellrecht*, p. 79. O § 904 II BGB estabelece um dever de indemnização para o lesante que age licitamente numa situação de emergência. HEINRICH DÖRNER, *Zur Problematik*, p. 526.

[550] No entanto, na perspectiva da doutrina da acção final, a culpa da norma de sanção encontra já a sua correspondência na formulação do tipo de ilícito. Com isso é caracterizada a norma de comportamento para aplicar o cuidado objectivamente necessário. Com esta compreensão não seria a culpa da norma de sanção penal transferível para a norma de sanção civil; antes pelo contrário, a culpa depende a consequência jurídica do § 823 II BGB.

[551] HEINRICH DÖRNER, *Zur Problematik der Schutzgesetzverletzung*, p. 526.

quando, em cumprimento da medida de cuidado que lhe seja pessoalmente possível, não cumprir as exigências indicadas no tráfego. Em contrapartida, a negligência na responsabilidade delitual é determinada objectivamente (critério objectivo). Necessário no tráfego (§ 276 I BGB) é, pelo menos, aquele cuidado que tem que ser exigido a um membro de um certo grupo social conforme aos conhecimentos e às capacidades a esperar desse grupo. Acresce que conhecimentos e capacidades acima da média obrigam também a cuidado acima da média. Por isso, a censura existe na área civil mesmo que a pessoa que age não pudesse cumprir, pessoalmente, o dever de cuidado objectivamente necessário. Portanto, a negligência civil contém elementos de uma responsabilidade pelo risco. Se se determinasse que a negligência na violação de disposição de protecção seria aferida por critérios civis, isso teria como consequência o agravamento da responsabilidade do lesante; de modo distinto, a manutenção do conceito subjectivo da negligência penal implica tendencialmente uma limitação de responsabilidade do lesante[552].

Por sua vez, actua com dolo na responsabilidade delitual quem prevê a realização do ilícito como consequência da sua acção e quer realizá-lo, conhecendo a contrariedade à proibição da sua acção, pressupondo sempre a consciência da ilicitude. Um erro sobre o carácter proibido da acção, afasta o dolo ("teoria do dolo") (*Vorsatztheorie*) no Direito civil. Actualmente, para o Direito penal, está fora de questão o facto do dolo exigir meramente o conhecimento e a vontade da realização do tipo legal. A consciência da ilicitude é exterior ao dolo, sendo considerada "elemento independente de culpa". Por conseguinte, a falta de consciência da ilicitude não toca no dolo ("teoria de culpa") (*Schuldtheorie*). Um erro inevitável sobre a ilicitude da acção afasta, segundo o § 17 StGB, a culpa. Desconhecimento do direito, mesmo evitável, exclui, por isso, no Direito civil, a responsabilidade dolosa, mas não no Direito penal. Portanto, se se determinassem, nos casos de violação dolosa da norma de protecção os pressupostos do dolo por critérios civis faltaria, mesmo com erro de proibição evitável, o dolo. Sem o comportamento negligente punível criminalmente deixaria de existir, nestes termos, qualquer responsabilidade delitual. Em contrapartida, a aceitação do conceito penal teria como consequência o dolo e o dever de indemnização ficarem intocados com um tal erro. Só nos

---

[552] Cfr. Wiethölter, *§ 823 II BGB und die Schuldtheorie*, p. 209, e Weitnauer, *§ 823 II BGB und die Schuldtheorie*, p. 632.

200 *Normas de Protecção e Danos Puramente Patrimoniais*

casos de inevitabilidade do erro deixaria de haver culpa e responsabilidade civil. Portanto, de maneira diferente que na acção negligente, aqui, a aplicação do conceito penal é desvantajosa para o lesante[553].

Se se partir da distinção entre norma de conduta e norma de sanção, como defende Dörner, e se se entender por "violação de norma de protecção" a não observância de uma norma de comportamento e a norma de sanção do § 823 II BGB se referir apenas a esta infracção e não ao tipo legal de outras normas de sanção – em particular normas penais – então os critérios de dolo e negligência serão também condições específicas, em termos de sanção, da respectiva consequência jurídica e que, por isso, deverão ser definidos autonomamente em cada uma das áreas jurídicas[554].

O estudo de Dörner configura um interessante debate com Canaris sobre o *modelo da norma penal*, e, em especial, sobre a necessidade de adoptar a modalidade de culpa da norma de conduta penal ou a culpa civil, questão anteriormente analisada na década de sessenta por Wiethölter e Weitnauer. Na década de oitenta, enquanto Canaris considera que a culpa penal descrita no tipo penal é normativa para efeito da norma de protecção, Dörner afasta-se desta tese e tende a defender a autonomia dos sistemas, considerando que a norma de protecção se limita a recortar a ilicitude, devendo a culpa ser aferida de acordo com os critérios civis.

7.2.13. *As teses de Kohte (1988)*

I. Na elaboração das suas teses Kohte parte do caso concreto e da seguinte decisão do BGH: Joachim K. apresentou, no verão de 1980, em várias estações de correios da Noruega, Dinamarca, Áustria e Suiça, cadernetas falsificadas de depósitos dos correios e conseguiu, com isso, pagamentos de mais de 160.000 DM (80.000 Euros). Cerca de 103.000 DM (51.000 Euros) foram obtidos com a apresentação de dois bilhetes de identidade falsificados que lhe tinham sido facultados por um terceiro que falsificou os bilhetes de identidade. Os correios federais alemães tiveram que reembolsar as quantias pagas pelas administrações postais dos países acima referidos nos termos dos acordos existentes. Como os correios fede-

---

[553] Heinrich Dörner, *Zur Problematik der Schutzgesetzverletzung*, p. 527.

[554] Wiethölter, *§ 823 II BGB und die Schuldtheorie*, p. 209, Weitnauer, *§ 823 II BGB und die Schuldtheorie*, p. 632, e Heinrich Dörner, *Zur Problematik der Schutzgesetzverletzung*, p. 528.

Evolução Histórico-Dogmática 201

rais não conseguiram obter a devolução do dinheiro de K. exigiram uma indemnização ao terceiro. As primeiras duas instâncias condenaram este a pagar cerca de 51.000 Euros por estar obrigado, segundo o § 823 II BGB em conjugação com o § 267 StGB, à indemnização[555].

Contrariamente à opinião até então dominante no Direito civil, mas de acordo com a doutrina penal, o BGH recusou a responsabilidade com base no § 823 II BGB em conjugação com o § 267 StGB. A decisão confirmou, assim, a tendência da jurisprudência, de aplicar ponderadamente o § 823 II BGB em situações de violação de normas do StGB. Com efeito, apesar de serem sistematicamente referidas no contexto de aplicação do § 823 II BGB as normas penais, o centro de aplicação das normas de protecção tem-se deslocado, na prática, para as normas do Direito da concorrência, Direito do ambiente, do Direito de vizinhança e que estabelecem deveres do tráfego. O aumento de regulação jurídica na área do Direito económico[556] e do ambiente conduziu a que a aplicação do § 823 II BGB deixasse de respeitar à questão clássica do carácter de protecção da *norma de referência*. Na interpretação do § 823 II BGB tem sido determinante o fim da *norma de referência*, mais recentemente, porém, tem-se acentuado a necessidade de uma *ponderação de interesses (Interessenabwägung)*[557].

Em relação ao caso decidido pelo BGH impõem-se, segundo KOHTE, algumas considerações sobre a possibilidade de conjugar o § 267 StGB com o § 823 II BGB. Em primeiro lugar, coloca-se a questão de saber se são aplicáveis normas delituais. Nos correios federais alemães, as relações de utilização postal estão modeladas pelo Direito público. No caso concreto, porém, não houve qualquer relação de utilização postal entre o lesante e os correios federais alemães, pelo que só se poderia aplicar o Direito privado. Por falta de relações contratuais, ou de qualquer outra ligação especial entre as partes, só se podia encontrar uma causa de pedir no direito delitual. Neste ponto, é oportuno, de acordo com a jurisprudên-

---

[555] WOLFHARD KOHTE, Normzweck und Interessenabwägung bei der Auslegung des § 823 II BGB, – BGH NJW 1987, 1818 –, Jura, (1988), Heft 3, p. 125.

[556] No Direito económico existem numerosas normas que visam proteger interesses privados. É possível, pelo menos para o direito das restrições da concorrência, segundo o actual estado da discussão, o § 35 GWB (versão antiga) teria a mesma função que o § 823 II BGB. É duvidosa, na UWG 1909 pretensões indemnizatórias de consumidores, de acordo com o § 823 II BGB em conjugação com o § 3 UWG. Ao contrário de uma decisão mais antiga do BGH, a maioria da doutrina defende essas pretensões.

[557] WOLFHARD KOHTE, *Normzweck und Interessenabwägung*, p. 125.

cia, examinar o § 823 I BGB, a fim de determinar se se verificou uma lesão num dos bens jurídicos mencionados nesta norma. Ora, não existe violação de um bem jurídico de protecção absoluta dos correios federais. Com efeito, o dano reside no dever de devolver o dinheiro às administrações postais estrangeiras, o que significa que foi violado o património dos correios federais, mas não a propriedade. Assim, a violação patrimonial ocorrida não consubstancia uma violação de bem jurídico no sentido do § 823 I BGB[558].

O § 823 II BGB não respeita à violação de bens jurídicos concretos, mas a uma protecção ampla de interesses. O primeiro pressuposto da sua aplicação consiste na existência de um prejuízo patrimonial dos correios federais alemães. O facto de os correios federais terem direito à indemnização contra Joachim K. não elimina o prejuízo enquanto não tiverem sido indemnizados. O terceiro pode ser condenado a uma responsabilidade solidária, segundo o § 840 I BGB. Com efeito, com a sua acção, o terceiro auxiliou a prática de fraude, preenchendo o § 263 StGB, implicando responsabilidade segundo o § 823 II BGB. No entanto, o auxílio no sentido do § 830 II BGB pressupõe que o terceiro tenha tido conhecimento das circunstâncias essenciais das acções fraudulentas planeadas e executadas por Joachim K. e tido vontade de as promover como acção alheia. Estes factos não foram provados, mas alegados pelos lesados. A falsificação de bilhetes de identidade poderia ter tido objectivos diferentes, designadamente, passagem ilegal de fronteira, viagens e prática de outros delitos patrimoniais. Desde que não se faça prova do conhecimento do fim da utilização, não haverá responsabilidade, segundo os §§ 823 II BGB em conjugação com os §§ 263 StGB e 830 II BGB[559].

A responsabilidade delitual, de acordo com o § 823 II BGB, pressupõe a violação de uma *norma de referência*. O Acórdão faz depender o carácter de norma de protecção de proteger não só a generalidade mas também interesses individuais. Esta divisão entre interesses individuais e interesses gerais encontra-se nos trabalhos preparatórios do BGB e caracterizou, no início da sua vigência, a doutrina e a jurisprudência. Numa sentença do RG, de 1905 (RG JW 1905, 142), lê-se: "*o indivíduo, ao contrário da generalidade*" tem que ser protegido. Com isto, ficou limitada a área de aplicação do § 823 II BGB. No entanto, o RG decidiu, diferen-

---

[558] WOLFHARD KOHTE, *Normzweck und Interessenabwägung*, p. 126.
[559] WOLFHARD KOHTE, *Normzweck und Interessenabwägung*, p. 126.

Evolução Histórico-Dogmática   203

temente, em 1920: *"Só as leis que têm exclusivamente como objectivo a ordem do Estado, a sua constituição e administração ficam fora do âmbito da lei de protecção segundo o § 823 II BGB"* (RGZ, 100, 142). Esta nova leitura implicou que passassem a ser qualificadas como normas de protecção quase todas as normas de ordem e de proibição e a função do § 823 II BGB, na delimitação da responsabilidade, ficou posta em causa[560].

Posteriormente, passou a prevalecer a fórmula de compromisso segundo a qual é norma de protecção qualquer disposição que serve não apenas à protecção da generalidade mas igualmente à protecção de indivíduos. Nesta fórmula, interesses individuais e gerais surgem como critério de qualificação destas normas. Esta solução mostrou-se, porém, insuficiente, sendo teoricamente criticável. Num Estado democrático, o interesse público não é de opor ao interesse individual, na medida em que não constitui um fim autónomo em si mesmo, dependendo da protecção imediata, ou pelo menos mediata, dos interesses de indivíduos e grupos. Neste sentido, o BGH, em 1976, defendeu não serem de opor interesse público e interesses individuais, sendo normativo o grau da medida de protecção de interesses individuais. Nestes termos, não se deve indagar abstractamente da qualidade da disposição de protecção, mas ponderar a intensidade da protecção dos interesses. Pressuposto de um tal exame é a análise dos interesses protegidos numa tripla direcção: *i)* as pessoas protegidas, *ii)* os bens jurídicos protegidos e *iii)* os riscos a impedir pela ordem ou pela proibição[561].

Continuando a sua argumentação, KOHTE considera que, actualmente, há um amplo consenso em torno desta tripla perspectiva, tornando prioritária a forma como os interesses podem ser averiguados. Nesta matéria, SCHMIEDEL defende a averiguação dos interesses através da análise da *norma de referência*, pela sua estrutura, pela sua relação com o sistema e pela história das suas origens. No caso concreto, para determinar os interesses protegidos pelo § 267 StGB, o BGH teve que recorrer à doutrina penal, pois as posições da jurisprudência e da doutrina civil mostraram-se inúteis no que concerne à aplicação do § 823 II BGB em conjugação com o § 267 StGB, pois ou não forneciam justificação ou referiam-se a uma sentença do RG que nada tinha a ver com o § 267 StGB[562].

---

[560] WOLFHARD KOHTE, *Normzweck und Interessenabwägung*, p. 126.

[561] WOLFHARD KOHTE, *Normzweck und Interessenabwägung*, pp. 126-127.

[562] WOLFHARD KOHTE, *Normzweck und Interessenabwägung*, p. 127: Numa perspectiva histórica, é de sublinhar a existência de uma ligação estreita entre delitos de fal-

204 *Normas de Protecção e Danos Puramente Patrimoniais*

A discussão penal originou argumentos contra a existência de uma protecção individual no § 267 StGB, que, porém, não servem à interpretação do § 823 II BGB. Por conseguinte, o BGH recorreu a argumentos especificamente privados. Tem sido defendido que não é possível encontrar na *norma de referência* limites para a aplicação do § 823 II BGB com base nos interesses protegidos (interesses individuais/gerais), dado que os interesses individuais podem ser protegidos não só através da pretensão individual privada, mas também através da sanção repressiva e da inspecção. A afirmação de que os interesses individuais são protegidos, não permite efectivamente responder à questão sobre o modo como são protegidos. Esta situação mostra-se clara no Direito económico que regula, cada vez mais, áreas por ordens e proibições jurídicas[563].

Por outro lado, a protecção de bens jurídicos pela via da sanção penal não permite afirmar, só por si, se deve ou não ser complementada adicionalmente por uma pretensão privada, uma vez que nem todas as pessoas afectadas por acções criminalmente puníveis podem exigir pretensões indemnizatórias. A separação entre o plano civil e o penal constituiu um dos aspectos mais importantes do desenvolvimento jurídico dos tempos modernos. Tendo em consideração a necessidade de valorizações distintas de Direito civil e Direito penal impõe-se um exame delitual sobre quando é que um indivíduo é afectado pela violação da lei de tal maneira que lhe

---

sificação de documentos e delitos patrimoniais, que, no entanto, foi sendo posta em causa. Na explanação de motivos relativa ao projecto de um código penal para o norte da Alemanha foi sublinhada, em 1870, a autonomia dos delitos de falsificação de documentos dos delitos patrimoniais, justificando-a com a "importância do documento público para o tráfego geral". Com a eliminação da falsificação intencional de documentos, no ano de 1943, foi desfeita a relação com os delitos patrimoniais. Na jurisprudência penal, não foi considerado como bem jurídico do § 267 StGB o interesse do emissor ou proprietário, mas a "segurança e confiança no tráfego jurídico", que não pode prescindir de meios de prova formais. Assim, conseguiu-se explicar porque razão, por um lado, a falsidade escrita e a manobra fraudulenta não documental não são abrangidas pelo § 267 StGB. O tráfego jurídico depende de declarações como meios de prova e confia no facto de por detrás do documento estar um certo emissor. Esta discussão esteve na base, no ano de 1986, de uma reflexão sobre o bem jurídico penal no § 267 StGB. Por outro lado, o círculo jurídico protegido através do § 267 StGB não é abstracto, mas respeita a pessoas isoladas, cujos interesses individuais estão dependentes de documentos. Por isso, a falsificação de documentos serve frequentemente para preparar delitos patrimoniais e a sua punibilidade visa a protecção patrimonial.

[563] WOLFHARD KOHTE, *Normzweck und Interessenabwägung,* 127-128.

Evolução Histórico-Dogmática   205

deve caber um direito a indemnização. Nestes termos, a *norma de referência* tem de ser não só protectora de interesses, mas também "relevante para a responsabilidade" (*"haftungserheblich"*). O exame ao § 823 II BGB assenta sobre se a indemnização individual é razoável à luz do sistema global do direito de responsabilidade civil. O critério passa por determinar se a protecção do indivíduo se deve efectuar não só por medidas das autoridades de regulação, independentemente do lesado ter à mão qualquer poder jurídico de exigir indemnização. Na interpretação do § 823 II BGB deve realizar-se não só uma avaliação da respectiva *norma de referência* como também um controlo sistemático do direito delitual, cujo o exame pressupõe clareza sobre a situação básica prevista no § 823 II BGB em comparação com outras situações básicas delituais[564].

KOHTE sublinha que o direito delitual do BGB agrupa-se em três causas de pedir diferentes, ficando em concorrência de pedidos. Na prática, domina a norma do § 823 I BGB, assente na violação culposa de um dos bens jurídicos nela mencionados. No entanto, esta concepção foi ultrapassada pelo desenvolvimento jurisdicional de deveres do tráfego. Por sua vez, o § 826 BGB não se limita à violação de bens jurídicos absolutos. Este alargamento é compensado por maiores exigências à acção de violação: prejuízo contrário ao mínimo ético-jurídico e dolo, que tem de se relacionar com o prejuízo. O § 826 BGB assegura uma "função de desenvolvimento" (*"Entwicklungsfunktion"*) do direito delitual. A responsabilidade, segundo o § 823 II BGB, fica localizada entre estas duas situações básicas delituais e caracteriza-se pelos seguintes elementos: *i)* o objecto de protecção é alargado em relação ao § 823 I BGB, na medida em que qualquer interesse privado pode ser protegido delitualmente, abrangendo igualmente violações patrimoniais; *ii)* a protecção de bens jurídicos é antecipada, na medida em que não releva a violação do bem jurídico, mas a violação de uma *norma de referência* que visa impedir o aparecimento de uma situação de perigo para bens jurídicos importantes. Os direitos actuais de ambiente e de protecção do trabalhador são caracterizados por tais proibições de pôr em perigo; *iii)* em normas de pôr em perigo abstracto deste género, a culpa é antecipada, sendo suficiente a violação negligente *da norma de referência*; *iv)* a prova da culpa pelo lesado é facilitada na violação objectiva de *uma norma de referência* pela inversão do ónus da prova; *v)* a prova da causalidade é facilitada consoante o tipo da *norma de*

---

[564] WOLFHARD KOHTE, *Normzweck und Interessenabwägung*, p. 128.

206 Normas de Protecção e Danos Puramente Patrimoniais

referência e o perigo que vai ocorrer na violação. Foi desenvolvido um "sistema móvel" podendo conduzir a uma prova de probabilidade ou à inversão do ónus da prova[565].

O § 823 II BGB contém, assim, para Kohte não só uma ampliação importante dos tipos legais de responsabilidade, como também meios processuais de alcance significativo para a impor. A sua limitação resulta, *prima facie,* da necessidade da qualidade normativa de protecção das leis federais, leis e decretos dos estados federados, estatutos municipais. Com a crescente regulação das actividades económicas, do ambiente e do trabalho, o pressuposto da qualidade normativa pode não ser suficiente para esta delimitação. As normas de Direito económico evidenciam que o critério baseado em interesses individuais e gerais não consegue traçar uma linha de fronteira entre as normas que são de protecção e as que o não são. É necessário ajustar as *normas de referência* na sua transformação no direito delitual com as valorizações delituais, de maneira a que nasça um sistema de responsabilidade sem contradições. Para isso são impróprias concepções monistas, que interpretam o § 823 II BGB exclusivamente pela *norma de referência*. Assim, é de dar preferência à concepção dualista do BGH, examinando a *norma de referência* tanto em relação à sua relevância na responsabilidade como à sua compatibilidade com o sistema de responsabilidade[566].

A análise do § 823 II BGB na dupla perspectiva ("*doppelte Blickrichtung*")(norma de referência – sistema delitual) relaciona estes dois elementos. A doutrina propôs tratar os dois elementos como duas características separadas do tipo legal, e examinar, num primeiro momento, a qualidade de norma de protecção, e nenhum segundo momento, se o lesado fica protegido suficientemente sem o § 823 II BGB. Este exame implicaria a "subsidiariedade" do § 823 II BGB. Esta graduação rígida foi rejeitada por conduzir a uma redução inadmissível do âmbito de aplicação do § 823 II BGB. Depois de se ter reconhecido que não se consegue analisar abstractamente uma disposição de protecção e que a contraposição entre interesses individuais e gerais não representa um critério útil, só resta realizar, de acordo com a jurisprudência do BGH, um "observação global" dos interesses protegidos. Assim, a questão deixa de ser "norma de pro-

---

[565] Wolfhard Kohte, *Normzweck und Interessenabwägung*, pp. 128-129.
[566] Wolfhard Kohte, *Normzweck und Interessenabwägung*, p. 129.

tecção: sim/não", mas antes a ponderação de pontos diferentes de vista. Mas ponderar significa avaliar diversos aspectos com base numa escala; o estilo de argumentação preferido é uma comparação de argumentos do tipo "quanto mais – menos" (*je desto*)[567].

A doutrina tem desenvolvido uma série de argumentos comparativos para interpretar o § 823 II BGB. Knöpfle assentou a responsabilidade do § 823 II BGB na frase *"quanto mais digno de protecção for o interesse violado e quanto mais condenável for a forma de acção do lesante mais se justifica a responsabilidade"*. Steffen negou a responsabilidade com base na ideia de que quanto mais mediato ou mais oculto se encontrar o interesse individual na norma de protecção menos se justifica a responsabilidade. A importância dos argumentos comparativos assenta na recusa de um exame em duas etapas e na sua substituição por uma argumentação a estabelecer comparativamente. A decisão judicial referente ao caso de Joachim K. apoia-se na primeira ordem de ponderação de Steffen, por os interesses individuais abrangidos pelo § 267 StGB só se manifestarem mediata e indistintamente na norma de referência. Kohte considera este procedimento é correcto, pois permite revelar as respectivas valorizações. Deste modo, torna transparente a tarefa de transformação da norma de referência no direito delitual do § 823 II BGB. Por vezes, foram desenvolvidas, pela doutrina, regras gerais destinadas a sistematizar e a interpretar uniformemente as *normas de referência*. Para Kohte estas regras não revelam a necessidade da dupla perspectiva na interpretação do § 823 II BGB atrás referida, limitando-se à estrutura das respectivas normas de referência e à sua relevância penal, bem como à estrutura do sistema de responsabilidade delitual. Para este Autor, o que é necessário é adoptar regras de ponderação, apresentadas sob a forma de frases comparativas, seguindo algumas soluções da jurisprudência alemã, a saber:

i) Quanto mais indistintamente estão protegidos os interesses individuais na norma de referência e quanto mais distantes se encontram da violação a impedir com a norma, menos é de supor direitos de indemnização segundo o § 823 II BGB. Esta regra pode ser modificada pela importância do respectivo interesse.

ii) Quanto mais valorizado juridicamente é o interesse individual a proteger, tanto mais se justificam direitos individuais de in-

---

[567] Wolfhard Kohte, *Normzweck und Interessenabwägung*, p. 129.

demnização. Neste ponto, é de colocar, no direito delitual, a relevância constitucional da vida e da saúde que justificam a repressão das situações de perigo. Este princípio explica porque razão normas de pôr em perigo do Direito do ambiente e do Direito da saúde conduzem, na jurisprudência do BGH, à aplicação do § 823 II BGB.

iii) Quanto mais graves são as consequências resultantes de um perigo, menos exigente deve ser em relação à probabilidade da sua ocorrência, sendo justificáveis direitos individuais de indemnização.

iv) Quanto menos apertada é a relação objectiva e pessoal entre a violação da *norma de referência* e a violação de interesses, menos se justifica um direito de indemnização contra a pessoa que criou a situação de perigo aproveitada por outra pessoa para violar interesses.

v) Quanto mais pormenorizada e amplamente forem reguladas, na norma de referência, as consequências, menos é de supor uma protecção adicional de interesses individuais através do § 823 II BGB.

vi) Quanto mais intimamente ligado está um dano a uma relação especial legalmente regulada, menos indicada é uma protecção delitual adicional através do § 823 II BGB. Esta regra concretiza o princípio geral da separação de contrato e delito e realça que o simples incumprimento de obrigações não conduz a pretensões delituais[568].

Se a resposta aos casos concretos for orientada por estas regras, é de concordar com a decisão do BGH no caso do terceiro que auxiliou Joachim K. São protegidos, através do § 267 StGB, interesses patrimoniais para os quais não é necessário nem apropriado, em termos de direito de responsabilidade, qualquer antecipação da protecção. Acresce que os tipos penais relativos à falsificação de documentos não se limitam à violação concreta de interesses patrimoniais. O § 267 StGB não contém, assim, nenhuma referência precisa sobre a protecção de interesses patrimoniais individuais. Se o falsificador não for responsável, nem como autor nem

---

[568] WOLFHARD KOHTE, *Normzweck und Interessenabwägung*, pp. 129-130.

Evolução Histórico-Dogmática 209

como auxiliar da acção fraudulenta, segundo os §§ 823 II, 830 BGB, então a sua ligação à acção de violação concreta fica demasiado distante, não sendo apropriada uma responsabilidade privada. Por isso, a argumentação do BGH contém uma ponderação justa dos interesses protegidos através da norma de referência e da estrutura do sistema de responsabilidade delitual[569].

Para KOHTE, o início da sentença parece apontar para um conceito de norma de protecção: *"norma que se dirige também para a protecção de interesses individuais contra um certo tipo de violação"*. Porem, a continuação da sua análise, bem como de outros exemplos da jurisprudência mais recente, mostra que o problema se deslocou, não sendo a classificação do § 267 StGB como norma de protecção que está no centro da decisão, mas a intensidade da protecção dos interesses na *norma de referência* e a sua inserção no sistema de responsabilidade privado. Com efeito, a sentença não responde a esta questão com uma construção interrogativa "se/então" (se estiverem também protegidos interesses individuais, então aplica-se o § 823 II BGB), mas por uma ponderação segundo as categorias *"je desto"*. Ao tornar a aplicação do § 823 II BGB dependente da intensidade da protecção dos interesses, forma-se uma frase comparativa[570].

Na metodologia jurídica é referida a importância crescente das argumentações comparativas por serem especialmente apropriadas para concretizar cláusulas gerais e para conduzir, na combinação de diferentes princípios jurídicos, a uma ordem transparente de argumentos. Na interpretação do § 823 II BGB é de efectuar uma dupla avaliação: por um lado, averiguar o fim da norma de referência e, por outro, inseri-la no sistema do direito delitual. Como são normalmente omissos os trabalhos preparatórios das *normas de referência*, são necessárias a averiguação do fim de norma e a ponderação dos diferentes princípios jurídicos implicados. Deste modo, salienta-se que não há apenas um único resultado de interpretação correcto e que existe uma certa margem de valorização judicial, sendo esta margem inevitável[571].

---

[569] WOLFHARD KOHTE, *Normzweck und Interessenabwägung*, p. 130.

[570] WOLFHARD KOHTE, *Normzweck und Interessenabwägung*, p. 130.

[571] WOLFHARD KOHTE, *Normzweck und Interessenabwägung*, pp. 131. Para interpretar o § 823 II BGB KOHTE recomenda os seguintes passos: 1.° Há um prejuízo no sentido do § 249 BGB? 2.° Há uma norma que se apresenta como uma "lei que tem por fim a protecção de outrem"? *i)*Trata-se de uma norma no sentido do § 2 EGBGB? *ii)* Esta norma estabelece uma ordem ou uma proibição? *iii)*A pessoa cujo interesse foi violado pertence

7.2.14. *As teses de* SPICKHOFF *(1998)*

I. Em *Gesetzesvertoß und Haftung*, ANDREAS SPICKHOFF apresenta o estudo mais desenvolvido, na doutrina alemã, sobre a responsabilidade delitual por violação das normas de protecção[572]. Uma vez que este estudo será analisado ao longo da parte de direito positivo da presente dissertação, vamos limitar-nos por ora, a um breve sumário das teses fundamentais defendidas por SPICKHOFF. O Autor defende que, nas suas origens, o § 823 II BGB visava uma protecção para além dos bens jurídicos protegidos no § 823 I BGB, mas que, inserido na discussão cujos pólos se situam entre uma grande cláusula geral delitual e os tipos delituais concretos adoptou uma fórmula de compromisso, transformando em direito delitual normas de outros sectores do ordenamento, mas sem fornecer o critério de determinação das normas de protecção. Como antecessor do § 823 II BGB surge o § 26 I 6 PreussALR, que remete para as leis com o objectivo específico de prevenção de danos. Com a violação de uma norma deste tipo, o agente responde *"por todos os danos, em especial por aqueles que poderiam ter sido evitados com a observância da norma, quando os mesmos*

---

ao círculo de pessoas protegido na norma? (Âmbito de aplicação pessoal da norma) *iv)* O interesse violado pertence ao âmbito de aplicação objectivo da norma de referência? *v)* Os interesses individuais previstos em *iii)* e *iv)* ficam protegidos pela *norma de referência* de tal maneira que a pessoa cujo interesse foi violado poderá exigir uma indemnização? É de responder a esta questão por uma ponderação através das frases comparativas. 3.º Se a relevância da responsabilidade da *norma de referência*, sob ponto 2, estiver afirmada, então há que examinar a violação da norma de referência: *i)* Encontram-se cumpridos todos os elementos objectivos de tipo legal da norma de referência? O ónus da prova cabe ao lesado. *ii)* O lesante pode invocar uma causa justificativa? *iii)* A culpa estabelecida pela *norma de referência* é de exigir para a responsabilidade delitual? O lesante tem que se exonerar. Se a *norma de referência* puder ser violada sem culpa, aplica-se o § 823 II BGB. Se a *norma de referência* colocar pressupostos mais exigentes de culpa, como a negligência grosseira ou o dolo, são normativos também para o § 823 II BGB. Na violação de normas de protecção penais toma-se por base a culpa penal para o § 823 II BGB. A valorização delitual justifica aplicar a culpa civil, o que é defendido por uma corrente minoritária da doutrina. 4.º A violação culposa da norma de referência era causal para o dano ocorrido (causalidade que preenche a responsabilidade)? Neste ponto é de observar, outra vez, a doutrina do fim da norma. O prejuízo só existe na área de protecção da *norma de referência* se esta devesse proteger contra o tipo concreto de prejuízo (âmbito de aplicação norma de protecção atendendo ao modo como o dano se realiza) (cfr. pp. 131-132).

[572] ANDREAS SPICKHOFF, *Gesetzesvertoß und Haftung*, Carl Heymanns Verlag, Köln, Berlin, Bonn, München, 1998.

Evolução Histórico-Dogmática 211

tenham derivado de forma directa e imediata da sua conduta", estabelecendo-se uma presunção de causalidade, cuja transposição para o § 823 II BGB SPICKHOFF rejeita[573].

No que concerne à relevância da violação normativa nos sistemas delituais estrangeiros, SPICKHOFF defende que o artigo 483.°, n.° 1 do Código Civil português se assemelha ao alemão, na medida em que nos direitos de outrem se integram apenas os direitos absolutos, pelo que os interesses puramente patrimoniais só se encontrariam protegidos por normas de protecção[574].

São critérios fundamentais de delimitação das normas de protecção que se trate de disposições de imposição ou de proibição e que visem a protecção de interesses individuais, pelo menos reflexamente[575], ainda que estes critérios constituam um filtro demasiado fraco. Diferentemente, não são fundamentais os critérios da determinação (*Bestimmtheit*), nem o carácter imediato da protecção e a "finalidade de ressarcimento de danos" inerente às normas de protecção.

SPICKHOFF defende uma relação especial entre as normas de protecção e a Constituição, apesar de rejeitar a oponibilidade de direitos fundamentais a terceiros através da sua aplicação directa a particulares ou através da doutrina dos deveres de protecção. Porém, defende uma relação estreita entre algumas normas da Constituição Alemã e as normas de protecção, designadamente os artigos 48, II, 9, III, e 1, I GG[576]. Em relação às directrizes comunitárias, SPICKHOFF recusa a sua eficácia horizontal, pelo que da sua violação só poderão resultar acções contra o Estado e não contra pessoas privadas[577].

Segundo SPICKHOFF, deve seguir-se a concepção que preconiza a articulação das exigências da norma de protecção e do ramo do jurídico de onde esta provém nas tarefas de ordem e valorativas do direito delitual.

---

[573] SPICKHOFF, *Gesetzesvertoß*, § 2, pp. 5-18.

[574] SPICKHOFF, *Gesetzesvertoß*, § 3, pp. 19, (n. 2), recorrendo, para a caracterização do sistema delitual português, a V. BAR/MONTEIRO/RAMOS/HÖRSTER, *Delikstrecht*, Portugal, p. 12.

[575] SPICKHOFF, *Gesetzesvertoß*, § 6, p. 154, e SPICKHOFF/SOERGEL, *Bürgerliches Gesetzbuch*, § 823, p.117.

[576] SPICKHOFF, *Gesetzesvertoß*, § 7, pp. 157-181, e SPICKHOFF/SOERGEL, *Bürgerliches Gesetzbuch*, § 823, p. 120.

[577] SPICKHOFF, *Gesetzesvertoß*, § 7, 181-186, e SPICKHOFF/SOERGEL, *Bürgerliches Gesetzbuch*, § 823, p. 120.

212 *Normas de Protecção e Danos Puramente Patrimoniais*

As limitações interpretativas colocadas às normas de proibição (*v.g.* a proibição da analogia das normas penais) deverão também colocar-se no § 823 II BGB. Por outro lado, sendo difícil *per se* encarar as normas de fonte jurisprudencial como normas de protecção, esta técnica apenas deverá ser utilizada para prosseguir objectivos relacionados com a responsabilidade[578].

A ilicitude resultante de uma conduta tipificada por uma norma de protecção poderá ser excluída pelas causas de justificação. Em princípio, as causas de justificação também poderão advir de outros ramos de direito. Assim, no caso de um delito de resultado, aplica-se a noção de ilicitude civil, em nada divergindo do § 823 I BGB. Desde que a imputação se centre em torno de uma norma de protecção, introduz-se a ilicitude da acção. Mantém-se, deste modo, a favor do lesado a possibilidade de recorrer à ilicitude que melhor lhe convier. Apenas se podem transmitir as componentes internas (subjectivas) da ilicitude resultante da violação de normas de protecção na medida surjam como partes integrantes do conceito de ilicitude. O erro sobre a qualificação jurídica deve ser analisado no âmbito do § 823 II BGB e não apenas de acordo com a teoria do dolo, mas com a teoria da culpa (mesmo quando se trata de normas de protecção penais)[579].

A responsabilidade delitual exige a culpa, mesmo que a norma de protecção não a compreenda. A culpa apenas se deverá referir à violação da norma de protecção, subtraindo-se, assim, os danos subsequentes da verificação de culpa e da sua prova. Esta redução da culpa encontra-se igualmente presente no § 280 I BGB, de modo que avança para uma "linha defensiva da ordem jurídica" e uma objectivação da responsabilidade. Deve seguir-se o modelo de culpa das normas de protecção, designadamente o dolo e a negligência grosseira. No caso de separação entre a norma proibitiva e a norma sancionatória de Direito penal ou de direito contra-ordenacional, (*v.g.* §§ 1 e ss StVO, e §§ 1, 5 GSB), a separação não levanta quaisquer problemas, a não ser no caso das normas sancionatórias exigirem dolo. Neste caso, de acordo com SPICKHOFF, para exigir o dolo será necessário proceder a uma fundamentação com base na história da norma, de modo a alicerçar a separação entre norma de conduta e norma

---

[578] SPICKHOFF, *Gesetzesvertoß*, § 8, 187-202, e SPICKHOFF/SOERGEL, *Bürgerliches Gesetzbuch,* § 823, p. 121.

[579] SPICKHOFF, *Gesetzesvertoß*, § 8, pp. 202-209, e SPICKHOFF/SOERGEL, *Bürgerliches Gesetzbuch,* § 823, p. 122.

Evolução Histórico-Dogmática 213

sancionatória em argumentos relativos à redacção da norma ou à técnica jurídica. Caso estes argumentos não corroborem a exigência de dolo, este não será exigível para a responsabilidade delitual[580]. Ao invés do que sucede com a modalidade de culpa, a medida da culpa segue o critério objectivo da negligência[581].

Em matéria de causalidade, SPICKHOFF defende que a violação da norma de protecção deverá ser causal em relação aos danos verificados. A distinção entre causalidade que fundamenta a responsabilidade (*haftungsbegründender Kausalität*) e causalidade que preenche a responsabilidade (*haftungsausfüllender Kausalität*), efectuada no § 823 I BGB, depende da própria norma de protecção, pois se não exigir nenhum resultado lesivo não é necessário proceder a esta diferenciação no domínio do § 823 II BGB[582].

Da redacção do § 823 II BGB decorre que os interesses determinantes residem no escopo de protecção da norma, doutrina que acabou por se tornar incontornável na aplicação desta disposição. Mantém-se dominante a estruturação, elaborada por RÜMELIN, assente no âmbito de protecção pessoal (*geschützten Personenkreis*), no âmbito de protecção material de um direito, bem jurídico e/ou interesse lesado (*geschützten Rechtsguter*), e no âmbito de protecção modal, a qual abrange o tipo e modo de lesão[583]. A decomposição dos três elementos integrantes do escopo normativo da protecção torna mais compreensível e mais manobrável a sua concretização[584].

Tanto os escopos de protecção material como pessoal da norma poderão ser definidos através de um objecto mencionado em concreto como lesivo ou perigoso. O problema associado à conformidade do comportamento deverá ser abordado do ponto de vista dos efeitos jurídicos e não do ponto de vista das motivações jurídicas. As análises de tipo económico são

---

[580] SPICKHOFF, *Gesetzesvertoß*, § 8, pp. 209-227, e SPICKHOFF/SOERGEL, *Bürgerliches Gesetzbuch*, § 823, p. 123.

[581] SPICKHOFF, *Gesetzesvertoß*, § 9, pp. 237-271, e SPICKHOFF/SOERGEL, *Bürgerliches Gesetzbuch*, § 823, p. 123.

[582] SPICKHOFF, *Gesetzesvertoß*, § 9, pp. 237-242, e SPICKHOFF/SOERGEL, *Bürgerliches Gesetzbuch*, § 823, p. 124-125.

[583] RÜMELIN, "Die Verwendung der Causalbegriffe in Straf- und Civilrecht", AcP, (1900), pp. 171 e ss.

[584] SPICKHOFF, *Gesetzesvertoß*, § 9, pp. 244-250, e SPICKHOFF/SOERGEL, *Bürgerliches Gesetzbuch*, § 823, p. 125.

passíveis de ser efectuadas, contanto que a redacção, a sistemática e a evolução da norma não se encontrem em contradição com apreciações deste tipo, porque se deve partir do princípio que o legislador orientou o conteúdo da norma de acordo com o princípio da eficiência. Quanto aos efeitos práticos de uma concreta análise económica, em regra, apenas se tentam evitar resultados que possam conduzir a uma situação totalmente contrária ao princípio da eficiência[585].

SPICKHOFF defende a utilização da adequação como critério de restrição da responsabilidade decorrente da doutrina do escopo da norma e como critério autónomo de imputação objectiva, podendo este vir a ser corrigido através do escopo da norma de conduta violada no caso concreto. Podem-se imputar danos improváveis, partindo do princípio que as disposições de segurança visam evitar perigos especialmente graves, pelo que poderão abranger riscos estatisticamente remotos. Abstraindo destas excepções, mantém-se a regra geral segundo a qual riscos com pouca probabilidade de concretização são insusceptíveis de imputação. Também o escopo da norma de conduta pode funcionar como forma de limitação de outros critérios de imputação nos casos de interrupção do nexo causal mediante intervenção de um terceiro[586].

Segundo SPICKHOFF, em matéria de prova, deverá ser realizada uma diferenciação entre os diferentes tipos de normas de protecção no âmbito da presunção de causalidade. As normas de perigo abstracto baseiam-se em que determinados tipos de conduta são considerados perigosos e trazem consigo um elevado potencial de risco. Os princípios empíricos da prova *prima facie* raramente possuem um valor idêntico ao resultante da norma, uma vez que a violação da norma vai ser tipicamente causal, com a delimitação de segurança do grau de probabilidade em relação à lesão verificada. As regras de prova resultam das próprias normas de protecção a que respeitam. Outro pressuposto para facilitar a prova da culpa será o do tipo normativo externo à violação da norma de protecção se encontrar desde logo estabelecido com base numa presunção legal. Se nos encontrarmos perante um caso em que a norma de protecção proíbe um resultado ou ordena esta concretização como forma de assistência aos direitos

---

[585] SPICKHOFF, *Gesetzesvertoß*, § 9, pp. 253-271, e SPICKHOFF/SOERGEL, *Bürgerliches Gesetzbuch*, § 823, p. 127.

[586] SPICKHOFF, *Gesetzesvertoß*, § 9, pp. 272-280, e SPICKHOFF/SOERGEL, *Bürgerliches Gesetzbuch, Schuldrecht*, § 823, p. 127-128.

Evolução Histórico-Dogmática 215

e bens jurídicos de outrem, não será necessário recorrer a uma presunção de culpa ou a uma indiciação da mesma. Incluem-se neste ponto as situações em que da lesão do cuidado externo se pode indiciar a lesão do cuidado interno. A razão desta facilidade de prova reside no facto de, no essencial, o agente se encontrar na situação de poder indicar o "cuidado interno" que, a verificar-se, o exonera da culpa[587].

No âmbito do § 823 II BGB constata-se que, ocasionalmente, a jurisprudência optou por encarar a prova da causalidade como prova *prima facie* ou por uma inversão do regime do ónus da prova. Mantém-se a necessidade de demonstração do perigo a não ser que "a violação em causa estabeleça de forma clara e de acordo com critérios de experiência de vida que aquele risco se teria de concretizar tipicamente naquela marcha de acontecimentos". Assim, a prova da causalidade da responsabilidade por violação de normas de protecção que não pressupõem um resultado lesivo assenta no § 286 ZPO. A questão da causalidade do resultado lesivo dos primeiros danos e dos danos subsequentes deve ser esclarecida de acordo com o § 287 ZPO, *i.e.,* de acordo com a probabilidade dominante[588].

7.3. *A reforma do Código Civil alemão de 2001/2002*

I. A reforma do direito de indemnização foi, em finais dos anos 30, objecto de conferências da sub-comissão para a revisão do direito delitual da Academia para o Direito Alemão[589]. O resultado dessas conferências foi a proposta de uma ampla cláusula geral delitual com o seguinte teor: " *I. O dano causado com dolo ou negligência obriga à indemnização. II. Uma acção ou omissão são ilícitas quando infringem uma disposição da ordem jurídica que tem por fim a protecção da personalidade ou dos bens do lesado. III. Age ilicitamente quem infringe grosseiramente princípios reconhecidos da convivência ética".*

---

[587] SPICKHOFF, *Gesetzesvertoß,* § 9, pp. 283-297, e SPICKHOFF/SOERGEL, *Bürgerliches Gesetzbuch,* § 823, p. 128-129.

[588] SPICKHOFF, *Gesetzesvertoß,* § 9, pp. 307-315, e SPICKHOFF/SOERGEL, *Bürgerliches Gesetzbuch,* § 823, p. 129.

[589] Cf. acerca da reforma, NIPPERDEY/SÄCKER, "Tatbestandaufbau und Systematik der deliktischen Grundtatbestände. Zum "Referententwurf eines Gesetzes zur Änderung und Ergänzung schadenersatzrechtlicher Vorschriften", NJW, (1967), p. 1985 e ss.

Em Janeiro de 1967, o *Bundesministerium der Justiz* (BMJ) publicou um projecto de lei sobre uma alteração e um complemento do direito da responsabilidade delitual. Os pontos principais do projecto contemplavam, para além das transformações introduzidas pela jurisprudência no direito geral de personalidade e de outras adaptações decorrentes da evolução da jurisprudência, a alteração do § 831 BGB, o alargamento da responsabilidade pelo risco e a introdução da indemnização por dano moral, bem como a introdução de restrições ao princípio da reparação integral através de uma cláusula de equidade. Em substância, não se desistiu do sistema delitual tradicional do BGB, que não foi tocado significativamente pela lei sobre a alteração do direito de indemnização de 16 de Agosto de 1978[590].

Nos finais dos anos 70 o BMJ promoveu uma nova iniciativa sobre a revisão do Direito das obrigações e encomendou uma série de pareceres que foram publicados nos volumes *Gutachten und Vorschläge zur überarbeitung des Schuldrechts herausgegeben vom Bundesminister der Justiz*, I, II, 1981, editados pelo BMJ. Com relevância para o direito delitual de destacar os pareceres de v. BAR, KLÖTZ e SCHLECHTRIEM[591].

O parecer de v. BAR propõe a introdução de uma norma geral delitual, ao lado do § 823 I e II BGB, de acordo com a qual deve ser responsável quem não actua de forma apropriada e exigível a um perigo criado por si contra a vida, o corpo, a saúde, a liberdade, os bens ou um outro direito. A culpa deveria ser presumida neste caso. Numa discussão com v. BAR, HANS STOLL considera apropriada uma "cláusula geral do tráfego" por pôr em perigo, mas pretende inseri-la no sistema tradicional do direito delitual. STOLL recomenda, por isso, a seguinte formulação para o § 823: "*(1) É obrigado a indemnizar quem viola ou prejudica, de forma reprovável, a vida, o corpo, a saúde ou os bens de outrem. (2) É reprovável a violação ou o dano quando o responsável os causou ou quando se basearam num perigo criado ou mantido por si do qual tem que proteger o lesado pelas necessidades do tráfego. O responsável pode exonerar-se pela prova de ter*

---

[590] MERTENS, *Münchener Kommentar*, vor §§ 823-853, p. 1407.

[591] Acerca destes pareceres tomaram posição, GRUNSKY, "Vorschläge zu einer Reform des Schuldrechts", AcP, 182, (1982), pp. 465-467, ULRICH HÜBNER, "Zur Reform von Deliktsrecht und Gefährdungshaftung", NJW, (1982), p. 2041, LESER, "Zu dem Instrumenten des Rechtsgüterschutzes im Delikts- und Gefährdungshaftungsrecht", AcP, 183, (1983), pp. 596-597 e HANS STOLL, *Richterliche Fortbildung und gesetzliche Überarbeitung des Deliktsrechts*, C. F. Müller, Heidelberg, 1984. Cfr. MERTENS, *Münchener*, vor §§ 823-853, p. 1407.

observado todo o cuidado necessário pelas circunstâncias e de a violação ou o dano não se basearem em circunstâncias que tivesse que dominar"[592].

MERTENS considera que esta formulação deveria ser completada pela privação da liberdade e da propriedade e pela violação de direitos de domínio. Nos trabalhos da reforma a doutrina dividiu-se sobre se o princípio do cuidado no tráfego, no alargamento do § 826 BGB, deveria ser estendido igualmente à protecção de bens[593].

Duas décadas antes da reforma do Código Civil alemão de 2001/2002, CHRISTIAN VON BAR foi encarregue pelo BMJ de elaborar um estudo que apontasse quais os pontos do direito delitual que necessitavam mais urgentemente de revisão[594]. Nesse parecer elencaram-se os aspectos que a evolução da sociedade alemã conhecera desde o princípio do século passado e as áreas mais precisadas de reforma[595]. Com efeito, a sociedade

---

[592] HANS STOLL, *Richterliche Fortbildung und gesetzliche Überarbeitung des Deliktsrechts*, C. F. Müller, Heidelberg, 1984, pp. 17 e ss.

[593] A favor CHRISTIAN VON BAR, "Deliktsrecht, Empfiehlt es sich, die Voraussetzungen der Haftung für unerlaubte Handlungen mit Rücksicht auf die gewandelte Rechtswirklichkeit und die Entwincklungen in Rechtsprechung und Lehre neu zu ordnen? Wäre es insbesondere zweckmäßig, die Grundtatbestände der §§823 Absätze 1 und 2, § 826 BGB zu erweitern oder zu ergänzen?", *Gutachten und Vorschläge zur überarbeitung des Schuldrechts herausgegeben vom Bundesminister der Justiz*, band II, Bundesanzeiger Verlagsges.mbH., Köln, 1981, pp. 1719 e ss. Contra HANS STOLL, *Richterliche Fortbildung und gesetzliche Überarbeitung des Deliktsrechts*, C. F. Müller, Heidelberg, 1984, pp. 9 e 42 e ss, que, todavia, quer alargar o § 826 BGB para além do proposto por v. BAR. Cfr. MERTENS, *Münchener Kommentar*, vor §§ 823-853, p. 1407.

[594] CHRISTIAN VON BAR, "Deliktsrecht, Empfiehlt es sich, die Voraussetzungen der Haftung für unerlaubte Handlungen mit Rücksicht auf die gewandelte Rechtswirklichkeit und die Entwincklungen in Rechtsprechung und Lehre neu zu ordnen? Wäre es insbesondere zweckmäßig, die Grundtatbestände der §§823 Absätze 1 und 2, § 826 BGB zu erweitern oder zu ergänzen?", *Gutachten und Vorschläge zur überarbeitung des Schuldrechts herausgegeben vom Bundesminister der Justiz*, band II, Bundesanzeiger Verlagsges.mbH., Köln, 1981, pp. 1685-1778. Neste estudo, CHRISTIAN VON BAR procura dar respostas às duas questões que lhe foram colocadas pela consulta do Ministério da Justiça, a saber: *"Existe necessidade de rever a regulamentação relativa aos pressupostos da responsabilidade por actos ilícitos (cfr. §§ 823 e ss. BGB) tendo em conta a mudança constatada na jurisprudência?"* e *"Afigura-se adequado ampliar ou completar os elementos normativos essenciais do § 823 e § 826?"* (p. 1685).

[595] Sobre a evolução do Direito privado alemão de um modelo liberal para um modelo de Estado Social, LARENZ/WOLF, *Allgemeiner Teil*, § 2, pp. 29-39. Cfr. em geral sobre o tema, AMELUNG, "Socialer Wandel und Rechtssystem", Jura, (1988), pp. 393-401.

alemã foi alvo de profundas alterações sociais, políticas e técnicas, que, nem sempre, o BGB pôde acompanhar. Instalações técnicas, que eram desconhecidas do legislador do século XIX, passaram a estar presentes em todos os sectores da economia. Estas inovações modificaram de forma considerável o ciclo de acidentes. Actualmente, as principais causas da ocorrência de acidentes residem em erros na adopção e manutenção de altas velocidades, na energia utilizada, no fabrico e armazenagem, nos transportes, nas construções, na renovação e consumo de energia, na utilização das funcionalidades dos aparelhos ou na utilização de materiais perigosos. Deste modo, afasta-se a arquétipa concentração do direito delitual na prossecução de danos e ofensas directas, previsto no § 823 I BGB. Os actos que redundam em transgressões indirectas – por exemplo: erros de construção, de informação, de fiscalização e de controlo – tornaram-se numa problemática jurídica dominante e devem continuar sê-lo, mesmo nos casos em que apenas desempenhem um papel secundário no direito delitual positivado[596].

Deste modo, o desenvolvimento económico, após a Segunda Guerra Mundial, fez com que aumentasse o potencial de risco e a predisposição para acidentes, constituindo, assim, um importante factor para o enfraquecimento progressivo do brocardo *casus sentit dominus* no âmbito dos danos irreparáveis. Numa economia de mercado, em permanente funcionamento, o dinheiro e as mercadorias são substituíveis. Os recursos financeiros funcionam, hoje, como direitos a prestações pecuniárias sob a forma de rendas que o indivíduo pode adquirir a preços elevados. Constata-se, pois, a necessidade do incremento da protecção que é atribuída no BGB aos interesses patrimoniais primários. De facto, a concentração da protecção da propriedade no § 823 I BGB já não é minimamente adequada às condições económicas. Por outro lado, a protecção concedida pelo § 826 BGB também não se afigura suficiente. A jurisprudência desenvolveu o instituto da responsabilidade derivada da transmissão de informação errónea e instituiu o conceito de "direito à empresa" como "outro direito", no sentido referido no § 823 I BGB. A urgência desta protecção foi, porém, por diversas vezes recusada, recorrendo-se a uma argumentação demasiado formal e juridicamente incompreensível[597].

---

[596] CHRISTIAN VON BAR, *Deliktsrecht*, p. 1689.
[597] CHRISTIAN VON BAR, *Deliktsrecht*, pp. 1689-1690.

Evolução Histórico-Dogmática

O aumento dos perigos ocasionados pela evolução tecnológica não foi o único factor responsável pela alteração do panorama jurídico. Foi-o igualmente o fenómeno da transformação do direito delitual, associado ao reconhecimento da "função social do Direito privado" (OTTO VON GIERKE[598]) e à crescente necessidade de segurança. Esta evolução ocorreu demasiado tarde para conseguir influenciar de alguma forma o BGB, o que levou a que a maior parte dos princípios inseridos neste diploma não se pudesse ter mantido incólume à mudança. A crescente necessidade de segurança, que se observa actualmente, não se explica apenas enquanto reacção compreensível face ao incremento do risco no plano tecnológico. Do mesmo modo, a diminuição do número de células familiares alargadas e das relações de confiança patriarcais, que facilitavam o sentimento de tranquilidade, também não esgota esta problemática[599]. Por fim, de referir a contínua ampliação do seguro de responsabilidade civil, cujas mutações geradas no direito da responsabilidade civil o BGB não conseguiu ponderar devidamente[600].

A Alemanha vive, hoje, numa economia de mercado socialmente organizada de acordo com os padrões da democracia. No entanto, é correcto afirmar que o direito delitual, porque tem como objectivo o ressarcimento de danos entre particulares, não é demasiadamente influenciado pela organização estadual. Não obstante, *as transformações do Direito delitual*" (VON CAEMMERER) acabam por reflectir, de forma subtil, as modificações constatadas noutros ramos do Direito[601]. A este propósito, merecem particular atenção os efeitos jurídicos no domínio das ofensas à honra ou no campo da responsabilidade por acidentes de trabalho. O regime do direito delitual vigente caracteriza-se por uma invulgar dialéctica entre os fundamentos legais e a realidade jurisprudencial. Actualmente, é raro um tribunal interpretar e aplicar os preceitos legais como o legislador os con-

---

[598] OTTO VON GIERKE, *La función social del Derecho Privado. La natureza de las associaciones humanas* (trad. José M. Navarro de Palencia de *Die soziale Aufgabe des Privatrechts*, 1889), Sociedade Editorial Española, Madrid, 1904, pp. 14-59 e REPGEN, *Die soziale Aufgabe des Privatrechts*, 2001.

[599] Para uma referência à fragilidade crescente da família – cada vez mais reduzida –, na alternativa entre factor de desintegração ou de maior coesão familiar de tipo diverso, cfr. MENEZES CORDEIRO, *Tratado de Direito Civil Português,* I, p. 390.

[600] CHRISTIAN VON BAR, *Deliktsrecht*, pp. 1690-1691.

[601] CHRISTIAN VON BAR, *Deliktsrecht*, p. 1692.

220 *Normas de Protecção e Danos Puramente Patrimoniais*

cebeu no início do século passado. Se assim não fosse, a aplicação da lei poderia considerar-se quase ao nível de uma denegação de justiça[602].

A codificação deve colocar-se à disposição dos próprios institutos jurídicos, uma vez que não se deseja perpetuar o crescimento de um direito jurisprudencial "selvagem" sem a consistência da doutrina. Por outro lado, a aplicação de uma grande cláusula geral, característica do modelo napoleónico, contradiz a tradição jurídica germânica e deve, por isso, ser excluída. A eliminação de normas especiais, através da aplicação de uma cláusula geral, adiaria apenas, sem a resolver, a problemática referida, uma vez que em lugar de se proceder a um alargamento ponderado do regime da responsabilidade civil, depararmo-nos-iamos com o problema da delimitação daquele regime. Esta situação foi, aliás, prevista na cláusula geral de indemnização por danos, consagrada no § 1295 I ABGB, na medida em que este preceito mostra que a delimitação a fazer pode ir tão longe que se tornem exigíveis novos alargamentos, como acontece, por exemplo, com a *culpa in contrahendo*[603].

O regime dos actos ilicítos ocupa-se do ressarcimento de danos produzidos delitualmente, através de lesões voluntárias e de acidentes. Estes danos têm sido equiparados a eventualidades *"que conduzem à lesão da integridade física de pessoas ou de objectos, nos quais produzem efeitos repentinos e extremos, sem necessidade de serem perpetrados com uma intenção lesiva"*. Para VON BAR as normas jurídicas que regulam a obrigação de indemnizar encontram justificação quando o modo e a causa das lesões são do conhecimento do legislador e este efectua o seu trabalho a partir do risco que potencialmente se pode vir a concretizar. Quando se verificam riscos frequentes e com tendência a aumentar e, consequentemente, se alteram as realidades sociais e organizacionais do Estado, o direito indemnizatório deve tomar em consideração esta conjuntura e esforçar-se no sentido de se renovar do ponto de vista metódico-sistemático. No entanto, o direito delitual alemão integrado no BGB tem permanecido estático, uma vez que a função de resolver a problemática da integração sistemática foi relegada para a jurisprudência[604]. No direito delitual foi, assim, determinante a evolução jurisprudencial *extra legem*,

---

[602] CHRISTIAN VON BAR, *Deliktsrecht*, p. 1693.
[603] CHRISTIAN VON BAR, *Deliktsrecht,* p. 1694.
[604] CHRISTIAN VON BAR, *Deliktsrecht*, p. 1687.

Evolução Histórico-Dogmática 221

uma vez que a *praxis* das decisões judiciais acabou por ser fortemente influenciada pelo progresso técnico. Até recentemente, o legislador do direito indemnizatório fechou os olhos ao alargamento da possibilidade de se deduzirem pedidos de indemnização no âmbito de aplicação do BGB. O progresso técnico conduziu, no entanto, ao desenvolvimento do "direito geral de personalidade", sobretudo na área das ofensas dolosas. Seguiram-se o aperfeiçoamento na identificação do indivíduo, o direito ao nome, o direito à imagem, os mecanismos ponderados de distribuição económica e o direito ao uso de firmas. Assim sendo, VON BAR conclui que se tornou imprescindível a introdução de uma protecção abrangente da personalidade, num país que acabou por evoluir para uma sociedade de *media*[605].

No que concerne aos danos resultantes de acidentes, o BGH fez as seguintes considerações "*primeiro observa-se que, graças à evolução técnica do tráfego e ao aumento dos perigos, sobressaem todos os problemas oriundos do moderno tráfego de massas e que são relevantes para a ordem jurídica*". O legislador regulou esta matéria de forma a que se tornassem cada menos frequentes as hipóteses de ocorrência de perigos. Esta operação foi executada através da produção de legislação especial (regulamentos de tráfego). Simultaneamente, foram elaboradas disposições legais sobre responsabilidade pelo risco, de modo a que os perigos e riscos inevitavelmente decorrentes do tráfego moderno fossem razoavelmente distribuídos do ponto de vista do seu efeito económico na sociedade. Não foi, porém, o legislador quem, em primeiro lugar, reagiu às mudanças dos hábitos de vida quotidiana através da produção legislativa. O papel decisivo foi desempenhado pela secção cível do BGH ao articular o direito de responsabilidade delitual com a susceptibilidade do aumento de riscos no contexto de uma sociedade industrial e pós-industrial e com a regulação de perigos abrangidos pelos deveres de segurança no tráfego e com o regime da responsabilidade objectiva[606].

O elemento constitutivo da ilicitude no § 823 II BGB é a violação de um dever legal. Através desta disposição o legislador deixou ao juiz a tarefa de seleccionar e aplicar as leis civis mais relevantes. Todavia, o § 823 II BGB só consegue atingir um campo de aplicação autónomo quando recorre a normas de conduta abstractas, como, por exemplo, à proibição de

---

[605] CHRISTIAN VON BAR, *Deliktsrecht*, pp. 1687-1688.
[606] CHRISTIAN VON BAR, *Deliktsrecht*, p. 1688.

circular a mais de 50 km/h dentro das localidades. Por esta razão continua a constituir uma disposição incompleta, na medida em que não consegue acompanhar, de forma razoável para os parâmetros do Direito delitual, o complexo de normas e deveres legais e as transformações do quotidiano. Assim, há já algum tempo que os tribunais alemães preenchem as lacunas de protecção mediante a aplicação de normas de protecção auto-produzidas através dos deveres do tráfego, tendo acabado por transplantar estes mesmos deveres para o § 823 I BGB[607].

Segundo KARSTEN SCHMIDT, as três situações básicas de responsabilidade apenas se distinguem entre si pelo facto de definirem a "esfera jurídica de outrém" partindo de perspectivas diferenciadas. A ilicitude é definida como violação de uma norma de conduta especial e objectiva, como violação dos bons costumes ou como ingerência ilícita na esfera jurídica de outrém[608]. A diferença depende de *"o legislador ter (ou não) preparado o caminho para se poder fazer uma aplicação da lei com base em diferentes critérios"*[609]. Para VON BAR, o § 823 II BGB prevê, em conjunto com o artigo 2 EGBGB, a inclusão de normas jurídicas que prescrevem proibições, mantendo-se, no entanto, na competência do juiz a função de aferir quais os preceitos que poderão configurar normas protectoras de interesses particulares. Relativamente ao § 823 I BGB, na ausência de uma causa de exclusão de ilicitude, a ofensa de um direito ou bem jurídico absolutamente protegido é considerada, sem excepção, um acto ilícito. Conclui-se assim que, sob o ponto de vista da ilicitude, o § 826 é uma a cláusula de aplicação (mais) genérica e que o § 823 I BGB assume o carácter de norma especial[610]. Até que ponto será ainda possível estabelecer-se uma hierarquia entre estas disposições, através de uma "norma fundamental" (*"Grundnorm unter den Grundtatbeständen"*) é uma questão bastante enfatizada. Além disso, estas normas de conduta acabaram por se revelar, na prática, cada vez mais importantes e adequadas ao controlo de perigos abstractos. V. BAR considera, assim, ser o § 823 II BGB o verdadeiro tipo normativo fundamental[611].

---

[607] CHRISTIAN VON BAR, *Deliktsrecht,* pp. 1703-1704.
[608] KARSTEN SCHMIDT, *Kartellverfahrensrecht,* p. 353.
[609] KARSTEN SCHMIDT, *Kartellverfahrensrecht,* p. 350.
[610] CHRISTIAN VON BAR, *Deliktsrecht,* p. 1694.
[611] CHRISTIAN VON BAR, *Deliktsrecht,* p. 1695.

Evolução Histórico-Dogmática

II. Os dois critérios formais antecedentes e os quatro materiais que se seguem ganham relevo como elementos diferenciadores fundamentais de ambas as situações básicas de responsabilidade do § 823 BGB. De acordo com os critérios formais, o § 823 II do BGB acaba por assumir a posição de *"transformador, incorporando em si normas de conduta oriundas de outras áreas do Direito privado e, com isto, consegue captar outras percepções da realidade jurídica"*[612].

No campo dos critérios materiais denota-se, antes de mais, que através do § 823 II BGB são tutelados os meros interesses privados e os danos desde que sejam abrangidos pelo escopo de protecção da respectiva norma de conduta. Tal como sucede no âmbito § 823 I BGB, também o 823 II BGB remete para as normas de responsabilidade. No entanto, o seu significado fundamental reside no facto de representar uma antecipação atendendo às normas de perigo abstracto que muitas vezes estão na origem do juízo de ilicitude. As normas de perigo abstracto constituem disposições que proíbem um determinado comportamento que, de acordo com a consciência do legislador, é tendente à prossecução de danos. É irrelevante, do ponto de vista da ponderação da ilicitude, aferir se no caso concreto existe ou não uma ameaça para uma qualquer pessoa: a criação de perigo é sempre ilícita. De acordo com a doutrina maioritária, se o processo de indemnização de danos se traduzir na violação de uma destas normas de conduta abstractas, a culpa limitar-se-à apenas à ofensa a uma norma de protecção, não sendo necessário recorrer ao conceito de culpa na perspectiva da lesão de bens jurídicos e direitos individuais. Para esta corrente, se ocorrer uma violação de uma norma de perigo abstracto contida numa norma de protecção, há inversão do ónus da prova em relação à culpa. Pelo contrário, no que concerne à aplicação do § 823 I BGB, o lesado manter-se-á obrigado à produção da prova da culpa, cabendo ao lesante a prova quanto à verificação dos pressupostos da existência de uma causa especial de exclusão da ilicitude[613].

A reforma do BGB tocou essencialmente no regime da prescrição, no direito das perturbações das prestações, no direito da compra e venda, no contrato de empreitada e no contrato de mútuo. Transitaram para o BGB diversas leis de tutela do consumidor, com relevo para as cláusulas con-

---

[612] CHRISTIAN VON BAR, *Deliktsrecht,* pp. 1695-1696.
[613] CHRISTIAN VON BAR, *Deliktsrecht,* p. 1696.

224 *Normas de Protecção e Danos Puramente Patrimoniais*

tratuais gerais, para as vendas ao domicílio e para as vendas à distância, complementadas com regras sobre comércio electrónico[614]. Procedeu-se ainda à codificação da *culpa in contrahendo* e da alteração das circunstâncias[615]. As modificações introduzidas no BGB têm repercussões na responsabilidade civil, com especial referência no que concerne à responsabilidade médica, mas também à responsabilidade por mensagens publicitárias[616]. No campo da reforma da responsabilidade civil, de salientar as alterações dos §§ 249 II, 253, 828 e 847 BGB[617], e a inserção do § 839 a BGB no sentido de melhorar a fruição do lesado[618]. Estas mudanças não foram muito longe no campo da responsabilidade delitual, não tendo sido seguida a sugestão de PETERS de revisão do § 823 II BGB[619]. No entanto, a forma habilidosa como foi introduzida a legislação de protecção do consumidor e a legislação europeia permitindo manter sem mácula a tradição cultural pandectística, coloca o BGB em posição de destaque para, numa eventual terceira codificação, servir de modelo a uma codificação civil europeia.

---

[614] HAAS/MEDICUS/ROLLAND/SCHÄFER/WENDTLAND, *Das neue Schuldrecht*, Beck, München, 2002, pp. 2 e ss, SCHMIDT-RÄNTSCH, *Das neue Schuldrecht*, Anwendung und Auswirkungen in der Praxis, Heymanns, 2002, pp. 1 e ss, SCHWAB/WITT, *Einführung in das neue Schuldrecht*, Beck, 2002, pp. 1 e ss, e CLAUS-WILHELM CANARIS, *Schuldrechtsmodernisierung 2002*, C. H. Beck, München, 2002, pp. 66 e ss.

[615] REINHARD ZIMMERMANN, "Modernising the German Law of Obligations?", *Themes in Comparative law in honour of Bernard Rudden* (edited by Peter Birks and Arianna Pretto), 2004, pp. 265 e ss e VOLKER RIEBLE, "Die Kodifikation der culpa in contrahendo", *Das neue Schuldrecht in der Praxis* (Barbara Dauner-Lieb/Horst Konzen/Karsten Schmidt), Carl Heymanns Verlag, Köln, Berlin, Bonn, München, 2003, pp. 137-157.

[616] MENEZES CORDEIRO, *Tratado de Direito Civil Português*, I, pp. 96-108. GERHARD WAGNER, "Schuldrechtsreform und Deliktsrecht", *Das neue Schuldrecht in der Praxis* (Barbara Dauner-Lieb/Horst Konzen/Karsten Schmidt), Carl Heymann Verlag, 2003, pp. 203-223, EHMANN/SUTSCHET, *Moderniesiertes Schuldrecht, Lehrbuch der Grundsätze das neuen Rechts und seiner Besonderheiten*, Verlag Vahlen, München, 2002, pp. 61 e ss.

[617] BOLLWEG/HELLMANN, *Das neue Schadenersatzrecht*, Einführung-Texte-Materialen, Bundesanzeiger Verlag, Köln, 2002, pp. 21 e ss.

[618] JÖRG FEDTKE, "The Reform of German Tort Law", ERPL, vol. 11, n.º 4, (2003), p. 485.

[619] Admitindo o modelo da reforma do BGB como futuro Código das Obrigações Europeu, GIORGIO CIAN, "Significato e lineamenti della riforma dello Schuldrecht Tedesco, RDCiv., Ano XLIX, n.º 1, Jan-Fev, (2003), pp. 1-18. REINER SCHULZ, "Il nuovo Diritto Tedesco delle Obbligazioni e il Diritto Europeu dei Contratti, RDCiv, Ano L, n.º 1, Jan-Fev, (2004), pp. 57-76, salientando o modelo europeu na reforma do BGB e a "europeização" da doutrina alemã.

Evolução Histórico-Dogmática   225

§ 8.° O Direito português entre o modelo francês e o modelo alemão

8.1. *O Código de Seabra e a adopção do modelo francês*

I. Igualmente no domínio da diáspora do Código Napoleónico – potenciadora de uma significativa harmonização jurídica europeia no século XIX –, situa-se ainda o primeiro código civil português[620]. Na précodificação que levou ao Código de Seabra, de 1867, as referências doutrinárias à responsabilidade delitual são inexistentes, designadamente em autores como PASCOAL DE MELO, BORGES CARNEIRO[621] e CORRÊA TELLES[622], sendo que só com COELHO DA ROCHA[623] encontramos um tra-

---

[620] INOCÊNCIO GALVÃO TELLES, *Revisão do Código Civil português*, Texto de la conferencia pronunciada en nuestra Facultad el dia 30 de Marzo de 1955, Publicaciones de la Universidad de Murcia, 1955, p. 7, considera que o projecto de Código Civil de Seabra se inspira largamente no Código Civil espanhol e no respectivos comentários de Goyena.

[621] M. BORGES CARNEIRO, *Direito Civil de Portugal, contendo três livros: I. Das pessoas, II. Das cousas, III. Das obrigações e acções*, Tomo I, Tipografia António José da Rocha, Lisboa, 1851, só abrange até à matéria das coisas não avançando com o livro referente às obrigações.

[622] J. H. CORRÊA TELLES, *Digesto Portuguez ou Tratado dos direitos e obrigações civis accommodado às leis e costumes da nação portuguesa para servir de subsídio ao "novo Código Civil"*, Livraria Clássica, 1909, Secção 1, p. 29. A secção I, com a epígrafe "das perdas e interesses", tem como âmbito *"o que o credor perdeu do seu e no que elle deixou de ganhar"*. As referências nesta obra a POTHIER, DOMAT, ao Código Civil Francês e às Ordenações, em especial em nota de roda pé, são significativas.

[623] Com efeito, em M. A. COELHO DA ROCHA, *Instituições de Direito Civil Portuguez*, Imprensa da Universidade Coimbra, 1857, encontra-se a secção 7.ª, pp. 89-96, dedicada às "obrigações resultantes de actos ilícitos". Nesta secção há uma referência expressa ao Tractado dos Damnos de Lobão (trata-se de MANOEL DE ALMEIDA E SOUZA DE LOBÃO, *Tractado Pratico das Avaliações, e dos damnos*, Impressão Régia, 1826, Parte II, 107, referente à avaliação e indemnização de danos pretendendo ser um complemento das Ordenações e outras leis nos diferentes tipos de responsabilidade), aos Códigos da Prússia, da Áustria e ao Francês. No § 132 apresenta os factos ilícitos não só como "os factos positivos, que são expressamente proibidos ou castigados pelas leis (*delicta*), mas também as omissões dos deveres de cada um, que as leis não consentem, interesses patrimoniais delas pode resultar damno ou perda a outrem (*quase delicta*)". INOCÊNCIO GALVÃO TELLES, "Coelho da Rocha e o Código Civil Napoleónico", Dir, 137.°, (2005), III, p. 446-447, COELHO DA ROCHA escreveu quando estava em vigor a legislação pombalina (Lei da Boa Razão) que mandava recorrer na falta de legislação expressa aos códigos modernos das nações

226   *Normas de Protecção e Danos Puramente Patrimoniais*

tamento expresso e autónomo desta matéria[624-625]. Com este ambiente doutrinário, no qual a influência francesa e jusracionalista imperava[626],

---

civilizadas. COELHO DA ROCHA privilegiou o Código Civil Francês, que influenciou as suas *Instituições*. MENEZES CORDEIRO, *Tratado de Direito Civil Português*, I, p. 111, salienta o contributo de COELHO DA ROCHA na recepção do pandectismo através de MACKELDEY que era conhecedor dos trabalhos de HUGO, HEISE e SAVIGNY, designadamente pela adopção da classificação germânica, tendo as *Instituições de Direito Civil* marcado o ensino do direito civil até o advento de GUILHERME MOREIRA. De referir que FERDINAND MACKELDEY no seu *Lehrbuch des heutigen römischen Rechts*, Band 2: Enthalten den besonderen Teil, Gießen, 1842, §§ 445 e 446, p. 295, distinguia os *delicta* publica e os *delicta* privata, sendo os primeiro abrangidos pelo direito criminal e os segundos pelo direito civil. Para o nosso domínio de trabalho, ARNOLD HEISE, *Grundriss eines Systems des gemeinen Civilrechts zum Behuf von Pandecten-Vorlesung*, 3. verb. Ausg., Heidelberg, 1819, p. 115, e GUSTAV HUGO, *Institutionen des heutigen römischen Rechts*, Berlin, 1797, § 61, p. 47, sobre a *obligatio ex delicto*.

[624] MENEZES CORDEIRO, *Da responsabilidade civil dos Administradores*, 446 e *Teoria Geral do Direito Civil/Relatório*, Separata da Revista da Faculdade de Direito, Lisboa, 1988, 101 ss e MÁRIO REIS MARQUES, "O liberalismo e a codificação do direito civil em Portugal", BFD, Supl., vol. 24, (1986), pp. 1-256.

[625] Sobre o processo de elaboração do Código de Seabra, NUNO ESPINOSA GOMES DA SILVA, *História do Direito Português*, I. vol., Fontes, FCG, Lisboa (s.d), p. 307, (na 2.ª ed, 1991, p. 403) salientando como nomes importantes da cultura jurídica deste período BORGES CARNEIRO, CORREIA TELLES, LIZ TEIXEIRA com o *Curso de Direito Civil Portuguez*, Lisboa, 1835 (*Curso de Direito Civil Portuguez ou Commentario às Instituições do Sr. Paschoal José de Mello Freire, Coimbra*, Imprensa da Universidade, 1848 (3 volumes), e COELHO DA ROCHA. Após a publicação do Código Civil, de 1867, de salientar JOSÉ DIAS FERREIRA e GUILHERME MOREIRA. Cfr. MÁRIO REIS MARQUES, *História do Direito Português Medieval e Moderno*, 2.ª ed, Coimbra, Almedina, 2002, p. 210 (n. 394) e pp. 212-213, referindo que o Código sistematicamente gira em torno do indivíduo, do sujeito de direito, com um individuocentrismo manifesto enquanto marca kantiana. RUI DE ALBUQUERQUE E MARTIM E ALBUQUERQUE, *História do Direito Português*, vol. II, Lisboa, 1983, pp. 297 e ss. MÁRIO JÚLIO DE ALMEIDA COSTA, *História do Direito Português*, pp. 432 e ss. Cfr. MAXIMINO JOSÉ DE MORAIS CORREIA/MANUEL A. DOMINGUES ANDRADE, *Em memória do Visconde Seabra*, BFD, vol. 28, (1952), pp. 270 e ss (em especial pp. 279 e ss.) e MÁRIO JÚLIO DE ALMEIDA COSTA, *Temas de História do Direito*, pp. 20-22.

[626] MENEZES CORDEIRO, *Tratado de Direito Civil Português*, I, p. 124: "*O Código de SEABRA assenta na tradição românica, trave-mestra de todo o civilismo português. Por isso, os institutos nele consagrados são, em grande medida, os já prenunciados pelo Direito anterior, compartilhados, em simultâneo, pelos diversos ordenamentos continentais. Como segundo elemento conformador do Código depara-se-nos o pensamento jusracionalista, moldado, teoricamente, na filosofia de KRAUSE e, na fórmula jurídica, apoiado no texto napoleónico*". MENEZES CORDEIRO, *Teoria Geral do Direito Civil/Relatório*, p. 93, (n. 20), admite contactos entre o Código de Seabra, mas que o código filia-se numa versão

o artigo 2361.° do Código de Seabra, incluído na *Parte IV – Da ofensa dos direitos e da sua reparação*[627-628] apenas contém uma referência à ilici-

não especulativa do jusracionalismo de que recebeu os dogmas de desenvolvimento central. Apesar deste influxo jusracionalista o Código não impediu a viragem doutrinal para a terceira sistemática (p. 101). LUÍS CABRAL DE MONCADA, *Subsídios para a História da Filosofia do Direito em Portugal*, INCM, Lisboa, 2003, p. 79: "*Eis no que se resume a doutrina do Visconde Seabra em face da questão social do seu tempo: individualismo, também no que se refere à organização do trabalho e à reforma da sociedade; separação rigorosa entre direito e moral; restrição do primeiro ao papel de limitador das esferas de livre actividade de cada um; atribuição à moral do papel de suavizadora dos males e infortúnios resultantes do funcionamento imperfeito da organização capitalista da propriedade; livre concorrência temperada só pela caridade como melhor meio de salvaguardar os direitos do indivíduo e de fixar o mais justo salário; e enfim, da parte do Estado, apenas o cuidado de velar por esta organização, arredando quando muito os monopólios e os privilégios, espalhando a instrução global entre todos os indivíduos e esforçando-se por tornar mais iguais possível entre estes e as condições da luta pela vida. É este o leit motiv constante da sua obra em quase todas as suas páginas. De Seabra, em suma, pode dizer-se que ele foi, sem dúvida, o mais completo, radical e convicto dos nossos filósofos-juristas do individualismo filosófico-político, jurídico e económico de meados do século, representando ao lado de Ferrer, ainda que muitas vezes batido por ventos e influências contrárias, o expoente máximo do nosso liberalismo reformador e prático, derivado da decomposição da velha escola jusnaturalista ao contacto com as ideias revolucionárias francesas. Se Ferrer foi, como vimos, o mais autorizado definidor dogmático dessas ideias, Seabra foi antes, através do Código Civil, o seu realizador prático mais eficiente*". Cfr. A. CASTANHEIRA NEVES, "O Liberalismo Jurídico de Vicente Ferrer de Neto Paiva: Terá Errado simultaneamente Kant e Krause?", *Vicente Ferrer Neto Paiva. No Segundo Centenário do Seu Nascimento, a Convocação do Krausismo*, BFDUC, *SI*, 45, Coimbra Ed., 1999, p. 199: "*O individualismo dos "direitos absolutos" fundados na "natureza do homem" que o Código Civil de Seabra, por manifesta influência de Vicente Ferrer, igualmente proclamava, embora se dissessem aí direitos originários. Liberalismo a entender, pois, verdadeiramente tão-só como "político e não metafísico" – e assim também hoje em Rawls, e segundo a sua própria formulação – isto é, sem constitutiva dimensão ético-personalista como em Kant e que nada tem a ver com a metafísica de Krause. O jusnaturalismo de Vicente Ferrer Neto Paiva não foi nem verdadeiramente kantiano, nem krausista, mas simplesmente liberal (liberal individualista)*".

[627] A elaboração do Código Civil está prevista na Carta Constitucional (artigo 14.°, § 17) "*Organizar-se-há quanto antes um codigo civil e criminal fundado nas solidas bases da justiça e da equidade*" e no Alv. de 4 de set. de 1810 "*Toda a legislação deve ser uniforme em systema, coherente em principios e mui ajustada ao direito natural, fonte da justiça universal, para que as suas decisões, acentadas nos dictames da rasão e do justo, sejam respitadas e observadas como convem, sem contradicções e difficuldades*".

[628] "*Todo aquelle, que violar ou offender os direitos de outrem, constitui-se na obrigação de indemnizar o lesado, por todos os prejuízos que lhe cause*". Veja-se a evolução

228 Normas de Protecção e Danos Puramente Patrimoniais

tude, reconduzindo-a à violação de direitos subjectivos. No Código de Seabra a responsabilidade aquiliana continua fortemente imbricada na responsabilidade criminal, apesar de se preverem situações de concurso ou de existência exclusiva de mera responsabilidade civil[629]. Não obstante a matriz napoleónica, o Código de Seabra *"no capítulo da responsabilidade civil terá posto de lado parte da lição do Código Francês"*[630] ao não adoptar o modelo da *faute,* uma vez que assenta o ressarcimento de danos na violação ilícita de direitos subjectivos. A construção subjacente ao sistema delitual era marca da concepção de Seabra, assentando o direito sobre a

---

do artigo 2361.º, ANTONIO LUIZ DE SEABRA, *Codigo Civil Portuguez (Projecto)*, Imprensa da Universidade, Coimbra, 1859, p. 617: Parte IV Da offensa dos direitos e sua reparação, Livro I, Disposições Preliminares (Artigo 2634.º)*"Todo aquelle, que violar, ou offender os direitos de outrem, constitui-se na obrigação de indemnisar o lesado em todos os prejuizos, que lhe causar"*. O artigo 2639.º do Projecto de Seabra acrescenta *"Por perdas e damnos entendem-se os prejuizos, que soffrer o lesado pela privação da cousa, ou da prestação devida, bem como a perda dos interesses, que deveriam seguir-se directamente da posse da cousa, ou do cumprimento da obrigação"*. Já no *Codigo Civil Portuguez. Projecto redigido por Antonio Luiz de Seabra e examinado pela respectiva Commissão Revisora*, 2.ª. ed, Imprensa Nacional, 1864, pp. 505-506, há apena uma alteração da numeração (cfr. artigos 2400 e 2405.º).

[629] MENEZES CORDEIRO, *Da responsabilidade civil dos Administradores*, pp. 436-470, realiza uma análise da evolução histórica da doutrina portuguesa sobre responsabilidade civil, considerando que na literatura da pré-codificação só com CORREIA TELLES surgem as primeiras referências aos pressupostos da responsabilidade civil e bastante influenciadas pelo sistema francês de condensação dos pressupostos na *faute*. Também, COELHO DA ROCHA contribuiu para aproximar a responsabilidade civil portuguesa do modelo napoleónico. No mesmo sentido, SEABRA formulou o artigo 2361.º do Código ao estilo napoleónico, ainda que substituindo o conceito de *faute* pelo de ilicitude. Só com GUILHERME MOREIRA, "Estudo sobre a responsabilidade civil", RLJ, 1905, 1906 e 1907, se preconiza a solução de JHERING, baseada na distinção entre ilicitude e culpa, adoptada posteriormente por autores como VAZ SERRA, JAIME GOUVEIA, PAULO CUNHA, CABRAL DE MONCADA, MANUEL GOMES DA SILVA, MANUEL DE ANDRADE, PEREIRA COELHO, INOCÊNCIO GALVÃO TELLES e outros. Esta autonomização entre a ilicitude e a culpa não transparece na recolha de jurisprudência realizada por MENEZES CORDEIRO ainda que sob o título de aplicação parcial do sistema se refira expressamente que *"a jurisprudência do Supremo acompanhou bem a viragem para o modelo de Jhering"* para num segundo momento concluir que *"quando se contempla a materialidade das decisões salta à vista a tendência para a indiferenciação dos pressupostos, os quais tendem a concentrar-se na culpa (...) Na realidade, é a faute ou, se se preferir, a culpa, bem nacional, anterior a Guilherme Moreira."*

[630] MÁRIO JÚLIO DE ALMEIDA COSTA, *História do Direito Português*, p. 438, recorrendo a Manuel de Andrade e a Vaz Serra para sustentar esta posição.

Evolução Histórico-Dogmática

figura do sujeito, pelo que a responsabilidade delitual foi centrada na figura do direito subjectivo[631].

Na vigência do Código de Seabra verifica-se a recepção do pandectismo em Portugal[632] com consequências também ao nível da dogmatização da responsabilidade delitual[633]. Nesta fase, há uma enorme dependência no enquadramento teórico da responsabilidade aquiliana das construções sobre o direito subjectivo. Trata-se de um período caracterizado por uma forte influência da doutrina germânica do pandectismo, recebida directamente ou pela via dos juristas italianos[634], em autores – que marcaram a civilística nacional – como GUILHERME MOREIRA, JOSÉ TAVARES, JAIME GOUVEIA, JOSÉ GABRIEL PINTO COELHO e PAULO CUNHA. Um dos aspectos essenciais da tradição pandectística, para além do retorno aos estudos romanísticos, é, no domínio da responsabilidade delitual, a separação entre a ilicitude e a culpa. O BGB, de 1896-1900, é o primeiro Código Civil a consagrar as normas de protecção, sendo a partir desta data que se justifica analisar a influência que a solução alemã teve na doutrina

---

[631] Mesmo em autores como SIDÓNIO RITO, *Elementos da Responsabilidade Civil Delitual*, Lisboa, 1946, p. 14, nos anos quarenta mantém-se o princípio do Código de Seabra de que só haveria responsabilidade quando se registasse violação de direitos subjectivos, não se admitindo a indemnização de interesses legítimos.

[632] MENEZES CORDEIRO, *Tratado de Direito Civil Português*, I, p. 127: "*o Direito português, num interessantíssimo fenómeno referido pelo diversos comparatistas operou uma transposição do grupo de Direitos de estilo napoleónico para o dos Direitos de tipo germânico*".

[633] Sobre a recepção do pandectismo ao longo do século XIX rematada pelo Código Civil de 1966, SIDÓNIO RITO, *Elementos da Responsabilidade Civil Delitual*, Lisboa, 1946, RIBEIRO DE FARIA, *Direito das Obrigações – ou 10 anos de regência da disciplina*, Porto, 1991, pp. 26 e ss e MENEZES CORDEIRO, *Da Boa Fé*, p. 25, e *Teoria Geral do Direito Civil/Relatório*, pp. 131 e ss.

[634] MENEZES CORDEIRO, *Tratado de Direito Civil Português*, I, p. 126, considera existirem razões estruturais, designadamente as caracterísicas culturais dos meios jurídicos nacionais, para a passagem da segunda para a terceira sistemática operada pela doutrina nacional na vigência do Código de Seabra, entendendo que bastava a divulgação do pensamento pandectístico alemão ou italiano por aquele influenciado, para, no confronto com o exegetismo francês, prevalecer a Ciência tecnicamente mais evoluída. A questão é que "*...uma nova verdade científica não triunfa convencendo os seus opositores e fazendo com que vejam a luz, mas porque os seus opositores finalmente morrem e uma nova geração cresce familarizada com ela*", MAX PLANCK, *Scientific Autobiography and Other Papers* apud THOMAS S. KUHN, *The Structure of Scientific Revolutions,* 2.ª ed, vol. 2, The University of Chicago Press, Chicago, 1970, p. 151.

230 *Normas de Protecção e Danos Puramente Patrimoniais*

portuguesa, bem como descrever o ambiente doutrinário, em matéria de responsabilidade delitual, que se desenvolveu ao longo do século XX e que veio permitir a consagração das "disposições legais de protecção" como situação básica de responsabilidade delitual. De referir que nas primeiras décadas do século XX predominam na doutrina nacional os seguintes vectores de abordagem: a separação da responsabilidade civil da responsabilidade penal, da responsabilidade delitual da responsabilidade obrigacional, a autonomização da responsabilidade pelo risco e a recondução da responsabilidade delitual à violação de direitos subjectivos.

GUILHERME MOREIRA apresenta os direitos subjectivos como interesses garantidos por lei. Da própria natureza dos direitos subjectivos resulta que aos seus titulares é atribuída a faculdade de reagir contra qualquer facto que injustamente viole ou lese esses direitos. A violação de direitos subjectivos pode constituir uma ofensa à sociedade na sua ordem moral, pelo abalo que causa na confiança pública, ou representar a lesão de um direito privado. No primeiro caso, há responsabilidade penal. No segundo, só se regista responsabilidade civil. A responsabilidade penal e civil configuram instituições completamente distintas, tendo a primeira o seu assento próprio no Código Penal e a segunda no Código Civil. Há, porém, disposições relativas à responsabilidade civil conexa com a penal que se acham consignadas no código penal. Em razão desta conexão estabelecem-se algumas disposições que são apenas aplicáveis à responsabilidade civil, que têm a sua causa num facto previsto e punido pelo Código Penal e que respeitam essencialmente a uma acção de indemnização de perdas e danos[635]. De referir que o problema da responsabilidade civil conexa com a responsabilidade penal não se confunde com o objecto da presente dissertação, porquanto respeita à responsabilidade delitual nas suas diferentes situações básicas, enquanto que o que nos ocupa concerne ao facto de normas de diferentes sectores do ordenamento jurídico, *maxime* penais, poderem delimitar a ilicitude para efeitos da responsabilidade delitual.

A ilicitude surge como injúria objectiva, fazendo-a corresponder à lesão de poderes ou interesses garantidos por lei e opera a distinção clássica entre responsabilidade extra-obrigacional, proveniente da infracção de um dever de carácter geral, e responsabilidade obrigacional, prove-

---

[635] GUILHERME MOREIRA, *Instituições de Direito Civil Português*, v. I, Parte Geral, Coimbra, Imprensa da Universidade, 1907, pp. 585-620.

Evolução Histórico-Dogmática

niente da lesão de uma obrigação pré-existente, embora corresponda a todas as obrigações e não só às que têm fonte contratual. A responsabilidade civil constitui uma sanção geral contra actos ilícitos. Nesta apenas tem de se estabelecer o princípio de que o acto ilícito, objectivamente considerado, lesa injustamente um interesse garantido por lei, sendo necessário determinar, em cada caso concreto, se existe ou não lesão injusta dum direito, e verificar, face às normas que regulam de um modo geral o exercício de direitos e às que respeitam a cada um dos institutos jurídicos, se o dano foi causado contra disposições legais.

GUILHERME MOREIRA opera a recepção do pandectismo em Portugal[636]. A responsabilidade civil delitual é marcada pelo facto voluntário através de uma acção ou omissão que, representando o livre desenvolvimento da personalidade, constitui o agente em obrigação por factos intencionais ou negligentes[637]. No seu *Estudo sobre a Responsabilidade civil*, este Autor defende que a responsabilidade civil assentaria na violação do direito, ou injúria objectiva, e na culpa, ou injúria subjectiva. Nas *Instituições*, de 1907, GUILHERME MOREIRA traça um quadro dos pressupostos de responsabilidade civil em que distingue claramente a ilicitude, a culpa e o dano, na linha de JHERING. JOSÉ GABRIEL PINTO COELHO, aluno de GUILHERME MOREIRA, na sua dissertação *A responsabilidade civil baseada no conceito de culpa* (1906) apresenta igualmente uma solução de tipo germânico.

Para JOSÉ TAVARES o acto ilícito ou delito é todo o acto voluntário, positivo ou negativo, que ofende uma norma de direito. Ora, se um tal acto, ao mesmo tempo, ofende um direito subjectivo de outrem, causando-lhe algum prejuízo ou dano, é, em princípio, de justiça que o seu autor deva reparar o dano causado, reintegrando o ofendido ou lesado no estado anterior à lesão, indemnizando-o pelo valor do prejuízo do dano infligido[638]. Os factos ilícitos, segundo JOSÉ TAVARES, dividem-se em duas grandes categorias, conforme ofendem apenas a ordem jurídica privada (factos ilícitos civis) ou as condições essenciais da ordem pública (factos

---

[636] Assim, MENEZES CORDEIRO, "Ciência do Direito e Metodologia Jurídica nos finais do Século XX", ROA, Ano 48.º, Dezembro, (1989), p. 757.

[637] Luís MENEZES LEITÃO, *O ensino do direito das obrigações. Relatório sobre o programa, conteúdo e métodos de ensino da disciplina*, Almedina, Coimbra, 2001, p. 109.

[638] JOSÉ TAVARES, *Os princípios fundamentais do Direito Civil*, vol. I, 1.ª. Parte, Teoria Geral do Direito Civil, Coimbra Ed., Coimbra, 1929, pp. 529-539.

232   *Normas de Protecção e Danos Puramente Patrimoniais*

ilícitos penais). Os primeiros provocam somente uma reacção privada, que se traduz na obrigação de reparar a ofensa pela reintegração do direito subjectivo violado, dando lugar a uma acção de processo civil ou comercial; os segundos determinam uma reacção de carácter público, que se traduz na obrigação de reparar a perturbação social causada pelo crime, sujeitando-se o seu autor à aplicação de uma pena pessoal ou pecuniária, por meio da competente acção criminal. Nos factos que são ao mesmo tempo ofensivos da ordem jurídica privada e dos direitos públicos essenciais ao Estado, a responsabilidade é mista, havendo simultaneamente responsabilidade civil e criminal.

Fixado o princípio da responsabilidade civil, tal como estava formulado no artigo 2361.º do Código de Seabra e nos artigos seguintes, os seus pressupostos essenciais são o facto ilícito, *i.e.* um facto ofensivo da ordem jurídica, que de algum modo, directa ou indirectamente, possa ser imputado ou atribuído a alguém, um prejuízo ou dano causado por esse facto e a culpa do responsável pelas consequências do facto danoso, traduzindo a concepção clássica da responsabilidade que assenta na culpa, mas igualmente apontando para um modelo jheringiano de separação entre ilicitude e culpa. JOSÉ TAVARES defende que nem todas as obrigações resultam de factos voluntários, distinguindo entre actos ilícitos (dolosos e culposos) e factos naturais ou involuntários (onde inclui os casos de responsabilidade civil baseada em presunção de culpa e a responsabilidade pelo risco, como no caso dos acidentes de trabalho e de transporte)[639].

Na década de 30, LUÍS CABRAL MONCADA[640] continua a equiparar os actos ilícitos à violação de direitos subjectivos, abstraindo da existência de interesses juridicamente protegidos, seguindo a doutrina assente do artigo 2361.º do Código de Seabra. Por outro lado, defende que a responsabilidade civil, baseada na culpa, consubstancia a doutrina tradicional derivada do direito justinianeu, exigindo a culpa do agente e desenvolvendo desta essencialmente uma concepção psicológica, enquanto nexo entre a vontade do agente e o evento[641].

---

[639] LUÍS MENEZES LEITÃO, *O ensino do direito*, p. 133.

[640] CABRAL DE MONCADA, *Lições de Direito Civil – (Parte Geral)*, 1.ª ed., vol. II, Atlântida, Coimbra, 1932, pp. 459 e ss, *Lições de Direito Civil – (Parte Geral)*, 2.ª ed., Vol. II, Arménio Amado, Coimbra, 1955, pp. 455 e ss, *Lições de Direito Civil – (Parte Geral)*, 3.ª ed., Vol. II, Arménio Amado, Coimbra, 1959, pp. 455 e ss e *Lições de Direito Civil – (Parte Geral)*, 4.ª ed., Almedina, Coimbra, 1995, pp. 755 e ss.

[641] CABRAL DE MONCADA, *Lições de Direito Civil – Parte Geral*, p. 455.

Evolução Histórico-Dogmática   233

II. PAULO CUNHA considera que ao Direito civil mais do que a ilicitude interessa a repressão jurídica, ainda que aquela se reconduza à violação de duas ordens diferentes: a colectiva e a privada. Quando violam a ordem colectiva, os actos ilícitos dão origem a sanções penais, *mutatis mutandis*, quando violam a ordem privada, dão origem à obrigação de reparar os danos causados. Podem ainda violar as duas ordens de interesses simultaneamente. A responsabilidade civil configura a reacção que a lei organiza contra os actos ilícitos que ofendem interesses de ordem privada[642].

A narrativa civilista portuguesa da primeira metade do século XX constrói a distinção entre responsabilidade penal e civil e a possibilidade de uma responsabilidade penal conexa com a responsabilidade civil. A ilicitude corresponde à violação de direitos subjectivos, o que marcadamente se encerra numa concepção individualista e liberal da responsabilidade delitual. Nesta fase, introduz-se a separação pandectística entre a ilicitude e a culpa. Por fim, autonomizam-se as situações de responsabilidade civil sem culpa. Questões como a protecção do património – fora da área dos direitos subjectivos – na responsabilidade delitual escapam completamente ao enquadramento doutrinário.

Uma das áreas a que PAULO CUNHA mais se dedicou e que não pode deixar de ser trabalhada neste estudo, ainda que sob um prisma distinto, é o património[643]. O património é uma *"figura de primeira grandeza nos domínios da ciência do direito"*, *"conceito vastíssimo que abarca a maior parte das instituições do Direito privado"*, correspondendo ao *"agrupamento genérico de todos os direitos subjectivos de carácter pecuniário"*[644] – *"verdadeiro proteu pluriforme"*. Como noção jurídica do património, indica o conjunto de bens ou de relações jurídicas com carácter pecuniário pertencentes a uma pessoa. PAULO CUNHA substitui o conceito de "pertencentes a uma pessoa", com uma feição personalista, pela ideia mais simples e neutra de unificação[645], transformando a noção de património num complexo de bens unificado e autónomo[646].

---

[642] PAULO CUNHA, *Direito Civil*, Apontamentos de Margarida Pimentel Saraiva e Orlando Courrège, Lisboa, 1937-1938, pp. 10-11.

[643] PAULO CUNHA, *Do Património. Estudo de Direito privado*, I, Lisboa, 1934.

[644] PAULO CUNHA, *Do Património*, p. 4 e ss.

[645] De acordo com a teoria clássica de AUBRY e RAU o património seria encarado como uma universalidade de direito unificada pela ideia de pertença a uma pessoa, havendo

O carácter pecuniário é da *"essência da patrimonialidade"*. A susceptibilidade de avaliação pecuniária é, em regra, uma simples exteriorização da intrínseca utilidade económica. No entanto, no rigor dos conceitos, não existe uma total coincidência das noções de utilidade económica e susceptibilidade de avaliação pecuniária, sendo a segunda noção mais vasta do que a primeira. Todas as utilidades económicas são avaliadas pecuniariamente, mas nem tudo o que é avaliável pecuniariamente representa uma utilidade económica. Convém, assim, distinguir três noções diferentes: o interesse ou utilidade económica, a susceptibilidade de avaliação pecuniária e o carácter patrimonial[647]. O instituto da responsabilidade civil não transforma os direitos lesados não patrimoniais em patrimoniais, porque uma coisa é o direito em si mesmo e no seu conteúdo objectivo, e outra coisa é a sua violação e o efeito que produz no património do ofendido, ao qual a violação faz adquirir um direito de crédito. Pode optar-se por um conceito de património-direitos ou de património-bens, reconduzindo-se o primeiro a direitos suscepti-

---

uma ligação entre o activo e o passivo, de tal modo que o primeiro responderia pelo segundo. O património seria uma emanação da personalidade, pois só as pessoas teriam património; toda a pessoa tem património e cada pessoa só tem um património. Esta teoria para além de partir de um desenvolvimento central de tipo racionalista desconsiderava os patrimónios especializados ou de afectação (MENEZES CORDEIRO, *Tratado de Direito Civil Português*, II, 2.ª ed, 2002, Almedina, Coimbra, 2002, pp. 178-181). O património, na teoria moderna, surge como objectivo, desligado da personalidade, podendo haver pessoas com patrimónios distintos. O património isolar-se-ia pelo seu fim ou pela sua destinação. As teses de PAULO CUNHA inserem-se na teoria moderna, apresentando o património como um conjunto de bens unificado por uma identidade de regime jurídico quanto à responsabilidade por dívidas. A tese de PAULO CUNHA toma em consideração o regime, mas esqueceria vectores histórico-culturais, segundo MENEZES CORDEIRO (p. 181), para quem o património seria uma noção não jurídica, plural, à qual não corresponderia um instituto jurídico unitário, não se coadunando com realidades virtuais ou singulares e devendo ser distinguida da capacidade. De referir que, para efeitos do artigo 1732.º do Código Civil, o património abrange os bens futuros. Assim, o conceito de património só poderá ser interpretado de acordo com o significado peculiar que tenha em cada regime jurídico. O conceito de património que nos interessa desenvolver reside no património como bem jurídico de protecção, cuja autonomização se coloca nos chamados crimes contra o património e que, de forma semelhante à responsabilidade criminal, pode ser objecto de protecção na responsabilidade civil.

[646] PAULO CUNHA, *Do Património*, pp. 14 e ss.
[647] PAULO CUNHA, *Do Património*, pp. 23 e ss.

Evolução Histórico-Dogmática

veis de avaliação pecuniária e o segundo às utilidades que desses direitos são objecto[648].

A importância do conceito de património no contexto desta dissertação assenta essencialmente na importância de conceber o património com um *quid* composto não só por direitos, mas também por outros interesses puramente patrimoniais, cuja violação em caso de existência de normas de protecção (ou em caso de abuso do direito) permite a respectiva indemnização. A questão está em saber que interesses económicos ou utilidades económicas têm protecção jurídica, transformando-se em interesses jurídicos.

III. Também a nível legislativo começa a ser posto em causa o sistema delitual do Código de Seabra. Num diploma legislativo avulso de 1942 (Decreto n.° 32 171, de 29 de Julho), destinado a regular a actividade dos médicos e dos auxiliares de medicina, a ilicitude aparece referida como a produção de um dano injusto, acolhendo-se o ensinamento do código italiano e afirmando-se a estreiteza dos quadros oitocentistas ao assentarem a ilicitude exclusivamente na violação de direitos subjectivos. A ciência pandectística alemã sujeitou a estrutura da relação jurídica a exame detalhado e revelou a existência de outras realidades para além do direito subjectivo, como as simples faculdades, os poderes, as liberdades genéricas, as pretensões e os interesses directa ou reflexamente protegidos.

---

[648] Em matéria de construção teórica do património, foram-se desenvolvendo a teoria clássica, essencialmente subjectivista, e a teoria moderna, predominantemente objectivista. O núcleo ideológico característico da teoria clássica e das teorias subjectivistas é o substrato personalista do património. Nas teorias subjectivistas, a sede do património encontra-se invariavelmente no sujeito de direito; sem sujeito de direito não há património. Nestas teorias o património está de tal modo ligado à personalidade que constitui uma emanação dela, uma concepção em que o património chega a confundir-se com a própria personalidade. A ideia comum a todas as teorias personalistas do património é a de que a noção de património tem sempre por base a noção de pessoa jurídica (singular ou colectiva). Estas teorias são o reflexo da discussão da questão mais vasta em torno do direito subjectivo. Nas teorias objectivas desaparece a subjectividade, como ideia essencial do património e o elemento unificador do património consiste na comunidade de afectação ou de destino de direitos. Esta concepção é também fruto do desenvolvimento de certas teorias sobre o direito subjectivo e sobre a estrutura e conceito da personalidade jurídica singular e colectiva. Por património de afectação entende-se todo o património gerado pela comum afectação a um determinado escopo dos elementos que o compõem. Cfr. PAULO CUNHA, *Do Património*, pp. 99-117.

236 *Normas de Protecção e Danos Puramente Patrimoniais*

Por outro lado, surgem situações em que, sob a égide do Direito penal ou do Direito administrativo, se entretecem interesses públicos e interesses particulares e que fundamentam a obrigação de indemnizar, ainda que a norma violada não confira qualquer direito subjectivo ao lesado[649].

SIDÓNIO RITO, em *Elementos da Responsabilidade Delitual,* distingue as condições para "quem pede uma indemnização", exigindo um prejuízo e a violação de um direito, e considera, do lado "a quem se pede a indemnização", que são condições para tal uma conduta ilícita, a culpa e o nexo de causalidade entre o prejuízo e a conduta ilícita[650]. O direito garante ao homem a possibilidade genérica de agir, com certas restrições, através do "direito de liberdade"; assegura-lhe a existência de bens, como a vida, a propriedade, a honra e a actuação sobre os seus bens que lhe permitem satisfazer necessidades, sendo estes interesses garantidos que constituem os direitos subjectivos[651]. No contexto da análise dos elementos da responsabilidade delitual, SIDÓNIO RITO desenvolve a noção de direito subjectivo em articulação com interesse[652]. Importante no contexto ora em avaliação, para além da distinção que realiza entre direito subjectivo e interesse, é a separação entre a ilicitude e a culpa, que se explana no seu estudo[653]. Segundo SIDÓNIO RITO, a culpa é a possibilidade de agir como se deve, pressupondo inteligência e liberdade[654]. Ainda que o Código de Seabra não tenha feita qualquer menção à culpa, permitindo a JOSÉ TAVARES e a CUNHA GONÇALVES, defender teses objectivistas em torno do artigo 2.361.º do Código de Seabra, ou a PAULO CUNHA, que fazia corresponder

---

[649] ANTUNES VARELA, *Rasgos inovadores do Código Civil português de 1966 em matéria de responsabilidade civil*, BFD, vol. 48, (1972), pp. 92 e ss.

[650] SIDÓNIO RITO, *Elementos da Responsabilidade Delitual*, Lisboa, 1946, pp. 5-6.

[651] SIDÓNIO RITO, *Elementos da Responsabilidade Delitual*, p. 7.

[652] SIDÓNIO RITO, *Elementos da Responsabilidade Delitual*, 8. A este respeito considera que o interesse pode apontar para uma noção subjectiva psicológica, como ROCCO e FROSALI, ou para uma noção objectiva, como CARNELUTTI. Para ROCCO, o interesse é o juízo emitido pelo sujeito de uma necessidade sobre a utilidade, sobre o valor de um bem como meio de satisfação de uma necessidade. Para FROSALI o interesse é a tendência ou vontade de um sujeito para conseguir a utilidade de um objecto. Para CARNELUTTI o interesse é a relação entre o homem e a coisa, a relação entre o ente que experimenta a necessidade e a coisa que é capaz de a satisfazer. O interesse é, assim, um dado objectivo. Cfr. com mais desenvolvimento, JOÃO CASTRO MENDES, *Do conceito jurídico de prejuízo*, pp. 16-20.

[653] SIDÓNIO RITO, *Elementos da Responsabilidade Delitual*, pp. 27 e ss.

[654] SIDÓNIO RITO, *Elementos da Responsabilidade Delitual*, p. 68.

o acto ilícito a acto humano voluntário à exigência de culpa, promovendo assim os elementos da culpa como inerentes à ilicitude, SIDÓNIO RITO acaba por concluir que o sistema de responsabilidade delitual resultante do artigo 2.361.° do Código de Seabra, apesar de acentuadamente objectivo não o é exclusivamente, na medida em que se exclui a responsabilidade por caso fortuito ou de força maior, e está longe de ser completamente subjectivo, porque não abrange o elemento da previsibilidade e a culpa é apreciada em abstracto, admitindo a responsabilidade dos inimputáveis. Este sistema híbrido resultaria da lei se ter *"de ajustar às necessidades sociais e estas são demasiado complexas para se poderem confinar nos quadros que a necessidade de simetria e lógica cria no espírito do estudioso"*.[655]

De referir que a concepção da separação entre a ilicitude e a culpa que, desde GUILHERME MOREIRA foi fazendo o seu percurso na doutrina nacional, não foi pacificamente aceite e seguida por toda a doutrina civilista nacional. MOTA PINTO critica esta separação que, na sua óptica, conduziria a verdadeiras aporias[656]. Também PESSOA JORGE defendeu que a separação da ilicitude e da culpa é útil do ponto de vista do aprofundamento dogmático da responsabilidade delitual e do conhecimento da estrutura interna do acto ilícito, mas que ilicitude e culpa seriam "elementos inseparáveis"[657].

8.2. *Os trabalhos preparatórios do Código Civil Português de 1966 e a evolução da doutrina portuguesa*

I. O Código Seabra tornou-se desadequado em diversos pontos[658], tendo, ao longo do tempo, dado lugar ao surgimento de numerosa legisla-

---

[655] SIDÓNIO RITO, *Elementos da Responsabilidade Delitual*, p. 94.

[656] MOTA PINTO, "A responsabilidade pré-negocial pela não conclusão dos contratos", BFC, sup. XIV 1966, pp. 243-247.

[657] PESSOA JORGE, *Ensaio*, p. 70: *"A distinção por via de abstracção, dos referidos aspectos torna-se indispensável para podermos avançar um pouco mais no conhecimento da estrutura interna do acto ilícito; mas há que ter sempre presente que se trata de aspectos que, mesmo considerados com autonomia causa studii, são inseparáveis e só podem compreender-se perfeitamente na sua relação recíproca. Por exemplo o juízo de reprovação, em que se traduz a culpa, funda-se em parte, como veremos adiante, no carácter devido do comportamento e, portanto, no aspecto objectivo do acto ilícito".*

[658] MÁRIO JÚLIO ALMEIDA COSTA, "O Novo Código Civil", BMJ, n.° 165, (1967), pp. 11-12, apresentando o Código como uma conciliação entre a liberdade individual e

238 *Normas de Protecção e Danos Puramente Patrimoniais*

ção avulsa[659]. Por esta razão, o DL n.° 33.908, de 4 de Setembro de 1944, inicia oficialmente os trabalhos preparatórios com vista a uma revisão geral do Código Civil, reconhecendo que, mesmo à data do seu apareci- mento, nem sempre foi feliz na orientação que seguiu a respeito de certos institutos, dando como exemplo a responsabilidade civil[660]. Os trabalhos preparatórios para o Código Civil de 1966 foram elaborados no âmbito de uma comissão composta por Professores das Faculdades de Direito das Universidades de Lisboa e de Coimbra[661]. De acordo com a sistematiza- ção pré-estabelecida para a codificação foram elaborados vários antepro- jectos, que consistiam em simples articulados, ou articulados acompanha- dos por um comentário, ou por uma exposição de motivos. Alguns eram provisórios e outros nunca foram acompanhados por qualquer enquadra- mento doutrinal[662]. Os anteprojectos foram fundidos num Projecto do Código Civil que foi publicado, em 1.ª revisão ministerial, no Boletim do Ministério da Justiça, no qual foram igualmente publicadas as Actas da Comissão Revisora. A 2.ª revisão ministerial não chegou a ser publicada no referido Boletim. Este processo culminou com a publicação do "Pro-

---

as exigências da recta convivência dos homens, entre os benefícios da iniciativa privada e a justiça social imposta pelo bem da comunidade.

[659] MENEZES CORDEIRO, *Tratado de Direito Civil Português,* I, p. 126, afasta-se desta versão oficial afirmando que o velho diploma de 1867 poderia ter sido mantido até aos dias de hoje, o que teria mesmo prevenido um certo positivismo de teor exegético a que se regressou após 1966.

[660] MENEZES CORDEIRO, *Tratado de Direito Civil Português,* I, p. 128. Cfr. igual- mente INOCÊNCIO GALVÃO TELLES, *Revisão do Código Civil português,* p. 11, em que escreve: *"Certas matérias, como por exemplo a da ausência e sobretudo da responsabili- dade civil estão reguladas com casuísmo excessivo e na sua dispersão e desconexão repre- sentam um atraso, mesmo em relação ao estado da ciência jurídica da época".*

[661] INOCÊNCIO GALVÃO TELLES, *Revisão do Código Civil português,* p. 13, quanto à composição da Comissão e à índole filosófico-jurídica social com larga atenção à ordem pública e à protecção dos fracos. Cfr. PAULO CUNHA, "Do Código Civil (Meditações sobre a lei mais importante do País)", Dir, Ano 98.°, (1966), pp. 313-320, quanto ao receio de uma entrada em vigor precipitada do Código, não havendo urgência na substituição do Código Seabra. Cfr. ainda JOSÉ HERMANO SARAIVA, "No limiar de um Novo Código Civil", Dir, Ano 98.°, (1966), pp. 217-233, e BARBOSA DE MAGALHÃES, "A revisão geral do Código Civil, a Autonomia do Direito Comercial e o Problema da Codificação", ROA, Ano 10.°, n.° 1 e 2, (1950), pp. 1-58.

[662] Os trabalhos preparatórios do Código Civil encontram-se publicados no Boletim do Ministério da Justiça.

Evolução Histórico-Dogmática 239

jecto do Código Civil", em Maio de 1966, tendo sido objecto de discussão pública nos três meses subsequentes[663-664].

Em termos doutrinários, este período é marcado pela recepção da jurisprudência dos interesses em Portugal, em autores como VAZ SERRA e MANUEL DE ANDRADE[665-666], mantendo-se igualmente a tradição pandectista iniciada com GUILHERME MOREIRA[667]. É neste período prévio à redacção do Código Civil Português de 1966 que o conceito importado da doutrina alemã de "disposições de protecção" é introduzido na doutrina obrigacionista e que se autonomizam os interesses juridicamente protegidos dos direitos subjectivos. Ainda antes da consagração *expressis verbis* das normas de protecção no coração da responsabilidade civil, surge-nos um estudo de VAZ SERRA que vai influenciar a redacção do artigo 483.° do Código Civil e a doutrina posterior sobre esta matéria[668]. VAZ SERRA

---

[663] HUMBERTO LOPES, "Do projecto do Código Civil, Da responsabilidade civil e das Obrigações Naturais", ROA, Ano 28.°, (1968), pp. 39-42, em comunicação ao Instituto da Conferência da Ordem dos Advogados, em 7-6-1966, defendeu que 1) não deveria haver separação da responsabilidade civil delitual e contratual e entre responsabilidade civil e obrigação de indemnizar e que 2) não é admissível a supremacia do princípio da culpa e de que a culpa tem de ser provada pelo lesado.

[664] HEINRICH EWALD HÖRSTER, *A Parte Geral,* pp. 131 e ss, MOTA PINTO, *Teoria Geral do Direito Civil,* 81-82 e MENEZES CORDEIRO, *Tratado de Direito Civil Português,* I, pp. 128-129.

[665] MANUEL DE ANDRADE, *Teoria Geral da Relação Jurídica*, vol. II, Facto jurídico. Em especial negócio jurídico, 9.ª reimpressão, 2003, p. 3, distinguindo os ilícitos penais e civis com base na diferenciação entre interesse público e interesse privado. MANUEL DE ANDRADE, *Teoria Geral da Relação Jurídica*, vol. II, Facto jurídico. Em especial negócio jurídico, 9.ª reimpressão, 2003, VAZ SERRA, "Manuel de Andrade, civilista"; BFD, vol. 35, (1959), p. 5: "*Repudia, deste modo, o método da chamada jurusprudência conceitual ou dos conceitos, que tantos prejuízos causou na integração das leis, conduzindo a soluções de grande injustiça, que não poderiam estar no ânimo de um legislador razoável. A sua inclinação é para o método oposto da chamada jurisprudência dos interesses, segundo o qual o jurista deve atender, não aos conceitos, mas aos interesses e aos juízos de valor legais, só considerando existir analogia onde as situações de interesses e a legitimidade dos juízos legais de valor sejam idênticos*".

[666] SANTOS JUSTO, *Teoria Geral da Relação Jurídica (Direito Civil),* p. 31, (n. 31).

[667] ORLANDO DE CARVALHO, *Para uma teoria da relação jurídica civil,* pp. 73 e ss, chamando a atenção para a importância de MANUEL DE ANDRADE e de VAZ SERRA na influência pandectista do Código Civil. No caso de MANUEL DE ANDRADE sublinha igualmente a influência do positivismo de FERRARA.

[668] VAZ SERRA, "Requisitos da Responsabilidade civil", BMJ, n.° 92, Janeiro, 1960, pp. 37-136. Também, MANUEL CORTES ROSA, *A delimitação do prejuízo indemnizável,*

240   *Normas de Protecção e Danos Puramente Patrimoniais*

defende que a responsabilidade civil por actos ilícitos supõe, antes de mais, um "*acto humano dominável pela vontade*"[669], para poder haver imputação objectiva da conduta ao agente. Para além do acto humano, positivo (acção) ou negativo (omissão), a responsabilidade delitual pressupõe o carácter ilícito do acto. No domínio da ilicitude avalia a opção do legislador por um sistema de "*ilícito fundador de responsabilidade a determinadas hipóteses de facto*", seguido pelo legislador alemão, criticando o sistema de grande cláusula geral que "*só incompletamente satisfaz o (...) dever de regulação*"[670]. A acção é objectivamente antijurídica se, em atenção a um resultado ou às circunstâncias em que é praticada, é reprovada pela ordem jurídica. Saber quando é que uma acção é objectivamente antijurídica depende do conjunto das disposições da ordem jurídica. A maior parte das vezes, a ordem jurídica não exprime directamente a proibição de certas acções, mas fá-lo indirectamente pelo facto de ligar à prática de tais acções uma pena ou um dever de indemnização, ou na medida em que atribui ao lesado uma protecção jurídica.

Partindo do direito alemão, VAZ SERRA chama a atenção que as diferenças entre §§ 823 I e II BGB assentam na tese de que "*nem sempre um interesse juridicamente protegido representa já um direito subjectivo*". Sobre esta diferença, exemplifica com a inexistência de um "direito" ao

---

pp. 383, analisando expressamente o problema dos danos puramente patrimonais na responsabilidade obrigacional e delitual: "*O que importa não é perguntar se são indemnizáveis os prejuízos que teriam certamente sobrevindo sem a verificação do ilícito. Interessa, sim, apurar quais dentre os outros prejuízos são efectivamente ressarcíveis. É esse o problema importante que se põe às várias ordens jurídicas*". Expressamente refere que a indagação sobre o dano indemnizável no direito inglês e francês não ocorre no campo do nexo de causalidade, porquanto este é apenas um dos enquadramentos possíveis do tema (p. 7). Este artigo é, a todos os títulos, pioneiro na matéria dos danos puramente económicos, na medida em que faz uma análise da jurisprudência inglesa, na qual, desde cedo, se levantaram problemas relacionados com a protecção delitual de interesses puramente económicos. Decisiva é a compreensão de que o dano indemnizável é delimitado por vários sistemas (sistema do nexo de causalidade, sistema da culpa e sistema da ilicitude) (p. 47), denotando na década de 60 uma intencionalidade de construção dogmática da responsabilidade civil a partir do dano e optando por um sistema marcadamente dualista de separação da ilicitude e da culpa.

[669] Importantes são as considerações em torno do conceito jurídico da acção no sentido de abranger a acção querida e a acção não-querida, desde que exista a "possibilidade de contrôle da consciência", VAZ SERRA, *Requisitos da responsabilidade civil*, p. 39.

[670] VAZ SERRA, *Requisitos da responsabilidade civil*, pp. 44-45 e p. 65 e ss.

Evolução Histórico-Dogmática   241

sossego, pelo que a protecção da tranquilidade se limita aos casos em que exista disposição penal ou normas de polícia, ainda que admita, posteriormente, que "*a tranquilidade pessoal constitui objecto de um direito de personalidade*"[671]. De igual modo, não há uma protecção *qua tale* do património, circunscrita que está a sua tutela à titularidade de direitos concretos patrimoniais, em especial do direito de propriedade. Outro tipo de lesões patrimoniais só obriga a uma indemnização quando contraria uma lei destinada à protecção de interesses patrimoniais, designadamente uma burla penalmente punível, uma extorsão ou um acto de concorrência desleal, ou quando o lesante agiu ilicitamente contra os bons costumes. Isto significa que uma lesão patrimonial decorrente de uma informação inexacta, devido a culpa grosseira, fica sem resposta civil se não houver um dever contratual, como ficarão igualmente sem resposta civil as lesões patrimoniais resultantes da concorrência lícita[672].

A distinção feita no BGB entre a violação de um direito subjectivo e de uma norma de protecção só relevaria para a protecção do património e de interesses patrimoniais, porquanto qualquer lesão da personalidade estaria compreendida na primeira modalidade de ilicitude. No entanto, o princípio geral da protecção da personalidade, ao configurar uma cláusula geral, necessita que se ponderem os seus limites para protecção de outros limites, estes determinados caso a caso, tendo em atenção a adequação social, a exigibilidade e outros critérios analogamente indeterminados[673].

Para VAZ SERRA, à luz do sistema alemão de responsabilidade delitual é necessário determinar se os direitos fundamentais não devem estar compreendidos no conceito de outros direitos que o § 823 I do BGB incorpora. A expressão "*sonstige Recht*" reconduz-se a direitos de domínio ou a concretos direitos de personalidade, não tendo o "direito geral de personalidade" suficiente concretização para ser compreendido na primeira modalidade de ilicitude. Tal não significa que o "direito geral de personalidade" não tenha protecção, mas tão só que essa protecção se limita a uma acção preventiva de abstenção, e já não à responsabilidade civil, quando este direito não estiver traduzido em direitos concretos[674]. A jurisprudên-

---

[671] VAZ SERRA, *Requisitos da responsabilidade civil*, p. 135.

[672] VAZ SERRA, *Requisitos da responsabilidade civil*, p. 45-46.

[673] VAZ SERRA, *Requisitos da responsabilidade civil*, p. 52.

[674] VAZ SERRA, *Requisitos da responsabilidade civil*, pp. 53-54. Fica claro que, neste ponto, VAZ SERRA não defende uma eficácia directa dos direitos constitucionais, na medida

242 *Normas de Protecção e Danos Puramente Patrimoniais*

cia e doutrina alemãs autonomizaram um "direito à empresa". Os tribunais alemães preconizavam que o direito ao desenvolvimento livre, sem perturbações do círculo industrial de actividade, tutelava as perturbações imediatas da empresa industrial organizada que se dirigissem contra a existência ou contra a actividade do empresário como tal. Tratava-se de conceder um alargamento da protecção da concorrência desleal. VAZ SERRA entendia que este pretenso direito não teria suficiente determinação, estando dependente de juízos indeterminados, como o de adequação social ou o da apreciação dos bens e deveres no caso concreto. Neste ponto divergia de NIPPERDEY, que, primeiramente, combateu a existência do "direito à empresa", mas acabou por alinhar com a jurisprudência, reconhecendo o carácter ilícito das intervenções socialmente inadequadas à exploração industrial, pressupondo a não existência de causa de justificação. A jurisprudência alemã sublinhava a protecção contra as intervenções na existência da empresa ou imediatamente no círculo industrial de actividade. Segundo VAZ SERRA, a protecção do "direito à empresa" em nada se relaciona com uma extensão da defesa da personalidade, mas antes com a extensão do direito de propriedade[675]. A inclusão de certas áreas de protecção no domínio do § 823 I BGB, de que são exemplo a configuração dogmática de um "direito geral de personalidade" e de um "direito à empresa", representam formas de esvaziamento da relevância das normas de protecção no direito delitual.

II. Para VAZ SERRA são requisitos da segunda modalidade de ilicitude: a violação de uma disposição de protecção, *i.e.* de disposições cujo fim é a protecção de interesses de outrem; a culpa na violação da norma

---

em que afirma "Seguramente, o direito fundamental do art.º 2.º da Lei fundamental não estabelece um limite só para o poder do Estado. Não pode contestar-se que ele é orientador para a interpretação e criação da ordem jurídica privada e que daí resulta também um fio de orientação para cada um". Sobre a protecção da personalidade e a configuração de um "direito geral de personalidade", CAPELO DE SOUSA, *O Direito Geral de Personalidade*, Coimbra Ed, Coimbra, 1995, p. 104 e pp. 605 e ss.

[675] VAZ SERRA, *Requisitos da responsabilidade civil*, 60-61 e 121 e ss. Melhor seria conceber o "direito à empresa" como uma alargamento da protecção delitual do património, na medida em que se impõe o ressarcimento de danos puramente patrimoniais causados no domínio empresarial por advertências ilegítimas, juízos de valor depreciativos ou intervenções semelhantes, segundo JOÃO CALVÃO DA SILVA, *Responsabilidade do produtor*, p. 362.

Evolução Histórico-Dogmática 243

de protecção, e não nos efeitos da violação; e o dano no bem jurídico que a norma de protecção se destina a assegurar e, em consequência, o perigo contra o qual quer precaver. Aqueles que têm direito a alimentos podem ser indemnizados pela morte causada por terceiro do obrigado a alimentos. Um interesse pode ser juridicamente protegido sem que esta protecção confira um direito subjectivo ao seu titular. Caso o interesse não confira o poder de o fazer valer judicialmente, então o interesse não é protegido directamente pela lei, mas só como efeito reflexo da protecção de um interesse público. Se alguém violar culposamente uma disposição de protecção, cuja finalidade é proteger interesses de outrem, o titular desses interesses tem um direito de indemnização contra o lesante. As disposições de protecção são normas penais destinadas à protecção de interesses individuais, normas de Direito privado destinadas à protecção contra a violação dos interesses, e disposições destinadas a proteger a colectividade, a pluralidade de indivíduos, mas que protegem também os particulares. Se, de modo diverso, a lei directamente só protege a colectividade como tal, apenas favorecendo na medida em que cada um é interessado no bem da colectividade (*v.g.* as disposições sobre segurança do Estado), então os indivíduos não são titulares de qualquer direito a indemnização[676]. Também nas relações de vizinhança, que impõem restrições à liberdade de cada um, devem procurar conciliar-se os interesses de todos aqueles que podem ter os seus interesses em conflito. Devem considerar-se ilícitas as imissões desnecessárias que prejudiquem outrem e sejam culposas[677].

As teses de VAZ SERRA, marcadamente influenciadas pela leitura de autores alemães, como LARENZ, NIPPERDEY, ENNECERUS-LEHMANN[678], condicionaram a doutrina obrigacionista posterior sobre o tema, estando igualmente na base da adopção pelo legislador, no Código civil de 1966, de um sistema próximo do BGB[679], ainda que sejam de salientar algumas

---

[676] VAZ SERRA, *Requisitos da responsabilidade civil*, pp. 72-73.

[677] VAZ SERRA, *Requisitos da responsabilidade civil*, pp. 104 e ss.

[678] LUWIG ENNECERUS/THEODOR KIPP/MARTIN WOLFF, *Tratado de Derecho Civil, Derecho de Obligationes*, II, (revisão Heinrich Lehmann) (trad. Blas Pérez González e José Alguer), Bosch, Barcelona, 1950, pp. 659-664.

[679] DÁRIO MOURA VICENTE, *Da Responsabilidade*, p. 193, considera que os trabalhos preparatórios do Código Civil de 1966 revelam uma certa preferência do legislador pela formulação de um princípio geral de responsabilidade civil, à semelhança dos códigos francês e italiano, citando, a este propósito, o texto de VAZ SERRA, *Requisitos da responsabilidade civil*, pp. 37 e 67, texto que nos parece a todos o título manifestação da preferência

244 *Normas de Protecção e Danos Puramente Patrimoniais*

diferenças em relação ao modelo inspirador[680]. Com efeito, não obstante a inegável inspiração do artigo 483.°, n.° 1 no § 823 I e II BGB, há inúmeros pontos de distanciamento entre os dois sistemas, que uma análise mais detalhada impõe, e dos quais decorre a impossibilidade de importar, sem mais, as construções doutrinárias alemãs. Aliás, as referências na doutrina portuguesa às diferenças entre os dois regimes são significativas[681].

---

do autor pelo sistema delitual alemão, que culmina na sua proposta de articulado da responsabilidade delitual muito mais tributária de um sistema de tipo germânico do que napoleónico. Também SINDE MONTEIRO, "Responsabilidade delitual. Da ilicitude", p. 455, com base no extracto da página 67 de *Requisitos da responsabilidade civil*, em que VAZ SERRA afirma "Apesar dos méritos que têm sido atribuídos ao sistema do Código alemão, parece-me melhor a formulação de um princípio geral de responsabilidade civil, à semelhança dos Códigos francês, italiano, suíço, português, etc". Porém, SINDE MONTEIRO reconhece que nas considerações conclusivas e no projecto apresentado (quer no art. 1.° do articulado que se inclui no final do seu estudo, quer no artigo 731.° do Anteprojecto, quer no artigo 1129.° da versão extensa do anteprojecto) que se trata de uma fórmula mais próxima da alemã, ainda que com um reconhecimento com maior amplitude dos direitos subjectivos do que o previsto no BGB (pp. 456-457).

[680] VAZ SERRA, *Requisitos da responsabilidade civil*, p. 134. A este respeito é fundamental analisar as regras gerais do sistema de responsabilidade propostas: *"Art.° 1 (Regras gerais) 1. Aquele que, com dolo ou culpa, viola antijuridicamente os direitos de outrem constitui-se na obrigação de indemnizar ao lesado os danos resultantes dessa violação. 2. Também aquele que, com dolo ou culpa, viola antijuridicamente uma disposição legal destinada à protecção de interesses de outrem se constitui na obrigação de indemnizar a este os danos daí derivados no bem jurídico que tal disposição queria proteger e em consequência de um perigo que ela se propunha impedir."* A fórmula legislativa proposta por VAZ SERRA consagrava a teoria do escopo de protecção da norma. Todavia o inciso relativo à referida teoria acabou por não obter acolhimento no artigo 483.°, n.° 1 do Código Civil. Cfr. ainda a redacção igual em VAZ SERRA, *Direito das Obrigações (com excepção dos contratos em especial)*, Anteprojecto, Lisboa, 1960, p. 598, o artigo 731.° (regras gerais).

[681] MENEZES CORDEIRO, *Da responsabilidade civil dos Administradores*, p. 468: *"O artigo 483.°/1, do Código Civil vigente, consagra o modelo de JHERING. A imputação delitual, nele prevista, funciona quando alguém, com dolo ou mera culpa, violar ilicitamente determinadas posições e mais especificamente: um direito subjectivo ou uma norma de protecção. Há um alargamento manifesto, em relação ao somatório das duas partes do § 823 BGB, uma vez que o direito vem referenciado sem quaisquer especificações. Mas para além desta caminhada, em relação ao artigo 1382 do Code Civil, o sistema alemão de responsabilidade parece claro".* LUÍS MENEZES LEITÃO, *A responsabilidade do gestor perante o dono do negócio no direito civil português*, CEF, 1991, p. 335: *"O sistema instituído tem sido uniformemente reconhecido pela doutrina como o de um ilícito atípico. Um exame atento do conjunto normativo permite no entanto verificar que a atipicidade*

Evolução Histórico-Dogmática

VAZ SERRA aponta para a existência de uma clivagem estrutural entre direitos subjectivos e normas jurídicas que protegem interesses. A compreensão desta diferença é fundamental, na medida em que nela se jogam pontes entre o Direito público e o Direito da responsabilidade delitual, designadamente na delimitação da ilicitude em sede indemnizatória. A distinção entre direito subjectivo e interesse juridicamente protegido configura, assim, uma questão crucial no contexto das normas de protecção que permite a passagem do primeiro período da doutrina, que, sob os auspícios do Código Seabra, interpretava a responsabilidade delitual de acordo com o modelo napoleónico, para uma segunda fase, em que, para além do ilícito corresponder à violação de direitos subjectivos, alcança também os interesses juridicamente protegidos, e o modelo tudesco imprime a sua marca na doutrina nacional, consubstanciando uma exemplo paradigmático da transição da sistemática central para a sistemática integrada.

---

não é tão intensa quanto se pudera à primeira vista julgar. O nosso Direito está neste campo seguramente muito longe das três cláusulas parciais do § 823 I, § 823 II e § 826 do BGB mas também não chega a atingir o grau de indeterminação que caracteriza os arts. 1382 do Código Francês, 2043 do Código Italiano e 1902 do Código espanhol". Defendendo uma aproximação entre o sistema delitual alemão e o português, CARNEIRO DA FRADA, *Teoria da Confiança*, p. 248. NUNO MANUEL PINTO OLIVEIRA, *Sobre o conceito de ilicitude do art. 483.° do Código Civil*, p. 526, considera que os estudos mais recentes sobre as cláusulas de responsabilidade civil indicadas tendem a considerar as diferenças existentes entre o parágrafo I do § 823 BGB o n.° 1 do art. 483.° do Código Civil como divergências de ordem essencialmente técnica, com escasso ou nenhum relevo a nível da resolução dos casos concretos. As divergências entre as duas cláusulas delituais fundamentais resumir-se-iam ao facto de que no sistema delitual português se protegem os direitos absolutos de outrem sem se enumerarem os bens de personalidade protegidos, enquanto que no sistema alemão protegem-se também os direitos absolutos, mas enunciam-se os bens de personalidade protegidos como direitos absolutos. PEDRO MÚRIAS, "A responsabilidade por actos de auxiliares e o entendimento dualista da responsabilidade civil", RFDUL, vol. XXXVII, (1996), p. 182, (n. 65), admitindo não ser líquida a diferença entre o dispositivo alemão e o português. DÁRIO MOURA VICENTE, *Da Responsabilidade*, p. 194, defende que o sistema português limita-se a enunciar os caracteres de ilicitude que a conduta danosa deve revestir para que o lesante fique incurso em responsabilidade, enquanto o sistema alemão descreve os bens jurídicos cuja violação determina a imputação de dano ao lesante, concluindo que *"não há, por conseguinte, diferenças essenciais a registar entre o BGB e o Código Civil português quanto ao modo pelo qual delimitam as factispécies delituais nem quanto às constelações que nesta matéria os inspiram"* (p. 195).

246 *Normas de Protecção e Danos Puramente Patrimoniais*

8.3. *O Código Civil Português de 1966 e a opção pelo modelo alemão. Evolução doutrinária.*

I. Historicamente, a primeira referência expressa às normas de protecção surge com o Código Civil de 1966. O Código de Seabra, de 1867, como fizemos referência, não continha qualquer menção às normas de protecção. Daí que a construção dogmática em torno das disposições de protecção só tenha encontrado respaldo normativo no Código vigente. No entanto, a introdução no sistema de responsabilidade das *"disposições legais destinadas à protecção de interesses alheios"* (artigo 483.°, n.° 1) originou uma discussão, que alcança já quatro décadas de história na doutrina obrigacionista nacional, na sua maioria importada da doutrina alemã, cuja análise no contexto desta investigação é imprescindível.

A adopção do conceito de disposições legais de protecção foi no ano subsequente à publicação do Código transplantada para a responsabilidade civil do Estado e das pessoas colectivas públicas por actos de gestão pública pelo DL n.° 48051, de 21 de Novembro de 1967. Como já referimos, os problemas específicos que a autonomia pública coloca não permitem que esta modalidade de responsabilidade possa ser objecto de análise detalhada nesta dissertação[682], mas importa salientar este diploma na consagração do modelo jheringiano de separação de ilicitude e de culpa e do modelo windscheidiano entre violação de direitos subjectivos e normas proibitivas[683-684-685].

---

[682] No direito francês, uma comparação entre responsabilidade delitual no direito privado e no direito público é realizada por GÉRARD CORNU, *Etude comparée de la responsabilité delictuelle en droit privé et en droit public*, Editions Matot-Braine, Reims, 1951, pp. 19 e ss.

[683] A responsabilidade delitual não respeita somente a particulares. Também o Estado e outras entidades públicas com personalidade jurídica podem responder perante terceiros pelos actos dos seus órgãos, agentes, ou representantes. É o que resulta claramente do artigo 22.° da CRP. No entanto, no domínio da responsabilidade do Estado distinguem-se os danos causados em actividades de gestão privada dos danos ocorridos em actividades de gestão pública. Quando o Estado actua no domínio da gestão privada, enquanto particular, aplica-se o disposto no artigo 501.° do CC, que remete para a responsabilidade do comitente. Quando está em causa a responsabilidade do Estado ou de outras pessoas colectivas no domínio da gestão pública, *v.g.* o ensino público, a gestão hospitalar, a conservação da rede viária, é de aplicar o DL n.° 48051, de 21 de Novembro de 1967. Segundo este diploma, cuja revogação está há muito anunciada, o Estado e demais pessoas colectivas públicas respondem civilmente perante terceiros pelas ofensas dos direitos destes ou das

disposições legais destinadas a proteger os seus interesses, resultantes de actos ilícitos culposamente praticados pelos respectivos órgãos ou agentes administrativos no exercício das suas funções e por causa desse exercício (art.° 2.°, n.° 1), considerando-se ilícitos os actos jurídicos que violem as normas legais e os regulamentos ou os princípios gerais aplicáveis e os actos materiais que infrinjam estas normas e princípios ou, ainda, as regras de ordem técnica e de prudência que devam ser tidas em consideração (artigo 6.°). Cfr. CARNEIRO DA FRADA, *Direito Civil. Responsabilidade Civil*, pp. 126-129. A notícia mais recente (de 23 de Agosto de 2007) aponta para que o Presidente da República vetou o diploma que vinha aprovar o novo regime de responsabilidade extra-contratual do Estado, o que significa que o diploma regressa à Assembleia para reapreciação.

[684] O artigo 22.° da CRP estabelece que "*o Estado e as demais entidades públicas são civilmente responsáveis, em forma solidária com os titulares dos seus órgãos, funcionários ou agentes, por acções ou omissões praticadas no exercício das suas funções e por causa desse exercício, de que resulte violação dos direitos, liberdades e garantias ou prejuízo para outrem*". Esta disposição que a doutrina juspublicista entende gozar de aplicabilidade imediata (neste sentido, RUI MEDEIROS, "A responsabilidade civil pelo ilícito legislativo no quadro da reforma do Decreto-Lei n.° 48051", *Responsabilidade civil Extracontratual do Estado*, Trabalhos preparatórios da reforma, Coimbra Editora, 2002, p. 194), é mais abrangente do que a fórmula expressa no artigo 483.°, n.° 1, uma vez que a ilicitude da conduta assenta na violação dos direitos, liberdades e garantias, fórmula mais lassa do que a violação de direitos subjectivos, uma vez que as liberdades não devem ser consideradas direitos subjectivos. Por outro lado, a mera causação de um prejuízo, independentemente de se estar a coberto de uma norma de protecção, pode justificar a indemnização. Além de que não se exige o carácter culposo do acto, o que dá lugar a uma ampla responsabilidade por factos ilícitos. Esta fórmula segue o modelo napoleónico de grande cláusula geral que, posteriormente, é delimitada nos termos do DL n.° 48051, de 21 de Novembro de 1967, segundo o modelo jheringiano, distinguindo claramente dois segmentos de ilicitude e destrinçando o momento da ilicitude e da culpa. Está há muito anunciada a revogação do Decreto-Lei n.° 48051, de 21 de Novembro de 1967, sob o resumo curioso "que regula em tudo o que não esteja previsto em leis especiais a responsabilidade extracontratual do Estado e demais pessoas colectivas públicas no domínio da gestão pública"; contudo, tem faltado coragem política para o fazer. De referir que o artigo 2.°, n.° 1 do DL n.° 48051, de 21 de Novembro de 1967, assenta a ilicitude em duas vertentes: por um lado, na violação de direitos subjectivos e, por outro, na violação de disposições legais que se destinem a proteger interesses alheios. Este diploma limita-se à responsabilidade do Estado por ilícito culposo no domínio da gestão pública, uma vez que estabelece que "*O Estado e demais pessoas colectivas públicas respondem civilmente perante terceiros pelas ofensas de direitos destes ou das disposições legais destinadas a proteger os seus interesses, resultantes de actos ilícitos culposamente praticados pelos respectivos órgãos ou agentes administrativos no exercício das suas funções ou por causa desse exercício*". De sublinhar, assim, que o modelo jheringiano de separação de ilicitude e de culpa se aplica igualmente

248   *Normas de Protecção e Danos Puramente Patrimoniais*

à responsabilidade do Estado. A responsabilidade civil do Estado tem sido trabalhada sobretudo em torno do conceito de "ilícito legislativo", conceito que nos levanta as maiores dúvidas, designadamente sobre se apresenta especiais características em relação à ilicitude, enquanto pressuposto da responsabilidade delitual, que justifique a sua autonomização. Um outro problema que ocorre neste contexto relaciona-se com a adopção de um modelo que erige a responsabilidade do Estado de acordo com a tipologia das suas funções (política, legislativa, administrativa e jurisdicional) que não é isenta de crítica. A questão fundamental, que deve ser respondida antes de se arquitectar qualquer sistema da responsabilidade civil do Estado, passa por saber se o Estado deve estar sujeito a um regime mais severo de responsabilidade pela maior ingerência das suas funções na esfera dos particulares ou se, diferentemente, a uma menor severidade, por não estar num plano de igualdade, na medida em que visa o interesse público. Esta questão está em estreita dependência do modelo de Estado que se defenda e da compreensão da necessidade da sua actuação. Actualmente, tem-se defendido um modelo de Estado cada vez mais emagrecido, que se limite às funções de soberania clássicas – defesa, segurança, justiça – recuando nas restantes áreas e deixando o mercado actuar em domínios anteriormente ocupados pelo Estado. O art. 501.º do CC aplica aos danos causados por actos no exercício de actividades de gestão privada dos órgãos, agentes ou representantes do Estado e demais pessoas colectivas públicas as regras de responsabilidade do comitente por actos do comissário. Segundo PIRES DE LIMA/ANTUNES VARELA, *Código Civil Anotado*, vol. I, (Artigos 1.º a 761.º), 4.ª ed. revista e actualizada (com a colaboração de M. Henrique Mesquita), Coimbra Ed., Coimbra, 1987, p. 510, são actos de gestão privada aqueles em que o Estado intervém como simples particular, despido de quaisquer poderes de autoridade. MÁRIO JÚLIO DE ALMEIDA COSTA, *Direito das Obrigações*, pp. 621-622, distingue as actividades de gestão pública e de gestão privada, conforme as mesmas decorram sob a égide do Direito público ou do Direito privado, distinção que se apresenta relevante não só para determinar as normas substantivas aplicáveis, como também para estabelecer a jurisdição competente. No entanto, defende que a gestão pública não envolve necessariamente o exercício imediato de poderes soberanos, mas tão-somente que a actividade se dirija à realização de fins típicos ou específicos da entidade pública (*maxime* de administração ou de jurisdição) através dos meios que lhe são próprios. Para que se verifique responsabilidade do comitente impõe-se antes de mais a existência de uma relação de comissão, que se traduz num vínculo de autoridade ou de subordinação. A relação de comissão existe sempre que alguém encarrega outrem, por sua conta e sob a sua direcção, a título gratuito ou oneroso, de desenvolver uma actividade ou um acto isolado. O comitente terá de ter em relação ao comissário a possibilidade de dar-lhe ordens ou instruções sobre a finalidade e os meios da comissão, bem como de fiscalizar a sua execução. A comissão pode verificar-se quer num contexto familiar (extra-negocial), quer num contexto negocial, *maxime* no contrato de trabalho (art. 1152.º) e no contrato de mandato (art. 1157.º). Mais controversa é a aceitação da relação de comissão quanto a certas profissões, como advogados e médicos, caracterizadas por falta de subordinação em relação aos clientes. RUI ALARCÃO, *Direito das Obrigações*,

Evolução Histórico-Dogmática 249

p. 300, admite relações de comissão entre profissionais destes ramos. A responsabilidade do comitente depende da responsabilidade do comissário *in casu*, que pode configurar uma responsabilidade por factos ilícitos e culposos, uma responsabilidade pelo risco ou uma responsabilidade por factos lícitos. A posição ampla que se defende é igualmente perfilhada por MÁRIO JÚLIO DE ALMEIDA COSTA, *Direito das Obrigações*, pp. 617-618, MENEZES CORDEIRO, *Obrigações*, 2.º vol., p. 373, PESSOA JORGE, *Ensaio*, p. 149, e SOFIA SEQUEIRA GALVÃO, *Reflexões acerca da responsabilidade do comitente no direito civil português a propósito do contributo civilista para a dogmática da imputação*, Lisboa, 1990, p. 110. Contra a referida posição, exigindo que a responsabilidade do comissário seja delitual, ANTUNES VARELA, *Das Obrigações em Geral*, I, pp. 642 e 644, PEDRO NUNES DE CARVALHO, *A responsabilidade do comitente*, ROA, Ano 48, Abril, (1988), pp. 85 e 97, e CARNEIRO DA FRADA, "A responsabilidade objectiva por facto de outrem face à distinção entre responsabilidade obrigacional e aquiliana", Direito e Justiça, ano XII, (1998), tomo 1, p. 308, com base na ideia de que se o comissário responde a título de risco, então é porque ele aproveita provavelmente para si uma certa coisa ou uma determinada actividade, sendo incompatível conceptualmente com a comissão. CARNEIRO DA FRADA considera que "*a responsabilidade do comitente surge envolta num enigma*", "*não sendo nada evidente que a comissão constitua, por si só, uma especial fonte de perigos para terceiros e que deva, nestes termos, ser compensada por uma responsabilidade sem culpa*" (p. 304), sendo difícil de configurar a responsabilidade do comitente como responsabilidade pelo risco, sendo o conceito de risco mais apropriado aos casos previstos no artigo 493.º em que está em causa a *especial pericolosidade de coisas ou actividades* (p. 305). Por fim, é exigido que o facto danoso seja praticado no exercício da função que foi confiada ao comissário, ainda que este tenha agido intencionalmente ou contra as instruções do comitente – o que se compreende – pois se o comitente só respondesse nos casos em que o comissário obedecesse rigorosamente às suas ordens, seriam muito raros os casos de responsabilidade do comitente, frustando-se os objectivos do instituto, segundo as palavras de PIRES DE LIMA/ANTUNES VARELA, *Código Civil Anotado*, p. 509. Nestes termos, para fazer responder o comitente, é necessário que os danos se registem no âmbito das funções, *i.e.* manifestem uma conexão adequada à própria função. Caso se apure, nos termos do art. 500.º, n.º 3, uma conduta culposa do comitente, então este responderá delitualmente. A culpa do comitente pode resultar da escolha do comissário (*culpa in eligendo*), das instruções ou ordens fornecidas (*culpa in instruendo*), ou da fiscalização da actividade do comissário (*culpa in vigilando*). MÁRIO JÚLIO DE ALMEIDA COSTA, *Direito das Obrigações*, p. 619, admite a aplicação do art. 493.º, n.º 2, quando a comissão envolva uma actividade perigosa, potencialmente danosa. No caso da conduta do agente ser insusceptível de qualquer apreciação ao nível da culpa, o comitente apresenta-se somente com uma posição de garante, podendo exigir do comissário integralmente o reembolso da indemnização. Caso haja culpa de ambos – comitente e comissário –, o art. 500.º, n.º 3, remete para o art. 497.º, n.º 2, respondendo ambos na proporção das suas culpas. Caso ambos tenham procedido sem culpa, então, mantém-se a posição de garante do comitente e este poderá exigir o

PIRES DE LIMA e ANTUNES VARELA consideram que não devem ser consideradas normas de protecção as que se limitam a proteger interesses colectivos, mas que acabam por proteger reflexamente determinados interesses particulares, nas quais estes autores incluem a generalidade das normas de Direito constitucional e administrativo e os preceitos de Direito penal em matéria de defesa do Estado, porquanto, apesar de ser *efeito* destas normas a protecção de interesses individuais, o decisivo, na apreciação da referida tutela, é o *conteúdo* e *fim* da norma. Para além da norma visar a protecção do interesse particular, acrescenta-se ainda a exigência de que o dano se produza no círculo de interesse privados que a lei visa tutelar. É o caso de violação de regras que impõem a iluminação de fábricas, para protecção de operários, ou de escolas, para protecção de estudantes, que não abrangem danos a terceiros lesados pela falta dessa iluminação. Igualmente, no caso de uma criança que escalou um poste de linha eléctrica, colocado à altura inferior à regulamentar, e sofreu um acidente, a empresa não foi responsabilizada por se considerar que a altura mínima da linha eléctrica visa evitar o contacto de coisas transportadas por pessoas ou veículos que circulem a nível do solo. Fundamental, para aqueles autores, é toda a área das normas destinadas a tutelar interesses gerais dos consumidores[686].

---

reembolso de tudo quanto for pago. Contra esta solução, ALMEIDA COSTA, *Direito das Obrigações*, p. 620, admite que, nas relações internas, a indemnização deve caber quer ao comitente quer ao comissário, segundo o espírito da lei nos casos paralelos, arts. 506.° e 507.°, salvo se o comissário violar a relação de comissão e causar danos evitáveis caso tivesse cumprido as instruções do comitente. Cfr. RIBEIRO DE FARIA, *Direito das Obrigações*, vol. II, (reimpressão), Almedina, Coimbra, 2001, pp. 5-24.

[685] Enquanto responsabilidade civil extracontratual do Estado por actos de gestão pública da sua administração, cfr. MARIA LÚCIA AMARAL PINTO CORREIA, *Responsabilidade do Estado e Dever de Indemnizar do Legislador,* Coimbra Editora, 1998, p. 35, analisando, em especial, a responsabilidade do Estado por actos legislativos "A responsabilidade do Estado-legislador: reflexões sobre uma reforma", *Responsabilidade civil extracontratual do Estado*, 2002 (igualmente publicado na Revista Themis, Ano II, n.° 4, 2001, pp. 5-21). Cfr. MARCELO REBELO DE SOUSA/ANDRÉ SALGADO DE MATOS, *Direito Administração Geral*, Actividade Administrativa, Tomo III, Dom Quixote, 2007, p. 117 e p. 409 e ss.

[686] PIRES DE LIMA/ANTUNES VARELA, *Código Civil Anotado*, vol. 1, 1967, p. 330. Este Código Civil Anotado, surgido logo a seguir ao início de vigência do Código Civil de 1966, apresenta como exemplos das normas de protecção as leis aduaneiras, que visam a protecção da indústria nacional, as leis que proíbem a venda de bebidas alcoólicas ou estupefacientes, as leis que proíbem o estacionamento em certos locais, as leis que obrigam os

A doutrina e a jurisprudência portuguesas têm sentido, desde há muito tempo, as maiores dificuldades e hesitações na definição do âmbito de antijuricidade que corresponde à infracção da norma destinada a proteger interesses alheios, fazendo-a corresponder à violação de leis que protegem interesses particulares, sem conferirem aos respectivos titulares um direito subjectivo, ou de leis que ao protegerem interesses colectivos não deixam de atender simultaneamente a interesses individuais. No caso de interesses particulares penalmente tutelados – como sucede com a falsificação de documentos ou de assinatura – haverá lugar à obrigação de indemnizar. Incluem-se no elenco das situações abrangidas por esta categoria de ilicitude a concorrência desleal, algumas normas sobre delitos anti-económicos ou sobre infracções contra a saúde pública, normas que regulam a sanidade na guarda e aprovisionamento de géneros alimentícios, normas aplicáveis às construções e normas que se aplicam aos notários e conservadores. A ilicitude corresponde, nestes casos, à violação da norma, estando, desde logo, preenchida, mesmo que o dano venha a ser provocado directamente por um facto posterior de terceiro, por evento natural ou fortuito, ou até por facto do lesado. Esta construção parece relevar em sede de causalidade, dado que nesta modalidade de ilicitude o legislador satisfaz-se, para realizar a imputação do dano ao agente, com um juízo de violação normativa. Uma causalidade ontológica é, nestes termos, substituída por uma causalidade normativa. Acrescenta-se ainda que, se a ilicitude nestas situações consistisse na lesão das pessoas ou bens atingidos, o

---

donos dos prédios a iluminar as escadas, ou que impõem especiais precauções na construção e demolição de prédios. Cfr. Pires de Lima/Antunes Varela, *Código Civil Anotado*, vol. 1, (artigos 1.º a 761.º) Coimbra, 1987, pp. 472-473. Na 4.ª edição do mesmo Código, publicada duas décadas após a 1.ª edição, são dados maiores desenvolvimentos e concretizados alguns avanços. As normas de protecção correspondem a normas que protegem interesses particulares, sem todavia atribuírem um direito subjectivo ao titular do interesse lesado, designadamente as normas que tutelam certos interesses públicos e, ao mesmo tempo, visam proteger determinados interesses particulares. Pode tratar-se de normas incriminadoras, de normas de direito contra-ordenacional, de normas de direito administrativo, de direito da economia, de direito aduaneiro, etc. Outros exemplos são referidos, como a violação da norma que proíbe a falsificação de documentos, ou das regras disciplinadoras da concorrência. Um dos campos que é acrescentado reconduz-se a normas que protegem interesses particulares, mas que não chegam a atribuir um direito subjectivo ao respectivo titular, para não ferirem um outro interesse particular, mais qualificado, *v.g.* o artigo 1391.º CC.

252 *Normas de Protecção e Danos Puramente Patrimoniais*

carácter lícito ou ilícito estaria dependente da sorte, acaso ou evolução fortuita dos acontecimentos, quando é mais conforme ao sentido da lei, e mais pedagógico, reconhecer a existência do comportamento ilícito do agente, desde que viole as regras preventivas destinadas a tutelar interesses que vieram mais tarde a ser tutelados. Há, nesta tese, um acentuar da função preventiva da responsabilidade civil[687].

ANTUNES VARELA considera a ampliação da noção legal de ilicitude como um *rasgo inovador* do Código civil português de 1966. Durante muito tempo a doutrina portuguesa viveu ancorada na ideia de que a ilici-

---

[687] ANTUNES VARELA, *Das Obrigações em Geral*, 1.ª ed, Almedina, Coimbra, 1970, pp. 364-369. ANTUNES VARELA estabelece como requisitos indispensáveis para esta modalidade de ilicitude que a tutela dos interesses particulares figure de facto entre os fins da norma violada e que o dano se tenha registado no círculo de interesses privados que a lei visa tutelar. São feitas referências a HECK e LARENZ na importância em atender à protecção individual no fim da norma. São mencionados alguns exemplos importados de TRIMARCHI (*Causalità e danno*) que, na óptica de ANTUNES VARELA, configuram hipóteses em que, atendendo ao fim da norma, se exclui a ilicitude, a saber: o caso do ciclista que, não tendo o farolim aceso e circulando de noite com outro ciclista, não é responsável pelo acidente deste com outro veículo, dado que a norma que impõe a iluminação das viaturas visa que o próprio possa ver e ser visto e não permitir que terceiros vejam outros veículos e o caso do espectador de cinema que fere gravemente duas senhoras ao passar uma cadeira não fixa, porquanto a norma que obriga a fixar as cadeiras ao pavimento tem como fim tornar mais fácil e menos perigosa a circulação da sala não iluminada e facilitar a saída das pessoas em caso de incêndio. Na 2.ª edição desta obra (ANTUNES VARELA, *Das Obrigações em Geral*, 2.ª ed., Almedina, Coimbra, 1973, pp. 411-419, acrescentam-se novas referências doutrinárias (KNÖPFLE, BROX e ESSER), passando os requisitos desta modalidade de ilicitude de dois para três. Com efeito, surge a exigência de que a lesão dos interesses do particular corresponda à violação de uma norma legal. A este respeito é dado o exemplo de um artista que é agredido e, em consequência dessa agressão, fica impedido de realizar um espectáculo. O agredido terá direito a uma indemnização por violação da integridade física, já o dono da sala de espectáculos e o arrendatário do bufete, ainda que lesados no seu património, não serão indemnizados, porque não há nenhuma norma que tutele em geral o "direito" das pessoas ao seu património. A 4.ª edição (1982), pp. 455-462 e a 5.º edição (1986), pp. 488-494, da mesma obra, não apresentam alterações de texto. Diferentemente, a 7.ª edição (1991), pp. 526-532, faz já referência à obra de SINDE MONTEIRO, *Responsabilidade por conselhos, recomendações e informações*, Almedina, Coimbra, 1989, introduzindo no conceito de normas de protecção as que tutelam interesses particulares de indivíduos ou de classes ou grupos de pessoas e as normas que visam prevenir não a produção do dano em concreto, mas o simples perigo de dano em abstracto. O texto da 7.ª edição mantém-se inalterado na 9.ª edição (1998), pp. 554-560, e na 10.ª edição (2006), pp. 536-542.

Evolução Histórico-Dogmática

tude, no contexto da responsabilidade delitual, consistia na violação de um direito subjectivo de outrem. Para que alguém fosse obrigado a indemnizar não bastava que tivesse sido o autor do facto causador do dano a terceiro. Era ainda essencial que tivesse violado um direito do lesado, pois só assim haveria ilicitude, que configurava um pressuposto legal da responsabilidade civil. Era a doutrina cujo respaldo normativo assentava no artigo 2361.º do Código civil de 1867.

Nas primeiras lições de *Direito das Obrigações,* surgidas após a entrada em vigor do Código Civil de 1966, ALMEIDA COSTA exemplifica como caso de situações de responsabilidade civil com ausência de violação de direito subjectivo, a violação de uma lei impondo determinadas medidas sanitárias ou proibindo o estacionamento de veículos em certos lugares, ou a violação de uma lei aduaneira destinada a proteger a indústria do país. Para que o respectivo fundamento de responsabilidade civil possa ser invocado, será necessário que o lesado se encontre entre as pessoas cujo interesse a norma violada vise directamente proteger e que o dano se produza de facto no bem jurídico protegido[688].

II. PESSOA JORGE, analisando os pressupostos da responsabilidade civil, em Novembro de 1968[689], defende que a menção a *"disposições legais destinadas à protecção de interesses alheios"* delimita o âmbito da relevância da violação normativa em sede de responsabilidade civil. Esta tese tem como consequência que nem toda a violação de regras jurídicas configura um acto ilícito relevante para efeitos da constituição da obriga-

---

[688] MÁRIO JÚLIO DE ALMEIDA COSTA, *Direito das Obrigações*, Atlântida, Coimbra, 1968, p.159. Nas edições posteriores do *Direito das Obrigações* de ALMEIDA COSTA avança-se um pouco mais nos requisitos próprios do fundamento de responsabilidade civil, no sentido de que a lesão dos interesses dos particulares deva corresponder à ofensa de uma norma legal, entendida em sentido amplo (abrangeria regulamentos de polícia), de que se trate de interesses alheios legítimos ou juridicamente protegidos e não de meros interesses reflexos e de que a lesão se efective no próprio bem jurídico protegido, dando o exemplo das normas sobre especialidades farmacêuticas, que visam a saúde pública dos consumidores, que não podem ser invocadas por laboratórios concorrentes. O texto destas edições é idêntico, cfr. MÁRIO JÚLIO DE ALMEIDA COSTA, *Direito das Obrigações*, 3.ª ed., Coimbra, p. 371, 4.ª ed., Coimbra, 1984, p. 369-370, 5.ª ed., Almedina Coimbra, 1991, p. 450, 6.ª ed. Almedina, Coimbra, 1994, p. 471, 7.ª ed, Almedina, Coimbra, 1998, p. 487. Igual ainda na 10.ª e última edição, de 2006, que nos limitaremos a citar doravante.

[689] PESSOA JORGE, *Ensaio*, pp. 302-307.

ção de indemnizar. Está-se perante uma norma remissiva que fornece o critério da relevância da ilicitude – enquanto violação de normas – em sede indemnizatória. A referida disposição pode também ser configurada como critério de relevância normativa em sede do pressuposto da ilicitude. Segundo PESSOA JORGE, as disposições legais que protegem interesses de outrem são normas que protegem categorias em abstracto de pessoas, caso contrário, face a pessoas concretamente definidas, estar-se-ia perante direitos subjectivos. De igual modo, a categoria, ainda que abstractamente definida, não poderá ser aplicada a qualquer indivíduo. Há como que uma pluralidade singular, *i.e.*, normas de protecção são tão só as que servem a uma pluralidade de indivíduos, mas não à universalidade. Os direitos subjectivos são protegidos por normas que os afirmam, que proíbem a sua lesão ou que proíbem determinadas formas de lesão. Em todos os casos a violação destas normas releva em sede da primeira vertente da ilicitude. Por fim, a distinção entre interesses juridicamente protegidos e interesses reflexamente protegidos marcaria a fronteira entre as disposições legais de protecção, que protegem uma categoria de indivíduos, e as que protegem o interesse geral e que só reflexamente protegem os interesses de certas pessoas. Não havendo lugar a responsabilidade civil no caso de normas que protegem interesses reflexos. Salienta-se ainda a possibilidade de uma directriz interpretativa no sentido de que, sempre que se registem dúvidas sobre o fim de protecção da disposição, se deve presumir que a norma tutela o interesse geral, não funcionando como norma de protecção *stricto sensu*. Nesta modalidade de ilicitude exige-se que o lesado se encontre no círculo ou categoria de pessoas que a norma protege e de o dano se projectar no bem que a tutela visa.

PESSOA JORGE inclui o direito subjectivo nas situações vantajosas – posições favoráveis à realização de certos interesses pela possibilidade de utilização de certo bem apto à satisfação de determinada necessidade –, ainda que estas situações não se reconduzam todas a direitos subjectivos. Nas situações vantajosas de conteúdo jurídico insere os interesses reflexamente protegidos pela verificação de uma protecção legal de interesses de uma generalidade de pessoas, a esperança de utilização de um bem, quando haja protecção legal através do surgimento de uma expectativa jurídica, e os direitos subjectivos, que representam a afectação jurídica de um bem à satisfação de interesses de pessoas individualmente protegidas. O denominador comum das situações de vantagem é a presença de um bem cujas utilidades podem ser afectas pelo titular à satisfação das suas

Evolução Histórico-Dogmática 255

necessidades. As disposições legais de protecção evidenciam que a responsabilidade não pressupõe necessariamente a lesão de direitos subjectivos. Outras situações de vantagem com protecção jurídica podem justificar este tipo de resposta civil[690].

GALVÃO TELLES não desenvolve a matéria das normas de protecção, limitando-se genericamente a referir que os casos mais frequentes e mais característicos de responsabilidade extraobrigacional são aqueles que emergem de acto ilícito. Alguém pratica um acto ilícito quando viola um direito não creditício de outrem ou quando viola uma disposição legal destinada a proteger interesses alheios[691].

Para RUI ALARCÃO, a segunda forma de ilicitude, que corresponde à violação das normas de protecção, apresenta maiores dificuldades na sua exacta delimitação. Exige-se a violação de uma disposição legal que tenha como objectivo, para além de outros, a protecção dos interesses do lesado ("relação de ilicitude"). A segunda modalidade de ilicitude encerra uma remissão para a massa de disposições de Direito público, designadamente de Direito penal, que estabelecem a proibição ou a imposição de um comportamento, impondo-se uma averiguação em concreto para saber se existe ou não o nexo ou conexão de ilicitude exigido pela lei civil[692].

Para RIBEIRO DE FARIA, os tipos factuais (*Tatbestände*) que se reconduzem às duas modalidades de ilicitude identificam comportamentos, normalmente em função do resultado, violadores do direito numa perspectiva objectiva. Essa ilicitude, originariamente indiciada, pode ser afastada por uma circunstância justificativa do facto. No Direito civil, diferentemente do Direito penal, a tipicidade é já a ilicitude, se não intervierem circunstâncias justificativas do ilícito. Sublinha-se ainda a larga diferença que existe, neste domínio, entre o direito alemão e o nosso direito. Com efeito, enquanto no direito alemão, no § 823 I BGB, se protegem expressamente uns tantos bens jurídicos (vida, corpo, liberdade e honra) e a violação de outros direitos subjectivos, no direito pátrio a protecção desses bens ocorre pela via dos direitos subjectivos ou por via de uma norma de protecção. A este propósito, LARENZ considerou que aqueles bens jurídicos de perso-

---

[690] PESSOA JORGE, *Lições de Direito das Obrigações*, 1.º vol. AAFDL, 1975-76, pp. 552-556.

[691] GALVÃO TELLES, *Direito das Obrigações*, Súmula I, Ed. dos Serviços Sociais da Universidade de Lisboa, 1973/1974, p. 124.

[692] RUI ALARCÃO, *Direito das Obrigações*, Coimbra, 1983, pp. 241-245.

256   *Normas de Protecção e Danos Puramente Patrimoniais*

nalidade são retirados do circuito dos bens jurídicos que só gozam de protecção pela existência de uma norma de protecção. A violação de uma norma que visa obviar a *pôr em perigo* em abstracto certos bens pressupõe, para efeitos de responsabilidade civil, a mera culpa na sua violação, ainda que se exija um nexo de causalidade entre a acção ou a omissão e o resultado. Há ainda que atender à necessidade de diferenciar o Direito penal de justiça, o Direito penal secundário e o Direito das contra-ordenações. A diferença entre estes campos normativos ter-se-á de fazer no âmbito axiológico ou valorativo, em razão da função desempenhada pelo homem no contexto material do Estado de Direito[693]. A protecção da esfera pessoal insere-se no Direito penal clássico ou primário, a protecção da esfera comunitária do homem insere-se no Direito penal secundário e no Direito das contra-ordenações inserem-se condutas axiologicamente neutras[694]. A segunda variante de ilicitude pode ser posta em acção não apenas pela prática de um crime, de um delito, ou de meras contra-ordenações. Na identificação do fim da norma nem sempre se consegue distinguir a função que, com a ilicitude, se prossegue e aquela que se visa com o princípio da causalidade. No exemplo de ANTUNES VARELA, o cliente do banco que, por falta de informação diligente do banco, não vende as acções numa oportunidade favorável e adoece do sistema nervoso, não pode invocar os danos na sua saúde, porquanto este bem jurídico não está protegido pelo âmbito normativo. Mesmo que, por vezes, haja causalidade adequada, só são de imputar ao autor aqueles danos causados que estejam dentro do âmbito de protecção da norma criadora de responsabilidade[695].

III. MENEZES CORDEIRO apresenta uma sistematização dos pressupostos da responsabilidade civil inovadora, elevando o dano a elemento central da responsabilidade. Tal construção deu origem à crítica de que

---

[693] Para uma interpretação do conceito de Estado de Direito para além da sujeição à lei, mas como Estado de direitos fundamentais, JORGE REIS NOVAIS, "Contributo para uma Teoria do Estado de Direito", BFD, vol. 24, (1986), pp. 349 e ss. (também publicado como JORGE REIS NOVAIS, *Contributo para uma Teoria do Estado de Direito*, Almedina, Coimbra, 2006).

[694] RIBEIRO DE FARIA, *Direito das Obrigações*, vol I., Almedina, Coimbra, 2003, pp. 422-423.

[695] RIBEIRO DE FARIA, *Direito das Obrigações*, vol I., Almedina, Coimbra, 2003, pp. 416-425.

Evolução Histórico-Dogmática

criaria uma falsa sensação de unidade dogmática e de regime num instituto em que a pluralidade é a regra[696]. Com efeito, no sistema preconizado, o dano e a imputação surgem como pressupostos-síntese da responsabilidade civil[697], com primazia do dano. A imputação surge como difícil ponto de partida, advindo duma série de eventualidades de grande complexidade, normativamente previstas para esse efeito. Os delitos inserem--se, assim, na imputação. De modo distinto, o dano implicado sempre pela responsabilidade civil ergue-se como arrimo seguro para fundamentar uma construção sistemática da responsabilidade civil. Seguindo a proposta de JOSÉ TAVARES, opta por um conceito compreensivo de delito[698], como toda a violação voluntária de regras jurídicas, transformando-o numa figura geral de todo o sistema. O delito, genericamente previsto no nosso ordenamento jurídico, pode ocorrer em qualquer sector do Direito. O delito surge, assim, como um comportamento que contraria uma norma jurídica, que se consubstancia simplesmente pela inobservância da conduta por ela preconizada. Na linha de PESSOA JORGE, MENEZES CORDEIRO conclui que, de um modo geral, o comportamento contrário ao Direito é um comportamento contrário a um dever. A violação pode emergir do desrespeito de deveres derivados para os não titulares da permissão normativa em que se consubstancia o direito subjectivo ou, ainda, da inobservância de outros deveres destinados a proteger interesses alheios[699].

MENEZES CORDEIRO, apoiado na doutrina germânica (ENNECERUS/ /LEHMANN, LARENZ, ESSER/WEYERS), inclui no conceito de normas de protecção as disposições destinadas a proteger os interesses do próprio indivíduo, abrangendo disposições penais que protegem interesses individuais, como a lesão do corpo, da vida e da honra, e disposições de Direito privado que tenham como propósito especial evitar violações de direitos, bem como disposições que tendam a proteger a colectividade, o público, com inclusão do lesado[700]. Não é suficiente a violação de quaisquer disposições legais para induzir uma situação de responsabilidade. Necessário é a existência de uma relação entre a norma violada e os danos causados.

---

[696] MENEZES LEITÃO, *O ensino do direito das obrigações. Relatório sobre o programa, conteúdo e métodos de ensino da disciplina*, Almedina, Coimbra, 2001, pp. 216-222.

[697] MENEZES CORDEIRO, *Direito das Obrigações*, 2.º vol., p. 280.

[698] MENEZES CORDEIRO, *Direito das Obrigações*, 2.º vol., pp. 301-302.

[699] MENEZES CORDEIRO, *Direito das Obrigações*, 2.º vol., pp. 342-343.

[700] MENEZES CORDEIRO, *Direito das Obrigações*, 2.º vol., pp. 344-345.

258   *Normas de Protecção e Danos Puramente Patrimoniais*

Por outro lado, o conceito de interesse seria por si inoperante para delimitar as normas que originam uma situação de responsabilidade. MENEZES CORDEIRO entende só se justificar a responsabilidade quando o comportamento do agente violou a disposição legal e era destinado a lesar interesses alheios e, nessa medida, causou danos. No exemplo do atraso do comboio, que causa danos ao passageiro, só se o agente tivesse a finalidade de lhe causar dano é que se justificaria a responsabilidade civil[701].

MENEZES CORDEIRO[702] considera que o artigo 483.°, n.° 1, consagra o modelo de JHERING[703], que afirmava que a responsabilidade civil implica duas instâncias de controlo: a ilicitude, primordialmente virada para a inobservância de regras jurídicas, e a culpa, que lida com a censura merecida, pelo agente, com a actuação perpretada. Esta dupla instância de controlo foi consagrada no BGB no esquema de três pequenas cláusulas gerais (direitos absolutos, normas de protecção, violação dolosa dos bons costumes)[704]. MENEZES CORDEIRO defende que a responsabilidade está, antes de mais, ao serviço da pessoa, pelo que no campo puramente patrimonial há que combater a transformação da responsabilidade num puro Direito económico. Nas situações meramente patrimoniais, a responsabilidade delitual deve ser contida nos limites do artigo 483.°, n.° 1, sendo o momento da culpa decisivo. Com efeito, segundo o autor, os danos não são indemnizados por serem prejudiciais, mas por serem ilícitos e culposos[705].

A concepção marcadamente restritiva, comum à globalidade da doutrina, que se constrói a partir de 1966 sobre as normas de protecção pela remissão restrita às normas penais ou limitando a sua utilidade às situações em que o agente actuou dolosamente, diminui significativamente o alcance desta referência legislativa, quer em termos teóricos, quer práticos. Até aos anos 80 do século passado não se encontra qualquer estudo que auto-

---

[701] MENEZES CORDEIRO, *Direito das Obrigações*, 2.° vol., pp. 345-346.

[702] MENEZES CORDEIRO, *Da responsabilidade civil dos Administradores*, pp. 436-470.

[703] Contrariamente ao defendido pela maioria da doutrina nacional, SANTOS JÚNIOR, *Da responsabilidade de terceiro*, p. 260 e pp. 264-265, considera que o art.° 483.°, n.° 1, do CC consagra uma grande cláusula geral e não uma pequena cláusula geral, pelo que, neste aspecto, o nosso Código seria tributário do modelo francês. Já quanto à separação entre a ilicitude e a culpa, a influência seria do modelo germânico. Não se segue, nesta dissertação, este entendimento.

[704] MENEZES CORDEIRO, *Da responsabilidade civil dos Administradores*, pp. 436-437.

[705] MENEZES CORDEIRO, *Da responsabilidade civil dos Administradores*, pp. 482-483.

nomize como objecto as normas de protecção e as referências a esta temática cingem-se essencialmente ao manuais de Direito das Obrigações, que importam, na maioria dos casos, as construções da doutrina alemã sobre as normas de protecção desconhecendo a sua utilidade prática. Porventura as ligações que se postulam entre o Direito civil e os outros ramos jurídicos transforma esta situação básica de responsabilidade num espaço de *"ninguém"*, não tendo sido objecto do interesse mais desenvolvido da civilística nacional. Esta situação foi no entanto brevemente invertida com a sua articulação com a temática dos danos puramente patrimoniais.

8.4. *A articulação entre normas de protecção e danos puramente patrimoniais na doutrina nacional*

I. Na doutrina nacional é a partir de SINDE MONTEIRO que o tema das normas de protecção começa a ser investigado em conjunto com a protecção delitual de interesses patrimoniais puros[706] ou do ressarcimento dos danos puramente patrimoniais. SINDE MONTEIRO reconduz a responsabilidade delitual à violação de deveres gerais de conduta que a ordem jurídica impõe aos indivíduos para protecção de todas as pessoas. O campo da responsabilidade delitual encontra-se dominado por uma ideia central unitária de operar uma justa distribuição ou repartição dos danos no contacto social. Cria-se, assim, uma noção funcional da responsabilidade civil, fazendo-a corresponder à delimitação, de entre o número incontável de eventos danosos, de acordo com as concepções de justiça e de equidade dominantes, daqueles em que o lesado pode repercutir o dano sobre o lesante. É este o problema a que as normas de responsabilidade civil têm de dar resposta, sendo certo que estas normas estão condicionadas pelas estruturas económico-sociais.

A propósito do artigo 483.°, n.° 1, e da opção do legislador nacional por uma posição intermédia entre um sistema de grande cláusula geral e de tipicidade do ilícito, SINDE MONTEIRO entende que a intenção do legislador foi essencialmente a da clarificação e não o da restrição. No caso da violação de direitos subjectivos, regista-se uma ilicitude pelo resultado do

---

[706] SINDE MONTEIRO, *Responsabilidade civil*, Estudos sobre a responsabilidade civil, Coimbra, 1983, pp. 7-83 (igualmente publicado na RDE, separata do n.° 2 de Julho/Dezembro de 1978, pp. 314-390) e *Rudimentos*, pp. 364.

260 *Normas de Protecção e Danos Puramente Patrimoniais*

comportamento, nas normas de protecção, a ilicitude é pela maneira de agir[707]. SINDE MONTEIRO é porventura o primeiro Autor nacional com uma menção expressa ao conceito de dano puramente patrimonial[708], apresentando-o de forma negativa como *"aquele que uma pessoa sofre sem que tenha existido prévia violação de um direito ou bem absolutamente protegido"*[709] ou, ainda, como se encontra definido na lei da responsabilidade civil da Suécia (de 1972), *"um dano económico que surge sem conexão com danos pessoais ou na propriedade sofridos por alguém"*[710]. Ora, tradicionalmente, nos casos em que um prejuízo se repercute na situação patrimonial global de uma pessoa, sem que tenha sido atingido um bem absolutamente protegido, verifica-se uma *damnum sine injuria* (DEUTSCH) ou um dano sem torto (ESSER), aplicando-se o princípio *casum sensit dominus*, o que equivale a dizer que o património *qua tale* não é protegido. No entanto, caso se registe uma violação de normas que protegem interesses patrimoniais individuais, em sede de ilicitude, o dano patrimonial pode ser indemnizado verificados os restantes pressupostos da responsabilidade delitual. As normas de protecção assumem, desta forma, um relevo autónomo quando não se regista violação de direitos absolutos e não estão preenchidos os requisitos do abuso do direito[711].

Por outro lado, as normas de protecção permitem em matéria de pressupostos da responsabilidade civil uma facilitação da prova ao nível da ilicitude, na medida em que prescrevem formas de conduta concretas e determinadas e um recuo da culpa à violação da norma, sem abranger a violação dos bens jurídicos[712]. As disposições que configuram delitos de perigo abstracto distinguem-se das que configuram delitos de perigo concreto; sendo certo que todas estas normas configuram disposições de protecção em sentido amplo, só as que configuram delitos de perigo abstracto seriam normas de protecção em sentido estrito. Neste sentido, a generali-

---

[707] SINDE MONTEIRO, *Responsabilidade por conselhos*, pp. 175-181.

[708] CORTES ROSA *A delimitação do prejuízo indemnizável*, pp. 339-383, não os designa *qua tale*. VAZ SERRA aborda a protecção delitual do património.

[709] SINDE MONTEIRO, *Responsabilidade por conselhos*, p. 187-193. Cfr. ainda do Autor, "Protecção dos Interesses Económicos na Responsabilidade Civil por Dano Ambiental", *Tutela Jurídica do Meio Ambiente: Presente e Futuro*, SI 81, Coimbra Ed., Coimbra, 2005, p. 135-137.

[710] SINDE MONTEIRO, *Rudimentos*, pp. 363-364.

[711] SINDE MONTEIRO, *Responsabilidade por conselhos*, pp. 237 e ss.

[712] SINDE MONTEIRO, *Responsabilidade por conselhos*, pp. 238-239.

Evolução Histórico-Dogmática 261

dade das normas do Código Penal, na medida em que protegem bens coincidentes com os que, de acordo com o Direito civil, têm carácter absoluto, não seriam disposições de protecção em sentido restrito, residindo o seu interesse no facto de imporem uma proibição de *pôr em perigo* concreto, situações em que, de outro modo, essa protecção não existiria. Já seriam disposições de protecção os tipos penais de falsificação de documentos, na medida em que correspondem a um crime de perigo abstracto[713].

A segunda modalidade de ilicitude teria assim uma função de complemento e alargamento da primeira modalidade, a qual não deveria ser vista com uma função de restrição ou limitação. A ilicitude corresponde à mera infracção da norma de protecção. STOLL afirmou-se contrário ao princípio de que a culpa apenas tem de se referir à própria violação da norma, e já não à lesão dos bens jurídicos protegidos. SINDE MONTEIRO entende que esta visão, no que ao direito nacional concerna, corresponderia a uma correcção *contra legem* e não a um mero aperfeiçoamento *praeter legem*. Os elementos da culpa ao serem aferidos em relação à violação da norma de protecção e não em relação ao dano (DEUTSCH) fazem aumentar, em relação aos delitos de perigo abstracto, as situações dolosas, sendo que nestas, a exemplo das violações do direito estradal, em momento algum os agentes se conformam com o respectivo resultado[714].

Para SINDE MONTEIRO as normas de protecção podem ser leis em sentido formal e material, devendo provir de um órgão estadual. Pode a obrigação ser decorrência de um acto administrativo, mas a disposição legal de protecção é a norma legal e não o acto administrativo que a concretiza. SINDE MONTEIRO considera que a abrangência é imensa, na medida em que se abarca a própria Constituição, regulamentos de comércio e indústria, regulamentos camarários, convenções colectivas de trabalho e até tratados internacionais. Esta matéria, desde a sua consagração no BGB, sempre suscitou alguma reserva e perplexidade, tendo tido pouco tratamento dogmático e sido deixada à jurisprudência a tarefa de identificação das normas com qualidade para serem de protecção. A jurisprudência portuguesa não tem recorrido e desenvolvido a fundamentação de casos de imputação de danos com base na violação de normas de protecção, pelo que se tem subtraído ao ónus da qualificação e delimitação das normas de protecção[715].

---

[713] SINDE MONTEIRO, *Responsabilidade por conselhos*, p. 240.
[714] SINDE MONTEIRO, *Responsabilidade por conselhos*, pp. 244-245.
[715] SINDE MONTEIRO, *Responsabilidade por conselhos*, p. 248.

262 — Normas de Protecção e Danos Puramente Patrimoniais

As dificuldades assentam na identificação do que seja visar a protecção de interesses alheios e de como se afere o preenchimento dos pressupostos desta modalidade de ilicitude, que, na maioria dos casos, dependerá essencialmente da perspectiva do intérprete a da opção entre considerar, no fim da norma, a mera protecção de interesses colectivos ou a tutela concomitante de interesses individuais. A separação entre protecção institucional e individual é, não raras vezes, muito difícil de ser realizada. Daí a importância de não reduzir a interpretação ao âmbito da norma de protecção e de lançar mão de pontes para o sistema, evidenciando a necessidade de recorrer a uma ponderação da compatibilização com o sistema de responsabilidade civil e da praticabilidade, na linha do defendido por KNÖPFLE[716].

Em relação aos danos patrimoniais primários, SINDE MONTEIRO segue a linha doutrinária de CANARIS, propondo, como regra interpretativa, que a qualidade da disposição, nos casos de dúvida, só proteja interesses primariamente patrimoniais quando se registe reforço penal. Em princípio, o principal campo de protecção do património seria o dos crimes contra o património. No caso das contra-ordenações deveria haver alguma reserva no seu reconhecimento como normas de protecção. No exemplo da interrupção de energia por corte dos cabos eléctricos, a fronteira da indemnizabilidade das empresas afectadas coloca-se no momento em que o dano deixa de ser puramente patrimonial para passar a ser uma violação do direito de propriedade ou do "direito à empresa"[717].

Apesar de SINDE MONTEIRO salientar que o Direito da concorrência constitui uma das áreas da tutela dos interesses patrimoniais puros, aliás, na linha dos estudos de SCHMIEDEL e KARSTEN SCHMIDT, não refere expressamente que esta área configura para CANARIS uma excepção à aplicação do modelo penal das normas de protecção e, por outo lado, acrescenta que deve haver grande reserva em encontrar normas de protecção nas contra-ordenações[718], solução que se pretende refutar. Por fim, também o critério de só admitir a indemnização de interesses patrimoniais puros quando há violação do direito de propriedade (no caso da paragem de laboração da fábrica)[719],

---

[716] SINDE MONTEIRO, *Responsabilidade por conselhos,* p. 249. Cfr. *supra* p. 128.
[717] SINDE MONTEIRO, *Responsabilidade por conselhos,* p. 256.
[718] SINDE MONTEIRO, *Responsabilidade por conselhos,* p. 256.
[719] SINDE MONTEIRO, *Responsabilidade por conselhos,* p. 260.

Evolução Histórico-Dogmática 263

nos parece configurar uma recusa em encarar os limites do ressarcimento dos danos puramente patrimoniais.

II. Para CARNEIRO DA FRADA, o direito português contém uma imagem restritiva quanto à ressarcibilidade dos danos puramente patrimoniais, porquanto a norma central da responsabilidade delitual pressupõe a violação de um direito subjectivo[720]. Esta imagem restritiva resultaria ainda na regra geral da irrelevância de informações, conselhos e recomendações, que se encontra no artigo 485.º, n.º 1, do CC, bem como nos requisitos apertados da sua relevância como factos que desencadeiam a obrigação de indemnizar, segundo o n.º 2, uma vez que os danos daí provenientes são normalmente puramente patrimoniais. Haveria, assim, um tratamento de desfavor em relação aos danos puramente patrimoniais, *i.e.* interesses patrimoniais exteriores ao círculo de protecção dos direitos subjectivos, cujo melindre de protecção delitual resulta precisamente da necessidade de encontrar um equilíbrio entre liberdade e risco, o que nem sempre é fácil[721]. Neste sentido, igualmente DÁRIO MOURA VICENTE defende que o ressarcimento dos danos puramente patrimoniais, aqueles que não são precedidos de uma perda *in natura*, ou de um dano real, não é geralmente possível ao abrigo das regras de responsabilidade delitual. Em princípio só se indemniza o dano patrimonial que seja reflexo de um dano real sobre a situação patrimonial do lesado, porque historicamente o direito delitual encontra-se funcionalizado à protecção da vida, da integridade física e da propriedade e justificado pela necessidade de tutela da liberdade de actuação das pessoas, o que exige um equilíbrio aceitável entre a protecção dos interesses patrimoniais do lesado e a liberdade de acção do lesante[722].

---

[720] CARNEIRO DA FRADA, "O problema e os limites da responsabilidade dos auditores", Direito e Justiça, vol. XVI, 2002, tomo 1, p. 167, fala num *Tatbestand* central da responsabilidade que erige a lesão de direito de outrem, pelo que só limitadamente os *economic losses* ou *financial losses* seriam indemnizáveis. Tal seria o caso do prejuízo de adquirir uma empresa por um valor superior ao real em consequência de uma auditoria deficiente, por não haver um direito geral e absoluto a adquirir certa coisa por determinado montante.

[721] CARNEIRO DA FRADA, *Teoria da Confiança*, pp. 238-251.

[722] DÁRIO MOURA VICENTE, *Da Responsabilidade*, p. 121, e "Comércio Electrónico e Responsabilidade Empresarial", Direito da Sociedade da Informação, Coimbra Ed., 2003, p. 248.

Uma das considerações subjacentes ao enquadramento dos danos puramente patrimoniais, segundo CARNEIRO DA FRADA, na linha do *floodgates argument* anglo-americano, relaciona-se com o perigo de surgimento de *espirais de responsabilidade*, intoleráveis numa sociedade assente na liberdade, dado que a onerariam em demasia, e, na maioria dos casos, com a ausência de concretização e evidência necessárias para a sua sinalização social. Cumpre ao direito delitual a função de seleccionar as situações de responsabilidade, sendo que, por vezes, o papel que impende sobre a jurisprudência é maior, quando vigora um regime de atipicidade das situações de responsabilidade, e menor, quando o legislador fixa heteronomamente a fronteira do delitualmente relevante. O sistema português corresponde a este último modelo, na medida em que o legislador de 66 estabeleceu as situações básicas de responsabilidade delitual. O desfavor dos interesses puramente patrimoniais não deve no entanto manter-se eternamente, uma vez em que a evolução social caminha para uma *des-reificação* do património com a imaterialização e volatização dos valores patrimoniais. No futuro, deverá surgir uma cada vez maior pressão para conferir protecção a interesses patrimoniais puros, o que conduzirá a alguns desvios à norma do artigo 483.°, n.° 1, 1.ª parte, do CC. Assim, segundo CARNEIRO DA FRADA, as disposições de protecção não se confinam à defesa de posições que já usufruem de defesa delitual pela primeira variante da ilicitude. No entanto, a conformidade com o artigo 483.°, n.° 1, 1.ª parte, exige uma leitura de não ressarcibilidade geral de danos puramente patrimoniais e a mera indemnizabilidade de interesses patrimoniais específicos. Em termos de técnica legislativa, a disposição de protecção tanto pode estabelecer e individualizar directamente certos interesses puramente patrimoniais, para lhes atribuir protecção, sem proscrever comportamentos concretos para os atingir, como, indirectamente, consagrar uma tutela delitual pela imposição de condutas cuja observância visa precisamente a protecção desses interesses. CARNEIRO DA FRADA situa-se numa linha de abertura relativamente ao futuro quanto à indemnizibilidade dos danos puramente patrimoniais, ainda que seja uma linha restritiva ao negar peremptoriamente a possibilidade de qualquer lesão negligente dos interesses puramente patrimoniais preencher os pressupostos da responsabilidade aquiliana[723]. Esta

---

[723] CARNEIRO DA FRADA, *Teoria da Confiança*, p. 250. Neste sentido, igualmente, DÁRIO MOURA VICENTE, *Da Responsabilidade*, p. 124, (n. 362), recusando uma protecção

tendência restritiva quanto à indemnização delitual dos interesses puramente patrimoniais e o decantar das expectativas do universo delitual permite-lhe sufragar a especificidade e autonomia de uma responsabilidade pela confiança[724].

III. MARGARIDA AZEVEDO DE ALMEIDA desenvolve igualmente uma tentativa de fundamentação do princípio de exclusão dos danos puramente patrimonais recorrendo, para o efeito, maioritariamente às teses de CANARIS. Para esta Autora, no artigo 483.°, n.° 1, 1.ª parte, só se inclui a violação de direitos absolutos, *i.e.* os direitos de personalidade, os direitos reais e os direitos sobre bens imateriais. Nesta disposição não se incluiria o não cumprimento de direitos de crédito por facto de terceiro estranho à relação contratual, uma vez que o que está em causa é o incumprimento do devedor, incluído nas regras do artigo 798.°[725]. Em consequência, estariam fora do âmbito normativo da violação de direitos de outrem as situações em que o património é afectado porque existe a violação de um direito de crédito ou uma outra conduta do lesante que o afecte[726].

As justificações avançadas para a não reparação dos prejuízos que afectem o património em sede aquiliana relacionam-se com a maior importância dos direitos de personalidade e do direito de propriedade comparativamente com os interesses patrimoniais, que são de peso inferior, pelo que deveriam ser suportados pela esfera da ocorrência da lesão de acordo com a regra *casum sentit dominus*. Porém, o maior significado da propriedade, subjacente a esta distinção, já não corresponderia às exigências da actualidade com o incremento dos direitos de crédito. O próprio perfil do direito de propriedade, enquanto "mero" direito económico, na Constituição Portuguesa, retirou-lhe a importância que as Constituições liberais lhe tinham concedido[727]. Numa análise dos interesses em conflito – do lesante e do lesado – MARGARIDA AZEVEDO DE ALMEIDA defende que

---

delitual genérica do património "mobiliário", devido a contender de forma intolerável com a liberdade individual e de iniciativa económica.

[724] CARNEIRO DA FRADA, *Teoria da Confiança*, p. 251.

[725] MARGARIDA AZEVEDO DE ALMEIDA, *A responsabilidade civil do banqueiro perante os credores da empresa financiada*, *SI* 75, Coimbra, 2004, p. 50 e ss.

[726] Contra SANTOS JÚNIOR, *Da responsabilidade de terceiro*, p. 501, defendendo que a responsabilidade de terceiro por violação de direito de crédito é delitual.

[727] MARGARIDA AZEVEDO DE ALMEIDA, *A Responsabilidade civil do banqueiro*, p. 52.

266   *Normas de Protecção e Danos Puramente Patrimoniais*

a regra de exclusão justificar-se-ia pela necessidade de não expor o lesante a uma responsabilidade indeterminada, de excessiva amplitude ou desproporcionada em relação ao grau de reprovação da sua conduta[728]. Daí a necessidade de conter a responsabilidade nos limites dos direitos subjectivos absolutos.

Porém, uma responsabilidade extensa e desmesurada pode igualmente estar presente em situações em que estão em causa bens absolutamente protegidos. Nem sempre a causalidade permite conter a mancha da responsabilidade. Casos existem em que a violação de direitos absolutos cohabita com uma responsabilidade extensa. Com efeito, não é difícil encontrar situações em que a violação de direitos absolutos ocorre em cadeia, pelo que se colocam os mesmos problemas de índole pragmática do *floodgates argument*. Basta pensar nos acidentes ambientais, nos acidentes em centrais nucleares, como Chernobyl, ou no caso de medicamentos defeituosos que causam danos à integridade física num número elevado de indivíduos. A limitação dos danos indemnizáveis é um problema de toda a responsabilidade[729] e não apenas específica dos danos puramente patrimoniais, ainda que se admita que nestes a questão possua uma maior relevância. Nem sempre a indeterminação ou extensão de danos encontra resposta no nexo de causalidade, havendo casos em que a extensão e a indeterminação da indemnização permanecem mesmo depois de resolvidas as questões de causalidade[730].

Desta feita, também não seria a extensão do prejuízo, mas antes a especificidade dos interesses patrimoniais, que justificaria o princípio da exclusão. A justificação da exclusão centrar-se-ia, com efeito, na necessidade de estabelecer um número limitado de pessoas com direito à indemnização com base na notoriedade social dos bens protegidos. Ora, a especificidade dos interesses puramente patrimoniais – assente na falta de notoriedade social típica – justificaria a sua não protecção indemnizatória, constituindo um limite excessivo à liberdade de acção a indemniza-

---

[728] A culpa, enquanto pressuposto da responsabilidade civil, poderia permitir, neste ponto, a limitação de uma cobertura excessiva dos danos puramente patrimomiais.

[729] Veja-se, por exemplo, a fixação de limites de indemnização no domínio da responsabilidade pelo risco, ou o artigo 494.º, que permite uma limitação da responsabilidade nos casos de negligência.

[730] Em sentido divergente, MARGARIDA AZEVEDO DE ALMEIDA, A *Responsabilidade civil do banqueiro*, p. 52.

Evolução Histórico-Dogmática

ção da violação de interesses desconhecidos na sua existência e no seu conteúdo. A situação seria, no entanto, facilmente ultrapassável se o conhecimento da existência e do conteúdo dos interesses patrimoniais puros fosse elevado a pressuposto da sua indemnização em caso da respectiva lesão[731]. Apesar disto, segundo MARGARIDA AZEVEDO DE ALMEIDA, a fluidez do tráfego jurídico, em especial dos interesses patrimoniais puros, justificaria a sua não protecção em sede delitual.

Por fim, um sistema de liberdade de concorrência coloca num plano de igualdade os interesses patrimoniais do lesante e do lesado, pelo que não faria sentido proteger uns em detrimento de outros. Neste ponto pode discutir-se se, existindo um conflito de interesses patrimoniais idênticos, numa situação de concorrência não estará excluída à partida uma tutela indemnizatória. Com efeito, o princípio da concorrência levaria a uma delimitação conceptual, considerando exclusivamente como danos patrimoniais indemnizáveis aqueles cuja lesão resultasse da violação de normas de concorrência. No caso dos comportamentos incluídos na liberdade de concorrência está-se indiscutivelmente perante actos lícitos, que delimitam negativamente o ressarcimento dos danos puramente patrimoniais. Nestes termos, a exclusão da indemnização de danos puramente patrimoniais não resulta da sua extensão desmesurada. A tese de que seria a falta de evidência social[732] que justificaria essa exclusão[733] não parece ser a mais acertada. Há inúmeros interesses patrimoniais cuja evidência social é indiscutível, permanecendo não indemnizáveis[734].

A exclusão da indemnização das lesões de interesses patrimoniais encontraria justificação numa necessidade de garantir a iniciativa económica e a liberdade de concorrência, em detrimento de uma protecção do

---

[731] SANTOS JÚNIOR, *Da responsabilidade de terceiro*, p. 502, exige o pressuposto do conhecimento para integrar a violação de direitos de crédito por terceiro na responsabilidade delitual.

[732] Sobre este critério, FRITZ FABRICIUS, "Zur Dogmatik des "sonstiges Rechts" gemäß § 823 Abs. 1 BGB. Unter Berücksichtigung des sog. "Rechts am Arbeitzplatz" und des sog. "rechst auf dem ungestörten Bestand der ehelichen Lebengemeinschaft"", AcP, 160, (1961), pp. 289 e ss, e LARENZ/CANARIS, *Lehrbuch des Schuldrechts*, § 75, p. 355.

[733] MARGARIDA AZEVEDO DE ALMEIDA, *A Responsabilidade civil do banqueiro*, p. 57.

[734] Concorda-se com a posição de CARNEIRO DA FRADA, *Teoria da Confiança*, p. 246, no sentido de que no campo das normas de protecção a necessidade de aparência do bem protegido não se coloca da mesma maneira, sendo resolvido pela publicitação da norma.

268 *Normas de Protecção e Danos Puramente Patrimoniais*

património excessiva, susceptível de as remeter para uma posição demasiado reduzida. No entanto, MARGARIDA AZEVEDO DE ALMEIDA admite que, em certos casos, na sua óptica excepcionais, motivos de justiça podem-se sobrepor a essas liberdades e justificar a indemnização[735]. Os dados em que é colocada a questão podem ser alterados se se pensar estas liberdades – concorrência e iniciativa económica – como formas de protecção de interesses puramente patrimoniais.

Uma outra ideia desenvolvida neste estudo centra-se na inexistência de uma protecção do património *qua tale*, ou seja, numa ideia de que não existe um direito subjectivo sobre o património. Ora, o não reconhecimento de um direito subjectivo sobre o património não implica um princípio contrário à reparação de danos puramente patrimoniais, mas tão-somente que nem todos os interesses patrimoniais sejam protegidos, admitindo-se que alguns o sejam. A relevância autónoma das normas de protecção estaria circunscrita às normas de perigo abstracto, na medida em que desenvolvem uma função de alargamento da violação de direitos subjectivos, diferentemente das normas de perigo concreto, que se limitariam a uma clarificação da lesão de direitos subjectivos. Tal resulta de, nas normas de perigo abstracto, a culpa se aferir apenas em relação à norma e já não em relação ao resultado[736].

Quando as normas de protecção não incidem sobre direitos subjectivos visam a protecção de interesses patrimoniais puros. Ora, em relação às normas de protecção de interesses puramente patrimoniais, desde CANARIS que têm sido defendidas linhas interpretativas restritivas, com base na necessidade de salvaguardar o regime civilístico de responsabilidade delitual, que assentaria, por um lado, no não reconhecimento de um direito sobre o património *qua tale* e, por outro, na opção legislativa da não consagração de uma grande cláusula geral. Mas é neste ponto que se levantam às maiores dúvidas sobre a solução de CANARIS. Primeiro, porque nos sistemas de grande cláusula geral também não se admite a ressarcibilidade de todo e qualquer dano patrimonial puro. Segundo, porque as normas de protecção servem precisamente para conceder protecção a interesses patrimoniais dignos dessa tutela, sendo que cabe ao

---

[735] MARGARIDA AZEVEDO DE ALMEIDA, *A Responsabilidade civil do banqueiro*, p. 59.

[736] Neste sentido, ERWIN DEUTSCH, "Schutzgesetze aus dem Strafrecht in § 823 Abs. 2 BGB", Vers, 55. Jahrgang, Februar (2004), Heft 4, pp. 139.

Evolução Histórico-Dogmática 269

legislador essa opção. A reformulação do artigo 483.°, n.° 1, pode, assim, advir paulatinamente da aprovação de normas de protecção externas ao sistema delitual que permitam a indemnização de interesses puramente patrimonais, o que justificaria o estudo das áreas de Direito privado especial em que essa solução legislativa tenha lugar. Por outro lado, CANARIS admitia expressamente que no campo da regulação da concorrência poderia justificar-se uma maior abertura à indemnização de danos puramente patrimoniais.

Deste modo, não se segue a linha de argumentação de que a segunda variante da ilicitude deverá ser estabelecida cegamente em articulação com a primeira e, ainda, com a responsabilidade por condutas que lesem os bons costumes, designadamente com uma maior exigência de tipificação penal das normas de protecção de interesses patrimoniais puros e do grau de culpa previsto no § 826 BGB, pois só neste caso estaria presente o mínimo ético-jurídico e o carácter cognoscível para o agente. De outro modo, segundo CANARIS, a tutela dos interesses patrimoniais puros seria deixada ao critério do julgador, o que não se coaduna minimamente com a criação legislativa das normas de protecção[737] e com a existência do próprio § 823 II BGB. Não se pode, assim, deixar de concordar, em parte, com a crítica de certos autores, como DI MAJO[738], no sentido de negarem o reconhecimento automático das disposições penais como normas de protecção e de disposições não penais como não constituindo normas de protecção, sendo certo que o critério de CANARIS é para os casos de dúvida sobre a protecção de interesses patrimoniais puros da disposição legal. No entanto, o critério da jurisprudência alemã, de fazer depender a qualificação de uma norma como de protecção com recurso ao fim da norma, procurando descortinar se o resultado que a norma tem em vista pode ser alcançado também com a atribuição de uma indemnização à pessoa lesada, pode não ser suficiente em termos de critério material, sendo fundamental a compatibilização com o sistema delitual proposta por KNÖPFLE e pela demais doutrina alemã.

Acresce que a natureza penal da norma não lhe confere qualquer lugar de privilégio no sistema de responsabilidade civil, cuja função se dis-

---

[737] MARGARIDA AZEVEDO DE ALMEIDA, *A Responsabilidade civil do banqueiro*, p. 63.
[738] DI MAJO, *Il problema del danno al património*, RCDP, II, n.° 2, giugno, (1984), pp. 297-334.

tingue claramente da responsabilidade penal[739]. Deste modo, o que é relevante é a forma como a norma descreve a conduta. Proibições genéricas devem ser consideradas mais dificilmente normas de protecção do que proibições específicas, na medida em que limitam com maior amplitude e ambiguidade o campo da liberdade individual. Regras típicas, como as normas penais, ajudam a fixar com maior clareza o fim de protecção da norma[740].

No que concerne à utilização das teses de CANARIS no direito da responsabilidade delitual português, levantam-se algumas dúvidas. Com efeito, estas teses assentam essencialmente num modelo abstracto de equilíbrio da responsabilidade delitual, reduzindo em demasia a liberdade do legislador conformar normas de protecção que abram espaço para uma tutela mais alargada de interesses patrimoniais puros. Regista-se a desconsideração de elementos constitucionais que, no direito português, são essenciais para erigir uma dogmática das normas de protecção. Reconduz-se a justiça material a um equilíbrio formal do sistema delitual, esquecendo que a remissão para as normas de protecção pode abranger áreas do ordenamento jurídico em que uma ponderação autónoma justifique a indemnização, designadamente a área da concorrência. Não se subscreve que, fora do Direito penal, a existência de uma norma de protecção dependa do acaso, mas antes de uma ponderação, que o legislador tem de realizar, entre a liberdade genérica de acção e os interesses patrimoniais do lesado. Acresce que o ilícito contra-ordenacional convive com normalidade com a negligência. O carácter excepcional da criminalização de condutas negligentes é decorrência natural da natureza de *ultima ratio* do Direito penal. Por outro lado, uma leitura estrita do artigo 483.°, n.° 1, impõe uma equiparação entre condutas dolosas e negligentes, sendo a rele-

---

[739] Em sentido divergente, ROGEL VIDE, *La responsabilidad civil extra-contratual en derecho español*, Civitas, 1977, p. 80, foca a dificuldade em encontrar um critério diferencial entre ambas. O ilícito danoso produz na ordem civil a obrigação de reparar o dano causado, enquanto que o ilícito penal constitui uma violação do interesse social público.

[740] CARNEIRO DA FRADA, *Teoria da Confiança*, pp. 249-250, refere que as normas de protecção convivem melhor com interesses patrimonais específicos, ainda que as normas os concedam com alguma abrangência, como é o caso da cláusula geral de concorrência desleal em relação à qual defendemos poder ser utilizada para o ressarcimento de interesses puramente patrimoniais no nosso *Estudo de Direito privado*, pp. 153 e ss. Neste ponto, importa determinar se se trata de deveres específicos ou de normas específicas. A esta questão regressaremos em momento posterior.

Evolução Histórico-Dogmática 271

vância delitual destas modalidades de culpa restrita ao montante indemnizatório, por força do artigo 494.º. Igualmente, os requisitos do abuso do direito não devem ser estendidos às normas de protecção, antes de mais porque são requisitos referentes ao abuso do direito e não à responsabilidade civil por abuso do direito. Com efeito, a norma do artigo 334.º do Código Civil estabelece que é "ilegítimo o exercício de um direito quando o titular exceda manifestamente os limites impostos pela boa fé, pelos bons costumes ou pelo fim social ou económico desse direito"; não se trata, pois, de uma responsabilidade por abuso do direito, que terá de ser sempre conjugada com os pressupostos do artigo 483.º, n.º 1. Neste ponto, as diferenças com o sistema delitual alemão, no que ao § 826 BGB se referem, são incontornáveis. Tudo seria diferente se o Código Civil tivesse seguido a proposta de VAZ SERRA com a delimitação de uma situação básica de responsabilidade delitual correspondente aos danos decorrentes de aos actos contrários aos bons costumes[741].

IV. Num estudo mais recente sobre a responsabilidade civil das autoridades reguladoras[742], PEDRO ALBUQUERQUE e MARIA DE LURDES

---

[741] Cfr. VAZ SERRA, *Direito das Obrigações (com excepção dos contratos em especial)*, Anteprojecto, Lisboa, 1960, pp. 602-603, o artigo 735.º (Abuso do Direito. Acto intencionalmente causador de danos, contrários aos bons costumes). 1. Aquele que, intencionalmente, ainda que a pretexto de exercício de um direito especial, causa danos a outrem, por factos manifestamente contrários à consciência jurídica dominante na colectividade social, é obrigado a repará-los. As concepções do meio em que actua o agente podem ser tidas também em consideração, desde que não contrariem as da consciência social dominante. Esta consciência é a que se depreender das leis, se elas se pronunciarem. 2. Exceptua-se o caso de da interpretação reguladora do direito se concluir que ela autoriza o exercício deste mesmo nas condições previstas no parágrafo antecedente. 3. Se o agente ignorava sem culpa as concepções da consciência social dominante, ou se ingorava os factos de que a contrariedade a essas concepções deriva, não responde nos termos do presente artigo. Cabe-lhe a prova da ignorância e da falta de culpa. 4. O problema da contrariedade do acto às concepções da consciência social é havido como questão de direito, para o efeito de apreciação pelo tribunal encarregado da uniformização de jurisprudência. Essa contrariedade deve ser apreciada oficiosamente pelo juiz, salvo o disposto na última parte do § 2.º do art.º 4. 5. Os actos, de que trata este artigo, consideram-se antijurídicos, com as consequências que daí resultam. Não pode exigir-se a remoção do acto, se o seu autor puder realizá-lo para um fim legítimo. No artigo 736.º previa-se que poderia haver excepcionalmente abuso do direito sem dolo desde que o acto ofendesse clamorosamente a consciência jurídica dominante na colectividade.

[742] Não se visa neste estudo desenvolver a responsabilidade civil das autoridades reguladoras que se decalca sobre a responsabilidade do Estado, mas tão só os aspectos que

PEREIRA[743] consideram que os danos puramente patrimoniais têm dominado os desenvolvimentos actuais do direito da responsabilidade civil, mas só nas últimas décadas se consolidou este modo de designar e delimitar o problema referente às constelações de casos em que uma pessoa sofre um dano patrimonial global sem que tenha existido violação de um direito absoluto ou de um bem juridicamente protegido. Estes danos abrangem hipóteses várias e muito diferentes entre si, *inter alia*, a ocorrência de danos causados às empresas concorrentes por um novo operador, em consequência dos seus melhores serviços, os conselhos de investimento, que se venham a revelar ruinosos, e os cortes de energia[744], que causem danos

---

se referem aos danos puramente patrimoniais. Uma das áreas que tem gerado um aceso debate no quadro da responsabilidade civil e da causação de danos puramente económicos fora de qualquer quadro contratual respeita à actuação das autoridades reguladoras. Com efeito, o modelo actual de Estado regulador assenta na criação de entidades de regulação do mercado. Em 2003, foi criada a Autoridade da Concorrência. Cfr. Decreto-Lei n.° 10/2003, de 18 de Janeiro e Lei n.° 18/2003, de 11 de Junho, cujo horizonte de actuação abrange toda a economia nacional. No entanto, as prerrogativas legais destas entidades administrativas independentes geram, em algumas situações, prejuízos não despiciendos para os operadores no mercado. Trata-se aqui de uma perspectiva centrada nos procedimentos administrativos que correspondem à actividade de zelar pela liberdade de concorrência, mais do que propriamente nos procedimentos relativos à sua acção repressiva e sancionatória de aplicação de coimas. No domínio da actuação sancionatória da Autoridade de Concorrência, uma das questões para que se chama a atenção relaciona-se com a impropriedade de utilização do regime geral do ilícito de mera ordenação social, que seria apenas apropriado para pequenas infracções facilmente investigadas, com implicações sociais limitadas e sujeitas a coimas ligeiras. Em parte, este debate foi resultado de um conjunto de buscas e inspecções cujo alarido social levou, em determinadas situações, ao decréscimo dos valores das cotações das acções. Com efeito, a Autoridade de Concorrência é titular de um poder de inquérito e de inspecção, de tipo policial, que lhe permite inquirir os representantes legais de empresas ou de associações de empresas, proceder à busca, exame, recolha e apreensão de cópias, de extractos de escrita e demais documentação, precedendo despacho judicial, e proceder à selagem de instalações. A tese de MENEZES CORDEIRO, "Defesa da concorrência e direitos fundamentais das empresas", Direito, Ano 136.°, (2004), I, 59, quanto à responsabilidade civil das autoridades reguladoras assenta na necessidade de compatibilização da sua intervenção com os direitos fundamentais, sendo que o artigo 35.° dos Estatutos estabelece uma responsabilidade civil por actos e omissões que pratiquem no exercício das suas funções, nos termos da Constituição e demais legislação aplicável.

[743] PEDRO ALBUQUERQUE/MARIA DE LURDES PEREIRA, "A responsabilidade civil das autoridades reguladoras e de supervisão", Dir, Ano 136.°, (2004), I, pp. 89-130.

[744] JOCHEN TAUPITZ, *Haftung für Energieleirstörungen durch Dritte*, Duncker & Humboldt, Berlin, pp. 76-61.

Evolução Histórico-Dogmática

avultados a uma indústria. Neste estudo, sublinha-se que a especificidade dos danos puramente patrimoniais não foi considerada pela doutrina portuguesa, que adoptou a ideia que, sendo o n.º 1 do artigo 483.º uma cláusula geral, viabilizaria indistintamente a pretensão de indemnização de qualquer dano[745]. Na doutrina nacional tem-se imposto, com generalidade, uma posição negativa sobre a indemnizabilidade dos danos puramente patrimoniais, condensada na fórmula: sendo violado um direito absoluto, em princípio, há responsabilidade, ou seja, há dever de indemnizar, desde que verificados os demais pressupostos; já sendo praticada uma conduta que apenas diminui o património globalmente considerado, sem violação de qualquer direito absoluto, em princípio, não há dever de indemnizar, mesmo que verificados os demais pressupostos, salvo se ocorrer violação de uma concreta disposição de protecção ou se a actuação for contrária aos bons costumes[746].

Esta posição de princípio, bastante restritiva em relação aos danos puramente patrimoniais, justifica-se, segundo os Autores, pela necessidade de assegurar o livre desenvolvimento da personalidade e um sistema baseado na concorrência, que pressupõem que se causem prejuízos a interesses patrimoniais alheios. Por outro lado, os interesses patrimoniais do lesante e do lesado equivalem-se, pelo que não há que privilegiar uns em relação aos outros. Acresce que os interesses patrimoniais privados têm pouca evidência social. Finalmente, apontam-se as situações em que existem lesados mediatos, nas quais é fundamental restringir a responsabilidade a um limite tolerável. Há ainda quem refira a opção do legislador por um sistema de três pequenas cláusulas gerais limitadas, em detrimento de um sistema de grande cláusula geral.

Sublinham-se, no entanto, argumentos que não podem deixar de ser analisados, designadamente o facto de o legislador nacional, ao ter optado pela delimitação de três situações básicas de responsabilidade, afastar uma ampla tutela do património globalmente considerado. Ora, na admissão da indemnização dos danos puramente patrimoniais não se joga uma resposta sobre uma protecção ampla do património, que nunca poderá ser subscrita, mas antes a resposta a quais os danos puramente patrimoniais em relação

---

[745] Pedro Albuquerque/Maria de Lurdes Pereira, *A responsabilidade civil das autoridades reguladoras*, p. 114.

[746] Pedro Albuquerque/Maria de Lurdes Pereira, *A responsabilidade civil das autoridades reguladoras*, p. 115.

274 *Normas de Protecção e Danos Puramente Patrimoniais*

aos quais é materialmente justo que se preveja normativamente o seu ressarcimento. A doutrina portuguesa tem tratado os danos puramente patrimoniais como um limite negativo da responsabilidade civil. Porém, o que é preciso fazer é inserir estes danos no sistema de responsabilidade civil e compreender em que situações devem ser indemnizados. O problema da responsabilidade por danos puramente patrimoniais consiste no facto de neles se jogarem aspectos que devem ser tratados autonomamente, mas que normalmente surgem interconectados numa amálgama doutrinária que abrange duas questões completamente distintas: os limites da responsabilidade civil e a causalidade.

Em regra, os que defendem por princípio a não indemnizabilidade de danos puramente patrimoniais subscrevem a tese do carácter restritivo das normas de protecção e a sua subalternização a uma forma complementar de protecção, geralmente em concurso normativo com a violação de direitos absolutos, quando, na realidade, esta situação básica de responsabilidade deve ser erigida como uma forma alternativa para situações em que não se deparam direitos subjectivos.

V. Mais recentemente surgiu, contudo, no panorama doutrinário nacional uma dissertação, dedicada ao tema dos danos puramente patrimoniais que parte dos casos de cortes de energia, alguns retirados da jurisprudência nacional e estrangeira[747], e que desenvolve todo um percurso argumentivo com vista a justificar, em algumas situações, a indemnização de danos puramente patrimoniais. A referida dissertação começa por se afastar do quadro contratual[748] e aproxima-se do deli-

---

[747] MAFALDA MIRANDA BARBOSA, *Liberdade vs. Responsabilidade,* pp. 17 e 21.

[748] MAFALDA MIRANDA BARBOSA, *Liberdade vs. Responsabilidade,* pp. 39 e ss. No quadro contratual desenvolve temas como a relação obrigacional complexa e a tipologia de deveres da relação obrigacional. A Autora insere-se numa concepção dualista em relação à responsabilidade obrigacional e delitual, assente em "fundamentos autónomos e intencionalidades normativas distintas" e "a nível axiológico e teleológico" (p. 106), aderindo à tese de TEIXEIRA DE SOUSA entre ambas as modalidades de responsabilidade civil num concurso de títulos de aquisição de uma pretensão indemnizatória. (Cfr. com muito desenvolvimento as páginas 313 a 330 de MIGUEL TEIXEIRA DE SOUSA, *O concurso de Títulos de Aquisição da Prestação – Estudo sobre a Dogmática da Pretensão e do Concurso de Pretensões,* Almedina, Coimbra, 1988). Defende, ainda, o negócio jurídico como um problema normativo e não estritamente hermenêutico, sufragando a tese de CASTANHEIRA NEVES, *Metodologia,* pp. 272 e ss, de que toda a interpretação jurídica, na mediação que realiza

tual[749] para o enquadramento da solução concreta a dar aos *cable cases,* desaguando na figura do abuso do direito, como panaceia para a solução de casos concretos e critério de indemnização de danos puramente patri-

---

entre a norma jurídca e o caso concreto, pressupõe analogia e um *continuum* entre a interpretação e a integração. MAFALDA MIRANDA BARBOSA afasta igualmente a violação de um contrato a favor de terceiros e recusa a eficácia externa das obrigações, com base na colocação em causa dos direitos de crédito enquanto protectores de interesses puramente económicos, e nos trabalhos preparatórios de VAZ SERRA (pp. 92-93), designadamente a referência nos "Requisitos da responsabilidade civil": "*os direitos de que aqui se trata são direitos absolutos*". A Autora distingue também a responsabilidade delitual da "contratual", com fundamento na "*ideia de autoresponsabilidade directamente correspondente a um certo entendimento da liberdade humana, em que radica o ser pessoa*". De acordo com este pressuposto, desenvolve uma recompreensão histórica e filosófica da delimitação do ilícito delitual, em que um dos apontamento mais interessantes se reconduz a uma equiparação entre o jusracionalismo e o positivismo, enquanto sistemas jurídicos, sendo que a diferença entre ambos "*reside no facto de para o jusracionalismo existir, além do direito positivo, um direito natural, meramente racional, considerando-se o problema do direito um problema próprio do âmbito da filosofia prática, enquanto que para o positivismo o único direito existente era o direito positivo, o direito posto e imposto pelo legislador politicamente legitimado para o efeito*" (p. 129). A Autora defende, também, que a principal nota diferenciadora entre a lei jusracionalista e a lei positivista é que a primeira era declarativa do direito, a segunda era constitutiva do direito (p. 136) e que a passagem do jusracionalismo para o positivismo terá ocorrido pela codificação (p. 133). Por fim, considera que o pensamento jusracionalista era marcado pela generalização e abstracção, fazendo com que o primeiro grande sistema de responsabilidade civil se limitasse à previsão de um comportamento culposo causador de danos, como no modelo francês e no positivismo alemão, que influenciou o BGB, optando por critérios mais concretos e precisos e por encerrar a responsabilidade em cláusulas mais rígidas, que fazem apelo à ilicitude e à culpa (p. 137). Neste sentido, as normas de protecção seriam um produto do positivismo jurídico.

[749] Estranho é que a Autora tenha dedicado, no contexto de uma tese sobre danos puramente patrimoniais, uma única nota de roda pé à temática das normas de protecção (MAFALDA MIRANDA BARBOSA, *Liberdade vs. Responsabilidade*, p. 297, (n. 531)), ainda que reconheça que: "*Não curámos, num ponto intermédio, da segunda modalidade de ilicitude. Não se trata, porém, de lapso, nem de um silêncio eloquente denotador da imprestabilidade daquela para a resolução dos casos que nos têm mobilizado. Na verdade, poderá ser viável indemnizar o lesado pelo corte de cabos eléctricos com base na violação de disposições legais de protecção de interesses alheios. Simplesmente, nada do que disséssemos acrescentaria algo ao sedimentado pela doutrina nacional. Ter-se-ia que discernir a existência de uma daquelas disposições – v.g., um regulamento edílico que impussesse determinados critérios para a execução das obras – e, concluir, teleologicamente, se revestiria ou não a mencionada natureza*". Não estamos tão seguros quanto à sedimentação da doutrina nesta área.

moniais. De aplaudir neste estudo é a refutação dos argumentos tradicionais da civilística portuguesa contra a indemnização dos danos puramente patrimoniais, denotando-se alguma abertura para o seu ressarcimento, ainda que *a latere* do quadro das normas de protecção, de onde "desloca-liza" completamente esta questão[750].

Para a fundamentação da não indemnização dos danos em interesses puramente económicos entende o mencionado estudo existirem na literatura sobre o tema argumentos de ordem axiológica e de ordem pragmática. De ordem axiológica, o argumento do diferente valor dos bens jurídicos, que sendo compreensível na dicotomia bens pessoais e patrimoniais, já seria incompreensível para actualmente traçar uma separação entre direitos reais e interesses puramente patrimoniais[751], atendendo à maior importância dos direitos de crédito numa sociedade cada vez mais complexa e interdependente e com um reforço da tutela penal do património. Sublinha-se a não existência de sinonímia entre o conceito penal e civil de património, porquanto *"para o direito civil o património não configura um bem jurídico autonomizável (...) revela-se um conceito técnico aglutinador de diversas realidades. E sobre esse património globalmente considerado não recai qualquer direito subjectivo. Antes, ele mesmo é uma soma de diversos direitos subjectivos e de outras posições vantajosas"*. Neste sentido, seriam de excluir razões axiológicas que só por si fundamentassem a não indemnização dos danos puramente patrimoniais, não se justificando distinguir entre a propriedade imobiliária, mobiliária ou outras "novas propriedades"[752] de crescente relevância. Ter-se-ia, em alternativa, de analisar os argumentos de ordem pragmática, mas – segundo a Autora – tradutores igualmente de um carácter normativo e axiológico, que se ligam à necessidade de não alargar desmesuradamente a responsabilidade civil, sobretudo numa sociedade complexa em que os interesses económicos se encontram conexionados entre si. Os verdadeiros argumentos que justificam o não ressarcimento de danos puramente patrimoniais seriam que o

---

[750] Mafalda Miranda Barbosa, *Liberdade vs. Responsabilidade,* p. 221, admite que os danos puramente patrimoniais não são ressarcíveis atendendo a uma concepção restritiva de ilicitude correspondente à violação de direitos subjectivos absolutos, mas que são indemnizáveis no contexto das normas de protecção e do abuso do direito.

[751] Mafalda Miranda Barbosa, *Liberdade vs. Responsabilidade,* pp. 223-226.

[752] Segundo o conceito de Margarida Azevedo de Almeida, *A responsabilidade civil do banqueiro,* p. 42.

Evolução Histórico-Dogmática

lesante ficaria exposto a uma responsabilidade excessiva, razões da administração da justiça e, ainda, a desproporcionalidade entre a conduta do lesante e os custos de reparação[753].

Tem-se admitido mais facilmente como normas de protecção as que constituem um reforço da tutela de direitos subjectivos, recusando-se a sua qualidade às relativas a interesses não jus-subjectivados. Ora, contrariamente, as normas de protecção devem ser enquadradas como disposições que, para além de alargarem o âmbito de protecção de posições jurídicas absolutas, promovem a defesa de interesses patrimoniais, num sistema em que o património deverá possuir alguma protecção ainda que indirecta. Tal não significa o afastar de pressupostos específicos e complementares para esta situação básica de responsabilidade delitual, designadamente a necessidade de proteger interesses particulares, para além do interesse público, que, fora das disposições penais, não tenha de ser articulada com a não existência de uma protecção primária e directa do património, e com a ideia de que não pode haver uma contradição valorativa no sistema de responsabilidade civil[754].

Numa tendência crescente do interesse pelo tema dos danos puramente patrimoniais e a sua articulação com as normas de protecção por uma geração mais nova de juristas, saliente-se finalmente o estudo de MARIA JOÃO PESTANA DE VASCONCELOS que sumariamente desenvolve algumas soluções que tínhamos ensaiado no domínio da concorrência desleal, algumas presentes em SINDE MONTEIRO, outras em CARNEIRO DA FRADA[755]. Posto isto, salienta-se também na doutrina portuguesa um interesse sobre esta matéria inserida no âmbito do estudo das novas tendências da responsabilidade civil.

---

[753] MAFALDA MIRANDA BARBOSA, *Liberdade vs. Responsabilidade,* pp. 230-233.

[754] PEDRO ALBUQUERQUE/MARIA DE LURDES PEREIRA, *A responsabilidade civil das autoridades reguladoras,* p. 118.

[755] MARIA JOÃO PESTANA DE VASCONCELOS, "Algumas Questões sobre a Ressarcibilidade de Danos Patrimoniais no Ordenamento Jurídico Português", *Novas Tendências da Responsabilidade Civil,* Almedina, Coimbra, 2007, pp. 147-206. De uma maneira geral concorda-se com o percurso trilhado pela autora, em parte também desenvolvido nesta dissertação no que à doutrina portuguesa respeita, permitindo-nos discordar quando defende que o artigo 70.º consagra um direito geral da personalidade (cfr. pp. 166 e 176). Sublinhamos sobretudo a ideia de que a responsabilidade delitual por abuso do direito é inaplicável a liberdades genéricas e que deve ser considerada subsidiária da decorrente da violação de normas de protecção.

278 Normas de Protecção e Danos Puramente Patrimoniais

A evolução doutrinária nacional relativa ao tema das normas de protecção e ao recorte indemnizatório dos danos puramente patrimoniais não se consolidou no sentido de verdadeiras propostas de alteração do sistema legal de responsabilidade delitual. Com efeito, no contexto de uma tentativa incipiente de promover a feitura de um novo Código Civil, foram eleborados pelas diferentes Faculdades de Direito Relatórios Preliminares sobre a Reforma do Direito Civil[756]. Nestes Relatórios, a responsabilidade delitual é analisada de forma superficial[757], ainda que seja de mencionar que as questões que se colocavam no Caderno de Encargos não convidavam a um aperfeiçoamento das verdadeiras questões sobre responsabilidade civil[758-759].

---

[756] *Reforma do Direito Civil*, Relatórios Preliminares elaborados ao abrigo do Protocolo celebrado entre o Gabinete de Política Legislativa e Planeamento do Ministério da Justiça e as Faculdades de Direito da Universidade de Coimbra, da Universidade de Lisboa, da Universidade Católica Portuguesa e da Universidade Nova, Almedina, Coimbra, 2005.

[757] No Relatório Preliminar da Faculdade de Direito da Universidade de Coimbra, assinado pelo Professor Doutor Diogo Leite Campos, admitem-se "algumas clarificações" em matéria de responsabilidade civil e propõe-se a inclusão da responsabilidade objectiva do produtor no Código Civil ou no Código do Consumidor (*Reforma do Direito Civil*, p. 28). O Relatório da Faculdade de Direito da Universidade de Lisboa, assinado pelos Professores Doutores Menezes Cordeiro e Pedro Albuquerque vai no sentido da inclusão da responsabilidade do produtor no Código Civil, bem como de toda a matéria atinente ao Direito do Consumo (*Reforma do Direito Civil*, p. 42). O Relatório da Faculdade de Direito da Universidade Católica nada refere em matéria de responsabilidade civil (cfr. *Reforma do Direito Civil*, pp. 69-73). Por fim, no Relatório da Faculdade de Direito da Universidade Nova, assinado pelo Professor Doutor Carlos Ferreira de Almeida, dedicam-se algumas linhas à matéria da indemnização do dano morte no contexto mais alargado da concepção da responsabilidade civil acolhida no Código, a meio caminho entre a reparação e a punição, promovendo a reforma dos artigos 496.°, n.° 2, 494.°, 497.°, n.° 2, 503.° a 508.° e 570.° que "*fazem da responsabilidade civil um atávico prolongamento da responsabilidade penal, da qual ela já se desligou nos Estados culturalmente modernos*". Nesta linha de orientação, propõe-se em concreto a inserção da indemnização de danos não patrimoniais para o capítulo da obrigação de indemnizar e defende-se a inclusão do regime da responsabilidade do produtor na subsecção dedicada à "responsabilidade pelo risco" (cfr. *Reforma do Direito Civil*, pp. 85-86).

[758] Cfr. *Reforma do Direito Civil*, 20. Limita-se a questionar, na responsabilidade delitual, a indemnização por danos não patrimoniais, prevista no artigo 496.°, n.° 1, no caso de morte e sobre a incorporação do regime da responsabilidade objectiva do produtor no Código Civil.

[759] Mais desenvolvido, o estudo de MENEZES CORDEIRO, "Da reforma do Direito civil português", Dir, 134.°-135.°, (2002-2003), pp. 31-44, distinguindo três soluções em maté-

8.5. Jurisprudência portuguesa

I. Apesar da sua consagração no Código Civil de 1966, a doutrina nacional tem dedicado pouca atenção às normas de protecção e é só a partir da sua articulação com os danos puramente patrimoniais que foram alcançados alguns desenvolvimentos. A jurisprudência portuguesa não inflectiu a tendência da doutrina e as decisões jurisprudenciais que inovam neste domínio são escassas. Uma análise sumária da jurisprudência em matéria de normas de protecção mostra-nos a quase ausência de tratamento desta temática e uma utilização muito escassa desta base de imputação. É preciso chegar à década de 90, do século XX, e ao século XXI para que referências esparsas sejam encontradas nos arestos nacionais e, ainda assim, em campos muito delimitados e dispersos, o que questiona a unidade dogmática desta situação básica de responsabilidade. De referir que, mesmo em algumas decisões em que se mencionam disposições de protecção, nem sempre são utilizadas para fundamentar situações de responsabilidade. Com efeito, muitas vezes, trata-se apenas de afastar esta fundamentação para procurar bases mais seguras.

Pode dizer-se, à partida, que a referência *"a disposições legais destinadas a proteger interesses alheios"*, que se encontra no artigo 483.º, n.º 1, do CC, é considerada um arrimo pouco seguro para assentar a obrigação de indemnizar. Daí que se possa falar, como tendência genérica, numa certa relutância em fundamentar pretensões indemnizatórias nesta situação básica de responsabilidade. A linha jurisprudencial é, porventura, reflexo de um tratamento doutrinário igualmente disperso e limitado. Uma leitura jurisprudencial restritiva poderá ter conduzido à pouca relevância prática de uma referência legislativa importante.

II. Distinguem-se dois grandes grupos de arestos que abordam a temática das normas de protecção: *i)* violação de "normas de segurança" com violação simultânea de direitos absolutos, designadamente de normas de Direito público que regulam a segurança nas vias públicas, em elevadores, e as relações entre prédios e outras relações de vizinhança e *ii)* vio-

---

ria de reforma: fraca, mista e forte. Parece-nos que a solução mista seria a preferível. Nesta, o tema dos pressupostos da responsabilidade civil configura um dos items a sujeitar a reflexão cuidada.

280 *Normas de Protecção e Danos Puramente Patrimoniais*

lação de normas que regulam comportamentos no mercado, designadamente a concorrência desleal e a defesa da concorrência.

i) Compulsada a jurisprudência portuguesa no que toca à matéria das normas de protecção depara-se um conjunto de decisões jurisprudenciais que se relacionam com uma concessionária de auto-estradas e com acidentes com automóveis:

RPt 6-Jul.-1995: afirma que a eventual responsabilidade da Brisa pelos danos sofridos pelos utentes de auto-estradas, em consequência de um acidente de viação causado pela existência de um animal na via, será necessariamente uma responsabilidade extra-contratual. No entanto, desconhecendo o tribunal o modo e a forma como o canídeo aparece na berma da estrada, não pode falar-se em culpa ou conduta negligente da Brisa[760].

RPt 24-Set.-1996: subscreve a responsabilidade delitual da Brisa pela existência de areia na via que causou o despiste de uma mota, ainda que tivesse sido provado o patrulhamento regular da auto-estrada e admitido que a areia pudesse ter caído momentos antes de um camião[761].

RLx 31-Out.-1996: exclui a responsabilidade da Brisa pela existência de uma pedra de 30 cm na auto-estrada, tendo a Brisa feito prova de patrulhamento da via com regularidade e não tendo sido detectada qualquer pedra[762].

RCb 18-Mar.-1997: subscreve a responsabilidade civil delitual da Brisa pela existência de um lençol de água na auto-estrada que veio causar um acidente e danos. Neste caso, o tribunal fundamentou a responsabilidade no artigo 798.º do CC[763].

RCb 18-Mai.-1999: considera que num caso de arremesso de uma pedra de uma passagem aérea, a apreciar à luz da responsabilidade extra-contratual, compete ao lesado provar a culpa da Brisa. Nesta situação, a culpa da Brisa assentaria numa omissão correspondente à falta de vedação de passagens superiores sobre os lanços das auto-estradas, de molde a evitar o arremesso de objectos sobre os utentes, omissão que terá de ser procurada dentro do âmbito da regulação legal que fixa os deveres contratuais da entidade concessionária. Conclui o tribunal que essas bases contratuais não impõem à Brisa qualquer dever de construção ou de vigilância sobre passagens aéreas[764].

---

[760] RPt 6-Jul.-1995 (DIOGO FERNANDES) CJ XX, (1995), pp. 174 e ss

[761] RPt 24-Set.-1996 (FERREIRA DE SEABRA) CJ XXI (1996), 4, pp. 197 e ss.

[762] RLx 31-Out.-1996 (CRUZ BROCO) CJ XXI (1996), 4, pp. 149 e ss.

[763] RCb 18-Mar.-1997 (ARAÚJO FERREIRA) CJ XXII (1997), 2, pp. 32 e ss.

[764] RCb 18-Mai.-1999 (TÁVORA VITOR), CJ XXIV (1999), 3, pp. 22 e ss.

RCb 12-Out.-1999: na decisão sobre um acidente de viação causado por um cão, que entrou na auto-estrada através de um rombo na protecção lateral e causou um acidente de viação, e em que a Autora pediu uma indemnização compreendendo o valor da viatura, despesas médicas, táxis, uma importância que deixou de receber por não ter podido fazer um estudo geológico, que prometera concluir numa data determinada, e danos morais, rejeitou-se a existência de um contrato entre a Brisa e os utentes, com o argumento de que não há um preço estabelecido por contrato, mas uma simples taxa, i.e., uma receita de Direito público coactivamente paga pela utilização individualizada de bens semipúblicos ou um preço autoritariamente fixado por tal utilização. O tribunal veio a concluir, por outro lado, que não ficou provado pela autora que o canídeo tivesse entrado na auto-estrada por um rombo na protecção lateral desta[765].

RPt 18-Mai.-2000: no caso da morte de um condutor, causada pelo arremesso de uma pedra a partir de uma passagem aérea existente sobre uma auto-estrada, o tribunal procurou aferir da ocorrência ou não de negligência da Brisa na não colocação de uma vedação melhor. Neste acórdão, a ilicitude é afirmada pela existência de uma violação de direitos de outrem. No domínio da culpa, o tribunal entendeu que incumbia à Brisa a construção de passagens aéreas (n.º 8 da Base XXIII) e defendeu que, nos termos do n.º 2 da Base XXXIXX do DL n.º 315/91, de 20/8, a Brisa, está obrigada a assegurar permanentemente, em boas condições, a segurança e a circulação na auto-estrada, tendo concluído pela insuficiência da vedação existente e pela culpa da Brisa. Porém, não tendo sido feito prova da trajectória da pedra, considerou que os autores não cumpriram o ónus da prova da relação de causalidade, pelo que absolveu a Brisa do pedido. Enquanto a culpa é aferida em relação à violação de uma norma de protecção, o nexo de causalidade terá de ser estabelecido entre a passagem da pedra por uma zona não coberta por vedação e o dano causado[766].

RCb 8-Mai.-2001: subscreve a existência de uma situação de responsabilidade extra-contratual, pelo que a materialidade da violação do dever de segurança faz presumir a violação culposa desse dever, cabendo à Brisa, para se exonerar de responsabilidade, a prova dessa ausência de culpa[767].

RCb 28-Mai.-2002: conclui que, quer por responsabilidade contratual quer por responsabilidade extra-contratual, sempre a Brisa ficaria onerada com a prova da inexistência de culpa sua no aparecimento na faixa de rodagem do canídeo cujo atropelamento causou danos ao utente. Nesta decisão

---

[765] RCb 12-Out.-1999 (TÁVORA VITOR) CJ XXIV, (1999), 4, p. 25.

[766] RPt 18-Mai.-2000 (JOÃO BERNARDO), CJ XXV (2000), 3, pp. 185 e ss.

[767] RCb 8-Mai.-2001 (PIRES DA ROSA), www.dgsi.pt.

282   *Normas de Protecção e Danos Puramente Patrimoniais*

admite-se ser o contrato de concessão um contrato a favor de terceiro ou, pelo menos, um contrato com eficácia de protecção para terceiros, entendendo-se este último como um contrato em que os terceiros, apesar de não serem titulares de um direito subjectivo, estão incluídos no âmbito de protecção do contrato[768].

REv 30-Out.-2003: "O contrato celebrado entre o utente que pretende circular pela auto-estrada e a Brisa, sua concessionária, é um contrato inominado em que o utente tem como prestação o pagamento de uma taxa e a Brisa a contraprestação de permitir que o utente «utilize» a auto-estrada com comodidade e segurança. Embora o contrato de concessão tenha como Partes Contratantes o Estado Concedente e a Brisa Concessionária, algumas das Bases da Concessão têm carácter normativo, eficácia externa relativamente às partes no contrato; para isso o Legislador integrou-as no Decreto-Lei aprovador da Concessão, dele fazendo parte integrante (final do preâmbulo e artigo 1.° do Dec-Lei n.° 294/97, de 24 de Outubro). Uma dessas Bases é a XXXVI, n.° 2, segundo a qual "a concessionária será obrigada, salvo caso de força maior devidamente verificado, a assegurar permanentemente, em boas condições de segurança e comodidade, a circulação nas auto-estradas, quer tenham sido por si construídas, quer lhe tenham sido entregues". O aparecimento de um cão de elevado porte na faixa de rodagem da auto-estrada constitui reconhecido perigo para quem ali circula. Cabe à Brisa evitar essa (e outras) fonte de perigos, essa anormalidade. Não pode pôr-se a cargo do automobilista a prova da negligência da Brisa ou da origem do cão, porque não foi a prestação dele que falhou, nem ele tem a direcção efectiva, o poder de facto sobre a auto-estrada (como um todo, incluindo vedações, ramais de acesso e áreas de repouso e serviço. Só o «caso de força maior devidamente verificado» exonera o devedor (a concessionária) da sua obrigação de garantir a circulação em condições de segurança (artigo 799.°, n.° 1, do CC) e, na hipótese de inexecução, do dever de reparar os prejuízos causados. «Não será suficiente (ao devedor, a Brisa) mostrar que foi diligente ou que não foi negligente: terá de estabelecer positivamente qual o evento concreto, alheio ao mundo da sua imputabilidade moral, que não lhe deixou realizar o cumprimento. Essa prova só terá sido produzida quando se conhecer, em concreto, o modo de intromissão do animal. A causa ignorada não exonera o devedor, nem a genérica demonstração de ter agido diligentemente"[769].

RPt 26-Fev.-2004: defende a existência de um contrato inominado que obriga a Brisa, enquanto concessionária da via, a proporcionar ao utente a

---

[768] RCb 28-Mai.-2002 (QUINTELA PROENÇA) CJ XXVII (2002), 3, p. 22.
[769] REv 30-Out.-2003 (AFONSO CORREIA), www.dgsi.pt.

Evolução Histórico-Dogmática

utilização da auto-estrada em comodidade e segurança. A presença de um cão na auto-estrada compromete a segurança de todos os automobilistas que nela circulam[770].

RPt 22-Abr.-2004: responsabiliza a concessionária Brisa e a respectiva seguradora, em sede extracontratual, por, em resultado de uma intempérie, uma das árvores existente no talude da auto-estrada ter sido arrancada pela raiz e vir a cair em cima de um automóvel, causando-lhe danos. Segundo a linha jurisprudencial deste aresto, as Bases XXIII, n.º 1 e XXXVI, n.º 2 do Decreto-Lei n.º 294/97, de 24 de Outubro, configuram normas de protecção. Entendeu-se que, dada a forma como a árvore se encontrava implantada no solo, muito próxima da estrada, de tal modo que caiu sobre ambas as faixas de rodagem, deveria a mesma ter sido cortada pela raiz. Diferentemente seria o caso se a árvore só tivesse ocupado a auto-estrada por ter sido arrancada e projectada por ventos fortíssimos[771].

STJ 14-Out.-2004: refere que, na Alemanha, para ultrapassar as limitações do regime de responsabilidade delitual, foi construída a figura do contrato de protecção de terceiros, a cuja utilização não seria necessário recorrer no direito português. Defende que uma das bases do contrato de serviço público, em Anexo ao Decreto-Lei n.º 294/97, de 24 de Outubro, constitui uma disposição legal destinada a proteger interesses alheios, para efeitos do artigo 483.º do CC. No caso em apreciação, o tribunal conclui que a existência de uma abertura na vedação da auto-estrada, que permitiu a passagem de um cão causador de um acidente pelo embate com um automóvel e o consequente despiste, justifica a responsabilidade civil com fundamento na segunda variante da ilicitude. A fundamentação deste acórdão assenta no afastamento *in casu* de responsabilidade contratual entre a concessionária e o lesado e na defesa que as cláusulas contratuais da concessão têm carácter normativo e eficácia externa fazendo parte integrante do Decreto-Lei em que estão inseridas. A vedação da estrada, exigida no contrato de concessão, não tem unicamente como finalidade a delimitação da zona da auto-estrada, mas também impedir que os animais invadam as vias. O acórdão sublinha uma causalidade incontornável entre a existência de um animal na estrada e os danos resultantes do acidente[772].

STJ 2-Fev.-2006: Num acidente provocado pelo atravessamento de um porco na auto-estrada, a responsabilidade só não será da concessionária se se conseguir provar que a presença do porco na auto-estrada não se deveu à

---

[770] RPt 26-Fev.-2004 (OLIVEIRA VASCONCELOS) CJ XXIX, (2004), 1, pp. 189 e ss.
[771] RPt 22-Abr.-2004 (TELES DE MENEZES), CJ XXIX, (2004), 1, pp. 194 e ss.
[772] STJ 14-Out.-2004 (OLIVEIRA BARROS), www.dgsi.pt

violação do dever de cuidado por parte da concessionária, nomeadamente demonstrando que o mesmo surgiu naquele local de forma incontrolável, ou foi ali colocado por alguém. Neste Acórdão considera-se que "para uns há, nos casos de auto-estradas com portagem (como é o acidente dos autos), um contrato inominado de utilização de via celebrado entre o utente que paga a taxa de utilização e a concessionária que fornece o serviço com segurança. Porque estamos, então, na esfera da responsabilidade contratual da concessionária, nos casos de acidente, funciona contra ela a presunção de culpa do artigo 799.º do CC uma vez constatado o incumprimento. Assim sendo, cabe à concessionária a prova de que agiu sem culpa invertendo a presunção *iuris tantum* que a lei lhe impõe. Para outros, não há qualquer contrato entre utente e concessionária (o único contrato visualizável é o de concessão entre o Estado e a concessionária) e a eventual responsabilidade desta é meramente aquiliana se não tiver cumprido os deveres de cuidado e segurança que evitem violação de interesses e direitos dos utentes-utilizadores. Neste plano, o ónus da prova incide sobre o utente da auto-estrada que tem de provar a culpa da concessionária (artigo 487.º). Juriprudencialmente temos dois acórdãos incontornáveis deste Supremo Tribunal de sinal contrário: um, de 22/06/04 (relatado por Afonso Correia) que centra a questão na esfera da responsabilidade contratual; outro, de 3/3/05 (relatado por Moreira Alves) que a centra na esfera da responsabilidade delitual. Na doutrina a mesma clivagem se nota: Sinde Monteiro e Armando Triunfante decidem-se pela primeira, Menezes Cordeiro e Carneiro da Frada decidem-se pela segunda". Este Acórdão inclina-se para a tese contratual, ainda que admita o enquadramento pela responsabilidade delitual, defendendo que, quando se registe violação objectiva de disposição legal que tutela interesses alheios, se presume a culpa do agente infractor; cabendo-lhe provar a sua ausência de culpa para não ser responsabilizado[773].

A jurisprudência "Brisa" em matéria de acidentes em auto-estradas oscila entre qualificar a responsabilidade pelas pedras caídas, árvores, cães, areia no pavimento, que estão na base de acidentes que causam danos, como responsabilidade obrigacional por violação de deveres de segurança e responsabilidade delitual[774]. A questão mais decisiva relati-

---

[773] STJ 2-Fev.-2006: (NORONHA DO NASCIMENTO), CJ (2006), 1, pp. 56 e ss.

[774] A jurisprudência dos acidentes de viação em auto-estradas foi analisada por J.O. CARDONA FERREIRA, *Acidentes de viação em auto-estradas – Casos de Responsabilidade Civil Contratual?*, Coimbra Editora, 2004, pp. 88-89, que conclui que os contratos de concessão de auto-estradas, com ou sem pagamento de portagem, configuram contratos a favor

de terceiros, pelo que a concessionária tem o ónus da prova de que agiu com toda a diligência exigível e que a ocorrência nada tem a ver com eventual culpa sua, pelo que será aplicável todo o regime da responsabilidade obrigacional. Neste sentido, igualmente ARMANDO TRIUNFANTE, "Responsabilidade civil das concessionárias das auto-estradas", Direito e Justiça, vol. XV, (2001), Tomo 1, 45-100. Com efeito, o A. escreve *"Com o natural desenvolvimento do instituto (contrato da favor de terceiros), o passo seguinte, consistia em afirmar aquela protecção, desde que o credor contratual (de forma visível ou previsível para o devedor contratual), estender os deveres contratuais que eram devidos, também em favor de terceiros, mesmo que a estes não correspondesse já qualquer prestação principal. O âmbito destes deveres transcende em muito o da mera contratualidade, ou seja está relacionado com a execução fiel. Leal, de acordo com a boa fé, pelas partes são os deveres acessórios. O busílis da questão consiste no facto das partes terem acordado (tacitamente), de que pelo menos estes deveres acessórios de protecção contratuais deveriam beneficiar o terceiro. Continuava-se então a incidir na vontade das partes, e a questão resumia-se em saber se as regras do contrato em favor de terceiro, se deviam aplicar directa ou analogicamente. Mais recentemente, os tribunais têm considerado decisivo, nesta matéria, o interesse do credor na protecção de terceiro. Esse interesse existirá, quando recaia sobre um credor um dever de cuidado para com o terceiro (normalmente em relações familiares ou profissionais). O fundamento já não incide na vontade tácita dos contraentes, mas também na interpretação integradora do contrato. Para além do interesse do credor, como seja a previsibilidade de uma responsabilidade pelo terceiro (que se fundamenta na aparência de segurança), e a proximidade do lesado em relação à prestação contratual. Reportando-nos, agora, concretamente, ao escopo do nosso trabalho, parece-nos que este instituto assenta de uma forma perfeita na situação dos utentes das auto-estradas, nomeadamente quando não exista portagem. Temos um contrato, o contrato de concessão, que relaciona a concessionária e o Estado. Mas temos também terceiros perfeitamente identificados-os utentes"*. Cfr. ainda nota 65 na p. 64. Discordamos desta análise que força a existência de um ónus da culpa da concessionária para posteriormente qualificar a responsabilidade como obrigacional. Nem se diga que a aplicação de uma presunção de culpa, por força do artigo 493.°, às autarquias locais, em situações de vigilância de coisas à sua guarda, implica a qualificação da responsabilidade da Brisa como de obrigacional de forma a os utentes não ficarem mais desprotegidos nas auto-estradas do que nas estradas municipais (n. 66 a p.64). Já SINDE MONTEIRO, S.T.J., Acórdão de 12 de Novembro de 1996, RLJ, Ano 132.°, n.° 3899, pp. 61 e 63, considera que, diferentemente do que acontece no autêntico contrato a favor de terceiro, aqui o terceiro não adquire qualquer direito à prestação, mas está tão-só incluído no âmbito de protecção do contrato, o que pressupõe, para a autonomização desta figura, o quadro conceitual da relação obrigacional complexa e a autonomia dos deveres de protecção em relação ao dever de prestação principal, negando igualmente o enquadramento pelo direito delitual. Admitindo, porém, RLJ, Ano 132.°, n.° 3900, 96, um concurso entre delito e contrato ou delito e quase-contrato, i.e., um concurso de fundamentos de uma única pretensão indemnizatória. Menos favorável a

286 *Normas de Protecção e Danos Puramente Patrimoniais*

vamente a estas qualificações reside na opção em admitir uma presunção de culpa. Recentemente a Lei n.° 24/2007, de 18 de Julho, no seu artigo 12.°, n.° 1, veio tentar clarificar esta situação estabelecendo que nas auto-estradas, com ou sem obras em curso, e em caso de acidente rodoviário, com consequências para pessoas e bens, o ónus da prova do cumprimento das obrigações de segurança cabe à concessionária, desde que a respectiva causa respeite a objectos arremessados para a via ou existentes nas faixas de rodagem, atrevessamento de animais, líquidos na via, quando não resultantes de condições climatéricas anormais. Não se estabelece de forma positiva uma presunção legal de culpa, mas através da regra que fixa o ónus da prova exime-se o lesado de fazer prova da violação do incumprimento das "obrigações de segurança" por parte da concessionária. Curiosamente os danos têm que respeitar a pessoas ou bens o que significa tipicamente um delimitação negativa dos danos puramente patrimoniais. Esta disposição contribui para a qualificação da responsabilidade como delitual, na medida em que o artigo 12.°, n.° 1, do diploma

---

um enquadramento contratual, CARNEIRO DA FRADA, "Sobre a Responsabilidade das Concessionárias por Acidentes Ocorridos em Auto-estradas", ROA, Ano 65.°, Setembro, (2005), p. 409, admitindo a existência de normas de protecção no Decreto-Lei n.° 294/97, de 24 de Outubro (p. 419) e chamando ainda à colacção os artigos 492.°, n.° 1 e 493.°, n.° 1, que exprimem uma responsabilidade por violação de deveres no tráfico ou de prevenção de perigo e que contêm uma presunção de culpa. Este Autor acrescenta que o recurso à figura do contrato de protecção para terceiros não conduziria a resultados diferentes dos que advêm da responsabilidade aquiliana, na medida em que, tratando-se de uma obrigação de meios de diligência, cabe ao credor fazer prova da falta de emprego dos meios devidos, ou de que o devedor não adoptou a diligência devida (p. 424 e ss). Ainda mais próximo da posição que temos por preferível, MENEZES CORDEIRO, "Acidente de viação em auto-estrada; Natureza da eventual responsabilidade da concessionária", ROA, Ano 65.°, Junho, (2005), 135-180, (em comentário ao Ac. STJ 3-Mar.-2005 (MOREIRA CARVALHO) defendeu que as bases dos contratos de concessão contêm normas de protecção, pelo que a responsabilidade das concessionárias deve ser qualificada como aquiliana e não como de natureza contratual, recusando no entanto a aplicação do artigo 493.°, n.° 1 do CC, nos casos em que os danos não resultem da auto-estrada em si mesma (melhor dizendo dos seus próprios riscos). Assim, se os danos resultarem de um buraco no pavimento ou na queda de uma ponte de travessia de peões, pode aplicar-se o artigo 493.°, n.° 1, do CC; já no caso dos animais que se atravessam na auto-estrada a presunção de culpa do artigo 493.°, n.° 1, deve ser recusada (cfr. p. 149)), preconizando que a ficção contratual é francamente insatisfatória, pois deixa na sombra os verdadeiros deveres em jogo em troco da ideia *naif* de que a responsabilidade contratual é mais favorável aos utentes, menorizando as potencialidades da responsabilidade delitual (p. 178).

Evolução Histórico-Dogmática

referido pode ser visto como uma regra que excepciona a aplicação do artigo 487.º do CC.

Outras áreas em que se encontram algumas decisões nesta matéria relacionam-se com questões de segurança, designadamente do Regime Geral da Edificações Urbanas e com relações de vizinhança[775].

STJ 5-Dez.-91: avalia a responsabilidade de uma empresa de manutenção de elevadores e de uma companhia seguradora pela morte de um indivíduo que caiu do 6.º andar, por o elevador, no qual pretendia entrar, estar no rés-do-chão. Segundo este aresto, o juízo de censura pode resultar da infracção de uma norma destinada a proteger interesses alheios, produzindo, como consequência necessária, um dano, em princípio, indemnizável. Neste âmbito e seguindo a doutrina de ANTUNES VARELA, o tribunal faz corresponder as normas de protecção a normas que visam prevenir não a produção do dano em concreto, mas o simples perigo do dano em abstracto. Nos casos de simples contravenção ou transgressão de carácter administrativo, a norma violada visa proteger interesses dos particulares sem lhes conferir um verdadeiro direito subjectivo. Ora, muitas das regras constantes do Regulamento de Segurança de Elevadores Eléctricos constituem disposições legais destinadas a proteger interesses alheios. Estes interesses consubstanciam-se, essencialmente, na vida, integridade física e respeito pelos bens materiais que, por todos, devem ser respeitados. Assim, a violação de algumas dessas regras põe em risco esses interesses merecedores de tutela, quando não os ofendem directamente. O Acórdão conclui que pode ser imputada culpa por violação do disposto no artigo 39.º n. 1, alínea a) do Regulamento de Segurança de Elevadores Eléctricos, então em vigor, que estabelecia que "as portas de patamar possuirão dispositivos de encravamento silenciosos e seguros, protegidos de quaisquer manipulações abusivas, e previstos por forma a observar-se o seguinte: a) Com excepção da porta, ou portas, do patamar onde a cabine estiver estacionada, todas as portas do patamar deverão encontrar-se permanentemente encravadas". Este preceito visa, nitidamente, proteger a vida, a integridade física das pessoas e a não danificação de bens materiais, impedindo as portas exteriores dos elevadores de se abrirem, quando a cabine não se encontrar no patamar, evi-

---

[775] PEDRO ROMANO MARTINEZ, *Direito das Obrigações*, (Parte Especial) Contratos, 2.ª ed, Almedina, Coimbra, (2.ª reimpressão da edição de Maio de 2000), 2005, p. 461, (n. 2), admitindo que o empreiteiro, para além da responsabilidade obrigacional, possa responder extracontratualmente pela violação de direitos absolutos do dono de obra ou de disposições legais como, por exemplo, as normas sobre emissões de ruídos e fumos.

288 *Normas de Protecção e Danos Puramente Patrimoniais*

tando que as pessoas e coisas caiam desamparadas. Trata-se de uma decisão jurisprudencial que reconduz a problemática das normas de protecção à possibilidade de realização de um juízo de censura, ainda que, no caso concreto, se tenha verificado simultaneamente a violação do direito à vida e a violação de uma norma de protecção[776].

STJ 5-Dez.-91: conclui, com base no artigo 1346.° do CC, pela a responsabilidade delitual e a correspondente indemnização pela perda de clientela de um estabelecimento provocada pela realização de obras de beneficiação em prédio vizinho, levadas a cabo sem o cuidado necessário para evitar essa perda[777].

RLx 14-Mar.-1996: subscreve a responsabilidade de uma empresa que derramou sebo liquefeito na via pública e da APL por não ter fiscalizado convenientemente a situação. Em relação à empresa, defende que o artigo 3.° do Código da Estrada lhe impunha a sinalização ou a limpeza da via. Por sua vez, o artigo 5.°, al. b) do DL n.° 309/87, de 7 de Agosto, estabelecia *in casu* um dever de fiscalização. Condenam-se solidariamente estas duas empresas ao pagamento da indemnização dos danos sofridos pela lesada[778].

RLx 14-Nov.-1996: considera que as normas dos artigos 73.° e 75.° do R.G.E.U. impõem restrições de interesse público às edificações a construir, não coincidindo a sua previsão com a do artigo 1306.°, n.° 1 do CC, que impõe restrições de interesse privado com o objectivo de impedir o devassamento do prédio. As normas do RGEU obrigam a um afastamento de 3 metros das janelas do prédio a construir ou dos limites extremos das varandas, alpendres ou outras construções que deitam para logradouros ou pátios, face ao muro ou fachada fronteiros. O alcance destes preceitos é o de proporcionar a integração de edificações em núcleos urbanos dotados de espaço, criando-se aglomerados urbanos possuidores de ambiente sadio e esteticamente agradáveis. Assim, as referidas normas tutelando interesses públicos protegem também interesses particulares, podendo o seu desrespeito constituir os infractores em responsabilidade civil extra-contratual, nos termos do artigo 483.° do CC, se se verificarem todos os pressupostos, incluindo os prejuízos decorrentes da sua violação. A desvalorização das propriedades contíguas, por força da construção de edifícios que desrespeitam essas normas, constitui um dos prejuízos atendíveis[779].

REv 16-Out.-1997: afirma, em matéria de ruído causado aos particulares pelo funcionamento de uma discoteca, a titularidade de um direito ao

---

[776] STJ 5-Dez.-91 (Tato Marinho), www.dgsi.pt.

[777] RCb 5-Dez.-1995 (Francisco Lourenço), CJ XX (1995), 5, pp. 52 e ss.

[778] RLx 14-Mar.-1996 (Luís Fonseca) CJ XXI, (1996), 2, p. 78.

[779] RLx 14-Nov.-1996 (Salazar Casanova), CJ XXI (1996), 5, pp. 96 e ss.

Evolução Histórico-Dogmática

repouso e, ainda, que o DL n.º 271/84 e 251/87 estabeleciam um limite máximo de 10 decibeis para que as discotecas pudessem funcionar. Nestes diplomas não se configura uma restrição aos direitos de personalidade, trata-se da consagração de um limite para salvaguarda de interesses públicos, estando a protecção confinada pelos interesses dos particulares tutelada pelos artigos 70.º e 1346.º do CC[780].

STJ 02-Out.-2002: avalia a ilicitude da construção de um muro de 10 metros de altura, em violação do licenciamento camarário, causando uma desvalorização patrimonial significativa, além de outros incómodos no prédio contíguo. O Supremo, seguindo a Relação de Guimarães, apresenta uma desenvolvida fundamentação em torno das normas do RGEU poderem ser utilizadas como normas de protecção. No entanto, considera que foi o amplo debate entre as partes, em parte resultado de duas decisões antagónicas nas instâncias inferiores, e a carência de factos integradores que laterizaram o caso na modalidade de ilicitude do n.º 1 do artigo 483.º do CC. Todavia, a pretensão dos autores procede pela violação de direito subjectivo, na medida em que a depreciação sofrida pelo prédio dos autores com a edificação erguida pela recorrente afectou a faculdade de fruição e a faculdade de disposição pela diminuição do seu valor comercial, amputando o direito de propriedade dos autores de uma da suas mais relevantes dimensões – a dimensão económica[781].

RGm 2-Out.-2002: conclui que as normas de Direito público, que limitam o direito de propriedade, protegem também os interesses particulares dos proprietários confinantes, podendo o seu desrespeito constituir os infractores em responsabilidade civil extra-contratual. No caso, o tribunal avaliou a edificação de uma parede de 10 metros, que violava normas do RGEU e a licença, tendo concluído que as normas do RGEU protegem o interesse público, mas também os interesses particulares[782].

STJ 8-Jul.-2003: avalia uma violação do artigo 128.º do RGEU numa situação de relação entre prédios, chegando à conclusão que, por aplicação do artigo 493.º do CC e do artigo 128.º do RGEU, ambos destinados a proteger interesses alheios, se justifica uma obrigação de indemnizar de acordo com o princípio geral do artigo 483.º do CC[783].

STJ 30-Set.-2004: defende que a construção pela CP de um equipamento junto à linha divisória com um prédio confinante é ilegal, não só por não ter sido licenciada, como também por violar o PDM do Município.

---

[780] REv 16-Out.-1997 (ARTUR MIRANDA), CJ XXII (1997), 4, pp. 277 e ss.

[781] STJ 02-Out.-2002 (LUCAS COELHO), www.dgsi.pt.

[782] RGm 2-Out.-2002 (ROSA TCHING), CJ, Ano XXVII, (2002), 4, pp. 273 e ss

[783] STJ 8-Jul.-2003 (AFONSO CORREIA), CJ XI, (2003), 2, pp. 126 e ss

290 *Normas de Protecção e Danos Puramente Patrimoniais*

O tribunal veio a considerar que a construção desvalorizou a moradia dos lesados e que o caso *sub judice* não deveria ser enquadrado como uma infracção de direitos subjectivos, mas como violação de uma norma legal destinada a proteger interesses alheios. As normas aplicáveis ao caso destinam-se a tutelar os interesses particulares que foram violados pela conduta da Ré e os danos ocorridos (...) registaram-se nesse círculo de interesses tutelados e violados"[784].

Nesta jurisprudência há, em regra, a invocação de normas regulamentares, que estabelecem deveres específicos, para fundamentar a conduta delitual do agente, concluindo normalmente pela indemnização por se ter violado um direito subjectivo absoluto. Estes arestos acabam por se situar no campo da segurança ou das relações de vizinhança que pressupõem uma acréscimo da esfera deveral, atendendo às situações de maior risco ou de maior interdependência.

ii) Um segundo grupo de arestos respeita a comportamentos concorrenciais causadores de prejuízos, em relação aos quais é necessário determinar se dão origem e em que termos a responsabilidade delitual.

STJ 21-Mar.-96: O Decreto-Lei 422/87, de 3 de Dezembro, relativo à defesa da concorrência remete para o artigo 483.°, n.°1 do Código Civil exigindo o facto voluntário, o ilícito, a imputação do facto ao lesante, o dano e o nexo de causalidade entre o facto e o dano. Segundo o referido artigo, importa que o facto ilícito viole um direito de outrem ou um preceito de lei que proteja interesses alheios. A Autora funda-se na violação do artigo 3, alínea c), referido ao artigo 11.° do Decreto-Lei acima citado, que tem por objecto a defesa da concorrência no mercado nacional, a fim de salvaguardar o interesse dos consumidores. O STJ considera que a recusa de venda de bens ou serviços configura uma prática restritiva da concorrência entre agentes económicos, mas a Autora não provou essa recusa, mas apenas que a Ré, pondo unilateralmente fim ao acordo existente entre ambas, arranjou outra distribuidora dos seus produtos, mas não se recusou a vender-lhos, não violando as disposições legais citadas[785].

RPt 7-Fev-2006: De acordo com este Acórdão, não negoceia por conta própria ou alheia, em concorrência com a sua entidade patronal, com o pro-

---

[784] STJ 30-Set.-2004 (Noronha do Nascimento), CJ XII, (2004), 3, pp. 37 e ss
[785] STJ 21-Mar.-1996 (Costa Marques), www.dgsi.pt

Evolução Histórico-Dogmática 291

pósito de desviar clientela desta, o trabalhador que faz a cobertura fotográfica e vídeo do casamento do irmão de um ex-colega de trabalho, do qual era convidado, sem qualquer intuito lucrativo, não causando, com esse acto isolado, lesões de interesses patrimoniais sérios da mesma entidade.[786]

RPt 9-Fev.-2006: Para que se possa falar em concorrência desleal é essencial que as actividades económicas prosseguidas pelos empresários sejam afins. Na definição de concorrência desleal continua a ser válido o Parecer da Procuradoria Geral da República n.º 17/57, de 30.05, que referia constituírem «concorrência desleal os actos, repudiados pela consciência normal dos comerciantes como contrários aos usos honestos do comércio, que sejam susceptíveis de causar prejuízo à empresa dum competidor pela usurpação, ainda que parcial, da sua clientela». Trata-se de um conceito móvel, com contornos vagos e oscilantes. O proémio do (actual) artigo 317.º do Cód. da Prop. Ind. é uma cláusula geral de adaptabilidade à evolução sócio-económica, pelo que, neste domínio, não há necessidade de recorrer à analogia ou à interpretação extensiva. Inexistindo no nosso ordenamento jurídico um regime específico e autónomo de responsabilidade por actos de concorrência desleal, no enquadramento jurídico da ilicitude e da responsabilidade civil por concorrência desleal é de aplicar o regime jurídico da responsabilidade por factos ilícitos, previsto no art.º 483.º do CC. Que os RR anunciaram à generalidade dos clientes da autora que tinha fechado as suas instalações; que elaboraram as cartas em que os clientes da A. rescindiam os seus contratos com esta; que vêm usando, como suas, as caixas da A., propriedade desta, bem assim as dosagens próprias da A., tendo usado, ainda, produtos químicos da A.; que a rescisão dos contratos com os cerca de 80 clientes da A. ocorreu "por causa da conduta" (censurável e desonesta) "dos RR"; que imitaram a A. na afixação de um autocolante pessoal, passando, também a afixá-lo nos estabelecimentos dos clientes da A.; que se apoderam dos clientes que rescindiram com a A.; que retiraram dos estabelecimentos dos clientes da autora o autocolante desta e colocado o seu, "na tentativa de desviarem os clientes da A. para si RR"; que os clientes da A. foram aliciados pelos R.R. a trabalhar para eles "com o intuito de paralisar completamente a actividade da A."; que fizeram uma "campanha de desinformação e maledicência" contra a A e que isso trouxe-lhe dificuldades com a sua clientela, tendo, em consequência, os clientes da A. passado a duvidar da capacidade da A. para exercer a sua actividade. Todavia, e como se referiu *supra*, não bastará a prática de uma acção isolada de acto de concorrência desleal, será ainda necessário, para que a mesma seja fonte de responsabilidade, que

---

[786] RPt 7-Fev-2006 (CIPRIANO SILVA), www.dgsi.pt

292 Normas de Protecção e Danos Puramente Patrimoniais

se mostre apurada a existência de nexo casual entre tal prática e o dano sofrido como resultado da mesma. Nunca é de mais acentuar que a autora não era dona da clientela de que dispunha à altura da saída dos réus. A clientela é, *per se*, algo de movediço que, naturalmente, se desloca em função da qualidade do serviço, da forma de apresentar os produtos, do seu preço e qualidade e de uma enorme variedade de factores de ordem económica, social, sociológica e psicológica. Ora, à falta de outros elementos probatórios que demonstrem o contrário – prova a cargo da Autora, reitera-se (art.º 342.º CC) –, não se pode deixar de presumir que se os clientes da autora rescindiram os contratos, que com ela celebraram, foi porque viram boas razões para tal, as quais, naturalmente, também terão a ver com a diferente qualidade do serviço e/ou dos próprios produtos, preços praticados e forma de tratamento[787].

STJ 18-Abr.-2006: É proibida a concorrência desleal entre comerciantes, que se pode definir como todo o acto de concorrência contrário às normas e usos honestos de qualquer ramo da actividade económica, com intenção de causar prejuízo a outrem ou de alcançar para si um benefício ilegítimo. O gerente de uma sociedade por quotas não pode, sem consentimento dos sócios, exercer actividade concorrente com a da sociedade, sob pena de ter de indemnizar a mesma pelos danos que esta sofra. Também é proibido ao sócio de uma sociedade por quotas, sem o consentimento dos demais sócios, exercer actividade igual à da sociedade onde é sócio, sob pena de responsabilidade pelos danos causados e de exclusão de sócio. Estas sanções são aplicáveis tanto no caso de exercício da actividade a título individual, como no caso do sócio exercer as funções de sócio-gerente de outra sociedade. A autora fundou o dever de indemnizar na responsabilidade contratual e extracontratual, ou por factos ilícitos, ao imputar ao réu, por um lado, o incumprimento decorrente das suas obrigações como sócio-gerente daquela e ao atribuir-lhe, por outro, a ofensa do direito de outrem, por violação de preceitos que protegem interesses alheios. Com efeito, na petição inicial, a autora relaciona os pedidos de indemnização com a concorrência desleal do réu, o aliciamento e perda de clientes, o aliciamento e contratação de empregados especializados da autora, a difamação da autora e dos seus gerentes, a utilização indevida de meios materiais e técnicos da autora e de informação privilegiada. O direito à indemnização pressupõe a existência de prejuízos, que tenham nexo de causalidade adequada com a actuação do lesante, pois este só está obrigado a indemnizar o lesado se e na medida em que os prejuízos advierem de facto ilícito praticado por aquele. À autora

---

[787] RPt 9-Fev.-2006 (FERNANDO OLIVEIRA), www.dgsi.pt

Evolução Histórico-Dogmática

incumbe o respectivo ónus da prova – artigo 342, n.º 1, do mesmo Código. É sabido que a concorrência desleal se pode definir como todo o acto de concorrência contrário às normas e usos honestos de qualquer ramo da actividade económica, com intenção de causar prejuízo a outrem ou de alcançar para si um benefício ilegítimo. A ética comercial deve ser respeitada entre os comerciantes. A autora não logrou provar que o réu tivesse praticado qualquer acto de concorrência desleal[788].

RPt 8-Jul.-2002: Provado que a ré, ao enviar um telefax à representada da autora, teve por intenção obter para si própria a representação dos equipamentos produzidos por identificada firma alemã, desacreditando a autora, os seus serviços e reputação junto de todo o Grupo daquela empresa, é de concluir que a ré incorreu na prática de actos de concorrência contrários às normas e usos honestos de qualquer ramo de actividade comercial ou industrial (artigo 260.º do Código da Propriedade Industrial). Os factos referidos implicam responsabilidade civil extracontratual da ré (artigos 483.º, n.º 1, 484.º, 487.º, n.º 2, e 496.º do Código Civil). Relativamente aos factos ilícitos e culposos tem-se por invertido o ónus da prova (artigo 344.º, n.º 2, do Código Civil), já que os factos são de muito difícil, se não impossível, prova para a autora (artigo 342.º, n.º 1, do Código Civil), reconhecendo-se ser a ré quem estaria em condições de provar as suas afirmações, designadamente de que "nestes últimos anos, muitos dos nossos clientes e outras pessoas têm vinda à nossa fábrica procurar uma solução para os problemas que têm tido com as vossas bombas hidráulicas…, dirigindo-se a nós para resolver problemas que o vosso agente em Portugal não foi capaz de resolver"[789].

RPt 15-Nov.-2006: Com a publicação do DL n.º 36/03, de 5 de Março, o crime de concorrência desleal do artigo 260.º do Código da Propriedade Industrial, aprovado pelo DL 16/95, de 24 de Janeiro, passou a ser considerado um ilícito de mera ordenação social, como decorre do artigo 331.º daquele diploma. Por força da Constituição, ninguém pode ser sentenciado criminalmente senão em virtude de lei anterior que declare punível a acção ou omissão. E só é punido com uma contra-ordenação aquele que praticar um facto descrito e declarado passível de coima por lei anterior ao momento da sua prática (artigo 2.º do Regime Geral das Contra-Ordenações). Assim, valendo o princípio *nullum crimen sine lege* tanto em matéria de Direito penal como contra-ordenacional, o agente que praticou a conduta proibida no momento em que ela era tipificada como crime e vai ser julgado numa altura em que o legislador a pune como contra-ordenação não poderá ser

---

[788] STJ 18-Abr.-2006 (Azevedo Ramos), www.dgsi.pt
[789] RPt 8-Jul.-2002 (Caimoto Jâcome), www.dgsi.pt

punido quer pela prática do crime (porque entretanto se operou a descriminalização), quer pela prática da contra-ordenação (porque o facto não era descrito e declarado passível de coima por lei anterior ao momento da sua prática). A tese em questão conduz a soluções materialmente injustas. Não se pode compreender que alguém fique impune quando praticou um facto que a ordem jurídica continua a reprovar, embora de outra forma, assim como não se pode aceitar que alguém que pratique um acto de concorrência desleal em 1 de Julho de 2003 seja punido com uma coima e alguém que o pratique no dia anterior (quando o facto ainda constituía crime) fique impune. Ora, nos casos em que ocorreu a convolação de um crime em contra-ordenação, não se pode sustentar que, por uma questão de segurança jurídica e de protecção, o agente não deve ser punido. É que, se é verdade que o facto deixou de ser penalmente ilícito, este não se tornou juridicamente indiferente. Esta tese não procede a uma aplicação retroactiva da lei contra-ordenacional, porque na relação entre o Direito penal e o Direito Contra-Ordenacional existe um juízo de ilicitude contínuo, embora de grau inferior, resultante do facto de o legislador ter entendido que a violação do bem jurídico em causa não deveria continuar a ser regulada pelas instâncias formais de controlo, mas antes ser controlada por mecanismos não criminais de política social. Nessa medida, não se pode dizer que a contra-ordenação em causa representa um juízo de censura originário, passível de ser aplicado unicamente em relação a factos futuros. Esta foi a tese seguida pela 1ª instância que a Relação do Porto veio a abandonar com a argumentação seguinte: Não sendo discutível o princípio da aplicação da lei penal favorável, tendo em conta as suas *rationes* jurídico-política e político-criminal e esclarecidos os pressupostos da sucessão de leis penais *stricto sensu*, a questão fulcral e decisiva passa a centrar-se na natureza das contra-ordenações: constitui o ilícito de mera ordenação social um ilícito essencialmente distinto do ilícito penal ou tratar-se-á apenas de uma distinção não essencial, não material, mas apenas de grau, sendo a infracção penal e a infracção contra-ordenativa espécies do mesmo género de infracções de Direito público sancionatório. Se a contra-ordenação é uma infracção de natureza administrativa, distinta, na sua natureza essencial e nos fins do seu sancionamento (punição), da infracção penal, a conversão legislativa de uma infracção penal numa contra-ordenação constitui uma despenalização da respectiva conduta e, necessariamente tem eficácia retroactiva. A partir da entrada em vigor da lei que alterou a qualificação, poderá aplicar-se a lei antiga e, tendo já sido aplicada em sentença transitada em julgado, cessam a execução da pena e os efeitos penais da condenação. A responsabilidade penal, derivada do facto praticado antes do início de vigência da lei nova extingue-se plenamente. Problema diferente é o da eficácia temporal da lei nova, na medida em que passou a qualificar o facto como contra-ordenação. Ora, o princípio geral é o de que a lei que "cria" contra-ordenações só se aplica aos factos praticados depois da sua entrada em vigor (Dec. Lei n.º 433/82, artigo 3.º, 1). Todavia, não está constitucionalmente consagrada a proibição da retroactividade da lei sobre contra-ordenações. Assim, se a lei que altera a qualificação do facto de crime (ou de contravenção) para contra-ordenação, não estabelece, mediante norma transitória, a sua aplicabilidade às acções praticadas antes do seu início de vigência, tais acções que, necessária e constitucionalmente, são despenalizadas, também não podem ser julgadas como ilícitos de mera ordenação social. Tornaram-se, portanto, juridicamente irrelevantes. Se, pelo contrário, a lei, que converte a infracção penal em contra-ordenação, estabelecer, por disposição transitória, a sua eficácia retroactiva, no sentido de tornar extensivo o seu regime e as coimas respectivas aos factos praticados na vigência da lei antiga (evitando, assim, a impunidade geral dos factos ainda não julgados), podem não se levantar, mas também poderão surgir, problemas de constitucionalidade da norma transitória[790].

Nas linhas jurisprudenciais que se desenvolvem nestes arestos, de salientar o recurso às disposições legais de protecção para cobrir casos de concorrência ilícita e desleal dos quais resultem danos, levantando-se questões em torno dos pressupostos da responsabilidade delitual e relativas ao ónus probatório, que dificultam arduamente estas acções de responsabilidade civil.

§ 9.º Os danos puramente patrimoniais

I. Actualmente, os sistemas continentais não podem ignorar a categoria e a problemática subjacente aos danos puramente patrimoniais, uma vez que o Direito da União Europeia, ao promover, em certas áreas delimitadas, uma ponte entre a *common law* e os sistemas continentais, introduziu esta discussão nos ordenamentos jurídicos dos seus Estados--membros. Com efeito, o conceito de danos puramente económicos está implícito, delimitado de forma negativa, no artigo 9.º da Directriz 85//374/CE, do Conselho, de 25 de Julho, alterada pela Directriz 1999/34, do Parlamento Europeu e do Conselho, de 10 de Maio, sobre responsabili-

---

[790] RPt 15-Nov.-2006 (FRANCISCO MARCOLINO), www.dgsi.pt

296 *Normas de Protecção e Danos Puramente Patrimoniais*

dade objectiva por danos causados por produtos defeituosos. Estas Directrizes foram transpostas para o ordenamento nacional pelo Decreto-Lei n.° 383/89, de 6 de Novembro, alterado pelo Decreto-Lei n.° 131/2001, de 24 de Abril[791]. No art 9.° da Directriz 85/374/CE só se consideram indemnizáveis os danos causados por morte ou lesões corporais e os danos causados a uma coisa ou a destruição da coisa que não seja o próprio produto. Para delimitar o dano ressarcível, a norma não parte de uma selecção de determinados interesses ou bens, que, ao serem lesados, seriam susceptíveis de indemnização, mas sim da categoria de dano tangível. Ora, esta tipificação só pode ser entendida no seu verdadeiro alcance na medida em que resulta da tradição do direito anglo-americano, que agora se introduz, subrepticiamente, nos ordenamentos continentais[792], causando alguma perplexidade, sobretudo nos sistemas que, até à data, podiam prescindir da dicotomia danos tangíveis e danos puramente patrimoniais[793]. De referir que, mais do que uma classifica-

---

[791] No artigo 8.° do Decreto-lei n.° 131/2001, de 24 de Abril, que alterou o Decreto-Lei n.° 383/89, de 6 de Novembro, estabelece-se que *"são ressarcíveis os danos resultantes de morte ou lesão pessoal e os danos em coisa diversa do produto defeituoso, desde que seja normalmente destinada ao uso ou consumo privado e o lesado lhe tenha dado principalmente este destino".*

[792] Sobre este processo de transferência *"Comparative law seems to function as a means of coupling of a system to another system. This coupling takes place in a process where the terms and the solutions of some "transferring" systems are translated into the language of the "receiving" systems. This is true especially in a situation where the comparative examinion is contextual, and where the comparative examinations are followed by norm selection. In an extreme form, comparative law functions as a means for the construction of the European-level system architecture. This way institutions transfer the different traditions of the European state paradigm to the European level. On the other hand, the European systems function as a kind of normative "implanter" of various solutions in national systems to different systems, at least in a formal sense".* MARKKU KIIKERI, *Comparative Legal Reasoning and European Law*, Kluwer, Dordrecht, Boston, London, 2001, 286-287. Cfr. SALVATORE PATTI, "Tradizione Civilista e Codificazioni Europee", RDCiv, Ano L, n.° 3, Mai-Jun, (2004), pp. 530-531, muito crítico em relação ao facto de a Europa ter deixado de ser um exportador da cultura jurídica para passar um importador dos modelos norte-americanos. Cfr. SOPHIE SCHILLER, "Hypothèse de l'americanisation du droit de la responsabilité", APD, t. 45, (2001), pp. 177-198.

[793] Neste sentido, MIGUEL MARTÍN CASALS, JORDI RIBO IGUALADA, "Pure economic loss": la indemnización de los daños patrimoniales puros", *Derecho Privado Europeu* (coord. Sérgio Cámara Lapuente), Colex, Madrid, 2003, 886. Igualmente, CALVÃO DA SILVA, *Responsabilidade civil do Produtor*, 700. Registe-se que o art. 8.° do Decreto-Lei

ção de danos, a questão substancial redunda na diferente protecção de bens jurídicos, pelo que se trata de uma questão a resolver em sede de ilicitude.

De forma diferenciada das normas de protecção, os interesses puramente patrimoniais configuram na *common law* um tema de origem jurisprudencial, sem fronteiras delimitadas, tema que tem, na última década, sido importado pelos sistemas continentais de responsabilidade civil no contexto do estudo dos limites da responsabilidade delitual e obtido, nesta medida, um maior tratamento doutrinário. A articulação entre estes dois temas, indepentemente da sua origem na *civil law* e na *common law,* é pacífica de um ponto de vista doutrinário, havendo consenso quanto ao facto de algumas disposições de protecção visarem a protecção de interesses puramente patrimoniais, distinguindo-se na sua função de complemento de protecção dos direitos subjectivos e bens jurídicos de protecção absoluta. Porém, as normas de protecção protegem igualmente situações que não se reconduzem a interesses puramente patrimoniais. Por sua vez, os interesses puramente patrimoniais também podem obter protecção *extra muros* das normas de protecção, designamente na responsabilidade obrigacional, na *culpa in contrahendo*, no domínio das relações especiais e do abuso do direito[794].

---

n.º 383/89, de 6 de Novembro, circuncreve o prejuízo ressarcível aos "danos em coisas" (*Sachschäden*), não abrangendo os ulteriores danos que possam resultar da destruição ou deterioração dessas mesmas coisas de uso privado (*Sachfolgeschäden*), como lucros cessantes, privação de uso, nem os danos puramente patrimoniais ou primários. Veja-se a diferente formulação nos danos às pessoas em que são ressarcíveis os danos *resultantes* da morte ou lesão pessoal", enquanto que nos danos às coisas refere-se ao dano *causado* a uma coisa ou a *destruição* de uma coisa", na versão do Decreto-Lei n.º 383/89, de 6 de Novembro, e em coisa diversa do produto defeituoso, na versão do Decreto-lei n.º 131/2001, de 24 de Abril. Tal não significa que os danos puramente patrimoniais não possam ser ressarcíveis na responsabilidade delitual do produtor. Cfr. conclusão nesse sentido de Calvão da Silva, *Responsabilidade civil do Produtor*, 706. O Autor recusa, porém, a responsabilidade delitual para a indemnização dos danos no próprio produto resultantes de defeito dinâmico de uma sua parte constitutiva (ex. bateria do carro), (p. 708, (n. 2)).

[794] Carneiro da Frada/Maria João Pestana de Vasconcelos, *Danos económicos puros*, p. 153, salientam que o tema dos danos puramente patrimoniais, se bem que apelativo, é impreciso nos seus contornos e muito heterogéneo, consentindo dúvidas sobre a sua unidade dogmática.

As normas de protecção têm, no direito português, uma relevância autónoma no recorte da protecção delitual dos danos puramente patrimoniais. Esta temática tem tido pouca abordagem nos estudos nacionais, tendência à qual não será estranha a imagem restritiva da doutrina portuguesa do ressarcimento destes danos nas apertadas malhas da responsabilidade delitual[795]. Combinam-se, assim, em plena harmonia, uma concepção restritiva das normas de protecção e do ressarcimento dos danos puramente patrimoniais. Como contraponto desta imagem restritiva da doutrina portuguesa, procura-se, nesta investigação, uma reconstrução crítico-dogmática desta área com o objectivo de alcançar uma visão mais generosa para as normas de protecção no seu papel de ressarcibilidade de danos primariamente patrimoniais, designadamente no campo dos actos de concorrência ilícita e desleal[796-797]. Não se coloca em causa a posição legal de desfavor que a norma "central" de responsabilidade delitual implica quanto à ressarcibilidade de danos puramente patrimoniais, apesar da sua matriz liberal estar em manifesta obsolescência em relação aos interesses das sociedades contemporâneas, posição de igual modo concretizada na irrelevância de informações, conselhos ou recomendações, que originam este tipo de danos, ou na desprotecção delitual das expectativas, mas antes, numa tentativa de reordenação dogmática, permitir a afirmação que, em inúmeras áreas, – por decisão do legislador, mais adequada aos interesses actuais – se confere, pela via de normas de protecção, tutela delitual a interesses patrimoniais puros e que esta tendência se encontra em expansão,

---

[795] SINDE MONTEIRO, *Responsabilidade por conselhos*, pp. 237-300, CALVÃO DA SILVA, *Responsabilidade civil do Produtor*, p. 706, PEDRO MÚRIAS, "A responsabilidade por actos de auxiliares e o entendimento dualista da responsabilidade civil", RFDUL XXXVII (1996), p. 183, CARLOS COSTA PINA, *Dever de Informação e Responsabilidade pelo Prospecto no Mercado Primário de valores mobiliários*, Coimbra, 1999, pp. 141-142, CARNEIRO DA FRADA, *Teoria da Confiança*, pp. 238 e ss, MARGARIDA AZEVEDO DE ALMEIDA, *A responsabilidade civil do banqueiro*, 36 e ss e PEDRO ALBUQUERQUE/MARIA DE LURDES PEREIRA, "A responsabilidade civil das autoridades reguladoras e de supervisão", Dir, Ano 136.º, (2004), I, p. 118.

[796] O nosso *Estudo de Direito privado*, p. 153.

[797] Outras áreas são consideradas de interesse para o tratamento das normas de protecção, a saber, a responsabilidade por violação dos interesses económicos dos consumidores, por danos ambientais e no domínio das relações de vizinhança, MENEZES CORDEIRO, "Tutela do Ambiente e Direito Civil", Separata de "Direito do Ambiente", INA, 1994, pp. 388-390.

Evolução Histórico-Dogmática

criando zonas delimitadas nas quais um princípio de não ressarcibilidade delitual de danos puramente patrimoniais é, e até com significativa amplitude, posto em causa[798-799].

CANARIS distingue três núcleos de normas de protecção de interesses patrimoniais. Um primeiro núcleo, referente às normas de protecção penal do património, englobando os delitos contra o património *stricto sensu*, como a extorsão, a burla e a infidelidade. Um segundo núcleo, constituído pelos ilícitos penais contra instituições do tráfego jurídico, como o delito de administração de justiça, de falsificação de documentos e a fuga do condutor. Um terceiro núcleo, constituído pelo Direito da concorrência, em particular a legislação sobre práticas restritivas e sobre concorrência desleal. A este último núcleo pertencem ainda violações contra proibições do exercício de actividades e de profissões, em relação às quais a jurisprudência admite a existência de normas de protecção em benefício dos concorrentes[800]. São estas as normas que serão preferencialmente objecto deste estudo, deixando-se, neste momento, fora de análise todo o universo

---

[798] Neste sentido, no que ao ilícito de concorrência desleal respeita, o nosso *Estudo*, p. 152. Defendendo ser esta uma linha preferível, também CARNEIRO DA FRADA, *Teoria da Confiança*, pp. 249-250.

[799] CARNEIRO DA FRADA, *Teoria da Confiança*, pp. 238-249. Neste ponto haveria que discutir se o recurso a normas que configuram decisões legislativas de ampliar a responsabilidade delitual aos danos primariamente patrimonais devem ser concebidas como concretização de um mínimo ético-jurídico exigível (CARNEIRO DA FRADA, *Teoria da Confiança*, p. 250) ou se, diferentemente, num sentido mais estratégico, elas resultam de uma necessidade de protecção que extravasa aquele mínimo ético-jurídico. De outro modo, poder-se-á admitir que determinadas áreas postulam uma ponderação da liberdade e responsabilidade num sentido menos conforme aos paradigmas da responsabilidade delitual. CARNEIRO DA FRADA, *Teoria da Confiança*, p. 244, em que defende que os danos puramente patrimoniais e a sua protecção delitual colocam o problema de encontrar um ponto de equilíbrio entre a liberdade e o risco. Este equilíbrio pode ser diferente no mercado, atendendo ao perfil dos lesados, como no caso dos consumidores. Mais recentemente, em *Direito Civil, Responsabilidade Civil, O Método do Caso*, Almedina, Coimbra, 2006, p. 75: *"Persuadimo-nos de que se impõe uma análise diferenciadora, sem prejuízo da possibilidade de se elencar uma série de argumentos genéricos em abono do relativo desfavor de protecção em sede aquiliana [...] Entre estas, avulta a necessidade de preservar, para os sujeitos zonas de liberdade de actuação e isenção do risco de responsabilidade. Essa conveniência faz-se sentir de modo diferente dentro do mercado e fora dele, assim como pode variar em função de outros factores, como o perfil dos sujeitos envolvidos (por exemplo, empresas ou consumidores)."*

[800] CANARIS, *Schutzgesetze*, p. 75.

300 Normas de Protecção e Danos Puramente Patrimoniais

de normas de protecção que alargam a protecção de bens jurídicos cuja tutela delitual ocorre simultaneamente através de direitos subjectivos. Assim, na medida em que se procura uma especial articulação entre as normas de protecção e o ressarcimento de danos puramente patrimoniais, optou-se por focar a atenção em especial no núcleo de normas de protecção do património no domínio da concorrência.

Com efeito, face à possibilidade de encontrar normas de protecção em quase todos os sectores do ordenamento jurídico, impõe-se determinar aquelas que visam a protecção de interesses puramente patrimoniais[801]. No que concerne às normas sobre a concorrência, trata-se de uma área dominada por um *princípio de concorrência,* na qual ainda não existe unanimidade sobre a existência de uma maior ou uma menor admissibilidade para a indemnização de danos puramente patrimoniais, mas com vocação de unidade material e valorativa e cuja importância nos mecanismos de regulação do mercado é decisiva, promovendo a modernização de uma área de responsabilidade aquiliana que, porventura, se conserva agarrada a um excessivo individualismo – ancorado na figura do direito subjectivo – que não se coaduna com a evolução entretanto verificada.

Se tivessemos de tomar posição sobre esta questão, antes de qualquer posterior desenvolvimento que permita uma resposta mais aturada sobre o assunto, seríamos tentados a afirmar que, apesar do campo da livre iniciativa económica ser por excelência o da luta concorrencial, que contemporiza com a causação de danos, os quais, como tal, não são considerados ilícitos fora das áreas delimitadas do ilícito concorrencial ou, em geral, nas disciplinas que ordenam comportamentos no mercado, nas quais se protegem – de forma e intensidade, como não se verifica em outras áreas –, os interesses puramente patrimonais.

Já o referimos, segundo CARNEIRO DA FRADA, as normas de protecção tanto podem individualizar directamente certos interesses puramente patrimoniais dignos protecção, ainda que sem identificar as condutas susceptíveis de os atingir, como, indirectamente, consagrar uma tutela delitual, pela imposição de condutas cuja observância visa, precisamente,

---

[801] De referir que existem inúmeras normas de protecção que visam a protecção dos bens jurídicos igualmente protegidos por direitos subjectivos. Para uma perspectiva das normas de protecção da liberdade sexual que se encontram no Código Penal Português, MARK VON LILLIENSKIOLD, *Aktuelle Probleme des portugiesischen Delikts- und Schadenersatzrechts*, Bonn, 1975, pp. 83 e ss.

Evolução Histórico-Dogmática 301

a protecção desses interesses. Em ambos os casos procede-se à extensão do catálogo dos bens delitualmente protegidos embora por técnicas diferentes. Tem sido considerada controversa a relevância como normas de protecção das disposições que não visem directamente o estabelecimento de responsabilidade[802].

9.1. *Origem e evolução dos "pure economic losses"*

I. Na *common law*, na *negligence*, começou por admitir-se a indemnização de danos puramente patrimoniais[803], sendo através deste delito que se permitiu a indemnização destes danos. Igualmente o *breach of statutory duty*[804] e a *public nuisance*, que respeita à lesão de bens colectivos, colo-

---

[802] CARNEIRO DA FRADA, *Teoria da Confiança*, p. 249, (n. 221).

[803] NUNO MANUEL PINTO OLIVEIRA, *Sobre o conceito de ilicitude do art. 483.° do Código Civil*, p. 523, (n. 5), considera que a caracterização dos sistemas de responsabilidade integrados no espaço jurídico-cultural da *Comon Law* como sistemas de tipicidade de factos ilícitos deve ser relativizado, porquanto, na esteira de RUI DE ALARCÃO, *Direito das obrigações*, polic. Coimbra, 1983, p. 216, em relação ao delito da *negligence* seria discutível se deve ser considerado um *tort* específico ou se não constituirá antes uma cláusula geral.

[804] R. A. BUCKLEY, "Liability in Tort for breach of statutary duty", Law Quarterly Review, (1984), pp. 205-233: Neste artigo dá-se conta que também em Inglaterra surgem dúvidas em relação às acções indemnizatórias baseadas na violação de um regra legal, por não se saber se para além da ilegalidade do acto cometido deverá haver lugar a indemnização. Uma das soluções que chegou a ser defendida para dissipar quaisquer dúvidas passaria pelo Parlamento tornar explícita a intenção de atribuir ou não a determinada violação da lei uma consequência indemnizatória. O autor faz referência à teoria de EZRA RIPLEY THAYER, publicada no seu estudo "Public Wrong and Private Action", *Harvard Law Review*, (1914), 27, pp. 317-343, que defende que só deverá haver responsabilidade por *breach of statutory duty* nos casos em que a *negligence* já previa um dever de cuidado. Desta forma, deixa de reconduzir-se a consequência indemnizatória a uma intenção do legislador. Todavia criticável nesta tese seria a construção de uma *"statutory negligence"* quando a violação da lei não deve ser conclusiva mas uma mera indiciação da *negligence*. O Autor conclui que se deve afastar a ideia de que esta responsabilidade deriva da intenção do legislador. Não sendo uma pré-condição desta responsabilidade a existência de um dever de cuidado na *common law*. A ideia de que a lei visa beneficiar uma classe de destinatários deve ser também afastada, porque limita-se a duplicar a necessidade do dano ser do tipo previsto em termos de prevenção pela lei e de que factores políticos podem conduzir ao afastamento da responsabilidade. O facto de se prever uma responsabilidade criminal não afasta a responsabilidade civil. Leis que não prevêem quaisquer sanções só

cam problemas paralelos aos do § 823 II BGB e podem fundamentar pretensões indemnizatórias individuais[805]. Os *pure economic losses* não se apresentam como uma categoria estável nos sistemas de *common law*, em parte pelo seu tratamento através de fórmulas que um jurista continental apelidaria de vagas e indeterminadas. Não obstante, é nestes sistemas que se desenvolveu com autonomia, e sob designação uniforme, uma multiplicidade de problemas jurídicos que nos sistemas continentais dificilmente poderiam ser submetidos a qualificação ou a tratamento jurídico únicos. Alguns autores anglo-americanos procuram as raízes históricas do conjunto de situações que fazem incluir na categoria abrangente de *pure economic loss* no direito romano. Porém, esta pesquisa não está isenta de dúvidas, na medida em que se encontra imbuída de alguma indefinição em torno de aspectos, tais como, a natureza patrimonial do dano, o carácter incerto e indirecto de alguns danos e de uma amálgama de problemas jurídicos a que, nos sistemas de *common law*, se reconduzem os *pure economic losses*.

JAMES GORDLEY entende que o conceito de dano, no direito romano, correspondia a qualquer diminuição do *patrimonium*[806]. O sistema dos *delicta* permitia uma protecção dos interesses patrimoniais para lá dos referentes à personalidade, excluindo a categoria dos danos morais. Por

---

raramente devem conduzir a responsabilidade civil. A responsabilidade é mais apropriada quando a lei é específica e determinada em relação à acção ou omissão que se proíbe. Quando a lei tem um objectivo mas não determina quaisquer meios só deverá haver responsabilidade se houver culpa. Não se deve limitar em termos gerais a responsabilidade por *breach ou satutory duty* com base na necessidade de *"special damage"*. Cfr. GLANVILLE WILLIAMS, "Effect of Penal Legislation in the Law of Tort", Modern Law Review, (1960), v. 123, pp. 233-259, analisa esta matéria na legislação industrial e defende que ainda que a maioria da doutrina tende a considerar a *breach of statutory duty* uma responsabilidade objectiva e absoluta, prefere a expressão *"statutory duty"* em vez de *"absolute liability"*. O Autor cita Lord Atkin "If the particular care to be taken is prescribed by statute, and the duty to injured person to take care is likewise impose by statute, and the breach is prove, all the essencial of negligence are present. I cannot think that the true position is, as appears to be suggested, that in such cases negligence only exists where the tribunal of fact agrees with the legislature that the precaution is one that ought to be taken the very object of the legislation is to put that particular precaution beyond controversy".

[805] SPICKHOFF, *Gesetzesverstoß und Haftung*, pp. 31-43.

[806] JAMES R. GORDLEY, "the rule against recovery in negligence for pure economic loss: an historical accident?", *Pure Economic Loss in Europe*, Cambridge University Press, 2003, pp. 25-55.

sua vez, MARIO TALAMANCA defende que a categoria dos danos puramente patrimoniais já era conhecida dos juristas romanos, tendo-se estabelecido limites para a sua indemnização, nomeadamente através da *actio certi,* na qual o credor de determinada obrigação não poderia recuperar os lucros cessantes decorrentes do seu incumprimento. Também na *litio aestimatio,* referente a obrigações indeterminadas, a mais valia do consumidor não era calculada[807]. Estes limites não decorriam do facto do dano não ser físico, mas sim do facto de não ser certo e da sua extensão não ser objectiva. Nestes termos, o direito romano não operava qualquer distinção entre danos físicos e não físicos, nem entre danos directos e danos indirectos, pelo que não se justificava a autonomização dos danos puramente patrimoniais[808].

---

[807] MAX KASER, *Direito privado Romano,* FCG, 1999, pp. 209-210: "*Aos Romanos é estranho tanto o conceito geral da indemnização de prejuízos como o dever geral de indemnizar. Conhecem apenas casos particulares de danos, diversamente apreciados, cujas consequências jurídicas, em regra, visam a compensação do prejuízo, mas nem sempre de modo que a prestação a realizar se limite ao dano individual sofrido pelo lesado. Mais uma vez a determinação do conteúdo da prestação depende sobretudo do tipo da actio pertinente*". Em Roma, no processo formulário, regia o princípio da *condemnatio pecuniária,* segundo o qual toda a condenação na prestação tem de ser expressa numa certa quantia em dinheiro (G. 4, 48). Com a condenação, a obrigação que primariamente visava uma qualquer prestação transformava-se numa dívida em dinheiro. Esta prestação em dinheiro não ocupava, como hoje, o lugar da prestação primária só quando esta se tornava impossível, mas também quando ela continuava possível e desejada do credor. Neste sentido, as prestações secundárias em dinheiro diferiam de uma verdadeira indemnização do dano. Os critérios pelos quais no processo formulário se devia averiguar, por avaliação do juiz (*litis aestimatio*), a quantia em dinheiro a indicar em sentença, dependiam de a acção ter por objecto um *certum* ou um *incertum.* Quando tinha por objecto um *certum,* dever-se-ia fixar o valor objectivo dos objectos a prestar, i.e., o valor que as coisas tinham para cada proprietário. Quando o objecto da avaliação, designado por *quanti ea ares erit,* não pudesse ser entendido como um *certum,* já, nos clássicos, aparecia a tendência em contabilizar o dano que o beneficiário concreto tinha sofrido. Se a acção tinha por objecto um *incertum* (com ou sem aditamento *ex fida bona*) dar-se-ia ao credor o *quod* (ou *quanti*) *interest* (a *utilitas*). Consideravam-se, neste caso, para além do valor da coisa, outras circunstâncias determinantes do prejuízo do credor, mas sem se desligar completamente dos objectos sujeitos à avaliação. Este interesse não correspondia exactamente ao cálculo de prejuízos, mas, em Roma, podia ter-se em conta o ganho não percebido (*lucrum cessans*). JUSTINIANO suprimiu os limites estabelecidos pelas fórmulas, favoreceu a valoração do interesse, mas fixou-lhe um limite, estabelecendo que o interesse não poderia ser superior ao dobro do valor comum da prestação.

[808] MARIO TALAMANCA, *Istituzioni di Diritto Romano,* Milano, 1990, p. 657.

304   *Normas de Protecção e Danos Puramente Patrimoniais*

JAMES GORDLEY defende que, nos séculos XVI e XVII, a escola de direito natural[809] começou a discutir se os danos puramente patrimoniais poderiam ser recuperados no direito delitual, não tendo desenvolvido qualquer regra no sentido da não indemnização destes danos. Com efeito, invoca-se que a regra da exclusão só surgiu com o desenvolvimento do pensamento analítico, nos finais do século XIX. Assim, a regra da exclusão seria essencialmente resultado de um acidente histórico, não decorrendo da evolução normal do sistema jurídico. Esta natureza extraordinária justifica, segundo o Autor, que as estruturas normativas historicamente consolidadas do direito delitual se adaptem mal aos danos puramente patrimoniais. Para MAURO BUSSANI, VERNON PALMER e FRANCESCO PARISI as incongruências que se verificam em matéria de danos puramente patrimoniais resultam sobretudo de um pragmatismo judicial na procura de um equilíbrio entre liberdade de acção e sistema de responsabilidade[810].

Ora, o facto dos sistemas continentais de responsabilidade delitual se terem orientado, a partir do Código Civil Francês, para um sistema de grande cláusula geral não permite, só por si, afirmar uma regra de não exclusão em relação a uma categoria de danos que só surge referenciada expressamente na doutrina europeia no século XX.

Para situar a origem histórica desta temática é preciso compreender as linhas gerais do sistema de responsabilidade civil delitual da *common law*, cuja tipicidade dos delitos e um conjunto de pressupostos específicos justificou a criação de uma categoria que funciona, residualmente, para um grupo significativo de casos. A categoria dos danos puramente económicos, mesmo na *common law*, inclui problemas que se reconduzem aos diferentes títulos de imputação.

9.2. *Os "pure economic losses" no sistema de common law*

I. No que se refere ao conceito de *pure economic loss* ou *pure economic interest* não há consenso sobre a mancha de prejuízos nele abran-

---

[809] HUGO GROTIUS, *De Iure Belli et Pacis*, libri três, XVII, pp. 1-2 e SAMUEL PUFFENDORF, *De Iure Naturae et gentium,* libri Octo III.1.1, 1.2.,1.3.

[810] MAURO BUSSANI, VERNON PALMER e FRANCESCO PARISI, *The Comparative Law and Economics of Pure economic Loss* (www.gmu.edu/departments/faculty/papers/docs/01-27.pdf)

Evolução Histórico-Dogmática

gida[811]. No entanto, algumas fronteiras podem servir de pontos de referência. Antes de mais, por contraste, os danos puramente económicos diferem dos danos resultantes da morte ou da lesão de bens tangíveis[812]. VON BAR distingue duas perspectivas para o fenómeno: a orientada em função do dano (*the damage-oriented approach*) e a orientada em função do interesse (*the interest-oriented approach*). A primeira corresponde ao dano que é independente da morte ou lesão da integridade ou de lesões sobre bens tangíveis. A segunda corresponde a um dano que é sofrido sem violação de um direito. As duas perspectivas têm em comum que, quando se verifica um dano a uma pessoa ou à propriedade, esse dano não é sofrido por quem suporta o dano puramente económico. O Autor socorre-se, assim, do conceito de GILEAD *"economic loss is define as "pure" when it is not consequent on bodily injury (to the claimant) or on phisical damage to the land or chattel in which the plaintiff has a proprietary interest"*[813].

No entanto, alguns sistemas desenvolveram o conceito de *consequential economic loss* para compreender as situações de danos económicos decorrentes de morte, de lesão da integridade ou de danos na proprie-

---

[811] FERNANDO GÓMEZ/JUAN ANTONIO RUIZ, "The Plural – and Misleading – Notion of Economic Loss in Tort: A Law and Economics Perspective", ZEuP 4, (2004), pp. 908-931, afirmando a natureza enganadora da figura e não saudando a sua recepção crescente nos sistemas jurídicos continentais (p. 930).

[812] Na definição de BRUCE FELDTHUSEN, *Economic Negligence. The Recovery of Pure Economic Loss*, 4.ª ed, Carswell, 2000, "a pure economic loss is a financial loss which is not causally consequent upon physical injury to tle plaintiff's own person or property" e "Pure economic loss and Statutoruy Public Authority Liability after Cooper v. Hobart", 2005, p. 1 (disponível //papers.ssrn.com/sol3/papers.cfm?abstract_id=702081): "a financial loss that is not causally connected to personal injury or property damage suffered by the same plaintiff". H. HONSELL, "Der Ersatz reiner Vermögensschäden in Rechtsgeschichte und Rechtsvergleichung", Festschrift W. Lorenz, Sellier, München, 2001, p. 483, reconduz ao prejuízo sofrido sem qualquer lesão de interesses absolutamente protegidos. Nestes termos, deve ser sufragado um critério negativo, segundo o qual o dano económico é aquele que não resulta da lesão à pessoa (vida, integridade, saúde, liberdade ou direitos de personalidade) ou a direitos de propriedade sobre bens tangíveis ou intangíveis. Cfr. HELMUT KOZIOL, "Compensation for Pure Economic Loss from a Continental lawyer's perspective", Pure Economic Loss (coord. Willem H. van Boom, Helmut Koziol, Christian A. Witting), Springer, Wien, New York, 2004, p. 141 e "Recovery For Economic Loss in the European Union", Arizona Law Review, 48, Winter 2006, pp. 871 e ss.

[813] CHRISTIAN VON BAR, *Gemeineuropäisches Deliktsrecht*, 1999.

dade. No caso dos cortes de energia eléctrica, se vier a ocorrer um dano a uma máquina, a perda de produção tem de ser divida em duas partes: uma referente ao período de arranjo da máquina (*consequential loss*) e outra referente ao dano da produção, adveniente do corte da energia eléctrica. Há ainda uma distinção entre danos puramente económicos directamente provocados (*directly inflicte*), como no caso da concorrência desleal ou das informações financeiras negligentes, e os danos puramente económicos de tipo relacional (*relational economic loss*) sofridos por um terceiro em consequência da danos à integridade ou à propriedade de outra pessoa. Ambas as categorias são consideradas abrangidas no conceito de danos puramente económicos.

De forma semelhante ao direito romano, a *common law* parte de uma tipicidade de ilícitos civis, desenvolvida a partir do sistema histórico de acções (*writs*), herdado da tradição jurídica inglesa[814]. Neste modelo, cada ilícito (*v.g. trespass, defamation, assault*) protege um determinado tipo de interesses face a um determinado tipo de danos[815]. Para cada ilícito civil desenvolvem-se requisitos autónomos. A protecção dos interesses económicos enquadra-se numa série de *torts* caracterizados pela actuação dolosa do agente. Assim, como requisitos, na *fraud,* o engano a outrem mediante uma afirmação falsa, na *malicius falsehood,* as afirmações falsas que causam prejuízo económico ao lesado e, na *conspiracy,* um acordo de uma ou mais pessoas para fazer um boicote. Nestes delitos a intenção do resultado danoso é imprescindível para a sua caracterização e para o ressarcimento do dano. A insuficiência e a rigidez deste sistema fez com que, desde o século XIX, a jurisprudência desenvolvesse o chamado *tort of negligence*[816], cujos pressupostos se reconduzem à existência de um *duty of*

---

[814] DÁRIO MOURA VICENTE, *Da Responsabilidade*, pp. 106-107, reconhecendo faltar à *common law* um conceito geral de responsabilidade civil, designadamente apoiado no conceito de dano, visto que podem ser reclamadas "indemnizações" em situações de *iniura sine dano, v.g.* os *nominal damages* e os *torts* ditos *actionable per se*, como os *trepass to land, assault, false imprisonment* e *libel.*

[815] OLIVER WENDELL HOLMES, "The Common Law", *Perspectives on Tort Law*, 4.ª ed, (coord. Robert Rabin), Little Brown, Boston, New York, Toronto, London, 1995, pp. 2 e ss.

[816] ELTJO J. H. SCHRAGE, "Negligence. A Comparative and historical introduction to a legal concept", *The comparative Legal History of the law of Torts*, pp. 8 e ss. RICHARD A. POSNER, "A Theory of Negligence", *Perspectives on Tort Law*, pp. 15 e ss. Cfr. CHARLES O. GREGORY, "Trespass to Negligence to Absolute Liability", *Perspectives on Tort*

Evolução Histórico-Dogmática 307

care, i.e., de um dever de conduta diligente por parte do lesante, de um dever de cuidado em relação ao círculo de pessoas a que pertence o lesado, e que se tenha verificado um *breach of duty, i.e.*, que o lesante tenha infringido esse dever de conduta e que o dano suponha uma consequência razoavelmente imputável à conduta do lesante[817]. É sobretudo à volta do *tort of negligence* que surge o debate anglo-americano sobre os danos puramente económicos[818]. A temática dos danos puramente económicos origina-se, assim, no domínio de um delito específico e daí que a sua exportação para sistemas de grande ou pequenas cláusulas gerais delituais não seja isento de especiais dificuldades. Parece inequívoco que a extensão excessiva do *tort of negligence* pode manietar de forma desproporcionada a liberdade individual e até o desenvolvimento de actividades económicas essenciais à evolução social. Daqui a necessidade de traçar limites aos danos indemnizáveis em sede do *tort of negligence*[819-820].

Law, pp. 36 e ss, ROBERT L. RABIN, "The historical Development of the Fault Principle: A Reinterpretation", *Perspectives on Tort Law*, pp. 45 e ss, GARY T. SCHWARTZ, "The Beginning and the Possible End of the Rise of Modern American Tort Law", *Perspectives on Tort Law*, pp. 73 e ss.

[817] *The Modern Cases on Negligence* (Richard Bingham), 3.ª, London, Sweet & Maxwell, 1978, 10. Assim, FLEMING, *The law of torts*, p. 5, (n. 21) escreve que "*each new duty of care creates in effect a new tort*".

[818] R. W. M DIAS/B. S. MARKESINIS, *The English Law of Torts*, Bruylant, Brussels, 1976, pp. 28 e ss, G. EDWARD WHITE, *Tort Law in America An Intellectual History*, Oxford, 1985, pp. 124 e ss, e CHARLESWORTH & PERCY, *On Negligence*, 7 ed., Sweet & Maxwell, London, 1983, pp. 43-55.

[819] Considerando que a recusa de indemnizar danos puramente económicos e de estender significativamente a responsabilidade se fundamenta numa ideia de proporcionalidade entre a conduta e os danos causados e o fraco poder dissuasor deste tipo de responsabilidade em situações de actos negligentes, ROBERT L. RABIN, "Characterisation, context and the problem of economic loss in América tort law", *The law of tort*, Policies and Trends in Liability for Damage to property and economi Loss, (ed. Michael Furmston), Duckworth, 1986, pp. 25-43.

[820] J. G. FLEMING, *An Introduction to the Law of Torts*, Oxford, 1985, p. 34: "*Most controverted of all is the question whether the law of negligence allows recovery for purely economic losses*". B. S. MARKESINIS, "An expanding Tort Law – The Price of a rigid Contract Law", The Law Quarterly Review, July (1987), p. 354: "*The theoretical difficulties associated with some of the recent economic loss cases place them indisputably in the fast rank of problem areas of modern tort law. This case law is not unique to England. Courts in the USA, Canada, Australia, New Zealand and Germany have all in the last two decades been called upon to decide when and on what basis pure economic loss should be compensated.*"

308 *Normas de Protecção e Danos Puramente Patrimoniais*

Por esta razão, surge uma vasta teorização sobre a hierarquia de bens jurídicos de protecção delitual, na qual os *pure economic losses* correspondem a interesses situados num patamar inferior de protecção. Na *common law* introduz-se, deste modo, o debate sobre interesses conflituais em presença e sobre questões de eficiência que, *in limine,* implicam a funcionalização da responsabilidade delitual[821]. Neste contexto, as posições sobre a indemnizabilidade de danos puramente económicos oscilaram entre dois extremos. Num extremo, excluía-se a indemnização deste tipo de danos, salvo em casos muito excepcionais em que um fundamento material aconselhasse a indemnização. Era a chamada *the bright line rule,* cuja vantagem era reduzir drasticamente o número de processos e de lesados com direito a indemnização. Tratava-se de uma posição marcadamente liberal do ponto de vista de promoção da liberdade individual e do sopesar dos riscos do excesso de processos no sistema de administração da justiça. No outro extremo, admitia-se a possibilidade de indemnizar alguns danos puramente económicos, determinando com clareza as situações em que não deveriam ser indemnizados. Tratava-se de uma posição mais proteccionista. Em nenhum caso terá sido admitida a hipótese de um ressarcimento indiscriminado dos danos puramente patrimoniais, que indiscutivelmente levantaria problemas graves, designadamente no domínio da livre concorrência num sistema de mercado, representando um entrave excessivo ao livre desenvolvimento de actividades socialmente úteis.

No direito inglês, a regra da exclusão rege o ressarcimento de danos puramente económicos desde o século XIX, sendo resultado de razões históricas baseadas numa maior protecção às pessoas e às coisas, do receio de indemnizações economicamente insustentáveis e do incremento da litigiosidade e do interesse em manter separadas as áreas da responsabilidade delitual e obrigacional. A estes fundamentos acrescem, em termos genéricos, o perigo de uma responsabilidade excessiva e a existência de meios alternativos para proteger o interesse do lesado, designadamente através do recurso ao contrato para a distribuição do risco ou do seguro.

Nestes termos, no direito inglês não se encontra uma cláusula geral de responsabilidade delitual, à semelhança do modelo napoleónico, mas

---

[821] CARL BELLISTON, "A framework for Determining liability for Negligently Caused Economic Losses", Brigham Young University Law Review, (1986), n.º 1, pp. 177 e ss.

diferentes delitos, cada qual com um âmbito de protecção diferente[822]. Alguns destes delitos cobrem danos puramente económicos, mas restringem-nos essencialmente aos casos em que se regista dolo na produção do dano. Nestes delitos incluem-se as *fraud, conspiracy, deceit, passing off, inducing breach of contract, malicious falsehood* e *unlawful interference with trade*. A *negligence*, como delito autónomo, na *common law* não necessita de uma actuação intencional. No entanto, os tribunais ingleses têm recusado a indemnização dos danos puramente económicos, atendendo aos elementos que compõem a *negligence*, que assentam essencialmente na existência de um dever de, nas circunstâncias, evitar o dano. Como elementos da *negligence* têm-se salientado a previsibilidade ("*foreseeability*") e a proximidade ("*proximity*"). Nos últimos tempos, os tribunais defendem que a imposição de um dever advém, sobretudo, de considerações políticas de natureza pragmática, de justiça e de razoabilidade. Há uma relação directa entre o dano e o dever: a natureza do dano influencia a existência e a extensão do dever. Em matéria de danos puramente económicos, os tribunais têm algumas reticências em estabelecer deveres e, cada vez mais, fazem uma aproximação individual a cada caso concreto.

II. É assim que, no amplo espaço jurídico da *common law*, a questão dos danos puramente económicos alcança um significativo desenvolvimento, iniciado essencialmente na fundamentação de decisões jurisprudênciais[823-824]. Nos sistemas de *common law* a associação dos danos pura-

---

[822] DÁRIO MOURA VICENTE, *Da Responsabilidade*, p. 188, caracteriza os sistemas de *common law* como de tipicidade dos factos indutores de responsabilidade delitual, mas parece recuar quando afirma que a determinação de um dever de cuidado supõe actualmente a verificação de três requisitos: dano razoavelmente previsível, proximidade suficiente entre lesado e lesante e que seja justo e razoável impor tal dever (p. 189).

[823] A.J. STONE, "The Common Law in the twentieth Century", Dalhousie Law Journal, v. 7, n.º 3, October 1983, pp. 704 e ss. Igualmente, JOHN G. FLEMING, *An introduction to the law of torts*, 2.ª ed., Clarendon Law Series, Oxford, 1985, pp. 63-66, analisando os casos *Hedley Byrne* (julgado pela Câmara dos Lordes em (1963) 2 ALL E.R. 575), *Spartam Steel v. Martin, Caltex Oil (Australia) v. The Dredge Willenstad* e *Junior Books v. Veitchi Co.* (julgado pela Câmara dos Lordes em 1982 (1982) 3 All E.R. 201, entre outros.

[824] CHRISTIAN VON BAR, *Deliktsrecht*, p. 1735-1736, considera que a decisão proferida no caso *Hedley Byrne vs. Heller* pela Câmara dos Lordes teve um significado decisivo na evolução do regime de responsabilidade civil inglês. A continuidade da *law of torts*, através daquela e de outras decisões judiciais que se lhe seguiram, demonstra a existência de um paralelo com o ordenamento jurídico alemão, na localização deste problema no

310 *Normas de Protecção e Danos Puramente Patrimoniais*

mente económicos a consequências indetermináveis e infinitas desencadeou uma forte reacção ao seu ressarcimento, tendo-se desenvolvido princípios como a *"the exclusionary role"* e a *"bright line rule"*. Evoluções

direito delitual. Até 1964, tal como sucedeu no sistema jurídico alemão (§§ 676, 826 BGB), o regime inglês da responsabilidade civil referente à consultadoria gratuita de instalação de equipamentos ficou dependente da verificação de culpa do agente. Numa decisão de 1889 a responsabilidade era limitada aos delitos fraudulentos (*deceit*) e com esta concepção tornou-se a fraude num pressuposto do regime de responsabilidade civil. Actua de modo fraudulento aquele que, com intuito prejudicial, emite uma declaração consciente da falsidade da mesma, sem acreditar na sua veracidade. Em 1914, a Câmara dos Lordes admitiu, pela primeira vez, que a responsabilidade pelo aconselhamento erróneo não doloso deveria manter-se fora do âmbito do delito de *deceit,* mesmo nas situações em que se verifica uma *"fiduciary relationship"*, ou seja, de uma especial relação de confiança entre as partes. Do mesmo modo, se procedeu na decisão *Derry vs. Peek*, de modo que, em 1932, a *negligence* não se estendeu aos danos puramente patrimoniais. Em 1963, o caso *Hedley Byrne vs Heller* trouxe uma mudança determinante. Tratava-se de um caso em que um banco forneceu informações sobre um dos seus clientes. A partir desta decisão clarificaram-se três questões essenciais para o ordenamento jurídico inglês: *i)* em primeiro lugar, a responsabilidade da *negligence* não se estende apenas aos "factos", mas também às "palavras"; *ii)* em segundo lugar, os danos puramente patrimoniais também são susceptíveis de serem indemnizáveis no âmbito da *negligence* e, *iii)* em terceiro lugar, os deveres de cuidado fundamentam-se no princípio de confiança. Desde 1964 que os tribunais ingleses têm vindo a aplicar de forma continuada e permanente os princípios consagrados na decisão *Hedley Byrne vs. Heller*. Não se revelou bem sucedida a tentativa, levada a cabo pelo *Privy Council,* de deixar de aplicar os princípios daquela decisão aos casos de responsabilidade profissional. A *Court of Appeal*, com o consentimento da Câmara dos Lordes, ultrapassou a decisão *Hedley Byrne vs. Heller,* consubstanciada na salvaguarda e reivindicação da confiança. O tribunal determinou uma indemnização por danos, reclamada pelo lesado, a um particular que lhe havia vendido um imóvel, que, logo após a mudança, já denotava fissuras nas paredes. Os inspectores, aquando da concessão da licença de construção, não haviam detectado vícios de construção. O dano sofrido pelo autor foi classificado como dano patrimonial puro, uma vez que a casa já sofria daqueles vícios no momento da transmissão da propriedade. Esta decisão ultrapassou, assim, os princípios do caso *Hedley Byrne*, uma vez que o autor devia ter detectado os vícios do imóvel antes da sua aquisição, aquando da inspecção efectuada, e, deste modo, com apelo à confiança, já não lhe seria possível reclamar. Este tipo de situações tornou-se ainda mais evidente numa decisão mais recente. Neste caso, um mandatário aconselhou de forma indevida um testador aquando da elaboração do testamento. Pelo exposto, poder-se-á concluir que também no ordenamento jurídico inglês se constata, actualmente, uma maior possibilidade de ressarcimento dos danos puramente patrimoniais. Assim, deve ser averiguado na *negligence* o ponto a que o agente se encontra vinculado, perante o lesado, a um dever de protecção do seu património.

Evolução Histórico-Dogmática 311

jurisprudenciais posteriores vieram, porém, a pôr significativamente em causa estas orientações de base[825-826]. Uma questão que, neste contexto, merece ser respondida refere-se à indeterminação como fundamento para a negação desta responsabilidade. Numa avaliação *prima facie,* a recusa de protecção de todo e qualquer dano puramente económico é porventura tão arbitrária quanto a protecção de todo e qualquer dano puramente económico, pelo que deverá haver um meio termo razoável. No entanto, alguns sistemas não indemnizam este tipo de danos por ser uma saída mais fácil, denotando uma resposta pragmática, enquanto que os sistemas que fornecem algum tipo de protecção defrontam-se, em regra, com inúmeros problemas.

WILLIAM BISHOP procurou uma explicação para a *exclusionary rule* com base na eficiência (análise económica do direito)[827], excluindo a indemnização dos danos puramente económicos que só se traduzissem num dano privado e não num dano social[828]. No entanto, esta visão utili-

---

[825] BASIL S. MARKESINIS, "La politique jurisprudentielle et la réparation du préjudice economique en Angleterre: une approche comparative", RIDC, n.° 1, (1983), p. 47.

[826] Sobre esta evolução, os nossos "Os danos puramente económicos nos sistemas de common law – I", *Estudos em Homenagem à Professora Doutora Isabel Magalhães Collaço*, vol. II, Coimbra, 2002, pp. 197-218 e "Os danos puramente económicos nos sistemas de common law – II (Jurisprudência norte-americana)", *Estudos em Homenagem ao Prof. Doutor Joaquim Moreira da Silva Cunha*, Coimbra, 2005, pp. 19-38.

[827] Também, CARNEIRO DA FRADA, *Teoria da confiança*, p. 242, (n. 207), afirma que os danos puramente económicos representam um campo de eleição da análise económica do Direito, tanto mais proveitosa quanto menor for o seu enraizamento ético, parecendo admitir um esbatimento dos referenciais éticos da responsabilidade civil, transformando-a num sistema de compensação objectivo e, enquanto tal, mais propício a enquadramentos de eficiência económica.

[828] WILLIAM BISHOP, "Economic Loss in Tort", OJLS 2, (1982), pp. 1-29, e *Foundations of Tort Law, Oxford Press*, 1994, p. 135. Esta visão utilitarista apoia-se em argumentos económicos posteriormente importados para o direito norte-americano por VICTOR GOLDBERG, *Recovery for pure economic loss in tort: another look at* Robins Dry Dock v. Flint, OJLS, vol. XX (2), June (1991), p. 249, baseados na ideia de que não deve haver cobertura de interesses patrimoniais, dado que o dano económico é puramente privado e não representa um custo social. WILLIAM BISHOP/JOHN SUTTON, *Efficiency and Justice in tort damages: The shortcomings of the pecuniary loss rule*, JLS, Vol. XV, (2), June (1986), p. 347 e ss, enceta uma investigação sobre o modo como o direito delitual em matéria de danos puramente económicos atinge dois objectivos distintos: um, de eficiência, na prevenção de acidentes, e outro, de justiça distributiva, de modo a recuperar o *status quo ante casu*. No direito delitual os danos pressupõem uma compensação da vítima e incentivos

312 *Normas de Protecção e Danos Puramente Patrimoniais*

tarista, não deve ser subscrita nos sistemas continentais de responsabilidade civil, que funcionam mais como mecanismos de justiça correctiva do que como veículo de política económica e social, como acontece no seu congénere americano[829].

Normalmente, nesta matéria, autonomizam-se *standard cases* funcionalmente distintos:

i) Os danos *ricochet* (*ricochet loss),* que ocorrem quando se verifica um dano no direito de propriedade ou na integridade física, sendo que um terceiro só sofre danos económicos. Estes danos verificam-se frequentemente em relações tri-dimensionais, por exemplo, quando alguém tem um contrato para rentabilizar um barco e, por um acto negligente de um terceiro, não pode ter os lucros que pensava[830]. O dano é puramente económico, porque o lesado não é titular de qualquer direito de propriedade. Estes danos são tratados como *relational economic loss.* Outros casos de danos *ricochet* verificam-se quando estão envolvidos contratos de trabalho, por exemplo, uma equipa de futebol que, pela morte de um jogador, sofre danos puramente económicos (*Meroni case*). Estas situações têm sido tratadas no direito italiano no âmbito da violação por terceiros de direitos de crédito. Na doutrina portuguesa, Santos Junior considera que nos direitos de crédito violados por terceiro, desde que haja conhecimento do contrato, pode haver responsabilidade delitual com base no artigo 483.º, n.º 1[831].

---

para o agente tomar precauções. A regra da exclusão dos danos puramente económicos pressupõe que, mesmo que se prove a negligência, se forem puramente económicos, não haverá indemnização. Em termos de eficiência alocativa os danos indemnizáveis não podem depender somente dos contratos ou de direitos de propriedade sobre as coisas danificadas, pois podem permitir ganhos de situações delituais que, de outro modo, não teriam. William Bishop, analisando alguns casos dos tribunais, chega à conclusão que a regra da não indemnização de danos puramente económicos não atinge nem a eficiência alocativa nem a justiça distributiva. A evolução do seu pensamento em matéria da teoria económica pode ler-se em "Economic loss: economic theory and emerging doctrine", *The law of tort: policies and trends in liability for damage to property and economic loss,* (ed. Michael Furmston), Duckworth, London, 1986, pp. 73-82.

[829] Margarida Azevedo de Almeida, *A Responsabilidade do banqueiro,* pp. 50 e ss.

[830] Sobre o caso *Norsk,* Carl F. Stychin, ""Principled Flexibility": an analysis of relational economic loss in negligence", Anglo American Law Review, vol. 25, n.º 3, (1996), pp. 318 e ss.

[831] Santos Júnior, *Da responsabilidade de terceiro,* pp. 371-375.

ii) O encerramento de serviços públicos ou de infraestruturas do domínio público, tais como mercados e estradas, causam danos puramente económicos aos indivíduos que deles dependem. Esta categoria é a que apresenta maior perigo de uma responsabilidade ilimitada e indeterminada, porque os efeitos em cadeia ocorrem no seu máximo. Em Portugal, em anos recentes, as reformas públicas, sobretudo nas áreas da saúde e da educação, têm dado origem ao encerramento de inúmeros serviços públicos de atendimento, como maternidades, centros de urgências, escolas e portos. Neste domínio, não obstante as providências cautelares que se multiplicam, não há ainda quem tenha defendido que o Estado deve indemnizar os utentes pelo encerramento destes serviços. O mesmo acontece com o derrame de químicos num rio, que pode implicar a suspensão de todas as actividades económicas em seu torno, até à sua limpeza, causando significativas perdas patrimoniais[832]. Nestes casos, em regra, os sistemas continentais têm considerado que as normas ambientais não visam a protecção de interesses patrimoniais, mas de outros bens jurídicos colectivos e individuais, como a saúde e a integridade física. No entanto, a protecção do ambiente é um dos desafios decisivos do futuro, do qual o Direito civil, como repositório dos valores fundamentais, não pode alhear-se seja no pólo pessoal seja no pólo patrimonial.

iii) Os defeitos em edifícios ou em outros bens não cobertos por garantia também causam *pure economic losses*[833]. Normalmente, estas situações são, no direito português, resolvidas no quadro contratual no domínio do cumprimento defeituoso ou da violação positiva do contrato.

---

[832] DAVID P. LEWIS, "The limits of Liability: Can Alaska Oil Spill Victims Recover Pure Economic Loss?", Alaska Law Review, June (1993), volume X, Number 1, pp. 87 e ss.

[833] ARNIE HERSCHORN, "Damages for economic loss in tort: Winnipeg condominium corp.36 v. Bird construction co, ltd", The Advocaters' Quartely, vol 18, 1996, pp. 109 e ss, NICHOLAS RAFFERTY, "Case comment: Winnipeg condominium v. Bird Construction – recovery of purely economic loss in the tort of negligence: liability of builders to subsequent purchasers for constructions defects", Alberta Law Review, vol. 34, n.º 2, 1996, pp. 472 e ss, ANDREW GRUBB, "A case for recognising economic loss in defective building cases", CLJ, 43 (1), April, (1984), pp. 111 e ss, DAVID HOWARTH, "Negligence after Murphy: time to rethink", CLJ, 50 (1), March (1991), pp. 58 e ss.

314 *Normas de Protecção e Danos Puramente Patrimoniais*

iv) O fornecimento de informações incorrectas a clientes pode afectar terceiras pessoas com as quais não existem relações contratuais, designadamente no caso de auditores[834] ou de advogados[835] que não redigem, por exemplo, um testamento, o que pode causar danos puramente económicos ao hipotético beneficiário do testamento[836]. Em relação a estes casos os sistemas continentais localizam-nos nas responsabilidades delituais especiais, nas responsabilidades profissionais e na *culpa in contrahendo*.

Todos estes casos constituem na *common law* situações que originam danos puramente económicos. No entanto, uma categoria com semelhante amplitude não é operativa em sistemas de responsabilidade em que se delimitam áreas muitos distintas para o tratamento e para a resolução de casos concretos, que podem ser as mais variadas, desde a *culpa in contrahendo*, à eficácia externa das obrigações, à responsabilidade delitual, à responsabilidade obrigacional, à *perte d'une chance*, à liquidação de dano de terceiro, à responsabilidade do produtor, às novas vias de responsabilidade, às responsabilidades profissionais, à responsabilidade do Estado e das pessoas colectivas públicas, a questões de causalidade, a defeitos de constru-

---

[834] Sobre o caso *Caparo Industries plc v. Dickman,* em que a autora adquiriu acções de uma sociedade porque confiou numa auditoria às contas da sociedade, publicado em (1990) 1 All E.R. 508.

[835] A jurisprudência portuguesa também integra preferencialmente estas situações na responsabilidade obrigacional (STJ 24-Nov.-1987, BMJ, 371.°, 444) que considera ser de natureza contratual a responsabilidade do advogado que, mandatado para propor uma acção de responsabilidade civil emergente de um acidente de viação, deixou decorrer o prazo prescricional sem que o fizesse. Incorre em responsabilidade civil o advogado que, por negligência, deixa o cliente perder um direito, como é o de poder recorrer de uma decisão desfavorável, se, devido à perda desse direito, o lesado vier a sofrer danos (RPt 10-Jul.-1997, BMJ, 469.°, p. 658).

[836] Sobre os casos *Hedley Byrne* e *White v. Jones* (1995) 1 All. E. R. 691, cfr. BARBARA MCDONALD/JANE SWANTON, "Negligence in the performance of contratual services action in tort by a third party to the contract", The Australian Law Journal, vol. 69, January 1995-December 1995, p. 576, NICHOLAS RAFFERTY, "Torts-Negligent Misstatement-Recovery for Purely Economic Loss: *Caparo Industries p.l.c. v. Dickman*; *Fletcher v. Manitoba Public Insurance Co.*", Le Revue du Barreau Canadien, vol. 70, 1991, pp. 381 e ss, THOMAS J. CUNNINGHAM, "Orphans of the economic loss doctrine: tort liability of information providers and preclusion of comparative negligence", Depaul Business Law Journal, v. 8, (1995), n.° 1, pp. 41 e ss.

Evolução Histórico-Dogmática   315

ção, ao Direito do ambiente, ao Direito bancário, ao Direito marítimo[837], e ao nascimento de crianças não desejadas, entre outras. Trata-se, com efeito, de um material de tal forma disperso e transversal a toda a responsabilidade civil que não permite uma construção central no âmbito dos sistemas continentais de responsabilidade civil e que só faz, porventura, sentido no sistema de *common law*, em que o direito delitual vai emergindo de forma periférica à medida das necessidades de protecção de determinados interesses[838].

No domínio dos interesses que se protegem no direito delitual, PETER CANE, *Tort Law and Economic Interests*, desenvolve uma tese quanto à natureza destes interesses, segundo a qual o direito delitual protege certos interesses primários (pessoa, reputação, propriedade, direitos intelectuais). Os interesses primários são transformados em interesses económicos através da indemnização dos danos. A indemnização de danos surge como a forma do direito delitual proteger interesses económicos[839]. Nos danos puramente económicos não se verifica esta transformação, não havendo qualquer pretensão no domínio de interesses primários. Neste caso há uma mera preocupação com a riqueza intangível. Ora, a riqueza está protegida essencialmente pelos delitos económicos e pelo delito da *negligence*. *Negligence* na *common law* é um delito que necessita da prova do dano. Tradicionalmente tem-se defendido que este delito não protege as meras expectativas. No entanto, não existe uma regra absoluta que recuse a indemnização de meras expectativas. Por exemplo, o Supremo Tribunal da Austrália reconheceu que a perda de uma oportunidade comercial consubstancia um dano puramente econó-

---

[837] CARLOS DE OLIVEIRA COELHO, *Poluição Marítima por Hidrocarbonetos e Responsabilidade Civil (em torno da Convenção Internacional sobre Responsabilidade pelos prejuízos devidos à poluição por hidrocarbonetos de 29 de Novembro de 1969 revista pelo Protocolo de Londres de 27 de Novembro de 1992)*, Almedina, 2007, pp. 57-142.

[838] WILLIAM BISHOP, *Economic loss*, p. 82: "*Economic loss is not a single problem but a family of related problems*" e GARY T. SCHWARTZ, "Economic loss in American Tort Law: the examples of J'Aire and products liability", *The law of tort*, Policies and Trends in Liability for Damage to property and economi Loss, (ed. Michael Furmston), Duckworth, 1986, p. 83: "*I recommend that we abandon any attempt to formulate a general theory for the problem of tort law and economic loss: for the problem is multiform rather than unitary in character*"

[839] CHRISTIAN WITTING, "Compensation for Pure Economic Loss from a Common Lawyer's Perspective", *Pure Economic Loss*, pp. 102-140.

316 *Normas de Protecção e Danos Puramente Patrimoniais*

mico, o que significa que nem todos os danos são indemnizáveis, mas que existe algum grau de protecção[840].

No delito de *negligence* foram identificadas várias categorias de danos puramente económicos, *inter alia*, defeitos em produtos ou estruturas, que não chegam a causar danos em pessoas ou propriedade (*liability for the effects of a defect on the defectiv property*) (*bad bargains*) (*categoria 1*)[841], danos económicos relacionais sofridos por uma pessoa devido a danos à pessoa ou à propriedade de outra (*transferred loss*) (*categoria 2*)[842], infor-

---

[840] *Poseidon Ltd. V. Adelaide Petroleum* NL (1994) 68, Australian Law Journal Reports, pp. 313-323.

[841] Os casos de danos em estruturas e produtos que não causam outro tipo de danos são tratados como danos puramente económicos. A sua indemnização é excluída no Reino Unido, mas admitida em outros ordenamentos jurídicos. No Reino Unido, numa primeira fase, as acções referente a danos nas infra-estruturas foram bem sucedidas, falamos de *Dutton v Bognor Regis Urban District Council* e *Anns v Marton London Borough Council*. No entanto, a decisão do tribunal superior no caso *Murphy v Brentwood District Council* afastou esta linha de orientação. Neste caso, a compra de um edifício com defeito nas estruturas provocou que o mesmo tivesse de ser vendido com uma perda de lucro de 35.000 libras, mas, como não houve qualquer dano à propriedade ou integridade física, o tribunal entendeu não indemnizar. Não havendo uma relação contratual com o construtor, o direito delitual não deveria servir para fornecer uma garantia transmissível. No Canadá, a indemnizabilidade foi sufragada no caso *Winnipeg Condominium Corporation No. 36 v Bird Construction Co.*, considerando-se que o construtor era responsável perante um adquirente remoto porque o perigo era evidente e a construção era para ser utilizada por uma sucessão de pessoas. No caso *Kamloops v Nielsen* concluiu-se pela responsabilidade de uma autoridade pública relativamente a uma estrutura com defeitos.

[842] Os danos económicos relacionais ocorrem quando alguém provoca um dano a uma coisa ou a um bem, causando dano económico a outra pessoa que depende da continuidade dessa pessoa ou bem. Há, assim, danos económicos relacionais tanto em situações de danos que envolvem a morte ou a lesão da integridade física como de danos à propriedade. Em relação à morte ou a lesão da integridade física não se admite a indemnização de danos dos empregadores, por isso ir exponenciar o aparecimento de acções. Em matéria de danos na propriedade, o lesado que sofre um dano puramente económico pode ter um interesse decorrente de um contrato de locação ou de uma simples autorização. Apesar de na *common law* se ter desenvolvido o delito de interferência nas relações contratuais, as regras para admitir a indemnizabilidade com base nos danos puramente económicos são bastante mais restritivas. Como exemplo desta situação, de referir a *Canadá Canadian Railway Co. V. Norsk Pacific Steamship Co.* em que, por virtude de danos causados numa ponte utilizada pela companhia de ferro do lesado, se entendeu que entre o lesado e a PWC, proprietária da ponte, existiria uma *joint venture*, que justificaria que, nas circunstâncias, o lesado fosse indemnizado.

mações incorrectas e serviços inadequadamente prestados (*liability for misstatements*) (*categoria 3*)[843-844]. A maior parte dos sistemas da *common law* (Reino Unido, Canadá, Austrália e Nova Zelândia) oferece protecção aos danos da categoria 3. À excepção do Reino Unido, os restantes ordenamentos da *common law* oferecem igualmente protecção aos danos da categoria 1. Em relação aos danos da categoria 2, há uma protecção muito restrita porque o espectro da responsabilidade ilimitada (*floodgates argument*) continua a ser invocado, pelo que é fundamental distinguir as razões cogentes das espúrias para limitar a responsabilidade destes danos[845].

Há uma enorme dificuldade em separar os danos físicos dos danos puramente económicos. Os danos físicos pressupõem a alteração de bens tangíveis ou a destruição da sua funcionalidade, mas também podem estar na origem de disfunções orgânicas, como doenças. Em casos, como a contaminação radioactiva dos terrenos, em que não se registe perigo para a saúde, o Tribunal de Apelação em Inglaterra desenvolveu um dano compósito, físico e económico, na medida em que o dano referido tornou a propriedade menos utilizável e valiosa[846]. Um outro ponto de análise dos danos puramente económicos respeita às pessoas colectivas, uma vez que os danos a direitos de propriedade das pessoas colectivas podem configurar um dano puramente patrimonial dos accionistas[847].

Um aspecto fundamental na discussão anglo-americana dos danos puramente económicos consiste em não estabelecer uma fronteira rígida entre o contrato e o delito, no sentido de defender que o direito delitual não visa a protecção das expectativas que seriam tuteladas pelo contrato[848].

---

[843] Nos casos de informação negligente e de responsabilidade de profissionais, a *common law* admite mais facilmente a indemnização de danos puramente económicos.

[844] PETER CANE, "Economic Loss in Tort and Contract", RabelsZ, Band 58, Heft 3, (1994), pp. 430-437 e HEIN KÖTZ, "Economic Loss in Tort and Contract", RabelsZ, Band 58, Heft 3, (1994), pp. 423-429.

[845] EARL A. CHERNIAK/ELISSA HOW, *Policy and Predictability: Pure economic Loss in the Supreme Court of Canada*, Canadian Business Law Journal, vol. 31, 1999, p. 210.

[846] Em casos como *Caltex Oil (Australia) Pty. Ltd. v The Dredge Willemstad, Spartan Steel & Alloys Ltd v Martin* e *Perre v Apand Pty Ltd* os tribunais analisaram esta questão da linha de distinção entre danos físicos e danos puramente económicos.

[847] Sobre esta questão no direito português, PEDRO ALBUQUERQUE/MARIA DE LURDES PEREIRA, *A responsabilidade civil das autoridades reguladoras e de supervisão*, pp. 90-130.

[848] PETER CANE, "Contract, tort and economic loss", *The law of tort*, p. 132, escreve: "*Why are the boundaries between tort and contract breaking down? One suggestion is that*

318   *Normas de Protecção e Danos Puramente Patrimoniais*

Outros pontos fundamentais respeitam ao grau de culpa do lesante e à importância do interesse económico na hierarquia de protecção do direito delitual. Os interesses puramente económicos são os menos protegidos na *negligence*, pois considera-se que teriam menos importância para a pessoa do que a sua integridade física e psicológica ou do que os bens de que é titular[849]. Daí a importância de se reconhecer o dever de cuidado (*duty of care*), que significa que a lei estabelece uma relação especial entre as partes. O teste de três etapas proporciona um bom enquadramento para a avaliação do dever de cuidado, atendendo à previsibilidade do perigo, à proximidade e a considerações políticas. Este teste é actualmente utilizado nos tribunais ingleses, no Tribunal Superior da Austrália, na Nova Zelândia e no Canadá, ainda que, num primeiro momento, com base no caso *Anns v Merton London Borough,* tenha sido subscrito um teste de duas etapas[850]. Para sustentar a existência de um dever de cuidado, o lesado tem

---

society is more interdependent that it used to be." DÁRIO MOURA VICENTE, *Da responsabilidade*, pp. 203-204, analisando o direito inglês e a sua jurisprudência, considera que a regra da *privity of contract* fez com que o direito inglês contemporâneo tivesse em materia de danos puramente económicos realizado uma fuga para o delito "*escape into tort*".

[849] Na jurisprudência nacional, admite-se que o direito à integridade física, à saúde, ao repouso e ao sono, gozando da plenitude do regime dos direitos, liberdades e garantias, é de espécie e valor superior ao direito de propriedade ou ao do exercício de uma actividade comercial. A violação do direito ao repouso, ao descanso e ao sono pode verificar-se mesmo no caso de a emissão de ruído estar contida nos limites legalmente fixados. Tal ofensa não é excluída pela circunstância de a respectiva actividade ter sido autorizada administrativamente, sendo referido no Acórdão à frente citado que seria peregrina a tese de que, a existir dano indemnizável, o mesmo só poderia ser ressarcido pelas autoridades que autorizaram a abertura da discoteca causadora do ruído (STJ 6-Mai.-1998, BMJ, 477, p. 406).

[850] Sobre este teste, cfr. CHRISTIAN WITTING, "Duty of care: An Analytical Approach", OJLS, vol. 25. n.º 1, (2005), pp. 33-63, que considera que é a proximidade, que, mesmo na desorganizada área da *negligence*, providencia uma base sólida de argumentação para o dever de protecção, pelo que deve ter supremacia em relação aos restantes elementos. No mesmo sentido, K. M. STANTON, "The recovery of pure economic loss in tort: the current issues of debate", *The Law of tort* Policies and Trends in Liability for Damage to property and economi Loss, (ed. Michael Furmston), Duckworth, 1986, pp. 9-24. NICHOLAS J. MCBRIDE, "Duties of care-Do they Really exist?", OJLS, vol. 24, n.º 3, (2004), pp. 417-441, defendendo a existência de um dever de cuidado para além de um dever de indemnizar pelos danos. NILS JANSEN, "Duties and Right in Negligence: A Comparative and Historical Perspective on the European Law of extracontractual Liability", OJLS, vol. 24, n.º 3, (2004), pp. 443-469, no qual preconiza que um modelo de aproximação pelos direitos (*rights-base analysis*) oferece uma resposta preferível ao modelo tradicional do dever.

de fazer prova dos três elementos em relação ao perigo verificado no caso. É preciso que a pessoa ou grupo de pessoas em que está inserido esteja em condições de prever a possibilidade da lesão, de forma a adoptar todos os passos para evitar o resultado danoso. Todavia, em matéria de danos puramente económicos não basta a prova da previsibilidade, é essencial a prova da proximidade. No caso *Donoghue v Stevenson*, Lord Atkin desenvolveu o conceito de vizinhança para explicar a proximidade, no sentido das pessoas próximas que devem ser tomadas em consideração no momento da prática de acções e de omissões. Na proximidade colocam-se aspectos de causalidade, no sentido de abranger a individualização de elementos que indicam se o lesante falhou em matéria de cuidado, o que afectou directamente o lesado. Uma causalidade próxima verifica-se quando, na cadeia causal, há poucos pontos de distanciação entre as acções que poderiam ser tomadas para evitar o resultado e o resultado verificado. Trata-se de saber se o lesante estava em posição apropriada para evitar a lesão dos interesses.

Os elementos da previsibilidade e proximidade necessitam da avaliação de aspectos factuais, nos quais assenta o dever de cuidado. Todavia, os tribunais também exigem que a criação de um dever de cuidado seja "*fair, just and reasonable*". Ora, o que seja "justo, correcto e razoável" só é determinável por referência a valores. Os tribunais analisam estes elementos para apreciar a sua legitimidade para considerar as consequências do estabelecimento de um dever de cuidado para uma nova categoria de casos. Estas consequências podem estar relacionadas com a inconsistência com um regime legal, com o estabelecimento de um ónus demasiado pesado para as autoridades públicas, ou com o problema da responsabilidade ilimitada. O dever de cuidado deve ser recusado quando, apesar de se justificar no caso concreto, é contrário ao sistema de responsabilidade num contexto mais amplo. Na aplicação do teste para aferir da existência de um dever de cuidado, de referir que os tribunais canadianos são mais propensos a recorrer às finalidades de prevenção e a aplicar a análise económica do direito na resolução de problemas.

A *common law* distingue os danos económicos consequentes de danos físicos, dos danos remotos ou não relacionados completamente com este tipo de danos. O dever de cuidado para com os bens tangíveis também abrange os bens intangíveis, pois os danos económicos consequentes são indemnizáveis. Um exemplo de danos económicos consequenciais é a decisão *McFarlane v Tayside Health Board*, em que uma esterilização mal

320   *Normas de Protecção e Danos Puramente Patrimoniais*

feita gerou o nascimento de uma criança. Os tribunais ingleses consideraram o resultado do tratamento médico um dano físico. A acrescer ao dano físico, e atendendo aos danos morais, os lesados tiveram direito a despesas médicas e a roupas para a mãe e para a criança. Neste caso entendeu-se que os custos do crescimento da criança até à idade da maioridade eram demasiado distantes do dano físico para justificar a respectiva indemnização.

O caso de *Spartan Steel v Martin* é elucidativo do carácter restritivo das regras aplicáveis aos danos económicos consequenciais (*consequencial/secondary*). Neste caso, devido a um corte de electricidade negligente, permitiu-se a indemnização de uma produção de ferro cuja oxidação implicou a perda do seu valor, mas já não se admitiu a indemnização de outras produções que deixaram de ser realizadas em consequência da paragem eléctrica.

No direito norte-americano vigorou, durante largas décadas, a não recuperação dos danos puramente económicos, ainda que, numa minoria de Estados, se tenha admitido que aqueles danos são susceptíveis de ser recuperados nas acções de responsabilidade do produtor (*product liability actions*). Assim, a doutrina era muito restritiva e os tribunais ainda a reduziam mais ao negar qualquer indemnização quando estivessem envolvidas partes comerciais[851-852]. Não obstante, deparamos-nos hoje com uma ten-

---

[851] Sobre o enquadramento jurídico norte-americano desta temática em ligação com a responsabilidade do produtor cfr. DANIEL S. KLEINBERGER, LINDA J. RUSH, ALAN I. SILVER, *Building a New Foundation: Torts, Contracts, and the Economic Loss Doctrine*, Bench & Bar Minnesota, September, (2000), pp. 25-29, ERIC R. SKINNER, *The Expansion of the economic loss doctrine: Neibarger v. Universal Cooperatives, Inc.*, Detroit College of Law Review, 2, Summer, (1993), pp. 1007-1033, LYNN E. WAGNER, RICHARD A. SOLOMON, *The Supreme Court of Florida Ends the Confusion Surrounding the Economic Loss Doctrine*, The Florida Bar Journal, May, (1994), pp. 46-55, KAREN SMITH FRENCH, *Tort and Contract: Pennsylvania Denies a Products Liability Claim for Economic Loss resulting from a Product Damage as a Result of its own defect*, The Journal of Law and Commerce, 1989, 1, pp. 99-114, KIMBERLY JADE TILLMAN, *Product Defects resulting in Pure Economic Loss: Under What Theory Can a Consumer Recover?*, Journal of Products Liability, v. 9, n. 3, (1986), pp. 275-301.

[852] KELLY M. HNATT, "Purely Economic Loss: A Standard for Recovery", Iowa Law Review, 73, (1988), p. 1187, distingue ente os danos puramente económicos negligentes e os verificados no domínio da responsabilidade do produtor. Os primeiros dizem respeito a uma lesão nos interesses económicos que normalmente surge com a forma de lucros cessantes (mas não exclusivamente) podendo abranger danos económicos consequenciais

Evolução Histórico-Dogmática

dência jurisprudencial e doutrinal que, salientando a erosão da regra da não recuperação dos danos puramente patrimoniais e o alargamento das suas excepções, preconiza que triunfou um princípio de recuperação, pelo que o relevante é traçar linhas de determinação de um *standard* para a indemnização. Note-se que não se encontra nos diferentes estados norte-americanos uma jurisprudência uniforme quanto a esta questão. Deste modo, a maior parte dos autores que têm abordado a temática procura descobrir linhas argumentativas que permitam conduzir os tribunais a uma aplicação mais segura nos casos futuros[853]. Cumpre previamente referir que o *Uniform Commercial Code* (UCC), codificação norte-americana da legislação comercial, adoptado pela totalidade dos estados norte-americanos, permite responsabilizar um produtor pelos produtos defeituosos. A responsabilidade do produtor prevista nesta legislação surge sob a égide da garantia no art. 2.°. Com efeito, a responsabilidade civil desenvolveu o conceito de responsabilidade objectiva, nela se incluindo a responsabilidade do produtor. Um produto defeituoso pode causar danos na pessoa, danos na propriedade e danos puramente económicos. Os dois primeiros são danos directos (físicos). Os danos puramente económicos podem ser de dois tipos: directos, correspondentes ao menor-valor decorrente do produto ser defeituoso, e indirectos, relativos aos lucros cessantes, pela privação de uso do produto defeituoso[854]. Nos danos puramente económicos incluem-se os danos resultantes da perda de oportunidades de negócio ou de lucros provocados por uma conduta delitual, ou no domínio da responsabilidade do produtor[855].

Têm sido utilizados, a nível jurisprudencial, dois tipos de argumentos para justificar a não indemnização dos danos puramente económicos. Nos casos em que há uma ligação contratual, nomeadamente um contrato de compra e venda, só a *lex contratu* pode decidir sobre a indemnizabilidade ou não de danos causados por o produto ser defeituoso. Nos casos em que as partes não estão ligadas por qualquer relação contratual, os tribu-

---

(custos de reparação), expectativas, perda de oportunidades e prejuízos pagos a terceiros como resultado de uma actuação negligente.

[853] JOAN S. ALLIN, *Negligent actions and pure economic loss*, New Zealand Law Journal, December, (1985), pp. 405-410.

[854] KURT M. RUPERT, *Torts: Recovery of Damages for Economic Loss Through the Use of Strict Liability in Tort*, Oklahoma Law Review, v. 38, (1985), pp. 347-359.

[855] O nosso *Os danos puramente económicos – II*, p. 21.

nais sublinham a maior possibilidade dos lesados preverem esse tipo de perdas e celebrarem contratos de seguro. No entanto, é fundamental realizar uma distinção entre danos económicos associados e não associados a danos corporais, já que nas situações em que os primeiros se verifiquem, os lesados podem recuperar uma panóplia significativa de custos, tais como receitas médicas, lucros cessantes e custos de assistência, que são, em bom rigor da verdade, danos económicos, mas, na medida em que estejam acoplados a um dano corporal, serão indemnizáveis[856].

Não obstante os tribunais admitirem a indemnização dos danos corporais ou dos danos à propriedade resultantes de um produto defeituoso, normalmente são relutantes em matéria de danos puramente económicos. Esta atitude, relativamente aos danos puramente económicos derivados da violação de um contrato, funda-se na ideia de que as partes podem acautelar-se através de uma garantia; *mutatis mutandis,* relativamente aos danos puramente económicos que se registam fora de qualquer relação contratual, explícita ou implícita, (por exemplo, os danos decorrentes de uma explosão negligente, que levou ao encerramento de um empresa, ou decorrentes de um derrame de petróleo, que extingue toda a fauna marítima, da qual depende a vida profissional dos pescadores), igual atitude funda-se na ideia de que as pessoas devem proteger-se através de seguros. Assim, podem autonomizar-se dois tipos de casos relevantes no domínio dos danos puramente económicos: os que envolvem situações jurídicas contratuais e os que envolvem situações jurídicas não contratuais[857].

Apesar da regra em relação aos danos económicos ter sido, numa primeira fase, no sentido da sua não cobertura, no direito norte-americano, como, aliás, já fizemos referência, os tribunais têm vindo a desenvolver uma série de excepções em que a indemnização é admitida. Por outro lado, alguns juízes norte-americanos consideram os casos de privação do uso de bens como danos à propriedade. Estas soluções caminham em sentido oposto às tentativas de limitação da responsabilidade pela teoria do contrato ou da garantia e aos casos da *negligency,* em que se defende não poder haver qualquer tipo de recuperação. Em termos delituais, os danos

---

[856] MARSHALL S. SHAPO, *Basic Principles of Tort Law*, West Group, St. Paul, Minnesotta, 1999, p. 287. Cfr. o nosso *Os danos puramente económicos – II*, p. 21.

[857] MARSHALL S. SHAPO, *Basic Principles*, p. 288. Cfr. o nosso *Os danos puramente económicos – II*, p. 22.

Evolução Histórico-Dogmática

puramente económicos têm sido aproximados do conceito de dever (*duty*) e de causa próxima (*proximate cause*). Alguns juízes desenvolveram o conceito de previsibilidade (*foreseeability*) para construir formas de limitação da responsabilidade através da identificação de classes de lesados. São acrescentados ainda argumentos de política legislativa ao tratamento desta temática jurídica: *i)* a natureza de mercado da sociedade moderna, *ii)* a possibilidade de contratualizar riscos através de seguros, *iii)* a inexistência de um dever geral de não causar aquele tipo de danos e *iv)* a possibilidade de inúmeras fraudes poderem surgir invocando danos que não se sofreram. No entanto, há um argumento incontornável a favor da recuperação dos danos puramente económicos: a existência indiscutível de uma conduta delitual em todos estes casos[858].

A perspectiva, que se subscreve, é a de que nos sistemas de *common law* os *pure economic losses* abrangem uma miríade de situações sob idêntica denominação e que, por isso, qualquer tentativa de edificar uma teoria unitária, nos ordenamentos jurídicos europeus, sobre esta matéria, fracassará necessariamente. Trata-se de um tema multiforme, que vai desde a concorrência desleal até à fraude, à poluição negligente de águas públicas, ao mau exercício da advocacia e de auditorias, à destruição de edifícios pelo fogo e à compensação de lucros cessantes devido a lesões à integridade física[859]. No entanto, os argumentos que se desenvolvem na doutrina anglo-americana são semelhantes aos que nos direitos continentais têm sido apresentados para excluir o ressarcimento de danos puramente patrimoniais, sendo fundamental o seu enquadramento neste espaço jurídico atendendo à crescente americanização, curiosamente pela via comunitária, dos sistemas de responsabilidade civil continentais.

Também na *common law* se desenvolveu a doutrina da *negligence per se* considerando que certos actos contrários a certas leis são abrangidos intrinsecamente pela *negligence* quando o prejuízo que originam é aquele que a lei visa prevenir[860].

---

[858] MARSHALL S. SHAPO, *Basic Principles*, pp. 290-291. Cfr. o nosso *Os danos puramente económicos – II*, p. 22.

[859] VICTOR P. GOLDBERG, *Recovery for pure economic loss in tort: another look at Robins Dry Dock v. Flint*, The Journal of Legal Studies, vol. XX (2), June 1991, p. 251.

[860] KIRSTIN POLLACK, *Schutzgesetzverletzung und "negligence per se". Eine rechtsvergleichende Untersuchung zwischen dem deutschen und dem US-amerikanischen Recht*, Frankfurt am Main, Berlin, Bern, Wien, Lang, 2003.

324 *Normas de Protecção e Danos Puramente Patrimoniais*

9.3. *Os danos puramente patrimoniais nos sistemas continentais*

I. Uma das áreas mais actuais e problemáticas do direito da responsabilidade civil é indiscutivelmente a dos danos puramente económicos[861]. Trata-se de um tema cuja origem e desenvolvimento se situou no espaço jurídico anglo-americano, tendo sido posteriormente exportado para a doutrina europeia continental através de trabalhos de análise comparativa dos diferentes sistemas de responsabilidade civil[862], designadamente no âmbito de tentativas de uniformização, a nível europeu, do direito delitual[863], ou, inclusive, de trabalhos parcelares com vista à ela-

---

[861] WILLEM H. VAN BOOM, "Pure Economic Loss: A Comparative Perspective", *Pure Economic Loss* (Willem H. van Boom, Helmut Koziol, Christian A. Witting), Springer, Wien, New York, 2004, pp. 1-40.

[862] MÁRIO BUSSANI, VERNON VALENTINE PALMER, *Pure Economic Loss in Europe*, Cambridge University Press, 2003, EFSTATHIOS K. BANAKAS, *Civil Liability for pure economic loss*, Kluwer Law, WILLEM H. VAN BOOM, HELMUT KOZIOL, CHRISTIAN A. WITTING (eds.), *Pure Economic Loss*, vol. 9, European Center Tort and Insurance Law, Springer, Wien, New York, 2004, e HEINRICH HONSELL, "Der Ersatz reiner Vermögensschaden in Rechtsgeschichte und Rechtsvergleichung", FS für Werner Lorenz zum 80. Geburtstag, Sellier, München, 2001, pp. 483 e ss, concluindo por uma convergência entre os sistemas da *common law* e da *civil law,* apesar da dualidade de sistemas de responsabilidade delitual e de uma convergência ao nível dos resultados entre o sistema inglês e alemão (p. 508).

[863] De referir um conjunto de princípios já elaborados nesta matéria pelo *European Group on Tort Law*, do qual fazem parte JORGE SINDE MONTEIRO e ANDRÉ GONÇALO DIAS PEREIRA. De acordo com o projecto apresentado, o dano consiste numa lesão material ou imaterial de um interesse juridicamente protegido. A extensão da protecção de um interesse depende da sua natureza; quanto mais valioso e mais precisa a sua definição e notoriedade, mais ampla deverá ser a sua protecção. A vida, a integridade física ou psíquica e a liberdade gozam de protecção mais extensa. Aos direitos reais, incluindo os direitos sobre coisas incorpóreas, é concedida também uma ampla protecção. Diferentemente, os interesses puramente económicos ou as relações contratuais poderão ter menor protecção. Nestes, deve tomar-se em consideração, especialmente, a proximidade entre o agente e a pessoa ameaçada, ou o facto de o agente estar consciente de que vai causar danos, apesar dos seus interesses deverem ser considerados menos valiosos do que os do lesado. A extensão da protecção também pode ser afectada pela responsabilidade, de forma a que um interesse possa ser mais extensamente protegido face a lesões intencionais do que em outros casos. Na determinação da extensão da protecção devem também ser tomados em consideração os interesses do agente, especialmente na sua liberdade de acção e no exercício dos seus direitos, bem como o interesse público. HELMUT KOZIOL, "Recovery For Economic Loss in the European Union", Arizona Law Review, 48, (2006), pp. 884-885: Art. 2:102. Protected interests (1) The scope of protection of an interest depends on its nature; the higher its

boração de um Código Civil Europeu[864]. Este movimento de europeização do Direito privado foi incrementado sobretudo a partir da década de 90 e

value, the precision of its definition and its obviousness, the more extensive is its protection. (2) Life, bodily or mental integrity, human dignity and liberty enjoy the most extensive protection. (3) Extensive protection is granted to property rights, including those in intangible property.(4) Protection of pure economic interests or contractual relationships may be more limited in scope. In such cases, due regard must be had especially to the proximity between the actor and the endangered person, or to the fact that the actor is aware of the fact that he will cause damage even though his interests are necessarily valued lower than those of the victim. (5) The scope of protection may also be affected by the nature of liability, so that an interest may receive more extensive protection against intentional harm than in other cases. (6) In determining the scope of protection, the interests of the actor, especially in liberty of action and in exercising his rights, as well as public interests also have to be taken into consideration. Estes princípios influenciaram o projecto austríaco de lei sobre responsabilidade civil terminado em 2005 que se passa a transcrever: § 1298. (1) Duties of care in regard of pure economic interests exist in particular in a relationship under the law of obligations, at business contact, in case of statements on which the addressee perceptibly depends on or which are intended to arouse the reliance of the addressee, as well as on account of provisions on behavior to protect assets; further if the offender is aware of causing damage and if there exists a stark imbalance between the endangered interests and the interests of the offender. (2) A person who knows the contractual rights of an other person must not work towards the breach of contract by the debtor, unless he protects by that his own right which he has established before or without being aware of the other's contractual right. A person who just takes advantage of a debtor's decision to breach the contract is only liable, if he is aware of the debtor's obligation or if this obligation is obvious and if he fails to prove that the damage would have occurred even without his activity. HELMUT KOZIOL, "Die «Principles of European Tort Law» der «European Group on Tort Law»", Zeup 2/(2004), pp. 234-259. Cfr. MAURO BUSSANI/UGO MATTEI, *Making European Law, Essays on the Common Core Project*, Università degli studi di Trento, 2000, e *The Common Core of European Private Law* (eds. Mauro Bussano and Ugo Mattei), Kluwer Law International, The Hague, London, New York, 2003. De salientar os artigos de WOLFGANG FIKENTSCHER, "Harmonizing National and Federal European Private Laws, and Plea for a Conflicts-of-law", pp. 43-48, ARTHUR HARTKAMP, "Perspectives for the Development of a European Civil Law", pp. 67-78, e EWOUD HONDIUS, "Finding the Law in a New Millenium: Prospects for the Development of Civil Law in the European Union", pp. 79-103. Cfr. SINDE MONTEIRO, "Responsabilidade delitual. Da ilicitude", pp. 471 e ss.

[864] Num sentido muito crítico em relação a um Código de Direito privado Europeu com base na necessidade de manter o Estado nacional como instrumento de liberdade, defendendo que nem sempre a uniformização jurídica é benéfica, atento o carácter histórico-cultural do direito, e que o *ius commune* europeu é um mito historiográfico, devido à prevalência dos *iura própria*, à falta de atribuições da União para promulgar o Código, ao pobre nível doutrinal, à ausência de consenso político constituional mínimo sobre o Código

326 *Normas de Protecção e Danos Puramente Patrimoniais*

apoiado por revistas jurídicas que se especializaram neste domínio como a *Zeitschrift für Europaisches Privatrecht* (1993), a *European Private Law Review* (1993) e a *Europa e Diritto Privato* (1998). Trata-se, por isso, de um tema que revela um notório recrudescimento dos estudos comparativos, numa área jovem onde se tem desenvolvido o recurso a instrumentos metodológicos, como a análise económica do direito[865]. A aplicação da *law and economics*[866] à responsabilidade civil e, em especial, aos *pure*

---

e à falta de legitimidade democrática, TOMÁS RUBIO GARRIDO, "*Interrogantes y sombras sobre el Código Europeu de derecho Privado y los juristas "europeístas"*", RDPE, Noviembre-Diciembre (2005), pp. 25-49. Em sentido igualmente crítico, NOKOLAS ROOS, "NICE Dreams and Realities of European Private Law", *Epistemology and Methodology of Comparative Law*, Hart, Oxford, 2004, pp. 197-228. Em sentido oposto, WALTER VAN GERVEN, "Codifying European Private Law", *Epistemology and Methodology of Comparative Law*, Hart, Oxford, 2004, pp. 137-164, sobre a necessidade de uma aproximação *botton up* servir de suporte a um trabalho *top-down* em matéria de codificação do Direito privado europeu. Cfr. sobre este debate *infra*.

[865] Sobre a relevância da economia para o Direito, cfr. MENEZES CORDEIRO, "A Boa Fé nos Finais do Século XX", ROA, Ano 56, Dezembro, (1996), p. 904: a responsabilidade civil tem sido uma área especialmente visada pelos estudos de análise económica do Direito, sobretudo na medida em que se opera a sua instrumentalização a valores extracivis como a economia, a defesa do ambiente, a segurança e tutela das pessoas. A economia, rica em esquemas abstractos, fornece alguns tópicos, mas a sua contribuição para a resolução de casos concretos é desoladora. Criticando a análise económica do direito por "*superar o pragmatismo para afirmar uma verdadeira tecnocracia*", cfr. MAFALDA MIRANDA BARBOSA, *Liberdade vs. Responsabilidade,* 233. Na doutrina alemã, JOCHEN TAUPITZ, "Ökonomische Analyse und Haftungsrecht-Eine Zwischenbilanz", AcP, 196, (1996), pp. 115-167, e JOHANNES KÖNDGEN, "Ökonomische Aspekte des Schadensproblems", AcP, 177 (1977), pp. 1-34. De salientar nos estudos de análise económica de direito, GUIDO CALABRESI, *The Costs of Accidents. A legal and Economic Analysis*, Yale University Press, 1970, p. 44, SCHÄFFER/OTT, *Lehrbuch der ökonomischen Analyse des Zivilrechts*, 3. A., Springer, Heidelberg, 2000, pp. 100 e ss, com um enfoque na função preventiva da responsabilidade, PATRICK BUROW, "Einführung in die ökonomische Analyse des Rechts", JuS, (1993), Heft 1, pp. 8-12, e MICHAEL KITTNER, *Schuldrecht Rechtliche Grundlagen-Wirtschaftliche Zusammenhänge*, 3. A. Verlag Vahlen, München, 2003, pp. 64-66. Neste sentido, DÁRIO MOURA VICENTE, *Da responsabilidade*, p. 154, (n. 515).

[866] Os antecedentes teóricos de uma perspectiva metodológica da análise económica do direito remontam a BENTHAM e ADAM SMITH. O primeiro artigo em que se pode falar desta perspectiva é dos anos sessenta, do século passado, de COASE. Posteriormente, CALABRESI e POSNER vieram trazer contributos a esta análise. A análise económica do direito é produto do utilitarismo e rejeita qualquer tipo de aproximação ao direito natural. Este utilitarismo reconduz-se a duas grandes questões: quem ganha pode compensar quem perde e quem perde pode ser compensado (equidade). No pensamento de COASE, nas áreas do

direito em que os custos de transacção são baixos e em que as pessoas são capazes só por si de negociar, o direito deve ser o mais neutral possível. De forma distinta, nas áreas de custos de transacção altos, em que se registam significativas falhas do mercado, o direito deve procurar o equilíbrio eficiente. O objectivo do direito é a utilidade e não a equidade, que deve ser procurada pelo sistema fiscal. CALABRESI distingue os domínios de troca voluntária, como os contratos e a propriedade, e os de troca involuntária, como a área penal e a responsabilidade delitual. Nestas, os custos de transacção são elevados, pelo que deve ser procurada a forma eficiente para o direito. Neste contexto, o direito deve visar a prevenção e não a compensação, que se pode resolver por sistemas de seguro e de segurança social. O aumento da capacidade do sistema advém de tentar alinhar os benefícios sociais e privados. No que concerne à preponderância da análise económica do direito, há uma contraposição entre o sistema norte-americano e o sistema europeu, uma vez que, também na *common law* britânica, a *law and economics* não tem tido seguidores. Os americanos desenvolveram um federalismo competitivo, como uma forma eficiente de organizar o direito federal e estadual, enquanto a harmonização do direito comunitário tem eliminado os factores competitivos. A escola de Chicago é completamente contrária à harmonização legislativa. O sucesso da *law and economics* e, em geral, das correntes que derivaram do *legal realism,* como as da *law and society, law and history* e *law and pschology,* nos Estados Unidos da América, relaciona-se bastante com a organização do ensino do direito e com o facto da *common law* sofrer de uma subteorização que a orienta sobretudo para os *clinical studies,* em detrimento dos estudos teóricos. Por contraste, nos sistemas europeus, com um direito *overtheorising,* a comunidade científica afasta-se dos estudos interdisciplinares e dos métodos quantitativos. Os anos noventa do século passado representaram, no entanto, a nível europeu, um interesse acrescido pela análise económica do Direito, porventura um dos efeitos da atribuição do prémio Nobel da Economia a Ronald Coase, em 1991. Em Portugal, são ainda pouco significativos os estudos dedicados à análise económica do direito. Para uma síntese crítica da análise económica do direito, CASTANHEIRA NEVES, "Entre o "legislador", a "sociedade" e o "juiz" ou entre "sistema", "função" e "problema" – os modelos actualmente alternativos da realização jurisdicional do Direito", BFD, vol. 74, (1998), p. 27: *"Na "análise económica do direito" – com o seu entendimento da sociedade e de que toda a prática social, mesmo política (recorde-se a teoria do public choice), segundo a estrutura do mercado, com o seu utilitarismo (ainda que numa superação crítica de BENTHAM), com o seu postulado do "homem racional" (em que a racionalidade é apenas inteligência dos interesses), com a sua tese behaviorista do comportamento humano-social – o direito só teria sentido na perspectiva da eficiência económica (da "maximização da riqueza", segundo Posner) e para a realizar, acabando mesmo por reduzir-se a um papel residual na coerência do "teorema de Coase" (competindo-lhe apenas diminuir os "custos de transacção" e oferecer as condições para a resolução convencional das externalidades") – embora com condições possíveis e complementares intenções também distributivas, segundo alguns (pense-se em Calabresi)".* Sobre o teorema de Coase, MANUEL VICTOR MARTINS, "Ronald Coase: Na fronteira da Economia e do Direito",

Sub judice, justiça e sociedade, n.º 2, (1992), Jan-Abr, pp. 29-30, explicando que subjacente ao teorema de Coase encontram-se preocupações com as razões que estão na base da criação de organizações e, em especial, de empresas numa economia de mercado livre e as restrições que existem num mercado livre que impedem a resolução do problema dos efeitos externos, ou seja, a sua integração na esfera mercantil. Para outra crítica, MENEZES CORDEIRO, *Tratado de Direito Civil Português*, I, 135-136, considera que no fundamental a análise económica do direito assenta no facto que as opções humanas podem ser enquadradas por postulados de ordem económica. A análise económica prende-se filosoficamente ao jusnaturalismo utilitarista benthamiano e aos seus prolongamentos pragmáticos e realistas norte-americanos. Apresenta neste momento alguma recepção na Alemanha, sobretudo na Faculdade de Direito da Universidade de Hamburgo, actualmente dirigida por CLAUS OTT, cujo contributo para o desenvolvimento do último movimento metodológico do século XX tem sido significativo. Em Portugal, como momentos de erupção desta análise, de salientar os estudos de FERNANDO ARAÚJO, na Faculdade de Direito da Universidade de Lisboa, e a autonomia de uma cadeira no plano de estudos de regência de NUNO GAROUPA, na Faculdade de Direito da Universidade Nova de Lisboa, que organizou o n.º 34 da Sub judice, Justiça e Sociedade, n.º 34, (2006), Jan-Mar, dedicado à análise económica do Direito (neste número, com interesse em especial para o tema que nos ocupa, PABLO SALVADOR/CARLOS GÓMEZ, "El derecho de daños y la minimización de los costes de los acidentes", pp. 11-26). Apesar de já se ter tornado um lugar comum na civilística nacional a rejeição da análise económica de direito, pensamos, em alguns casos, um ponto de vista de eficiência económica pode ser um instrumento relevante em matéria de legística material, para o qual existe um campo profícuo na avaliação dos impactos económicos dos actos legislativos. Neste sentido, também CARNEIRO DA FRADA, *Teoria da confiança*, p. 409, (n. 465), pormenorizando uma relação entre a análise económica e a boa fé objectiva, mas admitindo que, na ausência de uma teleologia marcada por critérios de eficiência, o seu recurso para a resolução de conflitos individuais pode implicar um confronto entre a competência legislativa e judicial. Por outro lado, concordamos com MENEZES CORDEIRO, *Tratado de Direito Civil Português*, I, pp. 135-136, que se impõe alguma prudência e não realizar, sem mais, uma condenação sumária da análise económica do Direito, uma vez que, em Portugal, os seus frutos dogmáticos ainda não foram devidamente analisados. No entanto, uma averiguação dos postulados da análise económica do direito da responsabilidade delitual baseada numa maior eficiência de mercado pode contrariar soluções de justiça que subjazem ao sistema delitual. Recuperando o exemplo de PIGOU, de uma locomotiva que com as suas faúlhas causa danos aos agricultores, ao assentar o direito à indemnização no princípio estritamente aritmético de que o cálculo do ganho retirado das colheitas não deve ser inferior às perdas impostas ao caminho de ferro. No limite, o teorema de COASE estabelece um verdadeiro direito a causar danos desde que, do ponto de vista económico, seja mais prejudicial para o agente não os causar, do que para o lesado sofrê-los. A ciência do direito não pode deixar de criticar este postulado. Ainda que esta solução possa permitir ganhos de eficiência significativos, desvirtua o carácter ético dos eixos fun-

economic losses tem alcançado uma adesão significativa no espaço jurídico americano[867]. Os *pure economic losses* constituem um domínio de investigação privilegiado pela respectiva Ciência Jurídica, cujos cultores têm desenvolvido e apoiado largamente esta perspectiva metodológica, que assenta numa concepção politizada do direito da responsabilidade delitual, que a modela, enquanto *social engineering*.

Na lei sueca da responsabilidade civil, de 2.6.1972, (*Schadenersatzgesetz*) (1:2), é consagrada uma primeira definição de dano patrimonial puro *(ren förmögenhetsskada)* como o dano económico (*ekonomisch skada*) que não surje conjuntamente com qualquer dano à pessoa ou a coisas *(person-eller sakskada)*[868]. A regra no direito sueco é que só excep-

---

damentais da responsabilidade delitual. No entanto, enquanto bitola de ponderação da indemnização, pode ser inserida no contexto da aplicação do artigo 494.º do CC. O que acontece é que muitos argumentos de justiça são simultaneamente argumentos de eficiência e, neste domínio de intersecção, a análise económica parece aplicar-se. Todavia, a sua verdadeira área corresponde ao afastamento de argumentos de justiça por argumentos de eficiência e, neste campo, ainda estão por provar os efeitos úteis desta substituição. Cfr. David Friedman, "Direito e ciência económica", *Sub judice*, justiça e sociedade, n.º 2, (1992), Jan-Abr, pp. 31-38. Defendendo a analise económica do Direito como perspectiva superadora do positivimo jurídico, Sousa Franco, "Análise económica do Direito: Exercíco intelectual ou fonte de ensinamento", Sub judice, justiça e sociedade, n.º 2, (1992), Jan-Abr, pp. 63-70. Decisivo do ponto de vista das referências materiais e a valores é a sua recondução a puros moralismos, a custos não monetários ou a um mero facto empírico, como o clima, em nada correspondente com o papel constitutivo e regulativo da ideia de justiça, implicando que esta análise não assuma foros de ciência do direito, mas de mero auxiliar metodológico, a crítica de Sinde Monteiro, *Análise Económica do Direito*, BFD, vol. 57, (1981), pp. 248-249. Comum à maioria da doutrina civilista nacional é a sua relativa desconsideração pela não conjugação desta metodologia com a natureza histórico-cultural do direito e com referências de justiça que escapam completamente a um sistema de explicações puramente racionais e utilitárias, edificadas sobre um espécie não empírica – o *"homo oeconomicus"*. Cfr. para a articulação entre a eficiência e a justiça, Heinrich Ewald Hörster, *A Parte Geral*, pp. 91-92.

[867] Peter Cane, "The Anatomy of Private Law Theory: A 25th Anniversary Essay", OJLS, vol. 25, n.º 2, (2005), pp. 203-217. Seguindo também um enquadramento económico para justificar uma limitação ou expansão da responsabilidade em casos de danos puramente económicos, Donald Harris/Cento Veljanovski, *Liability for economic loss in tort, The law of tort*, Policies and Trends in Liability for Damage to property and economic Loss, (ed. Michael Furmston), Duckworth, 1986, pp. 45-71.

[868] Christian von Bar, *Gemeineuropäisches Deliktsrecht*, § 2, p. 43: "*Unter reinem Vermögenschaden wird in diesem Gesetz ein solcher wirtschaftlicher Schaden verstanden, der in keinem Zusammenhang damit steht, daß jemand Personen- oder Sachschaden*

330 Normas de Protecção e Danos Puramente Patrimoniais

cionalmente, quando resultam de ilícitos penais, é que estes danos são indemnizáveis (2:4), ou quando resultam de actos de auxiliares cometidos durante o serviço (3:1). No entanto, a lei da responsabilidade civil admite que o Estado e os Municípios tenham de indemnizar danos primariamente patrimoniais (3:2) *Staat oder Kommunen haben Sach- oder reine Vermögensschäden zu ersetzen, die in Ausübung einer hoheitlichen Tätigkeit verurscht wurden und die Zuständikeit von Staat oder Komunnen fallen* (3:2). Na *Verbrechensschadenersatzgesetz* estabelece-se que os danos em coisas ou patrimoniais puros apenas são indemnizáveis em casos excepcionais. Leis especiais, como a legisção ambiental e de protecção autoral admitem, em situações especiais, a indemnização destes danos[869]. O sistema jurídico sueco é, neste domínio, próximo da *common law*, espaço jurídico do qual foi importada a noção de dano puramente económico.

Os outros sistemas continentais autonomizam os danos puramente patrimoniais da violação de bens jurídicos absolutos ou de direitos subjectivos. Por outro lado, o seu tratamento tem sido localizado no confronto entre a área obrigacional e a área delitual[870], sendo que esta temática se autonomizou em especial nas codificações que recorrem a pequenas cláusulas gerais, em detrimento da grande cláusula geral, de modelo napoleónico. Em traços muito gerais podem retratar-se os sistemas de responsabilidade civil germano-românicos como regimes de cláusula geral, sejam eles de grande cláusula geral, como os sistemas francês, espanhol ou italiano, ou de pequenas cláusulas gerais, como os sistemas alemão e português. Há ainda sistemas que combinam uma grande cláusula geral com

---

erleidet". RING/OLSEN, *Einführung in das skandinaviseche Recht*, C.H. Beck, München, 1999, pp. 101 e 111. A noção de danos puramente patrimoniais não se encontra presente nas leis de responsabilidade civil dos outros países escandinavos (pp. 99-101).

[869] *Swedisch Law. A survey,* (trad. James Hurst), Juristförlaget, Stockolm, 1994, pp. 157-158. BERTIL BENGSTSSON, *Torts and Insurance, An Introduction to Swedish Law*, 2. ed. Norstedts, Stockholm, 1988, 304-305, FOLKE SCHMIDT, STIG STRÖMHOLM, *Legal Values in Modern Sweden*, Svenska Borkförlaget, Norstedts, Stockholm, p. 37, admitindo um certo individualismo no sistema de responsabilidade delitual sueco (dando como exemplo a *contributory negligence*). De referir que o direito sueco está mais próximo da *common law* do que dos sistemas de *civil law* (pp. 81 ss).

[870] CARNEIRO DA FRADA/MARIA JOÃO PESTANA DE VASCONCELOS, *Danos económicos puros*, p. 155, defendem que o estatuto e a importância do tema dos danos puramente patrimoniais implicam uma concepção da responsabilidade delitual e obrigacional e da relação que estas mantêm entre si.

Evolução Histórico-Dogmática

pequenas cláusulas gerais, como o austríaco, o suíço e o holandês, que ainda que sejam commumente aproximados do modelo francês, revelam na sua aplicação prática proximidades não negligenciáveis com o modelo alemão.

De modo distinto, como já foi referido, os sistemas anglo-americanos surgem como regimes que se desenvolvem em torno de acções especiais com pressupostos específicos, um pouco à imagem do Direito penal continental[871].

A matéria dos danos puramente patrimoniais não segue a tradicional distinção entre *common law* e *civil law*[872], porquanto a *civil law* encontra-se muito dividida, não se deparando princípios comuns neste domínio. Em relação ao espaço jurídico europeu, não existe qualquer uniformidade entre os diferentes ordenamentos, havendo uns que admitem a indemnização em algumas categorias e outros que a negam praticamente em todas. Esta falta de uniformidade leva a que existam ordenamentos jurídicos, como o francês, que não autonomizam a categoria dos danos puramente patrimoniais, enquanto noutros, como o alemão, a categoria é reconhecida, embora se defenda a não indemnização destes danos, admitindo-se, contudo, excepções[873].

---

[871] CARNEIRO DA FRADA/MARIA JOÃO PESTANA DE VASCONCELOS, *Danos económicos puros*, p. 152, consideram que o relevo do problema dos danos puramente patrimoniais resulta das características de cada sistema de responsabilidade civil.

[872] Em sentido aparentemente contrário, JAN M. VAN DUNNÉ, "Liability for Pure Economic Loss: Rule or Exception? A Comparatist's View of the Civil Law – Common Law Split on Compensation of Non-physical Damage in Tort Law", ERPL, vol. 7, n.º 4, (1999), p. 399: "*Interestingly enough, the divide is to be found along the civil law-common law split: pure economic loss is common in civil law, but uncommen in common law, not to say despise by the courts. Therefore, it is a true Continental Divide.*" Distingue três famílias jurídicas – French/Western continental systems, German/Eastern continental systems e Common Law systems) – para a abordagem comparativa da responsabilidade civil por danos puramente patrimoniais, considerando haver poucos temas no Direito privado que constituam um tópico melhor para a comparação.

[873] S. MARKESINIS, *La politique jurisprudentielle*, p. 32 e pp. 49-50, as excepções ao princípio de reparação são tantas que se transformam no princípio. Deste modo, preconiza a substituição da regra de exclusão por uma regra mais flexível, que permita ao juíz uma apreciação do caso concreto, o acentuar da função preventiva da responsabilidade e a modernização da responsabilidade civil que ultrapasse a distinção entre interesses económicos e prejuízos físicos ou materiais.

332 *Normas de Protecção e Danos Puramente Patrimoniais*

A autonomização dos grupos de casos que se reconduzem a *pure economic losses* tem assim pouca utilidade, sobretudo nos sistemas de responsabilidade delitual, cujo modelo é napoleónico. Já nos sistemas de influência germânica a tipificação de uma ordem de interesses protegidos pode permitir um maior aproveitamento, desde que delimitado o conceito desta categoria de danos, como se tentará desenvolver de seguida.

9.3.1. *Sistemas de modelo francês*

I. O sistema jurídico francês não autonomiza a categoria dos danos puramente patrimoniais[874]. Efectivamente, esta categoria não é reconhecida, como tal, dado que os interesses económicos não se consideram autónomos, uma vez que não há propriamente limites ao conceito do que pode constituir um dano para efeitos da cláusula geral de responsabilidade delitual[875]. O princípio da reparação integral permanece um dogma do direito da responsabilidade delitual francês. Porém, a exigência de reparação é mais forte para os danos causados às pessoas do que aos bens e aos danos económicos que destes resultam. O princípio da reparação integral implica, ainda, um princípio de equivalência entre reparação e dano, não se fazendo qualquer distinção em relação ao tipo de dano. No entanto, o princípio de reparação integral é mitigado, na medida em que se limita às situações indemnizáveis de dano directo e certo.

Com efeito, por um lado, a exigência de causalidade impõe ao princípio de reparação limites razoáveis e, por outro, a *faute* e as exigências económicas combinam-se para fornecer algum temperamento ao "sacrossanto" princípio da reparação integral[876]. Um entendimento demasiado exigente deste princípio conduziria, na verdade, a um "inferno de severidade"[877], pelo que duas condições são exigidas para que o dano possa ser

---

[874] Lapoyade Deschamps, *La réparation du préjudice économique pur en droit francais*, RIDC, n.° 2, (1998), p. 367: "*Ce thème est particulièrement difficile à traiter ou même à concevoir, pour un juriste français, car celui-ci, a priori, ne connaît ni le problème, ni même l'expression*". No mesmo sentido, Stathis Banakas, *Liability for Incorrect Financial Information*, p. 261.

[875] Christophe Radé/Laurent Bloch, "Compensation for Pure Economic Loss Under French Law", *Pure Economic Loss* (Willem H. van Boom, Helmut Koziol, Christian A. Witting), Springer, Wien, New York, 2004, pp. 41-47.

[876] Deschamps, *La réparation*, p. 368.

[877] Na expressão de Deschamps, *La réparation*, p. 371.

Evolução Histórico-Dogmática 333

indemnizado. A primeira respeita à própria existência do dano, a segunda à causalidade. A primeira reconduz-se ao artigo 1149 do *Code*, que estabelece a indemnização dos danos emergentes e dos lucros cessantes, desde que seja feita a devida prova do dano, relacionando-se com o carácter certo do dano. Fica de fora do circuito indemnizatório o dano eventual e hipotético. Há, contudo, alguns prejuízos intermédios entre os danos certos e os hipotéticos que a *Cour de cassation* tem considerado poderem ser ressarcidos, em especial a perda de *chance*[878]. A segunda condição concerna ao carácter directo do dano. Tal exigência resulta do artigo 1151.º do *Code,* que, aplicando uma ideia de causalidade, exclui os danos em cascata, danos reflexos ou *par ricochet*, restringindo os danos indemnizáveis aos previsíveis segundo as probabilidades normais[879].

O artigo 1382 do Código Civil Francês limita-se a estabelecer que quem causar dano com *faute* é obrigado à sua indemnização. Por sua vez, os tribunais ainda não se encontram sensibilizados para acções indemnizatórias de danos puramente patrimoniais. No entanto, a *Cour de Cassation* aceitou a acção de uma empresa de autocarros contra uma pessoa que causou um acidente rodoviário que gerou atrasos nos autocarros e uma significativa redução da venda de bilhetes[880]. O facto do direito francês não

---

[878] DESCHAMPS, *La réparation*, pp. 371-372 e YVES CHARTIER, *La réparation du préjudice*, Dalloz, 1983, pp. 31 e ss.

[879] DESCHAMPS, *La réparation*, pp. 373-374.

[880] A problemática da protecção delitual da empresa e das falsas informações são apresentadas como elemento de comparação entre o Direito francês e a regulamentação prevista no BGB, mas com traços de alguma forma invertidos: enquanto que no ordenamento jurídico alemão, face a esta problemática, se optou por ampliar o âmbito da referida protecção legal, os tribunais franceses desenvolveram esforços no sentido de estabelecerem algumas fronteiras à ampla aplicação decorrente da redacção dos artigos 1382 e 1383 do Código civil. Não é, assim, admissível considerar consagrado no ordenamento jurídico francês o "direito à instituição e exercício da actividade empresarial". No entanto, verifica-se frequentemente a situação do direito francês exceder a perspectiva do regime alemão e assegurar indemnizações a situações lesivas da actividade empresarial. Deste modo, pode concluir-se que é já reconhecido no Direito francês o regime de responsabilidade em relação, por exemplo, a críticas ilegítimas. No que concerne às informações factuais, danosas para as entidades empresariais, conclui-se que o regime francês coincide e integra-se de forma semelhante ao Direito da concorrência e ao Direito penal alemães. As alegações de factos verdadeiros, mas que podem ser prejudiciais à empresa, são, em geral, admissíveis. Não se verifica, assim, uma *faute* quando o transgressor agiu de uma forma recta e com a intenção de, contidamente, prosseguir um determinado objectivo. No que respeita aos

distinguir os danos físicos e materiais dos danos puramente patrimoniais, em virtude da existência da sua cláusula geral, não significa que os tribu-

---

juízos de valor depreciativo, ao contrário do que se verifica na redacção do BGB, não foi rejeitada a hipótese de os tribunais franceses se socorreram da cláusula geral, caso não se verifique o preenchimento do tipo normativo do crime de injúrias, previsto no Código Penal. Tal como sucede no âmbito dos Direitos alemão e inglês, resulta igualmente da *praxis* francesa uma ponderação sobre se o *droit de critique*, emergente da liberdade de expressão, deverá ou não conformar-se com a opinião do visado pela crítica. Num segundo grupo de medidas económicas (*boycottage* ou *mise à l'index*) desenvolveu-se uma corrente jurisprudencial não muito abrangente. O *leading case* desta corrente foi o caso da revista *"Ami du Peuple"*, em que se verificou um boicote em relação à venda do referido periódico. Os tribunais consideraram esta conduta como um comportamento desconforme com os princípios da concorrência leal e destinado a prejudicar o novo candidato ao mercado. Por último, no que concerne às limitações físicas da actividade empresarial, pode-se afirmar que a *praxis* francesa já ultrapassou a alemã. Assim, em 1965, a *Cour de Cassation* atribuiu uma indemnização a uma operadora de transportes públicos de Marselha pelos danos sofridos por esta empresa na sequência da interrupção do tráfego rodoviário de uma determinada carreira, em virtude da ocorrência de um acidente de viação. Resulta também, de forma directa, dos artigos 1382 e 1383 do código civil francês, o direito das entidades patronais peticionarem quantias indemnizatórias pelos danos patrimoniais causados por um terceiro que tenha lesado um dos seus colaboradores. Enquanto que, nestas situações, o BGH optou por recusar a aplicação analógica do § 845 BGB e a consagração de um direito à indemnização emergente do direito empresarial. Nos termos previstos nos artigos 1382 e seguintes do código civil francês, esta indemnização deverá ser paga pelo agente que esteve na origem do acidente de trabalho. Neste seguimento, também não se exclui a possibilidade de peticionar uma indemnização de montante superior para reparação de comprovadas perturbações na actividade empresarial. A abrangente redacção da cláusula geral consagrada no Direito delitual francês permite abordar convenientemente a problemática da responsabilidade derivada do fornecimento de falsas informações ou de aconselhamentos incorrectos. Serão necessariamente chamados à colação os princípios do direito dos contratos no caso em que a informação atinge os fins de um determinado contrato. Em situações de um contacto isolado, ou seja, nos casos normais de responsabilidade por falsas informações, desde a decisão proferida pela *Cour de Cassation*, em 1930, em que se reconhece que o artigo 1382 do código civil francês serve de fundamento para a indemnização nas situações mencionadas. Por exemplo, um banco que coloca um dos seus clientes perante uma distribuidora de produtos insolvente que já contraiu outros empréstimos com outros bancos. O tribunal concedeu provimento ao pedido de indemnização deduzido pela empresa distribuidora. No caso de uma entidade bancária ou de outro qualquer sujeito envolvido no tráfego comercial serem lesados por uma determinada informação, não tendo dela conhecimento próprio e directo, e, em virtude da mesma, também um terceiro vir a sofrer danos, apenas poderemos imputar àquela entidade bancária responsabilidade por *culpa in eligendo*. Cfr. CHRISTIAN VON BAR, *Deliktsrecht*, pp. 1727-1729.

Evolução Histórico-Dogmática

nais franceses sejam mais generosos em relação a este último tipo de danos. O Código Civil francês não indica a violação do direito subjectivo como requisito do dever de indemnização. Porém, a *Cour de Cassation* tem defendido que um dano só merece reparação na medida em que consiste na lesão de um interesse juridicamente protegido[881]. O conceito de *faute* restringe o interesse juridicamente protegido ao limite do dano directo e certo[882]. A rejeição de certas acções justifica-se igualmente, segundo a doutrina francesa, por considerações sobre os limites da responsabilidade e pela recusa do estabelecimento *a priori* de um número indeterminado de deveres. Nos casos de *relational economic losses* os tribunais franceses admitem, por vezes, a responsabilidade. Danos puramente patrimoniais sofridos por uma terceira pessoa são designados "*dommage par ricochet*", e não devem ser considerados danos indirectos no sentido do direito deste país[883].

II. Também no direito espanhol a noção de dano puramente económico não é usual nem aparece no domínio do direito delitual, ainda que, recentemente, tenha sido utilizada no contexto das informações negligentes e da responsabilidade do produtor[884]. A esta não autonomização do

---

[881] Apesar do carácter indeterminado do art. 1382 do *Code Civil* e do artigo 2043 do *Codice Civile*, quer em França quer em Itália desenvolve-se um tratamento delitual específico dos danos puramente patrimoniais. Cfr. FRADA, *Teoria da confiança*, p. 247 e SANTOS JÚNIOR, *Da Responsabilidade de terceiro*, pp. 315 e ss.

[882] STATHIS BANAKAS, *Liability for Incorrect Financial Informations*, p. 264, dá conta que a jurisprudência francesa tem admitido a responsabilidade profissional por informações a clientes e a terceiros, mas que, para além da *faute*, é exigido o carácter directo do dano. O Autor defende que apesar dos danos não serem directos, o elemento da *faute* pode ser avaliado para justificar os danos em certas circunstâncias, com base na tese de Marteau que o dano é tanto mais directo quanto a intensidade da *faute* (MARTEAU, *La causalité dans la responsabilité civile*, 1914, p. 221), considerando que a causalidade na "*formule du dommage indirect est une fausse etiquette qui sert a designer le jus moderandi du juge français*" ou, na expressão de CARBONNIER, "*on donne une idée assez juste de la jurisprudence, en disant qu'elle s'attache à une causalite morale plutot que materielle*".

[883] JACQUES HERBOTS, "Economic loss in the legal systems of the continent", *The law of tort*, p. 144. Neste sentido, STATHIS BANAKAS, *Liability for Incorrect Financial Informations*, p. 265, afirmando que os danos em cascata ou *par ricochet* podem ser indemnizados, porque não há coincidência entre estes e os danos indirectos.

[884] MIQUEL MARTÍN-CASALS/JORDI RIBO, "Compensation for Pure Economic Loss Under Spanish Law", *Pure Economic Loss*, pp. 62-76.

conceito de dano puramente patrimonial não é estranho o facto do artigo 1902 do Código Civil espanhol não consagrar qualquer limitação *prima facie* em relação aos danos indemnizáveis, não distinguindo danos puramente patrimoniais e danos físicos à propriedade e às pessoas. No sentido de permitir a indemnização a um segundo lesado de um primeiro lesado com danos físicos, a doutrina defende que deve ser feita a distinção entre o dano directo e o dano indirecto, o qual inclui alguns aspectos dos danos puramente patrimoniais[885]. No entanto, esta categoria está mais próxima da categoria de *unmittelbaren* e *mittelbaren Schäden,* introduzida por NEUNER[886], e, posteriormente, rejeitada por LARENZ. O artigo 113 do Código Penal espanhol, de 1995, estabelece a indemnização por danos patrimoniais e não patrimoniais, incluindo os causados à vítima de um crime e também aqueles que, resultando do crime, são causados à família ou a terceiros. Para manter a responsabilidade em limites razoáveis, o sistema espanhol utiliza os conceitos de dano e de causalidade, não tendo recorrido à ilicitude e à culpa para este efeito. Porém, não se restringe a indemnização aos casos em que há lesões de direitos subjectivos. DÍEZ-PICAZO[887] defende que o princípio geral subjacente ao direito delitual é o da liberdade de acção. Daí que seja essencial encontrar o sistema de valores ou de protecção que pode ser utilizado para determinar que tipo de danos devem ser indemnizáveis e que tipo de danos devem ser suportados pela vítima. Este sistema de protecção resulta essencialmente dos interesses protegidos pela Constituição e pelo Código Penal e que derivam da globalidade do sistema jurídico. Nestes termos, o sistema espanhol é aberto, não tendo qualquer limitação *a priori* dos direitos ou interesses protegidos, não desempenhando o conceito de ilicitude qualquer papel de exclusão da indemnização de danos puramente patrimoniais.

Neste direito, a culpa reconduz-se a uma actuação voluntária e negligente e requer a previsibilidade do resultado (artigo 1105.°). O dever de cuidado assenta no *standard* do bom pai de família (artigo 1104.°). No entanto, a jurisprudência não utiliza a culpa para autonomizar um conjunto de pessoas protegidas, no sentido da proximidade poder ser utilizada para originar um dever de cuidado. Ao adoptar uma cláusula geral, o legislador

---

[885] SANTOS BRIZ, *La responsabilidad civil. Derecho sustantivo y derecho procesal*, 6.° ed., 1991, p. 211.

[886] NEUNER, *Interesse und Vermögensschaden*, pp. 277 e ss.

[887] DÍEZ-PICAZO, *Derecho de daños*, 2000, pp. 291.

Evolução Histórico-Dogmática

deixou à doutrina e à jurisprudência o desenvolvimento das fronteiras que permitem traçar o âmbito da protecção. A área da protecção da concorrência e da concorrência desleal consubstancia uma área de protecção delitual de interesses patrimoniais.

A área da interferência dolosa em relações contratuais justifica a intervenção do sistema delitual, em especial nos casos em que se incentiva trabalhadores a realizar uma greve ilegal ou a revelar segredos de indústria, ou se incita o devedor a incumprir o contrato ou a realizar um contrato incompatível com o primeiro. Não é necessário conluio ou fraude entre a parte contratual e o terceiro, basta que o terceiro tenha conhecimento do primeiro contrato. O direito trata alguns destes casos de interferência contratual com recurso aos pactos de exclusividade, normalmente usuais em contratos de edição, de trabalhos artísticos e de fornecimento. Em relação às informações negligentes, não há qualquer decisão que responsabilize profissionalmente por danos puramente patrimoniais aqueles que não se encontram numa relação contratual. A doutrina considera que a previsibilidade e a causalidade podem não ser suficientes para estabelecer limites à responsabilidade, pelo que defende a introdução de outras teorias, como o estabelecimento de um dever de cuidado em relação a uma certa classe de pessoas, o *standard* para a imputação objectiva e a teoria do âmbito de protecção da norma. No que concerne a informações de especialistas, estes só são responsáveis se os danos puderem ser objectivamente imputáveis à sua conduta. Quanto a condutas negligentes de profissionais, normalmente resultam de uma relação contratual, pelo que a responsabilidade abrange danos emergentes e lucros cessantes. No entanto, o direito espanhol não exclui a possibilidade de alguns destes danos serem cobertos pelo direito delitual. Para além da responsabilidade obrigacional a que estão sujeitos os notários que exercerem de forma negligente os seus deveres, são também delitualmente responsáveis. O artigo 705 do Código civil espanhol responsabiliza quem celebra testamentos inválidos. Os actos e as omissões da Administração pública que podem causar danos são muito comuns. Porém, para que exista indemnização é necessário que o dano seja actual, que seja possível a sua avaliação pecuniária e que se possa individualizar uma pessoa ou um grupo de pessoas que o sofreram. Considera-se que os danos que resultam da vida em sociedade não são indemnizáveis, como, por exemplo, as perdas económicas de restaurantes e bares decorrentes do desvio de uma estrada. Para estabelecer a responsabilidade da Administração Pública é necessá-

338 — *Normas de Protecção e Danos Puramente Patrimoniais*

rio que o dano resulte directa e imediatamente de uma operação normal ou anormal. Defende-se, por exemplo, que as meras expectativas na área do planeamento urbanístico não são indemnizáveis.

III. No direito suíço da responsabilidade delitual tem igualmente sido trabalhada a possibilidade de indemnizar danos puramente patrimoniais[888]. Os danos puramente patrimoniais têm sido enquadrados de acordo com a perspectiva desta dissertação, na medida em que fora da violação de normas de protecção e da violação dos bons costumes não se admite a sua indemnização. A doutrina suíça mais recente tem alertado para os problemas dos danos puramente patrimoniais[889-890]. Têm sido

---

[888] PETER GAUCH/JUSTIN SWEET, "Deliktshaftung für reinen Vermögensschaden", Festschrift Max Keller, Zürich, 1989, p. 117, *"Wer sich streng an die (heutzutage) traditionelle Schweizer Lehre hält, der ist, wenn es um die Deliktshaftung für reinen Vermögensschaden geht, kaum verlegen. Er verweist auf die Grundnorm des Art. 41 Abs. 1 OR, wonach ein Schädiger nur dann schadenersatzpflichtig wird, wenn er den andern "widerrechtlich" (...) schädigt. Die Haftungsvoraussetzung der "Widerrechtlichkeit" (so fährt er fort) sei in Art. 41 Abs. 1 OR "objektiv" zu verstehen (objektive Widerrechtlichkeitstheorie). Danach handle "widerrechtlich" nur, wer "gegen eine allgemeine...Pflicht" verstösst, insbesondere ein «absolutes Recht des Geschädigten wie das Eigentum oder das Persönlichkeitsrecht verletzt". Der Verstoss richte sich "gegen geschriebene oder ungeschriebene Gebote oder Verbote der Rechtsordnung...,die dem Schutze des verletzten Rechtsgutes dienen". Das Vermögen an sich gehöre aber nicht zu den geschützten Rechtsgütern. Mit vollem Wortlaut liest sich Art. 41 Abs. 1 OR wie folgt: "Wer einem andern widerrechtlich Schaden zufügt, sei es mit Absicht, sei es aus Fahrlässigkeit, wird ihm zum Ersatze verpflichtet." (...) Reine Vermögensschädigungen "ohne Schutznormverstoss" begründen, da es an der vorausgesetzten Widerrechtlichkeit fehlt, grundsätzlich keine Deliktshaftung. Vorbehalten bleibt die selten angewandte Sondervorschrift des Art. 41 Abs. 2 OR, wonach zum Ersatze auch derjenige verpflichtet ist, der "einem andern in einer gegen die guten Sitten verstossenden Weise absichtlich Schaden zufügt". Bei absichtlicher Schadenszufügung genügt also die Sittenwidrigkeit der Schädigung."*

[889] Em especial, autores como PETER JAEGGI, *Begriff der vertraglichen Schadenersatzforderung*, KRAMER, "Reine Vermögensschäden" als Folge von Stromkabelbeschädigungen, Recht 1984, p. 128 e BRUNO GABRIEL, *Die Widerrechtlichkeit in Art. 41 Abs. 1 OR*, Diss. Freiburg, 1987, que recupera a teoria subjectiva da ilicitude de que cada dano causado sem ser justificado é ilícito. Cfr. MICHAEL CARTIER, *Begriff der Widerrechtlichkeit nach Art. 41 OR*, digiprint, Eschen FL, 2007, pp. 5-29.

[890] PETER GAUCH/JUSTIN SWEET, *Deliktshaftung für reinen Vermögensschaden*, pp. 120-121.

Evolução Histórico-Dogmática   339

analisadas duas áreas em especial referentes às normas de protecção: *i)* as interrupções de fornecimento de electricidade e de água e *ii)* a responsabilidade por informações[891-892].

IV. No direito italiano, o dano injusto reporta-se à violação de um interesse alheio, tutelado pelo direito, ainda que não sob a forma de um direito subjectivo. Existem, porém, autores que afirmam que o facto ilícito pressupõe a lesão de um direito subjectivo. Este direito segue o princípio francês de que qualquer *faute*, mesmo a mais leve, deve levar à indemnização dos danos. A pecularidade do sistema italiano passa pelo carácter injusto do dano, que, funcionando como uma cláusula geral, tem servido para a jurisprudência valorar e seleccionar os interesses merecedores de tutela. Numa primeira fase, a jurisprudência limitou as hipóteses de dano injusto à lesão de direitos subjectivos absolutos, mas, posteriormente, produziu-se uma ampliação do conceito, que passou a abranger os casos de expectativas legítimas, designadamente as resultantes de morte ou os casos de "direitos debilitados" ou "direitos em expansão"[893]. O dano injusto corresponde assim à lesão de um interesse juridicamente protegido.

O dano puramente económico refere-se àquele em que, mesmo com ausência de danos na propriedade, o lesado sofre uma depreciação na sua situação económica. Não há qualquer menção expressa a esta categoria no Código Civil italiano, pelo que, à semelhança do sistema francês, o conceito de "dano injusto" abrange tanto os danos materiais como as perdas

---

[891] PETER GAUCH/JUSTIN SWEET, *Deliktshaftung für reinen Vermögensschaden,* p. 123, e MICHAEL CARTIER, *Begriff der Widerrechtlichkeit nach Art. 41 OR,* pp. 83-86.

[892] Na doutrina suíça os danos puramente patrimoniais são autonomizados fazendo-se a sua distinção dos danos indirectos, MARTINA WITTIBSCHLAGER, *Einführung in das schweizerische Recht,* C. H. Beck, München, 2000, p. 103, e ALFRED KELLER, *Haftpflicht im Privatrecht,* Band I, Stämpfli, Bern, 1993, pp. 53-54, *Haftpflicht im Privatrecht,* Band II, Stämpfli, Bern, 1987, p. 98. Os danos puramente patrimoniais são referidos como *"sonstiger" Schaden,* sendo dados como exemplo os danos em patentes, marcas, concorrência desleal, boicote, entre outros. KELLER/SYZ, *Haftpflichtrecht, Ein grundriss in Schemen und Tabellen,* 3. Auflage, Schulthess Polygraphischer Verlag Zürich, 1990, p. 19 e *Berner Kommentar zum schweizerische Privatrecht.* Band IV, 1. Abteilung, Allgemeine Bestimmungen, Stämpfli, Bern, 1990, p. 34.

[893] GIOVANNA VISINTINI, *Tratado de la responsabilidad civil 2,* Astrea, Buenos Aires, 1999, p. 9, e *Trattato Breve della Responsabilità Civile, Fatti illeciti. Inadempimento. Danno risarcibile,* Cedam, Milani, 1996, pp. 450 e ss.

340 *Normas de Protecção e Danos Puramente Patrimoniais*

económicas, desde que se esteja em presença de um interesse juridicamente protegido[894]. Em algumas sentenças, os tribunais italianos têm admitido um "direito à integridade patrimonial" para indemnizar danos puramente patrimoniais[895]. Uma das formas utilizadas para cobrir os danos puramente patrimoniais foi através da inclusão de direitos de créditos na protecção delitual dos direitos subjectivos, cuja violação corresponde a interesses puramente económicos. No direito italiano, sempre se considerou que o conceito de dano injusto visava a protecção de direitos absolutos, mas, em 1971, no caso *Meroni*, o Supremo Tribunal de Justiça veio permitir que o património em geral fosse protegido através da indemnização de danos puramente patrimoniais. Trata-se de um caso em que o credor é protegido em resultado da lesão do devedor[896]. Na solução consagrada no caso *Meroni*, o Supremo Tribunal italiano, contrariamente ao decidido no "*Superga case*", admitiu a indemnização do direito de crédito no direito delitual quando a violação é definitiva e irreparável por morte de um insubstituível devedor. Posteriormente, os tribunais italianos também vieram a reconhecer a indemnização do tempo de trabalho quando há uma violação da integridade física do trabalhador. Em matéria da responsabilidade pelo prospecto, os tribunais italianos entendem que se pode aplicar a responsabilidade pré-contratual. Alguma doutrina critica, porém, esta posição por defender que não existe, nestes casos, uma relação contratual. No entanto, pretendendo que se trata de uma dano injusto, entende

---

[894] A ampla formulação do artigo 2043 não permite interpretações restritivas como aquelas que circunscrevem a indemnização ao dano físico, excluindo o dano económico.

[895] O *leading case* é a sentença Cass., 4-Mai.-1982, Foro Italiano, (1982), I, p. 2864 e ss. Cfr. VINCENZO SCALISI, "Ingiustizia del danno e analítica della responsabilità civile", RDCiv, Ano L, Jan-Fev, (2004), pp. 30-31, (n. 4). Na doutrina italiana tem-se admitido que indemnização de danos puramente patrimoniais é independente de qualquer situação jurídica nominada mas pode advir somente da forma da acção, designadamente de comportamentos graves no mercado, ADOLFO DI MAIO, "Tutela Risarcitoria: Alla ricerca di una Tipologia", RDCiv, Ano LI, n.° 3, Mai-Jun, (2005), p. 265, (n. 43). Cfr. ERMANNO DE FRANCISCO, "Il C.D. Diritto Soggetivo all' integrità Patrimoniale tra Illecito aquiliano e Illecito Concorrenziale", RDCiv, Ano XXXIV, II, (1988), pp. 683-701.

[896] RICCARDO OMODEI-SALÈ/ALESSIO ZACCARIA, "Compensation for Pure Economic Loss under Italian Law", *Pure Economic Loss* (Willem H. van Boom, Helmut Koziol, Christian A. Witting), Springer, Wien, New York, 2004, pp. 48-55. GENNARO GIANNINI/MARIO POGLIANO, *La responsabilità da illecito civile*, Giuffrè Editore, Milano, 1996, p. 15.

Evolução Histórico-Dogmática 341

ser de aplicar a responsabilidade delitual. Todavia, este ponto de vista é rejeitado por certos autores, que consideram tratar-se de uma responsabilidade obrigacional, ao abrigo do artigo 1759.º CC.

Nos cortes de electricidade, no caso *Pasticio Puddu,* em que foi cortado o fornecimento de electricidade a uma indústria de massas, considerou-se que os danos sofridos eram indemnizáveis. A perda de uma oportunidade foi considerada não indemnizável, pois não haveria protecção de interesses de facto. Porém, posteriormente, o Supremo Tribunal admitiu a indemnização num caso em que um candidato foi eliminado, de forma ilegal, de um concurso, por ser indiscutível o dano, ainda que indeterminado o seu montante.

9.3.2. *Sistemas de modelo alemão*

I. Numa economia de mercado livre, na qual assume especial relevo a luta concorrencial e, em que, consequentemente, as disputas bilaterais aumentam e as fronteiras para a maximização dos proveitos se alargam, o problema da ampliação da protecção dos interesses patrimoniais primários tem de ser abordado com especial cuidado e rigor. Efectivamente, os interesses patrimoniais primários apenas podem e devem ser susceptíveis de ser indemnizados em situações excepcionais. A forte reserva manifestada, no modelo alemão, pelo BGB, sobre a ilicitude dos comportamentos, e que, só por si, conduziu à atenuação da abertura a novas perspectivas é ainda, actualmente, perfeitamente compreensível. Grande parte das alterações jurídicas, já mencionadas, permite constatar que, no domínio da protecção legal do património, deve efectuar-se uma clara e inevitável distinção entre produção legislativa, jurisprudência e doutrina. Esta distinção pode ser efectuada nomeadamente através de dois domínios: i) no do reconhecimento do designado "direito à empresa" e no do direito à indemnização por mau aconselhamento nas transacções comerciais[897].

A jurisprudência alemã decidiu inserir a actividade empresarial no termo "outro direito", previsto no § 823 I BGB, embora o tenha feito com as mesmas reservas dogmáticas que se verificaram em relação ao "direito geral de personalidade". Esta inserção teve como consequência que certos casos de desenvolvimento empresarial livre passassem a ser objecto da

---

[897] Christian von Bar, *Deliktsrecht,* p. 1719.

342   *Normas de Protecção e Danos Puramente Patrimoniais*

tutela do direito delitual, que veio a ultrapassar, de forma clara, a protecção legal que era, até então, concedida. Ao contrário do que se verificou em relação ao "direito geral de personalidade", não há dúvida que esta jurisprudência foi fortemente influenciada pelas correntes jurisprudenciais desenvolvidas antes da guerra. Para além disso, observa-se ainda que a função deste direito de organização, enquanto fonte de outros direitos, já não se manifesta de forma tão incisiva como um elemento auxiliar de uma interpretação extensiva da lei, tal como sucede com o "direito geral de personalidade"[898].

VON BAR defende que o desenvolvimento jurisprudencial do "direito à empresa" não deverá seguir o mesmo caminho do "direito geral de personalidade", cujo regime apenas foi ampliado, não tendo sido efectuadas as devidas correcções. No caso de na lei já existirem disposições reguladoras da medida da responsabilidade, a aplicar quando se preenche o tipo da infracção, estas disposições poderão não ser, no entanto, suficientes, face aos requisitos exigidos para a aplicação total do regime da responsabilidade. Assim sendo, na dúvida, deverá optar-se por não se admitir a dedução de qualquer pretensão.

A jurisprudência alemã considerou necessária a integração de lacunas de protecção nos seguintes domínios: nos casos de impossibilidade de exercer a actividade empresarial e nos casos de lesão da reputação empresarial mediante condutas ofensivas. Integram-se no grupo dos entraves ilícitos efectivos os boicotes, as manifestações em que se verifique um exercício abusivo do direito de manifestação, o bloqueio dos acessos a sedes de empresas e as greves ilícitas[899]. No entanto, a principal área de aplicação do "direito à empresa" revela-se no domínio dos entraves jurídicos mediante advertências infundadas. A jurisprudência que desenvolve o "direito à empresa" acabou por assumir, actualmente, um carácter consuetudinário. Esta situação não alterou em nada o facto de, tanto o intitulado "direito à empresa", como os deveres do tráfego e o "direito geral da personalidade", serem ainda "corpos estranhos" integrados no sistema de tutela de direitos subjectivos previsto no § 823 I BGB[900].

Muito próxima dos deveres do tráfego, desenvolvidos a partir do designado "direito à empresa", existe uma outra concepção relevante

---

[898] CHRISTIAN VON BAR, *Deliktsrecht*, p. 1694.
[899] CHRISTIAN VON BAR, *Deliktsrecht*, p. 1720.
[900] CHRISTIAN VON BAR, *Deliktsrecht*, p. 1720.

Evolução Histórico-Dogmática

sobre a protecção do património, a dos deveres do tráfego para protecção do património alheio, deveres que estão, no seu conjunto, funcionalmente equiparados às normas protectoras de interesses particulares, no sentido do § 823 II BGB, e que, como tal, se encontram em posição de incorporarem no seu âmbito de protecção material a tutela do património, que cada vez é mais abrangente[901].

Para VON BAR a problemática levantada com esta configuração dos deveres do tráfego, enquanto instrumento de protecção do património alheio, reside no facto de esta forma de responsabilidade ser ainda recente, pelo que carece de reconhecimento por parte da jurisprudência. Por outro lado, não foi definida, por enquanto, de forma satisfatória, uma fronteira relativa ao seu âmbito de aplicação. Uma alteração normativa pode ser imprescindível para que, finalmente, se possa estabelecer uma responsabilidade em casos de negligência[902].

No que concerne à responsabilidade por informações incorrectas, observando o cenário actual da Ciência Jurídica, VON BAR entende que a questão se encontra de tal modo analisada ao nível do debate doutrinal que poderá tornar-se numa solução a ser codificada. A jurisprudência apenas trabalhou parcialmente o direito delitual – socorrendo-se de uma interpretação extensiva do § 826 BGB – sendo que, no mais, acabou por se basear em presunções contratuais e numa relação particular com natureza "quase – contratual". Desaparece, deste modo, a proposta da doutrina no sentido de inserir o domínio da responsabilidade extra-obrigacional por falsas informações no âmbito dos deveres profissionais, desenvolvidos com base na tutela da confiança e, há muito tempo, reconhecidos como incluídos na área de actuação dos deveres do tráfego. Subjacente a esta teoria encontra-se, como critério material de imputação, o mesmo princípio que foi responsável pela actualização da jurisprudência, ou seja, aquele que desempenhou um papel de grande relevo na estruturação conjunta da economia e da vida profissional[903]. Os titulares de cargos profissionais em contacto com interesses patrimoniais de terceiros não devem beneficiar de um tratamento diferente daqueles que, predominantemente, se ocupam com a preservação dos direitos e bens jurídicos mencionados no § 823 I BGB[904].

---

[901] CHRISTIAN VON BAR, *Deliktsrecht,* p. 1720.
[902] CHRISTIAN VON BAR, *Deliktsrecht,* p. 1721.
[903] CHRISTIAN VON BAR, *Deliktsrecht,* p. 1721.
[904] CHRISTIAN VON BAR, *Deliktsrecht,* p. 1722.

II. Na tradição jurídica anglo-americana, como ficou analisado, contrapõem-se os danos tangíveis (*physical dammages*), que se referem tanto a danos sobre as pessoas como sobre coisas, aos danos chamados puramente patrimoniais (*pure economic loss*). O dano patrimonial puro é aquele que, sem causar um dano à pessoa ou às suas coisas, promove uma diminuição do seu património[905]. O conceito de dano puramente patrimonial serve, assim, para fixar uma fronteira no direito da responsabilidade delitual entre danos reais ou concretos às pessoas e coisas e danos ao património. Por outro lado, marca igualmente uma hierarquia de interesses na protecção delitual, outorgando uma preferência às pessoas e bens[906]. Os danos puramente patrimoniais são aqueles que não se reconduzem à lesão de bens jurídicos de protecção absoluta, designadamente à integridade física e à propriedade. A doutrina alemã refere-se aos *reine Vermögenschäden,* recusando a sua protecção sob a égide do § 823 I, mas sim com recurso às normas de protecção[907] e ao abuso do direito. No direito alemão é protegido um conjunto de bens jurídicos posteriormente alargado pelo conceito de *"ein sonstiges Recht"*. Para lá deste catálogo, a jurisprudência desenvolveu um conjunto de deveres para protecção destes bens em circunstâncias determinadas. No entanto, os tribunais têm defendido que, em princípio, o § 823 I BGB não protege contra a perda de interesses estritamente económicos. No entanto, pode verificar-se essa tutela se existir uma

---

[905] MIGUEL MARTÍN CASALS/JORDI RIBO IGUALADA, "Pure economic loss": la indemnización de los daños patrimoniales puros", *Derecho Privado Europeu* (coord. Sérgio Cámara Lapuente), Colex, Madrid, 2003, pp. 883 e ss.

[906] MARTÍN CASALS/RIBO IGUALADA, *"Pure economic loss": la indemnización de los daños patrimoniales puros*, p. 884.

[907] Para além das normas existentes no Código Penal, há uma série de outras normas de protecção. No entanto, é fundamental distinguir as normas que visam a protecção do interesse público e as que protegem interesses particulares e, ainda, em relação a estas, se protegem o interesse particular invocado. A maioria das normas de protecção limita-se aos direitos incluídos no § 823 I, sendo muito reduzidas as que visam proteger interesses puramente económicos. Nesta matéria foram proferidas decisões jurisprudenciais contraditórias; a primeira admitiu que uma legislação sobre construções pudesse ser utilizada como norma de protecção em casos de interrupção de energia eléctrica para escavações e, a segunda, recusou essa qualificação. BGH 12-Mar.-1968, NJW, (1968), 1279 e BGH 21-Jan.-1997, BB, (1997), 591. Cfr. PETER SCHLECHTRIEM, "Civil Liability for Economic Loss – Germany", 15th International Congress of Comparative Law, Bristol, England, 1998, disponível www.wirtschaftsrecht.uni-freiburg.de/gfr/Bristol/Schlechtriem/schlechtriem.pdf

Evolução Histórico-Dogmática

norma de protecção de um interesse puramente económico (§ 823 II BGB), admitindo-se que uma norma de protecção do interesse público possa servir para a protecção individual de interesses económicos.

Por outro lado, a ausência de uma cláusula geral para protecção dos danos puramente patrimoniais levou a que, como já foi mencionado, a jurisprudência desenvolvesse um outro direito, o "direito à empresa", que foi utilizado em certos casos de concorrência desleal, como boicotes e espionagem industrial. Todavia, os tribunais rejeitaram essa utilização nos danos puramente patrimoniais fora de actos directamente dirigidos a lesar a empresa.

Próxima da protecção de interesses específicos está a categoria residual da responsabilidade por violação dos bons costumes (§ 826 BGB), que também protege os danos puramente patrimoniais. No entanto, como esta categoria se circunscreve aos actos intencionais, fica reduzida quase exclusivamente no sistema delitual alemão aos actos de concorrência desleal. Contudo, como a concorrência, mesmo quando provoque danos puramente patrimoniais, não é considerada contrária aos bons costumes, significa que abrange essencialmente os casos de fraude, de indução à quebra do contrato e outras interferências da mesma natureza. Em algumas situações a protecção de interesses puramente económicos é alcançada pela via do contrato, *maxime* pela doutrina da *Schutzwirkung zugunsten Dritter*, que permite uma protecção a pessoas exteriores ao contrato, tendo sido frequentemente utilizada em casos de informações incorrectas de auditores financeiros. Efectivamente, é sobretudo nos sistemas que autonomizam uma série de interesses protegidos, ou *tätbestande* delituais, – como o alemão, o português e o holandês[908] – que a dicotomia entre danos tangíveis e danos puramente patrimoniais adquire relevância em sede do pressuposto da ilicitude. Isto não significa que nos sistemas de grande cláusula geral os danos puramente patrimoniais sejam mais facilmente ressarcíveis, porquanto nesses sistemas é através do próprio conceito de dano, das características de ser certo e directo, e das regras de causalidade que se fixam os danos susceptíveis de ser indemnizados, ainda que alguns autores admitam que a *faute* possa também ser utilizada. Assim, a adopção de uma grande cláusula geral permite apenas teoricamente uma abertura à reparação destes danos superior à dos sistemas com maior tipicidade de ilicitude[909].

---

[908] CHRISTIAN VON BAR, *Gemeineuropäisches Deliktsrecht*, pp. 38 e ss.
[909] BASIL S. MARKESINIS, *La politique jurisprudentielle*, p. 32.

346 *Normas de Protecção e Danos Puramente Patrimoniais*

Nestes últimos sistemas, a protecção delitual de interesses patrimoniais puros abrange posições jurídicas patrimoniais que não se reconduzem a direitos subjectivos, mas que são protegidas por disposições legais de protecção ou pelo abuso do direito. A doutrina mais recente que tem tratado os danos puramente patrimoniais tenta estabelecer regras para admitir criteriosamente a sua indemização. HELMUT KOZIOL, na linha dos argumentos comparativos de KOHTE, autonomiza o que designa como os *dez mandamentos* em matéria de indemnização de danos puramente patrimoniais: *i)* o número limitado de lesados (quanto menor for o risco de um número ilimitado de lesados mais se justifica a indemnização), trata-se do chamado *floodgates argument*; *ii)* não estabelecer deveres adicionais, sendo que é mais razoável a indemnização de danos puramente patrimoniais quando isso não se traduza num aumento da esfera deveral e na consequente redução da liberdade da acção; *iii)* proximidade e relações especiais, sendo mais razoável a indemnização de danos puramente patrimoniais quanto maior for a proximidade; *iv)* perigosidade, sendo que quanto maior for o perigo de uma pessoa ser guiada por uma informação, mais se justifica a indemnização por danos puramente patrimoniais; *v)* dependência, sendo que quanto mais dependente uma pessoa estiver de uma informação, mais se justifica a indemnização por danos puramente patrimoniais, *vi)* carácter notório ou conhecido do interesse, sendo mais razoável a indemnização quando o lesante conheça o interesse económico; *vii)* limites claros, no sentido que quanto mais claros forem os limites dos interesses puramente económicos mais se justifica a indemnização da sua lesão; *viii)* negligência e dolo, justificando-se mais a indemnização dos danos puramente patrimoniais em caso de dolo; *ix)* importância do interesse económico, sendo que quanto mais importante for o interesse patrimonial do lesado mais se justifica a sua indemnização e *x)* relevância económica do interesse, sendo que quanto mais relevante for o interesse na actividade comercial do lesado mais se justifica a indemnização dos interesses puramente patrimoniais[910].

Estas regras não se aplicam de igual maneira a todos os danos puramente patrimoniais, sendo que algumas parecem ser só de aplicar à res-

---

[910] HELMUT KOZIOL, "Recovery For Economic Loss in the European Union", Arizona Law Review, 48, Winter, (2006), pp. 882-886.

Evolução Histórico-Dogmática 347

ponsabilidade por informações incorrectas. Todavia, KOZIOL recomenda que na área dos danos puramente patrimoniais se recorra à ideia de sistema móvel, para utilizar os princípios antes referidos no estabelecimento da responsabilidade não só no sentido de determinar os factores relevantes como de ponderar o respectivo peso, admitindo que mesmo a ausência de um dos factores possa ser compensada pela especial intensidade de outro. KOZIOL recorre ainda a BERNHARD SCHILCHER[911] no sentido do ponto de partida ser a determinação dos valores legais fundamentais (*Basiswertung*). Assim, segundo KOZIOL, nos casos mais complicados devem combinar-se os "dez mandamentos" com o sistema de valores legais do sistema delitual que permite a indemnização dos danos puramente patrimoniais quando há uma intenção de os causar. Do ponto de vista dos valores fundamentais impõe-se um número limitado de lesados ou a existência de proximidade e relações especiais. Se estes requisitos não estiverem presentes então só se justifica a indemnização dos danos puramente patrimoniais se se registar uma culpa grave ou pressupondo dolo e falta de justificação[912].

Em síntese, não existe tanto na *common law* e como na *civil law* homogeneidade dos diferentes sistemas delituais na admissão do ressarcimento dos danos puramente patrimoniais, nem se pode dizer que a separação estrutural entre sistemas de modelo francês e de modelo germânico influa na diferente orientação quanto ao ressarcimento deste tipo danos, ainda que pareça ter relevância em sede do seu enquadramento ao nível dos pressupostos. Esta análise coloca-nos perante uma forte dúvida sobre a possibilidade de se operar uma uniformização jurídica europeia neste domínio e sobre a viabilidade, a curto prazo, de um Código das Obrigações europeu.

§ 10.° Um Código das Obrigações europeu?

I. O tema da protecção delitual dos interesses puramente económicos afecta directamente a harmonização do direito europeu da responsabili-

---

[911] BERNHARD SCHILCHER, *Theorie der sozialen Schadensverteilung,* (1977), p. 204.
[912] HELMUT KOZIOL, *Recovery For Economic Loss in the European Union*, pp. 887-888.

348 *Normas de Protecção e Danos Puramente Patrimoniais*

dade civil[913]. Com efeito, em razão das diferentes técnicas legislativas seguidas nos códigos civis europeus, o tratamento destes interesses parece variar. Os sistemas que autonomizam e tipificam as situações básicas de ilicitude tendem a enquadrar esta temática na ilicitude, *mutatis mutandis* os sistemas de grande cláusula geral tendem a reconduzir esta questão essencialmente ao dano. Isto significa que a uniformização do direito da responsabilidade delitual terá de passar pela necessária conjugação entre o modelo domatiano e o modelo jheringiano e entre a *common law* e a *civil law*[914]. Esta uniformização apresenta enormes dificuldades, na medida em que cada ordem jurídica delimita o dano indemnizável à luz das concepções ético-jurídicas nela dominantes e de considerações relativas à organização económica, que variam de ordenamento para ordenamento, bem como no diferente peso da justiça comutativa e distribuitiva ou da fluidez do tráfico jurídico[915].

A articulação das normas de protecção com a problemática da ressarcibilidade dos interesses patrimoniais puros nitidifica a importância desta situação básica de responsabilidade, conferindo-lhe funções autónomas[916]. Os danos puramente patrimoniais configuram um tema que, não obstante, exorbita o direito da responsabilidade delitual, situando-se clara-

---

[913] MARTÍN CASALS/RIBO IGUALADA, *"Pure economic loss": la indemnización de los daños patrimoniales puros*, pp. 887 e ss.

[914] CARLO CASTRONOVO, "Savigny i Moderni e la Codificazione Europea", Estudos em Homenagem à Professora Doutora Isabel de Magalhães Collaço, vol. I, Almedina, Coimbra, 2002, pp. 708-711.

[915] DÁRIO MOURA VICENTE, "Um Código Civil para a Europa? Algumas reflexões", Estudos em Homenagem ao Professor Inocêncio Galvão Teles, Vol. I, Direito privado e Vária, Almedina, Coimbra, 2002, p. 69, referindo que, em matéria de danos puramente patrimoniais, os sistemas mais sensíveis a considerações de justiça tenderão a imputá-los ao lesante, enquanto que os mais defensores da livre iniciativa individual a fazê-los suportar pelo lesado.

[916] KÖTZ/WAGNER, *Deliktsrecht*, 10. Auflage, Luchterhand, 2006, §223, p. 92: As funções desta situação básica de responsabilidade são: *i)* a deslocação antecipada da protecção dos bens jurídicos reconhecidos no § 823 I BGB, pelo facto da infracção culposa de uma *norma de comportamento* legal já provocar a responsabilidade e não só a *violação de bem jurídico* e *ii)* a extensão da área de protecção da responsabilidade por negligência a prejuízos patrimoniais puros, contanto que estejam reconhecidos como dignos de protecção. Como se vê facilmente, a função do § 823 II BGB, mencionada em segundo lugar, é substancialmente mais importante do que a mencionada em primeiro. HEIN KÖTZ, *Deliktsrecht*, pp. 72-76.

Evolução Histórico-Dogmática 349

mente entre os pólos do delito e do contrato, pelo que no seu enquadramento dogmático se encerram opções distintas. Com efeito, alguma doutrina alarga o perímetro contratual, no qual predomina a ressarcibilidade dos danos puramente patrimoniais, designadamente com recurso a construções jurídicas como o contrato com eficácia de protecção de terceiros. Outros ampliam o hemisfério delitual para tutela dos interesses puramente patrimoniais com recurso aos deveres do tráfego ou à eficácia externa das obrigações, ou incluindo-os no abuso do direito. Há ainda quem preconize uma terceira via, designadamente com recurso à confiança, por ser o fundamento que justifica a protecção indemnizatória das expectativas[917]. Acresce que a ressarcibilidade de danos puramente patrimoniais não se coloca somente na responsabilidade subjectiva, mas igualmente na responsabilidade objectiva, em particular na responsabilidade do produtor.

---

[917] A favor de uma terceira via (*Dritte Spur*) de responsabilidade, designadamente uma responsabilidade pela confiança, destinada a suprir as lacunas de protecção deixadas pela responsabilidade negocial e delitual, CANARIS, *Die Vertrauenshaftung im deutschen Privatrecht*, München, 1971, (reimp. 1983), pp. 411 e ss, e EDUARD PICKER, "Positive Vertragsverletzung und *culpa in contrahendo*. Zur Haftung zwischen Vertrag und Delikt", AcP, 183, (1983), pp. 369-520, que defende a indemnização dos interesses puramente patrimoniais no caso de vinculações específicas sem dever de prestar. Para PICKER, a distinção entre responsabilidade delitual e obrigacional manifesta-se nas condições de ressarcibilidade dos danos puramente patrimoniais. Na contraposição entre dever de prestar e dever de indemnizar, assenta este último na autonomização de uma imposição heterónoma legal, decorrente do postulado básico do *neminen laedere*. O princípio do *neminem laedere* obriga à reparação de todos os danos causados. A responsabilidade delitual configura uma excepção àquele princípio por não dar cobertura a todos os danos puramente patrimoniais. O mesmo Autor atribui à ligação especial (*sonder Verbindungen*) a função de selecção das posições delitualmente protegidas, a que faz corresponder "uma consciente e intencionada destinação ao outro parceiro da relação" e que justificaria a indemnização dos danos puramente patrimoniais. Com efeito, no âmbito de vinculações específicas, diferentemente dos contactos anónimos entre pessoas, a limitação de pretensões indemnizatórias decorre da exclusividade e isolamento da relação. Entre nós, em especial, SINDE MONTEIRO, *Responsabilidade por conselhos*, pp. 478 e ss, LUÍS MENEZES LEITÃO, *Responsabilidade do gestor*, 340 e ss, *Direito das Obrigações*, I, Almedina, Coimbra, 2000, pp. 310-313, CARNEIRO DA FRADA, *Contrato e deveres de protecção*, Coimbra, Separata do BFD, Supl., vol. 38, (1994), *Uma "terceira via" no Direito da Responsabilidade civil? O problema da imputação de danos causados a terceiros por auditores de sociedades*, Coimbra, Almedina, 1997, e *Teoria da Confiança*, pp. 767 e ss

350   *Normas de Protecção e Danos Puramente Patrimoniais*

Ao procurar-se uma resposta para os danos puramente patrimoniais no domínio da responsabilidade delitual, em especial no das normas de protecção, não se afasta a sua cobertura normativa no âmbito da responsabilidade obrigacional[918] quando se evidenciam enquanto violações de situações jurídicas creditícias[919]. Trata-se tão-somente de procurar uma resposta sobre a sua ressarcibilidade ao nível da responsabilidade aquiliana, sem procurar qualquer "pandelitualização" deste tipo de danos[920].

---

[918] A teoria dos deveres de protecção está desde a Lei de 26 de Novembro de 2001 (*Gesetz zur Modernisierung des Schuldrechts*), no n.° 2 do § 241 BGB, explicitamente consagrada no direito alemão que estabelece que *"a relação obrigacional pode obrigar, conforme o seu conteúdo, qualquer parte com referência aos direitos, aos bens jurídicos e aos interesses da outra"* MENEZES CORDEIRO, "A modernização do Direito das Obrigações. I – Aspectos Gerais e reforma da prescrição, ", ROA, Ano 62.°, Janeiro, (2002), pp. 91-110, e "A modernização do Direito das Obrigações. II. – O direito das perturbações das prestações", ROA, Ano 62.°, Dezembro, (2002), pp. 319-345. Nestes termos, a relação obrigacional não pode deixar de ser concebida, em termos amplos, como uma relação de prestação e uma relação de protecção. Esta última tem como objectivo proteger credor e devedor contra ingerências externas lesivas da sua pessoa e património Cfr. NUNO MANUEL PINTO OLIVEIRA, "Deveres de Protecção em Relações Obrigacionais", Scientia Iuridica, Separata, Setembro-Dezembro 2003, Tomo LII, n.° 297, p. 496.

[919] CARNEIRO DA FRADA, *Teoria da Confiança*, p. 650: *"...importa sublinhar a impossibilidade de reconduzir a problemática dos "pure economic losses" a uma solução dogmática unitária e homogénea. Na realidade, eles entrecruzam-se com as várias formas de responsabilidade."*

[920] Com efeito, não se trata aqui de tomar posição sobre a teoria dos deveres de protecção, designadamente sobre a sua inclusão na responsabilidade obrigacional que tem sido admitida pela maioria da doutrina civilista nacional, entre outros, na doutrina conimbricense, CARLOS ALBERTO DA MOTA PINTO, *Cessão da posição contratual*, Almedina, Coimbra, 1982, p. 408-409, admitindo ser a violação de deveres de protecção um facto ilícito extracontratual em relação à qual o lesado pode escolher entre a tutela contratual e delitual, ANTUNES VARELA, *Das Obrigações em Geral*, I, p. 125, RUI DE ALARCÃO, *Direito das Obrigações*, pp. 66-69, e SINDE MONTEIRO, *Responsabilidade por conselhos*, p. 492. Por exemplo, na escola de Lisboa, TEIXEIRA DE SOUSA, *O Concurso de títulos de aquisição de prestação – Estudo sobre a dogmática da pretensão e do concurso de pretensões*, Almedina, Coimbra, 1988, pp. 273-276, FERREIRA DE ALMEIDA, *Texto e enunciado na teoria do negócio jurídico*, I, Almedina, Coimbra, 1989, p. 649, CARNEIRO DA FRADA, *Contrato e deveres de protecção*, p. 41, *Uma terceira via*, p. 85, MENEZES CORDEIRO, *Da responsabilidade civil dos Administradores*, pp. 487 e 555. Contra a inserção dos deveres de protecção na responsabilidade obrigacional, PEDRO ROMANO MARTINEZ, *Cumprimento defeituoso – em especial na compra e venda e na empreitada*, Almedina, Coimbra, 1994, p. 274, OLIVEIRA ASCENSÃO, *Direito Civil – Teoria geral*, vol. II, Acções e Factos Jurídicos, 2.ª ed., Coimbra Ed., Coimbra, 2003, pp. 444-445 e DÁRIO MOURA VICENTE, *Da responsabilidade,*

Evolução Histórico-Dogmática   351

No horizonte temático assinalado, não se descura que um tratamento das lesões de interesses económicos subordinado à violação de normas de protecção diminui a possibilidade de uma visão abrangente desta categoria no domínio de toda a responsabilidade civil. No entanto, parece ser esta a melhor opção metodológica face a um conceito que, importado da *commow law,* é excessivamente compreensivo.

II. Um dos caminhos apontados para um aperfeiçoamento dos sistemas jurídico-privados europeus tem sido o da edificação de um Código Civil Europeu[921]. Está-se, porém, ainda, numa fase embrionária em que

---

p. 172. A recusa dos deveres de protecção contratuais assenta essencialmente no facto dos deveres de protecção, do ponto de vista material, corresponderem ao objecto da tutela delitual e na diferença entre responsabilidade obrigacional e delitual.

[921] Diferentemente de uma "Constituição para a Europa", que resultou de um pretenso "poder constituinte", conduzidas pelas instituições comunitárias, a elaboração de um Código Civil Europeu terá de ser um processo dirigido *prima facie* pelas comunidades académicas dos Estados-membros e não poderá resultar de uma decisão política das instituições da União Europeia. Sobre a possibilidade de criação de um Código Civil Europeu cfr. ERPL, vol. 5, n.º 4, (1997), dedicada a este tema, em especial os artigos de HONDIUS, "Towards a European Civil Code: the debate has started", pp. 455 e ss, WALTER VAN GERVEN, "Coherence of Community and national laws. Is there a legal basis for a European Civil Code?", pp. 465 ess, WINFRIED TILMANN, "The legal basis for a European Civil Code", pp. 471 e ss, W. SNIJDERS, "The organisation of the drafting of an European Civil Code: a walk in imaginary gardens", pp. 483 e ss, ULRICH DROBNIG, "Scope and general rules of a European civil code", pp. 489 e ss. Neste debate em que uns se posicionam a favor e outros contra, VICENZO ZENO-ZENCOVICH, "The "European Civil Code", European legal traditions and neo-positivism", ERPL, vol. 6, n.º 4, (1998), pp. 349 e ss, analisa os três argumentos contra a edificação de um Código Civil Europeu: *i)* a harmonização burocrática, *ii)* a natureza eminentemente cultural dos sistemas jurídicos e *iii)* a codificação como vestígio do passado e marca de um certo autoritarismo. Neste debate, invoca-se, igualmente, em relação à codificação europeia, o paralelismo com a discussão de SAVIGNY-THIBAUD, repetindo os mesmos argumentos de base, e analisam-se alguns argumentos contra a codificação, designadamente as diferenças, sobretudo de fundamentação jurídica, dos sistemas de *civil law* e *common law*, bem como o facto do pluralismo jurídico constituir um valor em si mesmo. ZENCOVICH critica algumas das ideias expostas por M. LEGRAND contra a codificação afirmando que a elaboração do Código Civil Europeu não é realizada pelos burocratas comunitários, mas por grupos de juristas. Considera, por outro lado, que há um movimento que empurra a harmonização que envolve uma parte significativa do Direito administrativo e do Direito público, mas também do Direito privado, porque a harmonização do Direito do consumo e do Direito das sociedades implica, *par ricochet*, a harmonização do Direito dos contratos e do Direito delitual. Em relação ao pluralismo

352   *Normas de Protecção e Danos Puramente Patrimoniais*

não se antevê a possibilidade de, a curto prazo, nascer no horizonte jurídico um tal Código[922] que corresponderia a uma terceira codificação europeia. Como refere MENEZES CORDEIRO, a codificação é *"produto de um estado de maturidade do trabalho científico-jurídico, postulando um desenvolvimento intensivo e extensivo do sistema externo com reduções dogmáticas e sínteses normativas, que reformulam os institutos jurídicos de forma a criar novos modelos de solução de casos concretos"*. De forma idêntica, *"ao nível da linguagem a codificação pressupõe alterações substanciais passando-se de descrições empíricas para conceitos mais abstractos"*[923]. Todavia, certas áreas parcelares civilísticas, sobretudo as que se interrelacionam com a área do Direito da concorrência, do consumo e da sociedade da informação, podem, eventualmente, funcionar como um ponto de partida para uma uniformização mais ampla do Direito das obrigações[924],

---

jurídico, defende que a codificação não fossiliza o direito, numa perspectiva *the law in action* e não *the law in the books*. Por fim, a ideia de que a codificação de oitocentos assentava no mito da omnipotência do legislador e do positivismo legal é contrariado pela ideia leibniziana de que o Código é antes de mais uma estrutura que não envolve *a priori* nenhum carácter autoritário, liberal ou democrático.

[922] Neste sentido, MENEZES CORDEIRO, *Tratado de Direito Civil Português*, I, p. 249, afirmando que falta um mínimo de densidade comunitária que permita lançar as bases do Direito civil europeu, cuja fragmentação seria muito maior.

[923] MENEZES CORDEIRO, *Tratado de Direito Civil*, Parte Geral, Tomo I, 2.ª ed, 2000, p. 67.

[924] Numa altura em que a integração europeia, pela via do Direito público, se encontra adiada, é tempo de reflectir sobre se essa integração não deve passar primeiramente pelo espaço jurídico privado. Com efeito, será mais por essa via do que pela "Europa dos Estados" que "Europa dos cidadãos" ganhará mais consistência e visibilidade jurídicas. É importante, face aos impasses verificados, rasgar novos horizontes de aproximação e integração jurídicas em relação aos ordenamentos dos Estados-membros e trilhar novos caminhos. O Parlamento Europeu já se pronunciou duas vezes a favor da codificação do direito europeu das obrigações. Contra a ideia de construir uma unidade legal europeia, através da codificação, cfr. BASIL S. MARKESINIS, "Why a code is not the best way to advance the cause of European legal unity", ERPL, vol. 5, n.º 4, (1997), p. 519, entende que não se trata de uma evolução assente na história, mas na sequência da união económica e da união política. O mesmo Autor considera que nos devemos afastar da ideia de codificação e centrarmo-nos antes em *underlying ideas,* que promovam uma maior compreensão recíproca entre os sistemas jurídicos, designadamente nos domínios da mobilidade de pessoas e bens e na harmonização dos sectores jurídicos que são necessários à criação de uma cultura jurídica uniforme. Um dos problemas que MARKESINIS sublinha em matéria do codificação, é o isolamento do Direito privado em relação ao Direito público envolvente, problema que

Evolução Histórico-Dogmática 353

sendo de questionar se já hoje não edificaram institutos novos ou renovaram intitutos jurídicos bimilenares mitigando a sua natureza hitórico-cultural. Não que se defenda a existência actual de uma codificação informal a nível europeu, mas a instrumentalização de vastas áreas do Direito privado ao funcionamento do mercado interno tem implicado a sua transformação, por vezes, com a correspectiva publicização de alguns regimes jurídicos.

O Direito das obrigações é a área com maior incidência patrimonial, pelo que a sua relação com o mercado e a concorrência é mais intensa do que noutras áreas civilísticas. A adopção de um Código Europeu das Obrigações significaria, sem dúvida, uma mais forte integração europeia. É nas áreas do contrato e das sociedades que se têm verificado ao nível do direito comunitário mais esforços de uniformização. A responsabilidade civil constitui, igualmente, um dos seus campos privilegiados. No entanto, a

---

se relaciona com a sua concepção – que também é a nossa – de que actualmente o que existe é uma complicada amálgama entre Direito privado e público – salientando uma constitucionalização do Direito privado, que o afasta das suas origens romanas, acentuando a necessidade de articular o direito delitual com o direito dos seguros. MARKESINIS defende que a coordenação deve continuar a ser feita por directrizes e através do ensino, mediante experiências que integrem professores de outras nacionalidades e de obras que contribuam para o conhecimento dos diferentes sistemas europeus. Considera, não obstante, que "The idea of an European Code, however, belongs to "The Paradise of Legal Ideas" that would have appealed to some Pandectists but leave most of us on my side of the Channel sceptical to say the least" (p. 524). Admitindo a codificação do direito das obrigações num processo por três etapas. JÜRGEN BASEDOW, "Codification of Private Law in the European Union: the making of a Hybrid", ERPL, vol. 9, n.° 1, (2001), pp. 35 e ss. Essas três etapas passariam, num primeiro período, por uma comissão de peritos encarregada de elaborar um *draft* com os princípios gerais dos *restatements* já elaborados, que seria aprovado pelas instituições comunitárias, mas não para vigorar imediatamente. Num segundo período, por uma adaptação das legislações nacionais e do ensino do Direito ao novo Código das Obrigações. Num terceiro período, por uma avaliação das dificuldades das legislações nacionais à introdução do novo Código (pp. 48-49). Analisando essencialmente as consequências na comunidade académica e na investigação jurídica da harmonização jurídica europeia, THOMAS WILHELMSSON, "Private Law in the EU: Harmonised or Fragmented Europeanisation?", ERPL, vol. 10, n.° 1, (2002), pp. 77 e ss. Interessante neste estudo é a atribuição ao direito europeu de um efeito "Jack-in-the-box", o que significa que contribuiria para o aumento da indeterminação dos direitos nacionais devido à falta de carácter sistemático do direito comunitário, ainda que, para o Autor, tal efeito seria temporário. De referir que falta ao direito da União Europeia um nível de cultura jurídica, atento o facto de normalmente se situar num plano superficial do direito. Com enfoque nas razões que se opõem à harmonização europeia, STEPHEN WEATHERILL, "Why object to the Harmonization of Private Law by the EC?", ERPL, vol. 12, n.° 5, (2004), pp. 633 e ss.

354 · Normas de Protecção e Danos Puramente Patrimoniais

uniformização de toda a área da responsabilidade civil exorbita as competências legislativas comunitárias[925], pelo que a União Europeia tem-se limitado a regular áreas parcelares: indemnização de vítimas de acidentes, responsabilidade civil dos profissionais pela segurança de produtos e serviços e responsabilidade civil por danos ambientais.

Não obstante, as políticas comunitárias emergentes dos Tratados podem justificar uma uniformização mais ampla da responsabilidade delitual, dado que a liberdade de circulação de mercadorias, pessoas, serviços e capitais e uma concorrência equilibrada e com condições iguais dependem da não existência de regimes diferenciados de responsabilidade delitual[926]. Com efeito, nos ordenamentos em que a responsabilidade é menos agravada, as condições de seguro são normalmente mais leves e estas diferenças podem gerar desigualdades não negligenciáveis no domínio concorrencial. Por outro lado, o Tratado que institui a Comunidade Europeia (TCE) ocupa-se da necessidade de assegurar um nível elevado de protecção nos domínios da saúde (artigo 152.°), da segurança e da protecção dos consumidores (artigo 153.°), bem como da protecção do ambiente (artigos 174.° a 176.°). Daí que o Estados-membros tenham de criar regimes de responsabilidade harmonizados nestas áreas[927].

---

[925] JORGE SINDE MONTEIRO, "Manuel de Andrade, A "Europeização" do Direito privado e o Desafio de um Código Civil Europeu", Separata da Obra "Ciclo de Conferências em Homenagem Póstuma ao Prof. Doutor Manuel de Andrade", Conselho Distrital do Porto da Ordem dos Advogados, Almedina, Coimbra, 2002, p. 51, defende que só faz sentido colocar a questão no plano científico, não no terreno jurídico-político da competência das instituições da União Europeia

[926] Cfr.o documento de trabalho do Parlamento Europeu que já pode ser visto como um trabalho preparatório de um futuro Código Civil Europeu, "Untersuchung der Privatrechtsordnungen der EU im Hinblick auf Diskriminierung und die Schaffung eines Europäisches Zivilgesetzbuch", (1999), com textos de CHRISTIAN VON BAR, MAURITS BARENDRECHT, JÜRGEN BASEDOW, ULRICH DROBNIG, WALTER VAN GERVEN, EWOUD HONDIUS, KONSTANTINOS KERAMEUS, STELIOS KOUSSOULIS, OLE LANDO, MARCO LOOS e WINFRIED TILMANN. (disponível www.europarl.europa.eu/workingpapers/juri/pdf/103_de.pdf) (cfr. pp. 43--50), bem como "Study on Property Law and Non-contractual Liability Law as they relate to Contract Law Submitted to the European Commission – Health and Consumer Protection Directorate-General", de CHRISTIAN VON BAR e ULRICH DROBNIG com a participação de outros juristas e apresentado à Comissão (http://ec.europa.eu/consumers/cons_int/safe_shop/fair_bus_pract/cont_law/study.pdf).

[927] G. VINEY, "Un Code Civil pour l'Europe. Les perspectives dans le domaine de la responsabilité delictuelle", *Um Código Civil para Europa*, SI 64, Coimbra, 2002, pp. 211-225.

Evolução Histórico-Dogmática

Todavia, a maior parte dos juristas tem sérias dúvidas sobre a possibilidade de surgimento, a curto prazo, de uma uniformização jurídica europeia no domínio da responsabilidade delitual[928], designadamente porque nesta área existem mais diferenças entre os diferentes códigos civis dos Estados-membros do que na área contratual[929]. De acordo com a análise realizada, uma tal uniformização no campo da responsabilidade delitual implicaria uma síntese entre o modelo domatiano da segunda sistemática e o modelo jheringiano da terceira sistemática e entre os modelos de *civil law* e de *common law,* o que exigiria consensos alargados. Encontrar um denominador comum para estes diferentes hemisférios delituais não parece à partida tarefa fácil[930]. Por isso, alguns juristas consideram prefe-

---

[928] MENEZES CORDEIRO, *Tratado de Direito Civil Português,* I, p. 247, defende que no actual estado dos nossos conhecimentos a uniformização do Direito privado não é possível não só porque representaria um retrocesso positivista, mas também devido ao problema incontornável da linguagem.

[929] Sobre a questão de um Código Civil Europeu, cfr. MENEZES CORDEIRO, "A Boa Fé nos Finais do Século XX", ROA, Ano 56, Dezembro, (1996), p. 911, mostra-se frontalmente contra um código civil europeu, entendendo que não se justifica em razão das necessidades económicas e representaria uma perda cultural significativa. TERESA SILVA PEREIRA, "Proposta de reflexão sobre um Código Civil Europeu", ROA, Ano 64.°, Novembro, (2004), pp. 497-608, defende um Código Civil europeu que comece por ser facultativo só passando a obrigatório se se revelar justo e eficaz. A questão que se levanta é como podemos apreciar as qualidades de justiça e de eficácia de um código meramente facultativo. Admite ainda a criação de uma entidade (administrativa) consultiva para esclarecimento de dúvidas de aplicação do Código (p. 606), o que nos parece consubstanciar uma burocratização da interpretação jurídica sem precedente. Cfr. U. MATTEI/A. DI ROBILANT, *Les longs adieux,* pp. 861-862.

[930] Cfr. STATHIS BANAKAS, "Europen Tort Law: is it Possible?", ERPL, vol. 10, n.° 3, (2002), p. 363, propõe cinco novos grandes princípios de responsabilidade e uma metodologia similar aos *Restatements* americanos. Como argumento a favor de um direito comum europeu em matéria de responsabilidade delitual, atendendo a que a que existem diferentes acções e diferentes níveis de compensação na Europa, refere a Carta dos Direitos, aprovada em Nice 2000, que consagra o princípio do tratamento igual. Este Autor dá conta da existência de um projecto de CHRISTIAN VON BAR sobre o direito delitual, em se que defende que o Código Civil Europeu poderia ser utilizado em conjunto com os Códigos Civis nacionais. Como proposta para um direito comum da responsabilidade civil salienta que numa sociedade de mercado livre o grande princípio conformador é o da igualdade, configurando-se como um mecanismo de restauração do equilíbrio económico entre lesante e lesado, pelo que o conceito de prejuízo e de enriquecimento deve ser entendido da forma mais abrangente possível, não fazendo mais sentido, como no século XIX, a exclusão de certo tipo de danos; é assentando essencialmente numa visão transacional que

356 Normas de Protecção e Danos Puramente Patrimoniais

rível a criação de *restatements*, isto é, a actualização dos princípios do direito comum dos Estados-membros, que deveria conduzir a um enriquecimento progressivo do *jus commune* europeu[931-932]. MOURA RAMOS admite, porém, ser preferível alguma uniformização da responsabilidade delitual do que o processo, que está actualmente a ser seguido, de transposição para os direitos internos de comandos dispersos que destroem a coerência do sistema[933].

---

se realiza um equilíbrio entre o benefício e o prejuízo. Esta não separação em razão da natureza do dano, vai aproximar a responsabilidade delitual e obrigacional. Segundo BANAKAS, existem cinco princípios de responsabilidade que justificam a imputação por o equilíbrio entre benefício e prejuízo ser considerado injusto: *i)* quando o lesante causa intencionalmente prejuízo à vítima, sem obter o seu consentimento (*liablity for intentional harm*); *ii)* quando o lesante cria a sua responsabilidade e causa danos negligentemente (*liability for negligence based on assumption of responsability*); *iii)* quando o lesante desenvolve uma actividade perigosa, retirando lucro de expor os outros a riscos acrescidos, e causa danos com ou sem negligência (*causal liability*); *iv)* quando vários agentes actuam concertadamente no mercado, obtendo lucro desta actividade e o dano não pode ser atribuído individualmente, nas circunstâncias, a um (*market-share liability*) e *v)* quando o lesante tem lucro na utilização de serviços de outrem e o prejuízo é causado pelo comportamento ilícito de terceiros, que utilizam nessa actividade, segundo os princípios anteriores (*enterprise liability*).

[931] SINDE MONTEIRO, "Conclusões", *Um Código*, pp. 291-298.

[932] Vários grupos de juristas têm trabalhado numa perspectiva comparativa temas da responsabilidade delitual: o grupo de Trento (BUSSANI), o grupo de Tilburg, actualmente fixado em Viena (JAAP SPIER e HELMUT KOZIOL), e o grupo de Osnabrück (CHRISTIAN VON BAR). Cfr. SINDE MONTEIRO "Conclusões", *Um Código*, pp. 291-298. Com uma visão muito crítica em relação ao trabalho destes grupos, STATHIS BANAKAS, "Europen Tort Law: is it Possible?, pp. 367-368: "*Unfortunately, such projects as we are offered so far by the various working groups, are plans to iron out through conceptual compromises existing differences of black letter law between Member States, seeking so to speak, the lowest conceptual common denominator, with no creative aspiration to move the Droit Civil of Europe to a new era. Thus, they expose themselves not only to political but, also, and quite rightly so, to scientific attacks, mainly for their uninspiring and degrading vision of European civil law*".

[933] MOURA RAMOS, "Conclusões", *Um Código Civil para a Europa, SI 64*, Coimbra Editora, 2002, p. 311. Sobre o efeito de "Jack-in-the-box" de fragmentação e desintegração jurídica, THOMAS WILHELMSSON, *Private Law in the EU*, pp. 79 e ss. Falando em áreas que se subtraem à harmonização, como o "dark side of EC Harmonisation", WALTER VAN GERVEN, "A Common Law for Europe: The Future Meeting the Past?", ERPL, vol. 9, n.º 4, (2001), pp. 485 ss, com vista a obter convergência entre os sectores que beneficiam da harmonização e aqueles que não a possuem, impõe-se desenvolver princípios e soluções comuns entre os sistemas legais dos Estados-membros para que possa emergir um *ius com-*

Não se podem escamotear algumas das consequências do influxo do Direito comunitário nos direitos nacionais[934], designadamente a "desromanização" do Direito civil, transformando-o num direito mais politizado a escopos económicos, a diminuição do seu nível histórico-cultural, trocada por níveis acrescidos de voluntarismo jurídico, e a criação de direitos civis miscigenados[935], nos quais a tradicional separação entre sistemas românico-germânicos e de *common law* se evanesce[936] e em que as fronteiras entre Direito público e Direito privado ficam mais ténues por força

---

mune, que não funcione como um corpo estranho (*Fremdkörper*). Neste contexto, o direito comparado adquire uma importância estratégica. JORGE SINDE MONTEIRO, "Manuel de Andrade, A « Europeização » do Direito privado e o Desafio de um Código Civil Europeu", p. 52, refere que o método pontual-casuístico que vem sendo seguido para a uniformização europeia, ao sabor de pressões políticas, gera efeitos desintegradores da ordem jurídica.

[934] Para o direito alemão, WULF-HENNING ROTH, "Die Europäisierung des Bürgerlichen Gesetzbuchs", *Das neue Schuldrecht in der Praxis* (Barbara Dauner-Lieb/Horst Konzen/Karsten Schmidt), Carl Heymann Verlag, pp. 35-39, KLAUS-HEINER LEHNE/ANDREAS MAX HAAK, "*Quo vadis* Europäisches Schuldrecht?", *Das neue Schuldrecht in der Praxis* (Barbara Dauner-Lieb/Horst Konzen/Karsten Schmidt), Carl Heymann Verlag, 2003, pp. 41-59, REINER SCHULZE/HANS SCHULTE-NÖLKE, "Schulrechtsreform und Gemeinschafstrecht", *Die Schuldrechtsreform vor dem Hintergrung des gemeinschaftsrechts*, (Reiner Schulke/Hans Schulte-Nölke, Mohr Siebeck, 2001, pp. 3-24.

[935] JAN SMITS, *The Making of European Private Law Toward a Ius Commune Europaeum as Mixed Legal System*, Intersentia, Antwerp, Oxford, New York, 2002, pp. 229-244.

[936] REINHARD ZIMMERMANN, "Römisches Recht und europäische Kultur", JZ, (2007), p. 11, considera que a total separação entre *common law* e *civil law* é um mito, uma vez que a Inglaterra nunca se autonomizou completamente da cultura jurídica continental. Neste artigo Zimmermann analisa um aspecto fundamental: quão romano é o actual direito romano, afirmando que a origem da palavra delito é romana, mas que a evolução da responsabilidade delitual a partir da Idade Média levou a um grande distanciamento da Lex Aquilia: "Schritt für Schritt moderniesiert und verallgemeinert wurde in der mittelalterlichen und frühzeuzeitlichen Jurisprudenz auch die deliktische Haftung. Dabei konnte man anknüpfen na die Versuche der römischen Juristen, ein eng begrenstes, einigermaßen seltsam formuliertes Volksgesetz aus dem dritten vorchristlichen Jahrhundert, die lex Aquilia, zu einem zentralen Pfeiler des römischen Deliktrechts zu machen. Dass man nach wie vor von einer aquilischen Haftung sprach, obwohl sie sich von ihrem römischen Ursprung stärker unterschied als ein Vogel vom Vierfüßer [("Actio nostra, qua utimur, ab actione legis Auiliae magis differat, quan Avis a quadrupe")], bewog Christian Thomasius bereits im frühen 18. Jahrhundert, der außervertraglichen Schadenersatzklage die aquilische Maske herunterzureißen.". (p. 6)

358   *Normas de Protecção e Danos Puramente Patrimoniais*

de uma administrativização, em certas áreas, do Direito civil. Estes vectores de evolução devem fazer pensar na melhor maneira de articular, de forma harmónica, a natureza histórico-cultural dos direitos europeus e o caudal legislativo de origem comunitária. A este propósito, a reforma do BGB de 2001/2002 pode ser vista como um modelo a seguir[937]. Ora, os rumos futuros de evolução do direito da responsabilidade delitual devem justificar uma análise mais alargada sobre os fundamentos deste sistema[938], no sentido de convocar as questões substanciais (*core discussions*) que no seu âmago se jogam.

§ 11.° Sinopse da evolução histórico-dogmática

I. Nem todos os sistemas continentais autonomizam como situação básica de responsabilidade delitual, em termos do pressuposto da ilicitude, a violação de normas de protecção. A codificação francesa, que inaugurou, em 1804, o movimento codificador europeu, não possui qualquer referência *expressis verbis* às normas de protecção, optando antes por um sistema de grande cláusula geral, centrado na *faute*. Os Códigos civis austríaco, de 1811, holandês, de 1838, italiano, de 1865, português, de 1867, e espanhol, de 1889, são considerados códigos de modelo napoleónico. A consagração das normas de protecção, como situação básica da responsabilidade delitual, ocorreu pela primeira vez no § 26.I.6 preuß ALR, em 1794, "*auf Schadensverhütung abzielendes Polizeigesetz vernachlässigt, für allen Schaden, welcher durch die Beobachtung des Gesetzes hätte vermieden werden können, ebenso haften, als wenn derselbe aus seiner handlung unmittelbar entstanden wäre*"[939], tendo esta disposição inspirado quer o § 1311 do Código Civil austríaco (ABGB), de 1811, quer o § 823 II Código

---

[937] AMÁLIA DIURNI/PETER KINDLER, *Il Códice Civile Tedesco "Modernizzato"*, Giappichelli Ed. Torino, 2004, pp. 19-20.

[938] ULRICH MAGNUS, "Elemente eines europäischen Deliktsrecht", ZeuP, (1998), pp. 602-614, admitindo como possível e importante a uniformização do direito delitual europeu. HELMUT KOZIOL, "*Das niederländische BW und der Schweizer Entwurf als Vorbild für ein künftiges europäisches Schadenersatzrecht*", ZeuP, (1996), p. 587.

[939] "*Quem não cumpre uma lei policial, que tem em vista prevenções de prejuízo tem que responder por todo o dano que poderia ter sido evitado pela observação da lei do mesmo modo que o mesmo tivesse resultado imediatamente da sua acção*".

Civil alemão de 1896-1900 (BGB):*"Die gleiche Verpflichtung trifft denjenigen, welcher gegen ein den Schutz eines anderen bezweckendes Gesetz verstößt. Ist nach dem Inhalte des Gesetzes ein Verstoß gegen dieses auch ohne Verschulden möglich, so tritt die Ersatzpflicht nur im Falle des Verschuldens ein"*, originando, pelo menos a partir dessa data, no espaço jurídico austríaco e alemão, um tratamento doutrinário autónomo do tema das normas de protecção, que, sobretudo a partir da segunda metade do século passado, adquiriu maior desenvolvimento, ainda que com manifesta dispersão[940].

A recepção do pandectismo, no princípio do século XIX, em Portugal, na vigência do Código de Seabra, originou a importação das questões subjacentes à consagração legal germânica das normas de protecção, em particular as referentes à construção dogmática do direito subjectivo, designadamente à sua distinção dos interesses juridicamente protegidos[941]. O tratamento dogmático do património e a sua relação com as teorias desenvolvidas em torno do direito subjectivo foi tratado com autonomia pela doutrina nacional desde a década de 30[942]. Porém, é só no ambiente de preparação do Código Civil de 1966, na segunda metade do século passado, que surgem os primeiros estudos nacionais sobre responsabilidade delitual, que afloram problemas, *inter alia*, como o da protecção ampla ou limitada do património e a opção por um sistema de grande cláusula geral ou de pequenas cláusulas gerais[943].

---

[940] CARLO CASTRONOVO, "La responsabilità civile. Esperienze europee a confronto", *I Cento Anni del Códice Civile Tedesco in Germania e nella Cultura Giuridica Italiana*, Cedam, 2002, pp. 383-419.

[941] Cfr. GUILHERME MOREIRA, *Instituições de Direito Civil Português*, v. I, Parte Geral, Coimbra, Imprensa da Universidade, 1907, pp. 585-620, e JOSÉ TAVARES, *Os princípios fundamentais do Direito Civil*, vol. I, 1.ª. Parte, Teoria Geral do Direito Civil, Coimbra Ed., Coimbra, 1929, pp. 529-539.

[942] PAULO CUNHA, *Do Património. Estudo de Direito privado*, I, Lisboa, 1934.

[943] Em especial, os estudos de VAZ SERRA, "Requisitos da Responsabilidade civil", BMJ, 92, (1960), pp. 37-136, "Responsabilidade contratual e extracontratual", BMJ, 85, (1959), pp. 115-241, "Responsabilidade das pessoas obrigadas à vigilância", BMJ, 85, (1959), pp. 381-444, "Abuso do direito (em matéria de responsabilidade civil)", no BMJ, 85, (1959), pp. 243-343, "Cláusulas modificadoras da responsabilidade. Obrigação de garantia contra responsabilidade por danos a terceiros", BMJ, 79, (1958), pp. 105-148, "O dever de indemnizar e o interesse de terceiros", BMJ, 86, (1959), pp. 103-129, "Fundamento da responsabilidade civil (Em especial responsabilidade por acidentes de viação terrestre e por intervenções lícitas)", BMJ, 90, (1959), pp. 5-322 e "Algumas questões em matéria de responsabilidade civil", BMJ, 93, (1969), pp. 5-77.

360   *Normas de Protecção e Danos Puramente Patrimoniais*

A distinção pandectista entre a ilicitude e a culpa e o crescente interesse dos cientistas do direito português pelos estudos germânicos[944] potenciaram a consagração pelo legislador nacional, por influência do projecto de VAZ SERRA, no Código Civil de 1966, das normas de protecção como *fattispecie* delitual, ainda que com algumas diferenças em relação ao sistema alemão[945]. Diferentemente, outros códigos civis continentais, apesar de posteriores ao BGB, recusaram esta opção legislativa. O *Code des Obligations suisse*, de 1911, e o Código Civil italiano, de 1942, optaram por soluções intermédias entre o sistema alemão e o sistema francês, mas mais próximas do modelo napoleónico. Os códigos civis destes países aderiram a grandes cláusulas gerais, e, por via jurisprudencial, assentaram-se essencialmente na responsabilidade aquiliana a protecção de direitos subjectivos e de interesses juridicamente protegidos. A consagração legal expressa das normas de protecção, como tipo de responsabilidade aquiliana, aproxima, assim, nesta área, o Código Civil português (1966), o Código Civil austríaco (1811), o Código Civil alemão (1896-1900) e, o mais recente, Código Civil holandês (1992)[946]. Daí que no contexto do desenvolvimento desta dissertação se opte deliberadamente por uma maior atenção a estes ordenamentos jurídicos. De referir, porém, que a solução austríaca e holandesa combinam o modelo napoleónico de grande cláusula geral com uma referência às normas de protecção, pelo que, neste sistema, as normas de protecção não implicam uma extensão do catálogo dos bens de protecção delitual, apenas a sua concretização[947].

---

[944] MENEZES CORDEIRO, "Da reforma do Direito Civil português", Dir, 134.º-135.º (2002-2003), p. 32.

[945] Neste sentido, SINDE MONTEIRO, "Manuel de Andrade e a influência do BGB sobre o Código Civil Português de 1966", BFD, vol. Comemorativo, (2003), p. 198, considera que embora a fonte de inspiração da norma fundamental sobre responsabilidade delitual tenha sido o BGB, aceitando as modalidades de ilicitude das duas alíneas do § 823 BGB, o legislador português introduziu alterações significativas, designadamente omitindo a enumeração dos bens jurídicos protegidos. Cfr. *infra* com mais desenvolvimento as diferenças entre o sistema de responsabilidade delitual português e alemão.

[946] De referir que o projecto de Código Suíço optou por individualizar este *tatbestand* delitual.

[947] Com efeito o § 1295 ABGB é de inspiração napoleónica "*(1) Jedermann ist berechtigt, von dem Beschädiger den Ersatz des Schadens, welchen dieser ihm aus Verschulden zugefügt hat, zu fordern; der Schaden mag durch Übertretung einer Vertragspflicht, oder ohne Beziehung auf einen Vertrag verursacht worden sein. (2) Auch wer in einer gegen die guten Sitten verstoßenden Weise absichtlich Schaden zufügt, ist dafür*

Nos sistemas em que as normas de protecção são conjugadas com uma grande cláusula geral, a sua função reconduz-se essencialmente a uma concretização da ilicitude (*Verdeutlichungs- und Präsierungsfunktion*). É o que se verifica na Áustria e na Holanda. Diferente é a situação nos casos em que a violação de normas de protecção faz parte de um sistema de pequenas cláusulas gerais, como acontece no direito alemão e português, em que, para além de uma função de concretização (*Konkretisierungsfunktion*), pode verificar-se uma função de alargamento da protecção delitual (*Erganzungs- und Erweiterungsfunktion, Öffnungsfunktion*)[948].

Para isso é fundamental que nas normas exteriores à responsabilidade delitual – qualificadas como normas de protecção – se autonomize uma protecção individual. Com efeito, a protecção de interesses alheios individuais tem de ser um objectivo da norma, sob pena de qualquer tutela indirecta ou reflexa de tais interesses, mesmo que ocasional ou totalmente secundária segundo o escopo da norma, implicar *ipso facto* um apetrechamento do sujeito com uma pretensão indemnizatória[949]. Concomitante com uma função de alargamento da responsabilidade delitual, através da situação básica das normas de protecção, alguma doutrina alemã tem preconizado uma redução da culpa, que se limitaria a incidir sobre violação normativa. Quanto mais a função de alargamento das normas de protecção for entendida, menos lacunas de protecção existirão no sistema delitual. Impõem-se, no entanto, eventualmente, diferenciações segundo o tipo de bem delitualmente protegido. Problemas especiais, como a culpa, o ónus da prova da culpa, ou do nexo entre a violação de disposição de protecção e o dano merecem tratamento autónomo[950].

II. Duas coordenadas gerais emergem da aproximação aos códigos civis continentais. A primeira diz respeito ao facto das normas de protecção surgirem com especial autonomia e significado para a resolução de casos concretos nos sistemas de influência alemã, que optam por pequenas

---

verantwortlich, jedoch falls dies in Ausübung eines Rechtes geschah, nur dann, wenn die Ausübung des Rechtes offenbar den Zweck hatte, den anderen zu schädigen".

[948] SPICKHOFF, *Gesetzesverstoß und Haftung,* pp. 45-47 e pp. 59-61, SPICKHOFF/ /SOERGEL, *Bürgerliches Gesetzbuch,* pp. 111-113, e WAGNER, *Münchener Kommentar,* § 823, p. 1658.

[949] CARNEIRO DA FRADA, *Direito Civil. Responsabilidade Civil,* p. 74.

[950] CARNEIRO DA FRADA, *Direito Civil. Responsabilidade Civil,* p. 74.

cláusulas gerais, em detrimento de uma grande cláusula geral, destrinçando, com clareza, a ilicitude e a culpa, por confronto com os sistemas que seguem o modelo napoleónico, assente na *faute,* com maior sincretismo dos pressupostos da responsabilidade delitual. A segunda coordenada respeita à necessidade da responsabilidade delitual cobrir situações que não se reconduzem única e exclusivamente a direitos subjectivos ou a bens jurídicos que gozam de protecção absoluta, abrindo na sua tessitura espaço de discussão à questão do âmbito de protecção de interesses puramente patrimoniais.

A evolução histórico-dogmática pôs em evidência que as normas de protecção surgem no Código Civil Alemão no quadro da separação pandectística da ilicitude e da culpa e da individualização de situações básicas de responsabilidade civil delitual. Este modelo germânico é adoptado pelo Código Civil Português que consagra expressamente a violação ilícita e culposa das normas de protecção como uma modalidade de responsabilidade delitual. Nestes sistemas, as normas de protecção podem ter como escopo o alargamento da tutela delitual dos bens jurídicos protegidos através de direitos subjectivos absolutos ou a tutela autónoma de interesses puramente patrimoniais. As normas de protecção ganham maior relevo nos sistemas continentais quando se superam os quadros do individualismo liberal. No modelo domatiano, a função de controlo é atribuída ao dano, à culpa e ao nexo de causalidade, sendo que estas categorias são utilizadas para limitar o tipo de danos que devem ser compensados[951]. No modelo jheringiano, que distingue entre ilicitude e culpa, autonomiza-se na ilicitude uma ordem de interesses protegidos[952]. No modelo windscheidiano na ilicitude distinguem-se duas variantes: os direitos subjectivos e as normas de protecção. O modelo alemão entretece a solução jheringiana de separação da ilicitude a da culpa com a solução windscheidiana de separação entre a ilicitude por violação de direitos e por violação de normas de protecção. A evolução da primeira codificação para a segunda codificação assenta na passagem do modelo domatiano para o modelo jhe-

---

[951] STATHIS BANAKAS, *Liability for Incorrect Financial Information,* p. 267.

[952] Aproximando o sistema inglês e alemão enquanto *protected interests system,* STATHIS BANAKAS, *Liability for Incorrect Financial Information,* p. 282: *"While English law suffers from a narrow concept of contractual liability, and needs to turn to Tort for filling a protective gap, German law suffering from a narrow concept of tort liability turns to Contract".*

Evolução Histórico-Dogmática

ringiano e windscheidiano que distingue, em dois momentos autónomos, a ilicitude e a culpa no esquema delitual, e delimita a ilicitude a certas hipóteses típicas, ainda que comportando elementos de cláusula geral.

Assim, o modelo tudesco surge *a priori* mais restritivo em relação à indemnização dos danos puramente patrimoniais do que o modelo napoleónico, porquanto neste, através da cláusula geral, não se configura, como naquele, a hierarquização de interesses protegidos. Daí que os sistemas de modelo napoleónico não autonomizem os interesses puramente patrimoniais. De modo diferenciado, por força da hieraquia dos diferentes interesses, nos sistemas de modelo germânico os danos puramente patrimoniais resultam de uma delimitação negativa em relação aos bens jurídicos que se protegem no § 823 I BGB. Esta matéria tem tido, por consequência, um tratamento diferenciado nos códigos civis de modelo napoleónico e de modelo germânico e evoluído de acordo com as correntes metodológicas que se sucederam.

A doutrina alemã, numa primeira fase, hesita sobre o significado das normas de protecção, tendo cabido à jurisprudência o papel de as identificar. Mais recentemente, tem-se desenvolvido uma tendência no sentido da articulação das normas de protecção com os deveres do tráfego e o ressarcimento de interesses puramente patrimoniais, o que permitiu um maior aprofundamento dogmático deste tema. Os aprimoramentos em matéria de enquadramento dogmático estão em estreita dependência da teoria das fontes de direito, da teoria da norma jurídica ou da teoria da interpretação jurídica que, aplicadas às normas de protecção, têm revelado a complexidade dos problemas que subjazem à sua aplicação e à resolução de casos práticos.

A doutrina portuguesa tem dado um tratamento manualístico ao tema, sendo no contexto da indemnização dos danos puramente patrimoniais e das responsabilidades especiais, como a responsabilidade dos administradores de sociedades comerciais, das autoridades reguladoras, pelo prospecto, por informações e por actos de concorrência desleal, que se registou um recrudescimento do seu interesse. Porém, a maioria dos que se ocupam deste tema têm seguido uma posição filiada essencialmente nas teses de CANARIS quanto ao sistema delitual alemão, sufragando uma relevância restrita das normas de protecção assente no *modelo da norma penal*, na ideia de que a norma central faz corresponder a ilicitude da violação de direitos subjectivos e de que só haverá protecção delitual de interesses puramente patrimoniais no caso das normas de protecção expressamente o preverem ou no caso de abuso do direito. Trata-se de uma matéria em que o desenvolvimento jurisprudencial é decisivo, na medida em que, quer o modelo napoleónico, quer o modelo germânico de responsabilidade delitual, contêm elementos de cláusula geral. A regra do *alterum non laedere* nunca pode ter carácter universal, pelo que se torna essencial delimitar sempre o dano indemnizável.

A doutrina civilista nacional tem tido alguma dificuldade em compreender as dimensões juspúblicas que se colocam na responsabilidade delitual e em integrar o instituto no contexto da evolução do Estado, da Constituição, da lei e do sistema de fontes de direito, limitando-se a apresentar os critérios de delimitação das normas de protecção e uma visão analítica dos seus pressupostos.

No que respeita à possibilidade de uma uniformização europeia, levanta-se a necessidade de conjugar modelos distintos e alcançar um compromisso linguístico[953], pelo que se preconiza que a uniformização passe por áreas muito delimitadas, não se defendendo um Código das Obrigações Europeu, que acabaria com o pluralismo e a diversidade, verdadeiro traço identitário da cultura, em geral, e da cultura jurídica europeia, em especial.

---

[953] STATHIS BANAKAS, *Liability for Incorrect Financial Information*, pp. 284-285.

PARTE II
Estudo de Direito Positivo

CAPÍTULO I
Enquadramento Periférico

SUMÁRIO: § 12.º Horizonte de fundo: liberdade de iniciativa económica. § 13.º Perspectiva vertical. 13.1. Enquadramento comunitário. 13.1.1. Novas conexões e o efeito directo das normas europeias. 13.1.2. A interpretação conforme às Directrizes. 13.1.3. A responsabilidade do Estado por incumprimento da transposição de Directrizes. 13.1.4. O princípio da subsidariedade e os diferentes níveis protectivos das normas comunitárias. 13.1.5. A jurisprudência portuguesa. 13.2 Enquadramento constitucional. 13.2.1. Novas conexões na passagem do Estado liberal para o Estado social e pós-social. 13.2.2. Os direitos fundamentais nas relações entre particulares. 13.2.3. A "constitucionalização" da responsabilidade delitual. 13.3. Enquadramento penal e contra-ordenacional. 13.3.1. Novas conexões decorrentes da evolução do ilícito penal e contra-ordenacional. 13.3.2. Tipos penais e normas de protecção. 13.3.3 A autonomização da responsabilidade delitual da responsabilidade penal. 13.3.4. A ilicitude penal, contra-ordenacional e civil. § 14.º Perspectiva horizontal. 14.1. Ilícito de concorrência desleal. 14.2. Ilícito de concorrência. 14.3. Ilícito publicitário. 14.4. Ilícitos da sociedade da informação § 15.º Síntese da perspectiva vertical e horizontal.

§ 12.° Horizonte de fundo: a liberdade de iniciativa económica

I. O estudo de direito positivo sobre as normas de protecção segue dois enquadramentos: periférico e central. No desenvolvimento periférico abordam-se duas perspectivas diferenciadas: *i)* uma, vertical e *ii)* outra, horizontal. No desenvolvimento central, procede-se a duas abordagens distintas: *i)* uma sistemática e *ii)* outra analítica. No estudo de direito positivo far-se-á uma investigação do conceito de normas de protecção no quadro do relacionamento das diversas situações básicas de responsabilidade delitual entre si, procurando sublinhar a relevância dos diferentes sectores do ordenamento em sede de responsabilidade delitual. Com efeito, a compreensão do papel das normas de protecção no sistema pátrio de responsabilidade civil delitual não se compadece com uma mera análise do conteúdo regulativo do artigo 483.°, n.° 1, 2.ª parte, antes convoca globalmente o sistema jurídico na sua função de protecção de interesses particulares e na procura de uma síntese integrada que promova uma inter-relação constituinte. Torna-se essencial abranger um horizonte de fundo que passa pelo relacionamento de diferentes sectores do ordenamento jurídico, pressupondo uma articulação entre os sistemas europeu, constitucional, penal e contra-ordenacional com o instituto da responsabilidade delitual. Efectivamente, os valores consagrados em outras áreas devem estar presentes nas várias fases de realização jurídica, integrando modelos de decisão. Procura-se um Direito civil europeu, constitucional, penal e administrativo para o desenvolvimento da responsabilidade delitual por normas de protecção[954]. Recorta-se, assim, a relevância civil de normas que, do ponto de vista da sua fonte, têm origem em áreas jurídicas exteriores ao Direito civil. Em alguns casos, estas normas são elaboradas de acordo com vectores de horizontalidade, pelo que desenvolvem uma eficácia interpessoal directa, enquanto noutros constroem-se sob esquemas verticais pelo que sua eficácia interpessoal é indirecta ou reflexa.

---

[954] GOMES CANOTILHO, "Dogmática de Direitos Fundamentais e Direito privado", Estudos em Homenagem ao Professor Inocêncio Galvão Teles, Vol. V, Direito Público e Vária, Almedina, Coimbra, 2002, p. 64: "*É crescente o número de trabalhos dedicados às relações entre direito constitucional e o direito civil. Por vezes, os estudos denotam logo a matriz constitucionalista ou civilista dos seus autores. Com efeito, uns falam com arrogância de "civilização do direito constitucional" e outros respondem com igual sobranceria com a "constitucionalização do direito civil"*".

O entrelaçar dos diferentes sectores do ordenamento jurídico nacional, alguns com predomínio de dimensões juspúblicas, não é isento de especiais dificuldades, na medida em que, na maior parte dos casos, as normas primárias que neles se desenham não visam fundamentar pretensões indemnizatórias mas tão-só a proibição e repressão de comportamentos para defesa de um determinado modelo arquitectado em nome do interesse público. Acresce que a responsabilidade delitual não está em primeira linha ao serviço do interesse público, mas antes ao serviço de interesses particulares. De modo distinto, as normas juspúblicas não podem deixar de estar subordinadas ao interesse público, sob pena da sua inconstitucionalidade[955]. Nestes termos, para além da imprescindibilidade de encontrar toda a trama valorativa que permite passar de um patamar de interesse público a um de interesse particular, é necessário ainda lançar pontes para o sistema da responsabilidade delitual. A existência de diferentes normas jurídicas, de origem distinta, cria a necessidade de as mesmas serem articuladas atendendo ao facto de serem susceptíveis de serem utilizadas como normas de protecção. Por fim, num contexto mais alargado, cada sector vai influenciar a interpretação dos outros.

A ilicitude configura o pólo dinamizador da responsabilidade delitual, que se vai construindo paulatinamente de acordo com a evolução legislativa dos diferentes sectores do ordenamento jurídico. Trata-se do pressuposto que apresenta maior variabilidade no sistema delitual. As normas de protecção exigem que o sistema delitual lance pontes para outras áreas da ordem jurídica que definem o ilícito, traçando uma linha entre as condutas permitidas e proibidas. Esta linha é traçada em termos verticais e horizontais.

Para tal, é fundamental delimitar uma zona de relevância das normas de protecção e controlar essa opção delimitadora, *i.e.*, um ponto de intersecção entre a linha vertical e a linha horizontal. A delimitação de que se parte assenta nas normas de protecção que configuram "restrições" à liber-

---

[955] ROGÉRIO EHRHARDT SOARES, *Interesse Público Legalidade e Mérito*, Coimbra, MCMLV, pp. 100-101: *"Das três funções do Estado a única que é livre é a de legislar. Só o legislador goza dentro do ordenamento jurídico, duma desvinculação absoluta. Os únicos limites que se lhe põem não têm natureza jurídica. Mas só pode utilizar essa liberdade para a tutela do interesse público. A ele compete repartir os bens, materiais e imateriais, da sociedade, segundo uma escala de fins a que adere".*

dade de iniciativa económica. Por esta razão, impõe-se encontrar o núcleo da liberdade de iniciativa económica, bem como o conceito de "restrições" a esta liberdade. Não se pretende, no contexto do desenvolvimento da presente dissertação, realizar um enquadramento global das normas de protecção, cuja unidade não pode ser alcançada, dado o seu carácter fragmentário, mas descortinar espaços de protecção complementar, surgidos de acordo com as evoluções de sectores específicos. Por este motivo, sentiu-se a necessidade e a utilidade de demarcar um horizonte material para as normas de protecção que nos ocupam. Esse horizonte é constituído pela liberdade de iniciativa económica e de concorrência e pelas normas que delimitam a concorrência permitida.

Este recorte, como aliás qualquer outro que fosse realizado, implica problemas específicos, que resultam de convocar um conjunto de normas e princípios jurídicos que podem não ser aplicáveis a outras normas de protecção de âmbito material distinto. Simultaneamente, evidencia-se a necessidade de tomar em consideração elementos periféricos que postulam soluções diferenciadas, *maxime* leituras europeias e constitucionais incontornáveis para algumas normas de protecção e, porventura, não exigíveis para outras. Neste sentido, o objecto da dissertação incide sobre a realidade da organização e direcção económicas, enquanto fenómenos juridicamente relevantes presentes em algumas normas de protecção. Todavia, mais do que procurar qualquer conexão com o mundo da economia, trata-se essencialmente de dar enfoque a problemas de sistematização[956] e de reflectir sobre as normas de protecção em articulação com uma das áreas da sua evolução que passa pelo direito de intervenção económica.

Sem questionar a primazia científico-cultural do Direito privado, que assegura a continuidade do liberalismo através de esquemas de permissão, factores históricos ligados à evolução dos mercados, como a concentração empresarial, vieram exigir novos esquemas de proibição para protecção da ordem liberal, acrescentando legislação complementar às codificações civis. Exigências dogmáticas e práticas ditaram a especialização crescente de vários ramos do direito que se autonomizaram (ainda que porventura não dogmaticamente) do Direito privado, alguns directamente do Direito civil, outros do Direito comercial. Entre estes ramos encontra-se o Direito

---

[956] MENEZES CORDEIRO, *Direito da Economia*, AAFDL, Lisboa, 1986, p. 9.

Estudo de Direito Positivo

da concorrência, o Direito da concorrência desleal, o Direito da publicidade e o Direito da sociedade da informação[957-958].

II. A defesa da concorrência encontra-se hoje significativamente impregnada de regras europeias e de directrizes comunitárias. O regime jurídico português da concorrência dispersa-se pela Lei n.° 18/2003, de 11 de Junho, pela constituição e atribuições da Autoridade da Concorrência, adoptada pelo Decreto-Lei n.° 10/2003, de 18 de Janeiro, e em regras atinentes a práticas individuais proibidas, previstas pelo Decreto-Lei n.° 140/98, de 16 de Maio, e n.° 10/2003, de 18 de Janeiro. A concorrência desleal está regulada no artigo 317.° do Código de Propriedade Industrial (CPI), aprovado pelo Decreto-Lei n.° 36/2003, de 5 de Março, diploma no qual se regulam os direitos industriais. O Direito da publicidade surge, por sua vez, regulado no Código da Publicidade[959], tendo ter-

---

[957] MENEZES CORDEIRO, *Tratado de Direito Civil Português,* I, pp. 217-223 e OLIVEIRA ASCENSÃO, "Direito cibernético: a situação em Portugal", Direito e Justiça, vol. XV, (2001), Tomo 2, pp. 9-26.

[958] Para ilustrar os problemas que se colocam em sede de responsabilidade delitual, vamos partir de quatro pequenos casos concretos para analisar como se delimita a ilicitude de acordo com o caso a resolver: *i)* 1.° caso – A, empresa do sector de venda de pescado congelado, acorda com B, que opera no mesmo sector, durante um ano, praticarem um preço inferior ao custo de mercado, de modo a causar significativos danos ao concorrente C. C pretende ser indemnizado pelos danos que lhe causou a actuação concertada de A e B. *Quid iuris? ii)* 2.° caso – A, distribuidor de filmes, organiza um boicote a um filme distribuído por B que com isso sofre danos resultantes da não venda dos bilhetes para a respectiva projecção. *Quid iuris? iii)* 3.° caso – A, produtor de automóveis, utiliza uma publicidade enganosa, prejudicando gravemente o corrente B que comercializa automóveis do mesmo segmento de mercado. B pretende ser indemnizado pelos danos causados. *Quid iuris? iv)* 4.° caso – A, editor de livros electrónicos, divulga on-line, sem qualquer licença, um livro de B que pretende ser indemnizado de acordo com o número de *downloads* do seu livro. *Quid iuris?* Em torno destes casos surgem inúmeros outros com cambiantes em que a responsabilidade delitual necessita de se combinar com outras áreas do ordenamento jurídico e em que é necessário determinar se há direito à indemnização e quem são os respectivos titulares.

[959] O Código da Publicidade (CPub) actualmente corresponde ao Decreto-Lei n.° 330/90, de 23 de Outubro, com as alterações introduzidos pelos Decretos-Lei n.° 74/93, de 10 de Março, 6/95, de 17 de Janeiro, 61/97, de 25 de Março, 275/98, de 9 de Setembro, 51/2001, de 15 de Fevereiro, 332/2001, de 24 de Dezembro, 81/2002, de 4 de Abril e 224/2004, de 4 de Dezembro, e pelas Leis n.° 31-A/98, de 14 de Julho, 32/2003, de 22 de Agosto. O CPI foi alterado pelo DL n.° 318/2007, de 26 de Setembro.

minado a discussão pública do Anteprojecto do Código do Consumidor que o irá porventura abranger. Por fim, o Direito da sociedade da informação resulta de, nas sociedades pós-industriais, a informação condicionar a evolução social, surgindo como uma disciplina horizontal que abrange, em razão de critérios funcionais e pragmáticos, diversas matérias, entre outras, a responsabilidade civil[960]. Nestes conjuntos normativos encontram-se normas de protecção que ampliam o espaço da ilicitude para efeitos da responsabilidade delitual.

O crescimento da área da vinculação associa-se, assim, aos direitos subjectivos através da ideia de dever e de escopo económico-social, aumentando a intervenção do Estado na economia[961]. Numa primeira fase, as normas de protecção são residuais, mas o aumento da intervenção estadual em sectores muito diferenciados convida, hoje, à sua arrumação sistemática de acordo com áreas em que verifique homogenia material.

O enquadramento sistemático deve ser entendido, neste ponto, como sistema externo, como novas ordenações de comunicação do sistema interno, em função de pontos de vista unitários. O espaço das normas de protecção vai evoluindo com as alterações do Direito e com o modo como o Estado aumenta ou recua na sua intervenção na economia, designadamente concedendo mais espaço aos tribunais e aos particulares para, através das acções particulares, actuarem como formas de correcção dos equilíbrios da concorrência ou, burocratizando os controlos, centralizando-os em entidades administrativas.

Em matéria de aplicação das regras de concorrência denota-se um escasso número de questões levantadas directamente nos tribunais nacionais e um tratamento muito aligeirado dessas questões, bem como uma tendência dos tribunais para não conhecerem os problemas de fundo, ou para os resolverem com recurso a questões processuais, verificando-se, inclusive, normalmente um tratamento jurisdicional mais benigno das violações da concorrência do que aquele que lhe é dado pelos órgãos de defesa da concorrência. Trata-se de uma tendência genérica, que espelha a especial dificuldade dos tribunais em lidarem com o Direito económico[962]. Revela, igualmente, a tendência para subtrair esta matéria ao

---

[960] MENEZES CORDEIRO, *Tratado de Direito Civil Português*, I, pp. 222-223.
[961] MENEZES CORDEIRO, *Direito da Economia*, p. 79.
[962] EDUARDO PAZ FERREIRA, *Os Tribunais Portuguesas e o Direito da Concorrência*, Separata da Revista da Banca, n.º 49, Janeiro-Junho, 2000, p. 15.

Estudo de Direito Positivo 371

domínio jurisdicional, pela excessiva intervenção da regulação pública do mercado, e para retirar da esfera dos particulares a reacção aos ilícitos concorrenciais, diminuindo-se, assim, o papel do sistema da responsabilidade delitual na reposição de equilíbrios no mercado. Esta tendência deve ser combatida.

O papel do Direito privado na concorrência é o de impedir os acordos e práticas anticoncorrenciais prejudiciais e o de assegurar o direito à indemnização dos concorrentes afectados por essas práticas. O Direito português da concorrência é um direito de ordenação do mercado[963], com uma dimensão juspública, mas é também um direito que consagra directamente direitos e deveres aos agentes económicos, pelo que não se deve obnubilar um importante papel dos particulares neste domínio. Daí que seja fundamental, como defende MERTENS que os civilistas não diminuam o papel do Direito privado nestes processos[964].

III. O Direito da concorrência emerge como um direito conformador do mercado. Neste domínio a "constituição económica europeia" tem vindo a substituir paulatinamente a nacional. Deste modo, o Direito da concorrência vigente no nosso país é marcadamente influenciado pelo Direito europeu[965]. A política comunitária de defesa da concorrência adquiriu, hoje, um papel central. A liberdade de iniciativa económica, que se encontra regulada no artigo 61.º, n.º 1, da CRP, relaciona-se com o valor da autonomia individual, configurando-se como um elemento estruturante do sistema económico, ligado ao funcionamento do mercado, o que não impede a intervenção conformadora estadual na organização política da concorrência comercial[966] realizada no quadro da Constituição económica. A liberdade de iniciativa privada constitui simultaneamente *i)* um

---

[963] EDUARDO PAZ FERREIRA, *Os Tribunais Portuguesas e o Direito da Concorrência*, pp. 5 e ss.

[964] MERTENS, *Deliktsrecht und Sonderprivatrecht*, p. 261.

[965] EDUARDO PAZ FERREIRA, "O Direito Económico Português à sombra da Constituição Económica Europeia", *O Direito Contemporâneo em Portugal e no Brasil*, (coordenadores Ives Gandra da Silva Martins e Diogo Leite Campos), Almedina, Coimbra, 2003, pp. 237-254.

[966] JÓNATAS MACHADO, *Liberdade de Expressão – Dimensões constitucionais da esfera pública no sistema social*, Universidade de Coimbra, Coimbra Editora, 2002, p. 454.

372 *Normas de Protecção e Danos Puramente Patrimoniais*

"direito" de natureza análoga à dos direitos, liberdades e garantias e *ii)* uma garantia institucional[967].

Trata-se de um "direito de liberdade", que revela a autonomia das pessoas e dos grupos formados na sociedade civil frente ao Estado. O cerne da sua estrutura está na actividade dessas pessoas e desses grupos e não na actividade do Estado. Tal não significa que se reduza a um "direito negativo" e que o seu exercício não torne conveniente a intervenção reguladora do Estado. Dada esta sua natureza, a liberdade de iniciativa económica pode ser imediatamente aplicada no seu conteúdo preceptivo, sendo--lhe aplicável o regime dos direitos, liberdades e garantias. A liberdade de iniciativa económica configura-se, ainda, como uma garantia institucional, como um princípio de organização económica do qual o legislador ordinário não se pode afastar, enquanto instituição presente na ordem social que a Constituição conforma directa e imediatamente e à qual concede protecção.

Há que distinguir entre os direitos fundamentais, reconhecidos aos sujeitos económicos, e as instituições em que os mesmos se concretizam e que os fundamentam, mas com os quais não se confundem. A liberdade de mercado dá origem à instituição mercado, *mutatis mutandis* a liberdade de

---

[967] JORGE MIRANDA, "Iniciativa económica"*, Nos Dez Anos da Constituição*, INCM, 75 ss (publicado igualmente em JORGE MIRANDA, *Escritos Vários sobre Direitos Fundamentais*, Principia, 2006, 173-184) e JORGE MIRANDA/RUI MEDEIROS, *Constituição Portuguesa Anotada*, Tomo I, Coimbra Editora, 2005, pp. 620-621. No sentido de se tratar de um direito fundamental, SOUSA FRANCO, *Nota sobre o princípio da liberdade económica*, BMJ, 355, (1986), pp. 11 e ss. Antes da revisão de 1982, GOMES CANOTILHO/VITAL MOREIRA orientavam-se no sentido de não considerar a liberdade de iniciativa económica um direito fundamental. Actualmente, orientam-se claramente no sentido de que não se trata apenas de um princípio de organização económica, mas também de um direito fundamental com analogia substantiva com os direitos, liberdades e garantias enquanto direito determinável e de exequibilidade imediata. Cfr. neste sentido, ANTÓNIO CARLOS DOS SANTOS/MARIA EDUARDA GONÇALVES/MARIA MANUEL LEITÃO MARQUES, *Direito Económico*, 5.ª ed. revista e actualizada, Almedina, Coimbra, 2004, p. 46. Sobre a revisão de 1982, cfr. SOUSA FRANCO, "A revisão da Constituição Económica", Separata da ROA, pp. 45 e ss. MENEZES CORDEIRO, "Defesa da concorrência e direitos fundamentais das empresas", Direito, Ano 136.º, (2004), I, p. 63, considera que a liberdade de iniciativa económica não configura um direito subjectivo, pelo que haveria uma diferenciação entre o conceito de direito fundamental e o de direito subjectivo, concluindo que a natureza genérica das permissões em que assentam não permite que surjam como direitos subjectivos.

[968] SOUSA FRANCO, *Nota sobre o princípio da liberdade económica*, p. 12.

iniciativa económica à instituição empresa. A liberdade de iniciativa económica corresponde à possibilidade de livre expansão da personalidade em actos com conteúdos e fins económicos, quer sejam materiais quer sejam jurídicos[968], podendo assumir duas formas substancialmente distintas: *i)* a liberdade de actividade de actuação material, que consiste na livre escolha e prática de actos com natureza económica, e *ii)* a liberdade jurídica, que corresponde ao poder de dispôr dos próprios bens pessoais ou patrimoniais, mediante a criação de preceitos concretos, em execução de disposições normativas da ordem jurídica, através do comportamento individual (liberdade negocial) ou da interacção com a livre vontade de outros sujeitos (liberdade contratual)[969].

Da protecção da liberdade de iniciativa económica surge como decorrência a liberdade de concorrência, prevista no artigo 81.°, f) da Constituição. Assim, no modelo constitucional português vigora, actualmente, um princípio de liberdade quanto ao exercício de actividades económicas. A iniciativa económica encontra-se sujeita a regulamentação necessária por lei, exercendo-se nos quadros definidos pela Constituição. Não está, porém, sujeita a "reserva de lei", no sentido de que necessita da mediação da lei para se concretizar, uma vez que se trata de uma norma exequível por si mesma, conferindo a todos um espaço de liberdade de acção[970]. A liberdade de iniciativa económica é considerada um "direito" fundamental de natureza análoga. Há um primeiro momento de acesso à iniciativa, que se traduz na liberdade de estabelecimento, e há um segundo momento, que se configura no resultado da iniciativa e que se reconduz essencialmente à liberdade de empresa[971]. No contexto do nosso estudo, interessa sobretudo a liberdade de empresa enquanto conformação de um espaço livre para praticar actos correspondentes aos meios e fins predispostos.

A ideia de liberdade económica representa uma das chaves de definição do estatuto económico da pessoa e da caracterização jurídico-constitucional do modelo de organização e de funcionamento da economia, surgindo como liberdade de trabalho, de comércio, de indústria, de pro-

---

[969] SOUSA FRANCO, *Nota sobre o princípio da liberdade económica*, p. 13.

[970] JORGE MIRANDA, *Iniciativa económica*, p. 77.

[971] JORGE MIRANDA, *Manual de Direito Constitucional*, Tomo IV, Direitos Fundamentais, 3.ª ed., Coimbra Ed, 2000, p. 516.

374   *Normas de Protecção e Danos Puramente Patrimoniais*

priedade e de livre concorrência[972]. É este último segmento da liberdade da iniciativa económica que se pretende que constitua essencialmente o pano de fundo do estudo das normas de protecção. Em termos jushistóricos, a liberdade económica implica uma ruptura com esquemas pré-capitalistas e um sinal da liberalização e do acolhimento das instituições típicas do capitalismo. O âmbito e o fundamento da liberdade económica integram o núcleo da liberdade individual. Num sentido mais restrito, a liberdade económica reconduz-se à liberdade de produção, enquanto iniciativa relativa à criação de meios e de formas de satisfação de necessidades e de consumo. O princípio que decorre da liberdade económica, nos sistemas em que existe, é o do livre exercício das actividades produtivas pela generalidade dos sujeitos económicos. Trata-se de um princípio que decorre da constituição económica e que recorta o sistema económico como sistema de liberdade e de mercado[973].

IV. A Constituição remete para a lei a definição dos quadros do exercício da iniciativa privada, não sendo, no entanto, possível pô-la em causa, mas tão só compatibilizá-la com outros valores ou direitos de igual dignidade que com ela possam entrar em conflito. Para além disto, cabe à lei definir o quadro em que a iniciativa económica se exerce, introduzindo-lhe restrições e explicitando o seu conteúdo. Desta garantia resulta uma reserva de lei, que reforça a iniciativa privada, na medida em que não pode ser limitada pela Administração.

Com efeito, ainda que se tenha defendido que o artigo 61.º, n.º 1, da CRP tem um conteúdo exequível por si mesmo ao conferir a protecção de um espaço individual de liberdade de acção, na medida em que os diferentes espaços conflituam entre si, estabelece-se uma reserva de lei na resolução deste conflito. As liberdades constitucionais não se enquadram em termos técnico-jurídicos nos direitos subjectivos privados, porque, mais do que permitirem o aproveitamento de um bem, funcionam sobretudo como direitos de defesa contra o Estado. As liberdades traduzem essencialmente uma alternatividade de comportamento[974].

---

[972] SOUSA FRANCO, *Nota sobre o princípio da liberdade económica*, p. 11.

[973] SOUSA FRANCO, *Nota sobre o princípio da liberdade económica*, pp. 18 e ss.

[974] GOMES CANOTILHO, *Direito Constitucional e Teoria da Constituição*, 6.ª ed., Almedina, Coimbra, 2002, pp. 1245-1246.

Estudo de Direito Positivo

É certo que algumas das liberdades fundamentais implicam direitos subjectivos privados. Todavia outras acabam por traduzir-se em liberdades genéricas, que comportam essencialmente uma dimensão objectiva, que não autonomizam direitos subjectivos, embora as normas que as concretizam e as restringem acabem por proteger determinados interesses. Ora, a liberdade de iniciativa privada e de concorrência apontam indiscutivelmente para este enquadramento. Deste modo, poder-se-á levantar a questão de saber se o n.° 1 do artigo 483.° CC procede a uma triagem entre direitos subjectivos e outras posições jurídicas, o que, do ponto de vista passivo, aponta para uma unidade fornecida através do esquema do dever, mas, do ponto de vista activo, pode pressupor uma variedade significativa de posições jurídicas, nas quais se destacam as liberdades genéricas.

V. Segundo MENEZES CORDEIRO, a concorrência deve ser tutelada no quadro do sistema e da Ciência do Direito[975]. Esta matéria tem assento comunitário nos artigos 81.° e 82.° do TCE, que proíbem os acordos e os procedimentos limitadores da concorrência e o abuso de posição dominante. Por sua vez, os artigos 61.°, n.° 1, e 81.°, f), da CRP estabelecem um princípio de liberdade de iniciativa económica. A liberdade de concorrência resulta do princípio da autonomia privada que *in limine* assente no próprio princípio da dignidade humana. No entanto, uma concepção liberal estrita do mercado foi substituída por um conceito de mercado livre sujeito a regulação. Esta regulação é necessária face ao paradoxo de que a liberdade, sem qualquer condicionamento, tende a auto-aniquilar-se. Com efeito, desde cedo se compreendeu que o liberalismo económico, pela concentração empresarial, continha o gérmen da sua destruição[976].

CANARIS alerta para que na "sociedade de direito privado" a autodeterminação corresponde à autorresponsabilidade e para a importância das concepções ordo-liberais no direito privado, designadamente da economia de concorrência, que permitem um plebiscito contínuo e surgem como instrumento de diminuição do poder e de garante da justiça con-

---

[975] MENEZES CORDEIRO, "Defesa da concorrência e direitos fundamentais das empresas: da responsabilização da Autoridade da Concorrência por danos ocasionados em actuações de inspecção", Dir, Ano 136.°, (2004), I, pp. 43-76.

[976] MENEZES CORDEIRO, *Defesa da concorrência*, p. 47.

376   *Normas de Protecção e Danos Puramente Patrimoniais*

tratual, pelo que a concorrência leal e livre deve ser protegida por lei de forma geral e abstracta[977].

Não cabe no âmbito desta dissertação uma investigação histórica sobre a evolução da legislação portuguesa em matéria de concorrência[978]. Cumpre, porém, chamar a atenção que o parâmetro constitucional actual conforma a liberdade de concorrência, enquanto sub-espécie da liberdade de iniciativa económica, como posição jurídica activa que, em termos técnicos-jurídicos, não deve ser caracterizada como direito subjectivo mas como liberdade genérica[979].

A doutrina constitucionalista opta, muitas vezes, por reconduzir as liberdades fundamentais a direitos fundamentais, tendo mesmo desenvolvido o conceito de direito subjectivo público, que nasce no século XIX, com a escola alemã de Direito público, como especificação do conceito de direito subjectivo, aproveitando o contributo de WINDSCHEID, JHERING e THON, através da importação para o Direito público feita por JELLINEK e da sua teoria do *status*[980]. Todavia não gozam as liberdades genéricas de características do direito subjectivo.

A liberdade de iniciativa económica refere-se, em termos centrais, a empresas, podendo estas corresponder a pessoas singulares ou colectivas. Para além das liberdades genéricas, existem numerosos deveres que resultam da ordenação da vida económica em sociedade através de regras fiscais, administrativas, de procedimento e de defesa da concorrência[981], que surgem como normas de conduta. Destas normas de conduta podem surgir protecções directas e reflexas. Nestas não há a atribuição pela positiva de um espaço de liberdade aos sujeitos beneficiários que lhes permita o aproveitamento de certo bem e aos não-beneficiários de não o aproveitar.

---

[977] CLAUS-WILHELM CANARIS, "A liberdade e a Justiça Contratual na "Sociedade de Direito Privado"", *Contratos: Actualidade e Evolução*, UCP, Porto, 1997, pp. 51, 54 e 61.

[978] Sobre esta evolução, MENEZES CORDEIRO, *Defesa da concorrência*, pp. 50-57.

[979] MENEZES CORDEIRO, *Defesa da concorrência*, pp. 60 e 62.

[980] GREGORIO PECES-BARBA, *Teoria dei diritti fondamentali*, Milano, giuffrè, 1993, pp. 14 e ss. Na teoria de JELLINEK recortam-se três categorias de direitos: os "direitos de liberdade", que têm por objecto a expansão da personalidade sem interferência do Estado; os direito cívicos, que têm por objecto prestações positivas do Estado, de outras entidades e da sociedade no seu conjunto; e os direitos políticos, que têm por objecto a interferência de pessoas na própria actividade do Estado, na formação da sua vontade. Cfr. JORGE MIRANDA, *Manual de Direito Constitucional*, tomo IV, 3.ª ed., p. 89.

[981] MENEZES CORDEIRO, *Defesa da concorrência*, p. 73.

Constata-se, assim, uma outra técnica, para além da jussubjectivação, de conferir vantagens às pessoas: trata-se de fazer incidir sobre uma generalidade de pessoas normas de conduta que acabem por acautelar certos interesses. Deste modo, há um beneficiário ao qual, não sendo atribuída qualquer permissão, se concede uma tutela reflexa por deveres que são dirigidos a terceiros. Separar interesses protegidos, protecções reflexas e direitos subjectivos é tarefa árdua na medida em que, no Direito privado, a defesa de certos interesses tende a corporizar-se, em regra, na atribuição de direitos subjectivos[982].

§ 13.° Perspectiva vertical

13.1. *Enquadramento europeu*

13.1.1. *Novas conexões e o efeito directo das normas europeias*

I. Ao colocarmos como pano de fundo a liberdade de iniciativa económica e da concorrência para as normas de protecção desenha-se um itinerário que terá de ser percorrido neste domínio. Com efeito, impõe-se uma análise do Direito europeu da concorrência a fim de descortinar se as respectivas normas não devem ser qualificadas como normas de protecção ao configurar ilícitos na concorrência.

Os Tratados que instituíram a Comunidade Económica Europeia e, posteriormente, a União Europeia, contêm um conjunto de disposições cujo real alcance deve ser interpretado em conjugação com as normas de direito nacional dos Estados membros[983]. Tradicionalmente, o Direito

---

[982] MENEZES CORDEIRO, *Tratado de Direito Civil Português*, I, p. 346.

[983] Neste ponto há que tomar em consideração a própria evolução da integração europeia, designadamente a supremacia da integração económica sobre a integração política, as concepções ordo-liberais e neo-liberais no processo de construção europeia, que sublinham a importância do mercado em detrimento das soluções democráticas, e em que o princípio da liberdade da concorrência constitui o fundamento da legitimidade do direito europeu com base na ideia de que o mesmo resulta mais dos direitos individuais do que propriamente dos poderes públicos, em relação aos quais a política europeia sofreria de um *déficit* democrático significativo. Para ulteriores desenvolvimentos, MIGUEL POIARES MADURO, *We, The court, The European Court of Justice & the European Economic Constitution*, Hart, Oxford, 1998, p. 126 e ss. Contrariando a tese do *déficit* democrático da

378 *Normas de Protecção e Danos Puramente Patrimoniais*

comunitário tem sido monopolizado pelos cultores do Direito público. É altura de se tomar consciência das profundas consequências[984], ao nível do Direito privado nacional, que resultaram de mais de 30 anos de experiência e legislação comunitárias.

O sistema jurídico jusprivado alterou-se significativamente em especial na área do Direito das obrigações, no domínio contratual e, de forma menos incisiva, no da responsabilidade delitual. A justa compreensão desta metamorfose e as significativas *descontinuidades* que se registam entre institutos jurídicos civilísticos, de tradição romana bimilenar, e o *acquis communautaire,* com *topoi* novos – como a defesa da concorrência, dos consumidores, do ambiente e o reforço da protecção jurídica dos direitos na sociedade da informação, traduzidos, na maior parte da vezes, num amontoado caótico de legislação avulsa – exige que os civilistas se debrucem sobre este fenómeno, descortinando a melhor forma de articulação de modelos de regulação significativamente distintos.

Antes de compreender que tipo de evolução se processou ao nível do Direito civil por influxo do Direito europeu, é fundamental definir qual o desenho actual das relações entre estes sistemas jurídicos, designadamente como é que normas europeias podem desempenhar já hoje um papel importante na sua aplicação a relações jurídico-privadas[985].

União Europeia, WINFRIED KLUTH, *Die demokratische Legitimation der Europäische Union, Eine Analys der These vom Demokratiedefizit der Europaischen Unio aus geneineuropaischer Verfassungs perspektive*, Duncker & Humbold, Berlin, pp. 44 e ss. No sentido de existirem três modelos diferentes da legitimação da União Europeia (internacional, supranacional e pós-nacional), ANTÓNIO FIGUEIRA, *Modelos de Legitimação da União Europeia*, Principia, 2004, pp. 67 e ss. Cfr. ainda HERBERT SCHAMBECK, "Aspectos Jurídicos e Políticos da Evolução da Integração Europeia no Limiar do Séc. XXI, RFDUL, vol. XXXVI, 1995, pp. 433 e ss.

[984] MENEZES CORDEIRO, *Tratado de Direito Civil Português,* I, p. 273, reconhecendo a acelarada importação de elementos comunitários, contrapõe o carácter indelével dos traços daí derivados no sistema nacional. Concordamos com PAULO OTERO, *Legalidade e Administração Pública, O sentido da vinculação Administrativa à Juricidade,* Almedina, Coimbra, 2003, p. 457, que se refere a uma específica e particularmente importante vertente de pluralidade de fontes jurídicos-positivas representada pelo Direito Comunitário que, por todos os sectores do ordenamento jurídico, impregna e contamina os quadros tradicionais.

[985] Cfr. OLHA CHEREDNYCHENKO, *Report on the Conference "European Constitutionalisation of Private Law"*, ERPL, vol. 11, n.º 5, (2003), p. 708, o conceito de constitucionalização do Direito privado abraça duas perspectivas distintas: *i)* uma, referente ao

Em relação ao Direito europeu coloca-se a necessidade de diferenciar os níveis preceptivos, nos quais se agrupam as normas e os princípios susceptíveis de, através da Ciência do Direito, habilitarem o intérprete a resolver os casos concretos, e os níveis programáticos, que aglutinam normas e princípios de concretização diferida e mediata e que implicam a elaboração de outras regras capazes de os tornar exequíveis, sendo da maior relevância como auxiliares de interpretação ou como elementos aptos a proporcionar referências úteis aquando da integração de lacunas[986].

No nível preceptivo impõe-se averiguar a susceptibilidade de certas disposições comunitárias poderem ser qualificadas como normas de protecção[987]. Quer em relação ao direito comunitário originário, quer ao direito comunitário derivado, deve aferir-se da sua relevância em sede de responsabilidade delitual, designadamente se a mesma importa o reconhecimento de uma certa "europeização" desta área jurídica, em especial no domínio das normas que regem as relações no mercado.

De referir que o influxo do Direito comunitário no direito interno resulta igualmente da europeização de certas áreas da Constituição Económica[988]. Com efeito, a Constituição Económica Portuguesa já não se

---

impacto do direito europeu no direito nacional dos Estados-membros, e, *ii)* outra, referente ao efeito dos direitos fundamentais no Direito privado.

[986] MENEZES CORDEIRO, *Direito da Economia*, p. 142.

[987] Para esta investigação na doutrina alemã, GÜNTHER LAU, *Enthält des EWG-Vertrag "Schutzgesetze" im Sinne des § 823 Abs. 2 BGB*, Saarbrücken, 1970, ERIK VON BONIN, *Ist Artikel 85 des EWG-Vertrages ein Schutzgesetz im Sinne des § 823 Abs. 2 BGB?*, Saarbrücken, Univ. des Saarlandes, Diss. 1970, e RENATE HEINE-MERNIK, Die *Entwicklung eines autonomen europäischen Kartelldeliktsrecht*, Diss., Universität Bremen, 2002, pp. 135-159.

[988] PAULO OTERO, *Legalidade*, pp. 458 ss e pp. 578 e ss. Quer se trate de matéria integrante da competência exclusiva da União quer de competência concorrente dos Estados-membros, há sempre um fenómeno de "expropriação" da exclusividade dos textos constitucionais e legais internos da definição das áreas materiais de actuação decisória dos Estados-membros. Esta questão torna-se mais complexa por a competência por atribuições da União Europeia ter limites flexíveis, tendo vindo a sofrer ampliação, primeiramente, em matéria económica e, posteriormente, em outras matérias, como o ambiente, a formação profissional, a moeda, a defesa e a justiça. A teoria dos poderes implícitos funciona, neste contexto, como um instrumento privilegiado de ampliação das competências comunitárias, que só conhece alguma redução pelo princípio da subsidiariedade, cuja área se encontra, não obstante, limitada às competências concorrentes. Um dos domínios em que mais se salienta a incidência do direito comunitário é o da responsabilidade civil do Estado pelo incumprimento do Direito Comunitário (cfr. em especial p. 468).

380   *Normas de Protecção e Danos Puramente Patrimoniais*

encontra essencialmente no texto nacional[989]. A sede constitucional da disciplina económica está sediada actualmente nos Tratados da União Europeia, tendo as normas da constituição económica nacional sido *"desbancadas pelas normas comunitárias incidentes sobre as mesmas matérias"*[990], falando-se na *"dissolução da constituição económica portuguesa na constituição económica europeia"*[991]. Neste sentido, o Direito constitucional já não se encerra na Constituição formal[992], produto de um poder constituinte histórico e voluntarista, antes se encontra disseminado pelos diferentes planos do ordenamento jurídico, europeu e interno, pelo que se verifica um alargamento da mancha da Constituição material[993].

II. O Direito comunitário é parte integrante do ordenamento jurídico dos Estados-membros da actual União Europeia[994], pelo que se justifica

---

[989] Neste sentido, PAULO OTERO, *Legalidade*, p. 580: *"Em suma, ninguém hoje pode dizer que conhece a Constituição económica de um Estado-membro da União Europeia se se limitar à leitura e interpretação do texto das respectivas Constituições formais. Pode até afirmar-se, sem exagero, que não será pela leitura e interpretação do respectivo texto constitucional que se fica a saber o conteúdo exacto da Constituição económica dos Estados-membros da União Europeia: na normatividade integrante do Direito Comunitário primário reside em boa verdade, o cerne da Constituição Económica dos Estados-membros da União Europeia"*.

[990] GOMES CANOTILHO, *Direito Constitucional e Teoria da Constituição*, p. 210.

[991] EDUARDO PAZ FERREIRA, "A Constituição económica de 1976: *"que reste-t-il de nos amours?"*", Perspectivas constitucionais – Nos 20 anos da Constituição de 1976 (coord. Jorge Miranda), Coimbra, 1996, p. 408.

[992] Aproximando a Constituição formal do conceito de fonte, cfr. MENEZES CORDEIRO, *Direito da Economia*, pp. 133 e ss.

[993] PAULO CASTRO RANGEL, "Diversidade, Solidariedade e Segurança (notas em redor de um novo paradigma constitucional)", ROA, Ano 62.°, Dezembro, (2002), p. 835.

[994] Na expressão do Tribunal de Justiça é *"parte integrante (...) da Ordem Jurídica aplicável no território dos Estados membros"* (Ac. 9-3-78, *Simmenthal*, 609). No que concerne ao direito português, a Constituição reconhece que *"as normas emanadas dos órgãos competentes das organizações internacionais de que Portugal seja parte vigoram directamente na ordem interna, desde que tal se encontre estabelecido nos respectivos tratados constitutivos"* (artigo 8.°, n.° 3 CRP) e que *"as disposições dos tratados que regem a União Europeia e as normas emanadas das suas instituições, no exercício das respectivas competências, são aplicáveis na ordem interna, nos termos definidos pelo direito da União, com respeito pelos princípios fundamentais do Estado de direito democrático"* (artigo 8.°, n.° 4 CRP). Esta disposição foi introduzida na revisão da Lei Constitucional n.° 1/2005, de 12 de Agosto de 2005, para "acomodar" a Constituição Portuguesa ao Projecto de Tratado que estabelece uma Constituição para a Europa, colocado numa espécie de "hibernação"

Estudo de Direito Positivo

uma incursão neste sistema normativo para avaliação das suas consequências em matéria de responsabilidade delitual. Acresce que inúmeras normas comunitárias possuem *efeito directo*, o que significa que sempre que visem os particulares, engendram directamente posições jurídicas activas ou passivas, cuja violação pode, verificados os restantes pressupostos da responsabilidade civil delitual, importar a constituição de uma obrigação indemnizatória[995].

---

em resultado dos referendos negativos da França e dos Países Baixos. Segundo a comunicação oficial da União Europeia, "em França e nos Países Baixos, os cidadãos rejeitaram o texto da Constituição em 29 de Maio e 1 de Junho de 2005, respectivamente. Atendendo a estes resultados, o Conselho Europeu de 16 e 17 Junho de 2005 considerou que "*a data de 1 de Novembro de 2006, prevista inicialmente para se fazer o ponto da situação das ratificações, não pode ser mantida, uma vez que os países que ainda não procederam à ratificação não estão em condições de dar uma resposta adequada até meados de 2007*". Seguiu-se um período de reflexão, de explicação e de debate em todos os Estados-Membros, quer tenham ou não ratificado a Constituição. O Conselho Europeu examinou, durante a Presidência austríaca (1.º semestre de 2006), o estado dos debates sobre a ratificação do Tratado constitucional. O processo de ratificação pelos Estados-Membros não foi portanto abandonado. No Conselho Europeu de 15 e 16 de Junho de 2006 alargou-se por mais um ano o prazo de reflexão. Na presidência alemã, já no primeiro semestre de 2007, relançou-se o debate sobre a "Constituição Europeia". No Conselho Europeu de 21 e 22 de Junho de 2007 foi conferido mandato "claro e preciso" à Presidência Portuguesa para, no segundo semestre de 2007, ser elaborado e aprovado o "Tratado reformador" que permita a reforma institucional da União Europeia, tendo caído a ideia de aprovar uma "Constituição para a Europa". Cfr. JORGE MIRANDA, "A Constituição Europeia e a ordem jurídica portuguesa", Dir, 134.º-135.º, (2002-2003), pp. 9-29, ANA MARIA GUERRA MARTINS, "O sistema institucional da União na Constituição Europeia – Na óptica da democracia, da eficácia, da transparência, da coerência e da simplificação", Dir, 137.º, (2005), IV-V, pp. 633-658, FAUSTO DE QUADROS, "Constituição Europeia e Constituições nacionais – Subsídios para a metodologia do debate em torno do Tratado Constitucional Europeu", Dir, 137.º, (2005), IV-V, pp. 687-698, MARIA LUÍSA DUARTE, "A Constituição Europeia e os direitos de soberania dos Estados-membros-elementos de um aparente paradoxo", Dir, 137.º, (2005), IV-V, pp. 837-863, MIGUEL GALVÃO TELES, "Tratado que estabelece uma Constituição para a Europa", Dir, 137.º, (2005), IV-V, pp. 887-895 e PAULO DE PITTA E CUNHA, "O projecto de uma Constituição para a Europa", Dir, 137.º, (2005), IV-V, pp. 1015-1021, e ainda "*A via Federal", A Integração Europeia no Dobrar do Século*, Almedina, Coimbra, 2003, pp. 131 e ss.

[995] Relacionada com a questão da protecção de interesses individuais está a possibilidade dos seus titulares poderem exigir essa protecção junto das instâncias judiciais europeias. Considerando que apesar do indivíduo ser um sujeito de direito comunitário ainda não tem um estatuto equiparável ao de Estado membro, pelo que acção de responsabilidade civil contra órgãos da Comunidade não pode ser um dos meios da sua protecção. Cfr. ALBER-

No processo de integração europeia, só a partir do Tratado de Maastricht[996] é estabelecido o objectivo do reforço da defesa dos direitos e dos interesses dos nacionais, mediante a instituição de uma cidadania europeia[997]. O princípio de que o Tratado confere directamente direitos indivi-

---

TINA ALBORS LLORENS, *Private Parties in European Community Law, Challenging Community Measures*, Clarendon Press Oxford, 1996, pp. 6-7 e p. 9. Cfr. ANTÓNIO FIGUEIRA, *Modelos*, p. 98, onde defende que a possibilidade do indivíduo pleitear contra as autoridades nacionais ante uma jurisdição superior imporia uma autoridade federal sobre os tribunais nacionais.

[996] Sobre a instituição da cidadania da União no Tratado de Maastricht, JORGE MIRANDA,"O Tratado de Maastricht e a Constituição Portuguesa", A União Europeia na encruzilhada, Almedina, Coimbra, 1996, p. 49, e MOURA RAMOS, "Maastricht e os Direitos do Cidadão Europeu", A União Europeia, Coimbra, 1994, pp. 93-129. O conceito de cidadania europeia é ainda complementar, subsidiário e incipiente. O futuro permanece uma incógnita, pois o adiamento *sine die* do processo de ratificação do *Tratado que institui uma Constituição para a Europa*, no qual havia um alargamento do catálogo de direitos e deveres dos cidadãos europeus, não permitiu um aprofundamento da cidadania europeia que se encontra, neste momento, refém do impasse verificado no processo de integração política. No Conselho Europeu de 13 de Junho de 2006, voltou a adiar-se por mais um ano este debate. No âmbito da cidadania europeia pós-Maastricht incluem-se alguns direitos: o direito de circular e permanecer, o direito de eleger e ser eleito, o direito à protecção das autoridades diplomáticas e consulares, o direito de petição ao Parlamento Europeu e o direito de queixa ao Provedor de Justiça. Em contrapartida, o Tratado não exemplifica qualquer dever, sendo certo que o aprofundamento da cidadania exigiria a consagração da dimensão do dever, em especial dos deveres para com o interesse geral da comunidade. Cfr. FAUSTO QUADROS, *Direito da União Europeia*, Almedina, 2004, pp. 114 e ss.

[997] A Carta dos Direitos Fundamentais da União Europeia foi proclamada a 7 de Dezembro de 2000, à margem da reunião do Conselho Europeu. "*A aplicação da Carta proclamada, inserção nos tratados ou mesmo num texto constitucional, adesão da União à Convenção Europeia: eis o programa dos próximos anos em matéria de direitos fundamentais*" segundo ANTÓNIO VITORINO, *Carta dos Direitos Fundamentais da União Europeia*, Principia, 2002, p. 52. Também MOURA RAMOS defende em "A carta dos Direitos Fundamentais da União Europeia e a protecção dos direitos Fundamentais", *SI* 61, BFDUC, p. 987: "*o sistema de protecção dos direitos fundamentais proclamados com a Carta se não concebe em termos de instrumento de uma alteração substancial da situação a este respeito vivida no seio da União. Bem pelo contrário, e muito mais modestamente, para além de não lhe ser atribuída especial força jurídica vinculante, a Carta aparenta não visar alterar de modo algum o equilíbrio existente (...)*". A integração da Carta no Tratado Constitucional representaria um salto qualitativo em direcção a uma política da União baseada nos direitos fundamentais, segundo MEINHARD HILF, "Os direitos fundamentais na Constituição Europeia", Uma Constituição para a Europa. Colóquio Internacional de

Estudo de Direito Positivo 383

duais, ainda que não tenha surgido no tratado original, foi estabelecido pelo Tribunal de Justiça Europeu nos casos *Van Gend en Loos* e *Van Duyn*, nos quais foram fixados os critérios para essa eficácia directa[998].

Como áreas de interesse para a eficácia directa de normas dos Tratados comunitários salienta-se a política de concorrência, de ambiente, de saúde e de defesa do consumidor. Algumas destas disposições são muito genéricas e necessitam de ser concretizadas através de legislação secundária, na medida em que não são suficientemente precisas e incondicionais para conferir protecções jurídicas directamente a indivíduos[999]. Com efeito, trata-se essencialmente de normas de carácter programático, cuja amplitude afasta qualquer dimensão preceptiva. Assim, à excepção das normas sobre concorrência, as restantes normas dos Tratados não possuem, na sua maioria, concretização suficiente para a protecção de interesses dos particulares. Ainda que as referidas normas gozem de efeito directo vertical, não há uma protecção dos particulares intencionada. As normas sobre concorrência constantes no Tratado incluem-se nas normas às quais se tem reconhecido um efeito directo horizontal.

Lisboa, Maio 2003, Almedina, Coimbra, 2004, p. 188. Cfr. ANA LUÍSA RIQUITO, CATARINA SAMPAIO VENTURA, J.C. VIEIRA DE ANDRADE, J.J. GOMES CANOTILHO, MIGUEL GORJÃO HENRIQUES, R.M. MOURA RAMOS, VITAL MOREIRA, *Carta de Direitos Fundamentais da União Europeia*, Coimbra, 2001. Cfr. ANA MARIA GUERRA MARTINS, "A Carta dos Direitos Fundamentais da União Europeia e os Direitos Sociais", Separata, Direito e Justiça, vol. XV, (2001), Tomo 2, pp. 189-230 (em especial, pp. 225-228). O Tratado reformador cujo mandato de elaboração foi atribuído à Presidência portuguesa da União Europeia no segundo semestre de 2007 não deverá incluir a Carta.

[998] A. C. GEDDES, *Protection of individual Rights under EC Law*, Butterworths, 1995, pp. 1 e ss, considerando que um número significativo de disposições do Tratado têm efeito directo, tais como os artigos 6.º, 30.º, 48.º, 52.º, 59.º, 85.º, 86.º e 119.º (versão antiga) (cfr. p. 2). A maior parte das disposições que conferem direitos situam-se no campo laboral, porque o Tratado originariamente visava a instituição do mercado comum. No entanto, desde a sua origem que se reconhecia, sobretudo por força do artigo 2.º do Tratado, o direito à melhoria da qualidade de vida dos cidadãos, o que implicava a protecção da sua saúde, segurança e interesses económicos. Na prossecução deste objectivo de carácter geral, os artigos 100.ª e 235 estabeleciam medidas concretas e mais recentemente na área da protecção ambiental o artigo 130R. Com a revisão de Maastricht surge uma nova etapa do aprofundamento de direitos.

[999] Sobre a jurisprudência comunitária em matéria de efeito directo das normas dos Tratados, cfr. *The Relationship between European Community Law and National Law: The Cases*, vol. 1, Cambridge.

III. Em relação ao Direito comunitário derivado tem-se abordado sobretudo a obrigatoriedade de transposição das directrizes[1000] por parte dos Estados-membros, o cumprimento dos prazos dessa transposição e a possibilidade das não transpostas, desde que de conteúdo preceptivo determinado com suficiente precisão, clareza e incondicionalidade, poderem ter efeito directo horizontal, isto é, poderem ser invocadas nas relações entre particulares, o que sempre foi recusado pela jurisprudência comunitária, mas, que mais recentemente, tem sido advogado por alguma doutrina[1001].

Relacionadas com esta problemática levantam-se algumas questões de natureza formal não despiciendas, designadamente sobre a não necessidade de transposição de directrizes quando o direito interno consagra já as respectivas soluções ou sobre a possibilidade de transposição de directrizes através de práticas administrativas, estabelecendo um regime de distribuição de competências legislativas e administrativas na sua transposição[1002].

No domínio do Direito comunitário, é fundamental distinguir a aplicabilidade directa do efeito directo[1003]. O conceito de aplicabilidade directa foi criado pelos Tratados comunitários que estabelecem como actos jurídicos que dela gozam os regulamentos e as decisões (artigo 249.º, par. 2 TCE), ou seja, os actos jurídicos que são dotados de imediatividade sem necessidade de qualquer acto de recepção pelo direito interno, mantendo, não obstante, a sua natureza de acto comunitário[1004].

[1000] Quanto à adopção do conceito de Directrizes, cfr. MENEZES CORDEIRO, "Vernáculo Jurídico: Directrizes ou Directivas?", ROA, Ano 64.º, Novembro, (2004), Lisboa, pp. 609-614.

[1001] MARCELO REBELO DE SOUSA, "A Transposição das Directivas Comunitárias na Ordem Jurídica Portuguesa", O Direito Comunitário e a Construção Europeia, SI 38, BFDUC, 1999, pp. 65-81. Cfr. SCHERZBERG, "Die innerstaatlichen Wirkungen von EG-Richtilinen", Jura, (1993), pp. 225-232.

[1002] A. C. GEDDES, Protection, p. 116.

[1003] MARCELO REBELO DE SOUSA, A Transposição, p. 67, considera dotada de algum artificialismo a distinção entre aplicabilidade directa e efeito directo. Em sentido oposto, cfr. FAUSTO QUADROS, Direito da União Europeia, pp. 441-442.

[1004] Contra, FAUSTO DE QUADROS, Direito das Comunidades Europeias e Direito Internacional Público, Contributo para o estudo da natureza jurídica do Direito Comunitário Europeu, Almedina, Lisboa, 1991, p. 415, negando que se possa fazer corresponder aplicação directa e aplicação imediata para normas de direito internacional público, mas admitindo a sua equiparação no direito comunitário (p.420).

Por esta razão, dever-se-iam designar normas de aplicabilidade imediata[1005].

O Tribunal de Justiça reconheceu, em alguns casos, o *efeito directo* de normas de aplicabilidade directa, apesar de se dirigem *prima facie* aos Estados-membros. Segundo esta posição, um acto, não obstante não se dirigir a particulares, pode conferir a estes directamente direitos ou outras posições jurídicas (*efeito directo propriamente dito*), ou, por impor obrigações a Estados em relação a particulares, conferir a estes indirectamente interesses (*efeito directo reflexo*). Conjugando a teoria do efeito directo com o primado do direito comunitário, deverá ser aplicado o direito comunitário mesmo contra o direito nacional vigente ou na sua ausência[1006]. Com efeito, o Tribunal de Justiça Europeu tem admitido a responsabilidade do Estado por violação do Tratado em casos de violação suficientemente séria (*"sufficiently serious breach of a Community obligation"*)[1007], nomeadamente quando normas dos Estados-membros vão em sentido contrário à liberdade de circulação de bens[1008].

[1005] Sobre o conceito de normas de aplicação imediata, cfr. ANTÓNIO MARQUES DOS SANTOS, *As normas de aplicação imediata no Direito Internacional Privado, Esboço de Uma teoria Geral*, II vol, Almedina, Coimbra, 1991, pp. 842 e ss.

[1006] FAUSTO QUADROS, *Direito,* pp. 426-427, e GORJÃO-HENRIQUES, *Direito Comunitário – Sumários Desenvolvidos.* 2.ª ed, Coimbra, 2003, pp. 208 e ss.

[1007] Casos C-46/93 e C-48/93, respectivamente *Brasserie du Pêcheur SA v Federal Republic of Germany* e *The Queen v. Secretary of State for Transport ex parte Factortame Ltd.* No caso *Brasserie du Pêcheur* uma empresa francesa deixou de comercializar cerveja porque as autoridades administrativas alemãs consideram que a cerveja não tinha o grau de pureza exigido pela lei deste país. Em 1987, o Tribunal de Justiça considerou que a regulamentação alemã era contrária ao princípio da liberdade de circulação de bens. O dano resultou da não adaptação da lei alemã ao direito comunitário. A empresa francesa reclamou danos por perdas de 1.8 milhões de marcos alemães sofridos entre 1981 e 1987. Se estes danos fossem ressarcidos, todos os produtores de cerveja não alemães teriam um forte incentivo para reclamar uma indemnização semelhante. Sobre este Acórdão, cfr. SOFIA OLIVEIRA PAIS, *Incumprimento das Directivas Comunitárias – Do efeito directo à responsabilidade do Estado, Dois Temas de Direito Comunitário do Trabalho*, Publicações Universidade Católica, Porto, 2000, pp. 39 e ss e pp. 45 e ss.

[1008] HANS-BERND SCHÄFER/ROGER VAN DEN BERGH, "Members States Liability for Infringements of the Free Movements of Goods in the EC: An Economic Analysis", German Working Papers in Law and Economics, volume 2001, paper 2, (disponível httpp://www.bepresscom/gwp). Neste artigo defende-se que as normas comunitárias sobre liberdade de circulação de produtos não fornecem indicações suficientes aos legisladores nacionais para regulação, pelo que, quando os danos puramente patrimonais individuais

O efeito directo desenvolveu-se sobretudo em relação às directrizes[1009]. O Tratado que instituiu a Comunidade Europeia afirma *expressis verbis* que a directriz só vincula o Estado-membro destinatário quanto ao resultado a alcançar, deixando às instâncias nacionais a competência quanto à forma e aos meios para alcançar esse resultado (actual artigo 249.º, par. 3 TCE). Isto significa que as normas das directrizes não gozam de aplicabilidade directa, necessitando de ser transpostas para os ordenamentos nacionais. Ora, apesar deste princípio, o Tribunal de Justiça tem defendido que, nos casos em que a directriz não seja transposta no prazo devido, ou se a sua transposição for incompleta – o designado "quadro patológico" – o Estado estará a impedir os particulares de invocarem interesses por ela juridicamente protegidos. Admitindo-se o efeito directo da directriz, a sua transposição não seria só garantida pela acção de incumprimento, regulada no Tratado (artigos 226.º a 228.º TCE), mas também pela "vigilância" dos particulares, interessados na salvaguarda dos seus direitos (jurisprudência *Van Gend en Loos*). Com esta argumentação, o Tribunal de Justiça reconheceu o efeito directo vertical das directrizes.

No contexto juscivilístico em que nos movemos importa, sobretudo, averiguar a existência de um efeito directo horizontal das normas comunitárias, *i.e.*, a possibilidade de serem invocadas nas relações entre particulares. Ora, o Tribunal de Justiça Europeu já reconheceu o efeito directo horizontal a disposições comunitárias que têm pessoas privadas como destinatários últimos das obrigações que criam, designadamente a regras sobre concorrência constantes dos Tratados[1010]. No entanto, o Tribunal tem recusado este efeito às directrizes, em sentido manifestamente contrário à doutrina e às conclusões de alguns Procuradores-Gerais[1011]. Esta jurisprudência do Tribunal de Justiça assenta, essencialmente, na distinção entre o regulamento, enquanto acto de subordinação, e a directriz, en-

---

excedem os custos sociais, dever-se-ia introduzir uma regra de *"obvious negligence"* para alcançar um nível eficiente do dever de cuidado.

[1009] Sobre a jurisprudência comunitária em matéria de efeito directo das directrizes, Ac. 5-2-63 Proc. 26/62 (*Van Gend en Loos*), Ac. 6-10-70 (*Grad*), Ac. 4-12-74, Proc. 41/74 (*Van Duyn*), *Marleasing SA v. La Comercial International de Alimentation SA* (case C-106/89), *Franconvich v. Italian Republic* (Case C-6/90). Cfr. D. PETROVIC, *L'effet direct des accords internationax de la communauté européenne: à la recherche d'un concept*, PUF, Paris, 74 e ss e *EU LAW, Text, Cases and Materials*, 2.ª ed, Oxford, pp. 193 e ss.

[1010] FAUSTO QUADROS, *Direito*, p. 435.

[1011] FAUSTO QUADROS, *Direito*, pp. 437-438.

Estudo de Direito Positivo

quanto acto de cooperação, não podendo esta última criar imediatamente direitos e obrigações para os particulares. Porém, mesmo negando o efeito directo horizontal, considera-se que o particular não fica sem qualquer protecção dos seus interesses[1012], uma vez que o Tribunal estabeleceu dois princípios fundamentais neste domínio: *i)* a interpretação conforme e *ii)* a obrigação do Estado indemnizar os particulares por não ter transposto a directriz comunitária dentro dos prazos fixados[1013].

13.1.2. *A interpretação conforme às directrizes*

I. A consagração de um princípio de interpretação conforme à directriz[1014] do diploma de transposição, ou, quando não atempadamente transposta a directriz, dos diplomas do direito interno (do âmbito material da directriz)[1015], apresenta-se como uma solução paliativa para a recusa do

---

[1012] T. C. HARTLEY, *The Foundations of European Community Law*, 4.ª ed., Oxford, 1998, pp. 87 e ss. PAULO PITTA E CUNHA, "A União Europeia e a Concepção do Estado Regulador", RFDUL, vol. XLVI, n.º 2, (2005), p. 1059, (n. 14), chama a atenção para que a União Europeia no que respeita à supremacia da lei comunitária sobre a lei nacional, mas a Comunidade é mais supranacional na esfera legal do que na esfera política.

[1013] D. PETROVIC, *L'effet direct*, p. 81, salientado que o Tribunal de Justiça, ao aceitar o efeito directo vertical, mas recusando o efeito directo horizontal, criou anomalias na aplicação do direito. Por exemplo, em matéria de discriminação, uma mulher vítima de discriminação pode invocar a directriz contra o Estado, mas já não contra uma entidade privada. Sobre a responsabilidade interna dos Estados membros face a particulares por incumprimento do direito comunitário, cfr. R. ALONSO GARCIA, *La responsabilidade de los Estados miembros por infracción del Derecho Comunitario*, Civitas, Madrid, 1997 e C. PÉREZ GONZÁLEZ, *Responsabilidad del Estado frente a particulares por incumplimiento del derecho comunitário*, Valencia, 2001.

[1014] Esta interpretação conforme ao Direito da União Europeia, também chamada efeito indirecto (*indirect effect*) das directrizes ou *principle of sympathetic interpretation,* assenta na tese de que o direito interno dos Estados-membros tem de ser interpretado de acordo com as regras comunitárias, ainda que estas não tenham efeito directo. Esta tese desenvolveu-se nos casos *Von Colson and Kamann v. Land Nordhein-Westfalen* e *Marleasing.* Cfr. T.C. HARTLEY, *The Foundations*, pp. 222 e ss e A. C. GEDDES, *Protection*, p. 116, defendendo que esta interpretação deve ser realizada ainda antes de ter expirado o prazo de transposição da directriz (Case 80/865 *Officier van Justitie v Kolpinghuis Nijmegen* BV [1997] ECR 3969), funcionando como uma espécie de efeito indirecto horizontal.

[1015] Sobre esta questão, GORJÃO-HENRIQUES, *Direito Comunitário*, pp. 216-217, afirma que o princípio da interpretação conforme se desenvolveu no acórdão *Marleasing,* no qual o Tribunal de Justiça reconheceu que, não podendo defender o efeito directo hori-

efeito directo horizontal às directrizes, embora traduza uma dimensão da aplicação imediata das directrizes[1016]. De salientar que caso se admitisse um efeito directo da directriz, excluir-se-ia o espaço para a interpretação conforme.

Nestes termos, a discussão em torno do efeito directo horizontal da directriz tem de ser colocada em termos muito precisos. *i)* Primeiro, deve tomar em linha de conta que implica uma articulação entre o Direito europeu e o Direito constitucional (artigo 8.º, n.º 4, da CRP). *ii)* Segundo, que o efeito directo assenta no princípio da efectividade do Direito europeu, fundamento da própria Ordem comunitária, mas surge essencialmente como construção pretoriana do Tribunal de Justiça, contrariando, em certa medida, o teor literal do Tratado quanto à eficácia no direito interno das directrizes. Uma leitura constitucional estrita, em articulação com o Tratado (actual artigo 249.º, par. 3 TCE), afasta a admissão de uma eficácia constitutiva de situações jurídicas *ad hoc* por efeito das directrizes, na medida em que seria pouco compatível com o desenho jurídico da directriz no Tratado e com o tratamento nacional das omissões legislativas. *iii)* Terceiro, a responsabilidade interna do Estado pela violação do Direito europeu, apesar de configurar também uma construção jurisprudencial do Tribunal de Justiça, constitui o esquema jurídico que melhor resposta oferece ao problema da não transposição atempada de directriz ou da sua transposição incorrecta.

A interpretação conforme com a directriz deve tomar em consideração os seguintes aspectos: *i)* que há um espaço de manobra por parte dos Estados na transposição de directrizes, *ii)* que as directrizes não prevalecem sobre a Constituição, *iii)* que o Estado pode ser responsabilizado pelo incumprimento voluntário da directriz, mas as normas transpostas devem

---

zontal de uma directriz, os tribunais nacionais deveriam aplicar o direito interno de modo conforme aos objectivos, economia e texto da directriz. Defende-se que a interpretação conforme à Directriz não pode, em caso algum, redundar numa incorporação pretoriana das normas comunitárias das directrizes na ordem jurídica nacional. O Tribunal de Justiça, no Ac. 8-10-1987, proc. 80/865 (*Kolpinghuis Nijmegen*), estabeleceu que a interpretação conforme *"encontra os seus limites quando tal interpretação leve a impor a um particular uma obrigação prevista numa directiva não transposta "*. Cfr. José Maria de Albuquerque Calheiros, "Algumas breves considerações sobre o princípio da interpretação conforme do direito interno face às directivas comunitárias", DDC, n.os 45-46, (1991), pp. 11-30.

[1016] Menezes Cordeiro, *Tratado de Direito Civil Português,* I, p. 252.

Estudo de Direito Positivo

ser interpretadas em si [1017], e *iv)* que, na maioria dos casos, as directrizes estabelecem mínimos de protecção que podem ser aumentados pelo legislador nacional[1018].

13.1.3. *A responsabilidade do Estado por incumprimento da transposição de directrizes*

I. A responsabilidade do Estado legislador face a particulares pela omissão da transposição de directrizes relativiza a discussão em torno do seu efeito directo horizontal. A questão deve ser posta em termos alternativos: podendo-se subscrever um sistema de efeito directo horizontal, apesar do teor literal dos Tratados comunitários, ou um sistema de responsabilidade interna dos Estados-membros pelo incumprimento do direito comunitário, parece ser preferível este último, até pela necessidade de conjugar questões interpretativas complexas, resultantes do eventual efeito directo horizontal na articulação com as normas nacionais. Não obstante a jurisprudência dos casos *Van Gend en Loos, Costa, Simmenthal* e *Factortame* reconhecer ao direito comunitário a constituição de direitos e outras posições jurídicas em benefícios dos particulares (invocáveis contra o Estado), o Tribunal de Justiça estabeleceu, igualmente, um princípio de que os Estados membros estão obrigados a ressarcir os danos causados aos particulares em consequência das violações de Direito comunitário que lhe sejam imputáveis[1019]. Trata-se de um princípio inerente ao Tratado, assente na plena eficácia do Direito comunitário, e no consequente reforço da posição dos particulares que podem reagir em caso de lesão dos seus direitos por uma violação de direito comunitário imputável a um Estado-membro[1020], e assente também na lealdade comunitária (artigo 5.º do TCE)[1021].

[1017] MENEZES CORDEIRO, *Tratado de Direito Civil Português,* I, p. 253.

[1018] Muitas vezes o legislador nacional estabelece regimes mais exigentes do que os impostos nas Directrizes comunitárias. Não se pode recorrer à interpretação conforme para diminuir as exigências nacionais.

[1019] W. VAN GREVEN, "ECJ case law as a means of unification of private law?", ERPL, vol. 5, n.º 3, (1997), pp. 293 e ss, considera a jurisprudência *Francovich, Factortame* e *Brasserie* como uma área que conduz a uma uniformização jurídica das regras de responsabilidade civil nos Estados membros (p. 299).

[1020] MARIA JOSÉ RANGEL MESQUITA, O *Poder Sancionatório da União e da Comunidades Europeias sobre os Estados Membros*, Almedina, 2006, pp. 66-77.

[1021] ALONSO GARCIA, *La responsabilidad*, pp. 20-21.

390   *Normas de Protecção e Danos Puramente Patrimoniais*

No que respeita à não transposição atempada das directrizes, o Tribunal de Justiça reconheceu que eram necessárias três condições para estabelecer uma obrigação de indemnizar por parte do Estado em relação aos particulares: *i)* que o resultado da directriz (e não o seu enunciado expresso) implicasse a atribuição de direitos ou protegesse interesses dos particulares[1022], *ii)* que o conteúdo desses direitos ou interesses pudesse ser identificado com base nas disposições da directriz, e *iii)* que existisse um nexo de causalidade entre o dano sofrido pelos particulares e a violação da obrigação que incumbia ao Estado[1023].

II. Em conclusão, pode afirmar-se que as normas dos tratados, regulamentos e decisões podem ser invocadas nas relações entre particulares, ficando no entanto por averiguar, em termos semelhantes às disposições de direito interno, a sua qualidade como normas de protecção. As directrizes não transpostas, na medida em que não gozam de efeito directo horizontal[1024], excluem-se à partida do núcleo das normas de protecção invocáveis nas relações entre particulares, ainda que possam ser invocadas para efeitos de responsabilização do Estado-legislador pela omissão ou incompletude da sua transposição atempada. Os meios de tornear a questão do não efeito directo horizontal das Directrizes tem passado *i)* por alargar o conceito de Estado a outros organismos públicos, *ii)* pelo efeito indirecto da interpretação conforme, *iii)* por um efeito directo horizontal incidental, tendo sido defendido uma espécie de efeito passivo horizontal, mas que não implica obrigações positivas[1025].

[1022] Em relação à questão da directriz atribuir direitos levanta-se a questão de saber se são só direitos subjectivos ou se também estão abrangidos interesses legítimos dos particulares. Defendendo um conceito muito amplo de direitos, MARTA RIBEIRO, *Da responsabilidade do Estado pela violação do direito comunitário*, Almedina, Coimbra, 1996, p. 195.

[1023] T. C. HARTLEY, *Foundations*, p. 226. Estes princípios da responsabilidade do Estado pela não transposição de directrizes foram defendidos no caso *Francovich*. Cfr. MARTA RIBEIRO, *Da responsabilidade*, 124 e ss.

[1024] De referir que o *Bundesfinanzhof* alemão e o *Conseil d'Etat* francês sempre se opuseram a qualquer efeito directo das directrizes. Os problemas que se colocam em torno da distinção entre efeito directo vertical e horizontal já levou a que, no caso *Vaneetveld v. Le Foyer*, o Advogado Geral Jacons tivesse proposto que essa distinção fosse abandonada e que as directrizes fossem susceptíveis de criar directamente obrigações entre particulares. Cfr. T. C. HARTLEY, *Foundations*, p. 227.

[1025] J. DTUICK/P. WYTINCK, "Case C-106/89, Marleasing SA v. La Comercial International de Alimentacion SA", *Common Market Law Review*, vol. 28, (1991), pp. 205-223.

Estudo de Direito Positivo

13.1.4. O princípio da subsidariedade e os diferentes níveis protectivos das normas europeias

I. A competência legislativa das instituições europeias está delimitada materialmente pelas atribuições da União Europeia. Nestas atribuições há que distinguir entre as exclusivas e as concorrentes com os Estados-membros. Nas atribuições concorrentes vigora o princípio da subsidariedade[1026], autonomizado desde o Tratado de Maastricht[1027], que, para além de conformar político-juridicamente a actuação das instituições europeias, impõe alguma contenção em assuntos que não interfiram directa ou indirectamente com as atribuições materiais da União e em relação aos quais existam legislações dos Estados-membros que não prejudiquem os escopos comunitários, nomeadamente de realização do mercado comum. Por outro lado, o princípio da subsidariedade constitui uma regra de preferência nacional no exercício de atribuições concorrentes[1028].

[1026] O princípio da subsidariedade consta de uma cláusula escrita, de âmbito geral, dos Tratados (artigo 5.º (ex-artigo 3.º b), par. 2) e foi posteriormente desenvolvido e densificado por outros instrumentos jurídicos, em especial pelo *Protocolo sobre a aplicação do princípio da subsidariedade e da proporcionalidade*, anexado ao TUE, pelo Tratado de Amsterdão, em 1997. Cfr. FAUSTO QUADROS, *Direito da União Europeia*, pp. 199 e ss. Através deste Protocolo estabelecem-se cumulativamente duas condições para a intervenção comunitária: a insuficiência da actuação estadual e a maior eficácia da intervenção da Comunidade. Sobre este princípio, cfr. RUTE GIL SARAIVA, *Sobre o princípio da subsidariedade (génese, evolução, interpretação e aplicação)*, AAFDL, Lisboa, 2001, p. 39 e ss, reconduzindo-o aos Tratados originários e ao fundamento da própria comunidade e M. R. VILHENA, *O Princípio da Subsidariedade no Direito Comunitário*, Almedina, Coimbra, 2002, p. 241, realçando a sua natureza descentralizadora, mas alertando para os perigos de uma dimensão centralizadora implícita face a alguma inércia dos Estados-membros.

[1027] M. GORJÃO-HENRIQUES, *Direito Comunitário – Sumários desenvolvidos*, p. 205.

[1028] FAUSTO QUADROS, *O Princípio da Subsidariedade no Direito Comunitário após o Tratado da União Europeia*, Almedina, Coimbra, 1995, BLANCO DE MORAIS, "A dimensão interna do princípio da subsidariedade no ordenamento português", ROA, Ano 58, (1998), pp. 779-821, e MARIA LUÍSA DUARTE, "A aplicação jurisdicional do princípio da subsidariedade no direito comunitário – pressupostos e limites", Estudos Jurídicos e Económicos em Homenagem ao Professor Lumbrales, FDUL, 2000, 779-813. Sobre o controlo jurisdicional do princípio da subsidariedade pelo Tribunal de Justiça, MARTA BORGES, "Subsidariedade: *Controlo a priori* ou *a posteriori*", Temas de Integração, 2.º vol, 1.º semestre de 1997, pp. 67-99. Defendendo que a subsidariedade comunitária é mais uma limitação à acção comunitária do que à acção dos Estados, MARGARIDA SALEMA D'OLIVEIRA MARTINS, *O princípio da subsidariedade em perspectiva jurídico-política*, Coimbra Editora, 2003, pp. 245 e ss. Num sentido crítico em relação ao princípio da subsidariedade

Há áreas que desde os Tratados constitutivos têm sido consideradas como fundamentais para a realização do mercado comum, pelo que não podem deixar de ser tomadas em consideração pelo legislador comunitário. Nestas áreas incluem-se as políticas de concorrência, do consumo, do ambiente e, mais recentemente, a política da sociedade da informação, a qual abrange a protecção dos direitos autorais e industriais. Todas estas matérias têm engrossado o caudal legislativo comunitário, normalmente com recurso à figura das directrizes, que são posteriormente transpostas para os direitos internos, contribuindo para a formação de um embrionário Direito europeu privado e para a uniformização jurídica das legislações nacionais dos Estados-Membros na União. Por outro lado, a União Europeia, em especial a Comissão, actua, cada vez mais, como o regulador do mercado comum europeu e, sob este ponto de vista, surge como ponto de partida dos modelos internos de regulação, funcionando as instituições políticas nacionais como coordenadoras das diferentes regulações sectoriais[1029].

---

e à sua aplicação jurisdicional, cfr. ANTÓNIO ESTELLA, *The EU Principle of Subsidiarity and its Critique*, Oxford, 2002, p. 132, defendendo que este princípio não se adequa correctamente à resolução dos problemas de legitimidade da União Europeia quer por razões funcionais quer por razões normativas. Do ponto de vista normativo, o princípio não compatibiliza integração e diversidade, na medida em que continua a velha lógica vertical alternativa no sentido de ser a União ou os Estado-membros a actuar. Daí a proposta de uma metodologia horizontal. Estas limitações justificam a relutância do Tribunal de Justiça em aplicar este princípio, sobretudo pelo fraco conteúdo jurídico que possui, para além de que este Tribunal teria uma agenda particular no sentido de uma maior integração e de não dever ser o Tribunal a aplicar um princípio essencialmente político. Parece haver uma tensão constante entre o princípio da subsidiariedade e o princípio da plena eficácia do direito europeu, que leva a que aquele ceda constantemente, mesmo em situações que exorbitam as atribuições da União Europeia, em nome dos abrangentes objectivos dos Tratados da União Europeia. O seu conteúdo jurídico fica, assim, largamente prejudicado.

[1029] Apresentando o Estado regulador como substituto do Estado de bem-estar keynesiano e o paralelismo político e legislativo dos níveis europeu e nacional, GIANDOMENICO MAJONE, *La Communauté européenne: un Etat régulateur,* Montchrestien, Paris, 1996, pp. 51 e ss, e "The European Comission as regulator", *Regulating Europe*, European Public Policy Series, Routledge, London, 1996, pp. 61 e ss. Sobre as posições de MAJONE, cfr. PAULO PITTA E CUNHA, "A União Europeia e a Concepção do Estado Regulador", RFDUL, vol. XLVI, n.º 2, 2005, pp. 1053-1063, distinguindo as três funções de Musgrave: *i)* afectação que visa a satisfação de necessidades colectivas, corrigindo insuficiências de mercado justificadas pela utilidade social; *ii)* redistribuição e *iii)* estabilização que se traduz na regulação da procura global para promover o pleno emprego e o crescimento. MAJONE

II. Para além do âmbito material das políticas europeias, é fundamental compreender uma diferenciação de níveis protectivos no domínio destes diferentes sectores de regulação. De acordo com o artigo 174.° do Tratado que institui a Comunidade Europeia (TCE)[1030], a política da Comunidade no domínio do ambiente visa quer a sua preservação, protecção e melhoria de qualidade, quer a protecção da saúde das pessoas, quer a utilização prudente e racional de recursos naturais, quer a promoção no plano internacional de medidas destinadas a enfrentar problemas regionais ou mundiais do ambiente[1031]. Ora, esta disposição promove a protecção do ambiente como bem jurídico público, num patamar supra-individual. Porém, na medida em que articula o ambiente com a saúde humana, desenvolve concomitantemente uma tutela estritamente individual, posteriormente tratada com autonomia no artigo 152.° do Tratado. Nestas disposições protegem-se bens jurídicos absolutos, ou seja, os cidadãos da União Europeia gozam de um nível de protecção em matéria de qualidade ambiental contra todas as actuações que possam perigar a sua saúde física. Ainda que em sede indemnizatória os danos à integridade física possuam uma resposta pecuniária e um reflexo patrimonial, não se regista, por força das referidas normas, qualquer protecção de interesses patrimoniais de cidadãos individualmente considerados ou de empresas em que os danos ambientais, limitando a sua actividade económica, impliquem uma redução na sua capacidade de lucro.

---

recupera a trilogia de funções, na qual se destacam a redistribuição, a estabilização e a regulação, que compreende intervenções públicas para a correcção de deficiências de mercado. É sobretudo sobre a função reguladora que, segundo MAJONE, incide a actividade dos órgãos da União Económica que se tranformou num Estado regulador através da hipertrofia da função reguladora, pela incapacidade de exercer as outras funções (pp. 1057-1058). Segundo PAULO PITTA E CUNHA, "*A União continua a não desempenhar, senão em moldes muito limitados, qualquer das funções constantes da trilogia de Musgrave, concentrando-se na actividade reguladora sob a forma de de uma acção normativa visando corrigir imperfeições do mercado. A União não desempenha de todo a função de estabilização, e só muito parcialmente pratica a redistribuição*" (p. 1061). A função reguladora é vista por MAJONE como uma combinação das funções legislativas, executivas e judiciais, que tem justificado a deriva normativa da União Europeia (cfr. p. 1058, n. 12).

[1030] JOCE 325, 24.12.2002, 35-325 (http://eurolex.europa.eu).

[1031] Sobre o quadro jurídico comunitário em matéria de protecção do ambiente, cfr. A. KISS/D. SHELTON, *Traité de droit européen de l'environnement*, Frisson-Roche, Paris, pp. 20 e ss.

394 *Normas de Protecção e Danos Puramente Patrimoniais*

Situada no domínio da esfera ambiental, depara-se a Directriz 2004/ /35/CE, do Parlamento Europeu e do Conselho, de 21 de Abril de 2004, relativa à responsabilidade ambiental. Esta directriz contém um princípio várias vezes referido pela legislação comunitária e que se encontra nos Tratados[1032]. Trata-se do princípio de que o direito europeu fornece um nível mínimo de protecção, que os Estados-membros têm de adoptar, mas que pode ser reforçado pelo respectivo direito interno. O direito comunitário preconiza que a protecção ambiental consubstancia um interesse difuso em relação ao qual nem sempre o indivíduo pode actuar[1033]. Daí que o n.º 3 do artigo 3.º da Directriz expressamente exclua o direito à compensação na sequência de danos ambientais ou de ameaça iminente desse danos, sendo admissível, não obstante, que a legislação nacional dos Estados-membros o faça.

Nesta óptica, a Directriz limita-se a estabelecer de forma simplificada a obrigação da adopção de medidas de reparação ou, subsidiariamente, o pagamento do custo das medidas de reparação adoptadas pelas autoridades públicas. De referir que os Estados-Membros devem pôr em vigor as disposições legislativas, regulamentares e administrativas necessárias para dar cumprimento à directriz até de 30 de Abril de 2007 (artigo 19.º). Não se regista, no domínio ambiental, a nível do ordenamento europeu a protecção jurídica dos interesses patrimoniais, o que constitui uma diferença assinalável em relação aos direitos norte-americano e canadiano, em cujos ordenamentos uma das áreas dos *pure economic losses* se desenvolveu precisamente em torno dos danos ambientais, o que coloca limitações ao desenvolvimento de determinadas actividades económicas.

III. Diferentemente do domínio ambiental, a concorrência e o consumo consubstanciam espaços jurídicos em relação aos quais se configura no direito comunitário uma protecção dos interesses patrimoniais individuais dos concorrentes e consumidores[1034]. O artigo 153.º do Tratado

---

[1032] Cfr. considerando 29 da Directriz 2004/35/CE, do Parlamento Europeu e do Conselho, de 21 de Abril de 2004.

[1033] Cfr. o considerando 25 da Directriz 2004/35/CE.

[1034] No sentido de atribuir carácter de norma de protecção ao artigo 81.º do Tratado, KATRIN SAILER, *Prävention im Haftungsrecht*, Peter Lang, Frankfurt am Main, Berlin, Bern, Bruxelles, New York, Oxford, Wien, 2005, pp. 93 e ss. Cfr. igualmente STEINDORF, "Sanktionen des staatliche Privatrechts für Verstöße gegen EG-Recht", Jura, (1992), pp. 562-563 e CHRISTOPH SCHMID, "Zur Einführung: Europäische Integration und

Estudo de Direito Positivo

inclui na defesa dos consumidores, para além da protecção da sua saúde e segurança, a protecção dos seus interesses económicos. De referir que o legislador europeu tem desenvolvido a protecção do consumidor essencialmente no quadro contratual, onde os interesses puramente patrimoniais são normalmente ressarcíveis. Com efeito, no espaço europeu surge um conjunto significativo de directrizes na área contratual[1035]. No entanto, no domínio da responsabilidade objectiva por produtos defeituosos, o legislador comunitário exclui expressamente a indemnização de interesses patrimoniais puros, na medida em que, de acordo com o artigo 9.º da Directriz 85/374/CEE do Conselho, de 25 de Julho de 1985, só considera dano para efeitos de responsabilidade do produtor o dano causado pela morte ou por lesões corporais e o dano causado a uma coisa ou a destruição de uma coisa que não seja o próprio produto defeituoso, desde que esta coisa seja de um tipo normalmente destinado ao uso ou consumo privados e tenha sido utilizada pela vítima principalmente para seu uso ou consumo privados[1036].

Como acabámos de mencionar, verifica-se nesta disposição uma referência implícita aos danos puramente patrimoniais, como aqueles que não se reconduzem a lesões corporais ou causados em coisas. Ora, o facto de

---

Privatrecht, Grundlagen, Integrationsformen und methodische Folgen im Überblick", Jura, (1999), p. 622.

[1035] Directriz 85/577/CEE do Conselho, de 20 de Dezembro de 1985, relativa à protecção dos consumidores no caso de contratos negociados fora dos estabelecimentos comerciais, Directriz 87/102/CEE do Conselho, de 22 de Dezembro de 1986, relativa à aproximação das disposições legislativas, regulamentares e administrativas dos Estados-Membros relativas ao crédito ao consumo, Recomendação 92/295/CEE da Comissão, de 7 de Abril de 1992, relativa a códigos de conduta para protecção dos consumidores em matéria de contratos negociados à distância (JOCE N.º L 156 10-Jun.-1992, p. 21), Directriz 93/13/CEE do Conselho, de 5 de Abril de 1993, relativa às cláusulas abusivas nos contratos celebrados com os consumidores (JOCE N.º L 095 21-Abr.-1993, p. 29), Directriz 97/7/CE do Parlamento Europeu e do Conselho, de 20 de Maio de 1997, relativa à protecção dos consumidores em matéria de contratos à distância (JOCE N.º L 144 04-Jun.-1997, p. 19).

[1036] Directriz 85/374/CEE do Conselho, de 25 de Julho de 1985, relativa à aproximação das disposições legislativas, regulamentares e administrativas dos Estados-Membros em matéria de responsabilidade decorrente dos produtos defeituosos (JOCE N.º L 210 07-Ago.-1985, p. 29) e Resolução do Conselho de 19 de Dezembro de 2002 sobre a alteração da directiva em matéria de responsabilidade decorrente dos produtos defeituosos (JOCE N.º C 026 04-Fev.-2003, p. 2).

constituir um avanço significativo na promoção da defesa dos consumidores o legislador comunitário ter engendrado uma responsabilidade objectiva do produtor por danos causados por produtos defeituosos[1037], justifica que se levante a questão que, não se prevendo o ressarcimento dos danos puramente patrimoniais no domínio das responsabilidades de tipo objectivo, tal não significa que não haja espaço para esse ressarcimento no âmbito da responsabilidade delitual do produtor[1038].

O regime da Directriz 85/374/CEE do Conselho, de 25 de Julho de 1985, encontra-se transposto para o direito português pelo Decreto-Lei n.° 383/89, de 6 de Novembro, alterado pelo Decreto-Lei n.° 131/2001, de 24 de Abril, tendo-se mantido como danos ressarcíveis os danos resultantes de morte ou lesão pessoal e os danos em coisa diversa do produto defeituoso, desde que seja normalmente destinada ao uso ou consumo privado, e o lesado lhe tenha dado principalmente este destino. Resulta, assim, a não ressarcibilidade dos danos puramente patrimoniais no domínio da responsabilidade objectiva do produtor. Note-se que o referido diploma mantém o princípio comunitário, normalmente seguido em diplomas de responsabilidade civil, de que não é afastada a responsabilidade

---

[1037] No domínio da responsabilidade objectiva do produtor o sistema é arquitectado de modo favorável ao consumidor, na medida em que se desenvolve uma responsabilidade solidária, na qual o lesado só necessita de provar o dano, o defeito e o nexo causal entre o defeito e o dano (artigo 4.°), permitindo-se ao consumidor que, independentemente do dano ser causado por uma pluralidade de agentes, possa demandar uma só pessoa pela totalidade do dano (artigo 5.°), e mantendo a responsabilidade do produtor, mesmo quando se regista intervenção de outras pessoas que tenham contribuído para causar a dano. Admite-se, todavia, que a concorrência de culpa do lesado possa ser tomada em consideração para reduzir ou excluir essa responsabilidade (artigo 8.°). Acresce o facto de a responsabilidade do produtor não poder ser reduzida ou excluída em relação ao lesado por uma cláusula limitativa ou exoneratória de responsabilidade (artigo 12.°). Num regime de protecção assumida do consumidor algumas contrapartidas são dadas ao produtor, designadamente causas de exclusão da sua responsabilidade objectiva (artigo 7.°) e a limitação dos danos aos danos por morte, corporais ou em coisas (artigo 9.°). No entanto, a directiva é clara quando afirma que não prejudica os direitos que o lesado pode invocar nos termos do direito da responsabilidade contratual ou extracontratual, ou nos termos de um regime especial de responsabilidade que exista no momento da sua notificação (artigo 13.°). Para outros desenvolvimentos, CALVÃO DA SILVA, *Responsabilidade civil do Produtor*, pp. 451 e ss.

[1038] Neste sentido expressamente, ROLF SACK, "Produzentenhaftung nach § 823 Abs. 2 BGB in Verbindung mit § 3 UWG?", BB, (1974), pp. 1369-1373, admitindo a conjugação do § 3 UWG 1909 com o § 823 II BGB.

Estudo de Direito Positivo

decorrente de outras disposições legais de direito interno dos Estados--membros (artigo 13.º).

A Directriz 2005/29/CE do Parlamento Europeu e do Conselho, de 11 de Maio de 2005, relativa às práticas comerciais desleais das empresas face aos consumidores no mercado interno, altera a Directriz 84/450/CEE do Conselho e as Directrizes 97/7/CE, 98/27/CE e 2002/65/CE e o Regulamento (CE) n.º 2006/2004. Naquela Directriz proíbe-se um conjunto de actuações ilícitas, protegendo-se directamente os interesses económicos dos consumidores de práticas comerciais desleais das empresas. Consequentemente, protegem-se também indirectamente os interesses das empresas face aos concorrentes que não respeitem as regras da Directriz e garante-se a concorrência leal. No entanto, é sabido que há outras práticas comerciais que, embora não prejudiquem os consumidores, podem prejudicar os concorrentes.

A Directriz propõe que Comissão pondere cuidadosamente a necessidade de acções comunitárias no domínio da concorrência desleal para além do seu âmbito e que, se necessário, faça uma proposta legislativa para cobrir esses aspectos da concorrência desleal[1039]. O prazo de transposição desta Directriz é 12 de Junho de 2007. A Directriz é omissa nos aspectos referentes à responsabilidade delitual, limitando-se, no considerando 9, a afirmar que não prejudica as acções individuais intentadas por quem tenha sofrido um prejuízo provocado por uma prática comercial desleal, excluindo a responsabilidade civil por práticas comerciais desleais do seu campo de aplicação e dando liberdade aos Estados-membros para determinarem que tipo de sanções deverão aplicar a essas práticas[1040].

Também na área do direito da sociedade da informação se tem compreendido a importância dos serviços da sociedade da informação para o

---

[1039] Cfr. considerando 8 da Directriz.

[1040] Em regra, as directrizes comunitárias admitem duas vias de reacção dos titulares de interesses legítimos: uma via privada, através da qual as pessoas ou organizações que tenham, segundo a legislação nacional, um interesse legítimo na proibição da publicidade enganosa podem intentar uma acção judicial contra a actuação ilícita no campo dos interesses económicos dos consumidores, e, uma via pública, em que apresentam queixa a um órgão administrativo competente, seja para decidir sobre as queixas, seja para dar início aos procedimentos judiciais adequados. Cfr. artigo 4.º da Directriz 84/450/CEE do Conselho, de 10 de Setembro de 1984, relativa à aproximação das disposições legislativas, regulamentares e administrativas dos Estados-Membros em matéria de publicidade enganosa (JOCE N.º L 250 de 19-Set.-1984, p. 17-20).

398   *Normas de Protecção e Danos Puramente Patrimoniais*

desenvolvimento do mercado comum e igualmente de um reforço da protecção dos direitos intelectuais[1041].

IV. Este excurso permite-nos compreender que há normas no Direito comunitário originário e no Direito comunitário derivado que podem ser normas de protecção para efeito de accionar a responsabilidade delitual, dependendo dos critérios que forem encontrados para qualificar como normas de protecção as normas de direito interno, atenta a sua aplicabilidade directa. Neste contexto, a noção de aplicabilidade directa e efeito directo horizontal é decisiva, na medida em que só podem ter efeitos em sede de responsabilidade civil entre particulares as normas que têm aplicabilidade directa ou as que, não a tendo, desenvolvam um efeito directo horizontal, o que se tem negado para as directrizes[1042]. Isto não significa que o conceito de normas de protecção não seja utilizável no contexto da responsabilidade do Estado e das pessoas colectivas públicas.

Algumas normas dos Tratados e dos regulamentos que gozam de aplicabilidade directa são susceptíveis de configurarem em abstracto normas de protecção, necessitando de uma avaliação em concreto sobre esse carácter de protecção[1043-1044]. As directrizes comunitárias não transpos-

---

[1041] As instituições comunitárias têm-se dedicado aos domínios adjacentes à sociedade de informação. Recentemente, foi aprovada a Directriz 2004/48/CE, do Parlamento Europeu e do Conselho, de 29 de Abril de 2004, que, visando um reforço da tutela dos direitos intelectuais na era digital, estabelece um regime de responsabilidade civil *sui generis* cuja transposição para o direito nacional vai levantar complexas questões de articulação com o sistema de responsabilidade delitual.

[1042] MENEZES CORDEIRO, *Tratado de Direito Civil Português,* I, p. 251, afirma que a jurisprudência nacional tem recusado a invocação de directrizes não transpostas nas relações entre particulares. Cfr. Acórdãos referidos nas notas 791, 792, 793.

[1043] De referir que a maior parte das regras do Direito da União Europeia são normas institucionais sobre a sua própria organização, distribuição interna de competências, procedimentos e obrigações dos Estados-membros. Normas que atribuem directamente posições jurídicas aos cidadãos são raras. A genealogia das Comunidades configura uma organização entre Estados. A cidadania europeia só se colocou recentemente. Daí que a eficácia horizontal das normas dos Tratados possa ser questionada. Daí também que se tenha privilegiado sempre a Directriz como motor da criação jurídica e integração e uniformização europeias.

[1044] Neste sentido, SPICKHOFF, *Gesetzesvertoß und Haftung,* p. 78, defendendo que tanto as normas comunitárias como constitucionais podem configurar normas de protecção se estatuírem *konkreten Verhaltenspflichten* e uma protecção individual na relação *Bürger/*

Estudo de Direito Positivo   399

tas atempadamente, no prazo estabelecido, não têm efeito directo horizontal, limitando-se, verificados os respectivos pressupostos, a dar origem a responsabilidade do Estado pelo incumprimento da sua transposição. Embora as directrizes não tenham efeito directo horizontal, as normas de direito interno[1045] que as transpõem podem ter a qualidade de normas de protecção[1046].

As normas situadas na área do direito europeu de protecção de interesses patrimoniais individuais, designadamente dos concorrentes, são

---

/Bürger. A questão das directrizes comunitárias poderem ser normas de protecção é especificamente analisada por SPICKHOFF em SÖERGEL, *Bürgerliches Gesetzbuch, Schuldrecht,* 10.°, 13. Auflage, Kolhammer, 2005, p. 121, SPICKHOFF admite que só quando forem transpostas para o direito nacional é que são normas de protecção e que directrizes não transpostas podem ser normas de protecção no sentido de criarem obrigações para o Estado (efeito directo vertical), mas não para os particulares, pelo que uma directriz não transposta não tem eficácia directa horizontal. Com efeito, SPICKHOFF admite que poderão emergir normas de protecção de directrizes comunitárias desde que sejam transpostas para o direito nacional ou desde que, mesmo que não transpostas no prazo previsto, tenham eficácia perante os cidadãos, impondo deveres aos Estados e desde que a própria directiva se encontre elaborada de modo incondicional e suficientemente exacto (oponibilidade directa a terceiros das chamadas directrizes verticais). Desta situação vão resultar acções contra o Estado e não contra pessoas privadas, uma vez que não é possível falar de uma eficácia directa horizontal das directrizes comunitárias. As directrizes comunitárias que não tenham sido transpostas apresentam-se como insusceptíveis de representar qualquer ordem ou proibição às pessoas privadas a quem se destinam.

[1045] FAUSTO DE QUADROS, *Direito das Comunidades Europeias e Direito Internacional Público,* p. 411. As normas de direito internacional público vigoram como normas de direito internacional e não como normas de direito interno, defendendo-se uma concepção monista que dê primado ao Direito internacional público (dependente de critérios constitucionais), enquanto que o primado de direito comunitário é visto como uma exigência da própria existência do Direito comunitário pelo que é subtraído aos referidos critérios constitucionais. MARIA LUÍSA DUARTE, "O Tratado da União Europeia e a Garantia da Constituição (notas de um reflexão crítica)", Estudos em Homenagem do Professor Doutor João de Castro Mendes, Lex, pp. 667-715.

[1046] A transposição de Directrizes para o direito interno levanta significativos problemas de interpretação, designadamente sobre se o direito interno deve ser interpretado num sentido conforme ao direito europeu e sobre o modo de articular as normas transpostas com as normas europeias que vigoram directamente no ordenamento jurídico nacional sem necessidade de transposição. As especiais dificuldades interpretativas que se colocam entre o direito nacional e o direito europeu complicam-se amiúde em resultado do legislador europeu só estabelecer, na maioria dos casos, patamares mínimos de protecção. Cfr. MENEZES CORDEIRO, *Tratado de Direito Civil Português,* I, pp. 254-255.

400 Normas de Protecção e Danos Puramente Patrimoniais

aquelas que, à partida, podem mais facilmente ser enquadradas como normas de protecção de interesses puramente patrimoniais, excepcionados os domínios da tutela de bens colectivos, como o ambiente. No direito europeu da concorrência, salientam-se as regras que proíbem os acordos verticais e horizontais, o abuso de posição dominante, o controlo das operações de concentração e as disposições que se aplicam a sectores específicos, como a agricultura, os transportes e a energia[1047]. Trata-se de regras que estabelecem limites à livre iniciativa económica, cuja violação pode fundamentar pretensões indemnizatórias de terceiros. A protecção de terceiros deve, porém, operar no domínio delitual e não no quadro contratual do qual não fazem parte.

No campo da tutela de interesses económicos dos consumidores, as normas comunitárias sobre práticas comerciais desleais, comércio electrónico, contratos à distância, e em matéria de serviços financeiros, contratos negociados fora dos estabelecimentos comerciais, cláusulas abusivas, venda e garantia de bens de consumo, viagens organizadas, protecção de passageiros de transportes aéreos, responsabilidade das transportadoras em caso de acidente, crédito ao consumo e seguros operam essencialmente no quadro contratual, pelo que não serão, neste contexto, objecto de desenvolvimento.

13.1.5. *A jurisprudência portuguesa*

I. A jurisprudência portuguesa reflecte já o facto das normas comunitárias poderem ter efeito directo vertical e justificar uma pretensão indemnizatória contra o Estado pela sua não transposição[1048]. Os Estados-

---

[1047] MANUEL CARLOS LOPES PORTO, *Teoria da integração e políticas comunitárias*, 3.ª ed, Almedina, Coimbra, 2001, pp. 269 e ss, e SOFIA OLIVEIRA PAIS, *O controlo das concentrações de empresas no direito comunitário da concorrência*, Almedina, Coimbra, 1996, pp. 53 e ss.

[1048] No Ac. Rel. Pt 3-Jun.-2006 (FONSECA RAMOS) www.dgsi.pt, relativo a um acidente de viação do qual resultou a morte da mãe dos autores, na qual o Acórdão da Relação limitou a indemnização ao montante previsto no artigo 511.º do CC numa acção contra uma seguradora por não se ter conseguido provar a culpa do condutor, causador do acidente, tendo a indemnização sido arbitrada com base em responsabilidade objectiva. Os autores insatisfeitos com o resultado desta acção, intentaram uma acção contra o Estado por não ter transposto uma directriz comunitária em que não se estabelecem limites indemnizatórios à responsabilidade objectiva por acidentes de viação. Os Estados-membros estão

Estudo de Direito Positivo 401

-membros estão obrigados a reparar os prejuízos causados pela violação do direito comunitário e essa violação pode resultar da não aplicação na ordem jurídica interna das suas normas e princípios. O efeito directo vertical das directrizes permite aos cidadãos europeus invocar, perante os tribunais nacionais, a tutela das normas comunitárias que não sejam directamente aplicáveis ou que devam ser transpostas para o seu ordenamento jurídico. Com a finalidade de salvaguardar direitos e interesses consagrados pelo ordenamento jurídico comunitário, na hipótese do Estado-membro não implementar a legislação no prazo ou nas formas previstas, poderão os lesados solicitar ao tribunal que declare a omissão do Estado, condenando-o a uma obrigação de indemnizar por perdas e danos. Esse princípio de origem jurisprudencial, desenvolvido no caso *Francovich*[1049],

---

obrigados a reparar os prejuízos causados às partes pela violação do direito comunitário, podendo essa violação resultar da não aplicação, na ordem jurídica interna, das normas e princípios comunitários – por omissão – ou quando se desrespeitem Acórdãos do Tribunal de Justiça. Invocando os autores a omissão do Estado em transpor, atempadamente, a Directriz 84/5/CEE, de 30 de Dezembro de 1983, relativa à indemnização em caso de acidente de viação – responsabilidade objectiva – até à data-limite de 31 de Dezembro de 1995, alegado está o requisito *"culpa"* em relação ao Estado. A omissão do Estado em função daquilo a que estava obrigado, por força da Directriz é, só por si, ético-juridicamente censurável, o que exprime *culpa*. A ilicitude tanto pode resultar de acto comissivo como omissivo do agente, que viole o direito de outrem, como de *"qualquer disposição legal destinada a proteger interesses alheios"*. O Estado, ao omitir, sem fundamento legal, a transposição daquela Directriz, violou normas jurídicas de índole constitucional – que obrigam a respeitar os tratados internacionais e as Directrizes comunitárias – normas essas que têm cariz de *normas de protecção* dos cidadãos seus nacionais e daqueles que podem invocar a violação do direito comunitário perante os Tribunais portugueses. Esta foi a fundamentação da Relação. No entanto, em nossa opinião, não são as normas constitucionais que *in casu* funcionam como normas de protecção, havendo alguma impropriedade no recurso ao conceito às normas de protecção para a resolução do caso em apreciação. Tratava-se apenas de apreciar a responsabilidade do Estado pela não transposição atempada de uma directriz, que permitiria uma indemnização superior aos lesados por revogar os limites indemnizatórios fixados para a responsabilidade objectiva.

[1049] É abundante a jurisprudência em matéria de direito a indemnização pelos prejuízos sofridos pelos particulares em consequência de violações do direito comunitário imputáveis a um Estado-Membro – cfr. Acórdãos Francovich, de 19.11.1991, (Colectânea de Jurisprudência TJCE, p.I-5357, n.º 36), Brasserie du Pêcheur e Factortame, de 5.3.1996, British Telecommunications, de 26.3.1996, e Hedley Lomas, de 23.5.1996. Nestes Acórdãos, o Tribunal de Justiça, atendendo às circunstâncias dos casos, decidiu que os particulares lesados têm direito a reparação, desde que estejam reunidas três condições: *i)* que a regra de direito comunitário violada tenha por objecto conferir direitos, *ii)* que a violação

402 *Normas de Protecção e Danos Puramente Patrimoniais*

aplica-se às situações em que o Estado não adopte as orientações emanadas de uma directiva comunitária, ou em que venha a adoptá-las fora do prazo estipulado, ou, mesmo, quando transpondo a directiva no ordenamento jurídico interno, o faça de modo a que não produza os efeitos previamente estabelecidos, ou quando desrespeite acórdãos do Tribunal de Justiça[1050-1051].

As normas sobre concorrência constantes dos Tratados e das Directrizes comunitárias estão na origem das normas nacionais da concorrência, pelo que, mais importante do que as questões referentes ao seu carácter

---

seja suficientemente caracterizada e *iii)* que exista um nexo de causalidade directo entre essa violação e o prejuízo sofrido pelos particulares. Cfr. GERT BRÜGGEMEIER, "Harmonisierung von Haftungsrecht durch Nicht Harmonisierung, Entwicklungstendenzem im europäischen und deutschen Schadenersatzrecht", Festschrift für Erwin Deutsch Zum 70. Geburtstag, Heymanns, Köln, 1999, pp. 58-62.

[1050] JOSÉ LUÍS CARAMELO GOMES, *O Juiz Nacional e o Direito Comunitário O Exercício de Autoridade Jurisdicional nacional na Jurisprudência do Tribunal de Justiça da Comunidade Europeia*, Almedina, Coimbra, 2006, pp. 120-121: "...*Francovich terá estabelecido um princípio da responsabilidade do Estado pela falta de transposição de directrizes que tenham em vista a criação de direitos a favor dos particulares, quando o conteúdo desses direitos seja determinável a partir das normas da própria directriz que não foi transposta. Recordando a jurisprudência constante do TJE, as directrizes serão invocáveis em juízo quando não tenham sido atempadamente transpostas, sejam claras precisas e incondicionadas e criem direitos a favor dos particulares*". De facto, esta parece ser a forma de interpretar alguns dos considerandos do acórdão Francovich, MARTA RIBEIRO, *Da responsabilidade do Estado pela violação do direito comunitário*, Coimbra, Almedina, 1996]: "(...) *Embora a responsabilidade do Estado seja assim imposta pelo direito comunitário, as condições em que a mesma institui um direito à reparação dependem da natureza da violação do direito comunitário que está na origem do prejuízo causado. (...) Quando, como no caso dos autos, um Estado-membro ignora a obrigação que lhe incumbe por força do artigo 249.°, par. 3, do Tratado, de tomar todas as medidas necessárias para atingir o resultado prescrito por uma directiva, a plena eficácia dessa norma de direito comunitário impõe um direito à reparação quando estão reunidas três condições (...). A primeira dessas condições é que o resultado prescrito pela directiva implique a atribuição de direitos a favor dos particulares (...). A segunda condição é que o conteúdo desses direitos possa ser identificado com base nas próprias disposições da directiva (...). Finalmente, a terceira condição é a existência de um nexo de causalidade entre a violação da obrigação que incumbe ao Estado e o prejuízo sofrido pelas pessoas lesadas*". Sobre a europeização do direito da responsabilidade delitual pela jurisprudência comunitária, GERT BRÜGGEMEIER, "Harmonisierung von Haftungsrecht durch Nicht-Harmonisierung Entwicklungstendenzen im europäischen und deutschen Schadenersatzrecht", pp. 45-62.

[1051] STJ 4-Out.-2005 (AZEVEDO RAMOS) www.dgsi.pt

Estudo de Direito Positivo

directamente vinculativo, são as questões interpretativas que levantam. Em primeiro lugar, as normas que transpõem as Directrizes não podem violar a Constituição, o que implica uma análise da conformação com o Direito europeu originário e com a Constituição do modelo de concorrência que resulta do direito europeu derivado. Note-se que o que se discute no Direito europeu em matéria de efeito directo horizontal reconduz-se à eficácia em relação a terceiros de normas construídas sob um esquema vertical[1052], *i.e.* trata-se *in limine* do problema da *Drittwirkung*, questão que se desenvolveu primeiramente em relação às normas constitucionais. Apesar da importância destas questões, na jurisprudência nacional são raros os exemplos da sua abordagem, pelo que o seu contributo para a sua resolução é muito limitado.

13.2. *Enquadramento constitucional*

13.2.1. *Novas conexões na passagem do Estado liberal para o Estado social e pós-social*

I. À semelhança do percurso que foi efectuado em relação ao Direito europeu e à análise do papel que, já hoje, desempenha nos sistemas de responsabilidade civil – quer pelo desenvolvimento de novas formas de responsabilidade objectiva, como é o caso da responsabilidade do produtor, quer pela uniformização de significativas áreas da responsabilidade obrigacional, quer, ainda, pela existência de normas preceptivas que aumentam os bens delitualmente tutelados e que podem ter carácter de protecção, ampliando o sistema interno de deveres primários com eventuais consequências indemnizatórias – impõe-se igualmente efectuar um périplo na área constitucional procurando conexões que permitam iluminar e explicar o aumento dos deveres primários de protecção no campo específico da concorrência. Para tal, têm de ser avançadas algumas explicações de carácter histórico e enunciadas algumas características do sistema constitucional.

Em termos sintéticos, a evolução da ordem constitucional, desde o movimento constitucionalista até ao momento actual, pode ser encarada

---

[1052] Cfr. BARBARA REMMERT, "Grundfreiheiten und Privatrechtsordnung", Jura, (2003), pp. 13-19, recusando que das liberdades fundamentais possam resultar directamente deveres privados.

sob duas perspectivas distintas: *i)* uma objectiva, centrada na sucessão dos diferentes modelos constitucionais relacionados com o papel do Estado na sociedade e no mercado e *ii)* uma subjectiva, centrada nos direitos fundamentais. O Estado liberal, que está na base do constitucionalismo europeu, desenvolveu os direitos, liberdades e garantias. O Estado social, por sua vez, deu origem aos direitos sociais de cariz programático. Actualmente, assiste-se à falência do modelo social e ao emergir de novas soluções pós-liberais e pós-sociais, ainda não totalmente caracterizáveis.

A Constituição moderna conforma o Direito privado, quer no domínio da defesa da pessoa e da sua individualidade, quer no domínio da sua função programática. A evolução europeia de passagem do Estado de direito liberal para o Estado de direito social e deste para um Estado pós-social[1053] tem sido acompanhado a nível nacional (ainda que por vezes com algum atraso). Mais recentemente, o Estado tem procurado reduzir o seu papel. Embora não recuando a um modelo liberal puro, tem-se assumido, cada vez mais – fora das funções de soberania típicas –, como Estado regulador[1054], tentando esvaziar alguns direitos sociais, dificilmente comportáveis de um ponto de vista financeiro.

A sucessão destes modelos operou-se, numa primeira fase, sob a ideia de justiça social, pela transformação da igualdade formal em igualdade material e foi imposta pela evolução económica e técnica, que levou à transição da sociedade industrial para a pós-industrial, alterando significativamente o substrato político-social que se encontra na base das codifi-

---

[1053] MENEZES CORDEIRO, *Noções Gerais de Direito*, pp. 134-135, os Estados de base romanística são limitados pelas Constituições, mercê da sua actuação dentro de esquemas pré-estabelecidos que regulam a própria produção do Direito na sua forma e no seu conteúdo, quer por um direito comum que constitui um limite mais subtil mas não menos eficaz, na medida em que a ascendência romana, a antiguidade, o prestígio e a vastidão permanecem como um conjunto de regras ditadas pela razão que regulam a generalidade das situações sociais. Cfr. quanto à conformação pela constituição material do sistema de fontes, p. 233.

[1054] Neste ponto, impõe-se determinar se o Estado Social, tal como está desenhado na Constituição, foi entretanto objecto de adaptações não convencionais, na expressão de GOMES CANOTILHO, *Direito Constitucional*, pp. 351-352, originadas pelo aprofundamento da integração europeia e pela globalização económica. As tarefas sociais e económicas do Estado não se identificam com o monopólio estatal e há muito que deixaram de ser recortadas com base no esquema dicotómico da separação entre Estado e sociedade. Neste sentido, o Estado Social assume hoje a forma moderna de Estado Regulador de serviços públicos essenciais. O influxo europeu nestas matérias é incontornável.

Estudo de Direito Positivo 405

cações de Direito privado, assentes na crença liberal de que a liberdade individual conduziria por si só a um justo equilíbrio social. As alterações, entretanto verificadas, não põem em causa o vector estruturante da autonomia privada no Direito privado, mas implicam que o mesmo seja completado e limitado por um espaço de maior responsabilidade dos particulares. A sociedade industrial está na origem da criação de um direito especial das sociedades, da concorrência, dos valores mobiliários, do trabalho e da segurança social[1055].

De uma concepção individualista passou-se a uma concepção individual-social, devido sobretudo a uma maior intervenção do Estado nas relações privadas, tendo como objectivo a prossecução de finalidades colectivas no domínio económico-social[1056]. Esta intervenção estadual encontra-se, porém, em recuo, o que significa que os campos normativos que lhe estão associados diminuem. Não obstante, o Estado traça, cada vez mais, os limites dos comportamentos dos privados, restringindo o exercício da liberdade no mercado e regulando e supervisionando, através de entidades administrativas independentes, o cumprimento desses limites.

13.2.2. *Os direitos fundamentais nas relações entre particulares*

I. Um dos problemas fundamentais do Direito privado reconduz-se à aplicabilidade directa das normas consagradoras de direitos, liberdades e garantias, estabelecida no artigo 18.º, n.º 1, da CRP[1057]. Desta forma, o Direito privado e o seu âmbito de actuação dependem do sistema jurídico-público em que estão inseridos, do qual seria parte integrante, pelo que não se limita a ser um meio de regulamentação das relações jurídico-privadas, sendo igualmente um elemento da ordem material constitucional. Nestes termos, não se afigura possível subtrair o Direito privado às influências do Direito público, da mesma maneira que não se afigura possível manter uma separação entre sociedade, mercado e Estado. O Estado pretende mol-

---

[1055] Sobre esta evolução, GERT BRÜGGEMEIER, "Gesellschaftliche Schadensverteilung und Deliktsrecht", AcP, 182, (1982), pp. 417 e ss.

[1056] HEINRICH EWALD HÖRSTER, *A Parte Geral*, pp. 99-104.

[1057] GOMES CANOTILHO, "Métodos de protecção de direitos, liberdades e garantias", BDFUC, vol. Comemorativo, Coimbra, 2003, 795. Sobre as razões históricas em torno da consagração da aplicação imediata, JORGE REIS NOVAIS, *As restrições aos Direitos Fundamentais*, Coimbra Ed, Coimbra, 2003, pp. 22-23.

dar a sociedade e o mercado através do direito, verificando-se normalmente uma instrumentalização do Direito privado em obediência às suas decisões políticas[1058].

Estas pistas aplicam-se igualmente à responsabilidade delitual enquanto sistema fundamental do Direito privado[1059]. Não que se defenda a instrumentalização da responsabilidade delitual e a sua transformação num mero Direito da economia, mas, na medida em que determinados sectores jurídicos constroem, através das suas normas, deveres primários cuja violação pode dar origem a pretensões indemnizatórias, acabam por modular a responsabilidade delitual.

Neste contexto, as recentes tendências em matéria de hermenêutica constitucional apontam para a necessidade da Constituição exprimir uma decisão global da comunidade jurídica, polarizando um sistema de valores de que as disposições singulares constituem simples concretizações, recorrendo-se ao conteúdo total da Constituição de onde emanam certos princípios jurídicos e decisões fundamentais a que se subordinam as disposições particulares contidas no seu texto[1060]. Esta tendência é marcadamente objectiva e totalizante. Acresce que o declínio do positivismo jurídico per-

---

[1058] HEINRICH EWALD HÖRSTER, *A Parte Geral*, p. 106.

[1059] LARENZ/CANARIS, *Lehrbuch des Schuldrechts*, § 75, p. 350. O problema de qualquer sistema delitual consiste na relação de tensão entre protecção de bens jurídicos e liberdade de acção. Por mais desejável que seja, da parte do lesado, que o lesante lhe indemnize o prejuízo sofrido, a margem de desenvolvimento pessoal e económica deste pode ser largamente atingida. O perigo envolvido é tanto mais grave quando podem restringir-se actividades legítimas, ou até desejadas socialmente. Do ponto de vista constitucional alemão, existe colisão de direitos fundamentais: o artigo 2 II GG ou o artigo 14 GG, por parte do lesado, e artigo 2 I GG e o artigo 14 GG, por parte do lesante. Os direitos fundamentais valem, na sua função, como proibições de intervenção para o primeiro, na sua função como ordens de protecção para o segundo, cfr. CANARIS, "Grundrechtswirkungen und Verhältnismäßigkeitsprinzip in der richterlichen Anwendung und Fortbildung des Privatrechts", JuS (1989), Heft 3, pp. 167 e ss. A resolução destas colisões pode passar pelos critérios da "compensação mais cuidadosa" ou da "concordância prática". Os autores do BGB consideraram que a tarefa do direito delitual era "delimitar os círculos jurídicos dos indivíduos dentro dos quais podem desenvolver a sua liberdade individual e seguir os seus interesses" (cfr. BENNO MUGDAN, Die *Gesamten Materialien zum Bürgerlichen Gesetzbuch für das Deutsche Recht*, p. 1073) e procuraram resolver esta problemática por duas decisões de base fundamentais: pela vinculação ao princípio da culpa e através formação de tipos legais de responsabilidade razoavelmente fixos e claros.

[1060] AFONSO QUEIRÓ/BARBOSA DE MELO, *A liberdade de empresa*, p. 14.

Estudo de Direito Positivo 407

mitiu a compreensão de um conceito material de Constituição que põe em causa qualquer teoria gradualista das fontes ou qualquer hierarquia formal de planos normativos[1061].

II. Um dos argumentos que tem sido desenvolvido por CANARIS contra um ressarcimento delitual indiscriminado dos danos puramente patrimoniais respeita à existência de um sistema de liberdade de concorrência e de desenvolvimento da personalidade, que colocaria num plano de igualdade os interesses patrimoniais do lesante e do lesado, pelo que não faria sentido proteger uns em detrimento de outros. Este argumento faz apelo à ordem jurídico-constitucional, designadamente à autonomização de um "direito geral de liberdade". Em que consiste a protecção da liberdade individual pelo sistema jurídico é algo que necessita de maior atenção. Esta matéria tem sido trabalhada essencialmente na doutrina constitucional, em estrita conexão com a teoria dos direitos fundamentais.

A liberdade, numa concepção liberal, é referida essencialmente em relação ao indivíduo e não ao Estado[1062]. Diferentemente, uma concepção institucional coloca-a no centro de entes sociais, funcionalizando os direitos a escopos sociais[1063]. Uma outra concepção, que acompanha a afirma-

---

[1061] LUCAS PIRES, *O problema da Constituição*, Coimbra, 1970, p. 58. Esta visão material da constituição permite enquadrar a função legislativa como função materialmente constitucional implicando uma modificação tácita dos comandos constitucionais, por vezes, o seu esvaziamento. Não se vai porém ao ponto de defender que esse esvaziamento transforma o direito constitucional num direito de papel, como escreve JUAN RAMÓN CAPELLA HERNÀNDEZ, *Estado Y Derecho ante la mundialización: aspectos y problemáticas generales, Transformaciones del derecho en la mundialización*, p. 116.

[1062] GOMES CANOTILHO, *Direito Constitucional*, p. 1380: A teoria liberal dos direitos fundamentais assenta na sua concepção como direitos do particular contra o Estado, como direitos de autonomia e direitos de defesa; os direitos revestem simultaneamente o carácter de normas de distribuição de competências entre o Estado e o indivíduo, distribuição favorável à liberdade individual e à restrição da acção estadual; os direitos fundamentais apresentam-se como pré-estaduais, definindo um domínio de liberdade individual e social, no qual se veda qualquer ingerência estadual; a substância e o conteúdo dos direitos fundamentais bem como a sua utilização e efectivação ficam fora da competência regulamentar dos entes estaduais, dependente unicamente da iniciativa dos particulares; a finalidade e o objectivo dos direitos fundamentais é de natureza puramente individual, sendo a liberdade garantida pelos direitos fundamentais uma liberdade pura (*Freiheit in se*) e não uma liberdade para qualquer fim (*Freiheit um zu*).

[1063] GOMES CANOTILHO, *Direito Constitucional*, 1382: A teoria institucional nega aos direitos fundamentais uma dimensão exclusivamente subjectiva, mas também não procura

408 *Normas de Protecção e Danos Puramente Patrimoniais*

ção do Estado social contemporâneo, reconduz os direitos, liberdades e garantias a valores materiais de nível constitucional[1064]. Assim, os direitos fundamentais surgiriam essencialmente como valores ou princípios constitucionais[1065]. Existe ainda uma teoria social dos direitos fundamentais, que apela ao reforço de uma protecção intensiva dos direitos de defesa e de uma protecção extensiva no sentido do alargamento qualitativo do objecto e âmbito de protecção dos direitos fundamentais[1066].

GOMES CANOTILHO defende que não se pode atribuir uma única dimensão subjectiva ou uma única função de protecção da esfera livre e individual do cidadão aos direitos fundamentais, mas uma multifuncionalidade para captar cada uma das funções postas em evidência com a respectiva teoria dos direitos fundamentais[1067-1068]. Estas novas correntes

---

uma ordem objectiva, mas antes o quadro definidor e orientador do sentido, conteúdo e condições de exercício dos direitos fundamentais. Assim, os direitos fundamentais existindo no âmbito de uma instituição e sendo condicionados pela sua ideia ordenadora adquirem uma dimensão funcional, situando-se em relação aos fins institucionais numa relação de condicionalidade, de onde resulta que o seu conteúdo e os seus limites em relação aos outros bens constitucionais se afere mediante um critério de ponderação de bens, ficando aberto à regulamentação legal um maior campo de conformação do que aquele que a teoria liberal dos direitos fundamentais admitiria. Como representante da teoria institucional encontra-se HÄBERLE. Cfr. JORGE REIS NOVAIS, *As restrições aos Direitos Fundamentais*, 59 e ss.

[1064] GOMES CANOTILHO, *Direito Constitucional*, p. 1382: Na teoria da ordem de valores os direitos fundamentais configuram-se primeiramente como valores de carácter objectivo e não como direitos ou pretensões subjectivas. Assim, o indivíduo deixa de ser a medida dos seus direitos, pois os direitos fundamentais reconduzem-se a princípios objectivos, através da realização dos quais se alcança uma eficácia óptima dos direitos e se confere um estatuto de protecção aos cidadãos. Como representante da teoria dos valores encontra-se SMEND, cfr. JORGE REIS NOVAIS, *As restrições aos Direitos Fundamentais*, pp. 64-65.

[1065] PASQUALE LILLO, *Diritti Fondamentali e libertà della persona*, G. Giappichelli, Torino, 2001, p. 52.

[1066] JORGE REIS NOVAIS, *As restrições aos Direitos Fundamentais*, p. 65.

[1067] Neste sentido, JORGE REIS NOVAIS, *As restrições aos Direitos Fundamentais*, pp. 57-58: "*Porém, mesmo sem considerar a multiplicidade de questões suscitadas pelo conceito de direito, esta categoria não esgota estruturalmente o conceito de direito fundamental...para além da sua dimensão subjectiva, os direitos fundamentais constituem, no seu conjunto, um sistema ou ordem objectiva de valores que legitima a ordem jurídico-constitucional do Estado, que condiciona constitutivamente toda a actuação dos poderes constituídos e que irradia uma força expansiva a todos os ramos do Direito*". Esta dupla natureza é contrariada por alguma doutrina constitucionalista nacional (p. 52 (n. 50)). Sobre a multifuncionalidade dos direitos fundamentais e as suas consequências dogmáticas, JORGE REIS NOVAIS, *As restrições aos Direitos Fundamentais*, pp. 72-73.

Estudo de Direito Positivo 409

doutrinárias postulam espaço para novas metodologias de interpretação dos direitos fundamentais, como a concordância prática, a ponderação e a valoração, com abertura a novas margens de intervenção dos poderes constituídos e à afirmação da relevância jurídica e significado prático do princípio da proporcionalidade[1069].

III. Em termos históricos, os direitos fundamentais surgiram essencialmente com o triunfo do liberalismo, que criou as condições culturais, sociais e políticas para a consagração jurídica dos direitos, liberdades e garantias dos cidadãos. A evolução histórica dos direitos fundamentais evidencia que estes se foram desenvolvendo como um catálogo formal de situações em que os cidadãos podiam exercer a sua liberdade e em que ficava vedada ao Estado a interferência e a exclusão. Também os indivíduos estavam obrigados juridicamente a respeitar a liberdade dos outros, competindo igualmente ao Estado assegurar esse respeito, prevenindo ou sancionando abusos e violações e solucionando conflitos. Porém, esse respeito e essa protecção não funcionavam no quadro dos direitos fundamentais, mas no âmbito do Direito privado e do Direito penal. Os direitos fundamentais eram vistos, deste modo, como um instituto específico das relações entre o indivíduo e o Estado, consagrado com o fim de salvaguarda da liberdade individual e social[1070]. No entanto, este modelo sofre alteração através da teoria da eficácia horizontal dos direitos fundamentais e de correntes metodológicas que sublinham a importância de vectores constitucionais para a compreensão do Direito privado, designadamente

---

[1068] ROLF STOBER, *Derecho Administrativo Económico*, (trad. e anot. por Santiago González-Varas Ibáñez), Ministério para las Administrationes Publicas, Madrid, 1992, pp. 134-135, considerando que o princípio do desenvolvimento da personalidade protege importantes sectores da actividade económica, como a liberdade de contratar, a livre concorrência, a liberdade de fazer publicidade, a liberdade de empresa, entre outros. No entanto, a liberdade económica está sujeita a vários condicionamentos: social, ecológico, a razões de economia geral e, ainda, a um controle de constitucionalidade. Um dos meios de proteger a comunidade é através do estabelecimento de condições de liberdade de concorrência.

[1069] JORGE REIS NOVAIS, *As restrições aos Direitos Fundamentais*, p. 66.

[1070] Sobre a evolução das diferentes gerações de direitos fundamentais, PAULO MOTA PINTO/DIOGO LEITE CAMPOS, "Direitos Fundamentais "de Terceira Geração"", *O Direito Contemporâneo em Portugal e no Brasil*, (coordenadores Ives Gandra da Silva Martins e Diogo Leite Campos), Almedina, Coimbra, 2003, pp. 497-511.

de uma concepção que extrai hoje dos direitos fundamentais uma "exigência genérica de fomento da liberdade"[1071].

A "constitucionalização do Direito privado" impõe a reconstrução de alguns institutos civis através da axiologia constitucional. O influxo constitucional promove uma personalização e despatrimonialização decorrente de uma tutela mais exacerbada de direitos pessoais em detrimentos de posições de conteúdo estritamente patrimonial. A relação entre a Constituição e o Direito privado configura uma "problemática do século"[1072], configurando a "constitucionalização do Direito privado" um modelo dogmático basilar[1073]. ERWIN DEUTSCH refere que o Tribunal Constitucional Alemão terá criado a categoria de um Direito civil constitucional[1074]. Um primeiro fundamento em que, segundo CANARIS, se revela a referida constitucionalização do Direito privado assenta na eficácia normativa dos artigos 1.º, n.º 3 e 93.º, n.º 1 da Constituição Alemã, na medida em que vinculam o legislador de Direito privado[1075]. A primeira das disposições

---

[1071] JORGE REIS NOVAIS, *As restrições aos Direitos Fundamentais*, p. 67.

[1072] ERWIN DEUTSCH, "La disciplina dell'ingiustifficato arrichimento e degli atti illeciti ", *I Cento Anni del Códice Civile Tedesco in Germania e nella Cultura Giuridica Italiana*, Cedam, 2002, p. 388, sobre a influência da Constituição no BGB e na criação pelo Tribunal Constitucional Alemão de um direito civil constitucional.

[1073] CANARIS, *Grundrechte und Privatrecht*, Walter de Gruyter, Berlin, New York, 1999, *Direitos Fundamentais e Direito privado*, (tradução de Ingo Wolfgang Sarlet e Paulo Mota Pinto), Almedina, Coimbra, 2006, p. 20, e "A influência dos Direitos Fundamentais sobre o Direito Privado na Alemanha", RBDC, Instituto de Direito Comparado Luso-Brasileiro, n.º 28, 2005, pp. 3 e ss. UWE DIEDERICHSEN, "Die Selbstbehauptung des Privatrechts gegenüber dem Grundgesetz", Jura, (1997), pp. 57-53, LUIGI MENGONI, *Privatautonomie und Verfassung*, DIAN SCHEFOLD, *Der Einfluß des Verfassungsrechts auf das Zivilrecht – Votum*, Verfassungsprivatrecht, Allgemeine Geschäftsbedingungen, Unternehmensbedesteuerung, F. Müller, Heidelberg, 1997, pp. 3-54, JÜRGEN SCHWABE, "Grundrechte und Privatrecht", AcP, 185, (1985), pp. 1-8, CLAUS-WILHELM CANARIS, "Erwiderung", AcP, 185, (1985), pp. 9-12, e RAINER WAHL, "O Primado da Constituição", ROA, Ano 47.º, Abril, (1987), pp. 61-106.

[1074] MARTIN BULLINGER, "Verfassungsrechtliche Aspekte der Haftung", FS für Ernst von Caemmerer zum 70. Geburtstag, J.C. Mohr, (Paul Siebeck), Tübingen, 1978, pp. 297-312, CHRISTIAN VON BAR, "Der Einfluss des Verfassungsrecht auf die westeuropaischen Deliktsrechte", RabelsZ, B. 59, Heft 2, (1995), 203-228, e HOCHLOCH, "Gleichbehandlung im Haftungsrecht als Verfassungsgebot?", VersR, (1979), p. 199.

[1075] GOMES CANOTILHO, *Direito Constitucional*, p. 1270. De referir que o artigo 18.º, n.º 1 da Constituição da República possui um teor literal diferente do artigo 1.º da Constituição Alemã determinando que os preceitos consagradores de direitos, liberdades e garan-

constitucionais citadas afirma que *"os direitos fundamentais que se seguem vinculam a legislação, o poder executivo e a jurisdição como direito imediatamente vigente"*. A segunda permite que *"qualquer pessoa possa deduzir queixa criminal com fundamento em ter sido lesada, pelo poder público, num dos seus direitos fundamentais"*. CANARIS defende que o legislador de Direito privado está incluído no "poder público" (*"öffentlicher Gewalt"*)[1076]. Um segundo argumento resulta da hierarquia normativa, postulando um "primado da Constituição" e uma "distinção entre Constituição e lei". A existência de uma Constituição material, para além do texto constitucional formal[1077], não escamoteia o facto do Direito privado consubstanciar lei ordinária, vinculada aos direitos fundamentais como *lex superior*[1078]. Estes argumentos levam CANARIS à recusa da eficácia mediata dos direitos fundamentais e à defesa da sua eficácia imediata. A possibilidade de uma norma de Direito privado controlar a conformidade constitucional de outra norma de Direito privado seria insustentável em termos lógicos e de realização prática[1079].

Por outro lado, defende, ainda, que esta eficácia imediata dos direitos fundamentais não se limita à sua função clássica de proibições de intervenção e direitos de defesa (*Abwehrrechte*), mas abrange também a sua função de "normas de princípio objectivas". CANARIS preconiza, não obstante, uma variabilidade do conteúdo dos direitos fundamentais na relação entre os particulares e o Estado e entre particulares entre si[1080], uma vez que nos conflitos de Direito privado, em regra, se opõem titulares de direitos fundamentais em ambos os lados da relação, o que exige a ponderação dos interesses conflituantes e a sua concordância prática. No entanto, é preciso distinguir que uma questão é a eficácia normativa dos direitos fun-

---

tias são directamente aplicáveis e vinculam entidades privadas. Esta questão era conhecida inicialmente como da eficácia externa ou eficácia em relação a terceiros dos direitos, liberdades e garantias (*Drittwirkung*). Hoje prefere-se a fórmula "efeitos horizontais" (*Horizontalwirkung*) ou a expressão "eficácia dos direitos, liberdades e garantias na ordem jurídica privada" (*"Geltung der Grundrechte in der Privatrechtsordnung"*).

[1076] CANARIS, *Grundrechte und Privatrecht*, 11.14.

[1077] A este propósito, PAULO CUNHA, "Do Código Civil (Meditações sobre a lei mais importante do País)", Dir, Ano 98, (1966), pp. 313-315 para quem *"cada gesto, cada acto, cada silêncio, cada omissão – tudo é regulado pelo Direito Civil."* (p. 315).

[1078] CANARIS, *Grundrechte und Privatrecht*, p. 15-16.

[1079] CANARIS, *Grundrechte und Privatrecht*, p. 16-19.

[1080] CANARIS, *Grundrechte und Privatrecht*, 19-20.

damentais nas normas de Direito privado e, outra, distinta e autónoma desta, é a influência dos direitos fundamentais sobre os comportamentos regulados pelo Direito privado.

IV. ALEXY apresenta os direitos fundamentais como feixes ou complexos de posições jurídicas, definitivas e *prima facie*, que, no seu conjunto e na sua articulação, formam o direito fundamental como um todo (*Grundrecht als Ganze*)[1081]. O entrelaçar do Direito constitucional e do Direito da responsabilidade civil exige diferentes abordagens, designadamente a configuração do sistema de responsabilidade delitual como decorrência de uma restrição do "direito geral de liberdade" e da autonomia privada. A questão da eficácia horizontal de direitos fundamentais levanta igualmente alguns problemas, designadamente se aqueles devem ser vistos como direitos subjectivos ou se certas áreas de conformação constitucional não devem ser enquadradas como normas de protecção, nomeadamente descortinando em certos direitos fundamentais uma dimensão objectiva nas relações entre particulares[1082].

ALEXY considera que o significado das normas de direitos fundamentais para o sistema legal resulta de dois factores: a sua natureza substantiva e o seu carácter formal. A Constituição tem um carácter simultaneamente substantivo e procedimental. Nos seus elementos substantivos incluem-se as normas sobre as tarefas e objectivos do Estado e sobre direitos fundamentais, enquanto o conjunto das normas que vinculam o

---

[1081] GOMES CANOTILHO, *Direito Constitucional,* p. 1247. JORGE REIS NOVAIS, *As restrições aos Direitos Fundamentais,* p. 55, o direito fundamental como um todo, quando perspectivado do ponto de vista dos titulares do direito, é o conjunto ou feixe de posições de vantagem juridicamente tuteladas susceptíveis de referência ao mesmo direito fundamental, mas, perspectivado do ponto de vista da intervenção do Estado, é a contrapartida do conjunto de deveres e obrigações estatais que resultam da imposição constitucional da norma do direito fundamental.

[1082] GOMES CANOTILHO, *Direito Constitucional,* p. 409, defende que muitos direitos fundamentais impõem um dever dos poderes públicos de protegerem contra terceiros os titulares de direitos fundamentais. Neste sentido, o Estado tem o dever de proteger o direito à vida perante agressões de outros indivíduos (é a ideia traduzida pela doutrina alemã na fórmula *Schutzpflicht*). Trata-se do dever do Estado adoptar medidas positivas perante actividades perturbadoras ou lesivas dos direitos praticados por terceiros. Diferentemente da função de prestação que se desenha entre o titular do direito fundamental e o Estado, a função de protecção desenvolve-se entre indivíduos.

Estudo de Direito Positivo

processo legislativo tem uma dimensão essencialmente procedimental. O facto da Constituição combinar elementos procedimentais e substantivos tem consequências para todo o sistema jurídico, na medida em que há conteúdos normativos possíveis em face da Constituição, mas também conteúdos necessários e impossíveis devido à Constituição. A natureza formal e substantiva da Constituição faz com que as normas sobre direitos fundamentais joguem um papel central no sistema jurídico[1083].

O sistema legal pode ser visto de diferentes perspectivas, nomeadamente como *i)* um sistema de normas ou *ii)* um sistema de situações jurídicas. *i)* A vantagem da perspectiva do sistema de normas resulta de se poder abstrair de situações jurídicas, o que simplifica a sua leitura e pode ter um interesse sistemático. *ii)* A vantagem de uma perspectiva das situações jurídicas reside em permitir traçar distinções. Na discussão sobre o efeito dos direitos fundamentais e das normas de direitos fundamentais no sistema jurídico, a perspectiva das situações jurídicas é preferível. Ora, o efeito das normas de direitos fundamentais não se limita à relação entre o Estado e o cidadão, abrangendo situações jurídicas de protecção em relação a outros cidadãos ou a necessidade de um determinado conteúdo da ordem privada. É o efeito em relação a terceiros, ou efeito horizontal dos direitos fundamentais, que tem sido utilizado essencialmente para espelhar a sua eficácia no sistema jurídico[1084-1085].

O Tribunal Constitucional Alemão tem admitido um "efeito de irradiação" (*"radiating effect"*) das normas de direitos fundamentais, fazendo apelo ao conceito de uma ordem objectiva de valores[1086]. A tese de ALEXY

[1083] ROBERT ALEXY, *Theory der Grundrechte,* suhrkam taschenbuch wissenschaft 582, 1996, pp. 475 e ss, e ROBERT ALEXY, *A Theory of Constitucional rights,* (trad. Julian Rivers), Oxford, 2004, pp. 349 e ss.

[1084] ALEXY, *A Theory of Constitucional rights,* p. 352.

[1085] JORGE REIS NOVAIS, *As restrições aos Direitos Fundamentais,* p. 85, alerta para os perigos que resultam da força expansiva dos direitos fundamentais, designadamente ao contribuir para a diluição das especificidades de cada sector do ordenamento e para a multiplicação de colisões de direitos fundamentais.

[1086] JORGE REIS NOVAIS, *As restrições aos Direitos Fundamentais,* pp. 80-81, a sentença Lüth do Tribunal Constitucional alemão, de 1958, (BVerfGE 7, 198 ss) não coloca em causa nos direitos fundamentais uma dimensão primária como direitos de defesa, mas reconhece-lhes um conteúdo jurídico adicional que irradia a toda a ordem jurídica, condicionando a interpretação das normas jurídicas aplicáveis ao caso concreto e que acrescenta à direcção vertical (Estado-cidadão) uma eficácia horizontal nas relações jurídicas entre particulares. Daqui resulta que qualquer disposição de qualquer ramo de direito, incluindo

414 *Normas de Protecção e Danos Puramente Patrimoniais*

consiste em promover, na relação entre Estado e cidadão, uma série de abstracções que transformam os direitos subjectivos do cidadão face ao Estado em puros bens jurídicos de protecção contra todos. ALEXY designa estes bens jurídicos como "princípios no mais elevado grau de abstracção". Estes princípios são dotados de significativa flexibilidade, mas também de alguma vaguidade, proporcionando os modos considerados mais obscuros de interpretação jurídica, designadamente a dedução de conteúdos concretos através de princípios abstractos. No entanto, estes princípios podem ser utilizados como pontos de partida, recorrendo posteriormente a premissas mais concretas[1087].

A questão de *como* os direitos fundamentais influenciam as relações entre cidadãos, é um problema de construção. A questão da extensão desta influência, é uma questão de substância e um problema de conflito. Trata-se de uma distinção estrutural entre duas liberdades individuais, que entram em conflito (relação indivíduo-indivíduo), e entre uma liberdade individual e uma autoridade (relação Estado-cidadão).

V. No âmbito da construção do efeito horizontal dos direitos fundamentais desenvolvem-se essencialmente três teorias: *i)* a do efeito horizontal directo, *ii)* a do efeito horizontal indirecto, e *iii)* a teoria dos deveres de protecção[1088].

---

o Direito civil, não pode contrariar o sistema de valores constitucionais, sob pena de inconstitucionalidade, e, ao nível da interpretação jurídica, a necessidade de uma interpretação restritiva das próprias leis gerais que restringem ou regulamentam os direitos fundamentais e a relevância destes na integração de lacunas e na criação de Direito novo. CANARIS, *Grundrechte und Privatrecht*, Walter de Gruyter, Berlin, New York, 1999 e *Direitos Fundamentais e Direito privado*, (tradução de Ingo Wolfgang Sarlet e Paulo Mota Pinto), Almedina, Coimbra, 2006, pp. 78 e ss, analisando também a decisão do BGH *Photokina*. Ainda em relação à sentença Lüth, "*os direitos fundamentais constituem uma ordem objectiva de valores, que deve valer enquanto decisão fundamental de âmbito constitucional para todas as áreas do Direito um efeito de irradiação ("A influência dos Direitos Fundamentais sobre o Direito Privado na Alemanha"*, RBDC, Instituto de Direito Comparado Luso-Brasileiro, n.º 28, 2005, p. 8)

[1087] ALEXY, *A Theory of Constitucional rights*, p. 354.

[1088] PAULO MOTA PINTO, "A influência dos direitos fundamentais sobre o Direito Privado Português", *Direitos Fundamentais e Direito Privado Uma perspectiva de Direito Comparado* (org. António Pinto Monteiro, Jörg Neuner, Ingo Starlet), Almedina, Coimbra, 2007, pp. 145-163, chamando a atenção para o problema da eficácia horizontal se colocar mais em relação aos direitos, liberdades e garantias do que em relação aos direitos econó-

i) De acordo com os defensores do efeito horizontal dos direitos fundamentais, estes aplicam-se obrigatória e directamente no comércio jurídico entre entidades privadas. Teriam, pois, eficácia absoluta (*erga omnes*). *ii)* De forma diferente, os que defendem um efeito horizontal indirecto, afirmam que as relações entre particulares são reguladas por um conjunto especial de leis – Direito penal e Direito privado – e os direitos fundamentais, por serem normas constitucionais de valor, só poderiam actuar enquanto princípios de interpretação das cláusulas gerais e conceitos indeterminados[1089]. Contra este entendimento, GOMES CANOTILHO considera que o mesmo supõe a existência de dois ordenamentos autónomos e horizontais, quando a ordem jurídica civil não pode deixar de se considerar dentro da ordem constitucional[1090]. Outra perspectiva, que pode ser subscrita, respeita a uma vinculatividade diferenciada entre os diferentes direitos fundamentais, mais forte quando estão em causa bens jurídicos pessoais, e menos intensa, por mais dependente da sua concordância com interesses colectivos, quando estão em causa bens jurídicos patrimoniais[1091]. A distinta vinculatividade é patente na "localização" das posições jurídicas de conteúdo patrimonial no título dos direitos e deveres económicos, sociais e culturais, própria das Constituições pós-liberais. As normas consagradoras de direitos fundamentais protegem determinados "bens" ou "domínios existenciais". Estes âmbitos ou domínios protegidos pelas normas garantidoras de direitos fundamentais são designados "âmbito de protecção" (*Schutzbereich*), domínio normativo (*Normbereich*), ou pressupostos de facto dos direitos fundamentais (*Grundrechtstatbes-*

---

micos, sociais e culturais. O Autor rejeita, por um lado, a eficácia horizontal directa e, por outro, um mero efeito de irradiação no âmbito da função de protecção do Estado, e opta por *soluções diferenciadoras,* que apontam para a necessidade da mediação de uma norma de Direito privado de forma a não se defender a *substituição do direito civil por direito constitucional.* Defende, assim, num *núcleo essencial de direitos fundamentais* uma eficácia directa e, fora desse *núcleo essencial,* uma eficácia mediatizada por normas de direito privado que concretizem a função de protecção, admitindo, porém, que os efeitos práticos da jurisprudência constitucional aproxima-se bastante da eficácia directa horizontal dos direitos fundamentais.

[1089] VIEIRA DE ANDRADE, "Os direitos fundamentais nas relações entre particulares", DDC, BMJ, n.° 5, (1981), pp. 238-239.

[1090] GOMES CANOTILHO, *Direito Constitucional*, p. 1272.

[1091] DANIEL SARMENTO, *Direitos fundamentais e Relações Privadas*, Lumen Iuris, Rio De Janeiro, 2004, pp. 216-217.

416   *Normas de Protecção e Danos Puramente Patrimoniais*

tände). As normas consagradoras de direitos fundamentais não protegem as realidades de vida, os dados reais como dados ou realidades, mas através da consagração de situações jurídicas e de procedimentos[1092].

A questão da eficácia horizontal dos direitos fundamentais perde oportunidade quando se deixa de perspectivar o ordenamento jurídico, à maneira positivista, num esquema formal e hierarquizado. Com efeito, a partir do momento em que se considera a existência de níveis de Constituição material fora da Constituição formal e se atende à aplicação imediata das normas constitucionais sobre direitos fundamentais só se poderá defender a sua eficácia directa, pelo menos num núcleo essencial de direitos fundamentais suficientemente concretizados.

iii) A dimensão objectiva dos direitos fundamentais, para além da eficácia nas relações entre particulares, manifesta-se ainda na existência de deveres de protecção dos direitos fundamentais contra ameaças ou ataques provindos de terceiros. Genericamente, o dever de protecção traduz-se numa obrigação abrangente do Estado conformar a sua ordem jurídica de tal forma que os direitos fundamentais sejam garantidos e as liberdades possam encontrar efectivação[1093]. Neste sentido, o dever de protecção adquire um relevo central na dimensão objectiva dos direitos fundamentais[1094]. Todavia, não há um direito subjectivo correspectivo a este dever estatal de protecção, porquanto este necessita de ser mediado por normas de Direito civil, penal ou administrativo em razão da importância constitucional do bem objecto de protecção, incumbindo a competência para o efeito ao legislador ordinário[1095]. Nesta dimensão objectiva, em que se autonomiza o dever estatal de protecção, sai-se claramente do âmago bipolar do direito fundamental (cidadão-Estado) para se alcançar uma relação tripolar (cidadão-Estado-terceiro), na qual deixa de se colocar uma perspectiva unidimensional da liberdade, para se colocar uma perspectiva pluridimensional em que se têm de compatibilizar diferentes interesses de liberdade[1096].

[1092] GOMES CANOTILHO, *Direito Constitucional*, p. 1248.

[1093] Sobre os deveres de protecção estadual, JORGE DE MELO ALEXANDRINO, *Direitos Fundamentais. Introdução Geral*, Principia, 2007, p. 94, e, em especial, JORGE REIS NOVAIS, *Direitos Fundamentais. Trunfos contra a Maioria*, Coimbra Editora, Coimbra, 2006, pp. 71 e ss.

[1094] JORGE REIS NOVAIS, *As restrições aos Direitos Fundamentais*, p. 89.

[1095] JORGE REIS NOVAIS, *As restrições aos Direitos Fundamentais*, p. 89.

[1096] JORGE REIS NOVAIS, *As restrições aos Direitos Fundamentais*, pp. 92-93.

Estudo de Direito Positivo 417

SPICKHOFF analisa se a violação de direitos fundamentais poderá desencadear a aplicação do regime de responsabilidade por violação de normas de protecção. Os direitos fundamentais consubstanciam-se em normas jurídicas cujo objectivo é a protecção do titular do direito fundamental. Pode-se, no entanto, questionar sobre quem poderá ser o destinatário jurídico de um direito fundamental, uma vez que a chamada doutrina da eficácia directa sobre terceiros foi questionada, desenvolvendo-se a doutrina da eficácia indirecta dos direitos fundamentais através da teoria dos deveres de protecção. Como consequência, incumbe ao Estado garantir a observância dos deveres de protecção emergentes dos respectivos direitos fundamentais. Caso o Estado emita as correspondentes imposições e proibições no que concerne às pessoas privadas, defende-se que os direitos fundamentais contêm determinados *standards* de conduta que deveriam vigorar de forma directa no âmbito do tráfego jurídico privado. Este entendimento foi adoptado pela mais recente doutrina dos deveres de protecção, que é, em rigor, uma versão mais moderna da antiga doutrina da oponibilidade dos direitos fundamentais a terceiros, que, segundo SPICKHOFF, é de rejeitar. As violações à medida mínima de proibição perpetradas pelo legislador não podem no Direito alemão ser abordadas no âmbito do § 823 II BGB através do emprego dos direitos fundamentais como normas de protecção, não obstante poderem derivar das imposições ou proibições dirigidas às pessoas privadas. Mantém-se possível efectuar uma aproximação dos direitos fundamentais às normas de protecção, e mesmo, no âmbito específico do direito privado moldado pelo tráfego jurídico público. Neste domínio, a aplicação dos direitos fundamentais, não é, porém, pacífica[1097-1098].

As normas de protecção resultam da discricionariedade legislativa na conformação estatal do dever de protecção inserido na dimensão objectiva dos direitos fundamentais. Isto significa que na parte em que os direitos fundamentais têm aplicabilidade imediata – a dimensão subjectiva – estamos perante verdadeiros direitos subjectivos, pelo que, em caso de violação, inserem-se na primeira parte do n.º 1 do artigo 483.º; diferentemente,

---

[1097] Acresce que só se poderá recorrer a direitos fundamentais se configurarem normas imperativas dirigidas a pessoas privadas, designadamente os artigos 1, I, 8, II, e 9, III GG. Contrariamente, o artigo 3.º, parágrafo 3, frase 2 GG não foi revestido da característica da oponibilidade a terceiros.

[1098] SPICKHOFF/SOERGEL, *Bürgerliches Gesetzbuch*, p. 120.

418 *Normas de Protecção e Danos Puramente Patrimoniais*

na sua eficácia horizontal, resultante da autonomização de uma dimensão objectiva, estando a mesma dependente de uma mediação legislativa, não servem os direitos fundamentais como normas de protecção, mas como estruturas fundamentais que habilitam e fundamentam as normas de protecção que concretizam os deveres primários[1099].

Neste domínio, a tendência que se salienta em certos autores de, na dúvida, conceber as normas sobre direitos fundamentais como direitos fundamentais *prima facie,* de modo a exponenciar as situações de vantagem, pode conduzir à diminuição das possibilidades de protecção individual, designadamente em áreas como o Direito da concorrência, em que estamos em presença de interesses individuais de sentido contrário, pelo que a subjectivização da protecção objectiva de um interesse particular a uma norma de direito fundamental pode implicar a desprotecção de outro interesse particular vinculado ao mesmo ou a outro direito fundamental[1100-1101].

Para além da questão da eficácia horizontal dos direitos fundamentais, existem outros pontos que devem ser analisados para determinar se as normas constitucionais são susceptíveis, em abstracto, de ser utilizadas como normas de protecção[1102], que se relacionam com a articulação entre direitos subjectivos públicos e direitos subjectivos privados, designadamente sobre os seus âmbitos normativos de protecção. Não havendo cor-

---

[1099] PEDRO PAIS DE VASCONCELOS, *Teoria Geral do Direito Civil*, p. 653, refere que a substância do direito subjectivo resulta da afectação jurídica de bens à realização de fins da sociedade, sendo esta uma das principais diferenças entre direito objectivo e direito subjectivo. Assim, o direito ao trabalho previsto na Constituição seria direito objectivo, enquanto o direito do trabalhador que emerge do seu contrato de trabalho seria um direito subjectivo. O mesmo raciocínio se aplicaria ao *direito à propriedade*, que é objectivo, e ao *direito de propriedade* de certa coisa que é subjectivo. Não nos parece ser de subscrever integralmente esta tese com a consequente transformação das normas de direitos fundamentais em puro direito objectivo.

[1100] JORGE REIS NOVAIS, *As restrições aos Direitos Fundamentais*, pp. 96-97.

[1101] MENEZES CORDEIRO, "Da colisão de Direitos", Dir, 137.°, (2005), I, pp. 37-55, critérios de solução em situações de colisão de direitos iguais seriam a antiguidade do direito, o menor dano e o maior prejuízo (p. 51).

[1102] Cfr. em matéria do princípio da igualdade, PETER RÄDLER, "Art. 3 III GG als Schutzgesetz i. S. von § 823 BGB? Zur Renaissance der unmittelbaren Drittwirkung in der Gestalt des Schutzgesetzes" NJW, (1998), p. 1621-1623. Cfr. ainda WALTER KREBS, "Freiheitschutz durch Grundrechte", Jura, (1988), pp. 623-627 e HORST DREIER, "Subjektivrechtliche und objectiv-rechtliche Grundrecht Gehalte", Jura, (1994), pp. 505-513.

respondência entre os respectivos âmbitos materiais de protecção, há espaço para, em áreas não cobertas pelos direitos subjectivos privados, fazer apelo às normas de protecção. Com efeito, independentemente da formulação constitucional encontrada, todas as normas de direitos, liberdade e garantias fundamentais são reconduzíveis a uma estrutura típica cujo conteúdo consiste na imposição ao Estado de obrigações ou deveres que, directa ou indirectamente, resultam para os particulares em posições de vantagem juridicamente tuteladas, ou seja, em direitos fundamentais[1103]. Porém, nem todos os direitos fundamentais enquadram a noção de direito subjectivo.

De acordo com a posição de REIS NOVAIS, os direitos subjectivos públicos só se autonomizariam quando, para além do dever objectivo imposto ao Estado pela norma de direito fundamental, houvesse a *judiciabilidade* do seu eventual incumprimento, no interesse e por iniciativa do particular afectado[1104]. Esta exigência suplementar de *judiciabilidade* implicaria uma separação entre direito fundamental e direito subjectivo público, que não se reconduziria pura e simplesmente à distinção entre direitos, liberdades e garantias e direitos sociais[1105], nem tão-pouco, à distinção alexiana entre direitos *prima facie* e direitos definitivos. Para que se autonomize um direito subjectivo público, no contexto da *teoria da norma de protecção (Schutznormlehre)* desenvolvida pela doutrina administrativista alemã (BÜHLER e BACHOF[1106]), seria necessário *i)* um enunciado de Direito público que impusesse ao Estado (ou a outra entidade jurídica) um dever objectivo de comportamento; *ii)* que esse enunciado não pudesse ser exclusivamente determinado pela prossecução de interesses públicos, mas tivesse também de servir o prosseguimento de interesses particulares, e *iii)* que aos particulares fosse concedida a faculdade de realizarem os seus interesses por uma sujeição imposta ao

---

[1103] JORGE REIS NOVAIS, *As restrições aos Direitos Fundamentais*, p. 54.

[1104] GOMES CANOTILHO, "Dogmática de Direitos Fundamentais e Direito privado", p. 70, no direito fundamental o âmbito de protecção (*Schutzbereich*) e o âmbito de garantia efectiva (*Garantiebereich*). O âmbito de protecção significa que um bem é protegido, mas nesse âmbito podem intervir medidas desvantajosas de entes públicos ou de entes privados, que, mesmo quando lícitos, carecem de justificação e limites. O âmbito de garantia efectiva é o domínio dentro do qual qualquer ingerência, pública ou privada, é lícita.

[1105] JORGE REIS NOVAIS, *As restrições aos Direitos Fundamentais*, p.107.

[1106] JORGE REIS NOVAIS, *As restrições aos Direitos Fundamentais*, p. 109, assinalando as diferenças da teoria da protecção da norma nos dois autores.

420 *Normas de Protecção e Danos Puramente Patrimoniais*

Estado[1107]. Curiosamente, os pressupostos que se desenvolvem para a autonomização dos direitos subjectivos públicos[1108] são paralelos aos que se aplicam no campo jusprivado das normas de protecção, não para preconizar a existência de direitos subjectivos, mas para reconhecer a existência de posições jurídicas autónomas que permitam a responsabilidade delitual.

A *teoria da norma de protecção* foi sujeita a crítica no campo do Direito público, designadamente pelo seu carácter circular, ao fazer depender o direito subjectivo público de uma faculdade que lhe é inerente – a sua *judiciabilidade*. Merecedor de crítica tem sido também a remissão para a intenção do legislador da autonomização de uma protecção individual, o que afastaria uma interpretação teleológica, objectiva e actualista da norma. Igualmente a actualização da *teoria da norma de protecção* realizada por Bachof, continua a ser objecto de crítica pela doutrina publicista[1109].

13.2.3. A *"constitucionalização"* da responsabilidade delitual

I. Mertens analisa algumas áreas de influência da Constituição Alemã no sistema delitual. Compete ao Estado a protecção de bens de personalidade e de direitos patrimoniais perante intervenções delituais ligando-os aos direitos fundamentais[1110], exigindo a Constituição uma certa efectividade dessa protecção[1111].

Na Alemanha, o direito constitucional pode restringir, em casos especiais, a aplicação de normas delituais. A protecção delitual da pessoa e da empresa é limitada sobretudo pelo artigo 5 I GG. Por outro lado, não é compatível com o artigo 2 GG alguém transferir para terceiro, de forma desproporcionada, os custos da sua vida. A socialização forçada de riscos pode significar uma subvenção discriminatória a actividades e empresas especialmente perigosas e ser discutível por implicar uma diminuição da

---

[1107] Jorge Reis Novais, *As restrições aos Direitos Fundamentais*, p. 107.

[1108] Cfr. para o Direito Europeu, Stephan Stüber, "Subjektive Recht aus Gemeinschaftrecht", Jura, (2001), pp. 800-801.

[1109] Jorge Reis Novais, *As restrições aos Direitos Fundamentais*, p.110.

[1110] Bullinger, *Verfassungsrechtliche Aspekte der Haftung*, pp. 297 e ss, e v. Bar, *Gemeineuropäisches Deliktsrecht*, p. 546 e ss.

[1111] Bullinger, *Verfassungsrechtliche Aspekte der Haftung*, p. 300, (n.109).

Estudo de Direito Positivo

liberdade de empresa. Em contrapartida, responsabilidades desmesuradas não são compatíveis com a proibição constitucional de excesso[1112].

O legislador dispõe de uma larga margem de discricionariedade na distribuição de riscos, satisfazendo o princípio da responsabilidade individual mesmo quando atribui a compensação a um ente colectivo[1113]. Do princípio da igualdade pode deduzir-se, para a função legislativa e jurisdicional, que, no âmbito da elaboração de áreas de ordem isoladas – p.ex. do tráfego rodoviário –, as discriminações são de eliminar. Neste sentido, o BGH fala de um *princípio do tratamento igual de todos os participantes no tráfego*[1114]. Algumas disposições legais não parecem hoje conformes com o sistema, designadamente os §§ 836 e ss BGB que se tornaram obsoletos face aos deveres do tráfego desenvolvidos no âmbito do § 823 I BGB. Por fim, o princípio do Estado social e da dignidade da pessoa, assente nos arts. 1 e 2 GG, apontam no sentido da recusa de uma responsabilidade manifestamente excessiva.

Responsabilidades alargadas com base na colocação em perigo ou em negligência exigem a celebração de contratos de seguro com condições aceitáveis. O princípio da reparação integral pode ser considerado incompatível com a Constituição senão for possível a celebração de contratos de seguro. Uma limitação da indemnização, como a prevista no § 255 a RefE 1967, não resulta de forma imediata do princípio de Estado social. Esta norma deveria autorizar o juiz, em situações de negligência do lesante, a limitar, num prejuízo excepcionalmente grave, a obrigação de indemnização, contanto que implique uma iniquidade grave. Segundo MERTENS, o § 255 a RefE 1967 devia ter o seguinte teor: " *(1) Se o prejuízo, tendo em conta as circunstâncias que fundamentam o dever de indemnização, for excepcionalmente grave, o tribunal pode limitar a obrigação de indemnizar, desde que implique para o obrigado a indemnizar uma iniquidade grave, devendo ser tomados em consideração os interesses legítimos do credor. (2) A limitação da obrigação de indemnizar está excluída quando o titular do dever de indemnização ou um seu representante ou, no caso do § 839 BGB, quem violou os deveres funcionais, causaram dolosa*

[1112] CANARIS, "Verstöße gegen das verfassungsrechtliche Übermaßverbot im Recht der Geschäftsfähigkeit und im Schadensersatzrecht", JZ, (1987), pp. 1001 e ss.

[1113] BULLINGER, *Verfassungsrechtliche Aspekte der Haftung,* pp. 306 e ss, acentua especialmente o princípio da justiça no sistema da responsabilidade.

[1114] BGH 27-Jan.-1977, NJW, (1977), 1238.

422   *Normas de Protecção e Danos Puramente Patrimoniais*

ou negligentemente o prejuízo. (3) A culpa do titular do dever de indemnização é de avaliar na aplicação da secção 1."[1115]

II. CESARE SALVI refere-se igualmente à necessidade de ultrapassar considerações puramente privatísticas na responsabilidade civil e de incorporar uma dimensão de interesse público na imputação do dano[1116]. Nos últimos tempos, tem-se considerado a responsabilidade civil como um campo fértil para introduzir considerações constitucionais. A responsabilidade contratual é uma área voltada para a valorização dos interesses privados, enquanto a responsabilidade delitual abre o campo para um sopesamento de dimensões de Direito público. A influência constitucional no direito da responsabilidade civil delitual passa, essencialmente, por duas coordenadas: *i)* a redefinição funcional da responsabilidade civil como instrumento para prevenir e sancionar o ilícito e *ii)* a extensão da tutela ressarcitória dos interesses pessoais e patrimoniais[1117].

A este propósito, o dano surge como uma noção cujos contornos são cada vez mais evanescentes, na alternativa entre o conteúdo predominante económico e o perfil da lesão da esfera jurídica da vítima, tratando-se de tendências fundadas no texto constitucional. A fundamentação da responsabilidade delitual no princípio do interesse geral caracterizou historicamente a teoria aquiliana nos países socialistas, onde a responsabilidade civil tinha uma função de educar e de prevenir os comportamentos anti-sociais. À função educativo-preventiva é subordinada à função específica de reparação do dano. Esta ideia é consentânea com o primado da culpa. O interesse geral tanto pode ser utilizado para um reforço da exigência de culpa na responsabilidade civil, como para um alargamento da responsabilidade objectiva. Em Itália, tem-se defendido ambas as soluções com base no princípio da solidariedade. A responsabilidade delitual coloca igualmente complexos problemas de igualdade, que limitam a discricionariedade do legislador ordinário. O princípio da solidariedade não é considerado *per se* idóneo a fundar a protecção delitual que não esteja já protegida por outra norma.

[1115] MERTENS, *Münchener Kommentar*, vor §§ 823-853, pp. 1424-1426.

[1116] CESARE SALVI, *Responsabilitá civile e constituzione, L'influenza dei valori costituzionali sui sistema giuridici contemporanei*, Tomo I, Milano, giuffré, 1985, pp. 123 e ss. Cfr. CESARE SALVI, "Responsabilità extracontrattuale (dir. vig)", Reaz-Resp., Guiffrè, 1988, pp. 1187-1269.

[1117] CESARE SALVI, *Responsabilitá*, p. 126.

Estudo de Direito Positivo 423

O sistema aquiliano é intrinsecamente permeável a valorizações que, em certa medida, transcendem considerações meramente privadas sobre as situações jurídicas envolvidas, até porque, tratando-se de uma disciplina que recorre a cláusulas gerais consente operações interpretativas mais penetrantes do que outros sectores do ordenamento jurídico privado. A dimensão do interesse geral é de maior importância no instituto da responsabilidade delitual, incidindo sobretudo nas razões da transferência do dano da vítima a um outro sujeito (imputação) e na valorização comparativa dos interesses conflituantes dos particulares (ilicitude)[1118].

Há, assim, no sistema aquiliano uma especial incidência dos diferentes princípios constitucionais: o princípio da função social das actividades produtivas e o princípio da tutela da personalidade, que prospectivam um alargamento das hipóteses em que o dano deve ser ressarcido e cuja compatibilização com a disciplina privada da responsabilidade civil se exige. A relevância das normas constitucionais revelar-se sob diferentes configurações, a saber: como directivas interpretativas do Código Civil, como critérios de integração do conteúdo das cláusulas gerais, como princípios gerais que fundamentam o recurso à analogia, como fundamentos de inconstitucionalidade e, por fim, residualmente, num núcleo essencial, seguindo a posição de PAULO MOTA PINTO, como disposições directamente aplicáveis[1119].

13.3. *Enquadramento penal e contra-ordenacional*

13.3.1. *Novas conexões decorrentes da evolução do ilícito penal e contra-ordenacional*

I. A compreensão das metamorfoses da responsabilidade delitual e do seu papel nas sociedades contemporâneas não se restringe a uma análise das conexões potenciadas pelos sistemas europeu e constitucional, porquanto as normas de protecção permitem incorporar alterações de ou-

---

[1118] CESARE SALVI, *Il danno extracontrattuale, Modelli e funzioni*, Danno patrimoniale e non patrimoniale tra constituzione e codice: una originale rilettura di categoria normative e della realtà pratica, Napoli, 1985, pp. 155 e ss.

[1119] PAULO MOTA PINTO, "A influência dos direitos fundamentais sobre o Direito Privado Português", pp. 145-161.

424   *Normas de Protecção e Danos Puramente Patrimoniais*

tras áreas jurídicas que fluem para a responsabilidade civil. Ou seja, não só o Direito civil, dentro da sua margem hermêutica, se orientou para paradigmas pós-liberais, como essa mesma evolução é constatável *extra muros* da área civilista. Na verdade, o Direito Público, em domínios específicos como o Direito Europeu, o Direito Constitucional, o Direito Penal e o Direito Administrativo, tem sofrido alterações significativas, que podem repercurtir-se na responsabilidade delitual[1120].

Desta forma, impõe-se, neste momento, reflectir sobre algumas pistas em torno do sistema penal e contra-ordenacional, tentando responder, entre outras, à questão – que tem ocupado a doutrina alemã, em especial CANARIS, e influenciado largamente a doutrina portuguesa – se deve reconhecer-se um papel privilegiado às normas penais enquanto normas de protecção. Como se fez referência na evolução histórico-dogmática, na origem do conceito de norma de protecção encontra-se uma referência do § 26 ALR prussiano a normas que visam a prevenção de perigos (*Polizei und Ordnungsgesetze*)[1121].

FIGUEIREDO DIAS chama a atenção que, no período posterior à Revolução Francesa e ao advento do Estado de Direito formal, o Direito administrativo concentrava a sua actividade de polícia na protecção antecipada de perigos para os direitos subjectivos dos particulares e o Direito penal estava circunscrito à protecção contra ataques a direitos subjectivos. Ou seja, o Direito penal de matriz iluminista era marcado pela figura do direito subjectivo, o que, como, já se constatou, constituia igualmente o paradigma liberal da responsabilidade delitual.

Algo vai, porém, mudar no início do século passado. Com efeito, surge um Direito penal administrativo, como uma linha avançada do Direito penal de justiça, e, dentro deste, tenha surgido mais tarde uma área de Direito penal secundário com relevo ético-social e um grosso caudal de contra-ordenações em áreas ético-socialmente neutras. As contra-ordena-

---

[1120] A este propósito sobre a evolução da responsabilidade delitual, VON LISZT, *Die Deliktsobligationen im System des Bürgerlichen Gesetzbuchs*, seguida da obra de GOLDSCHMIDT, *Deliktsobligationen des Verwaltungsstrafrechts*, e SCHMIEDEL, *Deliktobligationen nach deutschen Kartellrecht*.

[1121] Cfr. UDO DI FÁBIO, "Gefahr, Vorsorge, Risiko: Die Gafahrenabwehr unter dem Einfluß des Vorsorgeprinzips", Jura, (1996), pp. 566-574 e BERNARD SCHLINK, "Das Objektive und das Subjektive beim polizeirechtlichen Gefahrbegriff", Jura, (1999), pp. 169-172, sobre a subjectivação do direito policial implicar alterações, utilizando uma perspectiva hegeliana em relação aos momentos objectivo e subjectivo do conceito de perigo.

Estudo de Direito Positivo

ções surgem no direito alemão com a Lei das Contra-ordenações, de 1952, por influência de EBERHARD SCHMIDT, com o propósito de extirpar do Direito penal um número significativo de infracções ético-socialmente irrelevantes, procurando o carácter dissuasor das sanções pecuniárias e que pudessem ser aplicadas pelas entidades administrativas. O modelo alemão das contra-ordenações foi elogiado por EDUARDO CORREIA e veio a ser adoptado pelo legislador nacional, permitindo substituir gradualmente as contravenções de modelo napoleónico[1122].

O artigo 1.º do Decreto-Lei n.º 433/82, de 27 de Outubro, contém uma definição do ilícito contra-ordenacional meramente formal, na medida em que o faz corresponder ao ilícito ao qual se aplica a sanção coima. FIGUEIREDO DIAS considera que a distinção entre ilícito penal e contra-ordenacional deve operar em termos materiais, dado que só o Direito penal protege bens jurídico-penais, nos quais se concretiza a ordem axiológico-constitucional. Ainda que não seja a Constituição a decidir se uma conduta deve constituir um crime ou uma contra-ordenação, desenha não obstante princípios materiais e orgânicos distintos para o ilícito penal e para o ilícito contra-ordenacional, permitindo, por isso, limitar a discricionariedade do legislador na distinção material entre os dois tipos de ilícito. O quadro constitucional permite pois sublinhar a autonomia do ilícito contra-ordenacional[1123].

Durante muito tempo explicou-se pela natureza das sanções a autonomização do ilícito administrativo relativamente ao ilícito penal, uma vez que ao primeiro sempre se aplicaria uma coima[1124]. Ora, apesar do ilícito administrativo ser uma consequência do aumento das funções estaduais, resultado de um crescente dirigismo político-económico[1125,] as suas ori-

---

[1122] JORGE DE FIGUEIREDO DIAS, *Temas básicos da Doutrina Penal, Sobre os Fundamentos da Doutrina Penal. Sobre a Doutrina Geral do Crime*, Coimbra Editora, 2001, pp. 135-144.

[1123] JORGE DE FIGUEIREDO DIAS, *Temas básicos da Doutrina Penal*, pp. 145-150.

[1124] OLIVEIRA ASCENSÃO, *Direito. Introdução e Teoria Geral. Uma perspectiva Luso-Brasileira*, 13.ª ed. refundida, Almedina, Coimbra, 2006, p. 353, afirma que a distinção pela sanção representa um critério formal, enquanto que um critério substancial apontaria para que no crime há a violação de um bem e na contravenção há a violação de uma norma preventiva. O direito de mera ordenação social integra, essencialmente, as infracções de carácter económico.

[1125] FREDERICO COSTA PINTO, "O ilícito de mera ordenação social e a erosão do princípio da subsidariedade da intervenção penal", RPCC, Ano 7, Fasc. 1, Jan-Mar, (1997), pp.

426   *Normas de Protecção e Danos Puramente Patrimoniais*

gens devem procurar-se na origem do próprio Estado e nos primórdios do desenvolvimento da jurisdicionalização da função administrativa, na medida em que são as autoridades administrativas e não os tribunais que aplicam essas sanções, aumentando as situações em que a Administração tem de dizer o direito. Simultaneamente, regista-se um processo de purificação do ilícito criminal delimitado pela sua jurisdicionalização.

A proliferação de contra-ordenações na última metade do século XX teve como consequência a redução de espaço para acções dos particulares inclusive indemnizatórias. No entanto, a tendência que agora se verifica, também ao nível europeu, é a de restituir aos particulares através de acções judiciais um papel paralelo ou complementar do dos órgãos administrativos no controlo de certas situações[1126-1127].

II. A contra-ordenação distingue-se do crime em termos qualitativos, exigindo princípios distintos dos que se aplicam ao ilícito penal[1128-1129].

12-13, o maior intervencionismo estadual faz surgir o direito de mera ordenação social, que pode trazer maior racionalidade ao Direito penal ao permitir uma descriminalização prudente, "sem o perigo de surgirem abruptamente vazios de tutela jurídica".

[1126] Neste sentido, ABEL MATEUS, "Sobre os fundamentos do Direito e Economia da Concorrência", ROA, Ano 66.º, Dezembro, (2006), p. 1080-1081, apoiando-se no considerando 7 do Regulamento 1/2003 e no Acórdão do TJC de 20-Set.-2001, *Courage c. Crehan*, Proc. C-453/99, Colect. 2001, p. I. 6297.

[1127] Cfr. Relatório 10.4.2007 sobre o Livro Verde "Acções de indemnização devido à violação das regras comunitárias no domínio antitrust", o Parecer da Comissão de Assuntos Jurídicos de 27.2.2007 e a Proposta de Resolução do Parlamento Europeu. Neste Relatório salienta-se a importância do pilar privado da concorrência comunitária e o carácter complementar das acções judiciais públicas e privadas na sequência dos Acórdãos *Geus c. Bosch* (processo 13/61), *Van Gend & Loos* (processo 26/62), *Courage c. Crehan*, de 20 de Setembro de 2001, e o mais recente Acórdão *Manfredi*, de 13 de Julho de 2006, no qual se lê que "*as acções de indemnização por perdas e danos junto dos órgãos jurisdicionais nacionais são susceptíveis de contribuir substancialmente para a manutenção de uma concorrência efectiva na Comunidade*". Neste Relatório salienta-se que caberá à Comissão Europeia um papel significativo para ultrapassar a atrofia das acções privadas em matéria de concorrência associada a um reforço do papel do Parlamento Europeu na política de concorrência.

[1128] EDUARDO CORREIA, *Direito Criminal*, pp. 20 e ss.

[1129] COSTA PINTO, *O ilícito de mera ordenação social*, pp. 95: Na sua origem histórica e dogmática o regime de mera ordenação social constitui um equilíbrio entre a herança liberal do Direito penal, que aponta para uma intervenção minimalista deste ramo, e as exigências de intervenção do Estado moderno, caracterizadas por uma certa insignificância

Por exemplo, a doutrina italiana defendeu que as contra-ordenações, contrariamente aos crimes, não impõem a sua imputação ao agente a título de dolo ou negligência, bastando-se com uma mera imputação objectiva, baseada no simples nexo de causalidade. No entanto, segundo EDUARDO CORREIA, não há, neste domínio, qualquer razão para afastar o princípio da culpa, o que não significa uma especial configuração deste princípio no domínio do direito contra-ordenacional. Na doutrina alemã, GOLDSCHMIDT (*Der Verwaltungsstrafrecht*, 1902 e *Deliktsobligationen des Verwaltungsstrafrechts*, 1905) e WOLF (*Die Stellung der Verwaltungsdelikte im Strafrechtssystem*, 1930) afastam as contra-ordenações do ilícito criminal, inserindo-as num Direito penal secundário e autonomizam o ilícito penal administrativo[1130].

Uma distinção qualitativa dos ilícitos erege-se sobre a teoria dos fins das penas: ao ilícito penal corresponderia um fim de retribuição, ao passo que ao ilícito administrativo um fim de prevenção. WOLF, por sua vez, apela para as diferentes concepções de Estado e para a realização de valores de justiça distintos nas diferentes funções estaduais. GOLDSCHMIDT afirma a diversidade de sanções, com base nos fins de realização de justiça ou na propulsão do bem-estar e progresso sociais. As teorias material-teleológicas procuraram estabelecer as correspondentes diferenças quanto aos elementos constitutivos dos delitos, designadamente ao nível da culpa, da responsabilidade das pessoas colectivas e da tipicidade das infracções[1131].

---

qualitativa do ilícito, porque se trataria de condutas axiologicamente neutras, e insignificância quantitativa, com sanções consideravelmente menos violentas. O Direito de mera ordenação social, especialmente durante a última década, desviou-se ostensivamente destas linhas de força, com o aumento do sistema sancionatório, o aumento das sanções aplicáveis e, em algumas áreas específicas, uma crescente complexidade do seu regime substantivo pelas matérias regulamentadas.

[1130] Cfr. BELEZA DOS SANTOS, *Ilícito Penal Administrativo*, pp. 39-59. Sobre a diferença entre direito das contra-ordenações e Direito penal secundário, cfr. FIGUEIREDO DIAS, *Para a dogmática*, p. 22.

[1131] As teses de GOLDSCHMIDT foram desenvolvidas por ERIK WOLF na orientação que a diferença entre o ilícito criminal e administrativo não é uma distinção lógico-formal de conceitos ou simples empírica distinção de fins, mas de sentido e de valores. O Direito penal protege bens jurídicos que traduzem valores de justiça, enquanto que o direito administrativo penal defende bens administrativos (*Verwaltunsgsgüter*) em que se realizam valores do bem geral (*Wohlfahrtwerte*) Cfr. BELEZA DOS SANTOS, *Ilícito Penal Administrativo*, p. 40, (n. 1).

Actualmente, reconhece-se que o problema não está em encontrar um critério material único de distinção entre o ilícito penal administrativo e o ilícito penal, mas antes na procura de um critério unitário susceptível de fundamentar a compreensão das manifestações heterógenas do ilícito contra-ordenacional e sua caracterização material, quer através da especial configuração deste ilícito, quer através da particular natureza das sanções, quer através das especialidades de índole processual que comporta.

Cada norma jurídica tem atrás de si um específico valor, interesse ou bem jurídico, sendo a partir deste que se compreende o fim normativo e a respectiva ilicitude. A ilicitude tem sido, desde sempre, procurada do ponto de vista apriorístico da norma para a conduta. Impõe-se partir das condutas para as normas. As condutas são o verdadeiro material normativo. A eficácia jurídica ultrapassa o normativo formal, só vive de condutas[1132]. O sistema penal visa proteger os valores ou bens jurídicos fundamentais da comunidade, *i.e.*, aqueles interesses primários sem cuja observância a vida em sociedade não é possível. No ilícito administrativo considera-se que as normas não têm como fim a tutela de um bem jurídico da mesma espécie, o que levou MAURACH a escrever que *só nos crimes se revela um bem jurídico claramente desenhado*. Porém, o ilícito administrativo não configura uma mera contrariedade a uma ordem, uma desobediência sem bem jurídico que a ilumine, pois tal seria puramente formal, à maneira da norma bindingiana. O que acontece é que os bens jurídicos do ilícito penal são interesses *fundamentais* da vida comunitária, ou da personalidade ética do homem, enquanto que o ilícito administrativo corresponde a simples valores de uma certa ordem social, indiferente à ordem moral, que podem implicar considerações de oportunidade social, mais do que puras considerações de justiça. O ilícito administrativo situar-se-ia, assim, no âmbito do eticamente indiferente[1133]. FIGUEIREDO DIAS considera que é no âmbito da ilicitude material que poderá operar-se a destrinça entre ilícito penal e ilícito de mera ordenação, admitindo ser este último um ilícito eticamente indiferente; todavia, entende que, sob diferentes pontos de vista, não há espaço para um ilícito *eticamente indiferente*, pois é

[1132] Sobre a necessidade de partir da eficácia jurídica e não das normas ou fontes, MENEZES CORDEIRO, *Tratado de Direito Civil Português*, I, p. 438.

[1133] Contra a posição de assentar a diferença entre ilicitude criminal e administrativa na relevância ética, BELEZA DOS SANTOS, *Ilícito Penal Administrativo*, p. 46, admitindo que o ilícito administrativo possa ser mais grave do que o ilícito criminal.

necessário que a perspectiva da indiferença ética se dirija não aos ilícitos, mas às condutas que o integram[1134].

III. Para Figueiredo Dias a "sociedade do risco" promove uma alteração do paradigma do Direito penal individualista e liberal[1135]. É sabido que o carácter protectivo do sistema penal é subsidiário e fragmentário, sendo que a função em caso algum se resume à da responsabilidade civil de tornar indemne os danos sofridos. Por esta razão, seria de afastar a ideia de que só as normas penais deveriam poder ter carácter protectivo para efeitos indemnizatórios, pois haveria disfuncionalização de um sistema criado com finalidades completamente diferenciadas. Com efeito, reforçar a tutela penal de bens jurídicos pela indemnização, através de bens jurídicos penalmente relevantes, seria incorrecto, porquanto a penalização implicou, no paradigma liberal e individualista, uma hipervalorização dos bens jurídicos susceptíveis de jussubjectivização.

Ora, a "sociedade do risco" esboroa um sistema protectivo assente na figura do direito subjectivo. Chama-se, assim, a atenção para as lacunas de protecção delitual em áreas refractárias à figura do direito subjectivo. Os primeiros aspectos que se modificam são os da própria acção e do tipo de danos. As acções que se reprimem no paradigma liberal são sobretudo acções de proximidade no catálogo de bens individualmente protegidos, como a vida, o corpo, a saúde, a propriedade e o património. Ora, numa sociedade técnica, global e massificada a acção é cada vez mais anónima, distanciada, no tempo e no espaço, e os danos cada vez mais globais[1136]. Estas alterações exigem alguma modernização do Direito penal, sob pena de não se adaptar, continuando apegado a uma actuação minimalista, e de deixar de ter qualquer papel na protecção de bens jurídicos penais. Áreas como o reforço da negligência e da omissão, que permitem a contenção dos grandes riscos, valorizam-se perante um Direito penal do dolo e do carácter sancionatório. A prevenção conquista espaço à retribuição.

No domínio das respostas do Direito penal aos novos problemas das sociedades actuais, há três tipos de soluções que se posicionam: i) uma, que defende que o Direito penal tem de manter o seu papel clássico de defesa dos direitos individuais e que não lhe cabe ser um sistema de pro-

---

[1134] FIGUEIREDO DIAS, *Para uma dogmática*, pp. 25-26.

[1135] JORGE DE FIGUEIREDO DIAS, *Temas básicos da Doutrina Penal*, p. 156.

[1136] JORGE DE FIGUEIREDO DIAS, *Temas básicos da Doutrina Penal*, p. 158.

tecção dos mega-riscos, recusando transformar-se num Direito penal do risco, solução preconizada pela Escola de Frankfurt e *ii)* outra, que preconiza a criação de um Direito Penal do risco, com implicações em matéria de competência legislativa, antecipação da tutela penal para estados prévios, atenuação dos princípios que classicamente presidem à individualização da responsabilidade, culpa e autoria e *iii)* uma outra, referente às posições intermédias, que visa uma "expansão do Direito penal" através de uma dogmática dual, assente, por um lado, na protecção subsidiária e de *ultima ratio* e na individualização da responsabilidade na teoria da culpa e da autoria e, por outro, numa área periférica onde emergiriam novos princípios com menor intensidade garantística, que configuraria um Direito penal administrativo ou sancionatório, o que implicaria o surgimento de dois paradigmas diferentes no Direito penal[1137].

FIGUEIREDO DIAS defende que não compete ao Direito penal ser um instrumento de governo da sociedade e que qualquer evolução a preconizar não pode ultrapassar que a preservação da dignidade da pessoa constitui o axioma onto-antropológico de todo o discurso jurídico-penal[1138] e acrescenta que deve recusar-se a existência de dois paradigmas diferentes no Direito penal, pelo que a protecção dos riscos típicos da sociedade de risco deve fazer-se pelo actual paradigma do Direito penal. Relacionado com as alterações antes referidas, encontra-se um bem jurídico que de um paradigma monista-pessoal, próprio de uma concepção liberal do Estado, se estende a interesses mais abrangentes, menos reais, tangíveis e actuais do indivíduo, designadamente bens jurídicos sociais, trans-individuais ou trans-pessoais e futuros, ainda que seja sempre necessária a existência de um referente individual, o que se aplica não só a entes individuais como a entes colectivos. Neste domínio, de salientar o reforço do princípio da responsabilidade dos entes colectivos. De salientar também uma objectivação da imputação no domínio dos crimes abstractos que assentam na criação ou potenciação de um perigo não permitido[1139].

O conceito de responsabilidade pela organização ganha espaço na dogmática penal, designadamente na sua relação com a responsabilidade penal colectiva. O papel da negligência e da omissão assume relevo nos

---

[1137] JORGE DE FIGUEIREDO DIAS, *Temas básicos da Doutrina Penal*, pp. 171-172,
[1138] JORGE DE FIGUEIREDO DIAS, *Temas básicos da Doutrina Penal*, p. 168.
[1139] JORGE DE FIGUEIREDO DIAS, *Temas básicos da Doutrina Penal*, pp. 180-181.

Estudo de Direito Positivo

crimes da "sociedade do risco", em especial a negligência grosseira, mas, segundo FIGUEIREDO DIAS, esta evolução não reclama um novo paradigma penal[1140].

13.3.2. *Tipos penais e normas de protecção*

I. Os deveres de protecção que resultam do sistema constitucional projectam-se no sistema penal de forma fragmentária[1141]. O sistema penal fornece tipos penais que podem funcionar como normas de protecção pessoal e patrimonial. Para os autores que preconizam o *modelo da norma penal* só as normas penais de protecção justificariam a protecção de interesses puramente patrimoniais[1142]. Neste sentido, justificar-se-ia uma incursão em alguns tipos penais que visam a protecção do bem jurídico património para averiguar das suas características no Direito português.

Convem referir que no domínio que se elegeu como objecto preferencial das normas de protecção de interesses puramente patrimonais – a concorrência –, se verificou a descriminalização da concorrência desleal e que no campo das restrições da concorrência não se deparam ilícitos criminais, não havendo igualmente ilícitos publicitários penalmente sancionáveis. Mesmo assim, a importância das normas penais no domínio da segunda situação básica delitual, justifica uma breve incursão nesta área.

A missão do Direito penal consiste na protecção da convivência dos indivíduos em sociedade, decorrente da necessidade do estabelecimento de intercâmbio, colaboração e confiança recíprocos. Neste ponto, o Direito penal configura uma ordem mínima que tem de ser assegurada para a convivência humana e necessária coexistência. O Direito penal tem um significado especial enquanto ordenamento pacificador e protector das relações sociais. Todavia, para além do Direito penal, existe um conjunto de regras que configuram a ordem social enquanto sistema global de controlos sociais, sendo a tutela penal uma parte limitada deste sistema. O Direito

---

[1140] JORGE DE FIGUEIREDO DIAS, *Temas básicos da Doutrina Penal*, pp. 183-184.

[1141] JOSÉ DE FARIA COSTA, *Direito Penal Especial, Contributo a uma sistematização dos problemas "especiais" da Parte Especial*, Coimbra Editora, 2004, pp. 33-34.

[1142] De referir que os colaboradores da II Comissão só referiram três exemplos das normas de protecção e todos eram normas penais, (Prot. II, p. 568). Cfr. DEUTSCH, "Schutzgesetze aus dem Strafrecht in § 823 Abs. 2 BGB", Vers, 55. Jahrgang, Februar 2004, Heft 4, pp. 138.

432 *Normas de Protecção e Danos Puramente Patrimoniais*

penal resulta de uma criação estatal essencial para assegurar a repressão da violabilidade do ordenamento jurídico. Acresce que, quando são insuficientes outras medidas, o Direito penal assegura, em última instância, o cumprimento do permitido e do proibido pelo ordenamento jurídico. Todavia, o poder punitivo do Estado não pode ser exercido de qualquer modo. Com efeito, a protecção da sociedade e da paz pública, assegurando o respeito pela liberdade individual de todos, só podem ser alcançadas no respeito do princípio da justiça distributiva e dos direitos fundamentais. Como a Constituição pretende assegurar a liberdade das pessoas, o Direito penal só pode estabelecer limites quando tal seja essencial para a protecção da sociedade. Assim, o Direito penal não limita apenas a liberdade, também a cria[1143].

Na sua missão de proteger a sociedade, o Direito penal alcança uma dupla função preventiva e repressiva. Estas funções não são opostas, devendo ser compreendidas num sentido unitário, na medida em que através da ameaça penal e da aplicação de sanções penais cumpre-se a finalidade de evitar futuros ilícitos criminais (prevenção mediante repressão). Todas as normas penais estão baseadas num juízo de valor positivo sobre os bens jurídicos essenciais à convivência societária. Estes bens jurídicos essenciais são, entre outros, a vida das pessoas, a integridade física, a liberdade individual, a propriedade, o património, a segurança do tráfego, a incorruptibilidade dos funcionários públicos, o respeito pelas minorias e a paz internacional. Todas as normas penais têm por função a protecção de, pelo menos, um ou vários destes bens jurídicos. O *desvalor de resultado* das condutas humanas centra-se na colocação em perigo ou na lesão efectiva destes bens jurídicos essenciais. As normas jurídicas não protegem os bens jurídicos autonomamente na sua existência, mas tão-somente através de comportamentos humanos. O *desvalor da acção* reside na actuação humana que coloca em perigo o bem jurídico. O Direito penal materializa a protecção de bens jurídicos na medida em que exige uma concordância entre a vontade dos destinatários e as exigências do ordenamento jurídico. O delito criminal resulta, assim, numa lesão de um bem jurídico (*desvalor de resultado*) através da violação de um dever (*desvalor da acção*)[1144].

[1143] HANS-HEINRICH JESCHECK/THOMAS WEIGEND, *Tratado de Derecho Penal-Parte General* (traducción de Miguel Olmedo Cardenete), 5 ed. Comares Ed, Granada, Decembre, 2002, p. 2 e ss.

[1144] JESCHECK/WEIGEND, *Tratado de Derecho Penal*, p. 8.

Um dos princípios fundamentais do Direito penal é o da culpa, que corresponde à ideia de que a sanção penal só pode ser aplicada ao agente quando se verifique a reprovação pessoal pelo facto praticado, pressupondo que não há sanção sem culpa (exclusão da responsabilidade pelo resultado) e que a sanção penal não pode ultrapassar a culpa. A essência da culpa não corresponde a um defeito de carácter por uma má condução da vida, mas antes a uma culpa em face do acto, na medida em que o autor, na situação concreta, não actua de forma concordante com as exigências do direito[1145]. O princípio da culpa serve para proteger o agente do excesso de intervenção repressiva do Estado e para que as sanções penais só sejam aplicadas a actos merecedores de censura e de um desvalor ético social, enfatizando o *"compromisso do Direito penal com o mínimo ético"* (JELLINEK)[1146].

II. Uma das questões que se coloca na abordagem entre os tipos penais e as normas de protecção relaciona-se com as condições objectivas de punibilidade, designadamente se necessitam de ser preenchidas para desencadearem a resposta indemnizatória. A questão tem sido debatida na doutrina alemã.

A responsabilidade por violação de norma de protecção pode verificar-se pela violação ilícita e culposa de um tipo legal de crime não punível criminalmente por faltar uma condição objectiva da punibilidade. Se faltar a condição de punibilidade objectiva do tipo criminal, a obrigação de indemnizar só subsiste se a responsabilidade for independente da punibilidade. Caso contrário, uma condição de punibilidade objectiva é, ao mesmo tempo, condição de responsabilidade[1147].

Se se considerar a condição de punibilidade objectiva elemento de tipo legal, deixa de existir o tipo legal da norma de protecção e a obrigação de indemnizar. Se se incluir a condição de punibilidade objectiva entre os pressupostos do processo penal, aquela deixa de ser relevante para a responsabilidade delitual. Segundo a opinião dominante, as condições de punibilidade objectiva não pertencem nem ao tipo legal de ilicitude e de culpa nem aos pressupostos da acção penal. Muitas vezes, as condições de

---

[1145] JESCHECK/WEIGEND, *Tratado de Derecho Penal,* pp. 24-25.

[1146] JESCHECK/WEIGEND, *Tratado de Derecho Penal,* p. 26.

[1147] THOMAS CARSTENS, "Schutzgesetz und objektive Strafbarkeitsbedingung", MDR, 28 Jahrgang, (12/1974), pp. 983-985.

434   *Normas de Protecção e Danos Puramente Patrimoniais*

punibilidade objectiva são qualificadas como causas de exclusão da acção penal do Estado, que apesar da culpa, prescinde da sanção penal[1148]. Nos crimes cometidos em estado de embriaguez, o legislador conservou, por razões de praticabilidade, o ilícito de resultado como manutenção do antigo *versari in re illicita*[1149].

A classificação da condição de punibilidade objectiva na dogmática do Direito penal deixa em aberto a sua importância na responsabilidade delitual. O § 823 II BGB exige a violação ilícita e culposa da norma de protecção. A culpa tem que se estender à infracção da norma de protecção mas não às suas consequências concretas. Se se violar culposamente uma norma penal lesando o bem jurídico que fica na área de protecção da norma, existe responsabilidade civil do lesante, segundo o § 823 II BGB. Como as condições de punibilidade objectiva são neutras em termos de culpa, o seu não preenchimento é irrelevante em matéria do pressuposto da culpa. Mesmo que em termos de desvalor da acção se considerem relevantes as condições de punibilidade objectivas, o interesse de indemnização, digno de ser protegido, do lesado permanece intocável. Assim, qualquer norma penal com ou sem condição de punibilidade objectiva pode servir como norma de protecção. No entanto, em certas normas penais a falta da condição de punibilidade objectiva pode implicar a ausência da área de protecção relevante em termos de direito de responsabilidade[1150]. Assim, CARTENS conclui que, do ponto de vista da responsabilidade delitual, algumas áreas de protecção de norma alteram-se pelo não preenchimento da condição de punibilidade objectiva, deixando de configurar um fundamento de responsabilidade[1151].

Contrariamente a CARTENS, SPICKHOFF defende que, de acordo com o entendimento da doutrina maioritária, no âmbito do direito delitual não

---

[1148] Neste sentido, HEINRICH DÖRNER, *Zur Problematik*, (n. 41).

[1149] THOMAS CARSTENS, *Schutzgesetz und objektive Strafbarkeitsbedingung*, p. 983.

[1150] THOMAS CARSTENS, *Schutzgesetz und objektive Strafbarkeitsbedingung*, p. 984, dá como exemplos os §§ 102 e 104 StGB, afirmando que as condições de punibilidade objectiva são também condições de responsabilidade. No crime de difamação a não comprovação da verdade é condição de punibilidade e de responsabilidade. O § 227 StGB consegue cumprir a sua função de norma de protecção sem condição de punibilidade objectiva por se considerar causa penal já a participação perigosa na rixa que deve ser evitada e não só a ofensa grave. Por conseguinte, o § 227 StGB serve, independentemente da condição de punibilidade objectiva, como norma de protecção.

[1151] THOMAS CARSTENS, *Schutzgesetz und objektive Strafbarkeitsbedingung*, p. 985.

precisam de estar necessariamente reunidas as condições objectivas de punibilidade[1152]. Não são consideradas relevantes do ponto de vista de Direito civil, as causas de exclusão ou de restrição penal. O mesmo se verifica em relação às regras penais sobre prazos de prescrição e apresentação de queixa. Nomeadamente, é possível afirmar que a apresentação de queixa em relação a determinados delitos serve só os princípios da reconciliação entre agente e vítima com conotações de cariz criminal. Ora, em consequência, chega-se à conclusão de que o lesado não poderá fazer uso do impulso processual penal, através da apresentação de uma queixa-crime, apenas com o intuito de ver concretizadas as suas pretensões cíveis[1153].

Um outro aspecto que denota uma autonomização da responsabilidade delitual da responsabilidade criminal é a comparticipação. A jurisprudência alemã oscila sobre se as regras sobre autoria e comparticipação devem ser retiradas do Direito penal ou do Direito civil. De acordo com a posição da doutrina maioritária, os conceitos de co-autor, de instigação e de auxiliar são bastante idênticos nos §§ 25 e ss StGB e no § 830 BGB. Assim, quem considerar a autoria ou a comparticipação no âmbito do Direito Civil como conceitos de natureza penal, entende, em particular, o auxílio negligente, apenas possível no âmbito do Direito delitual, deveria limitar a aplicação dos §§ 25 e ss StGB às normas de protecção de natureza penal. Caso contrário, não será considerada a regra segundo a qual a forma de culpa da norma de protecção deve ser retirada do § 823 II BGB. Não obstante, serão na mesma de aplicar neste contexto as facilidades de prova previstas no § 830 I BGB[1154].

No direito português defende-se um conceito civil de autoria e comparticipação, sendo aplicável os artigos 490.º e 497.º, estabelecendo-se um regime de solidariedade dos vários responsáveis e uma presunção de culpas iguais entre todos. Há, porém, no Código Civil português alguns aspectos que apontam para a relevância do sistema penal no domínio da responsabilidade civil. Falamos do artigo 485.º, n.º 2, que expressamente admite responsabilidade civil no domínio dos conselhos, recomendações ou informações quando o "procedimento constitua facto punível". Esta referência poderia apontar para o modelo penal nas normas de protecção

---

[1152] SPICKHOFF, *Gesetzertoß und Haftung*, p. 233.

[1153] SPICKHOFF/SOERGEL, *Bürgerliches Gesetzbuch*, p. 124.

[1154] SPICKHOFF/SOERGEL, *Bürgerliches Gesetzbuch*, p. 124.

de interesses puramente patrimoniais, o que já afastámos. Acresce que a norma prevê essa responsabilidade quando haja o dever de dar conselho, o que significa que a origem dos deveres primários pode não resultar exclusivamente das normas penais, mas de outro tipo de normas.

Por outro lado, em matéria de prescrição, o artigo 498.°, n.° 3, afasta expressamente o prazo de prescrição de três anos, quando o ilícito constitua crime para o qual se estabeleça um prazo mais longo de prescrição[1155]. Pensamos que estes aspectos são pontuais, pelo que não devem ser utilizados para defender, em geral, que o direito delitual se subordine exaustivamente às exigências da responsabilidade criminal, mas que deve ser procurada a maior compatibilidade possível sob o pressuposto da autonomia de ambas as responsabilidade criminal e civil.

13.3.3. *A autonomização da responsabilidade delitual da responsabilidade penal*

I. Algumas características genéricas que se deixam descritas para o Direito penal valem, com as devidas diferenças, para a responsabilidade delitual. Todavia, a evolução da responsabilidade penal e civil separam-se com nitidez com a objectivação desta última através da criação de responsabilidades independentemente de culpa. Alguma doutrina tem enfatizado a objectivação da própria responsabilidade delitual[1156]. Acresce não exis-

---

[1155] De referir que esta mesma compatibilização de efeitos criminais e civis se encontra em outras disposições, designadamente o artigo 284.° relativo à usura criminosa.

[1156] VENEZIAN concebe o sistema de responsabilidade civil com uma base objectiva e uma natureza impessoal, de tal modo que quase se pode afirmar que é o património do agente e não o agente o sujeito de responsabilidade. O ilícito danoso é concebido como a destruição de um equilíbrio que reclama como sanção a reposição desse equilíbrio, na qual a culpa e a vontade não têm qualquer papel especial. BORIS STARK parte da ideia de que a responsabilidade civil desempenha uma função de garantia. A premissa inicial é a de que cada homem tem um direito subjectivo à sua vida e à sua integridade física e, de uma maneira geral, ao gozo tranquilo de outros direitos e liberdades e à sua segurança, cuja violação desencadeia a obrigação de reparar o dano. Há danos a que a lei não concede uma protecção automática, designadamente aqueles que constituem a consequência natural e necessária de um direito e liberdade individual, como o direito à greve, ou a liberdade de estabelecimento. Mesmo nestes casos de liberdade de produção de danos, não há um poder absoluto, uma vez que terá de ser exercido como o faria, em idênticas circunstâncias, um homem razoável. O problema da responsabilidade é sempre uma questão de conflito de direitos e implica necessariamente uma opção entre a liberdade de um sujeito e a segurança

Estudo de Direito Positivo

tir uma total coincidência entre os bens jurídicos que se protegem em ambas as responsabilidades. Há uma esfera de coincidência e uma esfera de não coincidência, protegida pelo Direito penal em termos distintos do Direito civil. Por outro lado, o conceito de bem jurídico, de que se parte no Direito penal, levanta dificuldades na sua aplicação à responsabilidade civil, porquanto nesta não se visa uma protecção dos bens jurídicos através das condutas humanas, mas antes uma protecção de bens jurídicos decorrentes de danos causados pelas condutas humanas, atribuindo-se uma maior importância ao resultado destas na responsabilidade delitual.

Em traços lassos a responsabilidade criminal centra-se na acção e a responsabilidade civil no resultado, sendo preponderante a punição na primeira e a reconstituição na segunda. Não obstante as diferenças que se deixam esquematicamente assinaladas e a tendência para dogmáticas específicas, há aproximações entre ambas as responsabilidades e pontes que se desenvolvem entre si, sendo de salientar, neste domínio, as normas de protecção[1157]. Com efeito, a maioria da doutrina alemã entende que um grande número de normas de protecção se encontra no Código Penal e na

---

de outro. Para ROTHER toda a responsabilidade civil é, de algum modo, uma responsabilidade pelo risco criado. O conceito de perigo é o conceito central que se relaciona com a possibilidade ou probabilidade de verificação de um dano. ROTHER utiliza o grau de probabilidade de verificação do dano para construir uma escala verdadeiramente contínua entre a responsabilidade sem culpa e a responsabilidade baseada na culpa. Pode dizer-se que as condutas dolosas são aquelas em que o risco de verificação é maior, em que o agente constrói o processo causal para atingir determinado resultado. A diferença entre responsabilidade subjectiva e objectiva é, assim, apenas quantitativa. A dimensão ou intensidade do perigo desempenham um papel essencial na decisão sobre quais as condutas que devem ser permitidas e quais as que devem ser interditas, o que mostra como o nexo causal e a culpa interferem mutuamente. A função preventiva prevalece neste sistema. Cfr. JÚLIO GOMES, "Responsabilidade subjectiva e responsabilidade objectiva", RDE 13 (1987), pp. 109-111 e pp. 117-123.

[1157] ERWIN DEUTSCH, "Haftungsrecht und Strafrecht", FS E. Wahl, (Rechtsswissenschaft und Gesetzgebung), Carl Winter, Heidelberg, 1973, pp. 339-341, salienta que os dois vizinhos da responsabilidade delitual são a responsabilidade obrigacional e a responsabilidade criminal, sendo que as normas penais que actuam na responsabilidade delitual através daquilo que designa como *"pörosen Stelle des § 823 II BGB in das Haftungsrecht"*, mas sublinhando o afastamento da responsabilidade delitual e da responsabilidade penal a partir do momento da congração da tipicidade e subsidariedade e também nas próprias perspectivas, referindo a esse propósito Heck *"Das Strafrecht schaut in die Zukunft. Es will...künftig Verletzung verhindern...Das private sieht auf die Folgen der Tat zurück..."*.

438 *Normas de Protecção e Danos Puramente Patrimoniais*

legislação penal avulsa, havendo mesmo quem preconize que, fora do domínio concorrencial, as normas de protecção de interesses puramente patrimonais se deveriam restringir às normas penais (CANARIS)[1158] (ou às que surjam como complemento moderado do abuso do direito). As normas penais como já foi referido dirigem-se preferencialmente à acção, mas a mesma tendência parece ocorrer em relação a algumas normas que podem ser qualificadas como normas de protecção no domínio responsabilidade civil, que enfatizam o desvalor da acção no ilícito subjacente à responsabilidade delitual. De referir que o tema das normas de protecção não se coloca nos limites estritos da responsabilidade penal conexa com a responsabilidade civil, porquanto as normas de protecção, segundo a posição perfilhada, exorbitam o domínio penal. Acresce que a responsabilidade penal conexa com a responsabilidade civil também ocorre na violação de direitos subjectivos ou do abuso do direito.

II. A doutrina penalista tem estudado o conceito de interesse, sublinhando o seu carácter multissignificativo e a sua distinção do conceito de bem jurídico, porque nele estaria presente uma irrenunciável dimensão de subjectividade[1159]. EDUARDO CORREIA defendeu que se reservasse o conceito de valor para designar objectos de tutela, cuja relevância ética é patente, e o de interesse para caracterizar o *quid* protegido por tipos mais indiferentes à ética, cuja defesa é a comunidade. AUGUSTO SILVA DIAS foca a existência de uma descontinuidade com clivagens estruturais entre tipos penais que se reconduzem a normas que tutelam determinados valores correspondentes a necessidades fundamentais das pessoas, e normas que se limitam a evitar uma perturbação do regular funcionamento da economia ou do mercado, cujo objecto penalmente tutelado e a conduta ilícita pertencem ao âmbito sistémico, opondo-se como função e disfunção[1160].

[1158] CANARIS, *Schutzgesetze*, p. 50. ERWIN DEUTSCH, "Schutzgesetze aus dem Strafrecht in § 823 Abs. 2 BGB", Vers, 55. Jahrgang, Februar 2004, Heft 4, pp. 137-142, defendendo expressamente a autonomia do ilícito civil em relação ao penal.

[1159] FERNANDA PALMA, "O estado de necessidade justificante no Código Penal de 1982" (separata), Coimbra, 1985, pp. 12 e ss.

[1160] AUGUSTO SILVA DIAS, *Delicta in se* e *delicta mere prohibita*: uma análise das descontinuidades do ilícito penal moderno à luz da reconstrução de uma distinção clássica, Lisboa, 2003.

Estudo de Direito Positivo

A falta de substância ética resulta de se estar perante normas que não visam a orientação da acção, mas o impedimento das suas consequências. Trata-se de normas que são essencialmente o produto da crescente funcionalização e administrativização do Direito penal, em que, de acordo com COSTA PINTO, a uma ordem ética de tutela de bens jurídicos sucede uma ordem técnica de cumprimento de deveres[1161]. Estas normas figuram predominantemente no chamado Direito penal secundário ou extravagante. A estes *delicta mere prohibita*, AUGUSTO SILVA DIAS faz corresponder uma artificialidade e formalidade nos fundamentos e termos da punibilidade[1162]. Nas sociedades pós-industriais, sociedades de risco, sociedades em rede ou sociedades globais, assiste-se à crescente utilização do Direito penal como meio de condução social e de controlo de sectores de actividade que surgiram por via da dinâmica da diferenciação social em relação à racionalidade prático-ética. O ilícito penal, como qualquer outra forma de ilícito, é uma construção social, não sendo homogéneos os elementos de sentido nele utilizados. Há um sector da doutrina para o qual não há normas nem infracções às mesmas eticamente indiferentes, que assenta na ideia de que a proibição legal confere relevância ao ilícito ou, por assim dizer, que o ilícito formal produz um desvalor ético (FIGUEIREDO DIAS)[1163]. Diferentemente, FERNANDA PALMA sustenta que a neutralidade axiológica das condutas se repercute numa desvalorização do peso ético do ilícito. Os *delicta mere prohibita* não se esgotam numa pura anti-normatividade, uma vez que lhe estão subjacentes interesses funcionais que formam o programa final do legislador. WELZEL aponta para uma sepa-

---

[1161] COSTA PINTO, *O ilícito de mera ordenação social*, p. 59.

[1162] BELEZA DOS SANTOS, "Ilícito Penal Administrativo e Ilícito Criminal", ROA, Ano 5.º, n.os pp. 1 e 2, (1945), p. 40, considera que o direito delimita as esferas de poder dos cidadãos e procura defendê-las de modo a que cada indivíduo não invada a esfera dos outros. O desrespeito pela esfera de poder reservada configura um ilícito criminal, se a respectiva sanção for uma pena. Os interesses ofendidos são bens jurídicos individuais, a respectiva defesa será exercida pela justiça penal e as sanções são verdadeiras penas. A actuação administrativa visa o bem-estar e o progresso geral; quando o cidadão não colabora com essa actividade a favor do bem-estar e melhoramento comum, a falta de colaboração consubstancia um facto ilícito. Assim, como o ilícito criminal comum implica a ofensa de bens culturais ou de civilização juridicamente protegidos e o ilícito administrativo penal constitui apenas a falta de cumprimento de deveres para com a administração, aquele é normalmente mais grave (cfr. pp. 42-43).

[1163] SILVA DIAS, *Delicta in se*, p. 38.

440 *Normas de Protecção e Danos Puramente Patrimoniais*

ração nas funções do Direito entre a função de ordenação ou de validade e a função de protecção. A primeira corresponde a uma esfera de valor que a doutrina considera como estado juridicamente aprovado, o qual pode ser lesado por qualquer acontecimento. O dano opera através de uma modificação causal de um estado estático ou funcional. A função de protecção prende-se com outra esfera de valor, constituída pelo dever jurídico, o qual só pode ser lesado por um comportamento de determinada espécie, precisamente aquele que é objecto do dever. A violação do dever não é realizada por meio de uma modificação causal, mas através da vontade, razão pela qual o comportamento que atinge o dever de protecção só pode ser uma acção voluntária final[1164].

Não são tipificadas todas as agressões a bens jurídicos, mas apenas aquelas consideradas socialmente insuportáveis. Ao dano no bem jurídico cabe um desvalor social próprio, que não decorre de qualquer intencionalidade da acção. O dano não pode ser definido como modificação causal de um estado da realidade objectiva, porque o modo de ser em função do bem jurídico torna imprescindíveis as significações sociais no próprio conceito de dano e os limites da adequação social[1165]. Parte da doutrina penalista defende que a estrutura delitiva adequada aos bens jurídicos supraindividuais é o perigo abstracto. SCHÜNEMANN distingue três modalidades de perigo abstracto. *i)* Primeiro, os crimes que tutelam bens jurídicos intermédios, de que são exemplo a falsificação de documentos (segurança jurídica) e as falsas declarações (procura judicial da verdade). Trata-se de crimes com resultado desvalorizado. *ii)* Segundo, as *acções massa*, como o trânsito rodoviário, em que o legislador quer automatizar comportamentos através da estatuição de regras rígidas. *iii)*Terceiro, as condutas que consistem na simples violação da proibição e que se apresentam mais deficitárias quanto à observância do princípio da culpa. São incontornáveis os pontos de contacto com os exemplos dados das normas de protecção. AUGUSTO SILVA DIAS apresenta um conceito jurídico de dano *como a perda ou diminuição do valor da utilidade de um bem para o seu titular*. O efeito da conduta sobre o bem jurídico traduz-se na afectação grave da relação entre o seu titular e o objecto. Trata-se de um conceito normativo, porque a afectação da relação que forma o substracto do bem jurídico não obedece ao modelo causal e a produção da ofensa depende não de qualquer modi-

---

[1164] SILVA DIAS, *Delicta in se*, p. 810.
[1165] SILVA DIAS, *Delicta in se*, pp. 814-816.

Estudo de Direito Positivo

ficação do mundo externo das coisas, mas de conexões que são estabelecidas à luz da experiência do sentido normativo em que o Direito penal está inserido. Este conceito de dano tanto serve para os bens jurídicos individuais como para os supra-individuais, desde que conservem um referente pessoal[1166].

13.3.4. *A ilicitude penal e a ilicitude civil*

I. A temática do ilícito penal remete-nos para considerações em torno do próprio sistema de comandos em que se consubstancia o Direito penal. Sob uma perspectiva de tipo formal, o Direito penal seria o sistema de normas jurídicas que fixa os pressupostos de aplicação das reações criminais, que englobam as penas e ainda medidas de outro tipo, entre as quais avultam as chamadas medidas de segurança. O Direito penal distinguir-se-ia, assim, antes de mais, dos demais ramos de direito pela natureza da sanção que comina. O crime é uma espécie do acto ilícito; a pena uma espécie da sanção jurídica. Se a pena criminal influi na determinação do ilícito a que reage, o inverso pode ser igualmente verdadeiro: a origem do ilícito está na origem da natureza da sanção[1167].

As normas de Direito penal, fixando os pressupostos de aplicação das reacções criminais, proibem ou impõem concretamente as respectivas condutas que descrevem. A violação destes comandos é que constitui, justamente, o ilícito penal. A construção de um Direito penal autónomo, criador de uma ilicitude, foi contestada por BINDING, que, defendendo um princípio de unidade da ordem jurídica, considera que a proibição de certas condutas é resultado de certas normas extrapenais, cuja violação constitui a ilicitude. Estas normas e esta ilicitude seriam em si independentes de sanções, traduzindo uma ilicitude única e geral, constituida pela violação da obediência ao Estado, que, nas normas, impõe ou proibe certas condutas. O Direito penal teria, tão só, uma função subsidiária, sancionatória, ao acrescentar uma sanção às normas dos outros ramos de direito, sem criar qualquer ilicitude própria.

EDUARDO CORREIA afasta-se desta tese ao afirmar que o Direito penal não deve ser visto como um conjunto de normas secundárias, dependentes

---

[1166] SILVA DIAS, *Delicta in se,* pp. 832-833.

[1167] EDUARDO CORREIA, *Direito Criminal*, (com a colaboração de FIGUEIREDO DIAS), vol. I, (reimp.), Almedina, Coimbra, 2007, pp. 15 e ss.

de um direito subjectivo do Estado à obediência, mas sim como um conjunto de normas autónomas, que impõem sanções e, ao mesmo tempo, proibem e impõem determinadas condutas, em vista da protecção criminal. Ora, efectivamente, o sistema de imperativos penais, ao prescrever determinadas condutas, encerra sob a violação das mesmas uma valoração autónoma desta violação, que há-de consubstanciar a própria ilicitude penal, o que não quer dizer que a conduta ao violar a regra penal não implique *a priori* a verificação de uma ilicitude civil; o inverso é que já não é possível. No entanto, alguns acharam ser viável destrinçar o ilícito penal do ilícito civil, como campos ou matérias jurídicas que não lograram uma total comunicabilidade, impondo-se, por isso, segundo estes, a compreensão das suas diferenças.

Uma tentativa de distinção entre o ilícito criminal e o ilícito civil foi primeiramente realizada no domínio da culpa, porque, contrariamente ao ilícito civil, o ilícito criminal pressuporia sempre a culpa[1168-1169]. No entanto, a culpa é um momento que, quer no Direito civil quer no Direito penal, se autonomiza da ilicitude e só, excepcionalmente, se admite a responsabilidade objectiva. Salienta-se que a função da culpa no Direito penal parece ser diferente e mais ampla e, em qualquer caso, é condicionada historicamente por diferentes pressupostos ideológicos, por diferentes modos de entender os fins e as funções do Direito penal, e por diversas reconstruções sistemáticas do ilícito penal[1170]. A insuficiência do momento subjectivo na diferenciação entre ilicitude penal e civil polarizou

---

[1168] Seguimos de perto, EDUARDO CORREIA, *Direito Criminal,* pp. 15 e ss. Cfr. PEDRO PAIS DE VASCONCELOS, *Teoria Geral do Direito Civil*, p. 17: *"Responsabilidade criminal pelos ilícitos mais graves, que agridam os mais altos valores tutelados pela Ordem Jurídica e que estão exaustivamente tipificados como crimes. Os ilícitos que não sejam suficientemente graves para constituírem crimes dão lugar a responsabilidade civil".*

[1169] CASTANHEIRA NEVES, "Pessoa, Direito e Responsabilidade", RPCC, Ano 6, Fasc. 1, Jan-Mar, (1996), p. 13, escreve que no Direito penal sanciona-se a própria *acção*, ético-socialmente desfavorável, enquanto que no Direito civil visa-se recuperar os efeitos patrimoniais prejudiciais da acção em outrem. O carácter patrimonial da responsabilidade civil, que nem por isso deixava de ser, no seu sentido fundamentante, responsabilidade pessoal, como a penal, e, por isso, também nela a culpa era compreendida como condição-fundamento da sanção-reparação.

[1170] LUIGI CORSARO, "Culpa y Responsabilidad: la evolución del sistema italiano", *Perfiles de la Responsabilidad Civil en el Nuevo Milenio*, (coord. Juan Antonio Moreno Martinez), Dykinson, 2000, pp. 134 e ss.

o discurso em torno do momento objectivo. Assim, o ilícito criminal atingiria a ordem jurídica geral, ao passo que o ilícito civil ofenderia o uso de direitos subjectivos privados de forma reparável. Todavia, também este critério se revelou inoperante para separar a ilicitude civil da ilicitude penal, levando BELEZA DOS SANTOS a refugiar-se em critérios puramente programáticos, segundo os quais as sanções criminais, porque mais graves que as sanções civis, só seriam aplicadas quando estas últimas se mostrassem inaplicáveis ou insuficientes, ou a aplicação de sanções penais ferisse o sentimento geral de justiça, e quando os factos ilícitos traduzissem aquele mínimo de gravidade que torna aconselhável a repressão penal, ou seja, quando possuissem dignidade penal. Com semelhantes postulados a fronteira da ilicitude civil e penal entroncaria na temática dos fins das penas, pois que uma concepção utilitária das penas não alcançaria qualquer distinção entre as ilicitudes, *mutatis mutandis* uma concepção éticojurídica dos fins das penas exigiria que a dignidade punitiva se consubstanciasse num mal imposto ao sujeito, como retribuição do mal causado pela prática do facto.

Ora, sendo a ilicitude uma construção, depende dos valores do sector jurídico em que é conformada, o que significa que será sempre artificial e meramente formal um conceito de ilicitude único à maneira bindingiana. Assim, para além de uma ilicitude multivariada, que se unifica formalmente a partir do tipo de sanção – penal, contra-ordenacional e civil – e do ponto de vista do grau de importância dos bens jurídicos e da gravidade da sua lesão – há uma ilicitude material que se aglutina em torno dos determinados bens jurídicos e domínios de protecção.

O ilícito contra-ordenacional surge na segunda metade do século XX para incrementar o sistema de controlo social do Estado, uma vez que o Direito penal, sujeito a um princípio de intervenção mínima, não oferecia resposta suficiente quando o Estado pretendia alargar a sua intervenção no mercado, sendo que o ilícito civil encontrava-se monopolizado pelos particulares. Daí que a origem do ilícito contra-ordenacional se enquadre no domínio da superação de um paradigma liberal. Esta superação não se dá somente com um alargamento vertical da ilicitude – com o aumento da mancha da ilicitude contra-ordenacional para além da ilicitude penal e civil –, mas igualmente com um alargamento horizontal da ilicitude com novos campos que recortam ilícitos cuja articulação com o sistema delitual de matriz liberal exige igualmente reflexão.

444 *Normas de Protecção e Danos Puramente Patrimoniais*

§ 14.° Perspectiva horizontal

14.1. *O ilícito de concorrência*

I. A presente dissertação exige uma incursão em determinadas áreas para averiguar se as mesmas podem trazer novos contributos para a responsabilidade delitual, visando refrescar os seus quadros dogmáticos. Na linha da metodologia de MERTENS cumpre averiguar se responsabilidades especiais desenvolvidas na periferia implicam alterações da doutrina comum da imputação de danos. Na pesquisa relativa a esta parte da dissertação revela-se que a noção de ilicitude é eminentemente histórica, na medida que ao longo do século XX se desenvolve em diferentes sectores, ampliando-se e restringindo-se. Uma dessas áreas é o Direito da concorrência cujo paradigma é, contrariamente à matriz dos sistemas delituais, pós-liberal, no sentido de que se postulam regras para regular o fenómeno da concorrência entre empresas. De origem norte-americana, o Direito da concorrência não é uma criação de juristas, tendo um começo essencialmente político, encontrando-se o seu objectivo fundamental centrado no controlo do poder económico privado com o propósito da salvaguarda da liberdade de iniciativa económica[1171]. A regulação da concorrência surge, em 1890, com o *Sherman Act* construindo um campo de ilicitude novo – os ilícitos contra a concorrência – acordos concertados e monopólios, práticas restritivas da concorrência, abuso de posição dominante e concentrações económicas[1172].

Nos anos antecedentes ao *Sherman Act* utilizou-se o *trust* para diminuir a concorrência. O *trust* representava uma forma juridicamente vinculativa de unificar o controlo através da combinação dos direitos de voto. É contra estes *trusts* que surge a legislação anti-trust, em especial o *Sherman Act,* que ainda hoje contém a matriz desta disciplina da concorrência. Na sua sequência, surge, em 1914, o *Clayton Act* que vem alargar os ilícitos contra a concorrência, porquanto, para além dos monopólios – expressa-

---

[1171] GIULIANO AMATO, *Anti-trust and the Bounds of Power, The dilemma of liberal democracy in the history of the market,*Oxford, Hart Publishing, 1997, pp. 7 e ss, e GIORGIO FLORIDIA/VITTORIO G. CATELLI, *Diritto antitrust. Le intese restritiva della concorrenza e gli abusi di posizioni ominante,* IPSOA, 2003, pp. 7-15.

[1172] M.ª DEL CARMEN NAVARRO SUAY, "La promulgación de la Sherman Act: factores históricos, económicos y legislativos", RDM, (2004), n.° 253, pp. 1085-1118.

Estudo de Direito Positivo

mente proíbidos pelo *Sherman Act* – inclui um modelo de repressão e controlo das concentrações empresariais, deixando alguma margem aos tribunais para definir as condutas ilícitas[1173]. Com o *Clayton Act* é igualmente criada a *Federal Trade Comission,* encarregada de aplicar a legislação da concorrência, que tem, actualmente, poderes alargados na área da protecção dos consumidores. Com a criação de um organismo público – com competências administrativas em matéria de concorrência –, começa uma forte publicização e administrativização desta área jurídica, ainda que os particulares pudessem recorrer a acções privadas, junto dos tribunais, para resolver os seus conflitos neste domínio. As insuficiências dos instrumentos legislativos levaram os tribunais norte-americanos a operar uma distinção entre restrições de comércio *reasonable* e *unreasonable*, bem como entre a ilegalidade *per se* e a *rule of reason*, distinções que, de algum modo, permitiram erigir um critério relevante para aferir da ilicitude concorrencial e conduziram a que esta se orientasse pelo o resultado produzido.

Ao longo do século XX, a política anti-trust conheceu oscilações, em parte devido ao facto de, durante certos períodos, se ter compreendido que algumas práticas anti-concorrênciais poderiam ter efeitos positivos na economia, *v.g.* novas redimensionações das empresas. Verificou-se, neste contexto, um combate teórico importante entre a Escola de Harvard e a Escola de Chicago, que veio revolucionar o modo de encarar a legislação concorrencial. Com efeito, a Escola de Chicago pôs em causa o paradigma estruturalista, que promovia uma relação causal entre a estrutura do mercado, o comportamento da empresa e o seu resultado, defendendo que a concentração não seria necessariamente ineficaz, podendo ser apenas um indício de que a empresa é mais eficiente e que, por isso, cresceu mais depressa. É a Escola de Chicago que vai promover a análise económica do direito antitrust. No período pós-chicago impôs-se a Nova Economia Industrial, que chama a atenção para o comportamento estratégico das empresas em relação a reais e a potenciais concorrentes[1174].

[1173] MARIA MANUEL LEITÃO MARQUES, *Um Curso de Direito da Concorrência,* Coimbra Ed., Coimbra, 2002, pp. 20 e ss.

[1174] GIULIANO AMATO, *Anti-trust and the Bounds of Power,* pp. 20-36, MARIA MANUEL LEITÃO MARQUES, *Um Curso de Direito da Concorrência,* pp. 25-26, e MAURIZIO DELFINO, "Concorrenza (diritto americano), Digesto delle Discipline Privatistiche, Sezionne Commerziale, Utet, 1988, pp. 300-337.

446 *Normas de Protecção e Danos Puramente Patrimoniais*

II. No espaço europeu, o início e a evolução do Direito da Concorrência estão intimamente ligados à sua própria história[1175]. Numa primeira fase, a concorrência é regulada sobretudo no domínio da concorrência desleal, tendo em vista a protecção dos próprios concorrentes, e na perspectiva da propriedade industrial. Um dos instrumentos que contribuiu para a proliferação de legislações neste domínio foi, sem dúvida, a Convenção da União de Paris, de 1883[1176]. Esta ligação entre a propriedade industrial e a concorrência desleal vai influenciar a sede legislativa da disciplina da concorrência desleal em vários ordenamentos jurídicos[1177].

A este propósito, de referir a lei alemã *Gesetz zur Bekämpfung des unlauteren Wettberbs*, de 27 de Maio de 1896, e a *Gesetz gegen den unlauteren Wettbewerb* (UWG), de 7 de Junho de 1909[1178]. É ainda na Alemanha, no período posterior à segunda Guerra Mundial, com o Ordoliberalismo da Escola de Freiburg, que juristas, como ROYCKE, MÜLLER-ARMACK e F. VON HAYEK, preconizam que o sistema jurídico deve garantir a liberdade económica e de concorrência, defendendo que deve ser a iniciativa privada a conduzir a vida económica, pelo que se impõe um controlo prévio das concentrações. Os ordoliberais constroem o conceito de "Constituição Económica" como decisão fundamental sobre o tipo de economia e de condições de exercício da concorrência[1179].

O Direito da concorrência europeu tem, assim, uma origem essencialmente jurídica, funcionando como uma regulação indirecta da economia, indispensável à prevenção da degeneração da concorrência[1180]. A GWB (*Gesetz gegen Wettbewerbsbeschränkungen*), de 1958, e a criação de um organismo independente para garantir a sua aplicação – o *Bundes-*

[1175] Cfr. para maiores desenvolvimentos, DAVID J. GERBER, *Law and Competition in Twentieth Century Europe Protecting Prometeus*, Clarendon Press Oxford, Oxford, 1998, pp. 1 e ss, e GIANNANTONIO GUGLIELMETTI/GIOVANNI GUGLIELMETTI, "Concorrenza", Digesto delle Discipline Privatistiche, Sezione Commerciale, Utet, 1988, pp. 300-337.

[1176] Sujeita a várias revisões. Entre outras, Bruxelas, 1900, Hague, 1925 e Lisboa, 1958.

[1177] Cfr. GERHARD SCHRICKER, "Twenty-Five Years of Protection Against Unfair Competition", IIC, 06/1995, p. 782, e OLIVEIRA ASCENSÃO, *Concorrência Desleal*, Almedina, Coimbra, 2002, p. 21.

[1178] O nosso *Estudo de Direito privado,* p. 109.

[1179] GIULIANO AMATO, *Anti-trust and the Bounds of Power*, pp. 40-41.

[1180] SIEGBERT LAMMEL, "Wettbewerbsfreiheit und Staatsintervention – Zur Entwicklung des Wettbewerbsrechts im 19. Jahrhundert", GRUR, 5, (1986), pp. 362-369.

kartellamt – configuram uma conquista do pensamento ordoliberal que vai influenciar decisivamente o Direito da concorrência da Comunidade Europeia, designadamente com a inclusão de normas reguladoras da concorrência nos artigo 85.° e 86.° do Tratado de Roma (1957)[1181], cuja importância será decisiva em todo o processo europeu de integração económica[1182].

Os Tratados iniciais não criaram um quadro institucional ou procedimental para o desenvolvimento do Direito da concorrência, tendo esse papel sido desenvolvido pela Comissão e pelo Tribunal de Justiça das Comunidades Europeias. O Tribunal de Justiça enunciou princípios e valores gerais nos seus acórdãos, não se cingindo ao conflito individual, o que levou a entender a política de concorrência como uma política comunitária, pelo que foi centralizada pelas instituições comunitárias e gradualmente subtraída aos Estados-membros[1183].

O alargamento da União Europeia e o aumento progressivo das competências da Comissão implicou uma viragem na política de concorrência e a entrada numa fase em que é necessário descentralizar o seu controlo nas autoridades estatais. A Comissão Europeia tem defendido a transferência de poderes para as autoridades reguladoras e para os tribunais nacionais, a fim de tornar a protecção da concorrência mais eficaz e de aproximar as decisões da realidade[1184]. Porém, as autoridades reguladoras, enquanto entidades administrativas, limitam-se a perspectivar as

---

[1181] DIETER DÖRR, "Das Wettbewerbsrecht des EGV", JuS, (2001), Heft 4, pp. 313-319.

[1182] PETER BEHRENS, "Das Wirtschaftsrecht des Europäischen Binnenmarktes – Ein Überblick", Jura, (1989), pp. 561-577, MARIA MANUEL LEITÃO MARQUES, *Um Curso de Direito da Concorrência,* pp. 33-34, e ANTÓNIO CARLOS SANTOS/MARIA EDUARDA GONÇALVES/MARIA MANUEL LEITÃO MARQUES, *Direito Económico,* Almedina, Coimbra, 2004, p. 31. Para maiores desenvolvimentos, LUÍS DOMINGOS SILVA MORAIS, *Empresas comuns "Joint ventures" no Direito Comunitário da Concorrência,* Almedina, Coimbra, 2006, pp. 460-523.

[1183] NUNO RUIZ, "A aplicação do Direito Comunitário da Concorrência em Portugal", DDC, BMJ, n.os 77 e 78, pp. 9-36, e MARIA MANUEL LEITÃO MARQUES, *Um Curso de Direito da Concorrência,* pp. 34-35.

[1184] EDUARDO PAZ FERREIRA, *Os Tribunais Portugueses e o Direito da Concorrência,* p. 19. Cfr. ainda CRUZ VILAÇA, "A modernização da aplicação das regras comunitárias da concorrência segundo a Comissão Europeia-Uma reforma fundamental", BFD, vol. Comemorativo (2003), pp. 717-768.

448   *Normas de Protecção e Danos Puramente Patrimoniais*

normas da concorrência pelo prisma da ilicitude contra-ordenacional. Cabe, por isso, um papel especial aos concorrentes (e porventura em alguns casos circunscritos aos consumidores) no sentido de exponenciar os efeitos indemnizatórios.

Na Alemanha, o § 33 (3) da actual GWB[1185] admite expressamente a tutela indemnizatória contra actos de concorrência ilícita, expressamente incluindo uma referência aos artigos 81 e 82 do TCE. A GWB é uma lei que regula de forma bastante detalhada o ilícito da concorrência, visando impedir a cartelização da economia em nome da concorrência livre, incorporando os ilícitos de concorrência previstos no artigos 81.° e 82.° do TCE, mas tipificando igualmente outras condutas como a discriminação (§ 20 GWB) ou o boicote (§ 21 GWB). Este desenvolvimento da legislação da concorrência veio abranger ilícitos que eram inicialmente compreendidos na concorrência desleal. Ainda que toda a legislação tenha um cunho essencialmente público, numa lógica de protecção do mercado, de processo administrativo com vista ao estabelecimento das respectivas sanções, regula-se igualmente a obrigação da indemnização por actos contrários aos previsto na lei ou nos artigos 81.° e 82.° TCE (§ 33 (3) GWB). O § 33 (3) GWB admite que, para além do dano que venha ser apurado nos termos do § 287 ZPO, deverão ser tomados em consideração os lucros obtidos.

Deste modo, também na GWB os ilícitos de concorrência podem ser utilizados como normas de protecção para efeitos indemnizatórios, devendo ser tido em consideração o estabelecido no § 33 (3) GWB. Esta lei prevê que seja o *KartellZenat,* de competência especializada, que funciona junto dos OLG e do BGH, a resolver estes litígios, havendo já um conjunto de decisões que denotam uma aplicação da legislação da concorrência no espaço alemão em termos que não se encontra paralelo em Portugal. Parte desta jurisprudência respeita às acções de indemnização com base no § 33 (3) GWB em articulação com a UWG e com o § 823 II BGB[1186].

[1185] *Gesetz gegen Wettbewerbsbeschränkungen in der Fassung der Bekanntmachug vom 15. Juli 2005,* alterada pelo *Artikel 7 Abs 1 des Gesetzes vom 26. März 2007* (disponível www.gesetze-im-internet.de)

[1186] LARENZ/CANARIS, *Lehrbuch des Schudrechts,* § 77, pp. 442, referindo que os anteriores § 35 GWB e § 13 IV UWG funcionavam como *"Parallelvorschriften"* em relação ao § 823 II BGB, mas admitindo espaço para a aplicação desta disposição. Para o

Estudo de Direito Positivo 449

III. Em Portugal, no período subsequente à Constituição de 1976 e depois de décadas de condicionamento industrial, a iniciativa económica privada era vista com receio, pelo que apenas com as revisões da Constituição de 1982 e 1989 se regista uma orientação mais liberal em matéria de política de concorrência e se constroi uma Constituição Económica, típica de uma economia de mercado, com algumas disposições antimonopolistas. Os trabalhos preparatórios da adesão de Portugal à Comunidade Económica Europeia constituem um marco na introdução da legislação da concorrência no direito português. Com efeito, a primeira lei da concorrência surge com Decreto-Lei n.° 422/83, de 3 de Dezembro, com a criação da Direcção-Geral da Concorrência e Preços (Decreto-Lei n.° 293/ /82, de 27 de Julho). Posteriormente, o Decreto-Lei n.° 428/88, de 19 de Novembro, regulou a concentração de empresas. Em 1993, o Decreto-Lei n.° 371/93, de 29 de Outubro, reuniu em diploma único o Decreto-Lei n.° 422/83 e o Decreto-Lei n.° 428/88. A Lei 18/2003, de 11 de Junho, veio regular a concorrência, tendo o DL n.° 10/2003, de 18 de Janeiro, atribuído à Autoridade da Concorrência competências para regular e supervisionar a concorrência[1187].

IV. Sobre o horizonte de fundo da consagração constitucional da liberdade de iniciativa económica e da liberdade de concorrência surge o ilícito de concorrência[1188], que pode implicar responsabilidade civil, sobretudo por danos causados aos concorrentes, que constitui um meio jurídico privado de tutela do interesse individual dos concorrentes[1189]. O livre exercício de iniciativa económica ou de concorrência abarca diversas fases do processo de produção, distribuição e de comercialização, o

---

direito espanhol, VICTOR MARTÍNEZ MULERO, "Defensa de la competência y danos", RDM, 2005, n.° 255, pp. 111-142, distinguindo o modelo público e privado de defesa da concorrência.

[1187] LUÍS MENEZES LEITÃO, "Concorrência desleal e tutela do interesse público na liberdade de concorrência", Estudos Jurídicos e Económicos em Homenagem ao Prof. Doutor António de Sousa Franco, vol. II, Coimbra Ed., 2006, p. 893.

[1188] Quanto ao direito alemão, GERNOT CLODIUS, *Die Missbrauchsbestimmungen des Gesetzes gegen Wettbewerbsbeschränkungen (GWB) als Schutzgesetz*, 1968, e, mais recentemente, FRANZ BREITKREUZ, *Das Kartellverbot als Schutzgesetz: ein Beitrag zum Drittschutz im Kartellrecht*, Kovac, Hamburg, 2005.

[1189] FERNANDO L. DE LA VEGA GARCIA, *Responsabilidade Derivada del Ilícito Concurrencial*, Civitas, Madrid, 2001, p. 35 e ss.

450 Normas de Protecção e Danos Puramente Patrimoniais

que implica que o ilícito concorrencial abranja actos de diferente índole, que vão desde o abuso de posição dominante aos acordos de fixação de preços[1190].

Na responsabilidade civil por ilícito concorrencial a obrigação de indemnizar resulta de condutas que se produzem no mercado e no âmbito concorrencial, em que participam sobretudo empresas, concorrentes e consumidores, condutas que se caracterizam, em muitos casos, pela falta de cobertura jurídica dos danos que originam[1191].

Por outro lado, é de salientar que os sistemas de responsabilidade delitual, em especial os do modelo napoleónico, foram arquitectados numa altura em que actividade empresarial não conhecia o desenvolvimento que possui actualmente, pelo que se encontram manifestamente desadequados das especialidades deste tipo de ilícito[1192]. Outros factores

---

[1190] GARCIA, *Responsabilidade Derivada del Ilícito Concurrencial*, p. 38, abrangendo no ilícito concorrencial a concorrência desleal, a violação de direitos industriais e as restrições da concorrência. A opção de uma teoria unitária da responsabilidade civil pelo ilícito concorrencial assenta na unificação prévia entre Direito da Concorrência, como sector do ordenamento jurídico que estuda as restrições na concorrência, e Direito da Concorrência Desleal e na ideia de que ambas as disciplinas jurídicas implicam uma projecção dos princípios jurídicos configuradores do mercado (liberdade de empresa e liberdade de concorrência). Cfr. ainda FERNANDO L. DE LA VEGA GARCIA, "Responsabilidad civil de Administradores y daños derivados de ilícitos concurrenciales", RDM, (2002), n.º 246, pp. 1755-1792, articulando a responsabilidade por ilícito concorrencial com a responsabilidade dos administradores das sociedades, percurso que optámos por não seguir nesta dissertação.

[1191] É manifestação do exercício livre de iniciativa e de liberdade de concorrência a produção de alguns danos, como se deu conta no início desta dissertação.

[1192] Neste sentido, LUIS DIEZ-PICAZO, "La responsabilidad civil hoy", ADC, (1979), p. 728: "*tiene razón probablemente Genoveva Viney cuando subraya que los redactores de los códigos civiles dieron a la responsabilidad civil una estructura de carácter netamente individualista. Este modo de estructuración del fenómeno jurídico obedecía probabelmente a varios tipos de factores que non son nada fáciles de esquematizar. Ante todo, se contemplaba un determinado modo de ser de las relaciones económicas y socialles en Europa de finales del siglo XVII...La actividad económica seguía siendo de carácter agrícola, ganadera y artesanal. Las relaciones de Derecho Privado son generalmente interindividuales y se taban entre individuos muy concretos y determinados. En los casos de producción de daños, es un litigio entre individuos concretos lo que hay que resolver*". Esta génese manifesta a insuficiência da responsabilidade civil para as múltiplas situações de carácter objectivo, pelo que a evolução vai no sentido da socialização da responsabilidade civil, designadamente através do seguro obrigatório (G. VINEY, *Le déclin de la responsabilité individuelle*, Paris, 1965, e RENÉ SAVATIER, *Les Métamorphoses économiques et sociales du droit civil d'aujourd'hui*, Dalloz, Paris, 1964, pp. 333-361). Sobre o seguro e

Estudo de Direito Positivo

que contribuem para a falta de eficácia do sistema de responsabilidade delitual na sua aplicação ao ilícito concorrencial relacionam-se com o seu carácter marcadamente reparador e não sancionador e com questões que têm a ver com o sistema substantivo e processual dos seus pressupostos, como a prova dos danos. Note-se que, com frequência, o dano concorrencial causado a um operador económico apresenta um carácter continuado e uma magnitude desproporcionada em relação à conduta realizada. No âmbito das restrições da concorrência, a demarcação entre as condutas lícitas e ilícitas deriva, por vezes, de opções políticas sobre aspectos económicos que retiram segurança e carácter substantivo ao próprio princípio da livre concorrência. Apesar das acções de responsabilidade civil no âmbito do ilícito de concorrência serem um instrumento útil para protecção do interesse individual do concorrente, não devem substituir as sanções administrativas[1193].

De referir que, tanto nos Estados Unidos como na União Europeia, não se generalizou o recurso a acções cíveis de responsabilidade civil contra ilícitos de concorrência, ainda que no primeiro destes ordenamentos se deparem as chamadas *Treble Damages Actions*, previstas no *Clayton Act* (Lei de 7 de Julho de 1955), que permitem recuperar, até ao triplo, os danos causados por actos de concorrência ilícita. No que concerne à União Europeia dever-se-ia caminhar no sentido de uma maior uniformização desta matéria, atendendo às diferenças que existem entre os diferentes Estados-membros[1194], sem pôr em causa as diferenças específicas de cada sistema jurídico.

V. O ilícito contra-ordenacional de concorrência encontra-se actualmente regulado na Lei n.º 18/2003, de 11 de Junho, na qual se omite qualquer disposição em relação à concorrência desleal, ainda que, no artigo 47.º, se encontre um conjunto de regras relativas à responsabilidade contra-ordenacional, em especial à responsabilidade de pessoas colectivas e pessoas singulares. No entanto, este diploma prevê uma série de ilícitos relevantes na concorrência, que podem ser utilizados para fundamentar

---

socialização e o seu efeito na responsabilidade delitual, Luis Diez-Picazo, *La responsabilidad civil hoy,* pp. 736-737, citando Battifol, acaba por concluir que, apesar de tudo, a responsabilidade por culpa não foi eliminada.

[1193] Garcia, *Responsabilidade Derivada del Ilícito Concurrencial*, p. 41.

[1194] Garcia, *Responsabilidade Derivada del Ilícito Concurrencial*, p. 47.

acções de responsabilidade civil de particulares, designadamente os constantes nos artigos 4.°, 6.° e 7.°. Tratando-se de uma área em que não se vislumbram direitos subjectivos, a responsabilidade delitual, a existir, terá de ter como fundamento a violação de normas de protecção, sendo por isso essencial averiguar se as referidas disposições podem configurar-se como tal. Como já foi referido, a aplicação da legislação da concorrência tem sido centralizada pela Autoridade da Concorrência e raramente os casos alcançam os tribunais[1195].

Neste domínio, é possível dois tipos de solução para aplicar a responsabilidade por violação de normas de protecção: ou admitir que as normas que delimitam os ilícitos de concorrência visam a protecção de interesses particulares configurando verdadeiras normas de protecção dos concorrentes, o que já sabemos, foi defendido, quanto à legislação alemã, por SCHMIEDEL, KARSTEN SCHMIDT, KNÖPFLE, CANARIS, ou abranger estas condutas na cláusula geral de concorrência desleal, o que tem sido defendido por alguma doutrina, impondo-se, assim, uma articulação com a disciplina de concorrência desleal.

14.2. *Ilícito de concorrência desleal*

I. Como já referimos, a regulação dos comportamentos do mercado no espaço jurídico europeu continental começou por ser realizada no quadro da concorrência desleal. A concorrência desleal configura um ilícito específico, que recorre a uma cláusula geral com referência aos "actos contrários às normas e usos honestos", aos bons costumes ou à correcção profissional, que tem permitido, nos diferentes ordenamentos jurídicos, a alteração da sua função (*Funkionswandel*)[1196] de acordo com um maior ou menor intervencionismo do Estado na actividade econó-

---

[1195] Na doutrina espanhola, GARCIA, "Tendencias generales de evolución del Derecho interno de Defensa de la competência", RDM, (2001), n.° 240, pp. 625-651, alerta para a mesma situação com a agravante de a lei de defesa da concorrência (art. 13.2. LDC) estabelecer um requisito prévio de procedibilidade, pressupondo uma decisão prévia da autoridade administrativa, ainda que a doutrina tente interpretar esta disposição no sentido da sua exclusão (p. 638, (n. 21)).

[1196] ROLF SACK, "Deliktrechtlicher Verbraucherschutz gegen unlauteren Wettbewerb", NJW, (1975), pp. 1303-1304.

mica[1197]. Esta disciplina abrange actualmente a protecção dos concorrentes, da generalidade e dos consumidores. A representação da concorrência desleal como uma "nubelosa" de consistência duvidosa, apresentada no princípio do século XX por BONFANTE[1198], salientava a existência, neste instituto, de fronteiras vagas e movediças. Esta é uma imagem recorrente nos trabalhos dos estudiosos da disciplina[1199].

Actualmente, porém, em pleno século XXI, há já nos espaços jurídicos europeu e anglo-americano um trabalho secular, doutrinário e jurisprudencial, que permite atribuir a esta disciplina um recorte suficientemente preciso e assente em coordenadas determinadas. Isto significa que o lastro adquirido permitiu afinar e aprimorar o instituto, promovendo, na sua interpretação-aplicação, o aumento da sua regularidade e previsibilidade. A evolução da concorrência desleal no espaço jurídico europeu espelha o seu relacionamento com os modelos de responsabilidade delitual, bem como, dentro do modelo germânico, com as diferentes situações básicas delituais, salientando-se assim uma relação íntima entre a concorrência desleal e a responsabilidade delitual.

II. Para efeitos de arrumação sistemática, vamos manter a distinção entre sistemas de responsabilidade delitual de modelo francês e de modelo alemão, tentando articular o sistema central de responsabilidade delitual com o sistema periférico da concorrência desleal.

No direito francês, na falta de disposição específica, os tribunais recorreram aos artigos 1382 e 1383 do *Code* para indemnizar os danos causados por actos de concorrência desleal, reconstruindo os pressupostos da responsabilidade civil por *faute*, falando-se, a este propósito, num certo aligeiramento[1200]. A ilicitude corresponderia à violação de usos profissionais e não de normas, e o prejuízo abrangeria o dano hipotético ou eventual. Na doutrina francesa foi utilizado o abuso do direito, não consagrado no *Code* mas autonomizado jurisprudencialmente, para

---

[1197] Sobre esta evolução, o nosso *Estudo de Direito privado*, pp. 20 e ss, distinguindo três períodos distintos: pré-liberal, liberal e pós-liberal.

[1198] BONFANTE, *Il diritto al nome commerciale e la concorrenza sleale*, RDComm, II, (1908), p. 164.

[1199] Cfr. o nosso *Estudo de Direito privado*, pp. 105 ss.

[1200] O nosso *Estudo de Direito privado*, pp. 106-107.

enquadrar os actos de concorrência desleal ou a teoria de PAUL ROUBIER dos actos excessivos[1201].

No direito espanhol, seguindo a influência da jurisprudência e doutrina francesas, utilizou-se a cláusula geral de responsabilidade delitual, prevista no artigo 1.902 do Código Civil, para a repressão da concorrência desleal. Posteriormente, a Lei 3/1991, de 10 de Janeiro, ainda vigente, que configura uma lei específica sobre concorrência desleal[1202], previu, no seu artigo 18.°, n.° 5, que a acção de ressarcimento de danos pudesse ser utilizada contra actos de concorrência desleal – "*Accion de resarcimiento de los daños y perjuicios ocasionados por el acto, si há intervenido dolo o culpa del agente. El resarcimiento podrá incluir la publicación de la sentencia*"-, ainda que a maioria da doutrina chame a atenção para a dificuldade em calcular o montante dos danos resultantes de actos de concorrência desleal, atendendo à dimensão dos lucros cessantes, que alguns autores entendem dever ser compensados através da acção de enriquecimento sem causa, prevista no artigo 18, n.° 6, da referida Lei[1203].

Também, de acordo com o artigo 9, n.° 3, da Lei federal suíssa, de 19 de Dezembro de 1986, contra a concorrência desleal, se prevê uma acção de responsabilidade civil nos termos do Código das Obrigações.

Numa primeira fase, no ordenamento jurídico italiano, a repressão da concorrência desleal era feita com recurso ao artigo 1151 do Código Civil de 1865. É com a entrada em vigor do Código Civil, de 1942, que se autonomiza, nos artigos 2598 e seguintes do *Codice,* o ilícito de concorrência desleal, assente no conceito de *correttezza professionale* e de idoneidade

---

[1201] PAUL ROUBIER, *Le droit de la propriété industrielle*, T. 1, Recueil, Sirey, Paris, 1952, pp. 184 e ss.

[1202] DIAZ VELASCO, *Notas para el estúdio de la competência ilícita*, RDM, 1964, p. 471, HERMENEGILDO BAYLOS, *Tratado de Derecho Industrial,* Madrid, 1978, p. 370, AURÉLIO MENEDEZ, *La competência desleal*, Madrid, 1988, 62, SÍLVIA BARONA VILAR, *Competência desleal,* tirant, Valencia, 1991, p. 158, CONCEPCIÓN MOLINA BLÁZQUEZ, *Proteccion juridica de la lealtad en la competencia*, Montecorvo, Madrid, 1993, pp. 301-302, chamando a atenção para que o Supremo Tribunal inverteu o ónus da prova em matéria de culpa, mesmo quando se limitava a aplicar o artigo 1902 C.C. Admite ainda que só seja necessário a prova do dano e não a sua avaliação precisa. A publicação de sentença configura uma sanção que pressupõe dolo ou negligência. Cfr., ainda, ALFONSO VILLAGÓMEZ RODIL, *Competência desleal*, Comares, Granada, 2000, pp. 31-32.

[1203] JUAN JOSÉ OTAMENDI RODRÍGUEZ-BETHENCOURT, *Comentários a la ley de Competência Desleal*, Aranzadi, Pamplona, 1994, pp. 273-276.

Estudo de Direito Positivo 455

de dano, o que veio implicar a necessidade de articulação desta disposição com o artigo 2043 do *Codice*, ainda que alguma doutrina defenda a subsidariedade deste último[1204]. O artigo 2600, 1.º do *Codice,* ao admitir o ressarcimento de dano por ilícito de concorrência desleal, assentou na distinção entre dano patrimonial e dano concorrencial, sendo este concebido como interferência numa actividade juridicamente protegida, pelo que a *idoneità a danneggiare,* prevista no artigo 2598, qualifica-se como um *danno attuale.* É sabido que a maior parte dos danos na concorrência desleal respeitam a lucros cessantes, *i.e.* a danos puramente patrimoniais, pelo que o conceito de dano necessita de reflexão na disciplina da concorrência desleal. O artigo 2600 aplica o artigo 2043 que contém a disciplina geral da responsabilidade delitual ao ilícito de concorrência desleal, estabelecendo o n.º 3 uma presunção de culpa destinada a facilitar a acção de responsabilidade civil. No direito italiano, à semelhança do direito espanhol, prevêem-se acções de condenação genérica à indemnização de danos e a publicação da sentença (artigo 2600, 2.º *Codice*)[1205].

Na Alemanha, a primeira lei de concorrência desleal, de 27 de Maio de 1896 (*Gesetz zur Bekämpfung des unlauteren Wettberbs*), continha uma pequena cláusula geral contra a publicidade enganadora e disposições específicas que proibiam a prática de actos de concorrência desleal[1206]. Com a entrada em vigor do BGB, em 1900, o *Reichsgericht* admitiu a aplicação do § 826 BGB como protecção suplementar contra os actos de concorrência desleal para permitir o ressarcimento dos danos. Porém, como a cláusula geral dos bons costumes exigia o dolo, começou a discutir-se a aplicação do § 823 I BGB. É neste contexto que se inaugura um debate sobre o bem jurídico protegido pela concorrência. Enquanto uma linha

---

[1204] GIORGIO FLORIDIA, *Correttezza e Responsabilità dell'impresa*, Giuffrè, Milano, 1982, pp. 169 e ss.

[1205] GUSTAVO GHIDINI, MÁRIO LIBERTINI, GIOVANNA VOLPE PUTZOLU, *Trattato di Diritto Commercial e di Diritto Publico dell' Economia, La concorrenza e i Consorzi*, Cedam, Padova, 1981, pp. 255-259, e SALVATORE SANZO, *La concorrensa sleale*, Cedam, Padova, 1998, pp. 481-487. Cfr. GUSTAVO GHIDINI, "Reflexiones sobre la disciplina italiana de la competência desleal a la luz de los princípios pró-competivos de la constitutión económica", RDM, (2002), n.º 245, pp. 1109-1123.

[1206] Esta lei composta por 17 parágrafos encontra-se em HERMANN BIERER, *Württembergisches Rechtsbuch*, 5. A., Ulm, 1899, pp. 635-638. CARL CROME, *System des deutschen bürgerlichen Rechts, Band 2, Recht der Schuldverhältnis*, 2, Tübingen, 1902, § 328, p. 1031, afirmando que esta lei é uma norma de protecção no sentido do § 823 II BGB.

456   *Normas de Protecção e Danos Puramente Patrimoniais*

defendida por LOBE, preconiza a existência de um "direito de persona-lidade *sui generis* do empresário"[1207], outra, desenvolve o "direito à empresa"[1208]. Mesmo com recurso às disposições do BGB, a protecção contra a concorrência desleal revelava-se ainda insuficiente, o que levou o legislador a aprovar uma segunda lei de concorrência desleal, de 7 de Junho de 1909 (*Gesetz gegen den unlauteren Wettbewerb*, UWG). Nesta lei foi consagrada uma grande cláusula geral contra actos de concorrência desleal contrários aos bons costumes (*guten sitten*), o que abriu espaço ao desenvolvimento jurisprudencial e doutrinal do instituto. A importância do § 1 UWG resulta de não exigir nem o dolo nem a existência de dano, pelo que se ultrapassam os quadros restritos do § 826 BGB. O § 3 UWG apli-cava-se sobretudo ao engano[1209]. A matéria da obrigação de indemnizar estava prevista no § 13 UWG 1909.

A regulação da concorrência desleal surge essencialmente com o liberalismo, ainda que se admita que este ilícito é anterior àquele período histórico. Na Alemanha, em 21 de Junho de 1869, promulga-se a *Gewer-beordnung für das Deutsche Reich,* na qual se proclama a liberdade de comércio e indústria. Apesar deste princípio ter essencialmente uma dimensão liberal de garantia do indivíduo contra o Estado possuia na juris-prudência de então um enorme relevo privado, estabelecendo a admissibi-lidade de todo o comportamento que não estivesse proíbido, recorrendo-se, assim, a princípios hermenêuticos penais do *nullum crimen sine lege* que impossibilitavam o desenvolvimento da concorrência desleal[1210].

A *Gesetz zur Bekämpfung des unlauteren Wettbewerbs,* de 27 de Maio de 1896, veio estabelecer para certos tipos de comportamentos des-leais uma acção de indemnização, afastando-se, assim, da primitiva orien-tação penal e permitindo, desta forma, uma configuração privada da disci-plina. Todavia, já na altura, GIERKE salientou que só através da técnica da cláusula geral se poderia dar uma solução eficiente à concorrência desleal. Apesar disto, o legislador, dentro do espírito do liberalismo, continuou fiel

---

[1207] LOBE, *Die Bekämpfung des unlauteren Wettbewerbs*, Bd. 1, 1907, pp. 145 e ss.

[1208] CALLMANN, *Der unlautere Wettbewerb*, 2. A., 1932, pp. 31 e ss.

[1209] ROLF SACK, "Produzentenhaftung nach § 823 Abs. 2 BGB in Verbindung mit § 3 UWG?", BB, Heft 30, Oktober, (1974), pp. 1369-1373.

[1210] PAZ-ARES, *"El ilicito concurrencial: de la dogmática monopolista a la politica antitrust (un ensaio sobre el derecho aleman de la competencia desleal)"*, RDM, n. 159, Jan-Mar, (1981), pp. 15-16 e o nosso *Estudo de Direito Privado*, pp. 63-68.

à doutrina jurisprudencial do *Sonderverbot*. Posteriormente, porém, a insuficiência da lei levou o *Reichsgericht* a divorciar-se da sua jurisprudência anterior e a aplicar o § 823 I BGB, que consagra a responsabilidade aquiliana para promover uma mais ampla protecção da empresa face a actividades desleais. Contudo, este parágrafo do BGB, ao exigir a violação de um direito subjectivo absoluto, levou a desenvolver-se em bases dogmaticamente débeis o "direito à empresa" (*Recht am eingerichteten und ausgeübten Gewerbebetrieb*)[1211].

Um novo período inicia-se com a lei de 7 de junho de 1909 (UWG), em cujo § 1 se consagra uma cláusula geral, que considera como actos de concorrência desleal aqueles que tendo um fim concorrencial vão contra os bons costumes. Esta norma foi considerada fundamental para afastar a concepção liberal da jurisprudência pela admissão de uma limitação geral ao princípio de liberdade de indústria e comércio. A cláusula geral permite uma ordenação mínima da vida económica e é dotada de uma capacidade de inovar ao estabelecer os novos comportamentos desleais[1212].

IV. No período liberal, os bons costumes eram interpretados de acordo com o sentimento dos empresários (*kaufmännische Gesinnung*), o que correspondia a uma interpretação conforme ao dogma da neutralidade político-económica da disciplina do direito da concorrência *qua* direito privado[1213], pois tinha como função a garantia de um mínimo ético na concorrência. Assim, a interpretação dos bons costumes era essencialmente ética, tendo sido esta a interpretação do BGH e de parte da doutrina alemã, baseando-se numa concepção unitária de todas as cláusulas de bons costumes no direito privado no sentido desta fórmula ser integrada de acordo com a *consciência social dominante* ou com o *sentimento de decoro de todos os homens justos e equitativos*. A carga moral dos bons costumes levou a que se exigisse um elemento subjectivo para o tipo de concorrência desleal em termos de o sujeito ter se não consciência da deslealdade, pelo menos actuar com conhecimento das circunstâncias que a fundamentam, ainda que o RG admitisse uma lesão dos bons costumes com base em desconhecimento com negligência grosseira dessas circuns-

---

[1211] PAZ-ARES, *El ilicito concurrencial*, pp. 21-22.
[1212] PAZ-ARES, *El ilicito concurrencial*, p. 22.
[1213] PAZ-ARES, *El ilicito concurrencial*, pp. 40-41.

tâncias[1214]. Não se tratava de uma moral interna de tipo kantiano, mas, diferentemente, de uma moral social como veio a defender SCHRICKER, sendo que o objecto do juízo, a ser feito pelos tribunais, não era tanto a conduta interna do sujeito, mas a conduta externa, sob o ponto de vista da sua perigosidade e idoneidade para a produção de danos. Era uma remissão para uma moral determinada – a dos negócios – cuja objectividade resultava do entendimento do sensato concorrente médio[1215].

Posteriormente, a teoria convencional veio opor-se à teoria moral ao defender que a remissão era feita para factos empíricos objectivamente verificáveis: os usos do tráfego, os usos corporativos e as *normas convencionais* dos concorrentes[1216]. Contra esta tese esgrimiram-se na doutrina alemã os seguintes argumentos: *i)* primeiro, que estes usos podiam ser contrários ao mínimo ético-jurídico; *ii)* segundo, que a interpretação convencional possuia lacunas nas situações em que não se registasse a formação de um uso e, *iii)* terceiro, que a qualificação de uma conduta como desleal só se justificava quando era contrária ao mínimo ético-jurídico. A remissão dos bons costumes para os usos representava uma configuração corporativa da disciplina, que acentuava a protecção dos interesses dos concorrentes em sentido claramente divergente do princípio do *Sozialstaat*, pelo que, actualmente, está completamente abandonada. O mesmo não acontece com a tese ética, que continua a possuir seguidores, apesar de ter sido criticada, fundamentalmente, com base nos seguintes argumentos: *i)* argumento da homogeneidade interna, *ii)* argumento da imprevisibilidade da decisão e *iii)* argumento da insuficiência reguladora. *i)* Quanto ao primeiro argumento, tem-se defendido que a moral social é mediada pelo sentimento de decoro do homem bom e equitativo (*Anstandsgefühl aller billig und gerecht Denkenden*), mas como nem todo o cidadão está em condição de fazer juízos morais sobre as condutas desleais tem-se remetido para o concorrente médio. Este critério esquece a tutela dos interesses gerais, pelo que a jurisprudência do BGH substituiu-o pelo ponto de vista da generalidade, integrando a moral dos consumidores e da colecti-

---

[1214] PAZ-ARES, *El ilícito concurrencial*, p. 41.

[1215] PAZ-ARES, *El ilícito concurrencial*, p. 42. Cfr. o nosso *Estudo de Direito privado*, pp. 63-64.

[1216] Sobre esta evolução BERND HIRTZ, "Der Rechstbegriff "Gute Sitten" in § 1 UWG", GRUR, 2, (1986), pp. 110-115. Cfr. ainda BERND HIRTZ, "Die Bedeutung des Wettbewerbserhältnisses für die Anwendung des UWG", GRUR, 3, (1988), pp. 173-180.

vidade, o que dá lugar a conflitos e não permite a formação de uma visão unitária. *ii)* Quanto ao segundo argumento, a remissão para o sentimento de decoro conduz a que, em última instância, é o juiz quem decide, impondo uma decisão casuística, com a consequente imprevisibilidade jurisprudencial desta matéria, predominando a jurisprudência do sentimento (*Rechtsgefühljurisprudenz*). *iii)* Quanto ao terceiro e último argumento, é certo que a tese moral não oferece um padrão de valores de referência para aferir da disfuncionalidade das práticas concorrenciais com o sistema económico, para além de grande parte das estratégias concorrenciais não possuírem um referência ética (*Wertneutrale*)[1217].

Face a estas críticas, procuraram-se novas soluções para os bons costumes, que visam fornecer alguma certeza jurídica e funcionalizar a disciplina ao controle do mercado e dos monopólios. Nesse sentido, surgiram as teorias objectivistas, que pretendem reelaborar o conceito de antijuricidade (*Rechtswidrigkeit*) através da noção de deslealdade (*Sittenwidrigkeit*) convertendo um juízo moral num juízo jurídico. Há, como afirma SCHRICKER, uma verdadeira despedida dos elementos extra-jurídicos, deixando de ser uma norma de remissão, para passar a ser uma norma de auto-integração. Entre estas novas propostas salientam-se: *i)* a teoria da ordem pública, *ii)* a teoria da valoração de interesses e *iii)* as teorias eclécticas[1218].

> *i)* Nos anos sessenta, SIMITIS interpreta os bons costumes à luz do conceito de ordem pública, que é fornecido pelas instituições, não tanto na sua dimensão de somatório normativo, mas no seu sentido total pelas valorações legais deduzidas do direito positivo e pelos princípios jurídicos, quer dizer, pelos fundamentos e pelos critérios que constituem o sistema interno. Porém, o conceito de ordem pública não possui significativa tradição no direito alemão, sofrendo das deficiências que se procuravam resolver com os bons costumes, *maxime* a discricionariedade do julgador e a impossibilidade de controlo e de previsão das suas decisões[1219].

[1217] PAZ-ARES, *El ilícito concurrencial*, p. 43-44. Cfr.o nosso *Estudo de Direito privado*, pp. 64-65.

[1218] VOLKER EMMERICH, *Das Recht des unlautern Wettbewerbs anhand ausgewählter Rechtsprechung,* 4. A., C. H. Beck, München, 1995, p. 55.

[1219] PAZ-ARES, *El ilícito concurrencial*, pp. 95-97. Cfr. o nosso *Estudo de Direito privado*, p. 65.

460   *Normas de Protecção e Danos Puramente Patrimoniais*

ii) ALFONS KRAFT, por sua vez, vem desenvolver a teoria da *Interessenabwägung*, recorrendo a valores de direito positivo, nomeadamente aos interesses que se encontram no âmbito de protecção da norma, dentro do esquema de uma jurisprudência dos interesses, renovada pela jurisprudência dos valores. Os interesses dos concorrentes, dos consumidores e da colectividade funcionariam como "parâmetro de valores" na qualificação da deslealdade da conduta concorrencial. Tornava-se, pois, necessário determinar os interesses em presença e, em caso de conflito, estabelecer qual o que deveria prevalecer[1220]. Mas, como afirma HEFERMEHL, a cláusula geral não pode ser considerada como uma delegação à ponderação dos interesses em jogo, pois que para a resolução de um problema não basta a comparação dos interesses, sendo necessário recorrer aos pontos de vista dominantes de direito positivo[1221].

iii) As limitações encontradas nas teorias anteriores estão na origem das teses combinadas para os bons costumes, nas quais salienta-se o facto de ser impossível apresentar uma tese unitária, porque os casos de concorrência desleal são muito diferentes, abrangendo desde os actos de confusão e de denegrição até à violação de segredos, havendo lugar a uma pluralidade de padrões de valoração. A heterogeneidade de critérios do juízo de deslealdade leva a que sejam, normalmente, agrupados em três núcleos: *i)* critérios éticos que resultam do modelo clássico, mas que são inoperantes em casos de concorrência desleal sofisticada; *ii)* critérios jurídicos que resultam da constituição económica, o que os aproxima da legislação antimonopolista; e, finalmente, *iii)* critérios ligados à concorrência por eficiência. A heterogeneidade dos critérios mencionados transforma a cláusula geral numa fórmula vazia, pois o recurso a diferentes padrões de valoração representa uma renúncia a uma compreensão sistemática do § 1 UWG. Deste modo, a cláusula geral perde a sua função de norma de recepção dos comportamentos desleais e transforma-se numa

---

[1220] ALFONS KRAFT, *Interessenabwägung und gute Sitten im Wettbewerbsrecht*, C. H. Beck, München Berlin, 1963, pp. 101 e ss e pp. 209-213.

[1221] BAUMBACH/HEFERMEHL, *Wettbewerbsrecht,* 21., neubearbeitete A., C. H. Beck, München, 1999, pp. 487-488. Cfr. nosso *Estudo de Direito privado*, p. 66.

delegação ao juiz da composição da norma, não se registando nos bons costumes qualquer padrão da valoração vinculante, concreto e pré-existente que seja capaz de oferecer um critério decisório para todos os casos de concorrência desleal[1222].

Concretizaram-se tantas fórmulas na doutrina e na jurisprudência para colorir o conceito de bons costumes no § 1 UWG que esta norma chegou a ser vista como um *tabu* da ciência jurídica alemã. Acresce que, segundo NORDEMANN, a fórmula tenderá a ser, cada vez mais, o sentimento de decoro dos juízes do BGH, pois a cláusula geral do UWG limita-se a estabelecer um espaço livre de actuação das medidas jurisprudenciais. Não se trata de uma jurisprudência do sentimento no processo de descoberta do direito no caso concreto, mas antes de atribuir um espaço para compreender a situação perante os interesses em presença, pelo que o juiz se transforma no representante do sentimento de decoro do homem médio[1223].
A luta contra uma fórmula vazia (*Leerformel*) dos bons costumes impõe a procura de critérios objectivos, pelo que surge a *Leistungswettbewerb (Gegen die guten Sitten im Wettbewerb verstößt, was den freien Leistungswettbewerb verfälscht oder auschließt)* como conceito objectivo que prescinde de elementos subjectivos, *maxime* ligados à consciência da ilicitude. Refira-se que o § 1 UWG foi amparado por um enorme *judge made law,* que constituiu um expressivo exemplo de *case law* continental. Todavia, a lógica interna desta jurisprudência é difícil, tendo sido procurados vários princípios susceptíveis de levar à sua compreensão racional. É, assim, que surgem os critérios de *Leistungswettbewerb* e *Behinderungswettbewerb* (NIPPERDEY), *Irreleitung und Feindseligkeiten* (KÖHLER), *Ungehörige Beeinflussung, ungehörige Behinderung und ungehörige Ausnutzung* (NERRETER), *Kundenfang. Behinderung. Ausbeutung und Rechtsbruch* (BAUMBACH-HEFERMEHL)[1224]. São, com efeito, vários os "princípios de ordem" que a doutrina foi elegendo para a compreensão desta jurisprudência, pois se, por um lado, todas as práticas se ajustam a um esquema

---

[1222] PAZ-ARES, *El ilícito concurrencial*, pp. 100-101. Cfr. o nosso *Estudo de Direito privado*, p. 67.

[1223] NORDEMANN, *Wettbewerbsrecht*, 7. A., Nomos, 1993, p. 51 *"Der Richter sei kraft seines Amtes als Repräsentant der gerecht und billig Denkenden".*

[1224] WINFRIED TILMANN, "Das UWG und seine Generalklausel", GRUR, (1991), Heft 11, pp. 796 e ss.

462   *Normas de Protecção e Danos Puramente Patrimoniais*

formal unitário, por outro, obedecem a pontos de vista não unitários. A chave do problema reside na precária racionalidade dos bons costumes como critério aferidor da deslealdade e da ilicitude da conduta em causa[1225].

No seu início, a cláusula geral funcionou com uma função específica, como "pequena constituição económica", assegurando aos concorrentes igualdade de oportunidades sobre o mercado, função que se reconduzia ao conceito de *Leistungswettbewerb* de NIPPERDEY. Posteriormente, porém, é a cláusula geral que desencadeia a mudança da função do instituto na Alemanha. Nos anos trinta, a existência de um acelerado processo de cartelização e monopolização do sistema económico dá lugar a que a concorrência desleal deixe de ser um instrumento neutral para garantir a igualdade de oportunidades no mercado, através de um mínimo ético, para passar a ser num meio para instaurar e preservar a formação monopolística. No período histórico seguinte, quando se dá a ascensão do nacional-socialismo ao poder, a disciplina da concorrência desleal instrumentalizou-se aos objectivos do *Reich*[1226]. No entanto, nesta fase, a doutrina continua a desenvolver uma construção liberal da concorrência desleal e a corroborar o seu carácter privado, nomeadamente pela função de integração de lacunas da UWG, atribuída ao § 823 I BGB (*lückenfüllende Funktion*). Nestes termos, a concorrência desleal visava a protecção individual (*Individualschutzvorschrift*) dos concorrentes e a cláusula geral era interpretada à luz dos enquadramentos liberais e, posteriormente, corporativos, sendo encarada como uma *norma atributiva* de direitos subjectivos, concebendo-se a disciplina com a função de tutela de indivíduos singulares dotada de uma total neutralidade económica[1227].

As teorias que, em sede da disciplina da concorrência desleal, preconizavam a existência de direitos subjectivos reconduziam-se à *teoria do direito de personalidade*, elaborada por autores como GIERKE, REGELSBERGER, KÖHLER, NERRETER e, mais recentemente, por FIKENTSCHER[1228], teoria esta que nunca foi acolhida pelo *Reichsgericht*. Desta forma, as

---

[1225] PAZ-ARES, *El ilícito concurrencial*, pp. 23-24.

[1226] PETER BUCHMANN, "Wirtschaft und Recht im Nationalsozialismus", JuS, (1989), Heft 1, pp. 13-20.

[1227] PAZ-ARES, *El ilícito concurrencial*, pp.

[1228] FIKENTSCHER, *Wettbewerb und gewerblicher Rechtsschutz*, München, 1958, pp. 207 e ss.

Estudo de Direito Positivo

insuficiências dogmáticas do "direito geral de personalidade" levaram ao desenvolvimento da teoria do *"direito à empresa"*, com propósitos de salientar uma tutela patrimonial. Para esta teoria, a empresa surge, não como parte da personalidade do empresário, mas antes como um bem imaterial objectivado (*Immaterialgüterrecht*), solução defendida por BAUMBACH, ISAY, CALLMANN e TETZNER, tendo chegado a ser subscrita pelo *Reichsgericht* e, posteriormente, seguida pelo *Bundesgerichtshof*, que arquitectou um direito subjectivo sobre a empresa. A configuração do direito da empresa levou BAUMBACH a defender a prescindibilidade de lei específica sobre concorrência desleal já que, havendo um direito subjectivo, sempre se poderia aplicar § 823 I BGB[1229].

De seguida, verifica-se que a construção teórica da concorrência desleal sofre uma mudança de perspectiva, deixando de assentar numa tese individualista e liberal, baseada na violação de um direito alheio, para passar a assentar num enquadramento de Direito económico. À concepção do ilícito baseada no desvalor do resultado sucede uma concepção baseada no desvalor da acção. A concorrência desleal transforma-se, pois, de um direito de conflitos num direito de ordenação. Para isso, utilizou-se a construção do abuso do direito, à semelhança da doutrina francesa (JOSSERAND e ROUBIER). No entanto, no direito francês, a teoria de abuso do direito defendida é a do abuso individual, ao passo que no direito germânico é a do abuso institucional[1230].

A tese da existência de normas objectivas de conduta na concorrência desleal foi, desenvolvida primeiramente por HEFERMEHL e, posteriormente, por LUDWIG RAISER que defendem que o Direito privado moderno se orienta por dois princípios distintos de construção: a protecção individual e a protecção institucional[1231]. Nas instituições, os particulares têm uma posição de membros, tendo as acções individuais o papel de activar a protecção institucional. Esta concepção não renuncia ao fundamento privado da concorrência desleal, ainda que o seu âmbito funcional se amplie, deixando a sua função de ser de natureza instrumental, destinada a assegurar espaços de liberdade, para adquirir também um carácter ordenador, ao introduzir uma ordenação das relações privadas de acordo com a Cons-

---

[1229] PAZ-ARES, *El ilícito concurrencial*, pp. 35-37.

[1230] PAZ-ARES, *El ilícito concurrencial*, pp. 82

[1231] LUDWIG RAISER, "Individualgerechtigkeit und der Schutz allgemeiner Werte im Rechtsleben", *Summum Ius, Summa Iniuria*, Mohr, Tubingen, 1963, pp. 33 e ss.

tituição económica. Esta perspectiva salienta o dogma da divisão do direito público e do direito privado, pois que a Constituição impregna todo o Direito privado[1232].

Posteriormente, verificou-se um distanciamento da concorrência desleal do abuso do direito e a sua aproximação da violação de normas de protecção, admitindo-se que mesmo a cláusula geral de actos de concorrência desleal pudesse configurar uma norma de protecção dos concorrentes, sendo minoritária a posição dos autores alemão que admitiam também a sua utilização por parte dos consumidores.

Toda a esta discussão em torno dos bons costumes e da própria evolução do ilícito de concorrência desleal no sentido da sua integração com o direitos das restrições da concorrência, bem como a comunitarização das disciplinas reguladoras do mercado convidou a que na recente revisão da concorrência desleal alemã se tivesse concretizado a "despedida" dos bons costumes que SCHRICKER tinha antecipado, tendo o legislador optado por um critério em relação aos actos de concorrência desleal na causação prejuízo a concorrentes ou consumidores.

A evolução da concorrência desleal ao longo do século XX salientou a necessidade de articulação com o sistema delitual, mas igualmente as dificuldades no domínio das acções de responsabilidade delitual. Ainda que a disciplina tenha deixado uma primitiva natureza essencialmente individual e conflitual, e apontar enormas dificuldades em sede do preenchimento dos pressupostos da responsabilidade delitual não pode deixar de enquadrar esta dimensão de ressarcimento de danos na concorrência[1233].

V. A lei de concorrência desleal, de 7 de Junho de 1909, foi alterada no contexto da transposição das directrizes comunitárias na matéria pela *Gesetz gegen den unlauteren Wettbewerb*[1234], de 3 de Julho de 2004, alterada entretanto pelo artigo 5 da Gesetzes vom 21. Dezember 2006. Assim, no § 1 deixou de constar a referência a actos contrários aos bons costumes, passando a existir uma cláusula geral, no § 3, e um conjunto de actos

---

[1232] PAZ-ARES, *El ilícito concurrencial*, pp. 60-62 e p. 84.

[1233] OTTO TEPLITZ, "Die Durchsetzung des Schadenersatzzahlungsanspruchs im Wettbewerbsrecht", GRUR, 4, (1987), pp. 215-217, e LEISSE, "Die Fiktion im Schadenersatzrecht", GRUR, 2, (1988), pp. 88-95.

[1234] *Gesetz gegen den unlauteren Wettbewerb* 8.7.2004, alterada pelo art. 5 da Lei de 21.12.2006 (disponível www.gesetze-im-internet.de)

Estudo de Direito Positivo 465

exemplificativos de concorrência desleal, no § 4 e seguintes da vigente UWG. No § 9 referente ao *Schadensersatz* estabeleceu-se a responsabilidade civil por actos de concorrência desleal nos seguintes termos: 1.*Wer dem § 3 vorsätzlich oder fahrlässig zuwiderhandelt, ist den Mitbewerbern zum Ersatz des daraus entstehenden Schadens verpflichtet. 2. Gegen verantwortliche Personen von periodischen Druckschriften kann der Anspruch auf Schadensersatz nur bei einer vorsätzlichen Zuwiderhandlung geltend gemacht werden*[1235].

A UWG 2004, no seu § 1, protege quer os interesses dos concorrentes, quer dos consumidores, quer o interesse público. Actualmente, como já se fez referência, o § 3 UWG referente aos actos de concorrência desleal, não contém qualquer menção aos bons costumes. O critério do legislador vai no sentido de considerar actos de concorrência desleal aqueles que são adequados a causar prejuízo aos concorrentes, consumidores ou outros intervenientes no mercado. Trata-se de um ilícito objectivo, que não pressupõe qualquer resultado lesivo e reprime determinadas condutas pelo seu perigo. O § 4 UWG contém um elenco de actos de concorrência desleal. No § 5 UWG encontra-se a publicidade enganosa e no § 6 UWG a publicidade comparativa. No § 7 UWG incluem-se os métodos publicidade importunos. No § 8 UWG prevê-se a acção de cessação de conduta para a qual não se estabelece a exigência de dolo ou negligência. Já o § 9 UWG, relativo à obrigação de indemnizar, estabelece que aquele que violar o § 3 (o que inclui os actos exemplificativos de concorrência desleal) tem de indemnizar o concorrente pelo dano causado. Porém, em relação aos responsáveis de publicações periódicas só existe responsabilidade se a concorrência desleal for dolosa. Deste modo, pode afirmar-se que a lei de concorrência desleal, mesmo se visar uma protecção dos consumidores, nos termos do § 9, o § 3 não deve ser concebido como uma norma de protecção para efeitos de indemnização dos consumidores, ainda que sofram danos em consequência de actos de concorrência desleal. Por outro lado, o § 9 UWG ao estabelecer uma obrigação de indemnizar evidencia que se está em face de uma situação em que a norma de conduta se separa da norma de sanção. Todavia, fica claro que para utilizar os §§ 3, 4, 5, 6 e 7 como normas de protecção é necessário uma actuação dolosa ou pelo menos negligente. Sendo que a exigência de dolo em relação aos respon-

---

[1235] HENNING-BODEWIG, "Das "PRESSEPRIVILEG" in § 13 Abs. 3 Nr. 1 UWG", GRUR, 4, (1985), pp. 258-268.

466 *Normas de Protecção e Danos Puramente Patrimoniais*

sáveis de publicações periódicas faz com que este elemento subjectivo tenha de ser preenchido para efeitos do § 823 II BGB. Não se pode utilizar o § 823 II BGB para defraudar os objectivos do ordenamento primário, mas também não se podem utilizar as normas primárias para descalibrar o sistema delitual.

VI. A cláusula geral do regime jurídico português da concorrência desleal consta do artigo 317.º do CPI e assenta nas "normas e usos honestos de qualquer ramo de actividade económica"[1236]. Trata-se do segmento normativo que estabelece o critério de deslealdade competitiva do acto concorrencial. Combinando o proémio com as diferentes concretizações legislativas das alíneas do mesmo artigo, pode autonomizar-se, nesta disposição, um ilícito contra-ordenacional, que se articula com um sistema de tutela civil, no qual se saliento como meios de tutela jurídica a cessação da conduta e a responsabilidade civil. A classificação realizada pela doutrina e pela jurisprudência alemãs em quatro grandes grupos de actos de concorrência desleal: *i)* a agressão, *ii)* o aproveitamento, *iii)* a indução em erro e *iv)* a desorganização do mercado, pode igualmente ser utilizada para "arrumar" sistematicamente as alíneas do artigo 317.º do CPI e as constelações de casos de concorrência desleal que se têm colocado.

OLIVEIRA ASCENSÃO defende que a reacção paradigmática ao ilícito civil é a responsabilidade civil, ainda que se levantem especiais dificuldades de concretização, atendendo às dificuldades de preenchimento dos pressupostos da responsabilidade delitual que, edificados sob uma matriz de tipo liberal, se adaptam mal aos ilícitos da concorrência[1237]. De salientar que a responsabilidade civil por danos concorrenciais passa pela segunda parte do n.º 1 do art. 483.º do CC. Nesta matéria, nega-se a existência de direitos subjectivos, ainda que se registem posições jurídicas que conferem ao seu titular uma tutela sobre terceiros. Nestes termos, o artigo 317.º do CPI configura uma norma que confere esta protecção. A vertente da ilicitude que está em causa na concorrência desleal, para efeitos de responsabilidade civil, é a ilicitude por violação de normas de

---

[1236] O nosso *Estudo de Direito privado,* p. 84, aproximando a deslealdade dos bons costumes e enfatizando os vectores aproveitamento, agressão, indução em erro e desorganização do mercado para concretização do conceito indeterminado de normas e usos honestos.

[1237] OLIVEIRA ASCENSÃO, *Concorrência Desleal,* pp. 267 e 271.

Estudo de Direito Positivo

protecção, afastando a ilicitude por violação de direitos subjectivos e por abuso do direito[1238].

CARNEIRO DA FRADA defende a inaplicabilidade da figura do abuso do direito a liberdades genéricas de agir, *v.g.*, à liberdade de iniciativa económica ou à liberdade de concorrência. Por exclusão de partes, afastadas a outra vertente da ilicitude, surge a *violação de disposições destinadas a proteger interesses alheios*. Aliás, o recurso à situação básica de responsabilidade delitual do abuso do direito deve ser *subsidiária* da falta de uma norma de protecção, pois onde esta se encontre torna-se dispensável o recurso àquela cláusula geral[1239].

Na doutrina nacional salienta-se a posição de ANTUNES VARELA que propõe em concreto que para que exista esta modalidade de ilicitude é necessário que a lesão dos interesses do lesado corresponda à violação de uma norma legal, que a tutela dos interesses particulares figure entre os fins da norma violada e que o dano se verifique no círculo de interesses que a lei visa tutelar. A doutrina alemã defende que o dano tem de estar dentro do âmbito de protecção pessoal e material da norma[1240-1241]. É necessário determinar se os danos produzidos se verificam ou afectam os bens jurídicos que caem no âmbito da protecção da norma e se as pessoas lesadas se situam no círculo das pessoas que são protegidas[1242].

Assim, exclui-se o direito a ser indemnizado quando os interesses não são directa, mas antes reflexamente protegidos. Podemos afirmar que

---

[1238] Neste sentido, já o nosso *Estudo de Direito privado,* pp. 151-152.

[1239] CARNEIRO DA FRADA, *Uma "Terceira Via",* p. 50, não defende a subsidiariedade do abuso do direito na imputação delitual. Aliás, porque salienta que o recurso ao art.º 334.º do CC traduz, quanto ao direito português, a função do § 826 BGB, que representaria um mínimo ético-jurídico à convivência e coexistência societárias, por isso, independentemente de olhar ao interesse ou posição atingida, quando o prejuízo é causado com dolo ofendendo os bons costumes, é ressarcível delitualmente (p.49). Já em CARNEIRO DA FRADA, *Contrato e Deveres de Protecção,* p. 175, admite expressamente que o § 826 BGB é uma norma residual. Cfr. o nosso *Estudo de Direito privado,* p. 152.

[1240] ANTUNES VARELA, *Das Obrigações em Geral,* I, p. 540, RUI ALARCÃO, *Direito das Obrigações,* p. 243 e MÁRIO JÚLIO DE ALMEIDA COSTA, *Direito das Obrigações,* p. 488.

[1241] CLAUS-WILHELM CANARIS, *Schutzgesetze,* pp. 27 e 45.

[1242] RIBEIRO DE FARIA, *Direito das Obrigações,* p. 424. Também JOÃO CALVÃO DA SILVA, *Responsabilidade Civil do Produtor,* p. 382, afirma que o dano deve situar-se no âmbito subjectivo e objectivo que constitui o escopo, sentido e fim da norma (*Schutzweck einer Norme, Schutzbereich der Norm*), e LARENZ/CANARIS, *Lehrbuch des Schudrechts,* § 77, pp. 430-431.

os interesses dos concorrentes são directamente protegidos enquanto os interesses dos consumidores só o são reflexamente no contexto da concorrência desleal. Admite-se a indemnização quando a protecção advém de normas civis que, embora protegendo interesses particulares, não atribuem aos seus titulares quaisquer direitos subjectivos, ou quando provém de disposições que protejem simultaneamente interesses públicos e privados, como sucede normalmente com as normas penais. Neste último caso, a jurisprudência alemã tem exigido que o interesse particular tenha sido querido conjuntamente e não se trate de mera protecção reflexa e, para determinar se efectivamente é assim, exige-se mais do que uma análise empírica, impõe-se uma verdadeira determinação da *ratio legis*[1243].

CARNEIRO DA FRADA defende que, para que se verifique responsabilidade delitual, é necessário dispor de uma norma de protecção e que a lesão se dê por ofensa àquele interesse que a norma protege e pela forma como o protege; independentemente da natureza da posição atingida, é essencial que seja objecto de protecção legal[1244], porquanto consubstanciando as normas de protecção um desvio ao princípio da não ressarcibilidade delitual dos interesses patrimoniais puros, a existência de danos puros fora de uma relação especial não é em princípio reprovada pelo nosso direito, ressalvada a existência de uma disposição legal de protecção ou de uma actuação com abuso do direito[1245].

A violação de uma disposição legal de protecção assume, assim, um relevo autónomo nas hipóteses em que não se verifica violação de direitos absolutos nem estão preenchidos os requisitos do abuso do direito. Ora, é o que se regista ao nível da concorrência desleal. É preciso avaliar se a cláusula geral de proibição de actos de concorrência desleal pode ser configurada como uma norma de protecção. Para tal há que encontrar um critério de identificação das normas de protecção. Segundo o art. 483.º, n.º 1, do CC trata-se de qualquer disposição legal que se destine a tutelar interesses alheios. Disposição legal é uma lei que provem de um órgão estadual[1246], sendo fundamental que a norma proíba por acção ou omissão um

---

[1243] RIBEIRO DE FARIA, *Direito das Obrigações*, I, pp. 419-420.

[1244] CARNEIRO DA FRADA, *Uma "Terceira Via"*, p. 40.

[1245] SINDE MONTEIRO, *Responsabilidade por conselhos,* pp. 175 ss, e RIBEIRO DE FARIA, *Direito das Obrigações*, I, pp. 418 ss.

[1246] CARNEIRO DA FRADA, *Uma "Terceira Via"*, p. 41, onde se afirma as normas de protecção devem ser disposições genéricas provindas dos órgãos estaduais competentes,

Estudo de Direito Positivo

determinado comportamento; sem essa norma a segunda situação básica delitual não tem *vida própria*, mas transforma em direito delitual todas as que se possam considerar como normas de protecção.

Para qualificar uma disposição como norma de protecção é necessário que a mesma se destine a proteger uma pessoa ou um círculo de pessoas e que não se limite a proteger o interesse da colectividade, como decorre, aliás, da fórmula utilizada pelo legislador. Trata-se, segundo ANTUNES VARELA, de normas que embora protejam interesses particulares, não conferem aos respectivos titulares um direito subjectivo a essa tutela, e de normas que, tendo também ou até principalmente em vista a protecção de interesses colectivos, não deixam de atender aos interesses particulares subjacentes de indivíduos ou de classes ou grupos de pessoas[1247].

A concorrência desleal insere-se neste último grupo de casos, pois que quer o interesse dos concorrentes quer o da colectividade estão por si tutelados. A fórmula utilizada no n.° 1 do art. 483.° do CC permite excluir do seu campo de aplicação normas em cuja observância os indivíduos não tenham outro interesse que o de meros cidadãos[1248]. KNÖPFLE, como se fez referência na parte referente à doutrina alemã, introduziu alguns critérios no domínio da responsabilidade civil: praticabilidade, compatibilidade com o direito da responsabilidade civil, diferente dignidade da protecção de bens jurídicos ou interesses e carácter censurável da conduta[1249].

---

não precisando de ser leis em sentido formal, podendo ser regulamentos, mas exclui das normas de protecção as normas de deontologia profissional, a não ser que estejam vertidas em diploma legislativo, caso em que possuem qualidade legislativa, passando então por saber se essas normas têm em vista a protecção de interesses patrimoniais puros dos concorrentes. É discutível, para o Autor, que actos administrativos, estatutos e convenções colectivas possam ser consideradas normas de protecção.

[1247] ANTUNES VARELA, *Das Obrigações em geral*, I, pp. 536-537.

[1248] Ac. STJ 6-Jan-1988 (BMJ, 373, 499) o Supremo admite que há normas que ao protegerem interesses colectivos, se dirigem menos ao interesse público a gerir pelo Estado do que aos interesses colectivos, difusos e categoriais de grupos de particulares, organizados ou não em formações sociais intermédias, nessa categoria se incluindo a do art. 483.° do CC. Objectivamente, aqueles interesses difusos relativos a grupos de extensão indeterminada, estruturam-se como um interesse supra-individual, pertencente a todos, mas onde há também o interesse que cada indivíduo possui pelo facto de pertencer à pluralidade de sujeitos a que se refere a norma que tutela esse interesse. Qualquer daqueles indivíduos tem legitimidade para sustentar, em juízo, esse seu interesse, se violado, e dessa violação lhe advierem prejuízos.

[1249] Cfr. *supra*, p. 128.

CANARIS, em caso de dúvida, defende que só deveriam ser consideradas normas de protecção as que tivessem um reforço penal, pois só estas, de acordo com o seu conteúdo de ilícito e precisão de *Tatbestand,* garantem a concordância harmoniosa entre os diferentes tipos de imputação delitual. Segundo esta tese, não seria de admitir que a cláusula geral que não pode ser uma norma penal pudesse ser uma norma de protecção. No entanto, a tese de CANARIS tem de ser entendida habilmente, de acordo com a interpretação preconizada por SINDE MONTEIRO, admitindo que disposições não penais possam servir como normas de protecção. Acresce que, como expressamente salientado, a concorrência configura uma área de excepção ao *modelo penal* de norma de protecção[1250].

A cláusula geral do art. 317.° do CPI é uma norma de protecção. De acordo com a tese de CANARIS tal não seria de sufragar, pois faltava-lhe a precisão típica das normas penais. Semelhante argumentação deve ser afastada, pois se o abuso do direito surge como fonte da ilicitude civil na responsabilidade civil, também a cláusula geral da concorrência desleal poderá indiciar a ilicitude para efeitos de responsabilidade civil. De notar que o delito civil convive com normalidade com cláusulas gerais. Sublinhe-se que o art. 483.°, n.° 1 CC exige uma norma destinada a proteger interesses alheios, não tendo essa norma de ser uma disposição penal. O único exercício para aferir da existência de semelhante norma passa por encontrar uma regra jurídica e determinar se a mesma está destinada a proteger interesses alheios, o que, apesar da sua aparente simplicidade, é complexo, na medida em que impõe interpretar a norma em conjugação com outros lugares paralelos, nomeadamente pelo recurso à interpretação das normas das diferentes alíneas do art. 317.° do CPI, e procurar uma resposta que atenda à globalidade do sistema jurídico. Assim, admite-se que a cláusula geral é um dispositivo de protecção de concorrentes (interesses particulares), para além de protecção da concorrência (interesse colectivo)[1251].

As situações de responsabilidade *seleccionam* as posições protegidas; a responsabilidade delitual só cobre dentro de estreitos limites os danos puramente patrimoniais[1252]. FIKENTSCHER configura a responsabili-

---

[1250] Cfr. *supra* p. 190.

[1251] Neste sentido, o nosso *Estudo de Direito privado,* p. 362.

[1252] CARNEIRO DA FRADA, *Contrato e Deveres de Protecção*, p. 122. A função selectiva (*Selecktionsfunktion*) da responsabilidade civil se projecta sobre os danos, isolando os que justificam a obrigação de indemnizar e os que a afastam (p. 131).

Estudo de Direito Positivo 471

dade civil como um sistema de regras que permite o acesso aos bens juridicamente protegidos e promove a sua distribuição[1253]. A responsabilidade delitual assenta num *comportamento social que afecta a ordenação geral dos bens*[1254], que visa sobretudo *proteger esferas individuais contra terceiros,* independentemente de qualquer *interacção humana,* buscando *o estabelecimento e a salvaguarda de uma ordem geral de coexistência social*[1255]. Para tal, consagra um espaço de não liberdade e de dever que surge como *oneração da liberdade de agir*[1256] e que não deve ser interpretado em termos extensivos. A cláusula geral de concorrência desleal funciona, assim, ao nível da responsabilidade civil como norma de protecção, exigindo o enquadramento de uma temática que tem logrados poucos desenvolvimentos na jurisprudência e doutrina nacionais, *maxime* sobre se esta modalidade de ilicitude importa novos enquadramentos dos restantes requisitos da responsabilidade aquiliana[1257].

Segundo ANTUNES VARELA, a previsão do art. 483.º., n.º 1, abrange a violação de normas que visam prevenir não a produção do dano em concreto, mas o simples perigo de dano em abstracto. Desta forma, esta vertente da ilicitude abrange a dogmática do perigo, fazendo comungar a responsabilidade civil das funções que assistem primacialmente à responsabilidade criminal e contra-ordenacional, *maxime* a função de prevenção geral ou especial[1258].

A doutrina alemã no campo da responsabilidade delitual por concorrência desleal admitiu soluções variadas, uma vez que permite a sua fundamentação quer no § 823 I no § 823 II e no § 826 BGB, admitindo situações de concursos de títulos de aquisição da pretensão baseadas nos diferentes situações básicas delituais. Historicamente, houve uma evolução neste domínio, pois começou por se utilizar o § 826 BGB, e, posteriormente, reconhecendo-se a insuficiente desta disposição, passou a recorrer-se ao § 823 I BGB com base na construção do direito à empresa. Actualmente, a solução maioritariamente defendida pela doutrina e aplicada pelos tribunais situa-se no recurso ao § 823 II BGB[1259].

[1253] CARNEIRO DA FRADA, *Contrato e Deveres de Protecção,* p. 123.

[1254] CARNEIRO DA FRADA, *Contrato e Deveres de Protecção,* p. 125

[1255] CARNEIRO DA FRADA, *Contrato e Deveres de Protecção,* p. 126-126.

[1256] CARNEIRO DA FRADA, *Contrato e Deveres de Protecção,* p. 127.

[1257] O nosso *Estudo de Direito privado,* pp. 159-160.

[1258] ANTUNES VARELA, *Das Obrigações em Geral,* I, p. 536-537.

[1259] O nosso *Estudo de Direito privado,* p. 161.

472 *Normas de Protecção e Danos Puramente Patrimoniais*

No direito alemão da responsabilidade delitual por concorrência desleal afirma-se a existência de um princípio da culpa (*Verschuldensprinzip*). Também no direito português da concorrência desleal, apesar de existir uma ilicitude objectiva, a responsabilidade civil pressupõe uma actuação dolosa ou negligente. De uma maneira geral pode dizer-se que o concorrente deve responder sempre que a sua actuação não se adapte à do concorrente médio (art. 487.°, n.° 2). Mas, neste campo, tem-se referido a *erosão do princípio da culpa*, nomeadamente pelo recurso processual à prova da primeira aparência (*Anscheinsbeweis*), que se satisfaz com um juízo de probabilidade bastante, assente nas lições práticas da vida e na experiência do que acontece normalmente, permitindo-se, assim, ao lesado o difícil *onus probandi* da culpa do lesante por a probabilidade da sua existência poder ser inferida do circunstancionalismo concreto do facto ilícito causador do dano, tendo em conta a experiência da vida e o curso típico dos acontecimentos[1260].

A responsabilidade aquiliana pressupõe a existência de dolo ou de negligência na violação da disposição legal. Caberia perguntar se não haveria espaço, neste domínio, para uma responsabilidade objectiva. Mas o carácter fechado que vigora neste título de imputação de danos afasta semelhante possibilidade (art. 483.°, n.° 2 CC). A existência de uma concorrência desleal objectiva danosa ou potencialmente danosa, para além da recusa de registo de direitos privativos deve originar uma acção de cessação de conduta[1261].

Também só através de uma valoração legal se consegue identificar o sujeito prejudicado pela ocorrência do dano. Na cláusula geral podem ser considerados prejudicados os concorrentes. Não se descortina, pelo exposto na cláusula geral, a protecção do consumidores, ainda que como, já foi referido, na indução em erro sejam os critérios do prisma do consumidor que permitem aferir do carácter desleal do acto de concorrência. O dano surge como a diminuição de qualquer vantagem tutelada pelo direito. As vantagens que resultam das normas que se encontram no 317.° e 318.° CPI são dos concorrentes, mesmo no caso dos actos de indução em erro; pelo que no âmbito de uma interpretação da cláusula geral pelas alíneas e de uma interpretação das alíneas pela cláusula geral só os concorrentes podem actuar em termos de responsabilidade civil. Não se preco-

---

[1260] *Estudo de Direito privado*, p. 162.
[1261] A mesma solução em *Estudo de Direito privado*, p. 163.

Estudo de Direito Positivo

niza que a referida cláusula geral seja uma disposição legal destinada à protecção dos consumidores tomados colectiva ou individualmente. Admite-se uma protecção colectiva do consumidor que não se autonomiza da protecção do interesse público da leal concorrência; nestes termos, os arts. 317.° e 318.° CPI não configuram normas de protecção dos consumidores para efeitos de responsabilidade civil.

O dano, no domínio da concorrência desleal, não se pode restringir às vantagens efectivas desviadas, pois deve compreender nos seus parâmetros quer as vantagens desviadas quer aquelas que, mercê da prática de um acto de concorrência desleal, deixaram de ser auferidas. Semelhante separação aponta para a distinção entre danos emergentes e lucros cessantes, sendo que a disciplina da concorrência desleal exponencia a relevância dos lucros cessantes que deixaram de entrar no património do concorrente devido a uma actuação de concorrência desleal. Ora, tem-se salientado que a aplicação do esquema da responsabilidade civil com um enquadramento algo rígido dos pressupostos da imputação de danos levanta inúmeras indefinições no domínio da concorrência desleal. Não obstante, essas mesmas dificuldades estão presentes sempre que se viole ilicitamente uma norma de protecção. O instituto do cálculo da indemnização em conexão com a delimitação de danos é normalmente problemático, não sendo esta uma característica exclusiva da imputação de danos na concorrência desleal[1262].

No entanto, não se pode descurar que a obrigação de indemnizar não prescinde do dano. Com efeito, o dano protagoniza o instituto da responsabilidade civil, sendo uma peça fundamental para accionar a responsabilidade civil, porque esta não visa sancionar comportamento pelo desvalor que estes encerram, mas antes resolver os efeitos despoletados por determinadas condutas[1263]. O dano característico da concorrência desleal traduz-se normalmente numa diminuição do volume efectivo ou potencial de negócios do lesado gerado pelo *desvio de clientes*[1264]. Nestes termos, para se identificar o dano concreto é necessário determinar quais os consumidores que se desviaram para outro concorrente por força da actuação des-

---

[1262] *Estudo de Direito privado*, p. 168.

[1263] PAULA COSTA E SILVA, "Meios de reacção civil à concorrência desleal", *Concorrência Desleal*, Almedina, Coimbra, 1997, p. 113.

[1264] DIETRICH REIMER/FRIEDICH-KARL BEIER/DENISE BAUMANN, *La Répression de la concurrence déloyale en Allemagne,* Economica, Paris, 1978, p. 184.

leal. Ora, neste domínio, advinham-se a enormes dificuldades no preenchimento dos ónus da prova em relação ao dano e ao estabelecimento das necessárias relações causais entre o acto de concorrência desleal e a produção do dano[1265].

A jurisprudência alemã para obstar a tais complicações promoveu as seguintes soluções: bastará ao lesado provar que a conduta lesiva potenciou um desvio de clientela ou permitiu um desvio de clientela, ou justificou um benefício que o lesante não obteria se não tivesse havido um acto desleal. Presume-se o dano. Aos tribunais cabe a tarefa de o quantificar, pressupondo-se para tal a colaboração das partes. No entanto, têm-se preconizado três tipos de soluções: *i)* valor de uma licença, *ii)* lucros obtidos, *iii)* lucros perdidos (*Dreifache Schadensberechnung*)[1266]. Estende-se, assim, a obrigação de indemnizar a situações em que os danos não possuem uma demonstração cabal. A jurisprudência alemã preconiza uma solução paliativa das dificuldades do *onus probandi* ao nível do recurso a acções declarativas e da constatação da obrigação de indemnizar como acções auxiliares e preparatórias da acção posterior de responsabilidade civil[1267]. Outra solução que se poderá promover relativamente às dificuldades do *onus probandi* passa por estender a todas as informações falsas, de denegrição, e de indução em erro a inversão do ónus da prova que se encontra no art. 11.°, n.ᵒˢ 3 e 4 e, quanto aos actos de agressão, o art. 16.°, n.° 2, todos do Código da Publicidade. É claro que a inversão do ónus da prova, devido ao carácter gravoso que possui, não deve comportar excessivas interpretações extensivas, sobretudo se se tomar em consideração que aquelas regras visam tão-só a actividade publicitária. De qualquer modo, poderá ser um recurso quando se justifique semelhante solução[1268].

Discorda-se que no campo das normas de protecção os enquadramentos causais sejam fáceis, atendendo ao escopo das normas[1269]. A causalidade não se resume à interpretação teleológica da norma. O nexo causal tem um papel determinante na delimitação dos danos a considerar nas

---

[1265] PAULA COSTA E SILVA, *Meios*, p. 116. Cfr. *Estudo de Direito privado*, p. 169.

[1266] PAULA COSTA E SILVA, *Meios*, p. 116.

[1267] DIETRICH REIMER/FRIEDICH-KARL BEIER, DENISE BAUMANN, *La Répression de la concurrence déloyale en Allemagne*, p. 185.

[1268] Neste sentido, CONCEPCION MOLINA, *Proteccion*, p. 319.

[1269] MENEZES CORDEIRO, *Da responsabilidade civil dos Administradores*, p. 555.

Estudo de Direito Positivo

normas de protecção[1270], já que estas só concedem uma *tutela limitada*[1271]. Estendeu-se ao espaço jurídico alemão, apesar da sua origem austríaca, a teoria do escopo de protecção da norma, que não obstante ter sido largamente adoptada pela jurisprudência e doutrina germânica, se resume entre nós a algumas referências implícitas em GOMES DA SILVA[1272], à sua expressa adopção plena por MENEZES CORDEIRO[1273] e à sua adopção restrita por SINDE MONTEIRO[1274]. Apesar de útil, a referida teoria não tem potencialidades ilimitadas ao nível do estabelecimento dos nexos causais. Vejamos: esta teoria conheceu o seu desenvolvimento no âmbito da responsabilidade penal como correctora de alguns excessos da causalidade adequada. É também neste âmbito, segundo nós, o seu papel no domínio da responsabilidade civil; surge como mero complemento da aferição dos nexos causais a partir de um juízo de adequação, sobretudo em termos de corrector de domínios em que a adequação realiza a imputação da norma e a interpretação teleológica da norma a afasta. Neste termos, a teoria do escopo da norma pode ser insuficiente para estabelecer o nexo de causalidade, resumindo o nexo de causalidade à interpretação da norma de protecção, redundando aquele pressuposto numa duplicação da ilicitude e não permitindo autonomizar o nexo de causalidade como requisito autónomo da imputação de danos[1275].

Assim, sendo não se pode deixar de discordar da substituição total da teoria da adequação pela teoria do fim de protecção da norma, como é defendido por alguma doutrina no domínio das normas de protecção[1276]. SINDE MONTEIRO refere-se a esta problemática focando a incorrecção em

---

[1270] MENEZES CORDEIRO, *Da Responsabilidade civil*, p. 532.

[1271] MENEZES CORDEIRO, *Da Responsabilidade civil*, p. 535.

[1272] GOMES DA SILVA, *O dever de prestar e o dever de indemnizar*, pp. 166 e pp. 232-233: "*nisto consiste o nexo de causalidade: um facto diz-se causa de um dano, para efeitos de responsabilidade civil, quando o produz pela forma que a lei tinha em vista ao considerar os factos da mesma espécie fontes de responsabilidade civil. Tudo está em interpretar a lei, determinando qual a razão de ser da responsabilidade civil, e em averiguar depois se o processo pelo qual um facto produziu certo dano corresponde ao fundamento da mesma responsabilidade*".

[1273] MENEZES CORDEIRO, *Da responsabilidade civil dos Administradores*, pp. 532 ss.

[1274] SINDE MONTEIRO, *Responsabilidade por conselhos*, p. 280.

[1275] Neste sentido, *Estudo de Direito privado*, pp. 171-172. Cfr. *infra*, sobre as questões de causalidade no domínio das normas de protecção, pp. 689.

[1276] SINDE MONTEIRO, *Responsabilidade por conselhos*, p. 270.

admitir *prima facie* um nexo de causalidade adequada quando o dano se verifica no círculo de protecção de bens jurídicos que a norma protege, fundamentando-se na ideia de que as presunções se referem ao facto e não à questão de direito que resulta da adequação e da interpretação do fim da norma[1277]. Para além disto, de referir que as duas teorias apesar de terem perspectivas distintas, a do observador objectivo na adequação, abrangendo tudo o que *em concreto* seja perigoso em relação à produção de um dano, e a do legislador no fim de protecção, abrangendo todos os danos que em abstracto se visaram evitar pela criação da norma[1278], na maioria dos casos alcançam idênticas soluções. Os autores que defendem a substituição de uma teoria pela outra põem em relevo o facto de as normas de protecção conterem proibições de perigo abstracto, pelo que a perspectiva do observador objectivo em relação ao perigo teria de ser substituída pela do legislador[1279].

No domínio da cláusula geral de concorrência desleal a perspectiva do legislador foi obstar que os interesses puramente patrimoniais dos concorrentes fossem postos em causa com atropelo de um padrão de lealdade, sendo este o fim de protecção da norma. Não se configura nesta disciplina a protecção do consumidor, a não ser em termos de colectivo e somente na área da indução em erro. Acresce que admitir que os consumidores pudessem recorrer àquela cláusula geral para exigir uma pretensão indemnizatória, seria multiplicar para um número incomportável os credores da obrigação de indemnizar a um nível tal que não se compaginaria com o da manutenção da indemnização dentro de limites razoáveis[1280].

Conclui-se, por conseguinte, que ambas as teorias têm essencialmente como escopo a limitação do dever de indemnizar, podendo ser utilizadas simultaneamente, e sendo possível através da teoria do escopo da norma afastar a indemnização de danos que estariam a coberto da teoria da adequação, não se subscreve porém a posição de que o fim da norma deva ser utilizado em processos causalmente atípicos. Não se trata de converter delitos de perigo abstracto em delitos de perigo concreto, mas diferentemente de jogar com as próprias coordenadas da responsabilidade civil e

---

[1277] SINDE MONTEIRO, *Responsabilidade por conselhos,* p. 268.
[1278] SINDE MONTEIRO, *Responsabilidade por conselhos,* p. 271.
[1279] *Estudo de Direito privado,* p. 173.
[1280] SINDE MONTEIRO, *Responsabilidade por conselhos,* p. 259, e *Estudo de Direito privado,* pp. 173-174.

Estudo de Direito Positivo 477

com os efeitos neste sistema da autonomização do nexo de causalidade como sistema de imputação[1281].

§ 14.3. *Ilícito publicitário*

I. O ilícito de concorrência evoluiu para outras áreas que ultrapassam o campo da protecção da concorrência *stricto sensu*, designadamente para o domínio da publicidade onde se coloca, para além desta protecção em termos genéricos, também a protecção do consumidor. A publicidade configura uma disciplina jurídica essencial ao mercado, que exorbita o quadro privado, em geral, e o quadro contratual, em especial, exigindo a sua recolocação no domínio público, conformando bens jurídicos de protecção supra-individual, designadamente a defesa do consumo e da concorrência.

O percurso legislativo da disciplina publicitária surge, inicialmente, ligado à protecção dos concorrentes instalados, na medida em que através da publicidade poderiam ser severamente atacados pelos *outsiders*. Neste contexto, não se autonomizou qualquer interesse do consumidor. Note-se que nas leis alemãs de 1896 e de 1909, antes referidas, a disciplina publicitária encontra-se intrinsecamente ligada ao ilícito de concorrência desleal[1282].

De referir que na disciplina publicitária passa-se o mesmo que noutros núcleos normativos *"nunca cortam – nunca cortam totalmente – as ligações com a área de origem"*[1283]. A disciplina publicitária autonomiza-se do ilícito de concorrência desleal quando emerge a protecção do consumidor e do mercado em geral. A verdade, porém, é que a protecção do consumidor se desenvolve igualmente no quadro contratual e na responsabilidade objectiva do produtor. No entanto, é no contexto geral de uma disciplina que regula comportamentos no mercado, com uma dimensão de ordenação económica e de regulação da concorrência[1284], que extravasa

---

[1281] O nosso *Estudo de Direito privado*, p. 174.

[1282] O nosso *"A concorrência desleal e o direito da publicidade – Um estudo sobre o ilícito publicitário"*, Concorrência Desleal, Almedina, Coimbra, 1997, p. 139.

[1283] MENEZES CORDEIRO, *Tutela do Ambiente e Direito Civil*, p. 379.

[1284] No nosso "A tutela do consumo e procedimento administrativo", *Estudos do Instituto de Direito do Consumo*, vol. II, Almedina, Coimbra, 2005, pp. 120-121, defendemos

os quadros privatísticos e evidencia a necessidade de enquadramento do interesse público, que faz sentido, hoje, equacionar a regulação publicitária[1285].

II. O Código de Publicidade vigente (e o Anteprojecto do Código do Consumidor, que o vai porventura substituir) regulam em termos idênticos a disciplina publicitária[1286], criando uma série de ilícitos, uns de carácter mais genérico, por violação de princípios fundamentais da actividade publicitária, outros de conteúdo mais específico, designadamente a publicidade enganosa e a publicidade comparativa ilícita. A questão que nos interessa analisar relaciona-se essencialmente com a responsabilidade civil decorrente do ilícito publicitário, em particular se se trata de uma responsabilidade mais coadunável com o "analitismo" do modelo jheringiano ou com o "sincretismo" do modelo domatiano[1287], do que com distinções

---

que o consumo deixou de colocar-se ao nível individual (do consumidor) e dos mecanismos tradicionais contratuais, ultrapassando a área do contrato e colocando-se num parâmetro colectivo, com uma dimensão de ordenação económica e de regulação da concorrência. É esta mudança que justificou o delinear de políticas proteccionistas, a criação de novos centros de decisão e de fiscalização e o aparecimento de legislações com novos mecanismos de reacção às lesões, *i.e.*, o próprio surgimento do Direito do Consumo composto por normas de Direito civil, de Direito económico, de Direito administrativo e de Direito penal, entre outras. O Direito do consumo emerge como espaço jurídico composto por normas de Direito público e de Direito privado. Tal equivale à equiparação do consumo a outros bens jurídicos fundamentais, como o ambiente, a saúde, a qualidade de vida, o urbanismo e o património arquitectónico. Torna-se, pois, decisiva a compreensão de que os variados "domínios de protecção" não podem ser alcançados senão de forma articulada, não fazendo sentido segmentar em compartimentos jurídicos estanques dimensões estruturalmente imbricadas umas nas outras. Assim, no campo dos conjuntos jurídicos de formação mais recente, é patente a natureza transversal do seu processo de constituição e revelação jurídicas, condicionando quer a sua compreensão, quer o papel que desempenham no conjunto do ordenamento jurídico. A transversalidade do Direito do Consumo ajuda-nos a compreender que o acervo das suas normas resulta de uma pluralidade de fontes, nas quais as normas internacionais e as normas públicas assumem particular relevância na correcção e complementação de regulações jurídicas limitadas por uma lógica de protecção estritamente individual.

[1285] O nosso *A concorrência desleal*, p. 143.

[1286] Para uma análise do Anteprojecto do Código do Consumidor em matéria da disciplina publicitária, o nosso *A Publicidade no Anteprojecto do Código do Consumidor*, Estudos do Instituto de Direito do Consumo, (coord. Luís Menezes Leitão), vol. III, Almedina, Coimbra, 2006, pp. 135-146.

[1287] CARNEIRO DA FRADA, *Teoria da Confiança*, pp. 199 e ss.

Estudo de Direito Positivo

funcionais abstractas ou análises estruturais que deixaram de fazer sentido no contexto da evolução dos diferentes títulos de imputação. De referir que a orientação doutrinária nacional inclina-se predominantemente para reconhecer que a responsabilidade delitual configura um *"instrumento marginal e inadequado"* para a protecção de danos sofridos pelos destinatários das mensagens publicitárias"[1288], ou a *"consabida dificuldade de estreiteza do direito delitual quanto à ressarcibilidade dos prejuízos decorrentes da simples ofensa de interesses patrimoniais puros"*[1289].

Nos termos do Anteprojecto do Código do Consumidor (ACC) estabelece-se o princípio geral (artigo 80.°) de que o *"consumidor tem direito a que sejam respeitados os seus interesses económicos, devendo o profissional agir com lealdade, de boa fé, em conformidade com os usos honestos do comércio e as regras prescritas, sob pena de responder, nos termos gerais, pelos danos causados"*. Por outro lado, no artigo 81.°, sob a epígrafe "Princípio da livre concorrência", estabelece-se que o consumidor tem "direito" ao funcionamento eficiente dos mercados. Não se trata de consagrar um verdadeiro direito subjectivo, cujo bem seria de difícil individualização, mas tão-só de "funcionalizar" o mercado e a sua eficiência à defesa do consumidor, dos seus direitos e interesses legítimos. É, portanto, no quadro de uma remissão para uma responsabilidade "nos termos gerais" e num horizonte de fundo do princípio de livre concorrência que se regulamenta a disciplina publicitária.

A este respeito é importante tomar em consideração que os ilícitos publicitários, que se constroem sobre os princípios da publicidade (licitude, identificabilidade, veracidade e respeito pelos direitos do consumidor), parecem apontar para uma dimensão geral de protecção de valores supra-individuais ou de interesses colectivos dos consumidores. Todavia, o artigo 119.° do ACC, que decalca o artigo 30.° do Código da Publicidade vigente, estabelece a responsabilidade civil de todos os que participam na actividade publicitária se violarem as regras em vigor em matéria de publicidade e causarem danos. O n.° 2 da mesma disposição exonera dessa responsabilidade o anunciante que não tenha tido conhecimento das mensagens publicitárias. A responsabilidade civil por mensagens publicitárias extravasa o quadro contratual[1290],

---

[1288] FERREIRA DE ALMEIDA, *Texto e enunciado,* II, p. 899.

[1289] CARNEIRO DA FRADA, *Teoria da Confiança*, pp. 200-201.

[1290] CARNEIRO DA FRADA, *Teoria da Confiança*, pp. 194, reconhece a insuficiência do recurso a instrumentos tradicionais do Direito civil no quadro da formação do negócio

480 *Normas de Protecção e Danos Puramente Patrimoniais*

ainda que se aceite que certos casos podem ser resolvidos nos termos gerais da responsabilidade pré-contratual ou da responsabilidade do produtor. Solução pontual que não deve afastar a ideia de que o quadro delitual mais apropriado para enquadrar a responsabilidade pelo ilícito publicitário se localiza no contexto das normas de protecção[1291].

III. CARNEIRO DA FRADA realiza uma tentativa de construção dogmática da responsabilidade por mensagens publicitárias, considerando que na publicidade existe uma limitação do modo de exercício de uma faculdade – a liberdade de actuação no mercado – que é reconhecida, atingindo tão só os que à publicidade recorrem enquanto actividade livre. Parte, portanto, do pressuposto de que se trata de uma actividade enquadrável pelo princípio da livre iniciativa económica[1292]. O Autor entende que – atendendo ao carácter restritivo do direito delitual em matéria de responsabilidade pelos prejuízos decorrentes da ofensa de interesses puramente patrimoniais, ao facto da liberdade contratual esclarecida não configurar um direito subjectivo e a que as normas proibitivas da disciplina não são susceptíveis de ser qualificadas como normas de protecção – a responsabilidade delitual não seria o quadro adequado de abordagem dos danos cau-

---

jurídico, em especial a anulabilidade por erro, dolo ou por usura, a nulidade por violação de regras de carácter injuntivo, a ordem pública e os bons costumes ou a protecção contra cláusulas abusivas, para enquadrar os problemas colocados pelas mensagens publicitárias, sendo que os referidos institutos permitem a mera restituição ao consumidor insatisfeito das quantias na aquisição de bens, contra a respectiva devolução, e mesmo essa possibilidade dependendo da verificação de certos pressupostos (CARNEIRO DA FRADA *Teoria da Confiança*, (n. 153)). Outro aspecto que afasta o fenómeno publicitário de um puro quadro contratual assenta no facto de que o ilícito publicitário não conduz *ipso facto* à nulidade ou anulabilidade dos negócios jurídicos celebrados na sua decorrência, pelo que há, neste ponto, um corte entre a disciplina publicitária juspública que se aplica ao fenómeno publicitário, e a disciplina de direito comum, que se aplica aos negócios jurídicos que do mesmo decorrem. Trata-se de campos normativos autónomos, uma vez que mesmo que não haja publicidade o Direito civil continua a aplicar-se e se não houvesse negócios jurídicos em resultado de uma mensagem publicitária, o ilícito publicitário não deixaria de estar presente.

[1291] RUI MOREIRA CHAVES, *Regime Jurídico da Publicidade*, Almedina Coimbra, 2005, pp. 340-341, configurando o artigo 30.° do CPub como responsabilidade extracontratual (ilícito do anunciante perante terceiros), mas sem apresentar a situação básica delitual em que o ilícito publicitário assentaria.

[1292] CARNEIRO DA FRADA, *Teoria da Confiança*, p. 193, (n. 149).

sados por mensagens publicitárias ilícitas. Acresce que a aplicação de um mínimo ético, decorrente do abuso do direito, contra manifestações particularmente graves da liberdade contratual, deixaria de fora mensagens publicitárias ilícitas negligentes. Por fim, os prejuízos decorrentes do ilícito publicitário, que correspondem às despesas realizadas pelo adquirente, ou à frustração do valor de troca ou de aquisição, ou o desequilíbrio das prestações contratuais, não seriam prejuízos característicos do direito delitual – na medida em que não se inserem na reparação de uma lesão no quadro de uma interferência num estático *statu quo* patrimonial –, pelo que também se justificaria o afastamento do direito delitual como meio adequado para enquadrar a responsabilidade por mensagens publicitárias[1293].

Em contrapartida, oferece como solução dogmática alternativa um enquadramento *"paracontratual"* ou *"quasecontratual"*, na medida em que, estando em causa a indução à celebração de um contrato pela criação de expectativas sobre as características ou qualidades de um produto, seria através de um aprimoramento dogmático do instituto da *culpa in contrahendo* – enquanto paradigma da protecção do exercício esclarecido e livre – e mediante o recurso à *"penetração do pensamento da confiança"*[1294] que se compreenderia a responsabilidade civil pela difusão de mensagens ilícitas[1295].

[1293] CARNEIRO DA FRADA, *Teoria da Confiança*, pp. 202-203.

[1294] CARNEIRO DA FRADA, *Teoria da Confiança*, pp. 204-205.

[1295] A doutrina alemã integra a responsabilidade pelas mensagens publicitárias ilícitas na *culpa in contrahendo* e na responsabilidade pela confiança, WERNER LORENZ, *Warenabsatz und Vertrauenschutz*, Karlsruher Forum, (Beiheft zum Versicherungsrecht), (1963), pp. 15 ss, que procede a uma aproximação à responsabilidade do produtor, generalizando a disposição prevista no § 122 BGB a um princípio de responsabilidade pela confiança do qual decorreria quer a responsabilidade por *culpa in contrahendo* quer a imputação de outros deveres de indemnização independentes de culpa e da inserção num círculo negocial estrito. A tese do Autor baseia-se essencialmente na ideia de que através da circulação de embalagens, da rotulagem e da publicidade (tudo isto é publicidade) se criaria uma relação directa de confiança entre produtor e consumidor. Ora, esta tese transforma a responsabilidade pelas mensagens publicitárias ilícitas numa responsabilidade do produtor, que no direito português é autónoma desta. Contra a tese de WERNER LORENZ foram esgrimidos argumentos a favor e contra que passaram, uns, pelo facto de a publicidade e a apresentação dos produtos serem geradores de confiança e, outros, contra a introdução de um princípio de responsabilidade sem culpa. Esta construção é de difícil transposição para o direito nacional em virtude da inexistência de uma disposição correspondente ao § 122

482 *Normas de Protecção e Danos Puramente Patrimoniais*

Para este recurso à *culpa in contrahendo,* Carneiro da Frada apoia-se em Ferreira de Almeida[1296] na defesa de uma ampla eficácia negocial dos enunciados publicitários através da introdução destes enunciados nas declarações negociais dos contratos singulares quer interpretando-os como declarações negociais de afirmação ou garantia de certas qualidades[1297]. Pensamos, porém, contrariamente a Ferreira de Almeida e a Carneiro da Frada, ser o campo delitual o que oferece mais potencialidades para o ilícito publicitário e, mais concretamente, no domínio das normas de protecção. Vejamos:

Um dos primeiros aspectos que nos parece ser de tomar em consideração no que concerne a estas soluções respeita ao facto de não entende-

---

BGB, que prevê o dever de indemnizar os prejuízos sofridos pelo declaratário ou por terceiro (nas declarações não recipiendas) que tenham confiado numa declaração anulada por falta de seriedade ou de erro. Igualmente Michael Lehmann, *Vertragsanbahnung durch Werbung/Eine juristische und ökonomische Analyse der bürgerlich-rechtlichen Haftung für Werbeangaben gegenüber dem Letztverbraucher,* C. H. Beck, München, 1981, pp. 308 e ss, apostou na *culpa in contrahendo,* como instrumento juscivil decisivo para a responsabilização pelas actividades publicitárias inseridas no processo de "encaminhamento" para o contrato, com a tese da confiança ou de uma responsabilidade mais gravosa do que a delitual em consequência do contacto negocial, uma forma mais intensa de contacto social com argumentos retirados da análise económica do direito. A *culpa in contrahendo* juridificaria uma relação económica entre a empresa e o adquirente e a falta de uma relação directa não levantaria qualquer problema na medida que estariam preenchidos os requisitos da jurisprudência alemã para responsabilizar terceiros na *culpa in contrahendo*: o interesse económico próprio, ainda que indirecto, e o aproveitamento de uma especial confiança pessoal (Michael Lehmann, *Vertragsanbahnung,* pp. 360 e ss). Cfr. Ferreira de Almeida, *Texto e enunciado,* II, pp. 1001-1006, e Carneiro da Frada, *Teoria da Confiança,* p. 205 (n. 160). A crítica que se deixa à doutrina alemã é a mesma que é feita à doutrina portuguesa: a deformação da publicidade a declarações negociais ou a um contacto negocial, a restrição da responsabilidade ao quadro de uma relação produtor/empresa/consumidor, e o paradoxo de aplicar o pensamento da confiança a uma área à qual não se adequa.

[1296] Ferreira de Almeida, *Texto e enunciado,* II, pp. 902-903. Com efeito, Ferreira de Almeida preconiza uma relevância contratual das mensagens publicitárias, tentando opor-se aos argumentos que contra esta eficácia têm sido esgrimidos, designadamente o facto das mensagens publicitárias apenas relevarem como meros convites a contratar. Não exteriorizando o anunciante uma vontade de se obrigar, os objectivos e conteúdos das mensagens publicitárias diferenciam-se dos das declarações negociais. No entanto, acaba por concluir que a persuasão e a informação, sendo objectivos das mensagens publicitárias, não as tornariam inconciliáveis com os objectivos e funções das declarações negociais (p. 909).

[1297] Carneiro da Frada, *Teoria da Confiança,* p. 193 (n. 150) e p. 208.

rem a evolução do direito delitual, que há muito deixou de estar ao serviço da protecção de um estático *statu quo* patrimonial, tendo-se metamorfoseado ao serviço de uma dinâmica de coexistência e integração comunitárias e da própria tutela de expectativas. Acresce que as funções da responsabilidade delitual alteraram-se significativamente no contexto da própria evolução de um modelo liberal individualista para um maior intervencionismo estadual, até ao modelo vigente de regulação.

Esta mesma evolução aplica-se ao fenómeno publicitário, que deixa de ser analisado numa lógica puramente individualista e intra-conflitual para enquadrar uma dimensão colectiva, que não nos parece devidamente atendida ou que, pelo menos, se encontra subavaliada no enquadramento realizado por CARNEIRO DA FRADA, na medida em que não faz qualquer referência à *"tutela de interesses de índole geral"*[1298]. Com efeito, ao inserir-se a publicidade num prisma colectivo de defesa do consumidor[1299] e configurando um direito fundamental económico, verifica-se o acentuar da dimensão pública da disciplina publicitária, em detrimento da perspectiva intra-conflitual que está na origem da sua regulação jurídica. Este aspecto não é marginal na análise a realizar, uma vez que é constitutivo de soluções que não se limitem a remeter apenas para um contexto para-contratual puro[1300].

[1298] FERREIRA DE ALMEIDA, *Texto e enunciado*, II, p. 896. Neste domínio, a análise realizada por FERREIRA DE ALMEIDA chama a atenção para o facto do tratamento jurídico da publicidade ter escapado às malhas do Direito civil e ter pertencido essencialmente ao Direito penal, ao Direito económico e ao Direito comercial, pondo em evidência os interesses de ordem geral, relacionados com o funcionamento regular do mercado, ou com os interesses protegidos na concorrência desleal. Curiosamente, considera que, através da Constituição e com a transformação da disciplina publicitária no quadro dos direitos económicos do consumidor, teria havido uma inversão desta tendência (que chamaremos juspública) e que a remissão em sede de responsabilidade por mensagens publicitárias para o direito comum abriria uma discussão para o fenómeno publicitário no quadro de instrumentos civis tradicionais, como o erro, a responsabilidade extra-obrigacional e a responsabilidade por culpa *in contrahendo*, entre outros (pp. 898-899).

[1299] Sobre a evasão da disciplina publicitária dos quadros estreitos do Direito industrial e do Direito da concorrência desleal e a sua construção em torno do novo Direito do consumo, culminando um processo histórico que se inicia com a Revolução Industrial e que passa por três fases distintas: *i)* industrialização, *ii)* comercialização e *iii)* "consumerização", cfr. o nosso "Publicidade comparativa e concorrência desleal", *Direito Industrial*, vol. IV, Almedina, Coimbra, 2005, p. 263 e a *Tutela do consumo*, p. 120.

[1300] Neste ponto, chama-se atenção para a aplicação subsidiária do direito civil à disciplina publicitária que se encontra quer no Código da Publicidade vigente (art. 2.º) quer no Anteprojecto do Código do Consumidor (art. 85.º).

484 *Normas de Protecção e Danos Puramente Patrimoniais*

Acresce que vários dados apontam para uma dificuldade de compatibilização do fenómeno publicitário no regime da falta e dos vícios da vontade da declaração, e da vontade ou do conteúdo do negócio, por a malha ser demasiado "grossa" para proporcionar uma tutela adequada do *"adquirente sugestionado pela publicidade"*[1301] e o apoio à sua construção no quadro da *culpa in contrahendo*. A verdade é que a publicidade se autonomizou completamente do adquirente e da celebração de negócios jurídicos; a sua repressão elevou-se acima da relação vendedor-adquirente para se situar numa esfera eminentemente colectiva, sendo que esta dimensão supra-individual – no confronto da aplicação da responsabilidade extra-obrigacional e obrigacional – se insere privilegiadamente na primeira e nas normas de protecção[1302].

Um ponto que parece escapar a este tipo de construção, e que tem uma tradução legislativa, consiste na ideia de que toda a publicidade visa promover, com vista à sua comercialização, bens ou serviços. Ora, actualmente, a publicidade, nos termos do conceito que é apresentado no Código da Publicidade e no Anteprojecto do Código do Consumidor, desenvolve-se fora do contexto da celebração dos negócios jurídicos e pode limitar-se à promoção de ideias, princípios, iniciativas ou instituições, afastando-se do perímetro negocial[1303], pelo que o *"desencaixe contratual"* é manifesto[1304]. Na realidade, actualmente, a publicidade mais do que vender produtos e serviços, procura incrementar o conhecimento nas marcas.

Outro aspecto revelador da "deformação" do ilícito publicitário nos quadros do ilícito pré-contratual e do pensamento da confiança assenta na sua redução à publicidade enganosa. Ora, a responsabilidade civil por mensagens publicitárias exorbita o estrito contexto do engano, havendo espaço para outros ilícitos, para além da publicidade enganosa, como é o caso da publicidade comparativa ilícita ou das restrições relativas ao conteúdo de certas mensagens publicitárias ou da violação de princípios fundamentais da actividade publicitária.

[1301] Carneiro da Frada, *Teoria da Confiança*, p. 195, (n. 153).

[1302] Neste sentido o considerando 4 da Directriz 2006/114/CE, do Parlamento Europeu e do Conselho, de 12 de Dezembro, relativa à publicidade enganosa e comparativa.

[1303] Cfr. art. 3.º, n.º 1, b) do Código da Publicidade e art. 86.º, n.º 1, b) do ACC.

[1304] Sobre o "encaixe contratual" no domínio dos contactos negociais, cfr. Ferreira de Almeida, *Texto e Enunciado*, II, p. 1005.

Para além da dificuldade de erigir a responsabilidade civil das mensagens publicitárias numa responsabilidade pré-contratual por publicidade enganosa, regista-se uma análise restrita quando não se enquadram devidamente as relações entre a disciplina da publicidade e outras disciplinas que concorrem para regulamentar comportamentos no mercado, em especial as disciplinas das restrições da concorrência, da concorrência desleal e do direito industrial[1305].

Acresce que os desenvolvimentos do tratamento pré-contratual pressupõem uma autonomização entre anunciante e hipotético adquirente que só poderia ser forjado com base num puro conceptualismo, tal a sua fraca aderência à realidade e ao regime jurídico estabelecido, sendo que não se adaptaria ao quadro de uma responsabilidade dos diferentes intervenientes na actividade publicitária que é independente do grau de intensidade ou da total inexistência de uma *relação especial*. Por outro lado, se há área com pouco espaço para a *"penetração do pensamento da confiança"* esta será a da actividade publicitária, onde, ainda que variando de sector para sector, se adequa social e legalmente um maior peso da persuasão em detrimento da informação, e há espaço para a figura do *dolus bonus*, em que os deveres de informação estão, em certos domínios, vulnerabilizados. Assim sendo, seria forçado pretender subjugar a publicidade à confiança pura sem se subverterem importantes dados positivos.

[1305] De referir que não obstante CARNEIRO DA FRADA, *Teoria da Confiança*, p. 194, (n. 151) reconhecer que as regras da publicidade têm um âmbito mais vasto do que a tutela do consumidor, conexionando-se igualmente com o direito da concorrência desleal, na linha de OLIVEIRA ASCENSÃO, *Concorrência Desleal*, p. 517, a verdade é que a sua construção na malha da confiança é apenas susceptível de aplicação aos consumidores, não analisando nunca a possibilidade de uma responsabilidade por difusão das mensagens publicitárias em relação aos concorrentes, nos termos das disposições do Código da Publicidade ou de outras disposições. A este propósito de salientar que o artigo 119.º do ACC refere-se a prejuízos causados a terceiros, sendo de analisar em face de cada disposição se esses terceiros são apenas consumidores ou se também podem ser concorrentes ou se a sua tutela no contexto publicitário é apenas reflexa. Em relação a estes últimos, é manifestamente espúria a imputação de danos com base na confiança. Para uma análise das relações entre o ilícito publicitário e o ilícito de concorrência desleal cfr. os nossos *A concorrência desleal e o direito da publicidade*, pp. 142 e ss, *Publicidade comparativa e concorrência desleal*, pp. 241 e ss, e "Direito da Publicidade e concorrência desleal – Um estudo sobre as práticas comerciais desleais", Direito Industrial, vol. IV, Almedina, Coimbra, 2005, pp. 268-269.

486 *Normas de Protecção e Danos Puramente Patrimoniais*

IV. A terceira via[1306] na responsabilidade civil desenvolve-se a partir dos anos 50 nos estudos de BALLERSTEDT[1307], CANARIS[1308], STOLL[1309] e PICKER[1310] e assenta em deveres que extrapolam a responsabilidade delitual e obrigacional. Os deveres de prevenção de perigo estariam mais perto da responsabilidade delitual e os deveres *in contrahendo* mais próximos da responsabilidade obrigacional[1311]. CANARIS desenvolve a responsabilidade pela confiança, fundamentada numa hipótese legal da confiança, que se distinguiria da responsabilidade obrigacional. Nos casos em que só aparentemente existe uma declaração negocial, o princípio da confiança alcança um significado autónomo fundamentando uma responsabilidade que se recorta da responsabilidade obrigacional[1312]. Deste modo, a responsabilidade pela confiança seria uma responsabilidade mais próxima da responsabilidade obrigacional do que propriamente da responsabilidade delitual. CANARIS aplicou a categoria da responsabilidade pela confiança ao § 98 do Código Comercial alemão, à responsabilidade pelo prospecto[1313], à responsabilidade por informações[1314], à responsabilidade da

---

[1306] De referir que os conceitos de "terceira via" ou "terceira pista" surgem na sequência da conhecida fórmula de JOSEF ESSER "Zweispurigkeit des Haftpflichtrecht", respeitante à dualidade entre a responsabilidade aquiliana e pelo risco. Cfr. ESSER, "Die Zweispurigkeit unseres Haftungsrecht", JZ, (1953), pp. 129 e ss.

[1307] BALLERSTEDT, "Zur Haftung für *culpa in contrahendo* bei Geschäftsabschluß durch Stellvertreter", AcP, 151, (1950/1951), pp. 501 e ss.

[1308] CANARIS, *Die Vertrauenshaftung im deutschen Privatrecht*, Beck, München, 1971.

[1309] HANS STOLL, "Vertrauenschutz bei einseitigen Leistungsversprechen", Festschrift Flume zum 70. Geburstag, Köln, 1978, pp. 41 e ss, ligando a responsabilidade pela confiança à promessa unilateral de uma prestação.

[1310] EDUARD PICKER, "Positive Forderungsverletzung und *culpa in contrahendo* – zur Problematik der Haftung "Zwischen Vertrag und Delikt", AcP, 183, (1983), pp. 460 e ss, e *Vertragliche und Deliktische Schadenshaftung*, pp. 1048 e ss.

[1311] MENEZES CORDEIRO, *Tratado de Direito Civil Português*, I, p. 511.

[1312] CANARIS, *Die Vertrauenshaftung im deutschen Privatrecht*, pp. 411 e ss, pp. 491 e ss e pp. 525 e ss. Cfr. LARENZ, *Metodologia da Ciência do Direito*, (trad. José Lamego), 4.ª ed, 2005, pp. 677-678.

[1313] CANARIS, *Schutzgesetze*, p. 93.

[1314] A responsabilidade por informações pode ocorrer em relação aos auditores económicos, consultores fiscais, advogados e outros profissionais. Na medida em que não possa ser reconduzida a um verdadeiro contrato de consultoria ou, excepcionalmente, a uma acção ilícita dolosa, dever-se-ia também admitir como desenvolvimento da responsabilidade pela confiança de terceiro resultante de *culpa in contrahendo*. O requisito da direc-

Estudo de Direito Positivo

entidade patronal por certificado falso sobre o trabalhador[1315], às declarações falsas da sociedade-mãe quanto à solvência de uma filial ou sucursal, bem como à resposta falsa de um devedor, sendo interpelado no âmbito de uma cessão, sobre a existência de excepções relativas a um crédito. Estes casos evidenciam que a responsabilidade pela confiança permite o alargamento do círculo dos sujeitos vinculados, para além das partes do contrato, não representando uma qualquer invenção dogmática, mas, à semelhança da responsabilidade obrigacional e delitual, estaria erigida no sistema de direito vigente[1316].

Segundo CANARIS a "auto-vinculação sem contrato" (KÖNDGEN)[1317] configura uma categoria em si contraditória. A juriprudência coloca à disposição das partes um instrumento de auto-vinculação e, ou a vinculação tem natureza negocial, ou não se trata de auto-vinculação, mas de vinculação por força de lei. Do mesmo modo insatisfatória é para o Autor, neste contexto, a categoria de uma responsabilidade pela confiança numa promessa de prestação unilateral. A juriprudência cai numa ficção imputando àquele que fornece a informação uma vontade de vincular-se que ele não exteriorizou, fazendo-o responder porque emitiu uma declaração errada e não porque quebrou uma promessa[1318].

Em contrapartida, na relação entre peritos convocados pelo tribunal e uma parte no processo não está em causa uma responsabilidade pela con-

---

ção da informação é irrenunciável não só porque, por razões dogmáticas, o mesmo é imanente à responsabilidade pela declaração, mas sobretudo porque, no âmbito da mera violação do património, se garante uma selecção dos possíveis titulares de pretensões, prevenindo-se, assim, o perigo de uma responsabilidade para com um círculo de pessoas ilimitado. CANARIS, *Schutzgesetze*, p. 95.

[1315] Também deve ser incluída na responsabilidade pela confiança. Apesar de tudo, o facto de entre o anterior e o actual empregador não existir nenhum contacto negocial poderá levantar dúvidas. Na verdade, tal contacto não é de todo necessário. Não sendo assim necessário que o contacto seja directo, já, em contrapartida, o endereçamento da declaração tem que se verificar indubitavelmente. A objectar resta o facto do empregador – diferentemente da maioria dos casos de informações – não emitir a declaração por iniciativa própria. Apesar de permanecer o dever de emitir uma declaração correcta, tal pode ser a oportunidade para, através do desenvolvimento do direito, criar uma restrição da responsabilidade às situações de negligência grosseira. CANARIS, *Schutzgesetze*, p. 96.

[1316] CANARIS, *Schutzgesetze*, p. 93.

[1317] JOHANNES KÖNDGEN, *Selbstbindung ohne Vertrag Zur Haftung aus geschäftsbezogenem Handeln*, J. C. Mohr, Paul Siebeck, Tübingen, 1981, pp. 283 e ss.

[1318] CANARIS, *Schutzgesetze*, p. 93-94.

fiança. Isto porque a declaração do perito não é dirigida à parte, não sendo determinada como base das disposições desta, pelo que se verificam os pressupostos de uma responsabilidade pela declaração; acresce que a parte não expõe ao perito os seus bens de livre vontade, razão pela qual não se pode falar de uma responsabilidade pela confiança. Assim sendo, são suficientes as disposições do § 823 I ou do § 823 II BGB em articulação com §§ 153 ss StGB. Também neste caso se deveria, através do reconhecimento de uma responsabilidade profissional especial, chegar, em certas circunstâncias, a resultados com maior alcance[1319].

Não só a responsabilidade de terceiro por violação de deveres de protecção, mas também a inclusão de terceiro no círculo de credores dos deveres de protecção pode conduzir a um ressarcimento de danos puramente patrimoniais. Este desenvolvimento foi defendido para a conta corrente bancária e para o tráfego de pagamentos em dinheiro. Posteriormente, veio a defender-se a existência de deveres de informação por parte dos bancos. No essencial reconheceu-se, assim, um novo grupo de casos do contrato com efeito de protecção a favor de terceiro. Até agora o núcleo residia na protecção das pessoas que se encontravam de algum modo mais próximas do credor[1320]. Para além disso, há que indagar se o ressarcimento de danos puramente patrimoniais, no quadro da responsabilidade do produtor, não adquire agora novos contornos. A responsabilidade pela confiança por danos puramente patrimoniais parece ser também, de acordo com CANARIS, no domínio da responsabilidade do produtor apropriada. Há várias possibilidades para a sua classificação em termos de construção. Viável parece contudo também uma continuação dos princípios sobre a responsabilidade de terceiro por *culpa in contrahendo*, dado que o fabricante atrai a confiança em relação àquelas circunstâncias cujo controle não cabe nos deveres do comerciante intermediário. Em qualquer caso, entre o fabricante e o consumidor nasce uma relação obrigacional legal sem dever primário de prestar[1321].

A responsabilidade por violação de deveres de protecção é autónoma da responsabilidade delitual e da responsabilidade obrigacional, pelo que constitui para o Autor uma terceira via[1322]. A responsabilidade por *culpa*

[1319] CANARIS, *Schutzgesetze*, p. 97.
[1320] CANARIS, *Schutzgesetze*, p. 101.
[1321] CANARIS, *Schutzgesetze*, p. 101-102.
[1322] CANARIS, *Schutzgesetze*, p. 102.

in contrahendo não configura uma autêntica responsabilidade obrigacional; tal decorre directamente de não estar em causa *prima facie* o contrato, tratando-se de uma responsabilidade resultante de relação obrigacional legal, ou seja, baseada no direito objectivo e não na vontade das partes. A terceira via estaria assim provada para CANARIS. O seu alcance respeita a todos os deveres de protecção anteriores ou posteriores à celebração do contrato entre as partes ou em desfavor ou em benefício de terceiro, baseando-se numa relação de protecção legal unitária. Também o entendimento do efeito de protecção a favor de terceiro na *culpa in contrahendo* fica facilitado. Partindo do princípio que os deveres de protecção se baseiam não no contrato, mas na relação de protecção paralela anteriormente existente é decorrência lógica alargar a confiança ao momento pré-contratual[1323].

A autonomia das violações de deveres de protecção manifesta-se pela sua classificação na responsabilidade pela confiança. Esta não se restringe à *culpa in contrahendo*, sendo antes de estender a todas as violações de deveres de protecção. A confiança alcança igualmente uma importância central noutros âmbitos, em particular, no âmbito da teoria do negócio jurídico e do direito delitual; constitui precisamente a essência dos princípios jurídicos gerais terem estes importância nos diferentes domínios. Tal como na responsabilidade pelo risco, desaparece qualquer elemento de culpa e, através disto, avança o risco, igualmente presente na responsabilidade subjectiva. Também nas violações de deveres de protecção desaparecem tanto os aspectos contratuais como os delituais, ficando apenas os que respeitam à confiança. À responsabilidade pela confiança é atribuída a função de um complemento da vinculação negocial[1324].

Tem-se referido que a responsabilidade pela confiança é difusa e inconciliável com a concepção do BGB. Porém, a responsabilidade pela confiança encontrou, pelo menos na *culpa in contrahendo,* na responsabilidade por prospectos, informações erradas, certificados de trabalho falsos, falsos selos de controlo, um campo amplo para o seu desenvolvimento. Em todos os casos semelhantes pode concretizar-se a responsabilidade pela confiança, enquanto responsabilidade por declarações, sendo que nela também se incluem a não emissão de declarações impostas, ou seja a vio-

---

[1323] CANARIS, *Schutzgesetze*, p. 103.
[1324] CANARIS, *Schutzgesetze*, p. 106.

490 *Normas de Protecção e Danos Puramente Patrimoniais*

lação de deveres de aviso, de informação e de comunicação e outras omissões correspondentes. CANARIS constrói para a responsabilidade pela confiança um regime jurídico *sui generis,* intercalado entre o sistema delitual e obrigacional, admitindo a aplicação dos preceitos dos §§ 842 a 846 BGB e analógica da prescrição do § 852 BGB a todas as violações de deveres de protecção que apresentem um teor de ilicitude menor que um delito[1325]. Especificamente delitual e por isso intransponível, parece ser a responsabilidade por co-autoria e por comparticipação nos termos do § 830 BGB. Intervindo mais do que uma pessoa na violação de um dever de protecção, deve indagar-se se o dever compete individualmente a cada uma delas. Dado que a responsabilidade por co-autoria e comparticipação constitui participação num acto doloso e que nas violações de deveres de protecção se trata maioritariamente de comportamentos negligentes, não deveria ser atribuída a esta questão significado prático relevante[1326].

V. Para PICKER a distinção entre responsabilidade delitual e obrigacional manifesta-se nas condições de ressarcibilidade dos danos puramente patrimoniais. Na contraposição entre dever de prestar e dever de indemnizar assenta este último na autonomização de uma imposição heterónoma legal, decorrente do postulado básico do *neminen laedere*[1327]. O princípio do *neminem laedere* obriga à reparação de todos os danos causados. A responsabilidade delitual configura uma excepção a este princípio por não dar cobertura a todos os danos puramente patrimoniais. Este Autor atribui à ligação especial (*sonder Verbindungen*) a função de selecção das posições delitualmente protegidas, a que faz corresponder "*uma consciente e intencionada destinação ao outro parceiro da relação*", as

---

[1325] CANARIS, *Schutzgesetze,* p. 107.

[1326] CANARIS, *Schutzgesetze,* p. 108.

[1327] EDUARD PICKER, *Positive Forderungsverletzung,* pp. 460 e ss, e *Vertragliche und Deliktische Schadenshaftung,* pp. 1048 e ss, considera que o ponto de partida da responsabilidade delitual é o *neminem laedere* que impõe a indemnização de todos os danos. Daí que o sistema delitual deva ser visto como restrição do *neminem laedere* ao permitir que só os titulares de direitos subjectivos violados ou os protegidos por normas de protecção possam ser indemnizados, visando-se, assim, a restrição dos potenciais credores da indemnização. Também nas situações de ligações especiais se justificaria a indemnização de danos patrimoniais, por o credor titular da pretensão indemnizatória se encontrar pré-determinado. Esta tese contribui para uma construção unitária da responsabilidade delitual e obrigacional, atento o seu fundamento homogéneo.

Estudo de Direito Positivo

quais justificariam a indemnização dos danos puramente patrimoniais. Com efeito, no âmbito de vinculações específicas, diferentemente dos contactos anónimos entre pessoas, a limitação de pretensões indemnizatórias decorre da exclusividade e isolamento da relação. Nos casos em que existe uma *"ligação especial"* ou uma *"relação de interacção particular"* (BAPTISTA MACHADO) ou *"uma relação social limitada e particularizada"* (CARNEIRO DA FRADA) entre lesante e lesado, as razões invocadas para a não ressarcibilidade de danos puramente patrimoniais recuam perante a exigência de uma protecção acrescida dos bens pessoais ou patrimoniais da contraparte. Nestes casos, argumentos como a equivalência de interesses do lesante e lesado, o carácter não cognoscível dos interesses do lesado e a expansão excessiva dos credores da indemnização perdem justificação. Segundo PICKER, toda a responsabilidade civil seria de qualificar como um dever legal. Para autonomizar a relação especial é necessário a individualidade e isolamento da relação, uma intencionada e consciente destinação a outro parceiro e dirigir-se ou a pessoas determinadas ou a um círculo de pessoas abstractamente determinável[1328].

VI. A reforma do BGB levou à codificação da *culpa in contrahendo* alargando-a a terceiros (§ 311 III BGB), ainda que estabelecendo como requisitos que o terceiro tenha assumido um determinado grau de confiança e que, com isso, tenha influenciado consideravelmente as negociações contratuais ou a conclusão do contrato. Deste modo, grande parte das hipóteses que a doutrina reconduzia à responsabilidade pela confiança têm agora previsão legal expressa. MENEZES CORDEIRO considera que o § 311

[1328] Para uma análise da doutrina de PICKER, LUÍS MENEZES LEITÃO, *Direito das Obrigações*, I, pp. 349 e DÁRIO MOURA VICENTE, *Da responsabilidade*, pp. 112-113. A construção de PICKER, ao conceder um fundamento homogéneo à responsabilidade delitual e obrigacional, tem ainda a consequência de, ao enfileirar a responsabilidade civil na violação de deveres de comportamento, despojar o sistema da necessidade de construção de uma responsabilidade com base na confiança. Neste sentido, CARNEIRO DA FRADA, *Teoria da Confiança*, pp. 221-222, chamando a atenção para que PICKER também defende com o seu sistema a necessidade de uma maior cobertura dos interesses puramente patrimonias fora do quadro do direito delitual. PICKER sujeita a confiança a crítica incisiva com base *i)* na sua imprecisão e ubiquidade, *ii)* no fundamento geral da ordem jurídica, *i)* na mistura entre fáctico e normativo e *ii)* na confusão entre confiar e poder confiar. Recusa-se a confiança, como base autónoma, para resolver casos que se reconduzem ao direito delitual ou à responsabilidade obrigacional.

492 *Normas de Protecção e Danos Puramente Patrimoniais*

III BGB tem o mérito de situar na responsabilidade obrigacional as consequências da *culpa in contrahendo*, permitindo pela via da aplicação do § 280 BGB que a indemnização por *culpa in contrahendo* abranja o interesse positivo[1329].

VII. Na doutrina portuguesa os estudos de BAPTISTA MACHADO[1330], MENEZES CORDEIRO[1331], SINDE MONTEIRO[1332], CARNEIRO DA FRADA[1333] e

---

[1329] MENEZES CORDEIRO, *Tratado de Direito Civil Português*, I, p. 523.

[1330] Para BAPTISTA MACHADO, "Tutela da confiança e *Venire contra factum proprium*"", RLJ, Ano 117, pp. 295 e ss, a responsabilidade pela confiança visa essencialmente evitar e ressarcir danos. A sua fundamentação assenta numa autovinculação que origina a confiança que não é recebida pelo Direito no seu teor de promessa vinculante, como o são as declarações negociais válidas, mas apenas como elemento de facto que entra na composição do pressuposto que desencadeia a responsabilidade em causa.

[1331] Há indícios dispersos da aceitação da responsabilidade pela confiança por parte de MENEZES CORDEIRO. *Tratado de Direito Civil Português*, I, pp. 414-415, p. 511-512 e p. 521, e *Manual de Direito Bancário*, 3.ª ed, Almedina, Coimbra, 2006, pp. 315 e ss. Admitindo mesmo que a responsabilidade pela confiança seja desligada da ambiência contratual. Com referência ao Ac. RPt 7-Jun.-2004 (SANTOS CARVALHO) www.dgsi.pt, parece-nos desenvolver uma solução de imputação com base na teoria da confiança, tratando-se, na sua substância, de um caso a resolver pela responsabilidade delitual. Analisemos, então, parte da argumentação do tribunal que responsabiliza um clube automobilístico organizador de uma prova durante a qual um espectador foi atingido e ficou ferido, por ter sido projectado contra ele um agente de autoridade, em exercício de funções, atropelado no circuito. Passa-se a transcrever: *"Assim mesmo, a frustração da confiança de outrem é susceptível de conduzir à obrigação de indemnizar: existe, contudo, um risco de excesso, perante o carácter aberto e extenso da protecção negativa da confiança. Entretanto, permanece também incerto o regime próprio da responsabilidade pela frustração da confiança e sua articulação com as modalidades comuns de imputação de danos; aqui, pode assistir-se a uma inflação não apropriada do conceito indemnizatório: não há porventura nenhuma delimitação rigorosa da base normativa que a desencadeia nem das respectivas consequências. Nem esta falta é de algum modo suprimida ou atenuada pelos estreitos requisitos de outras hipóteses de tutela positiva da confiança, conexionadas com o abuso do direito. Na doutrina alemã, a protecção indemnizatória da confiança apresenta-se-nos para os casos em que alguém deve responder pelos danos causados por uma declaração sua viciada ou inexacta, ou então pela respectiva omissão, como ocorre, por exemplo, em situações de responsabilidade por informações incorrectas. Corresponde-lhe uma responsabilidade por declarações (Erklärungshaftung): e a protecção indemnizatória da confiança terá, antes de mais, por função tutelar posições jurídicas contra ataques lesivos (Eingriffsschutz) à pessoa ou ao património alheio, conduzindo à reparação dos danos daí resultantes. Eis, decisivo, o pensamento da confiança, porque este tipo de responsabilidade radica na circunstância de o lesado expor os seus bens, no âmbito do tráfico nego-*

DÁRIO MOURA VICENTE[1334] têm contribuído para clarificar a responsabilidade pela confiança[1335].

---

cial, à intrusão da outra parte e, nesse sentido, na atitude de confiar nela (a atitude de anvertrauen da anvertrauenshaftung). A parte contrária apresentar-se-ia enfim onerada com deveres de protecção não subsumíveis à responsabilidade por declarações e responderia pelos danos causados pela sua violação CANARIS, Die Vertrauenshaftung, pp. 532 e ss e pp. 539 e ss e CARNEIRO DA FRADA, Contratos e Deveres de Protecção, pp. 250 ss e pp. 269 ss". A Relação do Porto conclui: *"Mesmo não podendo admitir-se com carácter de generalidade a existência de um dever de corresponder à confiança alheia, importa concluir que a responsabilidade pela confiança se distingue na realidade daquela que emerge da violação de deveres de agir. Depura requisitos de protecção como a razoabilidade e o investimento de confiança: tais pressupostos são completamente estranhos a um simples responder por violação de normas de agir, mas são congruentes com um modelo de responsabilidade compensatória, segundo a primazia desejável da tutela negativa da confiança; a singularidade dogmática da responsabilidade pela confiança ancorada na ligação genérica à razão prática e incorpora a dimensão prudencial que caracteriza especificamente a interacção; fica ultrapassado o paradigma da causalidade, inerente às formas de responsabilidade clássicas. E este alargado campo da responsabilidade civil, que aglutina uma responsabilidade por frustração de condutas confiáveis, acaba por estar prevenido certamente na obrigatoriedade dos seguros, vínculo que em concreto estabeleceu, neste caso, a R. com o Clube Desportivo organizador do Rally. Por conseguinte, no final do percurso exegético que ficou, resulta um concebimento do caso em todo contrário ao da sentença de 1.ª instância, atida a um conceito clássico de imputação do dano: não é de admirar que julguemos valiosa e convincente a posição dos AA., havendo que levar, na orientação da procedência do pedido, o estudo do caso às suas extremas consequências, nomeadamente de estimativa do débito indemnizatório. Com efeito, a relação concreta de confiança, que tem vindo a ser convocada, vincula, neste caso, o organizador da prova desportiva ao seu espectador, filho dos AA, vitimado todavia pelas consequências danosas dessa específica frustração da confiabilidade, inaugurada no desencadear do evento automobilístico a que assistia regularmente."*

[1332] SINDE MONTEIRO, *Responsabilidade por conselhos*, pp. 488 e ss, desenvolvendo uma crítica contudente à responsabilidade pela confiança (pp. 504 e ss) e defendendo soluções conformes ao nosso sistema civil *"em diversos aspectos essenciais mais moderno e perfeito do que o germânico"* (p. 507).

[1333] CARNEIRO DA FRADA, "A responsabilidade pela confiança nos 35 anos do Código Civil – Balanço e perspectivas-" *Comemorações dos 35 Anos do Código Civil e dos 25 anos da Reforma de 1977*, vol. III, Direito das Obrigações, Coimbra Ed., Coimbra, 2007, pp. 289-307.

[1334] DÁRIO MOURA VICENTE, *Da responsabilidade*, p. 93.

[1335] Contra uma terceira via da responsabilidade, MÁRIO JÚLIO DE ALMEIDA COSTA, *Direito das Obrigações*, pp. 540-541.

CARNEIRO DA FRADA considera que esta via pressupõe o reconhecimento do carácter complexo da relação obrigacional, dos limites do contrato, como acto de autonomia privada, e da necessidade de uma descontratualização dos deveres de conduta e do recurso a apoios de *lege lata* existentes para averiguar da margem da sua transponibilidade para outros casos[1336]. LUÍS MENEZES LEITÃO defende igualmente a transposição da tese de PICKER para o Direito português, admitindo que as vinculações específicas diferentes do dever de prestação, que se caracterizam por ser algo mais do que um dever genérico de respeito implicam problemas específicos não resolvidos pela responsabilidade delitual ou obrigacional, pelo que justificam a configuração dogmática de uma responsabilidade intermédia sujeita a regime específico, no qual se incluiriam os institutos da responsabilidade pré-contratual, da *culpa post pactum finitum*, o contrato com eficácia de protecção para terceiros e a relação corrente de negócios[1337].

Apesar de não se subscrever uma "erupção do pensamento da confiança" na responsabilidade civil pela difusão das mensagens publicitárias[1338], concorda-se com a recusa da existência de uma norma de protec-

---

[1336] CARNEIRO DA FRADA, *Direito Civil. Responsabilidade Civil*, pp. 88-89.

[1337] LUÍS MENEZES LEITÃO, *Direito das Obrigações*, I, pp. 350, e PEDRO ROMANO MARTINEZ, *Direito das Obrigações*, Apontamentos, p. 87.

[1338] Não se trata de negar a existência de normas que tutelam a confiança, o que admitimos expressamente no nosso "Revogação Unilateral do Mandato, Pós-Eficácia e Responsabilidade pela Confiança", Estudos em Homenagem ao Professor Doutor Inocêncio Galvão Telles, vol. I, Almedina, Coimbra, 2002, pp. 342-343. Cfr. CARNEIRO DA FRADA, *Teoria da Confiança*, p. 838. Trata-se de recusar, fora das referências legais, como teoria pura, reconhecer fundamento indemnizatório à confiança, quando o mesmo é feito à custa da subtracção dos casos abrangidos estruturalmente pelo direito delitual. Nada nos move contra a responsabilidade pela confiança, antes a apoiamos em disposições legais que a protejam e sobretudo como complemento da responsabilidade obrigacional. Algumas das considerações expostas no nosso *Revogação Unilateral* foram subscritas no Ac. Rel. Pt 7-Mai.-2006 (DEOLINDA VARÃO) www.dgsi.pt, no qual se decidiu um caso relativo a um serviço que o Autor se obrigou a executar para a Ré e que consistia na elaboração de um projecto para a construção de um edifício destinado a armazém. A partir de Janeiro de 2003, por instruções da Ré, o Autor avançou com a elaboração do projecto, e, em 12.03.03, o legal representante da Ré comunicou ao Autor que, por razões económicas, a Ré não iria de imediato proceder à construção do edifício e que, como tal, não pretendia a conclusão do projecto entretanto já desenvolvido. Aquela declaração foi feita cerca de três meses depois de o autor ter iniciado a execução dos trabalhos por instruções do mesmo representante legal. No entanto, a revogação unilateral não possui uma mera eficácia extintiva rela-

Estudo de Direito Positivo   495

tivamente às obrigações que resultam do contrato de mandato. Em determinadas hipóteses legais, previstas no art.° 1172.°, estabelece-se, a cargo do revogante, uma obrigação de indemnizar. A responsabilidade pela revogação unilateral do mandato não se enquadra na responsabilidade contratual porque não resulta do contrato de mandato, que se extingue quando revogado; nem se enquadra na responsabilidade delitual porque, sendo consequência da consagração de uma regra de livre revogabilidade, não é possível fazê-la corresponder a uma conduta violadora de direitos, ou de qualquer norma destinada à tutela de interesses alheios, e nem tão pouco ao abuso do direito, fora dos casos em que este se possa verificar (*Revogação Unilateral*, pp. 333-334), defende-se, por consequência, que a responsabilidade pela revogação do mandato se deve enquadrar na chamada responsabilidade pela confiança, que constitui uma terceira via, intercalada entre a responsabilidade obrigacional e a delitual. O mandato corresponde à ideia de alguém confiar a outrem a prática de um ou mais actos. Para além desta confiança, regista-se, ainda, a confiança do contraente "fiel", seja ele mandante ou mandatário na não revogação do mandato pela contraparte. Pesem embora as críticas que possam ser feitas à responsabilidade pela confiança, atendendo ao carácter difuso do conceito e à sua ambiguidade, analisando-se as diversas alíneas do art. 1172.°, chega-se à conclusão que a tutela da confiança é o fim da própria norma, ou seja, aquele preceito apresenta-se como uma disposição legal específica da tutela da confiança que assegura a solução justa pelo próprio *ius strictum*. Surgindo a tutela da confiança como *ratio* da previsão normativa, a confiança não se limita a um mero factor psicológico do agente que confia e, deste modo, deixa de ter o dom da ubiquidade, para operar numa tutela delimitada por normativos típicos. Verificada uma das circunstâncias do art. 1172.°, a obrigação de indemnizar só pode ser afastada quando ocorra justa causa para a revogação, pois que seria intolerável que a parte que, pela sua conduta, deu causa à revogação obtivesse indemnização por alegados prejuízos. A lei não define justa causa de revogação do mandato, cujo conteúdo poderá ser apreciado livremente pelo tribunal. Será justa causa qualquer circunstância, facto ou situação em face da qual, e segundo a boa fé, não seja exigível a uma das partes a continuação da relação contratual. Assim, no caso dos autos, a revogação do contrato de prestação de serviço não confere, sem mais, ao Autor o direito de receber uma parte do montante dos honorários ajustados. Ao Autor assiste o direito a ser indemnizado pelos prejuízos que sofreu em consequência da revogação, caso se verifique alguma das circunstâncias previstas no art. 1172.° e desde que a Ré não tivesse justa causa para a revogação do contrato. A situação dos autos não tem enquadramento nas als. a), b) e d) do art. 1172.° A al. c) contempla o caso de o Autor da revogação ser o mandante e de o mandato ser oneroso e de se verificar uma destas duas situações concretas: a de o mandato ser conferido por certo tempo e para determinado assunto; a de a revogação ser feita sem a antecedência conveniente. As duas situações que o legislador acautelou são precisamente aquelas em que o mandatário podia legitimamente confiar: *i)* na primeira, porque ao ser mandatado por certo tempo e determinado assunto, o mandatário confiou na duração do mandato; *ii)* na segunda, porque há violação de um dever de informação, sendo que a omissão do pré-aviso de revogação leva a que a confiança depositada na continuação

496   *Normas de Protecção e Danos Puramente Patrimoniais*

ção na afirmação genérica de que a lei assegura a protecção contra terceiros em relação às mensagens publicitária enganosas (*vide* artigo 30.º do Decreto-Lei n.º 330/90, de 23 de Outubro)[1339]. No entanto, isso não

---

da relação contratual seja justificada (nosso *Revogação Unilateral*, p. 341). Em ambas as situações previstas na al. c) do art. 1172.º, tutela-se o direito do mandatário à retribuição do mandato, pois que um dos pressupostos da responsabilidade do mandante-revogante é que o mandato seja retribuído. Por isso, também em ambas, o prejuízo do mandatário se traduz na perda da retribuição a que tinha direito. Em qualquer dos casos, procura-se fixar o lucro cessante do mandatário. No primeiro caso (mandato conferido por certo tempo ou para determinado assunto), o prejuízo da revogação calcular-se-á em função da compensação que o mandato deveria proporcionar normalmente ao mandatário, ou seja, a indemnização pelos prejuízos causados pode consistir na retribuição que o mandatário perdeu, deduzida do que obteve por outra aplicação do seu trabalho em consequência da revogação (*Revogação Unilateral*, p. 341). No caso *sub judice*, a prestação de serviços acordada entre o Autor e a Ré tinha um objecto determinado destinado a um fim específico – a elaboração de projectos e do caderno de encargos, e a direcção técnica e a fiscalização da obra de construção de um edifício para armazém – pelo que, ao contratar a prestação daqueles serviços para a Ré, o Autor confiou em que iria receber a retribuição pelos mesmos. Verifica-se, assim, a primeira das situações previstas na al. c) do citado art. 1172.º Não se evidencia justa causa para a revogação do contrato, não estando provadas as dificuldades económicas invocadas pela Ré como motivo para não prosseguir com a construção do edifício. Sendo assim, por força do disposto no citado art. 1172.º, al. c), está a Ré obrigada a indemnizar o Autor pelos prejuízos que aquele sofreu em consequência da revogação do contrato. Essa indemnização consistiria no montante global da retribuição fixada, deduzida da retribuição que o autor iria obter por outro trabalho que viesse a realizar por se ter "libertado" das obrigações emergentes do contrato por força da revogação. Seria esta a indemnização adequada a ressarcir o lucro cessante do autor (cfr. arts. 562.º, 563.º e 564.º, n.º 1, 2.ª parte). O Autor pede o pagamento de parte da retribuição que havia sido acordada e que corresponde à parte dos trabalhos que executou. O valor dos serviços efectivamente prestados pelo Autor não deixa de ser uma indemnização por lucros cessantes, contendo-se assim na previsão da al. c) do art. 1172.º, pelo que não pode deixar de lhe ser atribuído. Donde o Acórdão conclui que o tribunal *a quo* decidiu bem, embora tenha atribuído aquela quantia ao Autor como retribuição dos serviços prestados e não como indemnização pela revogação do contrato. *Vide* no mesmo sentido, mais recentemente, o Ac. Rel. Pt 31-Mai.-2007 (Deolinda Varão) www.dgsi.pt com soluções semelhantes soluções ainda que no caso a A. actuasse no domínio dos serviços de comercialização de aplicações informáticas e de aplicação de sistemas de qualidade. Cfr. ainda Carneiro da Frada, *A responsabilidade pela confiança nos 35 anos do Código Civil – Balanço e perspectivas –*, pp. 300-301.

[1339] O art. 30.º do Decreto-Lei n.º 330/90, de 23 de Outubro, estabelece, no seu n.º 1, que "*os anunciantes, as agências de publicidade e quaisquer outras entidades que exerçam a actividade publicitária, bem como os titulares dos suportes publicitários utilizados ou os respectivos concessionários, respondem civil e solidariamente, nos termos*

Estudo de Direito Positivo   497

resulta da disposição citada, sendo igualmente de defender que nem todas as disposições legais do regime jurídico da publicidade, contido no Código da Publicidade vigente ou no eventual Código do Consumidor que lhe venha suceder, devem ser indiscriminadamente consideradas normas de protecção. Com efeito, de acordo com o que ficou previamente analisado, é pressuposto da norma de protecção uma tutela individual autonomizável.

Um outro ponto essencial refere-se às relações entre as normas que constroem ilícitos contra-ordenacionais e ao modo como estes ilícitos podem servir de base para uma ilicitude civil e para o preenchimento dos restantes pressupostos da responsabilidade aquiliana. No Código da Publicidade surge-nos um conjunto de regras que estabelecem proibições, que se iniciam com a expressão "é proibida", tratando-se de uma técnica legislativa discutível. Ora, é na parte referente à secção das contra-ordenações que ficamos a saber que só são puníveis quando praticadas com dolo ou negligência. Isto significa que nas normas primárias se edificam uma série de ilícitos objectivos, que apenas são puníveis contra-ordenacionalmente em caso de culpa na modalidade de dolo ou de negligência. Neste con-

---

gerais, pelos prejuízos causados a terceiros em resultado da difusão de mensagens publicitárias ilícitas" e, no seu n.° 2, que *"os anunciantes eximir-se-ão da responsabilidade prevista no número anterior caso provem não ter tido conhecimento da mensagem publicitária veiculada"*. O artigo 119.° do Anteprojecto do Código do Consumidor, sob a epígrafe responsabilidade civil, decalca o artigo 30.° do CPub. A análise desta disposição aponta para alguns dos aspectos referidos no texto, designadamente, que não se trata de restringir a responsabilidade civil à publicidade enganosa, mas que compreende todo o ilícito publicitário, e que se trata de uma responsabilidade que se alarga a todos os operadores da actividade publicitária. Sobre o que seja actividade publicitária e os seus operadores (cfr. arts 87.° e 88.° do ACC). Esta disposição está construída mais para uma responsabilidade produzida em meios de comunicação social, na medida em que se refere à "difusão das mensagens publicitárias", do que para uma publicidade pessoal, ainda que não se exclua a sua aplicação a esta última. Por outro lado, a referência a "prejuízos causados a terceiros" aponta mais para uma aproximação delitual do que para uma aproximação contratual. No entanto, a remissão para uma responsabilidade nos termos gerais não pode deixar de ser interpretada no sentido de abranger todos os títulos de imputação de danos, desde que se verifiquem os respectivos pressupostos. Ou seja, o dado de maior importância desta disposição é a possibilidade de todos os títulos de imputação poderem em abstracto ser utilizados para fazer responder pela difusão de mensagens publicitárias ilícitas; não se trata de converter sem mais todas as normas que tipificam ilícitos publicitários em normas de protecção (neste ponto em total sintonia com CARNEIRO DA FRADA, *Teoria da Confiança*, p. 201, (n. 156)).

498 *Normas de Protecção e Danos Puramente Patrimoniais*

texto, de separação entre a norma que descreve a conduta proibida e a que estabelece a coima aplicável, voltam-se a elencar todos os ilícitos publicitários e o montante da coima susceptível de aplicação.

Esta separação entre as normas primárias e secundárias faz-nos recuperar os estudos de Dörner e a distinção entre normas de conduta (*Verhaltensnorm*) e normas de sanção (*Sanktionsnorm*) e a problemática referente à questão de saber se uma norma de protecção proibir um certo comportamento, mas não estiver prevista qualquer sanção (*lex imperfecta*) e, por esta razão, também não se exigir a culpa, na forma de dolo ou negligência, segundo o § 823 II BGB, deve, no sentido do Direito civil, conduzir, ainda assim, a uma obrigação de indemnização, verificada a culpa *in concreto,* ou, pelo contrário, se as sanções penais ou contra-ordenacionais pressupuserem uma modalidade de culpa, deve esta ser normativa também para a responsabilidade delitual. Como referimos *supra*, a posição maioritária na doutrina alemã vai no sentido da modalidade de culpa ser relevante para o § 823 II BGB. Se a pena ou coima forem cominadas só por infracções dolosas, então comportamentos negligentes não devem fundamentar uma responsabilidade civil autónoma. Esta posição assenta no esforço de coordenar consequências jurídicas diferentes nos seus pressupostos; só quando a pessoa que age tiver que contar com uma sanção penal ou contra-ordenacional deve estar exposta também a uma obrigação de indemnizar[1340].

No contexto em análise, não se levantam dificuldades porque a totalidade dos ilícitos publicitários previstos no Código da Publicidade (ou no Anteprojecto do Código do Consumidor) são puníveis como contra-ordenação na modalidade dolosa e negligente, sendo que, por regra geral, às condutas negligentes se aplica um coima correspondente a metade da coima estabelecida para a conduta dolosa, o que aponta para o carácter sancionatório do ilícito contra-ordenacional. Poder-se-ia eventualmente questionar a susceptibilidade de utilização das normas primárias (de conduta) em conjugação directa com o artigo 483.º, n.º 1, do CC independentemente de as mesmas estabelecerem uma sanção penal ou contra-ordenacional. Não se trata aqui, de qualquer modo, de *leges imperfectae,* uma vez que se configuram ilícitos contra-ordenacionais. De referir, neste quadro, que alguma doutrina põe em causa a existência de normas cuja

---

[1340] Heinrich Dörner, *Zur Problematik*, pp. 523 ss.

Estudo de Direito Positivo

violação não implique qualquer espécie de sanção[1341]. Não se deve falar em leis imperfeitas na dogmática das normas de protecção, na medida em que as normas com este carácter possuem uma aptidão estrutural para desencadearem consequências jurídicas, designadamente a constituição de uma obrigação de indemnizar, verificados os respectivos pressupostos[1342].

O Código da Publicidade visa a protecção da generalidade dos consumidores, sendo que individualmente os consumidores são protegidos essencialmente no quadro contratual. A publicidade enganosa prevista no artigo 11.º do CPub contém uma referência ao concorrente, considerando publicidade enganosa a que seja susceptível de prejudicar o concorrente. Pensamos, como já foi referido, que se trata de um mero critério relevante para delimitação da publicidade enganosa, não se visando uma protecção autónoma do concorrente. Com efeito, a protecção do concorrente é meramente reflexa na publicidade enganosa, pelo que não há, neste ponto, uma norma de protecção dos concorrentes para efeitos de indemnização, sendo a mesma de fundamentar na concorrência desleal. Em contrapartida, encontram-se normas de protecção do concorrente individual na publicidade comparativa ilícita, podendo as referidas disposições ser utilizadas como normas de protecção de concorrentes individuais prejudicados por este tipo de publicidade.

14.4. *Novos ilícitos na sociedade de informação*

I. A criação de um Direito da sociedade da informação, ou de um Direito da Internet, como disciplina que regula os comportamentos concorrenciais na rede, impõe reflectir sobre a evolução tecnológica e o seu papel

---

[1341] BAPTISTA MACHADO, *Introdução ao Direito e ao Discurso Legitimador*, 13.ª reimpressão, Almedina, Coimbra, 2002, p. 96, questiona se existirão normas *jurídicas* cuja violação não implique efeitos jurídicos. Na perspectiva de que a sanção consiste na "reacção da ordem jurídica à inobservância ou à violação das suas normas", a sanção pode situar-se em dois níveis: na recusa da eficácia jurídica aos actos praticados com inobservância dessas normas ou na produção de efeitos jurídicos constitutivos, modificativos, extintivos, inibidores e impeditivos. Há, assim, uma oposição ao conceito de norma jurídica imperfeita, porquanto uma infracção ao direito não pode ser juridicamente irrelevante. Esta negação do carácter normativo das regras sem sanção não resulta da essencialidade do elemento de coacção na noção de Direito, mas assenta antes na ideia de auto-referência como necessidade de unidade e integridade (p. 133).

[1342] HEINRICH DÖRNER, *Zur Problematik*, p. 525.

500 Normas de Protecção e Danos Puramente Patrimoniais

na sociedade e sobre a necessidade e sentido da intervenção jurídica, uma vez que o mercado e os comportamentos concorrenciais se transferem parcialmente para o espaço da Internet. Esta reflexão pode levar a que se deixe a Internet livre de condicionamentos, para garantia da sua sobrevivência e desenvolvimento, ou, de modo oposto, a considerar que a sua sobrevivência e desenvolvimento, em especial no que concerne ao comércio electrónico, dependem da introdução de mecanismos legislativos efectivos que garantam a sua segurança[1343].

A Internet encontra-se exposta ao relativismo, à fragmentariedade, à contingência e ao pragmatismo próprios da pós-modernidade, em que o quadro de valores estáveis, no qual o mundo jurídico assenta, não tem grande aplicação. A Internet deve ser concebida como um espaço de abertura ao desenvolvimento de novos comportamentos, pelo que só em casos especialmente qualificados, e igualmente avaliados nos seus resultados, se deve recorrer à sua proibição. Este tipo de argumento foi inicialmente utilizado em relação à publicidade, com base na ideia de que se tratava de uma actividade essencial para a iniciativa e desenvolvimento económicos, o que originou algum laxismo e fomentou o seu crescimento excessivo. Ora, a Internet não deve implicar uma disciplina mais rigorosa do que aquela que foi criada para a actividade publicitária. Na verdade, na sua essência, a maioria das ferramentas tecnológicas, que permitem novas formas de concorrência, não passa de uma forma habilidosa de fazer publicidade e de chamar a atenção dos consumidores, ainda que, em relação algumas, os sistemas jurídicos não reconheçam o seu carácter publicitário[1344].

Nesta linha de análise, as disciplinas da publicidade e da concorrência desleal podem fornecer um quadro de regulação das condutas concorrenciais na Internet, na medida em que ela própria é o resultado de um equilíbrio entre as necessidades do desenvolvimento económico e a protecção dos interesses dos concorrentes e dos consumidores[1345]. Na Internet autonomizou-se um conjunto de comportamentos concorrenciais específicos, próprios do ciberespaço, que não tem paralelo fora da rede[1346], a saber:

[1343] O nosso "Concorrência Desleal na Internet", Direito da Sociedade da informação, vol. VI, Coimbra Ed., Coimbra, 2006, p. 359.

[1344] O nosso *Concorrência Desleal na Internet*, pp. 359-360.

[1345] O nosso *Concorrência Desleal na Internet*, pp. 360-371.

[1346] PETER MANKOWSKI, *"Besondere Formen von Wettbewerbsverstössen im Internet und Internationales Wettbewerbsrecht*, GRUR Int 12/(1999), pp. 996 e ss, distingue

Estudo de Direito Positivo 501

i) Os *hiperlinks* ou hiperligações que correspondem a comandos, normalmente representados por um texto sublinhado ou a *bold*, que, quando accionados, permitem que o utilizador seja transportado de uma página para outra[1347]. Têm sido apresentadas várias classificações para as hiperligações. Numa distinção básica, hiperligações disjuntivas são aquelas cuja activação fornece instruções ao programa de navegação para substituir totalmente os conteúdos de origem pelos conteúdos de destino; por sua vez, hiperligações conjuntivas são as cuja activação permite juntar ou unir os conteúdos de destino com os conteúdos de origem[1348]. Numa diferente classificação, as hiperligações podem ser de superfície (*surface links*) ou profundas (*deep links*), conforme remetem para a primeira página de um sítio ou para as páginas secundárias[1349].

Alguns autores têm-se pronunciado pela dificuldade de aplicação da concorrência desleal às hiperligações de superfície, em razão quer da necessidade de preenchimento dos seus requisitos, quer por defenderem uma concepção exigente sobre o acto de concorrência desleal[1350]. Estes autores não afastam, porém, a aplicação desta disciplina, verificados que sejam os seus pressupostos, caso o sítio de destino não se encontre protegido pelo Direito de Autor ou por um direito *sui generis* sobre uma base de dados[1351].

Em alguns casos de hiperligações há a possibilidade de confusão e de indução em erro. Para tal não é, todavia, suficiente a colocação de hiperli-

---

outras formas concorrenciais como o *domain grabbing,* os *cookies* e o *spamming.* Cfr. STEFAN ERNST, "Internet und Recht", JuS, (1997), Heft 9, pp. 776-782, e M.ª DOLORES RIVERO GONZÁLEZ, "Régimen jurídico de la publicidad en Internet y las comunicaciones comerciales no solicitadas por correo electrónico", RDM, (2003), n.º 250, pp. 1587-1614.

[1347] JEFFREY R. KULSTER/PETER A. NIEVES, *Hiperlinks, frames and metatags: an intellectual property analysis,* IDEA-The Journal of Law and Technology, vol. 38, n.º 2, p. 246.

[1348] SOFIA VASCONCELOS CASIMIRO, *Contributo para o estudo dos mecanismos de associação de conteúdos da World Wide Web,* (tese polic.), 2002, pp. 87 e ss.

[1349] JOSÉ OLIVEIRA ASCENSÃO, "*Hyperlinks, frames* e *metatags* – A segunda geração de referências na Internet", Direito da Sociedade da informação, vol. III, p. 30.

[1350] SOFIA VASCONCELOS CASIMIRO, *Contributo,* pp. 155-157.

[1351] SOFIA VASCONCELOS CASIMIRO, *Contributo,* p. 186.

gações, exigindo-se outras afirmações no sítio que demonstrem a intenção do titular da página de origem de provocar confusão e/ou indução em erro. Relativamente às hiperligações profundas é mais fácil a aplicação da concorrência desleal por implicarem normalmente actos de aproveitamento e de parasitismo[1352]. A colocação de hiperligações de superfície ou profundas não justifica por si só a aplicação da disciplina da concorrência desleal. Com efeito, trata-se de um processo generalizado na Internet, que permitiu a sua transformação naquilo que hoje é. A possibilidade de saltar de sítio em sítio é essencial para a navegação dos utilizadores, que o podem fazer através da introdução de nomes de domínio ou da utilização de hiperligações. Há, no entanto, situações em que os titulares dos sítios inserem um aviso no sentido de proibir as hiperligações por terceiros, caso em que deverá ser respeitada a proibição.

Salvo em raras situações, ou quando se trate de pessoas particularmente incautas, à margem da tutela jurídica, estes casos não devem ser enquadrados como de indução em erro e/ou aproveitamento ilegítimo. É certo que podem surgir entres dois sítios, para além de um hipernexo, conteúdos que potenciem a ideia de associação de empresas, com o correspondente aproveitamento ilegítimo e/ou indução em erro. Ora, são esses conteúdos que têm de ser avaliados sobre o prisma da concorrência desleal. A hiperligação só por si não contribui para a concorrência desleal, pelo que para aferir de um aproveitamento manifestamente ilícito há que proceder a uma análise da contextualidade dos conteúdos do sítio de origem e de destino. O princípio que se defende é o da liberdade de estabelecimento de hiperligações, pois, caso contrário, a colocação de hiperligações entre sítios estaria dependente de licença, o que implicaria a necessidade de autorização do titular do sítio. Ora, do nosso ponto de vista, os negócios jurídicos, normalmente onerosos, de autorização de estabelecimento de hiperligações devem restringir-se aos *banners* publicitários (*web-linking agreements*). Fora destes casos de ligações exclusivamente comerciais, o estabelecimento de hipernexos deve ser considerado livre.

Quando as hiperligações se situam entre empresas que desenham uma relação concreta de concorrência e há um fim comercial pela disputa da mesma clientela, a situação não deve ter um enquadramento diferente daquele que resultaria da publicidade comparativa que é, em geral, admi-

---

[1352] Sofia Vasconcelos Casimiro, *Contributo*, p. 189.

tida quando assente em características objectivas e comprováveis. Certos autores defendem que há a possibilidade de prática de actos de aproveitamento e de parasitismo quando haja falsa indicação da existência de uma parceria entre o titular do sítio de origem e do sítio de destino, sempre que o titular de um sítio utiliza *frames*[1353]. Nestes casos, o artigo 317.º do CPI pode funcionar como norma de protecção para desencadear efeitos indemnizatórios[1354].

ii) Os *frames* traduzem-se num processo de *linking* em que uma página da *web* pode ser dividida em duas páginas distintas com janelas e elevadores autónomos. Na maioria dos casos, considera-se que o utilizador está familiarizado com a abertura sistemática de janelas na Internet, designadamente de *banners* publicitários, pelo que a utilização do critério da indução em erro é, por vezes, injustificado. Nestes termos, só uma avaliação especialmente qualificada deverá afastar o carácter lícito desta conduta. Com efeito, o enquadramento que é feito em matéria de hiperligações aplica-se integralmente aos *frames* quando estes permitem o conhecimento simultâneo dos conteúdos de dois sítios distintos, pelo que o processo de *framing* não possui características diferentes das hiperligações conjuntivas. A apresentação simultânea poderá mais facilmente induzir a uma associação entre empresas, mas, caso não exista entre estas empresas uma relação concorrencial, não é, sem mais, justificável o recurso à concorrência desleal.

À semelhança do que se defendeu para as hiperligações, a colocação de *frames* só deverá ser qualificada como de concorrência desleal quando houver uma relação concreta de concorrência e a apresentação simultânea puder ser especialmente indutora de aproveitamento ou de indução em erro. Para tal deverá recorrer-se ao critério de aferição da deslealdade do acto, com recurso ao proémio do artigo 317.º do CPI. Caso contrário, o comportamento deverá ser tido como inserido num espaço de liberdade e, consequentemente, considerado lícito.

[1353] OLIVEIRA ASCENSÃO, *Hyperlinks*, p. 33 e SOFIA VASCONCELOS CASIMIRO, *Contributo*, p. 186.
[1354] O nosso *Concorrência Desleal na Internet*, pp. 364-366.

504 *Normas de Protecção e Danos Puramente Patrimoniais*

Só um critério particularmente exigente em termos de aplicação da concorrência desleal permitirá afirmar *prima facie* um princípio de liberdade de utilização de *frames*. Assim, apenas nos casos em que exista uma relação concreta de concorrência, com potenciais ou efectivos danos e correspondentes vantagens, e em que o comportamento consubstancie um processo sistemático, contínuo e global de aproveitamento, agressão ou indução em erro, se deverá defender o seu carácter ilícito, podendo dar origem a responsabilidade delitual nos termos do n.° 1 do artigo 483.°[1355].

iii) Os *metatags* consistem em palavras não acessíveis aos utilizadores, colocadas na construção das páginas; são códigos de *html* que, colocados em palavras-chave e frases, são descritivos quanto ao conteúdo dos sítios e que são lidos pelos motores de pesquisa[1356]. OLIVEIRA ASCENSÃO discorda que se utilize o direito de marca para obstar a que outrem use como *metatag* marcas de concorrentes. Para este autor, o direito de marca protege o sinal distintivo na individualização dos bens e serviços, não conferindo a apropriação do sinal, mas tão-somente uma reserva de uso nos produtos ou serviços a que se aplica. Diferentemente, em relação às marcas de grande prestígio, defende que haverá já um monopólio absoluto[1357].

No passado tendemos para analisar os casos de *metatags* à luz da violação do direito das marcas, em especial quando se tratasse de marcas de grande prestígio e só excepcionalmente se recorresse à concorrência desleal[1358]. Consideramos que a introdução de *metatags*, pré-orientada para a prossecução de fins comerciais, através de uma especial modelação do tráfego da *web*, designadamente para responder a determinadas expressões de procura, deve ser em geral considerada lícita. Só devem ser qualificados como ilícitos os casos em que se utilizem marcas de grande prestígio e em que através de outros elementos presentes no sítio se manifeste uma

---

[1355] O nosso *Concorrência Desleal na Internet*, pp. 366-367.

[1356] O nosso *Metatags e correio electrónico entre os novos problemas do Direito da Internet*, Direito da Sociedade de Informação, IV, p. 407.

[1357] OLIVEIRA ASCENSÃO, *Direito Intelectual, exclusivo e liberdade*, ROA, Ano 61, Dezembro, (2001), pp. 1198-1199.

[1358] O nosso *Metatags e correio electrónico*, p. 421.

Estudo de Direito Positivo

actuação contrária à concorrência leal. Com efeito, o simples facto de os motores de busca endereçarem os utilizadores para outro sítio não justifica só por si a aplicação das regras sobre actos susceptíveis de causar confusão. É verdade que a Internet fomenta um certo aproveitamento de fluxos de utilizadores, que podem ser reciprocamente anulados, designadamente pela introdução de *metatags* nos sítios concorrentes, com potencial atracção dos consumidores. No entanto, os concorrentes, que se sintam lesados por algum tipo de utilização de *metatags* nos sítios, podem também recorrer a *metatags* que tornem os seus sítios mais atractivos para os motores de busca. Há, nesta possibilidade, uma auto-tutela através da técnica. Na Internet, o direito tem de se articular com a tecnologia. Só os casos em que a tecnologia não ofereça uma resposta simples devem ser objecto de especial tutela jurídica[1359].

iv) O *keywords selling,* que se traduz na venda de palavras-chave, permite que determinadas empresas obtenham vantagens nos resultados apresentados pelos motores de pesquisa pelo aparecimento automático das suas janelas comerciais (*banners*) ou dos seus sítios. A venda de palavras-chave deve ser enquadrada como um negócio jurídico em que o titular do motor de pesquisa vende espaço publicitário ao anunciante ou ao titular do sítio, o que em nada a distingue da compra de espaço publicitário nos meios de comunicação tradicional, como a televisão, a rádio ou a imprensa escrita. Os negócios de comercialização de resultados de pesquisa não representam à partida qualquer prática ilícita, a não ser que seja manifesta a intenção de enganar o consumidor ou de aproveitamento ilícito da reputação alheia. De referir que, enquanto no caso dos *hiperlinks* e dos *frames* existe estruturalmente uma relação entre concorrentes ou entre titulares de sítios, nos restantes processos, como na introdução de *metatags* ou na venda de palavras-chave, o que se visa é uma relação com o utilizador e só indirectamente uma relação com os concorrentes. Assim, como é lícito às empresas colocarem publicidade em espaços criados para esse efeito, é igualmente lícito a compra de espaço comercial na Internet[1360].

[1359] O nosso *Concorrência Desleal na Internet*, pp. 367-368.
[1360] O nosso *Concorrência Desleal na Internet*, pp. 368-369.

506 — Normas de Protecção e Danos Puramente Patrimoniais

v) O *ciberstuffing* equivale a uma forma de controlo dos resultados das pesquisas, permitindo estabelecer a posição em que o sítio de uma empresa é apresentado numa lista de resultados de pesquisa, designadamente através da repetição de certas expressões de procura no sítio. A análise feita em relação aos negócios jurídicos relativos à comercialização de palavras-chave aplica-se, *mutatis mutandis,* aos processos de *ciberstuffing,* na medida em que o aparecimento em primeiro lugar numa lista de resultados de pesquisa mais não representa de um normal processo de procura de surgimento em lugar de destaque, através de meios, mais ou menos habilidosos, de construção de sítios. Nestes termos, o *ciberstuffing* não implica concorrência desleal. É certo que se várias técnicas informáticas forem combinadas, de modo a que se registe o aproveitamento da reputação de outro concorrente ou a indução em erro dos consumidores, pode haver um enquadramento desta conjugação de esforços com propósitos comerciais na esfera do ilícito de concorrência desleal. No entanto, mais uma vez, só o recurso à valorização do proémio do artigo 317.° do CPI e a presença de uma actuação especialmente qualificada, justifica o seu tratamento como concorrência desleal e uma eventual consequência indemnizatória decorrente da sua articulação com o artigo 483.°, n.° 1[1361].

vi) A publicidade e o marketing *interactivos* configuram novos meios de publicidade em que o destinatário das mensagens comerciais pode interagir com os anunciantes. A regulação no espaço europeu da publicidade na rede encontra-se na Directriz 2000/31/CE, do Parlamento Europeu e do Conselho, de 8 Junho de 2000. Cumpre analisar com algum cuidado a referida Directriz, uma vez que constitui a matriz das legislações nacionais europeias em matéria de regulamentação da publicidade na rede. Os serviços da sociedade da informação são essenciais no contexto das liberdades comunitárias fundamentais, nas quais assenta o mercado interno europeu, designadamente, da liberdade de circulação de bens, serviços e capitais. Daí a importância de uma legislação que contribua para a regulação da publicidade na rede, permitindo um aumento da segurança dos que operam nesta área[1362].

[1361] O nosso *Concorrência Desleal na Internet,* pp. 369-370.
[1362] O nosso *Concorrência Desleal na Internet,* pp. 370-371.

Estudo de Direito Positivo 507

O Decreto-Lei n.º 7/2004, de 7 de Janeiro, só regula a publicidade enviada por *email*, o chamado *spam*. Deste modo, em relação a outros campos de actividade publicitária na rede, tais como, os sítios, os *banners* e a utilização publicitária de motores de busca, não existe uma disciplina específica. Assim, na ausência de disposições específicas que regulem esta matéria, dever-se-á aplicar o Código da Publicidade e o futuro Código do Consumidor, caso venha a ser aprovado[1363]. Para além do Código da Publicidade e, em geral, da legislação de defesa do consumidor, pode recorrer-se à disciplina da concorrência desleal e às práticas comerciais desleais (Directiva 2005/29/CE do Parlamento Europeu e do Conselho, de 11 de Maio de 2005, relativa às práticas comerciais desleais das empresas face aos consumidores no mercado interno) para actuar em relação a comportamentos publicitários na rede que prejudiquem ou possam prejudicar os concorrentes e/ou os consumidores.

Pelo exposto, assiste-se a novos comportamentos no espaço da Internet cuja análise se exige e cuja apreciação pode concluir pela sua licitude, pela recondução a ilícitos já autonomizados, como o ilícito publicitário ou o ilícito de concorrência desleal, ou que constituem violação de novas regulações que, entretanto, surgiram com o escopo de regular comportamentos concorrências na rede. A autonomização de novos ilícitos na Internet e o seu enquadramento no âmbito da disciplina publicitária e da concorrência desleal permite, sempre que se justifique, a sua articulação com a responsabilidade delitual no domínio das normas de protecção.

II. Para além deste alargamento da ilicitude a novas condutas que ocorrem no espaço da Internet, é fundamental compreender que certos direitos subjectivos se encontram especialmente vulnerabilizados numa sociedade digital. Alguns direitos subjectivos, em especial os direitos inte-

---

[1363] O artigo 114.º do Anteprojecto do Código do Consumidor (ACC) estabelece a proibição de envio de publicidade por telefone, por telecópia e por correio electrónico, salvo autorização do destinatário antes do estabelecimento da comunicação. O artigo 115.º ACC excepciona desta proibição a publicidade dirigida a profissionais relativa à sua actividade e quando existam relações duradouras entre o anunciante e o destinatário, resultantes do fornecimento de bens (alíneas b) e c)). Para uma crítica ao ACC em matéria de publicidade, cfr. OLIVEIRA ASCENSÃO, *O Anteprojecto do Código do Consumidor*, pp. 7-36 e o nosso *A Publicidade no Anteprojecto do Código do Consumidor*, pp. 135-146, ambos os artigos publicados nos Estudos do Instituto de Direito do Consumo, volume III, (coord. Luís Menezes Leitão), Almedina, Coimbra, 2006.

508   *Normas de Protecção e Danos Puramente Patrimoniais*

lectuais, fragilizaram-se com a globalização e a sociedade de informação[1364]. Com efeito, o desenvolvimento tecnológico da sociedade da informação vulnerabilizou as criações intelectuais, tendo dado azo a duas tendências opostas: *i)* uma, a favor da liberalização da propriedade intelectual na rede e, *ii)* outra, que apela a um reforço da protecção da propriedade intelectual e ao combate às suas violações.

O direito europeu tem optado por se situar na linha do reforço da tutela da propriedade intelectual, na medida em que nele subjaz a ideia de que pode ser utilizado como um instrumento de políticas públicas, dos governos e das organizações internacionais, destinado a favorecer a capacidade competitiva das empresas, como produtoras e utilizadoras da informação. Assim, é atribuída à propriedade intelectual um papel decisivo nas trocas internacionais e na própria concorrência. Foi este carácter instrumental da propriedade intelectual em relação à concorrência no mercado interno que justificou a elaboração da Directiva 2001/29/CE, do Parlamento Europeu e do Conselho, de 22 de Maio de 2001, relativa à harmonização de certos aspectos do direito de autor e dos direitos conexos na sociedade de informação e, mais recentemente, o reforço dos direitos de propriedade intelectual pela Directiva 2004/48/CE, do Parlamento Europeu e do Conselho, de 19 de Abril de 2004. Não é, porém, unanimemente admitido, fora do espaço jurídico europeu, que a Internet justifique este reforço de meios de defesa, uma vez que muitos autores e produtores preferem disponibilizar livremente as suas obras na Internet. Neste domínio, não há consensos, pois enquanto uns defendem que a revolução tecnológica, incorporada na Internet, representa a morte do direito de autor[1365], outros preferem salientar que, desde a descoberta da imprensa por Guttenberg, o Direito de autor tem incorporado todas as inovações tecnológicas por possuir uma enorme capacidade de adaptação a novas

---

[1364] Para outros desenvolvimentos, para além das próximas páginas, cfr. o nosso "A Tutela dos Direitos de Propriedade Intelectual na Directiva 2004/48/CE", Estudos em Homenagem ao Professor Doutor Marcello Caetano no Centenário do seu Nascimento, vol. I, Coimbra Ed., 2006, p. 25. Cfr. especificamente em relação ao Direito de Autor, MAXIMILIAN HAEDICKE, "Die Bedeutung des Urheberechts im digitalen Zeitalter", Jura, (2000), pp. 449-450.

[1365] OLIVEIRA ASCENSÃO, "Novas tecnologias e transformação do direito de autor", Estudo sobre Direito da Internet e Sociedade da Informação, Almedina, Coimbra, 2001, p. 136, considera exagerada a notícia da morte do direito de autor, defendo que este só necessita de se adaptar.

Estudo de Direito Positivo

realidades[1366]. De qualquer modo, não é possível negar a encruzilhada em que se encontram actualmente os direitos de propriedade intelectual[1367].

Com efeito, se, por regra, no sistema económico, quem quiser satisfazer necessidades próprias com bens alheios tem de pagar o preço do seu consumo, tal não ocorre ao nível das criações do espírito, dado o carácter limitado no tempo dos direitos de propriedade intelectual (*inter alia*, direitos de autor e patentes) e o facto de, fora dos bens susceptíveis de se integrarem na tipicidade de bens imateriais protegidos, não haver protecção (*v.g.* as descobertas científicas insusceptíveis de patente não gozam de qualquer protecção). Por outro lado, verifica-se uma significativa dificuldade dos novos bens imateriais se imporem como bens protegidos, porque essa protecção não é justificável do ponto de vista da sua eficiência. Os criadores intelectuais não trabalham mais por haver protecção do direito de autor. O que justifica a protecção dos bens imateriais é, essencialmente, o investimento neles feito[1368]. É o que acontece nas áreas de maior risco, em que só se consegue investimento se houver um sistema de protecção jurídica sobre os seus resultados[1369].

A Internet postula um equilíbrio entre o tempo em que a inovação deve estar monopolizada ao inovador ou ao investidor e o tempo em que

---

[1366] Segundo JAVIER VILLATE, *La propriedad intelectual en la nueva era digital* (disponível www.cibersociedad.net/artículo.php?art=40), os direitos de autor já não servem as suas finalidades iniciais, de incentivo aos criadores, mas estão tão-só a ser utilizados para facilitar o controlo, por parte de grandes empresas, sobre a cultura, sobre a arte e sobre a inovação tecnológica. Não era fácil a cópia manuscrita do livro pelo indivíduo, o que impossibilitava uma divulgação em série. Com a tecnologia digital qualquer indivíduo pode fazer cópias em série, pelo que, neste momento, os direitos de autor têm que limitar as liberdades dos indivíduos. O A. considera que com a Internet a ameaça da tecnologia aos direitos de autor é máxima, *mutatis mutandis* a protecção legal é mínima. É neste ambiente que surgem os novos Tratados da Organização Mundial de Propriedade Intelectual, a Directiva Europeia de Direitos de Autor e a *Digital Millennium Copyright Act* (DMCA). Em sentido divergente, LAWRENCE LESSIG, *El código y otras leyes del ciberspacio*, Madrid, 2001, pp. 229-262, considera que nunca, como hoje, a arquitectura tecnológica pode ser posta ao serviço da protecção jusautoral, designadamente introduzindo no código restrições à cópia.

[1367] O nosso *A Tutela dos Direitos de Propriedade Intelectual*, pp. 52-53.

[1368] REMÉDIO MARQUES, "Propriedade Intelectual e Interesse Público", BFD, vol. 74, (2003), pp. 295 e ss.

[1369] O nosso *A Tutela dos Direitos de Propriedade Intelectual*, p. 53.

510   *Normas de Protecção e Danos Puramente Patrimoniais*

tem de sair das suas mãos, sob pena de se travar a própria inovação. Assim sendo, é necessário encontrar a protecção jurídica ideal para as situações em que o investimento inicial é muito elevado, mas que, posteriormente, no processo de comercialização de produtos inovadores, com custos decrescentes, se alcançam rendimentos crescentes. Para os economistas, o Direito tem dificuldade em regular mercados com custos decrescentes. Daí a necessidade de uma política pública de regulação da inovação que, por um lado, incentive o processo inovador e que, por outro, calibre e compense a rigidez do sistema de direitos subjectivos sobre bens imateriais e os seus limites temporais. Um sistema de protecção de bens imateriais, que descortine o ponto óptimo entre a rentabilização do esforço do inovador e do criador e o acesso à inovação, terá sempre de ser completado com medidas judiciais que permitam aos titulares de direitos uma reacção pronta e eficaz às respectivas violações[1370].

III. Neste contexto tem-se falado da necessidade dum reforço da tutela efectiva dos direitos intelectuais. Acresce ainda o facto da Internet ser uma gigantesca máquina de cópia e de distribuição maciça de cópias, pelo que quer os direitos de autor, quer os direitos industriais, se encontram tecnologicamente fragilizados. O objectivo da Directiva 2004/48/CE, do Parlamento Europeu e do Conselho, de 29 de Abril de 2004, é, antes de mais, a aproximação das legislações dos Estados-membros a fim de assegurar no mercado interno um elevado nível de protecção da propriedade intelectual, equivalente e homogéneo através do estabelecimento de *standards* mínimos que têm obrigatoriamente de ser adoptados aquando da sua transposição[1371], permitindo, porém, que esse nível mínimo seja reforçado e complementado com outras medidas a definir livremente pelos próprios Estados. A Directiva procura, essencialmente, uma harmonização de aspectos processuais, de modo a que nos diferentes Estados membros se registe um reforço dos meios de reacção contra as violações de direitos

---

[1370] O nosso *A Tutela dos Direitos de Propriedade Intelectual*, pp. 53-54.

[1371] Hector L. Macqueen, *Copyright and the Internet*, Law & Internet – a framework for electronic commerce, Hart Publishing, Oxford, 2000, p. 223: "*the problem of enforcement of rights is what should be taking up the attention of reformers who want to realise and maximise the commercial potention of the Internet*". A própria tecnologia da Internet pode permitir que o autor seja pago pela sua criatividade e inovação através de um condicionamento do acesso ao seu trabalho.

Estudo de Direito Positivo 511

intelectuais, uma vez que os avanços tecnológicos em matéria de armazenamento de informação e de cópia transformaram a "pirataria" e a contrafacção num comércio sem escrúpulos à escala mundial, colocando novos desafios à propriedade intelectual, designadamente no que respeita aos meios civis de resposta e à criminalização das condutas[1372]. Esta Directiva, ainda que situada sobretudo no plano processual, não deixa de interferir com alguns aspectos de direito material, designadamente promovendo um alargamento das respostas civis e permitindo um recurso mais amplo à responsabilidade civil[1373].

IV. Em matéria de responsabilidade civil, o artigo 13.° da Directiva antes referida estabelece que, a pedido da parte lesada, as autoridades judiciais devem condenar o infractor ao pagamento de uma indemnização adequada ao prejuízo. Não se afirma um princípio de total correspondência entre a indemnização e o prejuízo, mas antes um princípio de adequação entre dano e indemnização, que é concretizado por duas fórmulas indemnizatórias distintas: *i)* a primeira tem em conta, para além dos danos emergentes e dos lucros cessantes, os lucros indevidos obtidos pelo infractor e os danos morais sofridos pelo lesado; *ii)* a segunda corresponde a uma quantia fixa, assente na remuneração de uma autorização ou de uma licença que permita ao lesante utilizar o direito intelectual violado. Esta segunda variante pode ser utilizada sobretudo quando é difícil aferir o dano sofrido pelo critério dos lucros perdidos pelo lesado e dos lucros indevidamente obtidos pelo lesante[1374].

No que concerne aos lucros indevidamente obtidos pelo infractor, o legislador europeu utiliza o instituto da responsabilidade civil de forma a englobar o enriquecimento injusto. Trata-se, neste ponto, de avaliar o lucro da intervenção, isto é, o lucro da ingerência do infractor em bens jurídicos alheios. Os direitos de propriedade intelectual, como os direitos de exclusivo, os direitos de domínio ou de dominação, têm um conteúdo de destinação (*Zuweisungsgehalt*) que deve pertencer ao seu titular, que pode ser interpretado por duas teorias distintas: *i)* a da *ilicitude*, que manda devolver todo o enriquecimento, e *ii)* a do *conteúdo da des-*

[1372] W. R. CORNISH, *Intellectual Property*, 3.ª, Sweet & Maxwell, London, 1998, p. 41.

[1373] O nosso *A Tutela dos Direitos de Propriedade Intelectual,* p. 27.

[1374] O nosso *A Tutela dos Direitos de Propriedade Intelectual,* p. 43.

512 *Normas de Protecção e Danos Puramente Patrimoniais*

tinação, que só obriga a devolver o enriquecimento com ligação económica ao conteúdo da destinação. A Directiva parece subscrever a tese da ilicitude, uma vez que estabelece que, na fórmula da obrigação de indemnizar, se tenha em consideração quaisquer lucros indevidos obtidos pelo infractor[1375].

No considerando 35 da Directiva explica-se que as duas fórmulas da obrigação de indemnizar não visam o estabelecimento de indemnizações punitivas (*punitive damages*), mas tão só permitir um ressarcimento objectivo, que tenha em conta os encargos de investigação e de identificação. No entanto, ao consagrar o enriquecimento ilegítimo como elemento relevante para o estabelecimento da obrigação de indemnizar, habilita-se uma indemnização superior ao dano e, neste ponto, parece-nos incontornável a utilização do instituto da responsabilidade civil com um papel sancionador e preventivo, para além de reparador[1376].

A Directiva permite, ainda, que os Estados-membros prevejam que as autoridades judiciárias condenem o infractor ao pagamento de uma indemnização preestabelecida e ordenem a recuperação de lucros. O que se entende por indemnização preestabelecida é algo que dificilmente se coaduna com o nosso sistema de responsabilidade civil. Trata-se de, por via legislativa, estabelecer montantes indemnizatórios máximos e mínimos, que funcionam como uma espécie de penas civis, devendo os montantes mínimos ter um efeito dissuasor, de modo a que qualquer ganho do infractor seja removido[1377].

A existência de tabelas com montantes indemnizatórios fixos e prestabelecidos corresponde à utilização da responsabilidade civil como um sistema sancionatório, permitindo-se, por esta via, inclusive um enriquecimento do património do lesado à custa do infractor. Estas duas fórmulas alternativas de cômputo da indemnização são resultado das dificuldades que se colocam na delimitação do dano e, até, da sua prova. Neste sentido, a Directiva promove quer um conceito de dano mais abrangente, quer, ainda, um aligeiramento do ónus da sua prova, na medida em que se pode recorrer a elementos sucedâneos para o cômputo do dano. Há, neste ponto, uma enorme proximidade com o dano que se evidencia nos actos de concorrência desleal, para o qual a doutrina alemã

[1375] O nosso *A Tutela dos Direitos de Propriedade Intelectual*, p. 44.
[1376] O nosso *A Tutela dos Direitos de Propriedade Intelectual*, p. 44.
[1377] O nosso *A Tutela dos Direitos de Propriedade Intelectual*, p. 44.

Estudo de Direito Positivo 513

desenvolveu soluções que, com esta Directiva, se alargam à violação de direitos de propriedade intelectual[1378].

Por esta razão, o reforço da protecção dos direitos subjectivos desenvolve-se, hoje, importando, em muitos casos, as soluções desenvolvidas para as normas de protecção. Referimo-nos ao método de cálculo de danos, antes referido, denominado *Dreifache Schadensberechnung,* que admite três tipos de soluções: *i)* lucros perdidos pelo lesado, *ii)* lucros obtidos pelo infractor e *iii)* valor de uma licença. Trata-se de permitir acções de responsabilidade civil em situações em que, por vezes, os danos não possuem uma prova cabal[1379]. De salientar que, na área dos direitos intelectuais, os danos económicos subsequentes[1380] da lesão do direito intelectual possuem dimensão significativa e são da maior dificuldade de prova, pelo que, quer o direito de informação quer este tipo de fórmulas de cálculo da obrigação de indemnizar, representam duas soluções para o reforço da tutela da propriedade intelectual, que a doutrina já defendera para a concorrência desleal, na qual a delimitação do desvio de clientela gera as mesmas dificuldades probatórias[1381].

A necessidade de conhecimento, ou a sua susceptibilidade, aponta para uma responsabilidade subjectiva, por dolo ou por negligência. No entanto, não se pode deixar de salientar que a menção legislativa *"sabendo-o ou tendo motivos razoáveis para o saber"* respeita à *"actividade ilícita"* desenvolvida. Não obstante a prevalência do princípio da culpa (*Verschuldensprinzip*), assiste-se, neste aspecto, a uma erosão deste princípio, porque a culpa é aferida em relação à ilicitude do acto e não ao resultado que dele provém. É curioso que, neste ponto, haja igualmente uma aproximação entre a violação de direitos intelectuais e a violação de normas de protecção, em relação às quais se defende a existência de uma função de *Beweiserleichterung,* isto é, de facilitação ao lesado da prova do dano, bastando a prova da violação da norma de protecção, solução que alguma doutrina defende no contexto dos actos de concorrência des-

---

[1378] PAULA COSTA E SILVA, *Meios*, pp. 112 e ss.

[1379] O nosso *Estudo de Direito privado*, p. 169.

[1380] Trata-se dos chamados *consequencial economic loss* que, como já foi referido, não são danos puramente patrimoniais, porque decorrem da violação de um direito absoluto. De uma maneira geral, estes danos, porque associados à violação de um direito absoluto, são indemnizáveis, diferentemente dos *pure economic losses.*

[1381] O nosso *A Tutela dos Direitos de Propriedade Intelectual,* p. 45.

leal[1382]. Também no domínio das violações dos direitos de propriedade intelectual, segundo a Directiva, basta provar que havia conhecimento ou susceptibilidade de conhecimento da violação para provar o carácter culposo da conduta e dos danos dela decorrentes[1383].

V. Uma das questões que importa tomar em consideração no desenvolvimento periférico da responsabilidade delitual relaciona-se com a globalização em certas áreas jurídicas. A partir dos anos oitenta do século passado, as alterações tecnológicas e económicas promoveram mudanças em algumas disciplinas jurídicas no sentido de se proteger a concorrência económica face à globalização. As empresas começaram a actuar à escala global e a informação a difundir-se numa dimensão planetária[1384].

A Internet exige um Direito da concorrência alargado. No mercado global as violações da propriedade intelectual tornam-se mais fáceis, pelo que no quadro destas modificações há necessidade de traçar limites à concorrência lícita. De referir que, mais uma vez, a evolução económica faz apelo ao que, desde MICHEL FOUCAULT, se tem designado por "metodologias das descontinuidades"[1385], uma vez que permanece uma concorrência entre concorrentes numa escala de proximidade e uma concorrência planetária. Ora, o sistema jurídico tem de encontrar uma via que, na sua polaridade, abrace escalas tão diferenciadas. É neste quadro que o direito internacional, o direito das organizações internacionais, o direito europeu e os

---

[1382] O nosso *Estudo de Direito Privado*, p. 163.

[1383] O nosso *A Tutela dos Direitos de Propriedade Intelectual*, p. 46.

[1384] GÓMEZ SEGADE, "La Mundialización de la propriedad industrial y del derecho de autor", *Tecnología y Derecho*, Marcial Pons, Madrid, 2001, pp. 33-34.

[1385] Sobre o conceito de descontinuidade na evolução histórica, MICHEL FOUCAULT, conceito desenvolvido, primeiro, na *Palavra e as Coisas* e em *Uma arqueologia das Ciências Humanas* e, posteriormente, na *Arqueologia do Saber*. Trata-se de uma compreensão do fenómeno histórico, não como racionalidade e devir, mas salientando o papel dos acontecimentos-limite, que funcionam como começos, num sentido contrário à compreensão hegeliana da história. O pensamento pós-moderno critica o ponto essencial do pensamento moderno, que passa pelo desenvolvimento linear da história, que obnubila o desenvolvimento multipolar que a sociedade industrial e pós-industrial permitiram pôr em evidência. Para além disso, sublinha-se como fundamental a esta compreensão a ideia de fragmentariedade que surge como "cânone compreensivo da regra jurídica da apreensão do global", segundo JOSÉ DE FARIA E COSTA, "O Direito, a Fragmentariedade e o Nosso Tempo", *Linhas de Direito Penal e de Filosofia alguns cruzamentos reflexivos*, Coimbra Ed., 2005, pp. 9-26.

Estudo de Direito Positivo

direitos internos necessitam de se articular. Neste contexto, o Tratado da Organização Mundial do Comércio ou o Acordo sobre os Direitos de Propriedade Intelectual relacionados com o Comércio (ADPIC), de 15 de Abril de 1994, constituem importantes instrumentos legislativos com vista ao estabelecimento de novos patamares de protecção. Em relação a este quadro internacional permanece a discussão sobre se a protecção dos direitos intelectuais não agudiza o fosso entre economias de desenvolvimento industrial e comercial e economias menos desenvolvidas. A comparação do mercado a uma espécie de darwinismo económico, em que surgem sempre novos concorrentes e em que só os mais aptos sobrevivem, impõe que todos partam em igualdade de condições sob pena de falseamento, o que significa que aqueles que investem em inovação têm de ser compensados, durante algum tempo, pelos benefícios que trazem para a concorrência e para o próprio sistema.

Alguns instrumentos internacionais funcionam como plataformas para o futuro[1386], que parece paulatinamente caminhar para uma ampliação dos direitos intelectuais já existentes e para a criação de novos. Porém, a disciplina das restrições da concorrência deve acompanhar esta mundialização dos mercados. O direito da sociedade global funciona como uma espécie de *lex mercatoria,* que resulta da mediação do poder legislativo dos Estados, cuja função visa a superação da descontinuidade jurídica, mas cujo horizonte aponta para uma certa tecnocracia, em que os valores fundamentais do Direito se substituem por uma caminhada para a eficiência económica[1387].

A globalização económica é resultado da explosão da sociedade de informação, na qual o fenómeno da Internet constitui sua importante manifestação[1388], implicando significativas alterações em áreas como o Direito da concorrência e a concorrência desleal, uma vez que alguns conceitos básicos para a aplicação das normas sobre concor-

---

[1386] GÓMEZ SEGADE, *La Mundialización de la propriedad industrial,* p. 42.

[1387] GÓMEZ SEGADE, *La Mundialización de la propriedad industrial*, p. 45

[1388] OLIVEIRA ASCENSÃO, "Sociedade de Informação e Mundo Globalizado", Separata da RBDC, Rio de Janeiro, n.º 22, 1.º semestre 2002, pp. 162-166, (igualmente publicado em *Globalização e Direito*, BFDUC, *SI* 73, 161-179. Sobre o conceito de globalização como facto, fatalidade e política e sobre "a sociedade de informação" como conceito de difícil definição (p. 166 e ss). Cfr. NATALINO IRTI, "Le categorie giuridiche della globalizzazione", RDCiv, Ano XLVIII, n.º 5, Set-Out, (2002), pp. 625-635.

rência, como a definição de mercado relevante e a sua delimitação no espaço ou o lugar do estabelecimento de empresários de serviços da sociedade de informação, exigem novos enquadramentos[1389]. Neste contexto tem-se desenvolvido igualmente novas formas de ilícito[1390], que refrescam os quadros da dogmática comum da responsabilidade delitual[1391].

O Direito da Concorrência tem de adaptar-se a esta evolução. A nível europeu, impõe-se uma maior descentralização do controlo da concorrência para uma rede de autoridades de concorrência nacionais, uma maior moderação do controlo *ex ante* e um reforço do controlo *ex post*, bem como uma melhor aplicação da legislação privada através dos tribunais nacionais e uma redução da burocracia[1392]. No domínio dos actos ocorridos no ciberespaço desenvolvimentos sucessivos têm implicado a necessidade de reequacionar em alguns campos a *teoria comum de imputação de danos*. Nesta área tem-se chamado a atenção sobretudo para a responsabilidade civil das operadoras de Internet, *i.e.* "*as entidades que, intervindo de forma autónoma, permanenete e organizada no circuito informático, prestam normalmente com escopo lucrativo serviços na, ou através, da rede electrónica*"[1393]. A globalização jurídica da Internet faz apelo às estruturas básicas delituais da imputação de danos[1394]. Neste campo encontra-se um conjunto de normas de protecção que tem como destinatários as operadoras de Internet, e que respeitam, designadamente, à pro-

---

[1389] JUAN L. ARPIO SANTACRUZ, "La defensa de la (libre) competencia en el comercio electrónico", Internet y Derecho, (ed. A Cayón Galiardo), Zaragoza, 2001, p. 177: a Comissão Europeia numa investigação preliminar sobre agências de viagem *on-line* defendeu que os produtos e serviços na rede não são substitutivos das agências tradicionais, pelo que desenhou uma tendência no sentido dos mercados virtuais constituirem mercados diferentes dos mercados tradicionais.

[1390] IGNACIO QUINTANA CARLO, "Internet y su Impacto en el Derecho Mercantil", Internet y Derecho, (ed. A Cayón Galiardo), Zaragoza, 2001, 155, p. 159.

[1391] FRANCESCO DI CIOMMO, "La responsabilità Civile nell' Era di Internet", *Tredici variazioni sul tema*, (Giulio Ponzanelli), Cedam, 2002, pp. 179-226.

[1392] ABEL MATEUS, "Sobre os fundamentos do Direito e Economia da Concorrência", ROA, Ano 66.º, Dezembro, (2006), p. 1068, referindo que o Regulamento CE (1/2003) que descentraliza as funções da Comissão na área da concorrência para as Autoridades Nacionais de Concorrência e para os Tribunais Nacionais constitui um *landmark* na arquitectura da aplicação das leis da concorrência.

[1393] CARNEIRO DA FRADA, *Vinho Novo em Odres Velhos*, p. 669.

[1394] CARNEIRO DA FRADA, *Vinho Novo em Odres Velhos*, p. 680.

Estudo de Direito Positivo

tecção de dados pessoais face à informática, norma cuja violação pode originar uma obrigação de indemnizar.

Um outro problema resultante da globalização, e que implica novas considerações sobre o fenómeno concorrencial, relaciona-se com o chamado efeito-rede, pois enquanto na indústria tradicional um produto vai perdendo importância na proporção da sua utilização, na economia da sociedade de informação essa importância depende do número de consumidores que o adquire e aos seus produtos complementares[1395].

§ 15.° Síntese da perspectiva vertical e horizontal

I. Nas últimas duas décadas verificou-se, a nível europeu, uma aproximação entre a legislação sobre práticas restritivas da concorrência e concorrência desleal, com propósitos de construção de uma disciplina reguladora dos comportamentos no mercado. Com efeito, quer o Direito da Concorrência quer a Concorrência Desleal possuem uma dimensão *filoconcorrencial,* desempenhando um papel na defesa do sistema concorrencial e na ordenação e funcionamento adequados do mercado, potenciando as suas virtualidades e contribuindo para promover a respectiva utilidade social e económica. Note-se que as disciplinas das restrições da concorrência, da concorrência desleal e do Direito da publicidade permitem soluções conjuntas[1396].

O Direito da Concorrência abrange um conjunto de normas de origem europeia[1397] e nacional que visam a protecção da concorrência, tendo

---

[1395] GIULIANO AMATO, *Anti-trust and the Bounds of Power*, pp. 124-129, e MARIA MANUEL LEITÃO MARQUES, *Um Curso de Direito da Concorrência,* pp. 67-69.

[1396] EVARISTO MENDES, "Concorrência Desleal e Direto da Concorrência", *Concorrência Desleal*, Almedina, Coimbra, 1997, p. 97.

[1397] No que concerne aos Tratados comunitários, as referências à concorrência desleal são laterais (cfr. OLIVEIRA ASCENSÃO, *Concorrência*, p. 469), pois o epicentro situa-se na concorrência livre e não na concorrência leal. Quanto às directivas comunitárias, ainda não existe nenhuma sobre concorrência desleal, ainda que algumas directivas em matéria de protecção do consumidor (etiquetagem e publicidade) acabem por proteger as distorções concorrenciais; no entanto o primeiro objectivo das referidas directivas é a defesa do consumidor e não a lealdade da concorrência. Encontramo-nos num estádio minimalista da harmonização dos direitos dos diferentes Estados comunitários e este *status quo* comuni-

518 *Normas de Protecção e Danos Puramente Patrimoniais*

contribuído para uma solução de unidade do Direito da concorrência e da Concorrência desleal que a doutrina alemã preconiza há algumas décadas, ainda que numa fase anterior alguma doutrina tenha enfatizado as diferenças entre estes sectores jurídicos[1398]. Em Portugal havia uma tradição de tratamento autónomo destas disciplinas jurídicas[1399], solução em parte derivada da concorrência desleal ser um tipo penal. A transformação da concorrência desleal num ilícito contra-ordenacional, bem como a influência europeia que insere ambas as disciplinas no domínio do mercado e incorpora a dimensão da defesa do consumidor permite actual-

---

tário é também consequência da dificuldade de harmonização das diferentes legislações. Com efeito, existem grandes divergências entre os diferentes direitos nacionais, que são ancorados em tradições antigas, apesar de se verificarem convergências notórias, das quais se salienta a existência de estruturas económicas e sociais aproximadas na União Europeia, nomeadamente na luta contra a concorrência desleal, cuja espinha dorsal é o respeito pelos usos honestos em matéria industrial e comercial. Apesar disto, na doutrina e jurisprudências alemãs defende-se a existência de um princípio implícito de Direito Comunitário de proibição da concorrência desleal. Cfr. sobre este assunto PAULO OTERO, *Vinculação e Liberdade de Conformação Jurídica do Sector Empresarial do Estado,* Coimbra Ed., 1998, p. 147.

[1398] FIKENTSCHER considerava que a concorrência económica alberga dentro de si uma antinomia ao comportar dois fenómenos de sinal contrário: por um lado, tende a aumentar ao tornar-se mais aguda e incisiva, fenómeno contemplado pelas normas de concorrência desleal; por outro lado, tende a reduzir-se através da possibilidade de adoptar acordos restritivos da concorrência, problema regulado pela defesa da livre concorrência, FIKENTSCHER, *Wettbewerb und gewerblicher Rechtsschutz,* München, 1958, p. 207.

[1399] PEDRO ALBUQUERQUE, *Direito Português da Concorrência (Em torno do Dl. 422/83),* ROA, Ano 50, Dezembro, (1990), pp. 581-582. ANTÓNIO CARLOS DOS SANTOS/MARIA EDUARDA GONÇALVES/MARIA MANUEL LEITÃO MARQUES, *Direito Económico,* 5.ª ed, Revista e Actualizada, Almedina, Coimbra, 2004, pp. 317, referindo que a disciplina da concorrência desleal não se confunde com o moderno direito da concorrência, sendo um instituto paralelo que não tem preocupações macro-económicas, que visa não a protecção em si mesma do mercado e dos consumidores e produtores globalmente considerados, mas a protecção individualizada dos agentes económicos contra actuações dos seus concorrentes contrárias a princípios de deontologia profissional. SOUSA FRANCO, *Noções de Direito da Economia,* vol. I, AAFDL, Lisboa, 1982-1983, pp. 14-15, defende que em Portugal apenas se proibiram certas práticas, que em vez de ameaçarem a estrutura do mercado, constituíam claramente ofensa aos valores da lealdade e da boa fé no comércio. Ora, neste caso, estamos perante um mínimo em que a ilicitude fere comportamentos anti-sociais, independentemente dos objectivos de defesa de mercado que caracterizam a legislação das restrições da concorrência.

Estudo de Direito Positivo

mente enveredar por uma abordagem unitária e complementar destas disciplinas jurídicas[1400].

O carácter valorativo da concorrência desleal não é característico das restrições da concorrência. Isto não inviabiliza, porém, que um acto seja simultaneamente lesivo do direito da concorrência e da concorrência desleal[1401]. Havendo concurso, a tutela do Direito da concorrência, enquanto ilícito típico, parece sobrepor-se à da concorrência desleal. Efectivamente, o critério adequado para delimitar a concorrência, para efeitos de aplicação do art. 317.º CPI, é o que nos fornece o próprio conceito de deslealdade, o qual salienta uma *valorização* que não se encontra no direito da concorrência. Note-se que alguns dos actos de concorrência desleal foram-se objectivando e acabaram por surgir como um ilícito preciso na legislação sobre práticas restritivas

II. O fenómeno do aumento de complexidade das disciplinas que regulam a concorrência, resultante da sociedade de informação, em que a digitalização vulnerabiliza os monopólios industriais e intelectuais, não implica uma menor relevância do instituto da concorrência desleal. Pelo contrário, a importância, a sofisticação e a complexidade das estratégias competitivas, com recurso a sinais distintivos do comércio e a direitos industriais, tem potenciado uma relevância cada vez maior deste instituto. A industrialização, a comercialização e a importância do consumo nas sociedades actuais, bem como o processo de globalização económica, implicam uma crescente vocação da concorrência desleal para intervir em todas as áreas da luta concorrencial[1402-1403].

[1400] OLIVEIRA ASCENSÃO, *Concorrência*, p. 52.

[1401] OLIVEIRA ASCENSÃO, *Direito Comercial*, p. 48.

[1402] CARLOS OLAVO, "Concorrência Desleal e Direito Industrial", *Concorrência Desleal*, pp. 66, 81 e 85 não admite a categoria sistemática do Direito Geral da Concorrência; por isso defende que, em razão de uma função comum, se justifica a integração da disciplina dos direitos privativos e da concorrência desleal no Direito de Propriedade Industrial ou no Direito Industrial, ramo da enciclopédia jurídica que seria integrado pela categoria mais vasta do Direito da Empresa. A autonomia de institutos – direitos privativos e concorrência desleal – não significa uma autonomia de ramos jurídicos, segundo PAULO SENDIM, "Uma unidade do direito de propriedade industrial?", Direito e Justiça, vol. II, (1981--1986), p. 196 e OLIVEIRA ASCENSÃO, *Direito Comercial*, p. 45, onde defende que a concorrência desleal seja retirada da Propriedade Industrial e integrada no Direito da Empresa. Posteriormente, OLIVEIRA ASCENSÃO, *Concorrência Desleal, Parte Geral*, AAFDL, Lisboa, 2000, pp. 194 e ss, parece inclinar-se para esta opção ao considerar os direitos privativos,

520 *Normas de Protecção e Danos Puramente Patrimoniais*

Questão distinta das articulações recíprocas entre as disciplinas reguladoras da concorrência é a de saber se se deve compreender a concorrência desleal como um complemento da protecção dos direitos industriais. Esta questão insere-se no contexto da presente dissertação, na medida em que tenta, designadamente, descortinar se as normas que proíbem os actos de concorrência desleal são disposições de protecção e se permitem o ressarcimento dos chamados danos puramente patrimoniais. A doutrina e a jurisprudência nacionais, sobretudo a partir da década de sessenta do século passado, defenderam a autonomia da repressão da concorrência desleal da violação de direitos privativos[1404-1405]. A repressão da concorrência desleal seria autónoma da das normas que tutelam direitos privativos[1406], recorrendo a uma técnica de construção da norma, distanciada

---

as restrições da concorrência e a concorrência desleal como diferentes núcleos do Direito da concorrência.

[1403] A doutrina italiana refere-se, a este propósito, aos complexos problemas de coordenação (*problemi di coordinamento*) resultantes da proliferação de legislações especiais face à evolução dos fenómenos económicos e à dificuldade em alcançar uma produção normativa efectivamente geral e abstracta, SALVATORE SANZO, *La concorrenza sleale*, Cedam, 1998, p. 132.

[1404] PATRÍCIO PAUL, *Concorrência Desleal*, Coimbra, 1965, p. 45, FERRER CORREIA, "Propriedade Industrial, Registo do nome de estabelecimento, Concorrência Desleal", *Estudos Jurídicos II – Direito Civil e Comercial. Direito Criminal,* Atlântida, Coimbra, 1969, pp. 235 e ss, *Lições de Direito Comercial,* vol. I, Universidade de Coimbra, 1973, pp. 245 e ss, OLIVEIRA ASCENSÃO, *Concorrência,* pp. 32 e ss, pp. 45-46 e pp. 49 e ss, e *Direito Comercial*, p. 43, JOSÉ GABRIEL PINTO COELHO, *O conceito de concorrência desleal*, RFDUL, vol. XVII, (1964), pp. 92-93; PAULO SENDIM, *Uma unidade,* p. 196, AMÉRICO DA SILVA CARVALHO, *Concorrência desleal (Princípios fundamentais),* Coimbra Editora, 1984, p. 8, CARLOS OLAVO, "Propriedade Industrial, noções fundamentais", CJ, Ano XII, Tomo 4, (1987), p. 14, "Concorrência Desleal e Direito Industrial", *Concorrência Desleal,* Almedina, Coimbra, 1997, pp. 60 e ss, e *Direito Industrial*, Almedina, Coimbra, 1997, pp. 15 e ss.

[1405] A partir do Ac. STJ 21-Nov-.1951 (BMJ n.º 22, 347) (Casa da Sorte) a jurisprudência tem dado um tratamento autónomo à protecção dos direitos privativos e da concorrência desleal.

[1406] A tutela dos direitos industriais e mesmo dos direitos intelectuais, porque assente na técnica da jussubjectivização, é uma tutela directa de todas as violações. Diferentemente, a tutela da concorrência desleal, limitada aos actos desleais de um concorrente, apresenta-se como um *instituto de recurso* para os casos em que não existe a tutela directa. Cfr. OLIVEIRA ASCENSÃO, "A protecção jurídica dos programas de computador", ROA, Ano 50, Abril, (1990), p. 80.

Estudo de Direito Positivo 521

do direito subjectivo, que não encontra paralelo ao nível das posições jurídicas da propriedade industrial[1407].

Na ausência de posições jurídicas absolutas, impõe-se o recurso a formas de tutela através de normas proibitivas. Neste domínio, a concorrência desleal permite colmatar as lacunas de protecção deixadas em aberto pela protecção fragmentária que advém da conformação legislativa

---

[1407] Acompanhando de perto o entendimento que sobre tal questão tem OLIVEIRA ASCENSÃO, *Concorrência Desleal*, pp. 348-353, a tutela por um direito privativo esgota a tutela que pudesse ser outorgada pela concorrência desleal. Com efeito, o Autor escreve: *"A disciplina da concorrência desleal é uma disciplina de condutas; os direitos industriais realizam porém a outorga de direitos absolutos. A tutela pela concorrência desleal é uma tutela imprecisa, porque depende de uma valoração (acto de concorrência contrário às normas e usos honestos); a tutela pelo direito privativo é uma tutela taxativa, porque basta o preenchimento da descrição típica. A concessão de um direito privativo configura um direito exclusivo; a tutela contra a concorrência desleal só se cifra num interesse juridicamente protegido. De tudo resulta que o direito privativo esgota realmente, e destina-se a esgotar, a tutela que pudesse ser outorgada pela concorrência desleal. Representa um estádio reforçado de protecção, em que basta a violação (formal neste sentido) de um exclusivo para que logo a tutela ocorra. Direitos privativos e concorrência desleal são círculos secantes. Na medida porém em que se sobrepõem, a tutela plena do direito privativo passa sempre à frente da tutela valorativa, por isso menos precisa, própria da concorrência desleal. A prevalência da tutela pelos direitos privativos não é um mero princípio ordenador. Por um lado, esta implica que a penalidade aplicável seja a do direito privativo e só ela, sempre. O que terá consequências que podem ir, mais ou menos casualmente, no sentido do abrandamento ou do agravamento da pena aplicável, em relação à da concorrência desleal. Mas essa casualidade é uma consequência da falta de coerência do CPI. Por outro lado, temos de admitir que o sistema das valorações da concorrência desleal irá ser afastado, em proveito dos interesses que se prosseguem com os tipos específicos (...) Em conclusão: ao conteúdo da concorrência desleal (...) podem pertencer actos violadores de direitos privativos. Mas nesse caso a tutela pela concorrência desleal cede sempre, porque é subsidiária em relação à tutela pelo direito privativo"*. Cfr. Acórdão do STJ 16-Dez.-96, BMJ n.º 462, pp. 448 e ss. A articulação do regime jurídico da concorrência desleal com a disciplina do direito industrial pode, de acordo com OLIVEIRA ASCENSÃO, ser enquadrada através de duas construções. A primeira separa, em absoluto, a tutela dos direitos industriais da protecção da concorrência desleal como duas áreas autónomas, nas quais não se encontra um campo de sobreposição ou de intersecção. A segunda admite uma zona de sobreposição, na qual não se regista um concurso ideal, pois a concorrência desleal só se aplicaria subsidiariamente. Tem sido preferida a segunda orientação. Cfr. OLIVEIRA ASCENSÃO, *Concorrência*, p. 426 e MARTIN KUHLMANN, *Der unlautere Wettbewerb im portugiesischen Recht*, Tübingen, 1988, pp. 97-99, e o nosso *Estudo sobre os interesses protegidos*, pp. 68-69.

522 *Normas de Protecção e Danos Puramente Patrimoniais*

de posições jurídicas absolutas[1408]. No entanto, essa aplicação tem como limite o não poder representar a convolação de uma norma proibitiva numa norma permissiva, mas a mera restrição de um princípio que resulta de uma norma permissiva genérica. Neste ponto, depara-se uma eficácia reflexa (negativa) da norma permissiva sobre a norma proibitiva[1409]. A situação apontada verifica-se na articulação entre a tutela indemnizatória de direitos subjectivos e a que resulta das normas de protecção. Com efeito, nunca estas normas podem ser vistas como atribuindo direitos de domínio, ou seja, de forma a conferirem uma protecção absoluta sobre o património.

A relação entre o Direito industrial e a Concorrência desleal é hoje configurada de um modo intenso, devido à necessidade que o direito tem de responder a uma invasão generalizada e a uma vulnerabilização dos direitos industriais e intelectuais na sociedade de informação. Nestes termos, a solução que se preconiza é que os artigos 317.° e 318.° do CPI funcionem como uma norma de protecção dos concorrentes. Com efeito, à semelhança do que foi defendido no direito alemão – em que o § 1 UWG 1909 foi utilizado para proteger interesses patrimoniais específicos dos concorrentes no domínio da luta concorrencial face ao carácter restritivo do § 826 BGB e, combinado com o § 823 II BGB, permitiu a indemnização de danos patrimoniais sempre que se verificou a prática de ilícitos concorrenciais – também os artigos 317.° e 318.° do CPI devem ser vistos como normas de protecção dos concorrentes, permitindo a indemnização de interesses patrimoniais puros.

De referir que o actual Decreto-Lei n.° 36/2003, de 5 de Março, não contém qualquer referência à responsabilidade civil por actos de concorrência desleal, limitando-se, no seu artigo 331.°, a qualificar o ilícito de

---

[1408] OLIVEIRA ASCENSÃO, *Concorrência Desleal, Parte Geral*, p. 76, afirma que a atribuição de uma patente nada tem que ver com a lealdade da concorrência. Não supõe nenhum acto na concorrência. Recompensa-se uma invenção, sem condicionar de maneira nenhuma o prémio dessa invenção na actividade na concorrência. É claro que essa patente poderá ser depois usada na concorrência. É a liberdade de concorrência que estará então a ser limitada, pelo exclusivo que é outorgado.

[1409] Quando o instituto se estende aos vazios da protecção da "propriedade industrial", fá-lo por analogia e não directamente. Trata-se de colmatar uma lacuna de permissão através da analogia com recurso à norma de proibição. O intérprete terá de aplicar uma norma analógica proibitiva, nunca permissiva, sob pena de desvirtuar o sistema jusindustrial.

Estudo de Direito Positivo 523

concorrência desleal como ilícito contra-ordenacional. Com efeito, o CPI vigente operou a descriminalização do ilícito de concorrência desleal, que ainda se mantinha no artigo 260.° do Decreto-Lei n.° 16/95, de 24 de Janeiro, e, com isso, retirou qualquer referência aos elementos subjectivos de dolo específico que caracterizavam o tipo penal *"a intenção de causar prejuízo a outrem ou alcançar para si ou para terceiro benefício ilegítimo"*. Durante a vigência do Decreto-Lei n.° 30.679, de 24 de Agosto de 1940, que previa, nos seus artigos 212.° e 213.°, o ilícito penal da concorrência desleal, estabelecia-se, no artigo 227.°, que a aplicação de penas não isentava os *delinquentes* da obrigação de reparar os danos causados. Esta disposição consagrava a responsabilidade civil conexa com a responsabilidade penal. Todavia, a responsabilidade civil pelo ilícito de concorrência desleal ultrapassava o campo estrito de uma responsabilidade civil conexa com a responsabilidade penal, configurando uma responsabilidade delitual autónoma. Uma vez que subjacente ao ilícito de concorrência desleal não se encontra a violação de qualquer direito subjectivo, impõe-se recorrer ao conceito de norma de protecção para permitir que a concorrência desleal autonomize um ilícito civil que fundamente a responsabilidade delitual em caso de dano. Ora, na medida em que na concorrência desleal se protegem em simultâneo, o interesse público e o interesse particular, destina-se a proteger interesses alheios, pelo que os concorrentes que sofrerem danos por actos de concorrência desleal podem invocar esta norma de protecção para fundamentar a responsabilidade delitual e obterem o ressarcimento dos seus danos[1410].

Actualmente, nos diplomas vigentes, os ilícitos na concorrência, a concorrência desleal e o ilícito publicitário constituem contra-ordenações. Assim, se se seguisse a tese de que só os ilícitos penais poderiam configurar normas de protecção, isso significaria retirar espaço à segunda situação básica delitual para dar resposta aos danos sofridos pelos concorrentes em resultado destes ilícitos. Note-se que, segundo CANARIS, a área da concorrência consubstancia uma excepção ao *modelo da norma penal*, algo que não tem sido devidamente considerado na doutrina nacional[1411]. Nestes termos, há que articular a ilicitude contra-ordenacional com a ilicitude

---

[1410] Neste sentido, OLIVEIRA ASCENSÃO, *Concorrência Desleal, Parte Geral*, pp. 312-323.

[1411] Porém, CARNEIRO DA FRADA, *Direito Civil, Responsabilidade Civil*, p. 76, tem chamado a atenção para o carácter excepcional da área da concorrência.

civil, tentando, sempre que possível e verificados os respectivos requisitos, descobrir normas de protecção que justifiquem pretensões indemnizatórias. O regime geral das contra-ordenações encontra-se no Decreto-Lei n.º 433/82, de 27 de Outubro, que estabelece, no seu artigo 8.º, n.º 1, que só é punível o facto praticado por dolo, e, nos casos expressamente previstos na lei, com negligência. Cumpre, por isso, averiguar nos diferentes diplomas que prevêem ilícitos contra-ordenacionais se são apenas dolosos ou também negligentes.

Não faz sentido restringir a responsabilidade civil por violação de normas de protecção ao ilícito penal quando a própria evolução do ilícito contra-ordenacional se equaciona dentro da evolução do Estado e representa a necessidade de uma regulação pública no interesse geral e individual que não justifica a intervenção do Direito Penal.

CAPÍTULO II
Enquadramento Central

SECÇÃO I
Abordagem Sistemática

SUMÁRIO: § 16.º Sistema delitual. § 17.º Direitos subjectivos. § 18.º "Direito geral de personalidade". § 19.º "Direito à empresa". § 20.º Deveres do tráfego. § 21.º Contrariedade ao mínimo ético-jurídico. § 22.º Normas de protecção.

§ 16.º Sistema delitual

I. Na abordagem sistemática do enquadramento do sistema delitual ir-se-á analisar o conceito de normas de protecção, articulando-o com a violação de direitos subjectivos, do "direito geral de personalidade", do "direito à empresa", dos deveres do tráfego e com o abuso do direito, considerando em simultâneo as situações básicas delituais nos sistemas alemão e português[1412]. Nesta abordagem não se procurará defender a total identidade de regimes jurídicos, de modo a que as teses doutrinárias alemãs, anteriormente analisadas, possam, sem mais, ser transpostas para o

---

[1412] Parte-se, neste capítulo, essencialmente de uma perspectiva sistemática, que se apoia na existência prévia de princípios assentes, que comportam soluções múltiplas para os problemas possíveis. Colocada a questão, restaria, por via dedutiva, obter uma saída justificada pelo modo de obtenção, MENEZES CORDEIRO, *Tratado de Direito Civil Português,* I, p. 64.

ordenamento jurídico português, mas tão só compreender como sistemas próximos evoluíram em termos de completar a protecção delitual de forma diferenciada.

A responsabilidade civil tem sido estudada e descrita com fórmulas esquemáticas que separam a responsabilidade criminal e civil, a responsabilidade extra-obrigacional e obrigacional, a responsabilidade objectiva e subjectiva, entre outras classificações[1413]. Os estudos mais recentes têm vindo, contudo, a superar esta visão, demonstrando a existência de zonas de intersecção entre as diferentes modalidades de responsabilidade e a incapacidade de uma distinção rígida de títulos de imputação contribuir para o cabal esclarecimento da complexidade destas matérias e para a resolução satisfatória dos casos concretos.

Segundo CARNEIRO DA FRADA, a missão da responsabilidade delitual condensa-se na necessidade de estabilizar expectativas e tutelar condicionantes, envolvimentos e relações da existência humana, protegendo-a de contingências, por vezes perturbadoras, competindo-lhe distribuir os riscos dos danos e, igualmente, definir os termos em que alguém é convocado a suportar um prejuízo sofrido por outrem[1414]. Através da responsabilidade delitual protege-se uma certa ordenação de bens pelo Direito, pelo que as suas normas são, antes de mais, regras secundárias (ou de tutela) em relação àquelas que explícita ou implicitamente compõem e definem essa ordenação de bens (normas ordenadoras ou primárias). Estas normas primárias encontram-se espalhadas por todos os sectores do ordenamento jurídico. A imputação delitual representa um desvio à regra do *casum sentit dominus*. No entanto, esta área da ordem jurídica é tão aberta, versátil e sensível às modificações da ordem sócio-económica que o apelo àquela

---

[1413] ANTUNES VARELA, *Das Obrigações em Geral*, I, pp. 518 e ss, MÁRIO JÚLIO DE ALMEIDA COSTA, *Direito das Obrigações*, pp. 539 e ss, LUÍS MENEZES LEITÃO, *Direito das Obrigações*, I, pp. 281 e ss, PEDRO ROMANO MARTINEZ, *Direito das Obrigações*, Apontamentos, pp. 86 e ss.

[1414] JOSÉ ANTÓNIO VELOSO, "Risco, Transferência de Risco; Transferência de Responsabilidade na linguagem dos Contratos e da Supervisão de seguros", Estudos em Memória do Professor Doutor José Dias Marques, Almedina, Coimbra, 2007, pp. 277-354, defendendo a responsabilidade como aloimputação e admitindo que a responsabilidade é sempre menos ampla do que o risco fáctico, indo de um pólo máximo de responsabilidade absoluta até um pólo de mínima responsabilidade, que é a responsabilidade por dolo, passando por graus intermédios, como a responsabilidade independente de culpa, por culpa leve e por culpa grosseira (pp. 281-282).

regra traduz-se essencialmente na ideia de que a imposição da obrigação de indemnizar requer sempre uma fundamentação a encontrar de forma metodologicamente legítima. Igualmente, o *neminen laedere* é insuficiente para amparar genericamente os desvios da sobredita regra[1415].

No domínio dos sistemas jurídicos e, em especial no sistema delitual, podemos recorrer à imagem de KARL POPPER relativa aos sistemas físicos sobre as nuvens e os relógios. As primeiras são altamente irregulares, desordenadas e imprevisíveis, *mutatis mutandis,* os segundos são regulares, ordeiros e previsíveis. Colocadas as primeiras na extremidade da esquerda e os segundos na extremidade da direita, há sistemas que se comportam mais proximamente das nuvens com significativa irregularidade e imprevisibilidade e outros que actuam como um pêndulo do relógio de forma altamente regular e previsível[1416].

WILBURG, em *Elemente des Schadenrecht,* fundamenta o sistema delitual em quatro elementos que variam de intensidade, a saber, *i)* um actuar interferente em área jurídica alheia ou um *pôr em perigo, ii)* o dar

---

[1415] CARNEIRO DA FRADA, *Direito Civil, Responsabilidade Civil*, pp. 60-61, e CARNEIRO DA FRADA/MARIA JOÃO PESTANA DE VASCONCELOS, *Danos económicos puros*, p. 152.

[1416] KARL POPPER, "De Nuvens e Relógios – Uma abordagem da racionalidade e da liberdade do Homem", *Conhecimento Objectivo uma abordagem evolucionária*, (trad. de *Objective Knowledge. An evolucionary approach* (1973)), Ed. da Universidade de São Paulo, Ilitaia, p. 194. O Autor considera que durante 250 anos, sob a égide da física newtoniana e do determinismo físico, afirmava-se que todas as nuvens são relógios. No entanto, se tudo estivesse determinado previamente e se o determinismo físico se aplicasse à acção humana, o próprio homem seria um autómato, sendo o sentimento de liberdade ilusório (p. 202). Seria o chamado pesadelo do determinista físico, segundo a imagem de POPPER, que destruiria qualquer ideia de criatividade (p. 205). O comportamento humano racional situa-se entre o carácter indeterminado do perfeito acaso e o determinismo, entre perfeitas nuvens e perfeitos relógios. É fundamental compreender como é que os homens podem ser "influenciados" ou "controlados" por objectivos, propósitos, normas ou acordos. *"O determinismo físico que diz que todas as nuvens são relógios dirá também que a nossa arrumação de senso comum, com as nuvens à esquerda e os relógios à direita, é enganadora, pois tudo deveria ser colocado na extrema da direita. Dirá que, com todo o nosso senso comum, arrumamos as coisas não de acordo com a sua natureza, mas de acordo com a nossa ignorância. Nossa arrumação, dirá, reflecte simplesmente o facto de conhecermos em detalhe como funcionam as partes de um relógio, ou como funciona o sistema solar, ao passo que não temos qualquer conhecimento a respeito da interacção detalhada das partículas que formam uma nuvem ou um organismo. E afirmará que, uma vez tendo este conhecimento, descobriremos que nuvens gasosas ou organismos são tão semelhantes a relógios como o nosso sistema solar"* (p. 197).

origem a um dano através de circunstâncias da esfera do responsável, *iii)* a censura de uma "falha" na esfera do responsável e *iv)* o poder económico do responsável ou a exigibilidade de se segurar[1417]. Na determinação da relevância da intensidade de cada elemento, deixa-se ao juiz uma ampla margem de discricionariedade. O legislador deveria estabelecer algumas linhas directrizes gerais, com vista à fundamentação dos deveres legais de indemnização dos danos, deixando, porém, à resolução do juiz a ponderação do caso particular, através da escolha dos elementos mais relevantes e da sua ponderação relativa[1418]. Trata-se de uma discricionariedade orientada no quadro de um sistema móvel, cujo método se destina a conformar algumas áreas do Direito privado, designadamente a responsabilidade delitual, sem perda da sua consistência interna, e que lhe confere aptidão para receber em si mesmo as forças da vida, por oposição a uma concepção demasiadamente rígida e pouco estratégica que se limita a orientar o direito por princípios absolutos[1419].

LARENZ considera que o direito da responsabilidade civil não segue esta imagem modelar, na medida em que o legislador não prescindiu de estabelecer situações básicas na responsabilidade delitual e que nas hipóteses legais delineadas, a cuja presença liga a consequência jurídica de indemnização de danos na responsabilidade pelo risco, vigora um princípio de enumeração. No entanto, o desenvolvimento jurisprudencial das cláusulas gerais, como o "direito geral de personalidade" ou o "direito à empresa", levou ao reconhecimento de hipóteses legais abertas, que exigem a ponderação de bens e a avaliação do caso particular[1420]. As normas de protecção não prescidem igualmente de uma qualificação e ponderação em concreto, pelo que permitem aplicar a imagem modelar neste segmento da responsabilidade delitual.

[1417] Em especial, WALTER WILBURG, *Die Elementen des Schadensrechte*, pp. 26 e ss e p. 283. Posteriormente foi acrescentado um quinto elemento que seria a ideia de concentração da vantagem e perigo numa empresa, passando a considerar-se duvidoso o elemento referente à ponderação da situação patrimonial do responsável. Cfr. WALTER WILBURG, *Zusammenspiel der Kräfte im Aufbau des Schuldrechts*, AcP, 163, (1964), p. 346. Cfr., ainda, WALTER WILBURG, *Desenvolvimento de um sistema móvel*, p. 64, e NILS JANSEN, *Die Struktur des Haftungsrechts. Geschichte, Theorie und Dogmatik außervertraglicher Ansprüche auf Schadenersatz*, pp. 595 e ss.

[1418] WALTER WILBURG, *Die Elemente des Schadenrechts*, pp. 26 e ss.

[1419] WALTER WILBURG, *Desenvolvimento de um sistema móvel*, p. 71.

[1420] LARENZ, *Metodologia da Ciência do Direito*, p. 681.

A mobilidade do sistema delitual pode advir de diferentes vectores de desenvolvimento. Segundo MERTENS, existem linhas externas e linhas internas de desenvolvimento do sistema delitual. No capítulo anterior desenvolveram-se sobretudo linhas externas que importam a alteração dos quadros estritamente liberais da responsabilidade delitual. Neste capítulo procuraremos averiguar linhas internas de evolução do sistema delitual. Para MERTENS, o desenvolvimento do § 823 BGB através da jurisprudência está marcado por quatro *linhas internas*: *i)* a elaboração de deveres do tráfego como critério da acção delitual, *ii)* o alargamento da cláusula geral do "direito geral de personalidade", *iii)* o alargamento da cláusula geral do "direito à empresa" e *iv)* uma diferenciação da distribuição do ónus da prova influenciada por valorizações e pontos de vista da igualdade processual de armas[1421].

i) No primeiro plano das acções não permitidas está a responsabilidade pela violação ilícito-culposa da esfera jurídica alheia[1422]. Esta intervenção não é ilícita por causar um dano, mas sim por representar uma transgressão dos limites que estão traçados à liberdade de acção pela coordenação de bens. De acordo com este ponto de partida, não são de aceitar danos em bens alheios decorrentes da violação de *standards* de cuidado e de segurança. A concepção original do direito delitual a partir do resultado ilícito foi alargada pela jurisprudência por uma concepção que aponta para a relevância da observância de *standards* de cuidado e de segurança. Este alargamento judicial do direito delitual sobrepõe-se à concepção legislativa original, trazendo ao mesmo tempo consigo a tarefa para a jurisprudência de traçar, numa multiplicidade de áreas de vida, a fronteira entre acção permitida e proibida[1423].

ii) A jurisprudência introduziu, com o "direito geral de personalidade" uma cláusula geral limitada no direito delitual. O "direito geral de personalidade" é fonte de uma multiplicidade de deveres de comportamento de origem jurisprudencial ainda que tenha

---

[1421] MERTENS, *Münchener Kommentar*, vor §§ 823-853, p. 1403.

[1422] STOLL, "Haftungsverlagerung durch beweisrechtliche Mittel", AcP, 176, (1976), pp. 145 e 161. Este aspecto será abordado no parágrafo referente ao ónus da prova.

[1423] MERTENS, *Münchener Kommentar*, vor §§ 823-853, p. 1403-1404.

530 *Normas de Protecção e Danos Puramente Patrimoniais*

decorrido da concepção legislativa original do § 823 I BGB do "direito geral de personalidade" como "outro" direito[1424].

iii) Correspondente à protecção da personalidade na área da empresa surge a protecção do espaço livre da actividade empresarial, que a jurisprudência desenvolveu com um "outro" direito de empresa industrial (instituída e exercida). Também aqui trata-se de um direito-quadro, que serve de fonte a uma multiplicidade de deveres de comportamento de origem jurisprudencial[1425].

II. A evolução histórico-dogmática revelou diferenças entre os vários sistemas delituais europeus, nos quais se pode detectar uma ordem de situações materiais preferenciais que lhes subjaz e lhes confere unidade sistemática[1426]. Neste domínio, duas tentativas dogmáticas foram erigi-

---

[1424] MERTENS, *Münchener Kommentar*, vor §§ 823-853, p. 1404.

[1425] MERTENS, *Münchener Kommentar*, vor §§ 823-853, p. 1404.

[1426] Segundo LARENZ/CANARIS, *Lehrbuch des Schuldrechts*, § 75, pp. 357-358, a importância da recusa de uma cláusula geral napoleónica só é inteiramente compreensível quando se torna claro que o direito delitual assente em situações básicas delituais, como o alemão, não protege geralmente, mas só sob condições especiais: os bens e a liberdade de acção. É o que se verifica nas actuações voluntárias dos concorrentes. Igualmente, se alguém der, gratuitamente, um conselho de bolsa errado, causando significativo prejuízo, ou se der uma informação errada sobre um caminho, que leve a que alguém perca a conclusão de um negócio lucrativo, não lhe cabe nenhuma responsabilidade delitual, pois não existe uma violação de um direito absoluto no sentido do § 823 I BGB, nem de uma norma de protecção no sentido do § 823 II BGB e, por falta de dolo, não seria de aplicar o § 826 BGB. Do ponto de vista político, a recusa de uma protecção ampla de bens e liberdade de acção é de acolher, porque uma ordem jurídica que conta o livre desenvolvimento da personalidade entre os seus valores mais altos e que atribui importância central à concorrência não só económica, mas nas mais variadas áreas, não pode equipar os bens com uma protecção delitual ampla, pois ao livre desenvolvimento da personalidade e à concorrência é conatural o indivíduo poder prejudicar os interesses patrimoniais de outro. Só quando os interesses patrimoniais se transformam em direitos absolutos merecem consideração ampla. Antes, conflituam liberdade de acção e interesses patrimoniais da parte do lesante e da parte do lesado, pelo que não há que impor restrições ou aceitar prejuízos patrimoniais só para poupar exactamente os mesmos interesses de outros indivíduos. Assim, os interesses patrimoniais só poderão obter protecção pela via do §§ 823 II e 826. Em consequência, a decisão do BGB contra uma protecção patrimonial delitual geral visa, sobretudo, *defender a liberdade*. Por isso, não é verdade que não vise uma solução de justiça material e que seja "só um meio técnico de limitação da responsabilidade". Neste sentido, PICKER, *Vertragliche und deliktishe Schadenshaftung*, pp. 1051 e 1054, e *Positive Forderungsverletzung und culpa in contrahendo*, pp. 470 ss. Preservar a liberdade de acção de prejuízos

Estudo de Direito Positivo   531

das: *i)* uma primeira, desenvolvida por Menezes Cordeiro, na linha de Savigny (o mesmo percurso já tinha sido seguido na doutrina civilista por José Tavares), que constrói a responsabilidade sobre o conceito de delito e, *ii)* uma segunda, mais recente, de Carneiro da Frada, na linha de Sinde Monteiro, que parte de uma perspectiva funcional no sentido de encontrar um paradigma da protecção delitual. Carneiro da Frada desenvolve uma crítica ao conceito de delito de Menezes Cordeiro, enquanto violação voluntária de normas jurídicas, dado que implicaria a existência de delitos obrigacionais, o que o tornaria imprestável para o recorte da responsabilidade delitual. Por outro lado, nem toda a violação de normas jurídicas implica o ressarcimento de danos. Carneiro da Frada afasta-se da estratégia de delimitar o sistema aquiliano com recurso à figura do delito, que entende consubstanciar uma inversão metodológica, e propugna que se parta do regime e da função, postulando essencialmente uma perspectiva teleológica, assente na *ratio* do sistema e no critério dos interesses lesados pelo evento danoso[1427].

---

excessivos representa uma tarefa elementar da ordem jurídica, que não visa só questões de conveniência "técnica", mas também de justiça.

[1427] Carneiro da Frada, *Teoria da Confiança*, p. 274, (n. 253). Aliás, perspectiva igualmente seguida em *Contrato e deveres de protecção*, pp. 117 e ss, e em a *A responsabilidade objectiva por facto de outrem*, p. 298, (teologia e paradigmas valorativos), recusando qualquer especificidade com base no conteúdo regulativo, previsto nos artigos 483.° e ss, numa distinção pela fonte ou no carácter absoluto ou relativo da posição jurídica atingida, e a necessidade de um critério que procuraria descortinar os interesses atingidos pelo evento danoso através da *ratio* do sistema delitual. Consequentemente, também uma óptica de pura contraposição entre responsabilidade delitual e obrigacional é por si insuficiente para operar qualquer separação, tendo ainda a agravante, em termos de crítica, de não deixar espaço para as responsabilidades intermédias, intercaladas ou não alinhadas. Esta perspectiva de contraposição abre uma via de alargamento da responsabilidade delitual, que só expulsaria do seu âmago a tutela de expectativas referentes à prestação. Se se pode assinalar a inversão metodológica de partir do conceito de delito para construir o paradigma da responsabilidade delitual no quadro de uma jurisprudência dos conceitos, igualmente a procura dos interesses, que o evento danoso atinge, peca das deficiências apodadas à jurisprudência dos interesses. É verdade que Carneiro da Frada não reconduz os interesses a realidades pré-legislativas, à maneira de Philipp Heck, objectivando-os na *ratio* do sistema delitual. Porém, na sua perspectiva, o relevante não são os interesses protegidos pela norma, mas antes os interesses lesados pelo evento danoso, pelo que nesta aderência à realidade subjacente o critério normativo parece algo incongruente. Igualmente parece de mencionar um vector comum aos dois Autores, que assenta numa identidade material mais restrita na delimitação da responsabilidade obrigacional, que *"intervém para tutelar posi-*

532 *Normas de Protecção e Danos Puramente Patrimoniais*

É neste campo que as normas de protecção são chamadas à colação, como estruturas operativas que recortam, em sede indemnizatória, a violação normativa relevante. Isto significa que qualquer que seja o paradigma que se construa sobre a responsabilidade aquiliana, ele não pode prescindir dos espaços materiais de referência das normas de protecção. Quer a construção de MENEZES CORDEIRO quer a de CARNEIRO DA FRADA procedem a uma clivagem atendendo aos arquétipos subjacentes aos dois esquemas de responsabilidade civil: distinguindo escopos diferentes, situações aquilianas e obrigacionais, deveres genéricos e deveres específicos, deveres genéricos que apenas caso a caso poderão ser configurados, normas específicas que indicam a conduta a adoptar, a violação de posições abso-

---

ções jurídicas atribuídas previamente ao lesado por um vínculo creditício entre ele e o lesante" (CARNEIRO DA FRADA, *Teoria da Confiança*, p. 276), e em que a responsabilidade delitual surge como matriz de toda a responsabilidade e comunica *"por vezes sem grande necessidade dogmática"* a sua linguagem e os seus conceitos à responsabilidade obrigacional (MENEZES CORDEIRO, *Da responsabilidade civil dos Administradores*, p. 485). A responsabilidade delitual traça os critérios e limites gerais da liberdade da acção (FRADA, *Teoria da Confiança*, p. 226). Ora, a bipolaridade dos esquemas da responsabilidade civil tem como consequência tendencial a atribuição de um carácter residual ou subsidiário ao esquema aquiliano e a afirmação de uma especificidade mais marcante no esquema obrigacional, que só muito abstractamente se encontraria no delitual. Há neste tipo de raciocínio uma deformação da materialidade subjacente ao direito delitual patente em inúmeras afirmações, de que salientamos as seguintes: *"O critério da função liga-se evidentemente a uma diferenciação segundo os interesses atingidos pelo evento danoso (ainda que uma lesão de um mesmo tipo de bem jurídico seja susceptível de dar lugar a responsabilidades distintas, como se demonstra na responsabilidade contratual por ofensa de posições absolutas, do mesmo modo que pela responsabilidade delitual conexa com a frustação de um crédito"* (FRADA, *Teoria da Confiança*, p. 274, (n. 253)) ou o direito delitual representa uma ordem de responsabilidade, que abstrai de contextos relacionais entre lesado e lesante, como realização do pensamento da justiça distributiva e, ainda que esta constitua a célula originária do direito delitual, discutível é que esteja presente em todo o direito delitual. (FRADA, *Teoria da Confiança*, p. 277, (n. 277)). Ora, estas deformações, a que se tem de recorrer para atribuir uma unidade material a todo o sistema delitual, caracterizam uma postura essencialista que procuraria o arquétipo, a ideia, o paradigma ou a essência deste sistema de regulações (inserem-se numa ordem de conhecimento do tipo platónico-aristotélico). As dificuldades que se enfrentam em encerrar numa unidade o que é manifestamente plural convidam a compreender o sistema de responsabilidade civil como uma multipolaridade, sublinhando a clivagem histórico-cultural entre os dois grandes modelos de responsabilidade, mas igualmente entre as diferentes situações básicas da responsabilidade delitual.

Estudo de Direito Positivo

lutas ou o desrespeito por uma situação relativa ou relação jurídica, salientando em menor ou maior medida diversidades dogmáticas, designadamente que a responsabilidade obrigacional pode ser mais favorável ao lesado do que a responsabilidade delitual, na qual a violação abrange apenas aspectos de um aproveitamento condicional[1428]. Neste contexto, regista-se maior abertura ao ressarcimento de danos puramente patrimoniais no quadro contratual do que no quadro delitual. No plano dos valores fundamentais do privatismo, a liberdade é mais protegida no sistema delitual do que no sistema contratual, cuja articulação com o princípio *pacta sunt servanda* tem de ser equacionada[1429].

[1428] MENEZES CORDEIRO, *Da responsabilidade civil dos Administradores*, pp. 488-489.

[1429] Segundo MERTENS, *Münchener Kommentar*, vor §§ 823-853, pp. 1411-1412, existe responsabilidade obrigacional e delitual autónoma e cumulativa. A prevalência da responsabilidade obrigacional visa a protecção da execução contratual, sendo que as lacunas originais desta protecção estão colmatadas pelas figuras da violação positiva do contrato e da *culpa in contrahendo*. A doutrina corrente e a jurisprudência do BGH dão enfoque ao princípio de que a responsabilidade obrigacional não pode ser utilizada para diminuir a responsabilidade delitual, partindo de uma ordem de graduação no sentido da responsabilidade obrigacional acrescentar deveres jurídicos adicionais aos deveres gerais do cidadão. Os deveres delituais existem independentemente dos contratuais. A alegação de uma equivalência, em princípio, do direito delitual e do direito contratual não consegue afastar o ponto de vista de que a responsabilidade obrigacional, prevendo distribuições de risco específicas, tem que exigir ser afastada por uma aplicação cumulativa do direito delitual. Neste aspecto, são especialmente problemáticas as tendências da jurisprudência de completar o direito de garantia do contrato de compra e venda e de empreitada por uma responsabilidade delitual por violação do direito de propriedade. Por outro lado, "correcções" do direito contratual, com ajuda do direito delitual, no caminho da aplicação cumulativa dos respectivos princípios, são, a longo prazo, inevitáveis, onde a modelação da ordem jurídica por jurisprudência uniformizada conduziu a uma avaliação nova de questões da distribuição de risco e de responsabilidade com a qual a elaboração legal da responsabilidade contratual está em desacordo em termos de valorização. O princípio de que as regras contratuais sobre o âmbito da responsabilidade não podem limitar a responsabilidade delitual é de aprovar como instrumento para tais correcções. A jurisprudência também corrigiu a responsabilidade obrigacional pela violação positiva do contrato e pela *culpa in contrahendo* agora codificada. Cláusulas limitativas da responsabilidade podem ser utilizadas também para violações contratuais que originem simultaneamente responsabilidade delitual. Embora seja natural a exclusão e limitação da responsabilidade se referir a todos os fundamentos, supõe-se, muitas vezes, que estas cláusulas se limitam à responsabilidade obrigacional, não abrangendo a responsabilidade delitual.

A tendência doutrinária a que mais se assiste no domínio das tentativas de traçar um núcleo material susceptível de caracterizar a responsabilidade delitual padece do mesmo vício de leitura desfocada, que se deixou assinalado, na contraposição entre responsabilidade delitual e obrigacional, porquanto tem assentado na violação de direitos subjectivos absolutos, ou melhor, no bem jurídico que subjaz a esta jusprotecção, o vector de materialidade do sistema delitual. Neste contexto, afirmações como a de que o direito delitual prescinde do "contexto de interacção humana", ou que "abstrai dos contextos relacionais concretos"[1430], surgem essencialmente como fórmulas linguísticas que coloram os bens jurídicos de protecção absoluta, mas imprestáveis para as "normas de protecção" ou o abuso do direito, nos quais os contextos relacionais se apresentam como fundamentais.

Neste sentido, também a distinção de PICKER, ainda que no contexto de uma construção unitária da responsabilidade entre responsabilidade delitual e obrigacional, com base na diferença entre contactos anónimos e ocasionais e no âmbito das relações especiais[1431], parece ser igualmente de rejeitar. Não se quer com a crítica realizada afastar toda e qualquer postura essencialista de investigação de uma polaridade material subjacente ao esquema delitual, mas tão-só sublinhar que uma multiplicidade de referências materiais se sopesa de forma diferenciada nos diversos *Tatbestände* delituais. Por outro lado, novas modalidades de responsabilidade "não alinhadas" têm sido construídas num sistema bilateral artificialmente

---

[1430] CARNEIRO DA FRADA, *Teoria da Confiança*, p. 276.

[1431] EDUARD PICKER, *Positive Forderungsverletzung und culpa in contrahendo*, p. 464. Não podemos deixar de concordar com a crítica de CARNEIRO DA FRADA de que o conceito de relação especial desempenha um papel semelhante, no sistema de PICKER, ao da confiança, com a diferença, que não é reduzida, de que enquanto a confiança permite a CANARIS e a CARNEIRO DA FRADA uma autonomização de uma novo título de imputação de danos, a relação especial só permite a PICKER sujeitar a indemnização os danos puramente patrimoniais que ocorrem no contexto da relação especial. Cfr. CARNEIRO DA FRADA, *Teoria da Confiança*, p. 226. O mérito da construção de PICKER é assinalar a polaridade do direito delitual entre os contactos totalmente anónimos e os contactos próximos da relação especial. Nesta polaridade, demonstra que a resposta delitual aos danos puramente patrimoniais pode ser diversificada. Já a fundamentação do sistema no *neminem laedere* merece a crítica desenvolvida por DÁRIO MOURA VICENTE, *Da responsabilidade*, p. 123 (n. 361.), salientando a existência de um conflito entre o *neminem laedere* e o *casum sentit dominus,* que faz com que aquele não possa ser juridicamente vinculante sem restrições.

Estudo de Direito Positivo

edificado, o que representa, hoje, manifestação cabal da estreiteza daqueles quadros para a compreensão dos novos problemas, a que a responsabilidade civil, em bloco, tem de dar resposta. Para encontrar o núcleo material da responsabilidade delitual impõe-se enquadrar previamente o papel e o substracto diferenciado das situações básicas delituais e só posteriormente a este esforço analítico recuperar a dimensão de unidade do instituto.

§ 17.° Direitos subjectivos

I. É fundamental compreender o sistema delitual à luz do tipo de situação jurídica envolvida, porquanto a diferenciação estrutural das situações básicas delituais opera pela separação entre direitos subjectivos e interesses juridicamente protegidos. No plano das situações jurídicas não se justifica uma abordagem à evolução do conceito de direito subjectivo, uma vez que se trata de uma matéria que, desde GUILHERME MOREIRA, tem tido um tratamento bastante desenvolvido na doutrina nacional[1432]. Impõe-se, no contexto da presente investigação, partir de uma noção de direito subjectivo que permita a sua distinção do conceito de interesse[1433].

[1432] GUILHERME MOREIRA, *Instituições de Direito civil Português*, vol. I (parte geral), Coimbra, 1907, p. 4, JOSÉ TAVARES, *Os Princípios Fundamentais do Direito Civil*, vol. I, Coimbra, 1922, p. 23, MANUEL GOMES DA SILVA, *O dever de prestar*, pp. 15 e ss, DIAS MARQUES, *Teoria Geral do Direito Civil*, vol I (Lições ao Curso de 1956-57 da Faculdade de Direito de Lisboa), Coimbra, 1958, p. 245, PAULO CUNHA, *Teoria Geral da Relação Jurídica*, vol I, AAFDL, 1960, p. 251, CASTRO MENDES, *Direito Civil – Teoria Geral*, vol II, FDL, 1973, p. 20, (CASTRO MENDES, *Direito Civil. Teoria Geral*, vol. I, AAFDL, Lisboa, 1995), pp. 465 e ss, MANUEL DE ANDRADE, *Teoria Geral da Relação Jurídica*, Coimbra, 1972, vol. I, p. 3, MOTA PINTO, *Teoria Geral do Direito Civil*, 3.ª ed., Coimbra, 1999, p. 169, OLIVEIRA ASCENSÃO, *Direito Civil-Teoria Geral*, III, Relações e Situações Jurídicas, Coimbra Ed., Coimbra, 2002, p. 63 e ss, MENEZES CORDEIRO, *Tratado de Direito Civil Português*, I, 303 e ss, SANTOS JUNIOR, *Da responsabilidade*, pp. 24-37, PEDRO PAIS DE VASCONCELOS, *Teoria Geral do Direito Civil*, 4.ª ed, Almedina, Coimbra, 2007, pp. 250 e ss. Na doutrina alemã, cfr. MARK VON LILLIENSKIOLD, *Aktuelle Probleme des portugiesischen Delikts- und Schadensersatzrechts*, pp. 37-43, com pouco desenvolvimento no domínio das normas de protecção.

[1433] DIAS MARQUES, *Teoria Geral do Direito Civil*, I, pp. 271-271, defendendo que, além da protecção individualizada de fins humanos, característica do direito subjectivo,

O direito subjectivo, desconhecido no direito romano, no qual a protecção jurídica passava pela *actio,* só se autonomiza com os teóricos do Direito natural com um especial relevo ideológico no sentido de direitos originários[1434].

Em síntese e recuperando os estudos de MENEZES CORDEIRO sobre a figura, a evolução conceptual do direito subjectivo oscila numa polaridade entre a maior afirmação do seu pendor significativo-ideológico e a sua mera relevância enquanto expediente técnico. A tradição liberal encerrava o direito subjectivo num poder da vontade, protegendo-o contra quaisquer investidas exteriores. Este é o quadro que se traduz no conceito de SAVIGNY. Neste contexto, ao servir de base ao instituto da responsabilidade delitual, o direito subjectivo repercute o pendor liberal a outras latitudes do sistema[1435]. Com efeito, o direito subjectivo configura uma pedra angular do Direito privado[1436], pelo que as concepções que lhe estão subjacentes vão expandir-se a outros institutos que nelas assentam, impondo-lhes uma precisão conceptual exigente, para os efeitos da imprecisão não se desenvolverem em cadeia. Com JHERING, cuja edição de *Geist des römischen Rechts auf den verschiedenen Stufen seiner Entwicklung* remonta a 1861, o interesse imiscui-se na noção de direito subjectivo. Segundo MENEZES CORDEIRO, em sentido objectivo, o interesse traduz a virtualidade que têm certos bens para a satisfação de certas necessidades, correspondendo de certa maneira ao conceito económico de utilidade. Em sentido subjectivo, o interesse exprime uma relação de apetência em rela-

---

pode haver outras formas de protecção de interesses mal caracterizados pela doutrina, pois, embora toda a posição jurídica que redunde num benefício ou vantagem para certa pessoa seja uma situação jurídica activa, nem sempre esta situação vem a traduzir-se numa protecção de interesses individualizadamente referida ao beneficiário. A forma mais frequente, embora não a única, de protecção reflexa de interesses é a que consiste em os particulares obterem individualmente certos benefícios resultantes de uma norma que tutele algum interesse público (saúde pública, estética urbana, segurança pública).

[1434] MENEZES CORDEIRO, *Tratado de Direito Civil Português,* I, p. 311.
[1435] MENEZES CORDEIRO, *Tratado de Direito Civil Português,* I, p. 314.
[1436] LUDWIG RAISER, "Der Stand der Lehre vom subjektiven Recht im Deutschen Zivilrecht", JZ, (1961), p. 465: SAVIGNY, PUCHTA e WINDSCHEID concebiam o direito subjectivo como garantia do poder da vontade. Diferentemente para JHERING o direito subjectivo surge como interesse protegido. Contra esta corrente doutrinária a teoria sociológica de LÉON DUGUIT, a teoria pura do Direito de HANS KELSEN e o realismo céptico sueco de LUNDSTEDT e OLIVECRONA. Segundo LUDWIG RAISER estas teorias não obtiveram acolhimento na doutrina alemã.

ção a determinadas utilidades[1437]. Ora, se, na fórmula de JHERING, o direito subjectivo representa um interesse ao qual se adiciona a protecção jurídica, isso significa que não haveria distinção entre a figura do direito subjectivo e as normas de protecção, porque nestas também se autonomiza um interesse e a sua protecção jurídica[1438].

Para esta dissertação, opta-se por recorrer, como já se fez referência, ao conceito de MENEZES CORDEIRO, que apresenta o direito subjectivo como *permissão normativa específica de aproveitamento de um bem*[1439]. Ainda que esta fórmula vise mais a posição jurídica do que o nível normativo da qual aquela emerge, é sobretudo a qualificação da norma que permite compreender a clivagem estrutural que se regista na ordem jurídica entre direitos subjectivos e interesses[1440-1441]. Cada vez mais os *"direitos subjectivos devem ser interpretados como áreas de liberdade e de protecção conferidos em prol de valores"*[1442]. Com efeito, não entrando na discussão filosófica sobre a dimensão jusnatural, os direitos subjectivos

---

[1437] MENEZES CORDEIRO, *Tratado de Direito Civil Português,* II, p. 203.

[1438] MENEZES CORDEIRO, *Tratado de Direito Civil Português,* I, pp. 311-312.

[1439] MENEZES CORDEIRO, *Tratado de Direito Civil Português,* I, p. 332.

[1440] A. VON THUR, *Derecho Civil Teoria General del Derecho Civil Alemán*, I, pp. 58-59, considera que para distinguir os direitos subjectivos dos interesses há que começar pelo estudo das normas jurídicas, posto que os direitos subjectivos originam-se na sua aplicação a factos humanos. Numerosas disposições ordenam a convivência social, atribuindo aos sujeitos uma esfera de domínio sujeita à sua vontade e oferecendo protecção contra prejuízos causados por terceiros não autorizados. Diferentemente, outras disposições, normalmente de Direito público, estabelecem deveres cujo cumprimento é de interesse geral, sendo impostos e vigiados por órgãos estaduais. Por vezes, estas disposições servem interesses particulares, além dos gerais; no entanto, o indivíduo não tem qualquer faculdade de obrigar o indivíduo ou de o liberar do dever. Dessas normas não derivam direitos subjectivos dos indivíduos, mas um direito de obediência em relação ao Estado. No entanto, se a norma tem por finalidade proteger um interesse privado, surge para quem sofreu um dano o direito da sua reparação.

[1441] De referir que a teoria imperativista reduz os direitos subjectivos a normas proibitivas, designadamente na sequência da concepção de WINDSCHEID para o qual o conteúdo jurídico da propriedade reside unicamente na função de exclusão, isto é, na proibição a todos dirigida de perturbar o proprietário no seu senhorio exclusivo sobre a coisa. A teoria imperativista compreende a categoria do direito subjectivo mediante uma norma de proibição. Todavia, segundo LARENZ, *Metodologia da Ciência do Direito*, pp. 356 e ss, nem toda a norma jurídica contém um comando ou uma proibição, mas sim uma ordenação de vigência (p. 358).

[1442] MENEZES CORDEIRO, *Tutela do Ambiente e Direito Civil*, p. 385.

afirmam-se e reconhecem-se em *normas permissivas específicas* nas quais se delimitam espaços de liberdade jurígena[1443]. De forma distinta, as normas proibitivas ou impositivas não conferem um espaço de liberdade jurídica – que permita o aproveitamento de um bem – antes delimitam um espaço de não-liberdade – adstringindo o destinatário do dever a praticar ou a não praticar certo facto[1444]. As normas proibitivas cumprem-se essencialmente através de omissões, *mutatis mutandis,* as normas impositivas através de comportamentos positivos. No entanto, o interesse protegido apresenta-se como uma figura de fronteiras evanescentes[1445].

Ainda que se assista a uma tendência actual muito contrária à autonomização do conceito de interesse, na qual se salienta MENEZES CORDEIRO, tendência que considera que a figura não tem autonomia, nem é capaz de explicar o que quer que seja, a verdade é que é essencial para a compreensão de determinadas situações jurídicas e para captar a sua metamorfose, a qual ultrapassou os quadros dogmáticos da figura do direito subjectivo para se espraiar por novas realidades afins, como os interesses indirecta e reflectamente protegidos e as expectativas jurídicas[1446].

Em relação ao conceito de interesse, têm sido dadas duas noções. A subjectiva, corresponde a uma apetência quanto a um bem, *mutatis mutadis,* a objectiva, concebe o interesse apenas como a relação entre uma pessoa e um bem capaz de satisfazer as suas necessidades. O interesse é uma situação essencialmente dinâmica, na medida em que se certo bem pode ser utilizado para satisfazer necessidades de uma pessoa, a sua utili-

---

[1443] MANUEL GOMES DA SILVA, *O dever de prestar,* p. 15: "*Os direitos subjectivos são como que zonas em que a liberdade pessoal se afirma e em que se manifesta, portanto a autonomia do sujeito do direito relativamente às outras pessoas, consideradas perante a ordem jurídica; constituem, assim, qualquer coisa de inerente à própria pessoa, situações, posições individuais que, embora estribadas na lei, adquirem certa independência em relação a ela*".

[1444] MENEZES CORDEIRO, *Tratado de Direito Civil Português,* I, p. 356.

[1445] JOÃO CASTRO MENDES, *Do conceito jurídico de prejuízo,* pp. 21-22, referindo-se à dificuldade de definir o interesse e recorrer a classificações que fazem do interesse uma posição perante um bem ou uma reacção perante o bem.

[1446] DIAS MARQUES, *Teoria Geral do Direito Civil,* I, pp. 272-272, a caracterização da expectativa deve ser feita a partir da consideração daquelas situações em que a aquisição de um direito subjectivo depende dum facto complexo de produção sucessiva. A produção parcelar de alguns dos factos simples, cuja soma total conduz ao direito, tem relevância jurídica, sobretudo quando apenas falte o último facto.

zação designa-se prossecução de interesses. A ordem jurídica regula a satisfação das necessidades pelo Homem, tutelando a prossecução de certos interesses e proibindo a prossecução de outros. A tutela da prossecução dum interesse pode fazer-se de várias formas: de forma directa, pela atribuição de um poder de meios jurídicos para essa prossecução, caso em que se atribuem direitos subjectivos, ou sem atribuir esse poder, caso em que se deparam meras protecções reflexas[1447]. CABRAL MONCADA distingue os interesses gerais dos indivíduos, protegidos genericamente pela lei, e as situações que eles criam, agindo na vida jurídica em conformidade com a norma. A protecção daqueles interesses que é mero reflexo da lei atribui aos indivíduos simples poderes legais, que não constituem em rigor direitos subjectivos. Só há direito subjectivo quando existe o poder concreto de exigir dos outros o respeito das situações jurídicas que se subjectivaram por um acto da vontade manifestada ao abrigo da lei e, ainda, o respeito de todas as consequências que desse acto resultam sob a forma de deveres e de obrigações para os outros. O direito objectivo defende interesses individuais, impondo principalmente deveres, e os direitos subjectivos nascem quando, para aqueles que a norma protege, surge o poder de constranger os outros, para vantagem própria, a cumprirem esses deveres.

O interesse não é uma posição jurídica. O interesse coloca-se no plano do direito objectivo e só adquire uma dimensão subjectiva pela violação das normas e pela lesão do interesse concretamente autonomizável. Nestes termos, não devem os interesses protegidos ser dogmaticamente enquadrados *ad nutum* como posições jurídicas activas. Há uma fenomenologia jurídica próxima da protoconstrução das expectativas jurídicas que podem transformar-se em direitos subjectivos, surgindo como meros pressupostos complexos de posições jurídicas (activas) de defesa.

Há nos interesses uma analogia com a liberdade negativa. Esta é a essência dos interesses puramente patrimoniais: emergem como realidade jurídica com a violação normativa; antes disso encontram-se em *potência*, para utilizar uma linguagem aristotélica que se adapta a esta descrição[1448].

[1447] JOÃO CASTRO MENDES, *Direito Civil (Teoria Geral)*, vol. II, 1979, pp. 22-24 e 147, CASTRO MENDES, *Direito Civil. Teoria Geral*, 1995, p. 555, VAZ SERRA, *Requisitos*, pp. 71 e ss, PESSOA JORGE, *Ensaio*, p. 283, ANTUNES VARELA, *Das Obrigações em Geral*, I, p. 417.

[1448] JÚLIO GOMES, "Responsabilidade subjectiva e responsabilidade objectiva", RDE, 13, (1987), p. 109, (n. 40), referindo-se à palavra alemã *Vermögen*, que traduz a ideia de "faculdade" ou "potência".

O que permite distinguir o direito subjectivo do interesse estrutura-se na protecção jurídica. No direito subjectivo ao aproveitamento acresce a protecção jurídica, enquanto no interesse evidencia-se uma protecção jurídica reduzida, que não permite o aproveitamento de um bem no sentido da sua apropriação individual. Assim, não é possível, sem mais, afirmar que o interesse é uma noção exterior à protecção jurídica, reconduzindo-o a uma noção empírica ou pré-científica[1449]. O interesse autonomiza-se, porém, do Direito objectivo de uma forma que se distingue de outras situações jurídicas activas. Por outro lado, de referir que o interesse por si só não permite qualificar as normas como de protecção, porquanto há normas que protegem interesses particulares, como as regras da vacinação, que não fundamentam quaisquer pretensões indemnizatórias.

Deste modo, aplicando os critérios ligados à situação jurídica, surgem-nos, mesmo perante direitos subjectivos, como no direito de propriedade, normas que limitam esses direitos. Essas normas fazem parte do complexo compreensivo que caracteriza a situação jurídica do proprietário. Isto significa que, ainda que a sua posição, analisada em globo, se caracterize como activa, há espaços de passividade no seu domínio, os quais podemos apelidar de vinculações, limites ou restrições. Ora, decorrentes destas vinculações aparecem em relação a terceiros situações jurídicas potenciais, mas que pressupõem a violação dessas restrições, pelo que apelam a um plano dinâmico, que os esquemas abstractos e estanques das situações jurídicas não revelam. Estas vinculações não existem exclusivamente nos limites de certas situações jurídicas compreensivas, como o direito de propriedade, elas encontram-se igualmente presentes quando o legislador, em vez de configurar normas permissivas, opta por um sistema de normas proibitivas em relação às quais não se autonomizam áreas delimitadas de aproveitamento de bens, mas, diferentemente, áreas de proibição[1450]. As normas de proibição não autonomizam só por si situações jurídicas concretas, antes pressupõem a sua violação para surgirem, em relação a terceiros, interesses susceptíveis de protecção jurídica.

Deste modo, mais do que diferenciar os direitos subjectivos dos interesses juridicamente protegidos, cuja separação parece residir na modalidade de protecção jurídica e nas opções de técnica de construção norma-

---

[1449] MENEZES CORDEIRO, *Tratado de Direito Civil Português,* I, p. 350.
[1450] MENEZES CORDEIRO, *Tratado de Direito Civil Português,* I, p. 346.

Estudo de Direito Positivo

tiva, o fundamental centra-se no traço de união estrutural destas situações de interesses juridicamente protegidos que assenta no facto de traduzirem normas impositivas e proibitivas, que incidem sobre um grupo ou uma generalidade de pessoas, enquanto suas destinatárias. A distinção parece apontar para dois planos: um plano de direito objectivo, em que a protecção é indirecta, e um plano que pressupõe a violação, em que a protecção passa a ser directa. Comum a estas situações, para a autonomização de interesses particulares, encontra-se uma eficácia em relação a terceiros (*Drittwirkung*) de normas proibitivas e impositivas, pressupondo uma reconstrução da norma, para além do seu plano de vigência inicial, para um plano secundário de violação[1451].

II. Cabe também chamar à colação a figura do interesse legalmente protegido cuja autonomização se tem desenvolvido sobretudo no Direito administrativo. No Estado de Direito democrático a salvaguarda e a promoção do interesse público ou do bem comum é um princípio estrutural de toda a actividade administrativa. Também a doutrina administrativista separa uma concepção subjectiva e objectiva de interesse. O interesse configura a participação de um sujeito num objecto e apresenta-se ao entendimento geral *prima facie* como subjectivo, interesse fáctico, *i.e.* como referência positiva de um determinado sujeito em relação a determinados objectos. A intensidade e o âmbito desse interesse são determinados pelo seu titular, de acordo com a sua predisposição (*Veranlagung*), o seu domínio de experiência e o seu poder de julgamento. Existe também o (verdadeiro) interesse objectivamente determinável de um sujeito, que é independente do interesse subjectivo material. Neste, o interesse considera-se como reportado a certas necessidades, fins e objectivos, sendo apreciado do ponto de vista da sua perfeição[1452].

A distinção entre direito subjectivo e interesse legalmente protegido que se desenvolve na teoria do Direito administrativo assenta nos seguin-

---

[1451] LUDWIG RAISER, "Der Stand der Lehre vom subjektiven Recht im Deutschen Zivilrecht", p. 466, sobre a diferença windscheidiana entre *"primären Rechten"* e *"sekundären Rechten"*, admitindo que *"sekundären Schutzansprüche geben könne, die nicht primären subjektiven Rechten dienen"* (p. 472), (neste sentido V. THUR e VON CAEMMERER) o que seria o caso das normas de protecção (p. 472, (n. 72)).

[1452] HANS J. WOLFF/OTTO BACHOF/ROLF STOBER, *Direito Administrativo*, vol. I, (trad. António Francisco de Sousa), FCG, Lisboa, 2006, pp. 424-425.

542 *Normas de Protecção e Danos Puramente Patrimoniais*

tes aspectos, a saber: No direito subjectivo ocorre um interesse próprio de um sujeito de direito, que a lei protege directamente, que o seu titular pode exigir de outrem que o satisfaça, em relação ao qual a lei impõe aos restantes sujeitos a obrigação de adoptar comportamentos que satisfaçam esse interesse, e, por último, em relação ao qual a lei confere ao titular do direito subjectivo o poder de obter a sua plena realização em caso de incumprimento. No interesse legítimo, embora se verifique um interesse próprio do sujeito, a lei protege directamente um interesse público que, se for correctamente prosseguido, implicará a satisfação simultânea do interesse individual referido, não podendo, por isso, o titular do interesse particular exigir de outrem que satisfaça o seu interesse, podendo, no entanto, reagir em caso de violação ilegal desse interesse[1453].

[1453] FREITAS DO AMARAL, *Curso de Direito Administrativo*, (colaboração de Lino Torgal), vol. II, 6.ª reimpressão da edição de 2001, Almedina, Coimbra, 2006, pp. 61 e ss, entende que o conceito de direito subjectivo é o mesmo no Direito público e no Direito privado. Já em relação ao conceito de interesse legítimo entende que o mesmo é específico do Direito administrativo. Ora, não impondo a lei à Administração que satisfaça o interesse, proíbe-a de realizar o interesse público de forma ilegal e, em consequência disto, reconhece ao particular o poder de anular os actos pelos quais a Administração tenha prejudicado ilegalmente o interesse privado. A Administração poderá então reconsiderar a situação praticando novo acto. FREITAS DO AMARAL considera que a expressão "interesses legalmente protegidos" do artigo 266.º do CRP é um neologismo que corresponde aos interesses legítimos. A prossecução do interesse público não é o único critério da acção administrativa que tem um valor ou alcance ilimitado, a protecção dos direitos e interesses legítimos permite temperar o princípio da legalidade (p. 62 e 64). Tanto no direito subjectivo como no interesse legítimo existe um interesse privado. No direito subjectivo essa protecção é directa e imediata. No interesse legítimo a protecção é imediata mas de segunda linha, o particular não pode exigir à Administração a satisfação do seu interesse, mas tão só eliminar os actos ilegais que o prejudicam. Enquanto que no direito subjectivo há um direito à satisfação de um interesse próprio, no interesse legalmente protegido há um direito à legalidade das decisões que versam sobre o interesse próprio. (FREITAS DO AMARAL, *Curso de Direito Administrativo*, pp. 65-66). Há ainda categorias que devem corresponder a direitos subjectivos, ainda que não sejam imediatamente accionáveis por estarem dependentes de concretização administrativa, *v. g.* os direitos condicionados, direitos enfraquecidos, direitos comprimidos e os direitos *prima facie*. Assim, FREITAS DO AMARAL, seguindo, neste ponto, VIEIRA DE ANDRADE, considera que a diversificação da actividade administrativa e a transformação do princípio da legalidade num princípio de juridicidade faz com que os direitos subjectivos, cujo conteúdo não está *a priori* determinado, não beneficiem de uma tutela directa face à Administração. Há ainda outras posições jurídicas de vantagem que se reconduzem a interesses simples (VIEIRA DE ANDRADE) ou interesses reflexamente protegidos (MARCELO REBELO DE SOUSA) em relação aos quais não existe qualquer intenção nor-

Estudo de Direito Positivo

O ordenamento jurídico pode considerar merecedores de protecção certos interesses, mas não com a prioridade ou intensidade que legitima o

_____

mativa de protecção (FREITAS DO AMARAL, *Curso de Direito Administrativo*, pp. 67-68). Para além destes, há ainda os interesses que não pertencem a indivíduos determinados: os interesses semi-diferenciados, segundo VIEIRA DE ANDRADE, e os interesses difusos. Os interesses semi-diferenciados compreendem os interesses das associações de defesa de interesses gerais dos associados e dos interesses locais gerais, enquanto os interesses difusos são interesses desprovidos de radiação subjectiva, referindo-se à generalidade dos indivíduos. Para VIEIRA DE ANDRADE, *A Justiça Administrativa (Lições)*, 8.ª ed, 2006, pp. 70 ss, a Constituição define as garantias de acesso aos tribunais contra a Administração a partir das posições jurídicas subjectivas, quer sejam direitos quer sejam interesses legalmente protegidos. VIEIRA DE ANDRADE distingue as posições jurídicas substantivas das procedimentais. Às posições jurídicas subjectivas substantivas (públicas) dos particulares face da Administração Pública correspondem, do lado passivo, obrigações e limitações ou condicionamentos positivos ou negativos da actividade administrativa. A distinção entre direitos subjectivos, interesses legítimos e interesses simples assenta na protecção jurídica. No direito subjectivo haveria um interesse próprio, autónomo e individualizado que é intencional e directamente protegido. Diferentemente, fala-se em interesse legítimo quando há um interesse particular que, embora individualizável, é de segunda linha, pois depende do interesse público, sendo protegido apenas de forma indirecta ou reflexa. O interesse simples é um mero interesse de facto, indiferenciado ou ocasional, não protegido por qualquer norma jurídica. VIEIRA DE ANDRADE entende que as distinções clássicas feitas na teoria do Direito administrativo são cortantes, sendo que há que as relativizar quando certos interesses legalmente protegidos devem ser enquadrados como direitos subjectivos, *v.g.* direitos condicionais, como os direitos enfraquecidos, os direitos comprimidos e os direitos *prima facie*. VIERA DE ANDRADE, *Justiça Administrativa*, p. 77, chama a atenção para que não se devem confundir os interesses legítimos, que pressupõem uma intenção normativa de protecção, com o interesse directo, pessoal e legítimo que, nos sistemas inspirados no modelo francês, confere legitimidade processual no recurso contencioso, que pode assentar nos direitos subjectivos, interesses legítimos e interesses de facto. Assim, a distinção, a ser realizada, centra-se nas posições jurídicas substantivas, por um lado, e nos interesses de facto, por outro. As posições jurídicas substantivas implicam intenção normativa de protecção júridica de um bem próprio do particular em primeira linha (direitos subjectivos) ou de um complemento do interesse público primacial (interesses legalmente protegidos). FREITAS DO AMARAL, *Curso de Direito Administrativo*, pp. 71-72, recusa a proposta de agregação unitária do direito subjectivo ao interesse legítimo, defendendo que a matéria necessita de maior aprofundamento dogmático, sendo que no sistema jurídico italiano se aprofundou mais a noção em virtude da diferenciação de competência dos tribunais: judiciais, quando envolvidos direitos subjectivos, e administrativos, quando envolvidos interesses legítimos. VIEIRA DE ANDRADE, *Justiça Administrativa*, p. 78, considera existir uma continuidade gradativa entre os direitos subjectivos e os interesses legalmente protegidos no que respeita à determinabilidade e à individualização do conteúdo, bem como à intencionalidade e intensidade de protecção a defender, em cada hipótese, através das normas aplicáveis.

reconhecimento de um direito subjectivo. Fala-se em interesse legalmente protegido para englobar duas realidades diferentes: os interesses indirectamente protegidos e os interesses reflexamente protegidos. O interesse primariamente protegido é um interesse público, mas a lei protege imediatamente de forma indirecta o interesse de cada particular. No interesse indirectamente protegido, como no direito subjectivo, há a protecção imediata e, em alguns casos, embora escassos, há poderes jurídicos. Não há protecção directa que permita a actuação jurisdicional plena do interesse, mas apenas a responsabilização civil de quem o tiver violado. O interesse reflexamente protegido não é objecto de protecção imediata, o único poder que existe é o de impugnar a ilegalidade do acto, não se justificando sequer a acção de responsabilidade civil[1454].

Não se pode concordar com a posição doutrinária que distingue o direito subjectivo do interesse legítimo com base na ideia de que, existindo sempre um interesse protegido por lei, no caso do direito subjectivo essa protecção é directa e imediata, ao passo que no interesse legítimo a protecção é indirecta ou reflexa. Esta distinção que assinala um interesse legítimo específico no direito administrativo, é apenas o reflexo das normas que condicionam a actuação da administração, enquanto sector dominado por um princípio de competência na sua actuação (*quae sunt permissa prohibita inteliguntur*), diferentemente do que ocorre com os particulares que se encontram sujeitos a um princípio de liberdade (*permissum videtur in omne quod non prohibitum*). Quando as normas modelam as condutas dos particulares, os seus interesses não são necessariamente indirectos ou reflexos, podendo ser configurados directamente no escopo normativo.

Outra parte da doutrina administrativa tende a defender que, no Direito Administrativo português, ao falar-se em interesses legalmente protegidos, abrange-se o interesse indirectamente protegido e o interesse reflexamente protegido, impondo-se a necessidade da sua distinção. Na distinção entre o direito subjectivo e o interesse imediato, mas indirectamente protegido de um administrado, é frequente recorrer-se ao critério de apurar se sobre a Administração Pública impende uma vinculação total ou alguma discricionariedade. No primeiro caso, o particular seria titular de

---

[1454] MARCELO REBELO DE SOUSA, *Lições de Direito Administrativo*, Lex, vol. I, 1999, pp. 97 e ss.

Estudo de Direito Positivo 545

um direito, no segundo, seria apenas titular de um interesse indirectamente protegido. Este critério seria, porém, meramente tendencial[1455].

SIDÓNIO RITO separava a figura do direito subjectivo da dos interesses legítimos, admitindo que, sempre que uma disposição legal tem em vista um interesse geral e favorece indirectamente uma classe de pessoas, os interesses destas aparecem, deste modo, protegidos pela lei que assegura o interesse geral. Por exemplo, as normas relativas ao concurso público são ditadas no interesse público; contudo, aquele que em concreto participa no concurso tem interesse em que não sejam violadas. Trata-se de um interesse legítimo, porque baseado na lei[1456]. Recusava, porém, à época, sob a vigência do Código de Seabra, a indemnização por violação de interesses legítimos, entendendo que a responsabilidade configura uma garantia dos direitos subjectivos e não dos interesses legítimos[1457].

III. Um outro enquadramento relaciona-se com a diferenciação entre o plano das dos direitos subjectivos, cujos limites são fracos, e o plano de liberdades genéricas, que, porque se dirigem a uma generalidade de destinatários, pressupõem uma limitação forte do seu exercício. Como contraponto das liberdades genéricas surgem os deveres específicos, ainda que em termos juridicamente não relacionais. Nos direitos subjectivos as permissões normativas de aproveitamento de um bem são específicas, enquanto que nas liberdades genéricas as permissões normativas são genéricas. Em simultâneo com estes dois planos, que diferenciam direitos subjectivos e liberdades genéricas, existe uma conformação de Direito público em relação a ambos, cujas consequências importa reter. No Direito privado, a liberdade genérica de actuação é designada autonomia privada, a qual, ao ter sido posta ao serviço da produção de efeitos jurídicos, implicou uma conexão estreita com os operadores do acto e do negócio jurídico, afastando-a manifestamente do campo delitual e aproximando-a do campo contratual e da responsabilidade obrigacional. Num plano de pretensa abstracção, o direito delitual absorveu as liberdades genéricas exteriores à

[1455] MARCELO REBELO DE SOUSA, Lições de Direito Administrativo, pp. 98-100.

[1456] SIDÓNIO RITO, Elementos, p. 13. Cfr. supra pp. 236-237.

[1457] Sobre a diferenciação entre direitos subjectivos e interesses legalmente protegidos, PIRES DE LIMA/ANTUNES VARELA, Código Civil Anotado, 4.ª ed revista e actualizada, Coimbra ed, Coimbra, 1987, pp. 472-473, OLIVEIRA ASCENSÃO, Direito Civil-Teoria Geral, vol. III, pp. 106-110, HEINRICH EWALD HÖRSTER, A Parte Geral, pp. 222-226.

liberdade contratual e aos esquemas contratuais em que se revele a liberdade de concorrência e a liberdade de iniciativa económica, operando-se assim uma triagem entre interesses particulares, ínsitos à autonomia privada e à liberdade contratual, e interesses públicos, presentes fora dos esquemas contratuais[1458].

O Direito privado, assente predominantemente na técnica da jussubjectivização, atribui, por regra, um espaço de liberdade aos indivíduos. Salienta-se, por isso, uma ruptura com o seu paradigma liberal quando se deixam de corporizar verdadeiros direitos subjectivos, através de normas permissivas, e se controem, normalmente em disciplinas de Direito público, normas proibitivas que protegem determinados interesses que acabam por ser recepcionadas pelo sistema delitual. Neste ponto, insere-se a discussão sobre a própria essencialidade da figura do direito subjectivo na compreensão do Direito e sobre se a evolução do Direito civil aponta para o seu carácter incontornável, ainda que, crescentemente, se afirmem áreas em que as suas especificidades técnicas lhe retiram operacionalidade.

Em termos históricos, a recusa do direito subjectivo não é de hoje. Com efeito, a doutrina realista, que se opõe ao individualismo francês e à doutrina subjectivista alemã, teve a pretensão de eliminar os conceitos "metafísicos" de direito subjectivo e de sujeito de direito, afirmando que os homens vivem em sociedade e só podem viver em sociedade, sujeitos a regras que, num dado momento histórico, são adoptadas e cuja fonte são os factos, que constituem os únicos elementos constitutivos da sociedade. À teoria realista foram endereçadas significativas críticas, entre outras, que seria também uma teoria conceptual, porque, apesar de recusar o conceito de direito subjectivo, reconhecia o conceito de dever. Ao que os realistas respondiam com a correspondência entre as regras jurídicas e as regras morais ou económicas, todas derivantes do facto social sem necessidade de introdução de elementos metafísicos. Como vantagens da teoria realista haveria uma limitação do poder do Estado, ao qual era igualmente retirada a figura do direito subjectivo e a protecção das situações legítimas, negando os direitos subjectivos e a facilidade de segurança do comércio jurídico. A teoria realista permite, com efeito, a protecção de situações legítimas, para lá de qualquer titularidade reconduzível ao sujeito de direito,

---

[1458] MENEZES CORDEIRO, *Tratado de Direito Civil Português,* I, p. 397, referindo-se à utilização do conceito de autonomia privada no contexto do Direito da Concorrência e do ambiente geral da liberdade económica e de livre iniciativa.

Estudo de Direito Positivo

e transforma todo o direito em direito objectivo, aniquilando igualmente a separação entre Direito público e Direito privado[1459].

A crítica à doutrina realista de LÉON DUGUIT foi realizada por MENEZES CORDEIRO em termos que convém retomar. Com efeito, na polaridade entre o pendor significativo-ideológico e de mero expediente técnico do direito subjectivo, o primeiro resultou de um processo de afirmação histórica, forçado pelo movimento racionalista e liberal, que não pode ser negado sem total irrealismo científico[1460]. Se se tratasse exclusivamente de um expediente técnico, o direito subjectivo poderia ser substituído por outro que o superasse. O lastro significativo-ideológico reconduz-se à liberdade, mas, de salientar, que o direito subjectivo não tem o monopólio da conformação da liberdade na ordem jurídica e isso resulta de também ser um expediente técnico com características específicas. Daqui que após uma fase de expansão do direito subjectivo, em que se compreendia sobretudo no pólo significativo-ideológico enquanto manifestação de liberdade[1461], a tendência actual vai no sentido de restringir a sua utilização aos casos em que existem liberdades específicas, com limites determinados, enfocando a polaridade com o pendor técnico-jurídico, designadamente incorporando espaços de liberdade sobre bens delimitados, como os bens de personalidade, as prestações ou as coisas corpóreas.

Os direitos subjectivos absolutos surgem como posições jurídicas específicas que espelham proibições genéricas. Diferentemente, as liberdades genéricas reflectem proibições específicas. Daí que as normas de protecção sejam específicas e não cubram senão um número limitado de situações[1462], ainda que a sua formulação possa surgir em termos amplos, designadamente através de cláusulas gerais. No entanto, a alteração material das funções do Estado tem implicado um aumento das normas de protecção. Por outro lado, a vulnerabilidade de certos direitos subjectivos nas sociedades modernas, *v.g.* na sociedade de informação, tem justificado a

---

[1459] Sobre esta matéria, LÉON DUGUIT, "Les grandes doctrines juridiques et le pragmatisme", RFDUL, Ano II, (1934), pp. 21-27. Cfr. SERGIO COTTA, "Absolutisation du droit subjectif et disparition de la responsabilité", APD, t. 22, (1977), pp. 23-30.

[1460] MENEZES CORDEIRO, *Tratado de Direito Civil Português,* I, p. 324.

[1461] JUAN B. JORDANO BAREA, "Novos Rumos do Direito Civil", RFDUL, vol. VI, (1949), p. 184, afirmando que a crise não é do direito subjectivo mas de uma determinada concepção do mesmo (individualista liberal), que há que considerar definitivamente posta de parte, admitindo um regresso ao sistema da *actio.*

[1462] CARNEIRO DA FRADA, *Vinho Novo em Odres Velhos,* p. 680.

548   *Normas de Protecção e Danos Puramente Patrimoniais*

importação para o seu núcleo das soluções doutrinárias defendidas em sede de normas de protecção, como se constatou no enquadramento periférico dos ilícitos da sociedade da informação.

IV. No direito alemão, o § 823 I BGB estabelece a protecção delitual de direitos subjectivos no quadro da autonomização de bens jurídicos e de outros direitos. O Código Civil alemão assenta, nestes termos, na distinção entre bens jurídicos e direitos subjectivos. São enumerados os bens jurídicos, nomeadamente, a vida, o corpo, a saúde e a liberdade[1463]. Os bens juridicamente tutelados, que constituem os interesses vitais dos indivíduos, são absolutos (ou seja, têm uma eficácia *erga omnes*) e intransmissíveis, resultando da própria natureza das coisas que estes bens jurídicos sejam consignados ao seu titular e não possam ser alienados a um terceiro. A vida humana é considerada o bem jurídico supremo inviolável (artigo 2.º GG). No crime de homicídio viola-se o bem jurídico vida. É irrelevante a verificação de consentimento na produção da morte, pois, nos termos do § 216 StGB, é punível o auxílio ao suicídio. Também a integridade física é juridicamente protegida em termos gerais, considerando-se lesão corporal qualquer intervenção externa na integridade física. No entanto, o conceito de integridade física não abrange a totalidade das partes separáveis do corpo físico. Define-se como ofensa à saúde a perturbação do funcionamento interno e a lesão psíquica e física do corpo humano. A ofensa à saúde acaba por ser absorvida pela ofensa à integridade física. Os dois conceitos são próximos, sendo certo que são predominantes as lesões de cariz externo.

A liberdade tutelada no § 823 I BGB refere-se à liberdade de circulação[1464]. Ao contrário do que sucede no âmbito do Direito penal, em que se exige o dolo, a violação negligente da liberdade de circulação conduz à obrigação de indemnizar o lesado. Existem três grupos de situações que

---

[1463] HANS STOLL, "Unrechtypen bei Verletzung absoluter Recht", AcP, 162, (1963), pp. 209 e ss. SCHLECHTRIEM, *Schuldrecht. Besonderer Teil*, 6. A., Mohr Siebeck, Tübingen, § 2, pp. 350-353, MEDICUS, *Schuldrecht II, Besonderer Teil*, § 137, pp. 291-293.

[1464] Neste sentido, LARENZ/CANARIS, *Lehrbuch des Schuldrechts*, § 75, p. 356, e § 76, pp. 385-386, SCHLECHTRIEM, *Schuldrecht. Besonderer Teil*, § 2, pp. 353-354, MEDICUS, *Schuldrecht II, Besonderer Teil*, § 137, p. 292-293. Para um conceito correspondente à liberdade de decisão, cfr. JÖRN ECKERT, "Der Begriff Freiheit im Recht der unerlaubten Handlungen", JuS, (1994), Heft 8, pp. 625-631.

Estudo de Direito Positivo

caem sob o conceito de liberdade de circulação: *i)* o aprisionamento de uma pessoa com o objectivo de prosseguir determinados objectivos financeiros ou sexuais; *ii)* o exagero na definição de uma doença mental junto de uma instituição pública; e *iii)* a prisão de uma pessoa sem observância das normas legalmente previstas para o efeito[1465].

Os bens jurídicos enumerados não podem ser aumentados por via da analogia. Por esta razão desenvolveram-se o direito de propriedade e "outros direitos" susceptíveis de maior alargamento. Como "outros direitos" identificam-se os direitos absolutos que, tal como sucede com a propriedade, gozam de ampla protecção legal e o seu campo de aplicação acaba por ser legalmente definido. Exemplos destes direitos são os direitos intelectuais[1466]. Além disso, também os direitos-quadro são incluídos nos "outros direitos", tal como sucede com o "direito à empresa" e com o "direito geral de personalidade".

O direito de propriedade é o único direito subjectivo mencionado no § 823 I BGB e deve ser entendido no âmbito dos direitos reais, dado que apenas se pode exercer o direito de propriedade sobre uma coisa, isto é, sobre um bem material. A violação do direito de propriedade pode manifestar-se de diferentes maneiras: *i)* na subtracção de coisa, *ii)* nos efeitos ao nível da substância do objecto, *iii)* no património ou *iv)* na sua afecta-

---

[1465] DEUTSCH/AHRENS, *Deliktsrecht, Unerlaubte Handlungen, Schadenersatz, Schmerzensgeld,* 4. A., Carl Heymanns, Köln, Berlin, Bonn, München, 2002, § 14, pp. 94-95. Em LARENZ/CANARIS, *Lehrbuch des Schuldrechts,* § 76, pp. 385-386, acrescentam-se os seguintes casos: quem fechar à chave uma sala onde se encontra uma pessoa viola a sua liberdade, que pode ser violada também por intervenções mediatas, designadamente quando a saída de um prédio ficar intransitável por uma construção inapropriada ou um elevador parado por um erro de manutenção. Também para EMMERICH, *BGB-Schuldrecht, Besonderer Teil,* § 21, pp. 259-260, a agressão à liberdade deve ser entendida como ofensa à liberdade física e como coacção com vista à prática de um determinado acto recorrendo-se, para o efeito, à ameaça. Por outro lado, outro tipo de agressões que interfiram na liberdade de decisão de um indivíduo podem configurar-se como ofensas ao "direito geral de personalidade". São abrangidos os casos de cativeiro, o caso de instigação de uma entidade pública para a detenção de alguém, por exemplo, mediante uma comunicação ilícita ou, pelo menos, através de uma denúncia falsa.

[1466] LARENZ/CANARIS, *Lehrbuch des Schuldrechts,* § 75, pp. 374-375 e § 76, p. 392, defendem que no conceito de "outros direitos" se colocam bens com substância de imputação e função de exclusão, com evidência social típica, considerando que património e liberdade geral de acção não teriam as características que lhes permitem disfrutar de uma protecção delitual alargada.

ção ao proprietário[1467]. O § 823 I BGB qualifica como "outros direitos" aqueles que, como o direito de propriedade, são insusceptíveis de serem suprimidos pelo ordenamento jurídico, incluindo os chamados "direitos de domínio". O objecto do domínio pode ser uma coisa, mas também um bem imaterial como, por exemplo, uma invenção ou uma obra literária. Os "outros direitos" semelhantes ao direito de propriedade são direitos reais, quer sejam direitos de gozo, quer sejam direitos de garantia. Os direitos de aquisição, tais como, o direito de caça e o direito de pesca, são igualmente tutelados nos termos dos direitos reais. A posse é um direito com um domínio de protecção restrito, pelo que só será abrangido pelo direito delitual se as acções possessórias forem insuficientes. Os direitos relativos a bens jurídicos imateriais, tais como, o direito das marcas e patentes, são direitos absolutos, que conferem ao seu titular um domínio sobre o bem jurídico tutelado.

[1467] Cfr. LARENZ/CANARIS, *Lehrbuch des Schuldrechts*, § 76, pp. 386-392, que no quadro da violação da propriedade inserem: *i)* a privação da propriedade não autorizada, *ii)* as actuações reais nas coisas como a destruição ou danificação, *iii)* as perturbações do uso e da finalidade da coisa, no qual inserem engarrafamentos de trânsito e danificações de cabos e de instalações de fornecimento de energia; *iv)* as alegações falsas de uma coisa perante terceiros e *v)* a indução do proprietário a transferir a propriedade ou a desfazer-se da coisa. Na destruição de um cabo de electricidade ou de outra instalação de fornecimento de energia o BGH recusa a existência de uma violação de propriedade e da violação do "direito à empresa", mas se pela suspensão do fornecimento de energia, surgir um prejuízo em coisas, como no caso de *ovos de incubação* BGH 4-Fev.-1964, BGHZ 41, 123, já se verifica uma violação da propriedade. Trata-se de uma violação mediata, mas o prejuízo pertence ainda à área de protecção do dever de evitar a danificação de instalações de fornecimento de energia pois a sua finalidade típica consiste no abastecimento de terceiros. LARENZ/CANARIS consideram que não se verifica qualquer contradição de valorizações por o que fica com a coisa danificada ou destruída se encontrar numa situação melhor do que aquele que está meramente impedido de a usar, uma vez que o prejuízo de substância fica na área da protecção da propriedade e, em contrapartida, o prejuízo de uso encontra-se muito perto de um mero prejuízo patrimonial. No sentido de implicar uma contradição de valorizações. Na linha de LARENZ/CANARIS, também EMMERICH, *BGB-Schuldrecht, Besonderer Teil*, § 22, p. 272, admite que com a destruição de mais de mil ovos graças à falha de energia, se verifica uma violação do direito de propriedade no que respeita aos ovos. De acordo com a doutrina maioritária, deverão, pelo contrário, ser considerados de forma diferente os designados "danos de bloqueio" (*black out*), não obstante o facto da paragem na laboração das máquinas em virtude da falha de energia poder ser encarada como uma perturbação (passageira) da sua possibilidade de uso. Cfr. MEDICUS, *Schuldrecht II, Besonderer Teil*, § 138, pp. 293-297.

Estudo de Direito Positivo

No que concerne às situações jurídico-familiares, o poder paternal constitui um "outro direito" cuja violação obriga ao pagamento de uma indemnização por perdas e danos. Se, por hipótese, a criança for vítima de rapto, os custos para a encontrar são prejuízos indemnizáveis. Tornou-se prática corrente a tutela delitual do espaço físico dos cônjuges. Assim, um cônjuge pode exigir ao outro que não traga para a casa de morada de família ou para a loja administrada por ambos um elemento perturbador para o casal. No entanto, de acordo com jurisprudência alemã, não existe qualquer "outro direito" à imperturbabilidade da estabilidade do casamento[1468].

Os direitos potestativos não integram o conceito de "outros direitos", uma vez que não tutelam qualquer posição de domínio e apenas operam unilateralmente. O mesmo sucede com os direitos de crédito, que não conferem ao seu titular uma posição de domínio sobre o devedor ou sobre a prestação. Assim, na perspectiva do objecto da prestação e do devedor, os direitos de crédito não podem, em princípio, ser qualificados como "outros direitos"[1469]. Este é, em geral, o quadro de protecção delitual, ao abrigo do § 823 I BGB, apresentado pela doutrina alemã.

[1468] LARENZ/WOLF, *Allgemeiner Teil*, § 8, p. 134, admitem que a protecção civil do casamento possa ocorrer pela articulação do § 185 StGB com o § 823 II BGB. DEUTSCH/AHRENS, *Deliktsrecht*, § 14, p. 98. LARENZ/CANARIS, *Lehrbuch des Schuldrechts*, § 76, p. 398, EMMERICH, *BGB-Schuldrecht, Besonderer Teil*, § 22, pp. 281-282, e MEDICUS, *Schuldrecht II, Besonderer Teil*, § 140, p. 303. No Direito português, a favor da admissibilidade da responsabilidade civil por ilícito conjugal, JORGE DUARTE PINHEIRO, *O Núcleo Intangível da Comunhão Conjugal, Os deveres conjugais sexuais*, Almedina, Coimbra, Almedina, 2004, pp. 662-739.

[1469] DEUTSCH/AHRENS, *Deliktsrecht*, § 14, p. 98. No mesmo sentido, EMMERICH, *BGB-Schuldrecht, Besonderer Teil*, § 22, p. 272-273. Segundo, LARENZ/CANARIS, *Lehrbuch des Schuldrechts*, § 76, pp. 392-398, a liberdade de acção geral não se inclui nos "outros direitos". Exemplos de "outros direitos" são os direitos materiais limitados, o usufruto, as servidões, os direitos de bens incorpóreos absolutamente protegidos, como os direitos de propriedade intelectual, os direitos das patentes e os direitos industriais, que gozam dos critérios de substância de imputação e de função de exclusão de forma semelhante à propriedade. Igualmente as expectativas legítimas materiais e os direitos de personalidade. Também os direitos que resultam da qualidade de membros, designadamente de sócios, podem ser incluídos no conceito de "outros direitos". Já a posse seria de excluir fora dos casos da posse do arrendatário e do locatário. Por fim, em relação aos direitos de crédito, LARENZ/CANARIS admitem a aplicação do conceito de *sonstige Recht* aos casos em que um terceiro intervém na área do credor em que a situação não difere da alienação de coisa alheia ao comprador de boa fé. Cfr. MEDICUS, *Schuldrecht II, Besonderer Teil*, § 140, p. 303.

552   *Normas de Protecção e Danos Puramente Patrimoniais*

V. Cumpre analisar se o direito delitual português corresponde a este enquadramento de carácter genérico relativo aos bens delituais que gozam de protecção absoluta. Uma das características fundamentais e específicas do nosso sistema delitual é não elencar bens jurídicos, limitando-se a indiciar a ilicitude de qualquer violação de direitos subjectivos. Esta distinção entre o direito da responsabilidade delitual português e o direito alemão pode ser importante para afastar as premissas de que parte CANARIS[1470]. Não há no direito português uma protecção diferenciada de bens jurídicos, mas tão só uma diferenciação entre direitos subjectivos e interesses juridicamente protegidos. Trata-se *prima facie* de uma distinção de pendor técnico-jurídico, ainda que subjacente a estas distinções existam igualmente referências materiais, na medida em que o pendor significativo-ideológico está presente nos direitos subjectivos. Como o sistema não assenta no conceito de bem jurídico de protecção delitual, é discutível que seja necessário para o direito português a doutrina dos deveres do tráfego fora do círculo das omissões e das acções mediatas. Mesmo a admitir-se que esta doutrina possa ser configurada como uma extensão da protecção indemnizatória de direitos subjectivos, a sua aplicação às normas de protecção, no desenho nacional desta situação básica de responsabilidade, tem de ser analisada em detalhe.

Nos termos do artigo 483.º, n.º 1, do CC a violação dos direitos subjectivos, a que se faz corresponder a ilicitude, implica que a indemnização se circunscreva à frustração das utilidades advenientes do direito violado, excluindo-se os danos puramente patrimoniais autónomos. No direito português são abrangidos nesta variante de ilicitude, os direitos sobre bens jurídicos pessoais, como a vida, corpo, saúde e liberdade, os direitos reais, os direitos industriais, os direitos de autor, os direitos familiares patrimoniais e os direitos de personalidade[1471]. Neste ponto, o âmbito de protecção, no contexto da primeira variante da responsabilidade delitual, é muito semelhante ao que tem sido defendido pela doutrina alemã. A diferença mais evidente resulta de a maioria da doutrina e a juriprudência portuguesa não terem autonomizado a categoria do "direito geral de personalidade" e

---

[1470] LARENZ/CANARIS, *Lehrbuch des Schuldrechts*, § 76, p. 374, entendem que não há diferença entre a designação como bens jurídicos ou como direitos.

[1471] ANTUNES VARELA, *Das Obrigações em Geral*, I, pp. 533-536, MÁRIO JÚLIO DE ALMEIDA COSTA, *Direito das Obrigações*, p. 562, LUÍS MENEZES LEITÃO, *Direito das Obrigações*, I, pp. 290-294, ROMANO MARTINEZ, *Direito das Obrigações*, pp. 104-105.

Estudo de Direito Positivo   553

do "direito à empresa", implicando porventura a existência de um *deficit* de protecção delitual, a que o sistema delitual nacional deverá dar resposta por outras vias. Vamos, então, analisar estas figuras que se desenvolveram sobretudo na jurisprudência alemã.

§ 18.° "Direito geral de personalidade"

I. O BGB foi criticado por dar um reduzido espaço à protecção delitual da personalidade, designadamente ao só consagrar expressamente o direito ao nome, previsto no § 12 BGB, e a protecção da honra, com base no § 823 II BGB em conjugação com os §§ 185 e ss StGB. De referir, ainda, a protecção da vida, saúde, integridade física e liberdade previstas no § 823 I BGB. A jurisprudência construiu, por isso, o "direito da personalidade geral" como um "outro direito", no sentido do § 823 I BGB. Esta solução resultou da promulgação da Constituição Alemã[1472], que operou uma mudança de valorização da pessoa, que influenciou o direito delitual, e que foi motivada pela crescente colocação em perigo da personalidade pela técnica moderna e pelos meios de comunicação social. Tratou-se, portanto, de uma lacuna surgida posteriormente e não de um defeito original do BGB, cuja concepção de direito de personalidade era inteiramente aceitável à data da sua entrada em vigor[1473].

Os direitos de personalidade exprimem posições jurídicas protegidas pelo Direito objectivo que se reportam à própria pessoa tutelada. Os direitos de personalidade, de forma semelhante a todo o Direito privado, têm uma natureza histórico-cultural, que condiciona a sua configuração. A primeira pergunta que se justifica fazer passa por saber qual o sentido de reconhecer uma tutela à pessoa sobre bens de personalidade, mercê da

---

[1472] SANTOS JÚNIOR, *Da responsabilidade civil de terceiro*, p. 247, (n. 833), fazendo corresponder a consagração jurisprudencial do "direito geral de personalidade" ao surgimento da Constituição de Bona de 1949.

[1473] LARENZ, "Das "allgemeine Personlichkeitsrecht" im Recht der unerlaubten Handlungen", NJW, (1955), pp. 521-525, LARENZ/CANARIS, *Lehrbuch des Schuldrechts*, § 75, pp. 358-359, e LARENZ/WOLF, *Allgemeiner Teil*, § 8, pp. 125-133, SCHLECHTRIEM, *Schuldrecht. Besonderer Teil*, § 2, pp. 353-354, MEDICUS, *Schuldrecht II, Besonderer Teil*, § 141, pp. 305-306, e HORST EHMANN, "Zur Structur des Allgemeinen Persönlichkeitsrechts", JuS, (1997), Heft 3, pp. 193-203.

manifesta circularidade entre sujeito e objecto de protecção. A resposta, para MENEZES CORDEIRO, é sobretudo histórica. O conceito de pessoa em Direito, sobretudo devido à extensão feita às pessoas colectivas, assume uma dimensão artificial. Por outro lado, o conceito de direito subjectivo tem sido considerado o esquema histórico mais conseguido para prosseguir tutelas jurídicas[1474]. No Direito Romano, a *injuria* traduzia ofensas corporais ligeiras. Nas Instituições de JUSTINIANO (séc. VI) (livro IV, título I), as injurias foram traduzidas como as prevaricações contra as pessoas. A *injuria* dava azo a uma *actio ex delicto,* que era uma acção de responsabilidade civil. O pensamento romano tardio vai ser influenciado pelo humanismo cristão. No humanismo francês tardio (1.ª sistemática), DONELLUS tipifica quatro modalidades de ofensas à personalidade: a vida, a integridade física, a liberdade e a reputação. O racionalismo (2.ª sistemática) vai desenvolver o conceito de direitos inatos ou essenciais, que preexistem o próprio Estado. Trata-se dos *human rigths* anglo-saxónicos e dos direitos fundamentais das modernas constituições. Na pandectística (3.ª sistemática) defende-se a natureza histórico-cultural dos direitos de personalidade. SAVIGNY tinha contudo dúvidas sobre a viabilidade dogmática do direito de personalidade: uma construção de direitos sobre si próprio só viria obscurecer a tutela da pessoa humana. Porém, JHERING é a favor da categoria do direito de personalidade, nomeadamente no seu papel indemnizatório e compensatório e na sua função profilática, visando prevenir lesões futuras. Através de um esforço de abstracção chega-se aos bens de personalidade, o que permitiu a REGELSBERGER e a OTTO VON GIERKE a caracterização dos direitos de personalidade como direitos privados não patrimoniais[1475].

Nem o Código de Napoleão, de 1804, nem o BGB, de 1896-1900, desenvolveram a matéria dos direitos de personalidade. No direito francês, a tutela da personalidade era assegurada pela responsabilidade civil (artigo 1382 do *Code),* o que permitia uma tutela indemnizatória mesmo que não

---

[1474] MENEZES CORDEIRO, *Tratado de Direito Civil*, III, pp. 43-44.

[1475] Para a evolução histórica dos direitos de personalidade seguiu-se MENEZES CORDEIRO, *Tratado de Direito Civil*, III, pp. 45-64. Cfr. ainda ADRIANO DE CUPIS, *Os Direitos da Personalidade*, (trad. Adriano Vera Jardim e António Miguel Caeiro), Morais Ed., Lisboa, 1961, pp. 3-44. Actualmente admite-se que os direitos de personalidade possam ter conteúdo patrimonial, MENEZES CORDEIRO, *Tratado de Direito Civil*, III, p. 106, e DAVID OLIVEIRA FESTAS, *Do conteúdo patrimonial do direito à imagem*, polic., 2004.

se identificassem normas ou direitos violados (sistema de *faute*). Por sua vez, o BGB só contém uma referência ao direito ao nome. Apesar disto, esta matéria tem tido, na Alemanha, grande desenvolvimento devido ao nível da doutrina e aos abusos legislativos cometidos no período de 1933-1944, com a ascensão do nacional-socialismo ao poder. Em resultado da não autonomização dos direitos de personalidade no BGB e tendo em consideração a responsabilidade delitual alemã, que exige no § 823 I BGB a violação de um direito absoluto, a jurisprudência autonomizou um "direito geral de personalidade". Numa decisão do BGH 25-Mai.-1954[1476], reconheceu-se a protecção das cartas missivas de um advogado que tinham sido publicadas num jornal sem a sua autorização. Numa segunda decisão do BGH, 14-Fev.-1958, reconheceu-se o direito à imagem de uma pessoa, cuja imagem tinha sido utilizada sem seu consentimento num anúncio a um produto farmacêutico alegadamente afrodisíaco[1477].

Desenvolveu-se, assim, o conceito de "direito geral de personalidade", que funcionava como complemento dos direitos fundamentais da Constituição, sendo um "direito-quadro" de onde se retiravam protecções jurídicas concretas. Este "direito" não era uma permissão normativa específica, pelo que não se lhe aplicava a figura do direito subjectivo, mas permitia, enquanto "direito-quadro", formulações concretas de direitos subjectivos de personalidade. Com os desenvolvimentos dos direitos de personalidade concretos, a construção do "direito geral de personalidade" encontra-se hoje em regressão, mesmo no sistema alemão, ainda que, devido à jurisprudência do BGH, tenha deixado de ser um "direito" nebuloso, pois com a formação de grupos de casos ganhou contornos mais próximos de um tipo legal[1478].

[1476] BGHZ, 13, 334, NJW, (1954), 1404.

[1477] DIETHELM KLIPPEL, "Neuere Entwicklungen des Persönlichkeitsschutzes im deutschen Zivilrecht", (Günter Weick), Alfred Metzner verlag, Frankfurt, 1987, pp. 31 e ss, admitindo a tripla avaliação do dano, aceite no domínio dos direitos intelectuais para a indemnização dos danos de personalidade. No mesmo sentido, KLAUS WASSERBURG, *Der Schutz der Persönlichkeit im Recht der Medien*, C. F. Müller, 1988, pp. 223 e ss.

[1478] Nesta evolução, mais uma vez, MENEZES CORDEIRO, *Tratado de Direito Civil*, III, pp. 43-64. Cfr. ainda a breve resenha histórica do ensino do "Direito das Pessoas", RABINDRANATH CAPELO DE SOUSA, *Direito das Pessoas. Relatório sobre o programa, o conteúdo e os métodos de ensino de tal disciplina*, Coimbra, 2005, pp. 21-63.

II. Em Portugal, a evolução histórico-cultural da protecção da personalidade foi investigada por Menezes Cordeiro nos termos que se passam a sintetizar. No direito português das Ordenações a tutela dispensada às pessoas era reduzida. Previam-se penas os responsáveis pela morte ou pela lesão da integridade física das pessoas, para os autores e divulgadores de cartas difamatórias e para os mexeriqueiros. O liberalismo levou à consagração nas Constituições portuguesas de regras relativas aos direitos do homem, de inspiração francesa. Encontram-se, assim, direitos fundamentais na Constituição de 1822, na Carta Constitucional de 1826, na Constituição de 1838, na Constituição de 1911, na Constituição de 1933 e, com maior aprofundamento em matéria de direitos, liberdades e garantias, na Constituição de 1976. Na civilística, Borges Carneiro, Corrêa Telles e Coelho da Rocha referem-se dispersamente a direitos naturais. O Visconde de Seabra, marcado pela influência constitucional dos direitos do homem, do pensamento abstracto jusracionalista e da tradição escolástica naturalística, vem consagrar um título relativo aos direitos originários no Código Civil (artigos 359.º a 368.º). Entre os direitos originários encontravam-se o direito de existência, o direito de liberdade, o direito de associação, o direito de apropriação e o direito de defesa. Alexandre Herculano, Dias Ferreira e Abel de Andrade consideram estes preceitos inúteis. Diferentemente, Cunha Gonçalves vai aproveitá-los no campo da responsabilidade civil. Na primeira metade do século XX, abre-se um debate sobre a figura dos direitos de personalidade: Guilherme Moreira, José Tavares e Cabral de Moncada recusam a figura, porque não fazia sentido que a pessoa fosse simultaneamente sujeito e objecto de uma relação jurídica, enquanto Cunha Gonçalves, Manuel de Andrade, Paulo Cunha e Pires de Lima/Antunes Varela admitem a figura[1479].

O Código Civil de 1966 consagra, no capítulo referente às pessoas singulares, um conjunto mais desenvolvido de direitos de personalidade nos artigos 70.º a 81.º. Na origem destas normas encontra-se um anteprojecto de Manuel de Andrade, cuja principal fonte foi o Código Civil Italiano de 1942. A publicação do Código Civil não provocou, de imediato, uma concretização de direitos de personalidade, tendo sido recebido com alguma frieza e tendo-se inclusive defendido que o artigo 70.º configurava

---

[1479] Menezes Cordeiro, *Tratado de Direito Civil Português,* III, pp. 65-79.

Estudo de Direito Positivo 557

uma fórmula demasiado vaga[1480]. MENEZES CORDEIRO defende que no século XXI a importância dos direitos de personalidade vai ser crescente[1481].

III. Uma das áreas que solicita uma articulação com as normas de protecção respeita aos direitos de personalidade, enquanto direitos subjectivos concretos, ou ao "direito geral de personalidade", cuja figura tem sido defendida por alguma doutrina portuguesa[1482] e negada por outra[1483].

[1480] PAULO CUNHA e MOTA PINTO iniciaram a divulgação do tema, apesar de se considerar que a defesa da pessoa foi assegurada mais eficazmente através do Direito Constitucional e dos direitos fundamentais, nomedamente por alguns constitucionalistas como JORGE MIRANDA, VIEIRA DE ANDRADE e GOMES CANOTILHO. Na matéria dos direitos de personalidade o destaque mais recente vai para os estudos de CAPELO DE SOUSA, DIOGO LEITE CAMPOS, RITA AMARAL CABRAL e PAULO MOTA PINTO. MENEZES CORDEIRO, *Tratado de Direito Civil Português,* III, pp. 78-79.

[1481] MENEZES CORDEIRO, *Tratado de Direito Civil Português,* III, pp. 49-62.

[1482] Cfr. RABINDRANATH CAPELO DE SOUSA *O direito geral de personalidade*, Coimbra Editora, 1995, pp. 455-461, DIOGO LEITE CAMPOS, "O Direito e os Direitos de Personalidade", ROA, Ano 53, Abril/Junho, (1993), pp. 201-234, NUNO MANUEL PINTO OLIVEIRA, *O direito geral de personalidade e a "solução do dissentimento". Ensaio sobre um caso de "constitucionalização" do direito civil,* Coimbra Editora, 2002, pp. 78 e ss, PEDRO PAIS DE VASCONCELOS, *Direito de Personalidade,* (Relatório sobre o programa e o método no ensino de uma disciplina de mestrado em Direito Civil), Almedina, Coimbra, 2006, pp. 135 e ss, e GUILHERME MACHADO DRAY, *Direitos de Personalidade – Anotações ao Código Civil e ao Código do Trabalho,* Almedina, Coimbra, 2006, pp. 26 e ss. Sobre a evolução doutrinária e jurisprudencial, MENEZES CORDEIRO, "Os direitos de personalidade na civilística portuguesa", Estudos em Homenagem ao Professor Inocêncio Galvão Teles, Vol. I, Direito privado e Vária, Almedina, Coimbra, 2002, pp. 21-45, e VASCONCELOS ABREU, "As violações de direitos de personalidade pela comunicação social e as funções da responsabilidade civil. Recentes desenvolvimentos jurisprudenciais. Uma breve comparação luso-alemã", Estudos em Homenagem à Professora Doutora Isabel de Magalhães Collaço, vol. II, Almedina, Coimbra, 2002, pp. 457-475. A. PENHA GONÇALVES, *Direitos da personalidade e sua tutela. Estudo de Direito privado,* Ed. do Autor, Luanda, 1974, pp. 32-33, admitindo a menor importância da responsabilidade civil na lesão de direitos de personalidade e a diminuição da respectiva função reparadora devido aos danos não patrimoniais.

[1483] A jurisprudência assume no domínio dos direitos de personalidade um papel fundamental. O artigo 70.º CC, ao referir *a protecção contra qualquer ofensa ilícita ou ameaça à personalidade física ou moral,* lida com conceitos que têm de ser concretizados pela jurisprudência. Pode-se, segundo MENEZES CORDEIRO, distinguir quatro períodos na evolução da jurisprudência. Um primeiro período, anterior ao Código Civil. Nesta fase, duas sentenças reconhecem o direito ao descanso em situações de obras nocturnas da cons-

558 *Normas de Protecção e Danos Puramente Patrimoniais*

A tendência doutrinária mais recente vai no sentido de recusar a necessidade da figura do "direito geral de personalidade", designadamente em autores como Oliveira Ascensão e Menezes Cordeiro[1484], posição que se adopta no desenvolvimento deste estudo.

---

trução do metropolitano, mas uma não reconheceu esse direito em relação a doentes de uma clínica oftalmológica numa situação em que um galo fazia um barulho excessivo. Um segundo período de reconhecimento pontual (1967 a 1982), em que volta a haver o reconhecimento do direito ao repouso e saúde, bem como à protecção da imagem de uma criança, publicada num cartaz sem autorização; existe, igualmente, uma decisão relativa à confidencialidade das cartas missivas. Um terceiro período de implantação dos direitos de personalidade (1983 a 1992), com um alargamento dos bens de protecção, que abrange o direito à vida, repouso, saúde, imagem e honra, os direitos pessoais decorrentes do casamento, o direito à protecção jurídica e os direitos dos transsexuais; e um quarto período de aplicação corrente dos direitos de personalidade (de 1993 em diante) com dezenas de sentenças em matéria de direitos de personalidade.

[1484] Menezes Cordeiro, *Tratado de Direito Civil Português,* III, pp. 63-64. Há na matéria dos direitos de personalidade um conjunto de pré-entendimentos que, segundo Menezes Cordeiro, ainda permanece, a saber: *i)* a sua imprecisão e a dificuldade em os arrumar nas categorias tradicionais; *ii)* o facto de se defrontarem com a acção do Estado, ao serviço do interesse público; *iii)* o facto de constituírem um entrave ao direito de propriedade e à autonomia privada e de surgirem como um desconforto para a comunicação social. Como contrabalanço a estes pré-entendimentos negativos, há uma ideia favorável que se relaciona com a tutela da pessoa humana (pp. 95-102). A construção dogmática dos direitos de personalidade exige o desenvolvimento de alguns conceitos fundamentais: bens de personalidade, direito subjectivo, "direito geral de personalidade" e distinção dos direitos de personalidade de figuras afins. O bem é uma realidade capaz de satisfazer necessidades (sentido objectivo) ou apetências (sentido subjectivo). Neste sentido, a pessoa representa um bem para si ou para outros. Podemos distinguir várias áreas de bens de personalidade, inerentes ao ser humano biológico: vida, integridade física, saúde, necessidades vitais, como sono, repouso, alimentação e vestuário; inerentes ao ser humano moral: integridade moral, identidade, nome, imagem, intimidade; e inerentes ao ser humano social: família, bom nome e reputação e respeito. Em suma, os bens de personalidade correspondem a aspectos específicos de uma pessoa (trata-se de bens de personalidade delimitados), efectivamente presentes (não abrangem vantagens futuras) e susceptíveis de serem desfrutados pelo próprio (o bem de personalidade opera como algo de egoísta) (pp. 97-99). O direito de personalidade configura um direito subjectivo, ou seja, uma *permissão normativa específica de aproveitamento de um bem.* O direito de personalidade implica um espaço de liberdade e, tecnicamente, uma permissão. O direito à vida é um direito de personalidade que concede um espaço de liberdade, mas é indisponível, pelo que se proíbe o suicídio. A permissão normativa é específica, o que significa que liberdades genéricas, como a liberdade de expressão, não configuram um direito de personalidade. Já a confidencialidade de uma carta é uma permissão específica, logo é um direito de personalidade. No direito subjectivo está em causa o aproveitamento de um bem de personalidade.

A construção de um "direito geral de personalidade" foi importada da Alemanha para o direito português por alguns autores, em particular, por LEITE CAMPOS, CAPELO DE SOUSA, PAULO MOTA PINTO e NUNO PINTO OLIVEIRA. Contra esta construção encontra-se OLIVEIRA ASCENSÃO, que reconhece, no artigo 70.° do CC, uma protecção geral da personalidade, mas não, tecnicamente, um "direito geral de personalidade". Esta disposição permite, no entanto, a autonomização de concretos direitos de personalidade, como o direito à vida, à honra, entre outros. Por outro lado, os direitos especiais de personalidade dependem da existência dos bens de personalidade. Por exemplo, o direito à confidencialidade das cartas missivas pressupõe que uma carta seja escrita e remetida. Esta argumentação leva MENEZES CORDEIRO a defender que o "direito geral de personalidade" não é uma construção a defender no direito português[1485].

O valor da protecção da personalidade é uma área da liberdade humana que tem de ser abraçada pelo Direito civil com enfoque nas relações horizontais. Porém, a figura do direito sujectivo, como se afirmou previamente, incorpora igualmente uma dimensão técnico-jurídica que, sob pena de transfiguração total, não pode deixar de ser recusada à figura do "direito geral de personalidade". De facto, para além da ilogicidade da pessoa ser simultaneamente objecto e sujeito deste "direito", jogar-se-ia nele uma extensão incomensurável, com a consequente insegurança jurídica, pelo que a construção que permite melhores resultados para o caso concreto passa por retirar do princípio da tutela geral da personalidade, assente no artigo 70.° do Código Civil, de acordo com a evolução histórico-cultural, novos direitos concretos em regime de *numerus apertus*[1486].

O papel das normas de protecção no campo das violações da personalidade é sobretudo o de concretizar a protecção concedida pelo regime dos direitos de personalidade, previsto na Constituição e no Código Civil, nomeadamente pelas exigências do princípio geral da tutela da personalidade que não se possam enquadrar nos requisitos técnicos da figura do direito subjectivo, permitindo tipificar as diferentes modalidade de violação e incrementar a função preventiva do Direito pela formulação de normas de perigo abstracto. Acresce que existem inúmeras dificuldade técnicas, resultantes dos conceitos jurídicos em torno do início e do termo da

---

[1485] MENEZES CORDEIRO, *Tratado de Direito Civil Português,* III, p. 102.

[1486] OLIVEIRA ASCENSÃO, *Teoria Geral do Direito Civil,* I, Introdução. As Pessoas. As Coisas, 2.ª ed, Coimbra Editora, Coimbra, 2000, pp. 88-89.

560   *Normas de Protecção e Danos Puramente Patrimoniais*

personalidade, posições que podem ser questionadas em termos amplos pela Ciência Jurídica, mas que, a realizar-se uma leitura mais consentânea com os dados positivos, parecem deixar um campo para as normas de protecção no domínio da responsabilidade delitual por lesões de protecções jurídicas pré-natais e *post-mortem*, configurando uma protecção objectiva não ancorada na titularidade de direitos subjectivos.

À medida que os direitos concretos de personalidade foram aumentando, criando uma área de protecção pessoal específica, decresceu a necessidade de uma figura de contornos evanescentes como o "direito geral de personalidade", não sendo por isso de admirar que, mesmo no sistema alemão que autonomizou a figura, a mesma se encontre em regressão[1487]. Assim, o papel das normas de protecção no domínio da tutela da pessoa visa, sobretudo, o perigo de lesão através de normas de perigo. Com efeito, enquanto a maioria da doutrina alemã da primeira metade do século XX sublinha a importância das normas de protecção essencialmente no contexto da protecção delitual da pessoa, a partir dos anos sessenta regista-se uma alteração do domínio de protecção para a área do património.

A relação entre as duas cláusulas delituais já foi objecto de análise na jurisprudência e doutrina nacionais em termos que pensamos dever introduzir algumas críticas[1488]. Nos diferentes sectores do ordenamento jurí-

---

[1487] MENEZES CORDEIRO, *Tratado de Direito Civil Português,* III, pp. 47-48 e 81.

[1488] Na doutrina alemã, DEUTSCH, *Schutzgesetze,* p. 138, fazendo referência a que na doutrina continua a discussão sobre a relação entre o § 823 I e o § 823 II BGB, designadamente sobre a existência de uma relação de alternatividade entre as duas situações básicas delituais ou sobre uma relação de cumulação. Reichel seria a favor de que o § 823 II BGB fosse concebido como a disposição fundamental do direito delitual, enquanto que Rödig considera que a violação de normas de protecção pode ser relevante para o peenchimento do § 823 I BGB. Estes autores recusam um concurso entre ambas as situações delituais, enquanto a maioria da doutrina alemã admite que as duas disposições possam ser alternativas e cumulativas. Cfr. igualmente as conclusões de JOACHIM FREIHERR VON KALKENHAUSEN, *Vorverlegung der haftung bei Verletzung von Unfallverhüftungsvorschriften und Schutzgesetzen,* VVW, Karlsruhe, p. 130, no sentido de que a diferença entre a violação de direitos subjectivos e as normas de protecção assenta na prevenção, no escopo normativo e na probabilidade. A prevenção só alcança um significado subalterno, na medida em que a facilitação adequada quanto à prova ainda não se encontra totalmente esclarecida em termos de prevenção. Porém, tanto o escopo da norma como probabilidade contribuem para que as normas de protecção sirvam essencialmente para ajudar o lesado nas dificuldades de prova do nexo de causalidade da violação da norma de protecção em relação aos

Estudo de Direito Positivo

dico proliferam normas jurídicas, designadas de protecção, que estabelecem determinados padrões que devem ser entendidos como limites mínimos e não como exigências máximas, uma vez que as circunstâncias concretas podem impôr outros deveres de cuidado. Nestes termos, segundo SINDE MONTEIRO, as disposições legais de protecção nunca deveriam ser utilizadas para restringir a responsabilidade que pode advir da primeira cláusula delitual. Por sua vez, MENEZES CORDEIRO defende que haveria somente uma presunção ilidível de que os direitos de outrem não foram violados[1489]. Também NUNO MANUEL PINTO OLIVEIRA conclui que as normas de protecção não devem ser interpretadas como disposições derrogatórias da primeira cláusula delitual, contrariando, assim, a tese de NILS JANSEN de que as normas de protecção já operariam uma ponderação entre os interesses jurídico-constitucionais protegidos: o da liberdade do lesante e o da protecção do lesado, pelo que a conduta seria permitida. Tal posição não deve, porém, ser admitida por corresponder a uma subversão porquanto os *standards* ou padrões especiais cumprem normalmente a função de consolidar ou reforçar os standards ou padrões gerais da responsabilidade civil, pelo que o recurso às normas de protecção para atenuar aqueles seria incongruente. NUNO MANUEL PINTO OLIVEIRA recomenda assim a introdução de uma disposição que esclareça que a observância das disposições legais de protecção não afasta a obrigação de indemnizar pela violação ilícita de direitos de outrem[1490]. Concorda-se integralmente com a posição de que no domínio das normas de protecção que protegem bens igualmente protegidos por direitos subjectivos não é possível a sua utilização para diminuir as exigências de protecção que resultam da própria protecção através desses direitos.

Também em relação a domínios de personalidade não protegidos por direitos concretos de personalidade se tem desenvolvido na doutrina italiana o conceito de danos existenciais, que funciona como um correlato dos danos puramente patrimoniais no campo da protecção da personali-

---

danos produzidos através da prova da primeira aparência e, também no domínio da culpa, permitem que as dificuldade de prova sejam resolvidas por uma prova de primeira aparência.

[1489] MENEZES CORDEIRO, *Tratado de Direito Civil Português*, p. 142

[1490] NUNO MANUEL PINTO OLIVEIRA, "O problema da ilicitude das condutas conformes às leis de protecção do ambiente, Acórdão do Supremo Tribunal de Justiça de 17.1.2002", Rev. 4140/01, CDP, n.° 12, Outubro/Dezembro, (2005), pp. 13-20.

562 *Normas de Protecção e Danos Puramente Patrimoniais*

dade, abrangendo espaços insusceptíveis de por si gozarem de uma protecção absoluta. Deste modo, haveria uma "protecção geral da personalidade" para além da autonomização de concretos direitos subjectivos.

§ 19.° O "direito à empresa"

I. Enquanto que o "direito geral de personalidade" serve no espaço jurídico alemão a protecção da pessoa, o "direito à empresa" serve para a tutela, verificadas determinadas condições, do património[1491]. Estes "direitos-quadro" denotam a insuficiência de base do sistema delitual germânico quando confrontado com o modelo napoleónico[1492]. O *deficit* de protecção delitual do património no sistema germânico, *extra muros* da protecção dos direitos reais, justificou a construção jurisprudencial do "direito à empresa", no início do XX[1493]. O "direito à empresa" é entendido pelo *Reichgericht,* desde 1904, como *"sonstiges Recht"* no sentido do § 823 I BGB[1494]. Do ponto de vista da sua construção dogmática foi considerado como um "direito de personalidade" do empresário (GIERKE, LOBE), um direito sobre um bem imaterial (*Immaterialgüterrechts*) (KOHLER, BAUMBACH, CALLMANN) e uma posição jurídica protegida na concorrência (NIPPERDEY, BÖHM). Actualmente, considera-se que este "direito" não é um clássico direito absoluto e que deve ser visto no contexto de uma protecção patrimonial do empresário através de deveres do tráfego (*Sonder-*

[1491] Segundo LARENZ/CANARIS, *Lehrbuch des Schuldrechts*, § 75, pp. 359 e § 81, pp. 537-562, o RG rompeu, desde muito cedo, a estreiteza da protecção delitual do património ao criar um direito de empresa industrial e ao incorporá-lo nos "outros direitos" no sentido do § 823 I BGB. Este alegado direito não mostra a clareza e firmeza necessárias, pelo que a ilicitude da sua violação deve ser sempre averiguada através de uma ponderação de bens e interesses.

[1492] LARENZ/CANARIS, *Lehrbuch des Schuldrechts*, § 76, p. 397, defendem, por isso, que o "direito à empresa" e o "direito geral da personalidade" configuram modelações da ordem jurídica por jurisprudência uniformizada que "rompem" ou "perfuram" o âmbito do § 823 I BGB. Cfr. SCHLECHTRIEM, *Schuldrecht. Besonderer Teil*, § 2, pp. 359-360, MEDICUS, *Schuldrecht II, Besonderer Teil*, § 141, pp. 306-308.

[1493] LUDWIG RAISER, "Der Stand der Lehre vom subjektiven Recht im Deutschen Zivilrecht", JZ, (1961), p. 469.

[1494] RG 27-Fev.-1904, RGZ 58, 24.

vermögensschutz für Unternehmen durch Verkehrspflichten)[1495]. A função deste "direito" seria proteger interesses patrimoniais puros dos empresários[1496]. RAISER e HEFERMEHL rejeitam a figura[1497]. Para os que defendem a sua existência, tratar-se-ia de um "direito" específico dos empresários, que implicaria uma protecção do património restrita ao contexto do desenvolvimento empresarial.

II. Até à entrada em vigor do BGB, em 1900, a ordem jurídica alemã encontrava-se desprovida de uma tutela da actividade empresarial, dado não existir na lei contra a concorrência desleal, de 1896, uma disposição equivalente ao § 1 UWG 1909. Por conseguinte, é apenas a partir de 1900 que se alcança a tutela da empresa mediante recurso às disposições do BGB. Porém, a redacção do § 826 BGB acabou por se revelar demasiado restritiva em virtude dos requisitos do dolo, tornando-se, assim, necessário recorrer ao § 823 I BGB. Foi deste modo que, em 1904, acabou por surgir o chamado "direito à empresa", por influência do *Reichsgericht* (RG). Posteriormente, perante este "novo direito", de criação jurisprudencial, o legislador, em 1909, introduziu uma cláusula geral contra actos de concorrência desleal (§ 1 UWG) com vista à tutela do património empresarial. A relevância prática do "direito à empresa" era bastante circunscrita, na medida em que o RG apenas visou conferir protecção às empresas que viessem a ser alvo de agressões "directamente vocacionadas para a sua área de exercício". Posteriormente, o regime de responsabilidade civil previsto no § 823 I BGB aplicou-se a qualquer agressão verificada no seio da actividade empresarial. Se, porém, esta tutela se revelar insustentável do ponto de vista do ordenamento concorrencial, será limitada às agressões directas, *i.e.*, àquelas que interfiram com a actividade empresarial em si mesma e não apenas com direitos e bens jurídicos que dela emanam[1498]. Saliente-se que esta linha de fronteira é bastante difícil de traçar. Os critérios determinantes para a aferição do contexto exclusivamente empresarial da agressão deverão centrar-se na vontade do agente e na violação de deveres de cuidado que àquele incumbem e cuja observância se funda-

---

[1495] GERT BRÜGGEMEIER, *Deliktsrecht, Ein Hand- und Lehrbuch*, Nomos, Baden-Baden, 1986, p. 220.

[1496] BRÜGGEMEIER, *Deliktsrecht*, p. 223.

[1497] OLIVEIRA ASCENSÃO, *Concorrência Desleal*, p. 224.

[1498] EMMERICH, *BGB-Schuldrecht, Besonderer Teil*, § 22, pp. 274-275.

564 *Normas de Protecção e Danos Puramente Patrimoniais*

mente na protecção contra intervenções de natureza duvidosa. Com base nesta concepção, não se verifica preenchido o requisito do contexto exclusivamente empresarial no caso em que a agressão apenas atinja o empresário ou os seus colaboradores ou se, por hipótese, na sequência de uma ruptura numa barragem, os navios forem impedidos de circular e, desta forma, a actividade portuária ficar impedida de efectuar as suas transacções. Com base nos referidos argumentos, tem-se defendido que, no caso das rupturas de abastecimento e cortes de electricidade, não se verifica uma agressão ao contexto exclusivamente empresarial da actividade. Porém, esta posição é, segundo EMMERICH, pouco satisfatória se se pensar que os riscos inerentes a uma tal ruptura nas condutas de abastecimento acabam por atingir de forma unilateral as empresas que apenas os poderão prevenir com recurso a avultados encargos financeiros[1499].

A tutela delitual empresarial passou por uma delimitação por força da aplicação do § 823 I BGB, cujo âmbito de aplicação se restringe aos casos em que se constatem lacunas no que respeita à regulação das práticas concorrenciais da actividade empresarial. Esta situação, designada por subsidiariedade do "direito à empresa", levou a uma considerável perda da relevância deste "direito" em virtude da ampla protecção jurídica concedida pela concorrência desleal, pelo § 33 GWB e pelos artigos 81 e 82 do Tratado da Comunidade Europeia[1500].

Um outro exemplo da delimitação do âmbito de protecção delitual da actividade empresarial resulta do princípio segundo o qual não actua de forma ilícita aquele que recorre a procedimento público como forma de intentar uma acção contra outrem, mesmo no caso de o seu pedido se revelar factualmente injustificado. O comportamento será necessariamente diverso, se estivermos perante uma situação em que o autor actua de forma desonesta[1501].

i) Um exemplo típico de aplicação do regime de tutela empresarial derivado do § 823 I BGB verifica-se quando um terceiro procedeu ao registo de uma marca, violando os direitos de outrem. Desde o início da aplicação deste regime que a jurisprudência optou por fundamentar o exercício do referido direito no disposto

---

[1499] EMMERICH, *BGB-Schuldrecht, Besonderer Teil,* § 22, p. 274.
[1500] EMMERICH, *BGB-Schuldrecht, Besonderer Teil,* § 22, p. 275.
[1501] EMMERICH, *BGB-Schuldrecht, Besonderer Teil,* § 22, p. 275.

Estudo de Direito Positivo 565

no § 823 I BGB, embora, neste âmbito, também se pudesse chamar à colação a aplicação da UWG. O fundamento para esta opção, aparentemente surpreendente, de subsumir as hipóteses *supra* mencionadas àquela disposição, prende-se com o facto de a UWG prever um rigoroso regime de responsabilidade civil independente de culpa para os casos de divulgação de factos falsos no âmbito da actividade concorrencial. A aplicação deste regime configurou uma solução que a jurisprudência acabou por repudiar, considerando-a demasiado restritiva face à problemática delimitação das normas de protecção e foi por este motivo que se optou pela aplicação do § 823 I BGB[1502].

ii) O § 823 I BGB desempenhou também um papel na protecção das empresas contra os boicotes ilícitos. Actualmente é bastante reduzida a sua aplicação a situações deste género, porque a realização de boicotes prossegue objectivos essencialmente económicos e, como tal, dever-se-ão aplicar as normas previstas em legislação especial, a saber, a UWG e a GWB. Neste contexto, apenas haverá lugar à aplicação do § 823 I BGB nos casos de boicotes que não se fundamentem em questões concorrenciais, mas em questões políticas ou religiosas. São exemplos deste tipo de boicotes o protesto colectivo contra o valor de uma renda ou a manifestação efectuada contra uma loja de peles como forma de protesto contra os maus-tratos perpetrados a animais. Para casos deste tipo apresenta-se como razoável a aplicação do disposto no § 826 BGB. Poder-se-ão mencionar ainda, como exemplos de aplicação do regime de protecção delitual da actividade empresarial, os bloqueios ilícitos de uma empresa, efectuados através de greves ilícitas ou de manifestações e, bem assim, as greves fundamentadas em razões políticas, mas também nestas situações, se dispensa o recurso à aplicação do regime previsto no § 823 I BGB, uma vez que nos casos mais relevantes poder-se-á, sem esforço, aplicar a norma prevista no § 826 BGB[1503].

iii) O último tipo de casos inseridos na protecção delitual da empresa diz respeito às críticas em relação a empresas e produtos. Pode afirmar-se que o regime de tutela delitual da empresa previsto no

---

[1502] EMMERICH, *BGB-Schuldrecht, Besonderer Teil,* § 22, p. 275.
[1503] EMMERICH, *BGB-Schuldrecht, Besonderer Teil,* § 22, p. 275-276.

§ 823 I BGB não é muito apropriado, uma vez que estas situações são abrangidas pela liberdade de expressão consagrada no artigo 5.° I GG, porque aquele que presta os seus serviços a um determinado público terá de suportar as críticas que resultam da apreciação dos consumidores. A empresa apenas poderá ser protegida delitualmente em relação a críticas infundadas ou injuriosas. Assim, deve ser considerada lícita a realização de testes comparativos de controlo de qualidade, desde que os mesmos sejam conduzidos com recurso a métodos objectivos, neutros e de confiança. Mantém-se, porém, aplicável o § 824 BGB nas hipóteses, por exemplo, de divulgação de factos que efectivamente não correspondem à verdade[1504-1505].

[1504] EMMERICH, *BGB-Schuldrecht, Besonderer Teil,* § 22, p. 276.

[1505] O impulso para o chamado "direito à empresa" foi dado pela tutela do exercício ilegítimo de influência. O fabricante que, fazendo referência a uma patente ou marca, influencie os seus concorrentes à colocação de um determinado produto no mercado, será condenado no montante da descida de valor do referido produto (RG 27-Fev.-1904, RGZ 58, 24). Mediante a constatação desta situação, foi, pela primeira vez, reconhecida uma norma que veio conceder um montante indemnizatório no caso de se verificar violação de determinados interesses patrimoniais no âmbito empresarial. O *Reichsgericht* estabeleceu a conexão entre a ofensa negligente de bens patrimoniais e os pressupostos mais restritos: a ingerência ilícita teria de se verificar directamente na actividade empresarial devidamente instituída e em laboração. Assim, o escopo da tutela da norma protectora apenas abrangia as ofensas graves a actividades comerciais em laboração. Durante muito tempo verificou--se, deste modo, a convivência paralela e simultânea da admoestação verbal ilegítima relativamente ao exercício do boicote e às ofensas à actividade empresarial. O BGH veio mais tarde a renunciar à concepção inicialmente adoptada, segundo a qual as meras promoções da actividade empresarial configuram por si só actos lesivos (BGH 26-Out.-1951, BGHZ 3, 270). Actualmente, verifica-se a existência de um tipo normativo pela ingerência directa no âmbito da actividade empresarial. Em vez dos requisitos incertos e indefinidos do carácter imediato da lesão, passou a exigir-se uma maior proximidade ao âmbito da actividade, de forma a poder falar-se de lesão. Exemplos de lesões não relacionadas com a actividade empresarial são aquelas que concernem a outras pessoas ou instituições, tais como eventos alheios à actividade empresarial. Se não fosse exigível este requisito da proximidade da actividade empresarial, alcançar-se-ia uma tutela demasiado abrangente. Assim, se, por hipótese, o proprietário da empresa ou um funcionário morrer vítima de um acto lesivo, ou ficar ferido em consequência do mesmo, a empresa apenas será indirectamente lesada devido à redução do pessoal e à ausência do local de trabalho por causa das cerimónias fúnebres em homenagem ao lesado (BGH 19-Jun.-1952, BGHZ 7, 30). No caso de corte de electricidade, se se vier a verificar um decréscimo na produção, constata-se apenas uma lesão mediata na laboração da empresa. Directamente lesada será, ao invés, a empresa que

III. A primeira referência na doutrina portuguesa à construção germânica do "direito à empresa" (*"Recht am eingererichteten und ausgeübten Gewerbetrieb"*)[1506] surge em VAZ SERRA[1507]. Posteriormente, SINDE MONTEIRO desenvolve esta matéria no sentido do "direito à empresa" poder ser utilizado quando existe necessidade premente de indemnização de danos puramente patrimoniais sem que o lesado possa invocar a violação de uma norma de protecção ou a violação dolosa dos bons costumes[1508].

Neste sentido, configura uma solução de tipo subsidiário das referidas situações básicas delituais. Segundo SINDE MONTEIRO, na esteira da doutrina alemã, existem essencialmente três grupos de casos a que a construção do direito de empresa pretende dar resposta. *i)* O primeiro respeita aos casos em que se alega um direito industrial para fazer cessar uma actividade de exploração económica, sendo que posteriormente se vem a verificar a inexistência desse direito (*unberechtige Schutzrechtverwarnung*)[1509]. Ora, este caso, à luz do direito nacional, seria resolvido pela disciplina da concorrência desleal, na medida em que actua contra um padrão de lealdade na concorrência quem arvorando-se titular de direitos de monopólio, de que na verdade não é titular, expulsa concorrentes do

---

assegura o abastecimento eléctrico (BGH 9-Dez.-1958, BGHZ 29, 65). Poder-se-ia afirmar existir nexo de proximidade entre a lesão e o funcionamento da actividade no caso de uma determinada empresa surgir numa lista de alegados devedores divulgada na internet (OLG Rostock ZIP 2001, 793). A ingerência na esfera patrimonial de uma actividade empresarial consubstancia um tipo normativo público; note-se, no entanto, que de acordo com a prática jurídica, acabou por se verificar uma cristalização de algumas situações típicas. Podemos enunciar uma enumeração aproximada: juízos de valor negativos no âmbito de testes de qualidade (OLG Celle 23-Jul.-1964, NJW, (1964), 1804); incentivos a acções de boicote (BGH 10-Mai.-1957, BGHZ 24, 200); divulgação de factos reais que, quando transmitidos fora de contexto, podem conduzir a um desfecho desfavorável, por exemplo a inclusão numa lista designada "pagadores preguiçosos" (*"langsamer Zahler"*) (BGH 28-Nov.-1952, BGHZ 8, 142); complemento da protecção da actividade empresarial na UWG e noutras leis especiais (BGH 11-Nov.-1958, BGHZ 28, 320) e publicidade enganosa e comparativa emitida mesmo fora do ciclo concorrencial (BGH 6-Out.-1964, BGHZ 42, 210). DEUTSCH/AHRENS, *Deliktsrecht*, § 14, pp. 98-101.

[1506] Sobre a origem jurisprudencial deste "direito", HERBERT BUCHNER, *Die bedeutung des Rechts am eingerichteten und ausgeübten Gewerbebetrieb für den deliktsrechtlichen Unternehmensschutz*, C.H. Beck, München, 1971, pp. 1 ss e VON CAEMMERER, *Wandlungen des Deliktsrechts*, pp. 89-90.

[1507] VAZ SERRA, *Requisitos da responsabilidade civil*, pp. 56-61.

[1508] SINDE MONTEIRO, *Responsabilidade por conselhos*, pp. 206 e ss.

[1509] SINDE MONTEIRO, *Responsabilidade por conselhos*, p. 207.

mercado. Esta situação inclui-se no domínio da cláusula geral da concorrência desleal, não sendo necessário a construção de mais uma cláusula geral para alcançar o mesmo efeito[1510], dado os inconvenientes práticos de um "direito à empresa". Trata-se de mais um caso típico em que a *Leistungwettberb* fornece um critério para avaliar da deslealdade concorrencial da conduta. *ii)* O segundo grupo de situações concerna à emissão de juízos depreciativos ou ao boicote causadores de danos à actividade empresarial[1511]. Estes casos, no domínio concorrencial, encontram-se abrangidos nos actos de agressão, pelo que estão igualmente a coberto da concorrência desleal (artigo 317.º do CPI). Neste domínio, de referir a existência de um direito à crítica, ao abrigo da liberdade de expressão, bem jurídico que é manifestamente superior aos interesses económicos individuais[1512-1513]. *iii)* Também o terceiro grupo de situações está abrangido pela concorrência desleal, na medida em que nele ocorre a divulgação de factos que, ainda que verdadeiros, são susceptíveis de prejudicar os concorrentes (artigo 317.º do CPI). De referir que o actual artigo 317.º, b) do CPI prevê expressamente as falsas afirmações feitas no exercício de uma actividade económica com o fim de desacreditar o concorrente, o que não afasta que afirmações verdadeiras não seja susceptíveis de ser avaliadas pelo proémio.

[1510] VAZ SERRA, *Requisitos da responsabilidade civil*, p. 57, considerando o direito à empresa como uma cláusula geral. "Pelo menos, terá de se dizer que ele representa um corpo estranho no sistema dos direitos subjectivos do Código Civil. Pois que a questão de saber *quando* o impedir a actividade industrial de outrem deve ser considerado uma intervenção ilícita no seu direito, só pode ser resolvida ou com a ajuda de juízos indeterminados de valor, como o da "adequação social" (assim, NIPPERDEY), ou mediante uma "apreciação dos bens e dos deveres" no caso concreto (assim, o Tribunal federal), trata-se, na verdade, de uma cláusula geral". Acrescentando a p. 61: *"Fica sem objecção de que, no fundo, em vez de uma prudente ampliação das hipóteses de facto do ilícito, se introduz uma nova cláusula geral, cuja limitação à medida suportável se deixa à jurisprudência. Com isso, abandona-se, porém, o sistema da lei, que, embora carecido de melhoramentos, é, todavia, no fundo, bem ponderado, e entra-se no campo oscilante de uma jurisprudência casuística sem princípio e sem sistema".*

[1511] SINDE MONTEIRO, *Responsabilidade por conselhos*, p. 207.

[1512] Neste sentido, SINDE MONTEIRO, *Responsabilidade por conselhos*, p. 214.

[1513] Neste contexto, de assinalar que do exercício da liberdade de expressão podem resultar inúmeros danos a interesses puramente patrimoniais. A liberdade de expressão só encontra o seu limite na violação de direitos subjectivos ou de normas de protecção. A este propósito, o caso *Lüth* em que o Tribunal Constitucional avaliou o boicote a um filme de um realizador nacional-socialista.

Alguns autores preferem, em consequência, incluir estes três grupos de casos na concorrência desleal, solução que temos por preferível por a via técnico-jurídica atrás referida de autonomização do "direito à empresa" não ser de acolher pacificamente[1514]. Na verdade, a determinação do significado deste direito e da sua função no sistema delitual português sempre será difícil. Com efeito, enquanto no direito alemão, para além de um conjunto de bens jurídicos (vida, corpo, saúde, liberdade e propriedade) enumerados, existe ainda uma referência a "outros direitos" (*"ein sonstiges Recht"*)[1515], no artigo 483.º, n.º 1, do CC abrangem-se os direitos subjectivos e, como se fez referência, nestes incluem-se quer os direitos absolutos quer, para alguma doutrina, verificadas determinadas condições suplementares, os direitos relativos[1516].

Por isso defende-se, como OLIVEIRA ASCENSÃO, discordando neste ponto de SINDE MONTEIRO, CALVÃO DA SILVA e LUÍS MENEZES LEITÃO, que o "direito à empresa" representa uma sobrecarga dispensável na ordem jurídica portuguesa[1517]. Não se tratando de um direito absoluto nem de um direito relativo, nem verdadeiramente de um direito, parece-nos uma construção artificial, na medida em que a existir algo, sempre seria uma liberdade genérica – a liberdade de empresa. Admitir que liberdades genéricas possam ser "protegidas" como se de direitos subjectivos se tratasse, permitiria o rompimento do sistema delitual. No domínio da concorrência

---

[1514] SINDE MONTEIRO, *Responsabilidade por conselhos*, p. 222.

[1515] Sobre o conceito de *sonstige Recht*, FRITZ FABRICIUS, "Zur Dogmatik des "sontiges Rechts" gemäß § 823 Abs. 1 BGB. Unter Berücksichtigung des sog "Rechts am Arbeitzplatz" und des sog. "Rechts auf dem ungestörten Bestand der ehelichen Lebengemeinschaft", AcP, 160, (1961), pp. 274 e ss, e em relação ao direito de crédito, HORST HAMMEN, "Die Forderung – ein sontiges Recht nach § 823 Abs. 1 BGB?", AcP, 199, (1999), 591 e ss, concluindo (p. 614) "Die Forderung ist kein "sontiges Recht" nach § 823 Abs. I BGB.".

[1516] SANTOS JÚNIOR, *Da responsabilidade civil de terceiro*, p. 485.

[1517] Neste sentido, OLIVEIRA ASCENSÃO, *Concorrência Desleal*, pp. 224-225. Contra, SINDE MONTEIRO, *Responsabilidade por conselhos*, pp. 206 e ss, JOÃO CALVÃO DA SILVA, *Responsabilidade civil do produtor*, p. 362, (n. 4), através do *Recht am Unternehmen, Recht am Gewerbetrieb* alarga-se a protecção do património à indemnização de danos puramente patrimoniais causados no domínio empresarial por "advertências ilegítimas" e juízos de valor depreciativos, sendo que neste contexto ganham significado os testes comparativos e a publicidade comparativa, e LUÍS MENEZES LEITÃO, *Direito das Obrigações*, I, p. 294, defendem a utilidade desta construção para o direito português, conferindo, assim, à actividade empresarial a protecção concedida pelo n.º 1 do artigo 483.º.

desleal, área em que se autonomizaram normas de protecção, torna-se supérfluo o recurso a uma figura como o "direito à empresa", ainda mais nebulosa do que a própria concorrência desleal.

O "direito à empresa" tem sido utilizado essencialmente perante a causação de danos empresariais que não possam ser considerados como violações de normas de protecção ou abuso do direito[1518]. No entanto, a reconhecer-se um "direito" sobre a empresa, os danos decorrentes da sua lesão não seriam utilidades económicas puras, atenta a delimitação negativa das violações de direitos subjectivos, o que significa que os danos puramente patrimoniais se transformariam na violação de um direito subjectivo. Ora, em nosso entender, os ataques à empresa configuram-se no espaço da concorrência, sendo que devem ser as regras a ela relativas a traçar a fronteira entre os comportamentos lícitos e ilícitos. Com efeito, o "direito à empresa", enquanto construção dogmática, completa o sistema de responsabilidade delitual através da transformação de uma liberdade (de empresa) num direito subjectivo, o que se crê configurar uma solução artificial, na medida em que deve ser através de normas de protecção, designadamente pela via da concorrência desleal, que estas situações podem obter uma solução em sede indemnizatória. O "direito à empresa" apresenta-se, assim, como uma construção para colmatar lacunas do edifício delitual com pouca aderência à realidade e valorativamente injustificada ao permitir que danos puramente patrimoniais se transformem em lesões de um "putativo" direito subjectivo. Tal construção é manifestamente incongruente e implicaria que todos os danos na actividade empresarial, na medida em que se autonomiza um direito subjectivo, passassem a ser *lato sensu* ilícitos. De referir que, não obstante alguma doutrina nacional subscrever a construção do "direito à empresa", não tem havido reflexos desta posição na jurisprudência nacional.

IV. A doutrina alemã admite, ainda, um alargamento do "direito à empresa" quando este é prejudicado pela violação de um dever do tráfego. Um círculo de protecção adicional à volta de um instituto que concede já, ele próprio, uma protecção acrescida, em termos de responsabilidade, numa dimensão do tipo cláusula geral, é duvidoso. Se, por exemplo, falta-

---

[1518] LUÍS MENEZES LEITÃO, O *Enriquecimento sem causa no direito civil, Estudo dogmático sobre a viabilidade da configuração unitária do instituto face à contraposição entre as diferentes categorias de enriquecimento*, Almedina, Coimbra, 2005, p. 734.

Estudo de Direito Positivo

rem, dentro da empresa, medidas de controlo e de inspecção, ou se um empreiteiro não se informar sobre os planos relativamente a instalações eléctricas subterrâneas, cuja destruição pode ocasionar falhas de electricidade (*cable cases*), o local sistematicamente correcto para a investigação da questão da responsabilidade é a infracção de uma norma de protecção e não de um dever do tráfego para a protecção de um "direito à empresa".

Os deveres do tráfego não permitem a formação de grupos de casos, por se terem espalhado em demasia no direito delitual. Por esta razão, só foi possível, ainda, mostrar os aspectos principais da sua área de aplicação. Esta situação resulta do facto de ser tarefa dos deveres do tráfego colocar uma muralha de protecção adicional à volta dos direitos e dos bens jurídicos do § 823 I BGB, através da responsabilidade por *pôr em perigo*. Nesta função, a natureza dos deveres do tráfego torna-se mais clara. Eles devem proteger os direitos e bens jurídicos do § 823 I BGB da colocação em perigo concreto por omissão, estatuindo imposições de eliminação de perigos. Não se deveria falar de deveres do tráfego onde disposições de protecção regulam os factos, pois a responsabilidade por violação dos deveres do tráfego foi desenvolvida precisamente devido à incompletude do catálogo das normas de protecção. Ainda que do ponto de vista do conteúdo das normas de protecção algumas aproximam-se dos deveres do tráfego. Deveres do tráfego são, em suma, ordens jurisprudenciais de reduzir o perigo. Protegidos por este deveres encontram-se a vida, a saúde, a propriedade, a liberdade de circulação, os direitos sobre bens imateriais, mas não o "direito geral de personalidade" e o "direito à empresa"[1519], podendo ainda ser utilizados para concretizar as normas de protecção que sejam formuladas em termos amplos não descrevendo concretos deveres do tráfego.

§ 20.° Deveres do tráfego

I. A responsabilidade pela violação de deveres do tráfego – antes chamados deveres de segurança no tráfego[1520] –, configura uma cláusula

---

[1519] CHRISTIAN VON BAR, *Verkehrspflichten*, pp. 81 e ss.

[1520] CHRISTIAN VON BAR, *Verkehrspflichten*, p. 43 e ss, e "Entwicklungen und Entwicklungstendenzen im Recht der Verkehrs(sicherungs)pflichten", JuS (1988), Heft 3,

572 Normas de Protecção e Danos Puramente Patrimoniais

geral que a jurisprudência alemã desenvolveu para o alargamento do § 823 I BGB, que era demasiado restrito ao exigir a intervenção activa do lesante num dos direitos ou bens jurídicos protegidos do lesado[1521]. A responsabilidade por omissão, no contexto liberal e individualista, configurava uma excepção, uma vez que os deveres de acção só eram admitidos sob pressupostos estreitos. Porém, no ano de 1902, o *Reichsgericht* afastou-se deste arquétipo de irrelevância jurídica da omissão para efeitos da responsabilidade delitual existente no BGB, decidindo que os deveres de afasta-

---

pp. 169 e ss. A responsabilidade delitual por violação de deveres sofreu uma mudança linguística, segundo CHRISTIAN VON BAR, passando a distinguir-se entre deveres de segurança no tráfego e deveres do tráfego. O dever geral de segurança no tráfego reconduz-se a um grupo de casos da área mais abrangente dos deveres do tráfego. O conteúdo do dever geral de segurança do tráfego corresponde à criação de uma fonte de perigo, pela abertura de um tráfego em terreno seu, ou pela participação no tráfego, sendo o seu autor obrigado a adoptar as precauções necessárias para afastar o perigo. Durante cem anos, fossas abertas, vias não iluminadas, passeios escorregadios por causa do gelo, terrenos de construção inseguros e árvores que caem, têm ocupado os tribunais alemães. A estas situações veio juntarse, por exemplo, a responsabilidade nos campos de jogos e de desporto com a protecção dos atletas e dos espectadores, não se limitando, assim, os deveres do tráfico à protecção do tráfego de transeuntes ou do público em geral (tráfego no sentido de "trafic") (deveres de segurança do tráfego), antes abrangendo a protecção do tráfego jurídico na sociedade (tráfego no sentido de "intercourse") (deveres do tráfego) e incluindo perigos tão heterogéneos como os dos produtores para com os consumidores, os dos que ameaçam o meio ambiente, os dos proprietários para com os ladrões, os dos polícias para com os manifestantes ou os dos peritos. Segundo LARENZ/CANARIS, *Lehrbuch des Schuldrechts*, § 76, p. 399, uma vez que a expressão "deveres de segurança no tráfego" não tem qualquer conteúdo autónomo, deve renunciar-se a ela e utilizar apenas o conceito de "deveres do tráfego" entretanto difundido na doutrina.

[1521] DEUTSCH, "Entwicklungstendenzen des Schadenrechts in Rechtsprechung und Wissenschaft", JuS, (1967), p. 157, WESTEN, "Zur Frage einer Garantie- und Risiko für sog "Verkehrspflichtverletzungen", FS von Hippel, 1967, p. 591, KAY MATTHIESSEN, *Die zivildeliktische Haftung aus Verletzung der Verkehrspflichen*, 1974, 11-64, VON BAR, "Entwicklung und rechtsstaatliche Bedeutung der Verkehrs(sicherungs)pflichten", JZ, (1979), p. 322, MERTENS, "Verkehrspflichten und Deliktsrecht – Gedanken zu einer Dogmatik der Verkehrspflichtungverletzung", VersR, (1980), pp. 406 e ss, VON BAR, *Verkehrspflichten, Richterlinie Gefahrenssteuerererungsgebote im deutschen Deliktsrecht* (1980), CANARIS, *Schutzgesetze*, p. 27, e LARENZ/CANARIS, *Lehrbuch des Schuldrechts*, § 76, pp. 399-428, MEDICUS, *Schuldrecht II, Besonderer Teil*, § 136, pp. 285-289. Com grande desenvolvimento nos comentários, STAUDINGERS, *Kommentar zum Bürgerlichen Gesetzbuch*, pp. 414-610, MERTENS *Münchener Kommentar*, § 823, pp. 1511-1581, e WAGNER, *Münchener Kommentar*, § 823, pp. 1532-1539 e pp. 1617-1650.

Estudo de Direito Positivo 573

mento de perigo podem resultar da abertura ou do domínio de uma fonte de perigo, cuja violação cria a obrigação de indemnizar a quem foi lesado pela violação destes deveres, nomeadamente pela omissão das medidas necessárias.

O direito delitual do BGB foi, consequentemente, alargado por mais uma cláusula geral parcial, que obteve um grande significado prático nos tempos posteriores. Os deveres do tráfego são tradicionalmente localizados no § 823 I BGB, o que quer dizer que somente os direitos e bens jurídicos mencionados nesta disposição podem ser protegidos. A tendência recente, defensora da localização dos deveres do tráfego no § 823 II BGB, protagonizada por VON BAR[1522], mas rejeitada por LARENZ/CANARIS[1523], não tem sido acolhida na jurisprudência alemã, que já a recusou *expressis verbis*[1524].

Os deveres do tráfego constituem um campo de aplicação da doutrina da ilicitude da acção. Violações por omissão, o campo clássico de aplicação dos deveres do tráfego, e por acção positiva equivalem-se, sendo frequentemente de difícil separação. As categorias da responsabilidade pelo campo[1525], pela assunção de uma tarefa[1526] e por acção antecedente[1527] não são mais do que vagos pontos de vista orientadores, precisando de serem concretizados com a ajuda de critérios de justiça[1528]. A medida do cuidado devido para evitar o perigo só pode ser determinada caso a caso por uma valoração das circunstâncias relevantes[1529]. É normativo o que o

---

[1522] VON BAR, *Verkehrspflichten,* § 6, pp. 157 e ss.

[1523] LARENZ/CANARIS, *Lehrbuch des Schuldrechts,* § 76, p. 405. Neste sentido, igualmente THOMAS RAAB, "Die Bedeutung der Verkehrspflichten und ihre systematisch Stellung im Deliktsrecht", JuS, (2002), Heft 11, pp. 1041-1048.

[1524] EMMERICH, *BGB-Schuldrecht, Besonderer Teil,* § 23, pp. 284 e ss, e CHRISTIAN VON BAR, *Entwicklungen,* pp. 169 e ss.

[1525] LARENZ/CANARIS, *Lehrbuch des Schuldrechts,* § 76, pp. 407-408.

[1526] LARENZ/CANARIS, *Lehrbuch des Schuldrechts,* § 76, pp. 408-409.

[1527] LARENZ/CANARIS, *Lehrbuch des Schuldrechts,* § 76, pp. 410-411.

[1528] LARENZ/CANARIS, *Lehrbuch des Schuldrechts,* § 76, pp. 412.

[1529] LARENZ/CANARIS, *Lehrbuch des Schuldrechts,* § 76, pp. 414. No esforço de evitar o dano são relevantes os custos económicos, a perda de tempo e o emprego da força de trabalho do (potencial) lesante. Estes parâmetros e a sua ponderação não permitem uma exacta quantificação, não permitindo a formulação de tipos legais fixos mas apenas de "frases comparativas" nos moldes de um "sistema móvel" nos seguintes termos: quanto maior o perigo, quanto pior o dano e quanto menor o esforço de o evitar, maior a existência de um dever de afastar o perigo.

574 *Normas de Protecção e Danos Puramente Patrimoniais*

critério do tráfego estabelece como necessário e exigível para evitar o respectivo perigo. Todos os perigos conhecidos, ou pelo menos que se conhecem, ligados a certos produtos ou medidas, têm que ser impedidos no âmbito do possível e do exigível. Ainda que haja normas técnicas em certas áreas, não se impede que medidas mais exigentes sejam estabelecidas no contexto do § 823 I BGB para afastar o perigo. Os deveres do tráfego incidem sobre quem abre um tráfego público num seu terreno ou num prédio, ou quem exerce o domínio sobre coisas perigosas. A pessoa obrigada pode transferir o dever do tráfego, por contrato, a um terceiro, ficando este obrigado a responder em primeira linha. Todavia, um dever de vigilância e de organização permanece em relação à pessoa originalmente obrigada, cuja violação a torna igualmente obrigada a indemnizar, se teve motivos para supor que o terceiro não cumpriria os seus deveres[1530].

Todos os eventuais lesados devem ser protegidos. Se, no entanto, a pessoa obrigada tiver limitado o tráfego no seu terreno, não responde por actos de terceiros que, sem a respectiva autorização, entraram nele. Assim, não existe qualquer responsabilidade em relação aos ladrões que caiam numa escada perigosa não iluminada. Exigências particulares de segurança devem ser estabelecidas para crianças. Por esta razão, os proprietários de terrenos estão obrigados a adoptar medidas adequadas de protecção, para além da mera proibição de acesso, para protegerem crianças de perigos. Não podem, porém, ser estabelecidas exigências exageradas[1531].

Um dever do tráfego abrange, em primeiro lugar, qualquer um que abre ou permite um tráfego público, que se encontra obrigado a fazer todo o possível e exigível para evitar perigos para terceiros, *v.g.* os acessos e escadas têm de estar sempre num estado impecável, devendo ser devidamente iluminados e, no inverno, limpos de neve e gelo[1532]. Os pavimen-

---

[1530] EMMERICH, *BGB-Schuldrecht, Besonderer Teil*, § 23, p. 285-286.

[1531] EMMERICH, *BGB-Schuldrecht, Besonderer Teil*, § 23, p. 286-287.

[1532] LARENZ/CANARIS, *Lehrbuch des Schuldrechts*, § 76, p. 413, afirmam que, ao contrário da ideia difundida, o morador de uma rua não está obrigado a espalhar sal no gelo escorregadio que se encontre defronte do seu terreno, ainda que o pudesse fazer com facilidade e assim dominasse o perigo; porque não é ele quem abre ou tolera o tráfego no passeio ou na via e estes não pertencem ao campo em relação ao qual responde por força do seu domínio do facto. Diferentemente, no caso de moradores cujos negócios atraiam uma enorme utilização do passeio e da rua, ou seja, por exemplo, no caso de proprietários de hóteis, armazéns e afins, incumbe-lhes o dever de espalhar sal ao criarem um risco aumentado através do tráfego do seu público, retirando simultaneamente grandes vantagens do

Estudo de Direito Positivo

tos têm que manter-se em condições que permitam uma utilização sem perigo. Hoteleiros têm de evitar que os seus clientes escorreguem, sendo responsáveis pelos perigos que resultem nomeadamente das varandas dos quartos. O proprietário de terreno tem que remover os perigos que aí foram criados por terceiros, ainda que não seja responsável por perigos resultantes de forças naturais, como uma chuva torrencial. O senhorio de uma casa é responsável pelo estado dos corredores, das escadas e das varandas, inclusive em relação às próprias visitas do arrendatário. Deste modo, o senhorio tem de tomar precauções contra o facto de clarabóias não poderem ser abertas[1533].

Um município, que explora uma piscina ao ar livre, é obrigado a tomar todas as precauções exigíveis contra os riscos dessas instalações, mesmo quando houver uma utilização indevida por falta de autorização, enquanto os frequentadores têm que assumir, eles próprios, o risco normal de nadar, como parte do seu risco de vida. Se um município instala parques para crianças, tem de cuidar dos equipamentos, de modo a evitar quaisquer lesões das crianças[1534]. Deveres do tráfego são impostos igualmente aos organizadores de competições desportivas e de outros eventos públicos pelos perigos especiais. O seu dever do tráfego inclui, igualmente, a segurança dos visitantes nas entradas e nas saídas. Manter as ruas e as estradas abertas ao trânsito implica, na medida do possível e do justificável, observância de deveres do tráfego. Acresce que os deveres do tráfego podem resultar do domínio de coisas perigosas, *v.g.* automóveis. Quem estaciona um carro está obrigado a fazer todo o possível e exigível para impedir a utilização sem consentimento do seu carro por terceiros. Para isso não chega fechar à chave a viatura, devendo fechar também os vidros e trancar o fecho de volante. Deveres comparáveis podem surgir para o vendedor de um automóvel, que deve informar-se se o comprador possui carta de condução e se for menor, não pode entregar-lhe a viatura. Por outro lado, quem exerce uma profissão perigosa tem de evitar danos a terceiros pelo exercício dessa profissão; verifica-

---

espaço de tráfego circundante. Os princípios do domínio do perigo, do ocasionar do perigo e do gozo de vantagens só combinadamente conduzem a um dever de afastamento do perigo. O campo pelo qual estas pessoas têm o dever de segurança é consideravelmente maior do que o do morador privado.

[1533] EMMERICH, *BGB-Schuldrecht, Besonderer Teil*, § 23, p. 287.

[1534] EMMERICH, *BGB-Schuldrecht, Besonderer Teil*, § 23, p. 287-288.

576 *Normas de Protecção e Danos Puramente Patrimoniais*

-se, assim, um dever de protecção e de vigilância para certos profissionais, designadamente médicos, empreiteiros e arquitectos, entre outros[1535].

II. Segundo CHRISTIAN VON BAR, a jurisprudência alemã baseia-se em duas sentenças do *Reichsgericht,* proferidas pouco depois da entrada em vigor do BGB, para autonomizar os deveres de segurança no tráfego. Na RG 30-Out.-1902[1536], uma árvore podre, que pertencia ao lesante, que se encontrava num caminho público, caiu e causou danos. O Tribunal Superior de *Marienwerder* recusou a responsabilidade do proprietário da árvore. O RG alterou a decisão, pois, embora faltasse uma norma de protecção, era de aplicar o § 823 I, segundo o qual verificava-se uma responsabilidade por omissão ilícita. Neste sentido, a entrada em vigor do BGB implicou diferenças significativas em relação aos princípios do direito romano, designadamente o § 836 BGB, que afastou o princípio de que *"ninguém está obrigado a uma acção positiva com o fim de evitar danos de coisa sua sobre outras pessoas ou coisas alheias".* Na RG 23-Fev.-1903[1537], o lesado afirmou ter caído à noite numas escadas de pedra da via pública. As escadas estavam não só deterioradas e não iluminadas, como também o município não procedera à sua limpeza nem espalhara sal, tornando-as escorregadias por causa da neve. O OLG de Rostock recusou a indemnização do lesado, por a queda não ter sido provocada pelo estado de conservação das escadas, uma vez que o município justificara o acidente com a existência de gelo. A omissão de varrer e de espalhar sal não poderia fundamentar uma responsabilidade segundo o BGB, dado não existir um dever do tráfego dos municípios na rede de caminhos. Também não se poderia deduzir do direito de propriedade uma responsabilidade pelo cuidado omitido contra os perigos para os utilizadores da escada. Por fim, o município não poderia igualmente ser responsabilizado, porque o regulamento municipal não se dirige ao próprio município, mas apenas aos proprietários dos prédios que confinam com a rua. O RG alterou a decisão anterior e admitiu a responsabilidade do município por ter incumprido o dever de agir ao nada ter feito. De acordo com a decisão do RG, o acento não está no direito de propriedade em si, porque

---

[1535] EMMERICH, *BGB-Schuldrecht, Besonderer Teil,* § 23, p. 289.
[1536] RG 30-Out.-1902, RGZ 52, 373.
[1537] RG 23-Fev.-1903, RGZ 54, 53.

Estudo de Direito Positivo

um dever de tráfego existe também em relação a qualquer pessoa que tenha uma autorização[1538].

Na doutrina alemã discute-se se os deveres do tráfego surgiram de "geração espontânea" com base no costume ou se, diferentemente, o § 836 BGB fornece uma base suficiente[1539]. Independentemente da sua origem, considera-se porém que os deveres do tráfego já não podem ser eliminados do sistema de responsabilidade actual. VON BAR é de opinião que a origem dos deveres do tráfego não se encontra no direito romano, antes se situa na posição de garante do Direito penal e no § 836 BGB. O dever de evitar situações abstractas de perigo insere-se na responsabilidade por omissão do Direito Civil, que se distingue da posição de garante do Direito penal, e justifica-se pelo facto de, a partir do início do século XX, o risco se ter tornado, de certo modo, contrário ao sentimento de vida moderno, mudança de atitude que se repercute no dever de indemnização delitual. Por esta razão, a evolução do sistema delitual aponta para um agravamento contínuo da responsabilidade. Assim, a ideia de que os prejuízos decorrentes do desenvolvimento técnico devem ser indemnizados por quem actua na área de perigo impõe-se progressivamente com carácter de generalidade, representando uma relativização do princípio *"casum sentit dominus"*[1540].

Os comentários do BGB esclarecem que os deveres do tráfego podem ser desenvolvidos por analogia com o § 836 BGB, assentando no princípio comum, desenvolvido pela jurisprudência, de que quem cria fontes de perigos, provocando-os ou deixando-os perdurar, tem que adoptar todas as medidas de segurança necessárias, segundo as circunstâncias, para protecção de terceiros. Trata-se, assim, de mais uma via de protecção da pessoa e, mais residualmente, da protecção da propriedade. Este princípio sofreu uma evolução e, actualmente, é entendido pela jurisprudência com muita amplitude, fazendo surgir deveres do tráfego em quase todos os campos da vida, no direito contratual enquanto deveres de protecção, na responsabilidade dos auxiliares, na protecção empresarial, na protecção do ambiente,

---

[1538] Sobre esta jurisprudência com mais desenvolvimento, LARENZ/CANARIS, *Lehrbuch des Schuldrechts,* § 76, pp. 400.

[1539] Desde ESSER, "Die Zweispurigkeit unseres Haftungsrecht", p. 132, é comum, na doutrina alemã, a referência a "raiz selvagem". Cfr. LARENZ/CANARIS, *Lehrbuch des Schuldrechts,* § 76, pp. 403, (n. 112).

[1540] CHRISTIAN VON BAR, *Verkehrspflichten,* § 2, pp. 39 e ss.

578 *Normas de Protecção e Danos Puramente Patrimoniais*

na produção de bens e no financiamento de projectos de pesquisa, entre outros domínios[1541]. Esta variedade faz dos deveres do tráfego um instituto que se esquiva à formação de grupos de casos[1542].

Por sua vez, a função de complemento das normas de protecção dos deveres do tráfego tornou-se nítida quando o BGH determinou que não se pode estacionar um camião, durante muito tempo, sem luzes, numa estrada, apesar da StVO não ter qualquer tipo legal de proibição para essa conduta[1543], ou quando decidiu que um automobilista, na auto-estrada, sem luzes, só pode andar a uma velocidade que lhe permita parar, a tempo, dentro da distância visível[1544]. Aqui, a proibição de correr um risco excessivo tornou-se o conteúdo de dever. Veículos de trabalho lentos têm de ser sinalizados de forma tão clara que sejam visíveis a longa distância por todos os participantes no trânsito. Quem transporta líquidos inflamáveis deve afixar claramente esse facto, para que os outros participantes no trânsito possam estar avisados [1545].

O significado dos deveres do tráfego, vai, todavia, ainda mais além. Numa área de direito especial encontra-se uma outra função importante dos deveres do tráfego, que toca os fundamentos da doutrina da ilicitude no Direito civil. Não são, *ipso facto*, ilícitas, todas as intervenções causalmente adequadas à violação de um direito absoluto ou de um bem jurídico. Só as violações imediatas do direito e do bem jurídico indiciam a ilicitude. Violações mediatas necessitam dos deveres do tráfego para afirmar a ilicitude do acto[1546].

Dos diferentes grupos de casos conclui-se que há tipos completamente diferentes, tais como, deveres de espalhar sal, deveres de informação e de aviso, deveres de controlo e guarda, deveres de organização e vigilância, entre outros. Note-se que, não obstante a dificuldade de forma-

---

[1541] A título exemplificativo, para a variedade de deveres do tráfego cfr. STAUDINGERS, *Kommentar zum Bürgerlichen Gesetzbuch*, pp. 414-610, MERTENS, *Münchener Kommentar*, § 823, pp. 1511-1581, WAGNER, *Münchener Kommentar*, § 823, pp. 1532-1539 e pp. 1617-1650.

[1542] CHRISTIAN VON BAR, *Verkehrspflichten*, § 2, pp. 39 e ss. Também MENEZES CORDEIRO, *Da Boa Fé*, p. 833, afirma que os deveres de prevenção de perigo têm extensão considerável.

[1543] BGH 21-Jun.-1960, NJW, (1960), 2097.

[1544] BGH 1-Jul.-1961, NJW, (1961), 1588.

[1545] CHRISTIAN VON BAR, *Verkehrspflichten*, § 2, pp. 39 e ss.

[1546] CHRISTIAN VON BAR, *Verkehrspflichten*, § 3, pp. 77 e ss.

ção de grupos de casos já referida, o esforço da sua ordenação cumpre uma necessidade de estruturação e permite, igualmente, alcançar uma maior clareza sobre a fundamentação e a intensidade desses deveres. Pelo cruzamento entre grupos de casos e tipos de deveres do tráfego podem-se, além disso, desenvolver regras sobre o ónus da prova[1547]. Responsabilidade pela ilicitude de tráfego é, portanto, responsabilidade pelo aumento de perigo. O conceito de perigo precisa de esclarecimento[1548]. Os deveres do tráfego resultam da necessidade do afastamento do perigo, dando respostas a problemas específicos colocados pela omissão ou pelos perigos inerentes a áreas determinadas ou a actividades específicas. Mais recentemente, a doutrina germânica tem admitido que estes deveres podem ser cumpridos por terceiros, em termos concorrentes ou de desoneração do primeiro obrigado, mantendo-se no entanto um dever de vigilância e de organização, como já foi referido.

III. CHRISTIAN VON BAR defendeu um alargamento da responsabilidade delitual com recurso aos deveres do tráfego. A sede dos deveres do tráfego é variável, havendo autores que os reconduzem às diferentes situações básicas de responsabilidade delitual, enquanto outros entendem que só se podem apoiar no § 823 I BGB, pois não preencheriam as condições requeridas para as normas de protecção. Os deveres do tráfego, como deveres primários, geram deveres secundários de indemnização[1549]. CANARIS defende que os deveres do tráfego tanto podem dizer respeito a lesões directas como indirectas dos bens referidos no § 823 I BGB. Quando há violação directa dos direitos, existe logo ilicitude (*Erfolgsunrecht*), que só será afastada por uma causa de justificação. Tratando-se de uma conduta omissiva ou de uma lesão indirecta, a ilicitude não surge em virtude da lesão do direito absolutamente protegido, sendo necessário a inobservância de um dever de cuidado que as circunstâncias reclamam. Assim, os deveres do tráfego inscrevem-se nas lesões directas e indirectas

---

[1547] CHRISTIAN VON BAR, *Verkehrspflichten*, § 3, pp. 81 e ss.

[1548] CHRISTIAN VON BAR, *Verkehrspflichten*, § 5, pp. 113 e ss.

[1549] MENEZES CORDEIRO, *Da responsabilidade civil dos Administradores*, p. 487, defendendo o carácter material da tutela jurídica e o carácter instrumental dos deveres cuja finalidade última é a tutela: os deveres de protecção visam o reforço das obrigações e são derivados da boa fé; os deveres do tráfego visam o complemento da tutela aquiliana, e NUNO MANUEL PINTO OLIVEIRA, *Deveres de protecção*, p. 499.

580 *Normas de Protecção e Danos Puramente Patrimoniais*

de bens absolutamente protegidos. Esta ideia é conforme com a orientação do legislador de se afastar da consagração de uma grande cláusula geral delitual. Deste modo, os deveres do tráfego só fundamentariam a indemnização de danos puramente patrimoniais na medida em que preenchessem as condições de relevância das normas que possibilitam o ressarcimento daqueles interesses, ou seja, nos casos previstos nos §§ 823 II, 826, 831 e 832 BGB.

CANARIS critica a opinião recente da doutrina de incluir os deveres do tráfego somente no § 823 II BGB, admitindo o desenvolvimento de deveres do tráfego para protecção de meros interesses patrimoniais. Segundo CANARIS, os deveres do tráfego foram originariamente criados para resolver a problemática da omissão e para alicerçar a sua equiparação à acção. Posteriormente, reconheceu-se que desempenhavam um papel para determinados casos de acção positiva, tendo sido aproveitados nas intervenções indirectas. Agrupá-los no § 823 II BGB teria como consequência a retirada do § 823 I BGB da omissão e das intervenções indirectas. Ora, segundo o Autor, não existe motivo para um tal esvaziamento, que, deste modo, os restringiria às intervenções imediatas, o que estaria em oposição com o facto do § 823 I BGB representar, segundo a posição sistemática e o tipo de bens jurídicos protegidos, a norma central da responsabilidade delitual. A limitação do § 823 I BGB a intervenções directas seria, de resto, também incompatível com o significado do conceito de "violação" usado nesta disposição. No exemplo de CANARIS, quando alguém deixa uma granada de mão ou uma garrafa de limonada cheia de veneno espalhadas na zona de brincadeira das crianças, ocorrendo depois um acidente, nenhum jurista negaria que o agente, com o seu comportamento, lesou a saúde das vítimas. O mesmo ocorre no Direito penal, em relação ao qual, em casos semelhantes, se verificará uma "violação" da integridade física ou um homicídio[1550].

Brevitatis causa, têm sido atribuídas na doutrina germânica duas funções aos deveres do tráfego: *i)* a primeira, na omissão, permitindo fundamentar situações de responsabilidade em casos em que se verifica a criação ou o não controlo de uma fonte de perigo; *ii)* a segunda, na acção, enquanto limite da responsabilidade delitual em relação às lesões mediatas ou indirectas dos bens jurídicos ou direitos de outrem. Por esta via, os

---

[1550] CANARIS, *Schutzgesetze,* p. 78.

Estudo de Direito Positivo 581

deveres do tráfego consubstanciam claramente um complemento da protecção relativa à primeira modalidade de ilicitude[1551].

Não parece essencial distinguir no âmbito do § 823 I BGB entre uma concepção "legislativa" e uma "judicial", atribuindo ao legislador as intervenções directas e à jurisprudência a evolução dos deveres do tráfego para as omissões e as intervenções indirectas. Na verdade, a jurisprudência foi encarregue pelo legislador do seu desenvolvimento, dado que a pequena cláusula geral não pode ser concretizada de outra forma. Não se deveria, assim, segundo CANARIS, defender que os deveres do tráfego "quebraram" o sistema de direito delitual de forma revolucionária e completar a obra de destruição através da sua transplantação para o § 823 II BGB, pelo reconhecimento de deveres do tráfego desenvolvidos livremente para protecção de meros interesses patrimoniais. Deve rejeitar-se a localização dos deveres do tráfego exclusivamente no § 823 II BGB, igualmente por razões de conveniência dogmática. Acresce, finalmente, que a reunião generalizada dos deveres do tráfego no § 823 II BGB também esvaziaria a utilidade prática e dogmática das normas de protecção[1552].

Em termos linguísticos e da teoria das fontes do direito, alguma doutrina alemã defende que normas de protecção podem ser entendidas como normas de conduta desenvolvidas pela jurisprudência à maneira dos deveres do tráfego[1553]. Uma tal solução é, para CANARIS, duvidosa porque despoja o § 823 II BGB da sua função particular e da sua considerável vantagem de clareza de tipo no recurso à decisão prévia do legislador. Para além disso, o § 823 II BGB não seria mais um de três tipos básicos de direito

---

[1551] LARENZ/CANARIS, *Lehrbuch des Schuldrechts*, § 76, p. 405: transplantar os deveres do tráfego para o § 823 II BGB contradiz a sua função dado que através dele são transpostas para o direito delitual normas *extra muros* do direito delitual, ao passo que os deveres do tráfego têm uma natureza genuinamente delitual (*"deliktsrechtlicher Natur"*). Acresce que, este ponto de vista conduziria a um esvaziamento completamente inadequado do 823 I BGB, porque todo o complexo das violações mediatas e da omissão seria retirado deste preceito e colocado no 823 II BGB, o que seria ilógico na medida em que a fronteira entre intervenções imediatas e mediatas, bem como entre acção e omissão é subtil e estes comportamentos estão correspondentemente numa relação de complementariedade estreita uns com os outros. De resto, o 823 II BGB ascenderia a norma central de todo o direito delitual, sendo o 823 I BGB degradado à condição de norma especial para intervenções imediatas, invertendo-se a relação sistemática dos dois parágrafos.

[1552] CANARIS, *Schutzgesetze*, p. 80.

[1553] CANARIS, *Schutzgesetze*, p. 80.

582 *Normas de Protecção e Danos Puramente Patrimoniais*

delitual, e transformar-se-ia antes na norma central, com uma aproximação extremamente duvidosa à "grande" cláusula geral napoleónica rejeitada pelo BGB[1554].

Deve-se, assim, manter os deveres do tráfego no § 823 I BGB. Do mesmo modo, deve conservar-se esta situação básica de responsabilidade na multiplicidade dos seus tipos de actos e, deste modo, subsumir nela igualmente as intervenções directas, as violações indirectas e as omissões violadoras de deveres. Nas situações referidas, os deveres do tráfego têm a função de direccionar perigos que provêm da esfera de domínio e ou de actividade do potencial lesante. Aqui reside, segundo CANARIS, tanto em termos dogmáticos como práticos, o centro da teoria dos deveres do tráfego, o qual lhes confere unidade interna. Em contrapartida, é duvidoso para CANARIS se os deveres do tráfego devem ser também tratados de modo unitário quando se analisam as categorias da tipicidade, da ilicitude e da culpa. CANARIS mostra-se a favor da sua colocação, no caso da omissão e das intervenções indirectas, ao nível da tipicidade, e, no caso de intervenções directas, ao nível da negligência[1555].

IV. Como se fez referência, na discussão germânica mais recente sobre responsabilidade delitual tem sido trabalhada a hipótese de poder haver igualmente deveres do tráfego para protecção de meros interesses patrimoniais[1556-1557]. No direito alemão, considera-se incluído no âmbito do § 826 BGB o dever imposto aos bancos de examinar o saneamento financeiro das empresas, a fim de evitar danos a quem concede crédito ou a outros credores. O mesmo vale quando o BGH, no âmbito do § 826 BGB, atribui ao gerente de uma sociedade de responsabilidade limitada a responsabilidade por ter posto à disposição do pessoal de vendas listas pouco claras sobre o montante dos prémios e, deste modo, ter induzido em erro os clientes. Em ambos os casos trata-se do *pôr em perigo* interesses patrimoniais alheios, sendo por isso de qualificar dogmaticamente o dever

---

[1554] CANARIS, *Schutzgesetze*, p. 79.

[1555] CANARIS, *Schutzgesetze*, pp. 80-81.

[1556] HANS STOLL, *Richterliche Fortbildung*, pp. 42 e ss.

[1557] Sobre os deveres do tráfego para proteger interesses patrimoniais, BRÜGGEMEIER, *Deliktsrecht*, pp. 285 ss, OLAF PICK, *Verkehrsplichten und Handlungsfreiheit des "Schädigers"*, Peter Lang, Frankfurt am Main, Berlin, Bern, Bruxelles, New York, Oxford, Wien, p. 71, e KINDERMANN, *Verkehrsicherungspflichten*, Boorberg, Stuttgart, München, Hannover, 1984, pp. 8 e ss.

Estudo de Direito Positivo

de evitar o perigo ou de o afastar como dever do tráfego. De modo seme-lhante, alguma doutrina germânica tem defendido que os deveres do trá-fego para protecção de meros interesses patrimoniais podem desempenhar também um papel na concretização de normas de protecção. Assim, o BGH espera do gerente de uma sociedade de responsabilidade limitada uma precaução de liquidez que lhe permita pagar as contribuições da segu-rança social dos seus trabalhadores, sancionando a sua violação (dolosa) com um dever de indemnização[1558]. O § 831 BGB contém um exemplo de deveres do tráfego para protecção de interesses patrimoniais puros. Enquanto os tipos de deveres do tráfego dos §§ 833 e 836 BGB se res-tringem *expressis verbis* à protecção da vida, integridade física, saúde, e propriedade, o § 831 BGB requer apenas um comportamento ilícito do auxiliar. Esta solução mantém-se dentro das fronteiras do sistema delitual do BGB[1559].

Segundo CANARIS, os deveres do tráfego desempenham uma função não apenas no § 823 I BGB, mas também em todos os tipos delituais que protegem a vida, a saúde e a propriedade, e igualmente, em certas cir-cunstâncias, meros interesses patrimoniais, podendo visar não apenas comportamentos negligentes mas também comportamentos dolosos e não se restringir a omissões e a violações indirectas, sendo também eficazes em determinados casos de intervenções directas. Resulta, assim, claro o seu significado universal para todo o direito delitual. Deste modo, não seria correcto incluí-los apenas no § 823 II BGB. Violações de deveres do tráfego não são actos ilícitos autónomos, mas antes, e apenas, elementos no quadro de normas delituais mais abrangentes[1560]. A sua função especí-fica reside somente em resolver a problemática do afastamento do perigo[1561].

No que toca aos interesses puramente patrimoniais, a questão deci-siva, segundo CANARIS, não vai no sentido de saber se, quanto a estes, tam-bém se podem integrar nos deveres do tráfego, mas no de saber sob que pressupostos a sua integração é possível. Ora, tal só é possível quando o direito delitual alemão vigente proteja interesses patrimoniais puros, ou

---

[1558] CANARIS, *Schutzgesetze,* p. 82.

[1559] CANARIS, *Schutzgesetze,* p. 82.

[1560] CANARIS, *Schutzgesetze,* p. 82.

[1561] CANARIS, *Schutzgesetze,* p. 83 e LARENZ/CANARIS, *Lehrbuch des Schuldrechts,* § 76, pp. 404-405.

584 *Normas de Protecção e Danos Puramente Patrimoniais*

seja, no âmbito e sob os pressupostos objectivos e subjectivos dos §§ 823 II, 824, 826 e 831 BGB. Um reconhecimento, para além disto, de deveres do tráfego "livremente" desenvolvidos para protecção de meros interesses patrimoniais, que possam ser violados por negligência, é incompatível com a recusa do BGB de uma "grande" cláusula geral delitual e de uma extensa protecção delitual do património[1562].

Os deveres do tráfego emergem, deste modo, como uma *cláusula geral parcial* para protecção de violações mediatas de direitos e de bens jurídicos, só sendo de considerar existir violação ilícita, no sentido do § 823 I BGB, quando o próprio comportamento não é permitido em virtude da sua aptidão geral para causar prejuízo; em intervenções imediatas, a ilicitude resulta, em contrapartida, simplesmente da protecção de direitos e de bens jurídicos "orientada pelo resultado"[1563].

Para LARENZ, regista-se uma intervenção imediata quando o resultado decorrer da acção. Se, contrariamente, o resultado não estiver no decurso da acção, se a violação for só a *"consequência remota facilitada por várias causas intermédias de um certo comportamento"*, então a sua ilicitude depende da violação de um dever do tráfego. Quem dorme de manhã, em vez de espalhar sal sobre o gelo, é apenas responsável por violar um dever do tráfego e não pela violação directa da integridade física de outrem. De referir que o BGH consagrou um dever de espalhar sal[1564].

[1562] Neste sentido, LARENZ/CANARIS, *Lehrbuch des Schuldrechts*, § 76, p. 406: deveres do tráfego para protecção do património existem só no âmbito das normas delituais que protegem o património. Contrariamente a alguma doutrina (designadamente, KONRAD HUBER, "Verkehrspflichten zum Schutz fremden Vermögens", Festschrift für Ernst von Caemmerer zum 70. Geburtstag, J.C. Mohr (Paul Siebeck), Tübingen, 1978, pp. 359 e ss, e VON BAR, *Verkehrspflichten*, § 8, pp. 204 e ss e 234), a responsabilidade delitual por danos no património não pode ser ampliada através do desenvolvimento de deveres do tráfego para a protecção do património, isto é, não integrados nos tipos legais dos §§ 823 II, 824, 826 e 831 BGB, apresentando-se simplesmente como normas de protecção no sentido do § 823 II BGB, ou declarando-os como um tipo legal delitual autónomo (no que se revela de resto um aspecto prático importante da discussão sobre o núcleo sistemático dos deveres do tráfego). Esta concepção conduziria a uma responsabilidade quase ilimitada por danos puramente patrimoniais causados por negligência.

[1563] CANARIS, *Schutzgesetze*, pp. 27, 77 e 79.

[1564] BGH 27-Jan.-1987, NJW, (1987), 2671, referente à acção de um professor que, ao ir para casa, caiu à noite na entrada de uma discoteca, no passeio escorregadio pelo gelo. O lesado não ia entrar na discoteca, pelo que não estava incluído na área de protecção do dever do tráfego violado. O BGH afirmou que *"segundo a concepção geral de tráfego, as*

Estudo de Direito Positivo

A produção e a venda de automóveis são adequadas a causar uma multiplicidade de mortos nas estradas, mas estas vítimas de acidentes no trânsito só serão causalmente da responsabilidade do produtor se este lançou no mercado um produto defeituoso. Aquele que provoca culposamente uma colisão, por guardar uma distância demasiado reduzida em relação ao veículo da frente, e, em consequência, um engarrafamento na auto-estrada, comete "imediatamente" uma violação do direito de propriedade sobre o automóvel de terceiro, mas já não terá de indemnizar a concessionária da auto-estrada pela deterioração da berma através da qual automobilistas impacientes seguiram viagem[1565]. VON BAR analisa estas situações através da acção mediata de *pôr em perigo* e recusa a responsabilidade. Quem, de modo contrário, recusa um conceito autónomo de responsabilidade nos deveres do tráfego, passa por uma imputação também deste resultado, mas com um esforço de fundamentação consideravelmente maior, pois o resultado é, ainda assim, consequência adequada de um comportamento anterior. Por outro lado, o dever do tráfego pode, em certos casos, restringir a responsabilidade em vez de alargá-la.

A protecção de expectativas legítimas da confiança é, portanto, um elemento essencial na determinação dos titulares e do conteúdo dos deveres do tráfego, bem como a possibilidade de aumentar o perigo e de o dominar[1566]. Nos deveres do tráfego, o cumprimento do dever pode consistir exclusivamente em não permitir o tráfego[1567]. O dever do tráfego abrange quem "cria" um perigo, mas também quem o não remove. A moderna responsabilidade pela omissão não se orienta pelo princípio da inge-

---

expectativas de confiança legítima dos transeuntes, no sentido de hoteleiros ou proprietários de restaurantes cumprirem os deveres de segurança no tráfego especiais que lhes cabem perante os seus clientes, tem como consequência que, precisamente no tempo de inverno, muitos transeuntes se decidam a tomar o caminho pelo passeio à frente de tais locais por causa da maior segurança esperada". Cfr. exemplo 2, VON BAR, *Entwicklungen*, p. 170.

[1565] Sobre este caso, vide *infra*.

[1566] VON BAR, *Entwicklungen*, pp. 169 e ss.

[1567] BGH 11-Dez.-1984, NJW, (1985), 1078: sobre um acidente num terreno de construção no qual uma visitante caiu através de uma protecção não resistente. O BGH considerou que *"a pessoa com dever de segurança no tráfego, em construção nova, cumpre o seu dever através da colocação de uma placa de aviso à frente do terreno de construção a proibir a passagem de pessoas não autorizadas"*. Cfr. exemplo 4, VON BAR, *Entwicklungen*, p. 171.

586 *Normas de Protecção e Danos Puramente Patrimoniais*

rência, sendo suficiente a existência de uma fonte de perigo numa área que, em virtude da competência profissional, da proximidade material, de função pública ou de situação familiar, alguém a tenha sob o seu controlo[1568]. Um papel considerável cabe, finalmente, ao princípio do interesse ou da utilidade, na medida em que quem retira vantagem de uma certa situação deve preocupar-se com os seus perigos[1569].

A doutrina alemã tem estudado a relação entre os deveres do tráfego e as normas de protecção. A jurisprudência tem recusado fazer corresponder as normas de protecção aos deveres do tráfego, ainda que admita algum paralelismo nas soluções, designadamente em matéria de culpa e de ónus da prova[1570]. Uma das tarefas centrais dos deveres do tráfego é a de

---

[1568] LG Frankfurt 12-Nov.-1986, NJW-RR (1987), 795: o Porsche do lesado foi danificado por um ramo de árvore caído do terreno do lesante. A instância de recurso considerou o agente responsável por causa da violação de um dever de vigilância que lhe cabia por ter deixado cair da árvore, já anteriormente, ramos desse tamanho. Cfr. exemplo 5, VON BAR, *Entwicklungen*, p. 171.

[1569] BGH 13-Dez.-1960, LM § 823 (Db) BGB n.º 10: um comerciante vendia pipocas na entrada de um centro comercial no qual tinha uma participação de 40%. O comerciante causou, com álcool, queimaduras num rapaz de 8 anos através de uma explosão. O BGH foi de opinião que o centro comercial violou deveres de vigilância próprios e acrescentou que *"a referência do tribunal de recurso à participação económica do acusado na actividade do comerciante não era (em caso algum) um argumento alheio aos factos"*, evidenciando *"o próprio interesse que o lesante tinha (na acção do comerciante)"*. Cfr. exemplo 6, VON BAR, *Entwicklungen*, p. 171.

[1570] BGH, NJW 1987, 2671: *"Uma delimitação do fim de protecção dos deveres de segurança no tráfego" não pressupõe que estes deveres, como alguns autores defendem, sejam normas de protecção no sentido do § 823 II. Por outro lado, a exclusão do círculo de pessoas protegido pelo dever de segurança no tráfego violado deve ser articulada com a investigação da questão se, precisamente, o bem jurídico violado do prejudicado recai sob o interesse protegido, à semelhança das normas de protecção. No entanto, os deveres (de segurança) no tráfego surgem como deveres de comportamento fixados pelos bens de protecção do § 823 I BGB e relacionados com as relações sociais."*. O VI.º Senado civil tomou assim posição na questão da inclusão dos deveres (de segurança) no tráfego nos dois tipos legais básicos do § 823 BGB e tornou claro o facto de querer deixá-los ali, onde nasceram e cresceram historicamente: no § 823 I BGB, ainda que ambos desempenhem uma função de protecção de interesses primários de bens. Acresce que ambos se cruzam pelo seu conteúdo, por estarem orientados não só por uma sentença de ilicitude relacionada com o comportamento, mas também por descreverem normas de *pôr em perigo* no critério da culpa, na distribuição do ónus da prova (onde a responsabilidade por dever do tráfego, por vezes, fica até mais rigorosa ainda do que a responsabilidade, segundo o § 823 II BGB) e na determinação de área de protecção.

Estudo de Direito Positivo

colmatar lacunas onde as normas de protecção existentes se revelam insuficientes. A este respeito, a sentença do BGH 27-Jan.-1987 é esclarecedora[1571]. Contudo, encontram-se, por vezes, sentenças em sentido manifestamente contrário, exigindo no BGB ou em legislação especial normas de comportamento que descrevam o cuidado necessário na respectiva área[1572].

A ilicitude pressupõe a afirmação de que um certo comportamento, pela sua manifestação exterior, excedeu o grau exigível de colocação em perigo no tráfego geral. Determinar se alguém guardou esse "cuidado exterior" pertence, nas normas de protecção e deveres do tráfego, à ilicitude, enquanto que em violações jurídicas (ou de bens jurídicos) imediatas pertence à culpa. Todavia, a violação do "cuidado exterior" não é suficiente, sendo necessário que o agente tenha agido também com descuido "interior", o que não acontecerá se não conhecia, sem negligência, o dever

---

[1571] De acordo com a sentença referida, o proprietário da discoteca não violou o dever de espalhar sal fixado no horário estabelecido no regulamento municipal. Por esta razão, uma pretensão indemnizatória com base no § 823 II BGB foi recusada. Seguidamente, utilizando o § 823 I BGB, considerou *que o lesante, para além do serviço geral de Inverno fixado no estatuto local, como proprietário da discoteca, aberta ainda às 22 horas, teria que proporcionar, também ainda a esta hora do dia, na medida do possível e do exigível, um acesso livre de neve e de gelo ao seu local aos seus clientes*". Impõe-se, neste contexto, explicitamente um dever de segurança no tráfego "aumentado" do proprietário da discoteca. Com efeito, cabe-lhe, em primeiro lugar, o dever de segurança que incumbe a qualquer morador. Adicionalmente, é também responsável pelo tráfego especial por si originado. As duas responsabilidades são, cada uma por sua vez, expressão da ideia básica do dever do tráfego. Segundo a fonte de direito, uma reporta-se a uma norma de protecção (o estatuto local) e outra a uma ordem geral de evitar o perigo resultante da protecção de bens jurídicos do § 823 I BGB. Trata-se de deveres do tráfego codificados e não codificados. A existência de um dever do tráfego de fonte legal pode ter sido cumprido, mas tal não significa que se tenham adoptado as medidas necessárias para o afastamento do perigo. Cfr. exemplo 2, Von Bar, *Entwicklungen*, p. 170.

[1572] BGH 22-Abr.-1974, BGHZ 62, 265: o BGH tinha que decidir sobre a acção de um agricultor que exigiu indemnização pelo prejuízo causado por pombos na sua horticultura. Como fundamentação, invocou o facto de os pombos não terem sido suficientemente caçados. Uma responsabilidade assente no § 823 II BGB foi recusada. Com efeito, o BGH admitiu que um acto administrativo das autoridades de caça pode ser, segundo o § 27 BJagdG, emitido, mas dele não se pode deduzir uma ordem de exercer a caça. Existem *em geral dúvidas se a pessoa autorizada a exercer a caça cria a fonte de perigo ou a deixa perdurar, o que é pressuposto para um dever de segurança no tráfego.*" Cfr. exemplo 10, Von Bar, *Entwicklungen*, p. 172.

violado ou as circunstâncias que geraram do facto, ou se, embora tivesse conhecimento de ambos, não pudesse evitar a violação do dever.

A decisão do BGH 23-Out.-1984[1573] respeita a um acidente de esqui[1574]. O lesado, com 15 anos de idade à altura do acidente, ao descer uma pista de esqui da montanha *Zugspitze* perdeu o equilíbrio e embateu com cabeça e o corpo num pilar de ferro de um telesqui. O BGH afirmou que o dever de segurança no tráfego exige que um empresário de telesqui proteja os pilares integrados numa pista. Esse dever foi, por isso, violado. Mesmo assim, a responsabilidade do empresário foi negada por falta de culpa, uma vez que o tribunal reconheceu que, no ano de 1981, data do acidente, não existia esse dever, não se podendo censurar o empresário por não se ter sentido obrigado, na altura, a proteger os pilares do telesqui.

A localização do cuidado exterior na ilicitude e do cuidado interior na culpa aproxima, neste ponto, os deveres do tráfego das normas de protecção. Em primeiro lugar, o incumprimento do dever é o ponto de referência da culpa. Não interessa se um empresário de telesqui tem conhecimento que os praticantes de ski se magoam em pilares, mas sim se tem conhecimento que tem de proteger tais pilares. A culpa só abrange a violação do dever e não o resultado, de forma semelhante às normas de protecção. Quanto ao ónus da prova da culpa, se existir violação de uma norma de protecção, "no seu tipo legal exterior", o RG, em 1917, afirmou que os lesados podem *"exigir indemnização dos lesantes, sem lhes incumbir a prova da culpa, pois a violação de uma norma de protecção afigura-se, em princípio, culposa e impõe ao lesante demonstrar que fez o que era necessário para cumprir a lei, tendo que provar as circunstâncias apropriadas para o exonerar da culpa"*. Esta tese veio a ser subscrita pelo BGH 13-Dez.-1984, que determinou que *"se a violação de uma norma de protecção for objectiva, a pessoa que a infringe tem de provar a existência de circunstâncias apropriadas para afastar a culpa"*[1575]. A partir desta sentença foi defendida a mesma solução na violação de deveres do tráfego. Com efeito, o BGH, 11–Mar.-1986, afirmou que *"a violação do cuidado exterior ou indicia a violação do cuidado interior ou constitui uma prova prima facie da violação do cuidado interior"*[1576].

[1573] BGH 23-Out.-1984, NJW, (1985), 620.

[1574] Cfr. exemplo 12, VON BAR, *Entwicklungen*, p. 173.

[1575] VON BAR, *Entwicklungen*, 174, BGH 13-Dez.-1984, NJW, (1985), 1774.

[1576] VON BAR, *Entwicklungen*, 174, BGH 11–Mar.-1986, NJW, (1986), 2757.

V. Assim, os deveres do tráfego permitem estabelecer áreas de responsabilidade por omissão no domínio de uma esfera da vida espaciofisicamente determinada e decorrente da assunção de uma actividade, impondo ao sujeito deveres de evitar perigos ou afastar riscos. Além da abordagem do âmbito material e pessoal de protecção dos deveres do tráfego, CARNEIRO DA FRADA defende que a interferência de terceiros no cumprimento desses deveres é uma área que merece igualmente atenção doutrinária[1577].

Deve-se a LOTHAR VOLLMER uma análise detalhada da problemática da transferência dos deveres do tráfego para terceiro à luz dos regimes jurídicos do BGB. Ao contrário do direito contratual, que estabelece os deveres de prestação, no direito delitual não estão consagrados genericamente os deveres de afastar o perigo. Porém, a jurisprudência desenvolveu-os, reconduzindo-os a situações da vida nas quais alguém é obrigado, como proprietário ou utilizador de uma área privada de organização, ou com base na sua actividade profissional, no interesse da protecção do tráfego, a adoptar medidas especiais para afastar o perigo, que vão além da ordem geral do *neminem laedere*[1578].

Podem surgir problemas particulares quando alguém obrigado a um dever do tráfego recorre a terceiros para afastar o perigo, quer se trate de seus contratados quer desempenhem funções de empresários independentes, o que abrange não só os casos clássicos, em que o proprietário tem o dever de espalhar o sal e encarrega outrem de o fazer, designadamente um inquilino ou um terceiro, mas também aqueles em que alguém organiza provas desportivas ou de lançamento de fogo de artifício e encarrega

---

[1577] CARNEIRO DA FRADA, *Direito Civil. Responsabilidade Civil*, p. 74. Com desenvolvimento, LARENZ/CANARIS, § 76, (ponto 5), consideram que nos casos de responsabilidade pelo campo o titular do dever do tráfego não é o proprietário, mas quem domina o respectivo risco, designadamente o possuidor e até, eventualmente, um possuidor em nome alheio. Em alguns casos pode haver uma competência concorrente entre o senhorio e o arrendatário. Nos casos de responsabilidade por assunção de tarefas ou por acção antecedente, o dever do tráfego incumbe a quem assumiu a tarefa ou criou o risco. Os casos de assunção dos deveres não devem levar à aplicação do § 278 BGB, segundo LARENZ/CANARIS, por faltar uma relação obrigacional e por implicar contradição de valores com o § 831 BGB.

[1578] LOTHAR VOLLMER, "Haftungsbefreiende übertragung von Verkehrssicherungspflichten – Ein Problem der Haftungszurechnung und – kanalisierung", JZ, (1977), pp. 371 e ss.

590   *Normas de Protecção e Danos Puramente Patrimoniais*

outras pessoas de afastar o perigo, ou, ainda, quando um empresário recorre a terceiros para o cumprimento dos deveres que lhe incumbem, por exemplo, na fabricação de produtos ou na eliminação de resíduos, no fornecimento ou na eliminação de materiais de produção perigosos, ou na segurança no trabalho[1579]. Em todos estes casos coloca-se a questão dos efeitos da transferência para terceiro (*kanalisierung*)[1580] do dever de evitar o perigo, em particular, se, em caso de violação desse dever pelo terceiro, é a pessoa com o dever do tráfego que responde, ou se respondem ambos. A resposta a esta questão seria relativamente fácil se os terceiros que interferem no afastamento de perigo actuassem como auxiliares da pessoa titular do dever do tráfego, no sentido do § 278 BGB. Todavia, a esta solução opõe-se a posição jurisprudencial e doutrinal de que a interferência de terceiros no afastamento de perigos depende de aceitação. Fica, porém, por saber se, nas situações em que se verifica aceitação, esta transferência afasta os deveres do tráfego ou se se limita a exonerar da responsabilidade[1581].

Segundo LOTHAR VOLLMER, o titular do dever do tráfego não fica pessoalmente obrigado a adoptar as medidas necessárias para afastar o perigo, podendo servir-se, para isso, de terceiros, estando somente obrigado a tomar as medidas objectivamente necessárias para afastar o perigo, considerando-se o dever cumprido através do substituto que escolher, desde que, no âmbito do possível e exigível, vigie se o terceiro é apto para afastar o perigo. Se se registar um prejuízo por o terceiro encarregado do afastamento do perigo não ter empregue o cuidado necessário, apesar da escolha e vigilância cuidadosas, o titular do dever do tráfego não pode ser responsabilizado. A utilização de terceiros nos deveres de evitar o perigo é tratada como quando alguém encarrega outrem no sentido do § 831 BGB[1582].

[1579] LOTHAR VOLLMER, *Haftungsbefreiende*, p. 371.

[1580] Prefere-se a expressão transferência das acções para cumprimento dos deveres do tráfego ao conceito de *canalização*. Cfr. PEDRO MÚRIAS, "A responsabilidade por actos de auxiliares e o entendimento dualista da responsabilidade civil", RFDUL, vol. XXXVII, (1996), p. 213.

[1581] LOTHAR VOLLMER, *Haftungsbefreiende*, p. 371.

[1582] LOTHAR VOLLMER, *Haftungsbefreiende*, pp. 371-372. LARENZ/CANARIS, *Lehrbuch des Schuldrechts*, § 76, p. 420, chamam a atenção que o recurso ao terceiro não muda o facto do respectivo dever de tráfego continuar a pertencer ao seu primeiro destinatário, que, se tiver motivos para pensar que aquele não cumpre a sua tarefa correctamente, sendo

Estudo de Direito Positivo

De acordo com LOTHAR VOLLMER, alguns argumentos opõem-se à transferência dos deveres do tráfego no sentido de exonerar só parcialmente e não completamente da responsabilidade. *i)* Do ponto de vista do *fim primário da norma,* não se exige que as medidas adoptadas pelo próprio ou pelo terceiro afastem toda a possibilidade de perigo, mas tão só que se traduzam em medidas de afastamento suficiente do perigo. A protecção preventiva do perigo é assegurada pelos deveres de vigilância do titular do dever do tráfego, que, dependendo das circunstâncias, podem implicar o surgimento de deveres de acção próprios. *ii)* Do ponto de vista do *fim secundário da norma,* aquele que transfere só deve responder quando lhe couber culpa na escolha do terceiro ou pelo incumprimento do dever de vigilância, mas já não quando o terceiro, no caso concreto, agiu culposamente na execução do afastamento do perigo. Esta questão coloca-se sobretudo nos casos em que o terceiro não garante o cumprimento dos direitos de indemnização da mesma forma que o originalmente responsável. Este argumento é, no entanto, insuficiente para afastar a legitimidade da transferência dos deveres para terceiros, pois o titular do dever do tráfego tem um interesse legítimo em se exonerar destes e da sua responsabilidade. Duvidoso é se este interesse prevalece sobre os interesses legítimos dos potencialmente lesados[1583].

---

tal do seu conhecimento, deve tomar medidas para garantir o cumprimento do dever do tráfego, encarregando outra pessoa ou resolvendo ele mesmo o assunto, na medida em que para tal seja competente. Existe um dever de controlo ou vigilância do terceiro, quando haja suspeita da sua falta de aptidão ou quando se trate de uma tarefa particularmente arriscada, porque em tais casos o cumprimento correcto do dever do tráfego exige mais do que o mero recurso ao terceiro. Compreende-se que para o cumprimento de certos deveres do tráfego apenas seja permitido recorrer a peritos de confiança. Em contrapartida, o titular do dever do tráfego não necessita de se preocupar com a solvência do terceiro. É incorrecto enquadrar a presente problemática sob o ponto de vista de uma delegação do dever de tráfego. Quem recorre a um terceiro para proceder a medidas de afastamento do perigo não *transmite* o seu dever de tráfego, mas *cumpre-o.* Consequentemente, não se pode fundamentar um dever de responsabilidade do sujeito do dever do tráfego por uma falha do terceiro no facto dos deveres do tráfego não serem "transmissíveis para exoneração de responsabilidade" (*"nicht haftungsbefreiend übertragbar"*) e, assim, também não "delegáveis para exoneração de responsabilidade" (*"nicht haftungsbefreiend delegierbar"*). Esta concepção tem como resultado ou aplicar-se o § 278 BGB ao recurso ao terceiro, ou atribuir ao dever de cumprimento um carácter de máxima pessoalidade. Não há uma delegação do dever, antes uma delegação das acções necessárias para o seu cumprimento.

[1583] LOTHAR VOLLMER, *Haftungsbefreiende,* p. 372.

Os tribunais alemães manifestaram-se no sentido da transferência dos deveres do tráfego exonerar a responsabilidade do titular, considerando o terceiro como auxiliar nos termos do § 278 BGB, admitindo a sua aplicação a todas as situações de culpa, independentemente de se basearem no contrato ou na lei. Todavia, o *Reichsgericht* e o BGH sempre recusaram reconhecer os deveres do tráfego como obrigações em sentido técnico-jurídico, com a fundamentação de faltar, neste âmbito, uma relação especial (quase-contratual) suficientemente concreta entre o lesante e o lesado antes do prejuízo. Com efeito, o § 278 BGB, como resulta do seu teor e da sua posição sistemática, foi concebido para os deveres de prestação contratuais. Se alguém se comprometeu não só à realização de certa prestação mas também ao cumprimento de um determinado resultado, só fica isento de culpa quando o resultado devido for impossível por uma circunstância que não dependa da sua vontade (§§ 275, 282 BGB). Se o credor confiar no facto de o devedor ter aceite um risco de prestação relacionado com o resultado, parece evidente que a utilização de terceiros no cumprimento da prestação não pode, em princípio, desonerá-lo da responsabilidade. Como o § 278 BGB está pensado para deveres de prestação relacionados com o resultado, esta norma não pode ser aplicada no âmbito de deveres de protecção[1584]. Já o seria, porém, se os deveres de protecção contivessem também um dever de resultado, e se o círculo de pessoas protegido pudesse confiar no facto do titular do dever de protecção ter de suportar o risco do resultado. Decisivo para a aplicação do § 278 BGB, no âmbito de deveres de protecção, é o conteúdo do dever ser concreto[1585].

WESTEN propôs a introdução de uma responsabilidade pelo risco nas violações de deveres do tráfego, segundo a qual certas pessoas devem estar sujeitas a uma responsabilidade pela ausência de um certo resultado de segurança, com a reserva da possibilidade de se exonerarem pela prova de todas as medidas de precaução terem sido adoptadas[1586]. Nesta responsabilidade não faz qualquer diferença se o prejuízo concreto se reduz a um comportamento contrário adoptado pelo titular do dever ou pelo terceiro[1587].

[1584] EIKE SCHMIDT, "Zur Dogmatik des § 278 BGB Zugleich einige Kritiische Bemerkungen zur geplanten Reform des § 831", AcP, 170, (1970), pp. 502-533.

[1585] LOTHAR VOLLMER, *Haftungsbefreiende*, p. 372.

[1586] KLAUS WESTEN, "Zur Frage einer Garantie- und Risikohaftung für sogenannte "Verkehrspflichtverletzungen"", FS v. Hippel, Tübingen, 1967, pp. 591 e ss e pp. 612-613.

[1587] KLAUS WESTEN, *Zur Frage*, p. 622.

Estudo de Direito Positivo 593

Todavia, uma tal responsabilidade pelo risco teria que resultar de lei. Contra a exigência de uma tal lei refere-se, sobretudo, a dificuldade de, através de regras jurídicas gerais, serem fixados critérios suficientemente concretos. O Direito tenta alcançar uma distribuição de riscos socialmente justa, que, por um lado, tenha em conta a protecção legítima dos lesados e, por outro, a protecção legítima dos titulares dos deveres, através do princípio da responsabilidade por culpa e da responsabilidade pelo risco[1588]. A culpa e o risco baseiam-se em princípios de responsabilidade diferentes: *i)* o primeiro, no princípio da imputação como sanção por um comportamento individual ético-socialmente censurável, *ii)* o segundo, no princípio da distribuição do prejuízo social de potenciais perigos especiais, que são, no entanto, permitidos por serem socialmente úteis, sendo, por consequência, independentes de um juízo individual de culpa. Na responsabilidade por culpa discute-se se é possível afastar a responsabilidade individual através do seguro, que desempenha um papel central na distribuição do prejuízo no âmbito da responsabilidade pelo risco, necessário para a protecção social em geral. A responsabilidade é socializada, quer os prémios de seguro sejam cobrados pela totalidade daqueles que respondem por um certo risco (seguro automóvel), quer sejam cobrados à generalidade como parte dos custos gerais de produção, correspondendo a uma compensação social por revezes imerecidos. Na moderna sociedade industrial verifica-se a necessidade de ampliar a responsabilidade pelo risco a novas áreas, o que porventura seria dispensável se fosse possível agravar a responsabilidade por violações de deveres do tráfego através da consideração do resultado[1589]. Para o dever de segurança de prédios, o § 836 BGB contém um exemplo de um agravamento material da responsabilidade, que consiste na inversão do ónus da prova, disposição que permite a analogia. Com efeito, a jurisprudência recorreu ao § 836 BGB para defender a inversão do ónus da prova na responsabilidade do produtor[1590].

Para a inversão do ónus da prova a jurisprudência tem utilizado o § 282 BGB, previsto para os deveres de prestação de resultado. Para o efeito, baseou-se numa valorização em que os deveres de afastamento do perigo por parte do produtor não se esgotam apenas em meros deveres de acção, mas incluem uma obrigação de resultado. Um tal alargamento do

---

[1588] LOTHAR VOLLMER, *Haftungsbefreiende*, pp. 373-374.
[1589] Cfr. MARTINA DECKERT, *Die Verkehrspflichten*, Jura, (1996), p. 352.
[1590] LOTHAR VOLLMER, *Haftungsbefreiende*, p. 374.

conteúdo dos deveres do tráfego parece ser igualmente permitido nos casos de perigos especiais, que exigem uma protecção jurídica alargada dos potenciais lesados, podendo ser também exigido ao titular de deveres do tráfego. Sendo possível agravar o conteúdo de deveres do tráfego, através da consideração do resultado, pela via da inversão do ónus da prova, deveria, de igual modo, ser permitido agravar o seu conteúdo, excluindo, em certos casos, conforme o § 278 BGB, que a substituição do seu titular o exonere da responsabilidade, e admitindo essa responsabilidade não apenas nos casos de culpa na escolha do terceiro substituto ou de incumprimento do dever de vigilância, mas também quando o terceiro agiu contrariamente ao seu dever[1591].

Na jurisprudência alemã mais recente, um morador que transferiu o cumprimento do dever de limpar a rua, que lhe é imposto pelo regulamento municipal, com o consentimento das autoridades policiais locais, não pode ser responsabilizado nem por violar esse dever nem pela violação do dever de inspecção. A fundamentação desta jurisprudência baseia-se no facto das autoridades policiais locais, ao consentirem a "transferência", terem não só de verificar se a pessoa que a aceita é apropriada para a defesa preventiva do perigo, mas também se garante o cumprimento dos direitos dos eventuais lesados[1592]. Esta jurisprudência reporta-se à questão de saber sob que pressupostos é possível uma "transferência ampla", que liberte da responsabilidade de deveres do tráfego ou uma transferência que exonere parcialmente da responsabilidade, limitando-a aos casos de culpa própria na escolha do terceiro ou de incumprimento do dever de vigilância. Uma transferência deste género, que liberte, mesmo parcialmente, da responsabilidade, tem que ser, em todo o caso, inadmissível, se as pretensões indemnizatórias dos eventuais lesados não estiverem garantidas, designadamente através de um seguro de responsabilidade civil[1593].

A responsabilidade do titular de um dever do tráfego que, na relação exterior, responde mesmo que não o tenha violado culposamente, mas sim

---

[1591] LOTHAR VOLLMER, *Haftungsbefreiende*, p. 374.

[1592] LARENZ/CANARIS admitem a violação de deveres do tráfego, mesmo em situações de controlo por autoridades, de concessão de licenças, ou comportamentos conformes a normas de segurança, porquanto visam essencialmente a segurança de terceiros e não desonerar o potencial lesante de responsabilidade própria. Assim, limitam-se a fixar limites mínimos, podendo outras exigências impor outros deveres no âmbito do § 823 I BGB.

[1593] LOTHAR VOLLMER, *Haftungsbefreiende*, p. 375.

Estudo de Direito Positivo

um terceiro intercalado, não representa uma verdadeira responsabilidade pelo risco, permanecendo uma forma da responsabilidade delitual, pois a responsabilidade só intervém quando deveres de tráfego susceptíveis de serem cumpridos puderem ser violados. Sem fundamento parece também ser a objecção de se infringir, com isso, o § 831 BGB, pois a utilização de um terceiro num dever de afastamento do perigo especial exige uma outra avaliação que não foi pensada inteiramente pelo legislador[1594].

Do mesmo modo sem fundamento parece ser a objecção de que a lei em vigor contém em algumas normas especiais uma responsabilidade correspondente ao § 278 BGB pelo comportamento delitual de outras pessoas. Duvidoso é se se trata realmente de normas singulares ou de um princípio de imputação generalizável e susceptível de analogia. A jurisprudência alemã desenvolveu, há muito, os deveres do tráfego como uma categoria de responsabilidade especial autónoma, na qual valoriza os conteúdos do dever de acordo com as circunstâncias, e fixa com maior ou menor intensidade uma responsabilidade pelo resultado, o que decorre não só da inversão do ónus da prova, mas também da consagração de deveres de organização e de vigilância próprios do titular do dever do tráfego. Assim sendo, restaria apenas a objecção de, através desta diferenciação, a segurança jurídica, dentro da área dos deveres do tráfego, poder ser diminuída, admitindo que os critérios de delimitação propostos para a diferenciação exijam valorizações, permitindo, no caso concreto, uma margem considerável de avaliação[1595].

Da análise da doutrina e jurisprudência alemãs emergem quanto aos deveres do tráfego dois grandes problemas a que importa encontrar resposta à luz do direito nacional: *i)* as questões referentes à culpa e ao ónus da sua prova e as que concernem à possibilidade de transferência de deveres delituais, num sistema hetero-conformado, e, *ii)* admitindo-se essa transferência, se a mesma deve exonerar completamente o primeiro obrigado.

VI. Na doutrina portuguesa a referência aos deveres do tráfego surge com VAZ SERRA[1596] e ANTUNES VARELA[1597] sob a designação de *dever de*

[1594] LOTHAR VOLLMER, *Haftungsbefreiende*, p. 376.

[1595] LOTHAR VOLLMER, *Haftungsbefreiende*, p. 376.

[1596] VAZ SERRA, "Obrigação de indemnização. (Colocação. Fontes. Conceito e Espécies de Dano. Nexo Causal. Extensão do Dever de Indemnizar. Espécies de Indemniza-

prevenção de perigo[1598], acolhendo a proposta alemã dos deveres do tráfego para completar a responsabilidade delitual em situações em que se verifica a criação ou manutenção de um perigo, salientado expressamente que são casos que extravasam a órbita do abuso do direito e institutos afins[1599]. Nesta matéria, MENEZES CORDEIRO elucida que a consagração jurisprudencial dos deveres do tráfego resulta das dificuldades técnicas do BGB, em consequência da inexistência de uma cláusula geral delitual e da não consagração de um dever genérico de actuação. Porém, a situação existente no Código Civil Português é diferente, mercê da responsabilidade por todas as actuações ilícitas e culposas violadoras de direitos, não sendo necessário encontrar deveres específicos para a fundamentar. No que concerne ao dever genérico de actuação, haveria maior proximidade entre o sistema alemão e o português, já que na matéria de responsabilidade por omissão se exige a violação de um dever de agir, que poderia ser integrado pelo dever genérico de prevenção de perigo de origem legal[1600].

Duas questões têm sido trabalhadas na doutrina nacional no domínio dos deveres do tráfego: *i)* o seu âmbito e *ii)* a sua natureza. SINDE MONTEIRO limita expressamente a criação jurisprudencial de deveres do tráfego à protecção de bens ou direitos absolutamente protegidos, pelo que, consequentemente, a culpa deve ser aferida em relação à lesão dos bens pro-

---

ção). Direito de Abstenção e de Remoção", BMJ, 84, (1959), pp. 108 e ss e (p. 126), afirma no seu anteprojecto relativamente ao artigo 738.°, 2 e 3, *"aquele que abre uma fonte de perigos tem o dever de adoptar as cautelas indispensáveis para os impedir, mesmo que não sejam impostas por regulamentos administrativos".*

[1597] ANTUNES VARELA, "Acórdão de 26 de Março de 1980", RLJ, Ano 114.°, n.os 3682-3693, (1981-1982), pp. 77-79, apoiado em LARENZ e ESSER, e partindo, no que concerne ao direito português, dos artigos 492.° (danos causados por edifícios e obras), 493.° (danos causados por coisas, animais ou actividades), 502.° (danos causados por animais), 1347.° (instalações prejudiciais e dever de indemnizar por danos daí emergentes), 1348.° (escavações), 1350.° (ruína de construção) e 1352.° (obras defensivas de águas) defende um dever geral de prevenção de perigo nas situações em que se mantenha ou crie uma situação especialmente perigosa. ANTUNES VARELA considera que estas disposições devem ser enquadradas como simples afloramentos especiais de um princípio geral, de recorte mais amplo, semelhante ao que tem sido aceite na jurisprudência e doutrina germânicas.

[1598] MENEZES CORDEIRO, *Da Boa Fé*, p. 832, (n. 673), defende que se deveria preservar a designação proposta por ANTUNES VARELA.

[1599] ANTUNES VARELA, "Acórdão de 26 de Março de 1980", RLJ, Ano 114.°, n.os 3682-3693, (1981-1982), p. 77.

[1600] MENEZES CORDEIRO, *Da Boa Fé*, p. 835.

Estudo de Direito Positivo

tegidos e não somente em relação à violação do dever, como acontece nas normas de protecção[1601]. Salientando-se, neste ponto, uma diferença significativa com a aferição da culpa nas normas de protecção.

Quanto à natureza da responsabilidade na violação de deveres do tráfego, segundo MENEZES CORDEIRO, consubstanciaria uma responsabilidade que, ao exigir culpa, distinguir-se-ia naturalmente da imputação pelo risco e, a manter-se a distinção entre responsabilidade obrigacional e delitual, por respeitar a deveres específicos, seria de tipo obrigacional[1602], permitindo-se, assim, a aplicação da presunção de culpa *ex* art. 799.°, n.° 1. Não acompanhamos esta qualificação, pois, neste ponto, seguimos a doutrina, entre nós perfilhada por SINDE MONTEIRO, de que os deveres do tráfego se situam no direito delitual, dependendo a presunção de culpa de uma aplicação extensiva ou analógica do art. 493.°, n.° 2, do CC[1603]. Defendendo alguma doutrina, porém, a excepcionalidade das presunções legais de culpa[1604], cabe referir que se o fim, subjacente ao artigo 491.° do CC, de prevenção relativo à assunção legal ou convencional de deveres de vigilância é insusceptível de maior alargamento, na teleologia dos artigos 492.° e 493.° do CC, em que a presunção de culpa se articula com o dever de não expôr os outros a mais riscos de danos do que aqueles que são em princípio inevitáveis, este fim pode ser alargado a outras situações, justificando-se a analogia da presunção de culpa.

Também na doutrina portuguesa se tem discutido a autonomização de deveres do tráfego para a protecção de interesses patrimoniais alheios, o que a ser admitido permitiria diminuir o espaço da responsabilidade pela confiança, realizada por CARNEIRO DA FRADA[1605], para quem essa proposta não seria convincente por esbarrar com a impossibilidade de desenvolvimento *praeter legem* do direito delitual, permitindo, através de deveres do tráfego, o aumento do círculo de bens delitualmente protegidos. Ainda que este ponto seja de subscrever, na linha, aliás, anteriormente defendida por SINDE MONTEIRO, de não equiparação das normas de protecção aos deve-

---

[1601] SINDE MONTEIRO, *Responsabilidade por conselhos*, p. 318.

[1602] MENEZES CORDEIRO, *Da Boa Fé*, p. 835.

[1603] SINDE MONTEIRO, *Responsabilidade por conselhos*, pp. 318-319.

[1604] SOUSA RIBEIRO, "O ónus da prova da culpa na responsabilidade civil por acidentes de viação", (separata BFDUC), (1979), p. 108, e BRANDÃO PROENÇA, *A culpa do lesado*, p. 468.

[1605] CARNEIRO DA FRADA, *Teoria da Confiança*, p. 251.

res de tráfego[1606], restringindo os deveres do tráfego de interesses puramente patrimoniais a normas de protecção, que permitam uma base legal para o seu desenvolvimento[1607], o objectivo desta argumentação é extirpar do direito delitual a tutela das expectativas e "construir" um título autónomo de imputação de danos assente numa teoria pura da confiança, o que vai no sentido de aumentar o círculo de bens protegidos, mas recorrendo à fundamentação da confiança, subtraindo-a aos fundamentos da culpa. Os deveres do tráfego de interesses puramente patrimoniais passariam a ser deveres de protecção fundados na confiança, o que se nos afigura representar em certas áreas porventura uma solução puramente conceptual[1608].

Uma questão igualmente trabalhada na doutrina alemã, assenta na equiparação entre as normas de protecção e os deveres do tráfego, proposta por Von Bar. Neste ponto, subscrevemos integralmente a posição de Carneiro da Frada no sentido dessa equivalência implicar um paradoxo[1609]. Com efeito, a análise das normas de protecção no contexto das fontes de direito evidencia, no que concerne ao direito português e no âmbito material desta dissertação, a incongruência da origem jurisprudencial de normas de protecção, que mais não seria que o reconhecimento da legitimidade da decisão judicial concreta para a formulação, em abstracto, de deveres do tráfego, subvertendo o sistema de fontes de direito postulado no artigo 483.º, n.º 1, do CC.

Deste modo, nada impede situar os deveres do tráfego no âmbito da primeira ou da segunda variante da ilicitude (direitos subjectivos, normas de protecção), à semelhança do preconizado por Canaris, mas o seu papel encontra-se restrito a uma cintura de protecção de direitos subjectivos e de interesses protegidos previamente definidos por normas de protecção.

[1606] Sinde Monteiro, *Responsabilidade por conselhos*, pp. 487 e 507, admitindo que se trata de um torto delitual sem base legal e directamente *contra legem*. Cfr. Carneiro da Frada, *Teoria da Confiança*, p. 253, refere-se à parificação dos deveres do tráfego às disposições de protecção criticando a solução, entendo tratar-se de uma solução deslocada perante a realidade portuguesa.

[1607] Carneiro da Frada, *Teoria da Confiança*, p. 253, reconhece que não há obstáculo à aceitação de deveres do tráfego para protecção de interesses puramente patrimoniais onde a própria lei os reconheceu e dotou de tutela.

[1608] Neste sentido, Sinde Monteiro, *Responsabilidade por conselhos*, p. 507, admitindo que a responsabilidade pela confiança seja uma *criptosolução* no contexto da responsabilidade por informações.

[1609] Carneiro da Frada, *Teoria da Confiança*, p. 253, (n. 230).

Nesse sentido, os deveres do tráfego correspondem porventura a uma "interpretação melhorada" das disposições legais, que permite estender ao seu limite o âmbito de protecção delitual. Não se defende que os deveres do tráfego devem estar circunscritos às normas de protecção, transformando-as na previsão central do edifício delitual[1610], mas que, enquanto *explicitam* ou *concretizam* uma tutela delitual previamente prevista por disposições legais, nada obsta ao seu desenvolvimento jurisprudencial, a que, muitas vezes, se seguiu, historicamente, o seu reconhecimento legal autónomo. Diferentemente, sempre que não se trata de mera *explicitação* ou *concretização,* mas de *reforço* ou *alargamento* do âmbito de protecção, em matéria de protecção de meros interesses patrimoniais, não se admite a formulação originária (*"ad hoc"*) por via jurisprudencial de deveres do tráfego[1611], pois terá de ser o legislador, através de normas de protecção, a autonomizar essa protecção e só, posteriormente, os deveres do tráfego poderão servir para sua *explicitação* ou *concretização*[1612]. Só assim se dará um conteúdo útil à referência "legal" das disposições de protecção[1613]. De referir que a maior crítica a realizar à solução de VON BAR assenta na total equiparação e substituibilidade entre deveres do tráfego e normas de protecção, uma vez que nem sempre na estrutura das normas de protecção se descrevem deveres do tráfego e, por outro lado, uma admissão genérica de deveres do tráfego de origem jurisprudencial corresponderia à total inutilidade do sistema delitual desenhado no BGB, pelo que, neste domínio, se defende no debate entre VON BAR e CANARIS a última posição. Neste ponto, é fundamental destrinçar uma admissibilidade genérica de deveres do tráfego para protecção de direitos subjectivos, e uma admissibilidade restrita para concretização de normas de protecção.

[1610] CARNEIRO DA FRADA, *Teoria da Confiança*, p. 256.

[1611] Não obstante a solução defendida, não se acolhe a posição de PEDRO ROMANO MARTINEZ, *Direito das Obrigações*, Apontamentos, p. 79, no sentido de não se admitirem novidades jurisprudenciais ou doutrinárias que levem à constituição de situações de responsabilidade não previstas na lei. Só não as aceitamos no domínio da responsabilidade por violação de normas de protecção.

[1612] CARNEIRO DA FRADA, *Teoria da Confiança*, p. 256.

[1613] Neste sentido, CARNEIRO DA FRADA/MARIA JOÃO PESTANA DE VASCONCELOS, *Danos económicos puros*, p. 157: *"As disposições de protecção representam, assim, uma via de alargamento da tutela delitual dos bens e interesses" "por contraposição aos deveres do tráfego que não servem para aumentar o catálogo de bens jurídicos delitualmente protegidos".*

600 *Normas de Protecção e Danos Puramente Patrimoniais*

A propósito das relações entre deveres do tráfego e normas de protecção, BRANDÃO PROENÇA esclarece relativamente a um caso da jurisprudência nacional –referente a um menor que sofreu lesões na sua integridade física pela queda de uma baliza, em 2000, altura em que ainda não existiam disposições legais sobre a segurança de balizas, que vieram entretanto a ser aprovadas – que deveria ser responsabilizado o clube desportivo pela omissão do dever de vigilância e por não ter demonstrado a realização de qualquer esforço para remover a fonte de perigo ou prevenir o dano[1614]. Trata-se de deveres do tráfego para a protecção da integridade física, pelo que é compreensível que não estejam dependentes da existência de normas de protecção no ordenamento.

A questão da culpa e do seu ónus da prova será analisada no capítulo referente aos pressupostos da responsabilidade civil por violação de normas de protecção. Vamos dedicar, por isso, a nossa atenção, à luz do direito nacional, à questão da "transferência" dos deveres do tráfego. Esta questão necessita de ser articulada como o domínio do facto. Por vezes, pressupõe-se que a execução dos deveres do tráfego se transmita para um terceiro que tem o domínio do facto. No entanto, independentemente do domínio do facto, o adstringido a deveres do tráfego pode desonerar-se do seu cumprimento através do cumprimento por terceiro. Trata-se de uma situação normal, a que o direito deve dar resposta, e que assenta na divisão de tarefas numa sociedade complexa, que se baseia na divisão do trabalho. Pensamos que a "transferência" de deveres do tráfego deve ser admitida e com as consequências resultantes do modelo que subjaz às disposições dos artigos 492.º e 493.º do CC. Sendo estas disposições uma concretização dos deveres do tráfego, estabelece-se uma presunção de culpa e de nexo de causalidade[1615], que pode ser afastada se se provar que não houve culpa ou que, mesmo com a diligência devida, não se teriam evitado os danos, o que significa que, caso o primeiro obrigado prove que

---

[1614] BRANDÃO PROENÇA, "Balizas Perigosas e responsabilidade civil-Ac. do STJ de 26.2.2006, Proc. 3834/05", CDP, n.º 17, Janeiro/Março (2007), pp. 32-42.

[1615] No sentido de se tratar de uma presunção legal de culpa e de causalidade e não de um problema de relevância negativa da causa virtual, HENRIQUE ANTUNES, *Responsabilidade Civil dos Obrigados à Vigilância de Pessoa Naturalmente Incapaz*, Lisboa, 2000, pp. 270-271, e ANA MARIA TAVEIRA DA FONSECA, "Responsabilidade Civil pelos Danos Causados pela Ruína de Edifícios ou outras Obras", *Novas Tendências da Responsabilidade Civil*, Almedina, Coimbra, 2007, pp. 126-127. De referir que no artigo 493.º, n.º 1, a Autora defende que haveria uma presunção culpa, de nexo de causalidade e de ilicitude.

Estudo de Direito Positivo 601

a escolha do terceiro para cumprir foi zelosa ou que os danos se teriam produzido de qualquer maneira, deverá haver uma desoneração em termos de responsabilidade do primeiro obrigado. Caso não verifiquem os pressupostos necessários para a desoneração do primeiro obrigado deverá ser aplicado o artigo 497.°, n.° 2, do CC, entre o primeiro e o segundo obrigado, respondendo o primeiro titular solidariamente com a quem foram *"delegadas as acções para o cumprimento"* do dever do tráfego, pelo que substantivamente entende-se não haver uma verdadeira transferência dos deveres do tráfego, mas apenas, como preconizam LARENZ/CANARIS[1616], das acções que permitem a terceiro o cumprimento desses deveres de modo a afastar a responsabilidade do primeiro titular. Porém, caso não se verifiquem os pressupostos necessários para o afastamento do primeiro titular, impõe-se uma responsabilidade solidária de ambos.

§ 21.° Contrariedade ao mínimo ético-jurídico

I. Não se visa no presente parágrafo uma abordagem global do abuso do direito[1617], que exorbitaria completamente o objecto desta dissertação, mas tão só da responsabilidade delitual pela contrariedade ao mínimo ético-jurídico[1618] e da relação deste *Tatbestand* delitual com a responsabilidade por violação de normas de protecção[1619]. De salientar que o abuso do direito, nas suas múltiplas manifestações, é um instituto puramente objectivo, não dependendo de culpa nem de qualquer elemento subjectivo, enquanto a responsabilidade delitual por violação do mínimo ético-jurídico está, nos termos gerais, sujeita aos pressupostos da responsabilidade delitual[1620]. Diferentemente do direito alemão, o abuso do direito não está previsto expressamente como uma situação básica delitual, ainda que a

---

[1616] LARENZ/CANARIS, *Lehrbuch des Schuldrechts*, § 76, p. 420.

[1617] MENEZES CORDEIRO, *Da Boa Fé no Direito Civil,* pp. 661-898, e *Tratado de Direito Civil Português*, I, Tomo IV, 2005, pp. 239-377.

[1618] Exercício semelhante mas partindo de problema diferente – os *cable cases* –, cfr. MAFALDA MIRANDA BARBOSA, *Liberdade vs. Responsabilidade,* pp. 299 e ss.

[1619] O tema do abuso do direito foi amplamente estudado por MENEZES CORDEIRO em *Da Boa Fé no Direito Civil,* pp. 661-898. Para uma síntese desse estudo, cfr. *Tratado de Direito Civil Português*, I, Tomo IV, 2005, pp. 249 e ss.

[1620] MENEZES CORDEIRO, *Tratado de Direito Civil Português*, IV, pp. 373-374.

602 *Normas de Protecção e Danos Puramente Patrimoniais*

maioria da doutrina civilista nacional o configure como terceira modalidade de ilicitude.

No sistema alemão, o reconhecimento do "direito geral da personalidade" conduziu a uma substancial perda de função do § 826 BGB para muitos casos que foram deslocados para o § 823 I BGB[1621], ficando como sua a área de protecção fundamental a indemnização de danos puramente patrimoniais[1622]. Por isso, a lesão de direitos de crédito por terceiro, pertence, segundo LARENZ/CANARIS, ao grupo de casos mais importantes do § 826 BGB, que, ao contrário do § 823 I BGB, não está limitado à violação de certos direitos e bens jurídicos, tendo um carácter universal, e não pressupõe a violação de uma norma de protecção. A importância prática desta disposição incide, assim, na área dos danos puramente patrimoniais e ainda, segundo LARENZ/CANARIS, nas lesões à liberdade genérica de acção que não estejam protegidas por normas especiais, ainda que a exigência de dolo coloque limites estreitos à sua aplicação, o que, não obstante, não limita o seu campo de aplicação prático, como dá exemplo a jurisprudência alemã que o alargou ao dolo eventual, cuja fronteira com a negligência grosseira é muitas vezes evanescente, admitindo mesmo que certas violações dos bons costumes comportam automaticamente a verificação de dolo[1623].

EMMERICH considera o § 826 BGB o terceiro pilar do direito delitual alemão. Através da introdução desta cláusula geral parcial, os criadores do BGB pretendiam colmatar algumas lacunas existentes na tutela dos bens jurídicos resultantes da não introdução de um sistema de grande cláusula geral. Na altura, foi igualmente ponderada a introdução de um sistema de tutela empresarial no âmbito da concorrência. Pouco tempo depois da entrada em vigor do BGB, o disposto no § 826 acabou por se revelar demasiado restritivo para conferir uma tutela empresarial adequada, pelo facto de apenas se aplicar aos casos de dolo, frequentemente difícil de provar. Por este motivo, em 1909, o legislador viu-se forçado a ampliar esta cláusula geral através do § 1 UWG 1909, renunciando ao requisito de exi-

---

[1621] LARENZ/CANARIS, *Lehrbuch des Schuldrechts*, § 78, p. 452, SCHLECHTRIEM, *Schuldrecht. Besonderer Teil*, § 5, pp. 380-383, e MEDICUS, *Schuldrecht II, Besonderer Teil*, § 143, 312-316.

[1622] MERTENS, *Münchener Kommentar*, § 823, pp. 1688-1750, e WAGNER *Münchener Kommentar*, § 823, pp. 1891-1952.

[1623] LARENZ/CANARIS, *Lehrbuch des Schuldrechts*, § 78, p. 447.

Estudo de Direito Positivo 603

gência do dolo no que respeita ao âmbito concorrencial. O § 1 UWG 1909 veio a assumir maior significado do que o § 826 BGB, tornando-se, juntamente com o § 3 UWG, numa das principais disposições do Direito da concorrência. Em contrapartida, verificou-se um contínuo retrocesso na relevância atribuída ao § 826 BGB, apesar de se verificarem ainda algumas erupções jurisprudenciais, que ampliaram o âmbito de aplicação prática do § 823 I BGB, e porque o legislador tomou em consideração necessidades de tutela no âmbito do Direito económico mediante a promulgação de leis especiais cada vez mais inovadoras[1624]. Assim, actualmente, o § 826 BGB apenas mantém a função de, a título subsidiário, servir de recurso para evitar resultados manifestamente desadequados em situações em que não se vislumbra qualquer razão para estabelecer uma tutela imediata. São exemplos típicos que ilustram esta função a sua aplicação na prevenção do recurso abusivo a determinadas posições jurídicas ao nível do processo civil e na tutela, fora da concorrência, de direitos de créditos contra a intervenção de terceiros[1625].

O conceito de contrariedade aos bons costumes encontra-se previsto no âmbito do § 138 I BGB e do § 1 UWG 1909, sem que no entanto se tenha procedido à sua exacta clarificação. As propostas da doutrina com vista à concretização deste conceito resumem-se à remissão para o direito consuetudinário ou para a ética social, até que se alcance a identificação dos bons costumes com as normas convencionais extra-jurídicas ou com a ordem pública interna. No entanto, até à data, segundo EMMERICH, a intodução destas propostas pela jurisprudência foi feita de forma bastante hesitante. Em regra, acaba por se partir da fórmula constitucional para apurar se um determinado comportamento contraria o mínimo ético-jurídico, tendo em conta o *"sentimento de normalidade e adequação dos seres racionais"*. A jurisprudência alemã tem vindo a demonstrar uma predominância dos juízos de valor da ordem jurídica, nomeadamente resultantes dos direitos fundamentais e do interesse público. Assim, chega-se à conclusão que com a contrariedade ao mínimo ético-jurídico se visa essencialmente a prevenção de fraudes grosseiras[1626].

O segundo pressuposto para aplicação do § 826 BGB consiste no dolo eventual do lesante. Para que exista dolo eventual por parte do lesante

---

[1624] EMMERICH, *BGB-Schuldrecht, Besonderer Teil,* § 24, p. 302.
[1625] EMMERICH, *BGB-Schuldrecht, Besonderer Teil,* § 24, p. 302.
[1626] EMMERICH, *BGB-Schuldrecht, Besonderer Teil,* § 24, p. 302.

é suficiente o conhecimento dos factos representados e a susceptibilidade da sua ocorrência. Ou seja, para que seja possível recorrer à aplicação desta situação básica delitual, não basta a negligência grosseira. O dolo deverá repercutir-se na conduta do agente e nos danos produzidos e não na contrariedade aos bons costumes intrínseca à acção. Tão pouco será exigível que o agente consiga configurar o nexo de causalidade e a dimensão dos danos produzíveis em todos os casos. Recorre-se à aplicação do § 826 BGB se o agente apenas conseguir ter consciência da orientação da sua conduta na prossecução de danos a terceiros e dos danos que daquela eventualmente poderiam resultar. Em inúmeras situações nas quais o § 826 BGB assumia papel essencial acabou por sofrer uma significativa redução da sua aplicação, devido ao constante desenvolvimento de determinados institutos jurídicos e à promulgação de normas especiais. Exemplos desta situação são a UWG e a GWB[1627].

Segundo EMMERICH, os conjuntos de situações principais de aplicação do § 826 BGB consubstanciam-se nos casos de fraude perpetrada contra terceiros com carácter doloso e fora do contexto da concorrência. A título de exemplo: *i)* a venda de um veículo furtado, recorrendo ao engano do comprador no que concerne à proveniência do mesmo; *ii)* a lesão de um dos credores de um devedor solidário mediante a exigência de garantias camufladas ou de manobras dilatórias; *iii)* as informações de um conselheiro fiscal ou de um auditor financeiro sobre os aparentes lucros obtidos por uma empresa nos actos preparatórios da venda; *iv)* o parecer emitido por um perito de forma negligente, por exemplo, em matéria de avaliação patrimonial de um imóvel; *v)* a fraude perpetrada contra um investidor sobre as possibilidades de ganhos financeiros aquando da opção por uma venda de mercadorias; *vi)* a obtenção fraudulenta de uma adjudicação no âmbito de uma licitação; *vii)* a celebração fraudulenta de um casamento com o objectivo de obtenção do poder paternal sobre uma criança. Poderão considerar-se igualmente contrárias a um mínimo ético--jurídico as tentativas dolosas com vista à interferência no exercício de direitos de terceiros ou de direitos de crédito e a "dupla venda"[1628].

De forma semelhante, o campo de aplicação principal do § 826 BGB, segundo LARENZ/CANARIS, situa-se na área da participação no tráfego negocial: *i)* violação de contratos por terceiros, *ii)* colocação em perigo do

---

[1627] EMMERICH, *BGB-Schuldrecht, Besonderer Teil,* § 24, pp. 302-303.
[1628] EMMERICH, *BGB-Schuldrecht, Besonderer Teil,* § 24, pp. 303-304.

credor, *iii)* informação errada, abrangendo quase sempre conflitos relacionados com negócios jurídicos, para cuja resolução concorrem também a *culpa in contrahendo* e o contrato com eficácia de protecção a favor de terceiros. O § 826 BGB representa uma "pequena" cláusula geral, na qual a responsabilidade está limitada fortemente pela exigência de dolo, tendo uma função complementar por possuir um campo de aplicação autónomo e por se distinguir das outras situações básicas delituais, no conteúdo do ilícito, pela violação dos bons costumes, e, na culpa, pela exigência de dolo. Para além de representar um complemento das outras situações básicas delituais, legitimando a modelação da ordem jurídica por jurisprudência uniformizada, cumpre também uma função de delimitação da responsabilidade delitual. Com efeito, a exigência do dolo seria absurda e sem fundamento se qualquer prejuízo negligente fosse indemnizável. Acresce que nem todos os prejuízos dolosos geram uma obrigação de indemnizar, pois é necessária a contrariedade a um mínimo ético-jurídico. Manifesta-se, assim, o esforço do legislador em preservar a liberdade de acção[1629].

A concretização da cláusula geral dos bons costumes não depende de valorizações ético-religiosas ou filosóficas, mas antes de valorizações jurídicas específicas, que podem ser inferidas de outras referência legais. Segundo LARENZ/CANARIS, há, igualmente, uma "ordem jurídica extralegal", que precede as normas positivas e que fornece critérios e princípios de *justiça material* que contribuem para concretizar a cláusula geral dos bons costumes. Apesar de se tratar de valorizações jurídicas, a contrariedade a um mínimo ético-jurídico não é de equiparar à ilicitude, representando antes uma forma qualificada da ilicitude. Nos bons costumes só devem integrar-se as regras cujo respeito se pode esperar, em princípio, de todos. A ligação dos bons costumes à ordem pública é incompatível com a vinculação ao mínimo ético. Consequentemente, é de recusar também um agravamento do critério resultante do § 1 UWG 1909, pois esta disposição não fundamenta, contrariamente ao § 826 BGB, nenhuma "responsabilidade de todos" (*"Jedermann-Haftung"*), mas sim uma responsabilidade específica por acções concorrenciais (*"spezifische Verantwortlichkeit für Handlungen zu Zwecken des Wettbewerbs"*)[1630].

Desta forma, a concorrência desleal, que, numa primeira fase, foi aproximada da responsabilidade civil por violação dos bons costumes, é

[1629] LARENZ/CANARIS, *Lehrbuch des Schuldrechts*, § 78, pp. 449 e ss.
[1630] LARENZ/CANARIS, *Lehrbuch des Schuldrechts*, § 78, p. 451.

606 *Normas de Protecção e Danos Puramente Patrimoniais*

actualmente inserida, pela doutrina alemã, no domínio da violação de normas de protecção. Por conseguinte, resta, como área de protecção central do § 826 BGB a indemnização de danos puramente patrimoniais que não se inclua no âmbito de normas de protecção específicas. Assim, a violação de direitos de crédito por terceiros pertence ao grupo de casos mais importantes do § 826 BGB, uma vez que, nestes casos, o interesse patrimonial consubstancia um direito de crédito ou um direito de preferência que merece protecção[1631].

O comportamento do lesante nas manobras fraudulentas representa, independentemente das circunstâncias do caso, em princípio, uma infracção aos bons costumes. O conteúdo do ilícito qualificado da contrariedade ao mínimo ético-jurídico resulta da sua ligação ao dolo, que o coloca próximo da fraude, ou seja, de um tipo legal penal. O motivo do lesante pode ser relevante como fundamento do juízo de contrariedade a um mínimo ético-jurídico. Importantes são, neste ponto, sobretudo o interesse pessoal flagrante e a ganância que são frequentemente relevantes também em termos de Direito penal. Outros elementos subjectivos podem igualmente provocar aquele juízo. Da maior importância prática é, neste domínio, a negligência grosseira do lesante, sobretudo no contexto de informações profissionais incorrectas, conseguindo fundamentar a violação do mínimo ético-jurídico, mas não substituir o dolo, que assim, tem que ser examinado adicionalmente e que pode não existir. A ponderação destes elementos deve ser feita como num sistema móvel, no sentido defendido por WIL-BURG. Também o § 826 BGB pressupõe que o prejuízo se encontre dentro da relação do fim de protecção, o que é de negar quando uma informação errada não chegou ao conhecimento do lesado[1632]. Ao contrário do § 823 II BGB, o dolo tem que se estender, no âmbito do § 826 BGB, ao dano. O dolo de causar dano não tem de incluir o conhecimento dos factos que fundamentam a contrariedade a um mínimo ético-jurídico, mas a doutrina actual adiciona este conhecimento. Quando existe erro, falta a acção dolosa. Em contrapartida, não é necessária, segundo a doutrina actual, a consciência da contrariedade ao mínimo ético-jurídico. Se, no entanto, o agente teve a convicção de que o seu comportamento era permitido, deixa de existir, em princípio, a repreensão[1633].

[1631] LARENZ/CANARIS, *Lehrbuch des Schuldrechts*, § 78, p. 452.

[1632] BGH 20-Fev.-1979, NJW, (1979), 1599.

[1633] LARENZ/CANARIS, *Lehrbuch des Schuldrechts*, § 78, p. 452-453.

O § 826 BGB abrange a violação de contrato alheio, designadamente a venda dupla de uma coisa. O primeiro comprador pode exigir do segundo comprador, ao qual o vendedor transmitiu a coisa com violação do primeiro contrato, a sua transmissão e entrega se o segundo comprador tinha conhecimento do primeiro contrato de compra e venda e se se verifica dolo de causar prejuízo. Numa economia de mercado e de concorrência não se infringe o mínimo ético quando se celebra o negócio com quem oferece o melhor preço. Em contrapartida, há fundamento para indemnização com base no § 826 BGB quando alguém convence outrem à violação de contrato pelo facto de lhe prometer ficar isento de todas as desvantagens daí resultantes, afastando o efeito preventivo que a sanção jurídica do incumprimento visa. A aplicabilidade do § 826 BGB pode resultar também do meio através do qual alguém causa a violação de contrato, como é o caso quando alguém ameaça ilegalmente a outra parte, quando oculta a violação de contrato perante o primeiro contratante, ou quando coopera directamente de maneira planeada com aquele que viola o contrato[1634].

Outro grupo de casos respeita a credores lesados através de manobras dilatórias na falência. Uma empresa insolvente não deve actuar no mercado por mais tempo. No entanto, não se deve exagerar no estabelecimento de deveres dos bancos no sentido de informar sobre a situação económica. Também o favorecimento de credores pode ser contrário ao mínimo ético-jurídico ao beneficiar o credor "errado" da empresa que vai ser declarada insolvente e ao prejudicar o "verdadeiro" credor. Esta situação põe em causa as valorizações básicas do direito de insolvência. Lacunas de protecção deixadas em aberto por estas normas podem ser colmatadas com ajuda do § 826 BGB[1635].

Manobras fraudulentas de crédito, informações incorrectas, certificados de revisores oficiais de contas, pareceres incorrectos de peritos, prospectos sobre projectos de aplicação de capital e avaliações de trabalhadores pelo empregador podem ser incluídos no disposto no § 826 BGB[1636].

O último grupo de casos é o de abuso do direito, que pode ser tanto de tipo "individual" como "institucional". A primeira das duas variantes caracteriza-se pelo facto de alguém exercer de forma inadmissível uma situação jurídica de que é titular, *v.g.* o recurso contencioso de anulação de

---

[1634] LARENZ/CANARIS, *Lehrbuch des Schuldrechts*, § 78, pp. 455-456.

[1635] LARENZ/CANARIS, *Lehrbuch des Schuldrechts*, § 78, p. 457.

[1636] LARENZ/CANARIS, *Lehrbuch des Schuldrechts*, § 78, pp. 459-460.

608 *Normas de Protecção e Danos Puramente Patrimoniais*

um accionista, a execução de uma sentença incorrecta, o abuso no pedido de declaração de insolvência ou uma queixa infundada, o abuso do sistema de pagamento e de crédito e a falsificação de leilão[1637]. O desenho da responsabilidade por violação dos bons costumes no sistema delitual alemão configura um dos aspectos em que se vislumbra uma mais significativa diferenciação com o sistema delitual português.

II. O abuso do direito exige prudência na sua aplicação, prudência expressa no § 826 BGB pela exigência de abuso manifesto e, na lei portuguesa, pela fórmula do *excesso manifesto dos limites* (art. 334.° do CC)[1638-1639]. ORLANDO DE CARVALHO considera o abuso do direito como a *ultima ratio* da sindicação da ilicitude[1640]. O papel do abuso do direito na responsabilidade delitual deve ser decifrado articulando-o com as normas de protecção. VAZ SERRA entendeu que o abuso deveria ser inserido na Parte Geral do Código, embora não negasse a sua relevância no domínio da responsabilidade civil[1641]. Também SINDE MONTEIRO partilha do ine-

---

[1637] LARENZ/CANARIS, *Lehrbuch des Schuldrechts*, § 78, p. 461.

[1638] SINDE MONTEIRO, *Responsabilidade por conselhos*, p. 539.

[1639] MENEZES CORDEIRO, *Tratado de Direito Civil Português*, IV, p. 241, relativiza o peso da linguagem empolada, pois no contexto de uma exegese ensaida sobre o artigo 334.° do CC e sobre a utilização da fórmula "manifestamente" entende que se limita a empolar sentimentos, devendo ser lida como um apelo a uma realidade de nível superior, mas que a Ciência do Direito terá de localizar em termos objectivos.

[1640] ORLANDO DE CARVALHO, *Teoria Geral do Direito Civil, Sumários Desenvolvidos*, Coimbra, 1981, pp. 51 e ss e 74 e ss.

[1641] VAZ SERRA, "Abuso do Direito (em matéria de responsabilidade civil)", BMJ 85, (1958), pp. 252 e ss. VAZ SERRA refere a passagem de uma concepção subjectiva para uma concepção objectiva do abuso do direito. No direito alemão existem diversas disposições a proibir o abuso, em especial o § 226 BGB (proibição de chicana), mas também o § 826 BGB (p. 244 e ss). Como requisitos do abuso apresentam-se a situação de alguém invocar uma proibição quando já pôs definitivamente termo ao seu negócio, não tendo na invocação da proibição um interesse digno de protecção legal. Para além disto, tem de haver um dano que pode ser ou não patrimonial, podendo igualmente configurar um dano em interesses ideais (p. 250 e ss). O legislador não seguiu o conselho de VAZ SERRA de uma dupla referência ao abuso do direito na Parte Geral e na responsabilidade civil. Pressuposto da aplicação do abuso do direito é a ofensa clamorosa do sentimento jurídico dominante, sendo que existem duas orientações fundamentais: a subjectiva, segundo a qual há abuso quando o direito é utilizado com o propósito de prejudicar outrem, e, a objectiva, quando o abuso se manifesta objectivamente na grave oposição à função social do direito ou no facto de se exceder o uso normal do direito, ou em circunstâncias mais ou menos equiva-

gável "contéudo delitual", em termos indemnizatórios, do abuso do direito[1642], apesar desta disposição estabelecer um conteúdo delitual mí-

lentes (pp. 253-254). Vaz Serra admite que podem não ser necessários os elementos subjectivos, como o dolo e a culpa, quando está em causa um interesse geral que deva prevalecer sobre o interesse privado, ainda que a negligência seja essencial para efeitos da responsabilidade civil (p. 259). Quando há abuso, o efeito pode ser a constituição de um dever de indemnização, se há culpa do agente nos termos gerais da responsabilidade civil, ou a possibilidade de se exigir a remoção do que se fez, independentemente da culpa do agente. Trata-se sempre de analisar qual ou quais as consequências que, interpretando a lei em questão e tomando em consideração as demais regras legais, devam admitir-se (p. 265 e ss). Vaz Serra distingue a contrariedade aos bons costumes da ilicitude, ainda que aqueles sejam abrangidos no conceito de antijuricidade em sentido amplo. Admite a aplicação do abuso do direito à indução dolosa da violação do contrato, ainda que se admita que aquele que coopera na violação do pacto de preferência pode não implicar abuso do direito quando há um interesse relevante próprio (p. 317). O abuso representa assim uma válvula de segurança para iniquidades a que as normas jurídicas, formuladas abstractamente, podem conduzir na sua aplicação a determinados casos concretos (p. 326). De salientar o projecto de articulado de Vaz Serra que, no artigo 1.º, n.º 3, admite que o abuso abranja danos patrimoniais ou não e diga respeito a quaisquer direitos ou bens, incluindo expectativas simplesmente de facto de aquisição. Os danos podem ser causados directa ou indirectamente por acto positivo ou negativo. Menezes Cordeiro, *Tratado de Direito Civil Português,* IV, p. 257, reconhece que existindo um ambiente hostil à recepção do abuso do direito em Portugal, ela verificou-se devido à influência de Vaz Serra, Autor do respectivo anteprojecto, que nos seus oitos artigos configurou o abuso do direito segundo o modelo da doutrina e jurisprudência alemãs. Menezes Cordeiro questiona-se mesmo se o Código tivesse seguido a versão proposta por Vaz Serra se haveria espaço para uma doutrina unitária do abuso do direito ou se, diferentemente, não se estaria perante *"tão-só, uma série de institutos historicamente aparentados aos actos abusivos, mas independentes porque codificados"* (p. 259). A versão de Vaz Serra foi primeiramente resumida pelo próprio (Vaz Serra, *Direito das Obrigações (parte resumida)*, BMJ 101, (1960), pp. 116-117, tendo sido profundamente alterada na primeira e segunda revisões ministeriais. Na segunda revisão optou-se por seguir o artigo 281.º do Código Civil grego. Cfr. Menezes Cordeiro, *Tratado de Direito Civil Português,* IV, pp. 260-264. Na primeira revisão ministerial o preceito surge com a seguinte redacção *"o exercício de um direito, com a consciência de lesar outrem através de factos que contrariem os princípios éticos fundamentais do sistema jurídico, obriga a indemnizar os danos directa ou indirectamente causados"* (BMJ, 107, (1961), pp. 5-156). Oliveira Ascensão, "O "Abuso do Direito" e o art. 334 do Código Civil: uma recepção transviada", Estudos em Homenagem ao Professor Doutor Marcello Caetano no centenário do seu Nascimento, vol I., Coimbra Ed., 2006, p. 620, enfatiza que o abuso do direito não configura um instituto unitário. Sinde Monteiro, "Responsabilidade delitual. Da ilicitude", pp. 458-459, com referência a que no Anteprojecto de Vaz Serra haveria uma maior actualização científica por o n.º 1 do art. 736.º CC não exigir o dolo.

[1642] Sinde Monteiro, *Responsabilidade por conselhos*, p. 552.

610 *Normas de Protecção e Danos Puramente Patrimoniais*

nimo, bastante exigente, que substitui a negligência pelo dolo eventual, discutindo-se ainda a sua aplicação aos casos de negligência grosseira (admitindo-se uma reforma do § 826 BGB), que, segundo Sinde Monteiro, não seria suficiente para colmatar o *deficit* normativo de protecção dos danos puramente patrimoniais[1643]. Desta maneira, a jurisprudência alemã ter-se-à orientado no sentido de um sistema independente de dolo próximo do § 705 EI, que estabelecia *"que é também ilícita a acção em si permitida pela liberdade de acção se causa dano ou ofende os bons costumes"*, sendo também essa a solução a preconizar, segundo Sinde Monteiro, no domínio da responsabilidade por informações, ainda que admita que, segundo as diferentes áreas da sua aplicação, o artigo 334.°, no inciso referente ao excesso manifesto, pode exigir o dolo. Mesmo na circunscrita área das informações, só as que tenham um relevo no mercado devem justificar a indemnização pelos bons costumes[1644] e, em regra, desde que não estejam presentes outros factores, exige-se negligência grosseira[1645].

Carneiro da Frada inclina-se igualmente no sentido de aproveitar o conteúdo delitual do artigo 334.°[1646], na medida em que esta disposição pode ser pespectivada como *"um sucedâneo de uma norma como a do § 826 do BGB"*. No entanto, só admite responsabilidade civil com base no abuso do direito quando houver efectivamente um exercício inadmissível de uma posição jurídica específica[1647], e já não se só houver um desrespeito dos limites erguidos à liberdade genérica de agir, e apenas em situações qualificadas em que tiver sido desrespeitado o mínimo ético-jurídico que se impõe a todos os elementos da sociedade. Concordamos com a posição de Carneiro da Frada que o abuso do direito foi pensado fora da sua "eficácia responsabilizante", consequência que deve ser desenvolvida a partir das normas de responsabilidade, acabando por reconhecer uma

---

[1643] Sinde Monteiro, *Responsabilidade por conselhos,* p. 554.

[1644] Sinde Monteiro, *Responsabilidade por conselhos,* p. 557.

[1645] Sinde Monteiro, *Responsabilidade por conselhos,* p. 570.

[1646] Neste sentido, igualmente Mafalda Miranda Barbosa, *Liberdade vs. Responsabilidade,* p. 302, com base na argumentação de que o abuso do direito se torna imperioso de acordo com uma dada concepção do direito enquanto direito e na intenção expressa de Vaz Serra em utilizar o abuso para resolver problemas de responsabilidade civil.

[1647] Carneiro da Frada/Maria João Pestana de Vasconcelos, *Danos económicos puros,* p. 158, consideram discutível que o abuso do direito possa sindicar comportamentos ofensivos de interesses puramente patrimoniais que não se traduzam no exercício de um direito.

Estudo de Direito Positivo

lacuna de regulação em relação à responsabilidade por contrariedade a um mínimo ético-jurídico, que não seja reconduzida ao abuso do direito, a preencher através de uma norma não escrita, como expressão de justiça do *neminem laedere*[1648]. Seguindo parcialmente por esta via, contrariamente a CANARIS, não se pode defender que as normas de protecção de interesses puramente patrimoniais pressupõem dolo para não desequilibrar o sistema delitual. A eficácia responsabilizante do abuso do direito é que está condicionada pela situação básica das normas de protecção, pelo que é esta a "norma central" em matéria de interesses puramente patrimoniais, pelo que deve ser recusada a violação do mínimo ético-jurídico para situações que configuram violação de norma de protecção. É a contrariedade a um mínimo ético-jurídico que não pode ser utilizada para desvirtuar o sistema delitual e não o contrário, o que parece apontar para o carácter subsidiário da responsabilidade contrária ao mínimo etíco-jurídico quando envolvidos meros interesses patrimonias em relação às normas de protecção existentes nesta matéria. Este mesmo carácter subsidiário da responsabilidade por contrariedade por mínimo ético-jurídico surge claramente em EMMERICH, mas fora do domínio da concorrência foi recusado por CANARIS, que defendia o *modelo da norma penal de protecção* para nivelar as normas de protecção pelo abuso do direito[1649].

Nem toda a doutrina portuguesa admite a possibilidade do abuso do direito poder gerar a obrigação de indemnizar. Há uma linha doutrinária que nega ao abuso do direito a natureza de fonte de responsabilidade civil (HÖRSTER[1650]) e, outra, que a admite (VAZ SERRA[1651]). O abuso do direito, tal como está configurado no direito português, não exige dolo. No entanto, SINDE MONTEIRO defende que é essencial uma reflexão sobre os interesses envolvidos em cada situação, com vista à determinação dos casos que só devem ser indemnizados face a uma conduta dolosa[1652]. Pode-se, assim, caracterizar a doutrina nacional sobre o abuso do direito como oscilando entre uma concepção estrita do abuso que se encontra em ORLANDO CARVALHO e HÖRSTER e uma concepção ampla, protagonizada

---

[1648] CARNEIRO DA FRADA, *Teoria da confiança*, pp. 164 e ss, (n. 121).

[1649] LARENZ/CANARIS, *Lehrbuch des Schuldrechts*, § 77, p. 438.

[1650] HEINRICH EWALD HÖRSTER, *A Parte Geral*, p. 288.

[1651] VAZ SERRA, "Abuso do direito (em matéria de responsabilidade civil)", BMJ 85, (1958), p. 265.

[1652] M. AZEVEDO DE ALMEIDA, *A Responsabilidade civil*, pp. 68-69.

por VAZ SERRA, MENEZES CORDEIRO e SINDE MONTEIRO[1653], sendo a posição de CARNEIRO DA FRADA uma via intermédia entre estas duas concepções que o restringe e não aplica a liberdades genéricas[1654].

III. Uma das questões essenciais na conjugação do abuso do direito com as normas de protecção relaciona-se com a possibilidade daquele se aplicar a liberdades genéricas, o que tem sido negado por alguma doutrina, em especial por CARNEIRO DA FRADA, atendendo ao argumento de que nestas só haveria um interesse genérico e não um interesse específico como na figura dos direitos subjectivos[1655-1656]. Segue-se nesta dissertação a

---

[1653] SINDE MONTEIRO, "Responsabilidade delitual. Da ilicitude", p. 460.

[1654] NUNO MANUEL PINTO OLIVEIRA, *Sobre o conceito de ilicitude do art. 483.° do Código Civil*, p. 527, (n. 14).

[1655] HEINRICH HÖRSTER, *A Parte Geral*, p.227, (n. 370) e CARNEIRO DA FRADA, *Terceira via*, pp. 51-52. Contra, RIBEIRO DE FARIA, Direito das Obrigações, Almedina, Coimbra, 2003, vol. I, p. 46, e SINDE MONTEIRO, *Responsabilidade por conselhos*, p. 547, (n. 325). Não tomando posição, NUNO MANUEL PINTO OLIVEIRA, *Direito das Obrigações*, vol. I, Almedina, Coimbra, 2005, pp. 272 e ss. MENEZES CORDEIRO, *Tratado de Direito Civil Português,* IV, p. 242, não se refere *expressis verbis* às liberdades genéricas, adiantando, porém, que a locução "direito" surge numa acepção muito ampla, de modo a abranger o exercício de *quaisquer* posições jurídicas, incluindo as passivas. SINDE MONTEIRO, "Responsabilidade delitual. Da ilicitude", p. 461, (n. 39), rejeita expressamente a doutrina de CARNEIRO DA FRADA de recusar a aplicação do abuso do direito a liberdades genéricas. Pelo contrário, segundo o Autor haveria ainda mais razão de aplicar o abuso do direito à figura das liberdades genéricas do que ao direito subjectivo, apontando nesse sentido o conteúdo do § 1295 II ABGB.

[1656] VAZ SERRA, "Os actos emulativos no direito romano", BFD, 10, (1929), pp. 559 e ss, e "Abuso do direito (em matéria de responsabilidade civil), BMJ, 85, (1959), pp. 243 e ss, PESSOA JORGE, *Ensaio*, p. 191 e ss, CUNHA DE SÁ, *Abuso do direito*, Almedina, Coimbra, 2005 (2.ª reimp. ed. de 1973), pp. 637 e ss, MENEZES CORDEIRO, *Da Boa Fé*, pp. 661 e ss, MANUEL COUTINHO DE ABREU, *Do abuso do direito: ensaio de um critério em direito civil e nas deliberações sociais,* (reimpressão da edição de 1999), Almedina, Coimbra, 2006, pp. 71 e ss. Sobre a evolução da jurisprudência em matéria de abuso do direito, cfr. MENEZES CORDEIRO, "Do Abuso do direito: Estado das questões e perspectivas" ROA, Ano 65.°, Setembro, (2005), pp. 327 e ss. Mais recentemente, recusando natureza unitária a este instituto no direito português, OLIVEIRA ASCENSÃO, "O "Abuso do direito" e o art. 334 do Código Civil: uma recepção transviada", Estudos em Homenagem ao Professor Doutor Marcello Caetano no centenário do seu Nascimento, vol I., Coimbra Ed., 2006, pp. 607 e ss. Muito crítico em relação à posição de OLIVEIRA ASCENSÃO, cfr. MENEZES CORDEIRO, *Tratado de Direito Civil Português,* IV, pp. 247-248, no que respeita às posturas mentais e metodológicas em torno do fenómeno de expansão doutrinária e, sobretudo, jurispruden-

Estudo de Direito Positivo 613

posição de que o abuso do direito só é de aplicar subsidiariamente às liberdades genéricas, que são limitadas por normas que podem configurar normas de protecção. Daí que não se siga a posição de fazer depender as normas de protecção da responsabilidade por contrariedade ao mínimo ético-jurídico.

O abuso do direito estabelece a *ilicitude* do exercício do direito quando exceda manifestamente os limites impostos pela boa fé, pelos bons costumes ou pelo seu fim social e económico. A previsão geral de abuso do direito ultrapassa o domínio da responsabilidade delitual, mas, neste domínio, a sua função é dupla, permitindo limitar as possibilidades de exclusão da ilicitude por parte de quem exerce um direito subjectivo próprio e estabelecer o carácter ilícito dos comportamentos não abusivos mas contrários aos vectores previstos no artigo 334.º. Neste sentido, seria utilizado para condutas como a lesão de crédito por terceiro, a actuação do devedor de forma a prejudicar um ou vários credores, as acções materialmente infundadas ou cujo êxito implica prejuízos desproporcionados para o réu[1657].

No contexto desta dissertação, a maior importância do instituto do abuso do direito situa-se ao nível das suas consequências, designadamente se incluem o dever de indemnização por danos. A admissibilidade do abuso do direito como instituto de consequências indemnizatórias implica um alargamento do direito delitual para comportamentos contrários aos bons costumes e à boa fé. No campo da relevância do abuso, como *tatbestand* autónomo da responsabilidade delitual, faz sentido reflectir sobre as dificuldades das teorias externas, na medida em que estas pressupõem a existência de normas jurídicas que limitariam o exercício de posições jurídicas eventualmente coincidentes com normas com carácter de protecção. Esta questão pode levar à tese da subsidiariedade do abuso do direito em relação às normas de protecção, em sede indemnizatória, no quadro da existência de *lex specialis* derrotagória da liberdade genérica. Neste

---

cial do abuso do direito. Considera que a jurisprudência tem sido inexcedível na concretização do abuso do direito (p. 377), diferentemente da doutrina, cujo individualismo tem levado a montar discordâncias puramente terminológicas, ignorando a jurisprudência e desconhecendo a evolução histórico-cultural consolidada, e a procurar continuamente rediscutir os fundamentos do instituto (p. 376).

[1657] ANTUNES VARELA, *Das Obrigações em Geral*, I, pp. 545-547, MÁRIO JÚLIO DE ALMEIDA COSTA, *Direito das Obrigações*, p. 564, LUÍS MENEZES LEITÃO, *Direito das Obrigações*, I, 296-297.

614 *Normas de Protecção e Danos Puramente Patrimoniais*

campo, a tese de MENEZES CORDEIRO de perspectivar o abuso do direito como uma disfuncionalidade intra-subjectiva, na qual os direitos subjectivos constituem o próprio sistema[1658], permitiria acentuar essa subsidiariedade atendendo à existência de comandos concretos. A boa fé teria assim à partida um espaço mais reduzido e uma menor preponderância no plano delitual da mera coexistência comunitária, do que no plano contratual, dominado pelo *pacta sunt servanda*. Enquanto que na responsabilidade delitual, fundada no abuso do direito, se regista uma funcionalização de interesses particulares a uma dimensão colectiva, na responsabilidade delitual, fundada na violação de normas de protecção, verifica-se uma funcionalização de interesses públicos a interesses particulares.

IV. Fez-se questão de não incluir no objecto de investigação a responsabilidade civil de terceiro por violação de direitos de crédito, ainda que os temas se entrecruzem na problemática do ressarcimento dos danos puramente patrimoniais. Visando-se o estudo as normas de protecção de interesses puramente patrimoniais no horizonte da concorrência afastou-se do objecto do estudo a eficácia externa das obrigações desse objecto[1659], porém, uma referência curta merece ser realizada. Tem sido abundantemente discutida no direito português a possibilidade de inserir os direitos de crédito na protecção delitual dos direitos de outrem[1660]. SANTOS JÚNIOR

[1658] MENEZES CORDEIRO, *Do abuso*, pp. 376-378.

[1659] Sobre esta matéria na doutrina alemã, LARENZ/WOLF, *Allgemeiner Teil*, § 15, pp. 262 e ss.

[1660] Contra a inserção dos direitos de crédito no artigo 483.°, ANTUNES VARELA, *Das Obrigações em Geral*, I, p. 533, (n. 1), parecendo admitir, na linha de LARENZ, que cita na 12.ª ed., a violação da titularidade por terceiro e de deveres acessórios de conduta que se estendem a terceiros, MÁRIO JÚLIO DE ALMEIDA COSTA, *Direito das Obrigações*, p. 562, e LUÍS MENEZES LEITÃO, *Direito das Obrigações*, I, p. 291. A favor, SANTOS JÚNIOR, *Da responsabilidade de terceiro*, p. 485, admitindo que os direitos de crédito possam ser incluídos no artigo 483.°, n.° 1, mas estabelecendo uma condição *"Apenas se os terceiros conhecerem, de facto, o direito de crédito alheio, é que o dever geral de respeito se concretiza na sua esfera jurídica, devendo então abster-se de qualquer acto interferente, devendo observar esse específico e concretizado dever de respeito, limitativo, como tal da sua liberdade de agir"*. MENEZES CORDEIRO, *Tratado*, III, p. 96, defende que independentemente do critério de eficácia e estrutural, no sentido de serem respeitados por todos, também os direitos de crédito disporiam de uma tutela delitual. Neste sentido, RITA AMARAL CABRAL, *A eficácia externa da obrigação e o n.° 2 do art.° 406 do CC*, Livraria Cruz, Braga, p. 17, fundamenta a relatividade do direito de crédito no individualismo oitocentista. Uma filosofia

parte da tese de que o artigo 483.°, n.° 1, constitui uma grande cláusula geral de tipo napoleónico, um verdadeiro princípio de responsabilidade delitual[1661], pelo que, sendo do ponto de vista técnico-jurídico indiscutível que os direitos de créditos podem ser configurados como direitos subjectivos[1662], uma interpretação mais literal da disposição justificaria incluir a sua violação por terceiros naquela base normativa, independentemente das consequências que dessa leitura adviessem em matéria de pressupostos da responsabilidade delitual[1663]. Há nesta tese uma compreensão da responsabilidade delitual portuguesa sob a luz do modelo francês que não nos parece de subscrever[1664].

Defensável parece ser, no entanto, a crítica de PEDRO MÚRIAS relativamente à pouca ligação que tem sido realizada na doutrina portuguesa entre a temática dos danos puramente patrimoniais e a eficácia externa das obrigações. Sendo a lesão por um terceiro de um crédito um dano patrimonial puro, não faria sentido exclui-lo do art. 483.°, n.° 1, por este abranger apenas "direitos absolutos" e, posteriormente, afirmar que também não

---

empenhada na progressiva eticização do direito e no fortalecimento e preservação de todos os valores atinentes à solidariedade social postula uma concepção da realidade aberta a eventuais intromissões de terceiros. A revisão dos quadros conceituais em matéria de eficácia do vínculo obrigacional resulta do aumento da importância da obrigação na vida social.

[1661] SANTOS JÚNIOR, *Da responsabilidade de terceiro*, p. 265.

[1662] MENEZES CORDEIRO, *Da Boa Fé no Direito Civil*, p. 647 e SANTOS JÚNIOR, *Da responsabilidade de terceiro*, p. 75.

[1663] Alguma jurisprudência portuguesa não tem acolhido a eficácia externa das obrigações. Cfr. Ac. RPt. 10-Mar.-1994 (CARLOS MATIAS), CJ, ano XIX, (1994), II, pp. 197-199. Neste sentido, Ac. STJ 13-Dez.-2001 (FERREIRA DE ALMEIDA), CJ, ano IX, (2001), III, p. 149, em cujo sumário se escreve: *"Não deve, em princípio, ser admitida a teoria do efeito externo das obrigações, ou do terceiro cúmplice. Não basta que o terceiro conheça a existência do direito de crédito para que, impedindo ou perturbando o respectivo exercício, ele possa ser constituído em responsabilidade. O conjunto de normas constantes dos artigos 483.° e ss. do CC não possui subjacente o exercício dos direitos de crédito, antes apontando para a responsabilidade delitual ou extracontratual. Nos muitos contados casos-limite em que o terceiro, ao impedir ou perturbar o exercício do direito de crédito, actue ilicitamente, violando o direito do credor, torna-se necessário que a sua actuação exceda a margem de liberdade que a existência de direitos de crédito consinta a estranhos à relação; é preciso que actue com abuso do direito. Desde que invocados estes pressupostos, nada obsta à admissibilidade da intervenção principal do terceiro, provocada pelo devedor, réu na acção."*

[1664] SANTOS JÚNIOR, *Da responsabilidade de terceiro*, p. 266.

caberia no âmbito do artigo 798.°, na medida em que esta disposição só regularia as relações entre credor e devedor[1665]. Também CARNEIRO DA FRADA considera que a "clássica" questão da responsabilidade de terceiro pela violação do crédito necessita de ser refrescada por argumentos que atendam à lógica do mercado e da concorrência e que sejam permeáveis a ponderações de harmonização das esferas de liberdade e de risco[1666]. Porém, segue, neste ponto, SINDE MONTEIRO que entende que há que diferenciar os danos puramente patrimoniais da interferência com as relações contratuais, na medida em que apesar desta última ser uma emanação daqueles não os esgota[1667]. Não há ilicitude na violação *tout court* de direitos de crédito por terceiros, pois para tal é necessário que o terceiro conheça o direito de crédito. Há aqui um pressuposto, que acresce, para que se possa qualificar um comportamento como ilícito, pelo que o artigo 483.°, n.° 1, adapta-se mal à violação de direitos de crédito por terceiros. Neste sentido, pensamos ser preferível o recurso à tutela do abuso do direito, assente numa ilicitude qualificada, para fundamentar a responsabilidade de terceiro por violação de direito de crédito, fazendo uma leitura do artigo 334.° do CC à luz do modelo alemão do § 826 BGB[1668].

Neste ponto, de considerar que os sistemas de responsabilidade delitual de modelo francês permitem mais facilmente a defesa de uma tutela delitual de direitos de crédito. No entanto, quem insira as lesões de direitos de crédito na primeira parte do artigo 483.°, n.° 1, admite, neste domínio, a indemnização de danos puramente patrimoniais[1669]. Com efeito, há duas formas de tomar em consideração a protecção de interesses pura-

---

[1665] PEDRO MÚRIAS, "A responsabilidade por actos de auxiliares e o entendimento dualista da responsabilidade civil", RFDUL, vol. XXXVII, (1996), pp. 183-184, (n. 69).

[1666] CARNEIRO DA FRADA, *Direito Civil. Responsabilidade Civil*, pp. 75-76.

[1667] SINDE MONTEIRO, "Responsabilidade delitual. Da ilicitude", p. 473.

[1668] Neste sentido, VAZ SERRA, "Responsabilidade de terceiros no não-cumprimento de obrigações", BMJ, n.° 85, (1958), pp. 345-360, negando a eficácia externa das obrigações (em especial, pp. 352-352) que implicaria um *grave enfraquecimento da vida económica* ou um *embaraço considerável para a actividade individual*. Cfr. ainda VAZ SERRA, *Direito das Obrigações (com excepção dos contratos em especial)*, Anteprojecto, Lisboa, 1960, p. 602, Artigo 734.° (*Responsabilidade de terceiro no não cumprimento de obrigações*) O terceiro, por facto de quem os direitos de crédito não são satisfeitos, não incorre em responsabilidade para com os respectivos credores, salvo no caso de abuso do direito, nos termos dos artigos seguintes.

[1669] MENEZES CORDEIRO, *Da Boa Fé no Direito Civil*, p. 647, admite a eficácia externa das obrigações e a inclusão dos direitos de crédito no artigo 483.°, n.° 1.

mente patrimoniais: ou a construção de pretensos direitos subjectivos que os protejam, tais como um "direito à empresa" ou um "direito sobre o património" ou um "direito à integridade patrimonial", na expressão da doutrina italiana, – soluções dotadas de manifesta artificialidade em razão dos dados positivos nacionais – ou a admissão de uma protecção delitual de direitos de crédito, o que representa uma caminhada para a cláusula geral napoleónica[1670].

De referir que não se pode limitar a questão da protecção dos meros interesses patrimoniais à tutela delitual dos direitos de crédito em relação a terceiros, porquanto esta está sujeita a pressupostos específicos e aqueles não se reconduzem à protecção delitual das obrigações, podendo surgir em outras latitudes. Neste domínio, o artigo 495.º, n.º 3, respeita a efeitos externos dos direitos de crédito, sendo bastante restritivo. Assim, a questão da indemnização dos interesses puramente patrimoniais não deve ser exclusivamente colocada no prisma da eficácia externa das obrigações. Admitir esta solução implica reduzir a importância das normas de protecção, a sua relevância e o seu conceito. Nestes termos, a responsabilidade delitual configura um xadrez normativo-factual complexo, cujo recorte global depende da função e aptidão para resolver casos concretos de cada situação básica de responsabilidade, mas em que cada uma possui uma função específica diferenciada das demais. No caso das violações de relações creditícias por terceiros causadoras de danos a indemnizar, defendemos a sua inclusão na responsabilidade civil por contrariedade ao mínimo ético-jurídico.

§ 22.º Normas de protecção

I. Na sequência da análise das diferentes situações básicas delituais compreende-se que as normas de protecção tenham uma função específica no mapa delitual, dependendo de dois tipos estruturais de normas de protecção: *i)* no âmbito da protecção delitual dos direitos subjectivos e *ii)* no âmbito da protecção de interesses puramente patrimoniais. No contexto

---

[1670] RITA AMARAL CABRAL, *A eficácia externa da obrigação*, p. 39, (n. 77), chama a atenção para que a doutrina da eficácia externa não conduz à identificação de efeitos reais e efeitos obrigacionais, porque estes não beneficiam da evidência social e da publicidade natural daqueles.

618   *Normas de Protecção e Danos Puramente Patrimoniais*

dos danos puramente patrimoniais, o não reconhecimento de um "direito à empresa" e a não consagração pelo legislador nacional de uma cláusula residual de responsabilidade pela causação de danos com ofensa intolerável de padrões de conduta ético-jurídicos, correspondente ao § 826 BGB, ainda que se possa utilizar o artigo 334.º nesta função, colocam questões delicadas à possibilidade de desenvolvimento e complementação do direito delitual vigente[1671]. A relevância das normas de protecção, numa avaliação sistemática do regime aquiliano nacional, deriva de representarem uma via de consagração e de ampliação da protecção delitual de bens jurídicos e interesses[1672]. A protecção de interesses tem de ser um objectivo da norma. As normas de protecção não podem, assim, ser reconduzidas à tutela reflexa de interesses, sob pena de se desequilibrar todo o edifício delitual e de se concederem pretensões indemnizatórias sem qualquer cobertura normativa e justificação valorativa em termos de adequação axiológica e funcional[1673].

No direito português, à semelhança do alemão, existem dois núcleos distintos de normas de protecção.

> *i)* O primeiro núcleo respeita às normas que se localizam no âmago da protecção de direitos subjectivos, como seu complemento ou

---

[1671] CARNEIRO DA FRADA, *Direito Civil. Responsabilidade Civil,* pp. 72-73. Cfr. também *Teoria da Confiança,* pp. 164-174, (n. 121), propõe complementar as regras básicas de responsabilidade delitual através do reconhecimento de uma norma não escrita destinada a assegurar o mínimo ético-jurídico no relacionamento entre membros da comunidade jurídica. Cfr. NUNO MANUEL PINTO OLIVEIRA, *Direito das Obrigações,* I, Almedina, Coimbra, 2005, p. 275.

[1672] Com efeito, enquanto se articulam com a violação de direitos subjectivos ou de bens jurídicos de protecção absoluta, as normas de protecção só têm uma função de concretização. Cfr. FUCHS, *Deliktsrecht,* 6. Auflage, Springer, 2006, pp. 135-136: *"In einen solchen Falle hat § 823 Abs. 2 nur eine Verdeutlichungs- und Präzierungsfunktion. Dennoch ist einer Klausur § 823 Abs. 2 neben § 823 Abs. 1 zu behandeln. Die eigentliche Regelungsaufgabe und der wesentliche Unterschied zu §823 Abs. 1 ziegt sich darin, daß § 823 Abs. 2 auch den Ersatz sog. reiner Vermögensschäden einschließt. § 823 Abs. 1 sieht demgegenüber den Ersatz von Vermögensschäden nur vor, wenn diese auf eine Rechtsgutverletzung zurückzufuhren sind".* No mesmo sentido, STAUDINGERS, *Kommentar zum Bürgerlichen Gesetzbuch,* p. 650, e ERMAN, *Bürgerliches Gesetzbuch,* 10. Auflage, 2000, § 153, p. 2494. No sentido de terem uma função de desenvolvimento do § 823 I BGB, SCHLECHTRIEM, *Schuldrecht. Besonderer Teil,* § 3, pp. 371: *"§ 823 II verstärkt und erweitert die außervertragliche Haftung".*

[1673] CARNEIRO DA FRADA, *Direito Civil. Responsabilidade Civil,* p. 74.

Estudo de Direito Positivo 619

concretização. Como exemplo de uma norma que visa proteger bens jurídicos igualmente protegidos por direitos subjectivos, pode apontar-se a proibição de condução nas localidades a mais de 50 km/hora[1674]. A violação desta disposição implica automaticamente um comportamento ilícito, independentemente da violação de qualquer direito subjectivo. Caso se causem danos em direitos subjectivos, designadamente o atropelamento de um peão, que lese o direito deste à integridade física, ou a colisão com outro veículo, que cause danos no direito de propriedade sobre a viatura, a relevância da norma de protecção reconduz-se a circunscrever a ilicitude ao desvalor da acção, a culpa a um juízo de censura sobre a violação da norma, e a causalidade à aferição se o resultado danoso se produziu no círculo de protecção da norma. Nestas normas há um alargamento da ilicitude e do âmbito de protecção e, consequentemente, uma facilitação do preenchimento dos pressupostos da imputação delitual. A ilicitude cinge-se à violação da norma e não depende da violação do direito subjectivo, pelo que abrange o perigo de lesão do bem jurídico protegido[1675]. Este

---

[1674] Artigo 27.º do DL n.º 44/2005, de 23 de Fevereiro.

[1675] Sobre o conceito de perigo, a incontornável obra de FARIA E COSTA, *O perigo em Direito Penal*, reimpressão, Coimbra Editora, 2000, pp. 318 e ss, afirmando que o perigo subverteu por completo o sentir comunitário do quotidiano humano, quer pela sua constância, quer pela sua premência. A categoria do cuidado está implicada na responsabilidade do ser social. FARIA E COSTA critica as posições dos que concebem a relevância do perigo em termos parcelares e entrecortados, *v.g.* através do conceito de comunidades de perigo, de que constitui exemplo a comunidade de tráfego rodoviário, porquanto não seriam mais do que espaços relacionais circunscritos onde o perigo se intensifica. Numa fase inicial do Direito penal só o desvalor do resultado, traduzível em dano, consubstanciado na violação efectiva do bem jurídico, podia ser jurídico-penalmente imputado a alguém. O resultado danoso representava a manifestação inequívoca da alteração da ordem das coisas que a aplicação de uma pena deveria reconstruir (p. 323). Numa fase anterior à Revolução Industrial, o perigo não configurava um centro proposional normativo gerador de responsabilidade (p. 329). O Direito penal tinha uma compreensão do dano que não se traduzia na necessidade de verificação de uma diminuição de utilidades (p. 336), ainda que se tenha verificado o esforço de centramento objectivo da ilicitude penal no dano e, posteriormente, no dever de respeitar o direito subjectivo. A noção de dano, matricialmente ligada ao mundo físico, configura uma reconstrução cuja densidade normativa de um resultado de perigo não se confunde com o dano (p. 559). O perigo em Direito penal é constituído por dois elementos: *i)* a probabilidade de um acontecer e *ii)* o carácter danoso do mesmo. Trata-se de uma noção normativa e relacional (p. 584).

620   *Normas de Protecção e Danos Puramente Patrimoniais*

alargamento delitual é semelhante ao que resulta da construção dos deveres do tráfego, abrangendo as situações de *pôr em perigo*[1676].

ii) No segundo núcleo, diferentemente, as normas de protecção não se inserem no âmbito da protecção dos bens jurídicos protegidos por direitos subjectivos, antes permitem autonomizar os interesses protegidos e, quando infringidas, podem originar pretensões indemnizatórias. Estas normas desligam-se do perigo delitual de direitos subjectivos e autonomizam, em caso da sua violação, danos puramente patrimoniais[1677].

Estes dois núcleos distintos de normas de protecção têm em comum o traçarem uma fronteira entre os comportamentos lícitos e ilícitos e, sob esta perspectiva, restringirem a liberdade genérica de acção, apesar de entre as normas que concretizam a protecção de bens jurídicos absolutos e as que ampliam a protecção delitual se postular uma diferença estrutural.

II. A função mais comum das normas de protecção reconduz-se à passagem do direito subjectivo ao Direito objectivo. No direito alemão, o § 823 I BGB tutela os bens jurídicos e os direitos absolutos face a eventuais agressões, enquanto que o § 823 II BGB aumenta o âmbito de protecção daquela norma, determinando que as infracções a normas jurídicas objectivas são objecto de preenchimento do tipo normativo. O § 823 II BGB transplanta para a sua sede normas protectoras de interesses particulares oriundas de outros ramos jurídicos. Com este mecanismo, cumprem-se objectivos de racionalização e de economia legislativa. A função desta delimitação é, precisamente, a de preencher o elemento normativo com o fim da protecção. Tomando como exemplo o direito alemão, enquanto o § 823 I BGB apenas protege os bens jurídicos e os direitos absolutos expressamente mencionados, o § 823 II BGB não refere o seu âmbito da protecção. Uma posição minoritária na doutrina alemã exige que, também

---

[1676] MEDICUS, *Schuldrecht II, Besonderer Teil*, § 142, pp. 308-309, distingue neste grupo dois subgrupos: as *Erfolgsbezogene Schutzgesetze* e as *Verhaltensbezogene Schutzgesetze*.

[1677] MEDICUS, *Schuldrecht II, Besonderer Teil*, § 142, pp. 309-310, considera que este terceiro grupo é o que apresenta mais significado, inserindo neste grupo a UWG e a GWB.

Estudo de Direito Positivo 621

nesta hipótese, deva haver uma lesão de um bem jurídico absoluto ou de um direito subjectivo. Porém, para a doutrina maioritária e para a jurisprudência basta que o objecto da tutela resida em interesses particulares concretos, admitindo uma protecção parcelar do património. Enquanto que do § 823 I BGB resulta tão só o desenvolvimento de normas de prevenção do perigo concreto, o § 823 II BGB permite que normas de prevenção de perigo abstracto se considerem disposições de protecção. É desta forma que a protecção de bens e interesses jurídicos se vai desenvolvendo e ampliando. Por exemplo, aquele que, durante a noite, ultrapassa os limites de velocidade legalmente impostos numa determinada via pública e, nessa sequência, atropela um indivíduo alcoolizado, que atravessa a estrada de forma desnorteada e pouco visível, responderá pelos danos que causou por ter violado uma norma de prevenção de perigo abstracto. A noção de culpa é regulada pelo § 823 II BGB, mediante a violação de uma norma de protecção. No caso da norma de protecção conter em si mesma uma proibição de perigo abstracto, é suficiente a sua violação dolosa ou negligente. Nestes casos, a imputação acaba, assim, por ser transposta para um momento precedente. Se se violar uma norma de protecção que imponha uma determinada conduta, o incumprimento do cuidado externo e do cuidado interno, que se exige, são inerentes a esta violação. Por isso, o lesante tem de explicar e de provar que as circunstâncias em que agiu permitem afastar a culpa da sua conduta. DEUTSCH/AHRENS consideram que, uma vez que nos encontramos face a processos internos, o melhor seria dispensá-lo deste dever. Note-se, porém, que a prova do eventual desconhecimento da existência da norma de protecção não respeita à conduta negligente. Em geral, compete ao lesado o ónus da prova dos factos que alega. No âmbito dos factos sobre os quais recai este ónus, também se inclui o de provar a violação da norma de protecção, que conduziu à produção dos danos em relação aos quais se reclama uma indemnização. No entanto, quando os danos se incluem no âmbito de protecção da norma, o ónus da prova caberá ao lesante. A jurisprudência alemã tem considerado que a experiência de vida aponta para que a violação da norma de protecção seja sempre a causa da ocorrência do dano. Por esta razão, tem optado por inverter o ónus da prova ou trabalhar com a prova *prima facie* no âmbito da causalidade[1678].

[1678] DEUTSCH/AHRENS, *Deliktsrecht*, § 15, pp. 110-111.

III. A importância das normas de protecção no campo da tutela da pessoa reduz-se drasticamente quando a jurisprudência e doutrina alemãs constroem a figura de um "direito geral de personalidade", cobrindo com este "direito subjectivo" *sui generis* todos os bens de personalidade susceptíveis de protecção delitual. Neste ponto, é essencial compreender que o "direito geral de personalidade" se desenvolveu, no sistema germânico, de acordo com a própria evolução sócio-económica. Uma sociedade crescentemente tecnológica, no contexto da expansão da sociedade da informação e dos problemas de segurança globais, tem enfatizado a dimensão da privacidade. Acresce que uma sociedade em que a economia assenta num forte desenvolvimento industrial e em que as fontes energéticas provocam alterações climáticas e problemas ambientais intergeracionais, intrageracionais e transgeracionais não negligenciáveis, com danos de poluição globais, faz emergir uma responsabilidade ambiental que, em parte, se intersecciona com a área de protecção da personalidade.

O Direito objectivo de personalidade consegue, assim, expandir a sua tutela para campos distanciados da própria pessoa, evidenciando um interessante fenómeno de absorção de áreas jurídicas muito diferenciadas. Estes e outros desenvolvimentos têm sido abrangidos por concretos direitos de personalidade, que se autonomizam de acordo com as novas exigências de protecção. Por isso, na área da tutela da pessoa, a existência de normas de protecção, a montante ou a jusante da protecção delitual de direitos subjectivos, tem sido enquadrada como subsidiária desta, ou como susceptível de um concurso com a primeira variante da ilicitude, sendo utilizada no contexto de uma maior ou menor facilitação da prova no preenchimento dos pressupostos da responsabilidade delitual. Não há nesta área – em resultado da "protoconstrução" do "direito geral de personalidade", nos sistemas que admitem a figura, ou da autonomização de direitos concretos de personalidade – o *deficit* de protecção que se denota na área da protecção do património[1679]. Assim sendo, o campo por excelência e de relevância prática autónoma para o recorte delitual das normas de protec-

---

[1679] Alertando para a mudança da estrutura do património, Rita Amaral Cabral, *A eficácia externa da obrigação*, pp. 23-27, Maria João Vaz Tomé, *O direito à pensão de reforma enquanto Bem Comum do Casal*, Coimbra, 1997, 145 ss, Carneiro da Frada, *Uma Terceira Via*, p. 111, (n. 92) e *Teoria da confiança*, p. 249, (n. 220), falando numa "metamorfose do património", "nova roupagem da riqueza" ou na "nova propriedade".

ção incide sobre a protecção patrimonial[1680]. Não se quer, com isto, negar que a responsabilidade delitual não deva estar, antes de mais, ao serviço da pessoa[1681], mas insistir sobretudo na necessidade de proteger esferas de interesses patrimonias, que estão também elas ao serviço do livre desenvolvimento da pessoa, sem que tal implique uma materialização excessiva dos valores jurídicos protegidos[1682].

Atendendo ao menor interesse que as normas de protecção alcançam no domínio da tutela da pessoa (ainda que seja o campo por excelência em que a dogmática do perigo em matéria de ilicitude se introduz na responsabilidade delitual), somos de parecer que, actualmente e no futuro, a área por excelência deste *tatbestand* delitual se situa no campo da tutela de interesses patrimoniais específicos, *v.g.* nas áreas do mercado e da concorrência. Esta situação é resultado de se tratar de áreas que, apesar de estarem sujeitas a um princípio de liberdade, que se desenvolve sob diferentes vertentes (iniciativa económica, empresa, concorrência), são objecto de uma série de restrições – conformadas essencialmente por normas de Direito público – que visam acautelar essa liberdade e que, à semelhança

---

[1680] Neste sentido, ERMAN, *Bürgerliches Gesetzbuch*, § 153, p. 2494, STAUDINGERS, *Kommentar zum Bürgerlichen Gesetzbuch*, p. 651, KARL-HEINZ GURSKY, *Schuldrecht, Besonderer Teil*, p. 219: *"Die Hauptbedeutung des § 823 II liegt in den Fällen, in denen eine Vermögensbeschädigung onhe Verletzung eines der in § 823 I geschützten Rechte eingetreten und deshalb eine Ersatzpflich gemäß § 823 I nicht begründet ist"*, KUPISCH/KRÜGER, *Deliktsrecht*, p. 64, e LARENZ/CANARIS, *Lehrbuch des Schuldrechts*, § 77, pp. 431-432 e pp. 441-442.

[1681] MENEZES CORDEIRO, *Responsabilidade civil dos administradores*, p. 462. Importante para conciliar na defesa da pessoa outras latitudes, cfr. ORLANDO DE CARVALHO, *Para uma teoria da relação jurídica civil*, pp. 91-92: *"Porém, não é a este vago humanismo que devolvemos o direito civil, mas ao humanismo mais concreto que é fundamento do seu modo de composição dos interesses: ou seja, daquele recurso à iniciativa da pessoa que não apenas se faz em todos os capítulos como, para lá de se fazer ou não fazer, cunhou definitivamente os seus processos de actuação (através da técnica do direito subjectivo, inexplicável sem essa raiz antropológica. É esta valorização do poder jurisgénico do homem comum-sensível quando, como no direito dos negócios, a sua vontade faz lei, mas ainda quando, como no direito das pessoas, a sua personalidade se defende, ou quando, como no direito das associações, a sua sociabilidade se reconhece, ou quando, como no direito de família, a sua afectividade se estrutura, ou quando, como no direito sucessório, a sua dominialidade e responsabilidade se potenciam…"*.

[1682] JÚLIO GOMES, "Responsabilidade subjectiva e responsabilidade objectiva", RDE 13, (1987), p. 109, (n. 40), sobre a importância do património como condição da liberdade da pessoa (referindo-se à posição de VENEZIAN).

do conceito de liberdade negativa, protegem os espaços da invasão ou da interferência de terceiros, originando posições de defesa, designadamente a indemnização por danos causados.

Com efeito, estas normas contêm uma possibilidade de exclusão de terceiros, em actuações proibidas, sem concederem o aproveitamento que as levaria a configurar direitos subjectivos. Trata-se essencialmente de disciplinas que regulam comportamentos no mercado e que os pré-ordenam de acordo com normas de conduta. Nestas disciplinas constroem-se ilícitos específicos, como o da concorrência, da concorrência desleal, o publicitário, que não se reconduzem a violações de direitos subjectivos e que estão muito para além da oposição a um mínimo ético, normas que, delimitando espaços de proibição, podem, eventualmente, obter um tratamento dogmático no contexto da responsabilidade delitual por violação de normas de protecção.

Estas modalidades de responsabilidade civil foram sumariamente analisadas no enquadramento periférico desta dissertação, seguindo a ideia de que incumbe muito em especial ao Direito Civil avaliar *"os progressos e retrocessos das áreas que repartem o ordenamento"*, *"incorporando as novidades apuradas pelos sectores jurídicos particularizados"* para permitir *"a sua difusão noutras zonas"* e, enquanto mediador, permitir a unidade e identidade do Direito[1683].

IV. Para além da distinção entre normas de protecção no domínio de bens jurídicos absolutos e interesses é comum na doutrina alemã a distinção entre normas de protecção de perigo abstracto e de perigo concreto[1684]. O âmbito da responsabilidade delitual alarga-se no § 823 II BGB de forma substancial quando são promulgadas, enquanto normas de protecção de interesses particulares, normas de prevenção de perigo abstracto, que são normas de conduta que ordenam um determinado comportamento temporal, espacial e objectivamente circunscrito, com o fim de reagir a um perigo abstractamente previsto pelo legislador. As normas de segurança e as regras de trânsito são o exemplo típico de normas de prevenção de perigo abstracto. As normas que impõem a circulação pela direita ou parar perante um sinal de *stop* visam garantir a segurança da generalidade das pessoas no tráfego rodoviário. Se se violarem estas normas, apresentar-se-

---

[1683] MENEZES CORDEIRO, *Tratado de Direito Civil Português*, I, p. 58.
[1684] DEUTSCH/AHRENS, *Deliktsrecht*, § 15, pp. 107-108.

Estudo de Direito Positivo

-á de imediato um fundamento para a responsabilidade pela sua violação caso se verifiquem danos. No que concerne às normas de prevenção do perigo abstracto, é suficiente que a culpa se baseie na violação de uma norma de conduta, pelo que é necessário recorrer-se à previsão da lesão de um determinado direito ou bem jurídico. Em virtude da reduzida consideração da culpa na violação de uma norma de protecção, acaba por ser muito frequente a sua violação culposa[1685].

Atente-se em dois exemplos: se alguém, violando o disposto na lei sobre materiais explosivos, conservar na cave da sua casa este tipo de material e ocorrer uma explosão, constatar-se-á uma conduta culposa no acto de conservação de materiais explosivos face ao prescrito na norma de protecção; se um condutor de um tractor conduz este veículo sem a respectiva carta de condução e atropela o condutor de uma bicicleta, constata-se uma violação dolosa da disposição que prescreve que apenas se pode conduzir um veículo automóvel sendo titular da competente carta de condução, o que é causa de responsabilidade[1686].

Algumas normas de protecção proíbem, em primeira linha, a ameaça concreta a um direito ou bem jurídico; são normas de prevenção de perigo concreto. Para que se constate uma ameaça concreta, é necessário que alguém se aproxime de forma exagerada e contrária ao direito e às normas de tráfego de um bem jurídico alheio. A proibição de condutas perigosas na via pública (StVO) pode ser comparável às normas previstas no StGB sobre o homicídio por negligência, à ofensa à integridade física por negligência ou ao crime de dano doloso. Em geral, pode afirmar-se que o âmbito de protecção de uma norma de prevenção do perigo concreto, no que respeita a pessoas e a coisas, se encontra a coberto da dimensão normativa do § 823 I BGB. Assim, se por hipótese, alguém, negligentemente, cometer uma ofensa à integridade física de outrem, são aplicáveis o § 823 I BGB (ofensa à integridade física) e o § 823 II BGB em combinação com o § 229 StGB (ofensa à integridade física por negligência). No entanto, tendo em conta a identidade dos âmbitos de protecção, o regime de responsabilidade resultante, em primeira linha, das normas de prevenção de perigo concreto deveria ser transposto para o § 823 II BGB e ser aplicado

---

[1685] DEUTSCH/AHRENS, *Deliktsrecht,* § 15, pp. 107-108.

[1686] Caso semelhante é analisado por GOMES DA SILVA, *O dever de prestar,* p. 89. Descrito igualmente na RLJ, Ano 66.°, pp. 307 e ss. De referir que o condutor da bicicleta circula fora da sua faixa e que não houve imperícia do condutor do automóvel.

626 *Normas de Protecção e Danos Puramente Patrimoniais*

apenas a título subsidiário face à norma originária de responsabilidade prevista no § 823 I BGB[1687].

Têm vindo a ser inseridas no ordenamento jurídico normas de segurança com vista à protecção individual, *v.g.*, no direito alemão, a lei de segurança de aparelhos, a lei dos produtos farmacêuticos e a lei sobre circulação rodoviária, nas quais proliferam normas de protecção. Assim, as regras sobre os limites de velocidade e a obrigação de circular pela direita são típicas normas de protecção. No que concerne à protecção pessoal, podemos dizer que as normas de trânsito protegem igualmente os interesses dos intervenientes no tráfego, nas quais se integram os peões, cuja circulação pode ser impedida numa determinada faixa de rodagem, ou um carro da polícia que, apesar de circular com a luz azul acesa, tem o sinal sonoro desligado, originando o atropelamento de um peão por o não ter visto. Para se estudar o tipo de protecção concedido por uma norma penal é necessário, em primeiro lugar, destrinçar se essa norma tem como principal objectivo a protecção do interesse público ou a tutela de interesses privados. Só quando se verifica a salvaguarda de um interesse privado, é que existe uma norma de protecção. Exemplos desta situação são os tipos normativos penais contra a lesão da vida, da integridade física, da propriedade, do património, que contêm uma dimensão claramente individual[1688]. Existe igualmente um conjunto de disposições de Direito civil que são consideradas normas de protecção. Estas disposições acabam por assumir especial relevo no âmbito dos direitos reais, sobretudo no que concerne às relações de vizinhança, no âmbito das normas contra escavações ou esbulho violento (cfr. §§ 909 e 858)[1689].

É jurisprudência assente que as normas do Direito da família não dão origem a normas de protecção em virtude do seu carácter essencialmente pessoal, dado que os efeitos destas normas repercutem-se de forma exclusiva no seio do Direito da família. Por este motivo, um cônjuge não está habilitado a deduzir uma pretensão por rompimento da sociedade conjugal contra o outro cônjuge, nem contra um terceiro, com vista a obter uma indemnização pela perturbação conjugal causada. São relativamente importantes as normas de protecção no âmbito da regulação das profissões industriais e comerciais. As normas que estabelecem retenções de contri-

---

[1687] Deutsch/Ahrens, *Deliktsrecht,* § 15, pp. 108-109.
[1688] Deutsch/Ahrens, *Deliktsrecht,* § 15, p. 109.
[1689] Deutsch/Ahrens, *Deliktsrecht,* § 15, p. 110.

Estudo de Direito Positivo 627

buições de trabalhadores para a segurança social efectuadas pela entidade patronal, cujo ilícito integra um tipo normativo penal (§ 266 a StGB), constituem normas de protecção a favor do titular do direito à segurança social. O dever de declarar insolvência, previsto no § 64 GmbHG (dever de diligência dos gerentes), que consagra uma responsabilidade delitual pela não apresentação à insolvência, não se enquadra no conceito de norma de protecção a favor do trabalhador, porque o seu direito a cobrar determinados créditos não se baseia na inobservância daquele dever, mas no dever de protecção do salário a que se encontra vinculado o empregador[1690].

Para EMMERICH, o carácter protector de uma norma depende da sua tutela abranger não só a generalidade dos indivíduos, mas também um determinado núcleo de sujeitos contra ofensas a determinados bens jurídicos, mesmo que o estabeleça em simultâneo com a mencionada tutela da generalidade dos indivíduos. Esta característica não decorre do efeito da norma, mas sim do seu conteúdo e dos seus objectivos e, bem assim, da circunstância de o legislador, aquando a sua elaboração, ter tomado em linha de conta a protecção jurídica de um determinado núcleo de pessoas. A finalidade da norma jurídica violada torna-se, assim, um elemento decisivo. Tomando em consideração a evolução histórica e a função actual da norma jurídica, dever-se-á aferir se a finalidade originária da norma em questão visa a protecção individual ou a de um determinado núcleo de sujeitos face a determinadas ofensas, de modo a que se justifique que, quando confrontados com uma qualquer lesão, os sujeitos protegidos pos-

---

[1690] DEUTSCH/AHRENS, *Deliktsrecht,* §15, p. 110. Cfr. quanto ao § 64 GmbHG, MENEZES CORDEIRO, *Tratado de Direito Civil Português*, III, pp. 685-686, fazendo referência a decisões jurisprudências alemães que consideram esta disposição uma norma de protecção: BGH 16-Dez.-1958, BGZH 29, 100. MENEZES CORDEIRO admite mesmo, na linha de VONNEMANN, *Haftung von GmbH-Gesselschaftern wegen materieller Unterkapitaliesierung,* GmbHR, (1992), pp. 77-83, que a própria função do capital social como regra de tutela de credores, fazendo apelo a um princípio de justa repartição de riscos, entre sócios e credores. PETER GILLES/MICHAEL BAUMGART, "Schadenersatzpflicht des Gmbh-Geschäftsführers nach § 823 Abs. II BGB i. V. mit § 64 I GmbHG (Schutzbereichproblematik) – OLG Celle, OLGZ 1971, 367", JuS, (1974), Heft 4, pp. 226-229. Cfr. ainda BGH 1-Mar.-1993, NJW, (1994), 2149, e CLAUS-WILHELM CANARIS, "Die Haftung für fahrlässige Verletzungen der Konkursantragspflicht nach § 64 GmbHG. Eine Besprechung des Beschlusses des BGH vom 1.3.1993 – II ZR 292/91", JZ, (1993), pp. 649-652. Há mesmo possibilidade de conjugar no campo das teorias subjectivas o levantamento da personalidade colectiva com as normas de protecção. Cfr. MENEZES CORDEIRO, *Tratado de Direito Civil Português*, III, p. 702.

628 — Normas de Protecção e Danos Puramente Patrimoniais

sam reclamar indemnizações – além da aplicação de outras quaisquer sanções, nomeadamente de natureza penal. É inevitável a influência de expectativas políticas de modo a que o carácter de protecção de muitas normas jurídicas se venha a transformar à medida do tempo[1691]. No BGB também

---

[1691] EMMERICH, *BGB-Schuldrecht, Besonderer Teil*, § 24, p. 299. As mais importantes normas protectoras de interesses particulares encontram-se quer no StGB quer em outra legislação, pressupondo-se que tutelam interesses privados. Os delitos abstractos e concretos, que se consubstanciam na colocação de outrem em perigo, também se incluem no âmbito de protecção destas normas jurídicas. Podemos, aliás, retirar alguns exemplos do StGB, a saber: os §§ 211 e 223 e ss, os §§ 154 e 163 (perjúrio), § 263 (fraude) e § 266 (abuso de confiança) e também o § 399 (fraude) da Lei das sociedades anónimas. Acresce que as normas protectoras de interesses particulares constituem o cerne principal das proibições relativas ao tráfego previstas no Código da Estrada, onde, aliás, se encontra o seu principal significado civil. Sem qualquer causa aparente, acabou por se negar o atributo de norma de protecção à proibição da perturbação da ordem pública (§ 125 StGB) e à punição da falsificação de documento (§ 267 StGB). Para SPICKHOFF (SPICKHOFF/SOERGEL, *Bürgerliches Gesetzbuch*, pp.117-118) não é convincente a fundamentação do BGH no sentido de não considerar o § 267 StGB (falsificação de documentos) uma norma de protecção, em virtude desta disposição pretender apenas salvaguardar a segurança e verdade do tráfego jurídico de documentos, na medida em que com ela se protegem os interesses individuais dos intervenientes neste circuito jurídico. Subjacente a esta decisão do BGH denota-se um esforço no sentido de afastar a protecção delitual patrimonial alcançada pelos §§ 826 e 823 II BGB em conjugação com o § 267 StGB, porque a falsificação de documento, enquanto delito de perigo abstracto, não exige prossecução dolosa de danos. No entanto, o BGH entendeu (correctamente segundo SPICKHOFF) qualificar o § 3 I Regulamento das Marcas e Patentes como uma norma de protecção a favor dos distribuidores, apesar da proximidade desta norma com o § 267 StGB. SPICKHOFF também discorda da concepção que considera que o crime de perturbação da ordem pública (§ 125 StGB) não prossegue a salvaguarda de qualquer interesse individual, entendendo que a norma claramente protege bens jurídicos individuais. A imposição da prestação de juramento por parte de peritos e testemunhas visa a prossecução da salvaguarda do interesse individual. Estas disposições têm como objectivo regular o processo, o que não pode considerar-se um fim em si mesmo, porquanto o Processo Civil serve os interesses das partes numa decisão correspondente à verdade, prosseguindo, por consequência, um interesse particular. É certo que será difícil demonstrar e provar que em virtude de um juramento (tendo em conta o valor probatório especial da prova testemunhal) pode ocorrer um determinado dano. As disposições sobre crimes de conspiração contra a segurança do Estado, de colocação em perigo do Estado democrático, de alta traição e de colocação da segurança pública em perigo não servem os interesses da protecção individual, mas apenas em exclusivo os interesses do Estado. O § 258 StGB (encobrimento pessoal) também não prossegue qualquer objectivo de protecção individual, uma vez que apenas se visam salvaguardar os fins da justiça penal.

Estudo de Direito Positivo 629

é possível encontrar algumas normas protectoras de interesses particulares. Devemos ter sobretudo em consideração as disposições com vista à tutela da posse, da propriedade e, em especial, das relações de vizinhança (§§ 858, 906 ao 909 e 1004). Consideram-se ainda normas de protecção as disposições destinadas à protecção dos consumidores face ao consumo de produtos nocivos e, também, as disposições que regulam os concursos públicos, salvaguardando os interesses dos licitantes e das empresas interessadas em tais negócios. Em contrapartida, tem vindo a ser fortemente contestada a atribuição do carácter de normas de protecção às disposições relativas à protecção contra acidentes de trabalho publicadas pelas associações de empregadores para prevenção e seguro de acidentes de trabalho. No entanto, é aceite que, excepcionalmente, estas disposições possam ter como objectivo o aconselhamento dos trabalhadores face à eventualidade de ocorrência de acidentes de trabalho. Idêntica apreciação negativa é efectuada no que concerne às diferentes disposições inseridas nos regulamentos regionais, que regem o funcionamento das condutas de abastecimento aquando a execução de obras. Esta posição acaba por levar a que, quando se verifique uma ruptura no abastecimento eléctrico, o consumidor não se possa socorrer da noção de lesão sob o ponto de vista do "direito à empresa", nem recorrer ao § 823 II BGB para reclamar uma indemnização por danos junto do responsável pela obra, o que conduz a um resultado pouco satisfatório[1692].

V. São mencionados diversos critérios gerais de identificação das normas de protecção[1693].

i) As normas de protecção são disposições de imposição ou de proibição (*Befehlsqualität*), não incluindo disposições sobre efeitos jurídicos ou definições legais. É necessário, porém, ter em conta as normas sancionatórias, designadamente aquelas que correspondem a normas de conduta, não escritas, do Código Penal[1694] ou da legislação contra-ordenacional.

ii) Exige-se igualmente que estas normas visem não apenas a protecção da generalidade das pessoas, mas que sirva os interesses

---

[1692] EMMERICH, *BGB-Schuldrecht, Besonderer Teil*, § 24, pp. 299-300.
[1693] SPICKHOFF/SOERGEL, *Bürgerliches Gesetzbuch*, § 823, pp. 116-117.
[1694] SPICKHOFF/SOERGEL, *Bürgerliches Gesetzbuch*, § 823, p.117.

individuais pelo menos reflexamente[1695]. Normas que *a priori* se destinam apenas a servir os interesses da generalidade das pessoas, podem, paralelamente, prosseguir interesses individuais. Este tipo de protecção dependerá do facto da norma ter como finalidade uma protecção individual no contexto da função que lhe é atribuída pelo sistema em que se encontra inserida. Assim, não é exigível que a protecção individual seja o único escopo da norma de protecção[1696]. Se não for possível reconhecer esta finalidade de protecção individual, então será de recusar qualquer pretensão indemnizatória[1697]. A finalidade de protecção individual da norma pode ser colocada no âmbito de protecção pessoal, de protecção de interesses ou do tipo de lesão, ainda que este seja um critério insuficiente para delimitar normas de protecção[1698].

iii) A determinação (*Bestimmtheit*) é um critério geral, normalmente mencionado a propósito das normas de protecção penais, que não podem configurar cláusulas gerais, pois, de acordo com a Constituição alemã, seriam inconstitucionais. Não obstante o que se acaba de referir, a jurisprudência utiliza frequentemente o requisito da determinação para as normas de protecção. O critério da determinação não é aplicado integralmente às normas respeitantes a ofensas à integridade física ou à saúde, mas é aplicável às normas que protejam interesses puramente patrimoniais. A tendência para exigir a determinação como critério geral para a aplicação de normas de protecção, baseia-se num dos antecedentes do § 823 II BGB, o § 26 I 6 PreussALR, que remete para as leis com o objectivo específico de prevenção de danos. Com a violação de uma norma deste tipo, o agente responde necessariamente *"por todos os danos, em especial por aqueles que poderiam ter sido evitados com a observância da norma, quando os mesmos tenham derivado de forma directa e imediata da sua conduta"*. Esta norma conduzia a um regime de prova muito rigoroso, estabelecendo uma presunção de causalidade de forma a onerar quem violasse uma norma de protecção. O § 823 II BGB não contém

---

[1695] Spickhoff/Soergel, *Bürgerliches Gesetzbuch*, § 823, p. 117.
[1696] Spickhoff/Soergel, *Bürgerliches Gesetzbuch*, § 823, p. 117.
[1697] Spickhoff/Soergel, *Bürgerliches Gesetzbuch*, § 823, p. 117.
[1698] Spickhoff/Soergel, *Bürgerliches Gesetzbuch*, § 823, p. 117.

Estudo de Direito Positivo

um regime de prova tão exigente como o descrito. Acresce que as normas de "Direito administrativo de polícia", enquanto fundamento de intervenção da autoridade, estão submetidas a requisitos particulares, como a determinação. SPICKHOFF conclui que, do ponto de vista do sistema delitual, o critério da determinação não é de manter futuramente como principal exigência das normas de protecção[1699].

iv) O carácter imediato e a "finalidade de ressarcimento de danos" inerente às normas de protecção são, por vezes, exigidos na jurisprudência que defende que estas normas deveriam incluir uma referência expressa ao facto de servirem de forma directa e imediata a protecção dos lesados. SPICKHOFF concorda com esta concepção, desde que seja concretizado, deste modo, o escopo de protecção da norma. O BGH defende que o regime de responsabilidade civil, aplicável na sequência da violação de uma norma de protecção, cobre, em geral, os danos "indirectos", pressupondo que o escopo de protecção da norma os abrange. É característico do § 823 II BGB unir normas extra-delituais que não prevêem a indemnização por danos. É necessário apurar se o § 823 II BGB pode concorrer com os seus resultados indemnizatórios com um eventual complexo normativo que exclui este tipo de pretensões. Ou seja, não se trata apenas da finalidade indemnizatória dos danos sofridos inerente à norma de protecção, terá de ser efectuada uma análise mais rigorosa no sentido de aferir se a norma de protecção se encontra inserida num conjunto normativo em que o ressarcimento de danos não seja conforme ao ordenamento jurídico[1700].

v) Desde 1976, que a jurisprudência exige que o regime de responsabilidade se afigure suportável à luz do sistema global da responsabilidade civil. É relevante apurar se o lesado se encontra suficientemente protegido através de uma outra forma alternativa. Além disso, também o critério do *reforço penal* é muitas vezes chamado à colação, pela jurisprudência, nos casos da mera protecção patrimonial[1701]. Segundo SPICKHOFF, nenhuma destas

---

[1699] SPICKHOFF/SOERGEL, *Bürgerliches Gesetzbuch,* § 823, pp. 118-119.
[1700] SPICKHOFF/SOERGEL, *Bürgerliches Gesetzbuch,* § 823, p. 119.
[1701] SPICKHOFF/SOERGEL, *Bürgerliches Gesetzbuch,* § 823, p. 119.

soluções é suficientemente convincente. A interpretação dos § 823 II BGB com base no critério do *reforço penal*, com a limitação (pelo menos tendencial) da aplicação do regime de responsabilidade às violações dolosas (§ 15 StGB), solução defendida por CANARIS, redunda numa diminuição do papel e da função das normas de protecção no âmbito do sistema delitual germânico. Além disso, mantém-se a dúvida se, para a decisão de aplicar sanções de natureza não penal, poderá existir outro critério. Por outro lado, também a subsidariedade do § 823 II BGB, camuflada sob o critério da protecção suficiente e alternativa do lesado, parece ser uma *petitio principii*. Assim, ou o lesado dispõe de uma possibilidade alternativa de indemnização – e mantém-se por esclarecer porque motivo é considerado prejudicial um recurso adicional ao § 823 II BGB – ou o lesado não dispõe de qualquer possibilidade alternativa de indemnização[1702]. Dever-se-á aferir, de acordo com as apreciações efectuadas pelo direito extra-delitual, se uma potencial norma de protecção admite ser complementada através do regime de responsabilidade por danos[1703].

[1702] SPICKHOFF/SOERGEL, *Bürgerliches Gesetzbuch*, § 823, p. 119.

[1703] SPICKHOFF/SOERGEL, *Bürgerliches Gesetzbuch*, pp. 119-120: Por conseguinte, é possível afirmar que o § 823 II BGB passa a ser suplantado pelo § 13 Af UWG (actualmente os §§ 8,9) no âmbito da protecção de concorrentes. Alcançou-se, de forma satisfatória, o objectivo de protecção do consumidor através da consagração do direito de rescisão a favor do comprador nas situações de fornecimento de informação errada ou enganosa previstas no § 13 AF UWG. Nada se veio alterar ao nível dos resultados depois da entrada em vigor, em 08.07.2004 da nova redacção da UWG, porque embora o § 1 UWG defina como objectivo deste diploma a protecção do consumidor, concluí-se que os §§ 3 a 7 UWG não poderão ser consideradas normas de protecção a favor do consumidor. Também as normas que regulam as relações contratuais entre as partes num determinado contrato não podem ser consideradas normas de protecção por razões sistemáticas. Mesmo que tais normas contenham ordens ou proibições características das normas de protecção, evidencia-se que a sistemática do Direito contratual se consubstancia numa regulação especial circunscrita com a qual não se coadunariam as chamadas normas de protecção. Do mesmo modo, faz pouco sentido a classificação de delitos penais de resultado (como os dos §§ 212, 222, 223, 229 StGB) como normas de protecção, apesar de já terem sido assim reconhecidos. As normas de conduta contidas nestas disposições (sob a forma de proibições abstractas de perigo) são concretizadas pelo § 823 I BGB. Os tipos normativos penais exigem, em geral, quer na perspectiva de imputação subjectiva, quer na perspectiva da imputação objectiva, algo mais face ao regime de responsabilidade emergente do § 823 I BGB. O § 1 StVO tam-

Estudo de Direito Positivo 633

Qualifica-se norma de protecção a que visa proteger não só os interesses da generalidade mas também os interesses de um particular ou de um grupo. Pode-se averiguar o fim de uma norma pela consideração da vontade dos seus autores ou pelo seu conteúdo, tendo-se defendido, ao longo desta dissertação, a segunda alternativa. Para a interpretação subjectiva, tudo depende dos trabalhos preparatórios da lei, que muitas vezes são omissos. A procura da vontade do legislador é frequentemente *"looking for what is not there"*. A jurisprudência alemã segue a interpretação objectiva, centrando-se no sentido razoável do resultado alcançado se adaptar ao sistema do direito delitual, *i.e. "parecer suportável à luz do sistema global da responsabilidade civil"*. Em particular, a diferenciação entre violações de bens jurídicos e meros prejuízos patrimoniais, sendo uma característica do direito delitual do BGB, não deve implicar um reconhecimento demasiado generoso das normas de protecção no domínio destes últimos. Segundo a *doutrina do fim de protecção da norma*, se se afirmar positivamente a qualidade de norma de protecção, impõe-se analisar se o dano sofrido pelo lesado é do tipo daquele para cuja prevenção surgiu a norma violada. Este conjunto de tópicos fundamentais pode ser agrupado em vários segmentos: *i)* a infracção de uma norma jurídica só fundamenta uma obrigação de indemnização quando tiver em vista a protecção daquele círculo de pessoas ao qual pertence o prejudicado (área de protecção pessoal); *ii)* quando o prejuízo pelo qual se exige uma indemnização for do tipo que a norma de protecção queria impedir (área de protecção objectiva) e *iii)* quando o prejuízo for causado precisamente daquela maneira a que a norma de protecção se queria opor (área de protecção pelo modo de lesão)[1704].

Esser/Weyers apontam que o pressuposto para a indemnização pelo § 823 II BGB não é a violação de uma lei qualquer, mas de uma norma que vise a protecção de outrem, que tenha por fim proteger imediatamente, de maneira repressiva ou preventiva, pessoas isoladas ou grupos de pessoas delimitáveis da violação dos seus interesses, bens ou direitos, não sendo suficientes as normas que protegem a generalidade, em relação às quais o indivíduo pode gozar das vantagens, através de um efeito reflexo. Há inú-

---

bém não deve ser concebido como norma de protecção, na medida em que esta norma limita-se a estabelecer exigências gerais com vista à observância do cuidado necessário no tráfego rodoviário, sem, no entanto, concretizar em que se traduz esse cuidado e essas exigências.

[1704] Kötz/Wagner, *Deliktsrecht*, pp. 93-96.

634 *Normas de Protecção e Danos Puramente Patrimoniais*

meras normas que levantam dúvidas quanto ao seu carácter de protecção. O número das normas que são indiscutivelmente de protecção, segundo a jurisprudência e doutrina alemãs, é, no entanto, muito significativo. Os comentários ao BGB contêm listas extensas que vão da "Abfallgesetz" à "ZugabeVO". Não é suficiente para a indemnização a violação de uma norma de protecção, tendo que existir uma *relação de fim de protecção* (relação de ilicitude) entre a violação e o prejuízo do lesado que reclama a indemnização. Só se constituem direitos indemnizatórios em relação aos lesados para cuja protecção a norma visou prevenir. A ilicitude da violação de uma norma de protecção é de avaliar pelas regras da área jurídica em que está inserida. Porém, o § 823 II BGB exige uma averiguação suplementar com base em critérios civis. Há ilicitude só quando o resultado foi causado objectivamente de maneira contrária ao dever de cuidado. No entanto, a classificação da violação do dever de cuidado só tem consequências para o ónus da prova[1705].

VI. Elegeram-se as normas que protegem interesses puramente patrimoniais como objecto privilegiado da presente dissertação. Numa análise mais positivista dos dados carreados directamente do sistema delitual português, não nos parece que se deva subscrever que o legislador visou restringir conscientemente a indemnização dos danos puramente patrimoniais[1706]. Com efeito, ainda que um princípio nesse sentido possa ser inferido do artigo 485.°, n.° 1, CC, na medida em que os danos que normalmente resultam de informações, conselhos e recomendações são puramente patrimoniais, há que interpretar esta disposição com parcimónia e no âmbito material específico das informações. Por esta razão, não se preconiza a inferência implícita de um princípio geral de exclusão da indemnização de danos puramente patrimoniais no sistema delitual nacional. Também o artigo 495.° vem delimitar, em caso de morte ou lesão corporal, os danos indemnizáveis, excluindo os danos puramente patrimoniais, com excepção dos daqueles que podiam exigir alimentos ao lesado ou a quem o lesado os prestava no cumprimento de uma obrigação natural (art. 495.°, n.° 3)[1707]. De referir que, enquanto no primeiro caso há uma expec-

---

[1705] ESSER/WEYERS, *Schuldrecht.* Band II, Besonderer Teil, Teilband 2, 8. A., 2000, § 56, pp. 199-200.

[1706] LUÍS MENEZES LEITÃO, *Direito das Obrigações*, I, p. 296.

[1707] SCHLECHTRIEM, *Schuldrecht. Besonderer Teil*, § 4, pp. 377-379.

Estudo de Direito Positivo

tativa a alimentos, no caso do cumprimento de uma obrigação natural aquilo que existe é um mero dever moral, não jurídico, a que o legislador atendeu. Isto significa que há danos puramente patrimoniais em relação aos quais o legislador expressamente previu a indemnização, excepcionando outros.

Mesmo se as disposições mencionadas podem ser utilizadas para a construção de uma regra de exclusão, há nelas também elementos que permitem defender a regra da indemnização, pelo que não devem ser objecto de uma leitura em termos absolutos. Relevantes, como dados positivos no sentido da indemnização dos danos puramente patrimoniais, são os que resultam do artigo 484.º em que se estabelece expressamente uma obrigação de indemnizar a quem difundir facto capaz de prejudicar o crédito ou o bom nome de uma pessoa. Ora, ainda que o enquadramento desta disposição seja sobretudo colocado a nível da defesa indemnizatória da violação de direitos de personalidade no que ao bom nome se refere, o conceito de crédito pode ser interpretado com latitude no sentido de abranger situações que se reconduzem a danos puramente patrimoniais[1708]. Por outro lado, também em sede da consagração da teoria da diferença, há espaço para utilizar o artigo 562.º para defender que a reconstituição da situação que existiria, se não se tivesse verificado o evento que obriga à reparação, implica que se indemnizem os danos puramente patrimoniais ilícitos e culposos, sendo que o 564.º refere expressamente que o dever de indemnizar compreende quer o prejuízo causado quer os benefícios que o lesado deixou de obter em consequência da lesão, sendo possível interpretar a referida disposição no sentido de abranger os danos puramente patrimoniais.

[1708] Neste sentido parecem também inclinar-se CARNEIRO DA FRADA/MARIA JOÃO PESTANA DE VASCONCELOS, *Danos económicos puros*, p. 166, ao admitirem que a ofensa ao crédito ocorra *extra muros* dos direitos de personalidade. Não se trata nesta disposição de um direito de crédito em sentido técnico-jurídico, mas pode ser defendida uma leitura abrangente do artigo 484.º no sentido de incluir a tutela de expectativas que tenham sido goradas com afirmação de facto falso ou verdadeiro originando danos puramente económicos. Há igualmente uma protecção de situações correspondentes a obrigações naturais no domínio do artigo 495.º, n.º 3. Cfr. ainda ANTÓNIO SANTOS ABRANTES GERALDES, *Temas da Responsabilidade Civil,* II, Indemnização de Danos Reflexos, 2.ª ed. revista e actualizada, Almedina, 2007, pp. 19-24, limitando os danos reflexos de terceiros aos casos previstos no artigo 495.º.

VII. Verifica-se, assim, a necessidade de repensar o sistema delitual, atendendo a um revalorização das normas de protecção. Para isso, é fundamental apresentar uma delimitação conceptual das normas de protecção. As normas de protecção são específicas de um modelo que ultrapassa a *faute* napoleónica, e que, distinguindo ilicitude e culpa, opta por delimitar a ilicitude para efeitos de responsabilidade. Os interesses puramente patrimoniais são protegidos no domínio do cruzamento da protecção do património e da liberdade de iniciativa económica, enquanto valores que gozam de protecção constitucional. Não se justifica o desfavor dos interesses patrimoniais no quadro da superação de uma visão puramente liberal da responsabilidade delitual, em que o direito de propriedade configura o paradigmático valor patrimonial a proteger. Esta protecção reduzida da propriedade no contexto patrimonial exporta dimensões de individualismo e egoísmo a várias latitudes do sistema.

Impõe-se igualmente compreender o sistema delitual no quadro da liberdade da concorrência. Decisiva é a sua compreensão fora dos quadros do direito subjectivo e a sua recondução às liberdades genéricas cuja protecção exige uma concretização legislativa e, neste ponto, sujeita a reserva de lei. Não há, com efeito, um "direito" à iniciativa económica, antes uma liberdade genérica sujeita a concretização legal, segundo o legislador constitucional do artigo 61.°, n.° 1. O sistema constitucional português sujeita as normas de protecção a reserva de lei formal, sempre que as mesmas configurem restrições a direitos fundamentais. Por esta razão, as normas de protecção só podem ter fonte legislativa, ainda que não estejam sujeitas a um rígido princípio de tipicidade, podendo ser configuradas enquanto cláusulas gerais. Nega-se, deste modo, que possam ser substituíveis pelos deveres do tráfego, criados *ad hoc* jurisprudencialmente, para a protecção dos danos puramente patrimoniais.

A origem das normas de protecção está ligada ao alargamento da protecção pessoal, tarefa que, no ordenamento jurídico alemão, foi alcançada pelas figuras dos "outros direitos" e dos deveres do tráfego. A protecção pessoal foi alcançada pela figura do "direito geral de personalidade", enquanto a protecção patrimonial pela figura do "direito à empresa", figuras que não obtêm acolhimento na jurisprudência nacional e que favorecem um rompimento do sistema delitual, contrariamente às normas de protecção, sujeitas a um princípio de enumeração. Também o abuso do direito deve ser recusado como solução principal para as liberdades genéricas. O artigo 334.° poderá ser utilizado, no domínio dos interesses puramente

Estudo de Direito Positivo

patrimoniais, como uma pequena cláusula geral susceptível de ser aplicada subsidiariamente caso haja uma lacuna de regulação por falta de uma norma de protecção.

Tendo diminuído o seu papel no âmbito da protecção pessoal, a evolução moderna das normas de protecção aponta para a área patrimonial, onde se desenvolvem novos espaços carentes de protecção, sendo que, neste domínio, a influência constitucional na autonomização de novos bens susceptíveis de protecção delitual é determinante, constituindo os novos ramos jurídicos que emergiram do Direito civil e comercial paradigmas dessa valorização constitucional. Há, assim, uma "protoconstrução" legislativa desta situação básica delitual devido ao seu carácter remissivo que se vai ampliando.

A violação de direitos subjectivos configura a regra central da responsabilidade delitual na protecção indemnizatória de bens jurídicos absolutos. No entanto, a violação de normas de protecção possui um papel central na matéria da protecção indemnizatória dos interesses puramente patrimoniais. Não há, por consequência, uma situação básica que configure a norma central da responsabilidade delitual em termos absolutos, pelo que, contrariamente ao defendido por CANARIS, não se justifica uma interpretação da violação de normas de protecção em razão da violação de direitos subjectivos e da figura do abuso do direito.

SECÇÃO II
Abordagem Analítica

SUMÁRIO: § 23.º Sistemas de imputação. 23.1. Quadro geral. § 24.º Sistema da ilicitude. 24.1. Conceito único ou diferenciado de ilicitude. 24.2. A ilicitude do resultado e a ilicitude da acção. 24.3 A ilicitude nas normas de protecção 25.4. A ilicitude nos deveres de tráfego. 24.5. Causas de justificação. § 25.º Sistema da culpa. 25.1. Princípio da culpa. 25.2. A culpa como pressuposto da responsabilidade delitual. 25.3. A culpa na violação de normas de protecção. 25.4. A culpa na violação de deveres de tráfego. 25.5. A separação entre cuidado exterior e cuidado interior. 25.6. Análise da culpa no direito protuguês. 25.7. Causas de exclusão da culpa. § 26.º Sistema do nexo de causalidade. 26.1. Causalidade adequada e escopo da norma. 26.2. Análise da causalidade na doutrina portuguesa. § 27. O ónus da prova. 27.1. O ónus da prova da culpa 27.2. O ónus da prova do nexo de causalidade.

§ 23.º Sistemas de imputação

23.1. *Quadro geral*

I. O enquadramento periférico revelou a evolução da ilicitude com consequências para os restantes pressupostos da responsabilidade delitual. A abordagem sistemática do enquadramento central evidencia que a ilicitude nas normas de protecção tem de se articular com as diferentes variantes da ilicitude do sistema delitual. Na abordagem analítica do enquadramento central vão ser averiguados os pressupostos da responsabilidade delitual por violação de normas de protecção, atendendo aos três sistemas de *imputação de danos*: *i)* ilicitude, *ii)* culpa e *iii)* causalidade. Um dos pontos em relação ao qual existe alguma unanimidade em sede da *teoria comum da imputação de danos* reside na necessidade de reflexão cuidada e eventual revisão dos pressupostos da responsabilidade civil. Com efeito, trata-se de uma matéria que desde a monografia de Pessoa Jorge e dos estudos de Menezes Cordeiro, Sinde Monteiro e Carneiro da Frada não tem sido objecto de especial atenção na doutrina nacional[1709]. De salientar que a matéria dos pressupostos da responsabilidade delitual tem sido estudada de acordo com alguns pontos de partida que esta dissertação tem pretendido pôr em causa, pelo que se justificaria, só por isso, a sua revisitação a partir de um novo prisma e no contexto específico da segunda situação básica de responsabilidade delitual.

Como alicerces dogmáticos, que se pretendem questionar, a ideia de que a responsabilidade delitual visa *paradigmaticamente* uma resposta indemnizatória à violação de posições jurídicas absolutas ou de deveres genéricos[1710]. Esta ideia traduz-se quer na recusa da centralidade, em termos absolutos, da violação dos direitos subjectivos no n.º 1 do artigo 483.º CC, quer no carácter residual das normas de protecção, que, sendo específicas, só abrangeriam um número muito limitado de situações, quer na exigência de dolo em relação aos danos resultantes da violação de um mínimo ético-jurídico a todos exigido[1711].

O papel central da violação de situações jurídicas absolutas na responsabilidade delitual deve ser paulatinamente questionado, pois, mesmo que essa centralidade tenha tido em algum momento histórico justificação – num esquema liberal –, assiste-se actualmente a um "evolucionismo" do sistema delitual, no qual as normas de protecção reclamam uma reconceptualização dos pressupostos da responsabilidade delitual e um aumento da relevância destas normas em áreas refractárias à atribuição de direitos subjectivos, como é o caso das liberdades genéricas.

[1709] Existem várias referências aos pressupostos da responsabilidade delitual nos manuais de Direito das Obrigações e em estudos mais recentes, entre outros, Santos Júnior, *Da responsabilidade civil de terceiro*, pp. 250-260.

[1710] Antunes Varela, *Das Obrigações em Geral*, I, p. 533, Mário Júlio de Almeida Costa, *Direito das Obrigações*, pp. 561 e ss, Luís Menezes Leitão, *Direito das Obrigações*, I, p. 284.

[1711] Sobre esta argumentação, Carneiro da Frada, *Vinho Novo em Odres Velhos*, 680-681.

Por outro lado, a ilicitude não se centra só no resultado da acção danosa, sendo o modo pelo qual a lesão é perpretada e o meio empregue pelo lesante elementos essenciais na sua delimitação, pelo que também por este motivo se incrementa o relevo da segunda variante da ilicitude. Daqui a necessidade de desenvolver no conceito de ilicitude uma polaridade entre a ilicitude do resultado e a ilicitude da acção. Neste ponto, CARNEIRO DA FRADA alerta para a pressão que a sociedade de informação exerce nos bens tutelados pelo Direito e no seu âmbito de protecção, cujo alcance de discussão exorbitaria o campo substantivo da responsabilidade civil, e cujo relevo assentaria nos pressupostos da responsabilidade delitual, designadamente na fixação da ilicitude da conduta e do seu limiar[1712].

É indiscutível que a área dos pressupostos da responsabilidade civil necessita de reformulação. A revisão da matéria não pode, porém, deixar de implicar um trabalho científico de avaliação de conhecimentos neste domínio nas doutrinas germânica e nacional. Acresce que tendo a ilicitude evoluído ao longo século XX para novos campos, esta evolução importa consequências nos outros pressupostos da responsabilidade delitual. No enquadramento periférico desta dissertação tentamos mostrar essa mesma evolução. Por outro lado, as construções que se encontram em sede de pressupostos da responsabilidade por violação de normas de protecção vão porventura expandir-se para as outras situações básicas delituais.

Cada um dos pressupostos de imputação de danos desempenha um papel particular no sistema delitual. Esta matéria não pode, porém, ser enquadrada com uma metodologia estritamente analítica, quase anató-mica, procedendo a recortes específicos em cada um dos pressupostos e procurando posteriormente solucionar os casos concretos através das deli-mitações conceptuais entretanto preconizadas. A separação entre uma ana-tomia e uma fisiologia, ou entre uma estática e uma dinâmica, é, neste con-texto, e atendendo às novas compreensões do fenómeno jurídico da imputação de danos, contraproducente, na medida em que só faz porven-tura sentido uma avaliação em bloco dos pressupostos que se colocam na responsabilidade delitual[1713]. Com efeito, ao longo do século XX, os pres-supostos têm evoluído no sentido da sua normativização, pressupondo-se que, num plano normativo, uns actuam em relação aos outros.

[1712] CARNEIRO DA FRADA, *Vinho Novo em Odres Velhos*, p. 684.

[1713] PESSOA JORGE, *Ensaio*, p. 9, referindo-se aos pressupostos como *"factos e con-dições que, em conjunto, produzem essa modalidade de obrigação de indemnizar"*.

LARENZ/CANARIS referem que, de um ponto de vista lógico, os três critérios de imputação encontram-se numa sequência clara: ilícito só pode ser um comportamento que engloba a conformidade aos elementos constitutivos de um delito, culposo só um comportamento que é ilícito. Com o conceito da acção, estas categorias não ficam no mesmo nível, sendo suas "características" jurídicas. O comportamento humano – acção ou omissão – é *avaliado* de acordo com os elementos constitutivos de um delito, ilícito e culposo e é, portanto, *objecto* destes juízos e, por isso, tem que ser distinguido deles[1714]. Esta teoria autonomiza três graus (*Dreistufigkeits des Deliktsaufbau*) distinguindo *i)* os elementos constitutivos do delito, *ii)* a ilicitude e *iii)* a culpa. Os elementos constitutivos do delito indiciam a ilicitude que pode ser afastada por uma causa de justificação que, segundo os autores, se aplicam para toda a ordem jurídica. Haveria, como já foi referido, uma sequência entre estes pressupostos: a ilicitude seria aferida em relação aos elementos constitutivos do delito e a culpa em relação à ilicitude. Já a acção e a a causalidade seriam autónomos destes pressupostos. Os deveres do tráfego deveriam ser inseridos nos elementos constitutivos do delito, permitindo distinguir entre o dever de evitar o perigo e o dever de evitar o resultado que, por sua vez, se traduziriam na ilicitude da acção e na ilicitude do resultado[1715].

II. A enumeração formal dos pressupostos da responsabilidade aquiliana pela doutrina nacional pode ser apresentada, sumariamente, por três esquemas[1716]: *i)* um esquema analítico, que se encontra em MANUEL DE ANDRADE, PEREIRA COELHO, VAZ SERRA e ANTUNES VARELA, que distingue o facto, a ilicitude, a culpa, o dano e o nexo de causalidade[1717]; *ii)* um

---

[1714] LARENZ/CANARIS, *Lehrbuch des Schuldrechts*, § 75, p. 362.

[1715] LARENZ/CANARIS, *Lehrbuch des Schuldrechts*, § 75, pp. 362-372 e 369, concluem que nas intervenções imediatas, o resultado, em combinação com a violação do dever de evitar o resultado, indicia a ilicitude, nos prejuízos mediatos, a violação do dever de evitar o perigo, em combinação com o resultado, indicia a ilicitude.

[1716] Estes três esquemas sumariam as diferentes construções doutrinárias. Pode-se afirmar que cada autor desenvolve um esquema próprio quanto aos pressupostos da responsabilidade delitual, salientando-se DIAS DA SILVA, JOSÉ GABRIEL PINTO COELHO, GUILHERME MOREIRA, JAIME DE GOUVEIA, CUNHA GONÇALVES, SIDÓNIO RITO. GOMES DA SILVA, MANUEL DE ANDRADE, GALVÃO TELLES, VAZ SERRA, PIRES DE LIMA/ANTUNES VARELA e ANTUNES VARELA. Cfr. sobre as diferentes construções, PESSOA JORGE, *Ensaio*, pp. 52-55.

[1717] Também seguido por LUÍS MENEZES LEITÃO, *Direito das Obrigações*, I, p. 285. Este é o esquema mais frequente nos estudos sobre responsabilidade. Cfr. DIOGO LEITE DE

Estudo de Direito Positivo

esquema sintético, como o de PESSOA JORGE, que distingue acto ilícito e prejuízo reparável[1718], ou o de GOMES DA SILVA[1719] e o de MENEZES COR-DEIRO[1720], que se baseia na imputação e dano e *iii)* um esquema intermédio entre estes dois, como o de CORTES ROSA, que distingue o *sistema do nexo de causalidade,* que parte da exigência de um nexo causal entre o acto ilícito e o dano ressarcível, o *sistema da culpa,* que só admite o ressarcimento dos danos abrangidos pela culpa do agente, e o *sistema da ilicitude,* que opera a delimitação dos danos indemnizáveis pela própria noção de ilicitude[1721].

Vamos partir, em termos da sistematização da investigação, do modo como funcionam os pressupostos da responsabilidade delitual em relação à segunda situação básica delitual, deste último esquema, porquanto espelha o analitismo do modelo jheringiano na responsabilidade delitual, permitindo um escrutínio para a averiguação da sua necessidade no domínio da violação das normas de protecção. Para tal impõem-se algumas diferenciações terminológicas. Enquanto que acção/omissão e dano podem ser concebidos como pressupostos da responsabilidade delitual, não são sistemas de imputação de danos. Com efeito, a acção recorta a conduta humana para efeitos de imputação, não configurando um sistema de imputação, mas apenas um requisito mínimo sobre o qual vão incidir os sistemas de imputação delitual. De forma semelhante, enquanto, requisito mínimo, o dano não configura um sistema de imputação, uma vez que é objecto dos sistemas de imputação. Desta forma, o esquema que melhor se enquadra numa visão funcionalista dos pressupostos da responsabilidade delitual é o de CORTES ROSA, que aponta para uma distinção fundamental que não

---

CAMPOS, "A Responsabilidade do Banqueiro pela Concessão ou não Concessão de Crédito", ROA, (1986), Ano 46, pp. 50-51.

[1718] PESSOA JORGE, *Ensaio,* p. 55.

[1719] GOMES DA SILVA, *O dever de prestar,* p. 156: "*Tudo isto demonstra que os elementos fundamentais da responsabilidade são o dano e a relação em que se ele encontra com o responsável. A violação do direito, o facto danoso e o nexo de causalidade são meras condições de facto e de direito para que o dano seja juridicamente atribuído ao obrigado à indemnização*".

[1720] MENEZES CORDEIRO, *Direito das Obrigações,* 2.º vol, p. 281. MENEZES COR-DEIRO, *Tutela do Ambiente e Direito Civil,* 389, refere-se ao facto, à ilicitude, à culpa, à causalidade e ao dano num esquema mais analítico. Cfr. CARNEIRO DA FRADA/MARIA JOÃO PESTANA DE VASCONCELOS, *Danos económicos puros,* p. 152, fazem menção a uma situação de responsabilidade, uma forma de imputação, um dano e um nexo de causalidade.

[1721] CORTES ROSA, *A delimitação do prejuízo indemnizável,* p. 377.

644 Normas de Protecção e Danos Puramente Patrimoniais

tem sido trazida para a discussão e crítica que assenta na distinção entre pressupostos da responsabilidade delitual e sistemas de imputação.

Antes de mais impõe-se reflectir sobre a necessidade de se autonomizar uma acção (ou omissão)[1722], enquanto acto objectivamente controlável ou dominável pela vontade, e sobre se este pressuposto se diferencia da ilicitude e em que medida é que funciona verdadeiramente como pressuposto da responsabilidade delitual. Ora, este pressuposto deve ter como objecto a conduta do agente em si mesma considerada, pelo que exige uma acção controlável pela vontade, não se justificando afirmar a ilicitude de factos fortuitos ou de actuações não domináveis pela vontade[1723]. Assim, o pressuposto mínimo de aplicação do regime de responsabilidade delitual é a existência de uma acção humana. De acordo com os parâmetros do Direito Civil, o conceito de acção respeita a qualquer conduta humana submetida ou pelo menos controlada pela consciência e vontade. Não se consideram incluídos no conceito de acção, em sentido jurídico, os movimentos involuntários que se baseiem em coacção física ou reflexos provocados

---

[1722] ERNST WOLF, "Die Lehre von der Handlung", AcP, 170, (1970), pp. 181-229.

[1723] LARENZ/CANARIS, Lehrbuch des Schuldrechts, § 75, pp. 360-361. Quanto ao direito alemão, afirma-se que a responsabilidade por acções ilícitas pressupõe, em primeiro lugar, uma "acção" e, em segundo lugar, não ser permitida. A última característica, por sua vez, é subdividida tradicionalmente nos três níveis conforme os elementos constitutivos do delito, da ilicitude e da culpa. A estes elementos tem que se juntar a existência de um prejuízo. Além disto, é necessária uma relação causal entre a acção e a violação conforme aos elementos constitutivos de um delito, causada por o prejuízo ser de imputar à pessoa que age. Considera-se acção, no sentido delitual, qualquer comportamento dominável pela vontade e, neste sentido, imputado a um Homem. Portanto, a acção não representa meramente uma conduta no mundo físico, mas pressupõe uma interpretação pela qual a compreendemos como expressão de um sujeito, em princípio responsável pelo seu comportamento. Ao sujeito é de imputar não só uma actividade intencionalmente direccionada a um resultado pretendido como também qualquer acção dominável. Por isso, existe acção mesmo quando alguém, durante uma conversa, derruba um vaso por um movimento involuntário. Em contrapartida, movimentos sob influência de "vis absoluta", com base num reflexo incontrolável, não são acções no sentido delitual. Também incapazes podem "agir" no sentido jurídico-delitual; a problemática da sua responsabilidade, segundo os §§ 827 BGB, pertence ao nível da culpa. Se a existência de uma acção for duvidosa, então o ónus da prova cabe, em princípio geral, ao lesado, porque é ele que quer deduzir direitos dela. No entanto, o ónus da prova cabe excepcionalmente ao lesante quando alegar o facto de ter sido causado o dano em estado de desmaio. A acção no sentido de uma actividade positiva equipara-se à omissão se há um dever jurídico de agir, levantando problemas específicos no contexto dos deveres do tráfego.

Estudo de Direito Positivo

por uma intervenção alheia. Do mesmo modo, não estaremos perante uma acção no caso de inconsciência do agente. Nestes casos não há controlo da vontade nas condutas executadas[1724].

Neste ponto, MENEZES CORDEIRO chama a atenção para o facto da acção *humana traduzir o essencial da eficácia jurídica* como concretização do espaço de liberdade, ainda que tenha sido estudada especialmente na sua dimensão patológica no Direito penal e na responsabilidade civil. Também este conceito evoluiu de uma concepção naturalística, como alteração do mundo exterior por acto da vontade, para uma concepção jurídica, em que se sublinha uma dimensão final da acção, na medida em que o agente ao actuar configura o fim que visa atingir, permitindo o fim do agente distinguir efeitos muito distintos em acções naturalisticamente idênticas[1725].

§ 24.° Sistema da ilicitude

24.1. *Conceito único ou diferenciado de ilicitude*

I. Um dos pontos que merece uma breve incursão no estudo positivo das normas penais, igualmente evidenciado na evolução histórico-dogmática da responsabilidade delitual, respeita ao seu "descolamento" sucessivo e gradual da responsabilidade penal cujas dogmáticas se desenvolveram em sentidos manifestamente diferenciados.

A ilicitude penal tem tido compreensões distintas, consoante o sistema que aborda a teoria geral da infracção criminal, descurando-se uma construção unitária com a ilicitude civil. No sistema clássico de LISZT-BELING, a ilicitude surge como contrariedade formal com a ordem jurídica, pelo seu não afastamento por uma causa de exclusão da ilicitude; no sistema neo-clássico, marcado pela influência do neo-kantismo, a ilicitude surge como ofensa material de bens jurídicos, enquanto que, no sistema finalista, aparece essencialmente como a danosidade social de um comportamento[1726].

[1724] EMMERICH, *BGB-Schuldrecht, Besonderer Teil*, § 20, p. 252.
[1725] MENEZES CORDEIRO, *Tratado de Direito Civil Português*, I, pp. 445-446.
[1726] TERESA BELEZA, *Direito penal*, 2.° vol, AAFDL, (s. d.), pp. 54, 69 e 80.

Em matéria de ilicitude, como pressuposto de ambas as responsabilidades, são exploráveis diferentes hipóteses, designadamente i) um conceito único de ilicitude, enquanto comportamento contrário a uma norma impositiva ou proibitiva ou ii) um conceito diferenciado de ilicitude segundo o sector jurídico em que se encontra[1727].

Não é porventura plausível subscrever um conceito único de ilicitude como violação de normas de conduta ou violação de deveres jurídicos. Este conceito de ilicitude seria puramente formal, permitindo um tratamento unitário de uma realidade manifestamente plural. Na medida em que nos diferentes sectores do ordenamento jurídico o sistema interno e externo desenvolveram a ilicitude em sentidos nem sempre convergentes, resultado com que o intérprete tem de contar sob pena de subverter o sistema material em nome de uma lógica puramente formal, impõe-se compreender as diferenças materiais entre os diferentes ilícitos que jogam um papel nas funções que se atribuem a ambas as responsabilidades.

O princípio da unidade da ordem jurídica não impõe uma concepção única da ilicitude no contexto dos diferentes ramos jurídicos, mas tão só uma tentativa de compatibilização dos valores ínsitos aos diferentes sectores jurídicos, de modo a evitar contradições valorativas ou situações diferenciadas sem fundamentação material, violadoras da igualdade e da segurança jurídica, visando uma tendência de uniformização de resultados interpretativos do Direito. O jogo destas interferências mútuas tem de ser descortinado, apesar da falta de qualquer indicação legislativa sobre as diferentes esferas da ilicitude e sobre o seu campo de intersecção[1728]. A complicar este desenho, a doutrina tem realizado este exercício sobretudo no que concerne à relação entre responsabilidade criminal e civil, sendo consabido que a junção dos diferentes pressupostos específicos das

---

[1727] ERWIN DEUTSCH, *Haftungsrecht und Strafrecht*, pp. 345-346, e BELEZA DOS SANTOS, *Ilícito Penal Administrativo*, p. 45.

[1728] A este respeito, o artigo 31.º, n.º 1 do Código Penal é manifestamente incongruente, afastando a punibilidade por uma ilicitude reflexa da ordem jurídica na sua globalidade. Compatibilizar esta norma com a tipicidade criminal pode levantar dificuldades. Certo é não se tratar de uma causa de justificação, que afaste a ilicitude, mas da falta de uma condição de punibilidade, o que levanta algumas dúvidas sobre a epígrafe do artigo. A haver algum tipo de ordem jurídica que afaste o ilícito-típico penal seriam as normas constitucionais, mas, nesse caso, o problema não era de ilicitude mas de inconstitucionalidade material e consequente invalidade das normas penais.

mesmas não permite responder autonomamente à questão da ilicitude. Parece pacífico que as causas de justificação, que delimitam negativamente os espaços das normas proibitivas, são diferenciadas no campo penal e civil, o que, porém, só por si, não implicaria que as ilicitudes sejam materialmente diferenciadas.

II. Pelo que ficou exposto na parte periférica desta dissertação, subscrevemos um conceito diferenciado de ilicitude para a ordem jurídica, devendo descortinar-se critérios formais e materiais que permitam distinguir os diferentes tipos de ilícito. Assim, de referir: *i)* O critério da sanção, como critério de diferenciação do ilícito penal, civil e administrativo, que é puramente formal. Se atendermos a que, contrariamente ao defendido por KELSEN, a ilicitude não é uma condição pressuposta na norma de sanção, podendo existir ilicitude sem sanção (*lex imperfecta*), fica claro que este critério é manifestamente inoperante. *ii)* O critério das teologias sistemáticas diferenciadas segundo o sector do ordenamento, também não permite conjugar os "enfoques teológico-sectoriais" com os momentos teológicos de cada uma das normas[1729]. Diferenciar a responsabilidade criminal e a responsabilidade civil por uma maior ou menor funcionalidade – preventiva, sancionatória, reparadora – constitui porventura um exercício jurídico estéril, quando as aporias da responsabilidade civil emergem[1730] e os conceitos têm significados distintos, consoante as doutrinas em que se inserem, e os sistemas são simultaneamente holísticos e descontínuos e, por isso, incomparáveis. Faz sentido averiguar na solução de casos concretos, em termos de controlo de resultados (dimensão sinépica)[1731], se se justifica um predomínio da função reparadora, punitiva e preventiva. As funções da responsabilidade civil jogam-se, assim, mais no contexto das características específicas do caso concreto e da sua resolução do que numa avaliação abstracta *in toto* do sistema delitual no qual as aporias são incontornáveis.

Ademais as diferentes ilicitudes podem interagir entre si, havendo quem diferencie a relevância específica do ilícito no sector em que está

[1729] TERESA QUINTELA DE BRITO, *O Direito de Necessidade e a Legítima Defesa no Código Civil e no Código Penal*, Lex, Lisboa, 1994, p. 16.

[1730] PESSOA JORGE, *Ensaio*, p. 13, referindo-se às aporias da teoria da responsabilidade civil.

[1731] MENEZES CORDEIRO, *Tratado de Direito Civil Português,* I, p. 153.

648 Normas de Protecção e Danos Puramente Patrimoniais

inserido e a relevância reflexa em toda a ordem jurídica[1732]. Esta questão, no que à dogmática das normas de protecção respeita, não é despicienda, porquanto a sanção da responsabilidade civil apresenta-se como consequência da relevância reflexa de normas de outros sectores do ordenamento jurídico no coração do direito indemnizatório[1733].

24.2. A ilicitude do resultado e a ilicitude da acção

I. Quando se pretende imputar um dano a um determinado agente, não basta a identificação da conduta com o tipo normativo. Será igualmente necessário que essa conduta seja ilícita. A ilicitude acarreta um desvalor jurídico em relação à ordem jurídica[1734]. Mantém-se a polémica

---

[1732] OLIVEIRA ASCENSÃO, "A teoria finalista e o ilícito civil", Direito e Justiça, vol. II, (1981-1986), p. 82. Cfr. ERWIN DEUTSCH, Haftungsrecht und Strafrecht, pp. 346-347.

[1733] OLIVEIRA ASCENSÃO, A teoria finalista, p. 81 e 83, a ilicitude é uma figura geral que ultrapassa muito a reparação de danos, sendo uma categoria geral da ordem jurídica. Neste último estudo, OLIVEIRA ASCENSÃO pretende discutir se o finalismo desenvolvido no campo da acção na doutrina penal deve ser utilizado também no direito civil. A utilização de uma teoria da acção final no domínio do direito civil pressuporia que o ilícito incorporasse já em si o dolo e a negligência, até agora considerados elementos da culpa, e discutir se haverá espaço para um pressuposto de culpa depois de incorporar o dolo e a negligência na ilicitude. Neste ponto, a faute napoleónica é mais tradutora de um sistema final de acção, na medida em que funde a ilicitude e a culpa.

[1734] MERTENS Münchener Kommentar, § 823, pp. 1503-1504: A aplicação do regime de responsabilidade civil previsto no § 823 II BGB pressupõe que o lesado se integre no núcleo de indivíduos protegidos pela norma de protecção, que tenha havido uma lesão de um bem jurídico incluído no escopo de protecção da norma e que desta lesão tenha resultado um perigo que a norma devia combater. A relevância do escopo normativo da norma de referência para a concretização da dimensão da responsabilidade é já realçada no âmbito do § 823, II BGB, através do objecto material da norma, de onde resulta que "os interesses protegidos pela norma devem ser apurados pelo conteúdo do bem jurídico violado" (Prot. II, 571). Esta importante função sempre foi abordada e tida em consideração tanto pela doutrina como pela jurisprudência. MERTENS concorda com a advertência de MARBURGER, segundo o qual o património, no seu significado genérico, não deve ser chamado à colação enquanto alvo directo de protecção das normas das disposições técnicas relativas à segurança, uma vez que perante as múltiplas hipóteses de ofensa primária ao património, expandiu-se de forma bastante abrangente o dever de prevenção do perigo, tornando incalculável e também insusceptível de ser objecto de seguro o risco de responsabilidade, dando deste modo origem a uma forte limitação da acção técnico-económica. Esta situação foi sobretudo aplicada às normas da Lei reguladora de medidas destinadas à redução da polui-

Estudo de Direito Positivo 649

acerca dos pressupostos jurídicos inerentes a uma situação de desvalor jurídico. A discussão nasceu, fundamentalmente, em torno do antagonismo entre as noções de desvalor do resultado e desvalor da acção. O desvalor do resultado verifica-se com o preenchimento do tipo normativo, *i.e.*, a concretização do resultado conforme ao tipo mediante uma conduta humana e ilícita, desde que, no caso concreto, não intervenha qualquer causa de exclusão da ilicitude. Pelo contrário, de acordo com a teoria do desvalor da acção, além da aceitação da ilicitude de uma determinada conduta é acessoriamente necessária uma fundamentação positiva baseada na prova da lesão de um determinado dever de conduta. Subjaz a esta teoria a concepção segundo a qual se entende que os comandos e interdições do ordenamento jurídico se orientam por formas de conduta humana e, como tal, apenas sobre estas poderá recair um desvalor jurídico[1735].

Ainda hoje a doutrina do desvalor do resultado é predominante na responsabilidade delitual, sobretudo nos casos em que a lesão em causa diga respeito a um determinado elemento normativo individualizado, como, por exemplo, a uma ofensa à integridade física ou à propriedade (§ 823 I BGB). Em casos deste género, através do simples preenchimento do tipo normativo, indicia-se a ilicitude da acção, limitando-se, deste modo, a análise do caso concreto à averiguação da existência de uma causa de exclusão da ilicitude[1736].

Há, porém, casos em que é de seguir a concepção adoptada pela teoria do desvalor da acção. Os mais relevantes são, por um lado, os chamados tipos normativos "em aberto", ou seja, as cláusulas gerais e, por outro lado, os delitos negligentes que assumem um papel fulcral no âmbito do direito delitual. A importância deste tipo de situações deve-se ao facto de, nestes casos, não existir qualquer explicação para o facto de através do mero preenchimento do tipo se indiciar a ilicitude. Como consequência, a comprovação da ilicitude necessita de uma fundamentação positiva, *i.e.*, da demonstração de que efectivamente se transgrediu um dever de cuidado[1737].

ção atmosférica. Cfr. ainda WAGNER, *Münchener Kommentar*, § 823, pp. 1666-1669, TEICHMANN/JAUERNIG, BGB *Bürgerliches Gesetzbuch Kommentar*, 12. A., C.H. Beck, 2007, § 823, p. 1119, SPICKHOFF/SOERGEL, *Bürgerliches Gesetzbuch*, § 823, p. 122.

[1735] EMMERICH, *BGB-Schuldrecht, Besonderer Teil*, § 20, pp. 253-254.

[1736] EMMERICH, *BGB-Schuldrecht, Besonderer Teil*, § 20, p. 254.

[1737] EMMERICH, *BGB-Schuldrecht, Besonderer Teil*, § 20, p. 254. Neste sentido, LUÍS MENEZES LEITÃO, *Direito das Obrigações*, I, p. 313: *"A distinção entre culpa e negligên-*

A teoria da ilicitude do resultado e a teoria da ilicitude da acção concordam em considerar a conduta humana como objecto do juízo de ilicitude, mas enquanto para a primeira o elemento decisivo é o "desvalor do resultado", para segunda é o "desvalor da conduta"[1738-1739]. A teoria da ilicitude da acção funda-se na concepção da lesão ou simples colocação em perigo de interesses protegidos pelo direito por meio de acções contrárias a uma imposição ou a uma proibição. A teoria da ilicitude do resultado integra o dolo e a negligência na culpa em termos coerentes com o critério da culpa em abstracto (artigo 487.°/2) e da culpa como deficiência da conduta. De forma diferenciada, a teoria da ilicitude da acção integra o dolo e a negligência na ilicitude (de forma semelhante às soluções finalis-

---

cia tem, porém, ainda uma grande importância para efeitos da dogmática do ilícito civil. É que se o agente agir com dolo actua logo ilicitamente, desde que lese algum direito subjectivo ou um interesse objecto de uma norma de protecção (art. 483.°). Se, porém, não existir uma actuação dolosa do agente, só haverá ilicitude, conforme acima se referiu, se o agente violar um dever objectivo de cuidado na lesão de bens jurídicos, o que implica reconhecer estar presente na negligência um requisito suplementar de ilicitude e não apenas uma forma de culpa".

[1738] STATIS BANAKAS, "Thoughts on a New European Tort Law", Festschrift für Erwin Deutsch Zum 70. Geburtstag, Heymanns, Köln, 1999, pp. 14-15, dando conta que NIPPERDEY, REICHEL e WIETHOLTER criticaram a teoria do desvalor do resultado que consideram incorrecta para os danos negligentes. VON CAEMMERER desenvolveu a teoria do desvalor da acção "Handlungsunrechtslehre", seguida por STOLL, LARENZ e DEUTSCH que acabou por obter acolhimento no BGH. STATIS BANAKAS defende que, no respeita à responsabilidade civil, o dano negligente deve deixar de ser individual e tornar-se social, bem como o desenvolvimento de uma teoria económica para a responsabilidade delitual.

[1739] NUNO MANUEL PINTO OLIVEIRA, *Sobre o conceito de ilicitude do art. 483.° do Código Civil*, p. 528. Defendendo que VAZ SERRA terá sugerido a consagração explícita da teoria do desvalor do resultado no seu projecto, em que incluia uma disposição legal que estabelecia que "*A lesão de direitos ou de disposições de protecção e interesses de outrem presume-se antijurídica. Esta presunção pode ser ilidida por alguma causa justificativa do facto, nos termos legais*". Não concordamos que se trate da consagração explícita da teoria do desvalor do resultado, mas tão só da conformação legal de uma presunção *iuris tantum* de ilicitude da "lesão" de direitos subjectivos e de disposições de protecção. Para uma crítica às teorias do desvalor da acção e do resultado (cfr. pp. 533 e ss), acabando o Autor por subscrever uma fórmula intermédia que preconiza a aplicação da teoria do desvalor do resultado nas acções directas e nas acções mediatas a teoria do desvalor da acção, pressupondo a violação de deveres do tráfego, autonomizáveis em sede de ilicitude, que exigem que o agente adopte todas as medidas para a remoção do perigo que uma pessoa ideal adoptaria, o que se diferenciaria do dever de cuidado em sede de culpa, que só exige que o agente adopte as medidas de segurança de uma pessoa normal (p. 539).

Estudo de Direito Positivo 651

tas e pós-finalistas do ilícito penal) e coloca-se perante a seguinte alternativa: apreciando a culpa em concreto e a culpa como deficiência da vontade, nega a existência de culpa e de responsabilidade nos casos em que o indivíduo actua com toda a diligência de que é capaz, mesmo que inferior à diligência exigível no tráfego, ou exclui a culpa da construção dogmática da responsabilidade delitual, recusando somente a responsabilidade em situações de inimputabilidade (art. 488.°).

Podem, assim, distinguir-se duas áreas com respeito à ilicitude: *i)* Na primeira área, a realização do tipo legal é ilícita, pois o tipo legal designa de maneira suficientemente determinada uma acção proibida: matar ou ferir uma pessoa ou danificar uma coisa alheia. A ilicitude é "indiciada" pela conformidade aos elementos constitutivos de um delito, restando apenas verificar se a "indiciação" não é posta em causa por causas de justificação especiais. *ii)* Na segunda área, em contrapartida, o tipo legal é tão indeterminado que nem sequer se consegue obter um indício da ilicitude, o que se aplica aos "outros direitos" do § 823 I, BGB, *i.e.* ao "direito à empresa" e ao "direito geral de personalidade" que, enquanto direitos-quadro, não têm contornos nítidos. Na sua violação, a ilicitude é de fundamentar através de uma ponderação em relação aos direitos de outras pessoas. A necessidade de uma fundamentação especial da ilicitude não se limita, porém, aos direitos-quadro mencionados, também noutros tipos legais, que protegem bens jurídicos ou direitos "clássicos", como a vida, a integridade física ou a propriedade, a ilicitude pode ter de se fundamentar devido à indefinição do conceito "violar". Na verdade, na maior parte das vezes, é indiscutível que ocorreu um resultado de violação na vida, na integridade física ou na propriedade, podendo ser, não obstante, duvidoso se o comportamento da pessoa preenche a "violação" no sentido jurídico: será que se ofendeu ilicitamente a integridade física de outrem por se ter iluminado mal a entrada da sua casa levando a que o lesado tenha tropeçado? Se um produto defeituoso causar dano ao consumidor, será que esta é uma violação ilícita do produtor? Seria simples responder a estas questões se se pudesse entender o termo "violar ilicitamente" como *introduzir uma causa para o resultado da violação*", que incluiria as acções dos sujeitos mencionados. Uma compreensão tão larga do conceito de "violação" seria juridicamente inútil, o que se revela claramente nas omissões. Por exemplo, na omissão de iluminação da entrada da casa apenas o proprietário terá esse dever. Assim, só se pode imputar o resultado da violação às pessoas que estavam obrigadas ao seu afastamento. A indiciação da ilicitude pelo preenchimento do tipo delitual objectivo limita-se, no § 823 I BGB, à violação directa de um dos bens jurídicos clássicos. O termo "directo" implica que o resultado de violação esteja de tal maneira no decorrer da acção que é nítida a imputação à pessoa que age, o que falta nas omissões e quando a violação representa só uma consequência remota da acção da pessoa enquanto violação mediata. Na medida em que a ilicitude não esteja indiciada, tem de corresponder à violação de um dever do tráfego[1740].

Através do recurso ao conceito-função da ilicitude, segundo LARENZ, a doutrina defendeu que a ilicitude dever-se-ia aferir em relação à acção, no sentido da existência de uma conduta reprovada pela ordem jurídica. Contudo, a defender-se este conceito de ilicitude ampliar-se-ia sem justificação material a ilicitude a acções que sendo ilícitas não são culposas[1741]. Tendo em conta este alargamento, tem-se defendido que um conceito de ilicitude restrito ao resultado cumpriria melhor na responsabilidade delitual a sua função, mas já seria imprestável no domínio da legítima defesa, onde está presente um conceito de ilicitude independente do resultado[1742].

II. A doutrina obrigacionista tem salientado, no domínio da responsabilidade delitual, diferentes formas ou variantes da ilicitude. De referir que existe uma ilicitude em sentido amplo e uma ilicitude em sentido restrito enquanto pressuposto da responsabilidade delitual. O conteúdo atribuído ao recorte da ilicitude para efeitos do sistema aquiliano depende do próprio esquema, mais analítico ou mais sintético, dos pressupostos de responsabilidade delitual. Interessa tomar em consideração que a ilicitude comporta-se como um conceito que não admite graduação, o que não afasta que certas proibições gerais estejam sujeitas a valorização, mercê do recurso a cláusulas gerais ou a conceitos indeterminados. Porém, um comportamento não é mais lícito ou menos lícito; ou é lícito ou ilícito. Recorrendo à imagem de POPPER, dir-se-á que o conceito de ilicitude se comporta mais como um pêndulo de um relógio do que como uma nuvem desordeira. Com efeito, a conduta do agente ou se enquadra numa previsão de proibição específica ou de proibição genérica, ou em normas que

---

[1740] MEDICUS, *Schuldrecht II, Besonderer Teil*, § 136, pp. 282-285.

[1741] Nos exemplos de LARENZ, seriam ilícitas a entrega de plantas venenosas se posteriormente aquele que as recebe se envenasse ou envenasse terceiros, ou a distribuição de um produto que viesse a causar danos.

[1742] LARENZ, *Metodologia da Ciência do Direito*, p. 689.

Estudo de Direito Positivo

delimitam negativamente as proibições – causas de exclusão da ilicitude – que justificam as condutas, ou em normas de permissão genérica ou de permissão específica.

24.3. *A ilicitude nas normas de protecção*

I. Nas acções proibidas são elementos constitutivos do delito a ilicitude e a culpa. O esforço de alguns penalistas de reconduzirem o dolo ao tipo legal não foi seguido no Direito civil. A tentativa que justifica que o dolo se localize no tipo legal não tem importância para a responsabilidade delitual quando não se produz qualquer prejuízo. Nas normas de protecção a ilicitude corresponde à sua violação. Em relação a estas normas, alguma doutrina tem dificuldade em autonomizar a ilicitude da culpa.

Contrariamente ao defendido por alguma doutrina alemã – como se afirmou previamente – o pressuposto da ilicitude é mais difícil de preencher *extra muros* da figura do direito subjectivo[1743], em resultado da prévia necessidade de afirmação, em abstracto e em concreto, do carácter de protecção da norma[1744]. Diferentemente, o juízo de censura pela violação da norma de protecção é mais fácil de realizar atendendo a que o critério do artigo 487.°/2 do CC é substituído por uma censura resultante directamente da violação da regra de conduta. De certo modo, passe o paradoxo, apesar das normas de protecção surgirem precisamente num modelo que separa a ilicitude da culpa, parece ser a *faute* napoleónica que se nos

---

[1743] Neste sentido, Frank Peters, *Zur Gesetzestechnik*, p. 914, quando afirma ser mais fácil a prova da violação do direito de propriedade do que um crime de dano ou de roubo (referido *supra*).

[1744] No sentido da maior facilidade de preenchimento da ilicitude, Esser/Weyers *Schuldrecht*. Band II, Besonderer Teil, Teilband 2, § 56, p. 199. A responsabilidade segundo o § 823 II BGB não depende, como no § 823 I, de um resultado, da violação de um direito ou bem jurídico, mas sim de um comportamento, ou seja, da violação de "uma lei que tem por fim a protecção de um outro". Por isso, a aplicação do § 823 II BGB é, na maioria das vezes, mais simples do que a do §823 I BGB, pois os tipos legais da maioria das normas de protecção estão concebidos de maneira muito mais concreta do que no § 823 I BGB e são esclarecidos amplamente por trabalhos preparatórios intensos de disciplinas vizinhas. Medicus, *Schuldrecht II, Besonderer Teil*, § 142, p. 311, considera que para a ilicitude é necessário o preenchmento dos elementos subjectivos e objectivos da norma de protecção. Neste sentido, igualmente Schlechtriem, *Schuldrecht. Besonderer Teil*, § 3, p. 375.

654 | *Normas de Protecção e Danos Puramente Patrimoniais*

depara, criando-nos algumas dificuldades em encontrar situações de ilicitude sem culpa para lá dos casos de inimputabilidade. No entanto, consubstanciaria um retrocesso doutrinário, com laivos de algum paradoxo, a afirmação que estando a separação pandectística da ilicitude e da culpa na etiologia das próprias normas de protecção, na aplicação dos pressupostos desta situação básica delitual se seguiria um modelo napoleónico de *faute*. Na verdade, a ilicitude e a culpa continuam a ser autonomizáveis; todavia a culpa, enquanto censura sobre o comportamento ilícito, é aferida pelo critério (*standard*) que subjaz à definição do carácter ilícito do comportamento. Assim, não se trata de voltar a fundir os dois sistemas de imputação num só, mas tão só e apenas de compreender que a bitola da ilicitude, *i.e.* a linha que permite traçar a licitude e ilicitude do comportamento, serve igualmente para aferir a culpa do comportamento do agente.

Assim sendo, a ilicitude comporta-se como um pressuposto dominante em relação aos demais, em especial à culpa e ao nexo de causalidade. Esta função dominante da ilicitude contribui para que os pressupostos da culpa e do nexo de causalidade na resolução de casos concretos funcionem mais como pressupostos negativos dos que propriamente como pressupostos positivos e, nesta perspectiva, assiste-se a uma maior dificuldade em autonomizá-los da ilicitude sobre a qual vão incidir. No entanto, não se segue a posição de parte da doutrina austríaca, designadamente de PETER BRUNNER no sentido de prescindir dos pressupostos delituais da culpa e do nexo de causalidade na responsabilidade por violação de normas de protecção.

24.4. *A ilicitude nos deveres de tráfego*

I. Segundo VON BAR, os deveres do tráfego não se adaptam completamente a qualquer das três situações básicas delituais do direito delitual alemão, uma vez que foram desenvolvidos para completar o *deficit* de protecção delitual do BGB. Assim, a sua inserção numa das situações básicas delituais tem que ser realizada de forma a alcançar uma reduzida ruptura dogmática, tomando em consideração as diferenças materiais e formais entre as situações básicas delituais do BGB. Para tal, devem utilizar-se os § 823 I e II BGB, uma vez que o § 826 BGB não deve permitir um alargamento da protecção delitual de bens[1745].

[1745] CHRISTIAN VON BAR, *Verkehrspflichten*, p. 145.

Estudo de Direito Positivo

Uma parte significativa da doutrina alemã defende que os deveres do tráfego cumprem uma função complementar, que consiste em fundamentar a ilicitude das violações causais de bens jurídicos. VON BAR é de parecer que a teoria do ilícito do resultado, que se encontra no § 823 I BGB, deve ser afastada pela defesa de um dualismo de ilicitude relacionado com a proibição e com a colocação em perigo (DEUTSCH)[1746], permitindo que os deveres do tráfego possam ser localizados indiscriminadamente no § 823 I ou no II BGB[1747]. O § 823 I BGB parte da violação de um direito absoluto ou bem jurídico como critério da ilicitude. A ilicitude de um comportamento é averiguada com a ajuda do resultado por ser contrário à ordem jurídica. Este conceito de ilicitude tem sido objecto de significativas críticas. O BGH[1748], sob a influência da doutrina de ESSER da existência de duas vias do direito de responsabilidade civil[1749], fez depender a ilicitude da colocação em perigo. NIPPERDEY subscreveu esta inversão da teoria clássica da ilicitude através do conceito de *comportamento conforme ao tráfego*[1750]. Uma actividade exercida *"de forma conforme ao tráfego"* (socialmente adequada e com o cuidado necessário no tráfego) não é ilícita, ainda que se verifique um resultado danoso. Com efeito, os prejuízos inevitáveis que surgem, apesar do cumprimento de todas as regras de cuidado, não são ilícitos. Nem todas as violações dos direitos e bens jurídicos protegidos pelo § 823 I BGB são, assim, desconformes com a ordem jurídica, sendo de exigir a infracção de uma norma de conduta. Esta interpretação da ilicitude liga-se à doutrina final de acção que, de acordo com WELZEL, parte do facto das normas de ordem e de proibição se dirigirem à vontade do Homem e à sua capacidade de condução. Deste modo, um comportamento ilícito pressupõe na acção dolosa, uma finalidade desaprovada pela ordem jurídica. Nos comportamentos negligentes a ilicitude não consiste na mera violação de bens jurídicos, faltando uma acção ilícita se o agente observou o cuidado necessário no tráfego. Para os finalistas, o automobilista não "mata" quando atropela um suicida, nem uma enfermeira "mata"

[1746] DEUTSCH, *Haftungsrecht*, §14, p. 195, (n. 33).

[1747] Neste sentido, CHRISTIAN VON BAR, *Verkehrspflichten*, § 6, p. 145.

[1748] BGH 4-Mar.-1957, BGHZ 24, 21.

[1749] ESSER, "Die Zweispurigkeit unseres Haftungsrecht", JZ, (1953), p. 129.

[1750] NIPPERDEY, "Rechtswidrigkeit, Sozialadäquanz, Fahrlässigkeit, Schuld im Zivilrecht", NJW, (1957), p. 1777, e NJW, (1967), pp. 1985 e ss.

quando, por ignorância e sem infracção do dever de cuidado, injecta uma dose excessiva mortal[1751].

A teoria da ilicitude da acção é fundamental para a compreensão das normas de protecção e dos deveres do tráfego. Se se entenderem os deveres do tráfego como uma grande cláusula geral, os tipos legais do BGB seriam segmentos parciais desta cláusula geral extensa, tornando-se casos de aplicação dos deveres do tráfego. Fora dos casos de violação dolosa de bens jurídicos, V. CAEMMERER orientou-se para esta tese[1752]. LARENZ chamou a atenção para o facto de, segundo as teses de NIPPERDEY, às quais aderiu V. CAEMMERER, o § 823 I e II BGB tornarem-se inúteis[1753], uma vez que a sua função seria integralmente substituída pelos deveres do tráfego. Sendo os deveres do tráfego orientados estruturalmente pela ilicitude relacionada com a proibição, que é fundamental para delimitar as omissões relevantes para a responsabilidade delitual – atendendo a uma zona cinzenta entre a acção e omissão –, as situações básicas delituais passariam a ser vistas como a concretização de um tipo legal de responsabilidade por violação do dever do tráfego. Este tipo geral seria manifestação do *alterum non laedere*, correspondendo à grande cláusula geral de modelo francês[1754].

Todavia, segundo VON BAR, *de lege lata* não há espaço para uma cláusula geral ampla (pelo menos nos sistemas de tipo germânico), pelo que a tarefa de localizar os deveres do tráfego nas diferentes situações básicas delituais mantém-se. O primeiro pressuposto para a interpretação dos deveres do tráfego pelo modelo do artigo 1382 Code civil assenta num conceito de ilicitude único. Ora, a existência de perspectivas distintas no Direito penal e no Direito civil revela-se claramente não só nos conceitos diferenciados de negligência, mas também no facto de, no direito delitual, as omissões poderem conduzir a indemnização por dano moral. O conceito

---

[1751] CHRISTIAN VON BAR, *Verkehrspflichten*, § 6, pp. 146-147. Cfr. estes exemplos em LARENZ/CANARIS, *Lehrbuch des Schuldrechts*, § 75, p. 366, mantendo a importância da distinção entre a ilicitude por violação do dever de comportamento e a culpa pela violação do cuidado necessário do tráfego (§ 276 BGB), o que significa que embora ilícitas – as condutas da enfermeira que injecta penicilina a um alérgico ou do condutor que atropela um suicida – podem não ser culposas (cfr. p. 369).

[1752] VON CAEMMERER, *Wandlungen des Deliktsrechts*, pp. 80-81.

[1753] LARENZ, *Rechtswidrigkeit und Handlungsbegriff im Zivilrecht*, p. 194.

[1754] Análise da doutrina alemã feita por CHRISTIAN VON BAR, *Verkehrspflichten*, § 6, pp. 146-147.

de ilicitude da acção necessita igualmente de correcções. A doutrina do desvalor de acção trabalha com um conceito não diferenciado de resultado. O resultado de uma acção ou omissão não é simplesmente cada *"estado, condicionado pelo comportamento, do dano num bem jurídico"* (MÜNZBERG). Resultado é o vidro destruído, o braço que sangra, o "não-conseguir-sair" do comboio em andamento. Todavia, só se consegue averiguar estes resultados por critérios jurídicos. A protecção dos direitos absolutos fornece o esclarecimento sobre a ilicitude do comportamento do agente. O *comportamento conforme ao tráfego*, que se movimenta dentro das ordens e proibições, pode ser ilícito atendendo à protecção absoluta de bens jurídicos, o comportamento não conforme ao tráfego é sempre ilícito. Segundo VON BAR, deve recusar-se a construção dos deveres do tráfego como cláusula geral do direito delitual, não sendo os §§ 823 I, II e 826 BGB meros exemplos da sua concretização; os deveres do tráfego devem antes ser concebidos como concretizações daqueles parágrafos. É admissível para a responsabilidade, segundo o § 823 I BGB, uma ilicitude de colocação em perigo. Mesmo no que concerne aos direitos-quadro, como o "direito à empresa" e o "direito geral de personalidade", para onde são frequentemente transplantados os deveres do tráfego, o conceito de ilicitude relaciona-se com a proibição[1755].

A doutrina alemã que separa ilicitude de colocação em perigo e ilicitude de proibição e que encontra nessa separação uma das diferenças entre os § 823 I e II BGB teve, todavia, que aceitar restrições no campo da ilicitude relacionada com a colocação em perigo. A multiplicidade de formas de causar dano obrigou a um aprimoramento da dimensão dos direitos e bens jurídicos absolutos cuja violação implica ilicitude da acção. Protecção absoluta de bens não é conveniente contra todo tipo de omissões, nem contra todo tipo de acções, havendo inúmeros exemplos que traduzem estas dificuldades. O tráfego rodoviário causa vítimas, armas causam acidentes, crianças são vítimas de remédios que existem nas suas casas. A produção destes bens aumenta de maneira considerável a probabilidade de danos físicos e de casos mortais. Se se considerar ilícita cada violação causal adequada de bens jurídicos, não deveria ser permitida a produção desses bens. Não se consegue afastar a responsabilidade com base na causalidade ou na culpa devido à previsibilidade dos danos que se podem

---

[1755] CHRISTIAN VON BAR, *Verkehrspflichten*, §6, pp. 146-147.

verificar. Só os princípios da responsabilidade de pôr em perigo conseguem afastar a responsabilidade. Uma responsabilidade do produtor é apenas relevante quando viola os controlos de fabricação, permitindo que bens defeituosos cheguem ao mercado. Intervenções imediatas são, por isso, sempre ilícitas, mas as intervenções mediatas só são ilícitas quando existe uma violação de dever. Esta separação, entre as intervenções imediatas e mediatas surge em LARENZ, DEUTSCH e STOLL e V. CAEMMERER[1756]. Segundo VON BAR, intervenções imediatas e mediatas podem ser separadas segundo a interpretação de tráfego. Se o resultado pertence ainda ao decorrer da acção, torna visível *"o que era a acção, pela sua natureza objectiva, desde o princípio"*, se o resultado já não se encontra no âmbito do decorrer da acção, *i.e.* se a violação é só a *"consequência distante, facilitada por várias causas intermediárias, de um certo comportamento"*[1757], tem de acrescer uma violação do dever que permita evitar a produção do dano[1758].

De acordo com os exemplos de VON BAR, configura uma violação mediata a acção dos funcionários do centro comercial que não retiraram do chão cascas de banana, o proprietário que não espalha sal na entrada do seu prédio, a literatura de um medicamento não esclarecedora, o dono de uma barraca de tiro que negligencia normas de segurança, o organizador de um torneio de equitação que não toma todas as precauções em relação às vedações, a gerência de uma oficina de automóveis que não informa os seus trabalhadores sobre utilização das peças sobressalentes. As violações mediatas pressupõem deveres do tráfego, podendo estes ser compreendidos no direito delitual alemão como uma cláusula geral parcial para a cobertura das acções mediatas e das omissões. Na omissão, a vítima fica prejudicada imediatamente ou por terceiros, ou por forças naturais ou por si própria. Responsável pela violação de dever é o agente que não actua directamente mas indirectamente na acção que conduz ao prejuízo. Aqui, como nos casos da colocação de um perigo abstracto, o resultado não torna meramente visível *"o que era a acção, pela sua natureza objectiva, desde o princípio"*. Quem, distraidamente embate na auto-estrada contra outro veículo, viola imediatamente a propriedade de forma negligente, agindo, portanto, contrariamente ao dever do tráfego. Se ocorrer um engarrafa-

---

[1756] LARENZ, *Rechtswidrigkeit und Handlungsbegriff im Zivilrecht*, pp. 183 e ss.
[1757] LARENZ, *Rechtswidrigkeit und Handlungsbegriff im Zivilrecht*, p. 195.
[1758] CHRISTIAN VON BAR, *Verkehrspflichten*, § 6, pp. 157-158.

Estudo de Direito Positivo 659

mento e os automobilistas impacientes desviarem pela berma, a proprie-dade do Estado é violada só mediatamente pelo causador do acidente. Com a interpretação dos deveres do tráfego como cláusula geral parcial da res-ponsabilidade por violações mediatas ganha-se um primeiro princípio de que para a localização dos deveres do tráfego no § 823 I ou no II BGB são decisivas as diferenças formais e materiais entre estas duas situações bási-cas delituais. As intervenções mediatas só são ilícitas quando existe uma violação de dever do tráfego. Por outro lado, foi a função de protecção dos direitos subjectivos que permitiu considerar intervenções mediatas e con-formes ao dever como não ilícitas, apesar da acção que as origina ser ade-quada causalmente à "violação" do bem jurídico. Podem qualificar-se as intervenções mediatas ilícitas quer do ponto de vista do direito de *pôr em perigo* como do ponto de vista da proibição. A respectiva qualificação cor-responderia à estrutura dos § 823 I e II BGB[1759].

No § 823 I BGB a protecção necessária parte do bem jurídico abso-luto. No § 823 II BGB parte de ordens concretas de acção. Em numerosos casos a única diferença entre o § 823 I e o II BGB está neste ponto. Consi-derado o resultado, a questão da classificação dos deveres do tráfego apre-senta-se como um problema de ordem. Podem-se localizar os prejuízos mediatos tanto no § 823 II BGB, que se orienta pela ilicitude da acção, como aplicar o § 823 I BGB em intervenções mediatas contrárias ao dever. Como não se consegue, pela natureza das intervenções mediatas, concluir sobre a sua localização nas duas situações básicas delituais, é preciso com-parar os deveres do tráfego no contexto dos dois parágrafos do § 823 BGB através de critérios formais e materiais. Entre os formais, o conceito de norma de protecção remete para a violação de uma norma jurídica objectiva e a segunda variante da ilicitude alcança uma posição de transformador por incorporar normas de conduta de outras áreas jurídicas no Direito civil. Entre as diferenças materiais destaca-se o facto de meros interesses priva-dos serem inseridos se ficam na área de protecção da norma de comporta-mento. Apesar do § 823 II BGB abranger normas de perigo concreto, o seu significado principal está em tornar a violação de normas de perigo abs-tracto no fundamento da ilicitude. Nestas, a culpa só se refere à violação da norma de protecção, não incidindo sobre a violação do bem jurídico[1760].

[1759] CHRISTIAN VON BAR, *Verkehrspflichten*, § 6, pp. 157-158.

[1760] VON LISZT, *Die Deliktsobligationen im System des Bürgerlichen Gesetzbuchs*, p. 35, e SCHMIEDEL, *Deliktsobligationen nach deutschem Kartellrecht*, p. 73 e ss.

660   *Normas de Protecção e Danos Puramente Patrimoniais*

Outra diferença material encontra-se no ónus da prova da culpa, pois na infracção contra uma norma de protecção de perigo abstracto inverte-se o ónus da prova com respeito à culpa, enquanto que, no § 823 I BGB, o lesado fica onerado com a prova da culpa do lesante. Segundo VON BAR, os aspectos referidos convidam a localizar os deveres do tráfego no § 823 II BGB[1761]. Porém, pensamos que a solução a seguir é, na linha de CANARIS, a de localizar os deveres do tráfego em todas as situações básicas delituais, sob pena de se transformar o § 823 II numa grande cláusula geral de tipo napoleónico.

24.5. *Causas de justificação*

I. As causas de exclusão da ilicitude são erigidas tipicamente com o enfoque na violação de direitos subjectivos. A doutrina obrigacionista clássica exclui a ilicitude do acto sempre que o mesmo é praticado no exercício de um direito ou no cumprimento de um dever. As causas de exclusão da ilicitude comportam-se como pressupostos negativos da ilicitude na responsabilidade delitual[1762]. De salientar, a propósito das causas de exclusão da ilicitude, a variedade de atitudes doutrinais perante o seu enquadramento. Já em 1968, PESSOA JORGE chamava a atenção para esta diversidade[1763]. Para este Autor, as causas de justificação reconduziam-se ao cumprimento de um dever, à obediência hierárquica, ao exercício de um direito, à acção directa, à legítima defesa, ao estado de necessidade e ao consentimento do ofendido, causas que seriam reconduzíveis ao cumprimento de um dever, ao exercício de um direito ou ao consentimento do ofendido[1764].

[1761] CHRISTIAN VON BAR, *Verkehrspflichten,* § 6, pp. 157-158. Em sentido diferente, MARTINA DECKERT, "Die Verkehrspflichten", Jura, 1996, p. 349, situando os deveres do tráfego no § 823 I BGB, mas admitindo, na linha de CANARIS, deveres do tráfego no contexto de normas como os §§ 823 II, 824, 826, 831 BGB.

[1762] Sobre o conceito de pressuposto negativo, cfr. FERNANDO PESSOA JORGE, *Ensaio*, p. 153.

[1763] PESSOA JORGE, *Ensaio*, p. 158.

[1764] Sobre esta causa de exclusão da ilicitude, ANTUNES VARELA, *Das Obrigações em Geral*, I, pp. 552-562, MÁRIO JÚLIO DE ALMEIDA COSTA, *Direito das Obrigações*, pp. 567-578, MENEZES CORDEIRO, *Direito das Obrigações*, 2.° vol, pp. 355-365, LUÍS MENEZES LEITÃO, *Direito das Obrigações*, I, pp. 302-310, e PEDRO ROMANO MARTINEZ, *Direito das Obrigações*, Apontamentos, pp. 105-108.

Estudo de Direito Positivo 661

A questão que nos deve preocupar neste contexto centra-se na forma como as causas de justificação são susceptíveis de ser aplicadas à violação de normas de protecção[1765]. Na verdade, esta temática tem sido construída sobre a violação de direitos subjectivos, sendo discutível a aplicação de todas as causas de justificação às normas de protecção. Com efeito, se algumas causas de justificação são de aplicação geral, outras, manifestamente, levantam inesgotáveis dificuldades na sua aplicação à violação destas normas[1766].

Algumas causas de justificação pressupõem a disponibilidade dos bens subjacentes aos direitos subjectivos e daí a inviabilidade da sua aplicação a normas de protecção que têm uma *ratio* cumulativa de interesse público. A este respeito, cabe chamar a atenção que a acção directa pressupõe a licitude do recurso à força para assegurar o próprio direito (art. 336.º, n.º 1) e que o acto lesivo dos *direitos de outrem* é lícito desde que o ofendido tenha consentido na lesão (art. 340.º, n.º 1)[1767]. De forma aparentemente diferente, na legítima defesa – a lei refere-se a acto *justificado* e não a acto lícito – prevê-se uma actuação para afastar qualquer agressão actual e contrária à lei *contra a pessoa* e o *património* do agente ou de terceiro (art. 337.º, n.º 1)[1768].

[1765] MERTENS *Münchener Kommentar*, § 823, pp. 1447-1449, WAGNER *Münchener Kommentar*, § 823, pp. 1653-1654, e TEICHMANN/JAUERNIG, *Bürgerliches Gesetzbuch*, § 823, p. 1120.

[1766] Admite-se a aplicação da legítima defesa, mas com as devidas cautelas. MARIA DA CONCEIÇÃO SANTANA VALDÁGUA, "Aspectos da Legítima Defesa no Código Penal e no Código Civil", Separata de Jornadas em Homenagem ao Professor Doutor Cavaleiro Ferreira, Lisboa, 1995, pp. 235-285, defendendo a derrogação do artigo 337.º do CC pelo artigo 32.º do CP numa posição que afasta a de CAVALEIRO FERREIRA que admitia a aplicação do atigo 337.º do CC quando houvesse apenas responsabilidade civil.

[1767] PESSOA JORGE, *Ensaio*, p. 221: "*A acção directa é um meio de defesa de direitos subjectivos e não de simples interesses legalmente tutelados, o que tem importância prática. Assim, um industrial não pode destruir artigos iguais aos do seu fabrico, que um comerciante importou contra normas proibitivas dessa importação e destinadas a proteger a indústria nacional, ainda que o primeiro tenha direito a ser indemnizado pelo segundo*".

[1768] PESSOA JORGE, *Ensaio*, p. 233: "*É duvidoso que à face do Código Civil, haja legítima defesa contra a lesão de interesses legalmente tutelados. A lei fala de direitos, não só na epígrafe do Subtítulo respectivo, como no artigo 338.º. Aliás, estas formas, especialmente graves, de recurso à própria força só devem ser admitidas, quando se trata de prevenir a ofensa de interesses que receberam da lei a tutela dos direitos subjectivos*".

662 *Normas de Protecção e Danos Puramente Patrimoniais*

Um outro ponto a referir, reconduz-se ao facto de que a construção dogmática das causas de justificação será sempre tributária do conceito de ilicitude que se defender. Para quem na doutrina portuguesa tenda a defender uma concepção unitária da ilicitude como violação de um dever (PESSOA JORGE[1769] e MENEZES CORDEIRO), as causas de justificação serão situações de permissão/autorização da violação desse dever. Para quem acentue que, sob a figura de dever, se escondem situações jurídicas de pendor muito diversificado, que vão desde o direito subjectivo às liberdades genéricas, abrangendo protecções reflexas e até expectativas, as causas de justificação deverão possuir uma leitura bastante mais caleidoscópica e menos límpida.

De referir que as causas de justificação nominadas e típicas estão inseridas no subtítulo IV "Do exercício e tutela dos direitos", sendo de descortinar se devem ser de aplicar de forma linear à responsabilidade delitual ou se, de modo diferente, pressupõem operações de decantação que não permitam, sem mais, a sua exportação automática para a responsabilidade delitual por violação de normas de protecção.

A este propósito, cumpre referir que o artigo 483.º, n.º 1, CC, no segmento normativo "violar *ilicitamente* o direito de outrem ou qualquer disposição legal destinada a proteger interesses alheios", tem permitido sufragar indiscriminadamente a violação lícita de direitos subjectivos e de normas de protecção. O consentimento do ofendido (anterior ou concomitante à lesão) constitui causa justificativa nos termos do artigo 340.º, sendo importante determinar o âmbito da indisponibilidade dos direitos subjectivos e dos interesses que se protegem nas normas de protecção.

No domínio das normas de protecção funcionam as causas de justificação. Basta pensar nos ilícitos estradais em relação aos quais o próprio Código da Estrada prevê o seu afastamento por causas de justificação. Também no domínio da concorrência desleal a doutrina alemã tem defendido a licitude de alguns comportamentos, que à partida seriam incluídos

---

[1769] PESSOA JORGE, "Seguro de Responsabilidade Civil em Matéria de Acidentes de Viação", RFDUL, vol. XXIV, (1972), p. 377. A violação do dever, quando integra um acto ilícito fonte de responsabilidade civil, implica a lesão de pessoa diferente do autor da violação, pelo que os prejuízos são suportados pelo respectivo titular. Sobre a *alienidade* como característica essencial da reparabilidade do prejuízo, distinguindo a *alienidade* como requisito do prejuízo enquanto objecto da obrigação de indemnizar. Cfr. ainda PESSOA JORGE, *Ensaio*, p. 37 e pp. 67 e ss, a responsabilidade civil nasce da prática de um acto ilícito que consiste na violação de um dever.

Estudo de Direito Positivo 663

na concorrência desleal, em situações de legítima defesa contra agressões de outros concorrentes. Assim, depende do tipo de ilícito as causas de justificação que lhe podem ser aplicáveis. Nem sempre, em abstracto, são todas susceptíveis de aplicação.

II. Na doutrina alemã, MEDICUS defende que as causas de justificação se aplicam sobretudo às violações imediatas dos bens jurídicos protegidos no § 823 I BGB. A ilicitude pode ser delimitada negativamente em intervenções directas nos bens jurídicos clássicos do § 823 I BGB através das causas de justificação. Em contrapartida, a ilicitude da violação de deveres do tráfego pouco depende destas causas, ainda que a existência de causas de justificação deveria excluir ou restringir os deveres do tráfego. Também nos direitos-quadro as causas de justificação entrarão muitas vezes no processo de ponderação que fundamenta a ilicitude. Podem, segundo MEDICUS, distinguir-se as seguintes causas: a legítima defesa (§§ 227 BGB, 32 StGB); o estado de necessidade justificativo, tanto defensivo (§ 228 BGB), como ofensivo (§ 904 BGB); o estado de necessidade "supralegal", previsto no § 34 StGB, e a acção directa (§§ 229 ss BGB). Uma causa de justificação proveniente do próprio Direito das obrigações é a gestão de negócios autorizada sem mandato, correspondendo, portanto, à vontade do *dominus* (§ 683 BGB)[1770]. O facto da conduta do gestor de negócios estar justificada resulta do § 683 I BGB, *v.g.* um médico que adequadamente proporciona o cuidado necessário a uma pessoa desmaiada (mas já não quando aproveita a oportunidade para efectuar uma intervenção adiável)[1771].

O BGH desenvolveu, na sequência de NIPPERDEY, uma causa de justificação especialmente concebida para o direito delitual: *a do comportamento conforme ao tráfego*[1772]. Neste caso, recorreu-se ao § 831 BGB para justificar uma falha dos encarregados de um assunto em que a sociedade alegou que se comportaram conforme ao tráfego. No entanto, o BGH poderia ter argumentado simplesmente que um comportamento correcto dos auxiliares contraria a suposição de uma relação entre a má escolha do auxiliar e o prejuízo, pois também um auxiliar escolhido devidamente não

---

[1770] EMMERICH, *BGB-Schuldrecht, Besonderer Teil*, § 20, p. 254.
[1771] MEDICUS, *Schuldrecht II, Besonderer Teil*, § 136, pp. 286-287.
[1772] BGH 4-Mar.-1957, BGHZ 24, 21.
[1773] BGH 4-Nov.-1980, NJW, (1981), 570.

se poderia ter comportado melhor. Mas o BGH não empregou esta argumentação, já familiar ao RG, tendo preferido descer às profundezas da teoria da ilicitude. O legislador determina certas áreas do tráfego por *normas de conduta* amplas (*v.g.* StVO e StVZO). Em cumprimentos destas normas, a responsabilidade pelo prejuízo não pode ser negada por falta de culpa: "*Ao permitir o tráfego perigoso e ao determinar, nos seus pormenores, aos participantes nesse tráfego como se devem comportar, implica que o comportamento seja conforme ao Direito. Por isso, num comportamento conforme ao tráfego de um participante no tráfego rodoviário ou ferroviário, não há qualquer prejuízo ilícito.*" É verdade que esta decisão foi concebida como orientadora, mas ficou sem relevância prática, ainda que se refira que "*nunca se abdicou expressamente dela até agora*"[1773]. Esta decisão só pode ter consequências práticas em normas do tipo do § 1004 BGB nas quais não é necessário culpa[1774].

Finalmente, resta mencionar a causa de justificação que suscita no direito delitual mais dúvidas: o consentimento do ofendido. Segundo a opinião actual, o consentimento não é nenhum negócio jurídico, pelo que não se lhe aplicam, pelo menos directamente, as regras do negócio jurídico, em particular, as causas de anulabilidade e de nulidade. Por esta razão, o § 226 a StGB não aponta para a "imoralidade" do consentimento do violado, mas sim para o facto de que "*a acção, apesar do consentimento, infringe os bons costumes*". Desnecessária é também a capacidade negocial, uma vez que o BGH exige que a pessoa que consente "*consiga avaliar, pela sua maturidade mental e moral, a importância da intervenção e da sua autorização*"[1775]. Em intervenções essenciais em bens jurídicos, como a integridade física, estes pressupostos só se verificam em pessoas com capacidade negocial. O conhecimento para um consentimento exige, para intervenções médicas, um esclarecimento do doente. A maior parte das dificuldades resulta do consentimento não declarado expressamente, mas deduzido do comportamento decorrente de actuação a risco próprio ("*Handeln auf eigene Gefahr*"), nomeadamente quando a pessoa, posteriormente ferida, se colocou intencionalmente no perigo que conduzia à lesão. Tais situações acontecem frequentemente no tráfego rodoviário: aceita-se boleia de um condutor alcoolizado, ou exausto, ou sem carta de condução. O mesmo se passa em actividades desportivas

---

[1774] MEDICUS, *Schuldrecht II, Besonderer Teil*, § 134, pp. 369-370.
[1775] BGH 5-Dez-1958, BGHZ 29, 33.

Estudo de Direito Positivo 665

perigosas. Todavia, o BGH considera que, na maioria destes casos, não há consentimento do ofendido na lesão, pois o consentimento na colocação em perigo não significa consentimento na lesão, uma vez que a pessoa que se coloca intencionalmente em perigo espera que não lhe aconteça nada[1776]. Considera-se possível um consentimento presumido na participação em certas modalidades desportivas especialmente perigosas[1777], tais como corridas de automóveis, alpinismo, pugilato e lutas greco-romanas. Todavia, a auto-colocação em perigo inclui-se no § 254 BGB, conduzindo, na maior parte das vezes, a uma distribuição dos danos[1778].

III. Certo parece ser que a indisponibilidade varia segundo o direito subjectivo em presença, sendo maior nos direitos de personalidade e menor nos direitos reais. Cabe igualmente discutir se a disponibilidade é um conceito susceptível de ser aplicado às normas de protecção, *rectius* ao conceito de interesse juridicamente protegido. A propósito da indisponibilidade, é preciso traçar duas esferas distintas, uma, relativa à indisponibilidade dos direitos subjectivos considerados em si mesmos, outra, relativa aos direitos indemnizatórios que advêm da lesão dos direitos subjectivos. Estes últimos estão sujeitos a um princípio do pedido, pelo que são disponíveis *a posteriori*.

A matéria da indisponibilidade, para além do desenvolvimento de que tem sido objecto no domínio da figura do consentimento do ofendido, tem sido sobretudo analisada no domínio das cláusulas limitativas da responsabilidade civil. GUILHERME MOREIRA defendeu que as cláusulas limitativas da responsabilidade delitual seriam inválidas[1779]. Já GOMES DA SILVA admitiu a sua aplicação à área delitual e obrigacional[1780]. CARNEIRO DA FRADA sublinha a diferença estrutural subjacente à responsabilidade delitual e obrigacional no que concerne à admissibilidade da exclusão ou limitação da responsabilidade que se prende com as condições da disponibilidade de um ilícito heteronomamente definido, pelo que a responsabilidade delitual teria fronteiras de disponibilidade mais reduzidas do que a

---

[1776] BGH 14-Mar.-1961, BGHZ 34, 355.

[1777] BGH 5-Nov.-1974, BGHZ 63, 140.

[1778] MEDICUS, *Schuldrecht II, Besonderer Teil*, § 136, pp. 371-372.

[1779] GUILHERME MOREIRA, *Instituições do Direito Civil Português*, 1907, p. 604 e 1925, pp. 112 ss.

[1780] GOMES DA SILVA, *O dever de Prestar*, pp. 324 e ss.

666 *Normas de Protecção e Danos Puramente Patrimoniais*

responsabilidade obrigacional, que se enquadra na necessidade de salvaguardar o sentido e a coerência do compromisso contratual[1781].

Deste modo, ainda que nos pareça de admitir a aplicação em geral das cláusulas de exclusão e limitação à responsabilidade delitual, abrindo espaço à autonomia privada, há que as sujeitar aos limites do consentimento do ofendido, mantendo o paralelismo entre a indisponibilidade primária e secundária e as restrições do artigo 81.º, se estiverem em causa direitos de personalidade. Segundo CARNEIRO DA FRADA, não devem as cláusulas de exclusão ou limitação da responsabilidade ir ao ponto de retirar a ilicitude da agressão ao bem jurídico protegido, modificando a natureza do acto lesivo[1782], sendo que a sua admissibilidade prende-se com a questão da disponibilidade de um ilícito heteronomamente definido. A disponibilidade da tutela delitual não pode desligar-se do bem jurídico protegido[1783]. Neste sentido, as cláusulas limitativas da responsabilidade delitual não podem equiparar-se a causas de exclusão da ilicitude.

Assim, diferentemente da lesão de bens jurídicos protegidos por direitos subjectivos, a ilicitude na violação de normas de protecção pressupõe um campo mais reduzido para o funcionamento das causas de justificação e para a limitação voluntária de direitos indemnizatórios – que exista uma norma de protecção, que o lesado se encontre incluído no fim de protecção normativo, que o prejuízo seja do tipo que a norma visa evitar e que o agente tenha violado a norma do modo normativamente previsto. Nos termos expostos, há um relevo do desvalor da acção, do tipo de dano que é produzido e das qualidades do lesado. Estes vectores permitem afirmar que se trata de um ilícito com uma arquitectura muito mais precisa e de contornos mais delimitados do que o que resulta das restantes situações básicas delituais. Por outro lado, trata-se de uma ilicitude que pode ser construída paulatina e descontinuadamente pelo legislador.

Em síntese, de referir que se subscreve um conceito diferenciado de ilicitude, que as normas de protecção acentuam a relevância da ilicitude da acção na responsabilidade delitual, que se impõe articular a ilicitude da proibição com a ilicitude do pôr em perigo, que existe um menor campo de aplicação das causas de justificação no domínio da violação das

---

[1781] CARNEIRO DA FRADA, *Teoria da Confiança*, pp. 322-323.

[1782] CARNEIRO DA FRADA, *Teoria da Confiança*, p. 324, (n. 316).

[1783] CARNEIRO DA FRADA, *Teoria da Confiança*, p. 323.

Estudo de Direito Positivo

normas de protecção do que na violação de direitos subjectivos, estando as causas de justificação dependentes do tipo de normas de protecção violadas.

O § 823 II BGB exige o requisito da ilicitude. A ilicitude resultante de uma conduta tipificada poderá ser excluída pelas mesmas causas de justificação. Em princípio, as causas de justificação também poderão advir de outros ramos de direito. Assim, no caso de um delito de resultado, enquanto norma de protecção (StGB §§ 222, 229), aplica-se a noção civil de ilicitude, em nada divergindo, deste modo, do que se verifica no § 823 I BGB. Não faria, aliás, sentido, trazer para o regime delitual civil a noção penal de ilicitude, a não ser que, desde o início, seja seguida também no âmbito do Direito civil uma noção de desvalor jurídico restrita à conduta humana, o que não é de subscrever. Se a imputação se centrar em torno de uma norma de protecção introduz-se a ilicitude da acção. Mantém-se a favor do lesado a possibilidade de recorrer à ilicitude que melhor lhe convier. Deve ainda realçar-se que também no âmbito do direito delitual poderá subsistir a designada ilicitude subjectiva, por o dolo ser exigido para o juízo de ilicitude, designadamente no âmbito de aplicação do § 826 BGB e nos crimes dolosos. Apenas se podem transmitir as componentes internas (subjectivas) da ilicitude resultante da violação de normas de protecção, na medida em que o direito delitual as qualificar como partes integrantes do conceito de ilicitude. Para SPICKHOFF o erro sobre a qualificação jurídica dever ser analisado no âmbito do § 823 II BGB não de acordo com a teoria do dolo, mas com a teoria da culpa, mesmo quando se trata de normas de protecção penais[1784].

§ 25.° Sistema da culpa

25.1. *Princípio da culpa*

I. Num sistema de responsabilidade civil em que vigora um princípio da culpa, a culpa autonomiza-se como pressuposto da obrigação de indemnizar, no sentido em que constitui um critério de imputação do dano indemnizável. O n.° 2 do artigo 483.° CC estabelece que *"só existe obri-*

[1784] SPICKHOFF/SOERGEL, *Bürgerliches Gesetzbuch,* p. 122.

668   *Normas de Protecção e Danos Puramente Patrimoniais*

gação de indemnizar independentemente de culpa nos casos especificados na lei"[1785]. A sustentação da responsabilidade civil na culpa implicou, na sua evolução jushistórica[1786], uma nova essência para a responsabilidade civil (primeiramente formulada por GROTIUS e consagrada, por via de DOMAT, expressamente no Código de Napoleão), por oposição a um sistema inicial de expiação, de consequências desumanas para os lesantes, pelo que constitui uma conquista civilizacional indiscutível[1787], designadamente em termos de liberdade, na medida em que se alarga a esfera da actividade lícita e se potencia a iniciativa privada[1788].

Ainda que se reconheça alguma erosão, a culpa permanece como princípio fundamental da responsabilidade civil, não posto em causa pela construção de uma concorrente cláusula geral da responsabilidade pelo risco, princípio só afastado nos casos em que se enumera legalmente uma responsabilidade objectiva. Quer a suportação dos danos ilícitos não culposos pelo lesado[1789], quer o ónus da prova da culpa pelo lesado, configuram indiscutivelmente traços de um sistema liberal promotor de uma liberdade de iniciativa individual sem par[1790]. Um sistema de monopólio da culpa e da culpa provada deixou de ser viável com o desenvolvimento das actividades económicas que o sistema liberal nas suas linhas iniciais visava promover. A industrialização, a produção e o trabalho em massa são os primeiros factores que concorrem para destronar o princípio da culpa e para o temperar com um princípio de risco. Posteriormente, o prin-

---

[1785] Este mesmo princípio é consagrado na maioria das legislações estrangeiras, designadamente no art. 1382.º do *Code Civil* de 1804, no §§ 823 e 826 BGB, de 1896, no art. 41 do *Code des Obligations* suíço, de 1911, no art. 2043 do *Codice*, de 1942, e no artigo 6:162, n.º 2 do *Burgerlijk Wetboek* (BW), de 1992.

[1786] Sobre esta evolução, MENEZES CORDEIRO, *Da responsabilidade civil dos Administradores*, pp. 413-414, afirmando que o princípio da culpa já estava presente no direito romano, sendo exigidos elementos referentes ao processo mental do agente, ainda que dependentes de indícios externos variáveis.

[1787] Neste sentido, JOÃO CALVÃO DA SILVA, *Responsabilidade Civil do Produtor*, p. 363, aponta que a concepção clássica da culpa, como princípio geral da responsabilidade civil, constitui inquestionavelmente um grande progresso forjado por séculos de esforço doutrinal.

[1788] JOÃO CALVÃO DA SILVA, *Responsabilidade Civil do Produtor*, p. 364.

[1789] Corresponde ao princípio *casum sentit dominus* em que o *dominus* suporta os danos fortuitos, os danos sem responsável e os danos auto-infligidos. Cfr. por todos BRANDÃO PROENÇA, *A conduta do lesado*, pp. 89 e ss.

[1790] MEDICUS, "Gefährdungshaftung im Zivilrecht", Jura, (1996), p. 561

Estudo de Direito Positivo

cípio do risco foi-se alargando, para lá das actividades perigosas, aos acidentes de trabalho, aos acidentes de viação, à responsabilidade do produtor, à responsabilidade ambiental e a outros domínios onde a sua progressão se vem manifestando, o que permite questionar os exactos termos da formulação de excepcionalidade da responsabilidade sem culpa prevista no n.º 2 do artigo 483.º.

Canaris chamou a atenção para o facto de o princípio da culpa não ser aplicado de modo "puro" na responsabilidade por violação de normas de protecção, em relação às quais a imputação das consequências do comportamento ilícito não é determinada pelo princípio da culpa, mas pelo princípio do risco[1791]. A parte de "azar" que se encontra em quase todos os danos acresce à ilicitude[1792]. Esta análise situa a responsabilidade por normas de protecção entre uma responsabilidade pela culpa e pelo risco nos delitos de perigo abstracto. Como alternativa a esta configuração dogmática, subscrita por alguma doutrina germânica, seria a de que a culpa deveria dirigir-se ao dano e não tão-somente à violação da norma de protecção. No entanto, essa solução representaria *reescrever* as normas de protecção que, na maioria dos casos, visam logo o perigo abstracto, e não pressupõem um determinado resultado, o que conduziria a que os fins do ordenamento primário fossem completamente subvertidos. Acresce que na responsabilidade delitual existem margens de responsabilidade sem culpa, uma vez que na negligência o critério abstracto de bom pai de família introduz uma dimensão objectiva, na medida em que não sujeita a pessoa concreta a uma censura específica mas a um parâmetro abstracto.

25.2. *A culpa como sistema de imputação delitual*

I. A culpa, enquanto pressuposto da responsabilidade delitual, evoluiu doutrinariamente, passando de um sentido psicológico, de nexo de imputação do facto ao agente, para um sentido normativo, de juízo de censura do comportamento do agente por ter adoptado uma determinada conduta quando, de acordo com a ordem jurídica, estaria obrigado a adoptar

---

[1791] Neste sentido igualmente Larenz, *Metodologia da Ciência do Direito*, p. 675, quando reconhece que o critério objectivo da negligência contém já, ainda que o legislador o conceba como uma forma de culpa, alguns elementos de imputação objectiva.

[1792] Canaris, *Schutzgesetze*, p. 33.

670 *Normas de Protecção e Danos Puramente Patrimoniais*

uma conduta diversa. A culpa tem, assim, essencialmente um sentido normativo, na medida em que se equipara à omissão da diligência que seria exigível ao lesante de acordo com o padrão de conduta que a lei impõe[1793].

A culpa reconduz-se a um plano jurídico que justifica o dever de reparar o dano causado. Este plano jurídico, como refere MENEZES CORDEIRO, pode ser objecto de dois modelos de sindicância: *i)* um monista (modelo domatiano), baseado na desconformidade e na censurabilidade e *ii)* um dualista, utilizando a ilicitude para cobrir a desconformidade e a culpa para cobrir a censurabilidade (modelo jheringiano)[1794]. Na edificação dos pressupostos dos danos indemnizáveis, no contexto de uma responsabilidade civil baseada na ideia de culpa, surgem, assim, dois modelos distintos: o domatiano, em que a culpa não se separa da ilicitude, e o jheringiano, em que a culpa se autonomiza claramente da ilicitude.

A culpa tem duas modalidades distintas: o dolo e a negligência. Em termos gerais, afirma-se que o dolo corresponde à intenção do agente de praticar o facto e a negligência a ter omitido a diligência a que estava legalmente obrigado. A relevância desta distinção na responsabilidade delitual é mais reduzida do que na responsabilidade criminal[1795], podendo mesmo admitir-se um princípio de equiparação entre dolo e negligência, atenta a função reparadora e reconstitutiva e o menor pendor do escopo

---

[1793] Esta noção adequa-se essencialmente à negligência, cfr. LUÍS MENEZES LEITÃO, *Direito das Obrigações*, I, p. 311.

[1794] MENEZES CORDEIRO, *Da responsabilidade civil dos Administradores*, p. 424: *"Torna-se bastante difícil localizar o porquê desta bifurcação. Além disso – e como prova o confronto entre as experiências francesa e a alemã – se é seguro que ambos os esquemas chegam a soluções diversas, nem sempre se torna realista imputar, precisamente, as diferenças ao influxo do modelo usado. A questão é apaixonante. Além disso, antecipa-se que a experiência portuguesa, fortemente atingida pelo bascular do Direito privado codificado, da sua origem napoleónica, até à órbita germânica, se encontra algures entre os dois sistemas, que obtiveram, surpreendentemente, consagração simultânea no Código Civil".*

[1795] LUÍS MENEZES LEITÃO, *Direito das Obrigações*, I, p. 313, defende que a distinção entre dolo e negligência tem uma grande influência para a dogmática do ilícito civil, na medida em que se o agente actuar com dolo actua logo ilicitamente, desde que lese algum direito subjectivo alheio ou um interesse objecto de uma norma de protecção. Se não existir dolo, só há ilicitude se o agente violar um dever objectivo de cuidado, o que significa que está presente na negligência um requisito suplementar de ilicitude e não apenas uma forma de culpa. Cfr. ANTUNES VARELA, *Das Obrigações em Geral*, I, pp. 569-589, MÁRIO JÚLIO DE ALMEIDA COSTA, *Direito das Obrigações*, pp. 579-584 e MENEZES CORDEIRO, *Direito das Obrigações*, 2.° vol, pp. 326-328.

Estudo de Direito Positivo 671

sancionatório da responsabilidade delitual[1796]. Por outro lado, a diferenciação das modalidades de dolo (directo, necessário e eventual) e de negligência (consciente e inconsciente) também não possuem significativa relevância no direito delitual no contexto da resolução de casos concretos, sendo certo, porém, haver diferenciações de regime, *v.g.* o artigo 494.° e a responsabilidade por contrariedade a um mínimo ético-jurídico.

25.3. *A culpa na violação de normas de protecção*

I. A questão presentemente a desenvolver relaciona-se com o âmbito e a dimensão do pressuposto da culpa no domínio das normas de protecção. Posto isto, impõe-se compreender o que representa a culpa num sistema de dupla instância. A doutrina civilista afirma que a culpa corresponde a um juízo de censura sobre o comportamento do agente. Ora, se o facto (acção ou omissão) é recortado pela previsão normativa enquanto ilícito nas normas de protecção, a culpa deve reconduzir-se a essa violação normativa.

O § 823 II BGB exige culpa, mesmo que a norma de protecção não contenha esse elemento subjectivo[1797]. Dolo e negligência têm que rela-

---

[1796] As grandes diferenças de regime passam pelo facto da lei apenas responsabilizar o agente que actuou com dolo em certos casos (arts. 814.°, n.° 1, 815.°, n.° 1, 1681.°) e pela possibilidade de uma indemnização inferior ao dano para as actuações negligentes (art. 494.°). Referindo que a distinção entre dolo e e negligência é menos relevante na responsabilidade civil do que no direito penal, cfr. Luís Menezes Leitão, *Direito das Obrigações*, I, p. 313.

[1797] Palandt, *Bürgerliches Gesetzbuch*, Band 7, 66. Auflage, 2007, C.H. Beck, München, § 60, pp. 1219-1220, Staudingers, *Kommentar zum Bürgerlichen Gesetzbuch*, § 823, p. 671, Teichmann/Jauernig, BGB *Bürgerliches Gesetzbuch Kommentar*, § 823, p. 1121. Wagner, *Münchener Kommentar*, § 823, pp. 1669-1671 e Mertens, *Münchener Kommentar*, § 823, p. 1504: O § 823 II BGB exige o requisito da culpa mesmo que a norma de protecção não inclua este requisito na sua redacção. A violação da norma de protecção deverá ser efectuada com dolo ou com negligência. Ao invés do que defende a doutrina maioritária, também nos casos de aplicação do § 823 II BGB, se pode incluir a ofensa aos interesses motivadores de responsabilidade civil no tipo normativo delitual, devendo a mesma ser abrangida pelo requisito da culpa; não obstante, é geralmente tomado em consideração o requisito da culpa no resultado produzido aquando a transgressão dolosa no âmbito de um delito de perigo abstracto. A culpa apenas deve abranger os danos que possam pertencer aos pressupostos do tipo normativo da norma de protecção. Em relação aos

672   *Normas de Protecção e Danos Puramente Patrimoniais*

cionar-se com a violação da norma de protecção. Em contrapartida, com respeito aos danos que resultam da realização de tipo legal, a culpa não é necessária. O dano não tem que ser abrangido pela culpa (*Verschulden*), uma vez que ela não pertence à *causalidade que provoca a responsabilidade,* mas à que *preenche a responsabilidade,* e pressupõe só imputabilidade objectiva. Se a norma de protecção contiver certos elementos subjectivos, a responsabilidade segundo o § 823 II BGB também só intervém quando forem preenchidos. Assim, é necessário para o direito de indemnização, segundo o § 823 II BGB, o dolo quando a norma de protecção que serve de base só se dirigir contra comportamento doloso. Também à questão de quais as exigências a colocar ao dolo é de responder segundo o Direito penal, de acordo a doutrina alemã mais tradicional[1798]. Em relação à negligência como pressuposto na norma de protecção[1799] defende-se o critério do Direito civil (todavia, a questão não obteve importância prática). Deste modo, tem que existir, para a responsabilidade segundo o § 823 II BGB, no mínimo, também os pressupostos da culpa civil do § 276 BGB[1800-1801].

---

demais, vigorará o princípio geral segundo o qual os danos subsequentes deverão ser sempre imputados ao agente, se se consubstanciarem na realização de um risco, que tenha resultado na sequência da primeira agressão dirigida ao lesado e da situação de perigo daí emergente. Sempre que a norma de protecção contenha determinados pressupostos subjectivos, o agente apenas responderá nos termos do § 823 II BGB se os preencher. O mesmo se aplica às condições objectivas da punibilidade. Se a norma de protecção proibir apenas a conduta dolosa, também o § 823 II BGB exige dolo. As exigências relativamente ao dolo ou à negligência, deverão ser aferidas de acordo com as regras vigentes para aquela norma de protecção em particular. No entanto, deverá pelo menos a violação da norma de protecção configurar negligência nos termos do § 276 BGB. Se uma norma de protecção proibir uma determinada conduta em termos genéricos e apenas punir a violação dolosa, suscitar-se-á a questão interpretativa de aferir se a violação negligente de uma norma de protecção justifica a indemnização dos danos.

[1798] Neste sentido, Wiethölter, *§ 823 II BGB und die Schuldtheorie,* p. 205, e Weitnauer, *§ 823 II BGB und die Schuldtheorie,* p. 631. Todavia, opõe-se a isso, com a posição do dolo e da negligência serem de determinar geralmente para a área do § 823 II BGB segundo os critérios do direito civil. Neste sentido, Dörner, *Zur Problematik der Schutzgesetzverletzung,* pp. 527 ss, Schmiedel, *Deliktobligationen nach deutschen Kartellrecht,* pp. 81 e ss, e Erwin Deutsch, "Schutzgesetze aus dem Strafrecht in § 823 Abs. 2 BGB", Vers, 55. Jahrgang, Februar, (2004), Heft 4, pp. 141, que defende a aplicação da negligência civil e os critérios civis de imputabilidade em razão da idade e das acções livres na causa.

[1799] Weitnauer, *§ 823 II BGB und die Schuldtheorie,* p. 632.

[1800] Dörner, *Zur Problematik der Schutzgesetzverletzung,* pp. 522 e 527 e ss, e Schmiedel, *Deliktobligationen nach deutschen Kartellrecht,* pp. 78 e ss.

[1801] Zeuner/Soergel, *Bürgerlichen Gesetzbuch,* § 823, p. 153

Estudo de Direito Positivo

A previsibilidade da violação do bem jurídico pode ser de difícil avaliação no caso concreto e depende essencialmente do rigor do critério adoptado para eventuais deveres de controlo, de organização e de prevenção do lesante. Segundo LARENZ/CANARIS, alargar em demasia as exigências resulta num esvaziamento do requisito de culpa (*Verschuldenserfordernis*), que pertence aos fundamentos mais importantes do direito delitual e numa introdução subreptícia de tipos legais de responsabilidade pelo risco que é incompatível com a recusa de uma cláusula geral de responsabilidade por danos causados sem culpa[1802].

II. O § 823 II BGB pressupõe que o titular do dever de indemnização tenha infringido culposamente a norma que tem por fim a protecção de outro. Segundo a posição corrente, interessam só a previsibilidade e a evitabilidade do comportamento contrário à norma por o § 823 II BGB, ao contrário do § 823 I BGB, não se referir a um resultado ilícito. Isto é equívoco, na medida em que os tipos legais de muitas "normas de referência" pressupõem um resultado (*Verletzungserfolg*) ou, pelo menos, um resultado de colocação em perigo (*Gefährdungserfolg*). Nestes casos, a culpa tem que se referir ao tipo legal inteiro. Em delitos de colocação em perigo abstracto, proibindo certos tipos de comportamento independentemente do resultado, a culpa é de pressupor só relativamente ao comportamento que *põe em perigo*. O tipo legal não exige mais. Esta exigência diminuída pode ser vantajosa para o lesado comparativamente com os pressupostos de uma responsabilidade segundo o § 823 I BGB. Em sentido diverso, uma outra posição exige igualmente que a culpa abranja a violação dos interesses que fundamentam a responsabilidade (STOLL). Esta opinião nivela os pressupostos da culpa do § 823 I e II BGB, sendo de recusar, segundo HONSELL. A responsabilidade pela violação de norma de protecção não se estende a todas as consequências possíveis, mas somente àquelas que resultam da violação do interesse imediatamente protegido. A violação de interesses é geralmente previsível. Por causa de referência à culpa reduzida, o círculo das pessoas e dos interesses protegidos tem que ser traçado estreitamente (SCHMIEDEL e HONSELL). Nestes termos, são apenas de reconhecer posições de protecção imediatas e reconhecíveis[1803-1804].

[1802] LARENZ/CANARIS, *Lehrbuch des Schuldrechts*, § 76, pp. 426-427.

[1803] Em BGH 16-Dez.-1958, NJW, (1959), 623, o BGH afirmou o carácter de norma de protecção do § 64 I GmbHG (*Antragspflicht*) com a fundamentação da violação prejudicar os credores da sociedade.

674 *Normas de Protecção e Danos Puramente Patrimoniais*

III. No sistema delitual alemão, o § 823 II BGB *in fine* determina *expressis verbis* que a mera violação de uma norma de protecção não é suficiente para fazer operar o regime da responsabilidade civil[1804]. A violação de uma norma de protecção não dá origem à imputação de responsabilidade objectiva ou pelo risco. Se, de acordo com o conteúdo da norma de protecção, for possível uma infracção da mesma de forma não culposa, apenas se poderá considerar o dever de indemnizar com uma efectiva violação culposa. No entanto, raramente se verificam casos de violação não culposa de normas de protecção. Por outro lado, a norma de protecção pode estar de tal forma concebida, que apenas poderá ser infringida de forma dolosa[1806]. Torna-se necessário recorrer à interpretação nos casos em que o dolo constitui elemento obrigatório para a verificação da violação de uma norma de protecção e, igualmente, requisito para a ocorrência

---

[1804] THOMAS HONSELL, *Der Verstoß gegen Schutzgesetz*, p. 108.

[1805] Neste ponto, ERWIN DEUTSCH, *Haftungsrecht und Strafrecht*, pp. 351-352, salientando a diferença entre o sistema alemão que não prescinde de culpa (ainda que a culpa objectiva civil) e o sistema de *common law* em que por força da violação de certas regras se infere a culpa a chamada *negligence per se* ou *statutory negligence* ou o sistema francês em que há *faute* decorrente da *inobservation des règlements*.

[1806] Esta situação é sobretudo verificável nas normas do StGB. Por exemplo, um pedido de indemnização por chantagem mediante acordo de alimentos apenas poderá ser deferido se se verificar um completo preenchimento, quer ao nível material, quer ao nível pessoal, do § 253 StGB (RZ 25-Jan.-1941, RGZ 166, 40). Foi aceite a forma de delimitação do dolo adoptada pela teoria da culpa em Direito penal no que concerne, por exemplo, ao tratamento do erro quanto à ilicitude. No que respeita à coacção (§ 240 StGB), é suficiente que o agente tenha consciência da ilicitude do seu acto. Não é exigível uma consciência da ilicitude determinada num momento presente (BGH JZ, 63, 218). De acordo com a posição doutrinal dominante, é necessário aferir a evitabilidade de recorrer a uma indemnização por danos, tendo por base critérios objectivos e tipificados na medida do cuidado e diligência a empregar (BGH VersR 84, 1071). É, no entanto, possível que a norma de protecção seja violada de forma negligente, mas que a sanção, especificamente prevista (uma pena resultante de uma lei especial), apenas seja de aplicar aquando da verificação de uma violação dolosa. O dolo acaba por ser apenas exigível tendo em conta determinado tipo de efeitos jurídicos; a violação de uma norma de protecção também pode igualmente ocorrer de forma negligente. No § 22 *Kunsturheberrechts-Gesetz*, que tutela o direito à imagem, e no § 33, que pune a violação dolosa com uma determinada pena, a sanção penal está dependente do requisito do dolo. Àquele que, por negligência, torna pública a imagem de outrem sem o respectivo consentimento, não se lhe aplica qualquer sanção penal, mas antes uma indemnização pela violação da norma de protecção (BGH 14-Fev-1954, BGHZ 26, 349). Neste sentido, ERWIN DEUTSCH, *Haftungsrecht und Strafrecht*, p. 350

Estudo de Direito Positivo

de determinados efeitos jurídicos. Os factores determinantes são o escopo de protecção da norma e a sanção subjacente à mesma. Tal como resulta do § 823 II BGB, *in fine*, a culpa apenas respeita à violação de uma norma de protecção. A culpa relaciona-se com um mero comportamento ou com a minimização do perigo, conforme esteja em causa uma norma prevenção do perigo abstracto ou concreto. Em virtude do reduzido âmbito de aplicação do conceito de culpa, verifica-se que, no que concerne às normas de prevenção do perigo abstracto, é mais frequente a negligência simples e até mesmo o dolo, uma vez que, nestes casos, a violação da norma ou a omissão de um determinado comportamento é mais facilmente detectável do que em relação a outras normas (ex.: ultrapassagem dos limites de velocidade legalmente impostos). A conduta imposta por uma determinada norma de protecção refere-se ao designado "cuidado externo". É mediante a elaboração de uma norma de prevenção do perigo abstracto que o legislador acaba por concretizar determinada conduta. O mesmo se passa se se utilizar o mecanismo da conversão para as normas de prevenção do perigo concreto em relação às quais se encontra sempre inerente o perigo. No que respeita à violação de uma norma de protecção, designadamente se a infracção for culposa, basta aferir na negligência um cuidado interiormente exigível. A violação do cuidado externo já se encontra suficientemente concretizada. Em virtude de se entender que o lesado tem de provar a violação do cuidado externo integrado no tipo normativo, passou a presumir-se a violação do cuidado interno no caso em que o elemento normativo deu origem a uma norma de prevenção do perigo. De acordo com a jurisprudência, retira-se um comportamento culposo da violação do cuidado externo nos casos em que há uma violação primária da norma de protecção. Neste ponto, retrocede-se ao contexto de cuidado externo e de cuidado interno, dependendo da força da norma em causa podermos evoluir de uma situação de prova *prima facie* para uma situação de inversão do ónus da prova. Para fazer operar o regime de responsabilidade previsto no § 823 II BGB, é suficiente a verificação da negligência. Mesmo que seja uma norma penal, poder-se-á desenvolver um regime de responsabilidade baseado na omissão do cuidado objectivamente exigível. A censurabilidade do comportamento não consubstancia um pressuposto de violação da lei, mas sim um requisito de determinados efeitos jurídicos, *v.g.* a aplicação da sanção penal[1807].

[1807] DEUTSCH/AHRENS, *Deliktsrecht*, § 15, pp. 110-112.

IV. O pressuposto da culpa suscita múltiplos problemas. A responsabilidade delitual exige o preenchimento deste requisito nos casos de aplicação do § 823 II BGB e esta exigência permanece, mesmo que a norma de protecção não compreenda o elemento correspondente. De acordo com a posição adoptada pela doutrina maioritária, como já se fez referência, a culpa apenas se deverá referir à violação da norma de protecção. No que concerne aos danos subsequentes resultantes do tipo legal, não é exigível a verificação de culpa nem a sua prova. Esta concepção veio, no entanto, a ser criticada por parte da doutrina alemã[1808]. A favor da redução da culpa, pode-se referir não só a redacção do § 823 II BGB, como também os fins prosseguidos por esta disposição. Esta redução da culpa não é estranha ao ordenamento jurídico alemão, estando igualmente presente no § 280 I BGB, que se satisfaz com a mera violação do dever, de modo que avança para uma "linha defensiva da ordem jurídica" e efectua um ajustamento dos elementos de imputação na direcção da objectivação do regime da responsabilidade[1809]. Torna-se difícil encontrar uma justificação para o facto de esta questão ser colocada no âmbito do § 823 II BGB, em vez de o ser no âmbito do § 280 I BGB, não obstante a estrutura da norma ser bastante semelhante (violação de um dever por um lado, violação de uma norma de protecção por outro lado). Sem esta estruturação torna-se bastante diminuta a relevância da chamada redução da culpa[1810].

Tem sido aceite a concepção segundo a qual se deve criar um modelo de culpa das normas de protecção, designadamente se o tipo normativo penal exigir o dolo ou se a norma de protecção colocar exigências qualificadas, tais como o dolo e a negligência grosseira. Apresenta-se, porém,

---

[1808] HANS STOLL, *Kausalzusammenhang und Normzweck im Deliktsrecht*, J. C. B. Mohr (Paul Siebeck), Tübingen, 1968, pp 22 e ss, e FIKENTSCHER/HEINEMANN, *Schuldrecht*, § 108, pp. 795-796. Contra LARENZ/CANARIS, *Lehrbuch des Schuldrechts*, § 77, p. 445, BROX/WALKER, *Besonderer Schuldrecht*, § 41, p. 485, DEUTSCH/AHRENS, *Deliktsrecht*, § 15, pp. 111.

[1809] SPICKHOFF/SOERGEL, *Bürgerliches Gesetzbuch*, p. 122-123.

[1810] O caso BGH (VersR 1954, 102) serve como exemplo. Depois da II Guerra Mundial o réu conseguiu trazer ilicitamente para casa umas granadas. O irmão do Réu não conseguiu demovê-lo. Veio a ocorrer uma lesão na integridade física de uma criança, na sequência de uma granada que explodiu e que estava ao seu alcance. A posse de material explosivo desencadeia, por si só, o regime de responsabilidade, não importando aferir da previsibilidade das lesões ulteriores. Cfr. SPICKHOFF/SOERGEL, *Bürgerliches Gesetzbuch*, p. 123.

Estudo de Direito Positivo

como problemática, a criação de um modelo de culpa no caso da separação entre a norma proibitiva e a norma sancionatória de Direito penal ou de direito contra-ordenacional, como sucede no caso dos §§ 1 e ss StVO, nos §§ 22, 23 KUG e no §§ 1, 5 GSB. Desde que as normas sancionatórias sejam desencadeadas por violações dolosas ou negligentes poder-se-á dizer que aquela separação não levanta quaisquer problemas. A situação é, porém, diferente no caso das normas sancionatórias especiais de Direito penal ou de Direito contra-ordenacional exigirem dolo. A decisão do BGH 24-Nov.-1981[1811], e a do BGH 10-Jul.-1984[1812], chegaram à conclusão de que na situação de exigência de dolo em relação à norma sancionatória, seria de revestir igualmente a norma de conduta com o requisito do dolo. CANARIS, DEUTSCH e DÖRNER defendem esta posição. De acordo com SPICKHOFF, para atingir este resultado será necessário proceder a uma fundamentação com base na história da norma, de modo a alicerçar a separação entre norma de conduta e norma sancionatória em argumentos relativos à redacção da norma ou à técnica legislativa e não tanto colocar a norma de conduta como independente do requisito do dolo e atribuir-lhe um significado próprio e abrangente[1813].

Ao invés do que sucede com a modalidade de culpa, a medida da culpa deve seguir a medida objectiva da negligência no contexto do § 823 II BGB. A favor desta concepção, apresenta-se o facto de em Direito civil não se encontrar uma definição da medida da culpa do agente no seio do Direito penal e do Direito contra-ordenacional que tenha conduzido aos referidos padrões subjectivos de culpa ou que confira uma medida de culpa. Desde que se esteja perante a aplicação de um regime de responsabilidade civil e não perante a aplicação de uma sanção penal, é mais adequado o critério objectivo do Direito civil[1814].

Directamente ligada à questão de saber se o lesante terá violado uma norma de protecção, encontra-se a questão sobre que elementos da norma de protecção deverão ser preenchidos para se poder, de facto, falar de "violação" da norma. No âmbito específico do Direito penal e do regime das contra-ordenações, coloca-se uma questão adicional: se serão de chamar à colação os elementos inerentes à norma de protecção ou os característicos

---

[1811] BGH 24-Nov.-1981, NJW, (1982), 1037.
[1812] BGH 10-Jul.-1984, NJW, (1985), 134.
[1813] SPICKHOFF/SOERGEL, *Bürgerliches Gesetzbuch*, p. 123.
[1814] SPICKHOFF/SOERGEL, *Bürgerliches Gesetzbuch*, p. 123.

do sistema delitual. Tal como resulta do § 823 II BGB, é exigível a culpa (civil) para se poder falar de responsabilidade por violação de uma norma de protecção. No restante, mantêm-se incertas e discutíveis as respostas a estas questões[1815].

Um problema a resolver em sede de responsabilidade delitual por violação de normas de protecção respeita ao papel da consciência da ilicitude, tema trabalhado na doutrina alemã, na década de sessenta, sobretudo por WIETHÖLTER e WEITNAUER, e na década de oitenta, por CANARIS e DÖRNER[1816]. Neste domínio confrontam-se duas torias: i) a teoria do dolo (*Vorsatztheorie*) e a teoria da culpa (*Schuldtheorie*). Na teoria do dolo exige-se intenção do agente e consciência da ilicitude, sendo que se falta a consciência da ilicitude, o agente só age com negligência. Na teoria da culpa não é necessária a consciência da ilicitude, pelo que o agente actua dolosamente, ainda que sem a referida consciência, podendo faltar a culpa se a consciência da ilicitude não for censurável. No âmbito do Direito Penal, o legislador consagrou a teoria da culpa no artigo 17.° do Código Penal, enquanto no Direito civil prevalece maioritária na doutrina portuguesa a teoria do dolo. A teoria da culpa foi defendida por NIPPERDEY e, igualmente, por MENEZES CORDEIRO[1817].

A doutrina alemã admite várias soluções: *i)* a aceitação de uma exclusão total dos pressupostos (à excepção dos requisitos penais) (MEDICUS, WAGNER); *ii)* a imputação da culpa de acordo com os critérios civis de responsabilidade (BECKER); *iii)* a cumulação dos pressupostos de culpa de direito delitual e extra-delitual (ZEUNER/SOERGEL e LARENZ); *iv)* a orientação norteada pela resposta às já mencionadas questões relacionadas com as tarefas organizativas e funções do regime de responsabilidade e respectivas noções sistemáticas (DEUTSCH, SPICKHOFF); e *v)* uma concepção de desvalor jurídico restrita quanto às condutas (KAROLLUS)[1818]. Segundo SPICKHOFF, deve seguir-se a concepção que preconiza a articulação das exigências resultantes da norma de protecção e do ramo do jurídico de onde esta provém nas tarefas de ordem e valorativas do direito delitual. As

---

[1815] SPICKHOFF/SOERGEL, *Bürgerliches Gesetzbuch,* p. 121.

[1816] Cfr. *supra* pp. 116 e ss e 180 e ss.

[1817] MENEZES CORDEIRO, *Direito das Obrigações,* 2.°, pp. 328-333. LUÍS MENEZES LEITÃO, *Direito das Obrigações,* I, pp. 316-317, defendendo que a consciência da ilicitude deve configurar apenas uma causa de exclusão da culpa.

[1818] SPICKHOFF/SOERGEL, *Bürgerliches Gesetzbuch,* p. 121.

limitações interpretativas colocadas às normas de proibição, *v.g.* a proibição da analogia das normas penais deverão também colocar-se no § 823 II BGB[1819]. Esta é também a solução que se preconiza para o direito português: se se tratar de uma norma que configura um ilícito apenas na modalidade dolosa, a consciência da ilicitude é relevante em termos da teoria da culpa que vigora no Direito penal, se, contrariamente, os ilícitos estiverem previstos na modalidade de dolo e negligência, a consciência da ilicitude é relevante em termos da teoria do dolo, mantendo-se a responsabilidade delitual pelo ilícito negligente.

As normas de protecção, apesar de resultarem claramente da recusa da adopção da cláusula geral napoleónica, delimitando a ilicitude e a culpa, na sua aplicação prática convocam, no domínio dos pressupostos desta situação básica de responsabilidade, um modelo mais próximo da *faute* de tipo napoleónico, em que se misturam elementos de ilicitude, culpa e causalidade, naquilo que a doutrina alemã tem apelidado de "relação de ilicitude". Sempre que se constroem ilícitos objectivos, a culpa surge com autonomia, o mesmo já não acontece quando as normas de protecção pressupõem uma modalidade de culpa para a sua violação. O dolo ou negligência são pressupostos da responsabilidade delitual. Segundo o § 823 II BGB, o dolo ou negligência são exigidos mesmo quando a norma de protecção em si não exija a culpa. Se, pelo contrário, a norma exigir dolo, então o lesante só fica obrigado à indemnização quando actuar dolosamente, porque de outro modo não se violou a norma de protecção, ou seja, não se preencheu o tipo legal. Uma diferença importante para a compreensão da especificidade do § 823 II BGB, em relação ao § 823 I BGB, está no facto da culpa só respeitar à violação ilícita conforme aos elementos constitutivos da norma de protecção e não a eventuais consequências resultantes da violação, não sendo necessária a violação culposa do bem jurídico[1820]. No ónus da prova da culpa, a jurisprudência pressupõe, numa infracção objectiva da norma de protecção, também dolo ou negligência[1821].

Controversa é também a questão de saber se a culpa pressuposta pelo 823 II BGB tem de se relacionar com a ilicitude, ou, por outras palavras, se o lesante pode objectar o facto de não ter conhecido e também não ter

---

[1819] SPICKHOFF/SOERGEL, *Bürgerliches Gesetzbuch*, p. 121.
[1820] SCHLECHTRIEM, *Schuldrecht. Besonderer Teil*, § 3, p. 375.
[1821] ESSER/WEYERS, *Schuldrecht.* Band II, Besonderer Teil, § 56, pp. 200-201.

680 *Normas de Protecção e Danos Puramente Patrimoniais*

tido que conhecer a norma de referência. Segundo a posição dominante esta objecção é admissível. Desconhecimento desculpável exonera o lesante da culpa[1822]. Porém, a culpa pode resultar do facto de não se terem colhido informações. A exigência de deveres de informação – frequentemente específica em termos de profissão – terá de ser tanto maior quanto mais óbvio é o interesse de protecção de terceiros. Dificuldades acrescidas podem surgir em normas de referência (na maioria das vezes penais) que só proíbem acções dolosas[1823]. Segundo o § 17 StGB[1824], que fixou a teoria da culpa, o erro de proibição evitável conduz apenas à atenuação da pena (§ 49 I StGB). Se não desenvolve uma acção dolosa, a negligência será suficiente em termos de responsabilidade delitual[1825]. Se a infracção da norma de protecção penal estiver completa pelo dolo, então chega, para a consequência civil, também a mera negligência. Se o tipo legal da norma de protecção não previr a culpa tem que existir, pelo menos, negligência[1826]. Um exemplo disto é o § 858 BGB[1827].

[1822] BGH 5-Nov.-1976, NJW, (1977), 763.

[1823] BURKHARD SCHMIEDEL, *Deliktobligationen nach deutschen Kartellrecht*, pp. 81 e ss.

[1824] Cfr. KINDHÄUSER, NEUMANN, PAEFFGEN, *Strafgesetzbuch*, Band 1. 2. Auflage, NomosKommentar, Nomos, 2005, pp. 572 e ss. Cfr. ainda NEUMANN, "Der Verbotsirrtum (§ 17 StGB)", JuS, (1993), Heft 10, pp. 793-798 e ERWIN DEUTSCH, *Haftungsrecht und Strafrecht*, pp. 344-345.

[1825] BGH 26-Fev.-1962, NJW, (1962), 910. MAYER-MALY, "Rechtsirrtum und Rechtsunkenntnis als Probleme des Privatrechts", AcP, 170, (1970), pp. 154-165, WEITNAUER, *§ 823 II BGB und die Schuldtheorie*, p. 631 e WIETHÖLTER, *§ 823 II BGB und die Schuldtheorie*, p. 205.

[1826] MEDICUS, *Schuldrecht II, Besonderer Teil*, § 136, pp. 288-289. A culpa pressupõe a capacidade de culpa do agente e a existência da modalidade de culpa do tipo legal concreto, ou seja, só dolo ou também negligência. A capacidade delitual encontra-se regulada nos §§ 827, 828 BGB. O § 276 I 3 BGB refere-se a estas normas, pelo que se aplicam na responsabilidade por culpa em relações especiais. Todavia, o OLG Celle (VersR 1989, 709) e LG Dessau (VersR 1997, 242) duvidaram da constitucionalidade do § 828 II BGB na medida em que conduza a uma responsabilidade ilimitada de inimputáveis com negligência leve. Mais longe vai, CANARIS, *Verstöße gegen das verfassungsrechtliche Übermaßverbot*, p. 993, contra MEDICUS, "Der Grundsatz der Verhältnismäßigkeit im Privatrecht", AcP, 192, (1992), pp. 65 e ss. Uma particularidade existe no § 823 II BGB: quando se aplicar como norma de protecção uma norma do Direito penal, têm que ser cumpridos os elementos subjectivos da responsabilidade penal que são mais rigorosos do que os da responsabilidade civil.

[1827] THOMAS HONSELL, *Der Verstoß gegen Schutzgesetz*, p. 108.

Estudo de Direito Positivo 681

Para que se verifique obrigação de indemnizar por danos aquando da violação de uma norma de protecção pressupõe-se um nexo de causalidade entre a sua violação e os danos causados e, bem assim, a existência de culpa. O preenchimento da culpa ou a verificação de mera negligência, irá ser regulada de acordo com a disposição legal violada. Assim, se, por exemplo, nos termos da disposição penal violada apenas se considerar susceptível de sanção penal a acção dolosa, o § 823 II BGB apenas se aplicará aos casos em que efectivamente se constate uma agressão dolosa. Observe-se, porém, que a culpa apenas necessita de se integrar na ofensa à norma de protecção e não aos danos produzidos. As consequências provenientes da violação de normas de protecção e geradoras de delitos de perigo abstracto poderão ser graves, tal como o demonstra a maior parte das disposições concernentes à segurança no tráfego. Ainda não se encontra definitivamente clarificada a questão de saber se os conceitos de negligência e de dolo mencionados no § 823 II BGB deverão ser compreendidos partindo do contexto civil ou do contexto penal. Na prática, tem vindo a verificar-se uma tendência para conjugar o conceito de negligência objectiva do Direito Civil com o conceito de dolo em sentido amplo do Direito penal[1828].

O regime de responsabilidade civil previsto § 823 II BGB não depende das condições objectivas de punibilidade, mormente, da apresentação de queixa-crime ou da interrupção da prescrição. Incumbe ao lesado o ónus da prova do preenchimento dos requisitos previstos naquele preceito. No entanto, em alguns casos, a jurisprudência acaba por aplicar presunções de culpa, desde que se concretize a violação objectiva de uma norma de protecção. Acima de tudo, considera-se pressuposto essencial uma concreta incorporação da conduta proibida no âmbito da disposição legal em causa[1829].

Afirma-se frequentemente que a violação de uma norma de protecção objectiva conduz à inversão do ónus da prova relativamente à culpa[1830].

[1828] WALTER G. BECKER, *Das Recht der unerlaubten Handlungen, System in Vorlesung und Diskussion*, Duncker & Humblot, Berlin, 1976, p. 461: "*Damit erledigt sich die Frage, welcher Verschuldensbegriff maßgeblich sein soll, wenn das Schutzgesetz ein Strafgesetz ist – nicht die strafechtliche "Schuld", sondern das zivilrechtliche "Verschulden" gilt*". No sentido de adoptar o conceito civil de culpa, MEDICUS, *Schuldrecht II, Besonderer Teil*, § 142, p. 312.

[1829] EMMERICH, *BGB-Schuldrecht, Besonderer Teil*, § 24, p. 300.

[1830] Contra STOLL, *Haftungsverlagerung durch beweisrechtliche Mittel*, p. 179.

682 · *Normas de Protecção e Danos Puramente Patrimoniais*

Segundo esta tese, o lesante, que preencheu com a sua conduta o tipo legal de protecção, tem que provar não ter culpa. Porém, no que respeita às *normas de referência,* que podem ser infringidas sem culpa, esta tese não pode ser defendida. Um acto proibido pode ser cometido sem qualquer culpa. A culpa no sentido da § 823 II BGB tem ser provada adicionalmente numa violação do § 858 BGB para haver direito à indemnização. Abstraindo do caso raro de uma infracção de norma de protecção independente de culpa, a inversão do ónus da prova também não é de subscrever, baseando-se na ideia errada de que todas as infracções de norma são previsíveis e evitáveis. A culpa é um pressuposto da responsabilidade delitual. Por isso, previsibilidade e evitabilidade da infracção da norma são de provar pelo lesado. Em tipos de comportamento evidentemente perigosos do lesante, o lesado poderá ser ajudado a provar a culpa com uma prova de probabilidade. Vigora, no Direito civil, o critério objectivo de culpa orientado pelo cuidado habitual no tráfego. Portanto, o lesado não tem que provar a previsibilidade e a evitabilidade individuais, mas só utilizar critérios habituais no tráfego e, eventualmente, também específicos de grupos[1831].

25.4. *A culpa na violação de deveres de tráfego*

I. A localização dos deveres do tráfego no § 823 II BGB, proposta por VON BAR, tem como consequência uma extensão considerável da responsabilidade baseada no dolo. É verdade que se pode negar, em vários casos, a sua existência com ajuda da teoria do dolo que prevalece no Direito civil quando o agente considerou suficientes as precauções de segurança tomadas. O funcionário público que permite o trânsito em direcção contrária numa via estreita, ou o construtor civil que considerou apropriadas as precauções de segurança impostas por um desvio, não agem dolosamente. Falta-lhes a consciência da ilicitude, pelo que a respectiva norma de conduta foi apenas negligentemente infringida. A situação é diferente quando há conhecimento da norma de comportamento, por exemplo, quando o proprietário de uma casa não espalha sal na entrada, esperando que tudo corra bem, ou quando um caçador não descarrega a sua espingarda, por entender que nada irá acontecer. Nestes casos há dolo,

---

[1831] THOMAS HONSELL, *Der Verstoß gegen Schutzgesetz,* p. 108.

pelo menos na modalidade de dolo eventual. Não é essencial para o § 823 II BGB uma delimitação entre dolo e negligência[1832].

Tem sido procurada uma precisão dos tipos legais nos quais se torna essencial a separação entre as duas modalidades de culpa. VON BAR considera interessante a proposta de, no âmbito do § 823 II BGB, admitir a redução da culpa apenas para a negligência. Todavia, para a área dos deveres do tráfego é de exigir, no que concerne ao dolo (não no que concerne à negligência) um alargamento à própria violação de interesses. O cerne dos deveres do tráfego está na responsabilidade por negligência. Também a jurisprudência no § 823 I BGB estende o dolo à violação de interesses. Decisões com teor diferente não são conhecidas. O paralelismo entre deveres do tráfego e normas de protecção não deve ser estendido ao dolo. Violações dolosas de deveres do tráfego são apenas de admitir quando o lesante se conformou com o resultado final[1833].

A noção legal da negligência, que se encontra no § 276 BGB, remete para o conceito do cuidado necessário no tráfego. A jurisprudência alemã autonomiza, de acordo com o esquema pandectístico, a infracção objectiva de um dever do tráfego e a censurabilidade pessoal da violação, recorrendo ao critério do "cuidado necessário no tráfego", tanto no âmbito da ilicitude como da culpa: "*O cuidado necessário no tráfego cuja violação conduz à responsabilidade delitual satisfaz-se quando se atinge, no resultado, aquele grau de segurança que a opinião dominante na respectiva área considera necessário.*". Não existe, portanto, uma violação de dever do tráfego quando o "cuidado necessário no tráfego" é satisfeito. Outra questão que se coloca é a da delimitação da ilicitude e da negligência no âmbito da responsabilidade por violação de um dever do tráfego. O legislador no § 823 II BGB considerou que a violação da norma de protecção que sustenta a sentença de ilicitude é de separar da culpa. Pergunta-se, todavia, se a "*violação negligente de dever do tráfego*" é um pleonasmo ou se, para o exame da culpa, tem um conteúdo autónomo para além da inimputabilidade. O problema torna-se mais complexo quando se adopta o conceito objectivo de negligência do Direito civil, devido à identidade dos conceitos ao nível da ilicitude e da culpa[1834].

[1832] CHRISTIAN VON BAR, *Verkehrspflichten*, § 6, pp. 169 e ss.
[1833] CHRISTIAN VON BAR, *Verkehrspflichten*, § 6, p. 171.
[1834] CHRISTIAN VON BAR, *Verkehrspflichten*, § 6, p. 171.

684   *Normas de Protecção e Danos Puramente Patrimoniais*

Todavia, um exame autónomo da negligência é possível nos deveres do tráfego, segundo Von Bar, na medida em que colocam normas de comportamento abstractas e não protegem meramente os direitos e bens jurídicos do § 823 I BGB da colocação em perigo concreto. Todavia, o cuidado necessário no tráfego não pertence, nas intervenções mediatas, à culpa, mas à ilicitude, e é no grau do cuidado exterior idêntica aos deveres do tráfego. Para a negligência prevista no § 823 II BGB fica o cuidado interior[1835].

25.5. *A separação entre cuidado exterior e cuidado interior*

I. A separação entre cuidado exterior e interior torna explicável a referência dupla ao "cuidado necessário no tráfego" nos deveres do tráfego. Exner defendeu, no Direito penal, a ideia de que a culpa só é de afastar quando o comportamento do agente, em termos meramente objectivos, for impecável. Quem actua de acordo com o que o tráfego exige, fica isento de qualquer responsabilidade. Em intervenções imediatas nos direitos e bens jurídicos do § 823 I BGB uma violação do cuidado exterior e interior é necessária para a responsabilidade. A ilicitude no § 823 I BGB resulta da violação de um direito ou bem jurídico, não sendo o cuidado exterior transplantável para o nível da ilicitude. Tirá-lo da negligência parece inoportuno. Em violações mediatas, *i.e.*, na infracção de deveres do tráfego para protecção do perigo abstracto a ilicitude antecipa-se para o momento do aumento do perigo de forma inadmissível. Os deveres do tráfego equivalem ao cuidado exterior, de maneira que só resta, para um exame no nível de culpa, o cuidado interior. No cuidado exterior podem encontrar-se, segundo Deutsch, várias graduações. *"Há uma dimensão máxima de cuidado, uma dimensão normal e uma dimensão mínima."* A dimensão máxima regista-se no comportamento adequado. As ordens de comportamento nos deveres do tráfego reportam-se ao comportamento adequado. São, por isso, idênticas ao cuidado exterior na dimensão máxima. Somente a dimensão máxima satisfaz a função dos deveres do tráfego como ordens de comportamento abstractas de colocar uma cintura de protecção alargada em volta dos direitos e bens jurídicos do § 823 I BGB

[1835] Christian von Bar, *Verkehrspflichten,* § 6, pp. 172-175.

Estudo de Direito Positivo

e permite, ao mesmo tempo, uma delimitação do cuidado necessário no tráfego como forma de culpa[1836].

II. A distinção de cuidado exterior e interior não apresenta dificuldades, segundo VON BAR. O cuidado interior consiste no conhecimento e evitabilidade da violação da norma de comportamento. A culpa consiste no facto de o agente não ter a consciência da violação do dever do tráfego, apesar de ter podido ter essa consciência. O cuidado exterior refere-se a um certo comportamento no mundo exterior que, visto do ponto de vista de uma pessoa, preserva os direitos e bens jurídicos de terceiros da colocação em perigo excessivo. Quando o comportamento exterior é objectivamente negligente, é necessário um exame da culpa. As violações de deveres do tráfego respeitam a comportamentos que "significam falta de cuidado exterior". Para a infracção objectiva de um dever do tráfego não interessa se o titular do dever podia evitar a violação e se se preparou interiormente para o seu cumprimento. O cuidado interior é de examinar apenas quando se viola o cuidado exterior. Por exemplo, se um município instalou um parque de aventuras para crianças num terreno onde existe uma ponte que atravessa uma linha de água com 50 cm de profundidade, e se um criança se fere num mergulho na água, deve perguntar-se se um tal comportamento imprudente da criança é de prever e se o seu não afastamento é de imputar à culpa do município, sendo *de examinar em primeiro lugar se tais saltos, apesar da sua perigosidade, são de prever."* O BGH, defendeu que faltava um comportamento exterior descuidado, portanto ilícito, do município. Ao contrário, num caso construído por WEITNAUER, age ilicitamente, porque actua com descuido exterior, ainda que sem culpa, pois actuou com cuidado interior, o proprietário de casa que não espalha sal na neve por se ter ferido e ter sido transportado ao hospital[1837].

O cuidado interior visa o conhecimento e o evitar da violação de um dever do tráfego. O processo psíquico-intelectual pressupõe certas actividades na pessoa do titular do dever do tráfego. Adoptando um critério objectivo de cuidado, reconhecido no Direito civil, não se afasta a responsabilidade daquele que não consegue reconhecer ou cumprir um dever do tráfego por razões que se baseiam exclusivamente na sua aptidão física individual ou intelectual. O carácter obrigatório da indemnização pres-

---

[1836] CHRISTIAN VON BAR, *Verkehrspflichten,* § 6, p. 175.
[1837] CHRISTIAN VON BAR, *Verkehrspflichten,* § 6, pp. 175-177.

686 *Normas de Protecção e Danos Puramente Patrimoniais*

supõe a repreensão em relação a uma pessoa que não cumpriu o dever do tráfego, apesar de ter podido conhecê-lo. O cuidado interior para evitar uma responsabilidade por negligência por violação de deveres do tráfego está, portanto, vinculado a exigências diferentes da dimensão máxima. Se se exigisse o grau máximo de intensidade da escala de graduação também para o cuidado interior, excluir-se-ia o erro de proibição como circunstância que afasta da responsabilidade. É de exigir, para o cuidado interior, um critério pessoal orientado pela *"categoria social mais próxima da pessoa que age"*. Esta formação de grupos permite a concessão de espaços livres de responsabilidade. Se o indicador da velocidade de um automóvel, depois de uma inspecção, se encontra avariado e mostra uma velocidade errada, a condução em excesso de velocidade é ilícita, mas sem culpa. Além disso, podem imaginar-se casos em que o agente infringe uma norma de comportamento cujo desconhecimento não lhe pode ser censurado. É certo que há uma zona cinzenta entre cuidado exterior e interior. No entanto, a existência de casos de fronteira não significa que a separação entre cuidado exterior e interior seja inútil[1838].

25.6. *Análise da culpa no direito português*

I. A pesquisa realizada na doutrina alemã, que se debruça sobre as normas de protecção e sobre os deveres do tráfego, mostra que no pressuposto da culpa se levantam inúmeras dúvidas que necessitam igualmente de ser resolvidas no direito delitual português. O primeiro ponto que deve ser mencionado assenta no facto da indemnização dos danos causados pela violação de normas de protecção pressupôr culpa, o que resulta lapidarmente do teor do n.º 1 o artigo 483.º (*"Aquele que, com dolo ou mera culpa"*)[1839-1840]. A partir deste princípio, inúmeras diferenciações têm de

---

[1838] CHRISTIAN VON BAR, *Verkehrspflichten*, § 6, pp. 177-181. Utilizando a mesma terminologia (*Äußere und innere Sorgfalt*), DEUTSCH/AHRENS, *Deliktsrecht*, § 15, pp. 111-112.

[1839] A referência é ainda mais clara no § 823 II BGB que é expresso em admitir a necessidade de culpa, mesmo que a norma em questão possa ser violada sem culpa, *i.e.* em termos de um ilicitude objectiva.

[1840] Neste sentido, SINDE MONTEIRO, *Responsabilidade por conselhos*, p. 261, para quem a violação de normas de protecção não consubstancia uma modalidade de responsabilidade objectiva.

Estudo de Direito Positivo 687

ser realizadas em razão do tipo das normas de protecção aplicandas. Com efeito, resolvida a questão da sua qualificação como normas de protecção e a sua aplicação ao caso concreto no contexto do preenchimento do pressuposto da ilicitude, impõe-se descortinar se as normas de protecção são *i)* normas de perigo concreto, *ii)* de perigo abstracto, *iii)* de resultado e *i)* se pressupõem dolo, *ii)* abrangem também a negligência ou *iii)* se não necessitam de culpa, erigindo ilícitos objectivos. Ora, as normas de protecção penais e contra-ordenacionais pressupõem dolo ou, pelo menos, negligência.

i) Quando o ilícito só esteja previsto na modalidade dolosa, a harmonização do sistema implica que só se houver dolo é que existe "violação da norma de protecção", pelo que a negligência não fundamentará a constituição da obrigação de indemnizar. Esta solução para efeitos da responsabilidade delitual advem de, no Direito Penal, dolo e negligência funcionarem como elementos subjectivos do tipo, pelo que o preenchimento da ilicitude penal os exige[1841]. O mesmo esquema deve igualmente ser seguido no domínio dos ilícitos contra-ordenacionais, atendendo à proximidade dos dois sistemas.

ii) Quando o ordenamento jurídico privado prevê "normas de protecção" na modalidade dolosa ou negligente, basta a negligência para dar origem à indemnização.

iii) Quando o ilícito seja objectivo, impõe-se em sede indemnizatória a existência *in casu* de dolo ou negligência civil[1842].

[1841] Neste sentido, DÖRNER, *Zur Problematik der Schutzgesetzverletzung*, p. 525, LARENZ/CANARIS, *Lehrbuch des Schuldrechts*, § 77, p. 445, FIKENTSCHER/HEINEMANN, *Schuldrecht*, § 108, p. 796, e BGH 24-Nov.-1981, NJW, (1982), 1037. Contra DEUTSCH/ /AHRENS, *Deliktsrecht*, § 15, pp. 110-111, considerando que se uma norma se limitar a descrever o ilícito e outra a fazer depender a aplicação de um sanção penal da modalidade dolosa, o requisito do dolo só releva para determinado tipo de efeitos jurídicos, sendo que a violação de uma lei protectora de interesses particulares também poderá ocorrer de forma negligente. O § 22 Kunsturheberrechts-Gesetz tutela o direito à imagem e o § 33 pune a violação dolosa com uma determinada pena. Apenas a sanção penal está dependente do requisito do dolo. Aquele que, por negligência, torna pública a imagem de outrem sem o consentimento deste último, não responde criminalmente mas apenas em termos de responsabilidade civil pela violação da norma de protecção. A interpretação jurídica é decisiva para determinar se o dolo constitui pressuposto obrigatório para a verificação de uma violação de uma norma de protecção ou apenas para determinados efeitos jurídicos.

[1842] Neste sentido, DÖRNER, *Zur Problematik der Schutzgesetzverletzung*, pp. 522--523, e FIKENTSCHER/HEINEMANN, *Schuldrecht*, § 108, p. 796.

688 *Normas de Protecção e Danos Puramente Patrimoniais*

As soluções preconizadas justificam-se em razão da segurança jurídica e da preservação da liberdade de acção do lesante.

No âmbito do Código Civil actual o critério da culpa encontra-se formulado no artigo 487.°, n.° 2, que prevê a sua apreciação, *na falta de outro critério legal*, pela diligência de um bom pai de família, segundo as circunstâncias do caso. Trata-se de uma apreciação em abstracto, que, ao tomar em consideração as circunstâncias do caso, contém também um critério concreto. Se se considerar que a norma de protecção descreve um critério de cuidado exterior, a culpa cingir-se-á ao cuidado interior, pelo que, à semelhança da doutrina alemã se pode defender um alargamento da ilicitude e um encurtamento da culpa na violação de normas de protecção.

Sinde Monteiro restringe a análise da culpa na violação das normas de protecção às normas de perigo abstracto. O Autor aplica o modelo da responsabilidade obrigacional à culpa na violação de normas de protecção por se registar uma "flagrante analogia material"[1843]. A falta de culpa é tecnicamente uma excepção pelo que caberá ao lesante a prova de ausência de culpa. Por outro lado, o Autor admite a extensão da presunção de culpa prevista no artigo 493.°, n.° 2 às normas de protecção de perigo abstracto[1844].

25.7. *Causas de exclusão da culpa*

I. À semelhança do exercício realizado em relação às causas de justificação é também necessário saber se existe espaço para a aplicação às normas de protecção das causas de exclusão da culpa[1845]. O vector que perpassa as diferentes causas de exclusão é a desculpabilidade, *i.e.*, se a desconformidade da conduta com a norma que a proíbe, ou impõe, deve ser censurável, ou não, em razão da sua desculpabilidade. A primeira causa de exclusão da culpa é o erro desculpável ou a falta de consciência da ilicitude não censurável. A segunda é o medo invencível. A terceira

---

[1843] Sinde Monteiro, *Responsabilidade por conselhos*, p. 262.

[1844] Sinde Monteiro, *Responsabilidade por conselhos*, p. 264.

[1845] Antunes Varela, *Das Obrigações em Geral*, I, p. 588, Mário Júlio de Almeida Costa, *Direito das Obrigações*, p. 579, Menezes Cordeiro, *Direito das Obrigações*, 2.° vol, pp. 312-314, e Pedro Romano Martinez, *Direito das Obrigações*, Apontamentos, p. 112.

Estudo de Direito Positivo 689

uma causa genérica de desculpabilidade[1846]. Um exemplo que permite concretizar a situação verifica-se nos casos em que o agente ultrapassa o limite de velocidade permitido, por ter um problema no velocímetro, ou não para num sinal *stop*, porque este se encontra tapado por uma viatura[1847]. As causas de exclusão da culpa podem funcionar também em relação às normas de protecção[1848].

Diferentemente do que acontece com as causas de justificação, as causas de exclusão da culpa não devem ser retiradas do Direito penal. Por conseguinte, mesmo no caso do emprego de tipos penais, não serão de aplicar as regras de inimputabilidade do Código Penal, mantendo-se a aplicação dos artigos 488.° e 489.° do Código Civil.

§ 26.° Sistema do nexo de causalidade

26.1. *Causalidade adequada e escopo da norma nas normas de perigo abstracto e concreto*

I. O objecto da presente dissertação centra-se nas normas que definem os limites da liberdade genérica de iniciativa económica, fixando o ilícito de concorrência. Em relação a estas normas de conduta é de referir que, ao serem actualmente configuradas através do ilícito contra-ordenacional, o dano não é pressuposto desses tipos normativos, sendo só elemento da responsabilidade delitual. Assim, para efeitos de recorte da ilicitude a relevância encontra-se na acção perigosa, potencialmente prejudicial e não no prejuízo concreto. Ora, esta característica da ilicitude assente na própria acção e não num resultado determinado, designadamente a lesão de um bem jurídico determinado, implica consequências ao nível do nexo de causalidade. Com efeito, a causalidade tem que ser equa-

---

[1846] Luís MENEZES LEITÃO, *Direito das Obrigações*, I, p. 325-327.

[1847] Este mesmo exemplo é analisado por SINDE MONTEIRO em matéria de exclusão de ilicitude. No entanto, SINDE MONTEIRO é contra que o facto de o sinal *stop* estar tapado afaste a ilicitude, atendendo a que aos terceiros é legítimo confiar na observância da norma. SINDE MONTEIRO, *Responsabilidade por conselhos*, p. 242, (n. 210).

[1848] TERESA PIZARRO BELEZA/FREDERICO DE LACERDA DA COSTA PINTO, *O Regime Legal do Erro e as Normas Penais em Branco (Ubi lex distinguit...)*, Almedina, Coimbra, 2001, pp. 9-29.

690 *Normas de Protecção e Danos Puramente Patrimoniais*

cionada no contexto de normas de perigo. Ora, no domínio do mercado, e retomando os estudos de Augusto Silva Dias, aplicados no campo penal, os ilícitos são essencialmente *mere prohibita* e de perigo abstracto. A mesma solução é defendida pela jurisprudência nacional que anteriormente tendia a ver a concorrência desleal à luz de um crime de perigo abstracto, mas, actualmente, atenta a sua transformação num ilícito contra--ordenacional, vê-a como um tipo contra-ordenacional de perigo abstracto[1849].

A este respeito é importante retomar a distinção entre perigo concreto, que assenta numa *"potencialidade agravada de lesão de um concreto bem jurídico"*, perigo abstracto-concreto, que assenta na *"potencialidade de lesão de uma categoria de bens, que leve a considerar a acção, olhada por si, perigosa"* e o perigo abstracto, em que *"nenhuma potencialidade teria realmente de se verificar; a consideração do tipo de acção como normalmente perigosa poderia ter movido o legislador a tipificá-la, mas o tipo funciona independentemente da verificação de que a acção foi historicamente perigosa"*[1850]. Nestes termos, cumpre-nos recuperar os estudos da doutrina alemã e austríaca sobre os problemas de causalidade que se levantam nos tipos normativos de perigo abstracto. Salientam-se dois textos fundamentais para esta análise, por defenderem soluções opostas neste domínio e, assim, serem complementares para a discussão: *i)* um, de Deutsch, intitulado *Begrenzung der Haftung aus abstrakter Gefährdung wegen fehlender adäquater Kausalität*, de 1966, que partindo de três casos concretos fundamenta o afastamento da teoria da causalidade adequada no domínio das normas de perigo abstracto e *ii)* outro, de Kramer, intitulado *Schutzgesetze und adäquate Kausalität*, publicado dez anos depois, que questiona e critica o afastamento da teoria da causalidade adequada no domínio das normas de protecção[1851]. Os exemplos que nos são

---

[1849] Oliveira Ascensão, *Concorrência Desleal*, p. 207.

[1850] Oliveira Ascensão, *Concorrência Desleal*, p. 206-207.

[1851] Neste sentido, Schickedanz, "Schutzzwecklehre und Adäquanztheorie", NJW, (1971), pp. 916-920: *"Das Ende der Adäquanztheorie ist noch nicht gekommen...Man sollte die Generalklausel der Adäquanztheorie nicht durch eine noch weitere, noch unberechenbare Generalklausel ersetzen, die dann wirklich zum asylum ignorantiae der Rechtsprechung werden könnte"* (p. 920). Cfr. ainda Thomas Raiser, "Adäquanztheorie und Haftung nach dem Schutzzweck der verletzten Norm", JZ, (1963), pp. 462-466, e Hermann Lange, "Adäquanztheorie, Rechtswidrigkeitzusammenhang, Schutzzwecklehre und selbständige Zurechnungsmomente", JZ, (1976), pp. 198-207.

Estudo de Direito Positivo 691

fornecidos por estes Autores, alguns retirados da jurisprudências alemã e austríaca, afastam-se do domínio das normas reguladoras da concorrência, mas, na medida em que respeitam a normas de protecção, entende-se ser a sua descrição útil ao desenvolvimento do presente estudo.

II. DEUTSCH analisa as teorias da causalidade no domínio das normas de perigo abstracto através de três casos concretos: *caso i)* um soldado que sem a respectiva autorização do serviço para guiar uma determinada viatura causa um acidente de viação (§ 24 I *SoldatenG*), *caso ii)* um automobilista que se mantem na faixa da esquerda não permitindo a ultrapassagem a um motociclista (§8 II StVO) e, *caso iii)* um acidente entre um motociclista e peões que circulavam do lado direito da via (§37, I, 3, StVO)[1852].

Caso i) Apesar da ordem de serviço indicar outro condutor, um soldado conduziu um veículo militar. No percurso a viatura derrapou, virou-se e ficou danificada. Não se provou por parte do condutor um comportamento culposo, contrário às regras de trânsito. A questão a averiguar era se a violação da ordem de serviço obrigaria o soldado a indemnização, sendo a causa de pedir, à altura, o § 24 I SoldatenG, que estabelecia que *"Se um soldado violar culposamente os seus deveres profissionais tem que indemnizar pelo dano resultante. Se violou os seus deveres profissionais ao exercer poderes de autoridade, no serviço de formação ou em acção, tem que indemnizar o prejuízo, desde que lhe seja imputado dolo e negligência grosseira."* O BGH recusou a indemnização por ausência de causalidade adequada, porque o agente *"não aumentou, de maneira considerável, pela violação do seu dever profissional, a possibilidade de um resultado do tipo do que ocorreu".* A questão é substantivamente de natureza civil, ainda que possua uma dimensão pública. Como não houve culpa no dano, tratar-se-ia de uma responsabilidade *versari in re illicita*, que pressupõe a obrigação de indemnizar independente da culpa em relação ao dano. Trata-se de traçar o limite da responsabilidade pelo prejuízo com base na violação de uma norma de perigo abstracto[1853].

[1852] ERWIN DEUTSCH, *Begrenzung der Haftung*, p. 556. A legislação referida encontra-se citada na versão de DEUTSCH, tendo sido entretanto revogada. A actual StVO é a Straßenverkehrsordnung vom 16. November 1970, alterada pela Verordnung vom 18. Dezember 2006 (disponível www.gesetze-im-internet.de)

[1853] ERWIN DEUTSCH, *Begrenzung der Haftung*, p. 556.

692   *Normas de Protecção e Danos Puramente Patrimoniais*

Os *casos ii)* e *iii)* relativos às normas que impõem a condução pela direita e andar a pé pela esquerda (StVO) são semelhantes à falta de ordem de serviço para condução de veículo. No caso *ii)* um automóvel circulou, durante algum tempo, na faixa da esquerda de uma via rápida. Um motociclista ficou impedido de o ultrapassar e, quando o fez, utilizou a faixa da direita. Depois de ter percorrido uma distância de 6 metros, colocou-se na faixa da esquerda e reduziu a velocidade, travando a moto para "dar uma lição" ao automobilista. A viatura embateu na moto, que ficou danificada. O OLG Köln decidiu não obrigar o automobilista a uma indemnização, por não ter tido qualquer culpa no acidente. Ainda que a condução na faixa da esquerda tenha infringido o § 8 II StVO, não se verificou causalidade adequada em relação ao dano produzido. O OLG defendeu que o colocar-se na faixa da esquerda e a travagem da moto não eram previsíveis nem para uma pessoa com experiência máxima. No caso *iii)* o BGH viu-se confrontado com a seguinte situação: dois peões circulavam, à noite, no lado direito de uma estrada. Um motociclista passou entre os dois, caiu e morreu. Segundo o § 37, I, 3, StVO, os peões deveriam ter usado o lado esquerdo da via. Os peões alegaram que o acidente também poderia ter ocorrido se tivessem circulado no lado oposto ou se nem sequer tivessem estado no local do acidente. O BGH defendeu que havia causalidade adequada, pois, num comportamento conforme à norma, os peões encontrar-se-iam no outro lado da estrada. Como, no entanto, não se averiguou suficientemente a previsibilidade do acidente, o BGH alterou a anterior decisão de condenação por homicídio negligente. Os peões poderiam ter colocado a mesma objecção a uma pretensão indemnizatória apresentada pela família do falecido com base no § 823 II BGB[1854].

Casos i), ii) e iii) As diferenças entre os três casos analisados encontram-se na finalidade da norma e no efeito da sua violação. O soldado violou uma imposição de serviço, mas conduzia em conformidade com as regras do trânsito. O automobilista violou o dever de circular pela direita, todavia, essa violação teve um efeito atípico no choque com o veículo da frente. Também os peões não observaram a norma de circulação pela esquerda, que visa evitar atropelamentos, mas argumentaram que o acidente poderia igualmente ter ocorrido se se encontrassem do outro lado da via[1855].

[1854] ERWIN DEUTSCH, *Begrenzung der Haftung,* p. 556.
[1855] ERWIN DEUTSCH, *Begrenzung der Haftung,* p. 556.

Em todas as situações sublinha-se a irrelevância da norma e do seu carácter de protecção. Com efeito, é necessário averiguar se existe causalidade nos três casos. Se se tomar por base a regra da *conditio sine qua non*, no primeiro caso, o soldado condutor parece nem sequer ter causado o dano na viatura, porque se tivesse ocupado o lugar do passageiro sentado ao lado do condutor, a viatura poderia ter derrapado do mesmo modo, podendo-se, assim, prescindir da acção que viola uma ordem de serviço sem suprimir o resultado. A fórmula da *conditio sine qua non* apenas fornece uma prova para a causalidade insuficiente nas zonas limite, na medida em que se basta com a afirmação de que a acção e o resultado se seguiram temporalmente e se encontram ligados[1856].

A causalidade averiguada desta maneira não dispensa a verificação se uma causa hipotética não anula ou modifica a responsabilidade, exigindo uma valorização. Pode admitir-se o preenchimento da causalidade pelo prejuízo imediato, mesmo que se exclua o comportamento alternativo lícito. Nos outros dois casos, não surgem dúvidas do ponto de vista da causalidade naturalística, pois se o automóvel não tivesse circulado na faixa da esquerda não teria chocado com a moto. Tão pouco, o motociclista teria morrido se os dois peões tivessem ficado do lado esquerdo da estrada. À causalidade entre a acção e o prejuízo é necessário acrescentar o elemento da adequação: "*o acidente não teria ocorrido se A ou B tivesse conduzido o carro, o que não pode ser averiguado com probabilidade suficiente*"[1857].

O BGH desenvolveu algumas pistas para a adequação, assentes na probabilidade, em especial no pressuposto de uma perigosidade concreta, contrária ao fim de uma norma de perigo abstracto. O BGH utiliza a adequação para averiguar a causalidade, tornando-a inseparável da probabilidade do decorrer típico[1858]. No Direito civil e penal desenvolveram-se teorias segundo as quais as relações causais incertas permitem a responsabilidade quando a acção torne provável em alto grau a ocorrência de resultado. BYDLINSKI reúne os elementos da adequação e da perigosidade num conjunto móvel, no qual a descida de um é equilibrada pela subida do outro. "*Se existir verdadeira causalidade provada do dano, é suficiente para a responsabilidade uma perigosidade muito reduzida. Se, em contra-*

[1856] ERWIN DEUTSCH, *Begrenzung der Haftung,* pp. 556-557.

[1857] ERWIN DEUTSCH, *Begrenzung der Haftung,* p. 557.

[1858] ERWIN DEUTSCH, *Begrenzung der Haftung,* p. 557.

694   *Normas de Protecção e Danos Puramente Patrimoniais*

partida, houver adequação aumentada, ou seja, perigosidade significativa concreta, a causalidade do prejuízo pode ficar reduzida a uma causalidade meramente "potencial" (possível ou hipotética) sem excluir a responsabilidade"[1859]. De facto, há responsabilidade por causalidade possível na causalidade alternativa. É uma ideia atraente encontrar na medida da perigosidade uma compensação pelo facto de se dever responder pelas consequências incertas de determinada acção. A indemnização do prejuízo e a prevenção ficam ligadas entre si de maneira razoável, desde que a medida da perigosidade proibida determine a razão da imputação do prejuízo incertamente causado. A doutrina de BYDLINSKI consegue iluminar a zona crepuscular de uma causalidade possível, mesmo sem desenvolver um princípio geral no direito da responsabilidade civil[1860].

ROXIN propôs, no Direito penal, nos casos de causalidade duvidosa, o critério do aumento do risco, correspondendo à natureza do Direito penal, que não assenta no dano objectivamente imputado, mas na violação de bens jurídicos, pressupondo normalmente uma imputação subjectiva, que não trata da causalidade, mas da relação de ilicitude e de culpa. Nos casos mencionados fica em dúvida se o resultado ocorrido como consequência de um comportamento ilícito doloso ou negligente não teria tido lugar do mesmo modo num comportamento lícito ou diligente. É o caso de um ciclista alcoolizado, ultrapassado por um condutor de camião, que só deixou entre os veículos a distância de 75 cm. O ciclista caiu por baixo do atrelado do camião e morreu. Na altura do acidente, o ciclista estava alcoolizado. O BGH decidiu não condenar o motorista por homicídio negligente, dado que, mesmo que tivesse respeitado a distância lateral mínima, o ciclista poderia ter caído na faixa do atrelado. Assim, não era certo *que a violação das regras de trânsito, ou seja, a ultrapassagem estreita, fosse causal para o homicídio"*[1861].

Segundo ROXIN, deve-se condenar por homicídio negligente apenas quando a acção aumentou o risco da ocorrência do resultado. Ainda que estas considerações sejam aplicáveis no Direito civil, é inegável que visam a prevenção penal (BINDING). WELZEL refere que os delitos negligentes estão construídos como delitos de resultado. Ora, não é compreensível, para o Direito civil, dispensar o dano. Com efeito, no direito da responsa-

---

[1859] ERWIN DEUTSCH, *Begrenzung der Haftung*, p. 557.
[1860] ERWIN DEUTSCH, *Begrenzung der Haftung*, p. 557.
[1861] ERWIN DEUTSCH, *Begrenzung der Haftung*, p. 557.

Estudo de Direito Positivo   695

bilidade delitual, o dano deve ser indemnizado e não sancionada a ilicitude e a culpa. Por isso, a ilicitude tem que ser averiguada na ligação entre comportamento e resultado. Na sentença do BGH sobre o soldado que sem a respectiva autorização conduziu um veículo militar, o dano tinha que ser causado adequadamente na responsabilidade por violação de uma norma de perigo abstracto. Por exemplo, ao contrário do estabelecido numa norma de segurança, o lesante deixou uma entrada sem a respectiva grelha de protecção, originando a morte de um trabalhador e tendo sido condenado a indemnizar. Na sentença do BGH lê-se: *"Se as medidas de segurança não forem adoptadas e se ocorrer um acidente no local do perigo, fica indiciada a culpa pelo facto do acidente poder ser evitado com a observância de regulamentos de segurança aptos, pela experiência profissional, para excluir precisamente tais acidentes."* Nem todas as regras de circulação possuem este efeito indiciador de culpa, nem sequer todas as normas de perigo da StVO. No direito delitual, nem sequer é necessária esta indiciação por o § 823 II BGB servir de ponte entre a violação da norma de comportamento e o dano a indemnizar. Uma das funções do § 823 II BGB é precisamente a de não necessitar de culpa com referência à violação do bem jurídico[1862].

O lesante ultrapassou outro veículo de forma contrária ao estabelecido no StVO. O tribunal de recurso assentou na violação da referida disposição legal a prova da probabilidade de ter sido causado culposamente o acidente ocorrido na ultrapassagem. *"Se a ofensa corporal foi causada pela violação negligente de uma disposição da StVO, a considerar como norma de protecção, não são precisas a previsão ou previsibilidade da ofensa corporal para afirmar a culpa no sentido do § 823 II BGB. Pelo contrário, só se trata de saber se o agente infringiu culposamente a norma de protecção."* Assim, põe-se em causa a função do § 823 II BGB, de alargamento da responsabilidade perante o § 823 I BGB, quando se exige à violação da norma de perigo abstracto uma perigosidade concreta, o que se aplica não só à culpa como também à necessidade do prejuízo ser causado adequadamente. A causalidade adequada não é senão uma previsibilidade diluída da ocorrência do dano, portanto, orientada pelo resultado concreto. O aumento da possibilidade de ocorrência do prejuízo está vinculado temporal e localmente. O juízo de probabilidade, constituindo o núcleo da adequação, é analisado para o momento da acção, pela posição

---

[1862] ERWIN DEUTSCH, *Begrenzung der Haftung*, p. 557.

696   *Normas de Protecção e Danos Puramente Patrimoniais*

do agente. Nas normas de perigo abstracto a situação é completamente diferente. Nestas, o legislador traçou a linha de cuidado. A área de protecção da norma define o dano. É de indemnizar o dano cuja ocorrência a norma de protecção deveria evitar. Não é decisiva a perspectiva do lesante, antes a do legislador. Portanto, a limitação da imputação do dano não deve resultar da falta de adequação. Quem fica excluído pelo dever de serviço da condução de um automóvel responde por todo o prejuízo resultante da violação, ainda que imprevisível ou inadequado. Se a proibição de conduzir for absoluta, então a pessoa que a contraria assume todo o risco. Se, em contrapartida, ela for restrita ou relativa, então depende do fim da proibição. Idêntica situação ocorre com a ordem de circular pela direita. Quem circular, de maneira não autorizada, pela esquerda, responde por todos os prejuízos que a ordem de circular pela direita visa evitar, mesmo que considere remota a possibilidade de ocorrer um prejuízo. DEUTSCH conclui, assim, que a falta de causalidade adequada entre a acção e o dano não desonera da responsabilidade pelas consequências da violação de uma norma de perigo abstracto[1863].

Deste modo, para delimitar a responsabilidade pelo dano *versari in re illicita* só resta o fim de protecção da norma. A causalidade adequada e o fim de protecção estão em discussão nos delitos de perigo concreto do § 823 I BGB, mas não nos tipos legais que se bastam com uma colocação em perigo abstracto. O fim de protecção substitui, nos tipos legais de colocação em perigo abstracto, a adequação. Sob o aspecto da adequação, o aumento do risco de prejuízo é avaliado na altura da acção do ponto de vista do agente tomando por base as capacidades humanas máximas. Para averiguar o fim de protecção olhamos para o legislador. A sua previsão, na altura do estabelecimento da norma, determina o seu juízo sobre os comportamentos típicos com potencial de causar prejuízo. Quando, por exemplo, numa rua, estiver fixada uma velocidade máxima, ou proibido o tráfego para proteger crianças que estão a brincar, o automobilista que viole estas proibições tem que indemnizar, mesmo que seja imprevisível para um observador ideal que um automóvel atropele uma criança. Este prejuízo foi considerado pelo legislador[1864].

Se o prejuízo tem de se encontrar na área de protecção da norma, é necessária uma ligação com o fim de protecção. O perigo abstracto proi-

---

[1863] ERWIN DEUTSCH, *Begrenzung der Haftung,* p. 558.
[1864] ERWIN DEUTSCH, *Begrenzung der Haftung,* pp. 558-559.

bido tem que se realizar na causação do prejuízo e a probabilidade tem que se tornar certa. Poder-se-á falar de uma relação de colocação em perigo, que liga o perigo abstracto e o dano, do mesmo modo que a realização do perigo concreto no prejuízo é expressa pela causalidade adequada. Nas normas de perigo concreto, a violação do bem jurídico tem que estar abrangida pela culpa e o dano em termos de causalidade adequada. Se, pelo contrário, se tratar de uma norma de perigo abstracto, a culpa só necessita de se referir à violação da norma e não ao bem jurídico, e a ocorrência do prejuízo tem que contrariar o fim de protecção da norma[1865].

Cumpre analisar qual, no caso do soldado que conduziu sem autorização, o fim visado pela ordem de serviço e se desenvolveu um efeito de protecção considerável em termos de direito de responsabilidade. Ora, segundo DEUTSCH, parece faltar o fim de protecção do direito de responsabilidade civil da ordem de condução, pelo que o condutor não tem a obrigação de indemnizar segundo o § 24 I SoldatenG. O resultado seria completamente diferente se o condutor tivesse usado a viatura para uma viagem sem qualquer autorização, pois com a violação do dever, o risco do prejuízo eventual teria sido transferido para o condutor, impondo o escopo de proibição e de protecção o *versari* amplo[1866].

No caso do automobilista que circula pela esquerda, o fim da proibição de circular pela esquerda (StVO) visa facilitar a ultrapassagem e o tráfego. Ora, os participantes no trânsito que circulam em frente não pertencem à área de protecção da norma. Finalmente, o fim da imposição de andar a pé pela esquerda (StVO) visa colocar no campo visual do peão o tráfego de sentido contrário, permitindo-lhes esquivarem-se ao perigo e evitarem acidentes com os condutores, pelo que os peões só poderiam afastar a responsabilidade se invocassem que não aumentaram o risco com a sua conduta, porque não havia visibilidade, ou não havia lugar para se afastarem por se tratar de uma rua muito estreita. Em conclusão, o fim de protecção da norma estabelece a relação de perigo necessária entre a violação da norma de perigo abstracto e o prejuízo causado. É, por isso, inapropriado, segundo DEUTSCH, exigir uma causalidade adequada em tipos legais de colocação em perigo abstracto[1867].

[1865] ERWIN DEUTSCH, *Begrenzung der Haftung,* p. 559
[1866] ERWIN DEUTSCH, *Begrenzung der Haftung,* p. 559.
[1867] ERWIN DEUTSCH, *Begrenzung der Haftung,* p.559.

698   *Normas de Protecção e Danos Puramente Patrimoniais*

III. Esta mesma discussão sobre a aplicação da teoria da causalidade adequada à violação de normas de protecção foi retomada por KRAMER em termos que cumpre examinar detalhadamente, utilizando os casos das jurisprudências alemã e austríaca analisados pelo Autor[1868]. Na doutrina civilista austríaca destacam-se vários autores com estudos na área da causalidade, designadamente os trabalhos pioneiros de ARMIN EHRENZWEIG, KARL WOLFF, ERNST RABEL e WALTER WILBURG no domínio da teoria da relação de ilicitude ou do fim de protecção da norma. A discussão doutrinária iniciada por estes autores ainda não se encontra concluída. Importa determinar até que ponto o critério da adequação tem importância para a imputação de prejuízos no quadro das teorias da relação de ilicitude e do

---

[1868] Referimo-nos à solução dada aos seguintes casos trabalhados por ERNST KRAMER: *caso i) limitação de velocidade dentro do espaço da povoação*: o lesante, em violação de uma norma que só permite a circulação a 50km/h, circulou dentro da localidade a 70km/h. Já fora da localidade, teve lugar um acidente, que teria sido evitado se tivesse cumprido o limite de velocidade, dado que o peão não teria chegado, ao mesmo tempo, ao local do acidente; *caso ii) limitação da velocidade para proteger crianças* (exemplo igualmente analisado por DEUTSCH, *Begrenzung der Haftung*, p. 559): o lesante violou o limite de velocidade estabelecido para proteger crianças de um infantário próximo, que estavam a brincar. De repente, de forma imprevisível para um observador normal, atropelou, numa rua completamente abandonada, uma criança; *caso iii) caso da picareta*: contrariando uma ordem administrativa, um trabalhador abriu o pavimento com uma picareta. Um transeunte foi atingido por uma lasca num olho. Na produção de prova, chegou-se à conclusão que o transeunte não foi atingido, como seria expectável, por uma lasca mas por um estilhaço de aço, que se soltara da picareta, o que foi considerado, pelo perito, como um acontecimento extraordinário com o qual não se podia contar[1868]; *caso iv) caso do guarda*: um automobilista causou um acidente por não ter cedido a prioridade a um guarda dos Caminhos-de-Ferro Alemães, ocasionando-lhe uma lesão na cabeça. Ao tratar a lesão, constatou-se que – independentemente do acidente – o guarda sofria de esclerose cerebral, o que deu origem à sua reforma antecipada. Será que o automobilista também responde por este dano subsequente; *caso iv) caso da berma*: um camionista causou negligentemente um acidente provocando um choque de viaturas na auto-estrada que bloqueou a faixa de rodagem. Os automobilistas, à espera, ficaram impacientes e passaram pela berma que ficou completamente destruída num comprimento de 400 metros. Será que o camionista tem que indemnizar a administração da auto-estrada? *caso vi) caso do cabo de electricidade*: numa escavação, executada por um empreiteiro, a trabalhar para o Município de Innsbruck, foi danificado um cabo de electricidade dando origem a uma interrupção de electricidade, durante várias horas. Com isso, provocou-se a interrupção da produção numa empresa de asfalto tirolesa. O proprietário da empresa quis ser indemnizado pelo dano causado. ERNST A. KRAMER, *Schutzgesetze und adäquate Kausalität*, pp. 338-339.

Estudo de Direito Positivo 699

fim de protecção da norma, quando o dano é resultado da violação de uma norma de protecção[1869].

A distinção entre a violação de direitos absolutamente protegidos (no sentido do § 823 I BGB), por um lado, e a violação de normas de protecção (no sentido do § 823 II BGB e do § 1311 ABGB), por outro, que tem relevância teórica para a questão da causalidade, suscita dúvidas a KRAMER. A exposição de KRAMER recorre em simultâneo à jurisprudência e doutrina alemãs e austríacas, o que se justifica atendendo a que, de forma idêntica ao BGB, também o direito delitual austríaco distingue entre exigências do comportamento legalmente positivadas para proteger outrem e proibições de colocação em perigo certos bens jurídicos. Nos bens jurídicos de protecção absoluta o legislador prescindiu de "*regular os modos concretos de comportamento*", deixando ao juiz a concretização do conceito indeterminado do "*cuidado necessário no tráfego*".

Se se partir do facto do agente ter violado culposamente uma norma de protecção, causando danos a outrem, o comportamento ilícito-culposo do lesante tem que ter sido condição necessária para o resultado ocorrido. Partindo da *conditio sine qua non,* o automobilista que ultrapassa, violando uma norma da StVO, um ciclista, a uma distância lateral demasiado reduzida, cria, com o seu comportamento ilícito, uma condição necessária para o dano verificado, mesmo que possa ser feita prova de que, mesmo respeitando as normas de trânsito, o ciclista teria igualmente sido atropelado, porque se encontrava alcoolizado. KRAMER considera que neste caso se deve analisar se o resultado danoso é abrangido pelo fim de protecção da norma (relação de ilicitude), designadamente, quando for certa a causalidade "natural" do comportamento ilícito. Se for certa a causalidade do comportamento ilícito em termos de *conditio sine qua non*, a doutrina e a jurisprudência são unânimes em só admitiram a responsabilidade pelos prejuízos abrangidos pelo fim de protecção da norma violada[1870].

Quem infringe a proibição de circulação de camiões aos fins-de-semana, não responde por um acidente resultante de um acontecimento inevitável. A falta de carta de condução não torna o condutor responsável, como admite o OGH, quando se provar que o dano não resultou da sua falta de aptidão, pois actuou conforme as normas do trânsito, podendo

---

[1869] ERNST A. KRAMER, "Schutzgesetze und adäquate Kausalität", JZ, (1976), p. 338.
[1870] ERNST A. KRAMER, *Schutzgesetze und adäquate Kausalität*, p. 340.

ocorrer com uma pessoa com carta de condução. A norma violada não visa impedir esse prejuízo[1871].

Por fim, o *caso i)* do OGH pertence a estas constelações: a norma que proíbe circular dentro das localidades a mais de 50km/h não tem como finalidade evitar acidentes fora do espaço das localidades possibilitados pelo facto de o lesante, precisamente por causa do excesso de velocidade, ter atropelado um peão fora desse perímetro. A doutrina do *versari in re illicita* seria incorrectamente aplicada neste caso[1872].

O *caso ii)* (*limitação de velocidade para proteger crianças*) analisado por DEUTSCH coloca problemas complexos. O acidente da criança encontra-se na área de protecção da norma transgredida. O dano, segundo DEUTSCH, foi previsto pelo legislador. Se se partir do facto de *"que o acidente não teria sido evitado nem teria tido consequências menos graves se o automobilista tivesse circulado, no mesmo momento e no mesmo sítio, com a velocidade legal"*, ou seja, se o *"comportamento alternativo lícito"* levar ao facto de a contrariedade ao dever não ter sido causal, por não ter aumentado o perigo, é de excluir a responsabilidade. A mesma solução é de aplicar ao caso, *supra* mencionado, do ciclista alcoolizado que foi atropelado. Todavia, o lesante tem o ónus da prova de que o dano ocorreria *in concreto* com o comportamento alternativo lícito[1873].

A situação é, no entanto, diferente no exemplo de DEUTSCH da rua para as crianças brincarem, em que a circulação só é permitida a moradores. Um não morador, que circula nesta rua, atropela uma criança que aparece por detrás de um carro estacionado, atrás de uma bola. Neste caso, tanto DEUTSCH como KRAMER, admitem fazer responder o lesante, porque o dano se encontra na área de protecção da norma violada e teria sido evitado com o comportamento alternativo lícito do lesante. O facto de crianças surgirem repentinamente atrás de uma bola não é invulgar, tendo este aspecto justificado a proibição de circulação. A possível referência à circunstância de uma criança poder ser igualmente atropelada por um morador não convence, segundo KRAMER, por o perigo aumentar estatisticamente com a violação da norma por não moradores[1874-1875].

[1871] ERNST A. KRAMER, *Schutzgesetze und adäquate Kausalität*, p. 340.

[1872] ERNST A. KRAMER, *Schutzgesetze und adäquate Kausalität*, p. 340.

[1873] ERNST A. KRAMER, *Schutzgesetze und adäquate Kausalität*, p. 340.

[1874] ERNST A. KRAMER, *Schutzgesetze und adäquate Kausalität*, p. 341.

[1875] ERNST A. KRAMER, *Schutzgesetze und adäquate Kausalität*, p. 341: No *caso Palsgraf*, decidido pelo *Supreme Court* do Estado de Nova Iorque, empregados de uma

No *caso iii) da picareta*, o comportamento foi apropriado a causar o dano que veio realmente a ocorrer. O evitar de um tal prejuízo está também na área de protecção da norma transgredida. No entanto, neste caso, o perigo realizou-se de uma maneira pouco previsível. ULRICH HUBER considera haver nestes casos uma *"divergência entre o verdadeiro decorrer causal e o que seria expectável"*. *"A questão é sempre a de saber se o modo pelo qual se realiza o prejuízo fica abrangido ainda pelo fim de protecção da norma de comportamento violada"*[1876]. A doutrina, no *caso da picareta*, admitiu a responsabilidade pelo resultado estar abrangido pelo fim da norma, ainda que produzido *in concreto* de maneira completamente inadequada. DEUTSCH pretende que a pessoa que viola uma norma de protecção responda *"por todo o prejuízo – mesmo imprevisível ou inadequado – resultante da transgressão quando apenas o prejuízo ocorrido deveria ser impedido pela proibição"*. Na doutrina austríaca segue esta posição nomeadamente P. BRUNNER[1877]. Também HANS STOLL elogia o BGH que, no *caso da picareta*, admitiu a indemnização, não se tendo deixado influenciar pela falta óbvia de adequação, fundamentando a sua decisão no facto de *"o decorrer real do acontecimento que conduziu à violação"* correspondeu, *"em geral, ao perigo que a norma quis afastar"*. KRAMER tem muitas dúvidas sobre esta solução, perguntando se não se está a ir longe demais ao atribuir à violação das normas os prejuízos que se realizaram num processo causal enviezado, se a ocorrência de tais danos não está no risco geral de vida do lesado, e se não haveria uma reminiscência da ideia do *versari in re illicita* que seria de afastar com ajuda do critério da adequação[1878].

---

empresa ferroviária ajudaram dois viajantes apressados a subir para um comboio que já estava a arrancar. Uma norma regulamentar impedia a referida acção por ser perigosa para os passageiros. Ao subir, um dos viajantes perdeu uma encomenda que caiu nos carris e explodiu por conter artigos pirotécnicos. Em resultado da explosão uma balança caiu e feriu a Sra. Palsgraf que se encontrava na plataforma da gare. Segundo o Juiz norte-americano *Cardozo,* a norma violada não tinha por fim impedir danos como o ocorrido, pelo que empresa de caminhos-de-ferro não poderia ser responsabilizada.

[1876] ERNST A. KRAMER, *Schutzgesetze und adäquate Kausalität*, p. 341: No caso da jurisprudência americana, *Lüer,* referente a um trabalhador que morreu em resultado de, numa pequena sala aquecida por um forno a gás, ter limpo distribuidoras automáticas com benzina e uma ratazana ter caído no forno a gás, tendo-se incendiado e fazendo explodir a máquina, o que esteve na origem da morte do trabalhador, a entidade patronal foi considerada responsável por ter autorizado o trabalhador a usar benzina naquelas circunstâncias.

[1877] Cfr., sobre a doutrina de BRUNNER, *supra* pp. 62 e ss.

[1878] ERNST A. KRAMER, *Schutzgesetze und adäquate Kausalität*, pp. 341-342.

O critério da adequação assentaria no aumento do risco que se verifica com a violação de um dever de comportamento. Ora, um exame deste género conduz, na maioria dos casos, ao mesmo resultado da teoria do fim de protecção, sobretudo nos casos em que o comportamento alternativo lícito está em discussão[1879]. O critério da adequação tem uma função positiva quando o impedimento do resultado do prejuízo corresponde ao fim da norma violada, mas em que o modo concreto como foi causado esse prejuízo é completamente anormal e imprevisível, mesmo para um "observador óptimo", sendo de excluir uma imputação do prejuízo por ser absolutamente "atípico", improvável e "irrelevante para a norma". A "forma da origem especial do prejuízo" não é "abrangida pelo plano da lei", não estando dentro do "alcance da norma"; por isso, o risco da ocorrência do resultado do prejuízo concreto não foi aumentado da forma "específica da norma" e "adequado à norma" pelo comportamento ilícito do lesante. O resultado do prejuízo concreto pertence então ao risco geral de vida do

---

[1879] ERNST A. KRAMER, *Schutzgesetze und adäquate Kausalität*, p. 342: No exemplo do acidente da criança, que também teria ocorrido a uma velocidade regular, a situação é igual ao caso da violação da norma sobre limite da velocidade dentro da localidade, que era *conditio sine qua non* para um acidente fora da localidade. Também neste caso não foi aumentado o risco de acidente concreto pelo comportamento ilícito. O aumento de risco perante o comportamento alternativo lícito é igualmente de negar quando um automobilista hábil conduz sem carta de condução. Do mesmo modo, poder-se-ia fundamentar, no caso de *Palsgraf*, com ajuda da teoria da adequação, uma recusa da responsabilidade por só ter sido aumentado, de maneira muito irrelevante, o perigo da ocorrência do prejuízo reclamado e não se tratar de uma condição adequada. Todavia, a situação é diferente nos seguintes casos: quem, violando uma norma de proibição, abater uma árvore e ferir um terceiro não terá de indemnizar, segundo a doutrina do fim de protecção da norma, quando se comprovar ter a norma jurídica transgredida querido proteger só a conservação da floresta mas não também a integridade física dos transeuntes em relação a árvores que caem. Em contrapartida, se se aplicar o critério da adequação, dificilmente se pode negar o facto de ser perigoso cortar árvores, mesmo que se proceda *lege artis* e que há um aumento considerável de perigo. Por isso, dever-se-ia afirmar, segundo a teoria da adequação, uma responsabilidade, mesmo que não corresponda ao fim da norma transgredida. No caso do furto de uma mala num autocarro ocupado por 40 passageiros, em vez de 25, contrariando o estabelecido numa norma, o lesado pode fazer prova de o aperto ter possibilitado ao ladrão tirar, sem ser visto, a carteira. Também não se poderá dizer, em regra, que o risco da ocorrência do resultado do prejuízo em questão não tivesse sido aumentado pelo comportamento ilícito da empresa de autocarros. Mesmo assim, tem que ser excluída uma responsabilidade por a norma violada não ter tido o fim de protecção de impedir furtos de malas. Nestas constelações de casos o critério da adequação conduz a uma solução errada.

Estudo de Direito Positivo 703

lesado. Desta maneira, o fim de protecção da norma é precisado pela ideia de adequação, não tendo qualquer importância autónoma, mas servindo apenas de critério indispensável para a interpretação do fim de protecção. Esta fundamentação da exclusão da responsabilidade em danos completamente inadequados em relação ao fim da norma e à esfera de risco é mais convincente do que a de excluir a imputação de consequências inadequadas pelo facto de não poderem ser imaginadas e dominadas pelo agente, em que a responsabilidade por adequação seria substituída por uma responsabilidade por previsibilidade do prejuízo. Para KRAMER só quando for inequívoco que o legislador pretendeu eliminar todos os riscos, incluindo os relativos a processos causais completamente extraordinários, deve admitir-se a responsabilidade por consequências inadequadas, mas se o lesante visou dolosamente o resultado, ainda que o prejuízo intencionado só tenha sido possível por um encadeamento de circunstâncias improváveis, deve ser responsabilizado[1880].

ULRICH HUBER dedicou a sua atenção ao papel da previsibilidade do prejuízo simultaneamente com a teoria do fim de protecção da norma e a teoria da adequação na imputação de prejuízos. As suas teses confirmam a doutrina e jurisprudência dominantes, combatidas por HANS STOLL[1881] e FIKENTSCHER[1882], segundo as quais a violação da norma pressupõe culpa, muito embora não se ter de prever a ocorrência do resultado. HANAU refere que não existe nenhum motivo para proteger quem violou culposamente uma norma de protecção, embora causando um dano não previsível na sua área de protecção: "*Poder-se-ão violar normas de protecção por risco próprio e não por risco daqueles para cuja protecção foram destinadas*"[1883]. A imputação de danos subsequentes, que envolvem lesados mediatos, em resultado das violações de normas de protecção, tem que seguir, em princípio, as mesmas máximas da imputação dos danos em geral. KRAMER suspeita que a diferenciação tradicional entre causalidade "*que fundamenta a responsabilidade*" e causalidade "*que preenche a responsabilidade*" não passa de uma designação cronológica do dano. O problema da *conditio sine qua non* e da previsibilidade do prejuízo não pode

---

[1880] ERNST A. KRAMER, *Schutzgesetze und adäquate Kausalität*, p. 342.

[1881] HANS STOLL, *Kausalzusammenhang und Normzweck im Deliktsrecht*, pp. 21 e ss.

[1882] FIKENTSCHER/HEINEMANN, *Schuldrecht*, § 108, pp. 795-796.

[1883] No mesmo sentido ALBERT A. EHRENZWEIG, KARL WOLFF e por PETER BRUNNER. ERNST A. KRAMER, *Schutzgesetze und adäquate Kausalität*, p. 343.

704 Normas de Protecção e Danos Puramente Patrimoniais

ser tratado diferentemente da imputação de danos em geral[1884]. Por vezes, alegava-se que nenhuma ou só uma importância muito restrita caberia à teoria do fim de protecção da norma na imputação de danos subsequentes. KRAMER defende que esta opinião não é sustentável[1885]. São de considerar, em princípio, iguais, segundo KRAMER, os prejuízos "mediatos", que abrangem a constelação de casos na qual a vítima do dano subsequente não é o primeiro lesado, mas um terceiro. Também, aqui, trata-se unicamente do fim de protecção, o que foi muitas vezes afirmado pelo OGH, mas nem sempre desenvolvido expressamente na sua argumentação[1886].

[1884] ERNST A. KRAMER, *Schutzgesetze und adäquate Kausalität*, p. 343.

[1885] ERNST A. KRAMER, *Schutzgesetze und adäquate Kausalität*, pp. 343-344: No *exemplo iv)*, o caso do guarda reformado antecipadamente. A norma violada pelo lesante não tinha como fim exonerar o lesado do seu risco geral de vida. O facto de o lesante "ter originado, por acaso", a descoberta da esclerose é um mero *versari in re illicita* e não uma causa de responsabilidade. A situação é igual no exemplo, frequentemente mencionado, em que alguém, a caminho do aeroporto, é ferido num acidente de viação e, por isso, tem de usar um avião posterior, que cai. Também aqui a queda do avião é um risco geral de vida. No caso da violação da velocidade máxima de 50 km/h dentro da localidade, que foi a causa do acidente de viação fora da localidade, este dano, consequente, não provém "do risco especial" da acção não permitida, pelo que é "inadequado" e "irrelevante para a norma". Pertencem a este contexto também os *casos da "interrupção da relação causal"* em que um "terceiro" intervém ilícita e culposamente, em detrimento do lesado, na decorrência causal. A imputação não se resolve com ajuda de uma argumentação de ciências físicas e naturais, mas apenas por meio de critérios normativos, como o fim da protecção ou a adequação. Nestas constelações encontram-se casos inequívocos, em que a pessoa ferida num acidente é hospitalizada. No hospital, discute com o seu vizinho de quarto e é assassinada por este. Aqui, não se realiza o risco específico do comportamento ilícito; a discussão poderia ter acontecido da mesma forma no autocarro ou no restaurante. Duvidoso é o resultado nas duas constelações de casos comparadas por ULRICH HUBER onde, nomeadamente a vítima de acidente sofre, no transporte para o hospital, um segundo acidente, e, ao sair curado do hospital, é vítima de um terceiro acidente na viagem de táxi. Segundo o autor, o primeiro lesante não responde pelo segundo acidente, uma vez que a pessoa curada apanhou o táxi "por risco próprio". Diferentemente, no acidente durante o transporte para o hospital, a vítima foi exposta, contrariamente à sua vontade, aos riscos de uma viagem, de maneira que o primeiro lesante tem que assumir a responsabilidade pelo segundo acidente. KRAMER discorda desta diferenciação, realizada por HUBER, por o risco de um prejuízo por um acidente de viação pertencer ao risco geral da vida. Só seria de decidir de modo diverso se se pudesse comprovar estatisticamente que uma ambulância fica exposta a um risco especialmente aumentado, ou se o ferido nunca se expusesse voluntariamente aos riscos do tráfego rodoviário.

[1886] ERNST A. KRAMER, *Schutzgesetze und adäquate Kausalität*, pp. 344-345: A identidade de valorização com os grupos de casos de danos subsequentes resulta claramente no

Estudo de Direito Positivo 705

É extremamente difícil, segundo KRAMER, a decisão nos casos de danos resultantes de choque emocional em terceiros[1887]. O OGH recusou sempre a indemnização[1888] com base no carácter mediato do prejuízo, a excepcionalidade do § 1327 ABGB e o perigo da responsabilidade em cadeia. Tem-se afirmado que o *"domínio psíquico de reveses ou de outros incidentes invulgares da vida quotidiana é assunto do lesado"*, do seu risco geral de vida[1889], havendo consenso acerca do facto de as testemunhas aci-

---

caso v) da berma, do LG Düsseldorf, no qual se podem qualificar de lesados "imediatamente" os automóveis danificados pelo acidente provocado pelo choque de viaturas e de lesada "mediatamente" a concessionária da auto-estrada. Neste ponto, segundo KRAMER, dever-se-ia seguir LARENZ, HERMANN LANGE, VON CAEMMERER, ULRICH HUBER e o BGH, que defendem que "o *dano efectuado espontaneamente e não provocado pelo autor do acidente do passeio causado pelos outros participantes no trânsito já não pertence ao seu círculo de deveres"*; antes pelo contrário, trata-se da sustentação do "risco geral de trânsito" da concessionária da auto-estrada. Se se quiser, pode-se qualificar o seu prejuízo de "mediato", contanto que signifique que está abrangido pelo fim de protecção da norma. Não é de inferir nenhum argumento em sentido contrário do § 1327 ABGB. KRAMER opõe-se às posições de SCHMIEDEL, que defende o princípio de apenas indemnizar as pessoas "imediatamente" lesadas, em relação às quais quer o § 1327 ABGB quer os §§ 844 e 845 BGB seriam excepção. Nas constelações de casos que envolvem lesados "mediatos", o fim de protecção da norma violada nem sempre é determinável inequivocamente. Numa decisão do OGH, um camionista não acatou uma limitação do peso e provocou, com isso, o desmoronamento de uma ponte de madeira. Ao camionista foi demandada judicialmente uma indemnização por um lesado que sofreu perda de trabalho e aumento das despesas pelo facto da sua viatura ter sido impedida de continuar a viagem durante nove horas. Ao contrário do OGH, que recusou a indemnização por causa do carácter mediato do prejuízo, parece inteiramente plausível a KRAMER relacionar o fim de protecção da norma com a garantia de fluidez do tráfego, permitindo indemnizar os danos resultantes.

[1887] LARENZ/CANARIS, *Lehrbuch des Schuldrechts*, § 76, pp. 380-381, no contexto da distinção entre causalidade que causa a responsabilidade e preenche a responsabilidade, admitindo a indemnização dos danos causados por choque psicológico (*Schockschäden*) a familiares no contexto da violação do seu direito à saúde *ex vi* § 823 I BGB. Ainda que lesados mediatos, LARENZ/CANARIS entendem haver um dever do tráfego em relação aos familiares. Também defendem que as testemunhas involuntárias de acidentes graves devem ser indemnizadas pelo § 823 I BGB. Estas soluções dependem do bem jurídico que está a ser violado primariamente. Se for a vida ou integridade física de alguém próximo é completamente diferente de um ataque cardíaco causado a um adepto fervoroso do clube prejudicado por um árbitro de futebol ter decidido mal um lance.

[1888] Foi o que aconteceu em ZVR 1958/144, em que o pai de uma criança morta, por causa de uma depressão, deixou de ser capaz de continuar a trabalhar como camionista, ou, em ZVR 1972/27, em que uma mulher veio a falecer pelo choque da morte do marido.

[1889] Contra este tipo de fundamentação, LARENZ/CANARIS, *Lehrbuch des Schuld-*

706 Normas de Protecção e Danos Puramente Patrimoniais

dentais de um acidente, que sofreram um ataque nervoso, como aconteceu com o guarda da passagem de nível, numa decisão do OLG Hamburg, do ano de 1903, que foi espectador de uma colisão entre um comboio e um carro, não poderem exigir qualquer indemnização[1890-1891].

rechts, § 76, p. 382. Os AA. afirmam que é exagerada a alegação de *"perturbações circulatórias ('choque' no sentido médico) até ao colapso, que ficam sem consequências, serem normais nos reveses da convivência para as quais o Homem tem que se preparar na vida..."*. O facto de um familiar ser morto não tem nada a ver com as "peripécias da convivência", e de um acidente cardio-vascular resulta o perigo de danos subsequentes gravíssimos, que precisam, em regra geral, de tratamento médico não sendo um acontecimento relativamente ao qual a ordem jurídica pode exigir que *"o Homem se prepare para tal na vida"*. Neste ponto, o perigo de um alargamento da responsabilidade está prevenido de forma suficiente quando se aponta primariamente para a necessidade de um tratamento médico e se considera adicionalmente o § 254 BGB. Com base nesta norma ter-se-á que imputar ao próprio lesado a responsabilidade, quando ele, por causa da perda do seu cônjuge ou de um filho, se entrega ao alcoolismo. Também EMMERICH, *BGB-Schuldrecht, Besonderer Teil*, § 21, pp. 258-259, admite que os chamados danos-choque, que ocorrem na sequência da notícia da morte ou ferimento grave de um familiar próximo, poderão, excepcionalmente, ser indemnizáveis quando se consubstanciem em perturbações de saúde ou se ocorrer um grave acidente e não nos encontrarmos perante um indivíduo neurótico.

[1890] ERNST A. KRAMER, *Schutzgesetze und adäquate Kausalität*, p. 345.

[1891] ERNST A. KRAMER, *Schutzgesetze und adäquate Kausalität*, p. 346: No *"caso do corte do cabo de electricidade"* o OGH recusou a indemnização, com uma argumentação algo contraditória, a um empresário relativamente a uma produção que não pôde ser realizada, afirmando que as normas de protecção transgredidas visavam proteger o interesse da generalidade em manter o abastecimento de energia, não se autonomizando um direito à indemnização de um cliente de energia, pois um efeito tão ilimitado da causalidade teria por consequência *"um alargamento infinito e economicamente insuportável"* da responsabilidade. Tratando-se de um prejuízo "mediato", seria indemnizável só excepcionalmente, sobretudo, segundo o § 1327 ABGB. Na decisão do OGH relativa a um homem que danificou, ao abater uma árvore no seu jardim, um cabo de corrente de alta tensão. Pela ruptura do cabo, surgiu, na respectiva rede eléctrica local, um excesso de tensão que causou danos na arca congeladora e no televisor do lesado. O OGH admitiu a responsabilidade. O dano, argumentou o tribunal, não pode ser considerado mediato por ser "efeito imediato subsequente" da causação do prejuízo acontecida anteriormente que, para mais, não se encontra *"de modo algum, fora da experiência humana geral, e com a qual se pode contar no decorrer habitual das coisas"*. A não realização da produção da empresa consubstancia um dano patrimonial puro, sem protecção absoluta, enquanto que os danos no televisor e na arca congeladora dizem respeito a um bem absolutamente protegido cuja violação, através da danificação de cabos de electricidade, é proibida por deveres gerais de segurança no tráfego. Os danos puramente patrimoniais só podem ser indemnizados quando foi violada uma norma de protecção especial; mas as disposições jurídico-penais e jurídico-administrativas citadas, não devem ser consideradas normas de protecção por terem apenas em

Estudo de Direito Positivo

Em muitos casos, a aplicação da teoria da adequação conduziria ao mesmo resultado que a teoria do fim de protecção, como acontece com a queda de um avião e nos casos de interrupção da relação causal. A probabilidade da ocorrência do resultado de prejuízo aumentou de forma insignificante com o comportamento ilícito. O argumento do risco geral de vida, combinado com a ideia do fim de protecção, e o aumento do risco, na teoria de adequação, baseiam-se, no fundo, na mesma valorização. Consequências inadequadas são aquelas que pertencem à esfera do risco geral de vida do lesado. A teoria da adequação tem sido criticada pelo facto de, na imputação de danos subsequentes, fundamentar a responsabilidade se o risco foi suficientemente aumentado. Porém, a imputação de danos subsequentes com ajuda de uma observação do fim de protecção, enriquecida pela ideia do risco de vida não é menos criticável, a não ser que a *ratio legis* seja completamente inequívoca em relação aos danos subsequentes. Neste ponto, segundo KRAMER, é de aderir à crítica de HANS STOLL, ainda que a combinação da doutrina do fim de protecção com a ponderação de risco tenha a grande vantagem de poder indicar claramente tanto a localização dogmática como teleológica do problema, enquanto que, na teoria de adequação, as questões ficam escondidos por detrás de formulações teóricas de probabilidade[1892].

De acordo com KRAMER, a existência de uma discussão, de muitas décadas, sobre a teoria da causalidade adequada e sobre a teoria do fim de protecção deveria advertir para o perigo de juízos globais no âmbito da causalidade[1893]. A teoria do fim de protecção contém um enquadramento

---

atenção o interesse da generalidade; por isso, só se pode deduzir delas um direito a indemnização para "*quem explora a instalação existente no interesse do público e garante o seu funcionamento*". Segundo KRAMER, esta argumentação não é convincente, porque, por um lado, o ABGB não contém, ao contrário do BGB, um catálogo de bens jurídicos absolutamente protegidos – e não obriga, por isso, a diferenciações altamente duvidosas em termos de valorização – e, por outro lado, a diferenciação entre normas de protecção de indivíduos e normas de protecção da generalidade, como defendeu SCHMIEDEL, está condenada a fracassar. Antes pelo contrário, trata-se de eliminar tais fins de protecção como causas de pedir para uma acção de indemnização individual "*relativamente à qual o prejuízo de um indivíduo só pode ocorrer em cumulação com o prejuízo de todas as restantes pessoas protegidas*".

[1892] ERNST A. KRAMER, *Schutzgesetze und adäquate Kausalität*, p. 346.

[1893] Neste sentido, o desenvolvido estudo de INGEBORG PUPPE, "Die Lehre von der objektiven Zurechnung dargestellt an Beispielsfällen aus der höchstrichterlichen Rechtsprechung. I. Die Kausalität", Jura, (1997), pp. 409-416, "II. Die Kausalität der Sorgfalts-

708 *Normas de Protecção e Danos Puramente Patrimoniais*

teórico e teleológico mais plausível para os problemas da causalidade, não implicando que os adeptos da adequação estejam errados. O critério do aumento do risco conduz, em muitos casos, ao mesmo resultado que a teoria do fim de protecção e é, para além disso, por vezes, até uma directiva de interpretação indispensável para ela. É claro que não há soluções perfeitas quando se trata da *"limitação apropriada do risco de acções humanas pela liberdade de acção"*. Reconhecer isto significa, segundo KRAMER, compreender o espírito da teoria de causalidade no direito da responsabilidade civil[1894].

IV. A violação da norma de protecção deverá ser causal em relação aos danos verificados, o que resulta da expressão legal "indemnização dos danos daí resultantes". A questão de saber se, no âmbito do § 823 II BGB, apesar das questões de prova suscitadas pelos §§ 286 e 287 ZPO, se deverá efectuar a distinção entre causalidade que fundamenta a responsabilidade (*"haftungsbegründender Kausalität"*) ou que preenche a responsabilidade (*"haftungsausfüllender Kausalität"*), – que é efectuada no § 823 I BGB –, dependerá da própria configuração da norma de protecção. Se esta não exigir qualquer resultado lesivo pode concluir-se que, estruturalmente, não será necessário proceder à referida diferenciação[1895].

O nexo de causalidade deverá ser sempre determinado sob o prisma da teoria da *conditio*. Caso se constate a intervenção de factores psíquicos nos acontecimentos, estar-se-á, segundo SPICKHOFF, perante uma situação de causalidade psiquicamente orientada, restando apenas como possível efectuar juízos empíricos e probabilidades estatísticas. É indiscutível que é ainda necessário recorrer a outros juízos de valor em simultâneo com a teoria da *conditio* para se chegar à definição do alcance da responsabilidade. Da redacção do § 823 II BGB decorre que os interesses determinantes residem no escopo de protecção da norma. Apesar de algumas opiniões divergentes sobre a teoria do escopo da norma terem logrado vencimento

---

pflichtverletzung, auch Rechtswidrigkeitzusammenhang gennant", Jura, (1997), pp. 513-519, "III. Der Schutzzweck einer Sorgfaltsnorm und seine Ermittlung", Jura, (1997), pp. 624-631, defendendo que o fim da norma é um *topos* (p. 624), e "IV. Zurechnung bei mehreren Beteiligten", Jura, (1998), pp. 21-31.

[1894] ERNST A. KRAMER, *Schutzgesetze und adäquate Kausalität*, p. 346.

[1895] SPICKHOFF/SOERGEL, *Bürgerliches Gesetzbuch*, § 823, p. 124-125.

Estudo de Direito Positivo 709

em alguns domínios, esta doutrina acabou por se tornar incontornável no âmbito do § 823 II BGB[1896].

O escopo de protecção é analisado de forma multifacetada pela doutrina alemã. Assim, por um lado, fala-se habitualmente de escopo de protecção pessoal, de escopo de protecção material e de escopo de protecção alicerçado nos interesses lesados ou no tipo de danos. Por outro lado, não se compreende o âmbito de protecção pessoal de forma autónoma, combinando-se o bem jurídico protegido com o acréscimo de risco e a protecção face aos danos verificados. Com isto, torna-se clara a diferenciação entre tipo normativo constitutivo da responsabilidade e tipo normativo para preenchimento da responsabilidade, distinção esta que não é necessário efectuar no âmbito do § 823 II BGB. A última concepção mencionada acabou por não ser adoptada. Mantém-se, assim, dominante a estruturação, elaborada por RÜMELIN, assente no âmbito de protecção pessoal, no âmbito de protecção material de um direito, bem jurídico e/ou interesse lesado e no âmbito de protecção "modal", a qual abrange o tipo e modo de lesão[1897]. Esta problemática não devia ter sido adulterada, na medida em que, muitas vezes, se mantém incerta e pouco clara a integração de casos concretos em virtude dos diversos escopos de protecção. O bem jurídico protegido pela norma deve manter-se em primeiro plano. Apesar da aparente falta de nitidez projectável para o futuro no que concerne a esta temática, deve persistir-se na análise detalhada da norma de protecção. A decomposição dos três elementos integrantes do escopo normativo de protecção torna mais compreensível e mais manobrável a sua concretização[1898].

O escopo normativo de uma norma de protecção fundamenta-se essencialmente numa lesão de resultado. A imputação objectiva emerge sobretudo nos danos subsequentes, veiculados através da lesão de concretos interesses pessoais protegidos e, sobretudo de valorações e/ou do "escopo de protecção" de outras normas ou outros complexos normativos. O ressarcimento de despesas colaterais não depende do fim prescrito na norma de conduta violada, nem da própria norma de protecção[1899]. Pres-

---

[1896] SPICKHOFF/SOERGEL, *Bürgerliches Gesetzbuch,* § 823, p. 125.

[1897] RÜMELIN, "Die Verwendung der Causalbegriffe in Straf- und Civilrecht", AcP, (1900), pp. 171 e ss.

[1898] SPICKHOFF/SOERGEL, *Bürgerliches Gesetzbuch,* § 823, p. 125.

[1899] SPICKHOFF/SOERGEL, *Bürgerliches Gesetzbuch,* § 823, p. 126.

710 *Normas de Protecção e Danos Puramente Patrimoniais*

supõe-se assim uma relação entre o fim de imposição e de proibição e o fim de protecção, uma espécie de dupla teleologia na interpretação da norma de protecção, ou como referido na introdução desta dissertação uma articulação íntima entre o escopo normativo e o âmbito de protecção.

Além disso, pode sempre recorrer-se aos critérios gerais de imputação do sistema delitual, os quais não emergem da finalidade da norma de conduta concretamente violada. O fundamento da doutrina do escopo da norma resulta da interpretação teleológica da lei, que demonstra que a imputação objectiva necessita da teleologia, na medida em que da redacção das normas, da sistemática, da evolução legislativa e, também, por exemplo, do Direito penal, não resultam suficientes referências. Existem bastantes diferenças, no que concerne à imputação objectiva, entre o Direito penal e o Direito civil. De acordo com a doutrina maioritária não são considerados susceptíveis de imputação no âmbito do Direito penal os danos-choque, enquanto que no âmbito do Direito civil estes danos podem ser excepcionalmente indemnizáveis, como é o caso, nomeadamente, da comunicação do homicídio a um familiar próximo da vítima[1900].

Tanto os escopos de protecção material como pessoal da norma poderão ser definidos através de um objecto mencionado em concreto como lesivo ou perigoso. O problema associado à conformidade do comportamento deverá ser abordado do ponto de vista dos efeitos jurídicos e não do ponto de vista das motivações jurídicas. As análises de tipo económico são passíveis de ser efectuadas, contanto que a redacção, a sistemática e a evolução da norma não se encontrem em contradição com apreciações deste tipo, porque se deve partir do princípio que o legislador orientou o conteúdo da norma de acordo com o princípio da eficiência. Quanto ao efeito prático de uma concreta análise económica, em regra, apenas se tentam evitar resultados que possam conduzir a uma situação totalmente contrária ao princípio da eficiência[1901].

Tem-se defendido que o critério da causalidade adequada é irrelevante no § 823 II BGB. SPICKHOFF não concorda com esta posição, pois a adequação, pela sua natureza, permite, em certos casos, o afastamento da responsabilidade decorrente da doutrina do escopo da norma. Contanto que continue a ser encarado como um critério de imputação, ligado a um juízo de prognose de probabilidade, adquirindo, com isso, um carácter

---

[1900] SPICKHOFF/SOERGEL, *Bürgerliches Gesetzbuch*, § 823, p. 126-127.
[1901] SPICKHOFF/SOERGEL, *Bürgerliches Gesetzbuch*, § 823, p. 127.

Estudo de Direito Positivo

estático, podemos concluir que o requisito da adequação deverá ser preservado como critério autónomo de imputação objectiva também no âmbito do § 823 II BGB. Na verdade, este critério poderá ser corrigido através do escopo da norma de conduta violada no caso concreto. Neste termos, é possível efectuar uma imputação dos danos improváveis mesmo se a norma violada excluir um destes tipos de perigo, partindo do princípio que as disposições de segurança que, em geral, visam evitar perigos especialmente graves poderão abranger riscos estatisticamente remotos e com pouca probabilidade de concretização. Abstraindo destas excepções, mantém-se a regra geral segundo a qual os riscos com pouca probabilidade de concretização são insusceptíveis de imputação[1902].

Além da adequação, também o escopo da norma de conduta violada poderá funcionar como forma de limitação de outros critérios de imputação. Esta hipótese verifica-se, em especial, em determinados grupos de situações conducentes à designada interrupção do nexo causal, designadamente mediante intervenção de um terceiro. A função dos deveres de vigilância é exactamente impedir a ingerência lesiva perpetrada por um terceiro. Caso não se verifique a observância destes deveres, a responsabilidade recairá sobre quem incumbia vigiar e não vigiou[1903].

26.2. *Análise da causalidade na doutrina portuguesa*

I. A causalidade tem tido um desenvolvimento significativo no domínio da doutrina obrigacionista portuguesa, sobretudo em estudos autónomos, como os de GOMES DA SILVA[1904] e de PEREIRA COELHO[1905], que,

---

[1902] SPICKHOFF/SOERGEL, *Bürgerliches Gesetzbuch,* § 823, p. 127-128.

[1903] SPICKHOFF/SOERGEL, *Bürgerliches Gesetzbuch,* § 823, p. 128.

[1904] GOMES DA SILVA, *O dever de prestar,* pp. 89 e ss.

[1905] PEREIRA COELHO, "O nexo de causalidade na responsabilidade civil", BFD, Supl. 9, (1951), pp. 235-239, considera que, com excepção de GOMES DA SILVA, a doutrina portuguesa descurou quase inteiramente o problema da causalidade: GUILHERME MOREIRA aponta que são reparáveis os prejuízos que o lesado não sofreria se não fosse o facto. CUNHA GONÇALVES defendeu a teoria da eficiência. JAIME GOUVEIA a teoria da *conditio sine qua non.* MANUEL DE ANDRADE e PAULO CUNHA preconizam, sem a desenvolver, a teoria da causalidade adequada. SIDÓNIO RITO interpretava o artigo 707.° do Código de Seabra no sentido de que o prejuízo não pudesse ser evitado pelo lesado empregando a diligência média. A grande questão em que difere o pensamento de PEREIRA COELHO e de

nas décadas de 40 e 50, levaram a cabo um interessante debate. Esta matéria surge também de forma dispersa, em geral, nos manuais de Direito das obrigações no quadro dos pressupostos da responsabilidade civil[1906]. No contexto do presente estudo, abstemo-nos de proceder a um maior aprofundamento do assunto, voltando a expor todas as teorias e as respectivas críticas que lhe têm sido dirigidas[1907], pelo que cingiremos a investigação apenas ao âmbito restrito das normas de protecção e à eventual existência de uma função autonomizável do *sistema do nexo de causalidade* no quadro dos danos resultantes da violação destas normas. A pesquisa encontra-se, assim, delimitada pelo objectivo de dar resposta a estas questões.

A sucessão de teorias que foram apresentadas para explicar o pressuposto da causalidade na responsabilidade, *v. g. i)* a teoria da *conditio sine qua non* ou da equivalência das condições, *ii)* a teoria da última condição, *iii)* a teoria da condição eficiente e a *iv)* teoria da causalidade adequada,

---

GOMES DA SILVA, ambos influenciados pelo estudo de ANTOLISEI, *Il rapporto di Causalità nel Diritto Penale*, Cedam, Pádua, 1934, é que, enquanto para o primeiro, o nexo causal configura um vínculo objectivo entre facto e prejuízos, pelo confronto entre a situação real e a situação hipotética do lesado, para o segundo, o nexo de causalidade não configura um pressuposto autónomo da responsabilidade civil, mas antes um simples aspecto por que se encara a imputação do dano ao responsável (GOMES DA SILVA, *O dever de prestar*, p. 149). Segundo GOMES DA SILVA, um facto diz-se causa de um dano, para efeitos de responsabilidade, quando se produz pela forma que a lei tinha em vista ao considerar os factos da mesma espécie fontes de responsabilidade civil. Neste inciso se explana a teoria do escopo de protecção da norma. GOMES DA SILVA admitia assim que na imputação subjectiva um facto é causa de um dano quando o produz pela forma que a lei tinha em vista ao considerá-lo fonte de responsabilidade, enquanto que na imputação objectiva é necessário saber se o dano se produziu sob aquela forma a que a lei atendeu incluí-lo no número de circunstâncias de que pode emergir a responsabilidade. De referir que a proposta de PEREIRA COELHO, *O nexo de causalidade*, p. 242, *"que o lesado provavelmente não teria sofrido se não fosse a lesão"*, foi adoptada no artigo 563.º do Código Civil vigente, parecendo enquadrar o nexo de causalidade como uma questão de delimitação do dano indemnizável. Cfr. VAZ SERRA, *Obrigação de indemnização (Colocação, Fontes, Dano, Nexo Causal, Extensão, Espécies de Indemnização). Direito de Abstenção e Remoção*, Lisboa, 1959, pp. 22 e ss. No sentido do artigo 563.º consagrar a teoria da causalidade adequada, CALVÃO DA SILVA, *Responsabilidade civil do Produtor*, p. 712.

[1906] Cfr. ANTUNES VARELA, *Das Obrigações em Geral*, I, pp. 881-903, MÁRIO JÚLIO DE ALMEIDA COSTA, *Direito das Obrigações*, pp. 567-578, MENEZES CORDEIRO, *Direito das Obrigações*, 2.º vol, pp. 333-339, LUÍS MENEZES LEITÃO, *Direito das Obrigações*, I, pp. 340-344, e PEDRO ROMANO MARTINEZ, *Direito das Obrigações*, Apontamentos, pp. 117-118.

[1907] GOMES DA SILVA, *O dever de prestar*, pp. 90-106.

Estudo de Direito Positivo   713

inserem-se na tentativa de aprimoramento das soluções e da afinação dos conceitos subjacentes aos problemas que se visam resolver. Com efeito, no estudo de PEREIRA COELHO o *Nexo de Causalidade na Responsabilidade Civil* as diferentes teorias são afastadas com base no facto de ferirem *profundamente os nossos sentimentos de justiça,* ou serem incompatíveis com os dados normativos (do Código de Seabra), o que de alguma maneira espelha que, subjacentes à operatividade e função deste pressuposto, se deparam questões de justiça[1908]. Note-se que esta matéria tem, desde sempre, interessado os estudiosos da responsabilidade civil, atribuindo-lhe um papel decisivo na delimitação dos danos indemnizáveis[1909], que serão não todos os que sucedem, mas, segundo PEREIRA COELHO, os causados pela prática do facto, sendo o papel da causalidade o de fixar a extensão do dever de indemnizar, a sua medida e o seu *quantum*[1910]. MENEZES CORDEIRO entende que o nexo de causalidade não respeita a uma medida dos danos indemnizáveis[1911], mas antes à determinação dos que podem ser imputados ao agente, pelo que se trata sobretudo de um problema de imputação, não devendo assentar numa relação comportamento-dano, mas antes no vector agente-dano[1912]. Daqui que, segundo as correntes mais modernas, no nexo de causalidade o problema não seja substancialmente o da medida da reparação, mas antes o da questão prévia da possibilidade de imputação de um resultado danoso ao agente[1913].

[1908] GOMES DA SILVA, *O dever de prestar*, pp. 99-100. Acrescenta as especiais dificuldades das diferentes teorias naturalísticas da causalidade no domínio da omissão e dos lucros cessantes *"visto que, sendo estes a ausência de lucros, um nada, não se podem dizer consequência de qualquer causa – o nada não resulta de coisa nenhuma"*.

[1909] PEREIRA COELHO, "O nexo de causalidade na responsabilidade civil", BFD, Supl. IX, (1951), p. 169.

[1910] PEREIRA COELHO, *O nexo de causalidade*, pp. 170-171.

[1911] A doutrina obrigacionista conimbricense não aborda a causalidade como pressuposto da responsabilidade delitual, mas como delimitação do dano indemnizável. Cfr. ANTUNES VARELA, *Das Obrigações em Geral*, I, pp. 552-562, e MÁRIO JÚLIO DE ALMEIDA COSTA, *Direito das Obrigações*, pp. 567-578.

[1912] MENEZES CORDEIRO, *Direito das Obrigações*, 2.º vol, p. 337.

[1913] CARNEIRO DA FRADA/MARIA JOÃO PESTANA DE VASCONCELOS, *Danos económicos puros*, 152, dão nota de que a causalidade se encontra em plena revisão científica, suscitando problemas de complexidade acrescida, tendo-se imposto o conceito de causalidade normativa imputando ao agente o conjunto de danos que são garantidos pelas normas violadas. Entre as questões objecto de revisão de salientar a facilitação da causalidade através de presunções ou da causalidade estatística que saltaria sobre a própria *conditio sine qua non*.

PEREIRA COELHO procurava destrinçar a culpa e a causalidade, assentando a primeira na determinação de quem praticou o facto e a segunda nos danos resultantes do facto praticado. Porém, a evolução para um pólo normativo dos pressupostos da responsabilidade delitual, em especial da culpa e do nexo causal, deixa de permitir uma separação tão nítida dos recortes de uma e de outro e aproxima-os do pressuposto da ilicitude[1914]. Mesmo trabalhando à luz do artigo 2361.º do Código Seabra, e na sequência de um período doutrinário em que prevalecia uma concepção psicológica da culpa, assente na previsibilidade e em outros elementos subjectivos, PEREIRA COELHO já defendia que não era fácil destrinçar ambos os pressupostos[1915]. Para PEREIRA COELHO, distanciado de uma concepção psicológica da culpa, culpa e causalidade situam-se, num primeiro momento, *no mesmo plano e mutuamente se supõem*[1916], mas, num segundo momento, recusa que a culpa possa ser utilizada como critério corrector da causalidade, aferida segundo a teoria da *conditio sine qua non,* com base na ideia de que a culpa é um pressuposto que incide sobre o facto constitutivo da responsabilidade, enquanto que a causalidade é um pressuposto que delimita os danos decorrentes desse facto constitutivo[1917].

Nestes termos, a causalidade parece exprimir um sentido duplo: por um lado, a imputação do dano e, por outro, a separação nos diferentes danos entre os que resultam da violação e os que não resultam. Para estes dois prismas os alemães desenvolveram os conceitos de "causalidade que fundamenta a responsabilidade" ("*haftungsbegründende Kausalität*") e de "causalidade que preenche a responsabilidade" ("*haftungsausfüllende*

[1914] CARNEIRO DA FRADA/MARIA JOÃO PESTANA DE VASCONCELOS, *Danos económicos puros*, 166, chamam a atenção para o facto de que a plasticidade da noção de causalidade é perigosa ao não apresentar suficiente capacidade distintiva dando espaço para decisões *ad hoc.*

[1915] PEREIRA COELHO, *O nexo de causalidade*, p. 174. GOMES DA SILVA, *O dever de prestar*, p. 102: "*Quer na investigação do nexo causal, quer na averiguação da culpabilidade, intervém o elemento do conhecimento, mas as duas investigações fazem-se segundo critérios diferentes: no tocante à causalidade atende-se ao homem médio, às suas aptidões gerais, enquanto a respeito da culpabilidade se atende à própria capacidade do agente, em atenção às suas possibilidades particulares. Aqui indaga-se se o resultado pode moralmente atribuir-se a determinado indivíduo, se reflecte a personalidade psíquica dele e se, portanto, é possível reprovar o sujeito; ali de o evento é obra do homem e não das forças cegas da natureza*".

[1916] PEREIRA COELHO, *O nexo de causalidade*, p. 175.

[1917] PEREIRA COELHO, *O nexo de causalidade*, pp. 191-192.

Kausalität"). Decisivo parece ser que o sentido jurídico que possa ser atribuído ao nexo de causal depende do carácter interessado da Ciência Jurídica enquanto promotora da protecção dos interesses humanos[1918]. Posto isto, o nexo causal não deve ser concebido de forma naturalística, mas essencialmente como um conceito jurídico que preenche uma determinada função no sistema delitual. Desde cedo que o recurso ao conceito de *causalidade* contaminou a discussão sobre o nexo de imputação com o problema mais complexo, próprio da teoria do conhecimento, do estabelecimento de uma relação de causa-efeito, a aplicar, com as devidas adaptações, ao facto-resultado, quando, para o Direito, não se trata de afirmar cientificamente uma ideia de causalidade, mas antes de, face a uma sequência lógica e cronológica, fundamentar a imputação[1919].

Sob este ponto de análise, há pressupostos da responsabilidade que se comportam no sistema delitual preponderantemente de uma forma positiva e, outros, de forma negativa, afirmando ou negando o nexo de imputação. Com efeito, a função de um pressuposto pode configurar a correcção das soluções decorrentes da imputação que resultam de outro pressuposto. Compreende-se, por isso, a proposta de GOMES DA SILVA de, em alguns casos, culpa e nexo causal não serem cindíveis, na medida em que, sobretudo quando o agente age voluntariamente, desenvolve a sua conduta com vista à produção de determinado resultado[1920]. Em relação a condutas meramente negligentes, o resultado não pode ser imputado à vontade do agente, pelo que o círculo de danos a indemnizar em resultado da violação de deveres de cuidado terá que ser delimitado por critérios exteriores à vontade do agente.

O *sistema do nexo de causalidade* funciona, deste modo, como um pressuposto da responsabilidade civil que visa dar resposta ao problema do

---

[1918] PEREIRA COELHO, *O nexo de causalidade*, p. 184.

[1919] O problema filosófico da causa opõe a filosofia empirista (HUME) à filosofia racionalista (KANT). Importante é compreender, como sublinha CARNEIRO DA FRADA, *Teoria da confiança,* p. 626, que para o Direito não se trata de afirmar uma relação de causa-efeito necessária, que seria fruto de um determinismo estrito, que no seu limite, extirparia a liberdade humana de qualquer ideia de responsabilidade.

[1920] Igualmente MENEZES CORDEIRO, *Direito das Obrigações*, 2.º vol, p. 339, considerando que a causalidade seja integrada no comportamento, sujeitando-a ao juízo de ilicitude. O dano acaba por surgir como produto de uma valoração que incide sobre o comportamento, pelo que, quando o Direito desvaloriza uma conduta, desvaloriza automaticamente os fins e os meios para a prosseguir.

716   *Normas de Protecção e Danos Puramente Patrimoniais*

papel do agente na produção do dano e se esse papel é suficiente para consubstanciar a "causa" jurídica do dano. Trata-se, mais uma vez, de um plano normativo, cujo relevo parece ser ainda mais evidente no domínio das normas de protecção. Daqui que, em especial, a teoria da equivalência das condições (*conditio sine qua non*) e, em geral, as teorias de base naturalística sejam manifestamente inadequadas no domínio dos danos produzidos pelo agente por violação de normas de protecção[1921]. Mesmo a teoria da causalidade adequada pode ser inoperativa neste domínio. Com efeito, quer a formulação de KRIES, em que é causa adequada a condição que aumenta significativamente a probabilidade objectiva do dano do tipo que realmente foi sofrido[1922], quer a sua formulação negativa de ENNECERUS/LEHMANN, em que o evento só é causa do dano quando não resulta de circunstâncias extraordinárias[1923], podem não se justificar em sede de

---

[1921] Cfr. BRANDÃO PROENÇA, *A conduta do lesado*, pp. 438-445, na passagem de uma concepção puramente naturalística de causalidade, presente em STUART MILL, na sua versão jurídica da teoria da equivalência das condições, para as teses de VON BURI e VON LISTZ, na teoria da *conditio sine qua non,* até ao surgimento da teoria da causalidade adequada, como juízo de adequação entre a conduta do lesante e o dano produzido na esfera do lesado, na fórmula de um juízo objectivo de probabilidade, de acordo com as regras da experiência e o curso ordinário dos acontecimentos e as circunstâncias conhecidas do lesado, ou reconhecíveis por um observador experiente, favorecia a produção de um dano daquela espécie, que surge como efeito provável ou típico daquele facto. Em resposta a algumas limitações da teoria da causalidade adequada aparece, na Alemanha, na década de 50, a teoria do fim de protecção da norma (*Schutzbereichslehre*) que, segundo BRANDÃO PROENÇA (p. 450), está facilitada no nosso artigo 483.° (danos resultantes da violação de direitos subjectivos e de normas de protecção por confronto com o artigo 2361.° do Código de Seabra), e é consagrada expressamente no Código Civil Holandês (6:163 e 6:98). Sobre a passagem da teoria da causalidade adequada para a teoria do fim de protecção da norma, JOSEPH GEORG WOLF, *Der Normzweck im Deliktsrecht, Ein Diskussionbeitrag,* Otto Schwartz, Göttingen, 1962, pp. 29 e ss, analisando as posições de LANGE, NIPPERDEY e VON CAEMMERER e HANS STOLL em *Kausalzusammenhang und Normzweck im Deliktsrecht,* pp. 13 e ss.

[1922] PEREIRA COELHO, *O nexo de causalidade,* p. 204: "*Não basta que o facto tenha condicionado o resultado, no sentido de que o facto tenha sido uma condição sem o qual o resultado em espécie não se teria verificado. É preciso além disso que a acção, no momento em que se pratica, se apresente como idónea para determiná-lo, que tenha uma certa probabilidade de provocar o resultado*".

[1923] PEREIRA COELHO, *O nexo de causalidade,* p. 208, chamando a atenção para que a formulação negativa de ENNECERUS só tem de original em relação à teoria da causalidade adequada que, em princípio, toda a condição deve ser havida como causa, o que tem reflexo em matéria do ónus da prova. Cfr. ainda SANTOS JÚNIOR, *Da responsabilidade civil de terceiro,* p. 252.

Estudo de Direito Positivo

nexo de imputação dos danos ao agente. A formulação positiva e negativa da adequação parecem espelhar a distinção que, desde MOMMSEN e WINDSCHEID, separa uma *"causalidade que fundamenta a responsabilidade"* (*"haftungsbegründende Kausalität"*) de uma *"causalidade que preenche a responsabilidade"* (*"haftungsausfüllende Kausalität"*)[1924]. Também SINDE MONTEIRO analisa se faz sentido em relação às normas de protecção colocar o requisito da adequação[1925]. A teoria do fim de protecção da norma foi recuperada por ERNST VON CAEMMERER, visando a substituição integral da teoria da causalidade adequada[1926]. Mesmos os Autores que não subscrevem esta substituição em termos alargados, defendem que em matéria de normas de protecção a teoria da causalidade adequada deve ser substituída pela teoria do fim da norma[1927]. Nesta teoria, diferentemente da da causalidade adequada, a mira não se coloca no comportamento concreto do agente, designadamente procurando aferir se, em relação a um observador objectivo, a conduta do agente é perigosa para a produção do dano, mas sim do ponto de vista da norma, *i.e.*, se a mesma visa em abstracto os danos que em concreto se verificaram. SINDE MONTEIRO considera que, independentemente da perspectiva, a resposta é normalmente semelhante, pelo que preconiza a utilização de ambas as teorias[1928].

[1924] BRANDÃO PROENÇA, *A conduta do lesado*, p. 428. Para SINDE MONTEIRO, *Responsabilidade por conselhos*, p. 270, a diferenção entre causalidade que fundamenta a responsabilidade e que preenche a causalidade respeita à referida a um primeira violação de bens jurídicos, ou primeiro dano, e a atinente aos danos subsequente. Entende que, em relação à primeira, a necessidade de culpa tornaria desnecessário o juízo de adequação, já quanto à segunda, admite suscitar dúvidas prescindir-se da adequação.

[1925] SINDE MONTEIRO, *Responsabilidade por conselhos*, p. 271.

[1926] ERNST VON CAEMERER, *Die Bedeutung des Schutzbereichs einer Rechtsnorm für die Geltendmachung von Schadenersatzansprüchen aus Verkehrunfällen*, DAR, (1970), pp. 283-292, e "Das Problem des Kauzalzusammenhangs im Privatrecht", Ges. Schriften, I, pp. 395 e ss (*apud* SINDE MONTEIRO, *Responsabilidade por conselhos*, p. 269 (n. 317)). Cfr. THOMAS RAISER, "Adäquanztheorie und Haftung nach dem Schutzzweck der verlezten Norm", JZ, (1963), pp. 462-466.

[1927] SINDE MONTEIRO, *Responsabilidade por conselhos*, p. 270.

[1928] A mesma posição em ANTUNES VARELA, *Das Obrigações em Geral*, I, p. 902, e BRANDÃO PROENÇA, *A conduta do lesado*, p. 454, a teoria do "escopo de protecção" deve ser vista como um critério para completar a adequação e não para repudiá-la (p. 456) ou resolver problemas que a causalidade adequada só aborde com dificuldade. Na análise que faz da jurisprudência nacional – no domínio do problema contributivo da culpa do lesado – considera que, ainda que predomine a teoria da causalidade adequada, em muitos casos,

718   *Normas de Protecção e Danos Puramente Patrimoniais*

De forma distinta, PETER BRUNNER e ERWIN DEUTSCH preconizam que em matéria de normas de protecção a causalidade adequada é excluída pela teoria do fim da norma, partindo do pressuposto de que as normas de protecção são normas de perigo abstracto, que proíbem certas formas de conduta, em consequência da sua típica propensão para causar danos, sem terem em conta se, em concreto, existe um perigo efectivo para o bem jurídico. Para estes autores, as duas teorias conduziriam a resultados divergentes, designadamente por a teoria do fim de protecção da norma permitir, fora dos casos de adequação do tipo de comportamento ao tipo de dano, a substituição de um juízo fáctico de probabilidade por um juízo jurídico de adequação. Daqui que seja de subscrever a afirmação de que o problema deixa de ser posto ao nível da *adequação do dano* para passar a pôr-se ao nível da *adequação da norma*. SINDE MONTEIRO, na linha da tese antes analisada de KRAMER, recusa, porém, este ponto de vista, entendendo que o critério de adequação não deve ser completamente substituído pelo fim da norma, mesmo nas normas de perigo abstracto, dado que, mesmo em relação a estas, a causalidade adequada pode servir de auxiliar metodológico na interpretação do fim da norma, excluindo a indemnização de danos extraordinários ou atípicos, o que evidencia o recurso à formulação negativa da adequação de ENNECERUS/LEHMANN[1929], ainda que desempenhando um papel de segundo plano[1930].

---

os tribunais já recorrem à teoria do fim de protecção da norma (pp. 458-461), notando que se centram muito mais nas questões da ilicitude e da culpa do que na causalidade, muitas vezes preenchida em resultado da aferição da culpa e revelando um "sentimentalismo protector".

[1929] Para uma análise das teses de BRUNNER e DEUTSCH, SINDE MONTEIRO, *Responsabilidade por conselhos,* pp. 278-279. Cfr. ainda ANA PERESTRELO DE OLIVEIRA, *Causalidade e Imputação na Responsabilidade Civil Ambiental,* Almedina, Coimbra, 2007, pp. 64-79, rejeitando a teoria da causalidade adequada e a teoria do escopo da norma no domínio da responsabilidade jusambiental e preconizando o recurso à teoria do risco ou da "conexão do risco", na expressão de ROXIN, para este domínio, utilizando o conceito de risco como "eventualidade danosa potencial" de MENEZES CORDEIRO. Todavia, acaba por reconhecer que neste campo do risco na responsabilidade objectiva se está bem perto da *Normzwecklehre* (p. 77). Parece-nos criticável não considerar as diferenças do nexo de imputação na distinção entre normas de perigo abstracto e concreto (cfr. p. 78). De referir que já há jurisprudência do STJ 06-Fev.-1998 (GARCIA MARQUES) que, em matéria de ambiente, aplica um critério de verosimilhança ou probabilidade séria, de modo a facilitar o preenchimento do nexo de causalidade. Apesar desta facilitação, no caso concreto negou-se o nexo causal entre a contaminação da água de um poço e o derrame de combustível: "*Um*

Segundo CARNEIRO DA FRADA, a causalidade é chamada a estabelecer o nexo entre o facto que constitui ou preenche o fundamento da obrigação de indemnizar e o dano pelo qual o sujeito é responsável, pelo que no modelo de responsabilidade por violação de normas de conduta é essa infracção que tem de consubstanciar uma causa idónea para o dano. De referir que as concepções finalistas da acção, defendidas no Direito penal, como acções teologicamente orientadas e, consequentemente, a serem teologicamente interpretadas, vai produzir consequências em matéria da interpretação do processo causal[1931]. Ora, este Autor considera que há duas perspectivas de encarar a causalidade. Uma, naturalística, que tem como paradigma a regularidade dos fenómenos da natureza e que decorre da intervenção do sujeito no mundo físico provocando danos, que terá influenciado tipicamente a responsabilidade delitual, para a qual seria espúria a vontade do lesante. A causalidade normativa não alteraria esta realidade de base, limitando-se a introduzir ponderações jurídico-normativas[1932]. Noutra visão da causalidade, a perspectiva naturalística seria afastada pela necessidade de ponderar a conduta humana no quadro das exigências da racionalidade prática[1933]. A causalidade naturalística, típica do direito delitual, não capta fácil, adequada ou plenamente o processo de formação dos danos puramente patrimoniais[1934]. No entanto, pensamos que releva sempre a necessidade de uma determinada aderência à realidade. O nexo de causalidade cumpre normalmente uma função negativa na imputação delitual, na medida em que aferido o carácter ilícito e culposo

---

desses requisitos é, desde logo, o nexo de causalidade, entendendo-se que o critério da causalidade adequada é desajustado à demonstração da ligação de causa-efeito entre determinado evento e o dano (considerável) sofrido, quer no património ou na saúde dos particulares, quer no ambiente em geral, defendendo-se, por isso, na esteira de alguns textos internacionais – em elaboração ou já concluídos –, um critério menos exigente que se contentaria com uma probabilidade séria ou plausível de causalidade".

[1930] SINDE MONTEIRO, *Responsabilidade por conselhos*, p. 280.

[1931] CARNEIRO DA FRADA, *Teoria da confiança*, pp. 622-623.

[1932] CARNEIRO DA FRADA, *Teoria da confiança*, p. 628.

[1933] CARNEIRO DA FRADA, *Teoria da confiança*, p. 31.

[1934] CARNEIRO DA FRADA, *Teoria da confiança*, p. 244. GOMES DA SILVA, *O dever de prestar*, 99-100, considerando que todas as teorias da causalidade, incluindo a da causalidade adequada, não explicam a responsabilidade por lucros cessantes, visto que se traduzem na ausência de lucros. Um nada não se pode dizer consequência de uma causa, concluindo que o problema jurídico da causa é insolúvel quando se pretende resolvê-lo com métodos puramente naturalísticos.

de um determinado comportamento lhe caberá recusar a imputação através de novas ponderações jurídicas, como a probabilidade ou previsibilidade do dano. A teoria do fim de protecção da norma também recorta negativamente a imputação em relação a danos que sejam exteriores ao âmbito de protecção normativo, ainda que esta função seja igualmente assegurada pelo pressuposto da ilicitude na violação das normas de protecção. Chamando à colação a teoria de RÜMELIN a causalidade duplica a terceira directriz do escopo da norma. A questão coloca-se se no domínio dos danos abrangidos pela protecção normativa se justifica inserir as ponderações jurídicas da causalidade adequada. Não se pode deixar de concordar que afirmações gerais nesta matéria pecam por dar uma resposta sem atender às especificidades do caso concreto. Os exemplos de DEUTSCH e KRAMER são a este propósito extremamente elucidativos. Assim, parece-nos essencial a distinção nas normas de protecção entre tipos de perigo concreto e de perigo abstracto e entre campos secantes, como o da esfera geral de risco (*"allgemeine Lebensrisiko"*) e o do aumento do risco. Os danos abrangidos pelo âmbito de protecção não serão imputados se se inserirem na esfera geral de risco, já o podendo ser se contribuírem para o aumento do risco e houver probabilidade e previsibilidade, o que significa que, mesmo nos casos de normas de perigo abstracto, processos causais completamente atípicos não devem justificar a imputação. De referir que nem sempre as normas de protecção são inequívocas em relação aos danos que se visam proteger. Daqui que as diferentes teorias de causalidade possam combinar-se para alcançar a melhor solução.

II. As questões referentes ao nexo de causalidade têm relevância em sede da causa virtual ou da contribuição do lesado e de terceiro para a violação normativa, ainda que não sejam só estas as questões que se autonomizam na fisiologia da causalidade, mas as questões ligadas à causalidade só se compreendem atendendo à função que desempenham no sistema delitual[1935]. Para além destas, há questões relacionadas com o direito probatório da causalidade que devem igualmente ser analisadas em matéria de normas de protecção[1936]. SINDE MONTEIRO reconhece que

---

[1935] PEREIRA COELHO, *O nexo de causalidade*, pp. 224-225.

[1936] DEUTSCH/AHRENS, *Deliktsrecht*, § 15, pp. 113-114, referem-se às facilidades de prova no que concerne ao nexo de causalidade dos danos, uma vez que, por regra, compete ao lesado o ónus da prova dos factos por si alegados. No âmbito dos factos sobre os quais

Estudo de Direito Positivo 721

no problema do comportamento alternativo lícito há um ponto de contacto com a causa virtual na sua relevância negativa. Porém, enquanto na causalidade hipotética ou virtual dois eventos que se verificaram eram potencialmente perigosos em relação aos danos, no comportamente alternativo lícito o comportamento *"não se verificou nunca, é meramente pensado"*[1937].

---

recai este ónus, também se inclui o de provar a violação da norma de protecção que conduziu aos danos em relação aos quais se reclama uma determinada indemnização. Quando os danos se incluem no âmbito de protecção da norma, o ónus da prova recai no lesante. De acordo com a jurisprudência alemã, a experiência de vida aponta para que a violação da norma de protecção é sempre causa da ocorrência do dano, pelo se opta por inverter o ónus da prova ou trabalhar com um princípio de prova no âmbito da causalidade dos danos (cfr. BGH 13-Dez.-1984, VersR, 1985, 452). Impõe-se ao lesante a prova da falta de causalidade nos casos em que o conteúdo da norma em causa abrange simultaneamente a atenuação de uma situação de prova difícil. Por exemplo, se o proprietário de um posto de abastecimento de água não adoptou as medidas regulamentares no que concerne às análises da água, havendo dúvidas sobre o seu indíce de resíduos tóxicos, impenderá sobre ele o ónus de provar que não foram ultrapassados os valores legalmente admissíveis (BGH 25-Jan.-1983, NJW, (1983), 2935). Na prática, trabalha-se sobretudo com a prova *prima facie*. A experiência acaba por revelar que o cumprimento de uma norma de protecção teria impedido a violação. Enunciam-se, a este propósito, dois exemplos: uma pessoa circula numa bicicleta com travões defeituosos e sofre um acidente. Neste caso, independentemente do acidente resultar da falta de atenção do condutor ou dos travões, que não se encontram em boas condições de segurança, o responsável pelos danos será sempre o utilizador do veículo. *"Se uma determinada conduta imposta por lei visar precisamente diminuir as possibilidades de concretização de um determinado perigo e se se vier, no entanto, a constatar que, no caso concreto, não só aquela norma legal é frequentemente transgredida, como também o perigo que se pretende evitar acaba sempre por se realizar, a conclusão a extrair será necessariamente a de que a violação da norma é causal à prossecução do dano"* (BGH 24-Set.-1968, VersR, 1968, 1144: *"Zur Frage der Beweislastverteilung bei Schädigung durch ein Unfall, den ein minderjähriger Fahrer bei Führung eines mit mangelhafter Bremsanlage versehen Fahrrads verursacht hat, wenn nicht feststeht, daß gerade die durch § 65 Abs. 1 StVZO bekämpfte Gefahr für das Unfallgeschehen ursächlich geworden ist"*). Outro exemplo é o do condutor de uma camioneta que, devido a falta de combustível, pára no meio da estrada e não consegue virar para a direita, causando uma choque em cadeia, atingindo aquilo que a norma de protecção pretendia em concreto evitar. Segundo a jurisprudência maioritária, será determinante para a aferição da causalidade a prova da primeira impressão (BGH 25-Mar.-1969, VersR, 1969, p. 715: *"Hat sich im Anschluß an einen Verstoß gegen ein sich aus § 15 StVO ergebendes Halteverbot ein Auffahrunfall ereignet, so spricht der Beweis des ersten Anscheins für die Ursächlichkeit der Gesetzverletzung"*).

[1937] SINDE MONTEIRO, *Responsabilidade por conselhos*, 290.

Todo o sistema de responsabilidade civil é norteado por princípios ou critérios de imputação para a transferência dos danos fortuitos. O princípio do *casum sentit dominus* ou da *property rule* no direito anglo-saxónico, não permite a transferência dos danos fortuitos. O princípio do *casum sentit dominus* tem sofrido um recuo nas áreas cobertas pelo seguro, não deixando de concretizar um princípio de auto-responsabilidade pela própria conduta[1938]. ANTUNES VARELA é categórico no sentido de admitir que os danos resultantes de facto fortuito ou de facto de terceiro devem ser imputados ao lesante quando há violação de norma de protecção, na medida em que a culpa deve ser aferida em relação à violação normativa[1939]. Neste contexto, a admissão de uma presunção legal de culpa permite imputar ao lesante uma responsabilidade por danos fortuitos ou por actos de terceiro. A defesa de uma presunção legal de culpa em relação às normas de protecção postula o seu relacionamento com as disposições legais que estabelecem uma presunção de culpa, designadamente os artigos 491.°, n.° 1, 492.° e 493.° CC. A doutrina civilista nacional partiu da excepcionalidade das referidas presunções para uma situação em que admite a sua aplicação a outras situações.

A disposição do § 823 II BGB é, neste ponto, mais precisa do que a sua congénere portuguesa, na medida em que admite que normas de protecção que configuram ilícitos objectivos e independentes de culpa permitem a constituição de uma obrigação de indemnizar desde que se tenha verificado culpa. Nestes casos não é de admitir uma presunção de culpa na violação de normas de ilicitude objectiva, sendo de provar cumulativamente a culpa pelo lesado. Caso a própria norma de protecção contenha uma presunção legal de culpa, a culpa não necessitará de ser provada pelo lesado (artigo 487.°). Quando não se verifique qualquer presunção de culpa, cabe determinar se a norma se situa no campo de actividades que, em razão das disposições dos artigos 491.°, 492.° e 493.° CC, justificam a extensão das presunções legais aí previstas. Os casos que exorbitem a justificação para uma presunção legal de culpa em termos análogos às disposições referidas podem justificar a prova da primeira aparência.

ANTUNES VARELA analisa as questões referentes ao nexo de causalidade na obrigação de indemnizar, mas, no domínio das normas de protecção, parece situar alguns problemas entre a ilicitude e o próprio nexo de

---

[1938] BRANDÃO PROENÇA, *A Conduta do Lesado*, p. 89-91.
[1939] ANTUNES VARELA, *Das Obrigações em Geral*, I, p. 539, (n. 2).

Estudo de Direito Positivo

causalidade. Com efeito, para este Autor, se a ilicitude consistisse apenas na lesão das pessoas ou bens atingidos na violação do direito à vida ou à integridade física dos indivíduos, ou na deterioração de coisas, o carácter lícito ou ilícito da conduta do agente ficaria em numerosos casos dependentes da sorte, do acaso, ou da evolução fortuita dos acontecimentos, quando é mais conforme ao sentido da lei e mais educativo do ponto de vista pedagógico-social reconhecer que há comportamento ilícito do agente logo que ele viole as regras preventivas destinadas a tutelar os interesses que mais tarde vieram a ser lesados. Assim, a ilicitude abrange os danos subsequentes, mas questão autónoma desta é a de saber se do ponto de vista da causalidade se justifica a imputação do dano e a constituição de uma obrigação de indemnizar em relação a danos fortuitos ou causados por terceiros. A ideia de prevenção pode colocar-se no domínio da ilicitude, mas já não será exequível no domínio da causalidade. Também a questão da causa virtual deve ser analisada em sede de nexo de imputação. A teoria que se impôs a partir de 1950 foi a da autonomia do problema da extensão do dano a indemnizar face ao problema da causalidade, tendo sido esta tese afirmada por PEREIRA COELHO[1940]. De referir que, no contexto da causa virtual, a posição de PEREIRA COELHO aponta para uma relevância negativa excepcional da causa virtual nos casos dos artigos 491.º, 492.º e 493.º CC e a de PESSOA JORGE defende a solução contrária, no sentido de que as referidas disposições seriam afloramentos de um princípio geral[1941]. A nossa posição vai no sentido da irrelevância da causa virtual salvo se houver analogia material com os casos dos artigos 491.º, 492.º e 493.º CC, nos quais funciona a presunção legal de culpa.

§ 27.º O ónus da prova

I. A questão do ónus da prova relativamente aos pressupostos da responsabilidade delitual por violação das normas de protecção não é uma questão autónoma, devendo ser feita a sua leitura no interior do sistema da ilicitude, da culpa e da causalidade. Todavia delimitamos um capítulo para

---

[1940] PEREIRA COELHO, *O Problema da Causa Virtual na Responsabilidade Civil*, reimp., Almedina, Coimbra, 1998, p. 87.
[1941] PESSOA JORGE, *Ensaio*, p. 417-418.

724 Normas de Protecção e Danos Puramente Patrimoniais

o tratamento das questões relativas ao ónus da prova por meras razões de clareza expositiva e de arrumação da matéria, sendo certo que a melhor opção metodológica seria a da sua integração no contexto de cada sistema de imputação de danos[1942].

Esta matéria encontra-se dominada por alguma ambiguidade linguística que PEDRO MÚRIAS, na sua monografia *Por uma distribuição fundamentada do ónus da prova*, procurou colocar em evidência. O Autor distingue os institutos do ónus da prova objectivo e subjectivo. O ónus da prova objectivo é o instituto que determina segundo qual das versões disputadas deve decidir-se quando é incerta a verificação de algum facto pertinente. O instituto do ónus da prova subjectivo prescreve a qual das partes processuais incumbe alguma actividade probatória, sob pena de ver a sua pretensão desatendida. Conclui PEDRO MÚRIAS que, no direito português, diferentemente do alemão, o ónus da prova subjectivo, também chamado ónus de produção da prova, deixou de fazer sentido face à consagração do princípio de aquisição processual (artigo 515.° CPC)[1943].

Porém, em relação ao instituto do ónus da prova objectivo poderiam ser dadas duas perspectivas. Na perspectiva objectiva, o ónus da prova apresenta-se como um critério de decisão do aplicador de direito perante um *non liquet*, para dar preferência a uma das versões controvertidas. Na perspectiva subjectiva, nos processos de partes, à preferência corresponderia o privilégio da parte que a sustenta. Assim, quando o objecto de análise se centra nas versões controvertidas adopta-se uma perspectiva objectiva do instituto, *mutatis mutandis,* quando se centra na situação jurídica de cada parte adopta-se uma perspectiva subjectiva[1944].

Atendendo a esta visão do conceito de ónus da prova, que irá reflectir uma mudança de orientação noutras latitudes, designadamente no conceito de inversão do ónus da prova, de presunção ou de prova *prima facie,* impõe-se o maior rigor na eventual transposição das soluções germânicas

---

[1942] Neste sentido, PEDRO MÚRIAS, *Por uma distribuição fundamentada do ónus da prova*, Lex, Lisboa, 2000, p. 75, salientando que as regras sobre o ónus da prova são indissociáveis do direito material, havendo um diálogo de pontos de vista na solução do caso concreto.

[1943] PEDRO MÚRIAS, *Por uma distribuição fundamentada do ónus da prova*, pp. 21 e 159.

[1944] PEDRO MÚRIAS, *Por uma distribuição fundamentada do ónus da prova*, p. 24. Cfr. ainda MIGUEL TEIXEIRA DE SOUSA, *Estudos sobre o Novo Processo Civil*, Lex, Lisboa,1997, p. 56.

Estudo de Direito Positivo

para a resolução de casos práticos à luz do direito português. De referir, não obstante, que a doutrina portuguesa ainda não incorporou esta ideia do ónus da prova subjectivo como mera categoria histórica. Com efeito, a título ilustrativo, para MENEZES CORDEIRO o ónus da prova incumbe a quem caiba demonstrar os factos em discussão, sob pena de ver desatendidas as suas pretensões indemnizatórias (que corresponde ao instituto do ónus da prova subjectivo), configurando igualmente uma norma de decisão do caso nas situações em que não se logrou demonstrar os factos decisivos da pretensão (que corresponde ao ónus da prova objectivo). De salientar que, para este Autor, as regras sobre o ónus da prova integram os modelos de decisão, devendo ser conjugadas com as restantes normas para a resolução dos casos concretos. A sua importância é tal, segundo MENEZES CORDEIRO, que nenhum estudo é conclusivo se não versar o ónus da prova[1945]. De resto, trata-se de uma matéria que se presta ao raciocínio jurídico e é de elevada abstracção, sendo ilustrativa a afirmação (bem como o manancial de problemas que a rodeiam quando referidas aos sistemas de imputação delitual) de TEIXEIRA DE SOUSA no sentido de que "*a prova tem por objecto imediato um facto e por objecto mediato (ou meta-objecto) a respectiva afirmação*"[1946].

A regra do ónus da prova inverte-se quando exista uma presunção legal favorável à parte que, de outro modo, estaria onerada. Trata-se de presunções *iuris tantum,* que configuram regras legais que fixam o ónus da prova e que se diferenciam das presunções *hominis,* que traduzem um afloramento da regra da livre apreciação da prova, que deve ter lugar nos limites da prova testemunhal. O juiz na base do *id quod plerunque accidit* (o que normalmente sucede) ou *prima facie* (na primeira aparência) infere conexões normais ou sequências típicas de factos[1947]. Quer para MENEZES CORDEIRO quer para PEDRO MÚRIAS, a inversão do ónus da prova decorrente de presunções legais deve ser concebida como um critério de repartição de *non liquet,* a prova *prima facie* (inserida na presunção *hominis*) limita-se ao campo da apreciação da prova[1948]. TEIXEIRA DE SOUSA consi-

---

[1945] MENEZES CORDEIRO, *Tratado de Direito Civil Português,* IV, pp. 465-468.

[1946] TEIXEIRA DE SOUSA, *As partes, o Objecto e a Prova na Acção Declarativa,* Lex, Lisboa, 1995, p. 196.

[1947] MENEZES CORDEIRO, *Tratado de Direito Civil Português,* IV, p. 484.

[1948] MENEZES CORDEIRO, *Tratado de Direito Civil Português,* IV, p. 484, e PEDRO MÚRIAS, *Por uma distribuição fundamentada do ónus da prova,* p. 91.

dera que "as presunções não são meios de prova, porque não conduzem à prova do facto presumido, mas à inferência desse facto (que não é provado) de outro facto (que é provado)". A operação que conduz do facto provado ao facto presumido é apenas gnoseológica, pois o juiz infere, ou é levado a inferir pela lei um facto desconhecido de outro que é conhecido, sendo que, por isso, as presunções não seriam meios de prova, mas antes meios de dispensa da prova do facto presumido[1949]. Feitas estas precisões iniciais, focamos-nos-emos de seguida nas questões probatórias em tornos dos pressupostos da responsabilidade civil por violação de normas de protecção.

27.1. *O ónus da prova da culpa*

I. Na responsabilidade delitual o lesado tem o ónus de provar a culpa do lesante, salvo se existirem presunções legais de culpa. O lesado tem que fazer prova dos elementos objectivos e subjectivos do tipo legal. A jurisprudência alemã tem reconhecido que a oneração do lesado não corresponde, por vezes, aos fins do direito delitual, por impedir, na prática, a efectivação da responsabilidade devida, em razão das dificuldades de prova em determinadas situações. Através da interpretação extensiva do § 287 ZPO, da inversão do ónus da prova e da admissão da "prova de primeira aparência", baseada em máximas de experiência, chegou-se a uma distribuição diferenciada do ónus da prova em matéria de culpa do lesante[1950]. Através da repartição do ónus da prova pode dificultar-se a descoberta da verdade e alterar-se o direito material[1951-1952]. Um dever de

---

[1949] TEIXEIRA DE SOUSA, *As partes,* p. 210.

[1950] STOLL, *Haftungsverlagerung*, p. 145, pp. 161 e ss, e MERTENS, *Münchener Kommentar*, § 823, p. 1404.

[1951] STOLL, *Haftungsverlagerung*, p. 145, refere a deslocação de responsabilidade.

[1952] TEIXEIRA DE SOUSA, *As partes,* p. 217: "*A repartição do ónus da prova condiciona a actividade probatória da parte, pois que, em coadunação com o ónus de alegação, incumbe à parte o ónus da prova relativamente aos factos cuja subsunção a uma norma jurídica lhe propicia uma situação favorável. Contudo, a distribuição legal do ónus da prova de acordo com este princípio só se verifica quando nenhuma das partes é beneficiada com uma presunção legal. Apenas nesta hipótese – aliás a mais frequente –, o ónus da prova se distribui segundo o princípio de que a demonstração do facto cabe à parte favorecida com a prova e onerada com a sua alegação*", p. 224: " *A eventual dificuldade*

Estudo de Direito Positivo

afastar o perigo com o máximo de cuidado redunda praticamente numa responsabilidade pelo resultado. Nesta situação, é natural que seja onerado com a prova o responsável por um perigo que seria dominável se se tivesse verificado o cumprimento do dever do tráfego correspondente[1953], ainda que possa resultar, ao tomar por base máximas de experiência, também da prova *prima facie,* que o dever não poderia ter sido cumprido.

A "prova de primeira aparência" da violação do dever e a inversão do ónus da prova pela relação entre resultado e aumento de perigo transforma, segundo MERTENS, a responsabilidade delitual numa responsabilidade quase objectiva, pois não se consegue eliminar a zona cinzenta entre responsabilidade delitual e responsabilidade pelo risco, não se devendo, porém, deduzir desta situação nem uma desaprovação geral pela distribuição do ónus da prova, nem a necessidade de um sistema de ónus da prova o mais fechado possível. Ligações entre a responsabilidade por violações de deveres do tráfego e pelo risco são admíssiveis em vista do seu parentesco íntimo[1954].

---

de prova não constitui, em si mesma, fundamento para a inversão do onus probandi.Mas o direito positivo não permanece completamente insensível a essa dificuldade, procurando preveni-la por uma de duas soluções legislativas. Uma delas consiste no estabelecimento de presunções legais e, portanto, na dispensa da prova dos factos presumidos (art.° 350.°, n.° 1, CC), o que geralmente se traduz num benefício para a parte onerada com a pova do facto presumido. A outra consiste na permissão do julgamento segundo a equidade em situações em que a prova do facto é difícil ou mesmo impossível", e p. 227: *"Em matéria de inversão de ónus da prova encontra-se na jurisprudência (...) uma orientação que a vem admitindo em casos não legalmente previstos. Integram essa corrente jurisprudencial os arestos em que foi defendida a inversão do ónus da prova quando esta não seja possível ou se torne muito difícil para a parte que, segundo as regras gerais previstas no art.° 342.° CC estaria onerada com ela".*

[1953] É de partir de uma regra flexível do ónus da prova. Neste sentido, STOLL, *Haftungsverlagerung,* p. 145, pp. 162 e ss e p. 165.

[1954] MERTENS, *Münchener Kommentar,* vor §§ 823-853, pp. 1408-1410, defende uma aproximação entre a responsabilidade pelo risco e a responsabilidade delitual. Uma série de tipos legais de responsabilidade pelo risco encontram-se lado a lado da responsabilidade delitual. A ideia que lhes está subjacente é que deve suportar os "prejuízos resultantes do azar", inevitáveis na área da fonte de perigo, quem tira proveito da actividade perigosa permitida. O fim político-económico da responsabilidade pelo risco está sobretudo na "pulverização" do dano, que resulta do facto do empresário responsável poder segurar o risco e reflectir os prémios de seguro nos preços. Enquanto a jurisprudência, no direito delitual, decide os seus limites, não se considera competente para proceder a um alargamento dos tipos legais do risco e recusa a sua aplicação analógica em situações em que se verifica

Resulta do princípio da prova integral, em vigor para o direito processual civil alemão, a sua aplicação flexível[1955]. Regras rígidas são problemáticas, pois obrigariam em regra os tribunais a conceder certas facilidades de prova. Tem sido apontado contra uma norma rígida de presunção da culpa e da causalidade do dano na violação objectiva de uma norma de protecção, o facto de tais regras poderem ter um conteúdo muito diferente[1956]. Em geral, nas normas de perigo abstracto o ónus da prova da culpa caberá ao violador da norma ou do dever, sendo irrelevante, em termos de resultado prático, se se trata de uma "verdadeira" inversão do ónus da prova ou se trabalha com a prova *prima facie*[1957].

---

identidade ou maioria de razão. Todavia, a jurisprudência utiliza a responsabilidade do produtor para mitigar esta situação. A diferença entre a responsabilidade pelo risco e por violações dos deveres do tráfego é reduzida, em virtude da responsabilidade de organização conduzir a uma responsabilidade pelo resultado. Esta tendência deveria conduzir a uma aproximação dos dois títulos de imputação na área dos perigos domináveis, inteiramente justificada, pois nas duas áreas jurídicas trata-se, do ponto de vista económico, de preservar e ressarcir terceiros de danos que resultam de actividades alheias. Por isso, tais actividades são permitidas pelo preço da compensação. Este preço pode resultar de na actividade perigosa não se terem adoptado as precauções de segurança necessárias e exigíveis, ou quando medidas de segurança não podem garantir, de antemão, uma segurança no tráfego. Tanto na responsabilidade delitual como na responsabilidade pelo risco trata-se do afastamento do perigo tomando por base expectativas de tráfego e a distribuição da responsabilidade por resultados prejudiciais. Só que a preponderância, no direito delitual, está no afastamento do perigo e só, em segundo plano, no dever de responsabilidade pelo resultado, enquanto que na responsabilidade pelo risco os planos invertem-se. Em contrapartida, a diferenciação entre as duas formas de responsabilidade mantém-se na área dos perigos não inteiramente domináveis, mesmo com cuidado máximo, se se insistir no pressuposto de uma responsabilidade por ilicitude e culpa e na interpretação objectiva da negligência só poder prosseguir a violação de deveres objectivamente cumpríveis no tráfego. Neste ponto, verifica-se uma fronteira, na qual o juiz pode modelar a ordem jurídica por jurisprudência uniformizada, através de deveres do tráfego na responsabilidade delitual, enquanto que a tradição alemã nega uma responsabilidade geral pelo risco. No entanto, a recusa do desenvolvimento jurisprudêncial da responsabilidade pelo risco não deve excluir a possibilidade de uma aplicação analógica cuidadosa. A necessidade de verificar uma articulação entre responsabilidade pelo risco e a responsabilidade delitual interessa sobretudo devido à indemnização dos danos morais. A responsabilidade pelo risco e a responsabilidade por negligência estão tão próximas uma da outra que uma indemnização por dano moral parece indicada ainda antes de qualquer reformulação desta matéria.

[1955] STOLL, *Haftungsverlagerung durch beweisrechtliche Mittel*, p. 179.
[1956] STOLL, *Haftungsverlagerung durch beweisrechtliche Mittel*, pp. 175 e ss e 179 e ss.
[1957] MERTENS, *Münchener Kommentar*, vor §§ 823-853, p. 1405.

Estudo de Direito Positivo

O "alargamento da ilicitude" e a "redução da culpa" na responsabilidade delitual por violação de normas de protecção acaba, segundo alguma doutrina germânica, por produzir efeitos em matéria do *onus probandi*. Neste ponto, a doutrina admite que haveria uma verdadeira inversão do ónus da prova ou uma prova *prima facie*. Na jurisprudência alemã considera-se que a violação objectiva de uma norma de protecção implica automaticamente a culpa do lesante, cabendo-lhe demonstrar circunstâncias apropriadas que o exonerem da culpa. Como o BGH esclareceu, só se justifica esta solução quando a norma de protecção descrever de forma concreta o comportamento exigido, de tal forma que permita, com o preenchimento do tipo, a conclusão sobre o carácter culposo da conduta do lesante. Se, em contrapartida, a norma de protecção se limitar à proibição de um determinado resultado, a culpa é de provar inteiramente pelo lesado. Embora as locuções com as quais são designadas as mencionadas consequências jurídicas em termos de prova não sejam inequívocas, segundo ZEUNER, deve-se falar-se numa prova "*prima facie*". Se o lesante invocar o não conhecimento da norma de protecção então é preciso, para excluir a imputação, que a prova do desconhecimento não se baseie em negligência[1958].

O ónus da prova da culpa tem sido discutido até hoje. O lesado tem que provar a violação objectiva de norma de protecção pelo lesante. VON BAR defende que o modelo de distribuição do ónus da prova das normas de protecção deve ser paralelo ao dos deveres do tráfego. Daí que seja fundamental analisar as soluções que preconiza em matéria de *onus probandi* dos deveres do tráfego[1959].

Não obstante terem sido enunciadas algumas críticas na doutrina, corresponde à tradição da jurisprudência alemã inverter, na violação da norma de protecção, o ónus da prova da culpa e onerar o lesante com a prova da sua inexistência. As formulações para este efeito oscilam entre a prova *prima facie* e a verdadeira inversão do ónus da prova. A jurisprudência admite que o § 823 II BGB se esgota na violação da norma de conduta ordenada na norma de protecção e que, portanto, a culpa fica reduzida à norma de protecção, só se estendendo à violação do bem jurídico quando "*uma tal violação pertencer ao próprio tipo legal da norma de protecção*". A culpa, reconduzida à falta de cuidado interior, consiste no facto de

---

[1958] ZEUNER/SOERGEL, *Bürgerlichen Gesetzbuch*, pp. 163-164.
[1959] CHRISTIAN VON BAR, *Verkehrspflichten*, § 10, p. 283.

o agente ter ou dever ter a consciência da violação da norma de protecção. A jurisprudência da primeira fase do *Reichsgericht*, na área dos deveres do tráfego legalmente fixados, defendeu que deveria ser o titular do dever do tráfego a provar que a sua violação não foi culposa. De especial interesse na matéria são as decisões relativas ao § 367, n.° 12 StGB (versão antiga) – *"o berço dos deveres de segurança no tráfego"*, segundo VON BAR –, nas quais se torna clara que a oscilação terminológica entre prova *prima facie* e inversão do ónus da prova não tem qualquer diferença no resultado. O *Reichsgericht* defendeu uma inversão do ónus da prova na violação das ordens de espalhar sal e de outras normas de protecção[1960].

A jurisprudência do pós-guerra oscilou também entre uma verdadeira inversão do ónus da prova e uma prova *prima facie*. Não se conhece qualquer caso em que uma acção de responsabilidade civil, por violação indiscutível da norma de protecção, tivesse sido recusada por o lesado não ter apresentado a prova da falta de "cuidado interior" do lesante. Apenas quando a violação da norma de protecção não era certa, o BGH recusou uma inversão do ónus da prova, em relação à culpa, e também a prova *prima facie*. Não se trata de uma distribuição inflexível do ónus da prova, mas antes, pelo contrário, *"de princípios de conhecimento jurisdicionais desenvolvidos respeitando a experiência de vida, os quais devem servir à apreciação da prova e à averiguação objectiva de verdade"*[1961].

A maioria das sentenças publicadas inverte o ónus da prova. A jurisprudência do BGH continua a do RG. Depois de o BGH admitir a prova *prima facie* no domínio da culpa, formulou mais tarde a regra geral de que *"a pessoa que viola a norma de protecção dever demonstrar e provar circunstâncias apropriadas para eliminar a sua culpa"*. Os adversários da inversão do ónus da prova defendem que não se pode verificar em todas as normas de protecção, designadamente quando a norma não estabelece nenhum programa concreto de comportamento e só ordena o cuidado em geral. No dever de evitar um perigo concreto, a inversão do ónus da prova e da prova *prima facie* são afastadas. Nos deveres de evitar perigos abstractos, cabe ao lesante, cuja falta de cuidado interior está "mais perto do facto" para poder esclarecer processos psíquicos e intelectuais da sua pessoa, designadamente provar que a

---

[1960] CHRISTIAN VON BAR, *Verkehrspflichten*, § 10, p. 284
[1961] CHRISTIAN VON BAR, *Verkehrspflichten*, § 10, p. 285.

Estudo de Direito Positivo

regra de comportamento que vale para o círculo de tráfego não era por si conhecida excepcionalmente sem culpa[1962].

Quem participa num tráfego com perigos tem que conhecer os seus mecanismos de condução porque, se assim não for, não se encontra à altura desse mesmo tráfego. Com a violação da norma de perigo abstracto regista-se um aumento do risco. O legislador, entre os diferentes comportamentos imagináveis, incluiu no tipo legal um especialmente perigoso devido ao seu carácter potencialmente danoso. A presunção da violação culposa da norma de protecção devido ao aumento de risco tem como consequência uma diminuição de imputação subjectiva e uma objectivização da responsabilidade delitual. Neste ponto deve ser defendida uma proximidade entre os §§ 831, 833, 834, 836 BGB e as normas de protecção. Segundo Von Bar, a diferença entre o § 836 BGB, por um lado, e o § 823 II BGB em conjugação com o § 367 n.° 12 StGB (versão antiga), por outro, é meramente técnica. Estrutural e valorativamente, os casos são iguais. O facto de um ter uma sanção penal e o outro não ter essa sanção penal, obrigou ao complemento das normas de protecção através do § 836 BGB. O § 836 BGB aparece, assim, como argumento forte para uma inversão do ónus da prova da culpa no § 823 II BGB[1963].

II. De acordo com a doutrina alemã maioritária, incumbe ao lesado, no âmbito do § 823 II BGB, demonstrar e provar todos os pressupostos da responsabilidade, concretamente, a violação de uma norma de protecção, a culpa e a causalidade. Em alguma literatura denotam-se atenuações deste ponto de vista, porque as normas de protecção deverão ter em consideração que o risco da prova deve correr por conta daquele que actua em desconformidade com as mesmas, nomeadamente no que concerne elementos da culpa e da causalidade. Ora, é necessário proceder a uma diferenciação entre os diferentes tipos de normas de protecção no âmbito da presunção de culpa e de causalidade. Esta análise poderá igualmente ser efectuada em relação à tese sufragada no âmbito da culpa e da causalidade com vista a facilitar a prova *prima facie,* porque deverá subsistir a necessária segurança delimitadora do grau de probabilidade. Este entendimento acaba, porém, por não ser praticamente aplicado no que concerne normas de perigo abstracto. Na verdade, é possível encontrar algumas normas jurídi-

---

[1962] Christian von Bar, *Verkehrspflichten*, § 10, p. 286.
[1963] Christian von Bar, *Verkehrspflichten*, § 10, pp. 285-287.

732   *Normas de Protecção e Danos Puramente Patrimoniais*

cas, baseadas em determinadas experiências, uma vez que determinados modos de conduta considerados perigosos acarretam um elevado potencial de risco. Todavia, não se pode deduzir com a máxima segurança a concretização de determinada factualidade. Muito depende dos comportamentos tanto a nível espacial, temporal como local, razão pela qual os princípios empíricos no sentido da prova *prima facie* raramente possuem um valor idêntico ao resultante da norma, uma vez que pelo menos a violação da norma vai ser tipicamente causal, com a delimitação de segurança do grau de probabilidade em relação à lesão verificada[1964].

Por vezes, as regras de prova resultam das próprias normas de protecção a que respeitam. Nestes casos, as regras de prova serão utilizadas, na medida em que sejam favoráveis a um equilíbrio dos interesses dos intervenientes, não prosseguindo apenas os fins associados a interesses, no geral, alheios ao regime civil de responsabilidade. Como tal, estas regras não deverão colidir com valores do regime de prova.

A jurisprudência alemã, como foi referido, tem vindo a modificar as regras da prova da culpa nas normas de protecção. Assim, a culpa deve ser presumida ou aferida através da prova *prima facie*. Pressupõe-se apenas que a conduta integrada no âmbito da norma de protecção se encontre claramente circunscrita, de modo a que a concretização do tipo normativo objectivo seja a solução para o apuramento da culpa. Outro pressuposto para facilitar a prova da culpa será o do tipo normativo externo à violação da norma de protecção se encontrar desde logo estabelecido com base numa presunção legal. Se nos encontrarmos perante um caso em que a norma de protecção proíbe um resultado ou ordena esta concretização como forma de protecção dos direitos e bens jurídicos de outrem, não será necessário recorrer a uma presunção de culpa ou a uma indiciação da mesma. Incluem-se neste ponto as situações em que da lesão do cuidado externo se pode indiciar a lesão do cuidado interno. A razão desta facilidade de prova reside no facto de, no essencial, o agente se encontrar na situação de poder indicar o "cuidado interno" que, a verificar-se, o exonera da culpa[1965]. Também no âmbito da responsabilidade obrigacional o BGH veio a optar pela aplicação do § 286 ZPO, à excepção das situações em que apenas estivesse em causa o ressarcimento de danos puramente patrimo-

---

[1964] SPICKHOFF/SOERGEL, *Bürgerliches Gesetzbuch,* p. 128.
[1965] SPICKHOFF/SOERGEL, *Bürgerliches Gesetzbuch,* p. 129.

Estudo de Direito Positivo

niais. Por outro lado, dever-se-ia, no âmbito do § 823 II BGB, deixar de restringir-se a aplicação do § 287 ZPO ao apuramento da causalidade[1966].

III. Este mesmo debate doutrinário sobre o ónus da prova na violação das normas de protecção pode ser analisado à luz do direito português. Pode admitir-se que a "redução da culpa" não implique uma inversão do ónus da prova, tudo dependendo da forma como a norma de protecção descreve o ilícito, de acção ou de resultado[1967], ou como de perigo abstracto ou de perigo concreto. Se se tratar de um ilícito de conduta, a acção recortada pela norma implica que do facto conhecido – a violação da norma – se infira o facto desconhecido – a culpa do agente. Assim, seria materialmente justificada a aplicação *in casu* dos artigos 349.° e 350.° do Código Civil e o afastamento do artigo 487.°, n.° 1, quando existe presunção legal de culpa, que não deve ser circunscrita aos delitos específicos dos artigos 491.°, 492.° e 493.°, mas pode ser entendida com carácter mais geral no domínio das normas de protecção[1968].

[1966] SPICKHOFF/SOERGEL, *Bürgerliches Gesetzbuch*, p. 130.

[1967] Referindo a existência de uma diferença de estrutura entre as diferentes normas de protecção, que justificaria soluções diferenciadas em matéria de *onus probandi*, restringindo a sua análise às normas de protecção que visam prevenir perigos abstractos, SINDE MONTEIRO, *Responsabilidade por conselhos*, pp. 261-267, considera haver uma analogia entre as questões de prova das normas de perigo abstracto e a responsabilidade obrigacional. A norma de conduta, ao impor um comportamento espacio-temporalmente determinado, implica que quer nas normas de protecção quer nos deveres do tráfego, a conduta imposta se identifique com o cuidado exterior (uma das componentes da negligência) que aparece logo ao nível da negligência. Assim, como na responsabilidade obrigacional, o credor só necessita de provar o crédito e presume-se a culpa do devedor no seu incumprimento. Nestes termos, seria, segundo SINDE MONTEIRO, tecnicamente defensável que a prova da inexistência de culpa incumbisse ao lesante, sendo esta solução, aliás, compaginável com as restantes presunções legais dos artigos 491.° a 493.° do ponto de vista sistemático e valorativo. Neste ponto, o direito da prova acompanharia a maior facilidade para o lesante de excluir a sua culpa em face das circunstâncias do caso concreto. Também a jurisprudência portuguesa, em relação às normas de perigo abstracto, como certos ilícitos estradais, provada a infracção da norma, considera que deve presumir-se a existência de culpa. Neste sentido o Ac. Rel Cb 30-Mai.-1996, BMJ, n.° 457, 458, e Ac. STJ 10-Mar.-1998, BMJ, n.° 475, 635. Cfr. SINDE MONTEIRO, *Rudimentos*, p. 365, (n. 70).

[1968] TEIXEIRA DE SOUSA, *As partes*, p. 210. Seguindo o critério de TEIXEIRA DE SOUSA a questão do ponto de vista terminológico seria enquadrável como uma *presunção legal,* pois o facto indiciário é estabelecido na lei, do que uma prova *prima facie,* em que o facto principal é provado pelo facto indiciário através das regras de experiência.

734   *Normas de Protecção e Danos Puramente Patrimoniais*

Em resposta à mesma problemática, alguma doutrina alemã aponta para existência de um certo aligeiramento do ónus da prova (*Beweiserleichterung*) no § 823 II BGB, na medida que ao lesado basta provar a violação da norma de protecção, presumindo-se a culpa, ainda que esta presunção tenha sido mitigada pela jurisprudência, que defende que a violação objectiva do tipo só indicia a culpa quando a norma de protecção tenha tipificado o facto ilícito de forma tão concreta e inequívoca que o seu preenchimento permita concluir, de forma inequívoca, pelo carácter culposo da conduta. Assim, a uma culpa reduzida (*verkürtze Verschuldensbezug*)[1969] corresponderia uma inversão do ónus da prova da culpa[1970].

Na nossa óptica, quanto ao direito português, não há que falar em inversão do ónus da prova nem em prova *prima facie*. Com efeito, partindo da ideia de que não há qualquer presunção legal para além dos casos em que se justifique a analogia com os artigos 491.º, 492.º e 493.º e, atendendo a que o critério legal de cuidado é fixado pela norma de protecção, o lesado ao provar a ilicitude do acto está simultaneamente a provar a

---

[1969] ESSER/WEYER, *Schuldrecht*, Band II, Besonderer Teil, Teilband 2, 8. Auflage, § 56, p. 199: A responsabilidade segundo o § 823 II BGB não depende, como no § 823 I BGB, de um resultado, da violação de um direito ou bem jurídico, mas sim de um comportamento, ou seja, do facto de que alguém infringiu "uma lei que tem por fim a protecção de outrem". Por isso, a aplicação do § 823 II BGB é, na maioria das vezes, mais simples do no § 823 I BGB, pois os tipos legais das normas de protecção estão construídos de maneira muito mais concreta do que no § 823 I BGB, sendo esclarecidos amplamente pelos trabalhos preparatórios de disciplinas vizinhas. Em áreas de aplicação diferentes vigoram princípios distintos. Por um lado, o § 823 II BGB protege os bens jurídicos abrangidos pelo § 823 I BGB de maneira menos ampla do que este, pois a maioria das normas de protecção não protege os bens jurídicos de forma completa mas lacunarmente. Além disso, também os prejuízos patrimoniais puros são indemnizados, segundo o § 823 II BGB, de maneira diferente do § 823 I BGB, pois mesmo que tenham sido só uma consequência da respectiva violação, não é fundamental que tenha sido violado qualquer bem jurídico. Por isso, o dolo ou a negligência tem que respeitar só à violação da norma de protecção e não as suas eventuais consequências. Finalmente, na culpa, a jurisprudência corrente, tem admitido a inversão do ónus da prova se foi violada objectivamente a norma de protecção. Cfr. BGH 3-Jan.-1961, VersR, (1961), 231: "*ist ein objektiver Vertoß gegen ein Schutzgesetz festgestellt (hier: nicht gehöriges Verschließen eines zum Betrieb einer Apotheke gehörenden Benzinbehälters), so spricht eine Vermutung dafür, daß der Betriebsinhaber fahrlässig gehandelt hat; er muß also zur Entkräftung des gegen ihn bestehenden Schuldvorwurfs Umstände darlegen, welche geeignet sind, die Annahme eines ihm nach § 823 BGB oder nach § 831 zur Last fallenden Verschuldens zu beseitigen*".

[1970] VON CAEMMERER, *Wandlungen des Deliktsrechts*, p. 76.

culpa. Explicite-se que ao fazer a prova da culpa do lesante, caberá a este afastar a prova de que houve culpa sua, no sentido de desconhecimento não culposo da norma de protecção. Neste sentido, concordamos com PETERS que defende expressamente que nas normas de protecção o ónus da prova da culpa incumbe ao lesado. Esta solução de que o critério da culpa é o fixado pela norma de protecção não é original, sendo igualmente defendido por KÖTZ/WAGNER[1971].

No direito português a solução referida é igualmente compatível com o que resulta do disposto no artigo 487.°, n.° 2, que admite expressamente que seja "outro critério legal" a permitir aferir a culpa. Estas soluções são aplicáveis a normas de protecção que descrevam na sua estrutura normativa deveres do tráfego que não se reconduzam aos âmbitos normativos dos artigos 491.°, 492.° e 493.°. Se a norma de protecção não descreve um dever do tráfego, mas se limita a proibir um resultado, o ónus da prova da culpa incumbe igualmente ao lesado, mas com base no critério da diligência de um bom pai de família face às circunstâncias do caso, de forma completamente idêntica à violação de direitos subjectivos. Porém, se houver normas de protecção que visem a protecção de bens jurídicos protegidos enquanto direitos subjectivos e descreverem condutas objectivas no

---

[1971] Neste sentido, também, KÖTZ/WAGNER, *Deliktsrecht*, §§ 243-248, pp. 97-98: o § 823 II BGB exige um comportamento ilícito culposo do lesante mesmo que se possa violar a norma de protecção sem culpa, a culpa do lesante só precisa, segundo a doutrina corrente, também defendida pelo BGH, já anteriormente referida por diversas vezes, de se referir à violação da norma de protecção. Em contrapartida, o lesante não precisa de ter previsto o prejuízo no caso concreto. O § 823 II BGB deve a sua importância prática na área da violação dos bens jurídicos enumerados no § 823 I BGB sobretudo a esta "deslocalização" da referência da culpa. Outra vantagem do lesado, no âmbito do § 823 II BGB, refere-se ao ónus da prova da culpa, na medida em que o lesado só tem que provar que o lesante violou o tipo legal objectivo de uma norma de protecção. Se esta prova estiver feita, segundo a jurisprudência corrente, a não existência de culpa pela violação cabe ao lesante. O lesante tem que demonstrar e provar circunstâncias apropriadas para excluir a "suposição" da culpa. No entanto, esta regra não tem muita importância, pois na área da responsabilidade negligente interessa a violação de um "*standard*" de cuidado objectivo, sendo a dimensão do cuidado necessário no tráfego definida pela norma de protecção. Neste ponto, não resta quase nada para a prova da culpa. No entanto, estas reflexões só se aplicam quando o tipo legal da norma de protecção estabelece um dever do tráfego, ou seja, estabelece com precisão suficiente o comportamento exigido numa situação específica para a protecção dos bens jurídicos de terceiros. Se a norma de protecção se configurar como uma proibição de resultado, ou seja, se se limitar a proibir as violações de bens jurídicos, a prova da negligência cabe, neste caso, ao lesado.

736 *Normas de Protecção e Danos Puramente Patrimoniais*

encalce da sua protecção, através do estabelecimento de deveres do trá-fego, também em relação a estas normas se promove uma alteração do ónus da prova. Não se defende, porém, que se trate de uma verdadeira inversão do ónus da prova, mas apenas, como defende RIBEIRO DE FARIA, de um caso em que a prova da ilicitude se confunde com a prova da culpa[1972]. A investigação de RIBEIRO DE FARIA parte da tese desenvolvida pela doutrina alemã e, entre nós, por CARNEIRO DA FRADA[1973] de que em relação à responsabilidade obrigacional só faz sentido uma presunção de culpa em relação às obrigações de resultado, sendo que o modelo de ónus da prova das obrigações de meios deve ser o utilizado para as responsabi-lidades profissionais. Segundo o Autor, na responsabilidade médica, estando-se perante obrigações de meios, dever-se-ia recusar a presunção de culpa do devedor. Assim, como é defensável uma redução teleológica da norma que estabelece uma presunção de culpa em relação às obrigações de meios na responsabilidade obrigacional, pode igualmente defender-se uma redução teleológica da regra do artigo 487.° aos casos em que o ónus da prova da culpa deve ser do lesante por *ter o poder de domínio sobre certas situações ou espaços*[1974], tornando extremamente onerosa a prova da culpa do lesante a cargo do lesado. No que concerne à responsabilidade médica, RIBEIRO DE FARIA defende que, mais difícil que provar a culpa do lesante, é provar a causalidade da actuação médica em relação ao resul-tado, sendo que essa prova deve ser de primeira aparência e assentar na elevação do risco (*Gefahrerhöhung*) da intervenção médica[1975].

[1972] RIBEIRO DE FARIA, "Da Prova na Responsabilidade Civil Médica. Reflexões em torno do Direito Alemão", RFDUP, Ano I, (2004), p. 127.

[1973] CARNEIRO DA FRADA, *Teoria da Confiança*, p. 301, (n. 282).

[1974] RIBEIRO DE FARIA, *Da Prova na Responsabilidade Civil Médica*, p. 123.

[1975] RIBEIRO DE FARIA, *Da Prova na Responsabilidade Civil Médica*, p. 139. Cfr. MANUEL ROSÁRIO NUNES, *O ónus da prova nas acções de Responsabilidade Civil por Actos Médicos*, 2.ª ed, Almedina, Coimbra, 2007, p. 94, defende que ainda que no direito português a relação médico-paciente se estabeleça num quadro contratual, tratando-se de obrigações de meios não se aplica a presunção de culpa do artigo 799.°, n.° 1. Porém, segundo o Autor, as dificulades de prova justificam uma inversão do ónus da prova de acordo com a Proposta da Directiva Comunitária apresentada pela Comissão em 9 de Novembro de 1990, sobre a responsabilidade do prestador de serviços. Na doutrina alemã, no sentido de admitir uma inversão do ónus da prova da culpa do médico em caso de erro de tratamento grave ou facilidades de prova até à inversão do ónus da prova, mas aceitando a aplicação adicional da prova *prima facie*, ZEUNER/SOERGEL, *Bürgerlichen Gesetzbuch*, pp. 163-164.

Estudo de Direito Positivo

27.2. *O ónus da prova do nexo de causalidade*

I. Segundo CARNEIRO DA FRADA, a causalidade é produto de uma valoração jurídica, assente em critérios de distribuição do risco em sociedade. O abandono das fórmulas naturalísticas da *"conditio sine qua non"* ou da causalidade adequada salienta a emergência das valorações jurídicas que se reconduziriam a novas fórmulas que exprimem a causalidade jurídica, como a teoria do escopo de protecção da norma ou do aumento do risco. Porém, se a teoria do fim de protecção da norma seria prestável para o caso das normas de protecção e das disposições específicas de imputação de danos, já seria imprestável perante cláusulas gerais. Caberia discutir se quando as próprias normas de protecção se apresentam como cláusulas gerais se permitiriam o recurso à teoria do escopo de protecção[1976]. As dificuldades em relação ao preenchimento da causalidade têm justificado facilitações ao nível da prova, designadamente através do recurso à prova *prima facie* ou a presunções de causalidade. Estas presunções permitem prescindir de uma reconstituição integral do processo causal. Em matéria de nexo de causalidade, a jurisprudência alemã vai no sentido da existência de uma presunção simples ou de facto (*Anschweinbeweis*) entre a prova da violação da norma e o dano, com base na ideia que, se da violação de norma resultam danos do tipo que ela visa evitar, estará preenchida a conexão causal. CHRISTIAN VON BAR e, entre nós, SINDE MONTEIRO entendem que chamar a esta situação uma "prova da primeira aparência" será puramente conceptual, na medida em que a norma conduz, na prática, à inversão do ónus da prova, ainda que, de acordo com os princípios da elevação do risco, do controlo da fonte de perigo ou de se retirarem vantagem da mesma, esta inversão possa ser justificável[1977].

Em princípio, o lesado tem o ónus da prova com respeito à acção ilícita, com respeito à violação de normas jurídicas ou à violação de bens jurídicos e ao dano consequente, à causalidade que fundamenta e preenche a responsabilidade, assim como à culpa. Diferentemente, o ónus da prova da existência de uma causa de justificação ou de exlusão da culpa cabe ao lesante. Na acção de responsabilidade civil por violação de normas de pro-

---

[1976] CARNEIRO DA FRADA, *Direito Civil. Responsabilidade Civil*, p. 102.

[1977] SINDE MONTEIRO, *Responsabilidade por conselhos,* pp. 284-285. Admite *aedem ratio* no caso de violação de norma de protecção a inversão do ónus da prova, CALVÃO DA SILVA, *Responsabilidade civil do Produtor*, p. 713, (n. 2).

738   *Normas de Protecção e Danos Puramente Patrimoniais*

tecção, o lesado tem que provar a violação da norma de protecção, a culpa, o dano e o nexo causal. A prova da causalidade, que cabe ao lesado, é facilitada, na prática, muitas vezes pelas regras sobre a "prova de primeira aparência" ou pela inversão do ónus da prova. Considera-se suficiente para a prova – *prima facie* – certas circunstâncias entre as quais avulta a característica do tipo legal em questão, prova que pode ser deduzida com a ajuda de máximas da experiência sobre o decorrer de acontecimentos típicos, *i.e.* quando as realidades existentes, segundo uma máxima da experiência geral, apontarem, de uma maneira típica, para o respectivo elemento de tipo legal. Cabe então ao lesante atacar esta prova pela contraprova de factos dos quais resulte a possibilidade séria de um decorrer atípico e um abalo da primeira aparência. Quando o lesante alcança este resultado probatório, a prova *prima facie* falha. Por isso, o onerado com a prova tem que produzir agora, de maneira diferente, a prova que lhe cabe[1978-1979]. Se uma norma de protecção procura reagir contra uma possibilidade de pôr em perigo típica e se, em violação dessa norma, ocorrer um prejuízo do género que a norma visa impedir, é de considerar, em primeira aparência, uma relação causal entre a violação da norma de protecção e o prejuízo[1980].

[1978] ZEUNER/SOERGEL, *Bürgerlichen Gesetzbuch*, p. 163-164.

[1979] Como exemplos da jurisprudência (ZEUNER/SOERGEL, *Bürgerlichen Gesetzbuch*, p. 164-165): a prova da probabilidade aponta a causalidade no acidente de um condutor, sob influência de álcool, que ocorreu numa situação que poderia ter sido dominada por um condutor sóbrio. A prova da primeira aparência indicia a culpa do condutor quando parar o seu automóvel, numa auto-estrada, sem motivo reconhecível, na faixa contrária e chocar com um automóvel. Em choques na auto-estrada, a prova da primeira aparência indicia a culpa de quem embate. Se dois automóveis chocarem na área de um cruzamento, a prova da primeira aparência aponta para a violação culposa da prioridade por quem tem o dever de esperar. Se um automóvel, ao virar, chocar com um outro que vem ao seu encontro, a primeira aparência aponta para um comportamento culposo de quem está a virar. Se alguém que não sabe nadar se afogar num sítio profundo de uma piscina, a prova da probabilidade aponta para a morte resultar da profundidade da piscina. Se alguém cair numa escada e um degrau for defeituoso, é de supor, pela primeira aparência, que a queda sucedeu precisamente nesse degrau. Se um transeunte cair perto de um sítio perigoso, é natural a conclusão, pelos princípios da prova de probabilidade, de que a fonte de perigo foi a causa da queda. Se um transeunte equipado com sapatos convenientes cair com neve ou gelo numa rua em que não se espalhou sal, a prova da primeira aparência aponta para tal ter resultado do facto de não se ter espalhado sal.

[1980] ZEUNER/SOERGEL, *Bürgerlichen Gesetzbuch*, p. 162-163. Neste sentido MERTENS, *Münchener Kommentar*, § 823, pp. 1504-1505, que defende que tal como acontece

Estudo de Direito Positivo

Enquanto que, no que concerne à culpa, a necessidade de uma inversão do ónus da prova procura impor-se, em geral, na jurisprudência e na doutrina alemãs, a situação do ónus da prova, no que concerne à causalidade, é mais equívoca, por força da grande relevância prática desta questão e do facto de uma análise dos casos decididos pela jurisprudência de forma diversa relativamente ao § 823 II BGB. Com efeito, a jurisprudência opôs-se, até recentemente, a uma inversão do ónus da prova da causalidade, mesmo quando o dano sucedido era de natureza do que a norma queria evitar[1981].

Von Bar desenvolve uma crítica ao recurso do BGH à prova "de primeira aparência", que, segundo o Autor, seria uma questão meramente conceptual, pois implica a inversão do ónus da prova. A jurisprudência alemã acerca da inversão do ónus da prova da causalidade por violação de deveres profissionais também não é uniforme, partindo em algumas violações de deveres profissionais de uma verdadeira inversão do ónus da prova, em outros casos não[1982]. Um último argumento contra os que recusam a inversão do ónus da prova na área das normas de protecção assenta na compreensão teórica da prova *prima facie,* na qual se exige mais probabilidade do que no caso da inversão do ónus da prova[1983].

Facilidades de prova são deslocações de responsabilidade. Por esta razão, têm que ser fundamentadas na sua área jurídica. Nesta função, inversões do ónus da prova e numerosos deveres do tráfego concordam. Esta consideração básica sugere o facto de aproveitar as razões do nascimento dos deveres do tráfego também para as considerações do ónus da prova, designadamente o aumento do risco, a possibilidade de domínio da fonte de perigo e de tirar dela vantagem[1984].

---

nas situações do § 823 I BGB o lesado deverá demonstrar o preenchimento de todos os requisitos de que depende a pretensão indemnizatória. No entanto, no que concerne à violação de uma norma de protecção, é favorável ao lesado a prova *prima facie* de que o agente agiu com culpa e de que se mantém um nexo de causalidade entre a transgressão por si perpetrada e a ocorrência do dano. Não há lugar a uma inversão do ónus da prova a favor do lesado no que respeita à culpa do lesante, se o tipo normativo objectivo da violação da norma de protecção apenas for concretizado através de uma presunção legal. Se o lesante não tiver conhecimento da existência da norma de protecção, não será possível incomodá-lo com a sua violação se esta ignorância assentar em negligência.

[1981] Christian von Bar, *Verkehrspflichten*, § 10, p. 288.

[1982] Christian von Bar, *Verkehrspflichten*, § 10, p. 288-291.

[1983] Christian von Bar, *Verkehrspflichten*, § 10, p. 288-291.

[1984] Christian von Bar, *Verkehrspflichten*, § 10, pp. 288-291.

740 *Normas de Protecção e Danos Puramente Patrimoniais*

O domínio do facto surge como critério importante em termos de prova jurídica, mas também o princípio da utilidade e do aumento de risco o são. O conteúdo de certos deveres do tráfego baseia-se num resultado devido pelo seu titular, ou numa medida de segurança que é de garantir. Neles, segundo VON BAR, o ónus da prova da causalidade inverte-se. Nos deveres do tráfego, escadas de um prédio não podem ser perigosas, tampas de esgoto não podem sobressair no passeio mais do que 2 cm, é preciso espalhar sal dentro da hora prevista, tais perigos podem ser eliminados de forma relativamente fácil. Sem a inversão do ónus da prova da causalidade, que fundamenta a responsabilidade, a fixação dos objectivos nos "*standards*" destes tipos de deveres seriam inúteis[1985]. Esta tendência para uma inversão do ónus da prova da causalidade em matéria da responsabilidade por violação de normas de protecção tem sido defendida pela jurisprudência portuguesa nas normas de perigo abstracto[1986].

[1985] CHRISTIAN VON BAR, *Verkehrspflichten*, § 10, pp. 291-295.

[1986] Designadamente o Ac. STJ 13-11-2003 (FERREIRA GIRÃO), www.dgsi.pt, cujo sumário "*I – A doutrina do Acórdão de Uniformização de Jurisprudência n.° 6/2002, de 28 de Maio, no sentido de que o direito de regresso previsto na al. c) do artigo 19 do DL 522/85, de 31/12 exige, para a sua procedência, o ónus da prova, pela seguradora, do nexo de causalidade adequada entre a condução sob o efeito de álcool e o acidente mantém a sua força vinculativa na ordem jurisdicional, enquanto a norma interpretada não for alterada pelo legislador, ou a jurisprudência não for modificada por outro acórdão uniformizador. II – A abstenção do uso de presunções naturais pelas instâncias, ou a utilização que estas façam de tais presunções (com ressalva de ilogismo manifesto), ultrapassa o âmbito do conhecimento próprio do STJ.*" Neste Acórdão lê-se ainda: "*Também o Professor Sinde Monteiro, na Anotação que fez ao Acórdão Uniformizador 6/2002, nos Cadernos de Direito Privado, n.°2 Abril/Junho 2003, página 52, conclui parecer-lhe correcta a orientação nele doutrinada da exigibilidade da prova, pela seguradora, do falado nexo de causalidade, requisito que se deve manter no âmbito de disposições legais de protecção em sentido estrito (normas de perigo abstracto), não bastando a constatação de que o dano se enquadra dentro do fim de protecção. Por não ser normalmente possível a prova directa do nexo de causalidade, defende o mesmo Ilustre Professor, na Anotação citada, o recurso a presunções simples ou judiciais e ainda que, quando a TAS for igual ou superior 1,2 g/l, dada a altíssima probabilidade de a condução ser influenciada pelo excesso de álcool, parece justificar-se uma inversão do ónus da prova. Quanto a esta inversão do ónus da prova, na apontada situação-limite de a taxa da TAS integrar o ilícito criminal previsto e punido pelo artigo 292 do Código Penal, entendemos que tal só poderá ser considerado a nível de jure condendo, uma vez que o intérprete não pode substituir-se ao legislador cfr. declaração de voto do Conselheiro Oliveira Barros no Acórdão Uniformizador em análise. No que concerne ao uso das presunções simples ou judiciais nada temos a opor*". De referir que, na doutrina alemã, SOERGEL/ZEUNER, *Bürgerlichen Gesetzbuch*, pp. 163-164,

De referir que, segundo SINDE MONTEIRO, a causalidade respeita a uma ligação entre a acção e o resultado e não a um relação entre a violação do dever e o resultado[1987]. Abstraindo das particularidades de algumas normas de protecção em relação às quais, por vezes, se presume a causalidade, pode concluir-se que neste âmbito vigoram, em geral, os mesmos princípios do § 823 I BGB. Também no âmbito do § 823 II BGB constata-se que, ocasionalmente, a jurisprudência optou por encarar a prova da causalidade como prova *prima facie* ou veio a tender para a aplicação de uma verdadeira inversão do regime do ónus da prova. Em qualquer caso, obviamente que se mantém a necessidade de demonstração do perigo que a norma de protecção visa evitar. No entanto, este facto deixa de ser imperativo desde que se pressuponha uma certa definição da norma quanto à facilidade de prova no que concerne à causalidade, de modo a que *"a violação em causa estabeleça de forma clara e de acordo com critérios de experiência de vida que aquele risco se havia de concretizar tipicamente naquela marcha de acontecimentos"*[1988].

Por outro lado, o fundamento para a responsabilidade derivada da violação de uma norma de protecção esgota-se muitas vezes na mera violação de imposições ou proibições de condutas, não sendo indispensável a concretização de um resultado lesivo como se pressupõe nos termos do § 823 I BGB. Seria, deste modo, facilmente configurável a hipótese de apenas se considerar este fundamento de responsabilidade abrangido pela medida da prova prevista no § 286 ZPO. A questão da causalidade da conduta conducente ao resultado lesivo dos primeiros danos e dos danos subsequentes deveria, ao invés, ser esclarecida de acordo com o § 287 ZPO[1989].

---

defendem que nos casos dos acidentes por excesso de álcool se deve aplicar a prova *prima facie* à culpa do condutor alcoolizado, cabendo a este pôr em causa a primeira probabilidade pela prova de um processo atípico em relação ao acidente verificado.

[1987] SINDE MONTEIRO, *Responsabilidade por conselhos,* p. 285.

[1988] SPICKHOFF/SOERGEL, *Bürgerliches Gesetzbuch,* p. 129.

[1989] SPICKHOFF/SOERGEL, *Bürgerliches Gesetzbuch,* p. 129.

PARTE III
Síntese Periferia – centro

SUMÁRIO: § 28.° As fontes de direito. § 29.° A interpretação jurídica. § 30.° A norma jurídica. § 31.° Horizonte
jusfilosófico e tendências futuras. § 32.° Sinopse do estudo
de direito positivo.

§ 28.° As fontes de direito

I. Uma das questões trabalhada por quase todos os autores alemães
que se debruçam sobre as normas de protecção relaciona-se com o conceito material de lei, conceito que, do ponto de vista das fontes de direito,
permite realçar um leque muito abrangente da origem das normas de protecção e abrir espaço à discussão da admissão ou da recusa da reserva de
lei no domínio destas disposições[1990].

Efectivamente, o estudo das normas de protecção pressupõe uma
investigação prévia do sistema das fontes de direito[1991] no contexto da

---

[1990] FRANK PETERS, *Zur Gesetzestechnik*, p. 914.

[1991] BAPTISTA MACHADO, *Introdução ao Direito,* p. 153, o problema da determinação das fontes de direito traduz-se na positivação de certos conteúdos normativos como
normas jurídicas, de como esses conteúdos adquirem juricidade e se tornam historicamente
vigentes como direito. Partindo do pressuposto de que o direito representa o subsistema
social que articula a normatividade com a realidade, a questão das fontes reporta-se à constituição do direito como direito, ou seja, à determinação de como a normatividade encarna
na realidade, adquirindo o modo de ser próprio do direito. Trata-se de uma questão que
ultrapassa o sistema preceptivo posto e que alcança a teoria do direito ou, na expressão de
FERNANDO BRONZE, *Lições de Introdução,* p. 688, apresenta-se como trans-sistemático
ou meta-positivo, pois do que se trata é exactamente da constituição do próprio sistema da

744   *Normas de Protecção e Danos Puramente Patrimoniais*

passagem de uma visão monista para uma visão pluralista de fontes descentradas do Estado, designadamente das resultantes da auto-regulação, de concepções jusnaturalistas que defendem vinculações a uma ordem de valores indisponíveis[1992], da existência da sociedade internacional e de organizações internacionais e supranacionais, das quais o Estado faz parte através de processos de integração política, que são produtoras de uma normatividade autónoma[1993], o que implica a *"superação de uma perspectiva político-constitucional (polarizada no poder) e uma compreensão fenomenológico-normativa (polarizada na vigência)"*[1994]. Neste contexto, há, *grosso modo,* três modelos-padrão de experiência constitutiva da normatividade jurídica vigente: *i)* a consuetudinária, *ii)* a legislativa e *iii)* a jurisdicional, sendo o direito continental fundamentalmente de tipo legislativo[1995].

A teoria das fontes de direito torna-se relevante para o tema que nos ocupa na medida em que coloca o limite do modo de produção de normas de protecção. Nesta perspectiva insere-se também a legitimidade da criação jurisprudencial *ad hoc* de deveres do tráfego. Se os deveres do tráfego para a protecção de direitos subjectivos e bens jurídicos absolutos podem ser criados jurisprudencialmente, visto que o resultado da violação do direito subjectivo encontra-se proibido pela sua própria individualização, estando a ressarcibilidade dos danos igualmente prevista no artigo 483.º, n.º 1 CC, diferentemente, no caso das normas de protecção que ampliam a protecção delitual, se não há um resultado proibido pelo ordenamento jurídico, é necessário uma disposição que descreva como proibida deter-

---

normatividade jurídica vigente, postulando uma passo atrás para o encontrarmos, enquanto a perspectiva positivista preocupa-se com a solução e esquece o problema.

[1992] Sobre as vinculações jusnaturalistas, prefere-se a sugestão de MENEZES CORDEIRO, *Tratado de Direito Civil Português,* I, p. 146, no sentido de que as referências materiais para terem conteúdo jurídico têm de actuar ao nível da decisão concreta, pelo que o primeiro passo passa por desenvolver e praticar uma dogmática que conceda espaço às referências materiais, permitindo que o intérprete desfrute de uma margem que ultrapasse a mera comunicação normativa.

[1993] PAULO OTERO, *Legalidade,* p. 411.

[1994] FERNANDO BRONZE, *Lições de Introdução,* p. 689.

[1995] FERNANDO BRONZE, *Lições de Introdução,* p. 690. Também MENEZES CORDEIRO, *Tratado de Direito Civil Português,* I, p. 292, considera que no sistema jurídico europeu continental a lei tem um posição inquestionável entre as fontes do direito sobretudo quando codificadas. O desbravar da lei – nas suas conexões internas, externas e nos seus significados – deve anteceder qualquer renovação científica e doutrinária.

Síntese Periferia – Centro   745

minada acção, à qual tem de acrescer, para indemnizar os danos, a norma do artigo 483.º, n.º 1. Assim, não será de admitir a criação jurisprudencial de deveres do tráfego fora dos bens jurídicos de protecção absoluta, recusando-se, neste campo, a sua autonomização quando não existirem normas de fonte legal que os fundamentem.

Esta questão insere-se nos limites do poder jurisdicional e no seu papel no domínio das normas de protecção, em relação à qual faz sentido recorrer a CASTANHEIRA NEVES quando escreve que *"o apelo e importância atribuídos à jurisdição em geral"* revela *"na jurisdição existente a falta de jurisdição para que se apela"*[1996], o que, no limite, acaba por representar um retorno a um estrito legalismo que o autor projecta como morto. Para a relevância da jurisprudência contribuem a preponderância dos direitos fundamentais sobre a lei, dos princípios jurídicos de valor material, como o princípio da justiça, que necessitam de uma decisão judicial concreta, e os limites da lei, que abrem espaço à realização concreta do direito, limites esses ainda mais notórios quando as normas jurídicas incluem cláusulas gerais, normas em branco e conceitos indeterminados e de valor, o que faz com que o *"direito que legalmente se realiza seja ele próprio um continuum constituindo em função de uma dialéctica normativa que articula os princípios normativo-jurídicos com o mérito jurídico do problema concreto através da mediação das normas legais"*[1997].

II. Para além do que se acaba de referir, os limites temporais da norma não se cingem ao momento positivista da sua revogação formal, antes convocam o sistema no sentido da possibilidade de uma caducidade por obsolescência, que implica um desenvolvimento *contra legem* mas *secundum ius*. Por fim, a legislação programática (*Zweckprogram*) postula uma *"controlada determinação concretizadora de que se desempenhará a função judicial numa irrecusável discricionariedade decisória exigida por uma necessária flexibilização concreta do próprio direito"*[1998]. Nas *"disposições destinadas à tutela de interesses alheios"* fundem-se as três perspectivas dos modelos autonomizados por CASTANHEIRA NEVES: *i)* o *nor-*

[1996] CASTANHEIRA NEVES, "Entre o "legislador", a "sociedade" e o "juiz" ou entre "sistema", "função" e "problema" – os modelos actualmente alternativos da realização jurisdicional do Direito", BFD, vol. 74, (1998), p. 2.

[1997] CASTANHEIRA NEVES, *Entre o "legislador"*, p. 9.

[1998] CASTANHEIRA NEVES, *Entre o "legislador"*, p. 12.

mativismo legalista, pela afirmação da preservação da liberdade e dos interesses individuais, e a constituição da legalidade pelo critério exclusivo da lei ("a disposição legal"); *ii)* o *funcionalismo jurídico,* como perspectiva macroscópica em que a funcionalidade se reduz ao todo social, na medida em que o direito legislado fica instrumentalmente disponível para todas as funcionalidades que a sua própria funcionalidade exija, sendo neste contexto que emerge um Estado intervencionista que garante o desenvolvimento económico-social (o interesse público); e *iii)* o *jurisprudencialismo,* enquanto perspectiva microscópica, que se situa a nível individual ("destinada a proteger interesses alheios")[1999].

O Direito tem de ser compreendido no seu significado autêntico, não como imperativo de poder, nem como meio técnico ao serviço de estratégias determinadas, mas como validade em que a axiologia e a responsabilidade do homem se manifestam. Para esta tarefa, o juiz é uma figura central[2000]. Na procura da afirmação do Direito enquanto tal, MENEZES CORDEIRO recorre à Ciência do Direito, que "*no desenvolvimento das soluções concretas, em consonância com os níveis culturais da actualidade permite combater o empirismo, o arbítrio e o sentimento e afastar as cripto-fundamentações*"[2001]. As decisões jurisprudenciais evidenciam o verdadeiro Direito, enquanto solução de casos concretos, assumindo-se como dado fundamental da ordem jurídica e tornando-se imprescindíveis para o conhecimento do Direito civil[2002]. A interpretação criativa do Direito é potenciada pela integração sistemática, pelo primado da teleologia e da ponderação das consequências da decisão, pela concretização de conceitos indeterminados e pela integração de lacunas[2003]. No entanto, sob pena de subversão de todo o sistema da teoria das fontes e de se oscilar entre os extremos do apego legalista e o total jurisprudencialismo casuístico, em que ambos, nos seus limites, desconsideram uma axiologia que soluciona o caso concreto através de referência materiais, nas quais a

---

[1999] CASTANHEIRA NEVES, *Entre o "legislador",* p. 17.

[2000] VAZ SERRA, "O papel do juiz na interpretação da lei", ROA, Ano 1.°, n.° 1, pp. 2-13, ALBERTO XAVIER, "O Fundamento do Direito, a natureza da função jurisdicional, a missão do julgador na vida jurídica contemporânea", ROA, Ano 8.°, n. 3 e 4, (1948), pp. 68-78, e CASTANHEIRA NEVES, *Entre o "legislador",* p.43.

[2001] MENEZES CORDEIRO, *Tratado de Direito Civil Português,* I, p. 141.

[2002] MENEZES CORDEIRO, *Tratado de Direito Civil Português,* I, p. 269.

[2003] MENEZES CORDEIRO, *Tratado de Direito Civil Português,* I, pp. 266 e ss.

Síntese Periferia – Centro   747

justiça aparece como a mais determinante, impõe-se encontrar um meio termo em que a lei se entreteça com a decisão judicial de forma coerente, sem se expropriarem reciprocamente nos respectivos espaços de concretização e aplicação, encontrando uma decisão em que fundamentos legais e jurisprudenciais se articulem[2004].

Neste ponto, todo o processo de qualificação de uma norma como com carácter de protecção, para efeitos do sistema de responsabilidade delitual, configura um processo, no contexto da interpretação do sistema jurídico, que não prescinde da mediação jurisprudencial ou do intérprete em geral, mas que exige igualmente um material normativo que habilite esse exercício. O limite da articulação das fontes de direito, de modo a se proceder a uma decisão judicativa legítima, consiste em não atribuir à decisão judicial o papel de lei e vice-versa. Esta inversão não pode ser alcançada sem desvirtuamento de todo o sistema delitual que postula um sistema de fontes de direito. A decisão judicial é constitutiva enquanto decisão judicial e não enquanto lei.

Salienta-se, não obstante, de acordo com ALMEIDA COSTA, a evidência na literatura jurídica nacional de alguma incoerência interna, porquanto, apesar de ultrapassada a fase do estrito positivismo, em matéria da compreensão filosófica do jurídico continua a manifestar-se no plano metodológico da construção dogmática e da aplicação do direito uma ten-

---

[2004] CARNEIRO DA FRADA, *Teoria da Confiança*, pp. 353-354. *"Em Direito, a decisão tem de ser, e permanecer, uma decisão jurídica-normativamente fundamentada, pelo que há-de ser referida às regulações jurídico-normativas que compõem e integram o sistema jurídico e o seu conteúdo. A teleologia da norma é certamente um elemento que se inclui no universo do "jurídico" (uma grandeza jurídica "lato sensu" ao lado de outras (como a natureza das coisas, os princípios jurídicos, etc.), mas não representa em si uma norma na acepção estrita de prescrição de comportamento ou determinação concreta sobre a forma de resolução de conflitos de interesses. Por isso que o raciocínio jurídico não é meramente estratégico no sentido de postular necessariamente a dissolução do conteúdo da norma no respectivo fim (de implicar pois uma síntese absoluta de meio e fim), pode dizer-se que o escopo da proposição jurídica, onde não logrou plasmar-se no seu conteúdo (correctamente interpretado), não assume nenhum papel determinante auto-suficiente da respectiva consequência. Daqui, por conseguinte, que uma dogmática, ainda quando "reescreva" as normas jurídicas que se esforçou por compreender, cristaliza os seus resultados em enunciados normativos e não, meramente, em ponderações teleológicas de regras. A finalidade das normas diz antes respeito, quer ao plano de elaboração das regras, quer à dimensão metodológica da realização do Direito, situando-se nesse sentido, a um nível pré- ou metadogmático, consoante as perspectivas".*

748   *Normas de Protecção e Danos Puramente Patrimoniais*

dência positivista, quer na vertente de cariz exegético-formal de rigorosa vinculação à lei, quer na vertente mais próxima da jurisprudência dos conceitos, privilegiando o momento do sistema em termos lógico-formais[2005], crítica à qual não escapa a presente investigação.

III. Como foi sendo referido ao longo desta dissertação, a maioria da doutrina alemã tem considerado que subjacente ao conceito de *"Schutzgesetz"* do § 823 II BGB estaria uma concepção material de norma jurídica permitindo abranger não só leis em sentido formal, como igualmente regulamentos, actos administrativos e até normas de direito consuetudinário, recorrendo para tal ao artigo 2 EGBGB[2006]. Segundo esta disposição, todas as normas jurídicas são leis no sentido do Código Civil alemão, afirmando expressamente que *"lei no sentido do Código Civil (...) é qualquer norma jurídica"*[2007]. Duvidoso para a doutrina germânica é se as normas de conduta de origem jurisprudencial podem ser interpretadas como normas jurídicas no sentido do artigo 2 EGBGB e, consequentemente, como normas de protecção para efeito do § 823 II BGB. Para responder a esta questão é fundamental a compreensão da origem do artigo 2 EGBGB. Na justificação desta disposição referia-se *"que lei só pode significar a lei escrita"*. Todavia, o § 2 EI foi suprimido. Decidiu-se, por isso, *"passar em silêncio a questão relativa ao direito consuetudinário também na lei de introdução"*. Essencial para esta decisão foi a consideração de normas jurídicas que se formam nas decisões jurisprudenciais, através da analogia, da interpretação restritiva ou extensiva e da prática estabelecida, como produto da actividade de aperfeiçoamento da lei pelo juiz[2008].

[2005] MÁRIO JÚLIO DE ALMEIDA COSTA, *História do Direito Português*, p. 496.

[2006] Art. 2 *"Gesetz im Sinne des Bürgerlichen Gesetzbuchs und dieses Gesetzes ist jede Rechtsnorm"*. ALEXANDER NIEDNER, *Das Einführungsgesetz vom 18. August 1896*, unter Berücksichtigung der ausführungsgesetze sämmtlicher Bundesstaaten, Berlin, Heymann, 1901, 4-6. MARTIN GEORG VIKTOR SCHERER, *Einführungsgesetz zum Bürgerlichen Gesetzbuche für das Deutsche Reich,* Palm & Enke, 1899, p. 12.

[2007] HEINRICH ROSENTHAL, *Bürgerliches Gesetzbuch*, § 823, pp. 879-880, REINER SCHULTZE/HEINRICH DÖRNER/INA EBERT/JÖRN ECKERT/THOMAS HOEREN/RAINER KEMPER/REINER SCHULZE/ANSGAR STAUDINGER, *Bürgerliches Gesetzbuch*, § 823, p. 1025, WAGNER, *Münchener Kommentar*, § 823, p. 1659, TEICHMANN/JAUERNIG, BGB *Bürgerliches Gesetzbuch Kommentar,* § 823, p. 1118, PALANDT, Bürgerliches Gesetzbuch, § 823, p. 1219, STAUDINGERS, *Kommentar zum Bürgerlichen Gesetzbuch*, pp. 653 e ss, e ZEUNER/SOERGEL, *Bürgerlichen Gesetzbuch,* § 823, p. 151.

[2008] CHRISTIAN VON BAR, *Verkehrspflichten*, § 6, pp. 163 e ss.

A expressão "lei" significa, como assinalam LARENZ/CANARIS, "norma jurídica"[2009]. Além disto, é reconhecido, quanto ao direito alemão, o facto de não ser preciso tratar-se de uma lei escrita, como era previsto no Primeiro Projecto do BGB, o que significa que o direito consuetudinário pode revelar normas de protecção[2010]. Também a jurisprudência, de acordo com

---

[2009] LARENZ/CANARIS, *Lehrbuch des Schuldrechts*, § 77, p. 433: *"Als Schutzgesetz i. S. von § 823 II kommt gemäß Art. 2 EGBGB grundsätzlich jede "Rechtsnorm" und nur reine solche in Betracht. Darunter fallen nicht nur Gesetze im formellen Sinne, sondern auch Verordnungen wie z.b. die StVO und Gemeindesatzungen wie z. B. Regelung über die Streupflicht, über Vorsichtsmaßnahmen in tollwutgefährdeten Gebieten"*. Cfr. DEUTSCH/AHRENS, *Deliktsrecht*, § 15, p. 105, FUCHS, *Deliktsrecht*, 6. Auflage, Springer, 2006, pp. 136-137, e KUPISCJ/KRÜGER, *Deliktsrecht*, Beck, München, 1983, pp. 65-66. O § 823 II BGB constitui, no essencial, um tipo normativo remissivo para normas de protecção, que se encontram quer no Direito civil, quer no Direito penal e, em geral, no Direito público. Exemplos de normas de protecção são os §§ 905 e seguintes e os tipos penais destinados à protecção do património (§§ 263 e ss StGB). Trata-se, segundo a doutrina alemã, de lei em sentido material, quer corresponda à Constituição, quer seja elaborada por um *Länder* ou uma lei federal, quer se trate de um decreto com força de lei (BGH 5.5.1987 VersR 1987, 1014). O direito consuetudinário vigora igualmente com força de lei. De acordo com a doutrina maioritária, é necessário que a lei esteja em vigor aquando a ocorrência da lesão, *i.e.*, não é admissível a elaboração legislativa ulterior por via consuetudinária de normas de protecção. A jurisprudência não trabalha com normas consuetudinárias, mas sim com a violação de deveres de segurança no tráfego, que inclui no § 823 I BGB. A lei tem de conter características de protecção: tem de proteger o lesado e prever no seu escopo de protecção os danos que decorrerão da sua violação. BUDEWIG/GEHRLEIN, *Haftplichtrecht nach der Reform*, C. H. Beck, München, 2003, pp. 23-26, FUCHS, *Deliktsrecht*, p. 136, VON JENS EICKMEIER, *Die Haftung des gerichtlichen Sachverständigen für Vermögensschäden. Eine Bewährunsprobe für das allgmeine Rechtsinstitut drittschützender Sonderrechtsbeziehungen*, Carl Heymanns Verlag, Köln, Berlin, Bonn, München, 1993, pp. 107-109, KLAUS MÜLLER, *Schuldrecht, Besonderer Teil, Ein Lehrbuch*, C. F. Müller, Heidelber, 1990, § 4, p. 439. Cfr. FRANK PETERS, *Zur Gesetzestechnik des §823 II BGB*, pp. 912-916 e BURKHARD SCHMIEDEL, *Deliktobligationen nach deutschen Kartellrecht*, 34 ss. É de tomar em consideração, para o § 823 II BGB, a ordem jurídica inteira, quer que se trate de direito federal ou de direito dos estados federados, de leis formais ou de decretos jurídicos, de estatutos municipais, de contratos colectivos de trabalho ou também do direito da União Europeia. Quanto aos estatutos das profissões liberais, JOCHEN TAUPITZ, *Berufsordenende Kammersatzungen als Schutzgesetze i. S. des § 823 II BGB*, Festschrift für Erich Steffen zum 65. Geburstag, Walter de Gruyter, Berlin, New York, pp. 489-506 (em especial, pp. 492-493). Cfr. ainda SCHLECHTRIEM, *Schuldrecht Besonderer Teil*, § 3, pp. 371-375. (Há 7.ª ed. de 2007)

[2010] ESSER/WEYERS, *Schuldrecht*. Band II, Besonderer Teil. Teilband 2, § 56, p. 199: As normas de protecção podem ter origem também no direito consuetudinário. No entanto,

750 Normas de Protecção e Danos Puramente Patrimoniais

a doutrina alemã, tem essa capacidade, relacionando-se esta temática com a formação jurisprudencial de deveres do tráfego. É de mencionar, como argumento a favor de normas de protecção de origem jurisprudencial, que a jurisprudência germânica inclui nas normas de protecção actos administrativos.

A crítica à jurisprudência e à doutrina que admite a existência de normas de protecção em actos administrativos é realizada por SCHMIEDEL[2011], para quem esta questão configura um falso problema, porquanto a norma de protecção nunca reside no acto administrativo, mas na lei em que este se fundamenta. Todavia, a jurisprudência não aderiu a esta posição e, com razão, segundo VON BAR[2012]. Independentemente da razão assistir a SCHMIEDEL ou a VON BAR (este último essencialmente interessado na equiparação dos deveres do tráfego a normas de protecção), a tese de SCHMIEDEL parece ser mais razoável à luz dos dados do direito positivo português, designadamente atendendo às regras constitucionais que impõem um princípio de legalidade dos actos administrativos[2013], e sobretudo exigida constitucionalmente sempre que se restrinjam liberdades fundamentais, como a liberdade de iniciativa económica e de concorrência. Pelo menos no campo das normas que regulam a concorrência que configurem restrições à liberdade de concorrência defendemos um conceito formal de norma de protecção. Acresce que o artigo 1.º, n.º 2, do Código Civil Português não equipara a lei todas as normas jurídicas, mas tão-somente as *"disposições genéricas provindas dos órgãos estaduais competentes"*[2014],

---

embora aceite na literatura, na prática não tem sido reconhecidas normas de protecção de origem consuetudinária.

[2011] BURKHARD SCHMIEDEL, *Deliktobligationen nach deutschen Kartellrecht,* pp. 47 e ss. Também KÖTZ/WAGNER, *Deliktsrecht,* §224, p. 92, recusam que actos administrativos configurem normas de protecção.

[2012] *Colorandi causa* os §§ 1 II, 21 I BJagdG não são normas de protecção no sentido do § 823 II BGB. Porém, pode configurar uma norma de protecção o acto administrativo que encerra uma ordem concreta segundo o § 27 I BjagdG (BGH 22-Abr.-1974, NJW, (1974), 1240, BGHZ 62, 265). Neste sentido, CHRISTIAN VON BAR, *Verkehrspflichten,* § 6, pp. 163 e ss.

[2013] Cfr. artigo 266.º, n.º 2 da CRP.

[2014] A crítica a esta disposição surge desde o Projecto do Código Civil, cfr. JOSÉ H. SARAIVA, "Apostilha Crítica ao Projecto de Código Civil", ROA, Ano 27.º, (1967), pp. 20--23, salientando que os defeitos e inconvenientes desta definição são maiores do que as suas vantagens, para quem só seriam fontes de direito as leis que encaixassem na definição legal e as normas corporativas. Mais recentemente, FREITAS DO AMARAL, "Da necessidade

distinguindo-se claramente da correspondente disposição germânica, o que não pode deixar de implicar diferenciações do ponto de vista interpretativo[2015]. Com efeito, o artigo 483.º, n.º 1 CC refere-se a "disposições legais". A recondução das leis a disposições tem sido criticada, porquanto as leis são fontes e não as próprias regras jurídicas[2016]. São pressupostos das leis, nestes termos, *i)* uma autoridade competente para estabelecer critérios normativos de solução de casos concretos, *ii)* a observância das formas estabelecidas para a actividade legislativa e *iii)* o sentido de alterar a ordem jurídica pela introdução de um preceito genérico. A lei em sentido material corresponde ao *"texto ou fórmula, imposto através das formas do acto normativo, que contiver normas jurídicas"*. A lei em sentido formal é aquela que se reveste das formas destinadas por excelência ao exercício da função legislativa[2017-2018]. O legislador alemão não exige que as normas de protecção provenham de uma fonte legal, afastando o carácter "legal" pelo carácter "normativo", daí que seja comum a referência a *"Rechtsnormen"* e a *"Gesetze"*, sendo as primeiras mais abrangentes do que as segundas.

Seguindo um percurso inserido na perspectiva tradicional de que o problema das fontes de direito se reconduz ao poder político-constitucio-

---

de Revisão dos Artigos 1.º a 13.º do Código Civil", Themis, Ano I, n.º 1, 2000, p. 12, considera que a noção de lei dada no n.º 2 do art.º 1.º não é aceitável, primeiro, porque segundo a Constituição (artigo 112.º) são actos legislativos as leis, os decretos-leis e os decretos legislativos regionais; ora, estes últimos, sendo leis em sentido material, não provêm de órgãos estaduais – os órgãos de governo próprio das Regiões Autónomas não são órgãos estaduais. Segundo, porque nem todos as leis contêm disposições genéricas: as leis-medida e as leis individuais desmentiriam a noção legal. Terceiro, porque haveria disposições gerais provindas de órgãos competentes que não surgiriam como leis, mas como regulamentos, por exemplo, as Resoluções de Conselho de Ministros, as portarias, etc. Contra este entendimento restrito de órgãos estaduais, Menezes Cordeiro, *Noções Gerais de Direito*, pp. 236-237.

[2015] Sinde Monteiro, *Responsabilidade por conselhos,* p. 246, (n. 222), refere expressamente que o conceito de norma de protecção no direito português é mais restrito do que no direito alemão, admitindo, porém, que regulamentos do Governo e das autarquias locais possam configurar normas de protecção.

[2016] Oliveira Ascensão, *Direito. Introdução e Teoria Geral. Uma perspectiva Luso-Brasileira*, 13.ª ed. refundida, Almedina, Coimbra, 2006, p. 284.

[2017] Oliveira Ascensão, *Direito. Introdução e Teoria Geral*, p. 284 e Baptista Machado, *Introdução ao Direito*, p. 159.

[2018] Menezes Cordeiro, *Noções Gerais de Direito*, p. 237, defende que a lei não tem de ser abstracta.

nal de criação de normas jurídicas obrigatórias e válidas[2019], a Constituição exige, por regra, que a lei o seja em sentido formal. Com efeito, o artigo 112.º, n.º 1, da CRP, sob a epígrafe actos normativos, delimita o conceito formal de lei, dado que estabelece que são actos legislativos as leis, os decretos-leis e os decretos legislativos regionais. Inclui ainda nos actos normativos os regulamentos (art. 112.º, n.º 6 e 7)[2020]. Relevante, para o contexto em análise, apresenta-se a disposição do n.º 5 do art. 112.º, que proíbe expressamente a lei de criar *"outras categorias de actos legislativos ou conferir a actos de outra natureza o poder de, com eficácia externa, interpretar, integrar, modificar, suspender ou revogar qualquer dos seus preceitos"*[2021-2022].

[2019] Fernando Bronze, *Lições de Introdução*, p. 642.

[2020] Na interpretação destas normas constitucionais segue-se Paulo Otero, *Legalidade*, pp. 450-451, na ideia que a tipicidade de actos legislativos apenas produz efeitos limitativos em relação ao legislador ordinário que fica impossibilitado de criar novas formas ou categorias de actos legislativos. No entanto, este princípio não impede o intérprete de encontrar outros actos legislativos no texto constitucional ou de reconhecer a existência de actos normativos atípicos que gozem de força de lei. O Autor desmistifica a plenitude do artigo 112.º, n.º 1 CRP, com recurso às leis de revisão constitucional e às leis orgânicas, como actos não incluídos na Constituição mas previstos no texto constitucional, autonomizando ainda uma série significativa de actos normativos atípicos, como as decisões jurisprudenciais com força obrigatória geral, os regimentos, os princípios gerais de direito e o costume, entre outros.

[2021] A este respeito importa analisar o artigo 78.º do Decreto-Lei n.º 76-A/2006, de 29 de Março (CSC), que estabelece a responsabilidade de gestores e administradores por incumprimento de disposições legais e contratuais perante os credores da empresa. Esta norma, segundo a teoria desenvolvida no texto, não configura uma norma de protecção, não podendo ser entendida como convertendo normas não legais em normas de protecção. A questão que se coloca, segundo Carneiro da Frada (*Teoria da Confiança*, p. 255), é se uma norma como o art. 78.º CSC pode elevar outras regras, inclusive regras estatutárias contidas num pacto social (*i.e.* complexos normativos não legais), a normas de protecção. Considera Carneiro da Frada que nada impede o legislador português de estabelecer disposições de protecção que incorporem o conteúdo normativo de regras que não se traduzem em leis. No entanto, tomando como exemplo o artigo 78.º do CSC, entende que esta norma não transforma todas as regras estatutárias não legais em normas de protecção, em especial quando a protecção dos interesses dos credores é meramente reflexa. Concordamos plenamente com a asserção de que o artigo 78.º se limita a acrescentar o carácter de legalidade a normas que protegem em abstracto e em concreto interesses de outrem. Porém, contrariamente ao defendido por Carneiro da Frada, não enquadramos dogmaticamente estas regras no contrato com eficácia de protecção para terceiro (denotando uma sistemática fuga para o contrato), mas, na linha de Menezes Cordeiro, *Da responsabilidade civil*

Esta limitação constitucional tem um significado amplo na medida em que encerra o legislador num espartilho de actos legislativos, *i.e.* num *numerus clausus*. A Constituição contém igualmente uma força geradora de Direito privado. As suas normas não são meras directivas programáticas de carácter indicativo, mas normas vinculativas, que devem ser acatadas pelo legislador, pelos juízes e demais órgãos estaduais (de acordo com o estabelecido no seu artigo 3.°)[2023]. Ora, o artigo 483.°, n.° 1, do CC, ao referir-se a "disposições legais", conceito vinculado às normas constitucionais sobre os actos legislativos e sobre a distribuição da competência legislativa em razão da matéria, impõe que no direito português, diferentemente do do além-Reno, a exigência das normas de protecção (restriti-

---

dos Administradores, p. 495, afirmamos o perfil aquiliano do artigo 78.° no quadro das normas de protecção. Neste sentido, igualmente GABRIELA FIGUEIREDO DIAS, *Fiscalização de sociedades e responsabilidade civil (Após a reforma do Código das Sociedades Comerciais*, Coimbra Ed., Coimbra, 2006, p. 63, admitindo uma responsabilidade dos fiscalizadores perante os credores sociais.

[2022] Na jurisprudência, cfr. Rel. Pt 1-Jun.-2000-I (VIRIATO BERNARDO) CJ, ano XXV-2000, tomo III, p. 204. "*A responsabilidade do gerente prevista no art. 78.°, n.° 1 do CSC é de natureza delitual ou extracontratual. O aludido n.° 1 do art. 78.° consagra uma acção pessoal e directa para o exercício de um direito próprio do credor, uma responsabilidade independente da existente para com a sociedade. Para que possa exercer-se o direito à indemnização ali prevista torna-se necessário a verificação cumulativa dos seguintes requisitos: que o facto do gerente constitua uma inobservância culposa de disposições legais destinadas à protecção dos interesses dos credores sociais; que o património social se tenha tornado insuficiente para a satisfação dos respectivos créditos; que o acto do gerente possa considerar-se causa adequada do dano. Em caso de insolvência da empresa, bem como nas situações previstas nos arts. 6.° e 8.°, n.° 1, al. a) ambos do CPEREF, o gerente tem o dever jurídico de apresentar aquela à falência (ou a providência de recuperação, consoante o caso), no prazo ali previsto, sujeitando-se a responsabilidade civil se incumprir esse comando legal*". Também o STJ 17-Nov.-2005 (CUSTÓDIO MONTES), CJ, ano XIII-2005, tomo III, p. 125: "*Para que o sócio gerente de uma sociedade comercial possa ser responsabilizado por não ter prestado caução no acto da liquidação desta, torna-se necessário que tenha havido partilha do património da sociedade. A responsabilidade dos sócios gerentes das sociedades, prevista no art. 78.°, n.° 1, do CSC, tem natureza delitual ou extracontratual, apenas procedendo se alegados e provados os pressupostos a que se refere o art. 483.°, n.° 1, do CC. Assim, mesmo no caso de a acção ter por fundamento a omissão de os sócios gerentes não terem apresentado à falência a sociedade dissolvida, a sua responsabilidade aquiliana dependeria da alegação e prova de que dessa omissão resultaram danos para a sociedade e que ocorria nexo causal entre os danos e a referida omissão.*".

[2023] MOTA PINTO, *Teoria Geral do Direito Civil*, p. 73.

vas de direitos fundamentais) se inserirem no conceito formal de lei[2024]. Assim, deverão apresentar-se como disposições de carácter genérico, sendo que dependerá do tipo de matéria que regulam, designadamente do seu carácter restritivo em relação a direitos fundamentais, se terão ou não de revestir a natureza de leis em sentido formal[2025]. Admitimos, contudo,

---

[2024] CARNEIRO DA FRADA, *Uma "Terceira Via"*, p. 41, afirma que as normas de protecção devem ser disposições genéricas, provindas dos órgãos estaduais competentes, não precisando de ser leis em sentido formal, podendo ser igualmente regulamentos. Exclui, porém, das normas de protecção as normas de deontologia profissional, a não ser que estejam vertidas em diploma legislativo, caso em que possuem qualidade legislativa. Para CARNEIRO DA FRADA é discutível que actos administrativos, estatutos, e convenções colectivas possam ser vistos como normas de protecção. No nosso *Estudo,* 156, propendíamos para considerar que as normas de protecção seriam leis em sentido material. Porém, um aprofundamento dos dados jurídicos neste domínio faz-nos alterar aquela posição inicial relativamente a certas normas de protecção, especialmente às que aumentam os bens de protecção delitual.

[2025] Sobre as recomendações do Banco de Portugal, cfr. Ac. Rel. Pt 11.-Jan.-2001 (MOREIRA ALVES) www.dgsi.pt "A recomendação do Banco de Portugal refere que "na zona do extenso qualquer espaço deixado em branco, deve ser inutilizado completamente a traço contínuo" sendo certo que ficou provado que o cheque em questão foi apresentado para visar já preenchido e trancado quanto ao extenso. Sendo assim, é evidente que os funcionários do R. não tinham de trancar ou riscar eles próprios o que já estava trancado ou riscado. Ora, no caso, as regras procedimentais respeitantes ao cheque visado não passam de simples usos bancários desprovidos de juridicidade, visto que não se conhece preceito legal que para elas remeta. Por outro lado, as recomendações do Banco de Portugal constantes da carta-circular em causa, embora legítimas porque emanadas do poder de supervisão que lhe compete (art. 23.º do D.L. n.º 377/90 de 30/10), não são, seguramente, fontes de direito. Vigoram apenas nas relações internas, fora das quais são inoperantes. Tais recomendações não conferem qualquer direito e, aliás, nem se destinam a proteger qualquer interesse particular do portador do cheque visado. Não foi o Banco de Portugal que criou as normas procedimentais em matéria do cheque visado. (…) Apesar de tudo, como defende MENEZES CORDEIRO (…) *"A violação de regras aprovadas pelo B.P. é a violação das normas que, ao B.P., conferem os poderes por ele exercidos. Ora, tais regras visam a protecção de "interesses alheios". Trata-se, pois, de clássicas normas de protecção, cuja violação induz responsabilidade"*. Por outro lado, ao nível da omissão, tem defendido a doutrina que, ao lado da lei criadora do dever jurídico de agir, e do negócio jurídico, pode admitir-se também um dever jurídico geral *"no sentido de ordenar certas relações da vida de modo a que se evitem, na medida do possível, os prejuízos para outrem"* (Cf. Vaz Serra – B.M.J. n.º 84 – 109). Tais deveres jurídicos gerais, como diz Von Tuhr, citado por Vaz Serra, *"fundam-se muitas vezes nos princípios que o direito recolhe da experiência, a saber: que aquele, que realiza um acto perigoso, deve tomar a tempo as precauções usuais…"*. As doutrinas expostas, perfeitamente válidas em relação a inúmeras situações

que esta posição possa suscitar reservas e ser criticada pelo seu excessivo positivismo[2026] ou marcado influxo constitucional[2027]. Porém, relativi-

---

correntes, designadamente no domínio da responsabilidade bancária, parecem-nos, todavia dificilmente aplicáveis ao caso concreto dos autos. É que, embora as recomendações do B.P. aqui em causa, emanem do poder de supervisão que legalmente lhe é conferido, não parece que essas recomendações possam ver-se, ainda que reflexivamente, como regras de protecção de interesses alheios, visto que, por um lado, não foram estabelecidos pelo B.P. no uso do seu poder directivo, e por outro, visam pura e simplesmente a uniformidade dos procedimentos internos dos diversos bancos em matéria de cheque visados, como se lê expressamente na carta-circular em causa, acrescendo que tais regras procedimentais constituem simples práticas ou usos bancários de controle interno, que não se destinam a evitar a falsificação do título após a aposição do visto, como acima referiu, o que, aliás, seria meramente utópico. Tal não significa que alguns desses procedimentos não visam também dificultar fraudes na matéria dos cheques visados. O que não visam seguramente é garantir a terceiros portadores a autenticidade do título visado. Também ao nível das omissões, dificilmente se concebe a existência de um dever jurídico geral, decorrente das regras da vida, que imponha comportamentos destinados a evitar a falsificação de documentos (a menos que, aquele que se abstenha de determinado comportamento, soubesse que essa abstenção determinaria, com toda a probabilidade a falsificação do documento em causa e a pudesse evitar com o comportamento omitido), designadamente, no que se refere à prática bancária, a evitar a falsificação do cheque visado, após a certificação, o que, como se disse, se afigura impossível de conseguir, pelo menos através das medidas procedimentais aqui em causa. Seja como for, mesmo que fosse de entender diferentemente, isto é, mesmo que se tivesse de admitir que os funcionários do banco R. violaram normas de protecção de interesses alheios ou omitiram o dever jurídico de agir em determinado sentido, como se conclui na sentença recorrida e como defende o A., mesmo então não seria nunca possível estabelecer entre a pretensa violação ou omissão e o prejuízo alegado pelo A. o necessário nexo causal. É que não basta violar norma de protecção do interesse de outrem ou omitir o comportamento juridicamente devido, sendo ainda essencial que aquela violação tenha sido causa adequada do dano, ou que o acto omitido tivesse evitado com certeza ou com grande probabilidade o dano."

[2026] PAULO OTERO, *Legalidade,* pp. 22 e ss, discordando que uma perspectiva político-constitucional da teoria das fontes de direito implique uma abordagem positivista do problema das fontes, atendendo a que a Constituição formal está condicionada a uma ordem superior de valores, em torno das ideias de dignidade da pessoa humana e de Direito justo, a existência de actos jurídicos para além das fontes formais previstas na Constituição e a necessidade de conformidade do Direito infraconstitucional não só às normas legais de competência e procedimento da Constituição como a valores suprapositivos que transcendem a Constituição. Diferentemente, BAPTISTA MACHADO, *Introdução ao Direito,* pp. 154-155, equipara à "férrea lógica do positivismo" a possibilidade de através de normas de segundo grau, atribuir ao sistema jurídico posto (positivo) a competência exclusiva para decidir sobre as próprias fontes do direito positivamente válido. A questão, neste caso, exorbita uma teoria geral das fontes de direito, limitando-se à necessidade de acautelar

zando o peso literal do termo "disposições legais", o fundamental é atender que as normas de protecção, na maioria dos casos, restringem a liberdade individual, conformando normas de imposição e de proibição[2028], o que, do ponto de vista da Constituição, implica que esta matéria esteja, em alguns domínios, por regra, sujeita a um princípio de reserva de lei formal[2029-2030]. Acresce que a norma que se encontra no artigo 483.º, n.º 1, CC configura uma norma remissiva, pressupondo um sistema hetero-conformador das fontes de direito do sistema delitual com base no qual a norma de protecção é criada, pelo que tem de ser articulada com as normas de competência legislativa de sede constitucional[2031].

---

valores ligados à previsibilidade e segurança jurídica, que apontam para um princípio de enumeração das normas de protecção. FERNANDO BRONZE, *Lições de Introdução*, p. 628: "*Comecemos então por advertir que o problema das fontes de direito é diferentemente compreendido pelo pensamento jurídico positivista e por aqueloutra intelecção da juridicidade que (fundamentalmente, supomos) lhe temos vindo a opor. Daquela primeira perspectiva, do que se trataria era de saber quem teria poder para criar normas jurídicas obrigatórias no âmbito de um determinado sistema político-constitucional. E, na verdade, o positivismo respondia à pergunta que assim formulava invocando o corpus iuris pré-constituído*".

[2027] Em sentido ambíguo e sem desenvolvimento, SINDE MONTEIRO, *Responsabilidade por conselhos*, p. 246, que escreve: "Entre nós, por "disposição legal" no sentido do artigo 483.º, n.º 1 do Código Civil, parece deverem entender-se as "leis", enquanto fonte de direito definida no artigo 1.º, n.º 2, 1.ª parte do mesmo diploma. Tem-se portanto em vista também uma lei em sentido material, aí se incluindo quer os regulamentos do Governo quer os das autarquias locais. De qualquer forma, a norma jurídica terá de provir de um órgão estadual". Admite igualmente que sejam normas de protecção as normas da Constituição, regulamentos de comércio e indústria, regulamentos camarários, convenções colectivas de trabalho e até tratados internacionais (p. 248).

[2028] SINDE MONTEIRO, *Responsabilidade por conselhos*, p. 247, (n. 225), refere expressamente que a norma de protecção tem de proibir uma determinada conduta por acção ou omissão.

[2029] O princípio da reserva de lei é sub-princípio do princípio da legalidade cujo conteúdo corresponde a que nenhum acto de categoria inferior à lei pode ser praticado sem fundamento na lei.

[2030] De referir que na Constituição alemã não existe um preceito semelhante ao artigo 18.º da Constituição portuguesa. JORGE REIS NOVAIS, *As restrições aos Direitos Fundamentais*, p. 26, sobre os condicionamentos que se projectam nas restrições aos direitos fundamentais, que vão desde a intervenção da Assembleia da República em situações de autorização constitucional à restrição do legislador de revisão constitucional.

[2031] Sobre o conceito de norma de competência, RAFAEL HERNÁNDEZ MARÍN, *Introducción a la teoria de la norma jurídica*, Marcial Pons, Madrid, Barcelona, 1998, p. 307, uma norma de competência atribui a certas entidades a função de criar normas.

IV. Existem várias concepções de lei material segundo a juspublicística germânica. *i)* Numa primeira acepção, a lei material é apresentada como regra ou norma geral e abstracta, sendo que, para a doutrina, a generalidade é uma condição essencial da norma jurídica (*Rechtssatz*). Por norma geral entende-se uma regra em abstracto para regular todos os casos da mesma natureza que, no presente ou no futuro, possam ser abrangidos e que se destina a ser aplicada a todos os indivíduos nas condições previstas pelo texto. *ii)* Numa segunda acepção, a lei material consubstancia uma regra de direito delimitadora da esfera da livre actividade das pessoas nas suas relações recíprocas. Esta acepção não põe a ênfase na generalidade da lei, mas sim no facto de a lei modificar ou não uma situação jurídica. Todos os actos que produzem efeitos na esfera da capacidade jurídica dos indivíduos, alterando o seu estatuto pessoal, os seus direitos patrimoniais, as suas liberdades individuais, os poderes que desfrutam perante os órgãos ou agentes do Estado, são regras de direito, são leis jurídicas, são leis que criam direito (*Rechtsgesetze*). *iii)* Numa terceira acepção, a lei material corresponde ao acto que intervém na propriedade e liberdade dos cidadãos[2032], entendendo-se que para interferir na esfera patrimonial dos cidadãos é necessária uma lei ou autorização de lei[2033].

A *reserva de lei* pode ser entendida como reserva de acto legislativo, no sentido de as matérias serem reguladas por este tipo de acto, independentemente de se tratar de lei formal da Assembleia da República ou de decreto-lei do Governo. Um outro sentido de reserva de lei aponta apenas para a exigência de uma disciplina normativa geral, que pode ser alcançada através de actos normativos inferiores à lei[2034]. Trata-se de uma

---

[2032] ROGÉRIO EHRHARDT SOARES, *Interesse Público*, p. 72, escreve: "*Esta reserva de lei agora não aparece como uma cautela especial do legislador para certos tipos de casos, mas como um princípio geral válido para protecção da liberdade e propriedade individuais ...e, nesta nova linha de pensamento, a vinculação legal vem a significar não somente uma "preeminência da lei" ou "primado da lei" (Vorrang des Gesetzes) no sentido de que lei é o elemento primário de todo o Estado e, portanto, resulta impossível uma conduta contra-legem da Administração (como também da Jurisdição); mas a significar também que a actividade administrativa praeter-legem só será legal se não constituir um ataque à liberdade e propriedade individuais (Eingriff in Freiheit und Eigentum des Burgers)*".

[2033] GOMES CANOTILHO, *Direito Constitucional*, pp. 711-712.

[2034] ROGÉRIO EHRHARDT SOARES, *Interesse Público*, p. 87: "*o princípio entra em crise enquanto se procura substituir o princípio da vinculação jurídica (Rechtsmässigkeit), muito mais elástico do que o de Gesetzmässigkeit. E desse modo caem o princípio da Pree-*

758 *Normas de Protecção e Danos Puramente Patrimoniais*

reserva de norma jurídica, sendo necessário uma norma, mas não necessariamente uma norma em forma de lei[2035]. O âmbito da reserva de lei, no actual contexto constitucional, resulta essencialmente da relevância dos direitos fundamentais (*maxime* no âmbito dos direitos, liberdades e garantias ou dos direitos fundamentais de conteúdo análogo)[2036]. Isto significa que, à partida, do ponto de vista da relação do artigo 483.º, n.º 1 com o artigo 2.º do Código Civil, não pode deixar de se articular com o influxo constitucional sempre que a normas jurídicas se situam naquele domínio. Acresce que ponderações internas ao próprio sistema delitual apontam para o carácter fechado das normas de protecção, só permitindo o surgimento de uma obrigação de indemnizar onde o legislador, pela formulação da fonte legal, habilite o intérprete ao recorte de uma tal norma. Trata-se, portanto, de argumentos de ordem material que justificam a referida exigência do carácter legal formal. Outras considerações podem igualmente apoiar a solução preconizada, designadamente o tipo de norma e os valores que se equilibram nas normas de protecção, para além das exigências que resultam do quadro constitucional, de que são exemplo os princípios da legalidade e da igualdade.

Com efeito, em certas áreas, como as restrições a direitos, liberdades e garantias e a posições jurídicas constitucionais de conteúdo análogo, exige-se lei formal e material, ou seja, para além da forma de lei ou decreto-lei (de acordo com o sistema de repartição de competência legislativa) é necessária também generalidade ao nível do conteúdo[2037]. Com

---

minência da lei (Vorrang des Gesetzes), na medida em que se tornam possíveis actos contra legem, e o princípio da Reserva de lei (Vorbehalt des Gesetzes) enquanto a propriedade e a liberdade do cidadão ficam ao alcance do simples administrador. Modernamente, porém, procura de novo insuflar-se vida aos citados princípios; está-se todavia longe de encontrar um acordo na definição do seu conteúdo".

[2035] FERNANDO BRONZE, *Lições de Introdução,* p. 663 (n. 139), distinguindo *i)* uma "reserva do direito", *ii)* uma "reserva de constituição", *iii)* uma "reserva do Parlamento" e *iv)* uma "reserva da função legislativa". Subjacentes a um conceito de reserva de lei e de preferência de lei estariam razões políticas no âmbito do Estado de direito vigente, razões sociológicas ligadas a uma funcionalização e ao planeamento, razões funcionais ligadas à ordenação político-social e reformadora, e razões normativas ligadas à necessária prescrição do lícito/ilícito ou de garantia ligadas à função essencial do princípio da legalidade no direito criminal, administrativo ou fiscal.

[2036] GOMES CANOTILHO, *Direito Constitucional,* pp. 722-725.

[2037] MARCELO REBELO DE SOUSA/SOFIA GALVÃO, *Introdução ao Estudo do Direito,* Lex, Lisboa, 2000, p. 52.

efeito, a Constituição estabelece que as restrições mencionadas[2038] têm de ser feitas por normas de carácter geral e abstracto[2039]. Ora, a necessidade de determinar se as normas de protecção têm de ser leis em sentido formal e material implica uma resposta concreta sobre se devem ser consideradas como restrições a direitos, liberdades e garantias.

De referir que o problema não se coloca de forma igual em relação a normas de protecção que funcionem como complemento de protecção da tutela concedida por direitos subjectivos ou de protecção de interesses puramente patrimoniais. Naquelas, a liberdade genérica entra em conflito com um espaço de concretização ou complemento da protecção dos direitos subjectivos, na maioria dos casos autonomizados e igualmente protegidos no texto constitucional enquanto direitos fundamentais. Diferentemente, nestas, a liberdade genérica de actuação encontra o seu limite na necessidade de protecção do interesse público ou de interesses particulares superiores em situações de interferência num estático *status quo* patrimonial. Na realidade, só nestas últimas é que se autonomizam disposições legais de protecção de interesses de outrem, porquanto, no âmbito dos direitos subjectivos, a norma limita-se a descrever uma conduta que viola o bem jurídico igualmente protegido pelo direito subjectivo, pelo que se reconduz ao *pôr em perigo* do bem jurídico absoluto.

[2038] JORGE REIS NOVAIS, *As restrições aos Direitos Fundamentais*, p. 29, sobre o carácter equívoco das restrições que podem ser conceptualizadas como limites imanentes, passando então a subtrair-se aos regimes constitucionais vigentes para as restrições.

[2039] O artigo 18.º da CRP, sob a epígrafe força jurídica, estabelece no seu n.º 1 que os preceitos constitucionais respeitantes aos direitos, liberdades e garantias são directamente aplicáveis e vinculam as entidades públicas e privadas. O n.º 2 do citado artigo determina ainda que a lei só pode restringir os direitos, liberdades e garantias nos casos expressamente previstos na Constituição, devendo as restrições limitar-se ao necessário para salvaguardar outros direitos ou interesses constitucionalmente protegidos. Por fim, o n.º 3 acrescenta que as leis restritivas de direitos, liberdades e garantias têm de revestir carácter geral e abstracto e não podem ter efeito retroactivo nem diminuir a extensão e o alcance do conteúdo essencial dos preceitos constitucionais. Sobre as leis restritivas, PINTO OLIVEIRA, *O direito geral de personalidade,* p. 165, considera, na linha de ALEXY, que uma norma só deve ser considerada como restrição de direitos fundamentais se for conforme à Constituição. A restrição aos direitos fundamentais transforma um direito fundamental ou uma liberdade *prima facie* num não-direito ou não-liberdade definitivos pela sua vigência. Um princípio restritivo permite que um direito ou uma liberdade *prima facie* se transformem num não direito ou não liberdade, ROBERT ALEXY, *Theory der Grundrechte*, pp. 255-257.

760   *Normas de Protecção e Danos Puramente Patrimoniais*

V. A Constituição consagra a liberdade de iniciativa económica, a liberdade de empresa e de concorrência, limitando o seu exercício ao quadro constitucional, legal e ao interesse público[2040]. Se se entender que as normas que regulam a concorrência (ilícita e desleal) configuram "restrições" à livre iniciativa económica[2041], e se se defender que as referidas liberdades constitucionais configuram situações jurídicas de conteúdo análogo a um direito, liberdade ou garantia[2042], tal significa que qualquer restrição a estas liberdade tem de estar sujeita à reserva de lei material e formal, sob pena de inconstitucionalidade orgânico-formal[2043]. Acresce

---

[2040] O artigo 61.° da CRP, sob a epígrafe iniciativa privada, cooperativa e autogestionária, estabelece no seu n.° 1 que a iniciativa económica privada se exerce livremente nos quadros definidos pela Constituição e pela lei e tendo em conta o interesse geral. GOMES CANOTILHO/VITAL MOREIRA, *Constituição da República Portuguesa Anotada, Artigo 1.° a 107.°*, vol. 1., 4.ª ed. revista, Coimbra Editora, Coimbra, Janeiro de 2007, pp. 795-796, defende que o princípio da concorrência constitui um fundamento para as restrições à liberdade económica nas suas diferentes modalidades. Por sua vez, o princípio da concorrência promove a liberdade de concorrência. Entre as restrições à liberdade de concorrência contam-se as que resultam da regulação pública da economia que estão na base da criação das entidades reguladoras, com o estatuto de autoridades administrativas independentes. Sobre as restrições ou condicionamentos à liberdade de iniciativa privada, ANTÓNIO CARLOS DOS SANTOS/MARIA EDUARDA GONÇALVES/MARIA MANUEL LEITÃO MARQUES, *Direito Económico,* Almedina, Coimbra, 2004, p. 47.

[2041] Defendemos anteriormente, no nosso *Estudo*, pp. 87 e ss, que a concorrência desleal não deveria ser vista como uma restrição à liberdade de concorrência, mas como um complemento da protecção dos direitos industriais, sua matriz. Ainda que a matriz da concorrência desleal se encontre marcadamente ligada com os direitos industriais, não obstaculiza que a concorrência desleal seja entendida como a imposição de um padrão de lealdade com o escopo de promoção e complemento da liberdade de concorrência.

[2042] Neste sentido, MANUEL AFONSO VAZ, *Direito Económico – A ordem económica portuguesa*, Coimbra Editora, 1987, p. 85.

[2043] A diferença entre as Constituições liberais e as Constituições modernas assenta no facto de se ter inserido um conjunto de regras que incidem directamente sobre a actividade económica dos operadores económicos, públicos e privados, regras que a doutrina constitucional reconduz ao conceito de Constituição económica. Sobre o conceito de Constituição económica na Constituição de 1933, AFONSO QUEIRÓ, BARBOSA DE MELO, *A liberdade de empresa*, pp. 18-19. A constitucionalização dos fundamentos essenciais da ordem económica justifica-se pela necessidade da Constituição definir a capacidade de intervenção do Estado na economia como uma das questões fundamentais que delimita o marco das liberdades privadas. Do conjunto de direitos e liberdades reconhecidos aos particulares e dos títulos de intervenção reconhecidos ao Estado resulta o sistema económico assumido pela Constituição. A Constituição portuguesa traça um modelo de coexistência de sectores

que face ao ordenamento constitucional português actos jurídicos infra-
-legais, como os regulamentos e actos administrativos, não poderiam ser
fontes de normas restritivas daquelas liberdades. Tal asserção leva-nos à
existência de um princípio de enumeração legal em matéria de normas de
protecção[2044] que configurem restrições a posições jurídicas fundamentais[2045]. Só seriam normas de protecção, constitucionalmente válidas, as
de fonte legal[2046]. Porém, esta delimitação não permite afirmar quais, de

---

público, privado e corporativo e ao postular a livre iniciativa económica consagra um
modelo de economia social de mercado, na medida em que desenha um equilíbrio entre a
dimensão individual e social, de forma a que, havendo um primado dos interesses colectivos, não desapareçam os valores individuais e particulares. A liberdade de iniciativa económica, que substitui a expressão "liberdade de comércio e indústria", encontra-se consagrada em quase todas as constituições modernas. Todavia tem-se reconhecido que na
liberdade de iniciativa económica se consagram duas dimensões distintas: a individual ou
subjectiva e a institucional ou objectiva. Nesta dupla vertente estariam incluídas duas construções jurídicas distintas: um direito subjectivo e uma garantia institucional. Preconiza-se,
porém, a prevalência da dimensão objectiva e institucional, reconhecendo um direito dos
cidadãos face ao próprio Estado, na medida em que, sempre que a intervenção não é conforme com os poderes públicos, não encontra justificação no interesse geral. O predomínio
da dimensão institucional traduz-se numa ampla conformação do legislador que pode ordenar e regular a iniciativa económica, introduzindo limites e restrições no seu exercício para
defesa de outros interesses gerais protegidos constitucionalmente (protecção dos consumidores, do meio ambiente, utilização adequada do território). Esta liberdade de conformação deve ser enquadrada no contexto da função social da livre iniciativa económica, na qual
concorrem valores jurídicos diversos, como a protecção dos consumidores, a ordenação
económica e a fiscalidade. Na liberdade de empresa insere-se a liberdade de acesso ao mercado (criação da empresa, estabelecimento e instalação) e a liberdade de exercício ou permanência no mercado (de decisão, de concorrência, de cessação no mercado). JOSÉ
MANUEL PÉREZ FERNÁNDEZ, *Urbanismo Comercial e Libertad de Empresa*, Marcial Pons,
Madrid, Barcelona, 1998, pp. 157-183.

[2044] MENEZES CORDEIRO, *Direito da economia*, p. 202, alerta que o Direito estatui
com recurso a tipos nas áreas de maior melindre para as situações jurídicas individuais, mas
razões de tradição jurídico-cultural apresentam áreas de tipicidade onde a mesma não seria
necessária.

[2045] Sobre a origem e o significado actual da reserva de lei, JÉRÔME TREMEAU, *La
reserve de loi, Competence législative et Constitution,* Economica, Presses universitaires
d'Aix-Marseille, Paris, 1997, pp. 22-56.

[2046] FRANK PETERS, *Zur Gesetzestechnik,* pp. 912-916. O critério de exame constitucional só pode ser da ordem da legalidade. O princípio da reserva da lei foi desenvolvido
para intervenções estatais em posições jurídicas privadas e não para regulamentar relações
de pessoas privadas nos termos do § 823 II BGB e de outras normas que obrigam à in-

entre as normas de fonte legal, podem ser consideradas normas de protecção, limitando-se tão-só, abstracta e formalmente, por força da Constituição, a estabelecer os modos de produção normativa destas normas. Para além de excluir todos os actos jurídicos infra-legais, como os regulamentos e os actos administrativos, igualmente o direito consuetudinário – a defender-se uma reserva lei – não poderá, entre nós, surgir, neste domínio, como fonte de revelação de normas de protecção.

Como consequência desta directriz constitucional, também não poderão ser criadas "autonomamente" normas de protecção por via jurisprudencial, o que coloca em discussão a doutrina dos deveres do tráfego para protecção de interesses puramente patrimoniais de origem jurisprudencial quando não exista fonte legal que os permita fundamentar, em sentido manifestamente contrário ao defendido por VON BAR e MERTENS para o direito alemão[2047-2048]. Diferentemente, as normas comunitárias, constitu-

---

demnização. Mesmo assim, o princípio tem vigência no dever de indemnização civil, o que é reconhecido, há muito, na dogmática civil, mesmo que não se recorra, para a sua fundamentação, ao artigo 20 III GG. A indemnização só pode ser concedida onde se registe uma causa de pedir correspondente. Um dever de indemnização com fundamento na equidade é, com efeito, estranho ao Direito civil. A reserva da lei no domínio de deveres de indemnização é, consequentemente, razoável.

[2047] CHRISTIAN VON BAR, *Verkehrspflichten,* § 6, pp. 163 e ss, escreve que a uma inserção dos deveres do tráfego no § 823 II BGB opôr-se-ia o conceito de norma de protecção. Os deveres do tráfego configuram direito jurisdicional e não direito legislado. Contudo, as diferenças são reduzidas, designadamente atendendo ao conceito material de norma de protecção do direito alemão e ao facto de a doutrina admitir que as normas de protecção podem surgir autonomamente em regulamentos, actos administrativos ou em decisões jurisprudenciais. A jurisprudencia alemã não segue a posição de CHRISTIAN VON BAR, incluindo os deveres do tráfego no § 823 II BGB. Por vezes, recorre-se a deveres do tráfego para interpretar normas de perigo abstracto. Por outro lado, para VON BAR, a origem legal ou jurisprudencial das regras de conduta é indiferente, sendo irrelevante se o dever de trancar veículos estacionados resulta do StVO ou do respectivo dever do tráfego, muito mais antigo. É também indiferente se é o juiz ou a autoridade administrativa a determinar um dever de espalhar sal, ou se o mesmo se encontra fixado em regulamento.

[2048] Neste sentido também em relação ao direito delitual alemão KÖTZ/WAGNER, *Deliktsrecht,* §§ 225-226, pp. 92-93, que defendem que os deveres do tráfego desenvolvidos para o caso concreto pelos tribunais na aplicação do direito delitual não são normas de perigo abstracto. O fim do § 823 II BGB não consiste em autorizar os tribunais na sua concretização em termos de modelação da ordem jurídica por jurisprudência uniformizada, mas sim em possibilitar a vinculação a valorizações legais feitas fora do direito delitual. No § 823 I BGB os deveres de cuidado são desenvolvidos pelo juiz, ao passo que no § 823 II

cionais, penais, administrativas e todas as que tenham carácter geral e abstracto, que provenham de uma fonte legal, podem, com base num critério formal, ser qualificadas como normas de protecção. Há contudo outros critérios formais que necessitam de estar preenchidos, designadamente a aplicabilidade directa e a eficácia civil em relação a terceiros (eficácia horizontal) destas normas jurídicas.

Nestes termos, regressando ao exemplo analisado *supra* e considerando que as normas que regulam o mercado, em geral, e a concorrência, em especial, são normas que restringem a livre iniciativa económica e que se incluem no conceito de restrições de um direito, liberdade e garantia de natureza análoga, há que recorrer à metódica constitucional, procurando dar resposta às seguintes interrogações colocadas por GOMES CANOTILHO[2049]: *i)* se se trata de efectiva restrição do âmbito de protecção de norma consagradora de direitos, liberdades e garantias ou de direito de natureza análoga; *ii)* se existe uma autorização constitucional para essa restrição; *iii)* se a restrição corresponde à necessidade de salvaguardar outros direitos ou interesses constitucionalmente protegidos; *iv)* e se a lei restritiva observou os requisitos estabelecidos na Constituição de necessidade, proporcionalidade, generalidade e abstracção, não retroactividade e garantia de não diminuição da extensão e alcance do conteúdo essencial dos preceitos constitucionais[2050].

BGB é o legislador que fornece os *"standards"* de comportamento ao juiz. Consequentemente, a jurisprudência não está autorizada a alargar, independentemente das valorizações legais, a área de protecção do § 823 II BGB. É indiferente em que sector jurídico se situa a norma jurídica, podendo tratar-se de normas penais e administrativas. Na Alemanha, existem inúmeras normas com *"standards"* de comportamento que regulamentam produtos, materiais sintéticos, alimentos e estimulantes, bem como a globalidade dos comportamentos em quase todas as áreas de vida. Estes "standards" podem funcionar como obstáculo para o comércio transfronteiriço, pelo que a Comissão Europeia tem trabalhado na sua harmonização contribuindo para uma regulamentação significativa que engrossa, dia-a-dia, o caudal legislativo comunitário. O § 823 II BGB é apto a completar esta legislação com direitos indemnizatórios. Com isso, a situação básica de responsabilidade actua como "uma correia de transmissão" que transfere os *"standards"* de comportamento do Direito das edificações, do Direito industrial, do Direito da segurança alimentar, do Direito do ambiente para o direito delitual privado. Quem infringir o direito primário de ordenação das condutas pode incorrer em responsabilidade civil, sendo pressuposto central que a norma de comportamento violada configure uma norma de protecção.

[2049] GOMES CANOTILHO, *Direito Constitucional*, p. 454.

[2050] MARIA LÚCIA AMARAL PINTO CORREIA, *Responsabilidade do Estado*, pp. 541 e 552, recusando nos direitos económicos, sociais e culturais uma leitura fragmentada

764 Normas de Protecção e Danos Puramente Patrimoniais

Da resposta a estas questões há-de depender a delimitação do âmbito de protecção da norma, a averiguação do tipo, natureza e finalidade da restrição e do controlo da observância dos limites estabelecidos pela Constituição às leis restritivas[2051]. Com efeito, as leis restritivas estão sujeitas a limites de limites (*Schranken der Schranken*)[2052], que impõem que se trate de uma lei formal e organicamente constitucional, que exista uma autorização constitucional expressa para esta restrição através da lei, que a lei restritiva tenha carácter geral e abstracto, que não tenha efeitos retroactivos, que observe o princípio da proibição do excesso, estabelecendo restrições para salvaguarda de outros direitos ou interesses constitucionalmente protegidos, e que não diminua a extensão e alcance do conteúdo essencial dos preceitos constitucionais[2053].

Nestes termos, as leis restritivas estariam sujeitas a requisitos formais e materiais[2054]. Entre os requisitos formais constata-se a exigência de uma autorização constitucional expressa. Por exemplo, o artigo 61.º, n.º 1, da CRP, ao estabelecer que a iniciativa económica privada se exerce livremente nos quadros definidos pela Constituição e pela lei e tendo em conta o interesse geral, conforma uma autorização constitucional de lei restritiva

---

(*v.g.* o direito constitucional de propriedade), uma "parcela" que merece a qualificação de "direito, liberdade e garantia que será directamente aplicável" à esfera jurídica dos particulares (art. 18.º, n.º 1), que só poderá ser restringida por leis gerais e abstractas expressamente previstas na Constituição, nunca dotadas de efeito retroactivo e nunca invasoras da "extensão" e "alcance" do "conteúdo essencial do preceito constitucional (art. 18. n.º 2 e n.º 3) e a emissão de instrumentos normativos destinados a regular o seu exercício há-de estar submetida a reserva de lei parlamentar (art. 168, n.º 1, al. b). A outro regime se subsumirá a "parcela de direito que vier a merecer a qualificação de "direito económico, cultural e social". Haveria nesta visão fragmentada uma tensão "liberalizante" e "socializante". Admitindo ser o direito à indemnização por expropriação o único direito fundamental de natureza análoga que se encontra no artigo 62.º (p. 561). Não podemos aceitar que o direito à indemnização por expropriação seja a única posição jurídica de conteúdo análogo a um direito constitucional. É indiscutível, pelo menos, uma garantia constitucional da propriedade privada. A mesma leitura deve ser subscrita para a liberdade de iniciativa económica.

[2051] GOMES CANOTILHO, *Direito Constitucional*, pp. 448-449.

[2052] HÖFING, "Grundrechtstatbestand-Grundrechtsschranken-Grundrechtsschrankenschranken", Jura, (1994), pp. 169-173.

[2053] GOMES CANOTILHO, *Direito Constitucional*, p. 449.

[2054] Também MENEZES CORDEIRO, *Direito da economia*, 1.º vol., p. 197: "*Na medida em que vá bulir com os direitos das pessoas, o Direito da economia requer, como fonte, a lei formal – portanto lei, decreto-lei ou decreto regional*".

Síntese Periferia – Centro

que evidencia o fundamento concreto para a restrição, *in casu*, o interesse geral[2055]. Por outro lado, esta autorização exerce uma função de advertência relativamente ao legislador. Acresce que, o requisito de lei formal relaciona-se com a consagração de uma reserva relativa de competência legislativa da Assembleia (art.165, b), da CRP), que impõe que a lei restritiva seja uma lei da Assembleia da República ou um decreto-lei autorizado do Governo, caso as situações jurídicas fundamentais a restringir não se incluam na reserva absoluta do parlamento. Para além disto, ao exigir-se carácter geral e abstracto, dirigindo-se a disposição legal a um número indeterminado ou indeterminável de destinatários e regulando um número indeterminado ou indeterminável de casos, articula-se com o princípio de igualdade material[2056] e da protecção da confiança dos cidadãos[2057].

VI. A jurisprudência do Tribunal Constitucional tem, contudo, revelado significativas cautelas no que respeita ao campo das "restrições" à liberdade de iniciativa económica. Trata-se de uma matéria que não tem ocupado particularmente aquela instância constitucional comparativamente com outros direitos fundamentais. Desde a revisão constitucional de 1982 que a Constituição incluiu a liberdade de iniciativa económica privada entre os direitos fundamentais, no capítulo relativo aos direitos e deveres económicos, garantindo-a mas não de forma irrestrita, antes remetendo para a lei ordinária a definição dos quadros em que tal direito se concretiza (n.° 1 do citado artigo 61.° da CRP). O Tribunal Constitucional já por diversas vezes chamou a atenção que, com esta previsão, a Constituição deixa à liberdade de conformação do legislador o desenho do conteúdo de tal "direito" e a definição dos respectivos limites, salvaguardadas as exigências constitucionais constantes de outros

---

[2055] Regista-se no artigo 61.°, n.° 1, da Constituição um reenvio constitucional, na medida em que incumbe ao legislador ordinário a concretização do preceito constitucional, existindo senão o perigo de uma inversão da hierarquia normativa, pelo menos uma liberdade constitucional a mover-se dentro da normatividade infra-constitucional. Trata-se de uma subversão da hierarquia normativa implementadora de uma "Constituição segundo as leis". Cfr. PAULO OTERO, *Legalidade*, pp. 567-568 e ss.

[2056] Neste sentido, AFONSO QUEIRÓ, BARBOSA DE MELO, *A liberdade de empresa e a Constituição (A propósito do Dec.-lei n.° 47240, de 6 de Outubro de 1966)*, Coimbra, 1968, p. 26.

[2057] GOMES CANOTILHO, *Direito Constitucional*, p. 452.

766 Normas de Protecção e Danos Puramente Patrimoniais

preceitos e impostas pelo interesse geral, e respeitado o "conteúdo mínimo" respectivo[2058].

[2058] Cfr., por exemplo, os Acórdãos TC n.os 76/85, 328/94, 187/2001, publicados no *Diário da República*, II Série, de 8 de Junho de 1985, de 9 de Novembro de 1994, de 26 de Junho de 2001, respectivamente analisado no Ac TC n.° 15/2005 (MARIA DOS PRAZERES PIZARRO BELEZA). Assim, o Tribunal Constitucional afirmou, por exemplo, no Acórdão 76/85, que *"A liberdade de iniciativa privada tem um duplo sentido. Consiste, por um lado, na liberdade de iniciar uma actividade económica (direito à empresa, liberdade de criação de empresa) e, por outro lado, na liberdade de gestão e actividade da empresa (liberdade de empresa, liberdade do empresário). Ambas estas vertentes do direito de iniciativa económica privada podem ser objecto de limites mais ou menos extensos. Com efeito, esse direito só pode exercer-se «nos quadros definidos pela Constituição e pela lei» (n.° 1, in fine), não sendo portanto um direito absoluto, nem tendo sequer os seus limites constitucionalmente garantidos, salvo no que respeita a um mínimo de conteúdo útil constitucionalmente relevante, que a lei não pode aniquilar, de acordo, aliás, com a garantia de existência de um sector económico privado."* "A liberdade de iniciativa privada não constitui um direito absoluto, nem dispõe de limites constitucionalmente garantidos, salvo no que respeita àquela parte do seu conteúdo útil constitucionalmente relevante que a lei não pode eliminar. Desde logo o texto constitucional estabelece diversas limitações, nomeadamente a propósito dos meios de comunicação social (...), da saúde (...) e do regime dos investimentos estrangeiros. Por outro lado, a própria lei ordinária pode condicionar ou limitar, para garantia do bem comum, a iniciativa económica privada, quer quanto à liberdade de criação de empresas, quer quanto à actividade das empresas, desde que seja respeitado o núcleo constitucionalmente garantido". O Ac. TC 328/94 acrescenta: "(...) o direito de liberdade de iniciativa económica privada, como facilmente deflui do aludido preceito constitucional, não é um direito absoluto (ele exerce-se, nas palavras do Diploma Básico, nos quadros da Constituição e da lei, devendo ter em conta o interesse geral). Não o sendo – e nem sequer tendo limites expressamente garantidos pela Constituição (muito embora lhe tenha, necessariamente, de ser reconhecido um conteúdo mínimo, sob pena de ficar esvaziada a sua consagração constitucional) – fácil é concluir que a liberdade de conformação do legislador, neste campo, não deixa de ter uma ampla margem de manobra". O Ac. TC 187/2001 (PAULO MOTA PINTO) vem ainda afirmar que "A norma constitucional remete, pois, para a lei a definição dos quadros nos quais se exerce a liberdade de iniciativa económica privada. Trata-se, aqui, da previsão constitucional de uma delimitação pelo legislador do próprio âmbito do direito fundamental – da previsão de uma "reserva legal de conformação" (a Constituição recebe um quadro legal de caracterização do conteúdo do direito fundamental, que reconhece). A lei definidora daqueles quadros deve ser considerada, não como lei restritiva verdadeira e própria, mas sim como lei conformadora do conteúdo do direito. Ora, a liberdade de conformação do legislador nestes casos, em que existe uma remissão constitucional para a delimitação legal do direito, há-de considerar-se mais ampla do que nos casos de verdadeiras leis restritivas do direito, desde logo, porque o direito não tem, nos primeiros, limites fixos constitucionalmente garantidos, remetendo-se antes para uma caracterização legal que apenas não poderá

Aceitando que as normas sobre concorrência restringem o espaço de livre iniciativa económica, de que esta liberdade goza, se for considerada um "direito" fundamental de natureza análoga (art. 17.º da CRP), abrangido pelo regime especial e reforçado dos direitos, liberdade e garantias, e se se entender que algumas das disposições da concorrência podem ser utilizadas pelo intérprete como normas de protecção e, enquanto tal, proteger interesses puramente patrimoniais, tal pressupõe uma avaliação sobre o critério material que permite identificar as normas de protecção. No direito delitual português as normas de protecção, para além de serem "disposições legais" (leis em sentido material e formal), são *destinadas a proteger interesses alheios*", o que significa que, neste caso, no interesse geral terão de ser autonomizáveis interesses particulares.

Utilizemos, como exemplo, uma norma do regime jurídico da concorrência. A finalidade do art. 4.º, n.º 1, alínea a) da Lei n.º 18/2003, de 11 de Junho, é proteger a livre concorrência, sendo este o interesse geral. Assim, à partida, as restrições à livre iniciativa económica privada fundamentam-se paradoxalmente na própria liberdade constitucional que restringem e nos interesses dos concorrentes e dos consumidores na manutenção dessa liberdade de iniciativa económica ou concorrência livre. A este propósito, convém convocar Larenz quando esclarece que muitas vezes a previsão de uma proposição está conformada na lei de modo tão amplo que, segundo o seu sentido literal, abraça também situações de facto para as quais não deve valer. Então essa proposição jurídica é, por sua vez, restringida por meio de uma segunda proposição jurídica. As proposições jurídicas restritivas contêm uma ordenação negativa de vigência, que só se torna compreensível em conjugação com uma ordenação positiva de vigência precedente. Assim, nestes casos, a proposição jurídica só é cognoscível quando se tomam em consideração as restrições contidas na lei, pois a proposição jurídica completa resulta da conexão da ordenação positiva de vigência com as ordenações negativas que a restringem[2059]. Ora,

---

aniquilar um mínimo de conteúdo útil, constitucionalmente relevante". Por sua vez, o Acórdão TC n.º 329/99, de 2 de Junho, (Messias Bento), publicado no *Diário da República*, II Série, n.º 167, de 20 de Julho de 1999, p. 10576 ss, entendeu que a lei a que se refere o artigo 61.º, n.º 1, da Constituição só tem que ser uma lei parlamentar ou parlamentarmente autorizada no que se refere aos quadros gerais e aos aspectos garantísticos daquela liberdade.

[2059] Larenz, *Metodologia da Ciência do Direito*, pp. 362-363.

esta conexão normativa verifica-se com especial acuidade nas chamadas liberdades genéricas, cuja formulação positiva não pode ser entendida senão quando completada com as normas que a concretizam. Tudo passa por descortinar os valores que justificam a sua restrição e a consagração, neste ponto, de um princípio de reserva de lei ajuda, através da referência ao plano constitucional ou ao sentido da autorização legislativa, a encontrar os escopos destas normas. Trata-se da interpretação de normas com incidência civil através de normativos constitucionais.

VII. A liberdade económica representa uma das chaves da definição do estatuto económico da pessoa e da caracterização institucional do modelo de organização e funcionamento da economia[2060]. Não há, do ponto de vista técnico, um direito subjectivo quando se delimita o espaço de uma liberdade genérica. Tal seria uma incongruência em termos jurídicos. As liberdades genéricas não são protegidas de forma absoluta, como o património *qua tale,* que, em abstracto, não passa de uma esfera de potencialidade jurídica. Daí que a sua protecção exija normas que tracem os limites das condutas permitidas e proibidas. Estas normas que protegem a liberdade de iniciativa económica só aparentemente são paradoxais na medida em que nela se fundamentam, porquanto paradoxal é a formulação positiva em termos tão genéricos que conduziria necessariamente à sua negação.

Contrariamente ao afirmado por alguma doutrina alemã, a protecção jurídica concedida pelo direito subjectivo facilita a posição do lesado, que só tem de provar a existência da respectiva posição jurídica, sendo qualquer violação, independentemente da modalidade que revista, proibida. Diferentemente, no caso da ausência de uma situação jurídica activa concreta e determinada, lesante e lesado movimentam-se na esfera das suas liberdades genéricas, pelo que o lesado, para além da norma que descreve a conduta do lesante, tem de fazer prova de que a norma se destina a proteger o seu interesse, o que significa uma norma destinada a protegê-lo contra danos não cobertos pela liberdade genérica de acção de outrem. Na falta da referida disposição normativa, a licitude da conduta é indiscutível – assuma ela a forma que assumir – porque o lesante actua no âmbito da sua liberdade genérica. Assim, as situações básicas de responsabilidade

---

[2060] EDUARDO PAZ FERREIRA, *Direito da Economia*, Lisboa, AAFDL, 2001, p. 117

delitual pressupõem a clássica distinção entre direito subjectivo e direito objectivo, bem como a separação entre as posições jurídicas de conteúdo determinado, como os direitos subjectivos, e as de conteúdo indeterminado, como as liberdades genéricas. Daí que o pressuposto da ilicitude por violação de normas de protecção seja de complexidade acrescida em comparação com a violação de direitos subjectivos.

Atendendo aos dados positivos do ordenamento jurídico português, defendemos um conceito formal de norma de protecção da concorrência enquanto se configure como restrição de uma posição jurídica fundamental. Tal não significa, não obstante, a total irrelevância das experiências consuetudinária e jurisprudencial. Senão vejamos: o costume configura uma prática *espontânea* reiterada, com força vinculante, e que, por isso mesmo, é observada como norma de conduta[2061]. O costume não possui "índole estatal", a sua formação radica na comunidade, "numa prática social reiterada". Ora, a tendência a que se assiste, como dado das sociedades actuais, sem "alimentar" excessivamente uma perspectiva positivista das fontes de direito, é para o predomínio do elemento voluntário em detrimento do elemento espontâneo. A complexidade crescente das sociedades tem gerado um fenómeno de multiplicação das leis e o seu crescente relevo no quadro das fontes de direito, marginalizando o costume que se adapta pior à dinâmica da vida social[2062]. Por outro lado, a desagregação social torna mais difícil a formação do costume[2063]. Um dos aspectos que coloca dificuldades na formação de normas de protecção através do costume assenta no seu carácter "inarticulado e espontâneo"[2064], o qual se afasta da intencionalidade específica destas normas enquanto "destinadas" a proteger uma ordem de interesses; sendo certo que o costume recorta normas de conduta, a sua vigência não permite autonomizar o elemento voluntário finalístico da protecção de terceiros. Seria assim uma característica específica da lei o seu carácter político-finalístico ou de "ordem fundamental", na medida em que a lei se revela particularmente apta para realizar certas funções[2065].

[2061] FERNANDO BRONZE, *Lições de Introdução*, p. 635, defendendo que o próprio comportamento adquire uma vinculatividade normativa. VIEIRA CURA, *"O Costume como Fonte de Direito em Portugal"*, BFD, vol. 74, (1998), p. 241, OLIVEIRA ASCENSÃO, *Direito. Introdução e Teoria Geral*, p. 252.

[2062] OLIVEIRA ASCENSÃO, *Direito. Introdução e Teoria Geral*, p. 268.

[2063] OLIVEIRA ASCENSÃO, *Direito. Introdução e Teoria Geral*, p. 269.

[2064] FERNANDO BRONZE, *Lições de Introdução*, p. 637.

[2065] FERNANDO BRONZE, *Lições de Introdução*, p. 662.

No entanto, em algumas áreas, o costume é considerado relevante pela própria lei, designadamente no domínio do direito internacional público, ou quando através das normas de conflitos se remete para as fontes de direito estrangeiro, caso em que, por força do art. 348.º do CC, se impõe a prova da existência ou do conteúdo do costume, isto é, dos elementos fácticos em que o mesmo se apoia[2066]. Todavia, a limitação da importância do costume ao que a própria lei estabelece, configura a perspectiva político-constitucional que se pretende actualmente arredar, na medida em que a constituição da juridicidade histórico-positiva não pode ser resolvida à luz da lei, mas deve ser procurada na experiência jurídica do nosso tempo[2067]. No entanto, certas áreas marcadas por factores de ordem sociológica, política e funcional afastam o costume, dando primazia material reguladora à lei. Este parece-nos ser o caso das normas de protecção, que prescrevem, na falta de consenso quanto ao justo, o que se há de aceitar como lícito (função de integração), sendo que a sua objectividade e certeza asseguram o seu conhecimento e a segurança jurídica (função de garantia)[2068], tão fundamentais a um sistema delitual.

Na jurisprudência, a constituição do direito ocorre aquando da judicativo-decisória resolução das controversas juridicamente relevantes[2069-2070]. De salientar que certos problemas "com mérito particular", designadamente conflitos de interesses, exigem decisões judicativas que concretizem a normatividade e um mediador objectivo que, confrontado com o caso em presença, projecte a *"constituenda validade pressuposta"* numa afinação do sistema, concedendo-lhe abertura[2071]. Este ponto da relevância da experiência jurisprudencial, enquanto aprimoramento da experiência legislativa (transformando uma normatividade futura em presente), é decisivo para a compreensão da dogmática das normas de protecção, preferencialmente inserida num sistema de legislação, convocando o pensamento de DÖRNER, no sentido da necessidade de uma reconstituição nor-

---

[2066] OLIVEIRA ASCENSÃO, *Direito. Introdução e Teoria Geral*, p. 271.

[2067] VIEIRA CURA, *O Costume*, p. 247.

[2068] CASTANHEIRA NEVES, "Fontes de Direito. Contributo para a Revisão do seu Problema", BFD, vol. 58, (1982), II, p. 257.

[2069] Segundo OLIVEIRA ASCENSÃO, *Direito. Introdução e Teoria Geral*, pp. 320 e 322, a jurisprudência só se eleva a fonte de direito no momento em que cria uma regra para decisão de novos casos.

[2070] FERNANDO BRONZE, *Lições de Introdução,* p. 639.

[2071] FERNANDO BRONZE, *Lições de Introdução,* p. 640.

Síntese Periferia – Centro 771

mativa entre a norma de conduta e a norma de sanção, de modo a que a primeira se adapte à segunda, o que necessita de um mediador[2072].

Com efeito, há uma incompletude polarizada na afirmação em abstracto da qualidade de protecção de uma determinada proposição jurídica (ainda que a mesma seja prévia e essencial, segundo MERTENS[2073] e HONSELL[2074]), sendo posterior e igualmente essencial a averiguação em concreto ("*ad hoc*"), em face do caso da protecção do lesado pela tutela finalística do seu interesse. Deste modo, o excessivo peso positivista de uma leitura constitucional, que condiciona o modo de produção e revelação de disposições de protecção, é relativizado pela necessidade de mediação jurisprudencial, constitutiva na resolução do caso concreto, fornecendo-se também com esta "judicialização" do problema um campo limitado – mas profícuo – para a teoria dos deveres do tráfego na área de tutela das normas de protecção. Por outro lado, a dialéctica entre o momento material e o momento de validade reforçam o carácter constitutivo (*momento constitutivo*[2075]) e autopoético da normatividade[2076]. Em reforço da necessidade da mediação da decisão judicativa salientam-se, segundo FERNANDO BRONZE, os limites da legalidade estrita: *i)* ligados à historicidade extensiva (o direito fica sempre aquém dos problemas a resolver), *ii)* à historicidade intensiva (os critérios legais pressupõem a sua redensificação), *iii)* à historicidade prospectiva (relacionada com a erosão do tempo) e *iv)* à historicidade reconstrutiva (resultado das outras historicidades e tradutora da mobilidade do sistema jurídico)[2077].

§ 29.° A interpretação jurídica

I. Na doutrina alemã, PETERS[2078] aborda delicadas questões de interpretação das normas de protecção, designadamente se se deve atender à

[2072] HEINRICH DÖRNER, *Zur Problematik der Schutzgesetzverletzung*, pp. 524-525. Cfr. *supra* pp. 190-200.

[2073] Cfr. *supra* pp. 138-150.

[2074] Cfr. *supra* pp. 153-165.

[2075] CASTANHEIRA NEVES, "As fontes do direito e o problema da positividade jurídica", BFD, vol. 51, (1975), pp. 115 e ss.

[2076] FERNANDO BRONZE, *Lições de Introdução,* pp. 656-661.

[2077] FERNANDO BRONZE, *Lições de Introdução,* pp. 680-681.

[2078] Cfr. *supra* pp. 165-180.

772   *Normas de Protecção e Danos Puramente Patrimoniais*

intenção do legislador histórico para concretizar o fim de protecção da norma, com predomínio da investigação sobre os trabalhos preparatórios, ou, se, pelo contrário, se deve fazer uma interpretação objectiva. Relacionada com a qualificação de normas de protecção surge a interrogação sobre a possibilidade de substituir o legislador, criando por via jurisprudencial direitos indemnizatórios, designadamente através dos deveres do tráfego[2079].

No Direito, a linguagem tem um papel substantivo[2080]. Sobre as relações entre texto e interpretação surgiu um debate clássico acerca da natureza do sentido e das possibilidades e limites da interpretação, estudado no campo da Filosofia da Linguagem e que pode ser importado, com as devidas adaptações, para o campo da interpretação jurídica[2081]. A complexidade do Direito só conhece paralelo no domínio da linguagem[2082], razão que justifica um bosquejo da discussão referida.

A interpretação jurídica tem sido uma das áreas nas quais mais se travou o combate ao positivismo legalista, preconizador de uma interpretação apegada ao texto da lei, pelo que, actualmente, se sublinha a preponderância do processo interpretativo em relação ao texto, com enfoque na dimensão constitutiva da jurisprudência. Impõe-se saber se existe um limite à interpretação jurídica e se a jurisprudência se pode substituir ao legislador. Este problema – o dos limites da interpretação jurídica – não visa o retorno ao pensamento positivista, mas a necessidade de encontrar a relevância e o limite no sentido do texto normativo. O traçar deste limite, sobretudo nas áreas em que se remete para o desenvolvimento jurisprudencial, *v.g.* a das normas de protecção, é fundamental, ainda que não tenha sido, neste contexto, tratado *ex professo*. Com efeito, a questão tem sido trabalhada sobretudo por aqueles que reconhecem um papel alargado aos deveres do

---

[2079] FRANK PETERS, *Zur Gesetzestechnik des § 823 II BGB*, pp. 912-926.

[2080] MENEZES CORDEIRO, *Tratado de Direito Civil Português*, I, p. 154.

[2081] No campo da interpretação da declaração negocial, MENEZES CORDEIRO, *Tratado de Direito Civil Português*, I, pp. 741-742, refere que interpretar uma realidade jurídica expressa pela linguagem implica a intervenção de áreas do conhecimento como a linguística, a teoria da comunicação, a semântica, a semiótica, a hermenêutica e a teoria do conhecimento. O direito aceita e respeita os dados de ciências infra-jurídicas, mas, para as suas soluções, pode ou não considerar relevantes os resultados proporcionados por essas áreas.

[2082] MENEZES CORDEIRO, *Tratado de Direito Civil Português*, I, p. 25.

tráfego, no domínio do sistema delitual, como complemento de protecção dos bens jurídicos absolutos e de autonomização dos interesses puramente patrimoniais.

II. É na área da teoria da linguagem e da semiótica que se encontra um tratamento mais desenvolvido da problemática dos limites da interpretação textual – sob a designação da *sobreinterpretação* – cuja importação para a teoria da interpretação jurídica *mutatis mutandis,* pode revelar-se útil para a compreensão de certos aspectos da interpretação das normas de protecção[2083]. O ponto de partida da interpretação é o texto. O texto e não a palavra constitui a unidade primordial, porquanto um aglomerado de palavras não representa um texto, assim como a frase configura uma entidade distinta das palavras que a compõem[2084]. O texto não se resume,

---

[2083] MANUEL DE ANDRADE, *Ensaio sobre a teoria da interpretação das leis*, 1.ª ed, Oficina da Coimbra Ed., Coimbra, 1934, p. 24: "*Com isto a interpretação jurídica enquadra-se numa série de outros tipos de interpretação que, em contraste com a hermenêutica filológica, não inquirem de um facto histórico, não procuram debaixo do produto espiritual um pensamento que na realidade tinha sido pensado por alguma pessoa, mas vão atrás do sentido que reside no produto espiritual mesmo, sem cuidarem de saber se alguém lá o introduziu conscientemente*", ARMANDO MARQUES GUEDES, "Interpretação, Aplicação e Integração das Normas Jurídicas", CTF, n.° 44-45 (Agosto-Setembro de 1962), Lisboa, 1963, p. 9: "*Assim, enquanto a interpretação filológica e a interpretação histórica são de índole puramente determinativa, esgotando-se com a reconstituição do quid investigado, já a interpretação de carácter didáctico e aquelas em que assentam a tradução científica ou literária, ou qualquer forma de manifestação artística, têm uma intenção reprodutiva, procurando reviver e reexprimir um pensamento, uma emoção estética, para os comunicar e tornar acessíveis a terceiros. A interpretação jurídica, de seu lado, obedece a um propósito normativo. Do mesmo modo que a interpretação teleológica, é um entender para agir: por vocação destinado à aplicação prática*", e FREITAS DO AMARAL, "Reconsiderações sobre a interpretação jurídica e não-jurídica", Homenagem ao Prof. Doutor André Gonçalves Pereira, Edição da FDUL, Coimbra Editora, 2006, p. 166: "*A interpretação das normas jurídicas encontra-se, a vários títulos, a meio caminho entre a interpretação artística, totalmente livre, e a interpretação religiosa, totalmente vinculada: a interpretação jurídica é sempre necessária (não é dispensável como, segundo alguns, o é a interpretação artística); é vinculada pelo dever de obediência à norma jurídica, embora admita momentos de liberdade crítica ou até mesmo re-criadora e re-constitutiva do texto; deve fazer-se segundo determinadas regras, e não segundo a vontade livre do intérprete; deve procurar captar a verdadeira intenção normativa, não podendo desprezar a vontade do legislador; e é susceptível de ser controlada pelos tribunais instituídos pelo ordenamento, que podem anular decisões baseadas em erro interpretativo...*".

[2084] PAUL RICOEUR, *Teoria da Interpretação*, Porto Editora, 1995, p. 59.

774 *Normas de Protecção e Danos Puramente Patrimoniais*

assim, ao conjunto das palavras que o formalizam, consubstanciando uma unidade de sentido que extravasa e transborda a matéria que lhe dá forma. O trabalho interpretativo actua sobre o texto enquanto tecido linguístico de um discurso[2085]. A ideia de texto sublima-se, assim, numa unidade de sentido[2086], para a qual é necessária a interpretação num processo em espiral *"em que a interpretação é resultado da própria interpretação"*[2087]. O texto consubstancia, pelo exposto, um *plus* relativamente ao enunciado, pois é produto interpretativo do enunciado. Não há texto sem enunciado, mas também não há texto sem interpretação[2088]. No campo da interpreta-

---

[2085] Tanto o texto oral como o texto escrito não prescindem da tarefa interpretativa. No entanto, no discurso oral a interpretação contextualiza-se em circunstâncias espaço-temporalmente presentes (a situação pragmática), ao passo que no discurso escrito, a sua vocação supra espaço-temporal descontextualiza-o do presente e fá-lo ascender a um plano superior e ahistórico, onde as coordenadas do espaço e do tempo perdem relevância contextualizadora. A escrita é, assim, a "plena manifestação do discurso" (PAUL RICOEUR, *Teoria da Interpretação*, p. 76). Enquanto o discurso oral pressupõe o contacto, ainda que não necessariamente físico, entre o emissor e o receptor, o texto escrito "não dialoga", dado o emissor emergir de tal modo que secundariza os possíveis intérpretes a um plano que é exterior ao próprio discurso. Daí que PAUL RICOEUR considere que o texto escrito é precisamente o lugar onde o autor "acontece". No entanto, é fundamental conceder ao intérprete diferentes lugares de interpretação que dão vida e evolução ao tecido linguístico.

[2086] PAUL RICOEUR, *Teoria da Interpretação*, p. 63: "Todo o discurso se actualiza como um evento, é compreendido como significação".

[2087] Sobre o círculo hermenêutico (*hermeneutische Zirkel*), HANS-GEORG GADAMER, *Warheit und Methode*, 4. Auflage, J.C.B. Mohr (Paul Siebeck), Tübingen, 1975, pp. 250 ss, e KARL LARENZ, *Metodologia da Ciência do Direito*, pp. 286 ss. Também no contexto da teoria da linguagem, RICHARD RORTY, "O progresso do pragmatista", *Interpretação e sobreinterpretação*, p. 87, afirma que a coerência de um texto se deposita na última roda do círculo hermenêutico.

[2088] Não há interpretação autêntica e única, porque é da natureza do texto a multiplicidade de interpretações e é da natureza da interpretação o seu carácter unilateral, sendo um dos pontos de vista que o texto habilita. A interpretação revela o texto, mas tem na sua génese um processo crítico de desmontagem dos códigos e dos elementos que aquele corporiza. PIERRE-JEAN LABARRIÈRE, *"Textes sur texte, Ou Comment(le) taire?"*, *Le Texte comme object philosophique*, Bauschesne, Paris, 1987, pp. 169-170, admite uma leitura ontológica ou dialéctica: a primeira situa-se no interior do texto, na produção de um contra-texto que confere maior inteligibilidade ao texto interpretado, surge como paráfrase que duplica o texto inicial; a segunda pressupõe a produção de um contra-texto no mesmo plano que o texto interpretado. BACHTIN considera o texto como mónada *sui generis* que reflecte em si mesmo todos os textos (nos limites) de uma esfera semântica. Curiosamente a etimologia da palavra texto remete para um resultado, algo que já está produzido ou

ção jurídica, pode afirmar-se um paralelismo entre as normas e os enunciados normativos, no sentido de que as primeiras resultam do processo interpretativo desenvolvido sobre os segundos.

UMBERTO ECO insere-se numa tendência contemporânea que procura desafiar o quadro conceptual segundo o qual interpretamos os textos. O texto rasga um largo horizonte interpretativo, mas tem fronteiras. Na sua teoria semiótica, o texto deve ser interpretado mas não *sobreinterpretado*. De modo distinto, numa tendência oposta, JONATHAN CULLER defende que a *sobreinterpretação* é uma espécie de aprofundamento do texto que deve ser realizada, porquanto a interpretação só se torna reveladora quando extrema. A interpretação moderada, articuladora de um consenso, embora possa ter o seu valor em determinadas circunstâncias, é de interesse reduzido. A *sobreinterpretação* exponencia, assim, a máxima intensidade interpretativa. As interpretações extremas têm mais probabilidade de evidenciar conexões e implicações anteriormente não pensadas do que as interpretações que se esforçam por permanecer moderadas ou sensatas[2089]. Na *sobreinterpretação* levantam-se precisamente dúvidas às questões que não são necessárias à comunicação normal, mas que possibilitam reflectir sobre o seu funcionamento, permitindo colocar questões que o texto não coloca. No limite, cria-se um novo texto, podendo ser vista como modalidade da interpretação, ou como limite desta ou estando já *extra muros* da interpretação. Tem, portanto, um carácter equívoco. A interpretação é a reconstrução da intenção do texto[2090]. A *sobreinterpretação* não interroga sobre o que diz o texto mas sobre o que ele não diz, sobre o que dá por adquirido, procurando identificar os códigos e os mecanismos através dos quais o sentido é produzido nas diferentes regiões da vida social, inspirando-se nas teses de JACQUES DERRIDA, grande defensor da instabilidade de qualquer sentido da escrita, e apoiando-se também em tendências do pensamento crítico contemporâneo, que se auto-intitulam de "*descons-*

---

tecido. No entanto, a realidade do texto é o inverso da sua própria etimologia, porque o texto é, antes de mais, um ponto de partida para diferentes resultados, que resulta dum processo de mediação que engloba texto e contexto, estrutura e superfície, discurso e intra-discurso, conteúdos sublinhados, expressos e implícitos, letra e espírito, significante e significado (p. 163).

[2089] JONATHAN CULLER, "Em defesa da sobreinterpretação", *Interpretação e sobreinterpretação*, p. 97.

[2090] JONATHAN CULLER, *Em defesa da sobreinterpretação*, p. 102.

776   *Normas de Protecção e Danos Puramente Patrimoniais*

trução", tendências ligadas essencialmente à obra de Paul de Man, que autorizam o intérprete a realizar uma série ilimitada e interminável de interpretações[2091].

III. Na opção por uma interpretação histórica, de tipo subjectivo, ou por uma interpretação actualista, de tipo objectivo, as tendências contemporâneas privilegiam o sentido que se objectiva no texto, atendendo às necessidades do momento em que os enunciados são interpretados e aplicados, em detrimento do momento da sua elaboração. A remissão na responsabilidade delitual para as normas de protecção, na referência a que são *destinadas* a proteger interesses de outrem, permite conjecturar sobre uma revalorização das intenções do legislador histórico, contrariando as tendências actuais em matéria de interpretação jurídica, que assentam nos vectores do objectivismo e actualismo, bem como as directrizes legais que sobre esta matéria se encontram no Código Civil.

Também no domínio da querela entre subjectivismo e objectivismo, a Filosofia da Linguagem nos pode fornecer elementos valiosos. Para Ricoeur, o texto é o lugar "onde o autor acontece", que é também o "proprietário" do texto, mas o texto vive para lá do autor, pelo que se pode, à maneira foucauldiana, defender uma menorização da categoria do sujeito do discurso, tentando destronar a "monarquia" do autor, que limita a liberdade de quem interpreta, de modo a poder transformar o texto no lugar em que o intérprete acontece. A relação entre o texto e o autor é a relação do texto com algo que lhe é quer anterior quer exterior[2092]. Não interessa fixar o sujeito do texto, mas, diferentemente, apresentar a abertura da linguagem. A autoria possui uma função classificatória do texto escrito, que permite conceder um estatuto ao discurso que o autonomiza do discurso quotidiano[2093]. Tradicionalmente visava-se encontrar num texto o que o autor pretendera dizer (subjectivismo centrado na *intentio auctoris*) ou o que o texto dizia independente da intenção do autor (objectivismo cen-

---

[2091] Umberto Eco, que sempre salientou a importância do intérprete no processo de produção do sentido do texto, reage contra a *sobreinterpretação* como semiose ilimitada, afirmando a necessidade de restringir o número de interpretações possíveis e arranjar critérios que identifiquem certa leituras como sobreinterpretações, *i.e.*, como interpretações ilegítimas.

[2092] Michel Foucault, *o que é um autor?*, Vega, 1992, p. 34.

[2093] Michel Foucault, *o que é um autor?*, p. 45.

trado na *intentio operis*). A partir do pólo do objectivismo pode-se, segundo UMBERTO ECO, descortinar se aquilo que se procura e é descoberto resulta da coerência textual e de um sistema de significação subjacente, ou se são os destinatários a descobri-lo na base do seu próprio sistema de expectativas (*intentio lectoris*). Nestes termos, defende-se uma ligação dialéctica entre *intentio operis* e *intentio lectoris*. No entanto, é mais difícil determinar o que seja a intenção do texto do que a intenção do intérprete, porquanto aquela não se revela no texto, pelo que só se pode falar numa intenção do texto a partir de uma conjectura por parte do intérprete, cuja iniciativa consiste basicamente em proceder a uma conjectura sobre a intenção do texto[2094].

Um texto é, nestes termos, um dispositivo concebido para produzir um intérprete modelo, que pode realizar uma miríade de conjecturas. O intérprete empírico é aquele que faz conjecturas acerca do intérprete modelo postulado pelo texto. Ora, a intenção do texto é fundamentalmente produzir um intérprete modelo capaz de fazer conjecturas a seu respeito. A iniciativa do intérprete modelo consiste em imaginar um autor modelo, que não é o autor empírico e que acaba por coincidir com a intenção do texto[2095]. Reconhecer a *intentio operis* é detectar uma estratégia semiótica no terreno das convenções estilísticas estabelecidas. Como decidir se uma conjectura acerca da *intenção textual* está correcta? A única maneira é verificá-la através do texto enquanto conjunto coerente. Qualquer interpretação dada de certa parte de um texto poderá ser admitida se for confirmada por uma outra parte do texto e deverá ser rejeitada se for contrariada por outra parte do texto[2096]. Nesta dialéctica entre o intérprete e a

---

[2094] UMBERTO ECO, "A sobreinterpretação dos textos", *Interpretação e sobreinterpretação* (dir. Stefan Collini), Ed. Presença, (s.d.), p. 59.

[2095] UMBERTO ECO, "A sobreinterpretação dos textos", pp. 59-60.

[2096] Neste sentido, igualmente KARL LARENZ, *Metodologia da Ciência do Direito*, p. 286: "*Por tal, dizendo de modo simplificado, pretende expressar-se o seguinte: uma vez que o significado das palavras em cada caso pode inferir-se da conexão de sentido do texto e este, por sua vez, em última análise apenas do seu significado – que aqui seja pertinente – das palavras que formam e da combinação das palavras, então terá o intérprete – e, em geral, todo aquele que queira compreender o texto coerente e um discurso – de, em relação a cada palavra, tomar em perspectiva previamente o sentido da frase por ele esperado e o sentido do texto no seu conjunto; e a partir daí, sempre que surjam dúvidas, retroceder ao significado da palavra primeiramente aceite e, conforme o caso, rectificar este ou a sua ulterior compreensão do texto, tanto quanto seja preciso, de modo a resultar uma*

intenção do texto, como estratégia visando produzir um intérprete modelo concebido como contrapartida de um autor modelo, a noção de autor empírico torna-se desnecessária, pois a intenção ficou completamente menorizada. Por conseguinte, constata-se, neste ponto, uma espécie de rejeição da *falácia da intencionalidade*, ou seja, os dados relativos à intenção antetextual do autor deixam de ser relevantes para a determinação do sentido do texto[2097]. A menoridade do autor empírico revela-se na passagem do discurso oral para o discurso escrito, pois neste a intenção do autor e a significação do texto deixam de coincidir. O que o texto significa interessa agora mais do que o autor quis dizer quando o escreveu[2098]. No entanto, RICOEUR chama a atenção para não se cair no pólo oposto, em que se passa para a *falácia da hipostasiação do texto como uma entidade sem autor*[2099].

Estes mesmos desenvolvimentos são susceptíveis de potenciarem uma reflexão em relação à interpretação de enunciados normativos, em relação aos quais as intenções do legislador não passam, na maioria dos casos, de generalidades e vaguidades, não reconhecidas enquanto tal na exposição de motivos ou nos trabalhos preparatórios, pelo que pode o intérprete realizar uma conjectura sobre a intenção do enunciado, de modo a poder ou não autonomizar nele uma norma de protecção. Nas situações em que o legislador não consagra expressamente o carácter de protecção da norma, através *v.g.* da previsão de uma obrigação de indemnizar ou da remissão expressa para a responsabilidade delitual, o que, na verdade, configura a quase totalidade dos casos, resta ao intérprete realizar uma conjectura apoiada numa argumentação que a sustente, sujeita a controlo permanente. A qualificação e a argumentação que a justifica encontram-se sujeitas ao crivo da Ciência Jurídica. No limite, o intérprete cria a norma de protecção, rotulando-a segundo a fórmula *"destinada a proteger interesses alheios"*. Isto significa que, perante intérpretes distintos, em situações idênticas, a solução a que se chega pode não ser a mesma, representando a abertura e mobilidade do sistema ao permitir inúmeras combinações e sopesamentos diferenciados.

---

concordância sem falhas. Para isso terá que lançar mão, como controlo e auxiliares interpretativos, das mencionadas "circunstâncias hermenêuticas relevantes"".

[2097] STEFAN COLLINI, "Introdução: interpretação terminável e interminável", *Interpretação e sobreinterpretação*, p. 15.

[2098] PAUL RICOEUR, *Teoria da Interpretação*, p. 79.

[2099] PAUL RICOEUR, *Teoria da Interpretação*, p. 80.

Síntese Periferia – Centro

O texto escrito dirige-se a um intérprete anónimo, havendo uma universalidade potencial de destinatários. Faz parte da significação de um texto estar aberto a um número indefinido de intérpretes e, por conseguinte, de interpretações[2100]. A *sobreinterpretação* insere-se nos quadros dogmáticos da menorização do papel do autor na regulação da interpretação do seu texto. Passa-se, assim, de uma monarquia do autor para uma anarquia do intérprete, na qual toda a interpretação parece ser legítima. Acresce que, de igual modo, nos quadros conceptuais da *sobreinterpretação,* a intenção do texto é uma categoria menor, pois, independentemente desta, é a intenção do intérprete, e só deste, que pode construir o sentido do texto, comportando a sua recusa a rejeição da interpretação ilimitada, ao passo que a sua defesa concentra-se na possibilidade de um texto comportar leituras infinitas. É preciso compreender que UMBERTO ECO, ao defender que a *intenção textual* funciona como limite da interpretação legítima, não afastando um número elevado de interpretações possíveis, reduz-se a sufragar que há interpretações que escapam à esfera de legitimidade que o texto autoritariamente prescreve[2101].

O texto assume um poder na sua interpretação que não deve ser menosprezado. Com efeito, as suas propriedades estabelecem fronteiras ao horizonte de interpretação legítima. Há, porém, uma certa evolução das interpretações legítimas – uma espécie de darwinismo interpretativo – pois certas interpretações vão-se revelando ao longo do tempo mais satisfatórias para a comunidade implicada[2102]. No entanto, a preferência por uma concepção de texto aberto, em detrimento da interpretação autoritária, e a preferência da auto-actualização ilimitada, em detrimento do essencialismo do texto, parecem apontar para a necessidade de repensar o papel da *sobreinterpretação* no desenho de círculos de legitimidade de leituras que o texto habilita.

Na verdade, um texto pode ter múltiplos sentidos. Decidir como funciona um texto significa tomar posição sobre qual dos seus vários aspec-

---

[2100] PAUL RICOEUR, *Teoria da Interpretação,* p. 81.

[2101] GISBERT-STUDNICKI, *Rechtstheorie,* pp. 18 e 354, *apud* LARENZ, *Metodologia da Ciência do Direito,* p. 269, (n. 73) para falar em interpretação teria de se pressupor que existem sentidos que *"são legítimos e outros que não podem suscitar qualquer pretensão de legitimidade".* Sem o conceito de sentido legítimo não se distingue entre interpretação e má interpretação.

[2102] STEFAN COLLINI, *Introdução,* p. 23.

tos pode vir a ser relevante e quais são os que se mostram marginais e inadequados para uma interpretação coerente. A resposta a esta questão depende da correcta definição da tarefa hermenêutica, que, de facto, não visa a compreensão do reconhecimento da intenção de um autor do ponto de vista dos destinatários primitivos na situação original do discurso, mas, diferentemente, enquadrar uma série de polaridades dialécticas, condensadas na concepção do discurso como evento e significação e como sentido e referência[2103], evidenciando uma dimensão dialéctica entre autor-texto-intérprete. É esta polaridade do processo interpretativo que, sem subavaliação de qualquer dos seus momentos, tem de ser sublinhada. O texto não é resultado da intenção do seu autor, que perde importância após o processo de criação, mas não é também resultado da intenção do intérprete, que só representa uma entre muitas intenções. O texto não é uma realidade empedernida; configura um *quid* susceptível de exponenciar interpretações e usos[2104].

[2103] A distinção entre sentido e referência foi introduzida por GOTTLOB FREGE relativamente ao sentido objectivo do discurso: "o quê" do discurso refere-se ao sentido e "o acerca do quê" visa a sua referência. Cfr. PAUL RICOEUR, *Teoria da Interpretação*, p. 70 ss.

[2104] RICHARD RORTY preconiza uma reviravolta no estatuto do conhecimento, visando que este deixe de ser virado para a procura do que as coisas são, para que passe a orientar-se no sentido de uma contribuição para uma conversação cultural, que se adapte aos propósitos individuais (postura antiessencialista), o que o situa nas novas correntes pós-modernas. Nestes termos, nega que o texto tenha uma natureza e uma interpretação legítima, à semelhança de ECO, no modelo entre intérprete modelo e intenção do texto, não se devendo procurar o que o texto "realmente é", mas antes apropriarmo-nos das descrições do texto que achamos úteis para os diferentes propósitos que o texto nos pode dar. Devemos deixar de nos preocupar como os textos são feitos e usar simplesmente os textos de acordo com os nossos fins. RORTY vai, em consequência, negar a distinção entre interpretação e *sobreinterpretação,* reconduzindo o que for possível ser feito sobre os textos à sua utilização. Devem utilizar-se os textos de acordo com o que são os seus propósitos particulares, sem estar preocupado com os processos de desmontagem do texto. ECO insiste na distinção entre interpretar e usar textos. RICHARD RORTY recusa esta clivagem, porquanto, para a concepção pragmatista da interpretação, tudo o que se pode fazer com os textos é usá-los, uma vez que a interpretação enquanto conhecimento dos textos, penetrar na sua essência, é apenas o processo de pormos os textos a funcionar. Com efeito, para os pragmatistas, o texto não é um objecto que se descobre, mas um objecto que se constrói ao longo de um esforço circular de auto-validação, por isso, deve abandonar-se a distinção entre usar e interpretar para distinguir apenas entre os usos praticados por pessoas diferentes, com diferentes propósitos. (RICHARD RORTY, "O progresso do pragmatista", p. 84). Preferindo o conceito de neo-modernidade a pós-modernidade, SÉRGIO COTTA, "*Postmo-*

IV. Esta polaridade do processo interpretativo aplica-se integralmente à hermenêutica jurídica, pela qual o sistema, através de modelos de decisão, remete para normas e princípios que, combinando-se, permitem resolver casos concretos. Não há, assim, que defender uma teoria da interpretação *sui generis* para as normas de protecção com maior peso da interpretação histórica e subjectiva. Pelo contrário, os enunciados que estão na base das normas de protecção devem ser interpretados de acordo com a polaridade assinalada. Há que reconhecer, todavia, uma complexidade acrescida no processo interpretativo destas normas, na estrita medida em que a resolução do caso concreto pressupõe a justaposição e interpenetração de uma pluralidade de normas provenientes de conjuntos normativos distintos.

A interpretação é imprescindível na vida do texto; é pela interpretação que o texto comunica, tratando-se de um processo racional com carácter plural e democrático. Porém, a interpretação não é uma actividade intelectual arbitrária, que não possua quaisquer limites. O texto e a sua interpretação são as instâncias que heterovinculam e autovinculam a interpretação. A admissão da *sobreinterpretação* implica a recusa de qualquer instância vinculadora do processo interpretativo e situa-se na fronteira entre a interpretação de um texto e a interpretação de todos os textos. Não se trata de uma actividade ilegítima *per se*, mas, na medida em que transforma um texto em todos os textos, é ilegítima em relação àquele, recusando-o enquanto instância dotada de um poder de heteroconformar a sua própria interpretação.

Por outro lado, é o texto e não o autor empírico que traça fronteiras ao processo interpretativo, mas o autor é instância mediata dessa determinação, porquanto arquitecta o texto. Ainda que possuindo limites, o espaço semântico de cada texto possui uma significativa mobilidade. É na mobilidade de sentido do texto que se deve reflectir sobre a atitude pragmatista que deixa de se preocupar como os textos funcionam e sobre a sua essência oculta, para se orientar para o modo como os textos funcionam em nós, servindo aos nossos objectivos. Não se pretende, neste contexto, realizar uma crítica ao pragmatismo, que transforma o texto em instrumento e a

---

dernidad y bien común", RFDUC, n.º 87, Madrid, 1997, p. 330. Sobre o confronto entre modernismo e pós-modernismo no processo de edificação de um Código civil Europeu, cfr. UGO MATTEI, *The European Codification Process Cut and Paste*, Kluwer, The Hague, London, New York, 2003, pp. 97-105.

782 Normas de Protecção e Danos Puramente Patrimoniais

interpretação em uso; todavia, a teoria pragmática sublinha uma intenção finalista na interpretação que será porventura legítima, mas não necessariamente a única.

Os limites da interpretação, da *sobreinterpretação* e uso dos textos colocam-se igualmente no domínio da interpretação de enunciados normativos, em especial no campo das normas de protecção. Um dos primeiros aspectos a tomar em consideração relaciona-se com o próprio teor da remissão para normas de protecção, e de como esse segmento normativo deve ser considerado um texto aberto a diferentes releituras que permitem alguma variação dos critérios materiais e formais da identificação das normas de protecção. De sublinhar que é maior a preponderância do papel do intérprete na identificação dos interesses que subjazem nas normas destinadas a protegê-los do que na busca de qualquer intenção do legislador no momento da elaboração da norma. Sob esta perspectiva o intérprete "usa" legitimamente a norma para autonomizar um dever indemnizatório que seja conforme à referência material de justiça[2105] e ao sistema delitual indemnizatório. A "norma" evidencia-se enquanto ponto de partida para este "uso".

V. O Código Civil contém nos seus artigos 9.º e 10.º regras sobre integração e interpretação da lei[2106]. Estas regras partem das categorias de SAVIGNY de "letra" e "espírito" da lei, de vontade do "legislador" e da "lei", completadas pelos estudos de FERRARA e de MANUEL DE ANDRADE sobre a interpretação jurídica[2107]. MENEZES CORDEIRO considera que apesar de estes artigos consubstanciarem uma originali-

---

[2105] De referir que em relação a algumas normas de protecção é impossível descortinar razões de justiça, designadamente como é o caso da norma que proíbe que se ultrapasse pela direita.

[2106] FREITAS DO AMARAL, "Da necessidade de Revisão dos Artigos 1.º a 13.º do Código Civil", Themis, Ano I, n.º 1, 2000, pp. 9-20. Cfr. o aceso debate sobre estas disposições em *Reforma do Direito Civil*, p. 43, em que salienta que a disparidade de posições parece indiciar a necessidade de reformular estas disposições em relação às quais não se conclui sobre o seu carácter vinculativo para o intérprete e em que medida.

[2107] MENEZES CORDEIRO, *Tratado de Direito Civil Português, I*, p. 149, FRANCESCO FERRARA, *Introdução e aplicação das leis*, (trad. Manuel de Andrade), 2. ª ed, 1963, e MANUEL DE ANDRADE, *Ensaio sobre a teoria da interpretação das leis*, 2.ª. ed, 1963 (1.ª ed., oficina da Coimbra Ed. Coimbra, 1934, e *Fontes de Direito, vigência, interpretação e aplicação da lei*, BMJ, 102, (1961), pp. 141-152.

dade[2108], uma vez que a maioria do Códigos Civis evita incorporar regras sobre o processo interpretativo, não são completamente inúteis, na medida em que permitem abrir uma discussão sobre os "elementos de interpretação" e os "critérios de integração"[2109]. No entanto, estas disposições devem permitir substituir o esquema puramente conceptual e positivista que separa as operações de realização do Direito na feitura, interpretação, integração e aplicação das leis, por um processo unitário[2110], no qual as dimensões do pré-entendimento e a ponderação das consequências têm de ser sopesados e se afirma uma dimensão de tipo cognitivo-volitivo[2111]. Acresce que estas normas estão também elas sujeitas a interpretações e usos, pelo que o seu peso relativo é variável, permitindo construir uma polaridade com maior ou menor relevância dos diferentes elementos de interpretação. A polaridade subjacente é significativa, na medida em que oscila entre uma interpretação com um mínimo de correspondência verbal no texto legislativo, presumindo que o legislador consagrou as soluções mais acertadas (artigo 9.°, n.° 2 e n.° 3), e a norma que o próprio intérprete criaria, se houvesse de legislar dentro do espírito do sistema (artigo 10.°, n.° 3)[2112].

[2108] Não se trata de uma originalidade completa já que o artigo 16.° do Código Civil de Seabra e o artigo 3.° do Código Comercial consubstanciavam preceitos sobre a interpretação das leis no Direito privado, JOSÉ EUGÉNIO DIAS FERREIRA, "Regras Gerais de Interpretação e Aplicação das Leis no Direito privado Português", ROA, Ano 10.°, n.° 3 e 4, (1950), pp. 46-68. Sobre a contraposição entre o sistema do artigo 16.° e o actual, OLIVEIRA ASCENSÃO, "Interpretação das leis. Integração de lacunas. Aplicação do princípio de analogia.", ROA, Ano 57.°, 1997, pp. 940-941.

[2109] MENEZES CORDEIRO, *Tratado de Direito Civil Português*, I, pp. 150.

[2110] CARNEIRO DA FRADA, *Direito Civil. Responsabilidade Civil*, pp. 143-145, recusa que a interpretação, a integração e a aplicação se fundem num *continuum* indistinguível, pelo que nega uma teoria unitária da realização do Direito que se limite a ser uma síntese que dilua complemente os elementos interpretação/integração na aplicação. Com isto, pretende o Autor que, independentemente da sua aplicação ao caso concreto e da sua eventual solução, as normas jurídicas são um instrumento de conformação da vida dirigidas a uma série indeterminada de pessoas e de situações, com um sentido de vocação para o conjunto, independentemente do caso concreto. Com esta concepção valoriza-se o sistema, a igualdade. Daí que preconize, como alternativa a uma concepção metodológica que tudo reduza à interpretação, uma polaridade entre o "concreto" e o "geral". Apesar destes considerandos, o fim último do Direito, a sua força gravitacional, o *prius* metodológico, o momento constitutivo e distintivo da juridicidade, é o caso decidendo.

[2111] MENEZES CORDEIRO, *Tratado de Direito Civil Português*, I, p. 151.

[2112] Neste ponto, impõe-se analisar a questão da *analogia iuris* nas normas de protecção, designadamente na sua articulação com a criação jurisprudencial de deveres do

784 Normas de Protecção e Danos Puramente Patrimoniais

A interpretação dá-nos o sentido da fonte autonomizando normas jurídicas que se apresentam como ponto de chegada e não como ponto de partida do trabalho do jurista. A norma consubstancia um critério de qualificação e decisão para o intérprete poder julgar e resolver o caso concreto. Nem sempre o critério que a norma postula é de conduta, no sentido de querer orientar os comportamentos humanos[2113], o que é notório numa disposição como o artigo 483.º, n.º 1 CC. Seguindo a exposição anterior, as normas são conjecturas individuais do intérprete com finalidade expositiva ou de solução de casos concretos; mesmo que verdadeiras (na medida em que exprimam a ordem), a sua formulação é *limitadamente variável*, pelo que enquanto expressão da ordem jurídica objectiva não afastam a legitimidade de outros modos de expressão[2114]. Quando deixam de ser conjecturas individuais do intérprete e se consolidam numa formulação de tipo geral elevam-se novamente à categoria de fonte, abrindo espaço a novas formulações e conjecturas individuais[2115].

Enquanto o primeiro critério de identificação das normas de protecção é simultaneamente formal (localização da fonte legal) e material (autonomização de uma norma de carácter genérico), o segundo critério de delimitação das normas de protecção, na referência a que sejam destinadas a proteger interesses alheios, é estritamente material, pressupondo uma "reconstrução" da norma com sopesamento dos diferentes elementos de interpretação, tendo a doutrina tradicional sublinhado o especial peso da teleologia para descortinar se a norma visa a protecção de interesses individuais. Tem sido defendido ao longo da presente dissertação que as dificuldades de interpretação das normas de protecção se localizam essencialmente no segmento normativo *"destinadas a proteger interesses alheios"*[2116]. Para além de denotar uma referência metodológica do direito no quadro da jurisprudência dos interesses[2117], criticada com base no seu

---

tráfego. Parece-nos que a existência de um princípio de enumeração das normas de protecção de interesses puramente patrimoniais impediria que fossem os próprios intérpretes a criar *ad hoc* normas de protecção.

[2113] OLIVEIRA ASCENSÃO, *Direito. Introdução e Teoria Geral*, pp. 493-494.

[2114] OLIVEIRA ASCENSÃO, *Direito. Introdução e Teoria Geral*, p. 496.

[2115] OLIVEIRA ASCENSÃO, *Direito. Introdução e Teoria Geral*, p. 499.

[2116] SINDE MONTEIRO, *Responsabilidade por conselhos,* p. 249.

[2117] DEUTSCH/AHRENS, *Deliktsrecht,* § 15, pp. 105-106. Na redacção do § 823 II BGB, o legislador adoptou, pela primeira vez, a concepção moderna de responsabilidade civil tendo por base os objectivos de protecção das normas. Este dispositivo acabou por

sociologismo[2118], tem sido apontado na doutrina portuguesa como já foi referido que o conceito de interesse está rodeado de dúvidas[2119]. Há, com efeito, uma concepção puramente utilitarista de interesses, em que estes surgem como *"pontos de vista individuais pelos quais o que um exige de outro é só o que lhe convém, independentemente de qualquer reciprocidade ou superadora inter-acção com esse outro"*[2120].

Algumas soluções importadas da doutrina alemã, que foram apresentadas por RÜMELIN, têm sido igualmente preconizadas pela doutrina portuguesa, designadamente que a norma tem de visar a protecção de uma pessoa ou círculo de pessoas, não bastando que se destine a proteger a colectividade em geral, e que a protecção individual tem de ser intencionada e não só objectivamente actuada, embora não necessite de constituir o fim principal da norma, bastando que, ao lado do fim principal, vise também a protecção dos indivíduos[2121]. De referir que estes critérios materiais se inserem numa teoria da interpretação jurídica que concede primazia ao

---

ultrapassar o próprio texto da norma e promover o desenvolvimento do regime da responsabilidade civil permanentemente influenciado pelas normas protectoras de interesses particulares. Além do mais, a violação de normas de protecção implica uma particular aplicação da perspectiva adoptada pela chamada "jurisprudência do valor", segundo a qual a indemnização deve ser limitada aos fins salvaguardados pela norma.

[2118] WALTER WILBURG, *Desenvolvimento de um sistema móvel*, p. 57, oferece como superação da jurisprudência dos interesses uma metodologia que não aborde as forças causais como causas pré-jurídicas, deslocando-as para dentro das próprias normas e hipóteses legais.

[2119] MENEZES CORDEIRO considera que o recurso à noção de interesse implica escolhos e que sempre que a lei procura estatuir com recurso à ideia de interesse se levantam sistematicamente problemas delicados de interpretação (*Direito das Obrigações*, 2.° vol, (reimpressão), AAFDL, Lisboa, 1994, p. 345 (n. 163). Também no *Tratado de Direito Civil Português*, II, p. 203, considera que a noção de interesse só tem relevo quando defira ao sujeito a função de definir quais os interesses e como os prosseguir. Caso contrário trata-se de uma mera norma de conduta, pelo que a noção de interesse seria dogmaticamente imprestável, faltando a instrumentação necessária para a transformar num conceito operacional. Diferentemente, PEDRO PAIS DE VASCONCELOS, *Teoria Geral do Direito Civil*, p. 245, considera que o interesse é um operador jurídico não negligenciável, estando há muito adquirido na *Scientia Iuridica*, defendendo a sua natureza extra-jurídica e distinguindo uma concepção objectiva e subjectiva de interesse que permita desligá-lo da consciência e vontade do seu titular.

[2120] CASTANHEIRA NEVES, *Entre o "legislador"*, p. 34.

[2121] THOMAS HONSELL, *Der Verstoß gegen Schutzgesetz*, p. 103, e SINDE MONTEIRO, *Responsabilidade por conselhos*, p. 249.

786 *Normas de Protecção e Danos Puramente Patrimoniais*

legislador e ao texto legislativo, sendo que as correntes interpretativas mais recentes dão o papel central ao intérprete na condução do processo de interpretação. Acresce que não é defensável uma perspectiva atomística do ordenamento jurídico, com enfoque na norma, mas que a interpretação da remissão normativa há-de ser entendida com latitude por parte do intérprete, latitude esta que tem de estar subjacente à defesa ou recusa do carácter de protecção de uma norma. Note-se que a doutrina alemã tem desenvolvido estas teses como auxiliares hermenêuticos da identificação das normas de protecção, mas que a maioria destas fórmulas não é em si mesma isenta de especiais dificuldades e que, frequentemente, estes critérios não são suficientes para a qualificação indiscutível de uma norma como sendo de protecção[2122]. Os vectores que se desenvolvem em torno

---

[2122] DEUTSCH/AHRENS, *Deliktsrecht,* § 15, pp. 106-107. Estes auxiliares metodológicos podem ser reconduzidos à protecção civil de interesses individuais, ao âmbito material e pessoal de protecção. Só nos encontramos perante uma norma de protecção quando essa norma é originariamente proveniente do direito civil ou veio a ser civilmente transformada, de forma a garantir a protecção no campo delitual. Esta situação é passível de suceder no caso da norma ter como objectivo assegurar de forma exclusiva a protecção do indivíduo ou do indivíduo integrado num determinado grupo. Note-se, no entanto, que, mesmo nos casos em que a lei visa proteger a generalidade de um grupo, nem por isso deixará de se colocar a questão de se tratar de uma norma de protecção, desde que permaneça como seu objectivo a protecção dos interesses de um determinado indivíduo. Devemos entender o objectivo da norma como um elemento subjectivo, uma vez que não se aborda a questão da repercussão da norma, mas sim dos fins legais para que foi criada. Se uma norma protege de forma exclusiva interesses fora do âmbito dos interesses privados, ou não mantem aqueles interesses em primeiro plano, não se pode afirmar que nos encontramos perante uma norma de protecção. Isto sucede quando, por exemplo, determinada norma visa proteger, em primeira linha, a organização administrativa no seu todo. Também é frequente verificar-se que a lei assegura uma função generalista cujo resultado da execução será extremamente positivo para o interessado. No entanto, ainda não foram atribuídos às normas de protecção estes efeitos adicionais. A proibição do encobrimento pessoal (§ 258 StGB) deverá proteger o funcionamento da justiça e não apenas a vítima do agente. O preceito que determina a punição da falsificação de documentos (§ 267 StGB) não constitui em si mesmo uma norma de protecção. Já o são, porém, os preceitos que prevêem a fraude com subvenções (§ 264 StGB) e o abuso de confiança relativamente às quantias dispendidas para a segurança social (§ 266.ª StGB) (BGH 13.12.1988, VersR 1989, 262 e VersR 91, 1378). As normas que obrigam as casas de jogo a impedir a entrada a residentes e a menores de idade contêm em si mesmas apenas uma obrigação perante a generalidade das pessoas. Se estivermos perante uma norma de considerável importância, exige-se, além do mais, que o lesado se inclua no núcleo dos sujeitos protegidos por aquela norma. Não existe ainda uma protecção civilista suficientemente abrangente, mas apenas a salvaguarda de

desta questão passam pela necessidade de uma protecção individual autónoma do interesse público. Isto é, nas normas de protecção o interesse público exige a protecção autónoma do interesse particular. A exigência de restringir o número de habilitados à indemnização aponta igualmente para que se trate de um interesse imediato. Por fim, tem se chamada a atenção para a compatibilidade com o direito delitual[2123].

VI. Na relação que se verifica entre interesse público e interesse particular impõem-se alguns aspectos de análise que têm sido desenvolvidos sobretudo pela doutrina administrativa estrangeira e nacional. Os verdadeiros interesses colectivos públicos são os interesses inequívocos da comunidade que se orientem para a existência de uma ordem social pací-

---

interesses de algumas pessoas ou de membros de determinadas associações. Exemplos de sujeitos que se integram neste grupo de pessoas são, por exemplo, o empreiteiro para a protecção do qual se encontra estipulada uma norma que proíbe a realização de obras sem a adequada vigilância policial. A alínea b) do § 284 StGB salvaguarda as utilizações abusivas e ilegítimas de veículos automóveis, protegendo não apenas o proprietário do automóvel em causa, mas também os intervenientes no tráfego rodoviário. A disposição legal que proíbe escavações num determinado imóvel (§ 909 BGB) visa proteger de forma directa a vizinhança desse imóvel. Se por hipótese, abusivamente se efectuarem obras de escavação num imóvel e se, em virtude destas obras, ocorrerem danos não apenas no imóvel vizinho, mas também no imóvel contíguo a este, o vizinho mais distante já não se integra no núcleo dos sujeitos salvaguardados pela norma. O mesmo sucede com o comprador de um imóvel, não obstante ser titular de uma eventual expectativa. O acidente e os danos daí decorrentes têm obrigatoriamente de se incluir no escopo material da norma de protecção. Estas leis não apreendem todo e qualquer interesse que possa vir a ser prejudicado, apenas pretendem proteger os lesados contra determinadas perdas ou prejuízos. Assim, apenas e na medida em que se verificar um prejuízo ou uma perda, se poderá vir a exigir uma indemnização por danos. Por exemplo, a norma de protecção das plantas configura uma protecção contra os efeitos colaterais de pesticidas, mas já não inclui no seu âmbito material de protecção os efeitos de uma eficácia reduzida de uma determinada substância para protecção das plantas. Suponhamos o caso de um jovem que, desrespeitando o disposto na norma de protecção de menores, adquire bebidas alcoólicas e na sequência de um estado de embriaguez provoca diversos danos, estes danos não se integram no âmbito material da norma de protecção de menores, que apenas abrange as lesões decorrentes de efeitos comuns do consumo de álcool. Outra situação: um empreiteiro não veda nem sinaliza devidamente o local onde se realizam obras e, aquando do rebentamento de um cano, o peão que por ali passava acaba por sofrer lesões. Neste caso, os danos não se incluem no escopo material de protecção da norma, uma vez que a obrigação de sinalização e de vedação não prevê este tipo de acidentes. Cfr. FUCHS, *Deliktsrecht*, 139-146.

[2123] THOMAS HONSELL, *Der Verstoß gegen Schutzgesetz*, p. 105.

788   *Normas de Protecção e Danos Puramente Patrimoniais*

fica, na qual coexistam os valores fundamentais, não se tratando de uma fórmula vazia, como afirmou DENNINGER[2124], mas de um princípio abstracto no qual assenta a ordem jurídica e a produção jurídica.

O aperfeiçoamento da posição jurídica subjectiva não deve conduzir a uma hiperindividualização prejudicial ao bem comum. O conteúdo das legitimações garantidas pelo direito objectivo consiste no poder existente, que assiste ao cidadão, de excluir ou prevenir perturbações a esse exercício. Os "direitos de liberdade" são pois decorrência do *status* negativo e, por isso, têm uma relevância extraordinária, na medida em que fazem parte da maioria dos direitos de exercício garantidos por lei ou acto administrativo. No Estado Constitucional existe uma presunção de direito subjectivo sempre que o particular é beneficiado pelo direito objectivo. O pressuposto é que este favorecimento não seja meramente ocasional, mas corresponda ao fim da norma que contem o benefício. Para a delimitação dos direitos é fundamental a consideração do fim de protecção das normas jurídicas em causa, designadamente se para a obrigação da autoridade administrativa foi decisivo o interesse próprio e directo do particular ou se a obrigação visa sobretudo assegurar o interesse público geral ou especial. O fim de protecção não depende das intenções subjectivas do legislador, mas da apreciação objectiva dos interesses[2125].

O primeiro interesse do Estado, que a legislação realiza, é o da esquematização típica da vida segundo critérios de justiça distributiva. Trata-se de um interesse na justa composição de conflitos. Enquanto legislar é satisfazer esse interesse abstractamente, julgar é satisfazê-lo em concreto. Este interesse público da justa composição de conflitos é puramente formal, representando essencialmente um escopo da legislação. Assim, só o interesse numa determinada composição dos conflitos, por se referir a uma necessidade colectiva, se pode dizer interesse colectivo primário, em face do qual o Estado coloca os fins ou grupos de fins individuais ou colectivos. Para que esses fins, privados ou públicos, estejam aptos a ser reconhecidos pelo direito é necessário que se verifique uma coincidência e não uma contraposição com o interesse colectivo primário[2126].

O legislador reconhece de modo diverso finalidades individuais e finalidades públicas. Em relação às primeiras, o legislador procede a um

---

[2124] DENNINGER, "Polizei und demokratische Politik", JZ, 1970, p. 150, (n. 30).
[2125] HANS J. WOLFF/OTTO BACHOF/ROLF STOBER, *Direito Administrativo*, pp. 656-661.
[2126] ROGÉRIO EHRHARDT SOARES, *Interesse Público,* pp. 101-102.

acervo de fins que reputa compatíveis com o interesse público e concede-lhes um domínio de liberdade limitado externamente por um círculo de outros fins que não aceita. Dentro desses limites, o particular goza de uma plena capacidade de determinação que, coordenada com idêntico jogo das outras esferas individuais ou colectivas contrapostas, é reconhecido pelo ordenamento jurídico como elemento do interesse público primário. Ao particular são, assim, concedidas pelo direito esferas de liberdade enquanto esferas de lícito[2127].

Nestes casos, o direito reconhece os fins da actividade privada como utilizáveis para a satisfação do interesse público, mas a conexão existente é apenas mediata ou indirecta. Casos há em que as finalidades prosseguidas pelo sujeito são encaradas pela ordem jurídica como possuindo uma instrumentalidade imediata em face do interesse público primário, e, nesse sentido, são protegidas mais intensamente. Trata-se das hipóteses em que se está em presença de um interesse indivisível, de uma pluralidade de pessoas, em relação a bens susceptíveis de satisfazerem, não necessidades individuais, mas a necessidade comum de todas as pessoas. Estes fins, dada a sua estreiteza com o interesse público primário, são considerados interesses públicos secundários[2128].

O interesse público primário é um interesse sentido pelo legislador com inteira liberdade e por ele deixado indeterminado como um padrão maleável de avaliação doutros interesses; o interesse público secundário é um interesse típico, individualizado abstractamente pelo legislador como elemento de integração do interesse primário. O interesse público primário, ou interesse colectivo primário, corresponde ao bem público, tendo um âmbito geral e indiferenciado, enquanto o interesse público secundário abrange somente um sector delimitado dentro da totalidade do primeiro[2129]. Da preeminência do interesse público resultam certos corolários. A lei, reconhecendo aos particulares um domínio de liberdade, estabelece ao mesmo tempo restrições destinadas a assegurar imediatamente o interesse público ou a permitir a coexistência de outros domínios de liberdade. As primeiras restrições resultam de obstáculos postos à liberdade dos indivíduos, determinando desse modo condutas que só assumem

---

[2127] ROGÉRIO EHRHARDT SOARES, *Interesse Público*, pp.103-104.
[2128] ROGÉRIO EHRHARDT SOARES, *Interesse Público*, p. 106.
[2129] ROGÉRIO EHRHARDT SOARES, *Interesse Público*, p. 108.

790   *Normas de Protecção e Danos Puramente Patrimoniais*

relevo jurídico quando contrariam essas normas. As segundas resultam do confronto de duas esferas de licitude[2130]. As normas de protecção protegem a liberdade e esta surge enquanto interesse[2131].

VII. Admitindo que as normas que proíbem a concorrência ilícita, enquanto normas restritivas da liberdade de iniciativa económica, não podem deixar de proteger o interesse público – até pela directriz constitucional prevista no artigo 61.º, n.º 1 – todas essas normas só podem proteger interesses particulares na medida em que essa tutela seja coadunável com o interesse público. Isto é, os interesses particulares terão protecção enquanto a mesma se compatibilizar com a protecção do interesse geral. Neste pressuposto, as normas de protecção no domínio da concorrência teriam de proteger o interesse geral, sob pena da inconstitucionalidade. Tal significa que *prima facie* são *destinadas* à protecção do interesse público. Porém, sendo as normas de protecção destinadas a proteger interesses particulares – de acordo com o critério material estabelecido – isso significa que, para além do interesse público, é necessário autonomizar, nas referidas normas, o fim de protecção de interesses individuais[2132]. Neste ponto,

---

[2130] ROGÉRIO EHRHARDT SOARES, *Interesse Público*, p. 121.

[2131] MARKUS GRUBER, *Freiheitsschutz als ein Zweck des Deliktsrechts, Versuch ein methodenengerechten Begründung*, Duncker & Humbold, Berlin, 1996, p. 292, defendendo uma crítica à argumentação objectiva-teológica no sentido da sua fundamentação e da existência de várias funções nas normas individuais ou grupos de normas. "*Der Aspekt des Freiheitsschutzes kann nicht nur in der Form der Zweckargumentation Berücksichtigung finden. Ein Zweck Freiheitsschutz ist also auch von anderen Möglichkeiten, Freiheitschutz zu beachten, abzugrenzen. Neben der Diskussion von Freiheitsschutz als Zweck findet sich for allem die Einordnung als "Interesse". Das Spannungsfeld von Rechtsgüterschutz und Schutz der Handlungfreiheit, in dem Deliktsrecht steht, wird häufig als Spannungsfeld von Interessen gesehen. Eine Nähe von Zwecken und Interessen besteht indes nicht nur im Hinblick auf den kronketen Aspekt des Freiheitschutzes. Es läßt sich auf bereits allgemein eine Nähe zwischen einer Argumentation mit Folgen oder Zwecken und einer solchen Interessen feststellen(...)Unter Interesse kann man einen Nutzen, Belang oder Vorteil verstehen*". DEUTSCH, *Haftungsrecht*, p. 13, o interesse corresponde a bens jurídicos de carácter geral, como a pessoa e o património, que são protegidos através de normas de conduta.

[2132] Neste ponto impõe-se articular uma teologia de interesse público com uma teologia de interesses individuais. Esta é uma evolução típica do século XX e que fez com que uma série de ramos jurídicos, alguns de autonomização dogmática discutível, apresentassem uma dupla natureza, de Direito privado e Direito público. Um dos ramos jurídicos em que essa tendência mais se salienta é o Direito do consumo, mas áreas recentes como o

é indispensável fazer uma precisão para a qual a doutrina alemã tem chamado a atenção. O carácter de norma de protecção não deve ser fundamentado com a ajuda do próprio artigo 483.°, n.° 1 CC; a teleologia da própria norma tem que visar o benefício dos interesses dos indivíduos ou de círculos de indivíduos. Não se trata, neste aspecto, da apreciação da tutela do interesse violado com respeito ao direito de indemnização, mas sim do facto da norma ter por fim a protecção de outros e beneficiar os seus interesses, independentemente da justificação material de uma pretensão indemnizatória[2133]. A resposta a esta questão resulta da própria norma, sendo a "questão" indemnizatória autónoma.

A norma do artigo 483.°, n.° 1, CC é uma norma sobre normas (*Recht uber Recht* na expressão ZITELMANN). Pode ser enquadrada como norma que não contém um comando de conduta (ou, em alternativa, como uma norma incompleta à qual falta parte da previsão), *i.e.* que possui apenas uma formulação fragmentária, correspondendo a um tipo legal aberto, de cuja formulação normativa resulta que quem violar normas de protecção ilícita e culposamente é obrigado a indemnizar os danos causados. A sua maior relevância, enquanto norma sobre outras normas, consiste em fornecer os critérios que permitem a qualificação das normas de protecção.

O critério decisivo de qualificação das normas de protecção assenta no *"serem destinadas à protecção de interesses alheios"*. Este critério redunda na protecção de interesses individuais ou particulares de outrem, não podendo estar em causa interesses do próprio agente que viola a norma, sob pena de não se colocar qualquer problema de transferência dos

---

Direito do ambiente ou o Direito do urbanismo, em que a esquemas de Direito privado vieram acrescer tutelas da ordem colectiva, colocam, nestas áreas jurídicas, a problemática da articulação do interesse colectivo com os interesses individuais. Na verdade, o consumo deixou de colocar-se ao nível individual (do consumidor) e dos mecanismos tradicionais contratuais, ultrapassando a área do contrato e colocando-se num parâmetro colectivo, com uma dimensão de ordenação económica e de regulação da concorrência. É esta mudança que justificou o delinear de políticas proteccionistas, a criação de novos centros de decisão e de fiscalização e o emergir de legislações com novos mecanismos de reacção às lesões, *i.e.*, o próprio surgimento do Direito do consumo, como um ramo jurídico autónomo, composto por normas de Direito civil, de Direito económico, de Direito administrativo e de Direito penal, entre outras. Cfr. o nosso *Tutela do Consumo e Procedimento Administrativo*.

[2133] KNÖPFLE, *Zur Problematik des Beurteilung*, p. 700.

792   *Normas de Protecção e Danos Puramente Patrimoniais*

danos da esfera da sua ocorrência para outra[2134]. As normas de protecção não hão-de corresponder a normas que protegem interesses próprios, como a norma que impõe o uso obrigatório de cinto de segurança ou do capacete protector[2135].

O que sejam normas destinadas a proteger interesses de outrem, no contexto da interpretação desta fórmula jurídica, há-de estar objectivado na própria norma, e deve, partindo dos textos, procurar reconstruir o pensamento legislativo, tendo sobretudo em conta a unidade do sistema jurídico e as condições específicas do tempo em que a norma é aplicada. No entanto, a maioria dos critérios que, ao longo do século XX, têm sido convocados pela doutrina alemã, são inoperativos para permitir um *uso* indemnizatório indiscutível, tendo que se sujeitar ao crivo da ciência jurídica.

§ 30.° A teoria da norma jurídica

I. Salienta-se uma tendência para hipostasiar a norma, que leva à identificação do Direito como uma pluralidade de regras jurídicas de fonte legal, esquecendo a relevância da globalidade da ordem jurídica e a multiplicidade das fontes do Direito[2136]. Com efeito, a norma jurídica tem ocupado a Ciência do Direito e a sua concepção tem evoluído, no quadro das diferentes correntes metodológicas que se sucederem, com um significado por vezes muito diverso nos seus diferentes cultores. A norma tem desenvolvido ao longo do tempo um significado plural, de forma a construir uma ambiguidade que a polariza entre o plano do ser e o do dever ser. No primeiro sentido, a norma corresponde àquilo que costuma acontecer. No segundo sentido, ao que deve acontecer. Assim, todas as proposições que encerram um *dever ser* são designadas como normas. Para KAUFMANN as normas contêm um imperativo[2137].

[2134] Ainda que seja evidente que inúmeras normas de protecção, como a que proíbe a circulação nas cidades a mais de 50 km horários, também protejam o agente.

[2135] BRANDÃO PROENÇA, *A conduta do lesado*, p. 99. Ainda que a norma que impõe o uso obrigatório de cinto de segurança possa marginalmente proteger terceiros.

[2136] OLIVEIRA ASCENSÃO, *Direito. Introdução e Teoria Geral*, p. 496.

[2137] ARMIN KAUFMANN, *Teoria da Norma Jurídica*, Editora Rio, pp. 59 e ss.

Sobre o significado do que sejam *"disposições destinadas a proteger interesses alheios"*, parece óbvio que não hão-de ser normas que atribuam direitos subjectivos, o que resulta claramente da contraposição entre a primeira e a segunda parte do n.° 1 do artigo 483.° CC. Seguindo a orientação de MENEZES CORDEIRO de que os direitos subjectivos são atribuídos por *normas permissivas específicas*, à partida – desde que permitam o aproveitamento de um bem – estas normas estão excluídas como normas de protecção. Não atribuindo as normas de protecção direitos subjectivos, por exclusão, serão normas que impõem deveres. Tal justificaria, eventualmente, a possibilidade de recurso ao critério da situação jurídica para a sua delimitação positiva. Ora, os deveres, enquanto situações jurídicas passivas, têm de se reconduzir a normas proibitivas e a normas impositivas.

A distinção entre direito e dever é feita segundo critérios pragmáticos, como o da relação com o interesse tutelado e o da discricionariedade da decisão do titular; nos direitos, é tutelado um interesse do próprio titular da posição jurídica e o seu exercício é livremente decidido por ele; nos deveres, o interesse é de outrem ou da colectividade e o seu exercício é vinculado[2138]. Esta distinção é fundamental para alcançar um critério para identificar as normas de protecção do ponto de vista da situação jurídica passiva. Trata-se de normas de dever, em relação às quais há um exercício vinculado, que protegem o interesse de outrem. Uma perspectiva da situação jurídica activa subjacente não nos fornece o quadro global das normas de protecção e daí a necessidade de estabelecer diferenciações. Por isso, dimensões de direito objectivo têm também de ser perscrutadas.

A ordem jurídica liga-se aos efeitos do facto individual de três formas distintas: enquanto é proibido, imposto ou livre. Na proibição, a ordem jurídica estabelece categorias de factos, que por serem lesivos de valores ou interesses dignos de protecção, não quer que se verifiquem, cominando-lhes uma sanção. Através de toda a proibição, tutela-se um determinado bem. Neste domínio, a acção só adquire relevo jurídico pela proibição. Na imposição, do ponto de vista do sujeito de direito, regista-se um dever, pelo que são relevantes quer o cumprimento quer o incumprimento. Na actividade livre, trata-se de uma actividade reconhecida e protegida pelo direito, mediante a conexão de efeitos jurídicos às suas manifestações[2139].

[2138] JOSÉ ANTÓNIO VELOSO, *Concurso*, p. 265.
[2139] ROGÉRIO EHRHARDT SOARES, *Interesse Público*, pp. 6-7.

BINDING definia a norma como *"mandamento obrigatório de um conteúdo jurídico"*, como *"regra jurídica que gera um dever e assume a forma de uma proibição ou de um mandamento"*. As teses de BINDING foram sujeitas a significativa crítica, desde 1872, data em que surgiu o seu primeiro volume de *Normen*. A partir dos anos 20 do século passado, a teoria foi considerada ultrapassada e nunca veio a ocupar um lugar dominante, sobretudo no campo do Direito civil. A recuperação da teoria de BINDING por autores que se ocuparam das normas de protecção, em especial por DÖRNER, torna-se compreensível na medida em que estas seriam normas, escritas ou não escritas, que estabeleciam um mandamento (conteúdo bindingiano da norma jurídica)[2140], que, articuladas com uma situação básica delitual, gerariam uma obrigação de indemnizar.

Para KELSEN, as normas ou são imperativos ou directivas e, enquanto tais, não podem ser consideradas como verdadeiras ou falsas[2141]. Ora, como as relações lógicas da contradição e da implicação foram definidas tradicionalmente em termos de verdade, conclui-se que entre as normas não existem relações lógicas. Diferentemente, as "proposições jurídicas"[2142] podem ser verdadeiras ou falsas, pelo que, por esta razão, não é problemática a aplicação de princípios lógicos às proposições normativas[2143]. No entanto, não é fácil diferenciar as normas das proposições jurídicas, na medida em que ambas podem ser expressas por meio de enunciados idênticos. Em especial, os chamados enunciados deônticos, nos quais figuram expressões como *dever, proibido, obrigatório, permitido*, são sistematicamente ambíguos, visto que, segundo as circunstâncias, podem ser ou normas ou proposições normativas. Nos primeiros escritos de KELSEN, a proibição jurídica não era uma descrição, mas uma espécie de reconstrução da norma. As normas são proposições extraordinariamente singulares, muito diferentes do resto das proposições, porque aquilo

---

[2140] ARMIN KAUFMANN, *Teoria da Norma Jurídica*, pp. 62 e ss.

[2141] HANS KELSEN/ULRICH KLUG, *Normas Juridicas y Analisis Logico*, CEC, Madrid, 1988, pp. 9 e ss.

[2142] KARL LARENZ, *Metodologia da Ciência do Direito*, p. 350, (n. 2), KELSEN reserva o termo proposição jurídica (*Rechtsatz*) para as proposições da Ciência do Direito que contêm enunciados sobre o conteúdo ou a vigência das normas jurídicas; são proposições enunciativas que, pelo seu conteúdo, se referem a normas, mas não são elas próprias normas.

[2143] MIGUEL TEIXEIRA DE SOUSA, "Sobre a linguagem performativa da teoria pura do Direito", ROA, Ano 46.°, Setembro, (1986), pp. 433-447.

que enunciam, constituem-no ao mesmo tempo em termos performativos. Se este tipo de proposições é, em geral, possível, é algo que não está claro. Esta via conduz directamente ao postular dos factos normativos. Assim, uma determinada conduta é obrigatória independentemente da norma e esta é simplesmente uma proposição acerca do *dever ser* da conduta. É verdadeira só quando a conduta é realmente obrigatória. Esta concepção pressupõe uma ontologia algo complicada, porque, para além de existirem factos empíricos, também existem factos jurídicos.

Por outro lado, é incompatível com o positivismo jurídico e conduz directamente ao direito natural. No entanto, nem os jusnaturalistas estariam dispostos a entender esta abordagem das normas, porque, desde logo, as normas parecem ser constitutivas: uma conduta só com elas adquire a qualidade de obrigatória e seria erróneo descrever a situação de uma norma que prescreve, por exemplo, que se tem de circular pela direita, como se fosse uma mera proposição de um dever pré-existente[2144].

II. LARENZ, em *Metodologia da Ciência do Direito,* faz uma avaliação das partes integrantes da proposição jurídica completa, afirmando que a ordem jurídica contém regras que pretendem que aqueles a quem se dirigem se comportem de acordo com elas. Na medida em que estas regras representam ao mesmo tempo normas de decisão, aqueles a quem cabe a resolução jurídica de conflitos devem julgar em conformidade com elas. As normas jurídicas, na sua maioria, são normas de conduta para os cidadãos e normas de decisão para os tribunais e decisores administrativos. A pretensão de validade de uma regra exprime-se numa vinculatividade, não para determinado caso, mas para os casos da mesma espécie, no recorte espaço-temporal em que a própria norma opera[2145]. A regra do direito tem a forma linguística de uma proposição, a proposição jurídica, que se distingue da proposição enunciativa, que afirma um facto ou uma constatação e, enquanto tal, está sujeita a predicados de verdadeiro ou falso.

As proposições jurídicas não afirmam factos mas um *dever ser*, pelo que não faz sentido aplicar-lhes os predicados de verdade ou falsidade, mas tão só de validade, no sentido de vigência. A ligação do facto, tal como está descrito na previsão normativa, a uma consequência jurídica, que se situa no âmbito do juridicamente vigente, e que, por isso, entra em

---

[2144] KELSEN/KLUG, *Normas*, p. 13.
[2145] KARL LARENZ, *Metodologia da Ciência do Direito*, p. 349.

796 · *Normas de Protecção e Danos Puramente Patrimoniais*

vigor com a realização dos pressupostos de facto, é o que é específico da proposição jurídica enquanto forma da expressão linguística de uma norma[2146]. As palavras do legislador caíriam certamente no vazio se não estivesse legitimado para propor ordenações de vigência desse tipo, que sejam vinculantes para outros, e se não actuasse no quadro de uma competência que lhe é conferida por outra norma precedente[2147].

Um dos aspectos fundamentais ao quadro compreensivo das normas de protecção relaciona-se com o carácter incompleto de certas proposições jurídicas. LARENZ ocupa-se deste tema afirmando que, por regra, uma lei consiste numa pluralidade de proposições, muitas delas incompletas. Algumas servem só para determinar mais em pormenor a previsão normativa, algum dos seus elementos ou a consequência jurídica de uma norma completa; outras restringem a proposição jurídica conformada de modo mais abrangente, ao excepcionar da sua aplicação um grupo de casos; outras, ainda, por sua vez, remetem, tendo em vista um elemento da previsão normativa ou uma consequência jurídica, para outra proposição. Todas as proposições deste género são frases gramaticalmente completas, mas proposições jurídicas incompletas, que comungam do sentido de validade da lei enquanto partes de ordenação de vigência. Todavia, a sua força constitutiva, fundamentadora de consequências jurídicas, recebem-na só em conexão com outras proposições jurídicas. LARENZ considera como proposições jurídicas incompletas as aclaratórias, as restritivas e as remissivas[2148-2149].

Ainda que actualmente a distinção entre normas primárias e secundárias seja a vários títulos criticada nos diferentes quadrantes doutrinários, uma das perspectivas que tem de ser, neste domínio, colocada, respeita à

[2146] KARL LARENZ, *Metodologia da Ciência do Direito*, pp. 352-353.

[2147] KARL LARENZ, *Metodologia da Ciência do Direito*, p. 353.

[2148] KARL LARENZ, *Metodologia da Ciência do Direito*, p. 360.

[2149] KARL LARENZ, *Metodologia da Ciência do Direito*, pp.359 e ss, apresentando as proposições jurídicas aclaratórias como aquelas que delimitam em pormenor um conceito ou tipo empregue em outras proposições jurídicas (proposições jurídicas delimitadoras), ou especificam ou completam o conteúdo de um termo utilizado no seu significado geral com respeito a distintas configurações do caso (proposições jurídicas complementadoras). As proposições jurídicas restritivas incidem sobre proposições cuja previsão de uma proposição jurídica está conformada na lei de modo tão amplo que o seu sentido literal abarca situações de facto para as quais não deve valer, caso em que terá de ser restringida por uma segunda proposição jurídica (p. 363).

compreensão de que a responsabilidade delitual por violação de normas de protecção se condensa numa norma primária de tipo legal aberto, que remete para outras normas primárias, e que a sanção típica prevista – obrigação de indemnizar – constitui um norma secundária ou norma de sanção. Esta distinção levanta alguns problemas, porquanto a norma primária civil remete para normas primárias que estão, por vezes, fora do Direito civil, podendo ser penais e não penais, nas quais se recortam os deveres primários. Em relação às normas penais, a doutrina penalista tem comummente salientado o facto de no Código Penal não se encontrarem normas penais primárias escritas, mas tão só normas não expressas que se reconstroem, segundo critérios e razões próprios do Direito penal, a partir do preceito incriminador – norma secundária – como pressuposto desta[2150]. Por sua vez, seriam normas primárias não penais as normas expressas ou implícitas no texto da fonte de outro ramo do direito, ou reconstruídas a partir de preceitos desse ramo do direito, segundo as razões e critérios próprios dele. Na hermenêutica penal é doutrina assente que as normas penais são sempre recebidas com o sentido e consequências que têm no sistema de origem, importando-se todo o contexto que seja relevante para as determinar plenamente, sendo esta solução directamente imposta pelo princípio da legalidade criminal e da culpa. Não é, assim, permitido ao aplicador da lei penal receber apenas uma parte do conteúdo semântico das fontes do ramo do direito a que pertence a norma primária não penal, de tal modo que a norma reconstruída tenha consequências imprevisíveis pelo destinatário[2151].

Em matéria de técnica legislativa, o artigo 483.º n.º 1 do CC configura uma norma não autónoma, na medida em que lhe falta parte da hipótese legal[2152]. No domínio das normas não autónomas podem inserir-se as normas remissivas ou indirectas, que não regulam directamente a questão de direito e que mandam aplicar outras normas do sistema jurídico, contidas no mesmo ou noutro diploma legal (remissões intra-sistemáticas), as quais, porque não regulam directamente a questão de direito, são chamadas normas indirectas. Este tipo de fórmula técnico-legislativa tem

---

[2150] JOSÉ ANTÓNIO VELOSO, "Concurso e Conflito de normas", Direito e Justiça, RFDUCL, vol. XVII, (2003), p. 260.

[2151] JOSÉ ANTÓNIO VELOSO, Concurso, p. 262.

[2152] BAPTISTA MACHADO, Introdução ao Direito e ao Discurso Legitimador, 13.ª reimpressão, Almedina, Coimbra, 2002, p. 96 e pp. 105 e ss.

800 *Normas de Protecção e Danos Puramente Patrimoniais*

consequências significativas no sistema de responsabilidade delitual e no desenvolvimento do *iter* interpretativo com vista à resolução do caso concreto.

A responsabilidade civil delitual apresenta-se como um direito de carácter sancionatório. A sanção é resultado da violação de uma norma, enquanto consequência desfavorável normativamente prevista, ainda que nem sempre a violação normativa implique a sanção. A sanção, para além do traço da imperatividade do sistema jurídico, surge também como forma de controlo social do indivíduo e consequência jurídica da violação de uma norma de conduta[2153]. No contexto em análise, a proposição contida na segunda parte do n.º 1 do artigo 483.º CC enquadra-se como uma proposição incompleta remissiva, em que parte da hipótese legal necessita de ser completada através de outra ou outras disposições. As proposições jurídicas incompletas, mediante a sua conexão, produzem a proposição jurídica completa[2154]. No que concerne às proposições jurídicas remissivas, de referir que inúmeras vezes a consequência jurídica de uma previsão é determinada mediante remissão para uma outra norma, normalmente recorrendo à fórmula "o mesmo vale", o que acontece no §823 II BGB, que estabelece que "a mesma obrigação vale para aquele que viole uma disposição legal que tenha por fim a protecção de outrem"[2155].

Quanto à disposição congénere nacional, a importância da remissão não se insere no domínio da consequência jurídica, mas da previsão. É preciso encontrar parte da hipótese legal, o que coloca o problema da qualificação jurídica do que sejam normas de protecção. Neste domínio, a qualificação das normas de protecção apresenta algum paralelismo com as normas de conflitos (normas de remissão extra-sistemáticas)[2156]. O artigo 483.º, n.º 1 do CC opera no domínio das remissões intra-sistemáticas, na medida em que remete para outras normas do Código Civil ou de outros diplomas, mas igualmente no das remissões extra-sistemáticas, quando recebe normas de direito comunitário ou de direito estrangeiro decorrente da aplicação de regras de conflitos[2157].

[2153] OLIVEIRA ASCENSÃO, *Direito. Introdução e Teoria Geral*, pp. 63-64.

[2154] LARENZ, *Metodologia da Ciência do Direito*, p. 364.

[2155] LARENZ, *Metodologia da Ciência do Direito,* pp.364 e 366, considerando que a remissão configura um meio técnico-legislativo para evitar repetições incómodas.

[2156] Neste sentido também WIETHÖLTER (Cfr. *supra*).

[2157] BAPTISTA MACHADO, *Introdução ao Direito,* pp. 105-108.

Fundamental é o carácter marcadamente evolutivo desta *facti specie* de imputação delitual. Cada nova norma de protecção criada pelo intérprete aumenta a remissão. A complexidade normativa desta remissão é, assim, exponencial, na medida em que necessita de articular o sistema da responsabilidade delitual, o sistema ampliado da responsabilidade civil, adveniente das normas de protecção, e todos os sistemas normativos nos quais se deparem normas de protecção. Daí ser decisivo encontrar directrizes claras, que norteiem o intérprete na "identificação" do carácter de protecção da norma. Esta remissão importa um duplo movimento de um conjunto de normas que acabam por desaguar na responsabilidade civil. Neste ponto, há uma fenomenologia normativa próxima do concurso de normas, pelo menos no plano formal, ainda que, sendo a norma de remissão incompleta, em bom rigor não há um concurso normativo, mas antes a necessidade de junção de normas incompletas. Este aspecto leva-nos a considerar que, do ponto de vista da norma remissiva (norma *a quo*), *i.e.*, da interpretação que se realiza sobre o artigo 483.°, n.° 1 CC, as normas de protecção são normas incompletas, ou melhor dizendo, são partes de normas que, enquanto ordenações de vigência, necessitam de ser completadas pelo artigo 483.° e com a conexão que neste segmento normativo se postula. Ora, sob esta perspectiva de análise, em todas as proposições jurídicas em que o legislador estabelece uma obrigação de indemnização, acoplada a uma situação delitual específica, não se trataria de uma norma de protecção, mas sim de uma previsão delitual especial, a acrescer às já existentes no Código Civil. Diferentemente, normas de protecção, em sentido estrito, seriam aquelas que, enquanto partes de vigência, necessitam de ser articuladas com o artigo 483.°, n.° 1, 2.ª parte, para desenvolverem a consequência jurídica que nesta disposição se dispõe.

As normas de protecção postulam uma fonte legal e obrigatoriamente um mediador que realize uma conjectura individual sobre aquela, recortando uma norma que permita qualificar um caso concreto de acordo com o critério material que nesta norma se constitui, para o qual é essencial a conexão entre a norma *ad quem* e a norma *a quo*. A incompletude da norma que fundamenta a situação básica delitual exige que se procurem na globalidade do sistema jurídico as normas primárias que permitem a sua articulação com a norma secundária e, sob este ponto de vista, o enunciado que se encontra tem propósitos e leituras claramente restritivas, na medida em que nem todo o sistema jurídico está à partido apto a desencadear efeitos indemnizatórios, devendo descortinar-se uma categoria de enunciados

800 *Normas de Protecção e Danos Puramente Patrimoniais*

que viabilizam esse efeito, por contraposição ao resto do sistema em relação ao qual essa consequência jurídica é excluída. Esta situação implica que se faça uma análise do sistema jurídico que não se limite a uma análise enunciado normativo a enunciado normativo, mas por sistemas de normas, de forma a encontrar características que permitam indiciar o ser carácter protectivo.

§ 31.° Horizonte jusfilosófico e tendências futuras

I. A evolução histórico-dogmática dos sistemas de responsabilidade delitual, a emergência das normas de protecção e as questões ligadas à defesa ou recusa de indemnização dos danos puramente patrimoniais não ficaria cabalmente realizada sem um enquadramento jusfilosófico, sobretudo porque se trata de uma área que, ao longo do seu desenvolvimento, tem colocado problemas que obtiveram tratamento ao nível do discurso filosófico[2158]. Nos alicerces filosóficos da responsabilidade delitual joga-se um conflito entre a liberdade de acção e a protecção dos interesses do lesado, entre um plano liberal e individual e um plano proteccionista e colectivo[2159]. Com efeito, há uma tensão latente entre um plano liberal e

---

[2158] MENEZES CORDEIRO, *Noções Gerais de Direito*, p. 189, afirmando que "*a Filosofia do Direito acaba por apresentar respostas últimas para as questões que lhe forem postas aquelas que são sugeridas pela Filosofia geral. Donde a sua complexidade e vastidão*". ANTÓNIO TRUYOL Y SERRA, "Súmula da História da Filosofia do Direito, Introdução, Conceito, Âmbito e Importância da História da Filosofia Jurídica", vol. IX, (1953), p. 56, "*o reconhecimento da história do pensamento na elaboração sistemática do mesmo, não há-de levar-nos ao extremo de reduzir a filosofia à sua história, com Hegel e o historicismo. (...) A história do pensamento filosófico deve fazer-se tendo em vista o sistema, sem que isso vá naturalmente contra a objectividade da exposição. Por isso é preciso atender em primeiro lugar às conexões lógicas dentro de cada sistema e dos sistemas entre si*". LUIZ LEGAZ Y LACAMBRA, "La Triple Mission de la Filosofia del Derecho", RFDUL, vol. VI, (1949), pp. 193-221.

[2159] MAFALDA MIRANDA BARBOSA, *Reflexões em Torno da Responsabilidade Civil*, p. 511, defende que a matriz da responsabilidade delitual se situa numa dialéctica entre a liberdade e a responsabilidade, actualizada por uma ideia de solidariedade, sustentada num plano de comunicação global, erigida em nome da tutela de bens jurídicos essenciais ao livre desenvolvimento da personalidade de cada um. Para nós, a solidariedade não constitui um valor que tenha actualizado a dialéctica de base da responsabilidade delitual, ainda

um plano social, entre um plano subjectivo e um plano objectivo. A liberdade funde-se numa soberania individual, numa autonomia. A responsabilidade introduz, por isso, um constrangimento na liberdade[2160]. Ao espaço de liberdade é conatural um espaço de restrição[2161].

A responsabilidade civil delitual implica a resolução de um dos problemas nucleares da vida em sociedade e da relação do eu com os outros – que é, na sua substância, o problema de todo o Direito –, procurando estabelecer um critério para as relações sociais, o *"problema humano da necessária integração comunitária"*. A responsabilidade delitual rege a coexistência comunitária, não só num plano estático, mas igualmente dinâmico, e não só num plano individual, mas igualmente colectivo. A responsabilidade engloba uma dimensão ética, embora possa ser despojada de elementos axiológicos e ser vista essencialmente num plano estratégico[2162].

Num nível prévio, mas que se intersecciona com o jurídico, é essencial colocar o determinismo e a liberdade – como noções que respeitam à estrutura do real –, enquanto série ininterrupta de causas e efeitos ou espaço da contigência[2163]. A responsabilidade pressupõe a liberdade de actuação e opção[2164]. A ordem jurídica necessita de reflectir sobre as suas

---

que essa ideia tenha sido defendida pela doutrina italiana pelo influxo constitucional. O paradigma liberal do instituto – sua matriz –, convida essencialmente a uma leitura individualista e não à sua compreensão através de um quadro de cooperação ou colaboração entre sujeitos. Por outro lado, os influxos de Direito público ou as ponderações advenientes de regimes jurídicos de Direito privado especial não nos parecem suficientes para afirmar inequivocamente a incorporação no direito delitual dessa dimensão de solidariedade.

[2160] CASTANHEIRA NEVES, *Pessoa, Direito e Responsabilidade*, p. 37.

[2161] Qualquer plano no qual se desenvolva uma rede de coexistência comunitária origina o problema da liberdade e da restrição.

[2162] CASTANHEIRA NEVES, *Pessoa, Direito e Responsabilidade*, p. 39.

[2163] CARNEIRO DA FRADA, *Contrato e deveres de protecção*, p. 17: *"O funcionamento da responsabilidade civil baseava-se pois, necessariamente, na rejeição do determinismo e na liberdade ontológica da acção viabilizadora de uma zona de responsabilidade"*.

[2164] CARLOS ALBERTO DA MOTA PINTO, *Teoria Geral do Direito Civil*, 4.ª ed (António Pinto Monteiro e Paulo Mota Pinto), Coimbra Ed, 2005, p. 133, *"o que se pretende significar é o facto de uma responsabilidade assente na culpa ter o mesmo fundamento da responsabilidade moral. Esse fundamento traduz-se na aceitação de uma ordem de liberdade do homem, de um indeterminismo ao menos relativo na execução das suas condutas. Reconhece-se esse dado primário da observação que é o agir do homem em vista de fins e não como mero mecanismo impelido por um propulsão causal; aceita-se a verdade do sen-*

802   *Normas de Protecção e Danos Puramente Patrimoniais*

características num plano filosófico[2165], porquanto só os valores permitem ultrapassar a neutralidade axiológica do positivismo jurídico[2166]. É a pos-

timento e do dado da experiência que apontam para a possibilidade de o homem escolher entre os fins a atingir e os meios do seu conseguimento. Daí que o agente se identifique com os resultados do seu actuar, que os assuma, por não ter sido um joguete causal do resultado, preso nas malhas de um férreo determinismo, mas alguém que podia ter agido diversamente". CARNEIRO DA FRADA, *Contrato e deveres de protecção*, p. 17: *"Assim, as obrigações decorrentes do delito pese embora a sua apresentação como consequências ex lege e produto de uma heteronomia à qual todos os membros da comunidade jurídica se apresentavam como igualitariamente sujeitos, eram no fundo ainda condicionadas no seu aparecimento por actos humanos controláveis pela vontade. A indemnização requeria como pressuposto a censurabilidade da conduta do lesante, o que obrigava a fundá-la num juízo de responsabilidade pessoal e na concomitante apreciação da possibilidade, no autor do dano, de uma vontade de acção diferente".*

[2165] ANTÓNIO JOSÉ DE BRITO, "A importância da Filosofia para o Direito", Instituições de Direito, I Volume, Filosofia e Metodologia do Direito, Almedina, Coimbra, 1998, pp. 138-139: *"A ciência jurídica não prescinde do alicerce filosófico ou aquilo que pretende ser não passará de uma vacuidade"*,

[2166] ANTÓNIO BRAZ TEIXEIRA, "A teoria da justiça no Pensamento contemporâneo português", Instituições de Direito, p. 309. Para um balanço do positivismo jurídico, MÁRIO BIGOTTE CHORÃO, *Temas fundamentais de direito*, Almedina, Coimbra, 1991, pp. 164-164; defendendo *"a natureza valorativa da ciência do direito"* e *"o reconhecimento de que o direito deve ser estudado cientificamente sob o prisma axiológico"*. Cfr. MENEZES CORDEIRO, "Ciência do Direito e metodologia jurídica nos finais do século XX", ROA, Ano 48.°, Dezembro, (1988), pp. 697 e ss, ligando o positivismo à recusa de referências metafísicas e à proliferação das codificações europeias como *"o grande lastro metodológico do século XX"*. CASTANHEIRA NEVES *"a metodologia jurídica (como qualquer outra medotologia) é um metadiscurso, assume um metaproblema. O jurista realiza o direito resolvendo os problemas jurídicos concretos, e o problema metodológico é o da própria realização do direito que se cumpre e tem por conteúdo a resolução desses problemas jurídicos"* em *"O sentido actual da metodologia jurídica"*, BDFUC, vol. comemorativo, Coimbra, 2003, pp. 122-123. No mesmo sentido, FERNANDO BRONZE, "Alguns marcos do século na história do pensamento metodológico jurídico", BFD, Coimbra 2003, p. 172. Os primados do método, do procedimento, do caso concreto, dos princípios sobre as normas, da intencionalidade prática e da dimensão axiológico-normativa consubstanciam vectores essenciais das novas correntes metodológicas que emergem da crítica aos positivismos. A ideia de multiteleologia; não há uma *ratio legis* mas várias. O problema da descontinuidade normativa, não obstante o *continuum* problemático da diversidade de escalas na cartografia normativa. O direito possui cesuras, *v.g.* penal e civil. A ciência do direito é a criação de normas não escritas, a partir de enunciados normativos escritos, num processo e duplo sentido dedutivo-indutivo, geral-particular, abstracto-concreto. Cfr. BAPTISTA MACHADO, "O Sistema Científico e a Teoria de Kelsen", vol. XXVI, 1985, pp. 38-49.

Síntese Periferia – Centro   803

sibilidade de realização comunitária do indivíduo[2167], em relação a si e aos outros, que postula a liberdade e a responsabilidade[2168]. O conceito de liberdade ultrapassa, assim, o de escolha ou de faculdade de conceber os fins e de poder utilizar os meios[2169-2170].

Nestas perspectivas jusfilosóficas subjazem evoluções relacionadas com a evolução do "direito do Estado" e do "Estado de direito", no contexto da mudança da cultura europeia, designadamente algumas rupturas com os paradigmas clássicos ontológico e gnoseológico platónico-aristotélico[2171], que deixam de ser conceptualizados como estáticos, passando a

---

[2167] MICHAEL J. SANDEL, *O liberalismo e os Limites da Justiça*, (trad. Carlos Pacheco do Amaral), FCG, 2005, para uma análise do debate entre liberalismo e comunitarismo, 9 e ss. Para uma análise ao liberalismo de Rawls, cfr. pp. 39 e ss. Cfr. RAWLS, *Uma Teoria da Justiça*, (trad. Carlos Pinto Correia), 2.ª Ed, Presença, 2001, 167 e ss.

[2168] ANTÓNIO BRAZ TEIXEIRA, *A teoria da justiça*, pp. 318-319.

[2169] ANTÓNIO BRAZ TEIXEIRA, *A teoria da justiça*, p. 320.

[2170] JOÃO DE CASTRO MENDES, "Justiça e Liberdade", Direito e Justiça, vol. III, (1987/1988), pp. 13-14, apresenta a liberdade como um conceito negativo, traduzindo-se na inexistência de determinantes da vontade, inexistência que permite a esta seguir qualquer opção de conduta que lhe seja possível. O Direito considera determinantes jurídicas da vontade as normas imperativas, preceptivas e proibitivas. Ultimamente, desenvolve-se um conceito material de liberdade como inexistência de determinantes económicas e sociais da vontade humana. Segundo o Autor a Justiça seria um conceito de ordem, enquanto a liberdade um conceito de desordem, na medida em que pressupõe indeterminação. Estes dois valores tendem a afirmar-se sobre a ordem jurídica como fundamentais, com risco de se tornarem absorventes ou exclusivos. Cfr. ADELINO PALMA CARLOS, "Um Tema Eterno: A Justiça", RFDUL, vol. XX, (1966), pp. 373-404, admitindo que todo o Direito é simultaneamente justo e injusto, mercê de traduzir um determinado ideal de justiça e uma forma lógica da justiça que acarreta, dramaticamente, uma forma de injustiça na desproporção com a singularidade de cada caso concreto. Haveria que tomar em consideração que a Justiça comporta um elemento positivo correspondente à liberdade individual e um elemento negativo adveniente da restrição da liberdade alheia (p. 389).

[2171] Na teria do conhecimento de ARISTÓTELES o processo cognoscitivo inicia-se nos sentidos (MONTGOMERY FURTH, *Substance, Form and Psyche: an aristotelean Metaphysics*, Cambridge, p. 9, defende que a tese que os sentidos consubstanciam "o grau zero do conhecimento" possui um significado central na noética aristotélica). O *quid* apreendido pelos sentidos surge sob a forma de imagens fantasmagóricas. Assim, só a função intelectual pode abstrair a partir do material disperso fornecido pelos sentidos e formular o conceito para atingir o universal. SUZANNE MANSION, *Aristotle's Theory of Knowledge and French Phenomenology*, Études Aristotéliciennes, Lovain, 1984, p. 196, advoga que a teoria do conhecimento aristotélica não é um mero empirismo. Há um intelectualismo pela confiança depositada na razão e pela intelegibilidade do real. A procura dos universais é algo que caracteriza a filosofia pós-socrática. Os diálogos socráticos centram-se no tradicional o que é...?. A teoria das formas platónica é também uma procura dos universais fora do mundo sensível. A verdade reside nos universais, na adequação dos enunciados em relação às coisas, ainda que a realidade *per se* permaneça indiferente ao facto de se tornar conhecida. A verdade adquire assim uma dimensão gnosiológica, na medida em que não se reduz ao real, pressupondo uma função intelectual. BARATA MOURA, *Episteme*, Lisboa, 1979, pp. 529 e ss, coloca uma questão crucial na órbita da epistemologia aristotélica: se a ciência é da ordem do universal, mas os entes são da ordem do individual como é possível o conhecimento do real? A chave reside na determinação do conceito (*Begriffsbestimmung*) enquanto conhecimento do ente (*Wesen*), dado que a universalidade está na própria intuição sensível do singular ao ser integrada por conceitos, permitindo-se que a coisa entre em contacto com a generalidade e a abstracção. O conceito capta a forma. A separação das formas a partir dos entes que concretamente as veiculam estabelece-se, assim, em virtude de um processo cognoscitivo de abstracção. O ideal aristotélico de ciência é do conhecimento do ser através das suas causas. Para atingir as últimas causas do ser, é necessário considerá-lo sob o ponto de vista universal, do ser enquanto ser (*being qua being*). O papel do conceito de ser não é fornecer a explicação que se procura, mas determinar o nível em que a investigação deve ocorrer. É, neste preciso ponto, que surge em todo o seu esplendor cognoscitivo a dimensão onto-gnosiológica das categorias, porque, como ensina FRANZ BRENTANO, *On the several senses of being in Aristotle*, Berkeley, University of California, 1981, p. 53, estas seriam os vários sentidos nos quais se podem incluir o conceito de ser, designando os géneros mais elevados sob tudo o que tem ser é subsumível. Para além do sentido brentaniano do ser enquanto "fazendo parte" da categoria, outras dimensões de verdade cognoscitiva descortinam-se no sistema aristotélico, no qual o juízo adquire um papel central. Com efeito, o conhecimento exprime-se através de um acto de linguagem – o juízo – que diz algo acerca de algo. A verdade permanece na concordância entre o sentido declarado no juízo e a própria realidade que nele se declara, *i. e.*, o sentido directo da verdade é o do próprio juízo e o seu sentido indirecto é o da concordância entre o que se diz no enunciado e as próprias coisas que nele se referem. De referir que, para ARISTÓTELES, o "verdadeiro ser" é o ser individual e não a sua ideia (de modo distinto da onto-gnosiologia platónica). No seu sistema de base realista, a essência encontra-se na própria forma dos seres individuais, sendo esta que estrutura toda a matéria. Só através da função intelectual é possível a apreensão da forma pela formulação do conceito. Nestes termos, desde a notícia sensível até à apreensão intelegível, encadeia-se um conjunto de operações noéticas, nas quais se autonomizam os sentidos próprios, o sentido comum, a imaginação e, por fim, o intelecto. A função intelectual é o patamar último do processo cognoscitivo, no qual se formulam os juízos acerca das coisas. Todo o conhecimento inicia-se nos sentidos, mas não pode deixar de terminar pela presença, no processo de conhecer, de uma função intelectual. A função intelectual realiza-se, por consequência, através de conceitos, só se podendo conhecer com verdade quando se trabalha com conceitos verdadeiros. Há uma verdade dos juízos e uma verdade dos conceitos, utilizando o conceito de verdade em termos de ana-

Síntese Periferia – Centro 805

pensar-se a intervenção humana determinante do ser dinâmico condicionada a fins determinados[2172]. Na ruptura do paradigma clássico sobre o ser e o conhecer salienta-se, como marca da modernidade, a dinâmica introduzida pela razão pura e prática kantianas, fundamental à compreensão da dimensão constitutiva do conhecimento, da ciência como instância legitimadora das condições de conhecer[2173] na origem do racionalismo crítico

---

logia. Verdade é o acordo entre conhecimento e coisa. (Franz Bentano, *On the several*, p. 17). Para alcançar o conceito é necessária a definição. Há conceitos de maior ou menor grau de universalidade. Pode-se partir dos conceitos mais universais, de género, para os menos universais, de espécie. A categoria, como conceito filosófico, foi introduzida por Aristóteles ao preconizar que partindo da análise de alguns conceitos poder-se-ia atingir conceitos genéricos superiores, chegando, assim, a dez categorias distintas: substância, quantidade, qualidade, relação, lugar, tempo, posição, posse, acção e paixão Aristóteles, *Categorias* (trad. de Silvestre Pinheiro Ferreira), Guimarães Ed., Lisboa, 1994, p. 106.

[2172] Castanheira Neves, *Entre o "legislador"*, p. 23.

[2173] Um dos projectos centrais da Crítica da Razão Pura consiste na procura da legitimação das formas do conhecimento. A crítica não é meramente descritiva, apresentando escolasticamente as faculdades do conhecimento, mas, diferentemente, preocupa-se em determinar a validade do uso de determinadas faculdades. Tal aproximação insere-se no horizonte de legitimação das condições *a priori* do próprio conhecimento. Nesta busca pela legitimidade, a Crítica evidencia uma natureza zetética, parecendo antecipar uma solução positiva em prol da legitimidade ainda antes de ter realizado toda a pesquisa em torno dos usos válidos da "razão". Kant, *Crítica da Razão Pura*, FCG, Lisboa, 1985, pp. 5-6. Uma das questões que se pode colocar no âmbito do problema da legitimação das condições *a priori* do conhecimento passa por saber se as mesmas são em si incondicionalmente necessárias ou se, diferentemente, são condicionalmente necessárias. Ora, a segunda via parece ser preferível, na medida em que as condições *a priori* do conhecimento deixam de ser vistas como meras questões de facto e passam por ser compreendidas como questões de direito. Se as nossas condições *a priori* fossem absolutamente incondicionais, não faria qualquer sentido justificá-las. Esta ideia resulta da própria metáfora kantiana do tribunal da razão, que transforma a razão de uma faculdade contemplativa numa faculdade julgadora, judicativa. Cfr. Maria Chiara Pievatolo, *The Tribunal of Pure Reason*, Ratio Juris, vol 12, n.º 3, September 1999, p. 311. O sentido da metáfora kantiana do tribunal da razão reconduz-se à ultrapassagem do *statu quo* de que *de facto* utilizamos certas faculdades para atingir o estádio de que *de iure* podemos usar certas faculdades legitimamente, tentando superar a conflito entre racionalistas e empiristas, que ou afirmavam que o conhecimento devia ser fundado sobre princípio racionais necessários (Descartes), ou defendiam que todo o conhecimento provinha da experiência (Hume). O tribunal kantiano da razão é uma espécie de tribunal constitucional *supra partes*, já que tem de resolver a crise resultante do conflito acima mencionado, bem como enquadrar a sua própria legitimidade na resolução da querela. Com efeito, a Crítica limita-se a submeter os diferentes tipos de conhecimento a estruturas de legitimidade, de modo a mostrar a sua possibilidade (José Barata-Moura,

Kant e o Conceito de Filosofia, Sampedro, Lisboa, 1972, p. 77). Assim, a razão que procura condições e avalia possibilidades não é ela própria incondicionada e necessária; não é um sistema dado, mas um processo. O próprio procedimento da dedução transcendental é o resultado directo da autonomia e do carácter legislativo da razão, segundo MARIA CHIARA PIEVATOLO, *The Tribunal of Pure Reason cit*, p. 315. Semelhante compreensão vai num sentido diferente da leitura idealista da Crítica, que vê na razão um princípio lógico e ontológico. A interpretação que se defende apresenta a razão kantiana como uma racionalidade de tipo jurídico e de natureza essencialmente processual e legislativa. KANT, *Crítica da Razão Pura*, p. 23 e pp. 30-31. Um dos capítulos onde se expressa a natureza jurídica da razão é o da dedução transcendental, no qual se procura legitimar a utilização no conhecimento das categorias do entendimento. Com efeito, a questão crucial passa por saber se sendo dadas duas circunstâncias de facto: as intuições sensíveis e as categorias do entendimento, que reflectem nas estruturas do conhecimento a clássica disputa empirismo/racionalismo, uma vez que as categorias não provêm da experiência, como podem elas aplicar-se aos dados da experiência de forma legítima, produzindo conhecimento objectivamente válido e unitário, se da sensibilidade temos um conjunto ilimitado de intuições cegas e do entendimento temos um número limitado de conceitos vazios? Ora, como a aplicação dos conceitos puros do entendimento (categorias) às intuições tem de ser levado ao crivo da legitimidade, terá necessariamente de haver um pressuposto no qual as representações da sensibilidade (intuição) e as representações do entendimento (categorias) se ligam a uma consciência unitária, que é a autoconsciência, também chamada consciência originariamente sintética da "percepção" ("*ich denke*"), que tudo liga numa consciência unitária. Assim, o *eu penso* é essencialmente um pressuposto *a priori* do conhecimento, uma espécie de mónada *sui generis* (LEIBNIZ) que autoreflecte as diferentes representações e representa o universo do ponto de vista que é o seu. É uma *supra* categoria, que surge como condição das restantes categorias, é uma síntese das diferentes categorias e constitui uma função unificadora vazia, que só se preenche com as representações. É a *Grundnorm* (KELSEN) de um esquema piramidal do qual derivam, num plano descendente, as condições *a priori* do próprio conhecimento (e a legitimidade dessas mesmas condições) e, num plano ascendente, a legitimidade do diverso da experiência sofrer o processo do acto sintético nas diferentes estruturas do acto de conhecer – sensibilidade e entendimento – até à construção de um resultado universal e objectivamente válido, porque procedimentalmente válido (LUHMANN). Assim, o *eu penso* kantiano não é metafísico, nem a Crítica promove qualquer metafísica do conhecimento. De modo distinto, MIGUEL REALE, *Verdade e Conjectura*, 2.ª ed., Fundação Luzíada, Lisboa, 1996, pp. 25-26, defende que não obstante as perequições metafísicas se terem convertido na Crítica em meros problemas gnosiológicos, paradoxalmente preconiza que há na Crítica duas metafísicas: uma positiva, a metafísica do conhecimento, i.e., a teoria geral do conhecimento em função dos seus pressupostos transcendentais; e uma negativa, a metafísica dos problemas nucleares da metafísica clássica, tais como Deus, a liberdade individual e a finitude ou infinitude do cosmos, que são convertidos por KANT em problemas abertos. A dedução também não visa a ligação directa das

popperiano, como testabilidade das hipóteses e controlo permanente de todas as questões que promovem a natureza cognitivo-volitiva da realização jurídica, cuja cientificidade se centra na fundamentação e no crivo da Ciência Jurídica[2174].

categorias ao eu penso (HEGEL), mas antes uma relação *prima facie* entre as representações *a priori* e o correspondente objecto. A dedução transcendental repousa sobre a distinção entre questões de facto e questões de direito e no problema de como pode haver correspondência entre as mesmas e entre as representações e o objecto. Aquilo que se pode dizer é que há uma correspondência não absoluta e necessária, mas dependente de certa forma de legitimidade, de acordo com determinadas condições de validade, que assenta numa *ultima ratio* – o *eu penso*. Há um desvio interpretativo das palavras kantianas em fazer corresponder a este *prius* gnosiológico um objecto da metafísica. O *eu penso* tem de acompanhar todas as representações de modo a unificá-las como as representações de uma consciência. Assim, a unidade não resulta do próprio objecto, mas antes do próprio sujeito que *activamente* unifica o conhecimento e daqui a validade do mesmo. O *eu penso* consubstancia, em síntese, uma mera faculdade *a priori* do conhecimento, que se apresenta como cúpula de uma teoria do conhecimento que deste pressuposto não prescinde. O *eu penso* é também o primeiro pressuposto para averiguar da legitimidade da metafísica. Ora, como a metafísica ultrapassa as representações que podem surgir como formas legítimas de conhecimento – intuições e categorias – centrando-se em ideias, que operam como sínteses das categorias do entendimento, prescindindo de qualquer preenchimento empírico, redundam aquelas em verdadeiras aporias, ao exorbitarem as condições legítimas de conhecimento humano e, por isso, edificam uma teoria negativa do conhecimento, *rectius* das condições *a priori* negativas do conhecimento. Sempre que o pensamento humano se verte nas ideias, é certo que ultrapassa os limites da área em que pode conhecer validamente. Para saber se a metafísica é possível, é preciso examinar primeiro até onde vai o poder de conhecer da razão humana. Tal exame constitui, num sentido, para a razão, "*a mais difícil de todas as suas tarefas, a do conhecimento de si própria*"; apesar disso, trata-se de uma tarefa relativamente facilitada, porque não se trata de realidades exteriores e longínquas, mas da própria razão. KANT consagra a esta investigação a obra que, por muitos, é considerada a principal: a *Crítica da Razão Pura* e o resumo constituído pelos *Prolegómenos a toda a Metafísica Futura* que poderá apresentar-se como ciência. Como resultado da sua reflexão temos duas vias que do *eu penso* se desmembram: a das condições positivas do conhecimento e a das condições negativas do conhecimento. O estabelecimento das condições da possibilidade e legitimidade da metafísica são puramente arquitectónicas; permitem a projecção do grande edifício do conhecimento (o conhecimento da totalidade), mas não o seu *efectivo* conhecimento. A metafísica é, assim, a marca genética da finitude e do aprisionamento da condição humana em matéria de conhecimento, aprisionamento este que só poderá ser ultrapassado no campo da razão prática, onde vigora uma ordem de liberdade.

[2174] FERNANDO BRONZE, *A metodonomologia entre a semelhança e a diferença (reflexão problematizante dos pólos da radical matriz analógica do discurso jurídico)*, BFDUC, *SI* 3, 1994, pp. 30-34: "*Contrariamente ao positivismo, que parte de uma definição unilateralmente postulada do objecto considerado (cuja existência se conclui de uma*

808 Normas de Protecção e Danos Puramente Patrimoniais

II. A liberdade é uma noção exterior à lei natural, pressupondo uma emancipação do indivíduo que a história só reconheceu tardiamente[2175]. A *ratio summa, insita in natura,* implica um determinismo que expropria a liberdade[2176]. Porém, o reconhecimento da liberdade individual e da "autonomia ética do indivíduo"[2177] é ínsito à época moderna[2178]. Sob esta perspectiva, a responsabilidade delitual tem uma matriz humanista e racio-

---

a-problematizada evidência: es ist so – es gibt es), prosseguindo, a partir da fixação desse ponto, em termos discursivos logicamente consequentes, e ao pragmatismo, que se centra em regras convencionalmente admitidas, pressupõe objectos de todo independentes do "processo de conhecimento" (da reflexão interrogativa) que por eles pergunta e, como aquela primeira atitude, não admite questionar o "método de perguntar" (para o positivismo, este é "imposto": as regras da lógica a que se vincula são infrangíveis; para o pragmatismo, as regras que o orientam são antecipadamente "acordadas") – em oposição a estas duas posições tradicionais, dizíamos, distingue o racionalismo crítico dois "complexos temáticos", autonomizando do mesmo passo o próprio "método de perguntar". Desta perspectiva aceita-se, pois, a posição quer de "questões de métodos", quer de "questões substantivas". Só que, quando cuidamos daquelas, teremos de dar estas por esclarecidas e vice-versa".

[2175] João Calvão da Silva, *Responsabilidade civil do produtor*, p. 364, considerando que o princípio da culpa se coaduna com o jusnaturalismo e o liberalismo.

[2176] Sobre os "itinerários do direito natural", Mário Reis Marques, *Codificação e paradigmas da modernidade*, p. 356. Uma teleologia de tipo naturalístico percorre Sócrates, Platão, Aristóteles e Cícero, permanecendo ao longo do pensamento cristão da Idade Média. Cfr. Manuel Cavaleiro Ferreira, "O Fundamento do Direito", Direito e Justiça, vol. VI, (1992), p. 413, compatibilizando a liberdade com a lei natural, na medida em que esta só se revela para o homem como uma necessidade moral.

[2177] Mário Reis Marques, *Codificação e paradigmas da modernidade*, Coimbra, 2003, p. 355. Sobre o direito natural como expressão do ideal do direito e como doutrina (ética) acerca do dever ser do direito e como expressão da deonticidade em Santo Agostinho, São Tomás de Aquino, Francisco Suarez, cfr. José Maria Rodríguez Paniagua, *Lecciones de Derecho Natural como introduccion al derecho*, 3.º ed, Universidad Complutense, Facultad de Derecho, 1988, pp. 80-81.

[2178] José Lamego, *"Teleologia da Liberdade" e o Conceito de Direito: A Compreensão criticista da Juricidade como Exigência de "Constitucionalização" do Ordenamento jurídico*, (polic), pp. 238 e ss, Kant opera uma inflexão do jusnaturalismo anterior, que deixa de ser uma ciência dos deveres, para passar a ser uma ciência dos direitos. A questão central da doutrina do direito kantiana não é o estabelecimento do campo obrigacional, mas o problema da justificação racional do uso da coerção enquanto fundamento externo da determinação do arbítrio e enquanto restrição da liberdade. Esta mudança de perpectiva permite a conceptualização do direito subjectivo como projecção da liberdade.

Síntese Periferia – Centro 809

nalista-iluminista[2179]. A liberdade, como valor fundamental moderno, surge na tradição filosófica racionalista-iluminista de autores como HOBBES[2180], KANT[2181], FICHTE[2182] e HEGEL[2183]. Mais recentemente, LARENZ,

---

[2179] *"Embora o século XVII seja uma época em que os princípios da moral cristã ainda são reconhecidos pelos juristas, o corte com a metafísica, ao aproximar-se a jurisprudência da razão empírica do homem, afasta-a da base teonómica sustentada por uma visão teísta do mundo, por aquela visão em que a razão humana era incluída numa síntese teológica que abarca a totalidade do mundo"*, MÁRIO REIS MARQUES, *Codificação e paradigmas da modernidade*, p. 369.

[2180] No Leviatã, livro II, capítulo XXI, HOBBES aborda a relação entre liberdade e necessidade: *"Liberdade significa, em sentido próprio, a ausência de oposição (entendendo por oposição os impedimentos externos do movimento)..." "(...) um homem livre é aquele que, naquelas coisas que graças a sua força e engenho é capaz de fazer, não é impedido de fazer o que tem vontade de fazer". "A liberdade e a necessidade são compatíveis: tal como as águas não tinham apenas a liberdade, mas também a necessidade de descer pelo canal, assim também as acções que os homens voluntariamente praticam, dado que derivam de sua vontade, derivam da liberdade; ao mesmo tempo que, dado que os actos da vontade de todo homem, assim como o desejo e inclinação, derivam de alguma causa, e essa de uma outra causa, numa cadeia contínua (cujo primeiro elo está na mão de Deus, a primeira de todas as causas), elas derivam também da necessidade. De modo tal que para quem pudesse ver a conexão de todas as acções voluntárias dos homens pareceria manifesta. Portanto, Deus, que vê e dispõe todas as coisas, vê também que a liberdade que o homem tem de fazer o que quer é acompanhada pela necessidade de fazer aquilo que Deus quer, e nem mais nem menos do que isso".* Segundo MENEZES CORDEIRO, *Tratado de Direito Civil Português*, I, p. 70, HOBBES transpõe para as ciências humanas a metodologia cartesiana tendo daí resultado uma nova sistemática jurídica ocidental, que integra elementos como a sociedade, o Estado e o poder.

[2181] A razão pura encontra-se num determinismo por força da estrutura das suas faculdades, ao passo que a razão prática permite introduzir a ideia de liberdade na actuação humana. Neste contexto, a pessoa é simultaneamente um ser individual e social, que se realiza numa comunidade, sua condição de existência empírica e ontológica. KANT, *Fundamentação da metafísica dos costumes*, (trad. Paulo Quintela), textos filosóficos, edições 70, pp. 96 e ss. Trata-se de elaborar uma metafísica da conduta do homem enquanto ser livre. As leis da liberdade chamam-se morais para as distinguir das leis da natureza. Enquanto se referem somente às acções externas e à conformidade à lei, chamam-se jurídicas; se, porém exigem ser consideradas em si mesmas, como princípios que determinam as acções, então são éticas; dá-se o nome de legalidade à conformidade das acções com as primeiras, e de moralidade à conformidade com as demais. Neste contexto, o direito é o conjunto das condições por meio das quais o arbítrio de um pode estar de acordo com o arbítrio de um outro, segundo uma lei universal da liberdade. Há quem considere que concepção kantiana é profundamente liberal e formal, logo necessariamente desvinculada de fins e valores. Cfr. MENEZES CORDEIRO, *Noções Gerais de Direito*, pp. 200-201.

810 *Normas de Protecção e Danos Puramente Patrimoniais*

[2182] Segundo MENEZES CORDEIRO, *Noções Gerais de Direito*, p. 202, também FICHTE se insere nos quadros do liberalismo político, extraindo da razão humana o corolário da liberdade imanente de cada indivíduo no quadro de que a liberdade de acção de cada sujeito pressupõe actividade do sujeito alheio.

[2183] Em HEGEL há uma unidade totalizante entre ser e pensar, entre a realidade e o conhecimento. O ser corresponde ao espírito absoluto que permite a superação do particular no universal. Em relação ao direito importa incluir a sua realização, a conciliação do particular no universal e a efectivação da liberdade individual na vida comunitária. *"O objecto da ciência filosófica do direito é a Ideia do direito, quer dizer, o conceito de direito e a sua realização"*. Cfr. G.W. F. HEGEL, *Princípios da Filosofia do Direito*, Colecção Fundamentos do Direito, (trad. Norberto de Paula Lima), Ícone ed., 1997, p. 39. O direito em HEGEL é realização da ideia filosófica da liberdade e seu desenvolvimento lógico. O direito é a própria racionalidade colocando na vida comunitária a vontade livre. "Essa realidade em geral, como ser da vontade livre, é o direito que não há de ser tomado somente como direito jurídico limitado, mas como abrangendo o ser de todas as determinações da liberdade. Para HEGEL, o mesmo que é um direito é um dever; e o que é um dever é também um direito. HEGEL, *Enciclopedia de las Ciencias Filosóficas*, (trad. Eduardo Overejero y Maury), III, Filosofia del Espíritu, Librería General de Victoriano Suárez, Madrid, 1918, 185-202. Estado, Constituição e lei são garantias da própria liberdade. A liberdade é o real em si, mas necessita do Estado para se realizar em si. HEGEL afasta-se da tradição jusnatural, em que o indivíduo se sobrepõe ao Estado, que está presente ainda em KANT, para subverter esta relação à realização do indivíduo no Estado, procurando conciliar a liberdade individual, surgida na modernidade e transformada no principal valor do liberalismo, com a reconstrução de uma ordem social, fundada na prioridade do público sobre o privado. Para KANT, a liberdade surge como ideia transcendental, enquanto que, para HEGEL, conforma-se enquanto ideia absoluta e infinita. Ambos acabam por distinguir liberdade negativa e positiva mas com sentidos distintos. A distinção entre liberdade positiva e negativa é recuperada por ISAIAH BERLIN. A liberdade na concepção negativa, enquanto ausência de restrição que iniba o indivíduo de agir na busca dos objectivos, tem a sua origem no "estado de natureza" hobbesiano. Também LOCKE adopta um conceito negativo de liberdade e sublinha a necessidade de orientá-la segundo o bem comum. Esta concepção é igualmente recuperada por DWORKIN. De modo distinto, a concepção positiva de liberdade parte do homem como ser político e moral e filia-se na tradição aristotélica. Criticando a falta de coerência do conceito de liberdade negativa, CHARLES TAYLOR, "What's wrong with Negative Liberty" (1985), *Law and Morality*, 2.ª ed, Readings in legal philosophy (ed. David Dyzenhaus/Arthur Ripstein), University of Toronto Press, Toronto, Buffalo London, 2001, p. 201. Cfr. GOMES CANOTILHO, *Direito Constitucional*, p. 99: *"no Estado de direito concebe-se a liberdade como liberdade negativa, ou seja, uma liberdade de defesa ou de distanciação perante o Estado. É uma liberdade liberal que curva o poder. Ao Estado democrático estaria inerente a liberdade positiva, isto é, a liberdade assente no exercício democrático do poder. A ideia de liberdade negativa tem precedência sobre a participação política e é um dos postulados básicos do liberalismo político clássico"*.

no seu personalismo ético[2184], apresenta a pessoa como emanação de um ordem abstracta de liberdade, na qual o direito subjectivo representa o seu espaço concreto. Do conceito de pessoa, em sentido ético, resulta o respeito dos demais, que permite construir a relação jurídica básica e os concretos direitos subjectivos de outrem. É desta forma patente a influência kantiana na noção de autodeterminação e de autorresponsabilidade. Igualmente a construção do direito subjectivo, como categoria da liberdade, é decisiva para a sua compreensão enquanto conceito central da responsabilidade[2185].

Ao pensamento jurídico moderno são fundamentais vectores como o primado da lei, por confronto com a autoridade medieval, e a edificação do Estado e do ordenamento jurídico que o sustenta, *i.e.* o Direito público. A dualidade indivíduo-Estado e a reflexividade da liberdade individual, numa ordem colectiva regulada por uma normatividade com primazia, são igualmente essenciais à compreensão da responsabilidade delitual num quadro de descontinuidade histórica em que o processo de jurisdicionalização se altera qualitativamente com o monopólio estatal das formas de coacção. O iluminismo, as revoluções liberais e o movimento constitucionalista constroem novos direitos dos indíviduos face ao Estado, exigindo uma articulação com os direitos de cariz civilista. A responsabilidade delitual vai sofrendo os diferentes influxos do sistema jurídico em toda a sua complexidade numa primeira fase através do direito subjectivo. O Direito público tem trabalhado a liberdade em estreita relação com a teoria dos direitos fundamentais, discutindo-se uma concepção liberal daqueles direitos apoiada no conceito formal de liberdade kantiana, e uma concepção institucional, à qual corresponde um conceito hegeliano de liberdade material[2186 2187].

[2184] LARENZ/WOLF, *Allgemeiner Teil*, § 2, pp. 21 e ss. Sobre as teorias personalistas, o importante estudo de MANUEL GOMES DA SILVA, "Esboço de uma Concepção Personalista do Direito, Reflexões em Torno da Utilização do Cadáver Humano para Fins Terapêuticos e Científicos", RFDUL, vol. XVII, (1964), pp. 139-225, e vol, XVIII (1964), pp. 51-185. Mais recentemente, PEDRO PAIS DE VASCONCELOS, *Teoria Geral do Direito Civil*, pp.11-14.

[2185] MENEZES CORDEIRO, "Do abuso do direito: Estado das questões e perspectivas", ROA, Ano 65.°, Setembro, (2005), p. 365.

[2186] JAN SCHAPP, *Derecho Civil y Filosofía del Derecho, La libertad en el Derecho*, n.° 8, Serie de Teoria Jurídica y Filosofía del Derecho, Colombia, 1998, pp. 14 e ss, e "Die grenzen der Freiheit", JZ, (2006), pp. 581-586.

[2187] JAN SCHAPP, *Derecho Civil*, pp. 23 e ss. Uma distinção separa a liberdade negativa da liberdade positiva. As faculdades de exclusão do proprietário contra terceiros, ou

812 Normas de Protecção e Danos Puramente Patrimoniais

III. Um aspecto fundamental à compreensão da liberdade e à necessidade da sua restrição passa pela ideia de bem comum, enquanto sobrevivência da colectividade. Uma responsabilidade de base estritamente individual exige, para a sua completude, um plano colectivo que se coloque num prisma supra-individual, que tome em consideração o interesse público. O conceito de bem comum foi especialmente desenvolvido na Idade Média, em especial por SÃO TOMÁS DE AQUINO[2188-2189-2190]. A noção de

no campo do direito constitucional e do direito administrativo, resultantes de normas que indirectamente promovem a protecção da liberdade individual são manifestação da liberdade negativa. A liberdade em sentido positivo é para a acção, enquanto que a liberdade em sentido negativo é para a intervenção de outros. A liberdade em sentido negativo não é, assim, uma escolha entre várias alternativas. O conceito respeita essencialmente a um espaço de intervenção do outro. A liberdade não afasta, nestes termos, toda a intervenção de terceiros. Na noção de liberdade limitada encontra-se uma norma habilitadora dessa limitação. Esta decisão jurídica, demarcadora de dois indivíduos, fundamenta direitos de defesa. No espaço de liberdade, do modelo negativo, os direitos de defesa comportam-se aproximadamente como a faculdade de exclusão do proprietário prevista no § 903 BGB. Na fixação de um espaço de liberdade negativa do proprietário não se constitui qualquer relação jurídica com base na qual o proprietário tem uma relação contra todos. Uma relação jurídica deste tipo só surge entre o proprietário e o pertubador aquando da violação do direito de propriedade. O mesmo acontece no Direito público quando alguém actua fora do espaço de normas de intervenção, registando-se concomitantemente a violação de uma liberdade negativa do cidadão e originando-se direitos de defesa. A linha kantiana vai influenciar autores do século XX. Para HAYEK a liberdade define-se como ausência de coerção. As restrições à liberdade são inevitáveis para que a sociedade constitua uma ordem. As restrições têm de resultar de uma regra geral, pois só uma regra igual para todos transforma um constrangimento arbitrário numa disciplina objectiva, anónima, pública e certa. Nas sociedades de liberdade os homens são governados por leis. A importância do *rule of law* foi realçada desde a Antiguidade Clássica por autores como TUCIDES, ARISTÓTELES e CÍCERO.

[2188] No conceito tomista não se trata de atribuir ao bem comum uma natureza abstracta; pelo contrário, é uma realidade concreta. Nem tão pouco o bem comum é a soma de bens particulares; é antes um bem complexo que é próprio de uma comunidade. Uma comunidade é uma multitude com unidade de ordem, compondo-se de indivíduos e de colectividade. SÃO TOMÁS DE AQUINO considera que há um bem que é próprio do homem enquanto pessoa privada e há outro bem comum, que pertence a uma ou outra pessoa enquanto parte de um todo ("*de charitate*") e, para além deste bem comum dos indivíduos como colectividade, há outro bem comum extrínseco, que é aquele fim que ordena a colectividade e, como tal, existe na mente e na intenção de quem governa ("*Summa Theologica*"). Assim, são assinaláveis dois bens comuns distintos: um distributivo – o bem comum dos indivíduos que formam a sociedade ou da sociedade com ajuda e perfeição dos indivíduos que a compõem – e outro bem colectivo – a conservação da sociedade mesma,

Síntese Periferia – Centro 813

bem comum é recuperada pelo pensamento liberal em termos antagónicos, porquanto, enquanto no pensamento tomista o bem privado deveria subor-

---

como aperfeiçoamento da espécie humana. O primeiro é dos indivíduos enquanto membros da sociedade, o segundo é da comunidade enquanto comunidade. Nestes termos, o bem privado deve estar subordinado ao bem comum distributivo e este ao bem comum colectivo. A sociedade é uma realidade; não é pura abstracção. Neste conceito de bem comum a lei não é um produto racional ou da verdade, mas sim um *operatum*, i.e., um produto da razão prática, uma norma aplicativa das acções às criaturas. TOMÁS DE AQUINO, *La ley*, I, Colección Labor, Labor S.A., 1936. ANTONIO TRUYOL Y SERRA, *Historia de la Filosofia del Derecho y del Estado, 1. De los origenes a la baja Edad Media*, 6.ª. ed., Alianza Universidad, 1978, 334. Cfr. LUÍS CABRAL DE MONCADA, "Para a história da Filosofia em Portugal no século XX-Apontamento", *Subsídios para a História da Filosofia do Direito em Portugal*, INCM, Lisboa, 2003, p. 290: "*De certo modo, se, como disse um dia Ortega, todo o homem alemão contém em si um pequeno Kant, pode igualmente dizer-se que todo o homem português, se o isolarem do restante mundo filosófico europeu, contém em si, mesmo sem o saber, um pequeno Tomás de Aquino*". Operando uma ligação entre individualismo político, liberalismo e doutrina tomista, cfr. MÁRIO JÚLIO DE ALMEIDA COSTA, *História do Direito Português*, 3.ª ed, Almedina, Coimbra, 2002, p. 390. Sobre a tradição jusfilosófica portuguesa entre o tomismo e o kantismo, cfr. MÁRIO BIGOTTE CHORÃO, "Um jusfilósofo da contemporaneidade (no centenário do Doutor Cabral de Moncada)", Dir, 121.º (1989), II, pp. 315-329, e "Diálogo com um Leitor Atento acerca do Doutor Cabral de Moncada", Ano 121.º, (1989), IV, pp. 743-757, respondendo a carta de Fernando Araújo. Cfr. ainda FERNANDO ARAÚJO, "O direito e a sua realização histórica, segundo Cabral de Moncada", *Ab Uno ad Omnes*, 75 Anos da Coimbra Editora, 1920-1995, (org. Antunes Varela, Diogo Freitas do Amaral, Jorge Miranda, J.J. Gomes Canotilho), Coimbra Ed., 1998, pp. 19-38.

[2189] A ideia de que o bem particular necessita de estar em plena harmonia com o bem comum é patente no pensamento tomista que desenvolve um equilíbrio entre egoísmo, bem comum e interesses particulares de terceiros. O conceito de bem comum está na génese de figuras anti-individualistas, como o abuso do direito. (cfr. OLIVEIRA ASCENSÃO, O "Abuso do direito", p. 608.) Também algumas normas de protecção revelam uma dimensão colectiva na qual o interesse supra-individual e os interesses de terceiros são equacionados. A relação entre bem comum e sociedade é de finalidade. O bem comum é o fim de toda a sociedade. Não há, porém, uma soma de bens particulares no bem comum, antes coordenação de bens particulares para formar o bem comum. Cfr. SUZANNE MICHEL, *La notion thomiste du bien commum*, 1932, p. 56 e MANUEL CAVALEIRO FERREIRA, "O Fundamento do Direito", Direito e Justiça, vol. VI, (1992), p. 411.

[2190] A doutrina clássico-cristã do bem comum tem sido recuperada por autores contemporâneos para o projecto de construção europeia, MÁRIO EMÍLIO BIGOTTE CHORÃO, "O Bem comum como questão-chave da filosofia pública para a Europa", Dir, 128.º, (1996), I-II, pp. 69-102, e "Autonomia e Integração no Ordenamento Jurídico Português (O indispensável apelo à filosofia pública)", Dir, 126.º, (1994), I-II, pp. 141-166.

814 Normas de Protecção e Danos Puramente Patrimoniais

dinar-se ao bem comum, nas concepções liberais o bem comum é uma decorrência do bem privado. Com efeito, o pensamento liberal e fisiocrático assentava na ideia mística de bem comum, de que se todos seguissem o bem particular, ao qual se juntaria a liberdade, se alcançaria um estádio de bem comum. O liberalismo, enquanto teoria, não constitui um corpo de doutrina unitário, elaborado por um só pensador, sendo formado por diversas contribuições dos mais variados autores nos campos económico, social, jurídico e político. O seu ponto de partida é atribuir primazia absoluta ao indivíduo sobre a sociedade, e a sua finalidade realizar uma defesa da liberdade abstracta igual dos indivíduos, tendo o direito a missão de determinar a liberdade compatível das pessoas em sociedade e o Estado de proteger a vida e a propriedade das pessoas que formam a sociedade[2191].

No campo económico, o liberalismo foi desenvolvido pela escola clássica da economia política (SMITH, RICARDO e MALTHUS). ADAM SMITH foi o grande defensor da não intervenção estatal na economia[2192], que influenciou outros economistas, como BASTIAT, ou filósofos como SPENCER. Por sua vez, o liberalismo jurídico é marcado pela teoria kantiana do direito. KANT reduz a essência do direito a uma coordenação formal das liberdades das pessoas de uma sociedade, mediante leis gerais iguais para todos. No campo do liberalismo político são de referir autores como KANT, LOCKE e os defensores da teoria do contrato social[2193]. STUART MILL defendia que as únicas limitações legítimas à liberdade individual resultam da necessidade de prevenção de prejuízos para outros[2194].

III. No início do século XX, o Estado dá-se conta das lacunas que o livre exercício das iniciativas individuais deixa em aberto e procura, com os meios que estão ao seu alcance, preenchê-las. O legislador vai produzir

---

[2191] RAMÓN MACIA MANSO, *Doctrinas Modernas Iusfilosóficas*, tecnos, Madrid, 1996, 252-253.

[2192] FERNANDO ARAÚJO, *Adam Smith. O conceito mecanicista de Liberdade*, Almedina, Coimbra, 2001, pp. 1141 e ss.

[2193] MIGUEL LOPES ROMÃO, "O Conceito de legitimidade política na Revolução Liberal", Separata da RFDUL, vol. XLII, (2001), n.º 2, pp. 909 e ss.

[2194] JOHN STUART MILL, *On liberty* (1859), *Law and Morality*, 2.ª ed, Readings in legal philosophy (ed. David Dyzenhaus/Arthur Ripstein), University of Toronto Press, Toronto, Buffalo, London, 2001, pp. 279-280, e JOHN GRAY, *Mill on Liberty: A Defence*, 2.ª ed., Routledge, London, New York, 1996, pp. 48-50, desenvolvendo o conceito de prejuízo em STUART MILL como lesão de interesses.

direito novo, numa tentativa de manter a vida sob o seu domínio. Havia necessidade de encontrar uma nova fórmula que viesse estabelecer o equilíbrio entre o Estado e o indivíduo, cuja liberdade recua em razão das novas tarefas administrativas. Tal é conseguido através da extensão do conceito de legalidade, próprio do positivismo. É neste contexto que a Administração é transformada em actividade executiva, subordinada à lei na prática de qualquer acto[2195], e que se estabelece, em termos mais amplos, uma protecção do indivíduo face ao Estado Administrador, na medida em que deixam de estar em causa não só os seus direitos subjectivos, mas também os seus interesses legítimos. Não é necessário que o indivíduo, para recorrer contenciosamente da actividade administrativa, possa invocar um direito subjectivo, bastando-lhe aduzir a lesão duma especial situação perante determinados bens juridicamente relevantes[2196].

Ao longo do século XX, o princípio da legalidade vai sendo adulterado e subvertido por um conjunto de poderes paralelos que "curto-circuitam" as Constituições de matriz liberal, dos quais se destacam a intervenção dos partidos políticos, que implementam um modelo de legalidade governamental, pondo em causa o princípio da separação de poderes entre legislação e execução, a neocorporativização da decisão política, através da introdução de mecanismos neocorporativos em procedimentos consensuais de decisão, e da transformação das competências das estruturas tradicionais, designadamente com um desenvolvimento subversivo em relação ao ideário liberal das relações entre Governo e Parlamento. Tudo isto aponta para o declínio de uma concepção rígida da separação dos poderes e para um nominalismo constitucional[2197].

IV. Assiste-se, por outro lado, à superação da ordem constitucional num Estado pós-nacional, em que a nação surge essencialmente como

---

[2195] ROGÉRIO EHRHARDT SOARES, *Interesse Público,* pp. 77-80.

[2196] ROGÉRIO EHRHARDT SOARES, *Interesse Público,* p. 80.

[2197] PAULO OTERO, *Legalidade,* pp. 138 e ss, e "Fragmentação da Constituição Formal", *O Direito Contemporâneo em Portugal e no Brasil,* (coordenadores Ives Gandra da Silva Martins e Diogo Leite Campos), Almedina, Coimbra, 2003, pp. 7 a 36, desenvolvendo a relativização da força normativa da Constituição. Em 1971, no contexto da Constituição de 1933, PEDRO SOARES MARTINEZ, "As liberdades fundamentais e a revisão constitucional", ROA, Ano 31.°, (1971), p. 51, referia-se ao formalismo Constitucional e à crise do Estado devido à afirmação de direitos e liberdades sem conteúdo próprio e a uma delimitação dos poderes políticos sem expressão na sociedade.

816 *Normas de Protecção e Danos Puramente Patrimoniais*

receptáculo de valores culturais despolitizados, à superação de um estado de natureza por um estado de direito na ordem internacional e à transformação da política externa dos Estados europeus numa política interna da União Europeia. Estas evoluções estão a "curto-circuitar" os Estados nacionais[2198]. Com efeito, a ordem internacional caracteriza-se, cada vez mais, pela pluralidade, heterogeneidade e alta diferenciação dos actores políticos, com enfraquecimento do Estado. Desaparece, assim, a sociedade internacional "estatocêntrica", com a afirmação de poderes públicos internacionais de matriz não estadual e de entidades portadoras de interesses próprios à escala mundial e transnacional. Por sua vez, a ordem internacional constitui parte da actual sociedade de risco (*Risikogesellschaft,* na expressão de ULRICH BECK[2199]) com problemas ecológicos transnacionais e transgeracionais. Acresce que, cada vez mais, os poderes fácticos substituem os poderes jurídicos. Na maioria dos casos, as decisões fundamentais são tomadas em fóruns informais. Esta profunda alteração da sociedade internacional aponta para um paradigma de "governação sem governo" (*governance without government*). Todas estas modificações estão igualmente a quebrantar as Constituições, umbilicalmente ligadas à emancipação do Estado moderno. Por outro lado, assiste-se a um fenómeno de "interconstitucionalidade"[2200], em que os diferentes actores

---

[2198] ANTÓNIO FIGUEIRA, *Modelos de legitimação da União Europeia,* Principia, 2004, pp. 99-100.

[2199] ULRICH BECK, *Risikogesellschaft. Auf dem Weg in eine andere Moderne,* Suhrkamp, Krankfurt, 1986 (trad. espanhola *La Sociedad del Riesgo. Hacia uma nova modernidad,* paidós, 1998, PAULO SILVA FERNANDES, *Globalização, "Sociedade de Risco" e o Futuro do Direito Penal. Panorâmica de Alguns Problemas Comuns,* Almedina, Coimbra, 2001, pp. 32-33, e JOSÉ DE FARIA E COSTA, "A Linha. (Algumas Reflexões em um Tempo de "Técnica" e "Bioética") ", *Linhas de Direito Penal e de Filosofia alguns cruzamentos reflexivos,* Coimbra Ed., 2005, pp. 33-34.

[2200] GOMES CANOTILHO, *Direito Constitucional e Teoria da Constituição,* 6.ª ed., Almedina, 2002, p. 1409, a teoria da interconstitucionalidade estuda a concorrência, convergência, justaposição e conflito de várias constituições e de vários poderes no mesmo espaço público. Actualmente existe uma rede de constituições dos estados soberanos. Simultaneamente, registam-se turbulências produzidas na organização constitucional dos estados por outras organizações políticas (comunidades políticas supra-nacionais), a recombinação de dimensões constitucionais clássicas através de sistemas organizativos de natureza superior, a articulação da coerência constitucional estadual com a diversidade de constituições inseridas na rede interconstitucional e a criação de um esquema jurídico-político caracterizado por suficiente grau de confiança condicionada entre as várias constituições. Cfr. ainda GOMES CANOTILHO, *"Brancosos" e Interconstitucionalidade. Itinerários*

Síntese Periferia – Centro 817

internacionais se interrelacionam no quadro de modelos muito diferenciados (constitucionais e não constitucionais)[2201]. Neste contexto, os governos esvaziam paulatinamente os textos constitucionais, cujo formato normativo se situa entre a genealogia liberal do surgimento do movimento
constitucionalista e a maturidade correspondente à tensão socializante da
evolução do Estado liberal para o Estado social de direito, que se mostra
inadequado para os paradigmas vigentes[2202].

As Constituições chegam à terceira idade com alguma obsolescência,
porquanto os modelos constitucionais (liberal e social de direito) não oferecem resposta para os problemas globais de segurança do pós-11 de
Setembro de 2001. À promoção da liberdade, como fim último das comunidades humanas, sucede-se a promoção da segurança, como fim da nova
ordem internacional e interna. A segurança emancipa-se como valor
essencial da democracia e da dignidade da pessoa humana, como preservação do ser humano no presente e no futuro[2203]. Da liberdade iluminista
há um retrocesso civilizacional à segurança medieval. Tudo isto aponta
para um retorno à "medievalização" da sociedade, com recuo dos direitos
individuais e do espaço de liberdade individual[2204]. A segurança, numa
sociedade de risco à escala global, emerge como valor civilizacional e
jurídico capaz de fazer recuar a liberdade.

---

dos discursos sobre a historicidade Constitucional, Almedina, Coimbra, 2006, pp. 265 e
ss, sobre a rede do "multilevel constitutionalism".

[2201] PAULO CASTRO RANGEL, "Diversidade, solidariedade e segurança (notas em
redor de um novo paradigma constitucional)", ROA, Ano 62, Dezembro, (2002), pp.
831-835.

[2202] MARIA DA GLÓRIA FERREIRA PINTO DIAS GARCIA, "Constituição Ex Machina",
Direito e Justiça, vol. XIII, (1999), Tomo 1, p. 187, a tarefa gigantesca do Estado social de
se transformar em Estado de Justiça Total, por força do aumento dos direitos fundamentais, empobrece o Homem e, segundo nós, implicou o quebrantar do próprio Estado na sua
incapacidade manifesta de ser um Estado de Justiça Total. A propósito das relações entre
Estado e sociedade, JOSÉ CABALTA NABAIS, *Por uma liberdade com responsabilidade,
Estudos sobre Direitos e Deveres Fundamentais*, Coimbra Ed, Coimbra, 2007, pp. 90 e ss,
em que é patente actualmente o paradoxo de um Estado ausente com incumprimento dos
respectivos deveres de protecção, um Estado ubíquo que tudo quer regular e um Estado
salamizado, com a fragmentação e pulverização do poder do Estado em grupos, sendo
necessário a recuperação do Estado que a pós-modernidade ameaça dissolver (p. 93). Cfr.
JÖRG NEUNER, *Privatrecht und Sozialstaat*, C. H. Beck, München, 1999, pp. 219 e ss

[2203] PAULO CASTRO RANGEL, *Diversidade*, pp. 841-842.

[2204] PAULO CASTRO RANGEL, *Diversidade*, p. 830.

O século XX apresenta-se como a época da relativização da força normativa da Constituição, quer por um fenómeno de "autodesconstitu-cionalização", devido a diferentes níveis de força operativa das normas constitucionais (*maxime* resultante das normas de aplicação imediata), quer pelo sistema das fontes de direito, que, por vezes, deixa de dar lugar de primazia à lei, quer ainda pela existência de uma Constituição não oficial[2205]. Estas alterações do Estado e do papel da Constituição na viragem do século XXI vão comunicar a sua influência a outras latitudes do sistema jurídico. Ao nível do Direito civil, também a lei se desvirtua com o incremento do papel da jurisprudência e da sua natureza constitutiva e com um conjunto de soluções hermenêuticas que relativizam o texto legislativo. A relativização e fragmentação das Constituições implica uma maior importância dos Códigos Civis como repositórios dos valores fundamentais do sistema.

V. A responsabilidade delitual percorre o século XX e atinge o século XXI respirando a matriz individualista do ideário liberal, embora tendo importado para os seus quadros aspectos pós-liberais, que a recolocam, em algumas áreas, num prisma essencialmente colectivo, no qual se recuperam dimensões de bem comum. Por sua vez, a responsabilidade civil desagua na atribuição de direitos indemnizatórios individuais, pelo que exige uma especial articulação entre o plano da protecção colectiva e o da concessão individual de pretensões indemnizatórias, *i.e.* entre o modelo público e o modelo privado. Ora, é este o campo por excelência das normas de protecção. Trata-se, em alguns casos, de normas que protegem interesses colectivos, mas que, concomitantemente, protegem interesses individuais. Em outros casos, trata-se de normas de protecção institucional, mas que também são susceptíveis de proteger interesses particulares.

Liberdade, bem comum e lei configuram três áreas estruturais da compreensão do papel da responsabilidade delitual na ordem jurídica[2206]. Com efeito, o universo da responsabilidade delitual é composto por uma ordem espontânea de liberdade positiva, pela necessidade de respeito de espaços concretos dessa liberdade, consolidados em diversas situações

---

[2205] PAULO OTERO, *Legalidade*, p. 557 e ss.

[2206] Sobre as relações entre lei e liberdade, HENRI BATIFFOL, "La loi et la liberté", APD, t. 25, (1980), pp. 79-87.

jurídicas activas, e por uma ordem de liberdade negativa, que resulta de uma ordem de organização, cujas normas impõem um parâmetro de interesse público na coexistência comunitária e que permitem a intervenção de terceiros no espaço social. O papel da norma jurídica não se diferencia na atribuição de direitos subjectivos e de outras posições jurídicas activas ou que moldam negativamente o comportamento dos indivíduos num espaço genérico de liberdade, mas que violadas podem gerar situações jurídicas de carácter indemnizatório[2207].

A responsabilidade civil delitual configura um "centro nervoso" do Direito privado[2208], tanto pelo relevo da elaboração dogmática, como, sobretudo, pela sua importância prática. No entanto, na responsabilidade aquiliana, em especial no domínio da ilicitude, cruzam-se normas jurídicas dos diferentes sectores do ordenamento jurídico. No quadro jusprivado, a codificação é o grande marco da evolução dos sistemas contemporâneos da responsabilidade delitual, *mutatis mutandis*, no quadro juspúblico, são as coordenadas do iluminismo e do liberalismo político[2209] e económico que, na tradição filosófica europeia, fornecem um conjunto de reflexões para a compreensão da evolução do sistema delitual no contexto do surgimento e evolução do Direito público[2210] e do movimento

---

[2207] MAFALDA MIRANDA BARBOSA, *Liberdade vs. Responsabilidade,* p.169, refere-se igualmente à distinção entre liberdade negativa e liberdade positiva, mas em termos algo ambíguos. Primeiro, começa por afirmar que a Escola da Exegese tentou circunscrever a *faute* à violação de direitos subjectivos, o que representava o triunfo da ideia de liberdade negativa. A liberdade de cada um seria limitada na exacta medida em que contendesse com a liberdade do outro (p. 147). Depois, afirma que é com o abuso do direito que deixa de haver uma concepção de liberdade negativa, fruto do pensamento individualista (p. 154). Num terceiro momento, considera que é na passagem da liberdade negativa à liberdade positiva que se dá a evolução do *neminem laedere* (p. 169). A Autora defende que na base da concepção de responsabilidade do período iluminista está uma determinada compreensão da liberdade negativa enquanto liberdade humana, definida pela correlativa determinação dos espaços sociais e de acção. Já para os jusracionalistas a liberdade seria condição de desenvolvimento individual do ser humano, pelo que só a actuação culposa justificaria a responsabilidade, enfatizando a liberdade positiva. (p. 170). Não acompanhamos totalmente este percurso que, ao partir de alguma imprecisão sobre o contéudo da liberdade negativa, condiciona o abuso do direito a um aspecto da liberdade positiva.

[2208] SINDE MONTEIRO, *Estudos,* pp. 25 e ss, e JOÃO CALVÃO DA SILVA, *Responsabilidade civil do produtor,* p. 104, com referências à doutrina estrangeira.

[2209] JOHN RAWLS, *O liberalismo político,* Presença, 1997, pp. 33 e ss.

[2210] MARIA LÚCIA AMARAL, "Sociedade Civil e Constituição ou do uso jurídico da noção de sociedade civil", Themis, Ano III, n.º 5, 2002, 5-18. Passado o período revo-

constitucional[2211]. A ideia de Constituição coincide, pelo menos parcialmente, com as exigências da codificação[2212]. Enquanto as estratégias de legalidade da Constituição correspondem à necessidade de traçar um limite e uma previsibilidade à actuação do Estado, os códigos civis emergem da necessidade de estruturação jurídica dos conflitos sociais. A partir de meados do século passado, os códigos deixaram de ser uma refracção, no plano civil, das ideias individualísticas da Constituição para passarem a ser a dimensão central do direito positivo do Estado. Assim, são aqueles e não estas que se convertem na principal fonte de direito, garantindo as posições jurídico-subjectivas e remetendo as Constituições essencialmente para o estatuto de lei orgânica dos poderes públicos[2213].

---

lucionário, surge o direito do Estado (*Staatsrecht*), distanciado do conceito de constituição, cujas questões mais tratadas consistem no primado dos direitos fundamentais sobre a lei e no primado do poder constituinte sobre os poderes constituídos, questões desenvolvidas sobretudo por autores como LABAND, JELLINEK e GERBER. Só no início do século XX se retoma o debate em torno da Constituição, com três perspectivas metodológicas distintas: a de CARL SCHMITT, que reconduzia o fenómeno constitucional a uma teoria do poder constituinte, a de KELSEN, que o reconduzia a uma teoria de compatibilidade formal de normas de hierarquia distinta, e a de SMEND, que o reconduzia a uma teoria da interpretação da Constituição material. Distinguem-se quatro fases na evolução do Direito público: uma primeira ligada ao Estado, uma segunda ligada à Constituição, uma terceira ligada à interpretação constitucional, e uma quarta, iniciada em 1989, em que se verifica um desencontro entre Constituição material e formal, em que, a matéria procura uma forma, como ocorre na União Europeia, em que uma Constituição material procura uma Constituição formal, ou nas Constituições dos Países do Leste da Europa, em que ao contrário, a forma procura a matéria. Em todas estas fases da transformação constitucional a linguagem também se alterou. Um dos aspectos revelados neste estudo é a compreensão de uma distinção fundamental entre o constitucionalismo de tipo americano, que é de baixo para cima, centrado nos cidadãos e nas suas relações horizontais, e o constitucionalismo de tipo europeu, que é de cima para baixo, estato-cêntrico, marcado pelas relações horizontais.

[2211] MIGUEL REALE, *Lições Preliminares de Direito*, Almedina, Coimbra, 1982: a história do direito pode desenvolver-se em três planos que se correlacionam: o dos factos sociais, que explicam o aparecimento das soluções normativas e das alterações do ordenamento jurídico, dando relevo às fontes de direito, o das formas técnicas de que se revestem tais soluções normativas, e o das ideias jurídicas, que actuam, como fins, nas alterações verificadas nas fontes e nos seus modelos normativos.

[2212] MÁRIO REIS MARQUES, "O liberalismo e a ideia de codificação em Portugal", BFD, Supl. 24, (1986), p. 2, "Nesta medida, as constituições e os códigos são marcos essenciais da afirmação da razão jurídica moderna".

[2213] GOMES CANOTILHO, *Direito Constitucional e Teoria da Constituição*, 6.ª ed., Coimbra, p. 121, e MÁRIO REIS MARQUES, *Codificação e Paradigma da Modernidade*, p. 390.

No entanto, mesmo na actualidade, as Constituições mantêm um catálogo desenvolvido de posições jurídicas individuais, traçam os limites das funções do Estado e condicionam o procedimento legislativo, segundo uma ordem de valores constitucionais, que se traduzem em exigências formais e materiais[2214].

Posto isto, dimensões de Direito público têm igualmente de ser analisadas no contexto da responsabilidade delitual contemporânea, sendo essenciais para a compreensão do presente objecto de investigação[2215]. As normas de Direito público interagem com as normas de Direito privado e vice-versa, pelo que o jurista tem que se articular nesta abrangência, não sendo possível traçar fronteiras intransponíveis para os cultores destas áreas jurídicas. Com efeito, a responsabilidade delitual implica uma incursão pelos diferentes ramos do direito, pressupondo que o operador se mova livremente nestes campos jurídicos.

Este é um dos pontos em que claramente a responsabilidade delitual se distingue dos restantes títulos de imputação: no influxo de dimensões juspúblicas na sua evolução e compreensão. Com efeito, a evolução da responsabilidade delitual é, actualmente, marcada pela crescente socialização, originando um declínio da responsabilidade individual, o que significa que a responsabilidade delitual se metamorfoseia e que o seu papel futuro será, cada vez mais, o de dar resposta aos danos não cobertos pelos seguros, pela segurança social e por todos os outros mecanismos de reparação colectiva[2216]. Há mesmo quem considere que o futuro da responsabilidade aquiliana incidirá sobre os comportamentos ilícitos na concorrência e em outros campos da vida social em que tenham sido causados danos puramente patrimoniais. Acresce que surgiram responsabilidades especiais, algumas resultantes de alterações do modelo econó-

---

[2214] Cfr. PEDRO MACHETE, *Estado de Direito Democrático e Administração Paritária*, Almedina, Coimbra, 2007, pp. 606 e 609, em que a Constituição deve ser o fundamento legitimador do próprio Estado, promovendo-se, assim, a substituição de um modelo de supra e infra-ordenação por um modelo paritário.

[2215] JOSÉ LAMEGO, *"Teleologia da Liberdade" e o Conceito de Direito: A Compreensão criticista da Juridicade como Exigência de "Constitucionalização" do Ordenamento jurídico*, (polic), pp. 370 e ss, configura as concepções constitucionalistas e principialistas como um "retorno a Kant".

[2216] Sobre a diferença entre responsabilidade delitual e seguro, cfr. DÁRIO MOURA VICENTE, *Da responsabilidade,* p. 200.

822 *Normas de Protecção e Danos Puramente Patrimoniais*

mico-político, que igualmente postulam uma articulação entre Direito público e privado[2217].

De salientar a imprescindibilidade do instituto da responsabilidade civil, mau grado a existência de novos substitutos para a suportação de danos e a distribuição de riscos, como os seguros e a segurança social, sendo de sublinhar a vitalidade da "velha responsabilidade subjectiva", como manifestação de que, em princípio, só se responde por acto ilícito e culposo, na medida em que se trata de um princípio fundamental para não tolher em demasia a iniciativa das pessoas e o próprio progresso social[2218].

Ao longo do século XX a responsabilidade civil é marcada pela evolução industrial e tecnológica, tendo a responsabilidade pelo risco emergido e disputado o seu terreno à responsabilidade delitual[2219], que autonomizou um direito dos acidentes, com critérios de imputação próprios, que enfatizam, antes de mais, o direito do lesado à indemnização. O princípio da culpa não oferecia cabal resposta aos danos anónimos e inevitáveis, tendo sido substituído pelo princípio do risco. Culminando o processo de objectivação da responsabilidade civil, em certas áreas, como a dos acidentes de trabalho e rodoviários, o declínio da responsabilidade

---

[2217] João Calvão da Silva, *Responsabilidade civil do produtor*, p. 97, analisa as consequências para a responsabilidade civil decorrentes da passagem do Estado de Direito Liberal para o Estado de Direito social que implica uma *"acentuação – [n]o direito civil – da dimensão social"* (p. 100), tendo sido essa evolução que pressionou o princípio da culpa e o alargamento da responsabilidade objectiva, designadamente a danos causados por produtos defeituosos. Neste sentido, também Mário Júlio de Almeida Costa, *Direito das Obrigações*, p. 529 e "O Novo Código Civil", BMJ, 165, (1967), pp. 26-27, e Manuel de Andrade, "Sobre a recente Evolução do Direito Privado Português", BFD, vol. 22, (1946), pp. 284-343. Cfr. Castanheira Neves, "Nótula a propósito do Estudo sobre a responsabilidade civil de Guilherme Moreira", Digesta, Escritos do Direito, do Pensamento Jurídico da sua Metodologia e Outros, vol. 1.º, Coimbra Ed., 1995, pp. 475-482. Cfr. ainda Eberhard Wagner, "100 Jahre Bürgerliches Gesetzbuch – Ein Überblick zur Entstehung, Grundlagen und Entwicklung des BGB", Jura, (1999), p. 509 e pp. 513-514.

[2218] Santos Júnior, *Da responsabilidade civil de terceiro*, pp. 178-268.

[2219] De referir que a teoria do risco não visa a integral substituição da teoria da culpa, mas apenas completar áreas em que os danos ficavam por ressarcir. Neste ponto, segue-se Sinde Monteiro, *Estudos*, pp. 21-22 e João Calvão da Silva, *Responsabilidade do Produtor*, pp. 104-105 (n. 3), que apresentam estes fundamentos não como princípios absolutos, mas como parciais e concorrentes.

Síntese Periferia – Centro 823

individual gerou a sua substituição por esquemas de socialização da responsabilidade, entre os quais se destaca o seguro[2220].

VI. Na viragem do século XX para o século XXI, uma sociedade industrializada e de informação, cada vez mais complexa, evidencia novos problemas em consequência do processo de globalização económica[2221]. Responsabilidade delitual e obrigacional reordenam-se mutuamente no contexto da evolução sócio-económica[2222]. Surgem novos desenvolvimentos em situações de *deficit* delitual de protecção e emergem as responsabilidades "não alinhadas"[2223]. Em épocas de contracção económica abre-se mais espaço para a responsabilidade delitual – como grande modelo de regulação do comportamento social e da liberdade individual – por contraposição ao contrato que, enquanto motor jurídico do progresso económico, tende a afrouxar com a desacelaração económica, na qual os interesses patrimoniais se tornam mais evidentes, por não estarem ao abrigo de esquemas contratuais. O contrato tem essencialmente uma função dinamizadora, intervindo ao nível do "poder de adquirir" (*Erwerbss-*

[2220] Sobre esta evolução, ANTÓNIO PINTO MONTEIRO,"A responsabilidade civil no direito contemporâneo", *O Direito Contemporâneo em Portugal e no Brasil*, (coordenadores Ives Gandra da Silva Martins e Diogo Leite Campos), Almedina, Coimbra, 2003, pp. 321-327. Em especial, pp. 323-324. Cfr. LUÍS CARVALHO FERNANDES, *Teoria Geral do Direito Civil*, I, Introdução, Pressupostos da Relação Jurídica, 4.ª ed. revista e actualizada, UCP, Lisboa, 2007, pp. 92-95.

[2221] Preferindo o conceito de terceira revolução industrial ao de mundialização ou globalização, JUAN RAMÓN CAPELLA HERNÁNDEZ, *Estado Y Derecho ante la mundialización: aspectos y problemáticas generales, Transformaciones del derecho en la mundialización*, Madrid, 1999, p. 97, focando a desmaterialização dos bens e dos mercados. Cfr. VÍTOR BENTO, *Os Estados Nacionais e a Economia Global*, Almedina, Coimbra, 2004, pp. 93 e ss. Cfr. ainda os trabalhos dispersos presentes, ainda que fora do tema desta dissertação, em *Globalização económica*, (coordenação Pedro Soares Martinez), Almedina, Coimbra, 2007.

[2222] CARNEIRO DA FRADA, *Contrato e Deveres de Protecção*, p. 13, no quadro do jusliberalismo todo o Direito das obrigações surge em torno das noções de delito e contrato. O contrato, no contexto do liberalismo económico, sujeitava a transacção de bens e serviços ao princípio da autonomia privada. À lei compete o modesto papel do reconhecimento da liberdade individual e da justiça resultante da convenção das partes. Ao delito cabia a protecção contra a intromissão danosa num círculo mínimo de interesses, no qual a propriedade, direito paradigmático do liberalismo individualista, era concebido como a sua tarefa fundamental.

[2223] CARNEIRO DA FRADA, *Direito Civil. Responsabilidade Civil*, pp. 62-63.

824   *Normas de Protecção e Danos Puramente Patrimoniais*

chutz), enquanto que a responsabilidade delitual protege o "possuir justificado" (*Bestandsschutz*)[2224], com base na ideia de que os bens adquiridos e produzidos são redistribuídos apenas por meios conformes com a ordem jurídica[2225].

O quadro liberal de distribuição de tarefas entre contrato e delito descaracteriza-se quando é atribuída à lei uma função de maior regulação dos comportamentos individuais, *maxime* de protecção de bens jurídicos colectivos, que afastam os vectores do "direito do delito", ligado a uma estática, e do "direito do contrato", ligado a uma dinâmica. O direito delitual surge, assim, como mais necessário e mais abrangente em épocas que não convidam à contratualização dos riscos e em que os danos se tornam mais evidentes, porque se sentem mais, ou porque não são escamoteados por lucros e progresso. A responsabilidade delitual, como sistema heteroregulador, necessita de ser equilibrada, na medida em que traça as consequências indemnizatórias dos comportamentos proibidos no contexto das relações interpessoais, recorrendo, para tal, às normas do ordenamento jurídico *in toto*. A globalização económica pressupõe, também, uma internacionalização jurídica na abordagem dos fenómenos, exigindo, em alguns casos, uma uniformização cirúrgica dos sistemas jurídicos, ainda que esta implique, porventura numa reduzida medida, uma descaracterização dos direitos nacionais[2226].

[2224] Também CARNEIRO DA FRADA, *Contrato e deveres de protecção*, pp.122-123, referindo-se a uma função da responsabilidade civil, aliás como de todo o direito civil, de *Bestandschutz* dos bens atribuídos pelo direito, garantindo uma ordem de estabilidade. FIKENTSCHER considera que a função do direito civil não se resume ao *Bestandschutz,* mas também à articulação de um sistema de regras que permitem e disciplinam o acesso aos bens juridicamente protegidos. Nessa medida, protege-se a liberdade (*Freiheitschutz*) e a aquisição (*Erwerbsschutz*), convergindo para o efeito diversas áreas normativas, desde o direito da concorrência à própria responsabilidade civil, tendo aqui em consideração a intervenção subsidiária do direito delitual na defesa da ordem económica do mercado e da concorrência. Neste sentido, MERTENS, *Deliktsrecht und Sonderprivatrecht*, pp. 227-262.

[2225] HEINRICH EWALD HÖRSTER, *A Parte Geral*, pp. 80-81. Cfr. CARNEIRO DA FRADA, *Contrato e deveres de protecção*, p. 15, considerando o contrato como instrumento jurídico da dinâmica da vida social e económica, enquanto o delito assume a defesa da estática social e económica.

[2226] STATIS BANAKAS, *Thoughts on a New European Tort Law*, pp. 11-25, reconhecendo que o sistema delitual é produto da política social, económica e política do século XIX, sendo que esta tradição histórica tem valor, mas não deve ser o único elemento relevante para a construção do direito delitual, devendo-se procurar novas bases.

Os novos enquadramentos, apesar de terem condicionado *"decisiva-mente a evolução dogmática do instituto"*[2227], colocam-se perante novos cenários que fazem reflectir sobre as concepções anteriores. A este propó-sito, é importante tomar em consideração que a protecção do património, na matriz liberal delitual, estava circunscrita à defesa da propriedade, cabendo à doutrina e à jurisprudência a tarefa de concretizar no presente e no futuro outras situações patrimoniais dignas de protecção delitual[2228]. O esquema liberal da responsabilidade delitual, assente num princípio de culpa e no individualismo, foi primeiramente posto em causa com a auto-nomização da responsabilidade objectiva e com a sua frontal rejeição da fundamentação ética na culpa, enquanto sustentáculo da imputação do dano[2229]. Um título de imputação de danos, não assente na culpa, mas em critérios objectivos de distribuição do risco, baseados, em última instância, na conveniência social ou na eficiência económica, faz estremecer os ali-cerces filosóficos liberais da responsabilidade delitual, que teve que se modernizar, numa primeira fase, pelo incremento da defesa da persona-lidade, criando uma responsabilidade delitual ao serviço *prima facie* da pessoa, enquanto se deixava ao contrato a protecção dos interesses econó-micos. Para o efeito, recorreu-se à construção do "direito geral de perso-nalidade" e ao aumento da zona de omissões juridicamente relevantes[2230] e de violações indirectas através dos deveres do tráfego para protecção de bens de personalidade; numa segunda fase, mais recente, autonomizando deveres do tráfego para protecção de interesse puramente patrimoniais, no quadro de uma responsabilidade delitual ao serviço de valores funcionais, como a eficiência no mercado. Esta funcionalização da responsabilidade civil a valores supra-individuais, afasta-se das vontades isoladas, condi-cionadas por um voluntarismo estadual, resultando essencialmente do crescimento da área injuntiva do Estado intervencionista, num primeiro estádio, e do Estado regulador, num estádio mais recente[2231].

Certa parece ser, como resultado da complexidade acrescida das sociedades modernas, a impossibilidade de regresso a um modelo liberal

---

[2227] CARNEIRO DA FRADA, *Contrato e deveres de protecção*, p. 14

[2228] CARNEIRO DA FRADA, *Contrato e deveres de protecção*, p. 14 (n. 3).

[2229] CARNEIRO DA FRADA, *Contrato e deveres de protecção*, p. 19.

[2230] CARNEIRO DA FRADA, *Contrato e deveres de protecção*, p. 19.

[2231] SALDANHA SANCHES, "A Regulação: História Breve de um conceito", ROA, Ano 60.°, 2000, pp. 5-22.

826   *Normas de Protecção e Danos Puramente Patrimoniais*

puro, impondo-se, cada vez mais, o aumento, em todas as áreas de convivência social de um complexo e variado sistema de fontes de direito, que regulam os comportamentos individuais nos variados aspectos da existência humana. No entanto, a este acréscimo "normativo" não pode corresponder – sem mais – um acréscimo de responsabilidade, sem perigar uma zona de liberdade essencial ao desenvolvimento da pessoa e, em última instância, assente no princípio da sua dignidade.

VII. A responsabilidade delitual reflecte um modelo de opção política potenciado por fórmulas normativas distintas, cujas técnicas legislativas condicionam igualmente a interpretação jurídica e a resolução de casos concretos. Este modelo teve diferentes concretizações históricas, cuja evolução nem sempre é linear, e cuja operacionalidade é circunscrita à sua compreensão sintética e não à diferenciação analítica dos problemas subjacentes[2232]. Com efeito, no que concerne ao direito delitual, a sua evolução deve-se, em larga medida, à própria arquitectura das normas jurídicas sobre a qual assenta o seu edifício e, em especial, mais recentemente, nos sistemas que contêm situações básicas de responsabilidade, ao papel das

---

[2232] Cfr. CASTANHEIRA NEVES, *Pessoa, Direito e Responsabilidade*, pp. 11-19, distingue três modelos distintos em que o papel da responsabilidade se altera de forma radical. No *modelo romano de sentido jurídico* a responsabilidade está no domínio exterior à *bona fides,* que rege a responsabilidade contratual, despojada de uma carga ética; o *suum cuique tribuere* constitui uma forma de restabelecer o equilíbrio das titularidades e dos usos dos direitos e bens que a acção polarizada no dano tinha violado. No *modelo clássico europeu de sentido ético* a responsabilidade altera-se profundamente; a imputação ética (por não cumprimento de um dever prescrito) e a imputação física (causalidade) transformam-se em condição necessária e fundamento da responsabilidade. O *modelo de responsabilidade social* actual é um modelo claramente pluralista com diversos casos especiais de responsabilidade que têm que dar resposta a múltiplos fins, por vezes contraditórios, como reparar o lesado, repartir perdas, distribuir riscos, punir o lesante, prevenir comportamentos ilícitos, controlar a actividade da produção e assegurar o respeito pela pessoa humana. Com efeito, as aporias da responsabilidade estão na ordem do dia e se, por um lado, a socialização da responsabilidade na "sociedade de risco" admite uma contínua progressão do seu carácter objectivo, que conduz muitas vezes à sua dissolução; por outro, o sistema deve evoluir no sentido de estabelecer "contra-estímulos à liberdade de acção orientados pelo objectivo de uma eficaz prevenção da sua produção ou verificação", em que os fins preventivos ganham prevalência. CASTANHEIRA NEVES confere ao *modelo de responsabilidade social* actual um sentido plural no qual se insere, entre as diferentes modalidades, o sistema da responsabilidade delitual.

cláusulas gerais, às normas de protecção, que permitem incorporar a alteração dos diferentes sectores do ordenamento jurídico. Neste ponto, para além da busca dos vectores de desenvolvimento da responsabilidade aquiliana, impõe-se analisar a técnica legislativa que se depara, designadamente na remissão para as normas de protecção enquanto normas de outros sectores do ordenamento jurídico.

A responsabilidade aquiliana de modelo germânico é dotada de uma significativa descontinuidade nos tipos delituais[2233]: violação de direitos subjectivos, normas de protecção e abuso do direito. A interacção destes tipos delituais tem potenciado a sua evolução ao nível da resolução de casos concretos e a constante tendência para descobrir novos desenvolvimentos *praeter legem*. O imobilismo das fontes não obstaculiza a evolução da interpretação nem implica homogenia na resolução de situações concretas. O sistema delitual tem "margem hermêutica" para a sua própria evolução[2234]. Da descontinuidade e fragmentariedade deduz-se uma natureza incompleta que permite a mobilidade do sistema delitual.

VIII. As funções da responsabilidade delitual têm-se alterado significativamente nas sociedades modernas, que a tecnologia e o mercado colocam numa espiral de transformação, na qual um desenho puro e centralizado da responsabilidade delitual é manifestamente incapaz de con-

---

[2233] Sobre as metodologias das descontinuidades, MICHEL FOUCAULT, "A Palavra e as Coisas. Uma arqueologia das Ciências Humanas", (trad. António Ramos Rosa), edições 70, 2005, (cfr. em especial o preâmbulo de Eduardo Lourenço, "Michel Foucault ou o fim do Humanismo", pp. 9 a 20) para quem, sobretudo na evolução das ciências empíricas, a mudança de enunciados não é nem uma mudança de conteúdo (refutação de erros antigos, nascimento de novas verdades), nem, tão pouco, uma alteração da forma teórica (renovação de paradigma, modificação de conjuntos sistemáticos à maneira de KUHN ou de POPPER). O que rege os enunciados é a forma como estes se regem entre si. Neste domínio, mais do que saber o que age sobre a ciência, importa saber que efeitos de poder circulam entre os enunciados científicos, *i.e.* os efeitos de poder próprios do jogo enunciativo e a razão pela qual, em certos momentos, se alteram de forma global.

[2234] Sobre a interpretação criativa e a natureza constituinte da Ciência do Direito, cfr. MENEZES CORDEIRO, *Tratado de Direito Civil Português*, I, pp. 267 e ss. Sobre o fenómeno de evolução no seu aparente imobilismo, em especial p. 593. Cfr. ainda REINHARD ZIMMERMANN/NILS JANSEN, "*Quieta Movere*, Interpretative Change in a Codified System", *The Law of Obligations*, (Peter Cane/Jane Stapleton), Clarendon Press, Oxford, 1998, pp. 255-315.

828 *Normas de Protecção e Danos Puramente Patrimoniais*

jugar todas as finalidades e todas as consequências[2235], pelo que se salienta uma tendência crescente para a sua fragmentação, relegando a sua unidade dogmática[2236]. Por outro lado, as funções da responsabilidade delitual são incompreensíveis se não forem articuladas com os seus fun-

---

[2235] A este propósito, HAYEK distingue dois tipos de ordem social. A ordem espontânea, que emerge gradualmente, que é produto da interacção humana e na qual há uma variedade de propósitos e a ordem organizada. Como exemplos desta ordem espontânea podem referir-se a língua, a troca e a família. Diferentemente, a organização é produto de um finalismo ou desígnio com uma unidade ou prevalência de propósitos. Exemplo desta organização é a empresa. Actuando ao nível do jogo da liberdade inter-individual, no qual se cruzam elementos de ordem espontânea e de organização, a função da responsabilidade aquiliana aproxima-se mais da do árbitro do que propriamente da do maestro. Daí a dificuldade em impor uma arquitectura pré-definida e autoritária, sendo o fundamento deste regime essencialmente o de traçar regras gerais e o de exigir o seu cumprimento para regular o jogo da liberdade. MICHAËL POLANYI apresenta o conceito de "ordem policêntrica" para explicar a complexidade dos fenómenos das ordens não comandadas centralmente. HAYEK, por sua vez, distingue as ordens espontâneas auto-organizadas das ordens organizadas. As ordens sociais espontâneas são regidas por regras abstractas do direito autêntico (*nomos*), que correspondem ao direito civil. As ordens sociais organizadas são reguladas por regras orientadas finalisticamente (*thesis*), que correspondem ao Direito público. As "regras de justa conduta" devem ter um carácter limitativo ou proibitivo, não ser finalisticamente orientadas, serem dotadas de abstracção, universalidade e permanência. HAYEK situa o Direito civil na ordem espontânea e o Direito público na organização, saltando que estes dois tipos de regras, ainda que com a mesma dignidade, são diferentes na sua natureza, concorrendo umas directamente e outras indirectamente para a mesma protecção da ordem social e da liberdade. HAYEK segue a ideia de HUME de que o Estado tem duas funções: uma, de protecção da ordem espontânea, ordem na qual os particulares actuam reciprocamente e fornecem e trocam bens e serviços e, outra, para a prestação de bens e serviços – fora do quadro privado – no âmbito dos bens colectivos. A tese de HAYEK, na linha de LOCKE, considera que a lei não serve para abolir ou restringir a liberdade, mas antes para preservá-la e aumentá-la. Sem lei não há liberdade. A liberdade consiste em estar livre da restrição e da violência de outrem, o que só pode existir onde houver lei. Nos países de *rule of law* as restrições fundam-se na lei. Para HAYEK, as constituições correspondem ao direito organizacional dos poderes públicos e não a um direito de regras de conduta. O teste objectivo da justiça é o teste negativo da generalização da lei. Ainda que com inspiração no imperativo categórico kantiano, tal teste não significa que as regras jurídicas sejam totalmente elaboradas de forma lógica. Cfr. sobre isto, PHILIPPE NEMO, *La société de droit selon F.A. Hayek*, PUF, Paris, 1988, pp. 108 e ss e pp. 147 ss, e, ainda, sobre as relações entre liberdade e responsabilidade, F.A. HAYEK, *The Constitution of Liberty*, Routledge & Kegan Paul, London, 1963, p. 71-83.

[2236] MÁRIO JÚLIO DE ALMEIDA COSTA, *Direito das Obrigações*, p. 539.

damentos[2237] e estes localizam-se numa zona de condomínio entre a filosofia do direito e a ciência jurídica[2238-2239].

Actualmente, a tendência vai no sentido de evidenciar as aporias da responsabilidade delitual, quer ao nível das suas funções clássicas, quer ao nível da forma como operam os pressupostos da obrigação de indemnizar. A este respeito, EPSTEIN defende que o direito da responsabilidade delitual é simultaneamente uma das áreas mais simples e mais complexas do direito[2240]. Trata-se de uma área eminentemente política e muito menos estável do que se pretende fazer crer. Um sistema de responsabilidade civil assente na culpa é fruto do iluminismo e é apoiado no direito de propriedade e na liberdade de acção. A culpa é o elemento que introduz limites objectivos à liberdade de acção. O padrão do homem médio ou bom pai de família é também uma objectivação das restrições à liberdade de acção. Trata-se de um critério discriminatório, uma vez que não existe, em regra, qualquer proporção entre o grau de culpa do agente e a gravidade do

---

[2237] FERNANDO BRONZE, *Lições de Introdução ao Estudo do Direito*, 2.º ed, Coimbra, 2006, pp. 13-14, sobre a conjugação de uma tripla perspectiva do direito – sociológica, filosófica e epistemológica – sendo a filosófica a que se ocupa com o fundamento dos deveres e das responsabilidades. Sobre a importância da tradição filosófica na análise dos fundamentos do direito delitual. DAVID G. OWEN, "Why Philosophy Matters to Tort Law", *Philosophical Foundations of Tort Law*, Claredon, Oxford, pp. 201-228.

[2238] G.W. F. HEGEL, *Princípios da Filosofia do Direito*, Colecção Fundamentos do Direito, (trad. Norberto de Paula Lima) Ícone ed., 1997, p. 39. "*A ciência do direito é uma parte da filosofia*". Diferentemente, MENEZES CORDEIRO, *Noções gerais do Direito*, p. 189, refere a existência de uma diferente perspectiva entre a Ciência do Direito e a Filosofia do Direito.

[2239] Não se trata de material apriorístico afastado das soluções e das respostas concretas para os problemas que se colocam em torno do objecto de estudo caindo num "irrealismo metodológico". CASTANHEIRA NEVES, *Questão-de-facto-questão de direito ou o problema metodológico da Juricidade (ensaio de uma reposição crítica) – I A crise*, Almedina, Coimbra, 1967, p. 599: " *... a que deve o jurista imediata fidelidade, a uma intenção puramente cognitiva ou a uma intenção normativamente jurídica?; está a sua vocação em servir a Ideia de Ciência ou em servir a Ideia de Direito?*" A realização do direito impõe a opção metodológica por um pensamento normativo e prático. MENEZES CORDEIRO, "Ciência do Direito e metodologia jurídica nos finais do século XX", ROA, Ano 48.º, Dezembro, (1988), pp. 707 e ss, apresentando o irrealismo metodológico como "*metadiscurso (...) inaplicável a questões concretas e logo indiferente ao Direito.*"

[2240] "*Torts is at once one of the simplest and one of the most complex areas of the law.*" EPSTEIN, "A Theory of Strict Liability", *Perspectives on Tort Law*, (Robert R. Rabin), 4.ª ed., Little Brown, Boston, New York, Toronto, London, 1995, p. 275.

830 *Normas de Protecção e Danos Puramente Patrimoniais*

dano[2241]. A falta de proporção entre estas duas grandezas é feita à custa do lesado[2242]. O dano é concebido como uma fatalidade, que o lesado tem de suportar[2243]. Também GYULA EÖRSI salienta que a responsabilidade civil é desde a sua origem contraditória, porque, do ponto de vista da reparação, exige-se que o agente indemnize todo o dano causado e, do ponto de vista da prevenção, só deve haver responsabilidade com culpa e dependente do grau da culpa. Mesmo com um papel secundário em relação à finalidade reconstitutiva, admite-se, hoje, uma função preventiva-punitiva da responsabilidade civil[2244]. JÚLIO GOMES considera existirem

---

[2241] Estes aspectos apontam para o carácter manifestamente contraditório inerente à consagração de um princípio da culpa na responsabilidade delitual. Cfr. GY EÖRSI, *Comparative Civil (Private Law), Law Tipes, Law Groups, The roads of Legal Development*, Akadémiai Kiadó, Budapeste, 1979, p. 278: "*The changes that ensued were directed not so much against the three tenets but rather against the pattern as a whole. Production forces started moving and the always inherent contradiction of tort liability came to light. This contradiction is due to the fact that considerations on the tortfeasor's side cannot, in reality, be reconciled with those of the aggrieved part, since while the tortfeasor does not deserve to be held liable, if he did not commit fault, the aggrieved person deserves compensation irrespectively of whether the damage has been caused faultily or not*".

[2242] Com as limitações do artigo 494.º do CC. Sobre esta norma, afastando a sua natureza sancionatória, cfr. BRANDÃO PROENÇA, *A Conduta do Lesado*, pp. 165 e ss.

[2243] JÚLIO GOMES, "Responsabilidade subjectiva e responsabilidade objectiva", RDE 13 (1987), pp. 97-125.

[2244] JÚLIO GOMES, "Uma função punitiva para a responsabilidade civil e uma função reparatória para a responsabilidade penal?", RDE 15 (1989), pp. 105-144. PATRÍCIA CARLA MONTEIRO GUIMARÃES, "Os danos punitivos e a função punitiva da responsabilidade civil", Direito e Justiça, vol. XV, (2001), Tomo 1, p. 178, seguindo a posição de JÚLIO GOMES, entende que a responsabilidade civil não deve ser circunscrita à reparação de um dano, devendo possuir uma função punitiva e/ou uma função preventiva, sob pena de se tornar irrelevante a via do contrato ou a via da responsabilidade civil. Se uma pessoa quiser comprar a maçã do vizinho ou compra-a ou subtrai a maça e indemniza-o. Um sistema que equipare estas situações fundamenta o desrespeito pelos direitos alheios, na medida em que configura um menor incentivo ao investimento nos próprios bens, traduzindo um prejuízo para toda a sociedade. Daí que se deva devolver à responsabilidade civil uma função punitiva. De referir que a função punitiva da responsabilidade civil tem sido defendida sobretudo no domínio das violações aos direitos de personalidade e nos danos morais e ainda aí, por vezes, com limitações significativas. A título de exemplo, PEDRO PAIS DE VASCONCELOS, *Teoria Geral de Direito Civil*, p. 19, considera inconstitucional a condenação em indemnização punitiva no processo civil por o réu não beneficiar das garantias do processo criminal. Saliente-se que esta construção dificilmente pode ser aceite, uma vez que o princípio da culpa pode não fundamentar integralmente a obrigação de indemnizar, permitindo

dúvidas de constitucionalidade sobre a figura dos *punitive damages,* por falta de um limite prévio para a quantia a ser paga a título de sanção, e o perigo de sancionar duplamente o mesmo facto, quanto este é passível também de censura penal. Este Autor salienta a imprecisão que rodeia a figura dos *punitive dammages*[2245]. No domínio do seu campo de aplicação, o seu domínio natural é constituído pelas condutas dolosas, mas também pode aplicar-se a situações de negligência grosseira e flagrante. Admite-se a aplicação dos *punitive damages* à responsabilidade do produtor, que é concebida nos Estados Unidos como uma responsabilidade independente de culpa. Nos *punitive damages* pode atender-se à situação económica do infractor, pelo que é uma reacção particularmente temida pelas pessoas colectivas. A responsabilidade por danos patrimoniais e a responsabilidade por danos não patrimoniais correspondem a modelos estruturalmente distintos: na primeira transfere-se uma perda de um património para outro, enquanto, na segunda, há um enriquecimento do lesado. A área dos danos morais é muito mais permeável a considerações punitivas mais ou menos camufladas.

O modelo clássico de responsabilidade arranca de duas ideias fundamentais: causalidade e individualidade, sendo constituído por três elementos: sujeito responsável, a instância moral ou institucional perante a qual se responde e a natureza do nexo da responsabilidade, sendo necessário o estabelecimento de um nexo de causalidade entre o agir e o omitir humanos e o resultado que se queria evitar. *"O centro de imputação é o homem na sua mais pura e descarnada individualidade".* Pede-se ao homem que aja segundo os contornos de uma linha e que não a ultrapasse. *"A sua responsabilidade aparece só quando ele, por sua vontade, pisa a linha"*[2246]. Segundo FARIA E COSTA este modelo de responsabilidade baseado na causalidade da física newtoniana não serve a uma sociedade hipercomplexa, plural e global, na qual o presente se projecta no futuro, pelo que é no controlo dos comportamentos colectivos que reside hoje *"o ponto nevrálgico*

---

uma leitura punitiva para o princípio da reparação integral do dano, que nunca gerou qualquer discussão sobre o seu carácter inconstitucional.

[2245] PEDRO PAIS DE VASCONCELOS, *Teoria Geral de Direito*, p. 17, admite a função punitiva da responsabilidade civil, sobretudo no domínio das ofensas a bens de personalidade, mas restringe-a à responsabilidade civil conexa com a criminal, porquanto só no processo penal o réu beneficia das garantias de defesa exigidas na Constituição.

[2246] FARIA E COSTA, *A Linha*, p. 35.

832   *Normas de Protecção e Danos Puramente Patrimoniais*

de uma responsabilidade eticamente projectada para o futuro"[2247]. Também Menezes Cordeiro considera que a intervenção de várias pessoas impossibilita o enquadramento dos clássicos delitos civis de base individual[2248] assentes no paradigma isolacionista[2249]. Paulatinamente os novos problemas que surgiram foram originando uma alteração silenciosa dos modelos originais de responsabilidade delitual, configurando as normas de protecção uma solução engenhosa para incorporar essa alteração, porém as diferenciações permanecem essenciais ao aprofundamento do conhecimento e à melhoria das soluções dos casos concretos, daí que seja necessário manter, entre outras, as fronteiras entre Direito Público e Privado no sentido de afastar uma ideia de Direito sem fronteiras (*Welt ohne Gegenüber*)[2250].

§ 32.° Sinopse do estudo de direito positivo

§ 1. No horizonte de fundo constituído pela liberdade de iniciativa económica e de concorrência, eleito para o estudo das normas de protecção de interesses puramente patrimoniais, assiste-se no seu enquadramento periférico a um desenvolvimento da ilicitude vertical e horizontal.

§ 2. No desenvolvimento vertical das normas de concorrência, salientam-se os seguintes pontos:

2.1. As normas da concorrência do direito europeu originário e derivado com efeito directo horizontal podem ser invocadas entre particulares, sendo em abstracto normas de protecção. Em relação às normas que não possuem efeito directo horizontal, como as directrizes, impõe-se proceder a uma interpretação do direito interno conforme às directrizes, implicando o atraso ou incumprimento na sua transposição a responsabilidade civil do Estado;

[2247] Faria e Costa, *A Linha*, p. 40.

[2248] Menezes Cordeiro, *Manual de Direito Bancário*, 3.ª ed., Almedina, Coimbra, 2006, p. 310.

[2249] Carneiro da Frada, *Teoria da Confiança*, p. 328.

[2250] Castanheira Neves, *Nótula*, p. 481.

Síntese Periferia – Centro 833

2.2. A evolução do sistema constitucional e o acentuar da sua dimensão objectiva projecta-se nas relações entre particulares, pressupondo deveres estatais de protecção contra ataques ou ameaças provindas de terceiros. Estes deveres estatais de protecção são concretizados por normas dos diferentes sectores jurídicos que, quando visam a protecção de interesses individuais, constituem normas de protecção;

2.3. O surgimento do ilícito contra-ordenacional no contexto do aumento das funções do Estado impõe que as acções indemnizatórias dos particulares não tenham apenas por base normas penais.

§ 3. No desenvolvimento horizontal da ilicitude das normas de concorrência, salientam-se os seguintes pontos:

3.1. Os ilícitos concorrenciais pressupõem a articulação com a responsabilidade civil. As normas que regulam o ilícito de concorrência podem configurar-se como normas de protecção. O ilícito de concorrência implica responsabilidade civil, sobretudo por danos causados aos concorrentes, o que constitui um meio jurídico privado de tutela do interesse individual dos concorrentes.

3.2. A concorrência desleal recorre a uma cláusula geral, que conforma normas de protecção cuja articulação com o sistema delitual permite fundamentar pretensões indemnizatórias dos concorrentes. Nesta matéria, nega-se a existência de direitos subjectivos, ainda que se registem posições jurídicas que conferem ao seu titular uma tutela sobre terceiros. A vertente da ilicitude, que está em causa na concorrência desleal para efeitos de responsabilidade civil, é a de ilicitude por violação de normas de protecção, afastando as categorias da ilicitude por violação de direitos subjectivos e por abuso do direito.

3.3. O ilícito publicitário, ao inserir-se numa regulação do mercado saiu do domínio contratual, pelo que a sua articulação com a responsabilidade civil deverá ocorrer no contexto da autonomização das normas de protecção. O Código da Publicidade visa a protecção da generalidade dos consumidores, não obstante serem individualmente protegidos igualmente no quadro contratual. A publicidade enganosa prevista no artigo 11.º do CPub contém uma referência ao concorrente. Trata-se de um critério relevante para a delimitação da publicidade enganosa, não se visando uma protecção individual do concorrente. Com efeito, a protecção do concorrente é meramente reflexa, pelo que não há, neste ponto, uma norma de protecção dos concorrentes. Em contrapartida, encontram-se normas de

834 *Normas de Protecção e Danos Puramente Patrimoniais*

protecção do concorrente individual na publicidade comparativa ilícita, podendo as referidas disposições ser utilizadas como normas de protecção de concorrentes prejudicados por este tipo de publicidade.

3.4. As condutas no domínio da sociedade de informação podem avaliar-se como ilícitas através da cláusula geral de concorrência desleal e da disciplina publicitária, autonomizando-se pretensões indemnizatórias.

3.5. A vulnerabilização dos direitos industriais no contexto digital e da economia global justifica o reforço da sua protecção através de soluções que se desenvolveram para as normas de protecção, designadamente do alargamento da ilicitude e do recuo da culpa e da distribuição do ónus probatório da culpa e do nexo de causalidade.

§ 4. Os ilícitos de concorrência, de concorrência desleal e publicitário configuram ilícitos contra-ordenacionais. Não faz por consequência sentido restringir a ilicitude civil por violação de normas de protecção ao ilícito penal, quando a própria evolução do ilícito contra-ordenacional surge dentro da evolução do Estado respondendo a uma necessidade de regulação pública – no interesse geral e individual – que não justifica a intervenção do Direito Penal.

§ 5. O sistema de responsabilidade delitual permite uma revalorização das normas de protecção no contexto da sua relação com as outras situações básicas delituais no domínio dos danos puramente patrimoniais.

§ 6. A diferenciação entre direitos subjectivos e interesses juridicamente protegidos assenta na protecção jurídica e nas opções de técnica de construção normativa. Os interesses juridicamente protegidos resultam de normas impositivas ou proibitivas, que incidem sobre um grupo ou uma generalidade de pessoas enquanto suas destinatárias. A distinção parece apontar para dois planos: um plano de direito objectivo, em que a protecção é indirecta, e um plano que pressupõe a violação, em que a protecção passa a ser directa. Comum a estas situações, para a autonomização de interesses particulares, encontra-se uma eficácia em relação a terceiros (*Drittwirkung*) de normas impositivas e proibitivas, pressupondo uma reconstrução da norma para além do seu plano inicial de vigência para um plano secundário de violação.

§ 7. O Direito privado, assente predominantemente na técnica da jus-subjectivização, atribui, por regra, um espaço de liberdade aos indivíduos. Salienta-se, por isso, uma ruptura com o seu paradigma liberal quando deixam de se corporizar verdadeiros direitos subjectivos, através de normas permissivas, e se constroem, em disciplinas de Direito público, normas impositivas e proibitivas que protegem determinados interesses que passam a ser recebidas pelo sistema delitual.

§ 8. O papel das normas de protecção no domínio das violações da personalidade é sobretudo o de concretizar a protecção concedida pelo regime dos direitos de personalidade, previsto na Constituição e no Código Civil, nomeadamente através das exigências decorrentes do princípio geral da tutela da personalidade, que não se possam enquadrar nos requisitos técnicos da figura do direito subjectivo, permitindo tipificar as diferentes modalidade de violação e incrementar a função preventiva do Direito.

§ 9. O "direito à empresa" tem sido utilizado essencialmente perante a causação de danos empresariais insusceptíveis de ser considerados como resultado violações de normas de protecção ou de abuso do direito. No entanto, a reconhecer-se um "direito" à empresa, os danos decorrentes da sua lesão não seriam utilidades económicas puras, o que significa que os danos puramente patrimoniais se transformariam na violação de um direito subjectivo. Os ataques à empresa configuram-se no espaço da concorrência, pelo que devem ser as normas que regulam a concorrência a traçar a fronteira entre os comportamentos lícitos e ilícitos.

§ 10. Não se admite a formulação originária (*ad hoc*) por via jurisprudencial de deveres do tráfego para protecção de interesses patrimoniais puros, pois terá de ser o legislador, através de normas de protecção, a autonomizar essa protecção, ainda que os deveres do tráfego possam servir para sua *explicitação* ou *concretização*.

§ 11. A transferência para terceiro de deveres do tráfego necessita de ser articulada como o domínio do facto. Assim, o titular de deveres do tráfego pode desonerar-se do seu cumprimento através do cumprimento por terceiro, permanecendo, no entanto, no titular deveres de vigilância em relação ao segundo obrigado.

§ 12. A relevância das normas de protecção, numa avaliação sistemática do regime aquiliano nacional, deriva de representarem uma via de consagração e de ampliação da protecção delitual de interesses puramente patrimoniais. A protecção destes interesses tem de ser um objectivo da norma. As normas de protecção não podem, assim, ser reconduzidas à tutela reflexa de interesses, sob pena de se desequilibrar todo o edifício delitual e de se concederem pretensões indemnizatórias sem qualquer cobertura normativa.

§ 13. Distinguem-se dois núcleos fundamentais de normas de protecção. O primeiro núcleo respeita às normas que se localizam no âmago da protecção de direitos subjectivos, como seu complemento ou concretização. No segundo núcleo, diferentemente, as normas de protecção não se inserem no âmbito da protecção de direitos subjectivos, antes permitem autonomizar interesses protegidos e, quando infringidas, podem originar pretensões indemnizatórias. Estas normas desligam-se do perigo delitual de direitos subjectivos e autonomizam, em caso da sua violação, danos puramente patrimoniais.

§ 14. Atendendo ao menor interesse que as normas de protecção alcançam no domínio da tutela da pessoa, a área por excelência deste *tatbestand* delitual situa-se no campo da tutela de interesses patrimoniais específicos, *v.g.* nas áreas do mercado e da concorrência, áreas que, apesar de estarem sujeitas a um princípio de liberdade, que se desenvolve sob diferentes vertentes (iniciativa económica, empresa, concorrência), são objecto de uma série de restrições – conformadas essencialmente por normas de Direito público – que visam acautelar essa liberdade genérica, protegendo-a da invasão ou da interferência de terceiros, originando pretensões indemnizatórias pelos danos causados.

§ 15. A acção recorta a conduta humana para efeitos de imputação, não configurando um sistema de imputação, mas apenas um requisito mínimo sobre o qual vão incidir os sistemas de imputação delitual. De forma semelhante, enquanto requisito mínimo, o dano não configura um sistema de imputação, configurando antes o objecto dos sistemas de imputação. Desta forma, o esquema que melhor se enquadra numa visão funcionalista dos pressupostos da responsabilidade delitual é o que autonomiza três sistemas de imputação (ilicitude, culpa e causalidade).

§ 16. Subscreve-se um conceito plural de ilicitude, afastando um conceito único como violação de normas de conduta ou violação de deveres jurídicos. Na medida em que nos diferentes sectores do ordenamento jurídico o sistema interno e externo desenvolveram a ilicitude em sentidos nem sempre convergentes, impõe-se compreender as diferenças materiais entre os diferentes ilícitos.

§ 17. A ilicitude da acção desempenha um papel fundamental no domínio das normas de protecção e dos deveres do tráfego e condiciona a culpa.

§ 18. A ilicitude na violação de normas de protecção comporta-se como um pressuposto dominante em relação aos demais, em especial à culpa e ao nexo de causalidade. Esta função dominante da ilicitude contribui para que a culpa e o nexo de causalidade, na resolução de casos concretos, funcionem essencialmente como pressupostos negativos, assistindo-se a uma maior dificuldade em autonomizá-los da ilicitude sobre a qual vão incidir.

§ 19. As normas de protecção, apesar de resultarem da recusa da adopção da cláusula geral napoleónica, delimitando a ilicitude e a culpa, na sua aplicação prática convocam um modelo de pressupostos da responsabilidade delitual próximo da *faute* de tipo napoleónico, em que se aproximam os elementos de ilicitude, culpa e causalidade. No entanto, não é de prescindir da culpa e da causalidade na responsabilidade por violação de normas de protecção, nem defender um modelo domatiano na sua aplicação prática.

§ 20. A indemnização dos danos causados pela violação de normas de protecção pressupõe culpa, o que resulta do teor do n.º 1 o artigo 483.º. É fundamental saber se as normas de referência são normas *i)* de perigo concreto, *ii)* de perigo abstracto, *iii)* de resultado e *i)* se pressupõem dolo, *ii)* abrangem também a negligência ou *iii)* se não necessitam de culpa erigindo ilícitos objectivos, dependendo a culpa da estrutura normativa da norma de protecção.

§ 21. Se o ilícito penal ou contra-ordenacional só estiver previsto na modalidade dolosa, a harmonização do sistema implica que só se houver dolo é que existe "violação da norma de protecção", pelo que a negligên-

838   *Normas de Protecção e Danos Puramente Patrimoniais*

cia não fundamentará a constituição da obrigação de indemnizar. Esta solução advém de, no Direito Penal, dolo e negligência funcionarem como elementos subjectivos do tipo, pelo que o preenchimento da ilicitude penal e contra-ordenacional os exige. Quando a ilicitude penal ou contra-ordenacional previr dolo e negligência, basta a negligência para dar origem à indemnização. Quando o ilícito for objectivo, impõe-se em sede indemnizatória a negligência civil.

§ 22. Se se tratar de uma norma que configura um ilícito apenas na modalidade dolosa, a consciência da ilicitude é relevante em termos da teoria da culpa aplicável no Direito penal; se, contrariamente, os ilícitos estiverem previstos na modalidade de dolo e negligência, a consciência da ilicitude é relevante em termos da teoria do dolo, mantendo-se a responsabilidade delitual pelo ilícito negligente.

§ 23. Os danos abrangidos pelo âmbito de protecção da norma não serão imputados se se inserirem na esfera geral de risco, já o podendo ser se as condutas contribuírem para o aumento do risco e houver probabilidade e previsibilidade, o que significa que nos casos de normas de perigo abstracto processos causais completamente atípicos não devem justificar a imputação. As teorias do fim de protecção da norma, da causalidade adequada e do aumento do risco devem combinar-se para alcançar a melhor solução no caso concreto.

§ 24. A redução da culpa não implica uma inversão do ónus da prova, tudo dependendo da forma como a norma de protecção descreve o ilícito, como de acção ou de resultado, ou como de perigo abstracto ou de perigo concreto. Se se tratar de um ilícito de conduta, a acção recortada pela norma implica que do facto conhecido – a violação da norma – se infira o facto desconhecido – a culpa do agente. Assim, será materialmente justificada a aplicação *in casu* dos artigos 349.º e 350.º do Código Civil e o afastamento do artigo 487.º, n.º 1, quando existe presunção legal de culpa, que não deve ser circunscrita aos casos específicos dos artigos 491.º, 492.º e 493.º, mas que pode ser entendida com carácter mais geral no domínio das normas de protecção.

§ 25. Se a norma de protecção não descreve um dever do tráfego, limitando-se a proibir um resultado, o ónus da prova da culpa incumbe ao lesado, com base no critério da diligência de um bom pai de família face às circunstâncias do caso (artigo 487.º, n.º 1), de forma idêntica à violação de direitos subjectivos. Se as normas de protecção, que visam a protecção de bens jurídicos protegidos enquanto direitos subjectivos, descreverem condutas objectivas para a sua protecção, através do estabelecimento de deveres do tráfego, também em relação a estas normas se promove uma alteração do ónus da prova. Não se trata de uma verdadeira inversão do ónus da prova, embora o critério estabelecido para aferir a ilicitude seja o mesmo que serve ao critério da culpa.

§ 26. As normas de protecção na área da concorrência restringem a liberdade individual, conformando normas de imposição e de proibição, o que implica que esta matéria esteja, em alguns domínios, por regra, sujeita a um princípio de reserva de lei formal. Acresce que o artigo 483.º, n.º 1, CC configura uma norma remissiva, pressupondo um sistema hetero-conformador das fontes de direito do sistema delitual com base no qual a norma de protecção é criada, pelo que tem de ser articulada com as normas de competência legislativa de sede constitucional.

§ 27. Face ao ordenamento constitucional português actos jurídicos infra-legais, como os regulamentos e os actos administrativos, não podem ser fontes de normas restritivas da liberdade de concorrência. Tal asserção leva-nos à existência de um princípio de enumeração legal em matéria de normas de protecção que configurem restrições a posições jurídicas fundamentais. Só serão normas de protecção, constitucionalmente válidas, as de fonte legal. Como consequência desta directriz constitucional, também não poderão ser criadas "autonomamente" normas de protecção por via jurisprudencial, o que afasta a criação jurisprudencial dos deveres do tráfego para protecção de interesses puramente patrimoniais, quando não exista fonte legal que os permita fundamentar, e a *parificação* entre normas de protecção e deveres do tráfego.

§ 28. Não há que defender uma teoria da interpretação *sui generis* para as normas de protecção com maior peso da interpretação histórica e subjectiva. Há que reconhecer, todavia, uma complexidade acrescida no processo interpretativo destas normas, na estrita medida em que a resolução do caso concreto pressupõe a justaposição e interpenetração de uma pluralidade de normas provenientes de conjuntos normativos distintos.

840 Normas de Protecção e Danos Puramente Patrimoniais

§ 29. O carácter de norma de protecção não deve ser fundamentado com a ajuda do artigo 483.°, n.° 1 CC; a teleologia da própria norma tem que visar o benefício de interesses de indivíduos ou de círculos de indivíduos. Não se trata, neste aspecto, da apreciação da tutela do interesse violado em relação ao direito de indemnização, mas sim do facto da norma ter por fim a protecção de outros e beneficiar os seus interesses, independentemente da justificação material de uma pretensão indemnizatória.

§ 30. O que sejam normas destinadas a proteger interesses de outrem, no contexto da interpretação desta fórmula jurídica, há-de estar objectivado na própria norma, e deve, partindo dos textos, procurar reconstruir o pensamento legislativo, tendo sobretudo em conta a unidade do sistema jurídico e as condições específicas do tempo em que a norma é aplicada. No entanto, a maioria dos critérios que, ao longo do século XX, têm sido convocados pela doutrina alemã são inoperativos para permitir uma utilização indemnizatória indiscutível, tendo os mesmos que se sujeitar ao crivo da ciência jurídica.

§ 31. A segunda parte do n.° 1 do artigo 483.° CC configura uma proposição remissiva incompleta, em que parte da hipótese legal necessita de ser completada através de outra ou outras disposições. As proposições jurídicas incompletas, mediante a sua conexão, produzem a proposição jurídica completa. É preciso encontrar parte da hipótese legal, o que coloca o problema da qualificação jurídica do que sejam normas de protecção.

§ 32. A incompletude da norma que fundamenta a segunda situação básica delitual exige que se procurem na globalidade do sistema jurídico as normas primárias que permitem a sua articulação com a norma secundária e, sob este ponto de vista, o enunciado que se encontra tem propósitos e leituras claramente restritivos, na medida em que nem todo o sistema jurídico está à partido apto a desencadear efeitos indemnizatórios, devendo descortinar-se uma categoria de enunciados que viabilizem esse efeito, por contraposição ao resto do sistema em relação ao qual essa consequência jurídica é excluída.

§ 33. As funções da responsabilidade delitual têm-se alterado significativamente nas sociedades modernas, que a tecnologia e o mercado colocam numa espiral de transformação, nas quais um desenho puro e centralizado da responsabilidade delitual é manifestamente incapaz de conjugar todas as finalidades e todas as consequências, pelo que se salienta uma tendência crescente para a sua fragmentação, relegando a sua unidade dogmática. Por outro lado, as funções da responsabilidade delitual são incompreensíveis se não forem articuladas com os seus fundamentos e estes localizam-se numa zona de condomínio entre a filosofia do direito e a ciência jurídica.

§ 34. O modelo clássico de responsabilidade arranca de duas ideias fundamentais: causalidade e individualidade, sendo constituído por três elementos: o sujeito responsável, a instância moral ou institucional perante a qual se responde, e a natureza do nexo da responsabilidade, sendo necessário o estabelecimento de um nexo de causalidade entre o agir e o omitir humanos e o resultado que se queria evitar.

§ 35. O paradigma isolacionista do modelo liberal foi sofrendo uma significativa erosão ao longo do século XX. Impõe-se repensar o sistema delitual, incorporando-lhe novas funções, em especial no domínio da compatibilização das liberdades genéricas, no qual se inclui a liberdade de concorrência, e compreender a necessidade de tutela de utilidades económicas puras através de normas que traçam uma linha entre os comportamentos ilícitos e ilícitos, linha esta que, conjugada com o sistema delitual, traça a fronteira indemnizatória.

ÍNDICE BIBLIOGRÁFICO

AAVV, *Globalização económica*, (coordenação Pedro Soares Martinez), Almedina, Coimbra, 2007

AAVV, *Reforma do Direito Civil*, Relatórios Preliminares elaborados ao abrigo do Protocolo celebrado entre o Gabinete de Política Legislativa e Planeamento do Ministério da Justiça e as Faculdades de Direito da Universidade de Coimbra, da Universidade de Lisboa, da Universidade Católica Portuguesa e da Universidade Nova, Almedina, Coimbra, 2005

AAVV, *The Common Core of European Private Law* (eds. Mauro Bussano and Ugo Mattei), Kluwer Law International, The Hague, London, New York, 2003

AAVV, *Verfassungsprivatrecht, Allgemeine Geschäftsbedingungen, Unternehmensbedesteuerung*, F. Müller, Heidelberg, 1997

ABREU, MANUEL COUTINHO DE – *Do abuso do direito: ensaio de um critério em direito civil e nas deliberações sociais*, (reimpressão da edição de 1999), Almedina, Coimbra, 2006

ABREU, VASCONCELOS – "As violações de direitos de personalidade pela comunicação social e as funções da responsabilidade civil. Recentes desenvolvimentos jurisprudenciais. Uma breve comparação luso-alemã", Estudos em Homenagem à Professora Doutora Isabel de Magalhães Collaço, vol. II, Almedina, Coimbra, 2002, 457-475

ADOMEIT/FRÜHBECK – *Einführung in das spanische Recht*, 2. Auflage, C. H. Beck, München, 2001

ALARCÃO, RUI – *Direito das Obrigações*, Coimbra, polic., 1983

ALBUQUERQUE, PEDRO DE – *Direito Português da Concorrência (Em torno do Dl. 422/83)*, ROA, Ano 50, Dezembro, (1990), 577-669
– *Representação voluntária em Direito Civil (Ensaio de Reconstrução dogmática)*, Almedina, Coimbra, 2004

ALBUQUERQUE, PEDRO/PEREIRA, MARIA DE LURDES – "A responsabilidade civil das autoridades reguladoras e de supervisão", O Direito, Ano 136.°, (2004), I, 89-130

ALBUQUERQUE, RUY DE/ALBUQUERQUE, MARTIM DE – *História do Direito Português*, I, 10.ª ed., Pedro Ferreira, Lisboa, 1999

ALEXANDRINO, JORGE DE MELO – *Direitos Fundamentais. Introdução Geral*, Principia, 2007

ALEXY, ROBERT – *Theory der Grundrechte,* suhrkam taschenbuch wissenschaft 582, 1996
– *A Theory of Constitucional rights*, (trad. Julian Rivers), Oxford, 2004

ALLIN, JOAN S. – *Negligent actions and pure economic loss*, New Zealand Law Journal, December, (1985), 405-410

ALMEIDA, MARGARIDA AZEVEDO DE – *A responsabilidade civil do banqueiro perante os credores da empresa financiada*, SI 75, Coimbra Ed., Coimbra, 2004

844 *Normas de Protecção e Danos Puramente Patrimoniais*

ALMEIDA, CARLOS FERREIRA DE – *Texto e enunciado na teoria do negócio jurídico*, I, Almedina, Coimbra, 1989
– *Introdução ao Direito Comparado*, 2.ª ed., Almedina, Coimbra, 1998
– *Direito Comparado, Ensino e Método*, Cosmos, Lisboa, 2000
ALPA G./M. BESSONE, *La responsabilità Civile. Illecito per colpa, Rischio d'impresa, assicurazione*, Milano, Giuffrè, 1976
AMARAL, FRANCISCO – "Transformações dos sistemas positivos, A descodificação do direito civil brasileiro", Dir, 129.°, (1997), I-II, 29-84
– "A descodificação do Direito Civil Brasileiro", Direito e Justiça, vol. XIII, (1999), Tomo 1, 129-148
AMARAL, FREITAS DO – "Da necessidade de Revisão dos Artigos 1.° a 13.° do Código Civil", Themis, Ano I, n.° 1, 2000, 9-20
– *Curso de Direito Administrativo*, (colaboração de Lino Torgal), vol. II, 6.ª reimpressão da edição de 2001, Almedina, Coimbra, 2006
– "Reconsiderações sobre a interpretação jurídica e não-jurídica", Homenagem ao Prof. Doutor André Gonçalves Pereira, Edição da FDUL, Coimbra Editora, 2006
AMARAL, MARIA LÚCIA – "Sociedade Civil e Constituição ou do uso jurídico da noção de sociedade civil", Themis, Ano III, n.° 5, (2002), 5-18
AMATO, GIULIANO – *Anti-trust and the Bounds of Power, The dilemma of liberal democracy in the history of the market*, Hart Publishing, Oxford, 1997
AMELUNG – "Socialer Wandel und Rechtssystem", Jura, (1988), 393-401
ANDRADE, MANUEL DE – *Ensaio sobre a teoria da interpretação das leis*, 1.ª ed, Oficina da Coimbra Ed., Coimbra, 1934
– "Sobre a recente Evolução do Direito Privado Português", BFD, vol. 22, (1946), 284-343
– *Fontes de Direito, vigência, interpretação e aplicação da lei*, BMJ, 102, (1961), 141-152
– *Ensaio sobre a teoria da interpretação das leis*, 2.ª ed, Arménio Amado, Coimbra, 1963
– *Teoria Geral da Relação Jurídica*, Coimbra, vol. I, 1972
– *Teoria Geral da Relação Jurídica*, vol. II, Facto jurídico. Em especial negócio jurídico, 9.ª reimpressão, 2003
ANDRADE, VIEIRA DE – "Os direitos fundamentais nas relações entre particulares", DDC, n.° 5, 1981, 233-251
– *A Justiça Administrativa (Lições)*, 8.ª ed., 2006
ANTOLISEI – *Il rapporto di Causalità nel Diritto Penale*, Cedam, Pádua, 1934
AQUINO, TOMÁS DE – *La ley*, I, Colección Labor, Labor S.A., 1936
ARAÚJO, FERNANDO – "O direito e a sua realização histórica, segundo Cabral de Moncada", *Ab Uno ad Omnes*, 75 Anos da Coimbra Editora, 1920-1995, (org. Antunes Varela, Diogo Freitas do Amaral, Jorge Miranda, J.J. Gomes Canotilho), Coimbra Ed., 1998, 19-38
– *Adam Smith. O conceito mecanicista de Liberdade*, Almedina, Coimbra, 2001
ARISTÓTELES – *Categorias* (trad. de Silvestre Pinheiro Ferreira), Guimarães Ed., Lisboa, 1994
ARNAUD, ANDRÉ-JEAN – *Les origines doctrinales du Code Civil Français*, L.G.D.J., Paris, 1969

Índice Bibliográfico 845

- *Essai d'analyse structurale du code civil français. La règle du jeu dans la paix bourgeoise*, L.G.D.J., Paris, 1973

ASCENSÃO, OLIVEIRA – "A teoria finalista e o ilícito civil", Direito e Justiça, vol. II, (1981--1986), 81-97
  - *Direito Comercial, Direito Industrial*, II, Lisboa, 1988
  - "A protecção jurídica dos programas de computador", ROA, Ano 50.°, Abril, (1990), 69-118
  - "O Relatório do Doutor Luís de Menezes Leitão sobre "O ensino do Direito das obrigações"", RFDUL, vol. XLII, (2001), n.° 1, 619-629
  - "Interpretação das leis. Integração de lacunas. Aplicação do princípio de analogia", ROA, Ano 57.°, (1997), 913-941
  - *Concorrência Desleal, Parte Geral*, AAFDL, Lisboa, 2000
  - *"Novas tecnologias e transformação do direito de autor"*, Estudo sobre direito da Internet e sociedade da Informação, Almedina, Coimbra, 2001
  - "Direito cibernético: a situação em Portugal", Direito e Justiça, vol. XV, (2001), Tomo 2, 9-26
  - *Concorrência Desleal*, Almedina, Coimbra, 2002
  - *Direito Civil-Teoria Geral*, vol. III, Relações e Situações Jurídicas, Coimbra Editora, Coimbra, 2002
  - *Direito Civil – Teoria geral*, vol. II, Acções e Factos Jurídicos, 2.ª ed., Coimbra Editora, Coimbra, 2003
  - *Direito. Introdução e Teoria Geral. Uma perspectiva Luso-Brasileira*, 13.ª ed. refundida, Almedina, Coimbra, 2006
  - "O "Abuso do Direito" e o art. 334 do Código Civil: uma recepção transviada", Estudos em Homenagem ao Professor Doutor Marcello Caetano no centenário do seu Nascimento, vol I., Coimbra Ed., 2006

AUBRY & RAU – *Droit civil français, Responsabilité Délictuelle*, Tome IV-2, Librairies Techniques, 1989

AUZARY-SCHMALTZ, BERNADETTE – "Liability in Tort in France before the Code Civil: the Origins of Art. 1382 ff. Code Civil", *Negligence, The Comparative Legal History of the Law of Torts,* Duncker & Humblot, Berlim, 2001

BALLERSTEDT, "Zur Haftung für *culpa in contrahendo* bei Geschäftsabschluß durch Stellvertreter", AcP, 151 (1950/1951), 501-531

BANAKAS, STATIS – "Thoughts on a New European Tort Law", Festschrift für Erwin Deutsch Zum 70. Geburtstag, Heymanns, Köln, 1999
  - "Liability for Incorrect Financial Information: Theory and Practice in a General Clause System and in Protected Interests System", ERPL, vol. 7, n.° 3, (1999), 261-286
  - "Europen Tort Law: is it Possible?", ERPL, vol. 10, n.° 3, (2002), 363-375

BAYLOS, HERMENEGILDO – *Tratado de Derecho Industrial*, Madrid, 1978

BAR, CHRISTIAN VON – *Verkehrspflichten/Richterliche Gefahrsteuerungsgebote im deutschen Deliktsrecht,* Köln, 1980
  - "Non-contractual obligations, especially the law of tort", The Private Law Systems in the EU: discrimination on grounds of nationality and the need for a European Civil Code, European Parliament, Working paper (www.europarl.eu. int/workingpapers/juri/pdf103-em.pdf)

846   *Normas de Protecção e Danos Puramente Patrimoniais*

- *Gutachten und Vorschläge zur Überarbeitung des Schuldrechts,* II, Bundesanzeiger, Köln, 1981
- "Entwicklungen und Entwicklungstendenzen im Recht der Verkehrs(sicherungs)pflichten", JuS (1988), Heft 3, 169-174
- "Der Einfluss des Verfassungsrecht auf die westeuropaischen Deliktsrechte", RabelsZ, B. 59, Heft 2, (1995), 203-228
- *Gemeineuropäisches Deliktsrecht, Jus Commune Europaeum,* Band I, C.H. Beck, 1996
- "Untersuchung der Privatrechtsordnungen der EU im Hinblick auf Diskriminierung und die Schaffung eines Europäisches Zivilgesetzbuch", (1999)
- "Study on Property Law and Non-contractual Liability Law as they relate to Contract Law Submitted to the European Commission – Health and Consumer Protection Directorate-General"

BARBOSA, MAFALDA MIRANDA – "Reflexões em Torno da Responsabilidade Civil: Teleologia e Teleonomologia em Debate", BFD, vol. 81, (2005), 511-600
- *Liberdade vs. Responsabilidade – A precaução como fundamento da imputação delitual?,* Almedina, Coimbra, 2006

BAREA, JUAN B. JORDANO – "Novos Rumos do Direito Civil", RFDUL, vol. VI, (1949), 170-189

BARENDRECHT, "Pure Economic Loss in the Netherlands", (disponível www.library.uu.nl/publarchief/jb/congres/01809180/15/b7.pdf)

BASEDOW, JÜRGEN – "Codification of Private Law in the European Union: the making of a Hybrid", ERPL, vol. 9, n.º 1, (2001), 35-49

BATIFFOL, HENRI – "La loi et la liberté", APD, Tome 25, (1980), 79-87

BAUMBACH/HEFERMEHL, *Wettbewerbsrecht,* 21., neubearbeitete A., C. H. Beck, München, 1999

BECK, ULRICH – *Risikogesellschaft. Auf dem Weg in eine andere Moderne,* Suhrkamp, Frankfurt, 1986 (trad. espanhola *La Sociedad del Riesgo. Hacia uma nova modernidad,* paidós, 1998)

BECKER, WALTER G. – *Das Recht der unerlaubten Handlungen, System in Vorlesung und Diskussion,* Duncker & Humblot, Berlin, 1976

BELEZA, TERESA – *Direito penal,* 2.º vol, AAFDL, Lisboa, (s. d.)

BELLISTON, CARL – "A framework for Determining liability for Negligently Caused Economic Losses", Brigham Young University Law Review, vol. 1986, n.º 1, 177-196

BENTO, VÍTOR – *Os Estados Nacionais e a Economia Global,* Almedina, Coimbra, 2004

BEHRENS, PETER – "Das Wirtschaftsrecht des Europäischen Binnenmarktes – Ein überblick", Jura, (1989), 561-577

BERDEJO, LACRUZ – *Nociones de Derecho Civil Patrimonial e Introducción al Derecho,* Dykinson, Madrid, 1998

Berner Kommentar zum schweizerische Privatrecht. Band IV, 1. Abteilung, Allgemeine Bestimmungen, Stämpfli, Bern, 1990

BERTIL BENGSTSSON – *Torts and Insurance, An Introdution to Swedish Law,* 2. ed. Norstedts, Stockholm, 1988

BIERER, HERMANN – *Württembergisches Rechtsbuch,* 5. A., Ulm, 1899, 635-638

BINDING – *Die Normen und ihre Übertretung I,* 2.ª ed., 1890

BISHOP, WILLIAM – "Economic Loss in Tort", OJLS 2 (1982), 1-29
- *Foundations of Tort Law,* Oxford Press, 1994

BISHOP, WILLIAM/SUTTON, JOHN – *Efficiency and Justice in tort damages: The shortcomings of the pecuniary loss rule*, JLS, Vol. XV (2), June (1986), 347-370
– "Economic loss: economic theory and emerging doctrine", *The law of tort: policies and trends in liability for damage to property and economic loss*, (ed. Michael Furmston), Duckworth, London, 1986, 73-82
BISTRITZKI, WALTER – *Voraussetzungen für die qualifikation einer Norm als Schutzgesetz im Sinne des § 823 Abs. 2 BGB*, Diss. München, 1981
BLÁZQUEZ, CONCEPCIÓN MOLINA – *Proteccion juridica de la lealtad en la competencia*, Montecorvo, Madrid, 1993
BOLLWEG/HELLMANN, *Das neue Schadenersatzrecht*, Einführung-Texte-Materialen, Bundesanzeiger Verlag, Köln, 2002
BONFANTE – *Il diritto al nome commerciale e la concorrenza sleale*, RDComm, II, (1908), 164-178
BONIN, ERIK VON – *Ist Artikel 85 des EWG-Vertrages ein Schutzgesetz im Sinne des § 823 Abs. 2 BGB?*, Saarbrücken, Univ. des Saarlandes, Diss., 1970
BOOM, H. VAN HELMUT KOZIOL, CHRISTIAN A. WITTING (eds.), *Pure Economic Loss*, vol. 9, European Centre Tort and Insurance Law, Springer, Wien, New York, 2004
BOUILLENNE, ROBERT – *La responsabilité extra-contractuelle devant l'évolution du droit*, Bruylant Bruxelles, Librarie Generale de Droit et Jurisprudence, Bruxelles, 1947
BORGES, MARTA – "Subsidariedade: *Controlo a priori* ou *a posteriori*", Temas de Integração, 2.° vol, 1.° semestre de 1997, pp. 67-99
BREITKREUZ, FRANZ – *Das Kartellverbot als Schutzgesetz: ein Beitrag zum Drittschutz im Kartellrecht*, Kovac, Hamburg, 2005
BRENTANO, FRANZ – *On the several senses of being in Aristotle*, Berkeley, University of California, 1981
BRITO, ANTÓNIO JOSÉ DE – "A importância da Filosofia para o Direito", Instituições de Direito, I Volume, Filosofia e Metodologia do Direito, Almedina, Coimbra, 1998
BRITO, TERESA QUINTELA DE – *O Direito de Necessidade e a Legítima Defesa no Código Civil e no Código Penal*, Lex, Lisboa, 1994
BRIZ, JAIME SANTOS – *La responsabilidad civil, Derecho substantivo y Derecho processual*, Montecorvo, 1986
BRUNNER, PETER "Die Zurechnung der Schadenersatzpflicht bei Verletzung eines "Schutzgesetz" gem § 1311", ÖJZ, 27. Jahrgang, März, Heft 5, (1972), 113-119
BRUTAU, PUIG – *Estudios de Derecho Comparado, La doctrina de los actos próprios*, Arial, Barcelona, 1951
BUCHMANN, PETER – "Wirtschaft und Recht im Nationalsozialismus", JuS, (1989), Heft 1, 13-20.
BUCHNER, HERBERT – *Die bedeutung des Rechts am eingerichteten und ausgeübten Gewerbebetrieb für den deliktsrechtlichen Unternehmensschutz*, C.H. Beck, München, 1971
BUCK-HEEB, PETRA – *Besonderes Schuldrecht/2*, Gesetzliche Schulverhältnisse, C. F. Müller, Heidelberg, 2004
BUDEWIG/GEHRLEIN – *Haftplichtrecht nach der Reform*, C. H. Beck, München, 2003
BULLINGER, MARTIN – "Verfassungsrechtliche Aspekte der Haftung", FS für Ernst von Caemmerer zum 70. Geburtstag, J.C. Mohr, (Paul Siebeck), Tübingen, 1978

848   *Normas de Protecção e Danos Puramente Patrimoniais*

BÜRGE, ALFONS – *Das franzosische Privatrecht im 19. Jahrhundert: zwischen Tradition und Pandektenwissenschaft, Liberalismus und Etatismus*, Vittorio Klostermann, Frankfurt am Main, 1991

BUROW, PATRICK – "Einführung in die ökonomische Analyse des Rechts", JuS, (1993), Heft 1, 8-12

BYDLINSKI, PETER – *Grundzüge des Privatrechts für Ausbildung und Wirtschaftspraxis*, 2. Auflage, Manz, Wien, 1991

BRONZE, FERNANDO – *A metodonomologia entre a semelhança e a diferença (reflexão problematizante dos pólos da radical matriz analógica do discurso jurídico*, SI 3, BFDUC, 1994
- "Alguns marcos do século na história do pensamento metodológico jurídico", BFD, vol. Comemorativo, (2003), 151-177
- *Lições de Introdução ao Estudo do Direito*, 2.ª ed., Coimbra, 2006

BROX, HANS/WALKER, WOLF DIETRICH – *Besonderer Schuldrecht*, 29. A., Beck, München, 2004

BRÜGGEMEIER, GERT – "Gesellschaftliche Schadensverteilung und Deliktsrecht", AcP, 182, (1982), 386-452
- *Deliktsrecht, Ein Hand- und Lehrbuch*, Nomos, Baden-Baden, 1986
- "Judizielle Schutzpolik de *lega lata* – Zur Restrukturierung des BGB-Deliktsrechts", JZ, (1986), 969-979
- "Harmonisierung von Haftungsrecht durch Nicht Harmonisierung, Entwicklungstendenzem im europäischen und deutschen Schadenersatzrecht", Festschrift für Erwin Deutsch Zum 70. Geburtstag, Heymanns, Köln, 1999

BUSSANI, MAURO/PALMER, VERNON/PARISI, FRANCESCO – *The Comparative Law and Economics of Pure economic Loss* (www.law.gmu.edu/faculty/papers/docs/01-27.pdf)

BUSSANI, MÁRIO/PALMER, VERNON CALENTINE (eds.) – *Pure Economic Loss in Europe*, Cambridge University Press, 2003

BUSSANI, MAURO/MATTEI, UGO – *Making European Law, Essays on the Common Core Project*, Università degli studi di Trento, 2000

CABRAL, RITA AMARAL – *A eficácia externa da obrigação e o n.° 2 do art.° 406 do CC*, Livraria Cruz, Braga, (s.d.)

CAEMMERER, ERNST VON – *Wandlungen des Deliktsrechts*, Hundert Jahre Deutsches Rechtsleben, Festschrift zum hundertjährigen Bestehen des Deutsche Juristentages (1860-1960), Band II, Müller Karlsruhe, (separata), 1964
- *Die Bedeutung des Schutzbereichs einer Rechtsnorm für die Geltendmachung von Schadenersatzansprüchen aus Verkehrunfällen*, DAR, (1970), 283-292

CALABRESI – "The Decision for Accidents: An Approach to Nonfault Allocation of costs", Harv. L. Rev. 78 (1965), 713-745
- *The Costs of Accidents. A legal and Economic Analysis*, Yale University Press, 1970

CALHEIROS, JOSÉ MARIA DE ALBUQUERQUE – "Algumas breves considerações sobre o princípio da interpretação conforme do direito interno face às directivas comunitárias", DDC, n.os 45-46, (1991), 11-30

CALLMANN, *Der unlautere Wettbewerb*, 2. A., 1932

CAMPOS, DIOGO LEITE – "A Responsabilidade do Banqueiro pela Concessão ou não Concessão de Crédito", ROA, (1986), Ano 46, pp. 49-55

- "O Direito e os Direitos de Personalidade", ROA, Ano 53.°, Abril/Junho, (1993), 201-224

CANARIS, CLAUS-WILHELM – *Die Vertrauenshaftung im deutschen Privatrecht*, München, 1971 (reimp. 1983)
- "Schutzgesetze-Verkehrspflichten-Schutzpflichten", Festschrift für Karl Larenz, Zum 80. Geburtstag, München, 1983
- "Erwiderung", AcP, 185, (1985), 9-12
- "Verstöße gegen das verfassungsrechtliche Übermaßverbot im Recht der Geschäftsfähigkeit und im Schadensersatzrecht", JZ, (1987), 993-1004
- "Grundrechtswirkungen und Verhältnismäßigkeitsprinzip in der richterlichen Anwendung und Fortbildung des Privatrechts", JuS (1989), Heft 3, 161-172.
- "Die Haftung für fahrlässige Verletzungen der Konkursantragspflicht nach § 64 GmbHG. Eine Besprechung des Beschlusses des BGH vom 1.3.1993 – II ZR 292/91", JZ, (1993), 649-652
- "A Liberdade e a Justiça Contratual na "Sociedade de Direito Privado", *Contratos: Actualidade e Evolução*, (coord. António Pinto Monteiro), UCP, Porto, 1997, 49-66
- *Grundrechte und Privatrecht*, Walter de Gruyter, Berlin, New York, 1999
- *Schuldrechtsmodernisierung 2002*, C. H. Beck, München, 2002
- *Pensamento sistemático e conceito de sistema na Ciência do Direito* (trad. Menezes Cordeiro), 3.ª ed., FCG, Lisboa, 2003
- "A influência dos Direitos Fundamentais sobre o Direito Privado na Alemanha", RBDC, Instituto de Direito Comparado Luso-Brasileiro, n.° 28, 2005, 3-29
- *Direitos Fundamentais e Direito privado*, (tradução de Ingo Wolfgang Sarlet e Paulo Mota Pinto), Almedina, Coimbra, 2006

CANE, PETER – "Economic Loss in Tort and Contract", RabelsZ, Band 58, Heft 3, (1994), 430-437
- "The Anatomy of Private Law Theory: A 25th Anniversary Essay", OJLS, vol. 25, n.° 2, (2005), 203-217

CANOTILHO, GOMES – "Dogmática de Direitos Fundamentais e Direito privado", Estudos em Homenagem ao Professor Inocêncio Galvão Teles, Vol. V, Direito Público e Vária, Almedina, Coimbra, 2002, 63-83
- "Métodos de protecção de direitos, liberdades e garantias", BDFUC, vol. Comemorativo, Coimbra, 2003, 793-814
- *"Brancosos" e Interconstitucionalidade. Itinerários dos discursos sobre a historicidade Constitucional*, Almedina, Coimbra, 2006
- *Direito Constitucional e Teoria da Constituição*, 6.ª ed, Almedina, Coimbra, 2002
- *Constituição da República Portuguesa Anotada*, Artigo 1.° a 107.°, vol. 1., 4.ª ed. revista, Coimbra Editora, Coimbra, Janeiro de 2007

CÁNOVAS, DIEGO ESPÍN – *Manual de Derecho Civil Español*, vol. III, Obligaciones y Contratos, Editorial Revista de Derecho Privado, Madrid, 1983

CARBONNIER, JEAN – *Droit Civil, Les biens. Les Obligations*, PUF, 2004

CARLEN, LOUIS – *Rechtsgeschichte der Schweiz. Eine Einführung*, 3. Auflage, Francke Verlag, Bern, 1988

CARLO, IGNACIO QUINTANA – "Internet y su Impacto en el Derecho Mercantil", Internet y Derecho, (ed. A Cayón Galiardo), Zaragoza, 2001

850   *Normas de Protecção e Danos Puramente Patrimoniais*

CARLOS, ADELINO PALMA – "Um Tema Eterno: A Justiça", RFDUL, vol. XX, (1966), 373-404

CARNEIRO, M. BORGES – *Direito Civil de Portugal, contendo três livros: I. Das pessoas, II. Das cousas, III. Das obrigações e acções*, Tomo I, Tipografia António José da Rocha, Lisboa, 1851

CARSTENS, THOMAS – "Schutzgesetz und objektive Strafbarkeitsbedingung", MDR, 28 Jahrgang, (12/1974), 983-985.

CARTIER, MICHAEL – *Begriff der Widerrechtlichkeit nach Art. 41 OR*, digiprint, Eschen FL, 2007

CARVALHO, ORLANDO DE – *Para uma teoria da relação jurídica civil. I. A teoria geral da relação jurídica, Seu sentido e limites*, 2.ª ed., Centelha, 1981

CARVALHO, PEDRO NUNES DE – *A responsabilidade do comitente*, ROA, Ano 48.º, Abril, (1988), 85-120

CARVALHO, AMÉRICO DA SILVA – *Concorrência desleal (Princípios fundamentais)*, Coimbra Editora, 1984

CASIMIRO, SOFIA VASCONCELOS – *Contributo para o estudo dos mecanismos de associação de conteúdos da World Wide Web*, (tese polic.), Lisboa, 2002

CASTRONOVO, "Le frontiere nobili della responsabilità civile", RCDP, 1989, 539
- "Savigny i Moderni e la Codificazione Europea", Estudos em Homenagem à Professora Doutora Isabel de Magalhães Collaço, vol. I, Almedina, Coimbra, 2002, 689-721
- "La responsabilità civile. Esperienze europee a confronto", *I Cento Anni del Códice Civile Tedesco in Germania e nella Cultura Giuridica Italiana*, Cedam, 2002

Codigo Civil Portuguez. Projecto redigido por Antonio Luiz de Seabra e examinado pela respectiva Commissão Revisora, 2.ª ed., Imprensa Nacional, 1864

CASALS, MIGUEL MARTÍN/IGUALADA, JORDI RIBO – "Pure economic loss": la indemnización de los daños patrimoniales puros", *Derecho Privado Europeu* (coord. Sérgio Cámara Lapuente), Colex, Madrid, 2003

CHARLESWORTH & PERCY – *On Negligence*, 7.ª ed., Sweet & Maxwell, London, 1983

CHAVES, RUI MOREIRA – *Regime Jurídico da Publicidade*, Almedina, Coimbra, 2005

CHEMIAK, EARL A./HOW, ELISSA – *Policy and Predictability: Pure economic Loss in the Supreme Court of Canada*, Canadian Business Law Journal, vol. 31, (1999), 209-234

CHEREDNYCHENKO, OLHA – *Report on the Conference "European Constitutionalisation of Private Law"*, ERPL, vol. 11, n.º 5, (2003), 708-712

CHORÃO, MÁRIO BIGOTTE – "Um jusfilósofo da contemporaneidade (no centenário do Doutor Cabral de Moncada)", Dir, 121.º (1989), II, 315-329
- "Diálogo com um Leitor Atento acerca do Doutor Cabral de Moncada", Dir, 121.º, (1989), IV, 743-757
- *Temas fundamentais de direito*, Almedina, Coimbra, 1991
- "Autonomia e Integração no Ordenamento Jurídico Português (O indispensável apelo à filosofia pública)", Dir, 126.º, (1994), I-II, 141-166
- "O Bem comum como questão-chave da filosofia pública para a Europa", Dir, 128.º, (1996), II, 69-102

CIAN, GIORGIO – "Significato e lineamenti della riforma dello Schuldrecht Tedesco", RDCiv, Ano XLIX, n.º 1, Jan-Fev, (2003), 1-18

CIOMMO, FRANCESCO DI – "La responsabilità Civile nell' Era di Internet", *Tredici variazioni sul tema*, (Giulio Ponzanelli), Cedam, 2002, 179-226

CLODIUS, GERNOT – *Die Missbrauchsbestimmungen des Gesetzes gegen Wettbewerbsbeschränkungen (GWB) als Schutzgesetz*, 1968

COELHO, PEREIRA – "O nexo de causalidade na responsabilidade civil", BFD, Supl. 9, (1951), 65-242
– *O Problema da Causa Virtual na Responsabilidade Civil*, (reimp. com uma nota prévia), Almedina, Coimbra, 1998
– *O enriquecimento e o dano*, Almedina, Coimbra, 1999

COELHO, CARLOS DE OLIVEIRA – *Poluição Marítima por Hidrocarbonetos e Responsabilidade Civil (em torno da Convenção Internacional sobre Responsabilidade pelos prejuízos devidos à poluição por hidrcarbonetos de 29 de Novembro de 1969 revista pelo Protocolo de Londres de 27 de Novembro de 1992)*, Almedina, 2007

COELHO, JOSÉ GABRIEL PINTO – *O conceito de concorrência desleal*, RFDUL, vol. XVII, (1964), 79-94

COESTER-WALTJEN, DAGMAR – "Die Haftung nach § 823 Abs II BGB", Jura, (2002), Heft 2, 102-105

COING, HELMUT – "Systhem, Geschichte und Interesse in der Privatrechtswissenschaft", JZ, (1951), pp. 481-485.

COLLINI, STEFAN – "Introdução: interpretação terminável e interminável", *Interpretação e sobreinterpretação*, (dir. Stefan Collini), Ed. Presença, (s.d.)

COHNFELDT, RICHARD – *Die Lehre vom Interesse nach Römischem Recht, Mit Rücksicht auf neuere Gesetzgebung*, Tauchnitz, Leipzig, 1865

CORDEIRO, ANTÓNIO MENEZES – *Noções Gerais de Direito*, (Lições proferidas ao 1.° ano do Curso de Administração e Gestão de Empresas), Universidade Católica Portuguesa, Lisboa, 1979
– *Direito da Economia*, AAFDL, Lisboa, 1986
– "Ciência do Direito e Metodologia Jurídica nos Finais do Século XX", ROA, Ano 48.°, Dezembro, (1988), 697-772
– *Teoria Geral do Direito Civil/Relatório*, Separata da Revista da Faculdade de Direito, Lisboa, 1988
– "A decisão segundo a equidade", O Direito, 122.°, (1990), II, 261-280
– *Direito das Obrigações*, 2.° vol., reimpressão, AAFDL, Lisboa, 1994
– *Tutela do Ambiente e Direito Civil*, Separata de "Direito do Ambiente", INA, Lisboa, (1994), 377-396
– *Direito das Obrigações*, I, Lisboa, (reimp.), AAFDL, Lisboa, 1994
– "A Boa Fé nos Finais do Século XX", ROA, Ano 56.°, Dezembro, (1996), 887-912
– *Da responsabilidade civil dos Administradores das Sociedades Comerciais*, Lex, Lisboa, 1997
– "Os direitos de personalidade na civilística portuguesa", Estudos em Homenagem ao Professor Inocêncio Galvão Teles, Vol. I, Direito privado e Vária, Almedina, Coimbra, 2002, 21-45
– *Tratado de Direito Civil Português*, I, Parte Geral, Tomo II, 2.ª ed., Almedina, Combra, 2002
– "Da reforma do Direito civil português", Dir, 134.°-135.°, (2002-2003), 31-44
– "A modernização do Direito das Obrigações. I – Aspectos Gerais e reforma da prescrição, ", ROA, Ano 62.°, Janeiro, (2002), 91-110

852   *Normas de Protecção e Danos Puramente Patrimoniais*

- "A modernização do Direito das Obrigações. II. – O direito das perturbações das prestações", ROA, Ano 62.°, Dezembro, (2002), 319-345
- "Defesa da concorrência e direitos fundamentais das empresas", Direito, Ano 136.°, (2004), I, 43-76
- "Vernáculo Jurídico: Directrizes ou Directivas?", ROA, Ano 64.°, Novembro, (2004), 609-614
- *Tratado de Direito Civil Português,* I, Parte Geral, Tomo I, 3.ª ed., Almedina, Coimbra, 2005
- *Tratado de Direito Civil Português, Parte Geral,* Tomo IV, Almedina, Coimbra, 2005
- "Do Abuso do direito: Estado das questões e perspectivas" ROA, Ano 65.°, Setembro, (2005), 327-385
- "Do Direito privado como Direito comum português", Dir, 137.°, (2005), 9-36
- "Da colisão de Direitos", Dir, 137.°, (2005), I, 37-55
- "Acidente de viação em auto-estrada; Natureza da eventual responsabilidade da concessionária", ROA, Ano 65.°, Junho, (2005), 135-180
- *Manual de Direito Bancário,* 3.ª ed., Almedina, Coimbra, 2006
- *Da Boa Fé no Direito Civil,* 3.ª reimpressão, Almedina, Coimbra, 2007
- *Tratado de Direito Civil Português,* I, Parte Geral, Tomo III, 2.ª ed., Almedina, Coimbra, 2007

CORNISH, W. R. – *Intellectual Property,* 3.ª ed., Sweet & Maxwell, London, 1998

CORNU, GÉRARD – *Etude comparée de la responsabilité delictuelle en droit privé et en droit public,* Editions Matot-Braine, Reims, 1951

CORSARO, LUIGI "Culpa y Responsabilidad: la evolución del sistema italiano", *Perfiles de la Responsabilidad Civil en el Nuevo Milenio,* (coord. Juan Antonio Moreno Martinez), Dykinson, 2000

CORREIA, FERRER – "Propriedade Industrial, Registo do nome de estabelecimento, Concorrência Desleal", *Estudos Jurídicos II – Direito Civil e Comercial. Direito Criminal,* Atlântida, Coimbra, 1969, 235
- *Lições de Direito Comercial,* vol. I, Universidade de Coimbra, 1973

CORREIA, MARIA LÚCIA AMARAL PINTO – *Responsabilidade do Estado e Dever de Indemnizar do Legislador,* Coimbra Editora, 1998
- "A responsabilidade do Estado-legislador: reflexões sobre uma reforma", *Responsabilidade civil extracontratual do Estado,* 2002 (igualmente publicado na Revista Themis, Ano II, n.° 4, (2001), 5-21

CORREIA, EDUARDO – *Direito Criminal,* (com a colaboração de FIGUEIREDO DIAS), vol. I, (reimp.), Almedina, Coimbra, 2007

CORREIA, MAXIMINO JOSÉ DE MORAIS/ANDRADE, MANUEL A. DOMINGUES – *Em memória do Visconde Seabra,* BFD, vol. 28, (1952), 271-301

CORREIA, SÉRVULO – *Legalidade e Autonomia Contratual nos Contratos Administrativos,* Almedina, Coimbra, 2003

COSTA, MÁRIO JÚLIO DE ALMEIDA – "O Novo Código Civil", BMJ, 165, (1967), 19-32
- *Direito das Obrigações,* Atlântida, Coimbra, 1968
- *História do Direito Português,* 3.ª ed., Almedina, Coimbra, 2002
- *Direito das Obrigações,* 10.ª ed. reelaborada, Almedina, Coimbra, 2006

COSTA, JOSÉ DE FARIA – *O perigo em Direito Penal,* reimpressão, Coimbra Editora, 2000

Índice Bibliográfico 853

- *Direito Penal Especial, Contributo a uma sistematização dos problemas "especiais" da Parte Especial*, Coimbra Editora, Coimbra, 2004
- "O Direito, a Fragmentariedade e o Nosso Tempo", *Linhas de Direito Penal e de Filosofia alguns cruzamentos reflexivos*, Coimbra Editora, Coimbra, 2005
- "A Linha. (Algumas Reflexões em um Tempo de "Técnica" e "Bioética")", *Linhas de Direito Penal e de Filosofia alguns cruzamentos reflexivos*, Coimbra Editora, Coimbra, 2005

COTTA, SÉRGIO – "Absolutisation du droit subjectif et disparation de la responsabilité", APD, t. 22, (1977), pp. 23-30
- "Postmodernidad y bien común", RFDUCompl., n.º 87, Madrid, (1997), 327-336

CROME, CARL – *System des deutschen bürgerlichen Rechts, Band 2, Recht der Schuldverhältnis*, 2, Tübingen, 1902

CRUZ, SEBASTIÃO – *Actualidade e Utilidade dos Estudos Romanísticos*, 2.ª ed., Coimbra, 1982

CULLER, JONATHAN – "Em defesa da sobreinterpretação", *Interpretação e sobreinterpretação*, (dir. Stefan Collini), Ed. Presença, (s.d.)

CUNHA, PAULO – *Do Património. Estudo de Direito privado*, vol. I, Lisboa, 1934
- *Direito Civil*, Apontamentos de Margarida Pimentel Saraiva e Orlando Courrège, Lisboa, 1937-1938
- *Teoria Geral da Relação Jurídica*, vol. I, AAFDL, 1960
- "Do Código Civil (Meditações sobre a lei mais importante do País)", Dir, 98.º, (1966), 313-320

CUNHA, PAULO DE PITTA E – *"A via Federal", A Integração Europeia no Dobrar do Século*, Almedina, Coimbra, 2003
- "O projecto de uma Constituição para a Europa", Dir, 137.º, (2005), IV-V, 1015--1021
- "A União Europeia e a Concepção do Estado Regulador", RFDUL, vol. XLVI, n.º 2, 2005, 1053-1063

CUNNINGHAM, THOMAS J. – "Orphans of the economic loss doctrine: tort liability of information providers and preclusion of comparative negligence", Depaul Business Law Journal, v. 8, Fall/Winter 1995, n.º 1, 41-47

CUPIS, ADRIANO DE – *Fatti illeciti*, Commentario del Codice Civile A cura di Antonio Scialoja e Giuseppe Branca, Libro Quarto, Delle Obbligazioni (Art. 2043-2059), Foro Italiano, Roma, 1958
- *Os Direitos da Personalidade*, (trad. Adriano Vera Jardim e António Miguel Caeiro), Morais Ed., Lisboa, 1961
- *I fatti illeciti*, 2.ª ed., Francesco Vallardi, 1970

CURA, VIEIRA – *O Costume como Fonte de Direito em Portugal*, BFD, vol. 74, (1998), 241--272

DELFINO, MAURIZIO – "Concorrenza (in diritto americano)", Digesto delle Disciplina Privatistische, Sezionne Commerciale, Utet, 1988, 300-337

DENNINGER, ERHARD – "Polizei und demokratische Politik", JZ, (1970), 146-152

DERNBURG – Preussisches Privatrecht, vol. 2, 1880
- *Pandekten*, 6. Auflage, Berlin, 1900
- *Diritto delle Obbligazionni*, (trad. Francesco Bernardino Cicala), 1903

854 *Normas de Protecção e Danos Puramente Patrimoniais*

DETMOLD – "Der Begriff des Schutzgesetz im § 823 des Bürgerlichen Gesetzbuches", Festgabe für Regelsberger, 1901, 319-351

DEUTSCH – "Entwicklung und Entwicklungsfunktion der Deliktstätbestande", JZ, (1963), 386-391

– "Begrenzung der Haftung aus abstrakter Gefährdung wegen fehlender adäquater Kausalität?", JZ, (1966), 556-559.

– "Haftungsrecht und Strafrecht", Festschrift für E. Wahl, Carl Winter, Heidelberg, 1973, 339-351

– *Haftungsrecht*, Erster Band: Allgemeine Lehren, Carl Heymanns, Köln, Berlin, Bonn, München, 1976

– *Allgemeines Haftungsrecht*, 2. völlig neugestaltete end erw. Aufl., Köln, Berlin, Bonn, München, Heymann, 1996

– *"La disciplina dell'ingiustifficato arrichimento e degli atti illeciti, ", I Cento Anni del Códice Civile Tedesco in Germania e nella Cultura Giuridica Italiana*, Cedam, 2002

– "Schutzgesetze aus dem Strafrecht in § 823 Abs. 2 BGB", Vers, 55. Jahrgang, Heft 4, Februar, (2004), 137-142

DEUTSCH/AHRENS – *Deliktsrecht, Unerlaubte Handlungen-Schadenersatz-Schmerzensgeld*, 4. Auflage, Carl Heymanns Verlag, Köln, Berlin, Bonn, München, 2002

DIAS, GABRIELA FIGUEIREDO – *Fiscalização de sociedades e responsabilidade civil (Após a reforma do Código das Sociedades Comerciais)*, Coimbra Ed., Coimbra, 2006

DIAS, JORGE DE FIGUEIREDO – *Temas básicos da Doutrina Penal, Sobre os Fundamentos da Doutrina Penal. Sobre a Doutrina Geral do Crime*, Coimbra Editora, 2001

DIAS, AUGUSTO SILVA – *Delicta in se* e *delicta mere prohibita*: uma análise das descontinuidades do ilícito penal moderno à luz da reconstrução de uma distinção clássica, polic., Lisboa, 2003

DIAS, R. W. M/MARKESINIS, B. S. – *The English Law of Torts*, Bruylant, Brussels, 1976

DIEDERICHSEN, UWE – "Die Selbstbehauptung des Privatrechts gegenüber dem Grundgesetz", Jura, (1997), 57-53

DIEZ-PICAZO – "La responsabilidade civil hoy", ADC, (1979), 727-738

DI FÁBIO, UDO – "Gefahr, Vorsorge, Risiko: Die Gafahrenabwehr unter dem Einfluß des Vorsorgeprinzips", Jura, (1996), 566-574

DILCHER, HERMANN – *Schuldrecht, Besonderer Teil*, 2. A. Gruyter, Berlin, New York, 1982

DIURNI, AMÁLIA/KINDLER, PETER – *Il Códice Civile Tedesco "Modernizzato"*, Giappichelli Ed. Torino, 2004

DÖRNER, HEINRICH – "Zur Problematik der Schutzgesetzverletzung – BGH, NJW 1982, 1037 NJW 1985, 134", Jus (1987), Heft 7, 522-528

DÖRNER, HEINRICH, (INA EBERT/JÖRN ECKERT/THOMAS HOEREN/RAINER KEMPER/REINER SCHULZE/ANSGAR STAUDINGER) – *Bürgerliches Gesetzbuch, Handkommentar*, 4. A., Nomos, Baden-Baden, 2005

DÖRR, DIETER – "Das Wettbewerbsrecht des EGV", JuS, (2001), Heft 4, pp. 313-319.

DRAY, GUILHERME MACHADO – *Direitos de Personalidade – Anotações ao Código Civil e ao Código do Trabalho*, Almedina, Coimbra, 2006

DREIER, HORST – "Subjektiv-rechtliche und objectiv-rechtliche Grundrecht Gehalte", Jura, (1994), 505-513

DROBNIG, ULRICH – "Scope and general rules of a European civil code", ERPL, vol. 5, n.° 4, (1997), 489-495

DTUICK, J./P. WYTINCK, Case C-106/89, Marleasing SA v. La Comercial International de Alimentacion SA, *Common Market Law Review*, vol. 28, (1991), pp. 205-223

DUARTE, MARIA LUÍSA – "A aplicação jurisdicional do princípio da subsidiariedade no direito comunitário – pressupostos e limites", Estudos Jurídicos e Económicos em Homenagem ao Professor Lumbrales, FDUL, 2000
- "O Tratado da União Europeia e a Garantia da Constituição (notas de um reflexão crítica)", Estudos em Homenagem do Professor Doutor João de Castro Mendes, Lex, (s.d.), 667-715
- "A Constituição Europeia e os direitos de soberania dos Estados-membros – elementos de um aparente paradoxo", Dir, 137.°, (2005), IV-V, 837-863

DUGUIT, LÉON – "Les grand doctrines juridiques et le pragmatisme", RFDUL, Ano II, (1934), 7-27

ECKERT, JÖRN – "Der Begriff Freiheit im Recht der unerlaubten Handlungen", JuS, (1994), Heft 8, 625-631.
- *Schuldrecht, Besonderer* Teil, 2. Auflage, Nomos, 2005

ECO, UMBERTO – "A sobreinterpretação dos textos", *Interpretação e sobreinterpretação*, (dir. Stefan Collini), Ed. Presença, (s.d.)

EICKMEIER, VON JENS – *Die Haftung des gerichtlichen Sachverständigen für Vermögensschäden. Eine Bewährunsprobe für das allgemeine Rechtsinstitut drittschützender Sonderrechtsbeziehungen*, Carl Heymanns, 1993

EHMANN/SUTSCHET – *Moderniesiertes Schuldrecht, Lehrbuch der Grundsätze das neuen Rechts und seiner Besonderheiten*, Verlag Vahlen, München, 2002

EMMERICH – Das Recht des unlautern Wettbewerbs anhand ausgewählter Rechtsprechung, 4. A., C. H. Beck, München, 1995
- *BGB-Schuldrecht, Besonderer Teil*, 10. völlig neu bearbeitete Auflage, C.F. Müller, Heidelberg, 2003

ENDEMANN, FRIEDRICH – *Einfuhrung in das Studium des Bürgerliches Gesetzbuches*, 5. A., 1899

ENNECERUS, LUWIG/KIPP, THEODOR/WOLFF, MARTIN – *Tratado de Derecho Civil, Derecho de Obligationes*, II, (revisão Heinrich Lehmann)(trad. Blas Pérez González e José Alguer, Bosch, Barcelona, 1950

EÖRSI, GYULA – *Comparative Civil (Private) Law, Law Types, Law groups, the roads of legal development*, Akadémiai Kiadó, Budapest, 1979

EPSTEIN – "A Theory of Strict Liability", *Perspectives on Tort Law*, (Robert R. Rabin), 4.ª ed., Little, Brown and Company, Boston, New York, Toronto, London, 1995, 275-
-303

ERMAN – *Bürgerliches Gesetzbuch,* 10. Auflage, 2000

ERNST, STEFAN – "Internet und Recht", JuS, (1997), Heft 9, 776-782.

ERNST, WOLFGANG – "Negligence in 19th Century Germany", *Negligence, The Comparative Legal History of the Law of Torts*, Duncker & Humblot, Berlim, 2001

ESSER – "Die Zweispurigkeit unseres Haftungsrecht", JZ, (1953), 129-134

ESSER, JOSEF/WEYER, HANS LEO – *Schuldrecht*, II, Besonderer Teil, Teilband 2, 8. Auflage, Müller, Heidelberg, 2000

ESTELLA, ANTÓNIO – *The EU Principle of Subsidiarity and its Critique*, Oxford, 2002

856 *Normas de Protecção e Danos Puramente Patrimoniais*

FABRICIUS, FRITZ – "Zur Dogmatik des "sonstiges Rechts" gemäß § 823 Abs. 1 BGB. Unter Berücksichtigung des sog "Rechts am Arbeitzplatz" und des sog. "rechst auf dem ungestörten Bestand der ehelichen Lebengemeinschaft"", AcP, 160, (1961), 274-336

FARIA, RIBEIRO DE – *Direito das Obrigações – ou 10 anos de regência da disciplina*, Porto, 1991
  – *Direito das Obrigações*, vol. II, (reimpressão), Almedina, Coimbra, 2001
  – *Direito das Obrigações*, vol I., Almedina, Coimbra, 2003
  – "Da Prova na Responsabilidade Civil Médica. Reflexões em torno do Direito Alemão", RFDUP, Ano I, (2004), 115-195

FEDTKE, JÖRG – "The Reform of German Tort Law", ERPL, vol. 11, n.º 4, (2003), 485-508

FEENSTRA, ROBERT – "Zum Ursprung der deliktischen Generalklausel in den modernen europäischen Kodifikationen", ZeuP (2001), 585-594
  – "Grotius' doctrine of liability for negligence: its origin and its influence in Civil Law countries until moderns codifications", *Negligence, The Comparative Legal History of the Law of Torts*, Duncker & Humblot, Berlim, 2001

FELDTHUSEN, BRUCE – Economic Negligence. The Recovery of Pure Economic Loss, 4.ª ed, Carswell, 2000
  – "Pure economic loss and Statutoruy Public Authority Liability after Cooper v. Hobart, 2005, p. 1 (disponível //papers.ssrn.com/sol3/papers.cfm?abstract_id=702081)

FELS – *Die ausserkontrakliche Schadenersatzpflicht*, Gruchot's Beiträgen, 1891

FERNANDES, LUÍS CARVALHO – *Teoria Geral do Direito Civil*, I, Introdução, Pressupostos da Relação Jurídica, 4.ª ed. revista e actualizada, UCP, Lisboa, 2007

FERNANDES, PAULO SILVA – *Globalização, "Sociedade de Risco" e o Futuro do Direito Penal. Panorâmica de Alguns Problemas Comuns*, Almedina, Coimbra, 2001

FERNÁNDEZ, JOSÉ MANUEL PÉREZ – *Urbanismo Comercial e Libertad de Empresa*, Marcial Pons, Madrid, Barcelona, 1998

FERNÁNDEZ-NÓVOA – *Estudios de derecho de la publicidad*, USC, 1989

FERRARA, FRANCESCO – *Introdução e aplicação das leis*, (trad. Manuel de Andrade), 2.ª ed., 1963

FERREIRA, MANUEL CAVALEIRO – "O Fundamento do Direito", Direito e Justiça, vol. VI, (1992), 409-415

FERREIRA, EDUARDO PAZ – "A Constituição económica de 1976: *"que reste-t-il de nos amours?"*, Perspectivas constitucionais – Nos 20 anos da Constituição de 1976 (coord. Jorge Miranda), Coimbra, 1996
  – *Direito da Economia*, Lisboa, AAFDL, 2001
  – "O Direito Económico Português à sombra da Constituição Económica Europeia", *O Direito Contemporâneo em Portugal e no Brasil*, (coordenadores Ives Gandra da Silva Martins e Diogo Leite Campos), Almedina, Coimbra, 2003

FERREIRA, J.O. CARDONA – *Acidentes de viação em auto-estradas – Casos de Responsabilidade Civil Contratual?*, Coimbra Editora, Coimbra, 2004

FERREIRA, JOSÉ EUGÉNIO DIAS – "Regras Gerais de Interpretação e Aplicação das Leis no Direito privado Português", ROA, Ano 10.º, n.º 3 e 4, (1950), 46-68

FESTAS, DAVID OLIVEIRA – *Do contéudo patrimonial do direito à imagem*, polic., Lisboa, 2004

FISCHER, HANS ALBRECHT – *Die Rechtswidrigkeit mit besonderer Berücksichtigung des Privatrechts*, C. H. Beck, München, 1911

Índice Bibliográfico 857

– *A Reparação dos danos no Direito Civil*, (trad. António de Arruda Ferrer Correia), Arménio Amado, Coimbra, 1938

ANTÓNIO FIGUEIRA – *Modelos de Legitimação da União Europeia*, Principia, 2004

FIKENTSCHER – *Wettbewerb und gewerblicher Rechtsschutz*, München, 1958

FIKENTSCHER, WOLFGANG/ANDREAS HEINEMANN – *Schuldrecht*, 10. A., Walter de Gruyter, Berlin, New York, 2006

FLEMING, JOHN G. – *An introduction to the law of torts*, 2.ª ed., Clarendon Law Series, Oxford, 1985

FLORIDIA, GIORGIO – *Correttezza e Responsabilità dell'impresa*, Giuffrè, Milano, 1982

FLORIDIA, GIORGIO/CATELLI, VITTORIO G. – *Diritto antitrust. Le intese restritiva della concorrenza e gli abusi di posizioni dominante*, IPSOA, 2003

FLOßMANN, URSULA – *Österreich Privatrechtsgeschichte*, 3. Auflage, Springer, Wien, New York, 1996

FOUCAULT, MICHEL – *o que é um autor?*, Vega, 1992
  – "A Palavra e as Coisas. Uma arqueologia das Ciências Humanas", (trad. António Ramos Rosa), edições 70, 2005

FRADA, CARNEIRO DA – *Contrato e deveres de protecção*, Coimbra, Separata do BFD, Supl. 38, (1994)
  – *Uma "terceira via" no Direito da Responsabilidade civil? O problema da imputação de danos causados a terceiros por auditores de sociedades*, Coimbra, Almedina, 1997
  – "A responsabilidade objectiva por facto de outrem face à distinção entre responsabilidade obrigacional e aquiliana", Direito e Justiça, vol. XII, (1998), tomo 1, 297-311
  – ""Vinho Novo em Odres Velhos", A responsabilidade civil das "operadoras de Internet" e a doutrina comum de imputação de danos", ROA, Ano 59.°, Abril, (1999), 665-692
  – *Teoria da Confiança e Responsabilidade civil*, Almedina, Coimbra, 2004
  – "Sobre a Responsabilidade das Concessionárias por Acidentes Ocorridos em Auto-estradas", ROA, Ano 65.°, Setembro, (2005), 407-433
  – *Direito Civil. Responsabilidade Civil – O método do caso*, Almedina, Coimbra, 2006

FRADA, CARNEIRO DA/MARIA JOÃO PESTANA DE VASCONCELOS – "Danos económicos puros – Ilustração de uma problemática", Estudos em Homenagem ao Professor Doutor Marcello Caetano no Centenário do seu Nascimento, vol. II, Coimbra Ed., 2006, 151-176

FRANCISCO, ERMANNO DE – "Il C.D. Diritto Soggetivo all'integrità Parimoniale tra illecito aquiliano e illecito Concorrenziale", RDCiv, Ano XXXIV, II, (1988), 683-701

FRANCO, SOUSA – *Noções de Direito da Economia*, I vol., AAFDL, Lisboa, 1982-1983
  – *Nota sobre o princípio da liberdade económica*, BMJ, 355, (1986), 11-40
  – "Análise económica do Direito: Exercíco intelectual ou fonte de ensinamento", Sub judice, justiça e sociedade, n.° 2, (1992), Jan-Abr, 63-70

FRENCH, KAREN SMITH – *Tort and Contract: Pennsylvania Denies a Products Liability Claim for Economic Loss resulting from a Product Damage as a Result of its own defect*, The Journal of Law and Commerce, 1989, 1, 99-114

FRIEDMAN, DAVID – "Direito e ciência económica", Sub judice, justiça e sociedade, n.° 2, (1992), Jan-Abr, 31-38

858 *Normas de Protecção e Danos Puramente Patrimoniais*

FROMONT MICHEL/ALFRED RIEG – *Introduction au droit allemand*, I, Cujas, Paris, 1977
FORCHIELLI, PAOLO – *Responsabilità civile, Lezioni*, I, Padova, Cedam, 1968
FUCHS – *Deliktsrecht*, 6. Auflage, Springer, 2006

GADAMER, HANS-GEORG – *Warheit und Methode*, 4. Auflage, J.C.B. Mohr (Paul Siebeck), Tübingen, 1975
GALGANO, F. – *Le nobili frontiere del danno ingiusto*, Contratto Impresa, 1985
GALVÃO, SOFIA SEQUEIRA – *Reflexões acerca da responsabilidade do comitente no direito civil português a propósito do contributo civilista para a dogmática da imputação*, Lisboa, 1990
GARCIA, FERNANDO L. DE LA VEGA – "La comparación en sentido jurídico como acto de concorrencia lícito. Aspectos generales", RDM, (1998), n.° 227, pp. 155-203
   – *Responsabilidade Derivada del Ilícito Concurrencial*, Civitas, Madrid, 2001
   – "Tendencias generales de evolución del Derecho interno de Defensa de la competência", RDM, (2001), n.° 240, 625-651
   – "Responsabilidad civil de Administradores y daños derivados de ilícitos concurrenciales", RDM, (2002), n.° 246, pp. 1755-1792,
GARCIA, MARIA DA GLÓRIA FERREIRA PINTO DIAS – "Constituição Ex Machina", Direito e Justiça, vol. XIII, (1999), Tomo 1, 177-198
GARCIA, R. ALONSO – *La responsabilidade de los Estados miembros por infracción del Derecho Comunitario*, Civitas, Madrid, 1997
GARRIDO, TOMÁS RUBIO – "*Interrogantes y sombras sobre el Código Europeu de derecho Privado y los juristas "europeístas"*", RDPE, Noviembre-Diciembre, 2005
GARRIDO, GARCIA – *Derecho Privado Romano II. Casos y Decisiones Jurisprudenciales*, 3.ª ed., Dykinson, Madrid, 1985
GAUDEMET, EUGÈNE – *L' interprétation du Code Civil en France depuis 1804*, Recueil Sirey, Paris, 1935
GAUCH, PETER/JUSTIN SWEET – *Deliktshaftung für reinen Vermögensschaden*, Festschrift Max Keller, Zürich, 1989
GEDDES, A. C. – *Protection of individual Rights under EC Law*, Butterworths, 1995
GERALDES, ANTÓNIO SANTOS ABRANTES – *Temas da Responsabilidade Civil*, II, Indemnização de Danos Reflexos, 2.ª ed. revista e actualizada, Almedina, 2007
GERBER, DAVID J. – *Law and Competition in Twentieth Century Europe Protecting Prometeus*, Clarendon Presso Oxford, Oxford, 1998
GERVEN, WALTER VAN – "Coherence of Community and national laws. Is there a legal basis for a European Civil Code?", ERPL, vol. 5, n.° 4, (1997), 465-469
   – "ECJ case law as a means of unification of private law?", ERPL, vol. 5, n.° 3, (1997), 293-307
   – "A Common Law for Europe: The Future Meeting the Past?", ERPL, vol. 9, n.° 4, (2001), 485-503
   – Codifying European Private Law", *Epistemology and Methodology of Comparative Law*, Hart, Oxford, 2004
GIANNINI, GENNARO/POGLIANO, MARIO – *La responsabilità da illecito civile*, Giuffrè Editore, Milano, 1996
GHIDINI, GUSTAVO – "Reflexiones sobre la disciplina italiana de la competência desleal a la luz de los princípios pró-competivos de la constitutión económica", RDM, (2002), n.° 245, 1109-1123

GHIDINI, GUSTAVO/LIBERTINI, MÁRIO/PUTZOLU, GIOVANNA VOLPE – *Trattato di Diritto Commercial e di Diritto Publico dell' Economia, La concorrenza e i Consorzi*, Cedam, Padova, 1981

GIERKE, OTTO VON – *Der Entwurf eines bürgerlichen Gesetzbuchs und das deutsche Recht*, Leipzig, 1889
- *La función social del Derecho Privado. La natureza de las asociaciones humanas*, (trad. José M. Navarro de Palencia de *Die soziale Aufgabe des Privatrechts*, 1889), Sociedade Editorial Española, Madrid, 1904
- *Deutsches Privatrecht*, Band 3: Schuldrecht, Leipzig, 1917

GIESEKE, PAUL – "Recht am Unternehmen und Schutz des Unternehmens, Alte und neue deutsche Rechstprechung", GRUR, (1950), 298-311

GILLES, PETER/BAUMGART, MICHAEL – "Schadenersatzpflicht des Gmbh-Geschäftsführers nach § 823 Abs. II BGB i. V. mit § 64I GmbHG (Schutzbereichproblematik) – OLG Celle, OLGZ 1971", JuS, (1974), Heft 4, 226-229

GLÜCK, FRIEDRICH WILHELM – *Ausführliche Erleüterung der Pandecten nach Hellfeld*, Titel. 2 Ad Legem Aquiliam, Erlangen, 1808
- *Pandekten*, vol. 10, 1808
- *Commentario alle Pandette*, Libro IX (trad. Pranzataro), Società Editic Libraria, Milano, 1903

GOLDBERG, VICTOR – *Recovery for pure economic loss in tort: another look at* Robins Dry Dock v. Flint, JLS, vol. XX (2), June 1991, 249-275

GÓMEZ, FERNANDO/JUAN ANTONIO RUIZ – "The Plural – and Misleading- Notion of Economic Loss in Tort: A Law and Economics Perspective", ZeuP 4/2004

GOMES, JOSÉ LUÍS CARAMELO – *O Juiz Nacional e o Direito Comunitário O Exercício de Autoridade Jurisdicional nacional na Jurisprudência do Tribunal de Justiça da Comunidade Europeia*, Almedina, Coimbra, 2006

GOMES, JÚLIO – "Responsabilidade subjectiva e responsabilidade objectiva", RDE 13 (1987), 97-125
- "Uma função punitiva para a responsabilidade civil e uma função reparatória para a responsabilidade penal?", RDE 15 (1989), 105-144
- "Sobre o dano da perda de chance", Direito e Justiça, vol. XIX, (2005), Tomo II, p. 9-47

GONÇALVES, A. PENHA – *Direitos da personalidade e sua tutela. Estudo de Direito privado*, Ed. do Autor, Luanda, 1974

GONZÁLEZ, C. PÉREZ – Responsabilidad del Estado frente a particulares por incumplimiento del derecho comunitário, Valencia, 2001

GONZÁLEZ, M.ª DOLORES RIVERO – "Régimen jurídico de la publicidad en Internet y las comunicaciones comerciales no solicitadas por correo electrónico", RDM, (2003), n.º 250, pp. 1587-1614

GORDLEY, JAMES R. – "The rule against recovery in negligence for pure economic loss: an historical accident?", *Pure Economic Loss in Europe*, Cambridge University Press, 2003, 25-55

GORJÃO-HENRIQUES – *Direito Comunitário – Sumários Desenvolvidos*, 2.ª ed., Coimbra, 2003

GSCHNITZER, FRANZ – *Österreichisches Schuldrecht. Besonderer Teil und Schadenersatz*, 2. Auflage, Springer-Verlag, Wien, New York, 1988

860   *Normas de Protecção e Danos Puramente Patrimoniais*

GRAY, JOHN – *Mill on Liberty: A Defence*, 2.ª ed., Routledge, London, New York, 1996

GREGORY, CHARLES O. – "Trespass to Negligence to Absolute Liability", *Perspectives on Tort Law*, 4.ª ed, (coord. Robert Rabin), Little, Brown and Company, Boston, New York, Toronto, London, 1995, 36-45

GROTTI, HUGONIS – *De Iure Belli et Pacis*, libri tres accompanied by an abridged translation by William Whewell, 2 vol, Cambridge, London, 1853

GRUBB, ANDREW – "A case for recognising economic loss in defective building cases", The Cambridge Law Journal, 43 (1), April, 1984, 111-133

GRUBER, MARKUS – *Freiheitsschutz als ein Zweck des Deliktsrechts, Versuch ein methodenengerechten Begründung*, Duncker & Humbold, Berlin, 1996

GUGLIELMETTI, GIANNANTONIO/GUGLIELMETTI, GIOVANNI – "Concorrenza", Digesto delle Discipline Privatistische, Sezione Commerziale, Utet, 1988, 300-337

GUHL, THEO – *Das Schweizerische Obligationenrecht*, 9. Auflage, Schulthess, Zürich, 2000

GUIMARÃES, PATRÍCIA CARLA MONTEIRO – "Os danos punitivos e a função punitiva da responsabilidade civil", Direito e Justiça, vol. XV, (2001), Tomo 1, 159-206

GURSKY, KARL-HEINZ – *Schuldrecht, Besonderer Teil*, 5., neu bearbeitete Auflage, C. F. Müller, Heidelberg, 2005

HAMMEN, HORST – "Die Forderung ein sontiges Recht nach § 823 Abs. 1 BGB?", AcP, 199, (1999), 591-614

HARRER, FRIEDRICH – *Schadenersatzrecht*, Orac, Wien, 1999

HARRIS, DONALD/VELJANOVSKI, CENTO – *Liability for economic loss in tort, The law of tort*, Policies and Trends in Liability for Damage to property and economic Loss, (ed. Michael Furmston), Duckworth, 1986, 45-71

FOKKEMA/HARTKAMP – *Introduction to Dutch Law for Foreign Lawyers* (Jeroen Chorus, Piet-Hein Gerver, Ewoud Hondius, Alis Koekkoek), Chapter 8, Law of obligations, Kluwer, 1993

HARTKAMP, ARTHUR – "Das neue niederländische Bürgerliche Gesetzbuch aus europäischer Sicht", RabelsZ, 57, Heft 4, (1993), 664-684

HAAS/MEDICUS/ROLLAND/SCHÄFER/WENDTLAND – *Das neue Schuldrecht*, Beck, München, 2002

HAEDICKE, MAXIMILIAN – "Die Bedeutung des Urheberechts im digitalen Zeitalter", Jura, (2000), 449-450

HARTLEY, T. C. – *The Foundations of European Community Law*, 4.ª ed., Oxford, 1998

HASSE, JOHANN CHRISTIAN – *Die Culpa des römischen Rechts, Eine zivilistische Abhandlung*, Scienta Verlag Aalen, 1963

HAYEK, F.A. – *The Constitution of Liberty*, Routledge & Kegan Paul, London, 1963

HECK, PHILIPP – *Interpretação da Lei e Jurisprudência dos Interesses*, (trad. José Osório), Arménio Amado, Coimbra, 1947

HEDEMANN, JUSTUS WILHELM – *Schuldrecht des Bürgerlichen Gesetzbuches*, Walter de Gruyter Berlin, 1949

HEGEL, G.W. F – *Enciclopedia de las Ciencias Filosóficas*, (trad. Eduardo Overejero y Maury), III, Filosofia del Espíritu, Librería General de Victoriano Suárez, Madrid, 1918
– *Princípios da Filosofia do Direito*, Colecção Fundamentos do Direito, (trad. Norberto de Paula Lima) Ícone ed., 1997

HEINE-MERNIK, RENATE – Die *Entwicklung eines autonomen europäischen Kartelldelikts-recht*, Diss. Universität Bremen, 2002

HEISE, ARNOLD – *Grundriss eines Systems des gemeinen Civilrechts zum Behuf von Pandecten-Vorlesung*, 3. verbesserte Ausgabe, Heidelberg, 1819

HENNING-BODEWIG, "Das "PRESSEPRIVILEG" in § 13 Abs. 3 Nr. 1 UWG", GRUR, 4, (1985), pp. 258-268

HORST, EHMANN – "Zur Strucktur des Allgemeinen Persönlichkeitsrechts", JuS, (1997), Heft 3, 193-203

HERNÀNDEZ, JUAN RAMÓN CAPELLA – *Estado Y Derecho ante la mundialización: aspectos y problemáticas generales, Transformaciones del derecho en la mundialización*, Madrid, 1999

HERSCHORN, ARNIE – "Damages for economic loss in tort: Winnipeg condominium corp.36 v. Bird construction co, ltd", The Advocaters' Quartely, vol. 18, (1996), 109-128

HILF, MEINHARD – "Os direitos fundamentais na Constituição Europeia", Uma Constituição para a Europa. Colóquio Internacional de Lisboa, Maio 2003, Almedina, Coimbra, 2004

HIRTE, HERIBERT – *Wege zu einem europaäischen Zivilrecht*, Boorberg, Stuttgart, München, Hannover, Berlin, Weimar, Dresden, 1996

HIRTZ, BERND – "Der Rechstbegriff "Gute Sitten" in § 1 UWG", GRUR, 2, (1986), 110--115
– "Die Bedeutung des Wettbewerbserhältnisses für die Anwendung des UWG", GRUR, 3, (1988), 173-180

HNATT, KELLY M. – "Purely Economic Loss: A Standard for Recovery", Iowa Law Review, 73, (1988), 1181

HOCHLOCH – "Gleichbehandlung im Haftungtsrecht als Verfassungsgebot?", VersR, 1979

HÖFING – "Grundrechtstatbestand – Grundrechtsschranken – Grundrechtsschrankenschranken", Jura, (1994), 169-173

HOFMANN, EDGAR – *Haftplichtrecht für die Praxis*, Franz Vahlen, München, 1989

HOHLBEIN, BERNHARD – *Die neuere Entwicklung des Niederländischen Aussevertraglichen Haftungsrecht*, (Diss.), 1981

HOLMES, OLIVER WENDELL – "The Common Law", *Perspectives on Tort Law*, 4.ª ed, (coord. Robert Rabin), Little, Brown and Company, Boston, New York, Toronto, London, 1995, 2-15

HONDIUS, EWOUD – "Das neue Niederländische Zivilgesetzbuch, Allgemeiner Teil", *Renaissance der Idee der Kodification, Das Neue Niederländische Bürgerliche Gesetzbuch 1992* (Franz Bydlinski, Theo Mayer-Maly, Johannes W. Pichler, Böhlau), Wien, Köln, Weimar, 1991 = AcP, 191, (1991), 378-395

HONDIUS, EWOUD/BRAAMS, H. WILHELM TH. – *Auf dem Wege zu einem europäischen Haftungsrecht – Beitrag der Niederlande – 1989*, Europa Institut, Universität des Saarlandes

HONSELL, HEINRICH – *Schweizerisches Obligationenrecht. Besonderer Teil*, 3. Auflage, Stämpfli, Bern, 1995
– "Der Ersatz reiner Vermögensschaden in Rechtsgeschichte und Rechtsvergleichung", FS für Werner Lorenz zum 80. Geburtstag, Sellier, München, 2001

HONSELL, THOMAS – "Der Verstoß gegen Schutzgesetz im Sinne des § 823 Abs. 2 BGB", JA, 15 Jahrgang, Heft 3, März, (1983), 101-109

862   *Normas de Protecção e Danos Puramente Patrimoniais*

HÖRSTER, HEINRICH EWALD – *A Parte Geral do Código Civil Português – Teoria Geral do Direito Civil*, Almedina, Coimbra, 2007

HOWARTH, DAVID – "Negligence after Murphy: time to rethink", The Cambridge Law Journal, 50 (1), March 1991,

HUBER, KONRAD – "Verkehrspflichten zum Schutz fremden Vermögens", Festschrift für Ernst von Caemmerer zum 70. Gerbutstag, J.C. Mohr (Paul Siebeck), Tübingen, 1978

HÜBNER, ULRICH – "Zur Reform von Deliktsrecht und Gefährdungshaftung", NJW, (1982), 2041-2048

HUBRECHT, GEORGES E. – *Das französische Zivilrecht*, Walter de Gruyter, Berlin, New York, 1974

HUGO, GUSTAV – *Institutionen des heutigen römischen Rechts*, Berlin, 1797

HUSSON, LÉON – *Les Transformations de la Responsabilité, Étude sur la Pensée Juridique*, PUF, Paris, 1947

IRTI, NATALINO – "Le categorie giuridiche della globalizzazione, RDCiv, Ano XLVIII, n.° 5, Set-Out, (2002), 625-635

JANSEN, NILS – *Die Struktur des Haftungsrechts. Geschichte, Theorie und Dogmatik außervertraglicher Ansprüche auf Schadenersatz*, Mohr Siebeck, 2003
– "Duties and Right in Negligence: A Comparative and Historical Perspective on the European Law of extracontractual Liability", OJLS, vol. 24, n.° 3 (2004), 443--469

JAUERNIG – BGB *Bürgerliches Gesetzbuch Kommentar,* 12. A., C.H. Beck, 2007

JENTSCH, HANS – *Die Entwicklung von den Einseltatbeständen des Deliktsrechts zur Generalnorm und die Berechtigung einer solcher Dogmengeschichte und rechtspolitische Bewertung*, Verlag von Theodor Weicher in Leipzig, 1939

JHERING, RUDOLF VON – *Das Schuldmoment im römischen Privatrecht*, FS Birnbaum, 1867
– *Vermischte Schriften juristischen Inhalts,* 1879

JESCHECK, HANS-HEINRICH/WEIGEND, THOMAS – *Tratado de Derecho Penal-Parte General* (traducción de Miguel Olmedo Cardenete), 5 ed. Comares Ed, Granada, Decembre, 2002

JOSSERAND, LOUIS – *Cours de Droit Civil Positif Français*, II, 2.ª ed, Recueil Sirey, Paris, 1933

JORGE, FERNANDO PESSOA – – "Seguro de Responsabilidade Civil em Matéria de Acidentes de Viação", RFDUL, vol. XXIV, (1972), 371-393
– *Lições de Direito das Obrigações*, 1.° vol, AAFDL, 1975-76
– *Ensaio sobre os pressupostos da responsabilidade civil*, reimp., Almedina Coimbra, 1999

JOURDAIN, PATRICE – *Les príncipes de la responsabilité civile*, Dalloz, 1992

JÚNIOR, SANTOS – *Da responsabilidade civil de terceiro por lesão do direito de crédito*, Almedina, Coimbra, 2003

JUSTO, SANTOS – *Teoria Geral da Relação Jurídica (Direito Civil)*, Coimbra, 1973
– *Direito privado Romano – II (Direito das Obrigações)*, Coimbra ed., Coimbra, 2003
– *A Evolução do Direito Romano*, BFD, Vol. Comemorativo, (2003), 47-68

- *Direito privado Romano – I Parte Geral (Introdução, Relação Jurídica. Defesa dos Direitos)*, 2.ª, Coimbra ed., Coimbra, 2003

KANT – *Crítica da Razão Pura*, FCG, Lisboa, 1985
- *Prolegómenos a Toda a Metafísica Futura que queira apresentar-se como Ciência* (trad. port), Ed. 70, 1987
- *Fundamentação da metafísica dos costumes*, (trad. Paulo Quintela), textos filosóficos, edições 70

KASER, MAX – *Direito privado Romano*, (trad. *Römisches Privatrecht*), FCG, Lisboa, 1999

KALKENHAUSEN, JOACHIM FREIHERR VON – *Vorverlegung der haftung bei Verletzung von Unfallverhüftungsvorschriften und Schutzgesetzen*, VVW karlsruhe, 1981

KAUFMANN, ARMIN – *Teoria da Norma Jurídica*, (trad. brasileira de *Lebendiges und Totes in Bindings Normentheorie, Normlogik und moderne Strafrechtsdogmatik*, Verlag Otto Schwartz, Göttingen, 1954, Editora Rio, Rio de Janeiro, 1976

KEPPMANN – *Die neuere dogmengeschichtlice Entwichlung der objectives Tatbestände der §§ 823, 826 BGB*, Diss. Münster, 1959

KELLER, ALFRED – *Haftpflicht im Privatrecht*, Band II, Stämpfli, Bern, 1987
- *Haftpflicht im Privatrecht*, Band I, Stämpfli, Bern, 1993

KELLER/SYZ – *Haftpflichtrecht, Ein grundriss in Schemen und Tabellen*, 3. Auflage, Schulthess Polygraphischer Verlag Zürich, 1990

KELSEN, HANS/KLUG, ULRICH – *Normas Juridicas y Analisis Logico*, CEC, Madrid, 1988

KINDERMANN – *Verkehrsicherungspflichten*, Boorberg, Stuttgart, München, Hannover, 1984

KINDHÄUSER, NEUMANN, PAEFFGEN – *Strafgesetzbuch*, Band 1. 2. Auflage, NomosKommentar, Nomos, 2005

KIIKERI, MARKKU – *Comparative Legal Reasoning and European Law*, Kluwer, Dordrecht, Boston, London, 2001

KISS, A./SHELTON, D. – *Traité de droit européen de l'environnement*, Frisson-Roche, Paris,

KITTNER, MICHAEL – *Schuldrecht Rechtliche Grundlagen – Wirtschaftliche Zusammenhänge*, 3. A. Verlag Vahlen, München, 2003

KLEINBERGER, DANIEL/S. LINDA J. RUSH/ALAN I. SILVER – *Building a New Foundation: Torts, Contracts, and the Economic Loss Doctrine*, Bench & Bar Minnesota, September, 2000

KLIPPEL, DIETHELM – "Deliktsrechtliche Probleme des Datenschutzes", BB, Heft 7, 1983, 407-411
- "Neuere Entwicklungen des Persönlichkeitsschutzes im deutschen Zivilrecht", (Günter Weick), Alfred Metzner Verlag, Frankfurt, 1987

Kommentar zum Allgemeinen bürgerlichen Gesetzbuch, 2. Auflage, Sechster Band, 441293-1502, Druck und Verlag der Österreicherchischen Staatsdruckerei, (bearbeitet Franz Gschnitzer, Heinrich Klang, Walter Wilburg, Karl Wolff), Wien, 1951

KOHTE, WOLFHARD – "Normzweck und Interessenabwägung bei des Auslegung des § 823 II BGB –BGH, NJW 1987, 1818", Jura 1988, Heft 3, 125-132

KOZIOL, HELMUT – *Österreichisches Haftplichtrecht, Band II: Besonderer Teil*, Manzsche, Wien, 1975
- "Generalnorm und Einzeltatbestände als Systeme der Verschuldenshaftung: Unterschiede und Angleichungsmöglichkeiten", ZeuP, 1995, 359-367

864   *Normas de Protecção e Danos Puramente Patrimoniais*

- "Compensation for Pure Economic Loss from a Continental lawyer's perspective", Pure Economic Loss (coord. Willem H. van Boom, Helmut Koziol, Christian A. Witting), Springer, Wien, New York, 2004
- *"Die «Principles of European Tort Law» der «European Group on Tort Law»"*, ZeuP 2/2004, 234-259
- "Recovery For Economic Loss in the European Union", Arizona Law Review, 48, Winter, (2006),
- *"Das niederländische BW und der Schweizer Entwurf als Vorbild für ein künftiges europäisches Schadenersatzrecht"*, ZEuP (1996),

KOZIOL/WELZER – *Bürgerliches Recht*, Band II, 11. Auflage, Manzsche, Wien, 2000

KNÖPFLE – "Zur Problematik der Beurteilung einer Norm als Schutzgesetz im Sinne des § 823 Abs. 2 BGB", NJW, (1967), 697-702

KÖHLER, HELMUT/LORENZ, STEPHAN – *Schuldrecht II, Besonderer Teil*, 18. Auflage, C. H. Beck, München, 2007

KÖNDGEN, JOHANNES – "Ökonomische Aspekte des Schadensproblems", AcP, 177, (1977), 1-34
- *Selbstbindung ohne Vertrag Zur haftung aus geschäftsbezogenem Handeln*, J. C. Mohr, Paul Siebeck, Tübingen, 1981

KÖTZ, HEIN – "Economic Loss in Tort and Contract", RabelsZ, Band 58, Heft 3, (1994), 423-429
- *Deliktsrecht*, 8. überarbeitete Auflage, Alfred Metzner Studienliteratur, Luchterhand, 1998

KÖTZ, HEIN/WAGNER, GERHARD – *Deliktsrecht*, 10. neu bearbeitete A., Luchterhand, 2006

KRAFT, ALFONS – *Interessenabwägung und gute Sitten im Wettbewerbsrecht*, C. H. Beck, München Berlin, 1963

KRAMER, ERNST A. – "Schutzgesetze und adäquate Kausalität", JZ, (1976), 338-346
- *Zur Theorie und politik des Privat- und Wirtschaftsrecht. Beiträge aus den Jahren 1969-1996*, C. H. Beck, Helbing & Lichtenhahn, Manz, 1997

KREBS, WALTER – "Freiheitschutz durch Grundrechte", Jura, (1988), 617-627

KREJCI, HEINZ – *Privatrecht*, 3. Auflage, Manzsche, Wien, 1998

KRENN, PETER – "Verbraucherschutz im Markenrecht", *Konsumentenschutz im Privat- und Wirtschaftsrecht*, Manzsche, Wien, 1977

KÜBLER – "Öffentliche Kritik an gewerbliche Erzeugnissen und beruflichen Leistungen", AcP, 172, (1972), 177-202

KUHLENBECK, LUDWIG – *Von den Pandekten zu dem Bürgerlichen Gesetzbuch*, Berlin, 1899

KUHLMANN, MARTIN – *Der unlautere Wettbewerb im portugiesischen Recht*, Tübingen, 1988

KUHN, THOMAS S. – *The Structure of Scientific Revolutions*, 2.ª ed, vol. 2, The University of Chicago Press, Chicago, 1970

KUPISCH, BERTHOLD/KRÜGER, WOLFGANG – *Deliktsrecht*, Beck, München, 1983

LABARRIÈRE, PIERRE-JEAN – *"Textes sur texte, Ou Comment(le) taire?"*, Le Texte comme object philosophique, Bauschesne, Paris, 1987

LACAMBRA, LUIZ LEGAZ Y – "La Triple Mission de la Filosofia del Derecho", RFDUL, vol. VI, (1949), 193-221

Índice Bibliográfico   865

LAMEGO, JOSÉ – *"Teleologia da Liberdade" e o Conceito de Direito: A Compreensão cri-ticista da Juricidade como Exigência de "Constitucionalização" do Ordenamento jurídico*, (polic), Lisboa, 2001

LAMMEL, SIEGBERT – "Wettbewerbsfreiheit und Staatsintervention – Zur Entwicklung des Wettbewerbsrechts im 19. Jahrhundert", GRUR, 5, (1986), 362-369

LANG, ROLF – *Normzweck und Duty of Care, Eine Untersuchung über die Grenzen der Zu-rechnung im deutschen und anglo-amerikanischen Deliktsrecht*, Beck, München, 1983

LANGE, HERMANN – "Adäquanztheorie, Rechtswidrigkeitzusammenhang, Schutzzwec-klehre und selbständige Zurechnungsmomente", JZ, (1976), pp. 198-207

LANGE, HERMANN/SCHIEMANN, GOTTFRIED – *Schadensersatz*, Handbuch des Schuldrechts, 3. neubearbeitete Auflage, (Joachim Gernhuber), Band 1, Mohr Siebeck, 2003

LALOU, HENRI – *La responsabilité civile. Príncipes élémentaires et applications pratiques*, 3.ª ed, Paris, 1943

LARENZ – "Das "allgemeine Personlichkeitsrecht" im Recht der unerlaubten Handlungen", NJW, (1955), 521-525
    – "Rechtswidrigskeit und Handlungsbegriff im Zivilrecht", Festschrift Dölle, J.C.B. Mohr, (Paul Siebeck), Tübingen, 1963
    – *Metodologia da Ciência do Direito*, (trad. José Lamego), 4.ª ed, 2005

LARENZ/CANARIS, *Lehrbuch des Schuldrechts*, Band II, Halbband 2, Besonderer Teil, 13. Auflage, C. H. Beck, München, 1994

LARENZ/WOLF – *Allgemeiner Teil des Bürgerlichen Rechts*, 9. Auflage, Beck, München, 2004

LAU – *Enthält des EWG-Vertrag "Schutzgesetze" im Sinne des § 823 Abs. 2 BGB*, Saar-brücken, 1970

LAZZARINI, SERGIO – "Responsabilità extracontrattuale nel diritto romano", Digesto delle discipline Privatistiche, Sezione Civile, Utet, 1998, 289-295

LEHMANN, HEINRICH – "Begrenzung der Rechtswidrigkeit unter vergleichender Berück-sichtigung des Schweizerischen Rechts", Festschrift für Justus Wilhelm Hedemann zu 80. Geburtstag, Walter de Gruyter, Berlin, 1958

LEHMANN, MICHAEL – *Vertragsanbahnung durch Werbung/Eine juristische und ökonomis-che Analyse der bürgerlich-rechtlichen Haftung für Werbeangaben gegenüber dem Letztverbraucher*, C. H. Beck, München, 1981

LEHNE, KLAUS-HEINER/HAAK, ANDREAS MAX – *"Quo vadis* Europäisches Schuldrecht?", *Das neue Schuldrecht in der Praxis* (Barbara Dauner-Lieb/Horst Konzen/Karsten Schmidt), Carl Heymann Verlag, 2003

LEISSE – "Die Fiktion im Schadenersatzrecht", GRUR, 2/(1988), 88-95.

LEISNER, WALTER – "Unterscheidung zwichen privatem und öffentlichem Recht", JZ, (2006), 860-875

LEITÃO, ADELAIDE MENEZES – "Estudo sobre os interesses protegidos e a legitimidade na concorrência desleal", RFDUL, vol. XXXVI, (1996), 43-118
    – "A concorrência desleal e o direito da publicidade – Um estudo sobre o ilícito publicitário", *Concorrência Desleal,* Almedina, Coimbra, 1997
    – *Estudo de Direito privado sobre a Cláusula Geral de Concorrência Desleal*, Almedina, Coimbra, 2000
    – "Revogação Unilateral do Mandato, Pós-Eficácia e Responsabilidade pela Con-fiança", Estudos em Homenagem ao Professor Doutor Inocêncio Galvão Telles, vol. I, Almedina, Coimbra, 2002, 305-346

866   *Normas de Protecção e Danos Puramente Patrimoniais*

- "Os danos puramente económicos nos sistemas de common law – I", *Estudos em Homenagem à Professora Doutora Isabel Magalhães Collaço*, vol. II, Coimbra, 2002, 197-218
- "Os danos puramente económicos nos sistemas de common law – II (Jurisprudência norte-americana)", *Estudos em Homenagem ao Prof. Doutor Joaquim Moreira da Silva Cunha*, Coimbra, 2005, 19-38
- "Publicidade comparativa e concorrência desleal", Direito Industrial, vol. IV, Almedina, Coimbra, 2005
- "Direito da Publicidade e concorrência desleal – Um estudo sobre as práticas comerciais desleais", Direito Industrial, vol. IV, Almedina, Coimbra, 2005
- "A tutela do consumo e procedimento administrativo", *Estudos do Instituto de Direito do Consumo*, vol. II, Almedina, Coimbra, 2005
- "A Publicidade no Anteprojecto do Código do Consumidor", Estudos do Instituto de Direito do Consumo, (coord. Luís Menezes Leitão), vol. III, Almedina, Coimbra, 2006
- "Concorrência Desleal na Internet", Direito da Sociedade da informação, vol. VI, Coimbra Ed., Coimbra, 2006, 355-372
- "A Tutela dos Direitos de Propriedade Intelectual na Directiva 2004/48/CE", Estudos em Homenagem ao Professor Doutor Marcello Caetano no Centenário do seu Nascimento, vol. I, Coimbra Ed., 2006

Luís Menezes Leitão – "Acidentes de trabalho e Responsabilidade civil (A natureza jurídica da reparação de danos emergentes de acidentes de trabalho e a distinção entre a responsabilidade obrigacional e delitual", ROA, Ano 48.°, Dezembro, (1988), 773-843
- *A responsabilidade do gestor perante o dono do negócio no direito civil português*, CEF, 1991
- *O ensino do direito das obrigações. Relatório sobre o programa, conteúdo e métodos de ensino da disciplina*, Almedina, Coimbra, 2001
- *O Enriquecimento sem causa no direito civil, Estudo dogmático sobre a viabilidade da configuração unitária do instituto face à contraposição entre as diferentes categorias de enriquecimento*, Almedina, Coimbra, 2005
- "Concorrência desleal e tutela do interesse público na liberdade de concorrência", Estudos Jurídicos e Económicos em Homenagem ao Prof. Doutor António de Sousa Franco, vol. II, Coimbra Ed., 2006
- *Direito das Obrigações*, vol. I, Introdução da constituição das Obrigações, 5.ª ed., Almedina, Coimbra, 2006

Lenel – "Zum Begriff der unerlaubten Handlung im Bürgerlichen Gesetzbuch (§ 823 des BGB), DJZ, (1897), 409-413

Leonhard, Franz – *Bürgerliches Recht*, 2. A., Berlim, 1926

Lessig, Lawrence – *El código y outras leyes del ciberspacio*, Madrid, 2001

Lewis, David P. – "The limits of Liability: Can Alaska Oil Spill Victims Recover Pure Economic Loss?", Alaska Law Review, volume X, Number 1, June (1993), 187-191

Lima, Pires de/Varela, Antunes – *Código Civil Anotado*, vol. 1, 1967
- *Código Civil Anotado*, 4.ª ed revista e actualizada, Coimbra ed, Coimbra, 1987

Lillienskiold, Mark von – *Aktuelle Probleme des portugiesischen Delikts- und Schadenersatzrechts*, Bonn, 1975

LILLO, PASQUALE – *Diritti Fondamentali e libertà della persona*, G. Giappichelli, Torino, 2001

LINCKELMANN – *Die Schadenersatzpflicht aus unerlaubten Handlungen nach dem B.G.B.*, Berlin, 1898

LINHARES, AROSO – "O jurisprudencialismo", Sumários desenvolvidos das aulas de Teoria do Direito, 2002-2003

LISZT – *Die Deliktobligationen in System des B.G.B.*, Berlin, 1898

LLORENS, ALBERTINA ALBORS – *Private Parties in European Community Law, Challenging Community Measures*, Clarendon Press Oxford, 1996

LOBÃO, MANOEL DE ALMEIDA E SOUZA DE – *Tractado Pratico das Avaliações, e dos damnos*, Parte II Impressão Régia, 1826

LOBE – *Die Bekämpfung des unlauteren Wettbewerbs*, Bd. 1, 1907

LOOSCHELDERS, DIRK – *Schuldrecht Besonderer Teil*, Carl Heymanns, Köln, Berlin, München, 2007

LOPES, HUMBERTO – "Do projecto do Código Civil, Da responsabilidade civil e das Obrigações Naturais", ROA, Ano 28.°, (1968), 39-42

LORENZ, WERNER – *Warenabsatz und Vertrauenschutz*, Karlsruher Fórum, (Beiheft zum Versicherungsrecht), (1963), 8-16

LÖWISH, M. – *Der Deliktsschutz relativer Recht*, Berlin, 1970

MACHADO, JÓNATAS – *Liberdade de Expressão – Dimensões constitucionais da esfera pública no sistema social*, Universidade de Coimbra, Coimbra Editora, 2002

MACHADO, BAPTISTA – "Tutela da confiança e *"Venire contra factum proprium""*, RLJ, Ano 117.°, n.ᵒˢ 3718-3729, (1984-1985), 229-232, 265-269, 294-298, 321-325 e 361-365

– "O Sistema Científico e a Teoria de Kelsen", RFDUL, vol. XXVI, 1985, 11

– *Introdução ao Direito e ao Discurso Legitimador*, 13.ª reimpressão, Almedina, Coimbra, 2002

MACHETE, PEDRO – *Estado de Direito Democrático e Administração Paritária*, Almedina, Coimbra, 2007

MACKELDEY, FERDINAND – *Lehrbuch des heutigen romischen Rechts*, Band 2: Enthalten den besonderen Teil, Gießen, 1842

MACKENROTH, ANNA – *Nebengesetze zum schweizerischen Obligationrecht*, Zurich, 1898

MACQUEEN, HECTOR L. – *Copyright and the Internet*, Law & Internet – a framework for electronic commerce, Hart Publishing, Oxford, 2000

MADURO, MIGUEL POIARES – *We, The court, The European Court of Justice & the European Economic Constitution*, Hart, Oxford, 1998

MAGALHÃES, BARBOSA DE – "A revisão geral do Código Civil, a Autonomia do Direito Comercial e o Problema da Codificação", ROA, Ano 10.°, n.° 1 e 2, (1950), 1-58

MAGNUS, ULRICH – "Elemente eines europäischen Deliktsrecht", ZeuP, (1998), 602-614

MAJO, ADOLFO DI – *Il problema del danno al património*, RCDP, 2, II, giugno, (1984), 297-334

– "Tutela Rissarcitoria: Alla ricerca di una Tipologia", RDCiv, Ano LI, n.° 3, Mai-Jun, (2005), 243-265

MAJONE, GIANDOMENICO – *La Communauté européenne: un Etat régulateur,* Montchrestien, Paris, 1996

868   *Normas de Protecção e Danos Puramente Patrimoniais*

- "The European Comission as regulator", *Regulating Europe*, European Public Policy Series, Routledge, London, 1996
MANSION, SUZANNE – *Aristotle's Theory of Knowledge and French Phenomenology*, Études Aristotéliciennes, Lovain, 1984
MANSO, RAMÓN MACIA – *Doctrinas Modernas Iusfilosóficas*, tecnos, Madrid, 1996
MARÍN, RAFAEL HERNÁNDEZ – *Introducción a la teoria de la norma jurídica*, Marcial Pons, Madrid, Barcelona, 1998
MARKESINIS, BASIL S. – "La politique jurisprudentielle et la reparation du préjudice economique en Angleterre: une approche comparative", RIDC, n.° 1, 1983, 31-50
- "An expanding Tort Law – The Price of a rigid Contract Law", The Law Quarterly Review, v. 103, July (1987), 354-397
- A Comparative Introduction to the German Law of Torts, 3.ª ed, Oxford, 1994
- "Why a code is not the best way to advance the cause of Europeal legal unity", ERPL, vol. 5, n.°4, (1997), 519-524
MARQUES, JOSÉ DIAS – *Teoria Geral do Direito Civil*, vol I (Lições ao Curso de 1956-57 da Faculdade de Direito de Lisboa, Coimbra, 1958
- "Índice dos Vocábulos do Código Civil Português", RFDUL, vol. XXVIII, (1987), 205-321
MARQUES, MARIA MANUEL LEITÃO – *Um Curso de Direito da Concorrência*, Coimbra Ed., Coimbra, 2002
MARQUES, MÁRIO REIS – "O liberalismo e a ideia de codificação em Portugal", BFD, vol. 24, (1986), 1-256
- *História do Direito Português Medieval e Moderno*, 2.ª ed, Coimbra, Almedina, 2002
- *Codificação e paradigmas da modernidade*, Coimbra, 2003
MARQUES, REMÉDIO – "Propriedade Intelectual e Interesse Público", BFD, vol. 74, (2003), 293-354
MARTINEZ, PEDRO SOARES – "As liberdades fundamentais e a revisão constitucional", ROA, Ano 31.°, (1971), 43-71
MARTINEZ, PEDRO ROMANO – *Cumprimento defeituoso – em especial na compra e venda e na empreitada*, Almedina, Coimbra, 1994
- *Direito das Obrigações*, Apontamentos, AAFDL, Lisboa, 2003
- *Direito das Obrigações*, (Parte Especial) Contratos, 2.ª ed, Almedina, Coimbra, (2.ª reimpressão da edição de Maio de 2000), 2005
MARTINS, ANTÓNIO CARVALHO – *Responsabilidade pré-contratual*, Coimbra Ed., Coimbra, 2002
MARTINS, ANA MARIA GUERRA – "A Carta dos Direitos Fundamentais da União Europeia e os Direitos Sociais", Direito e Justiça, vol. XV, (2001), Tomo 2, 189-230
- "O sistema institucional da União na Constituição Europeia – Na óptica da democracia, da eficácia, da transparência, da coerência e da simplificação", Dir, 137.°, (2005), 633-658
MARTINS, MANUEL VICTOR – "Ronald Coase: Na fronteira da Economia e do Direito", Sub judice, justiça e sociedade, n.° 2, Jan-Abr, (1992), 29-30
MARTINS, MARGARIDA SALEMA D'OLIVEIRA – *O princípio da subsidariedade em perspectiva jurídico-política*, Coimbra Editora, 2003
MASSAGUER, J. – "El procedimento por publicidad ilícita", RDM, (2003), n.° 248, 453-497

MATEUS, ABEL – "Sobre os fundamentos do Direito e Economia da Concorrência", ROA, Ano 66.º, Dezembro, (2006), 1067-1099

MATHIASS, BERNHARD – *Lehrbuch des bürgerlichen Rechts*, 5., Berlin, 1910

MATTHIAS – *Haftungsrechtliche Erfassung ökologischer Schäden*, Nomos, Baden-Baden, 1999

MATTHIESSEN, KAY – *Die zivildeliktische Haftung aus Verletzung der Verkehrspflichen*, (s.l.), 1974

MATTEI, UGO – *The European Codification Process Cut and Paste*, Kluwer, The Hague, London, New York, 2003

MATTEI, UGO/ROBILANT, ANNA DI – "Les longs adieux, La codification italienne et le code Napoléon dans le decline du positivisme étatiste", RIDC, n.º 4, (2004), 847-864

MAYER-MALY, "Rechtsirrtum und Rechtsunkenntnis als Probleme des Privatrechts", AcP, 170, (1970), 133-180

MAZEAUD, HENRI/MAZEAUD, LÉON – *Traité théorique et pratique de la responsabilité civile delictuelle et contractuelle*, Paris, 1934

MCBRIDE, NICHOLAS J. – "Duties of care-Do they Really exist?", OJLS, vol. 24, n.º 3, (2004), 417-441

MCDONALD, BARBARA/SWANTON, JANE – "Negligence in the performance of contratual services action in tort by a third party to the contract", The Australian Law Journal, vol. 69, (1995), 576-580

MEDICUS – "Der Grundsatz der Verhältnismäßigkeit im Privatrecht", AcP, 192, (1992), 36-70
– "Gefährdungshaftung im Zivilrecht", Jura, (1996), 561-566
– *Schuldrecht II, Besonderer Teil*, 13. Auflage, C. H. Beck, München, 2006

MENENDEZ, AURÉLIO – *La competência desleal*, Madrid, 1988

MENDES, JOÃO DE CASTRO – "Do Conceito Jurídico de Prejuízo", separata, Jornal do Foro, Lisboa, (1953), 3-30
– *Direito Civil. Teoria Geral*, De harmonia com as lições dadas ao 1.º ano jurídico da Universidade Católica Portuguesa pelo Prof. João Castro Mendes, com a colaboração do Dr. Armindo Ribeiro Mendes,
– *Direito Civil – Teoria Geral*, vol II, FDL, 1973
– "Justiça e Liberdade", Direito e Justiça, vol. III, (1987/1988), 11-17
– *Direito Civil. Teoria Geral*, vol. I, AAFDL, Lisboa, 1995

MESQUITA, MARIA JOSÉ RANGEL – *O Poder Sancionatório da União e da Comunidades Europeias sobre os Estados Membros*, Almedina, 2006

MENDES, PAULO DE SOUSA – "Sobre as origens dos Princípios Jurídicos da Causalidade e do Domínio de Facto A lex Aquilia de Damno Iniura Datum", Homenagem da Faculdade de Direito de Lisboa ao Professor Doutor Inocêncio Galvão Telles, 90 Anos, Almedina, Coimbra, 2007, 1085-1109

MENDES, EVARISTO – "Concorrência Desleal e Direto da Concorrência", *Concorrência Desleal*, Almedina, Coimbra, 1997, 87-98

MERKEL, R. – *Die Kollision rechtmässiger Interessen und die Schadenersatzpflicht bei rechtmässiger Handlungen*, Strassburg, 1895

MERTENS, HANS-JOACHIM – *Der Begriff des Vermögensschadens im Bürgerlichen Recht*, Kohlhammer, Stuttgart, Berlin, Köln, Mainz, 1967
– "Berufshaftung, Haftungsprobleme alter Professionen", VersR, 25 Jahrgang, (1974), 509-520

870   *Normas de Protecção e Danos Puramente Patrimoniais*

- "Deliktsrecht und Sonderprivatrecht – Zur rechtsforbildung des deliktischen Schutzes von Vermögensinteressen", AcP, 178, (1978), 227-262
- "Verkehrspflichten und Deliktsrecht – Gedanken zu einer Dogmatik der Verkehrspflichtungverletzung", VersR, (1980), 397-408

Münchener Kommentar zum Bürgerlichen Buch, band 5, (§§705-853), (Redakteur Peter Ulmer) (Wagner), 5. A., Beck, München, 2006

MESTMÄCKER – "Über das Verhältnis des Rechts Wettbewerbsbeschränkungen zum Privatrecht", AcP, 168, (1968), 235-262

MICHEL, SUZANNE – *La notion thomiste du bien commum*, 1932

MILL, JOHN STUART – *On liberty* (1859), *Law and Morality*, 2.ª ed, Readings in legal philosophy (ed. David Dyzenhaus/Arthur Ripstein), University of Toronto Press, Toronto, Buffalo London, 2001

MINCKE, WOLFGANG – *Einführung in das niederländische Recht*, C.H. Beck, 2002

MIRANDA, JORGE – "O Tratado de Maastricht e a Constituição Portuguesa", A União Europeia na encruzilhada, Almedina, Coimbra, 1996
- *Manual de Direito Constitucional*, Tomo IV, Direitos Fundamentais, 3.ª ed., Coimbra Ed, 2000
- "A Constituição Europeia e a ordem jurídica portuguesa", O Direito, 134.°-135.°, (2002-2003), 9-29
- "Iniciativa económica", *Nos Dez Anos da Constituição*, INCM, 1986, 69-80 (publicado igualmente em *Escritos Vários sobre Direitos Fundamentais*, Principia, 2006)

MIRANDA, JORGE/MEDEIROS, RUI – *Constituição Portuguesa Anotada*, Tomo I, Coimbra Editora, 2005

MOMMSEN – *Zur Lehre vom dem Interesse*, Braunschweig, 1855

MONATERI, PIER GIUSEPPE – "Responsabilità civile", Digesto delle discipline Privatistiche, Sezione Civile, Utet, 1998, 1-12
- "Responsabilità in diritto comparato", Digesto delle discipline Privatistiche, Sezione Civile, Utet, 1998, 12-24

MONCADA, LUÍS CABRAL DE – *Lições de Direito Civil – (Parte Geral)*, 4.ª ed., Almedina, Coimbra, 1995
- *Subsídios para a História da Filosofia do Direito em Portugal*, INCM, Lisboa, 2003
- "Para a história da Filosofia em Portugal no século XX-Apontamento", *Subsídios para a História da Filosofia do Direito em Portugal*, INCM, Lisboa, 2003

MONTEIRO, ANTÓNIO PINTO – "A responsabilidade civil no direito contemporâneo", *O Direito Contemporâneo em Portugal e no Brasil*, (coordenadores Ives Gandra da Silva Martins e Diogo Leite Campos), Almedina, Coimbra, 2003

MONTEIRO, JORGE SINDE – Código Civil Português de 1966", igualmente publicado na RDE, separata do n.° 2 de Julho/Dezembro de 1978, 314-390
- *Análise Económica do Direito*, BFD, vol. 57, (1981), 245-250
- *Responsabilidade civil*, Estudos sobre a responsabilidade civil, Coimbra, 1983, 7--83
- *Responsabilidade por conselhos, recomendações e informaçõe*s, Almedina, Coimbra, 1989

- S.T.J., Acórdão de 12 de Novembro de 1996, RLJ, Ano 131.°, n.os 3886-3897, (1998-1999), 41-50, 106-113 e 378-380 e RLJ, Ano 132.°, n.os 3899-3909, (1999--2000), 28-32, 60-64 e 90-96
- "Manuel de Andrade, A "Europeização" do Direito privado e o Desafio de um Código Civil Europeu", Separata da Obra "Ciclo de Conferências em Homenagem Póstuma ao Prof. Doutor Manuel de Andrade", Conselho Distrital do Porto da Ordem dos Advogados, Almedina, Coimbra, 2002
- "Manuel de Andrade e a influência do BGB sobre o sobre o Código Civil Português de 1966", BFD, vol. Comemorativo, (2003), 181-207
- "Rudimentos da Responsabilidade Civil", RFDUP, Ano II, (2005), 349-390
- "Protecção dos Interesses Económicos na Responsabilidade Civil por Dano Ambiental", *Tutela Jurídica do Meio Ambiente: Presente e Futuro*, SI 81, Coimbra Ed. Coimbra, 2005, 133-156

MOURA, JOSÉ BARATA – *Episteme*, Lisboa, 1979
- *Kant e o Conceito de Filosofia*, Sampedro, Lisboa

VICTOR MARTÍNEZ MULERO, "Defensa de la competência y danos", RDM, 2005, n.° 255, 111-142

MORAIS, BLANCO DE – "A dimensão interna do princípio da subsidariedade no ordenamento português", ROA, Ano 58, (1998), 779-821

MOREIRA, GUILHERME – *Instituições de Direito Civil Português*, v. I, Parte Geral, Coimbra, Imprensa da Universidade, 1907
- "Estudo sobre a responsabilidade civil", RLJ, Ano 37, (1905), 561-564, Ano 38.°, n.os 1632-1668, (1905-1906), 2-5, 17-20, 33-36, 49-52, 65-68, 81-84, 96-100, 113-116, 129-131, 144-147, 177-179, 192-196, 209-212, 224-228, 257-259, 273-275, 305-308, 321-324, 337-340, 353-356, 369-372, 385-388, 417-420, 433-436, 449-451, 465-468, 481-483, 513-515. 529-532, 545-548 e 561-564, RLJ, Ano 39.°, (1906), 2-5, 17-19, 33-36, 49-52, 81-84, 97-99, 113-115, 145-147, 161-164, 193-196, 225-228, 257-259, 289-291, 305-308, 337-339, 353-356, 369-371, 385--388, 401-404 e 417-420 e RLJ Ano 39.° (1907), 449-452, 465-468, 481-483, 513-516, 545-547, 577-579 e 609-612.
- *A responsabilidade civil baseada no conceito de culpa* (1906)

MOSSLER, PATRICK "The discussing on general clause or numerus clausus during the preparation of the law of torts", *Negligence, The Comparative Legal History of the Law of Torts*, Duncker & Humblot, Berlim, 2001

MUGDAN, BENNO – Die *Gesamten Materialien zum Bürgerlichen Gesetzbuch für das Deutsche Recht*, II. Band, Recht des Schuldverhältnisse, Berlin, 1899

MÜLLER, KLAUS – *Schuldrecht, Besonderer Teil, Ein Lehrbuch*, C. F. Müller, Heidelberg, 1990

MÜNZBERG – *Verhalten und Erfolg als Grundlage der Rechtswidrigkeit und Haftung*, 1966

MÚRIAS, PEDRO – "A responsabilidade por actos de auxiliares e o entendimento dualista da responsabilidade civil", RFDUL, vol. XXXVII, (1996), 171-217
- *Por uma distribuição fundamentada do ónus da prova*, Lex, Lisboa, 2000

NABAIS, JOSÉ CABALTA – *Por uma liberdade com responsabilidade, Estudos sobre Direitos e Deveres Fundamentais*, Coimbra Ed, Coimbra, 2007

NASCIMENTO, PAULO SOARES DO – "A responsabilidade pré-contratual pela ruptura das negociações e a recusa injustificada de formalização do contrato", Estudos em homenagem ao Prof. Doutor Inocêncio Galvão Telles, vol. 4, 2003, 179-262

NEMO, PHILIPPE – *La société de droit selon F.A. Hayek*, PUF, Paris, 1988

NEUMANN, "Der Verbotsirrtum (§ 17 StGB)",JuS, (1993), Heft 10, pp. 793-798.

NEUNER – "Interesse und Vermögenschaden", AcP, 133, (1931), 277-314

JÖRG NEUNER, Privatrecht und Sozialstaat, C. H. Beck, München, 1999

NEVES, CASTANHEIRA – Questão-de-facto-questão de direito ou o problema metodológico da Juricidade (ensaio de uma reposição crítica) – I A crise, Almedina Coimbra, 1967
  – "As fontes do direito e o problema da positividade jurídica", BFD, vol. 51, (1975), 115-204
  – "Fontes de Direito. Contributo para a Revisão do seu Problema", BFD, vol. 58, (1982), II, 169-285
  – "Nótula a propósito do Estudo sobre a responsabilidade civil de Guilherme Moreira", *Digesta, Escritos do Direito, do Pensamento Jurídico da sua Metodologia e Outros*, vol. 1.º, Coimbra Ed., 1995, 475-482
  – "Pessoa, Direito e Responsabilidade", RPCC, Ano 6, Fasc. 1, Jan-Mar, (1996), 9-43
  – "Entre o "legislador", a "sociedade" e o "juiz" ou entre "sistema", "função" e "problema" – os modelos actualmente alternativos da realização jurisdicional do Direito", BFD, vol. 74, (1998), 1-44
  – "O Liberalismo Jurídico de Vicente Ferrer de Neto Paiva: Terá Errado simultaneamente Kant e Krause?", *Vicente Ferrer Neto Paiva. No Segundo Centenário do Seu Nascimento, a Convocação do Krausismo*, BFDUC, SI, 45, Coimbra Ed., 1999, 195-208

NIEDNER, ALEXANDER – *Das Einführungsgesetz vom 18. August 1896*, unter Berücksichtigung der ausführungsgesetze sämmtlicher Bundesstaaten, Berlin, Heymann, 1901

NIPPERDEY, "Rechtswidrigkeit, Sozialadäquanz, Fahrlässigkeit, Schuld im Zivilrecht" NJW, 1957, 1777-1782

NIPPERDEY/SÄCKER – "Tatbestandaufbau und Systematik der deliktischen Grundtatbestände. Zum "Referententwurf eines Gesetzes zur Änderung und Ergänzung schadenersatzrechtlicher Vorschriften", NJW 1967, 1985-1994.

NIEPER, F./WESTERDIJK, A. S. – *Niederländisches Bürgerliches Gesetzbuch*, Series of Legislation in translation 7, C. H. Beck, München, Kluwer Law International, The Hague, London, Boston, 1995

NORDEMANN, *Wettbewerbsrecht*, 7. A., Nomos, 1993

NOVAIS, JORGE REIS – "Contributo para uma Teoria do Estado de Direito", BFD, vol. 24, (1986), 257-496 = *Contributo para uma Teoria do Estado de Direito*, Almedina, Coimbra, 2006
  – *As restrições aos Direitos Fundamentais*, Coimbra Ed, Coimbra, 2003
  – *Direitos Fundamentais. Trunfos contra a Maioria*, Coimbra Editora, Coimbra, 2006

NUNES, MANUEL ROSÁRIO – *O ónus da prova nas acções de Responsabilidade Civil por Actos Médicos*, 2.ª. ed, Almedina, Coimbra, 2007

OEHLER, HARMUT – *Wettbewerbsregeln als Instrument der Wettbewerbspolitik*, Elvert, 1968

Índice Bibliográfico 873

OFTINGER, KARL – *Bundesgerichtspraxis zum Allgemeinen Teil des Schweizerischen Obligationenrechts*, Schultess, Zürich, 1969
OFTINGER/STARK, *Schweizerisches Haftpflichtrecht, Allgemeiner Teil*, Band I, Schulthess Polygraphischer, Zürich, 1995
OLAVO, CARLOS – "Propriedade Industrial, noções fundamentais", CJ, Ano XII, Tomo 4, 1987, 14,
– "Concorrência Desleal e Direito Industrial", *Concorrência Desleal*, Almedina, Coimbra, 1997
– *Direito Industrial*, Almedina, Coimbra, 1997
OLIVEIRA, ANA PERESTRELO DE – *Causalidade e Imputação na Responsabilidade Civil Ambiental*, Almedina, Coimbra, 2007
OLIVEIRA, NUNO MANUEL PINTO – *Direito das Obrigações*, I, Almedina, Coimbra, 2005
– *Sobre o conceito de ilicitude do art. 483.° do Código Civil*, Separata do livro Estudos em Homenagem a Francisco José Velozo, Braga, 2002
– *O direito geral de personalidade e a "solução do dissentimento". Ensaio sobre um caso de "constitucionalização" do direito civil*, Coimbra Editora, 2002
– "Deveres de Protecção em Relações Obrigacionais", Scientia Iuridica, Separata, Tomo LII, n.° 297, Setembro-Dezembro 2003
– "O problema da ilicitude das condutas conformes às leis de protecção do ambiente, Acórdão do Supremo Tribunal de Justiça de 17.1.2002", Rev. 4140/01, CDP, n.° 12, Outubro/Dezembro, 2005
OMODEI-SALÈ, RICCARDO/ZACCARIA, ALESSIO – "Compensation for Pure Economic Loss under Italian Law", *Pure Economic Loss* (Willem H. van Boom, Helmut Koziol, Christian A. Witting), Springer, Wien, New York, 2004
OTERO, PAULO –*Vinculação e Liberdade de Conformação Jurídica do Sector Empresarial do Estado*, Coimbra Ed., 1998
– *Legalidade e Administração Pública, O sentido da vinculação Administrativa à Juricidade*, Almedina, Coimbra, 2003
– "Fragmentação da Constituição Formal", *O Direito Contemporâneo em Portugal e no Brasil*, (coordenadores Ives Gandra da Silva Martins e Diogo Leite Campos), Almedina, Coimbra, 2003
OWEN, DAVID G. – "Why Philosophy Matters to Tort Law", *Philosophical Foundations of Tort Law*, Claredon, Oxford, 201-228

PAIS, SOFIA OLIVEIRA – *O controlo das concentrações de empresas no direito comunitário da concorrência*, Almedina, Coimbra, 1996
– *Incumprimento das Directivas Comunitárias – Do efeito directo à responsabilidade do Estado, Dois Temas de Direito Comunitário do Trabalho*, Publicações Universidade Católica, Porto, 2000
PALANDT-*Bürgerliches Gesetzbuch*, Band 7, 66. Auflage, C.H. Beck, München, 2007
PALMA, FERNANDA – "O estado de necessidade justificante no Código Penal de 1982" (separata), Coimbra, 1985
PANIAGUA, JOSÉ MARIA RODRÍGUEZ – *Lecciones de Derecho Natural como introduccion al derecho*, 3.ª ed, Universidad Complutense, Facultad de Derecho, 1988
PARICIO, JAVIER/BARREIRO, A. FERNÁNDEZ – *Historia del Derecho romano y su recepcion europeia*, 6.ª, El Faro ed., Madrid, 2002

874   *Normas de Protecção e Danos Puramente Patrimoniais*

PATTI, SALVATORE – "Tradizione Civilista e Codificazioni Europee", RDCiv, Ano L, n.° 3, Mai-Jun, (2004), pp. 530-531

PAUL, PATRÍCIO – *Concorrência Desleal*, Coimbra, 1965

PAZ-ARES – *"El ilicito concurrencial: de la dogmática monopolista a la politica antitrust (un ensaio sobre el derecho aleman de la competencia desleal)"*, RDM, n. 159, Jan-Mar, (1981), 7-147

PECES-BARBA, GREGORIO – *Teoria dei diritti fondamentali*, Milano, giuffrè, 1993

PEDRAZZI, GIORGIO – "Il danno esistenziale", Tredici variazioni sul tema (Giulio Ponzanelli), Cedam, 2002, 41-66

PEREIRA, TERESA SILVA – "Proposta de reflexão sobre um Código Civil Europeu", ROA, Ano 64.°, Novembro, (2004), 497-608

PETERS, FRANK – "Zur Gesetzestechnik des § 823 II BGB", JZ, (1983), 913-926

PICK, OLAF – *Verkehrsplichten und Handlungsfreiheit des "Schädigers"*, Peter Lang, Frankfurt am Main, Berlin, Bern, Bruxelles, New York, Oxford, Wien

PICKER, EDUARD – "Positive Vertragsverletzung und *culpa in contrahendo*. Zur Haftung zwischen Vertrag und Delikt", AcP, 183, (1983), 369-520

– "Vertragliche und deliktishe Schadenshaftung-Überlegungen zu einer Neustrukturierung der Haftungssysteme", JZ, (1987), 1041-1058

PIEVATOLO, MARIA CHIARA – *The Tribunal of Pure Reason*, Ratio Juris, vol 12, n.° 3, September, (1999), 311-326

PINA, CARLOS COSTA – *Dever de Informação e Responsabilidade pelo Prospecto no Mercado Primário de valores mobiliários*, Coimbra, 1999

PINHEIRO, JORGE DUARTE – *O Núcleo Intangível da Comunhão Conjugal, Os deveres conjugais sexuais*, Almedina, Coimbra, 2004

PINTO, FREDERICO COSTA – "O ilícito de mera ordenação social e a erosão do princípio da subsidariedade da intervenção penal", RPCC, Ano 7, Fasc. 1, Jan-Mar, (1997), 7-100

PINTO, CARLOS ALBERTO DA MOTA – *Cessão da posição contratual*, Almedina, Coimbra, 1982

– "A responsabilidade pré-negocial pela não conclusão dos contratos", BFC, sup. XIV, (1966), 143-252

– *Teoria Geral do Direito Civil*, 3.ª ed., Coimbra, 1999

– *Teoria Geral do Direito Civil*, 4.ª ed (António Pinto Monteiro e Paulo Mota Pinto), Coimbra Ed, 2005

PINTO, MOTA/SILVA, CALVÃO DA "Responsabilidade civil do produtor", Dir, Ano 121.°, (1989), II, pp. 273-312

PINTO, PAULO MOTA/CAMPOS, DIOGO LEITE – "Direitos Fundamentais "de Terceira Geração"", *O Direito Contemporâneo em Portugal e no Brasil*, (coordenadores Ives Gandra da Silva Martins e Diogo Leite Campos), Almedina, Coimbra, 2003

PIRES, LUCAS – *O problema da Constituição*, Coimbra, 1970

POLLACK, KIRSTIN – Schutzgesetzverletzung und "negligence per se". Eine rechtsvergleichende Untersuchung zwischen dem deutschen und dem US-amerikanischen Recht, Frankfurt am Main, Berlin, Bern, Wien, Lang, 2003

PONZANELLI, GIULO – *La responsabilità civile, Profili di diritto comparato*, il Mulino, 1992

POPPER, KARL – "De Nuvens e Relógios – Uma abordagem da racionalidade e da liberdade do Homem", *Conhecimento Objectivo uma abordagem evolucionária*, (trad. de

Objective Knowledge. An evolucionary approach (1973)), Ed. da Universidade de São Paulo, Ilitaia

PORTO, MANUEL CARLOS LOPES – *Teoria da integração e políticas comunitárias*, 3.ª ed, Almedina, Coimbra, 2001

POSCH, WILLIBARD – *Einführung in das österreichische Recht, Wissenschahtliche Buchgesellschaft*, Darmstadt, 1985

POSNER, RICHARD A. – "A Theory of Negligence", *Perspectives on Tort Law*, 4.ª ed, (coord. Robert Rabin), Little, Brown and Company, Boston, New York, Toronto, London, 1995, 15-33

PROENÇA, BRANDÃO – *A Conduta do Lesado como Pressuposto e Critério de Imputação do Dano Extracontratual*, Almedina, Coimbra, 1997
- "Balizas Perigosas e responsabilidade civil – Ac. do STJ de 26.2.2006, Proc. 3834/05", CDP, n.º 17, Janeiro/Março 2007

PUECH, MARC – *L'illicéité dans la responsabilité civile extracontractuelle*, Paris, 1973

PUFFENDORF, SAMUEL – *De Iure Naturae et gentium* libri Octo III.1.1, 1.2.,1.3.

QUADROS, FAUSTO DE – *Direito das Comunidades Europeias e Direito Internacional Público, Contributo para o estudo da natureza jurídica do Direito Comunitário Europeu*, Almedina, Coimbra, 1991
- *O Princípio da Subsidariedade no Direito Comunitário após o Tratado da União Europeia*, Almedina, Coimbra, 1995
- *Direito da União Europeia*, Almedina, 2004
- "Constituição Europeia e Constituições nacionais – Subsídios para a metodologia do debate em torno do Tratado Constitucional Europeu", O Direito 137.º, (2005), IV-V, 687-698

QUEIRÓ, AFONSO/MELO, BARBOSA DE – *A liberdade de empresa e a Constituição (A propósito do Dec.-lei n.º 47240, de 6 de Outubro de 1966)*, Coimbra, 1968

RAAB, THOMAS – "Die Bedeutung der Verkehrspflichten und ihre systematisch Stellung im Deliktsrecht", JuS, (2002), Heft 11, 1041-1048

RABIN, ROBERT L. – "The historical Development of the Fault Principle: A Reinterpretation", *Perspectives on Tort Law*, 4.ª ed, (coord. Robert Rabin), Little, Brown and Company, Boston, New York, Toronto, London, 1995, 45-73
- "Characterisation, context and the problem of economic loss in América tort law", *The law of tort*, Policies and Trends in Liability for Damage to property and economic Loss, (ed. Michael Furmston), Duckworth, 1986, 25-43

PETER RÄDLER, "Art. 3 III GG als Schutzgesetz i. S. von § 823 BGB? Zur Renaissance der unmittelbaren Drittwirkung in der Gestalt des Schutzgesetzes" NJW, (1998), Heft 22, 1621-1623.

RAFFERTY, NICHOLAS –"Torts-Negligent Misstatement-Recovery for Purely Economic Loss: *Caparo Industries p.l.c. v. Dickman*; *Fletcher v. Manitoba Public Insurance Co.*", Le Revue du Barreau Canadien, vol. 70, 1991
- "Case comment: Winnipeg condominium v. Bird Construction – recovery of purely economic loss in the tort of negligence: liability of builders to subsequent purchasers for constructions defects", Alberta Law Review, vol. 34, n.º 2, 1996

876 *Normas de Protecção e Danos Puramente Patrimoniais*

RAISER, LUDWIG – "Der Stand der Lehre vom subjektiven Recht im Deutschen Zivilrecht", JZ, (1961), 465-473
– "Individualgerechtigkeit und der Schutz allgemeiner Werte im Rechtsleben", *Summum Ius, Summa Iniuria*, Mohr, Tubingen, 1963
RAISER, THOMAS – "Adäquanztheorie und Haftung nach dem Schutzzweck der verlezten Norm", JZ, (1963), 462-466
RAMOS, MOURA – "Maastricht e os Direitos do Cidadão Europeu", A União Europeia, Coimbra, 1994
– "Conclusões", *Um Código Civil para a Europa, SI 64*, BFDUC, 2002, 307-317
– "A carta dos Direitos Fundamentais da União Europeia e a protecção dos direitos Fundamentais", *SI* 61, BFDUC,
RANGEL, PAULO CASTRO – "Diversidade, Solidariedade e Segurança (notas em redor de um novo paradigma constitucional)", ROA, Ano 62, Dezembro, (2002), 829-842
RANIERI, FILIPPO – "Cenni sull'esperienza della civilística tedesca di questo secolo", *L'apporto della comparazione alla scienza giuridica*, Milano, Giuffrè, 1980
RAWLS, JOHN – *O liberalismo político*, Presença, 1997
– *Uma Teoria da Justiça*, (trad. Carlos Pinto Correia), 2.ª Ed, Presença, 2001
REALE, MIGUEL – *Verdade e Conjectura*, 2.ª. ed., Fundação Luzíada, Lisboa, 1996
– *Lições Preliminares de Direito*, Almedina, Coimbra, 1982
REIMER, DIETRICH/BEIER, FRIEDICH-KARL/BAUMANN, DENISE – *La Répression de la concurrence deloyale en Allemagne,* Economica, Paris, 1978
REINHARDT – "Das subjective Recht im § 823 Abs. 1 BGB"*, JZ*, (1961), 713-718
REMMERT, BARBARA – "Grundfreiheiten und Privatrechtsordnung", Jura, (2003), 13-19
REPGEN – *Die soziale Aufgabe des Privatrechts* eine Grundfrage in Wissenschaft und Kodifikation am Ende des 19. Jahrhunderts, Mohr Siebeck, Tübingen, 2001
RIBEIRO, SOUSA – "O ónus da prova da culpa na responsabilidade civil por acidentes de viação", (separata BFDUC), Coimbra, 1979
RIEBLE, VOLKER – "Die Kodifikation der culpa in contrahendo", *Das neue Schuldrecht in der Praxis* (Barbara Dauner-Lieb/Horst Konzen/Karsten Schmidt), Carl Heymann Verlag, 2003
RING/OLSEN – *Einführung in das skandinaviseche Recht*, C.H. Beck, München, 1999
RIBEIRO, MARTA – *Da responsabilidade do Estado pela violação do direito comunitário*, Almedina, Coimbra, 1996
RICOEUR, PAUL – *Teoria da Interpretação*, Porto Editora, 1995,
RIQUITO, ANA LUÍSA, CATARINA SAMPAIO VENTURA, J.C. VIEIRA DE ANDRADE, J.J. GOMES CANOTILHO, MIGUEL GORJÃO HENRIQUES, R.M. MOURA RAMOS, VITAL MOREIRA, *Carta de Direitos Fundamentais da União Europeia*, Coimbra, 2001.
RITO, SIDÓNIO – *Elementos da Responsabilidade Civil Delitual,* Lisboa, 1946,
ROCHA, M. A. COELHO DA – *Instituições de Direito Civil Portuguez*, Imprensa da Universidade Coimbra, 1857
RÖDIG, JÜRGEN – *Erfüllung des Tatbestandes des § 823 Abs. 1 BGB durch Schutzgesetzverstoss, Zugleich ei Beitrag zum Deliktschutz relativer Rechte,* Verlag Ernts und Werner Gieseking Bielefeld, 1973
RODIL, ALFONSO VILLAGÓMEZ – *Competência desleal*, Comares, Granada, 2000
RODRÍGUEZ-BETHENCOURT, JUAN JOSÉ OTAMENDI – *Comentários a la ley de Competência Desleal*, Aranzadi, Pamplona, 1994

ROMÃO, MIGUEL LOPES – "O Conceito de legitimidade política na Revolução Liberal", RFDUL, vol. XLII, (2001), n.º 2, 903-954

ROOS, NOKOLAS – "NICE Dreams and Realities of European Private Law", *Epistemology and Methodology of Comparative Law*, Hart, Oxford, 2004

RORTY, RICHARD – "O progresso do pragmatista", *Interpretação e sobreinterpretação*, (dir. Stefan Collini), Ed. Presença, (s.d.)

ROSA, CORTES – "A delimitação do prejuízo indemnizável em Direito Comparado Inglês e Francês", RFDUL, vol. XIV, (1960), 339-383

ROSENTHAL, HEINRICH – *Bürgerliches Gesetzbuch*, 15. A, Carl Heymmans, Köln, Berlin, Bonn, München, 1965

ROTH, WULF-HENNING – "Die Europäisierung des Bürgerlichen Gesetzbuchs", *Das neue Schuldrecht in der Praxis* (Barbara Dauner-Lieb/Horst Konzen/Karsten Schmidt), Carl Heymann Verlag, 2003

ROTHER, WERNER/QUITTNAT, JOACHIM – *Grundsatz-Kommentar zum Bürgerlichen Gesetzbuch, Besonderes Schuldrecht*, C. F. Müller, Heidelberg, 1982

ROTONDI, GIOVANNI – *Dalla Lex Aquilia all'art. 1151 Cod. Civ. Ricerche storico-dogmatiche*, RDComm, vol. XIV, I, (1916), 942-970

ROTONDI, MÁRIO – "La cienza del diritto in Italia dalla prima Codificazione ad oggi", RFDUL, vol. XXI, (1967), 253-274

ROUBIER, PAUL – *Le droit de la propriété industrielle*, T. 1, Recueil, Sirey, Paris, 1952

RÜBESAMEN, REGINE – *Das italienische Zivilgesetzbuch*, Peter Lang, 1999

RUIZ, NUNO – "A aplicação do Direito Comunitário da Concorrência em Portugal, DDC, n.ºs 77 e 78, 9-36

RÜMELIN, "Die Verwendung der Causalbegriffe in Straf- und Civilrecht", AcP, (1900), 171 e ss

RUMMEL, PETER – *Kommentar zum Allgemeinen bürgerlichen Gesetzbuch*, Manzsche, Wien, 1992

RUPERT, KURT M. – *Torts: Recovery of Damages for Economic Loss Through the Use of Strict Liability in Tort*, Oklahoma Law Review, v. 38, (1985), 347-359

SÁ, CUNHA DE – *Abuso do direito*, Almedina, Coimbra, 2005 (2.ª reimp. ed. de 1973)

SACK, ROLF – – "Produzentenhaftung nach § 823 Abs. 2 BGB in Verbindung mit § 3 UWG?", BB, Heft 30, Oktober 1974, 1369-1373
– "Deliktrechtlicher Verbraucherschutz gegen unlauteren Wettbewerb", NJW, (1975), Heft 29, 1303-1304
– "Schadenersatzansprüche wettbewerbsgeschädigter Verbraucher nach deutschem und österreichischem Wettbewerbs- und Deliktsrecht", *Konsumentenschutz im Privat- und Wirtschaftsrecht*, Manzsche, Wien, 1977

SACCO, RODOLFO – *Introduzione al Diritto comparatto*, Utet, Torino, 1995
– "Prospettive della Scienza civilística Italiana all' inizio del nuovo Secolo", RDCiv, Ano LI, n.º 4, Jul-Ago, (2005), pp. 417-441

SAILER, KATRIN – *Prävention im Haftungsrecht*, Peter Lang, Frankfurt am Main, Berlin, Bern, Bruxelles, New York, Oxford, Wien, 2005

SALEILLES, RAYMOND – *Étude sur les sources de l'obligation dans le projet de code civil allemand*, Pichon, Paris, 1889

SALVADOR, PABLO/GÓMEZ, CARLOS "El derecho de daños y la minimización de los costes de los acidentes", Sub judice, Justiça e Sociedade, n.º 34, (2006), Jan-Mar, 11-26

878   *Normas de Protecção e Danos Puramente Patrimoniais*

SALVI, CESARE – *Responsabilitá civile e constituzione, L'influenza dei valori costituzionali sui sistema giuridici contemporanei*, Tomo I, Milano, giuffré, 1985
- *Il danno extracontrattuale, Modelli e funzioni*, Danno patrimoniale e non patrimoniale tra constituzione e codice: una originale rilettura di categoria normative e della realtà pratica, Napoli, 1985
- "Responsabilità extracontrattuale (dir. vig)", Reaz-Resp., Guiffrè, 1988, 1187--1269

SANCHES, SALDANHA – "A Regulação: História Breve de um conceito", ROA, Ano 60.°, Janeiro, (2000), 5-22

SANDEL, MICHAEL J. – *O liberalismo e os Limites da Justiça*, (trad. Carlos Pacheco do Amaral), FCG, 2005

SANTACRUZ, JUAN L. ARPIO – "La defensa de la (libre) competencia en el comercio electrónico", *Internet y Derecho*, (ed. A Cayón Galiardo), Zaragoza, 2001

SANTOS, ANTÓNIO CARLOS/GONÇALVES, MARIA EDUARDA/MARQUES, MARIA MANUEL LEITÃO – *Direito Económico*, 5.ª ed, revista e actualizada, Almedina, Coimbra, 2004

SANTOS, ANTÓNIO MARQUES DOS – *As normas de aplicação imediata no Direito Internacional Privado, Esboço de Uma teoria Geral*, II vol, Almedina, Coimbra, 1991,

SANTOS, BELEZA DOS – "Ilícito Penal Administrativo e Ilícito Criminal", ROA, Ano 5.°, n.os 1 e 2, (1945), 39-59

SANZO, SALVATORE – *La concorrensa sleale*, Cedam, Padova, 1998

SARAIVA, JOSÉ HERMANO – "No limiar de um Novo Código Civil", O Direito, Ano 98.°, (1966), 217-233
- "Apostilha Crítica ao Projecto de Código Civil", ROA, Ano 27.°, (1967), 5-141

SARAIVA, RUTE GIL – *Sobre o princípio da subsidariedade (génese, evolução, interpretação e aplicação)*, AAFDL, Lisboa, 2001

SARMENTO, DANIEL – *Direitos fundamentais e Relações Privadas*, Lumen Iuris, Rio De Janeiro, 2004

SAVATIER, RENÈ – *Traité de la responsabilité civile*, Tome I, Paris, 1939
- *Les Métamorphoses économiques et sociales du droit civil d'aujourd'hui*, Dalloz, Paris, 1964,

SAVIGNY, FRIEDRICH CARL VON – *Das Obligationenrecht als Theil des heutigen römischen Rechts*, Berlin, Band 2, Berlin, 1853
- *De la vocacion de nuestro siglo para la legislacion y la ciencia del Derecho* (trad. Adolfo G. Posada), Atalaya, Buenos Aires, 1946
- *Systhem des heutigen römischen Rechts*, Aalen, 1981 e *Pandekten vorlesung*, Vittorio Klostermann, Frankfurt am Main, 1993, 368-400.

SCALISI, VINCENZO – "Ingiustizia del danno e analítica della responsabilità civile", RDCiv, Ano L, Jan-Fev, (2004), 29-56

SCHÄFFER/OTT – *Lehrbuch der ökonomischen Analyse des Zivilrechts, 3. A.,* Heidelberg, Springer, 2000

SCHÄFER, HANS-BERND/BERGH, ROGER VAN DEN "Members States Liability for Infringements of the Free Movements of Goods in the EC: An Economic Analysis", German Working Papers in Law and Economics, volume 2001, paper 2, (disponível htpp://www.bepresscom/gwp)

SCHAMBECK, HERBERT – "Aspectos Jurídicos e Políticos da Evolução da Integração Europeia no Limiar do Séc. XXI, RFDUL, vol. XXXVI, (1995)

SCHAPP, JAN – *Derecho Civil y Filosofía del Derecho, La libertad en el Derecho*, n.° 8, Serie de Teoria Jurídica y Filosofía del Derecho, Colombia, 1998
 – "Die grenzen der Freiheit", JZ, (2006), 581-586
SCHLECHTRIEM – *Schuldrecht Besonderer Teil*, 6. A, Mohr Siebeck, 2003
 – "Abgrenzungsfragen bei der positiven Vertragsverletzung", VersR, (1973), 24. Jahrgang, 581-595
 – "Civil Liability for Economic Loss – Germany", 15th International Congress of Comparative Law, Bristol, England, 1998, disponível www.wirtschaftsrecht.uni-freiburg.de/gfr/Bristol/Schlechtriem/schlechtriem.pdf
SCHELLHAMMER – *BGB Allgemeiner Teil und gesamtes Schuldrecht mit Nebengesetzen*, 3 A., Müller, Heidelberg
 – *Schuldrecht nach Anspruchsgrundlagen samt BGB Allgemeiner Teil*, 6. neu bearbeitete A. C. F. Müller, Heidelberg, 2005
SCHERER, MARTIN GEORG VIKTOR – *Einführungsgesetz zum Bürgerlichen Gesetzbuche für das Deutsche Reich*, Palm & Enke, 1899
 – *Die fünf ersten Jahre des Bürgerlichen Gesetzbuchs*, Leipzig, 1905
SCHERZBERG – "Die innerstaatlichen Wirkungen von EG-Richtilinen", Jura, (1993), 225--232
SCHICKEDANZ – "Schutzzwecklehre und Adäquanztheorie", NJW, (1971), Heft 21, 916-920
SCHIEMANN/ERMAN, *Bürgerliches Gesetzbuch*, 11. neuarbeitete A., Otto Schmidt, Köln, 2004
SCHIEMANN, GOTTFRIED – "Das allgemeine Schädigungsverbot: "alterum non laedere", JuS, (1989), Heft 5, 345-350.
SCHILLER, SOPHIE – "Hypothèse de l'americanisation du droit de la responsabilité", APD, t. 45, (2001), 177-198
BERNARD SCHLINK – "Das Objektive und das Subjektive beim polizeirechtlichen Gefahrbegriff", Jura, (1999), 169-172
SCHLOSSER, HANS – "Deliktischer schadenersatzanspruch aus § 823 II BGB und eigenständiges Interessenschutz des verkehropfers – BGH, NJW 1980, 1792", Jus, (1982), Heft 9, 657-660
SCHMID, CHRISTOPH – "Zur Einführung: Europäische Integration und Privatrecht, Grundlagen, Integrationsformen und methodische Folgen im Überblick", Jura, (1999), 617--624
SCHMIDT, KARSTEN – "Deliktsschutz durch Verwaltungshandeln Praxis und dogmatik der "Schutzverwaltungsakte" im Rahmen von § 823 Abs. 2 BGB", Festschrift für Albrecht Zeuner, Mohr Siebeck, Tübingen, 1994
SCHMIDT, CARL ADOLF – *Der principielle Unterschied zwischen dem römischen und germanischen Rechte*, Band 1, Die Verschiedenheit der Grundbegriffe und des Privatrechts, Rostock, 1853
SCHMIDT, EIKE – "Zur Dogmatik des § 278 BGB Zugleich einige Kritiische Bemerkungen zur geplanten Reform des § 831", AcP, 170, (1970), 502-533
SCHMIDT, KARSTEN – *Kartellverfahrensrecht – Kartellverwaltungsrecht – Bürgerliches Recht, Kartellrechtspflege nach deutschem Recht gegen Wettbewerbsbeschränkungen*, Carl Heymanns, Köln, Berlin, Bonn, München, 1977
SCHMIDT, FOLKE/STRÖMHOLM, STIG – *Legal Values in Modern Sweden*, Svenska Borkförlaget, Norstedts, Stockholm

880   *Normas de Protecção e Danos Puramente Patrimoniais*

SCHMIDT-RÄNTSCH, *Das neue Schuldrecht*, Anwendung und Auswirkungen in der Praxis, Heymanns, 2002

SCHMIDT, ROLF – *Schuldrecht Besonderer Teil*, Gesetzliche Schuldverhältnisse, 4. A., Verlag dr. Rolf Schmidt, 2006

SCHMIEDEL, BURKHARD – *Deliktobligationen nach deutschen Kartellrecht, Erster Teil, Zivilrechtsdogmatische Grundlegung: Untersuchungen zu § 823 Abs. 2 BGB*, J. C. B. Mohr (Paul Siebert), Tübingen, 1974

SCHRAGE, ELTJO J. H. – "Negligence. A Comparative and historical introduction to a legal concept", *The comparative Legal History of the law of Torts*, Duncker & Humblot, Berlim, 2001

SCHRICKER, GERHARD – "Twenty-Five Years of Protection Against Unfair Competition", IIC, 06/(1995), 782-801

SCHRÖDER, JAN – *Die zivilrechtliche Haftung für schuldhafte Schadenzufünggung im deutschen usus modernus, La responsabilità civile da atto illecito nella perspectiva storico comparatistica*, (ed. L. Vacca), Turin, 1995

SCHULZE, REINER – "Il nuovo Diritto Tedesco delle Obbligazioni e il Diritto Europeu dei Contratti, RDCiv, Ano L, n.° 1, Jan-Fev, (2004), 57-76

SCHULZE, REINER/SCHULTE-NÖLKE, HANS – "Schulrechtsreform und Gemeinschafstrecht", *Die Schuldrechtsreform vor dem Hintergrung des gemeinschaftsrechts*, (Reiner Schulke/Hans Schulte-Nölke, Mohr Siebeck, 2001

SCHWAB/WITT, *Einführung in das neue Schuldrecht*, Beck, 2002

SCHWABE, JÜRGEN – "Grundrechte und Privatrecht", Acp 185, (1985), 1-8

SCHWARTZ, GARY T. – "The Beginning and the Possible End of the Rise of Modern American Tort Law", *Perspectives on Tort Law*, 4.ª ed, (coord. Robert Rabin), Little, Brown and Company, Boston, New York, Toronto, London, 1995, 73-95
- "Economic loss in American Tort Law: the examples of J'Aire and products liability", The law of tort, Policies and Trends in Liability for Damage to property and economic Loss, (ed. Michael Furmston), Duckworth, 1986, 83-111

SCHWARZ/WANDT, *Gesetzliche Schuldverhältnisse, Deliktsrecht, Schadensrecht, Bereicherungsrecht, Goa*, 2. A., Vahlen, München, 2006

SCHWITANSKI, HEINZ-GEORG – *Deliktsrecht, Unternehmensschutz und Arbeitskampfrecht. Versuch einer systemorientierten Harmoniesierung*, Duncker & Humbold, Berlin, 1986,

SENDLER – "Zur Unabhändig des Verwaltungsrichters", NJW, 1983, 1449-1458

SERRA, VAZ – "Os actos emulativos no direito romano", BFD, 10, (1929), 529-553
- "O papel do juiz na interpretação da lei", ROA, Ano 1.°, (1941), 2-13
- "Responsabilidade de terceiros no não-cumprimento de obrigações", BMJ n.° 85, (1958), 345-361
- "Responsabilidade de terceiros no não cumprimento de obrigações", BMJ 79, (1958), 105-148
- "Responsabilidade contratual e extracontratual", BMJ 85, (1959), 115-239
- "Abuso do direito (em matéria de responsabilidade civil)", no BMJ, 85 (1959), 243-342
- "Responsabilidade das pessoas obrigadas à vigilância", BMJ, 85, (1959), 381-444
- "O dever de indemnizar e o interesse de terceiros", BMJ, 86, (1959), 103-129

Índice Bibliográfico   881

- "Fundamento da responsabilidade civil (Em especial responsabilidade por acidentes de viação terrestre e por intervenções lícitas)", BMJ, 90, (1959), 5-319
- "Obrigação de indemnização (colocação. Fontes. Conceito e Espécies de Dano. Nexo Causal.Extensão do Dever de Indemnizar. Espécies de Indemnização). Direito de Abstenção e de Remoção", BMJ, 84, (1959), 5-305
- "Manuel de Andrade, civilista", BFD, vol. 35, (1959), 1-40
- "*Direito das Obrigações*", BMJ, 101, (1960), 15-408
- "Requisitos da Responsabilidade civil", BMJ, 92, (1960), 37-136
- "Algumas questões em matéria de responsabilidade civil", BMJ, 93, (1969), 5-77

SERRA, ANTÓNIO TRUYOL Y – – "Súmula da História da Filosofia do Direito, Introdução, Conceito, Âmbito e Importância da História da Filosofia Jurídica", vol. IX, 1953
- "La Filosofia Jurídica y Política Alemana en los siglos XVII y XVIII", RFDUL, vol. XX, (1966), 267-282
- *Historia de la Filosofia del Derecho y del Estado, 1. De los origenes a la baja Edad Media*, 6.ª. ed., Alianza Universidad, 1978

STAUDINGERS, Kommentar zum Bürgerlichen Gesetzbuch mit Einführungsgesetz und Nebengesetzen, De Gruyter, Berlim, 1999

SHAPO, MARSHALL S. – *Basic Principles of Tort Law*, West Group, St. Paul, Minnesotta, 1999

SKINNER, ERIC R. – *The Expansion of the economic loss doctrine: Neibarger v. Universal Cooperatives, Inc.*, Detroit College of Law Review, Summer 1993,

SEABRA, ANTONIO LUIZ DE – *Codigo Civil Portuguez (Projecto)*, Imprensa da Universidade, Coimbra, 1859

SEGADE, GÓMEZ – "La Mundialización de la propriedad industrial y del derecho de autor", *Tecnología y Derecho*, Marcial Pons, Madrid, Barcelona, 2001, 31-45

SENDIM, PAULO – "Uma unidade do direito de propriedade industrial?", Direito e Justiça, vol. II, (1981-1986), 161-200

SIÖGREN, *Die Lehre von den Unrechts und den Tatbestanden der Schadenstiftung*, (Jherings Jahrbücher, 1896)

SILVA, JOÃO CALVÃO DA – *Responsabilidade civil do produtor*, Almedina Coimbra, 1990

SILVA, MANUEL DIAS DA – *Estudo sobre a Responsabilidade civil connexa com a Criminal*, I, Coimbra, Imprensa da Universidade, 1886

SILVA, MANUEL GOMES DA – *O dever de prestar e o dever de indemnizar*, vol I, Lisboa, 1944
- "Esboço de uma Concepção Personalista do Direito, Reflexões em Torno da Utilização do Cadáver Humano para Fins Terapêuticos e Científicos", RFDUL, vol. XVII (1964), 139-225 e vol. XVIII (1964), 51-185

SILVA, NUNO ESPINOSA GOMES DA – *História do Direito Português*, 2.ª ed., I. vol., Fontes, FCG, Lisboa, 1991

SILVA, PAULA COSTA E – "Meios de reacção civil à concorrência desleal", *Concorrência Desleal*, Almedina, Coimbra, 1997, 99-126

SILVA, PEDRO SOUSA E – *Direito Comunitário e Propriedade Industrial – O princípio do esgotamento dos Direitos*, BFDUC, SI 17, Coimbra,

SMITS, JAN – *The Making of European Private Law Toward a Ius Commune Europaeum as Mixed Legal System*, Intersentia, Antwerp, Oxford, New York, 2002

SNIJDERS, W. – "The organisation of the drafting of a European Civil Code: a walk in imaginary gardens", ERPL, vol. 5, n.° 4, (1997), 483-487

882   *Normas de Protecção e Danos Puramente Patrimoniais*

SOARES, ROGÉRIO EHRHARDT – *Interesse Público Legalidade e Mérito*, Coimbra, MCMLV

SOERGEL/ZEUNER, *Bürgerlichen Gesetzbuch mit Einführungsgesetz und Nebengesetzen*, 1998

SPICKHOFF/SOERGEL, *Bürgerliches Gesetzbuch, Schuldrecht*, §§ 823-853, 13. Auflage, Kohlhammer, 2005

SOUSA, MARCELO REBELO DE – *Lições de Direito Administrativo*, Lex, vol. I, 1999
- "A Transposição das Directivas Comunitárias na Ordem Jurídica Portuguesa", *O Direito Comunitário e a Construção Europeia*, SI 38, BFDUC, 1999, 65-81

SOUSA, MARCELO REBELO DE/MATOS, ANDRÉ SALGADO DE – *Direito Administração Geral*, Actividade Administrativa, Tomo III, Dom Quixote, 2007

SOUSA MARCELO REBELO DE/GALVÃO, SOFIA – *Introdução ao Estudo do Direito*, Lex, Lisboa, 2000

SOUSA MIGUEL TEIXEIRA DE – "Sobre a linguagem performativa da teoria pura do Direito", ROA, Ano 46.°, Setembro, (1986), 433-447
- *O Concurso de títulos de aquisição de prestação – Estudo sobre a dogmática da pretensão e do concurso de pretensões*, Almedina, Coimbra, 1988
- "Da crítica da dogmática à dogmática crítica", Dir, Ano 121.°, (1989), IV, p. 729--739
- *As partes, o Objecto e a Prova na Acção Declarativa*, Lex, Lisboa, 1995
- *Estudos sobre o Novo Processo Civil*, Lex, Lisboa, 1997

SOUSA, RABINDRANATH CAPELO DE – *O direito geral de personalidade*, Coimbra Editora, Coimbra, 1995
- *Direito das Pessoas. Relatório sobre o programa, o conteúdo e os métodos de ensino de tal disciplina*, Coimbra, 2005

SPICKHOFF, ANDREAS – *Gesetzesverstoß und Haftung*, Carl Heymmans, 1998

SPICKHOFF/SOERGEL, *Bürgerliches Gesetzbuch, Schuldrecht*, §§ 823-853, 13. Auflage, Kohlhammer, 2005

SPIER, JAAP – "Wrongfullness in the Dutch Context", Unification of tort law: Wrongfullness, (Helmut Koziol), Kluwer Law International, Dordrecht, 1998

SPINDLER, BAMBERGER/ROTH, *BGB Bürgerliches Gesetzbuch,* Band 2, C. H. Beck, München, 2003

STANTON, K.M. – "The recovery of pure economic loss in tort: the current issues of debate", *The Law of tort* Policies and Trends in Liability for Damage to property and economic Loss, (ed. Michael Furmston), Duckworth, 1986, 9-24

STARCK, BORIS – *Droit Civil, Obligations*, Paris, 1972

STARCK – *Ausservertragliches Haftpflichtrechts*, 2. Auflage, Schulthess Polygraphischer, Zürich, 1988

STAUDINGERS, J. VON – *Kommentar zum Bürgerlichen Gesetzbuch mit Einführungsgesetz und Nebengesetzen*, Buch 2. Recht der Schuldverhältnisse, §§ 823-825, 13. Bearb./von Johannes Hager, Sellier-de Gruyter, Berlim, 1999

STEINDORF, "Sanktionen des staatliche Privatrechts für Verstöße gegen EG-Recht", Jura, (1992), 561-572

STYCHIN, CARL F. – "Principled Flexibility": an analysis of relational economic loss in negligence, Anglo American Law Review, volume 25, n.° 3, (1996), 318-340

STOBER, ROLF – *Derecho Administrativo Económico*, (trad. e anot. por Santiago González--Varas Ibáñez), Ministério para las Administrationes Publicas, Madrid, 1992

Índice Bibliográfico 883

STONE, A.J. – "The Common Law in the twentieth Century", Dalhousie Law Journal, v. 7, n.º 3, October (1983), 692-712

STOLL, HANS – "Unrechtypen bei Verletzung absoluter Recht", AcP, 162, (1963), 203-236
– *Kausalzusammenhand und Normzweck im Deliktsrecht*, J. C. B. Mohr (Paul Siebeck), Tübingen, 1968
– "Haftungsverlagerung durch beweisrechtliche Mittel", AcP, 176, (1976), 145-196
– "Vertrauenschutz bei einseitigen Leistungsversprechen", Festschrift Flume zum 70. Geburstag, Köln, 1978
– *Richterliche Fortbildung und gesetzliche Überarbeterung des Deliktsrecht*, Heidelberg, 1984

STOLL, HEINRICH – "Begriff und Konstruktion in der Lehre der Interessenjurisprudenz", Festgabe für Philipp Heck, Mar Rümelin, Arthur Benno Schmidt, T.C.B. Mohr (Paul Siebert), Tübingen, 1931

STÜBER, STEPHAN – "Subjektive Recht aus Gemeinschaftrecht", Jura, (2001), 798-803

SUAREZ, ALVAREZ – *Horizonte Actual de Derecho Romano*, Madrid, 1944

M.ª DEL CARMEN NAVARRO SUAY, "La promulgación de la Sherman Act: factores históricos, económicos y legislativos", RDM, (2004), n.º 253, pp. 1085-1118.

SCHMIDT-SYAßEN – *Zur Wechselwirkung von Wirtschaftsrecht und bürgerlichem Recht bei der Konkretisierung von freiheitsbeschränkenden Generalklauseln*, diss. Bonn, 1973

TALAMANCA, MARIO – *Istituzioni di Diritto Romano*, Milano, 1990

TAUPITZ, JOCHEN – "Berufordnende Kammersatzungen als Schutzgesetze i. S. § 823 Abs. II BGB", Festschrift für Erich Steffen, Walter de Gruyter, Berlin, New York, 1995
– "Ökonomische Analyse und Haftungsrecht-Eine Zwischenbilanz", AcP, 196, (1996), 115-167
– *Haftung für Energieleirstörungen durch Dritte*, Duncker & Humboldt, Berlin

TAYLOR, CHARLES – "What's wrong with Negative Liberty" (1985), *Law and Morality*, 2.ª ed, Readings in legal philosophy (ed. David Dyzenhaus/Arthur Ripstein), University of Toronto Press, Toronto, Buffalo London, 2001

TAVARES, JOSÉ – *Os princípios fundamentais do Direito Civil*, vol. I, 1.ª. Parte, Teoria Geral do Direito Civil, Coimbra Ed., Coimbra, 1929

TEIXEIRA, ANTÓNIO BRAZ – "A teoria da justiça no Pensamento contemporâneo português", Instituições de Direito

TEIXEIRA, LIZ – *Curso de direito civil português, ou comentário às instituições*/Paschoal José de Mello Freire, Antonio Ribeiro de Liz Teixeira, 1835
– *Curso de Direito Civil Portuguez ou Commentario às Instituições do Sr. Paschoal José de Mello Freire, Coimbra*, Imprensa da Universidade, 1848

TELLES, J. H. CORRÊA – *Digesto Portuguez ou Tratado dos direitos e obrigações civis accommodado às leis e costumes da nação portuguesa para servir de subsídio ao "novo Código Civil"*, Livraria Clássica, 1909

TELLES, INOCÊNCIO GALVÃO – *Revisão do Código Civil português*, Texto de la conferencia pronunciada en nuestra Facultad el dia 30 de Marzo de 1955, Publicaciones de la Universidad de Murcia, 1955
– *Direito das Obrigações*, Súmula I, Ed. dos Serviços Sociais da Universidade de Lisboa, 1973/1974

884   *Normas de Protecção e Danos Puramente Patrimoniais*

- "Coelho da Rocha e o Código Civil Napoleónico", O Direito 137.°, (2005), III, 443-447
TELES, MIGUEL GALVÃO – "Tratado que estabelece uma Constituição para a Europa", O Direito 137.°, (2005), IV-V, 887-895
TEPLITZ, OTTO – "Die Durchsetzung des Schadenersatzzahlungsanspruchs im Wettbewerbsrecht", GRUR, 4, (1987), 215-217
TERCIER, PIERRE – Cents Ans de Responsabilité civile en Droit Suisse, *Hundert Jahre Schweizerisches Obligationenrecht*, Universitätsverlag Freiburg, Schweiz, 1982
TILLMAN, KIMBERLY JADE – *Product Defects resulting in Pure Economic Loss: Under What Theory Can a Consumer Recover?*, Journal of Products Liability, 1986, v. 9, n.3
TILMANN, WINFRIED – "Das UWG und seine Generalklausel", GRUR, (1991), Heft 11, 796-799
- "The legal basis for a European Civil Code", ERPL, vol. 5, n.° 4, (1997), 471-473
The Relationship between European Community Law and National Law: The Cases, vol. 1, Cambridge
TOLSADA, MARIANO YZQUIERDO – *Responsabilidad Contratual y Extracontratual*, vol I, Madrid, 1993
- *Sistema de Responsabilidad Civil Contratual, Y Extracontratual*, Dykinson, 2001
TOMÉ, MARIA JOÃO VAZ – *O direito à pensão de reforma enquanto Bem Comum do Casal*, Coimbra, 1997
TORTORANO, FRANCO – *Il danno meramente patrimonial Percorso giurisprudenziale e comparazione giuridica*, Giappichelli Editore, Torino, 2001
TORREGROSSA, GIOVANNI – *Il problema della responsabilità da atto lecito*, Milano Giuffrè, 1964
THAYER, EZRA RIPLEY – "Public Wrong and Private Action", *Harvard Law Review*, (1914), 27, 317-343
THUR, A. VON – *Derecho Civil Teoria General del Derecho Civil Alemán*, vol. I Los derechos subjectivos y el patrimonio, (trad. *Der allgemeine Teil des deutschen burgerlichen Rechts* por Tito Ravá) Marcial Pons. Madrid, Barcelona, 1998
TRABUCCHI, ALBERTO – *Instituciones de Derecho Civil*, I, (trad. Luis Martínez-Calcerrada), Editorial Revista de Derecho Privado, Madrid, 1967
TREMEAU, JÉRÔME – *La reserve de loi, Competence législative et Constitution*, Economica, Presses universitaires d'Aix-Marseille, Paris, 1997
TRIUNFANTE, ARMANDO – "Responsabilidade civil das concessionárias das auto-estradas", Direito e Justiça, vol. XV, (2001), Tomo 1, 45-100

VALDÁGUA, MARIA DA CONCEIÇÃO SANTANA – "Aspectos da Legítima Defesa no Código Penal e no Código Civil", Separata de Jornadas em Homenagem ao Professor Doutor Cavaleiro Ferreira, Lisboa, 1995, 235-285
VARELA, ANTUNES – *Rasgos inovadores do Código Civil português de 1966 em matéria de responsabilidade civil*, BFD, vol. 48, (1972), 77-106
- "Acórdão de 26 de Março de 1980", RLJ, Ano 114.°, n.os 3682-3693, (1981--1982), 35-41 e 72-79
- *Das Obrigações em Geral*, I, 10.ª ed. (revista e actualizada), 4.ª reimpressão da edição de 2000), Almedina, Coimbra, 2006

VASCONCELOS, MARIA JOÃO PESTANA DE – "Algumas Questões sobre a Ressarcibilidade de Danos Patrimoniais no Ordenamento Jurídico Português", *Novas Tendências da Responsabilidade Civil*, Almedina, Coimbra, 2007, 147-206

VASCONCELOS, PEDRO PAIS DE – *Direito de Personalidade*, (Relatório sobre o programa e o método no ensino de uma disciplina de mestrado em Direito Civil), Almedina, Coimbra, 2006
– *Teoria Geral do Direito Civil*, 4.ª ed, Almedina, Coimbra, 2007

VAZ, MANUEL AFONSO – *Direito Económico – A ordem económica portuguesa*, Coimbra Editora, 1987

VELASCO, DIAZ – *Notas para el estúdio de la competência ilícita*, RDM, 1964

VELOSO, JOSÉ ANTÓNIO – "Concurso e Conflito de normas", Direito e Justiça, vol. XVII, (2003), 205-272
– "Risco, Transferência de Risco; Transferência de Responsabilidade na linguagem dos Contratos e da Supervisão de seguros, Estudos em Memória do Professor Doutor José Dias Marques, Almedina, Coimbra, 2007, 277-354

VICENTE, DÁRIO MOURA – *Da Responsabilidade Pré-contratual em Direito Internacional Privado*, Almedina, Coimbra, 2001
– "Um Código Civil para a Europa? Algumas reflexões", Estudos em Homenagem ao Professor Inocêncio Galvão Teles, Vol. I, Direito privado e Vária, Almedina, Coimbra, 2002, 47-73

VIDE, ROGEL – *La responsabilidad civil extracontratual en el derecho español*, Civitas, 1977

VILAÇA, CRUZ – "A modernização da aplicação das regras comunitárias da concorrência segundo a Comissão Europeia-Uma reforma fundamental", BFD, vol. Comemorativo (2003), 717-768

VILAR, SÍLVIA BARONA – *Competência desleal*, tirant, Valencia, 1991

VILLATE, JAVIER – *La propriedad intelectual en la nueva era digital* (disponível www.cibersociedad.net/artículo.php?art=40)

VILHENA, M. R. – *O Princípio da Subsidariedade no Direito Comunitário*, Almedina, Coimbra, 2002

VILLEY, MICHEL – *O Direito Romano*, Arcádia, Lisboa, 1973

VINEY, GENEVIÈVE – *Traité de Droit Civil. Introduction à la responsabilité*, LGDJ,
– *La déclin de la responsabilité individuelle*, Paris, 1965
– "De la responsabilité personnelle à la répartition des risques", APD, t. 22, (1977), pp. 5-22
– "Un Code Civil pour l'Europe. Les perspectives dans le domaine de la responsabilitè delictuelle", *Um Código Civil para a Europa, SI 64*, BFDUC, 2002, 211-225

VISINTINI, GIOVANNA – *Trattato Breve della Responsabilità Civile, Fatti illeciti. Inadempimento. Danno risarcibile*, Cedam, Milani, 1996
– *Tratado de la responsabilidad civil 1*, Astrea, Buenos Aires, 1999
– *Tratado de la responsabilidad civil 2*, Astrea, Buenos Aires, 1999

VITORINO, ANTÓNIO – *Carta dos Direitos Fundamentais da União Europeia*, Principia, 2002

VOLLMER, LOTHAR – "Haftungsbefreiende übertragung von Verkehrssicherungspflichten – Ein Problem der Haftungszurechnung und – kanalisierung", JZ, 1977, 371-376

VONNEMANN, *Haftung von GmbH-Gesellschaftern wegen materieller Unterkapitaliesierung*, GmbHR 1992

886   *Normas de Protecção e Danos Puramente Patrimoniais*

VRANKEN, JAN B. M. – "Außervertragliche Haftung und Schadenersatzrecht im Neuen Niederländischen BGB", *Renaissance der Idee der Kodification, Das Neue Niederländische Bürgerliche Gesetzbuch 1992* (Franz Bydlinski, Theo Mayer-Maly, Johannes W. Pichler, Böhlau), Wien, Köln, Weimar, 1991
– "Einführung in das neue Niederländische Schuldrecht Teil II: Das Recht der unerlaubten Handlung, Schaderersatz- und Bereicherungsrecht", AcP, 191, (1991), 412-432

WAGNER, EBERHARD – "100 Jahre Bürgerliches Gesetzbuch – Ein Überblick zu Entstehung, Grundlagen und Entwicklung des BGB", Jura, (1999), 505-515

WAGNER, GERHARD – "Schuldrechtsreform und Deliktsrecht", *Das neue Schuldrecht in der Praxis* (Barbara Dauner-Lieb/Horst Konzen/Karsten Schmidt), Carl Heymann Verlag, 2003, 203-223

WAGNER, LYNN E./SOLOMON, RICHARD A. – *The Supreme Court of Florida Ends the Confusion Surrounding the Economic Loss Doctrine*,The Florida Bar Journal, May 1994, 46-55

WAHL, RAINER – "O Primado da Constituição", ROA, Ano 47.°, Abril, (1987), 61-106

WÄGENBAUER, R. – *La législation de la communauté européenne en matiére de concurrence déloyale, Un droit européen de la concurrence en formation?*, Drroz, Genève, 1994

WASSERBURG, KLAUS – *Der Schutz der Persönlichkeit im Recht der Medien*, C. F. Müller, 1988

WEATHERILL, STEPHEN – "Why object to the Harmonization of Private Law by the EC?, ERPL, vol. 12, n.° 5, (2004), 633-660

WESTEN, KLAUS – "Zur Frage einer Garantie- und Risikohaftung für sogenannte "Verkehrspflichtverletzungen"", FS v. Hippel, Mohr, Tübingen, 1967, 591-629

WHITE, G. EDWARD – *Tort Law in America An Intellectual History*, Oxford, 1985

WILHELMSSON, THOMAS – "Private Law in the EU: Harmonised or Fragmented Europeanisation?", ERPL, vol. 10, n.° 1, (2002), 77-94

WEITNAUER, HERMANN – "§ 823 II BGB und die Schuldtheorie", JZ, (1963), 631-634

WIEACKER, FRANZ – "Das Bürgerliche Recht im Wandel des Gesellschaftsordnungen", Hundert Jahre Deutsches Rechtsleben, Festschrift zum Hundertjährigen Bestehen des Deutschen Juristentages, 1860-1960, Band II, Verlag C.F. Müller Karlsruhe, 1960
– *Diritto Privato e Società Industriale*, Ediziono Scientifiche Italiane (trad. de *Industriegesellschaft und Privatrechtsordnung* por Gianfranco Liberati), Napoli, 1983

WILBURG, WALTER – *Zusammenspiel der Kräfte im Aufbau des Schuldrechts*, AcP, 163, (1964), 346-379
– "Desenvolvimento de um sistema móvel no Direito Civil" (trad. Dora Moreira de Sousa e Raul Guichard), oração inaugural proferida na investidura como *rector magnificus* da Universidade Karl-Frazens de Graz, a 22 de Novembro de 1950, Direito e Justiça, vol. XIV, (2000), tomo 3, 55-73

WILLIAMS, GLANVILLE – "Effect of Penal Legislation in the Law of Tort", Modern Law Review, (1960), v. 123, 233-259

WINDSCHEID – *Lehrbuch des Pandektenrechts*, 6. Auflage, Frankfurt a. M, (Band 1, 2 e 3), 1887

Índice Bibliográfico

– *Diritto delle Pandette*, (trad. Carlo Fadda e Paolo Emilio Bensa), vol. II, Parte II, Unione Tipográfico-Editrice, Torino, 1904
– *Lehrbuch des pandektenrechts*, 9. A von Theodor Kipp, Band 1, Aalen, Band 1, Frankfurt a. M, 1984

WIETHÖLTER, RUDOLF – "§ 823 II BGB und die Schuldtheorie", JZ, (1963), 205-210

WITTING, CHRISTIAN – "Compensation for Pure Economic Loss from a Common Lawyer's Perspective", *Pure Economic Loss*, (Willem H. van Boom, Helmut Koziol, Christian A. Witting), Springer, Wien, New York, 2004
– "Duty of care: An Analytical Approach ", OJLS, vol. 25., n.° 1, (2005), 33-63

WITTIBSCHLAGER, MARTINA – *Einführung in das schweizerische Recht*, C. H. Beck, München, 2000

WOLF, ERNST – "Die Lehre von der Handlung", AcP, 170, (1970), 181-229
– *Lehrbuch des Schuldrechts, Zweiter Band: Besonderer Teil*, Carl Heymanns, Köln, Berlin, Bonn, München, 1978

WOLF, JOSEPH GEORG – *Der Normzweck im Deliktsrecht, Ein Diskussionbeitrag*, Otto Schwartz, Göttingen, 1962

WOLFF, HANS J./BACHOF, OTTO/STOBER, ROLF – *Direito Administrativo*, vol. I, (trad. António Francisco de Sousa), FCG, Lisboa, 2006

XAVIER, ALBERTO – "O Fundamento do Direito, a natureza da função jurisdicional, a missão do julgador na vida jurídica contemporânea", ROA, Ano 8.°, n. 3 e 4, (1948), 46-78

YAGÜEZ, RICARDO DE ANGEL – *Lecciones sobre responsabilidad civil*, Universidad de Deusto, Bilbao, 1978

ZENO-ZENCOVICH, VICENZO – "The "European Civil Code", European legal traditions and neo-positivism", ERPL, vol. 6, n.° 4, (1998), 349-362

ZEUNER – "Schadensbegriff und Ersatz von Vermögensschaden", AcP, 163, (1964), 380--400

ZIMMERMANN, REINHARD – *The Law of Obligations: Roman foundations of the Civilian Tradition*, Cape Town – München, 1973
– *Roman Law, Contemporany Law, European Law, The Civilian Tradition Today*, Oxford, 2001
– "Diritto Romano, Diritto Contemporâneo, Diritto Europeu: La tradizione civilista oggi (Il diritto privato europeo e le sue basi storiche)", RDCiv, Ano XLVII, n.° 6, Nov-Dez, 2001, pp. 703-763
– "Modernising the German Law of Obligations?", *Themes in Comparative law in honour of Bernard Rudden* (edited by Peter Birks and Arianna Pretto), 2004

ZIMMERMANN, REINHARD/JANSEN, NILS – "*Quieta Movere*, Interpretative Change in a Codified System", *The Law of Obligations*, (Peter Cane/Jane Stapleton), Clarendon Press, Oxford, 1998
– "Römisches Recht und europäische Kultur", JZ, (2007), 1-12

Zusammenstellung der gutachtlichen Äußerungen zu dem Entwurf eines Bürgerlichen Gesetzbuchs, Band II, Äußerungen zum Recht des Schuldverhältisse, Neudruck der Aufgabe 1890, Otto Zeller, Onasbrück, 1967

ÍNDICE DE JURISPRUDÊNCIA

Jurisprudência Portuguesa

Tribunal Constitucional

Ac TC n.º 15/2005 (MARIA DOS PRAZERES PIZARRO BELEZA)
Ac. TC n.º 187/2001 (PAULO MOTA PINTO)
Ac. TC n.º 329/99 (MESSIAS BENTO)
Ac. TC n.º 328/94 (BRAVO SERRA)

Supremo Tribunal de Justiça

STJ 21-Nov-.1951 (BMJ, 22, 347)
STJ de 3-Jul.-86 BMJ, 359, pp. 726 e ss
STJ 24-Nov.-1987, BMJ, 371.º, 444
Ac. STJ 6-Jan-1988, BMJ, 373.º, 499
STJ 5-Dez.-91 (TATO MARINHO), www.dgsi.pt
STJ 21-Mar.-1996 (COSTA MARQUES), www.dgsi.pt
STJ 16-Dez.-96, BMJ, 462, 448
STJ 06-Fev.-1998 (GARCIA MARQUES)
STJ 6-Mai.-1998, BMJ, 477, p. 406
STJ 13-Dez.-2001 (FERREIRA DE ALMEIDA), CJ, ano IX (2001), tomo III, p. 149
STJ 02-Out.-2002 (LUCAS COELHO), www.dgsi.pt
STJ 8-Jul.-2003 (AFONSO CORREIA), CJ XI, (2003), 2, pp. 126 e ss
STJ 13-11-2003 (FERREIRA GIRÃO) www.dgsi.pt
STJ 30-Set.-2004 (NORONHA DO NASCIMENTO), CJ XII, (2004), 3, pp. 37 e ss
STJ 14-Out.-2004 (OLIVEIRA BARROS), www.dgsi.pt
STJ 4-Out.-2005 (AZEVEDO RAMOS)
STJ 17-Nov.-2005 (CUSTÓDIO MONTES), CJ, ano XIII-2005, tomo III, p. 125
STJ 2-Fev.-2006 (NORONHA DO NASCIMENTO), CJ (2006), 1, pp. 56 e ss
STJ 18-Abr.-2006 (AZEVEDO RAMOS), www.dgsi.pt

Tribunais das Relações

RPt de 5-Dez.-85, CJ, 1985, V, p. 187 e ss
Ac. RPt. 10-Mar.-1994 (CARLOS MATIAS), CJ XIX, (1994), II, pp. 197-199
RPt 10-Jul.-1997, BMJ, 469, p. 658
RPt 6-Jul.-1995 (DIOGO FERNANDES) CJ XX, (1995), pp. 174 e ss

890   *Normas de Protecção e Danos Puramente Patrimoniais*

RCb 5-Dez.-1995 (FRANCISCO LOURENÇO), CJ XX, (1995), 5, pp. 52 e ss
RLx 14-Mar.-1996 (LUÍS FONSECA) CJ XXI, (1996), 2, p. 78.
RPt 24-Set.-1996 (FERREIRA DE SEABRA) CJ XXI (1996), 4, pp. 197 e ss
RLx 31-Out.-1996 (CRUZ BROCO) CJ XXI (1996), 4, pp. 149 e ss
RLx 14-Nov.-1996 (SALAZAR CASANOVA), CJ XXI (1996), 5, pp. 96 e ss.
RCb 18-Mar.-1997 (ARAÚJO FERREIRA) CJ XXII (1997), 2, pp. 32 e ss
REv 16-Out.-1997 (ARTUR MIRANDA), CJ XXII (1997), 4, pp. 277 e ss
RCb 18-Mai.-1999 (TÁVORA VITOR), CJ XXIV (1999), 3, pp. 22 e ss
RCb 12-Out.-1999 (TÁVORA VITOR) CJ XXIV, (1999), 4, p. 25
RPt 18-Mai.-2000 (JOÃO BERNARDO), CJ XXV (2000), 3, pp. 185 e ss
RCb 8-Mai.-2001 (PIRES DA ROSA), www.dgsi.pt
RGm 2-Out.-2002 (ROSA TCHING), CJ, Ano XXVII, (2002), 4, pp. 273 e ss
RCb 28-Mai.-2002 (QUINTELA PROENÇA) CJ XXVII (2002), 3, p. 22
RPt 8-Jul.-2002 (CAIMOTO JÁCOME), www.dgsi.pt
REv 30-Out.-2003 (AFONSO CORREIA), www.dgsi.pt
RPt 26-Fev.-2004 (OLIVEIRA VASCONCELOS) CJ XXIX, (2004), 1, pp. 189 e ss
RPt 22-Abr.-2004 (TELES DE MENEZES), CJ XXIX, (2004), 1, pp. 194 e ss
RPt 9-Fev.-2006 (FERNANDO OLIVEIRA), www.dgsi.pt
Ac. Rel. Pt 7-Mai.-2006 (DEOLINDA VARÃO) www.dgsi.pt
RPt 7-Fev-2006 (CIPRIANO SILVA), www.dgsi.pt
RPt 15-Nov.-2006 (FRANCISCO MARCOLINO), www.dgsi.pt
Ac. Rel. Pt 31-Mai.-2007 (DEOLINDA VARÃO) www.dgsi.pt

Jurisprudência Europeia

Tribunal de Justiça Europeu

Ac. 5-2-63 (*Van Gend & Loos v. Netherlands Inland Revenue Administration*) (case 26/62), ECR 1963, 00095
Ac 6-10-70 (*Franz Grad v Finanzamt Traunstein*), (Case 9/70), ECR 1970, 0825
Ac. 4-12-74, (*Van Duyn v. Home Office*), (Case 41/74), C.M.L.R. 1, [1975], 358
Ac. 9-3-1978 (*Amministrazione delle Finanze dello Stato v. Simmenthal*) (case 106/77) [1978] 3 C.M.L.R. 263
Ac. 8-10-1987 (*Kolpinghuis Nijmegen*) (Case 80/86), ECR 1987, 3969
Ac. 13-11-1990 (*Marleasing SA v. La Comercial International de Alimentation SA*) (Case C-106/89), ECR 1990, I-04135
Ac. 28-5-1991(*Franconvich v. Italian Republic*) (Case C-6/90), ECR I-05357
Ac. 3-3-1994 (*Nicole Vaneetveld v Le Foyer SA*) (Case C-316/93), ECR 1994, I-0763
Ac. 5-3-1996 (*Brasserie du Pecheur SA v Bundesrepublik Deutschland*) (Case C-46/93) ECR 1996, I-01029
Ac. 8-10-1987 (*Officier van Justitie v Kolpinghuis Nijmegen* BV) (Case 80/86) [1997] ECR 396
Ac. 20-9-2001 (*Courage Ltd v Bernard Crehan*) (Case C-453/99) ECR 2001, I-06297
Ac. 13-7-2006 (*Manfredi*) [2006] 5 C.M.L.R. 17

Jurisprudência Estrangeira

Alemanha

Reichsgericht

RG 30-Out.-1902, RGZ 52, 373 (deveres do tráfego, árvore)
RG 23-Fev.-1903, RGZ 54, 53 (normas de protecção, deveres do tráfego, escada)
RG 27-Fev.-1904, RGZ 58, 24 (direito à empresa)
RG 18-Out-1917, RGZ 91, 72 (normas de protecção)
RG 1-Out.-1932, RGZ 138, 156 (normas de protecção)
RZ 25-Jan.-1941, RGZ 166, 40 (pedido de alimentos por chantagem
RG 7-Mai-1941, RGZ 167, 92 (normas de protecção)

Bundesgerichthof

BGH 26-Out.-1951, BGHZ 3, 270 (direito à empresa)
BGH 19-Jun.-1952, BGHZ 7, 30 (lesados mediatos por morte do trabalhador)
BGH 28-Nov.-1952, BGHZ 8, 142 (direito à empresa)
BGH 14-Fev-1954, BGHZ 26, 349 (direito à imagem, normas de protecção)
BGH 25-Mai.-1954, NJW, (1954), 1404, (*Veröffentlich von Briefen und privaten Aufzeichnungen lebender Verfasser*) (direito geral de personalidade)
BGH 4-Dez.-1956, BGHZ 22, 293, NJW, (1957), 500 ss (*Schwartzfahrt, Begriff des Benutzers*) (normas de protecção)
BGH 4-Mar.-1957, BGHZ 24, 21 (deveres do tráfego)
BGH 10-Mai.-1957, BGHZ 24, 200 (incentivo ao boicote, "direito à empresa")
BGH, 14-Fev.-1958, NJW, (1958), 827 (*Ersatz des immateriellen Schadens bei Verletzung von Persönlichkeitsrechten*)
BGH 5-Dez-1958, BGHZ 29, 33 (consentimento dos menores em lesões à sua integridade)
BGH 11-Nov.-1958, BGHZ 28, 320, BGHZ 28, 320 (título de jornal, direito à empresa)
BGH 9-Dez.-1958, BGHZ 29, 65 (corte de electricidade, direito à empresa)
BGH 16-Dez.-1958, NJW, (1959), 623 (*Pflicht der Geschäftsführer einer GmbH zum Antrag auf Konkurseröffnung, Schutzgesetz für die Gläubiger*)
BGH 21-Jun.-1960, NJW, (1960), 2097 (*Parken von Lastzügen auf Bundestraßen bei Dunkelheit*) (deveres do tráfego)
BGH 14-Mar.-1961, BGHZ 34, 355 (consentimento)
BGH 1-Jul.-1961, NJW, (1961), 1588 (*Geschwindigkeit des Kraftfahrens auf der Autobahn bei Dunkelheit*) (deveres do tráfego)
BGH 26-Fev.-1962, NJW 1962, 910 (verletzung eines strafrechtlichen Schtzgesetz; hier: Nötingung)
BGH 30-Mai-1963, NJW, (1963), 1827 (*Frage der Haftung von Bauunternehmer und Architekt aus unerlaubter Handlung*)
BGH 4-Fev.-1964, BGHZ 41, 123 (corte de electricidade, responsabilidade)
BGH 6-Out.-1964, BGHZ 42, 210 (publicidade comparativa e enganosa ilícita, direito à empresa)
BGH 3-Dez.-1964, NJW, (1965), 534 (*Frage der Haftung von Bauunternehmers aus unerlaubter Handlung bei mangelhafter Bauausführung*) (normas de protecção)

892   *Normas de Protecção e Danos Puramente Patrimoniais*

BGH MDR 1965, 813, e MDR 1966, 743 (deveres do tráfego)
BGH 13-Dez.-1960, LM § 823 (Db) BGB n.° 10 (deveres do tráfego)
BGH 5-Nov.-1972, BGHZ 38, 200 ("direito à empresa")
BGH 22-Abr.-1974 (BGHZ 62, 265) (deveres do tráfego)
BGH 22-Abr.-1974, NJW, (1974), 1240, BGHZ 62, 265 (*Zu Schadensersatzanspruch gegen den Jagdausübungsberechtigen wegen unzureichender Verringerung des Wildbestandes*)
BGH 5-Nov.-1974, BGHZ 63, 140 (consentimento presumido em actividades perigosas)
BGH 5-Nov.-1976, NJW, 1977, 763 (Ersatz eines Gebäudesschadens durch Grundwasserabsenkung nur bei Verschulden)
BGH 20-Fev.-1979, NJW, (1979), 1599-1600 (abuso do direito) (*Kein Schadenersatzanspruch wegen falscher Bankauskunt*)
BGH 4-Nov.-1980, NJW, (1981), 570-571 (*Begriff der "herausforderung"*)
BGH 24-Nov.-1981, NJW, (1982), 1037 (*Schutzzweck des Gesetzes über die Sicherung der Bauforderung*)
BGH 25-Jan.-1983, NJW, (1983), 2935 (Verto_ gegen Vorschriften der Trinkwasserveordnung als Schutzgesetzverletzung)
BGH 10-Jul.-1984, NJW, (1985), 134 (*Schadenersatz wegen vorsätzlicher Zweckenfremdung von Baugeld*)
BGH 23-Out.-1984, NJW, (1985), 620 (deveres do tráfego) (*Pistensicherungspflicht eines Schleppliftunternehmers*)
BGH 13-Dez.-1984, NJW, (1985), 1774 (deveres do tráfego) (*Zur Beweislast bei Wasserschaden am Nachbargrundstück*)
BGH 11–Mar.-1986, NJW, (1986), 2757-2758 (deveres do tráfego) (*Verkehrssicherungspflicht eines Selbstbedienungsgroßmarktes für Fußbodenbelag*)
BGH 27-Jan.-1987, NJW, (1987), 2671 (*Gesteigerte Verkehrssicherungspflicht des Gastwirts gegenüber Straßenpassenten*)
BGH 19-Nov.-1991, BGHZ 116, 104 (prova da culpa nas normas de protecção)

Tribunais de Apelação

OLG Celle 23-Jul.-1964, NJW, (1964), 1804 (direito à empresa) (*Presseveröffentlichungen über Warentest*)
OLG Celle 26-Mai.-1989, VersR, (1989), 709 (responsabilidade de menores)
OLG Rostock, 21-Mar.-2001, ZIP, (2001), 793 (direito à empresa, lista de devedores na Internet)
OLG Saarbrücken 12-Jan.-1972, VersR, (1973), 467 (normas de protecção)

Primeira instância

LG Frankfurt 12-Nov.-1986, NJW-RR 1987, 795 (deveres do tráfego)

Holanda

Hoge Raad 31-Jan.-1919, NJ 1919, 161

Inglesa

Hedley Byrne & Co Ltd v Heller & Partners Ltd, [1963] 2 All E.R. 575
Dutton v. Bognor Regis United Building, [1972] 1 All E.R. 462
Anns and Others Respondents v. Merton, [1977] 2 All E.R. 492
Junior Books Ltd v Veitchi Co Ltd, [1982] 3 All E.R. 201

Canadiana

Supreme Court of Canada

Canadian National Railway v. Norsk Pacific Steamship Co., 11 C.C.L.T. (2d) 1, 137 N.R. 241, 91 D.L.R. (4th) 289, [1992] 1 S.C.R. 1021, 53 F.T.R. 79, 53 F.T.R. 79 (note), [1991] R.R.A. 370

Austrália

Perre and Others v Apand Pty Ltd, 160 ALR 429
Sellars v. Adelaide Petroleum N.L., 120 ALR 16

ÍNDICE IDEOGRÁFICO

A

Abuso do direito, 601
Acção, 644
Acção Directa, 661
Análise económica do direito, 326
Autonomia privada, 375
Autonomia pública, 24

B

Bem comum, 812
Boa fé, 614
Bons Costumes, 457

C

Causa, 689
Causalidade, 690
Causa de justificação, 660
Ciência do Direito, 792
Círculo hermenêutico, 774
Cláusula geral, 56
 – grande, 89
 – pequena, 128
Codificação, 220
Código Civil, 237
Código Civil francês, 49
Código Civil alemão, 80
Código Civil italiano, 71
Código Civil holandês, 76
Código de Seabra, 225
Common Law, 301

Comportamento conforme ao tráfego, 665
Concorrência Desleal, 452
Constituição Económica, 371
Constituição Formal, 380
Constituição Material, 411
Contrato a favor de terceiro, 282
Contrato com eficácia de protecção para terceiro, 349
Comparticipação, 435
Culpa
 – graduação, 118
 – presunção, 722
Culpa in contrahendo, 141
Culpa in vigilando, 249

D

Dano
 – Patrimonial, 35
 – Patrimonial puro, 35
 – Existencial, 32
 – Directo, 34
 – Indirecto, 34
Delicta, 44
Deveres de protecção, 211
Deveres de cuidado, 561
Deveres do tráfego, 571
 – noção, 571
 – transferência, 589
Direitos subjectivos, 535
"Direito geral de personalidade", 553
"Direito à empresa", 562
Drittwirkung, 403

896 *Normas de Protecção e Danos Puramente Patrimoniais*

E

Eficácia directa horizontal, 398
Eficácia directa vertical, 398
Escola histórica, 37
Estado liberal, 403
Estado Social de Direito, 817
Estado Regulador, 825

F

Faute, 52
Filosofia do Direito, 829
Fontes de Direito, 743
Funções do sistema delitual, 828

I

Ilicitude
 – da acção, 648
 – do resultado, 648
 – penal, 423
 – contra-ordenacional, 423
 – civil, 436
 – de pôr em perigo, 657
Indemnização, 673
Interesse, 25
Interpretação conforme, 387
Inversão do ónus da prova, 725

J

Jurisprudência dos interesses, 26
Jurisprudência dos valores, 100
Jurisprudência portuguesa, 279
Jurisprudência comunitária, 384

L

Lei alemã contra a concorrência desleal, 446
Lei das XII Tábuas, 46
Lex Aquilia, 46

Lei
 – conceito material, 757
 – conceito formal, 765
Liberdade da concorrência, 636
Liberdade de iniciativa económica, 366
Liberdade genérica de acção, 602
Lesados mediatos, 703
Liberalismo, 814
Linguagem, 772
Liquidação do dano de terceiro, 24

M

Método do caso, 37
Modelo de decisão, 38
Modelo domatiano, 84
Modelo jheringiano, 84
Modelo da norma penal, 183
Modelo windscheidiano, 84

N

Negligence, 301
Norma jurídica, 792
Normas de protecção, 617
Norma de referência, 163

O

Omissão, 579
Ónus da prova
 – objectivo, 724
 – subjectivo, 724

P

Pandectística, 80
Património, 29
Perigo
 – abstracto, 690
 – concreto, 690
 – abstracto-concreto, 690

Índice Ideográfico

Prescrição, 436
Presunção legal, 725
Princípio da legalidade, 797
Princípio da subsidariedade, 391
Prova *prima facie, 724*
Publicidade, 477
Punitive damages, 512
Pure economic loss, 301

R

Responsabilidade civil
 – evolução, 42
 – modalidades, 24
Reserva de lei, 756
Responsabilidade do produtor, 585
Responsabilidade pelo risco, 528
Responsabilidade pela confiança, 486
Restatements, 356

S

Segurança, 817
Sobreinterpretação, 773

Sociedade da Informação, 499
Sociedade de Risco, 816
Sociologismo, 785

T

"teoria da culpa", 117
"teoria do dolo", 118
Teoria da essencialidade, 168
Teoria evolutiva dos sistemas, 38
Teoria da causalidade adequada, 707
Teoria do escopo da norma, 709
Teoria da *conditio sine qua non, 708*
Tort, 306

U

Unidade da ordem jurídica, 646

V

Versari in re illicita, 434

RESUMO

A evolução histórico-dogmática mostra que as normas de protecção surgem no Código Civil Alemão no quadro da separação pandectística da ilicitude e da culpa e da individualização de situações básicas de responsabilidade civil delitual. Este modelo germânico, jheringiano – autonomizando ilicitude e culpa – e windscheidiano – assentando em duas variantes da ilicitude, violação de direitos subjectivos e normas de protecção – foi adoptado pelo Código Civil Português. As normas de protecção têm como escopo mais significativo o alargamento da tutela delitual aos interesses puramente patrimoniais. As normas de protecção ganham maior relevo nos sistemas continentais quando se superam os quadros do individualismo liberal.

O estudo de direito positivo salienta que a relevância das normas de protecção deriva de representarem uma via de consagração e de ampliação da protecção delitual de interesses puramente patrimoniais, protecção que tem de constituir o objectivo da norma. A revalorização do papel das normas de protecção no sistema delitual implica o seu afastamento do *modelo da norma penal* e a recusa da sua equiparação à responsabilidade por contrariedade ao mínimo ético-jurídico. A aplicação prática das normas de protecção convoca um modelo de pressupostos da responsabilidade delitual mais próximo da *faute* de tipo napoleónico, em que se aproximam ilicitude, culpa e causalidade, verificando-se um alargamento da ilicitude e um encurtamento da culpa. No entanto, não é de prescindir da culpa e da causalidade na responsabilidade por violação destas normas, nem defender um modelo domatiano na sua aplicação.

PALAVRAS-CHAVE: Norma de protecção/delito/responsabilidade/danos puramente patrimoniais/ilicitude/culpa/causalidade.

ZUSAMMENFASSUNG

Der erste Teil der Dissertation zeigt, dass die Schutzgesetze im Bürgerlichen Gesetzbuch im Rahmen der pandektistischen Trennung der Rechtswidrigkeit und der Schuld und der Verselbstständigung der verschiedenen Tatbestände der Delikthaftung auftreten. Dieses deutsche Modell, das den Gedanken von Jhering zusammenfasst – indem es Rechtswidrigkeit und Schuld verselbstständigt, – und den von Windscheid – indem es auf zwei Varianten der Rechtswidrigkeit, der Verletzung der subjektiven Rechte und der Schutzgesetze gründet –, wurde vom portugiesischen "Código Civil" übernommen. Bedeutsamstes

900 *Normas de Protecção e Danos Puramente Patrimoniais*

Ziel der Schutzgesetze ist die Ausdehnung des deliktischen Schutzes auf die reinen Vermögensinteressen (reiner Vermögensschaden). Die Schutzgesetze gewinnen größere Bedeutung in den kontinental-europäischen Rechtssystemen, wenn man den Rahmen des liberalen Individualismus überwindet.

Der zweite Teil der Dissertation stellt klar, dass sich die Relevanz der Schutzgesetze aus der Vergrößerung des deliktischen Schutzes für die reinen Vermögensinteressen ergibt, der das Ziel der Norm bilden muss. Die Neubewertung der Rolle der Schutzgesetze im Deliktsystem setzt deren Entfernung vom Strafgesetzmodell und die Ablehnung ihrer Gleichsetzung mit der Haftung für Verletzung der guten Sitten voraus. Die praktische Anwendung der Schutzgesetze bei der Lösung konkreter Fälle erfordert ein dem napoleonischen Typus der "faute" näher stehendes Modell an Voraussetzungen für die Delikthaftung, in dem sich Rechtswidrigkeit, Schuld und Kausalität annähern, wobei eine Erweiterung der Rechtswidrigkeit und eine Verkürzung der Schuld stattfindet. Allerdings ist bei der Haftung für die Verletzung dieser Normen nicht auf die Schuld und die Kausalität zu verzichten.

SCHLAGWORT: Schutzgesetz/Unerlaubte Handlung/Haftung/reiner Vermögensschaden/Rechtwidrigkeit/Verschulden/Kausalität.

RÉSUMÉ

L'évolution historico-dogmatique montre que les normes de protection apparaissent dans le Code civil allemand dans le cadre de la séparation pandectiste entre l'illicéité et la faute et dans celui de l'individualisation de situations de base de responsabilité civile délictuelle. Ce modèle germanique, jheringuien – rendant autonomes illicéité et faute – et windscheidien – se basant sur deux variantes de l'illicéité, violation des droits subjectifs et des normes de protection – a été adopté par le Code civil portugais. Les normes de protection ont comme objectif le plus significatif l'élargissement de la tutelle délictuelle aux intérêts purement économiques. Les normes de protection sont plus importantes dans les systèmes continentaux quand les cadres de l'individualisme libéral sont dépassés.

L'étude du droit positif souligne que l'importance des normes de protection vient de ce qu'elles représentent une voie de consécration et d'augmentation de la protection délictuelle d'intérêts purement économiques, protection qui doit constituer l'objectif de la norme. La revalorisation du rôle des normes de protection dans le système délictueux implique leur éloignement du *modèle de la norme pénale* et le refus de les rendre équivalentes à la responsabilité par contrariété au minimum éthico-juridique. L'application pratique des normes de protection appelle un modèle de conditions préalables de la responsabilité délictuelle plus proche de la *faute* de type napoléonien, où l'on rapproche illicéité, faute et causalité, donnant lieu à un élargissement de l'illicéité et à une réduction de la faute. Cependant, il ne faut pas renoncer à la faute et à la causalité dans la responsabilité pour violation de ces normes, ni défendre un modèle domatien dans leur application.

MOTS-CLÉ: norme de protection/délit/responsabilité/dommage purement économique/illicéité/faute/causalité.

ABSTRACT

Historical and dogmatic evolution shows that protection norms have appeared in the German Civil Code in the context of the pandectistic separation between unlawfulness and fault and of the individualization of fundamental situations of civil liability. This German model, both Jheringian, since it gives autonomy to illicitness and fault, and Windscheidian, as it is based on two variants of unlawfulness, the violation of rights and protection norms, was adopted by the Portuguese Civil Code. Protection norms have as their most significant aim the expansion of the protection against tort in order to encompass pure economic interests. The importance of protection norms is increased in the Continental systems when the frames of liberal individualism are overcome.

The study of Positive Law emphasises that the relevance of protection norms derives from the fact that they represent a means of consecrating and amplifying the tort protection of pure economic loss, and that this protection must constitute the aim of the norm. The revalorization of the role that the protection norms play on the continental civil liability system implies its withdrawal from the *criminal norm model* and the non acceptance of its levelling with the liability that comes from the opposition to the ethical minimum. The practical application of protection norms summons a model of civil liability presuppositions that is more similar to the Napoleonic concept of *faute*, where unlawfulness, fault and causation are brought together, and where there is a widening of unlawfulness and a shortening of fault. Nevertheless, one should neither renounce fault and causation in the liability that derives from the damages caused with the violation of these norms, nor defend a Domatian model in its application.

KEY-WORDS: Protection norms/torts/ liability/pure economic loss/unlawfulness/ /fault/causation.

ÍNDICE GERAL

INTRODUÇÃO

§ 1.º	Razão de escolha do tema	15
§ 2.º	Delimitação do objecto de estudo	21
§ 3.º	Fixação terminológica	25
§ 4.º	Razão de método e de ordem	37

PARTE I
Evolução histórico-dogmática: responsabilidade delitual, normas de protecção e danos Puramente patrimoniais

§ 5.º	Origem e evolução da responsabilidade delitual	42
§ 6.º	O modelo do Código Civil francês e dos códigos de matriz napoleónica	49
	6.1. O *Code Civil* francês de 1804	49
	6.2. O ABGB austríaco de 1811	55
	6.3. O Código Civil espanhol de 1889	66
	6.4. O Código das Obrigações suíço de 1907	68
	6.5. Código Civil italiano de 1942	71
	6.6. O Código Civil holandês de 1992	76
§ 7.º	O modelo do Código Civil Alemão de 1896-1900	80
	7.1. A tradição pandectística e os trabalhos preparatórios do BGB	80
	7.2. Evolução da doutrina alemã	97
	7.2.1. As teses de LENEL (1897)	103
	7.2.2. As teses de VON LISZT (1898)	108
	7.2.3. As teses de DETMOLD (1901) e LUDWIG TRAEGER (1904)	109
	7.2.4. As teses de WIETHÖLTER e WEITNAUER (1963)	116
	7.2.5. As teses de KNÖPFLE (1967)	123
	7.2.6. As teses de SCHMIEDEL (1974) e KARSTEN SCHMIDT (1977)	130
	7.2.7. As teses de MERTENS (1978)	138
	7.2.8. As teses de VON BAR (1980)	150
	7.2.9. As teses de HONSELL (1983)	153
	7.2.10. As teses de PETERS (1983)	165
	7.2.11. As teses de CANARIS (1983)	180
	7.2.12. As teses de DÖRNER (1987)	190

904   *Normas de Protecção e Danos Puramente Patrimoniais*

7.2.13. As teses de KOHTE (1988)	200
7.2.14. As teses de SPICKHOFF (1998)	210
7.3. A reforma do Código Civil Alemão de 2001/2002	215
§ 8.° O Direito português entre o modelo francês e o modelo alemão	225
8.1. O Código de Seabra e a adopção do modelo francês	225
8.2. Os trabalhos preparatórios do Código Civil Português e a evolução da doutrina portuguesa	237
8.3. O Código Civil Português de 1966 e a opção pelo modelo alemão. Evolução doutrinária	246
8.4. A articulação entre normas de protecção e danos puramente patrimoniais na doutrina nacional	259
8.5. Jurisprudência portuguesa	279
§ 9.° Os danos puramente patrimoniais	295
9.1. Origem e evolução dos *"pure economic losses"*	301
9.2. Os *"pure economic losses"* no sistema de *common law*	304
9.3. Os danos puramente patrimoniais nos sistemas continentais	324
9.3.1. Sistemas de modelo francês	332
9.3.2. Sistemas de modelo alemão	341
§ 10.° Um Código das Obrigações Europeu?	347
§ 11.° Sinopse da evolução histórico-dogmática	358

PARTE II
Estudo de direito positivo

CAPÍTULO I
Enquadramento Periférico

§ 12.° Horizonte de fundo: liberdade de iniciativa económica	366
§ 13.° Perspectiva vertical	377
13.1. Enquadramento comunitário	377
13.1.1. Novas conexões e o efeito directo das normas europeias	377
13.1.2. A interpretação conforme às directrizes	387
13.1.3. A responsabilidade do Estado por incumprimento da transposição de Directrizes	389
13.1.4. O princípio da subsidariedade e os diferentes níveis protectivos das normas europeias	391
13.1.5. Jurisprudência portuguesa	400
13.2. Enquadramento constitucional	403
13.2.1. Novas conexões na passagem do Estado liberal para o Estado social e pós-social	403
13.2.2. Os direitos fundamentais nas relações entre particulares	405
13.2.3. A "constitucionalização" da responsabilidade delitual	420
13.3. Enquadramento penal e contra-ordenacional	423
13.3.1. Novas conexões decorrentes da evolução do ilícito penal e contra-ordenacional	423

Índice Geral

	13.3.2. Tipos penais e normas de protecção	431
	13.3.3. A autonomização da responsabilidade delitual da responsabilidade penal	436
	13.3.4. A ilicitude penal, contra-ordenacional e ilicitude civil	441
§ 14.°	Perspectiva horizontal	444
	14.1. Ilícito de concorrência	444
	14.2. Ilícito de concorrência desleal	452
	14.3. Ilícito publicitário	477
	14.4. Ilícitos da sociedade da informação	499
§ 15.°	Síntese da perspectiva vertical e horizontal	517

CAPÍTULO II
Enquadramento Central

SECÇÃO I
Abordagem Sistemática

§ 16.°	Sistema delitual	525
§ 17.°	Direitos subjectivos	535
§ 18.°	"Direito geral de personalidade"	553
§ 19.°	"Direito à empresa"	562
§ 20.°	Deveres do tráfego	571
§ 21.°	Contrariedade ao mínimo ético-jurídico	601
§ 22.°	Normas de protecção	617

SECÇÃO II
Abordagem Analítica

§ 23.°	Sistemas de imputação	639
	23.1. Quadro geral	639
§ 24.°	Sistema da ilicitude	645
	24.1. Conceito único ou diferenciado de ilicitude	645
	24.2. A ilicitude do resultado e a ilicitude da acção	648
	24.3. A ilicitude nas normas de protecção	653
	24.4. A ilicitude nos deveres de tráfego	654
	24.5. Causas de justificação	660
§ 25.°	Sistema da culpa	667
	25.1. Princípio da culpa	667
	25.2. A culpa como sistema de imputação delitual	669
	25.3. A culpa na violação de normas de protecção	671
	25.4. A culpa na violação de deveres do tráfego	682
	25.5. A separação entre cuidado exterior e cuidado interior	684
	25.6. Análise da culpa no direito português	686
	25.7. Causas de exclusão da culpa	688

906   *Normas de Protecção e Danos Puramente Patrimoniais*

§ 26.° Sistema do nexo de causalidade 689
     26.1. Causalidade adequada e escopo da norma 689
     26.2. Análise da causalidade na doutrina portuguesa 711
§ 27.° O ónus da prova 723
     27.1. O ónus da prova da culpa 726
     27.2. O ónus da prova do nexo de causalidade 737

PARTE III
Síntese Periferia-Centro

§ 28.° As fontes de direito 743
§ 29.° A interpretação jurídica 771
§ 30.° A norma jurídica 792
§ 31.° Horizonte jusfilosófico e tendências futuras 800
§ 32.° Sinopse do estudo de direito positivo 832

Índice bibliográfico 843
Índice de jurisprudência 889
Índice ideográfico 895
Resumos 899
Índice geral 903